国家出版基金项目

总主编　顾海良　颜鹏飞

新编经济思想史

The History of Economic Thoughts

第八卷　十月革命以来国外马克思主义
经济学的发展

顾海良　主编

中国财经出版传媒集团
经济科学出版社

图书在版编目（CIP）数据

新编经济思想史. 第 8 卷，十月革命以来国外马克思主义经济学的
发展/顾海良主编 . —北京：经济科学出版社，2014. 4
ISBN 978 - 7 - 5141 - 4056 - 9

Ⅰ.①新… Ⅱ.①顾… Ⅲ.①经济思想史 - 世界
②马克思主义政治经济学 - 经济思想 - 研究 - 国外 -
现代 Ⅳ.①F091

中国版本图书馆 CIP 数据核字（2013）第 307253 号

责任编辑：于　源
责任校对：杨　海
责任印制：李　鹏

十月革命以来国外马克思主义经济学的发展
顾海良　主编
经济科学出版社出版、发行　新华书店经销
社址：北京市海淀区阜成路甲 28 号　邮编：100142
总编部电话：010 - 88191217　发行部电话：010 - 88191522
网址：www. esp. com. cn
电子邮件：esp@ esp. com. cn
天猫网店：经济科学出版社旗舰店
网址：http：//jjkxcbs. tmall. com
北京联兴盛业印刷股份有限公司印装
787 × 1092　16 开　44. 5 印张　840000 字
2016 年 7 月第 1 版　2016 年 7 月第 1 次印刷
印数：0001—5000 册
ISBN 978 - 7 - 5141 - 4056 - 9　定价：198. 00 元
（图书出现印装问题，本社负责调换。电话：010 - 88191502）
（版权所有　侵权必究　举报电话：010 - 88191586
电子邮箱：dbts@ esp. com. cn）

《新编经济思想史》编委会

本 卷 分 工

前　言　顾海良

第一章　张雷声（第一节至第三节）韩建新（第四节）

第二章　顾海良（第一节至第五节）张忠仁（第六节）

第三章　张雷声

第四章　顾海良（第一节至第四节）韩建新（第五节）

第五章　韩建新　顾海良

第六章至第八章　顾海良

第九章　张雷声

第十章　张忠仁

第十一章至第十二章　胡　莹

第十三章至第十七章　常庆欣

第十八章　顾海良

目录

上篇　20 世纪上半期的马克思主义经济学

中篇　20 世纪下半期的马克思主义经济学

下篇 西方学者关于马克思经济学基本理论的论争

本卷主题为"十月革命以来国外马克思主义经济学的发展",是对俄国十月革命后这百年间国外马克思主义经济学史的回顾,是对这百年间马克思主义经济思想"历史路标"的探索。

自 19 世纪中叶马克思主义经济学形成以后,20 世纪是马克思主义经济思想经历的第一个完整的世纪。回顾 20 世纪经济思想的历史,马克思主义经济学作为一种经济思想流派,既历经几度辉煌而展示其思想光彩,也遭受多方"责难"而陷于"过时"的冷遇,但却一再"复兴"而永葆其经济思想的魅力。马克思主义经济学作为一种指导思想,既历经十月革命后凯歌行进的辉煌岁月、谱就了中国改革开放的华彩篇章,也曾度过如磐风雨摧折的艰难时辰,却也始终保持其强大的生命力和影响力。可以毫不夸张地认为,在 20 世纪经济思想历史发展中,没有哪一种经济学说,能像马克思主义经济学这样,如此密切地贴近人类经济、政治和社会发展的实际,如此深刻地影响着百年来人类社会经济关系的发展,如此长久地萦绕在经济思想争鸣和探索的潮流之中。

对 20 世纪马克思主义经济思想的研究,分作马克思主义经济学在中国的发展和在国外的发展这两个并行的部分。关于马克思主义经济学在中国的发展,在《新编经济思想史》第六卷和第十卷分别加以论述。在那两卷中,对十月革命以后马克思主义经济学在中国的传播、在中国社会革命建设改革过程中的运用和发展,以及马克思主义经济学的中国化时代化大众化的思想历程作出阐述。本卷专门阐述十月革命以来马克思主义经济学在国外发展的历程。这里讲的"国外",主要是苏联和原东欧国家、欧美和日本等主要资本主义国家,这些国家的众多学者和不同学派对这一时期马克思主义经济学的发展起着主要的影响和重要的作用。

一、十月革命以来马克思主义经济学在国外发展的主题

十月革命以来马克思主义经济学在国外发展的主题,是以这一时期国际经济关系及其本质和格局的变化为根据的。

十月革命之前,列宁从"说明 20 世纪初期,即第一次世界帝国主义大战前

夜，全世界资本主义经济在其国际相互关系上的总的情况”的高度，[①] 得出了“垄断正是‘资本主义发展的最新阶段’的最新成就”等一系列科学结论，[②] 深刻地把握了资本主义发展的历史进程。列宁认为，资本主义生产方式的新变化，并没有改变资本主义向社会主义过渡的历史必然性，而且“正是从自由竞争中生长起来的垄断，是从资本主义社会经济结构向更高级的结构的过渡。”[③] 马克思恩格斯提出的社会主义必然取代资本主义的结论，仍然是时代发展的内涵。列宁还认为，资本主义生产方式的新变化，使得资本主义必然向社会主义过渡的问题直接推进到资本主义如何向社会主义过渡的问题上，“经济和政治发展的不平衡是资本主义的绝对规律。由此就应得出结论：社会主义可能首先在少数甚至在单独一个资本主义国家内获得胜利。”[④] 资本主义如何向社会主义过渡的问题，成为这一时期马克思主义经济学发展的新的主题。

俄国十月革命后，列宁根据时代发展的新特征，对像俄国这样经济落后的国家如何从资本主义向社会主义过渡问题作了深入而广泛的探索。在如何过渡的问题上，列宁设想过直接过渡和间接过渡两种方式，在实践中发生了由直接过渡向间接过渡认识的转变过程，提出“俄国的特点使这一过渡更加复杂，这些特点在大多数文明国家内是没有的”，意识到俄国经历的是“带民族特色的过渡阶段”。[⑤] 在过渡时期社会主义经济的基本特征和根本任务上，列宁认为，“这个过渡时期不能不兼有这两种社会经济结构的特点或特性。这个过渡时期不能不是衰亡着的资本主义与生长着的共产主义彼此斗争的时期。”[⑥] 处于过渡时期的俄国的经济制度，就是一种既有资本主义也有社会主义，还有资本主义和社会主义混合的成分和因素的“特殊制度”。在关于过渡时期经济模式的选择上，列宁是以俄国间接过渡的具体的历史条件为依据的，在实施新经济政策过程中，探讨了经济文化落后的俄国向社会主义过渡的道路、方式、步骤和政策等一系列重大问题。

列宁逝世后，在苏联社会主义经济建设初期，斯大林在没有任何经验可资借鉴的情况下，对社会主义经济理论与实践作出了独立的探索。20世纪30年代，斯大林对苏联社会主义工业经济发展道路和农业经济发展道路问题作了有益的探讨。之后，斯大林社会主义经济模式逐渐成形。50年代初，斯大林对社会主义

[①] 《列宁选集》第2卷，人民出版社2012年版，第577页。
[②] 《列宁选集》第2卷，人民出版社2012年版，第597页。
[③] 《列宁选集》第2卷，人民出版社2012年版，第683页。
[④] 《列宁选集》第2卷，人民出版社2012年版，第554页。
[⑤] 《列宁选集》第3卷，人民出版社2012年版，第461页。
[⑥] 《列宁选集》第4卷，人民出版社2012年版，第59页。

经济发展的认识趋于成熟。50 年代初以后，斯大林模式在各社会主义国家的经济实践中得到不同程度的运用和强化。斯大林模式对苏联及其他社会主义国家的经济发展，既产生过积极的影响，也造成过许多的负面效应。

第一次世界大战后，西欧主要资本主义国家经历短暂的繁荣，很快又进入危机和动荡时期，特别是 20 年代末席卷西方世界的"大萧条"，使得西方资本主义国家的经济、社会和政治秩序上发生新的混乱。面对资本主义经济发展的"危机"、"崩溃"的趋势，"正宗"的马歇尔经济理论已经失去其"实用"价值，各种"异端"经济学说纷至沓来；西方有些经济学家开始转向马克思经济学，注意运用马克思经济学理论认识和分析资本主义经济制度的新变化和新特征。20 世纪 20 年代，苏联社会主义经济建设的成就，更激起西方一些学者对马克思主义经济思想的兴趣。"复兴"马克思经济学，成为当时西欧社会经济思潮发展的重要一翼。特别是第二次世界大战期间，国际反法西斯战线的形成，为马克思主义经济学在西方的发展提供了渐趋扩大的空间。在 40 年代初，罗宾逊夫人"沟通"马克思和凯恩斯经济学的想法、斯威齐关于资本主义发展的理论，得以在英美经济学界流传。

第二次世界大战期间，战争使国家对军事调节得到空前发展，也使国家对经济的影响和干预有了显著增长。适应战争的需要，国家垄断资本有了迅速发展。20 世纪 50 年代中期以来，资本主义沿着以垄断为主线的道路，推进资本主义社会经济关系的调整和发展。借助科学技术革命的新成果，也迫于社会主义经济关系发展的国际压力，资本主义经济关系有了明显的自我调整。这一时期，国家对经济的调节和干预，已由原先在战争和严重的经济危机中运用的一种临时性的非常措施，转变为一种经常性的日常经济运行的必要机制。国家垄断对资本主义经济关系的调整，突出地表现在"社会化形式的变化"上。[①]"社会化形式的变化"虽然没有改变资本主义的历史命运，但却改变了资本主义在一定阶段的发展状态。

在对第二次世界大战后资本主义社会发展新情况、新问题的探讨中，国外马克思主义经济学研究者提出了许多新的理论观点，形成了一些颇有影响的理论流派。特别是 20 世纪 60 年代中期，"复兴"马克思经济学一度成为西方社会中最引人注目的理论思潮。在这之后的 30 年间，西方国家的马克思主义者，对当代资本主义社会性质、特征、矛盾及其历史命运等问题，作出过多视角、多层面的探索，形成了多形式、多流派的理论和思潮。尽管这些探索瑕瑜互见，但对展示马克思主义经济学发展的新视野有重要的意义。

20 世纪 70 年代初，国家垄断资本主义有了进一步的发展，出现了所谓的

---

① Ben Fine，Laurence Harvis，Rereading Capital，Macmillan，1979，pp. 121 - 123.

"现代资本主义模式"。在现代资本主义模式中，技术进步要求对科学研究进行大量的投资，而科学研究只有通过大企业并在得到资本主义国家大笔经费资助下才能进行；企业及其综合体生产力和生产关系的国际化程度相当高，起的作用也极为重大，以致这种国际化成为现代资本主义不可分割的、极其重要的特征。资本的国际化不再是资本主义经济内部发展的一种"附加"因素，而成为一种"首要"因素。[1] 90 年代以来，随着经济全球化趋势的发展，国家垄断资本主义向国际垄断资本主义发展趋势明显增长。资本主义的新发展提出了一系列新的问题，其中主要有：资本主义从私人垄断到国家垄断，进而到当代的国际垄断的趋势与特点；金融资本全球化过程以及金融衍生工具和国际金融市场的作用与特点；在信息经济的背景下，资本输出形式在同技术、信息、人才等资源配置结合中的变化和特点；国际经济组织的新作用，主要如世界银行、国际货币基金组织和世界贸易组织的新作用；世界范围内发达与不发达两极分化的趋势及其特点；经济全球化过程中世界政治格局的变化趋势，特别是政治格局的多极化与单极化的冲突及其走势；在世界社会主义运动遭受严重挫折的背景下，当代资本主义的矛盾及其变化。

　　垄断的发展，在很大程度上缓和了资本主义经济关系的矛盾，但并没有消除这一社会的基本矛盾，相反在新的形式上还会加剧这一矛盾。21 世纪，国际垄断资本主义还将有一个长时期的发展，资本主义经济关系也可能作出新的调整。如马克思所指出的那样："无论哪一个社会形态，在它所能容纳的全部生产力发挥出来以前，是决不会灭亡的；而新的更高的生产关系，在它的物质存在条件在旧社会的胎胞里成熟以前，是决不会出现的。所以人类始终只提出自己能够解决的任务，因为只要仔细考察就可以发现，任务本身，只有在解决它的物质条件已经存在或者至少是在生成过程中的时候，才会产生。"[2] 因此，资本主义经济关系在一个很长的历史时期内还会有一定的生命力，它和社会主义制度的并存、竞争和斗争，也会存在于一个很长的历史时期。

　　与此相对应，社会主义制度在这一时期同样发生着深刻的变化。在苏联和东欧国家，20 世纪 50 年代初期在南斯拉夫就已出现社会主义经济体制和政治体制改革的最初实践。50 年代中期，东欧社会主义国家涌动的一些改革潜流，表现出对苏联模式弊端的揭露和反思，从而引发了社会主义经济制度的改革。社会主义经济体制改革提出的核心问题就是计划和市场的关系问题，进而就是社会主义

---

　　① 参见布·明兹：《现代资本主义》第一章"现代资本主义的重要特征"，东方出版社 1987 年版，第 8~84 页。

　　② 《马克思恩格斯文集》第 2 卷，人民出版社 2009 年版，第 592 页。

计划经济和市场经济的关系问题、社会主义经济制度和市场经济体制的关系问题，而后再是社会主义经济体制改革中市场化取向的思考、社会主义经济改革中借鉴、利用资本主义经济体制机制中的合理因素，包括吸收和引进资本主义国家的技术、资金和管理经验等理论与实践问题。社会主义和资本主义之间交流和合作的空间得到极大的拓展。20世纪70年代末之后的十余年间，苏联东欧国家社会主义改革过程中早已存在的某些失误急剧膨胀，使它们在社会主义改革的理论基础、社会主义改革的路线和方针上都发生急剧逆转，最后导致这些国家社会主义改革的挫折和失败。苏联解体和东欧剧变，对世界范围内社会主义的发展产生了极为严重的冲击，但是，社会主义并没有因此而"死亡"，相反，它正历经磨难，在21世纪已经开始显露出它的新的光彩。

十月革命以来国际经济关系及其格局的变化，确定了马克思主义经济学关于近百年来社会主义经济关系和资本主义经济关系的思想主题，以及与此相联系的马克思主义经济学基本理论的思想主题。

二、十月革命以来马克思主义经济学研究者的复杂组合

十月革命以来马克思主义经济学的研究者，是一个由主要观点、思想方法和基本结论上各自相异的极为复杂的群体构成的。这固然和这一时期社会主义资本主义经济关系和社会主义经济关系自身的复杂性有关系，对象的复杂性决定了理论观点和结论，乃至思想方法上的差异性，强化了马克思主义经济学研究者群体的复杂性。例如，美国的"新马克思主义经济学"就认为自己与苏联的"官方马克思主义经济学"就是迥然相异的。新马克思主义提出了十个相异的方面，其中主要如："官方马克思主义经济学"认为，劳动价值论是商品交换的规律，把劳动价值论看作是一种神圣不可侵犯的、只能重复而不能进一步探讨的理论；"新马克思主义经济学"认为，马克思对劳动价值论的许多论述都应该加以改进，这一理论所阐释的并不是商品之间的纯技术的经济关系，而主要是人与人之间的关系。在国家理论上，"官方马克思主义经济学"认为，政府是统治阶级的工具，美国政府代表的是资本家阶级，苏联政府则代表工人阶级，苏维埃工人控制的国家是民主的最高形式；"新马克思主义经济学"认为，美国政府中也存在着对抗的阶级，即便是经常居于统治地位的资本家阶级内部，也常常分裂为互相冲突的部分，而民主问题最重要的不只是其阶级结构而是实现民主的政治机制问题，由于缺乏实现民主的政治机制苏联政府就能随心所欲地对工人阶级实行专政。"官方马克思主义经济学"把当代社会分为资本主义和社会主义两大类型；"新马克思主义经济学"认为，当代社会除这两大类型外，还有其他类型，如苏联那种既

非资本主义又非社会主义的"中央集权的经济统制主义"。①

马克思主义经济学研究者的复杂组合，在西方主流经济学家内也有突出体现。卡尔·屈内（Karl Kühne）在《经济学和马克思主义》一书中指出，"对马克思的批判的考察表明，拒绝马克思的理论通常不是因为这些理论的经济内容，而是因为这些理论的社会和政治含义。自然地，马克思对经济学的贡献，只是被那些很大程度上呆在学术圈以外的人所赞赏，他们知道如何渗透马克思的经济原理的内核"②。尽管如此，甚至在19世纪末和20世纪初的专业经济学家试图忽视马克思也并不是荣耀的标志，因为"试图忽视马克思，并不是由那些真正伟大的经济学家作出的。比如，熊彼特、里昂惕夫和马歇尔等都对马克思的成就表示了极大的钦佩。"③屈内特别指出："必须注意到，马克思的思想曾在保守主义思想界引起过一定的反响。作为重要的保守分子，哈耶克就曾鼓足勇气承认，通过杜冈－巴拉诺夫斯基和施皮特霍夫（Spiethoff），他受到过马克思的影响。"④屈内还认为："马克思主义理论中有一部分就是资本过剩理论，而真正继承了这一理论的，却是一位铁杆保守主义者冯·哈耶克，他有点反常地坦率地承认自己受到过马克思的影响……重要的不只是注意哈耶克的保守主义的结论，而要看到他对繁荣和萧条的原因的分析，这种分析和马克思的分析非常接近。"⑤即使是庞巴维克，他在强烈地批判马克思经济学理论体系相关内容的同时，仍然承认"在马克思体系的中间部分，逻辑的发展和连结呈现出一种令人赞叹的严密性和内在一致性。""马克思体系的中间部分，以其异乎寻常的逻辑连贯性，永远地确立了马克思作为第一流思想家的声誉。"⑥

屈内基于他认为的这种"学术圈"取向，根据经济学家对待马克思经济学的不同态度，除了信奉马克思主义经济学的经济学家之外，可以把西方其他的马克思主义经济学研究者分为四类。第一类是那些讨论马克思的著作是为了驳斥马克思并揭示他的错误之处的经济学家，其中最重要的有庞巴维克、帕累托等。第二

① Howard J. Sherman, *Foundations of Radical Political Economy*, M. E. Sharpe Inc. 1987, pp. 7 - 8.

② Karl Kühne, *Economics and Marxism*, Vol. 1, English Translation Edition, translated by Robert Shaw, Macmillan Press Ltd 1979, P. 42.

③ Karl Kühne, *Economics and Marxism*, Vol. 1, English Translation Edition, translated by Robert Shaw, Macmillan Press Ltd 1979, P. 43.

④ Karl Kühne, *Economics and Marxism*, Vol. 1, English Translation Edition, translated by Robert Shaw, Macmillan Press Ltd 1979, P. 44.

⑤ Karl Kühne, *Economics and Marxism*, Vol. 2, English Translation Edition, translated by Robert Shaw, Macmillan Press Ltd 1979, pp. 222 - 223.

⑥ Eugen von Böhm-Bawerk, *Karl Marx and the Close of His System*, New York: Augustus M. Kelley, 1949 pp. 88 - 89.

类是那些追随罗宾逊夫人的那一著名评论的经济学家。罗宾逊夫人的那一著名评论认为，"向一个被认为是科学家的经济学家学习，必须把他对经济体系进行的描述中有效的内容和他服务于自己的意识形态而进行的公开的或无意识的宣传区分开来"①。这一经济学家群体在反对马克思经济学在社会和政治领域表现出来的重要原则的同时，努力去使用从马克思经济学思想过程和结构中产生的启发性的建议。第三类是接受马克思经济学提出的基本问题，从而也在很大程度上接受马克思主义经济学观点的经济学家，但是，他们并没有成为真正意义上的马克思主义者。这类经济学家中比较著名的包括里昂惕夫、克莱因等。第四类是那些最初的思想源自于马克思主义经济学的经济学家，随后开始朝着其他的方向上发展，有的疏远了马克思，这类经济学家中包括布朗芬布伦纳和米克等。

显然，马克思主义经济学研究者的复杂组合之所以在西方国家表现得更为突出，同这一时期马克思经济学"复兴"的原因是联系在一起的。屈内在对20世纪60年代中期马克思经济学在西方"复兴"原因的分析中认为，马克思经济思想存在着三个对现代经济学的发展可能产生不同影响的因素。这些因素，一是"马克思为现代宏观经济理论创建了基础"，二是"马克思不只是经济学研究中许多理论的先驱者，而且为继续发展这些理论奠定了基础"，三是"尽管马克思在未来的社会主义社会问题上保持了沉默，但是马克思至少是在《政治经济学批判大纲》中对远至自动化时代的社会制度变革进行了概略的叙述"②。从这三个因素出发的不同的学术取向，就可能产生被看作是多样的马克思主义经济学的理论观点和结论，形成马克思主义经济学者的复杂组合。

三、十月革命以来马克思主义经济学思想取向的多样综合

本卷所论及的马克思主义经济学思想或流派，除了苏联和原东欧国家的经济学家外，就是西方国家的马克思主义经济学学者了。这里的西方学者与以上提到的屈内认为的四类西方经济学家并不相同，他们主要还是指马克思主义经济学的赞成者和拥护者，其中不乏马克思主义经济学的信奉者，但在总体上还是一个较为宽泛的概念。

这些西方学者的共同之处在于对马克思主义经济学基本内涵的认同。这里的"马克思主义经济学"主要是指，"把其方法论和研究建立在卡尔·马克思基础

① 罗宾逊：《论马克思主义经济学》，商务印书馆1962年版，第2页。
② Karl Kühne, *Economics and Marxism*, Vol. 1, English Translation Edition, translated by Robert Shaw, Macmillan Press Ltd 1979, P. 5.

上的那些较为近期的经济学家的研究成果"。其中心论题，首先在于认为，"资本主义制度具有本质上的矛盾，这种矛盾指的是由资本主义制度结构产生的根本上的失灵，而不是某些和谐机制上表现出来的'不完善性'。"其次在于认为，"资本主义制度结构的核心是资本与劳动之间的关系，它在本质上是一种剥削关系。这种在其结构上对资本主义制度产生关键性影响的冲突，在各方面都得到了发展，在技术形式方面已发展到采取国家政策的形式。"再次在于认为，"对作为这一制度动力的资本积累，不能只从量上加以分析，它所引起的经济结构上的变化受到阶级关系的影响，反过来促进阶级关系尖锐化。"最后在于认为，资本主义制度尽管会发生一些变化，但"资本主义的根本逻辑仍然没有改变，它的历史可以区分为以一系列的特殊的阶级关系、技术、国家政策和国际结构为特征的不同阶段。"[①]

即使是这些赞成马克思主义经济学的学者，学术倾向色彩斑斓、学术观点也莫衷一是。如果从他们的政治立场、学术观点和研究方法等方面的差异来区分，大体可以分为三种主要的理论倾向或者说三种主要的理论流派。

一是"正统的"马克思主义经济学家。他们在政治上大多参加本国的或国际工人阶级或类似性质的组织、团体，有的甚至是这些组织、团体的领导人和主要理论家。在理论研究和学术探讨中，他们自视能坚持马克思的唯物史观和剩余价值理论，能坚信资本主义必然灭亡和社会主义必然胜利的历史发展趋势，能在坚守马克思经济学基本原理的前提下研究和探讨问题；但是，他们在一些最重要的理论结论及主要的研究方法上，都从属于他们所在的组织、团体的理论上的需要，为他们所在的组织、团体的路线、方针或政策寻求理论根据。如莫里斯·多布从20世纪20年代末以后的40余年间一直是英国共产党的重要理论家，埃内斯特·曼得尔在20世纪60年代以后就是"第四国际"的重要理论家之一。

二是"激进的"社会主义者或"新"马克思主义经济学家。他们也能够坚持运用马克思经济学理论原理分析、研究当代资本主义和社会主义经济关系，同时在政治上，他们同西方国家的工人运动和无产阶级政党，只在理论研究论题上有着某种联系，在组织上是毫不相关的。他们中的一些人早年可能参加过某一无产阶级政党或激进的政治组织，但后来就完全与之相脱离了；还有一些人至多只是通过某些"在政治上基本是边缘性的团体"，而同有组织的工人运动保持某些联系。在学术观点上，他们一般都认为："第二国际和第三国际在理论上的推动力现已耗尽，理论上的停滞只有通过新的探讨才能加以克服，这种新的探讨既包

---

① John Eatwell, Marray Milgate, Peter Newmaned: The New Palgrave: Marxian Economics, The Macmillan Press Limited 1990, P.274.

括直接回到马克思那里，也包括直接同资产阶级理论的对抗。"① 在研究方法上，他们与西方其他马克思主义经济学家相比较，更强调对马克思经济学的"重新研究"（Restudying）和"重新塑造"（Reshaping）。他们试图在对当代资本主义社会经济关系的研究中，既主张恢复马克思经济学的"传统"，更倡导"马克思主义必须对世界作出重新解释，并在这一重新解释中，批判它过去已经提出的旧的解释。"② 在这一类型的学者中，最有影响的是保罗·巴兰和保罗·斯威齐。

三是"教授的"或"校园的"马克思主义经济学家。他们最大特点在于，自认为是以"纯粹"的学者、教授身份来看待和研究马克思经济学的。他们与西方国家的任何具有政治性质的组织或团体，没有丝毫的联系：在学术探讨上，他们也不打算为认识当代资本主义和社会主义经济关系提供什么新的理论见解和思想基础。他们主张"赞成"（For）马克思经济学的科学成就、"反对"（Against）对马克思经济学的非科学的理解，包括剔除他们认为的马克思经济学中的已"过时"或者"被扭曲"的成分。持这种倾向的较有影响的学者及著作有：M. C. 霍华德、J. E. 金及他们合著的《马克思主义经济思想史》（两卷本）；安·布鲁厄及他的《马克思主义的帝国主义的理论：一个评论性的考察》；查里斯·巴罗纳及他的《马克思主义的帝国主义思想：总结和评论》；等等。

上述三种理论流派又多有交错、多有综合。从理论取向上，最显著的也许就是"沟通"和"重构"马克思主义经济学的观点。"沟通"马克思主义经济学的主张，是 20 世纪 40 年代初由罗宾逊夫人最初公开提出的。她提出这一主张，既是为了抨击当时已经过时的西方"正统学派"（即凯恩斯以前的经济学），也是为了发展当时方兴未艾的"现代学院派"（即凯恩斯以后的新经济学）。罗宾逊是从有利于"现代学院派"发展的角度，提出"沟通"马克思经济学与凯恩斯经济学的主张的。作为一种回应，西方马克思主义经济学家为了改变他们认为的马克思主义经济学的"停滞"趋向，"恢复"马克思主义经济学的"生命力"，从有利于当代马克思主义经济学发展的角度，也提出了"沟通"马克思主义经济学同西方其他经济学主张的。"沟通"马克思经济学的直接结果，就是对马克思经济学的"重构"、"重塑"、"重建"。从"沟通"马克思经济学到"重构"马克思经济学，成为西方马克思主义经济学发展的显著取向之一。

---

① Gerd Hardack, Dieter Karras, Ben Fine: A Shore history of Socilise Economic Thought, Edward Arnold, 1978, P. 60.

② Laul Sweezy, Marxism and Revolution 100 years After Marx, Monthly Reriew, March 1983.

四、对本卷"十月革命以来国外马克思主义经济学的发展"结构的说明

根据以上论述的十月革命以来马克思主义经济学发展的主题、马克思主义经济学研究者的复杂组合和马克思主义经济学思想取向的多样综合的特点，本卷分为三篇十八章。

上篇"20世纪上半期的马克思主义经济学"，第一章到第四章。十月革命开启了20世纪马克思主义经济学的新的思想历程。1917年俄国十月革命后，列宁对俄国选择社会主义过渡经济道路的理论和实践问题作出了艰难的探索，特别是新经济政策实施中关于利用国家资本主义形式过渡到社会主义、利用商品货币关系和市场机制作用发展经济等问题的阐述，是对经济文化比较落后国家无产阶级取得政权后进行社会主义经济建设的可贵探索。

20世纪20年代末到30年代中后期，是20世纪马克思主义经济学在西欧的第一次"复兴"。这次"复兴"，着重表现在关于马克思经济学的基本原理，特别是关于劳动价值论、剩余价值论和经济危机理论的研究上；由1929年资本主义经济"大萧条"前后引发的关于资本主义经济危机和资本主义制度崩溃理论的探讨上；关于社会主义经济计算问题的争论上。

以建设什么样的社会主义、怎样建设社会主义为主要内容的社会主义观，是社会主义国家的执政党都会遇到的重大的理论和实践问题。1924年列宁逝世以后，斯大林对俄国社会主义前途和社会主义基本特征的问题的认识，斯大林在领导苏联人民进行社会主义经济实践中所形成的苏联社会主义经济模式，既包含着对社会主义经济理论和实践的可贵的探索，也不可避免地存有某些偏颇甚至错误。以苏联社会主义经济制度的确立为前提，在总结苏联社会主义经济建设实际经验的过程中，20世纪30年代初社会主义政治经济学开始建立。《苏联社会主义经济问题》一书，是斯大林对苏联30多年社会主义经济建设经验和理论的全面总结。1954年苏联政治经济学教科书的完成，是社会主义政治经济学理论体系化的标志。

中篇"第二次世界大战后的马克思主义经济学"，第五章到第十二章。本篇以对当代资本主义经济关系和当代社会主义经济关系研究为主线，展示这一时期马克思主义经济学的发展。

在对当代资本主义经济关系的研究中，20世纪60年代初到80年代初，苏联和东欧学者力图摆脱对列宁帝国主义理论教条主义理解的束缚，结合当代资本主义发展的新情况和新问题，对当时国家垄断资本主义的基本性质、资产阶级国家

与垄断资本的关系、资本主义经济危机新特点等问题作了多方面的有意义的探讨。这些探讨的基本特点是运用列宁帝国主义理论的基本观点和方法，以此凸显列宁帝国主义理论的当代意义；对当代资本主义发展的新变化作出新的探索，形成关于国家垄断资本主义的新的理论和观点。

20 世纪 60 年代中期以后，以 1965 年巴兰和斯威齐《垄断资本》的出版为标志，西方马克思主义经济学家们结合当时资本主义经济关系变化的实际，对当代资本主义理论做出了新的阐释。围绕《垄断资本》的理论发展起来的美国"垄断资本学派"，对当代资本主义经济关系做出了多方面的论述。西欧的马克思主义经济学家在对当代资本主义生产方式及其经济、政治、社会发展的整体研究的基础上，也提出当代资本主义发展新阶段的一系列理论主张。

在对当代社会主义经济关系的研究中，第二次世界大战后，随着东欧及苏联社会主义经济的进一步发展，"传统的"经济体制开始暴露出一些与现实的生产力和生产关系发展不相适应的弊端。改革这一经济体制中的不合理之处，建立更适合各国社会主义经济发展实际的新的经济体制已成为必然的趋势。20 世纪 50 年代初，南斯拉夫在改革战后建立起来的中央集权型的经济体制的基础上，建立了社会主义自治经济体制。50 年代后半期，苏联和东欧其他社会主义国家也对传统的经济体制作了初步的改革。60 年代中期和 70 年代中期，苏联东欧又掀起两次经济改革的浪潮，一直持续到 80 年代初。苏联东欧社会主义国家经济体制改革的实践措施与理论探索，推动了这一时期社会主义经济关系的发展和经济体制的改革，拓展了对社会主义经济关系的本质及其运动趋势的认识，丰富了社会主义政治经济学理论视野。80 年代末 90 年代初的苏联解体和东欧剧变，改变了经济体制改革的社会主义方向，结束了马克思主义经济学发展的一个历史阶段。

20 世纪 60 年代初以后，西方马克思主义经济学家对社会主义政治经济学理论的思考，基本上都是围绕着中国、苏联等社会主义国家面临的现实经济问题展开的，也有提及后来社会主义国家经济体制改革中遇到的一些论题。"市场社会主义"作为探索社会主义经济模式的一种理论思潮，在社会主义和市场、市场经济的关系问题，往往展开企业、市场和竞争，价格、利润和效率，分工、收入和管理，投资、增长和对外贸易以及经济民主和政治民主等方面问题上作了多方面的讨论。80 年代末 90 年代初苏东剧变后，关于市场社会主义问题的探讨，出现了一系列新的取向。

与此同时，本篇还对方兴未艾的马克思主义不发达政治经济学的发展历史问题和马克思主义经济学在日本的发展作了专门的探讨。

下篇"西方学者关于马克思经济学基本理论的论争"，第十三章到第十八章。马克思是马克思主义经济学的创立者。马克思经济学或者马克思经济思想的主要内容，就是马克思创立的经济学基本原理。这些基本原理构成马克思经济学体系的主要的和本质的理论、范畴，是马克思主义经济学的基本构件和重要支柱。在这一意义上，马克思经济学在 20 世纪的展开形式就是马克思主义经济学。在这一"展开"中，有适合于马克思经济学本质理解的，也有不适合于甚至是教条化的、僵化的或者附加给马克思经济学本质的理解。因此，在马克思主义经济思想史研究的一定意义上，有必要辨分"马克思经济学"（Marxian Economics）和"马克思主义经济学"（Marxist Economisc）的差异。

本篇从马克思经济学的基本原理，主要如劳动价值论、剩余价值论、生产价格转形论、经济危机论，以及马克思和凯恩斯、斯拉法比较论等五个方面，阐明西方学者论争的基本过程、主要观点和基本结论，展示马克思主义经济学在西方发展的重要特点。对这五个方面论争的探索，取自西方经济学的学术背景和学术氛围。这种学术背景和学术氛围，对于理解这些原理论争的过程和内涵更有裨益。

以关于转形问题的论争为例。西方学者所谓的"转形问题"（The Transformation Problem），指的是马克思在《资本论》第一卷和第三卷中论及的价值转化为生产价格的理论问题。在马克思经济学中，价值转化为生产价格的理论是劳动价值论和剩余价值论发展的综合成果。一方面，生产价格作为价值的转化形式，对其形成机制和形成过程的理解，是以劳动价值论为基础的，不理解价值实体、价值实现及其转化机制，就不可能搞清抽象层次上的价值向具体层次上的生产价格转化的逻辑过程；另一方面，生产价格中的平均利润是剩余价值的转化形式，离开了剩余价值理论就不可能搞清剩余价值到利润、利润到平均利润的内在的转化关系。据此可以认为，转形问题论争实质上就是关于马克思劳动价值论和剩余价值论的科学地位及其理论意义的论争。

冯·博特凯维茨在 1906 年发表的《关于马克思体系中价值计算和价格计算问题》和 1907 年发表的《对马克思〈资本论〉第三卷基本理论结构的修正》的文章中[①]，试图用一个联立方程组来完善马克思对价值到生产价格的量的转化关系的论述；特别是希望能找到一个数学模型，解决成本价格在按生产价格计算时的这种量的转化关系。博特凯维茨的论文在当时并没有产生什么影响，直到 1942 年保罗·斯威齐在《资本主义发展论》一书中重提博特凯维茨这两篇文章时，[②] 才引起了西方经济学界的关注。斯威齐提出了一个新的联立方程组，对博特凯维茨的论述

---

① L. von Bortkiewicz, *Value and Price in the Marxian System*, International Economic Papers, 2, 1952, pp. 5 - 60；*On the Correction of Marx's Fundamental Theoretical Construction in the Third Volume of Capital*, in Sweezy（ed.）Karl Marx and the Close of his System, pp. 197 - 221.

② P. M. Sweezy, *Theory of Capitalist Development*, New York：Monthly Review Press, 1970；first published 1942, pp. 112 - 25.

作出补充。J. 温特尼茨 1948 年发表的《价值和价格：所谓转形问题的解决》一文，是英国马克思主义经济学研究者对博特凯维茨的第一次批判；莫里斯·多布 1955 年发表的《关于价值问题的探讨》一文，罗·林·米克 1956 年出版的《劳动价值学说史的研究》一书和同年发表的《关于"转形"的若干问题的探讨》一文，塞顿 1957 年发表《关于"转形问题"》一文，都对转形问题做出了新的论述。这一时期，对转形问题的探讨大多以"补充"或"完善"马克思既有理论为基本出发点，因而更多的是马克思主义经济学圈子内的具有显著的"学术"取向的论争。

1960 年，斯拉法的《用商品生产商品》的出版，使得转形问题的论争，"开始从对马克思的价值理论构建的技术性批判，转向试图证明对经济分析而言劳动价值论是不必要的，而且应当被抛弃"论争。① 西方主流经济学营垒内的新古典综合学派和新李嘉图学派对转形问题提出了各自富有挑战的论争。70 年代初，转形问题论争开始围绕价值理论的"可行性和重要性"展开，"参与争论的学者的数目和多样性以及所考察的理论问题涉及的范围，都使得这次争论成为漫长的经济理论历史上最为显著的争论之一"。② 新古典综合学派的代表人物保罗·萨缪尔逊，在 1971 年发表的《理解马克思的剥削概念：马克思的价值与竞争价格间所谓转化问题概述》等文，提出了他的"橡皮擦算法"，认为"马克思对工业再生产的模式的分析确实是原创性的"，但是，"马克思《资本论》第一卷的劳动价值论似乎是一种迂回，对于理解竞争条件下的资本主义是不必要的。而剩余价值理论对于不完全竞争和垄断竞争的这两个重要问题的分析，也几乎或完全没有帮助。"③ 他在一定程度打破了西方主流经济学从庞巴维克开始延袭下来的认为马克思劳动价值论是错误的观点，转而认为劳动价值论是对于理解生产价格和一般利润率完全是"不必要的多余的"。萨缪尔森的研究同时受到赞成和反对劳动价值论的学者的质疑。1973 年，森岛通夫在《马克思的经济学》一书中，主要利用冯·诺依曼的线性规划技术，强调马克思的生产价格概念只有在产业是"线性相关"的情况下才是有效的，他以异质劳动和联合生产或固定资本时存在的理论上的困难为由，建议放弃马克思劳动价值论，用冯·诺依曼类型的理论模型替代它。1974 年，鲍莫尔《价值转形：马克思的"真实"含义》一文用一种

① Ernest Mandel, *Introduction*, in Ernest Mandel, Alan Freeman Eds, Ricardo, Marx, Sraffa: The Langston Memorial Volume, Schocken Books, 1985, P. xi.

② Makoto Itoh, *The Value Controversy Reconsidered*, In Radical Economics, Edited by Bruce Roberts, Susan Feiner, Kluwer Academic Publishers, 1992, P. 53.

③ Paul A. Samuelson, Understanding the Marxian Notion of Exploitation: A Summary of the So-Called Transformation Problem Between Marxian Values and Competitive Prices, Journal of Economic Literature, Vol. 9, No. 2. (Jun., 1971), P. 408.

新的形式考察了转形问题，[①] 认为马克思转形问题的真实意图是用一个数学模型，说明通过竞争实现剩余在不同形式的资本之间收入分配的问题。这样，转形问题似乎成了纯粹的剩余价值的分配问题。在新李嘉图学派中，伊恩·斯蒂德曼1977年在《根据斯拉法观点看马克思》一书，依据斯拉法《用商品生产商品》中提出的基本理论和方法，附和了萨缪尔森的观点，认为均衡价格能够按照斯拉法的方法能够直接从实物量体系和实际工资的计算中得出，利润率和生产价格的确定，完全不必求助于价值和剩余价值理论，劳动价值论是"多余的"和"不必要的"。对转形问题论争的这些变化，"在年轻的西方学者中产生了一种意想不到的后果，这些学者现在意识到，马克思主义经济理论同新古典和新李嘉图主义经济学一样，可能值得进行数学分析。与此同时，他们被沿着斯拉法相同的思路进行的批判所感染"。[②] 这一时期的论争，转变为三种理论方法——新古典主义、新李嘉图主义和马克思主义学派的对抗，如伊藤诚认为的呈现出"三足鼎立"的局面[③]。对这三种基本方法、主要观点和根本立场的理解和把握，成为20世纪和21世纪之交探索转形问题的新的论争的关键。

应该看到，类似于转型问题（也包括劳动价值论、剩余价值论）这样的争论，在西方马克思主义经济学的学术氛围中才能出现。在这种氛围下，对马克思经济学基本原理的质疑、反对乃至攻击才可能完全地暴露出来，西方主流经济学娴熟的数理经济方法也能得到广泛运用。这种氛围，在当时苏联和东欧国家的经济学界是不存在的。当马克思经济学受到过多的非学术性的"保护"时，就难以在直面各种理论和学派的交流、交往和交锋中推进自身的发展；当马克思经济学缺乏现代技术手段时，就难以在理论经济学质态研究向量化分析的转变中实现自身的时代化。以西方经济学学术氛围为背景，展示马克思经济学主要原理论争的思想史过程，是切合于这一时期马克思主义经济学发展的历史真实的。

总之，下篇以"关于马克思经济学基本理论的论争"为题，综合分析西方学者——特别是包括了屈内认为的那四种类型在内的西方学者——有关马克思经济学基本原理的论争过程和研究成果，评价理论论争各方的历史背景、主要观点、论争结果，以及由此形成的各种理论流派和思潮，对于把握马克思经济学基本原理，对于理解马克思主义经济学在现时代的发展和创新是有重要意义的。

---

① Baumol, W. J. 1974. The Transformation of Values: What Marx 'Really' Meant: An Interpretation. Journal of Economic Literature, Vol. 12 (1), March, pp. 51 – 62.

② Makoto Itoh, *The Value Controversy Reconsidered*, In Radical Economics, Edited by Bruce Roberts, Susan Feiner, Kluwer Academic Publishers, 1992, P. 59.

③ Makoto Itoh, *The Value Controversy Reconsidered*, In Radical Economics, Edited by Bruce Roberts, Susan Feiner, Kluwer Academic Publishers, 1992, P. 53.

上　篇

20 世纪上半期的马克思主义经济学

第一章

十月革命后列宁对马克思主义经济学的发展

1917 年俄国十月革命后，列宁在对俄国经济社会发展阶段性特点和世界经济格局新变化的深刻把握上，依据马克思主义经济学基本原理，对俄国选择社会主义过渡经济道路的理论和实践问题做出了艰难的探索和思考，形成了马克思主义关于社会主义过渡经济学的最初思想。与列宁同时，布哈林在十月革命胜利后的几年间，也对俄国过渡经济学作过多方面的有影响的探索。

从战时共产主义时期到新经济政策时期，列宁在俄国苏维埃经济建设实践中提出的经济学理论，是对经济文化比较落后国家建设社会主义规律的揭示，也是对社会主义经济学理论的初步探索。特别是新经济政策实施中关于利用国家资本主义形式过渡到社会主义、利用商品货币关系和市场机制作用发展经济等问题的阐述，对经济文化比较落后国家无产阶级取得政权后进行社会主义经济建设，具有重要的指导意义。

第一节　列宁战时共产主义时期的经济思想

俄国十月革命爆发前后，列宁依据马克思恩格斯关于经济文化落后国家社会主义发展道路的理论探讨，依据马克思恩格斯关于未来社会经济制度特征的理论构想，科学地分析了帝国主义时代的新特征和俄国经济社会发展的实际，对像俄国这样的经济落后国家如何从资本主义过渡到社会主义，如何利用商品货币关系和市场机制的作用发展经济等问题进行了探索。十月革命前后俄国经济社会制度的急剧变化，使得这一时期列宁关于俄国社会主义过渡经济的理论思考和实践探索变化也最为显著。

一、十月革命爆发前后列宁的过渡经济思想

在马克思主义经济思想史上，马克思恩格斯曾经对无产阶级取得政权以后如何向社会主义过渡的问题作过科学的探讨。在写于 1875 年、发表于 1891 年的《哥达纲领批判》一书中，马克思指出：共产主义社会制度的实现是一个历史的过程，它是从资本主义社会脱胎而来的，它自身必然要经历一个发展变化的过程。"在资本主义社会和共产主义社会之间，有一个从前者变为后者的革命转变时期。"[①] 列宁十分重视马克思的过渡时期理论，在十月革命之前，就对党内否认在资本主义和社会主义之间存在过渡时期的论点作了反驳，断然认为："这是不对的。这是离开了马克思主义"[②]。在《国家与革命》一书中，列宁阐述了马克思在《哥达纲领批判》中关于共产主义两大阶段的思想，从理论上重申了马克思提出的过渡时期理论，提出"由整个发展论和全部科学十分正确地肯定了的首要的一点，也是从前被空想主义者所忘记、现在又被害怕社会主义革命的现代机会主义者所忘记的那一点，就是在历史上必然会有一个从资本主义向共产主义过渡的特殊时期或特殊阶段。"[③]

这一时期，由于列宁一再认为资本主义发展本身创造了"监督生产和分配，计算劳动和产品"的经济前提，通过计算和监督就可以把共产主义社会第一阶段"调整好"，全体公民就会成为全民的、国家的"辛迪加"的职员和工人，整个社会就会成为一个管理处，成为一个劳动平等、报酬平等的工厂，人们对于人类一切公共生活的简单的基本规则也就会很快地从必须遵守变为习惯遵守。在这一方面，列宁的过渡时期理论在具体设想方面，没有超出马克思《哥达纲领批判》所设定的理论框架。但是，在另一方面，列宁基于俄国经济社会发展的实际，也设定了俄国过渡经济的一些特殊路径。

十月革命胜利初期，列宁在把自己关于直接向社会主义过渡的思想运用于实践时，清醒地看到向社会主义过渡的艰巨性和复杂性。他认为，"过渡"的艰巨性和复杂性主要表现在两个方面：一是在"过渡"的一般性和特殊性上，"我们还没有超出从资本主义向社会主义过渡的最初几个阶段，俄国的特点使这一过渡更加复杂，这些特点在大多数文明国家内是没有的"，俄国实际存在的是不同于西欧发达国家的"带民族特色的过渡阶段"；二是在"过渡"的主要困难上，马

① 《马克思恩格斯文集》第 3 卷，人民出版社 2009 年版，第 445 页。
② 《列宁全集》第 24 卷，人民出版社 1957 年版，第 217 页。
③ 《列宁选集》第 3 卷，人民出版社 2012 年版，第 188 页。

克思恩格斯不可能预见到经济落后国家在从资本主义向社会主义过渡中的种种复杂情况和具体方式，"我们不知道，而且也不可能知道，过渡到社会主义还要经过多少阶段"，在过渡中，"无论改造的形式或具体改造的发展速度，我们都不可能知道。"①

　　尽管如此，列宁在认识到过渡的漫长而艰难时，也希望能够逐步地向社会主义直接过渡。据此，列宁提出了一个包括以生产资料国有化使生产在事实上社会化、民主集中制、对产品的生产和分配进行全民计算和监督、生产消费公社体系等内容的、以组织竞赛为特征的社会主义经济建设的总设想，主张建立一种直接过渡的经济模式。十月革命后实施的战时共产主义政策，既是战争的需要，也是列宁"直接过渡"思想的一种体现。列宁自己后来在回顾这段历史时曾经指出："你们回想一下我们党从 1917 年底到 1918 年初所作的各种正式的和非正式的声明就可以发现，我们那时已认为，革命的发展、斗争的发展的道路，既可能是比较短的，也可能是漫长而艰辛的。但是，在估计可能的发展道路时，我们多半（我甚至不记得有什么例外）都是从直接过渡到社会主义建设这种设想出发的，这种设想也许不是每次都公开讲出来，但始终是心照不宣的。"②

　　1919 年 3 月俄共（布）第八次代表大会以后，列宁的思想发生了变化。他清楚地认识到，在像俄国这样经济落后的国家，要消灭货币是一个长期的过程，必须采取一些最激进的措施，即首先以存折、支票和短期领物证，进而以实物结算来代替货币，最终消灭货币。在向社会主义过渡的实践中，列宁坦率地承认："我们用'强攻'的办法即用最简单、迅速、直接的办法来实行社会主义的生产和分配原则的尝试已告失败"③。列宁做出了深刻的总结：一是要找出"过渡"的关键，"需要经过哪些中间的途径、方法、手段和辅助办法，才能使资本主义以前的各种关系过渡到社会主义。关键就在这里。"④ 二是要找到符合俄国国情的"迂回过渡"的方法、形式和途径，以取代以前那种冲击式"直接过渡"的方法、形式和途径。列宁在总结中反复强调：不要离开生产力水平及其发展而单凭一股热情，或借助于无产阶级国家的法令，在一个小农国家按共产主义原则来实现社会主义目标。这一时期，列宁不仅坚持了马克思主义关于过渡时期的理论，而且还根据苏维埃俄国的具体的实践经验，进一步丰富和发展了这一理论，

---

① 《列宁选集》第 3 卷，人民出版社 2012 年版，第 460 - 461、545 页。
② 《列宁选集》第 4 卷，人民出版社 2012 年版，第 596 页。
③ 《列宁选集》第 4 卷，人民出版社 2012 年版，第 602 页。
④ 《列宁选集》第 4 卷，人民出版社 2012 年版，第 509 页。

为后来取得无产阶级革命胜利的经济落后国家向社会主义过渡提供了重要的启示。

二、关于战时共产主义的政策及其理论阐释

十月革命胜利以后，为了挫败国外帝国主义的武装干涉，战胜国内白卫军的叛乱，保卫和巩固无产阶级革命的成果，新生的苏维埃政权实行了战时共产主义政策。1918 年夏秋至 1921 年 2 月，通常被人们称作是苏维埃俄国的"战时共产主义"时期。

当时，在外国武装干涉和国内战争的环境中，粮食问题成为新生的苏维埃俄国面临的一个最为严峻的问题。列宁指出："目前我们还顾不上研究经济政策和农业政策。我们不得不抛开这些工作，而把全部注意力放在起码的任务即粮食问题上。"[1] 因此，战时共产主义政策的主要内容首先表现为：实行粮食贸易垄断制，制定余粮收集制。

从 1918 年夏到 1919 年 1 月，在列宁的主持下，全俄中央执行委员会先后制定和通过了关于粮食问题的一些政策和法令，实行了坚决的"粮食专政"。1919年 1 月 17 日在全俄中央执行委员会、莫斯科苏维埃和全俄工会代表大会联席会议的讲话上，列宁全面地阐述了苏维埃政权关于余粮收集制的政策，重申了 7 条原则。这就是:[2]

第一，苏维埃粮食政策业已证明是正确的和不可动摇的，这一政策包括：(a) 进行统计并依照阶级原则由国家分配；(b) 对食物中的主要品种实行垄断；(c) 把供应工作从个人手中转到国家手中。

第二，如不坚决实行已经明文规定的国家对主要食物品种（粮食、糖、茶、盐）的垄断，如不按照固定价格由国家大量收购其他一些主要品种（肉类、海鱼、大麻油、葵花子油、亚麻油、除牛油外的动物油、马铃薯），在目前条件下，要合理地向居民供应食物是不可想象的，而且按照固定价格大量收购第二类食物不过是一种初步措施，粮食人民委员部下一步也要对它们实行国家垄断。除国家粮食机关外，任何人不得收购和运输本条列举的一切食物品种（马铃薯除外）。至于马铃薯，除国家机关外，工人组织、工会组织和合作社组织也有权按规定的固定价格大量收购。

第三，暂时规定工人组织和合作社组织有权收购未列入第二条的各种食物。

---

[1] 《列宁全集》第 35 卷，人民出版社 1985 年版，第 18 ~ 19 页。
[2] 参见《列宁全集》第 35 卷，人民出版社 1985 年版，第 412 ~ 416 页。

第四，强迫地方粮食机关协助收购组织行使这一权利。运输和在市场上出卖上述食物是完全自由的。巡查队、哨卡、警卫队等无权干涉自由运输和在集市、市场和直接从车上等自由出售上述食物。关于鸡蛋和牛油，本决定仅适用于粮食人民委员部对该两种食物不实行大量收购的地区。

第五，为了加强收购工作和更顺利地完成各项任务，对于非垄断的食物品种采用派购的原则，对于替国家收购垄断的和非垄断的食物品种的合作社和其他组织实行奖励制度。改善粮食机关状况并让工人更广泛地参加工作的组织措施如下：（1）广泛利用工人的粮食检查机关，把它们用来监督粮食机关对 12 月 10 日法令的执行和监督非垄断食物品种的收购；（2）尽快在各地一切粮食机关中实行工人检查制度，并把这一制度推广到粮食人民委员部所属各单位，以便同官僚主义和拖拉作风进行坚决斗争；（3）加强同工人组织——工会和工人合作社——的联系，办法是利用这些组织中的活动分子来进一步加强地方机关；（4）在各中央机关和地方机关中实行工人实习生制度，以便从工人当中培养出一批能够担任要职的实际粮食工作人员。

第六，在收购和分配的工作中充分利用合作社机构。合作社机构中应有国家供应机关的负责代表，以监督和协调合作社组织的活动，使之符合于国家的粮食政策。

第七，责成工人在粮食人民委员部所组织的武装支队的协助下，监督食物运输条例的执行和垄断制度的贯彻。除粮食人民委员部和各省粮食委员会所属支队外，一切粮食巡查队应立即撤销。各地相应的工人检查机关成立后，粮食人民委员部和各省粮食委员会所属支队也应撤销。

余粮收集制实施的办法就是按国家需要，硬性规定数字，摊派给基层，按固定价格强制征收。征收的产品范围由最初只是粮食，扩展到肉类、马铃薯、鱼、各种动物油、植物油等主要农副产品。正如列宁所说："我们实际上从农民手里拿来了全部余粮，甚至有时不仅是余粮，而是农民的一部分必需的粮食，我们拿来这些粮食，为的是供给军队和养活工人。其中大部分，我们是借来的，付的都是纸币。我们当时不这样做就不能在一个经济遭到破坏的小农国家里战胜地主和资本家。"[1] 列宁还认为，在一个挨饿的国家里，不采取余粮收集制的政策，而实行粮食贸易自由，实际上"就是投机自由，就是富人发财自由"[2]。

战时共产主义政策在工业方面的表现是：将大中小企业全部收归国有，实行国有化。1918 年 6 月 28 日，人民委员会颁布了将大工业企业实行国有化的规定，

---

[1] 《列宁选集》第 4 卷，人民出版社 2012 年版，第 501 页。

[2] 参见《列宁全集》第 37 卷，人民出版社 1986 年版，第 389 页。

到 1920 年年初，不仅大工业企业，而且中等工业企业甚至相当数量的小工业企业也都收归国有。1920 年 11 月 29 日，最高国民经济委员会又颁布了将小工业企业实行国有化的规定：凡拥有机器动力而工人数目超过 5 人，不拥有机器动力而工人数目超过 10 人的一切私人的和团体的工业企业都实行国有化。很快，更小的工业企业都收归国有。这样，苏维埃俄国的大中小工业企业基本都由国家统一领导，在管理上实行了集中制，最高国民经济委员会下按行业设立了 52 个总管理局，总管理局越过地方行政机关直接给所属企业制定生产计划、物资技术供应计划和产品分配计划，企业从上级机关得到机器和原材料，并按上级机关的规定提交产品。苏维埃俄国在工业方面采取全盘国有化的政策也是迫于当时的经济政治形势，列宁说："苏维埃政权从敌人的阵营得到的回答却是：决心进行残酷的斗争，以确定苏维埃政权作为一个国家能否在世界经济关系体系中站住脚。……我们不能不这样做。采用任何其他的行动方式，从我们方面说，都等于完全交出我们的阵地。"[①]

禁止私人贸易，取消私人商业网点，实行商业国有化，是战时共产主义政策的又一重要内容。1918 年 11 月 21 日，人民委员会颁布法令规定：为了由国营和合作社分配站有计划地组织居民供应工作以取代私营商业网，一切个人消费品和家用物品的采购工作，统交粮食人民委员部办理，并对私人的商业实行国有化，对私人的零售贸易收归市有，实行市有化。1918 年 11 月 26 日，最高国民经济委员会和粮食人民委员会部颁布决议，规定食糖、糖果、茶叶、食盐、火柴、布匹、煤油、肥皂等重要商品实行国家垄断经营，禁止私人经营。这样一来，国家掌握了全部农产品的采购、商品的分配和居民的供应工作，几乎一切商品的自由贸易都被禁止。

在战时共产主义条件下，苏维埃政权的任务是在全国范围内用有计划有组织的产品分配来代替自由贸易，因而取消了货币流通而代之以实物交换。经济实物化成为战时共产主义政策的重要内容。国内战争时期，国家凭票证对居民分配工农业产品，实行"不劳动者不得食"的原则，普遍实行义务劳动制，非劳动者在完成劳动义务之后得到配给的产品。城市居民都参加消费公社，凭证供应粮食。国内战争结束后，由于纸币的急剧贬值，1920 年 7 月苏维埃俄国第二届全国居民供应会议通过决议，要求绝对取缔以买卖方式进行最重要的农产品的采购以及所谓的自发性采购，取消自由市场和国家调节的市场，取消货币流通，粮食的交售任务既不可超过农业中实有的余粮，也不可留下自由的余粮。至此，经济生活开始走向实物化。1920 年 12 月 4 日，人民委员会规定国营和合作社营分配机构凭

---

① 《列宁选集》第 4 卷，人民出版社 2012 年版，第 601 页。

证免费发放食品；12 月 17 日又将这一办法扩大到日用品和燃料；1921 年 1 月 27 日开始免收职工的房租、水电、煤气、暖气等费用。这样，凭证供应过渡到向居民免费发放食品和日用品，工资完全实行了实物化。经济实物化主要表现为：绝大部分的社会产品无偿地或接近无偿地集中到苏维埃国家手中，又无偿地或接近无偿地供应军队、工人、职员和其他居民；国营工厂所需要的机器设备、原材料也无偿地得到供应，企业的产品也无偿地由国家进行调拨、分配。在经济实物化情况下，货币已失去了经济意义。

战时共产主义政策的实施，无疑与新生的苏维埃政权当时所处的经济政治环境有关。在保证击退国内外武装干涉，争取战争胜利方面不这样做就不能达到目的，就不能在一个经济遭到破坏的小农国家中战胜苏维埃政权的敌人。就此而言，战时共产主义是有其历史功绩的。但是，这一时期，在苏维埃俄国实行战时共产主义政策，也同列宁对俄国怎样从资本主义向社会主义过渡的理论与实践的认识有关。列宁把战时共产主义政策看作是向社会主义"直接过渡"应采取的政策，如认为余粮收集制"就是社会主义的真正的、主要的前阶。这已经不是'一般革命的'任务，而正是共产主义的任务"[①]。

三、十月革命前后列宁关于过渡经济思想的意义

在向社会主义过渡的伟大事业中，列宁对马克思主义关于过渡时期理论的丰富和发展是随着俄国的经济政治实践而进行的。结合俄国的具体实践，他不仅论述了过渡时期的必然性，分析了过渡时期的基本经济特征；而且根据不同经济成分的性质和作用，提出了过渡时期所应完成的根本任务。

首先，列宁科学地论述了过渡时期的含义和过渡时期的必然性。列宁认为，过渡时期有两个层次的含义：一是指从资本主义向共产主义社会低级阶段即社会主义社会过渡的革命转变时期；二是指由于某个时期的具体任务不同所产生的某些小的过渡阶段。社会主义的目的是要消灭阶级的，这里既要消灭剥削阶级，也要消灭工农差别，这是一个十分困难而长期的任务。要完成这一任务，就必须完成生产资料所有制的社会主义改造，把小农引向合作制，从个体的、单独的小商品经济过渡到公共的大经济。因此，从资本主义向社会主义的过渡必定需要若干年，而在这若干年的过渡中，生产资料所有制社会主义改造的完成，以及把小农引向合作制任务的完成，只不过是其中的小的过渡阶段的完成，还不能说是最终建成了社会主义。

---

① 《列宁全集》第 34 卷，人民出版社 1985 年版，第 339 页。

但是，在资本主义转变为社会主义过程中必然存在着过渡时期，其原因主要在于：其一，在社会主义以前的历史发展中，新社会的经济关系基本上是在旧社会内部产生和形成的；而社会主义的经济关系不可能在资本主义社会内部产生，它必须经历一个变非社会主义经济关系为社会主义经济关系的历史过程。其二，无产阶级在对旧的经济关系进行社会主义改造时，面临着两种不同性质的私有制，即以剥削为基础并与社会化大生产相联系的资本主义私有制和以劳动为基础并与小生产相联系的小私有制。通过剥夺的方式变资本主义私有制为社会主义公有制，通过示范和帮助的方式把小私有制引导到社会主义集体所有制，都必然要经历一个历史过程。其三，在对生产资料私有制进行社会主义改造的过程中，无产阶级必然会遇到被剥夺了的地主和资本家的反抗与小生产习惯势力的阻碍。对地主和资本家的反抗需要镇压，对小生产者的习惯势力需要进行长期的教育，这也必然要经历一个历史过程。其四，在俄国生产力水平低下、发展极不平衡的情况下，要使资本主义过渡到社会主义，必须要寻找"中间环节"，而这个"中间环节"就是能够过渡到社会主义的"关键"。

其次，列宁从理论上阐述了过渡时期经济特征的一般性和特殊性。各个国家在资本主义到社会主义之间都存在一个过渡时期，各个国家的这一过渡时期在经济上都有一个共同的特征，列宁认为这一共同的特征就是多种经济成分并存。因为"这个过渡时期不能不兼有这两种社会经济结构的特点或特性。这个过渡时期不能不是衰亡着的资本主义与生长着的共产主义彼此斗争的时期。"[1] 但是，在不同的国家，究竟存在哪些经济成分，各种经济成分在国民经济中占多大比重，各自与生产力之间的矛盾状况如何，则是由各国的不同情况来决定的。处于过渡时期的俄国的经济制度就是一种既有资本主义也有社会主义的成分和因素的"特殊制度"，这一"特殊制度"中的经济特征具有不同于其他国家的特殊性。

列宁依据马克思主义的基本原理和俄国过渡时期的实际情况，阐明了苏维埃俄国由资本主义向社会主义过渡的经济特征，即五种经济成分的并存。一是宗法式的，即在很大程度上是自然的农民经济成分；二是小商品生产（包括大多数出卖粮食的农民）的经济成分；三是私人资本主义的经济成分；四是国家资本主义的经济成分；五是社会主义的经济成分。在这五种经济成分中，以国有化工业为基础的社会主义经济成分是国民经济的主要部分。但是，在当时小农占绝大多数的俄国，小商品经济也占很大的优势。列宁关于过渡时期经济特征一般性和特殊性的理论分析，奠定了分析俄国过渡时期主要矛盾的基础。俄国过渡时期多种经济成分的并存和小农经济占优势的社会条件，决定了俄国社会的主要矛盾是小资

---

① 《列宁选集》第 4 卷，人民出版社 2012 年版，第 59 页。

产阶级、私人资本主义和国家资本主义、社会主义之间的矛盾，决定了俄国过渡时期的长期性和完成这一过渡的艰巨性。

最后，列宁在实践中提出了俄国过渡时期的根本任务。在从理论上阐述了俄国过渡时期的各种经济成分的基础上，列宁进一步提出了俄国过渡时期的根本任务就是实现社会主义生产资料公有制。十月社会主义革命胜利之际，列宁就明确地把实现社会主义生产资料公有制作为苏维埃政权的一项重要任务，并制定了一些具体的实施措施。1917 年 11 月到 1918 年春，列宁提出了采取国家监督的办法没收大企业，采取赎买的办法把一切银行和资本的辛迪加收归国有，采取强迫实行联合的办法对中小企业强迫实行辛迪加化，并争取把没收来的地主庄园改组为大的模范农场，以此实现向社会主义的过渡。1918 年春夏之际，在剥夺了剥夺者之后，列宁又提出了俄国应该"由继续剥夺资本家这个极简单的任务转到一个更复杂和更困难得多的任务，就是要造成使资产阶级既不能存在也不能再产生的条件"。[1] 在这个阶段，要采取"改良主义式的"、逐渐的、审慎的、迂回的方法，来改造私人资本主义和小商品经济，这个办法就是国家资本主义。国家资本主义是一个集中的、有统计、有监督的和社会化的东西，它"在经济上大大高于我国现时的经济"，又没有"任何使苏维埃政权感到可怕的东西"，[2] 利用它就可以对那些愿意接受"国家资本主义"、能实施"国家资本主义"、能聪明练达地组织真正用产品供应千百万人民的大企业而对无产阶级有益的资本家谋求妥协，或向他们实行赎买。因此，国家资本主义是一条通向社会主义的"最可靠的道路"。

第二节　布哈林的过渡时期经济学

布哈林关于过渡时期经济学理论论述，集中反映在他成书于 1920 年年初的《过渡时期经济学》中，这是布哈林在俄国战时共产主义时期完成的最主要的著作。战时共产主义的经济实践和经济理论，特别是列宁关于俄国直接过渡经济的思想自然影响着《过渡时期经济学》基本理论取向。尽管布哈林一再宣称，他在该书中只打算论述"转化过程的一般理论"，但他仍然难以避免停留在对战时共产主义特殊政策的直接诠释上。

列宁曾经仔细读过《过渡时期经济学》，肯定了"这本出色的书的出色的质量"，对这本书中的许多科学论述倍加赞赏，并把这本书称作"一部辉煌的作品"。同时，列宁也指出，在这本书中，布哈林"很经常地，甚至非常经常地陷

---

[1] 《列宁选集》第 3 卷，人民出版社 2012 年版，第 479 页。
[2] 《列宁选集》第 4 卷，人民出版社 2012 年版，第 493 页。

入违反辩证唯物主义（即马克思主义）的、术语的烦琐哲学……泥坑，陷入唯心主义……等等。正是从这里产生了许多荒谬的理论……学术上的垃圾、学院主义的蠢话。"① 列宁的这些评论，对于我们理解布哈林过渡时期经济学在马克思主义经济思想史中的地位是大有裨益的。

《过渡时期经济学》共分为十一章。布哈林在书中首先分析了当时世界资本主义的结构，试图说明 20 世纪开头 20 年世界资本主义发生的变化。他论证了世界资本主义"崩溃"的必然性，说明了现存的生产力和社会生产关系在这一"崩溃"过程中的变化趋势；探讨了与此相关的国家的本质、战争的性质及其革命的实质等问题。布哈林重点论述了"共产主义建设的一般前提"的问题，其中主要有：建立无产阶级专政、实现技术知识分子和新的社会形式的结合、发展社会生产力和进行技术变革、建立和巩固工人阶级的组织形式和生产管理体系等问题。他还对无产阶级专政建立伊始的城乡关系，"超经济强制"等问题作了说明。最后，布哈林瞻望了世界革命的前景，试图阐明世界共产主义体系的根本内容和一般形式。

一、关于现代资本主义是世界资本主义的思想

在对"世界资本主义的结构"认识的基础上，展开俄国过渡时期经济问题的研究，是布哈林过渡时期经济学的显著特点。在《过渡时期经济学》中，布哈林一开始就提出了"现代资本主义是世界资本主义"和资本主义经济主体是"国家资本主义托拉斯"的论断。这些论断实际上是他在《世界经济和帝国主义》一书中阐述的帝国主义理论的延续。

关于"现代资本主义是世界资本主义"论断的内涵，布哈林的主要见解是："资本主义的生产关系统治着全世界，并且用牢固的经济联系把我们这个星球上的各部分联结在一起。"因此，在那个时代，"世界经济是社会经济的具体体现。世界经济是一个现实地存在的统一体。"② 在这样的世界资本主义结构中，经济体系的单位不再是单个企业，而是"复杂的联合体"，也就是作为各个国家之间经济联系的"国家资本主义托拉斯"。③ 这就是说，"国家资本主义托拉斯实际上是大型的联合企业。互相对立的各个国家资本主义托拉斯不仅作为生产同种'世界商品'的单位互相对立着，而且作为世界社会劳动分工的部分，作为在经济上

① 列宁：《对布哈林〈过渡时期经济学〉一书的评论》，人民出版社 1976 年版，第 64~65 页。
② 布哈林：《过渡时期经济学》，生活·读书·新知三联书店 1981 年版，第 2 页。
③ 布哈林：《过渡时期经济学》，生活·读书·新知三联书店 1981 年版，第 7 页。

互相补充的单位彼此对立着。"① 显然，布哈林根据第一次世界大战期间资本主义经济关系的新变化，敏锐地感觉到资本主义世界经济体系中"世界资本主义"的发展趋势。

与此同时，布哈林认为，金融资本消灭了资本主义大国内部的生产无政府状态，使得无政府的商品资本主义体系变成了金融资本主义的组织，造成了一种所谓的"新型的生产关系"，使资本主义国民经济从不合理的体系转变为合理的组织，产生了"有组织的'国民经济'"②。布哈林提出的"新型的生产关系"，注意到资本主义经济关系调整中"有组织"的一面，甚至还敏锐地注意到"有计划的组织"、"调节"、"生产技术集团"等因素。显然，"看不到这一点，那是错误的。"③ 但是，布哈林把世界资本主义的"国际化"和各资本主义国家内部的"民族化"对立起来，没有看到世界资本主义结构中，各个国家之间和各个国家内部的竞争和生产无政府状态，是资本主义经济关系的基本矛盾所必然产生的并行不悖的结果。同时，布哈林认为金融资本已经"消灭了"资本主义国内的无政府状态，也是片面的。

布哈林认为，世界金融资本体系必然会引起帝国主义竞争者之间的武装斗争，帝国主义是战争的根源。帝国主义战争造成了生产力的破坏和世界资本主义体系内的资本集中，从而使阶级之间的矛盾大大尖锐化。当这两个因素达到某种结合时，就会使整个资本主义体系"崩溃"。而世界资本主义体系的"崩溃"，有是从最薄弱的、国家资本主义最不发达的国民经济体系开始的。布哈林试图得出的"原理"就是："世界革命过程是从世界经济中发展水平最低的那部分体系开始的，那里无产阶级比较容易取得胜利，但新关系的形成却比较困难；爆发革命的速度同资本主义关系的成熟和革命类型的高低成反比。"④

二、关于国家、战争和生产力的发展问题

布哈林认为，国家政权和战争是他那个时代所要解决的"最尖锐"的问题。他提出，国家的社会职能，或者说国家的本质，在于保卫、巩固和发展那些符合统治阶级阶级利益的生产关系。因此，"国家组织是最广泛的阶级组织，它积聚了全部阶级力量，集中了各种机械的镇压工具和惩罚工具，使统治阶级组织成为

---

① 布哈林：《过渡时期经济学》，生活·读书·新知三联书店 1981 年版，第 8 页。
② 布哈林：《过渡时期经济学》，生活·读书·新知三联书店 1981 年版，第 4 页。
③ 布哈林：《过渡时期经济学》，生活·读书·新知三联书店 1981 年版，第 25 页。
④ 布哈林：《过渡时期经济学》，生活·读书·新知三联书店 1981 年版，第 132～133 页。

阶级，而不是阶级的一小部分或小集团。"①布哈林的这一论述，得到列宁的高度赞赏。

布哈林还提出，在阶级社会中，战争是由国家组织的；战争作为国家的职能只是"再生产那种产生战争的生产关系的手段。"国家和战争本身尽管都是"超经济"的因素，但就其本质而言，国家显然是"经济过程中最强有力的杠杆之一"，"是经济变革的强大杠杆"。②因此，无产阶级专政国家进行的革命战争，实质上也只是扩大和巩固社会主义生产关系的最强有力的手段。

布哈林还论述了战争和生产力发展的关系。他把生产力发展状态和社会再生产联系起来，提出生产力的发展同扩大再生产相适应，生产力的停滞同简单再生产相适应，而生产力的下降则同消极的扩大再生产相联系。由于战争只是单纯地消耗生产资料和劳动力，因此，它总和消极的扩大再生产相联系。根据战争和生产力发展状况的这种关系，布哈林提出，在无产阶级夺取政权和无产阶级专政时期的内战中，同样会出现生产力的下降，会出现消极的扩大再生产。但是由于通过这种性质的战争，生产关系按照新的方法进行了改造，使得生产力的暂时下降为以后生产力的巨大发展打下了基础。

三、关于共产主义建设的一般前提问题

布哈林认为，共产主义建设的一般前提首先就是建立无产阶级专政。因为只有实行无产阶级专政，才能瓦解和破坏资本主义生产关系，才能使无产阶级掌握经济上的战略枢纽。

共产主义建设的一般前提还在于使技术知识分子加入这个新的体系。布哈林提出，共产主义建设的特殊问题，不在于缺乏社会性劳动的基础，而在于各个分裂了的社会阶层的新的结合，首先在于技术知识分子加入新的体系。作为同旧的社会形式相联系的技术知识分子，一开始会对这种新的结合持反抗态度；因而只有通过无产阶级的强制，使技术知识分子隶属于无产阶级，才能实观技术知识分子和新的社会生产形式的结合。

布哈林认为，这种结合的步骤及其对共产主义建设的意义在于：第一，技术知识分子在资本主义社会中执行着生产过程的组织者的职能，从社会角度来看，就是榨取剩余价值的"传动机制"。但是，随着无产阶级专政的建立，知识分子的技术职能也就由资本主义的职能转化为社会劳动的职能，创造剩余价值的职能

① 布哈林：《过渡时期经济学》，生活·读书·新知三联书店1981年版，第14页。
② 布哈林：《过渡时期经济学》，生活·读书·新知三联书店1981年版，第51页。

则转化为创造用于扩大再生产基金的剩余产品的职能。第二，技术知识分子由于清除了和旧的社会关系的联系和旧的意识形态，而辩证地"复归"为获得新生的知识分子。第三，在无产阶级专政下建立起来的工人阶级的组织中，如在苏维埃、工会、执政的工人阶级政党、工厂委员会、各种专门的经济组织中，也有技术知识分子在起作用。第四，在这种体系中，技术知识分子开始失去自己的社会阶层性质，因为在无产阶级中间一批又一批新的阶层成长起来了，它们逐渐同"旧的"技术知识分子并肩而立。

共产主义建设的一般前提还在于建立"无产阶级国家政权的行政经济和行政技术机构"。随着无产阶级专政的建立，工人阶级的各种组织（工人代表苏维埃、无产阶级政党、工会、合作社、各工厂委员会）的职能都发生了辩证的转化，因为掌握国家政权的工人阶级必然成为"一种生产组织者的力量"。

布哈林对共产主义建设的一般前提的这些论述，包含了许多科学因素，特别是对知识分子在社会主义建设中的地位和作用的论述，以及对工人阶级要成为生产组织者的论述，至今仍然具有一定的现实意义。

四、关于过渡时期的城乡关系、无产阶级任务重心的转移问题

布哈林认为，在过渡时期必须比在其他任何时候都要更多地注意城乡之间的关系。因为在过渡时期，体现着社会劳动的无产阶级要实行国家计划，而体现着分散的私有制和市场自发势力的农民却要保持商品的无政府状态和猖獗的投机活动，而"简单商品经济无非是资本主义经济的胚胎"，因而，上述两种趋势的斗争，"实质上就是共产主义同资本主义之间斗争的继续。"①

布哈林提出，在过渡时期要取得城乡之间的新的平衡，就要借助于无产阶级国家的强制，如没收余粮、实行实物税等。这是一个缓慢而痛苦的过程；但是，"工业中再生产恢复得愈快，无产阶级开始实行最深刻的任务——技术革命愈迅速，这个过程进行得就愈快，技术革命彻底改变着经济的保守形式，并给农业生产的社会化以强有力的推动。"② 布哈林对过渡时期城乡关系所作的这些论述瑕瑜互见：在他囿于俄国当时特殊的经济政策，把"国家的强制"当作普遍规律时，显然是错误的；在他强调生产力的发展对实现社会主义农业改造的重要作用时，显然是正确的。

布哈林认为，"在资本的统治下，生产是剩余价值的进行，是为利润进行的

---

① 布哈林：《过渡时期经济学》，生活·读书·新知三联书店 1981 年版，第 7 页。
② 布哈林：《过渡时期经济学》，生活·读书·新知三联书店 1981 年版，第 72 页。

生产。在无产阶级的统治下，生产是为了满足社会的需要而进行的生产。"[1] 布哈林对两种社会制度不同生产目的的论述具有重要的意义，但是列宁认为这样的说法"没有说到点子上"，因为"利润也是满足'社会'需要的"，社会主义与资本主义生产目的的根本区别在于"剩余产品不归私有者阶级，而归全体劳动者，而且只归他们。"[2] 这时列宁已经在考虑"无产阶级的统治下"商品生产的可能性问题了。布哈林在阐明社会主义生产目的的前提下提出，在"无产阶级任务的重心转移到经济建设领域"之后，重要的是要"寻找能保证有最高办事效率的管理形式"。他认为，实行"一长制管理"应该是"无产阶级管理工业的紧凑的、压缩的形式，适合于快速工作，即工作的'军事'速度条件的形式"。[3] 而作为经济管理的领导人，必须具有"技术和行政工龄、专门知识、坚强果断"等条件。

布哈林还认为，"全部苏维埃体系的最重要任务之一是吸收最广大的群众直接参加管理。"[4] 而要做到这一点，就要注意"管理方法"和"管理的培训方法"之间的关系。在社会主义经济建设初期，管理的培训和管理本身融为一体，因为工人阶级这时必须边管理边学习管理。因而，管理的培训是以不断发生管理的错误为代价的。但在社会主义经济建设的以后阶段中，越来越多的群众能更多去接触和学习工业行政管理。随着社会主义经济建设的发展，将会聚集越来越多的能够管理和善于管理的人才，而"极端的军事管理形式"也就不再存在了。

面对战时共产主义的现实，布哈林能对社会主义建设中经济管理的形式和经济管理的必要性做出以上这些论述，确是难能可贵的。尽管他的论述大多是从逻辑的推论中得出来的，难免掺杂一些主观的臆测；但其中的许多论述仍然是相当出色的，许多构想至今仍能给人以启迪。

第三节　列宁对新经济政策的理论探讨

十月革命胜利以后，在俄国遭到国内外反革命武力进攻的极端复杂的历史条件下，为了保卫和巩固十月革命的成果，苏维埃俄国实行了战时共产主义的经济政策。1920 年年底，战争一结束，列宁就及时地总结了战时共产主义政策实施的经验教训，分析和论证了由战时共产主义经济政策向新经济政策过渡的必要

---

① 布哈林：《过渡时期经济学》，生活·读书·新知三联书店 1981 年版，第 97 页。
② 《列宁全集》第 60 卷，人民出版社 1990 年版，第 302 页。
③ 布哈林：《过渡时期经济学》，生活·读书·新知三联书店 1981 年版，第 102 页。
④ 布哈林：《过渡时期经济学》，生活·读书·新知三联书店 1981 年版，第 103 页。

性。新经济政策是列宁在总结俄国实行的战时共产主义政策经验教训的基础上提出的。

一、新经济政策理论的提出及其发展

列宁认为，"战时共产主义"是由极度贫困、经济破坏和战争所迫采取的一种特殊政策；"它不是而且也不能是一项适应无产阶级经济任务的政策。它是一种临时的办法"①。列宁指出，"战时共产主义"在政治和军事方面战胜敌人是成功的，但在经济方面则犯有许多错误，社会主义建设"在某种程度上脱离了广大农民群众中所发生的情况，我们把很重的负担加在他们身上，理由是战争不容许我们在这方面有丝毫犹豫。从整体上说，这个理由农民是接受了的……但当时在国有化、社会化的工厂和国营农场中建立起来的经济没有同农民经济结合起来"②。整个战时共产主义经济政策是同农民的利益发生矛盾的，战争结束以后这个矛盾就会更突出地表现在农民的不满情绪上，农民的不满情绪也会波及到工人阶级，从而使无产阶级专政的阶级基础受到削弱。因此，工人阶级和农民决定着苏维埃俄国整个革命的命运，必须对他们由实行战时共产主义经济政策转到新经济政策上。

列宁的新经济政策理论的发展经历了两个重要阶段。第一阶段是 1921 年 3 月到 10 月的实施初期。在这一阶段，列宁明确指出，新经济政策的主要任务是退到国家资本主义和商品交换的形式上，"或者是试图完全禁止、堵塞一切私人的非国营的交换的发展，即商业的发展，即资本主义的发展，而这种发展在有千百万小生产者存在的条件下是不可避免的。一个政党要是试行这样的政策，那它就是在干蠢事，就是自杀。说它在干蠢事，是因为这种政策在经济上行不通；说它在自杀，是因为试行这类政策的政党，必然会遭到失败"；"或者是（这是最后一种可行的和唯一合理的政策）不去试图禁止或堵塞资本主义的发展，而努力把这一发展纳入国家资本主义的轨道。"③ "我们不怕退回到国家资本主义，我们还说过我们的任务就是把商品交换这一形式固定下来"④，即由国营企业和各种国家资本主义企业生产的产品，通过国家资本主义形式的交换机构，有组织地同农民进行商品交换，"不作这样的退却，我们就不能恢复同农民应有的联系；不

---

① 《列宁选集》第 4 卷，人民出版社 2012 年版，第 502 页。
② 《列宁选集》第 4 卷，人民出版社 2012 年版，第 660 页。
③ 《列宁选集》第 4 卷，人民出版社 2012 年版，第 504 页。
④ 《列宁全集》第 4 卷，人民出版社 2012 年版，第 604 页。

作这样的退却，我们就有革命的先头部队向前跑得太远而脱离农民群众的危险。革命的先头部队就不会同农民群众结合，那样就会葬送革命。"我们所说的新经济政策首先是而且主要是出于这种考虑才实行"的。①

第二阶段是 1921 年 10 月以后的主要实施时期。这一阶段的主要任务是由国家资本主义退到由国家调节商业和货币流通。在总结了新经济政策实施初期的经验的基础上，列宁认为，从"战时共产主义"退到国家资本主义还不够，还必须继续后退，要允许农民的自由贸易和私人商业的发展，并使它们的发展受到国家的调节。他指出："1921 年春季，我们在经济方面实行了退却，而且现在，秋季乃至于 1921 年到 1922 年的这个冬季，我们还要继续退却。如果我们对自己、对工人阶级、对群众隐瞒这一点，那就等于承认我们根本没有觉悟，等于没有勇气正视现状。""既然国际国内的全部经济政治条件给我们造成了这样一种经济现实，即不是商品交换而是货币流通变成了事实……"，那么，"只有经过这条道路，我们才能恢复经济生活。必须恢复正常的经济关系体系，恢复小农经济，用我们自己的力量来恢复和振兴大工业。不这样我们就不能摆脱危机。别的出路是没有的"。② 列宁把国家调节商业和货币流通作为苏维埃俄国新经济与农民经济的结合点，作为由资本主义向社会主义过渡的中间形式，从而使新经济政策理论发展到了一个新的高度。

二、新经济政策理论的主要内容

列宁从工业、农业、商业、财政等方面探讨了新经济政策的主要理论内容，写下了《论粮食税》（1921 年 4 月）、《俄共（布）第十次代表大会关于以实物税代替余粮收集制的报告》（1921 年 5 月）、《论黄金在目前和在社会主义完全胜利后的作用》（1921 年 11 月）等重要著述，较为全面而系统地阐述了新经济政策理论。其中，主要的就是用粮食税代替余粮收集制和利用商品货币关系和市场机制作用连接各方面内容。

关于用粮食税代替余粮收集制。余粮收集制是战时共产主义时期所采取的一项政策。这一政策是用强制的手段无偿地从农民手中征收除了农民的口粮、饲料和种子以外的全部余粮，征收的粮食由劳动国防委员会直接分配给前线的士兵、城市工人和其他居民。这是适应当时国内外战争形势需要的一项临时性的政策。在 1921 年 3 月召开的俄共（布）第十次代表大会上，列宁提出了用粮食税代替

---

① 《列宁全集》第 42 卷，人民出版社 1987 年版，第 337 页。
② 《列宁全集》第 42 卷，人民出版社 1987 年版，第 229～230、236、229 页。

余粮收集制的政策。他认为，农民在纳税后剩余的一切粮食、原料和饲料，可以由自己全权处理，即可以用来改善和巩固自己的经济，提高个人的消费，用来交换工业品、手工业品和农产品，这种交换允许在当地经济流转的范围内进行。同时，在粮食税之外，国家也可以用采购的方式从农民那里获得发展社会主义经济所需要的农产品。列宁把粮食税看作是新经济政策的核心，认为实行粮食税的必要性和目的就在于尽快地改善农民的生活状况，满足小农和中农的正当要求，提高农业劳动生产力。"只有经过这种方法才能做到既改善工人生活状况，又巩固工农联盟，巩固无产阶级专政"①。在列宁看来，社会主义经济的实质既不是余粮收集制，也不是粮食税，而是用大规模的社会主义化的工业产品来交换农民的产品，实行粮食税就是从战时共产主义进到正常的社会主义产品交换制的一种过渡形式。它可以给农民一个"喘息的机会"，可以在农民有独立经营的自由、发展地方流转的自由和国家供给农民所需要的商品，以及结成城乡、工农之间的商品交换关系等方面满足农民的要求，调动农民的生产积极性，以此推动大工业的发展，使整个国民经济稳步前进。因此，粮食税的实施是对农民的一种让步，它的实际意义在于："找到了我们花很大力量所建立的新经济同农民经济的结合"②。

　　关于利用商品货币关系和市场机制的作用。战时共产主义时期，俄国处于帝国主义四面包围之中，与全世界隔绝；在国内，苏维埃政权又与南方产粮区、与西伯利亚、与产煤区相隔绝。在这种情况下，不可能用工业品去交换农产品，不可能通过商品流转、通过买卖取得农产品，整个城乡之间、工农之间的产品交换关系由于战争的破坏而被隔断，货币成为一堆没有价值的符号。"在一个被包围的要塞内，可以而且只能'堵塞'一切流转"③，即可以用有计划有组织的产品分配来代替贸易。列宁采取了国家垄断的产品交换制，并把它看作是从资本主义商品交换过渡到社会主义产品交换的一个最重要的手段。随着从战时共产主义的余粮收集制过渡到粮食税，国家垄断的产品交换制也被国家资本主义的商品交换所取代。列宁认为，实行粮食税是同自由贸易和资本主义的恢复分不开的。国家资本主义的商品交换制度，就是指各种国家资本主义企业生产的工业品，再加上一小部分由社会主义大工业企业提供的产品与农民生产的农产品相交换的制度。这一制度的采用，极大地调动了农民的生产积极性，使整个国民经济得以进一步恢复和发展。

---

① 《列宁全集》第 41 卷，人民出版社 1986 年版，第 207 页。
② 《列宁全集》第 43 卷，人民出版社 1987 年版，第 74 页。
③ 《列宁全集》第 41 卷，人民出版社 1986 年版，第 218 页。

新经济政策实施后不久，列宁观察到，商品交换已越出地方流转的界限，以货币为媒介的商品买卖进一步发展，私人市场日益强大，因此，"必须再退，再后退，从国家资本主义转到国家调节买卖和货币流通"[①]，亦即把市场商业作为实现社会主义工业与农民小商品经济联系的主要形式，在国家调节的基础上给私人商业以充分的活动自由，全面实现以货币为媒介的商品交换。这样，就易于实现社会主义建设的共同利益与小商品生产者个人利益的结合，活跃和发展城乡经济。列宁认为，对私人商业必须采取"改良主义的办法"，即"活跃商业、小企业、资本主义，审慎地逐渐地掌握它们，或者说，做到有可能只在使它们活跃起来的程度范围内对它们实行国家调节"[②]。

列宁关于新经济政策中利用商品货币关系和市场机制作用的理论内容的形成，是在不断总结俄国经济发展的实践经验的基础上，经历了一个由国家垄断的产品交换制到国家资本主义商品交换制，再到国家调节商业和货币流通的理论探索和实际政策试验相结合的过程。

三、新经济政策的实施途径

列宁的新经济政策理论的产生和发展是以实践为基础的。列宁在对新经济政策作了高度的理论概括的同时，也对实施新经济政策的途径问题作了较为充分的探讨。列宁把利用国家资本主义作为实施新经济政策的主要途径。他认为，国家资本主义就是指苏维埃国家与本国资本家或者与外国资本家签订协议、契约或合同，由国家把一部分工厂、企业、矿山、林场等租让给资本家经营，按照法律和租让合同，资本家用产品向国家支付，利润归己所有，到期由国家收回租让权。列宁所说的国家资本主义是一种能够被无产阶级国家加以限制并规定其活动范围的资本主义，"是一种特殊的国家资本主义"。这种特殊的国家资本主义具有双重性质：一方面，它作为集中进行社会化大生产的产物，是一种有组织的、有计划的、有统计的、可以由国家进行监督的生产和流通的形式，它有利于俄国经济的发展；另一方面，它由是一种按资本主义方式经营、以获得利润为目标的生产和流通形式，利用它要付给资本家较多的"贡款"，要以某些牺牲为代价，因而必须对其加以限制，规定其活动范围。列宁认为，在实行新经济政策中，必须利用国家资本主义的积极的一面，限制其消极的一面。

根据俄国新经济政策时期经济关系的特点，列宁探讨了国家资本主义的四种

---

① 《列宁全集》第 42 卷，人民出版社 1987 年版，第 228 页。
② 《列宁全集》第 42 卷，人民出版社 1987 年版，第 245 页。

主要的具体形式。

其一，租让制。苏维埃制度下的租让制是指苏维埃政权同外国资本家的先进技术、资本的经济合作，即由苏维埃政府出面同外国资本家签订合同，把一些矿山、工厂、企业、森林等租给外国资本家经营，外国资本家再按租让合同和法律，以一部分产品向国家支付租税，另一部分则作为利润归资本家所有，到合同期满时，企业由国家收回。列宁认为，苏维埃政权"培植"租让制，实际上"就是加强大生产来反对小生产，加强先进生产来反对落后生产，加强机器生产来反对手工生产，增加可由自己支配的大工业产品数量（即提成），加强由国家调整的经济关系来反抗小资产阶级无政府状态的经济关系"①。租让制的实行，一方面可以在与外国资本的联营中恢复俄国经济；另一方面也可以向外国资本学到经营和管理企业的本领。在俄国通过国家资本主义的途径实施新经济政策的情况下，租让制是一种最简单、明显、清楚、一目了然和切实可行的形式。

其二，合作制。处理好同农民之间的关系，解决好农民从资本主义过渡到社会主义的问题，是在俄国这样经济落后的国家里获得社会主义胜利的重要条件。列宁深刻地认识到这一点，并指出合作制是使无产阶级与千百万小农和最小农结成联盟、引导农民向社会主义过渡的一种形式。列宁所说的合作制，主要是指商业形式的合作制，即"在小农国家中占优势的、典型的小商品生产者合作社，而不是工人合作社"。列宁认为，合作制资本主义是国家资本主义的一个"变种"，因为"从便于计算、监督、监察以及便于推行国家（这里指苏维埃国家）和资本家之间的合同关系说来，合作制资本主义和国家资本主义相类似"②。对小商品生产者来说，在流通中实行这种形式，易于为他们所接受。但是，合作制的国家资本主义形式却不像租让制的国家资本主义形式那么明显、简单，它的实行表现为一种较为复杂的过程，如果能够成功，它就可以成为铲除社会主义以前的甚至是宗法式的经济关系。

其三，代购代销制。代购代销制是国家把资本家作为商人吸引过来，由他们来推销国家的商品并收购小商品生产者的产品，付给他们一定的佣金。列宁认为，在俄国商品经济还不很发达的情况下，利用国家资本主义的代购代销形式，可以加速工农业产品的流转，把穷乡僻壤的农村和城市联结起来，为恢复和发展大工业创造有利的条件；同时，也可以利用资本家经商的经验来弥补苏维埃大商业的不足之处。但是，对于资本家在经商过程中存在的剥削和投机行为，列宁也明确指出："应当重新审查和修改关于投机倒把活动的一切法令，宣布一切盗窃

① 《列宁全集》第41卷，人民出版社1986年版，第212页。
② 《列宁全集》第41卷，人民出版社1986年版，第214页。

公共财物行为，一切直接或间接、公开或秘密地逃避国家监督、监察和计算的行为，都要受到制裁（事实上要比从前更严厉三倍地加以惩办）。"①

其四，租借制。租借制是国家把国有企业、矿山、森林区、土地等在签订租借合同的基础上租给国内的一些企业资本家经营，国家收取租金，到期收回。实行国家资本主义的租借制，就是为了利用资产阶级的经营管理才能，尽快地恢复国民经济，增加商品数量，改善工农群众的生活。

在列宁看来，通过采用国家资本主义的这四种形式，既可以利用资本主义的资本和技术设备发展社会主义工业，也可以发展小农经济，使小农经济在一定时期内，在自愿联合的基础上过渡到大生产。只有做到这些，才能将资本主义以前的各种经济关系过渡到社会主义去。

列宁关于新经济政策理论的探讨，是以资本主义向社会主义过渡的普遍规律性和苏维埃俄国具体的历史条件为依据的，它对经济落后国家的俄国从资本主义向社会主义过渡的道路、方式、步骤和政策等一系列问题作了探索。同时，列宁的这一探讨对其他社会主义国家的经济建设也具有重要的指导意义。如列宁自己反复强调的那样：苏维埃俄国实行新经济政策的经验具有世界历史意义，"将来至少对某些国家的工人大概也是适用的"②。

第四节　列宁对社会主义经济问题的思考

在新经济政策时期，列宁除了对实施新经济政策的有关理论做了详细的阐述之外，还对俄国建设社会主义经济制度和经济体制等问题做了多方面的探讨，为社会主义经济理论的发展奠定了重要基础。

一、大力发展社会主义经济

列宁认为，社会主义制度建立后，首要的任务是大力发展社会主义经济，统一的经济计划和市场都是发展社会主义经济的重要手段。

十月革命胜利后不久，列宁在《苏维埃政权的当前任务》中就明确提出，建立苏维埃国家只是解决了困难任务的一小部分，主要的困难是在经济方面，只有完成这个任务以后，"才可以说，俄国不仅成了苏维埃共和国，而且成了

---

① 《列宁全集》第41卷，人民出版社1986年版，第224页。
② 《列宁全集》第43卷，人民出版社1987年版，第133页。

社会主义共和国"①，因此，党和国家的工作重心必须转向经济建设。1920 年 11
月，在国内战争刚刚结束后，列宁就提出："现在我们主要的政治应当是：从事
国家的经济建设，收获更多的粮食，开采更多的煤炭，解决更恰当地利用这些粮
食和煤炭的问题，消除饥荒，这就是我们的政治。"② 随后，他在《关于人民委
员会工作的报告》中再次强调"经济任务、经济战线现在又作为最主要的、基
本的任务和战线提到我们面前来了……我只想提醒大家，我们把劳动战线提到
第一位，这远不是第一次了。"③ 他认为，发展经济是苏维埃政权所有一切机关
的任务。

统一的经济计划是建设社会主义的重要手段。十月革命胜利后，列宁就认
为，"只有按照一个总的大计划进行的、力求合理地利用经济资源的建设，才配
称为社会主义的建设。"④ 新经济政策时期，列宁进一步强调，经济计划要协调
统一，"各个生产部门的一切计划都应当严密地协调一致，相互联系，共同组成
一个我们迫切需要的统一的经济计划"⑤，使经济系统的各人民委员部联合成一
个统一的经济中心；同时，列宁还认为，实行统一的经济计划是全国的任务，苏
维埃政府经济机关的职能和权限要严格划分和协调统一，并明确提出："劳动国
防委员会应当是经济政策的总领导，它通过'国家计划委员会'规定统一的经济
计划，以协调经济系统各人民委员部的计划，并监督整个经济计划及其各个部分
的完成情况。"⑥ 在制定经济计划时，列宁认为，远大的计划不是凭空制定的，
而是根据技术条件和科学理论制定的。他认为："必须着力把科学的电气化计划
与日常的各个实际计划及其具体实施结合起来。这当然是完全不容争辩的。究竟
怎样结合呢？为要知道这一点，经济学家、著作家和统计学家就不应当空谈一般
计划，而应当详细研究我们的各种计划的执行情况、我们在这种实际工作中所犯
的错误以及改正这些错误的办法。"⑦ 对此，列宁在 1921 年 2 月《论统一的经济
计划》中批评了经济计划不结合实际的情况，指出一些所谓的专家"几次三番毫
无意义地'生产提纲'或凭空编造一些口号和草案来，却不仔细用心地去了解我
们自己的实际经验。"⑧ 列宁还强调，制定长远计划也要和当前的任务结合起来，

---

① 《列宁全集》第 34 卷，人民出版社 1985 年版，第 155 页。
② 《列宁全集》第 39 卷，人民出版社 1986 年版，第 407 页。
③ 《列宁全集》第 40 卷，人民出版社 1986 年版，第 137 页。
④ 《列宁全集》第 35 卷，人民出版社 1985 年版，第 18 页。
⑤ 《列宁全集》第 40 卷，人民出版社 1986 年版，第 152 页。
⑥ 《列宁全集》第 42 卷，人民出版社 1987 年版，第 490 页。
⑦ 《列宁全集》第 40 卷，人民出版社 1986 年版，第 351 页。
⑧ 《列宁全集》第 40 卷，人民出版社 1986 年版，第 345 页。

"完整的、完善的、真正的计划，目前对我们来说 = '官僚主义的空想'。"①

要利用市场来发展社会主义经济。列宁认为，实行新经济政策，是"使整个苏维埃政权和它的基本原则以及它的全部经济政策转上另一条轨道"②，即转移到在国家调节下的开放市场的轨道上来。列宁当时没有采用"商品经济"、"市场经济"的表述，而是说"贸易自由"、"现金交易"、"活跃商业"、"利用市场"、"自由工商业原则"等等，但其实际内容就是商品经济或市场经济。列宁提出："应当把商品交换提到首要地位，把它作为新经济政策的主要杠杆"③，"农民熟悉市场，熟悉商业……所以我们必须通过商业来供给，而且要做得不比资本家差，否则人民就不能忍受这种管理。问题的全部关键就在这里。"④ "商品交换是对工农业相互关系是否正常的检验，是建立能较正常地发挥作用的货币制度的基础。现在，所有经济委员会和所有经济建设机关，都必须特别重视商品交换问题。"⑤ 同时，国家也"需要很熟悉自由贸易，同自由贸易进行竞赛，并用自由贸易的王牌和武器来击败自由贸易。"⑥ 在列宁这一思想的指导下，俄共（布）十一大决议指出：必须从市场的存在出发，并考虑市场的规律，掌握市场，通过有系统的、深思熟虑的、建立在对市场过程的精确估计之上的经济措施，来调节市场和货币流通。

发展社会主义经济要正确处理计划与市场的关系。列宁提出，"在理论上，不一定要认为国家垄断制从社会主义观点看来是最好的办法"，⑦ 要通过国家调节自由贸易，利用市场实现国家计划。1923 年 4 月召开的俄共（布）十二大决议提出：依据市场情况把物价调整得更符合工业发展的需要，建立轻工业和为轻工业提供原料的工农业各部门之间的更正常的关系，这些任务只有在市场和计划之间建立了正常的关系后才能解决。在计划与市场的关系上，列宁十分重视发挥国有银行的调节作用，他认为："我们需要的国家银行同商业的关系应当比资本主义同商业关系最密切的国家银行还要密切一百倍"，"整个关键在于商业并把商业掌握在国家银行手中"⑧，要求银行要支持工业和农业的发展，对企业实行监督，有计划地调节货币流通。

----

① 《列宁全集》第 50 卷，人民出版社 1988 年版，第 130 页。
② 《列宁全集》第 41 卷，人民出版社 1986 年版，第 345 页。
③ 《列宁全集》第 42 卷，人民出版社 1987 年版，第 327 页。
④ 《列宁全集》第 43 卷，人民出版社 1987 年版，第 109 页。
⑤ 《列宁全集》第 41 卷，人民出版社 1986 年版，第 268 页。
⑥ 《列宁全集》第 41 卷，人民出版社 1986 年版，第 350 页。
⑦ 《列宁全集》第 41 卷，人民出版社 1986 年版，第 63 页。
⑧ 《列宁全集》第 52 卷，人民出版社 1988 年版，第 289、290 页。

二、大工业是社会主义的物质基础

大工业是建立社会主义的物质基础。早在 1918 年春，列宁在《苏维埃政权的任务中》就指出："当无产阶级夺取政权的任务解决以后，随着剥夺者及镇压他们反抗的任务大体上和基本上解决，必然要把创造高于资本主义的社会结构的根本任务提到首要地位。这个根本任务就是：提高劳动生产率"，而"提高劳动生产率，首先需要保证大工业的物质基础，即发展燃料、铁、机器制造业、化学工业的生产。"① 1921 年 5 月，在俄共（布）十次代表会上，列宁进一步明确指出："开发资源、建立社会主义社会的真正的和唯一的基础只有一个，这就是大工业。如果没有资本主义的大工厂，没有高度发达的大工业，那就根本谈不上社会主义，而对于一个农民国家来说就更是如此。""无产阶级的基本的和最重要的利益，就是重建大工业及其牢固的经济基础"②。1923 年 3 月，列宁在《宁肯少些，但要好些》中，进一步分析了发展大工业的必要性，他认为，虽然通过新经济政策使小农和极小农有了发展，稳定了国家的经济形势，但光靠发展小农和极小农是不可能巩固和发展社会主义的，"我们摧毁了资本主义工业，曾力求完全摧毁中世纪设施和地主的土地占有制，并在这个基础上培植出小农和极小农，他们由于相信无产阶级革命工作的成果而跟着它走。但是我们靠这种信任一直支持到社会主义革命在比较发达的国家里获得胜利，那是不容易的，因为小农和极小农，特别是在新经济政策的条件下，由于经济的必然性，还停留在极低的劳动生产率水平上"③，而且，在西欧资本主义列强利用俄国国内战争中的各种因素不断破坏俄国经济的情况下，实现国家的工业化和电气化显得更加迫切。列宁在阐述建立社会主义物质技术基础的问题时，把重工业放在最重要的地位，他认为，重工业是对农业进行技术改造、发展整个国民经济的关键，是巩固苏维埃国家、保障国家独立的决定性因素，"不挽救重工业，不恢复重工业，我们就不能建成任何工业，而没有工业，我们就会灭亡而不成其为独立国家。"④ 他还强调，工人阶级只能在同农民结成巩固联盟的基础上，而不能通过使小商品生产者破产的办法来建立重工业，发展重工业的资金来源应该是国营企业的利润、税收、国家机关缩减开支以及其他一切领域的节约。

---

① 《列宁全集》第 34 卷，人民出版社 1985 年版，第 168、169 页。
② 《列宁全集》第 41 卷，人民出版社 1986 年版，第 301、304 页。
③ 《列宁全集》第 43 卷，人民出版社 1987 年版，第 388 页。
④ 《列宁全集》第 43 卷，人民出版社 1987 年版，第 282 页。

建立大工业在俄国表现为实现电气化。列宁认为，社会主义国家发展大工业所要建立的强大的物质技术基础，要以当时先进的电气化相连接，他指出："如果不把俄国转到比先前更高的另一种技术基础上，就根本谈不上恢复国民经济，谈不上共产主义。共产主义就是苏维埃政权加全国电气化，因为不实行电气化，要振兴工业是不可能的"①，提出了"共产主义就是苏维埃政权加全国电气化"的著名公式。1920 年年初，在列宁的倡议下，创立了俄罗斯国家电气化委员会，年底制定了《俄罗斯苏维埃联邦社会主义国家电气化计划》，并在苏维埃八大上一致通过。实现全俄电气化的计划，标志着把大工业是社会主义唯一物质基础的原理，第一次具体运用于对国民经济进行社会主义改造和技术改造的计划之中。在 1921 年 5 月俄共（布）十次代表会上，列宁强调："我们在俄国，对于这一点比以前知道得具体多了，我们现在所谈的已经不是模糊的或抽象的恢复大工业的方式，而是明确的、经过精确计算的、具体的电气化计划。"② 列宁还认为，只有实现了电气化，才能摆脱燃料危机，发展交通运输，从而根本上改变俄国落后的状况，才是社会主义的最后胜利。他提出："只有当国家实现了电气化，为工业、农业和运输业打下了现代大工业的技术基础的时候，我们才能得到最后的胜利"③。列宁强调实现工业化和电气化的资金来源，不能全部指望资本主义国家的贷款，要注意国内的资金积累，特别是要注意理性节约，要"通过大力节约把自己社会关系中任何浪费现象的任何痕迹铲除干净"，"只要我们能够保持工人阶级对农民的领导，我们就有可能在我国靠大力节约把任何一点积蓄都保存起来，以发展我们的大机器工业，发展电气化，发展泥炭水力开采业，完成沃尔霍夫水电站工程，如此等等"。④

列宁探索了通过发展小农恢复和实现大工业的道路。在俄国这个小农占优势的国家里，实现社会主义大工业必须和农业结合起来。在实施新经济政策之前，列宁认为，恢复和发展大工业同时，组织工农业之间的直接交换，排斥小农自由贸易，实际上是把大工业的恢复和发展建立在与小农对立的基础上。经过战时共产主义政策的实践，列宁很快认识到这是行不通的。新经济政策的实施，从根本上改变了恢复和发展大工业、实现电气化的途径和方法。列宁认识到，在俄国资本主义工业不发达，小农占优势，再加上战争的破坏，大工业只剩下了可怜的残骸，在这种情况下，恢复和发展大工业如果不考虑农民的需要和小农经济的要

---

① 《列宁全集》第 40 卷，人民出版社 1986 年版，第 30 页。
② 《列宁全集》第 41 卷，人民出版社 1986 年版，第 302 页。
③ 《列宁全集》第 40 卷，人民出版社 1986 年版，第 156 页。
④ 《列宁全集》第 43 卷，人民出版社 1987 年版，第 391 页。

求，脱离了俄国的实际，不可能完成恢复和发展大工业、实现电气化的任务，他指出："我们转而容许相当规模的自由贸易，是为了使我们能够筹集大批粮食，建立大量的国家储备。如果不能做到这一点，要想恢复大工业和货币流通都是不可能的"①。列宁及时提出了恢复和发展大工业要和小农结合起来，支持和适应小农生产力的发展，在小农生产力提高的基础上，进而实现恢复和发展大工业、实现电气化的目标。所以，"既然大工业的恢复要推迟，既然工业和农业之间流转'被堵塞'的情况已经到了不堪忍受的地步，那就是说，我们应该致力于较容易做到的事情，即恢复小工业"②，"我们的基本任务是恢复大工业。可是，为了使我们能够比较认真地有步骤地着手恢复这种大工业，我们就需要恢复小工业。"③ 要通过市场和商业同小农经济结合起来，"抓住现有的落后的小工业或被削弱被破坏了的大工业，在目前的经济基础上使商业活跃起来，使中等的普通的农民（他们是农民的多数，农民群众的代表，自发势力的体现者）感到经济上的活跃，利用这一点来更有步骤、更顽强、更广泛、更有效地进行恢复大工业的工作。"④ 这样，列宁找到了一条符合俄国小农占优势国情的，切实可行的实现工业化和电气化的道路。

社会主义大工业是能够改造农业的大工业。1921 年 6 月，列宁在共产国际第三次代表会议上指出："社会主义的物质基础只能是同时也能改造农业的大机器工业。但是不能停留在这个一般的原理上。必须把它具体化。适应最新技术水平并能改造农业的大工业就是全国电气化。"⑤ 列宁认为，不仅要用现代科技装备大工业，而且还必须用现代科技装备农业，用电气化把城乡连接起来，在电气化的基础上组织生产，才能大幅度提高生产效率，消除城乡对立，甚至消除穷乡僻壤的落后愚昧状态，"如果我们能建立起几十座区域电站（现在我们知道：这些电站可以而且应该在哪里建立以及如何建立），如果我们能把电力从这些电站送到每个村子，如果我们能得到足够数量的电动机及其他机器，那么从宗法制度到社会主义就不需要或者几乎不需要过渡阶段和中间环节了。"⑥ 通过大工业对农业改造，最终将使俄国"从一匹马上跨到另一匹马上，就是说，从农民的、庄稼汉的、穷苦的马上，从指靠破产的农民国家实行节约的马上，跨到无产阶级所寻求的而且不能不寻求的马上，跨到大机器工业、电气化、沃尔霍夫水电站工程等

---

① 《列宁全集》第 41 卷，人民出版社 1986 年版，第 347 页。
② 《列宁全集》第 41 卷，人民出版社 1986 年版，第 219 页。
③ 《列宁全集》第 41 卷，人民出版社 1986 年版，第 302 页。
④ 《列宁全集》第 42 卷，人民出版社 1987 年版，第 250 页。
⑤ 《列宁全集》第 42 卷，人民出版社 1987 年版，第 7 页。
⑥ 《列宁全集》第 41 卷，人民出版社 1986 年版，第 216 页。

等的马上。"列宁说："我们的希望就在这里,而且仅仅在这里。"①

三、通过合作社将小农引向社会主义

俄国是在经济文化比较落后的基础上建设社会主义的,小农经济所占比重较大,如何把小农经济改造为社会主义经济是俄国社会主义建设必须解决的重大问题。新经济政策的提出和实施,表明列宁放弃了由小农经济直接过渡到社会主义大工业的设想,主张通过商业把小农经济和社会主义大工业结合起来,逐步改造和引导小农走向社会主义,但他并没有解决采取何种形式将小农经济改造和引向社会主义的问题。在坚持新经济政策基本思路的基础上,1923 年 1 月,列宁在《论合作社》中系统地阐述通过合作社将小农经济引向社会主义的思想,进一步发展和完善了新经济政策,形成了一套完整的经济文化落后国家建设社会主义的政策。

列宁对无产阶级政权和生产资料公有条件下合作社的社会主义性质做了论证。列宁曾把合作社看作是国家资本主义性质的企业。在《论合作社》中,列宁改变了这一观点,认为合作企业不是一种具有独立性质的企业,在不同社会制度下合作企业有不同的性质和作用,"在私人资本主义下,合作企业与资本主义企业不同,前者是集体企业,后者是私人企业。在国家资本主义下,合作企业与国家资本主义企业不同,合作企业首先是私人企业,其次是集体企业。在我国现存制度下,合作企业与私人资本主义企业不同,合作企业是集体企业,但与社会主义企业没有区别,如果它占用的土地和使用的生产资料是属于国家即属于工人阶级的。"② 因此,在工人阶级掌握政权和生产资料公有制的条件下,列宁认为,合作企业"同社会主义完全一致的",合作社的发展也就等于社会主义的发展。列宁明确指出:"毫无疑问,合作社在资本主义国家条件下是集体的资本主义机构。同样毫无疑问,在我国现存制度下,合作企业与私人资本主义企业不同,合作企业是集体企业,但与社会主义企业没有区别,如果它占用的土地和使用的生产资料是属于国家即属于工人阶级的","我们不得不承认我们对社会主义的整个看法根本改变了"③。

列宁提出了合作社是引导小农走向社会主义的最好形式。如何把千百万分散的小农组织起来,是俄国建立社会主义必须解决的问题。在实施新经济政策前,

---

① 《列宁全集》第 43 卷,人民出版社 1987 年版,第 391～392 页。
② 《列宁全集》第 43 卷,人民出版社 1987 年版,第 366 页。
③ 《列宁全集》第 43 卷,人民出版社 1987 年版,第 366、367 页。

列宁曾设想通过成立农业公社、集体农庄和国营农场等形式来实现，但因为与国情不符，引起了农民的反对，没有成功。进入新经济政策的第一个时期，列宁虽然认识到离开大工业孤立地对小农进行集体化改造是行不通的，但等到恢复了大工业，这些小业主仍然要向社会化的、集体的、公社的劳动过渡。进入新经济政策的第二个时期，列宁放弃了用集体化的大农业的模式来改造小农，1921年11月，他在《十月革命四周年》中提出，通过"批发商业在经济上把千百万小农联合起来，引起他们经营的兴趣，把他们联系起来，把他们引导到更高阶段：实现生产中各种形式的联系和联合。"①

但究竟采取什么形式把小农联系起来，让他们走向社会主义，仍有待于进一步解决。这一时期，合作社又恢复了它的群众性和商业性，广大农民自愿加入合作社，这种合作社从流通领域入手，以商业为纽带，在不同领域和不同层次上用多种形式把农民联合了起来，并且把农民的个人利益和国家的利益有机地结合了起来，把小农经济和社会主义大工业联系了起来。列宁以敏锐的洞察力发现合作社这种从前抱"鄙视态度"的"买卖机关"是改造小农、引导小农走向社会主义的最好形式。列宁指出："因为现在我们发现了私人利益即私人买卖的利益与国家对这种利益的检查监督相结合的合适程度，发现了私人利益服从共同利益的合适程度"，所以，"在我国，既然国家政权操在工人阶级手中，既然全部生产资料又属于这个国家政权，我们要解决的任务的确就只剩下实现居民合作化了"，"国家支配着一切大的生产资料，无产阶级掌握着国家政权，这种无产阶级和千百万小农及极小农结成了联盟，这种无产阶级对农民的领导得到了保证，如此等等——难道这不是我们所需要的一切，难道这不是我们通过合作社，而且仅仅通过合作社，通过曾被我们鄙视为做买卖的合作社的——现时在新经济政策下我们从某一方面也有理由加以鄙视的——那种合作社来建成完全的社会主义社会所必需的一切吗？这还不是建成社会主义社会，但这已是建成社会主义社会所必需而且足够的一切。"② 可见，列宁认为，由于找到了合作社这种"使农民感到简便易行和容易接受的方法"，要解决的任务就是实现合作化，而实现了合作化也就在社会主义的基地上站稳了。所以，列宁认为，实现合作化对于建成社会主义具有"巨大的、不可估量的意义"。

列宁阐述了实现合作化的措施和条件。首先，列宁提出要对合作社提供财政上的帮助和支持，他说"在政策上要这样对待合作社，就是不仅使它能一般地、经常地享受一定的优待，而且要使这种优待成为纯粹资财上的优待（如银行利息

---

① 《列宁全集》第42卷，人民出版社1987年版，第177页。

② 《列宁全集》第43卷，人民出版社1987年版，第362页。

的高低等等）。贷给合作社的国家资金，应该比贷给私人企业的多些，即使稍微多一点也好，甚至和给重工业等部门的一样多。"其次，列宁提出，要找出一种能够充分帮助合作社的奖励方式，"应该善于找出我们对合作化的'奖励'方式（和奖励条件），找出我们能用来充分帮助合作社的奖励方式，找出我们能用来培养出文明的合作社工作者的奖励方式。"①　还要努力使真正的居民群众参加合作社的流转，并要经常检查农民参加的情况。最后，列宁提出，要对农民进行文化教育是实现合作化的条件，要完全实现合作化，"只就国内经济关系来说，那么我们现在的工作重心的确在于文化主义"②，并将在农民中进行文化工作上升到两个划时代的主要任务之一的高度，认为"这种在农民中进行的文化工作，就其经济目的来说，就是合作化。要是完全实现了合作化，我们也就在社会主义基地上站稳了脚跟。但完全合作化这一条件本身就包含有农民（正是人数众多的农民）的文化水平的问题，就是说，没有一场文化革命，要完全合作化是不可能的。"③

四、学习和利用资本主义一切有价值的东西

十月革命后，在苏维埃经济建设过程中，列宁反复强调和坚持，要学习和利用资本主义一切有价值的东西为社会主义建设服务。列宁晚年在继续坚持这一思想的基础上，对资本主义的历史地位做了进一步的科学评价，阐明了学习和利用资本主义建设社会主义的必要性和途径。

列宁科学评价了资本主义的历史地位。列宁坚持历史辩证法，反对把资本主义和社会主义抽象对立起来，揭示了资本主义历史进步性和历史局限性，科学评价了资本主义的历史地位。早在 1918 年春，列宁就在《论"左派"幼稚性和小资产阶级性》中，站在社会主义新型文明的高度，分析了资本主义文明的历史局限性和阶级局限性，同时又充分肯定了资本主义文明相对于前资本主义文明的进步性。1921 年 4 月，列宁在《论粮食税》中进一步指出："同社会主义比较，资本主义是祸害。但同中世纪制度、同小生产、同小生产者涣散性引起的官僚主义比较，资本主义则是幸福"④。这里，列宁是把资本主义放在了前资本主义—资本主义—社会主义的人类社会历史发展的过程中进行对比分析，认为资本主义相对

① 《列宁全集》第 43 卷，人民出版社 1987 年版，第 365 页。
② 《列宁全集》第 43 卷，人民出版社 1987 年版，第 367 页。
③ 《列宁全集》第 43 卷，人民出版社 1987 年版，第 368 页。
④ 《列宁全集》第 41 卷，人民出版社 1986 年版，第 217 页。

于中世纪的前资本主义制度的先进的、幸福的，但相对于社会主义，资本主义则是落后的是祸害，科学评价了资本主义的历史地位。

列宁阐述了建设学习和利用资本主义的必要性。首先，列宁认为社会主义是建立在资本主义基础之上的，建设社会主义要充分利用资本主义取得的人才、科学、技术等方面的成就。在十月革命胜利后不久，针对当时一些"左派社会主义者"认为不向资产阶级学习也能够实现社会主义的论调，列宁认为，"我们不能设想，除了建立在庞大的资本主义文化所获得的一切经验教训的基础上的社会主义，还有别的什么社会主义。"[①] 列宁晚年多次强调，建设社会主义要充分利用资本主义取得的经验和成就，认为"共产主义是从资本主义成长起来的，只有用资本主义遗留下来的东西才能建成共产主义"[②]，"仅靠摧毁资本主义，还不能填饱肚子。必须取得资本主义遗留下来的全部文化，并且用它来建设社会主义。必须取得全部科学、技术、知识和艺术。否则，我们就不可能建设共产主义社会的生活。"[③] 正是在这一意义上，列宁指出："乐于吸取外国的好东西：苏维埃政权＋普鲁士的铁路管理制度＋美国的技术和托拉斯组织＋美国的国民教育等等＋＝总和＝社会主义。"[④] 同时，列宁特别强调利用资本主义留下的人才科学和技术来建设社会主义，"我们应该在一切建设领域内，自然是在我们没有旧的资产阶级专家的经验和科学素养、自己力不胜任的那些建设领域内，利用他们。""如果你们不能利用资产阶级世界留给我们的材料来建设大厦，你们就根本建不成它，你们也就不是共产党人，而是空谈家。要进行社会主义建设，必须充分利用科学、技术和资本主义俄国给我们留下来的一切东西。"[⑤]

其次，列宁强调，在俄国这样经济文化落后国家建设社会主义，建设学习和利用资本主义具有更加重要的现实意义。列宁认为，俄国是在资本主义经济不太发达而大量存在前资本主义经济的基础上建立社会主义的，这就决定了，在无产阶级夺取政权后，必须尽快吸收资本主义的一切积极成果来发展社会主义，使资本主义成为发展社会主义的帮手，他认为："既然这个小农国家，经历了战争和封锁，在运输业方面遭到严重破坏，而在政治上是由掌握运输业和大工业的无产阶级领导的，那么根据这些前提必然得出这样的结论：第一，地方流转在目前具有头等意义；第二，有可能通过私人资本主义（更不用说国家资本主义）来促进

---

① 《列宁全集》第34卷，人民出版社1985年版，第252页。
② 《列宁全集》第38卷，人民出版社1986年版，第242页。
③ 《列宁全集》第36卷，人民出版社1985年版，第48页。
④ 《列宁全集》第34卷，人民出版社1985年版，第520页。
⑤ 《列宁全集》第36卷，人民出版社1985年版，第6页。

社会主义。"① 另外，列宁还认识到，俄国社会主义建设处在资本主义的包围之中，如果俄国的社会主义建设不同资本主义联系起来，是不能生存下去的。因此，他认为，"我们应当有本事根据资本主义世界的特点，利用资本家对原料的贪婪使我们得到好处，在资本家中间——不管这是多么奇怪——来巩固我们的经济地位。事情似乎很奇怪：社会主义共和国怎么能依靠资本主义来改善自己的状况呢？但是在战争中我们已经看到过这种情况。我们在战争中取得了胜利，这并不是因为我们强，而是因为我们虽然弱，却利用了资本主义国家之间的敌对关系。现在，若不利用托拉斯之间的敌对关系，我们就不能适应资本主义的特点，就不能在资本主义的包围中生存下去。"② 可见，列宁把学习和利用资本主义的经济成果，提高到了更加突出的地位，1922 年 9 月，他提出："无论如何要继续前进并学会欧美科学中一切真正有价值的东西——这就是我们头等的最主要的任务。"③

列宁认为，租让制和商业是学习和利用资本主义的有效形式。首先，列宁认为租让制是从技术比较先进的国家取得技术帮助的一种手段。他指出："资产阶级的资本对我们是有利的。当我们国家在经济上还极其薄弱的时候，怎样才能加速经济的发展呢？那就是要利用资产阶级的资本"④。为了有效地吸收发达国家的资金、技术和管理经验，他认为租让制是一种有效的手段，他曾举例说："把一个工厂租让给德国人——这是最好的学习方法。在这方面，任何学校、讲座都不如工厂里的实际工作。在工厂里半年可以培养出一个工人，然后让他们在附近另建一个同样的工厂。"⑤ 其次，列宁认为和资本主义国家进行商业贸易，也是学习和利用资本主义的重要形式。他认为："只要资本主义国家还照样存在，我们就必须同它们做生意。我们准备以商人的身分去同它们谈判"，⑥ 而且要懂得进行商品交换的必要性，"主要应该关心的是尽快地从资本主义国家获得机车、机器、电气器材等等生产资料，没有这些生产资料，我们便不能稍许象样地恢复甚至根本不可能恢复我们的工业，因为我们得不到工厂所需要的机器。"⑦ "在最新式的机器中一切最重要的机器，莫斯科都应当有一件，以便学习和教授。"⑧最后，列宁也认识到通过实行租让和商品交换政策利用西方资本主义也是要付出

① 《列宁全集》第41卷，人民出版社1986年版，第221页。
② 《列宁全集》第41卷，人民出版社1986年版，第162~163页。
③ 《列宁全集》第43卷，人民出版社1987年版，第209页。
④ 《列宁全集》第40卷，人民出版社1986年版，第42页。
⑤ 《列宁全集》第40卷，人民出版社1986年版，第123页。
⑥ 《列宁全集》第43卷，人民出版社1987年版，第4页。
⑦ 《列宁全集》第40卷，人民出版社1986年版，第112页。
⑧ 《列宁全集》第51卷，人民出版社1988年版，第274页。

代价的，但为了学习要不惜破费，只要能学到东西就行，"要用加倍的利润收买资本主义。资本主义将得到额外的利润——这种额外的利润由它去吧——我们所得到的将是能使我们巩固起来，最终站立起来，并在经济上战胜资本主义的主要的东西。"①

　　列宁还强调，在提高全民族文化水平和改造国家机关中要学习和吸收西方发达资本主义国家有价值的东西。列宁晚年特别强调利用资本主义的积极文化成果来克服愚昧落后，他指出："当我们高谈无产阶级文化及其与资产阶级文化的关系时，事实提供的数据向我们表明，在我国就是资产阶级文化的状况也是很差的。果然不出所料，我们距离普遍识字还远得很，……这是对那些一直沉湎于'无产阶级文化'的幻想之中的人的一个严厉警告和责难。这说明我们还要做多少非做不可的粗活，才能达到西欧一个普通文明国家的水平。"② 他还明确指出"对那些过多地、过于轻率地侈谈什么'无产阶级'文化的人，我们就不禁要抱这种态度，因为在开始的时候，我们能够有真正的资产阶级文化也就够了，在开始的时候，我们能够抛掉资产阶级制度以前的糟糕之极的文化，即官僚或农奴制等等的文化也就不错了"③。另外，列宁在《宁可少些，但要好些》中，还主张研究和学习西方发达资本主义国家行政管理方面的经验，提出要"派几个有学问的切实可靠的人到德国或英国去搜集图书和研究这个问题"④。列宁这些思想是对社会主义经济建设中学习和利用资本主义一切有价值的东西的进一步深化。

---

① 《列宁全集》第40卷，人民出版社1986年版，第112页。
② 《列宁全集》第43卷，人民出版社1987年版，第356~357页。
③ 《列宁全集》第43卷，人民出版社1987年版，第378页。
④ 《列宁全集》第43卷，人民出版社1987年版，第384页。

第二章

两次大战期间西方国家马克思主义经济学的研究

第一次世界大战后，西欧主要资本主义国家经历了短暂的繁荣之后，很快又进入危机和动荡时期，特别是20世纪20年代末席卷西方世界的"大萧条"，使得西方资本主义国家的经济、社会和政治秩序上发生新的混乱。面对资本主义经济发展的"危机"、"崩溃"的趋势，"正宗"的马歇尔经济理论已失去其"实用"价值，各种"异端"的经济学说纷至沓来；西方的有些经济学家开始转向马克思经济学，注意运用马克思经济学理论认识和分析资本主义经济制度的新变化和新特征，思考资本主义经济制度的历史命运。20世纪20年代，苏联社会主义经济建设的成就，更激起了西方一些学者对马克思主义经济思想的兴趣。"复兴"马克思经济学，成为西欧社会经济思潮发展的重要一翼。

当时，在西欧马克思主义经济学领域，除了一些"老"马克思主义者，如鲁道夫·希法亭、卡尔·考茨基和奥托·鲍威尔等人偶有著述外，出现了一些年轻的马克思主义经济学家，如亨利克·格罗斯曼（Henryk Grossman，1881~1950）、莫里斯·多布（Maurice Dobb，1900~1976）等。这些新起的马克思主义经济学家，着力于对马克思经济学"传统"的"复兴"；还有一些马克思主义理论家，力图对马克思恩格斯逝世后，经第二国际理论家特别是经伯恩施坦"诠释"的马克思经济思想做出"清理"，试图用马克思经济学的理论和方法，重新考察、分析资本主义经济发展的新情况、新特征，探讨社会主义经济发展的新理论。

20世纪20年代末到30年代中后期，马克思经济学在西欧的"复兴"，主要表现在三个论题上：

一是关于马克思经济学的基本原理，特别是关于劳动价值论、剩余价值论和经济危机理论的研究。在这些论题上，多布发表的一系列颇有影响的著述，既对当时流行的"批判"马克思经济学基本原理的种种观点作了深刻的"反批判"，也密切结合当时经济社会发展的新情况、新趋向，对资本主义政治经济学和社会主义经济的基本理论作了多方面的探讨。

二是由 1929 年资本主义经济"大萧条"前后引发的关于资本主义经济危机和资本主义制度崩溃理论的探讨。在这一论题上，格罗斯曼于 1929 年"大萧条"前发表的《资本主义制度的积累和崩溃的规律》一书产生过重要的影响，围绕该书的理论结论展开的"崩溃"问题的争论，也成为 20 世纪西方学者对马克思经济思想研究的重要论题之一。

三是关于社会主义经济核算问题的争论。这场争论的主题最先是由奥地利经济学家路·冯·米塞斯提出的，他在 1920 年发表的一篇论文中断言：社会主义制度不可能有合理的经济核算的手段，也不可能形成生产和投资的效率。1935年，另一位奥地利经济学家弗·冯·哈耶克重提这一主张，并将米塞斯的观点推向极端。当时，奥斯卡·兰格、弗·曼·泰勒和多布等人，以维护社会主义经济制度为基本出发点，从不同角度对米塞斯和哈耶克的观点作了反驳。围绕社会主义经济核算问题展开的争论，涉及的实质上是社会主义经济中计划与市场关系的重大问题。这场争论对之后 50 年间社会主义经济学理论的发展产生了重要影响。

20 世纪 30 年代初，马克思经济学在西欧"复兴"的新思潮，在美国经济学界并没有引起什么反响。据当时正在哈佛大学经济学系求学的保罗·斯威齐后来回忆，他那时连马克思的名字都没有听说过，更不用说对马克思经济学的了解了；即使 1933 年他从英国求学返回美国时，也只是"一个坚信但却非常无知的马克思主义者"[1]。美国和西欧在马克思经济学"复兴"中的这种反差，在第二次世界大战期间才得以弥合。在日本，马克思经济学这一时期迅速兴起，成为日本经济学领域的重要一翼。

第一节　西方马克思主义的肇始与马克思经济学的探索

在十月社会主义革命的影响下，西方出现了一批具有独创精神的马克思主义理论家。其中，最有影响的有乔治·卢卡奇、卡尔·科尔施和安东尼奥·葛兰西，他们在集中研究革命、阶级、国家、意识形态等马克思主义哲学、政治学理论问题的同时，也对马克思主义经济学问题作了一些颇具特色的探讨，形成了那一时期马克思主义经济学在西欧的独特探索。

---

[1]　P·M. Sweezy, *Four Lectures. on Marxism*, Monthly Review Press, P. 13.

一、卢卡奇对马克思"总体"方法的探索

卢卡奇在 1918 年匈牙利革命爆发后加入匈牙利共产党，那时他作为哲学家和文艺评论家已闻名于匈牙利。纵观 1918 年前后，卢卡奇在由客观唯心主义转向马克思主义的过程中，对马克思经济学曾作过较为深入的研究。他在暮年提到：1918 年在经历了一段时期的"思想的混乱"之后，"我的道德观趋向于实践、行动，因而转向政治学研究，尔后我又转向经济学，为了建立理论基础的需要，我最后转向了马克思主义哲学。"① 对马克思经济学的研究，是卢卡奇从政治学研究转向马克思主义哲学研究的重要中介。

卢卡奇早期思想发展的这一轨迹，在 1923 年出版的论文集《历史和阶级意识》中可以得到印证。在这部被后人称作"西方马克思主义的基本读物"的文集中，他在论及罗莎·卢森堡《资本积累论》中的方法论原则时认为，无产阶级科学之所以是革命的，不仅仅因为它有与资产阶级社会相对立的革命观点，更为重要的是因为它有自己的方法，这一方法的核心就是"总体性"原则。他认为，"总体性范畴，即总体对于部分的完全至高无上的地位，这是马克思从黑格尔那里继承来的，并使之出色地转变为一门全新科学基础的方法论的精髓。"② 卢卡奇"总体性"范畴的合理性主要在于，它把社会生活中孤立的事实，视为统一整体内历史过程的有机组成部分；而且只有在这统一整体内，对个别事实的认识才能成为真实的认识。在卢卡奇看来，卢森堡及其他马克思主义经济学家所运用的方法论的科学性，就在于体现了这种"总体性"原则。他联系马克思《〈政治经济学批判〉导言》中的有关论述，对"总体性"原则在政治经济学方法论上的意义作了四个方面的说明：

第一，卢卡奇认为，马克思提出的"每一社会中的生产关系都形成一个统一的整体"这一名言，是对社会关系作出"历史的"理解这一方法论原则的出发点和关键所在。在社会进化的特定阶段，个别事实的变化并不能勾画出这一阶段的特征；只有把这些个别事实同社会关系总体历史发展过程联系在一起，才能认识这一阶段的特征以及这些个别事实的真实性质。例如，资产阶级古典经济学家由于离开了资本关系总体及其历史发展，根本无法理解资本有机构成的特征，只能局限于对固定资本和流动资本构成的认识。马克思依据资本的不同部分在剩余

---

① Georg LukÃcs, History and Class Consciousness: Studies in Marxise Dialectics, The Merlin Press Ltd, 1971, P. xi.
② 同上，P. 27.

价值生产中的不同作用,才区分了不变资本和可变资本,提出资本有机构成的概念,揭示资本及其构成的实质。可见,"只有运用辩证法,才能理解经济学中至关重要的不变资本和可变资本之间的区别。"①

第二,卢卡奇认为,只有假定主体本身是一个整体,客体的整体性才能被假定;同样,如果主体想要了解自身,它就必须把客体看作是一个整体。在资本主义社会中,只有阶级才能代表这样的总体,而只有无产阶级才是真正的"同一的主体—客体"。据此,卢卡奇进一步认为,马克思在《资本论》中所运用的方法就是:"把整个资本主义社会的问题,看作是构成这一社会的阶级的问题,阶级被看作是总体。"② 相反,资产阶级经济学家特别是庸俗经济学家,总是从"个别资本家"的观点出发考察资本主义经济发展的问题。因此,他们总是把经济现实看作是受永恒的自然规律支配的,从而使资本的生产、流通以及积累中的一切问题,都同资产阶级的最终历史命运割裂开来。

第三,"总体性"原则在强调总体的至高无上性时,并不否认总体内各因素的独立性及其差别性。卢卡奇认为,在《导言》中,马克思在把生产和分配、交换、消费因素看作是"总体的各个环节"的同时,十分强调这些因素并不是"同一的东西",而是一个统一体内的"有差别的因素"。但是,总体内各因素的任一实质性的变化,同隶属于总体的其他因素的变化都是同步的,都只是由总体性质规定了的变化。

第四,卢卡奇认为,经济学作为马克思主义科学整体的一个组成部分,它所揭示的经济范畴不可避免地具有"双重的意义":一方面,经济范畴揭示了社会发展特定阶段中人和人之间的某种确定的关系,这有利于我们认识既定的"横断面"的历史;另一方面,经济范畴是从人们之间的相互联系中产生的,而且也是在人们相互关系的变化过程中发挥作用的。因此,从社会发展的动态过程来看,经济范畴揭示的就是社会发展的整体过程。结果,"一种特定的经济总体的生产和再生产,必然转化为一种特定的社会总体的生产和再生产。"③ 因此,在《资本论》中,经济范畴不仅揭示了资本主义经济过程中剩余价值生产的实质,而且还在更广泛的意义上,揭示了资本主义社会整体中资本家阶级和雇佣工人阶级之间关系再生产的实质。

卢卡奇对马克思经济学方法论的这些探讨,是对当时流行的否定马克思经济

---

① Georg LukÃcs, History and Class Consciousness: Studies in Marxise Dialectics, The Merlin Press Ltd, 1971, P. 14.

② 同上,P. 29.

③ 同上,P. 15.

学方法论的思潮，对当时盛行于马克思主义经济学中的折衷主义的和非历史、非阶级分析的错误理论的深刻的批判。然而，从经济学方法论的角度看，卢卡奇对"总体性"方法的阐述也存在着一些缺陷。例如，卢卡奇在强调马克思经济学方法论的特点时，忽视了马克思经济学作为一门独立的科学所具有的"优越性"；在强调总体内各要素差别性时，忽视了总体内各要素间的决定和被决定的关系，即忽视了生产和交换、分配、消费诸因素的相互关系中，生产作为一种普照之光，作为一种特殊的"以太"所具有的"优越性"。①

二、科尔施的"社会化"及"工业自治"理论

科尔施是德国现代哲学家，"西方马克思主义"主要创始人之一。科尔施全部理论的重要内容之一就是，试图根据马克思的精神，把社会运动理解为一个实在的总体，其中哲学和其他思想体系都只是这一总体过程本身的组成部分，因此不应该把马克思主义体系分解为各自分开的知识分支的总和。同时，他也根据这种精神来理解革命实践活动的意义：根据这一总体理论，他认为，早期的马克思仍然处在资产阶级哲学残余的影响下，因而是不科学的；只有在晚期的政治经济学批判的著作中，马克思主义才成为真正的科学。他认为，政治经济学批判作为马克思社会理论的最重要的理论和实践的组成部分，不仅包括了对资本主义时代的物质生产关系的批判，而且还包括了对资本主义社会意识的特殊形式的批判。马克思主义不仅是从资产阶级古典哲学中产生出来的，而且也是从资产阶级古典政治经济学理论中产生出来的。

科尔施参加过 1918 年德国革命中的革命委员会和士兵委员的工作，是革命刊物《工人委员会》的主要撰写人。1919 年，他在《什么是社会化》② 中提出的"社会化"和"工业自治"理论，是对社会主义经济关系的有意义的探索。在科尔施看来，社会主义所要求的"社会化"，就是"对生产进行新的调节，以达到新的社会主义公有制经济来代替资本主义私有制经济的目的。"在这里，作为"社会化"调节对象的"生产"，并不是指制造物质产品的技术过程，而是指"较多的人之间的与每一技术生产相联系的社会关系"，即"社会生产关系"；作为"社会化"目标的"公有制经济"，则是一种把生产的社会进程看作是进行生产和消费的全体人员的公共事务的经济制度。

科尔施认为，社会主义的社会化可以分为两个阶段：第一阶段是实现生产资

---

① 《马克思恩格斯文集》第 8 卷，人民出版社 2009 年版，第 31 页。
② 中文译文载中共中央马恩列斯编译局编：《马列主义研究资料》第 27 辑，人民出版社 1983 年版。

料的社会化和由此引起的劳动的解放；第二阶段是实现劳动的社会化。第一阶段的"生产资料的社会化"，实质上就是要消除生产资料的资本主义私有制，建立生产资料的社会主义公有制。他认为，实现"生产资料的社会化"原则上有两条不同的道路：一条道路是夺取单个资本家掌握的生产资料，把生产资料置于公职人员的权力范围内；另一条道路是在不没收个别资本家生产资料这一前提下，从内部改变生产资料私有制的内容，这就是爱德华·伯恩施坦当时所提出的"公众通过法律和法令日益牢固地参加对经济生活的支配"的道路。科尔施认为，后一条道路是行不通的。因为后一条道路混淆了"社会化"和"社会政策"之间的区别。他指出，"社会政策"是以资本主义私有制为前提的，它力图对资本家的权利和公众要求之间的冲突作某些调解。"社会政策"的任何变化，都不可能使社会发生飞跃和激烈的转变，"社会政策"是永远不可能转变为真正的社会化的，因为"生产资料的社会化"是以变革生产资料的资本主义私有制为前提的。可见，伯恩施坦所选择的实际上是一条以保留资本主义私有制为前提的，以"社会政策"调节为内容的改良主义的道路。这种道路和社会主义革命所要求的"社会化"是大相径庭的。但是，社会主义革命所要求的"生产资料的社会化"，决不等于生产资料的"国家化"。科尔施认为，"国家化"只是"社会化"的一种形式，"国家化"本身易于造成官僚主义的公式化和僵化，易于窒息个人的积极性。他相信，"国家化"的这些弊端，只有在采取"工业自治"这一社会化形式时才能克服。

科尔施认为，在"社会化"的第一阶段，实现的只是生产资料的社会化，这时工人仍然根据各自生产的产品量领取劳动报酬。只有在"社会化"的第二阶段，物质生产资料和个人的劳动力都成为公有财产，每个人按照自己的能力对社会生产做出贡献，并按照自己的需要分享共同生产的成果，实现了"劳动的社会化"。"工业自治"这一特殊的社会化形式，对促进社会化的第一阶段向第二阶段的发展起着重要的推动作用。

科尔施所谓的"工业自治"的实质在于，从事劳动的全体生产者的代表成为对生产资料进行统治的执行者；全国各工业部门都有一个由生产者代表组成的、对本部门内的生产者和消费者的利益进行协调的工人委员会管理；各部门内的个别企业，在生产产量、劳动条件和分配上享有有限的自由。科尔施认为，只有以"工业自治"的形式调节社会生产关系，才能真正地体现社会主义"社会化"的根本性质。他认为，工业自治的进程可分为两个阶段。在第一阶段，工人仍然根据各自生产的产品量领取劳动报酬，只实现生产资料的社会化和由此而引起的劳动的解放。在第二阶段，工人将需领取劳动报酬，实现劳动的社会化。他设想，建立在工业自治基础上的无产阶级的劳动联合，将逐渐地使国家政权成为服务于无产阶级的劳动联合，将逐渐地使国家政权成为服务于无产阶级的真正的委员会制度。

三、葛兰西关于"工厂委员会"理论

葛兰西是意大利共产党创始人和领导人之一，马克思主义理论家。作为意大利无产阶级政治运动的领袖，他注重无产阶级在意识形态上和文化上的领导权，主张创造新文化、新道德，造就具有这种新文化、新道德的新人。作为文艺批评家，他提出了"民族—人民的文学"的思想，主张艺术性质或审美因素和政治因素的有机结合，反对把文艺变成"规定的政治宣传"。作为哲学家，他认为马克思主义哲学是"实践的哲学"，这里的实践是指物质和精神、人和自然的统一体。他强调人的能动性，反对经济基础和上层建筑之间首要性和次要性的区分。在政治经济学中，马克思吸收了黑格尔和李嘉图的思想，确立了自己崭新的理论和概念。例如，利润率趋向下降规律就表现为技术进步造成的剩余价值增长和资本有机构成提高的历史的综合过程，只有把《资本论》第一卷和第三卷综合起来，才能理解这一规律。他一直强调，马克思主义并不是从德国、英国和法国分别搬来的哲学、经济学和政治学，再把它们拼凑在一起的，而是把这三个来源综合为包括所有领域的完整的体系，构成一种在本质上全新的世界观。因此，哲学、政治学和经济学各个理论原理之间存在着内在统一性，存在着彼此能够转意的专门话语的可能性。

1920 年 7 月，葛兰西在给共产国际执行委员会的报告《都灵的工厂委员会运动》中，结合都灵 4 月工人总罢工的经验，对工厂委员会的理论与实践作了论述。"工厂委员会"理论所主张建立的工厂委员会这一组织形式，利于实现工人阶级对社会生产和社会生活的民主控制，也是一种由工人阶级作为历史和生产过程主体的无产阶级国家模式。

在对工厂委员会的总的原则的论述中，葛兰西认为："工厂委员会组织建立在下述原则之上：每一个工厂都按选派代表的原则（而不是在旧日的官僚主义原则的基础上）选出机构；这个机构得成为无产阶级力量的体现，得反对资本主义制度或实现对生产的监督，得以准备进行革命斗争和建立工人国家的精神教育全体工人群众。"[①] 在葛兰西看来，这种意义的工厂委员会，首先是社会主义经济制度的基本形式。葛兰西设想，工厂委员会是由在工厂中直接承担一部分具体劳动的工人逐级选举的代表组成，各个劳动部门在委员会中都有自己的代表，以此实现对生产过程的直接的民主控制。

对工厂委员会的基本构架，葛兰西曾做过这样的设想：首先，工厂委员会是

[①] 《葛兰西文选（1916~1935）》，人民出版社 1992 年版，第 142 页。

以工厂为基层组织形式的。他设想："每一个工厂都分成若干车间，每一个车间都分成若干生产班组；每一个生产班组都完成一部分固定的工作；每一个班组的工人都可以选举拥有受制约的、特别委任书的代表。"其次，以班组推举的代表为基础，"全工厂的代表的会议组成工厂委员会，由工厂委员会在自己成员中产生执行委员会"。执行委员会就是工厂基层组织的领导机构，同时也是国家政权的基层权力组织。

同时，工厂委员会还是社会主义国家的政权组织形式。葛兰西认为，社会主义的根本问题应该是群众解放的问题，也就是使群众自身成为自治的积极因素的问题。因此，无产阶级专政应该体现在一种特别利于发挥生产者自身积极性的自治的组织中，"工厂委员会是按照生产原则建立的，它应当在工人阶级的眼中成为借助于无产阶级专政来建立的共产主义社会的范例。"[1] 他设想：各基层的工厂委员会的执行委员会的政治书记组成"工厂委员会中央委员会"，进而"有中央委员会在自己成员中任命全市委员会来组织宣传工作、制定工作计划、批准各个工厂，甚至各个工人的方案和建议以及对整个运动进行日常的领导。"[2]

葛兰西强调，只有在工厂委员会这种代表机构中，工人阶级才能有效地完成对基本的生产资料和生产中最重要的工具——工人阶级本身的占有；才能享有极大的自由和民主的权利，真正实现经济和政治领域中的生产者的自治；才能使工人阶级重新发现自身，获得自身价值的意识，获得对自己的实际职能、责任和命运的意识；才能消除政党和工会中日益增长的官僚主义的倾向和结构。

葛兰西还认为，在资本主义生产关系中，工人阶级是被束缚的一种基本的"生产力"，并使之成为一种"新生产力"。在实现这一目标的过程中，工厂委员会显然是一种最好的形式。他指出："工厂委员会的某些任务，例如监督工程技术人员、解雇表明是工人阶级敌人的工人和职员，为争取工人的权利和自由同行政当局作斗争，监督生产和企业的财务工作，具有纯技术的，甚至生产的性质。"[3] 因此，无论在同资产阶级进行阶级斗争和夺取领导权的过程中，还是在对劳动的重新占有中，工厂委员会在解放生产力过程中都是基本的组织形式，起着重要作用。

科尔施的"工业自治"理论和葛兰西的"工厂委员会"理论，实质上是关于社会主义生产关系及其实现形式的理论。这些理论的新颖之处在于：第一，把社会主义生产关系的建立看作是一个复合的运动过程，即一方面是生产资料的公有化过程，而后者是这一复合性运动过程中的主体。第二，把社会主义生产资料

---

① 《葛兰西文选（1916～1935）》，人民出版社1992年版，第142页。
②③ 《葛兰西文选（1916～1935）》，人民出版社1992年版，第143页。

公有化看作是一个从生产资料社会化到劳动化的循序渐进的过程。在这一渐进过程中，直接生产者的"自主"和"自治"是十分重要的。第三，无产阶级革命不只是夺取政权、建立无产阶级专政的问题；更为重要的还应该是适合社会主义政治和经济发展的组织结构和社会实现形式的问题，即选择合适的社会主义发展模式的问题。

第二节　多布对马克思经济学原理的探索

莫里斯·多布是 20 世纪西方最负盛名的马克思主义经济学家。他在 30 年代到 60 年代中期对马克思主义经济学理论的研究，对这一时期马克思经济学在西方的"复兴"产生了最为重要的影响。

一、多布经济学研究的历程

多布生于伦敦郊区的一个小商人家庭。1918 年第一次参加英国的劳工运动，开始研究马克思经济学，接触俄国十月革命的思想。1919 年 10 月进剑桥大学学习经济学。在剑桥大学，加入英国社会主义学会，参与成立剑桥大学劳动俱乐部，任该俱乐部的书记和主席，参加编辑学生报纸《青年》。在剑桥大学时，他自认为已经是一个马克思主义者、是俄国十月革命的支持者。1922 年获剑桥大学文学士学位，同年获伦敦经济学院奖学金，之后的 3 年一直在伦敦经济学院从事经济学研究。1922 年在伦敦加入刚成立不久的英国共产党，自此以后，一直是该党的主要理论家之一。1924 年以论资本主义企业的历史和理论的学位论文获该学院的哲学博士学位。同年回到剑桥大学任经济学和政治学系的经济学讲师。1925 年第一次访问苏联，这次访问激起他研究苏联社会主义经济问题的兴趣，在 1929 年和 1930 年再度访问苏联。

20 世纪 30 年代初，为了反对法西斯主义和战争，组织成立了剑桥的劳动者反战委员会（以后改名为剑桥和平委员会），并两次组织反战、反法西斯的巡回展览。频繁的政治活动，甚至使他无暇顾及当时剑桥围绕着凯恩斯的《就业、利息和货币通论》展开的激烈的争论。第二次世界大战结束后，专注于经济学理论的研究。1948 年被选为剑桥大学三一学院的评议员和讲师。同时，开始和皮埃罗·斯拉法一起合作编辑 10 卷本的《大卫·李嘉图著作和通信集》。与斯拉法一起，为该文集撰写了许多有价值的注释和编者前言。

1951 年曾作为德里大学经济学院的客座教授访问印度，就不发达国家的经济问题发表多次演讲。1952 年作为英国经济学家代表参加莫斯科的国际经济会议。1956 年应邀访问波兰,在那里目睹"波兹南事件",使他第一次相信社会主义社会也有矛盾产生的可能性。1957 年,在英国共产党的代表会议上发表了"教条主义"是当时主要危险的言论。1959 年任剑桥大学经济学高级讲师。20 世纪 60 年代初,曾赴意大利葛兰西学院讲学。1964 年获布拉格查尔斯大学名誉博士。以后,还获得布达佩斯大学和累斯特大学名誉博士。还担任过《现代季刊》、《今日马克思主义》和历史学杂志《过去和现在》等刊物的编委。1967 年从剑桥大学退休后,仍然从事经济理论和经济思想史的研究。主要著作有:《资本主义企业和社会进步》(1925 年)、《十月革命以来俄国经济的发展》(1928 年)、《政治经济学和资本主义》(1937 年)、《经济学家马克思》(1943 年)、《资本主义发展的研究》(1946 年)、《论经济理论和社会主义》(1955 年)、《论经济增长和经济计划》(1962 年)、《经济增长和不发达国家》(1963 年)、《资本主义、发展和计划论文集》(1967 年)、《福利经济学和社会主义经济》(1969 年)、《亚当·斯密以来的价值和分配理论》(1973 年)。

多布长期从事马克思主义经济学理论研究,不仅致力于阐释和发展马克思劳动价值论、剩余价值论等基本理论范畴,而且还力图以马克思主义理论为基础,研究社会主义计划经济和经济增长、不发达国家经济发展以及当代资本主义经济发展等理论问题。他在早期理论研究中,在确认马克思理论是一种优越的社会思想体系的同时,仍然相信以马歇尔为代表的新古典经济学的观点在逻辑上仍然是正确的。在早年对资本主义企业性质的研究中,也打算把马克思的剩余价值和剥削的概念同马歇尔的理论结合起来。但在 20 世纪 30 年代后期,他基本上放弃了这种理论倾向,提倡以古典政治经济学和马克思经济学的"传统"理论来批判马歇尔的新古典经济学理论。特别是在 60 年代初期,他在对斯拉法《用商品生产商品》一书的解读中明确提出,他要在牢固的逻辑基础上证明,新古典正统观念不可能为利润率的决定提供正确的理论,因而也不可能用于分析资本主义市场问题。

多布一直注重对社会主义经济问题的研究。他在 20 世纪 20 年代后期撰写的论述苏联社会主义经济问题的著作,曾在西方学术界产生过重要的影响。他在对苏联社会主义计划经济理论的研究中,提出不能把资本主义经济范畴,如价格、市场、竞争运用于社会主义经济中,反对在社会主义经济中运用市场、价格等经济机制。他认为,"消费选择自由"、"消费者主权"等主张同市场、竞争有着密切的联系,因而都属于资本主义经济范畴,根本不适合于社会主义经济。他还认为,用中央计划局的少数专家的决策来代替消费者的"选择自由",会产生较大的优越性。但是,他自 1956 年有机会聆听波兰经济学家关于社会主义价格政策问题和试行更分散的经济模式的争论之后,也开始考虑社会主义宏观经济关系中价值和计划的重要性,并提出有必要根据社会主义实践中价格和经济刺激的作用，重新考察社会主义经济问题。

第二次世界大战以后，多布开始注意对不发达国家经济发展问题的研究。他认为，在不发达国家，经济发展和工业化应该是一致的，这是第三世界国家获得经济独立的关键问题；他还提出在不抑制平均消费水平情况下增加投资的构想。多布还对经济思想史的研究做出过重要的贡献。他除了参与编辑《大卫·李嘉图著作和通信集》外，还在长期的经济思想史的教学工作中，对政治经济学史中价值理论和生产、分配理论的发展做过潜心研究。此外，他还比较注重经济史的研究，特别注重对封建主义社会向资本主义社会过渡问题的研究。多布在长期经济理论研究中所做出的重要贡献以及他渊博的知识、温和而谦虚的为人，一直受到西欧经济学界和剑桥大学同事们的尊重。

二、多布对马克思劳动价值论的研究

多布毕生从事的经济学理论研究的最突出的论题就是劳动价值论。在一开始研究马克思经济学理论时，多布就已意识到，劳动价值论无论在理论逻辑上，还是在体系结构上，都占有重要的地位；但当时，他对劳动价值论的理解，多少还处在一种"奇特的矛盾"状态中。例如，他在早年的博士论文中，既承认马克思劳动价值论的科学性，以及这一理论在创立政治经济学体系中的"优越的"地位；同时，又认为马歇尔创立的"新古典"理论在逻辑上也是正确的，它在价值理论上的失败，仅在于对资本主义经济的无政府状态性质的错误解释上，仅在于对资本主义结构的不充分的表述上，那时，多布还力图弥合马克思劳动价值论和马歇尔均衡价格论之间的"罅隙"。

进入 20 世纪 30 年代后，多布重新研究了李嘉图和马克思的劳动价值论，对资产阶级古典政治经济学在劳动价值论上的得失、对马克思劳动价值论的科学性有了新的认识；同时，对马克思之后资产阶级经济学中流行的各种价值、价格理论的本质，也有了更为深入的理解。这一时期，他对劳动价值论研究的成果，集中反映在 30 年代撰写的一系列论文中，其中最重要的有《价值理论的必要条件》、《古典经济学和马克思》、《现代经济学和资本主义》。

20 世纪 30 年代初的西方经济学界，劳动价值论不仅受到云集在"边际主义"旗帜下的形形色色的主观价值者的攻击，同时还受到倡导经验价格、主张取消任何理论价值的思潮的挑战。瑞典经济学家卡尔·卡塞尔认为，经济学中的价值理论是完全不必要的，所有的必需证明的命题都可以由经验价格加以说明。瑞典经济学家冈纳·米尔达尔在 1932 年发表的《国民经济学中的政治因素》中宣称，在对价值理论——不管是以实际成本，还是以效用为基础的价值理论——的研究中，以前的经济学都受到来自伦理因素和政治因素的缠绕，因而各种价值理论都不具有纯粹的经济学的性质。他认为，只有放弃这种错误的研究方法，倡导具有实效性的经验价格，才能把经济学置于科学的基础之上。

在这一理论氛围中，要坚持和发展马克思的劳动价值论，必然面临双重的理论任务：一是必须要应对提倡"经验价格"的"新思潮"，厘清理论价值在政治经济学体系中的必要地位；二是要应对各种非科学的价值理论挑战，阐明劳动价值论才是唯一的科学的价值理论。这一时期，多布在对卡塞尔、米尔达尔等人的"新思潮"的批判中，对马克思的劳动价值论做出了新的探索。

多布认为，要驳倒提倡"经验价格"的"新思潮"，首先要搞清合适的价值理论同政治经济学的体系结构存在的内在联系。在对这一问题的解答中，多布认为，任何科学理论体系的建立，都是从对一种比较模糊的、未加区分的领域的事物的描述和分类开始的；只有在做了这种描述和分类的基础上，才能在以后的进一步的分析中，得出适合这一科学理论体系的普遍原则。在这一理论体系中，这种普遍原则可能只适合于有限的或局部的情况，不能完全预测这一体系内更为具体的、更大量的事实和更一般的问题；但是，一开始就确定了的这一普遍原则，对整个理论体系的构造却起着决定性的作用。为此，在任何一门科学中，这种普遍原则不仅要达到一定的综合程度，而且要达到相当的精确程度。多布认为，化学中化学元素的原子量的概念、物理学中牛顿引力定律，在这些科学中就起着这种普遍原则的作用。在政治经济学中，能够起这种普遍原则作用的，首先就是价值理论。这就是多布屡屡强调的价值理论在政治经济学体系结构中所具有的"描述和分类"的功能。显然，取消理论价值的这种独特地位，政治经济学体系结构就无从建立起来，政治经济学作为一门科学也难以得到发展。

多布进一步认为，只有能够执行这种"描述和分类"功能的价值理论，才是一种"充分的"价值理论。纵观经济学说史上的各种价值理论，只有劳动价值论才是唯一的"充分的"价值理论。对此，多布从形式上和内容上论证了劳动价值论所具有的这种"充分性"。

从形式上看，在政治经济学体系的"方程组"中，"充分的"价值理论必须处在起关键性作用的"自变量"的地位。这种"自变量"必须具备两个充分条件：第一，在解开整个"方程组"的过程中，这种"自变量"在任何特殊情况下都不能依靠其他"自变量"得出自己的解；第二，这种"自变量"必须表现出某种数量关系，但是，重要的是，"这种数量不能是价值本身"①。

---

①　Maurice Dobb, Political Economy and Capitalism: Some Eassays in Econornic Tradition, George Routledge and Sons Ltd, 1937, P. 6, 10.

　　显然，经济学说史上存在过的诸多价值理论，都只滞留在循环论证的"怪圈"中，无法找出一种独立的、在因果关系上起决定性作用的"自变量"。唯有劳动价值论才能跳出这一"怪圈"，避免循环论证，从一定形式的社会劳动（马克思把它精确地定义为"抽象劳动"）出发，解决构成价值"自变量"实体的问题。正是在这一点上，多布认为，只有劳动价值论才能作为起关键性作用的"自变量"，才能解开整个政治经济学的"方程组"。

　　从内容上看，"充分的"价值理论，必须具备能够预测现实世界的"实在性"的特征。这就是说，第一，对于"充分的"价值理论来说，价值"必须转化为实际的维度，这些实际的维度在事实上是能够加以理解和认识的。"因此，经济学说史上的各种主观价值论，在形式上尽管也是在价值体系以外寻找价值决定因素的，但是，这些决定因素都是"非实际的"，只是主观的心理欲望这一类因素。只有在李嘉图和马克思的劳动价值论中，作为"实体"的劳动因素，才是一种"生产活动中的客观因素"，并且具有"实际的维度"。①

　　第二，作为"充分的"价值理论，不仅在政治经济学理论的抽象层次上是正确的，而且在不断接近于现实世界的具体层次上，在经过适当的"修正"之后，也应该是正确的。多布认为，只有马克思的劳动价值论才能达到这一点。作为例证，他提出了《资本论》体系中的"近似法规律"的理论。多布认为，在《资本论》第一卷的抽象层次上，"第一近似规律"（the law of first approximation）起着主导作用。这时，价值决定价格，利润取决于剩余价值，或者取决于劳动力价值和价值产品之间的差额。在《资本论》第三卷中，剩余价值转化为利润，利润转化为平均利润，进而价值转化为生产价格。这时，"第一近似规律"要作适当"修正"，进入更趋近于现实的"第二近似规律"（the law of second approximation）。正是在"第二近似规律"的作用过程中，个别商品的生产价格与市场价值相偏离、平均利润量与剩余价值量相偏离。相对于逐渐趋近的资本主义现实而言，"第二近似规律"不仅没有违背"第一近似规律"，相反，还使"第一近似规律"的抽象规定性渐次展开为具体的规定性。

　　第三，"充分的"价值理论还必须像政治经济学中的其他理论原理一样，植根于人们为取得自身的生存资料而同自然进行斗争的不同的生产方式中。这就是说，价值规定必须和获取物质生活资料的生产方式相联系。显然，这种联系的枢纽只能是劳动。因此，只有劳动价值论才是政治经济学理论体系中唯一的"充分的"价值理论。

---

　　① Maurice Dobb, Political Economy and Capitalism: Some Eassays in Econornic Tradition, George Routledge and Sons Ltd, 1937, P. 11, 12.

多布对劳动价值论所做的这些新的探讨，不仅对当时流行于资产阶级经济学中的形形色色的价值理论做了深刻的批判，而且也给后来的马克思主义经济学家以极大的启迪。

三、多布对马克思关于资本主义经济危机理论的思考

对资本主义经济危机的过程和性质的分析，是马克思政治经济学原理运用于资本主义经济现实的最重要的成果之一。多布认为，马克思在这一问题上的贡献，主要表现在以下三个方面。

第一，与政治经济学史上其他的经济危机理论或商业循环理论不同的是，马克思认为，资本主义经济危机是与资本主义经济制度自身的根本特征相联系的。这里所说的"根本特征"主要是指：资本主义生产是无政府状态的；资本主义生产目的是为了追求利润，而不是为了社会利益。

第二，对资本主义经济危机的研究，实质上就是对资本主义制度本身的"动态的研究"。多布认为，在马克思关于资本主义政治经济学理论中，危机并不是对预期的均衡的一种偶然的偏离；也不是离开既定的发展轨道，而后又顺利地回到这一轨道上来的过程；危机只是造成和形成资本主义社会发展的一种占统治地位的运动形式。因此，从资本主义制度的"动态"角度来看，经济危机不仅是必然的，而且还是这一社会得以发展的一种必要的机能。在多布看来，经济危机是资本主义生产无政府状态条件下，强制地实现社会经济按比例发展的一种必然的机能。显然，缺乏对资本主义经济危机的研究，就不可能理解资本主义社会动态过程的实质。

第三，在对资本主义经济危机的性质及其根源的研究中，要注重对这一社会的阶级关系的研究。多布认为，在对资本主义经济危机的研究中，马克思固然突出了对资本主义生产过程及其内在矛盾的分析，但是，也应该注意的是："马克思在理论阐述中，从整体上强调的是：在业已形成的'社会经济运动规律'中，既定时间和阶段上的阶级关系状况对经济危机具有占统治地位的影响"。因此，在马克思经济学体系中，对资本主义经济危机的研究，蕴含着对"阶级关系的运动形式（阶级斗争）和市场上表现出来的阶级收入形式的考察"。对现实的资本主义经济危机的研究，应该包括对劳动力的供求状况、劳动者工资的变动趋势以及工会组织力量大小等等方面问题的研究。[①]

---

① Maurice Dobb, Political Economy and Capitalism: Some Eassays in Econornic Tradition, George Routledge and Sons Ltd, 1937, pp. 80 – 81, P. 109.

针对 20 世纪 30 年代中期资本主义经济发展的新情况，以及当时理论界对马克思经济危机理论理解的现状，多布对马克思经济危机理论中两个易于使人误解的问题做了进一步的阐释。

第一，资本主义经济危机和利润率趋向下降规律的关系。在《资本论》第三卷中，马克思认为，利润率趋向下降是引起资本主义经济危机的根本原因之一；与此同时，他又认为，由于一系列相反作用因素的影响，利润率下降的实际趋势并"不更大、更快"。据此有人认为，马克思没有提供一种"逻辑上有根据的"说明，在作用和反作用这两种趋势中，对哪一种会占优势的问题没有说明。多布认为，这是对马克思经济学理论的一种"过于机械"的理解。多布强调，"在马克思看来，利润率下降过程中的作用与反作用趋势是相互冲突的要素，这个制度的一般运动就是由此产生的。这就是说，在各种力量的冲突达到平衡时，就偶然地出现一种均衡运动；当各种力量的冲突变得急剧并破坏均衡，并出现与此相伴随的波动时，在资本主义经济的具体境况中就表现为危机。"[①] 据此，多布认为，不能把反作用趋势看做是抑制或消除经济危机的力量；相反，反作用趋势只是资本主义经济动态运动的一个侧面，只是资本主义经济由均衡走向均衡被破坏、经济波动，最后走向危机的驱动力量。因此，利润率趋向下降中的反作用趋势，同作用趋势一样，都是资本主义"一般运动"的内在机能。

第二，马克思经济危机理论与"消费不足论"的关系。20 世纪 30 年代中期，有些马克思主义经济学家习惯于把马克思的经济危机理论解释成"消费不足"的理论。多布不赞成这种"过于简单"的说法，主张对它们的理论关系做出"更为严格的分析和区分"。多布首先肯定，马克思从来没有认为"消费不足"是引致资本主义经济危机的原因。当然，也应该看到，马克思也从来没有认为，对利润的实现具有重要抑制作用的消费，在资本主义经济危机中只是一种微不足道的因素。

在对马克思的经济危机理论和"消费不足论"关系问题的理解上，多布认为，马克思在《资本论》第三卷中的一些论述表明："现存资本中所能实现的利润量，不仅总是取决于这一资本怎样在与当前投资和消费相联系的资本品产业和消费品产业之间进行合适的分配，而且还取决于当前消费和投资相加的总量。"但是，一方面，"在资本主义制度下，不能指望消费能同劳动生产率一样按比例地增长；另一方面，投资的增长……会产生资本有机构成变化的问题，从而在之后不久就会产生利润率下降的问题。在这一意义上，劳动生产率和消费之间的冲

① Maurice Dobb, Political Economy and Capitalism: Some Eassays in Economic Tradition, George Routledge and Sons Ltd, 1937, P. 110.

突是资本主义经济危机的一个方面，是在这个制度的周期性崩溃中表现出来的矛盾的一个因素。然而，它仅仅是危机的一个方面；马克思明确地认为，生产领域中的矛盾才是……这一问题的本质"。① 因此，离开资本主义生产过程这一主要方面的因素，一味强调消费因素的重要性，过于强调"消费不足"在引发资本主义经济危机中的作用，甚至把"消费不足论"说成是马克思对资本主义经济危机产生根源的理解，这无论在理论上还是在实践上都是错误的。

第三节　格罗斯曼对资本主义制度"崩溃" 理论的研究及影响

在西方马克思主义经济学研究领域，所谓的"崩溃"理论，指的是由资本主义社会内在矛盾的不断深化而引致的资本主义整个社会制度灭亡的理论。自 1883 年马克思逝世后到 20 世纪 20 年代和 30 年代的半个多世纪中，这一理论如斯威齐所估计的，是"整个马克思主义思想领域中作了最广泛和最热烈讨论的一个问题"②。特别是格罗斯曼对资本主义制度"崩溃"理论的研究，更引起较长时间的争论。

一、关于资本主义制度"崩溃"理论及其早先的理解

在关于资本主义制度"崩溃"理论的早期争论中，存在着以下三种主要的观点：

一是伯恩施坦的观点。1898 年，爱德华·伯恩施坦在《崩溃论和殖民政策》一文中认为，19 世纪最后几十年间，由于资本主义经济中生产活动和市场状况关系的变化，"一般说来我们将根本不再遇到一向的那种营业危机"，当然更不可能有德国社会民主党纲领中预言的资本主义制度崩溃的可能性。后来，他在 1899 年出版的《社会主义的前提和社会民主党的任务》一书中，在对马克思关于资本主义经济危机的论述做了随意的解释之后断言，马克思学说中的一个主要的方面，就是认为资本主义将不可避免地发生"灾变性的崩溃"；但是，19 世纪末资本主义经济发展中出现了一系列新情况，如世界市场的扩大、股份公司的发展、

---

① Maurice Dobb, Political Economy and Capitalism: Some Eassays in Econornic Tradition, George Routledge and Sons Ltd, 1937, pp. 120 – 121.

② Polul M. Sweezy, The Theory of Capitalise Devetopment: Principles of Marxian Political Econrry, Demis Dobson Limited, Lodon, 1946, P. 190.

卡特尔的兴起和信用制度的完善等等，这些新情况的出现，使资本主义"灾变性的崩溃"已不可能再发生；"崩溃"理论成了马克思诸多的"过时"理论之一。否认"崩溃"的现实趋势，成为伯恩施坦修正主义理论纲领的重要前提之一。

二是考茨基的观点。卡尔·考茨基在1899年出版的《伯恩施坦和社会民主党纲领》的一书中指出，马克思根本就没有提出过伯恩施坦所断定的那种"灾变性的崩溃"理论。虽然马克思和恩格斯都认为资本主义经济会每况愈下，但是，他们理论的落脚点在于，引起资本主义制度"崩溃"和向社会主义转化的决定因素，取决于无产阶级阶级力量和阶级意识的增强。对"崩溃"理论本身的是非曲折，考茨基没有做出正面的回答。1902年以后，考茨基这种折中主义的观点发生了变化。在当年发表的《危机理论》一文中，他以资本主义制度将长期处于"慢性的萧条阶段"的说法，默认了伯恩施坦对"崩溃"问题的理解。

三是卢森堡的观点。罗莎·卢森堡在《资本积累论》（1913年）和《反批判》（写于1915年，出版于1920年）等著作中认为，无论在逻辑上还是在现实中，作为资本积累源泉的剩余价值，是不可能在一个封闭的资本主义制度内部得到实现的。她认为，用于积累和扩大再生产的那部分剩余产品，只有通过出售给非资本主义制度的消费者才能最后实现。这就是说，剩余价值实现的出路，存在于资本主义制度之外的非资本主义经济之中。然而，随着资本积累的发展，这些与资本主义制度发生市场关系的非资本主义经济，最终也将被纳入资本主义体系之中。这种情况一旦发生，剩余价值实现上的矛盾将再度出现。到这时，解决矛盾的出路只能是资本主义制度自身的崩溃。显然，卢森堡的"崩溃"理论是以流通领域内剩余价值的实现问题为中心线索的。

关于资本主义"崩溃"理论的早期争论，存在着两个共同点：第一，不管是赞成还是反对"崩溃"理论的，都试图从马克思的《资本论》及其他著作中寻找理论根据；第二，所有的观点都认为，"崩溃"理论不同于危机理论和商业循环理论，"崩溃"指的是资本主义制度已经发展到它不能再作为一种占统治地位的生产方式而存在的地步。据此可以认为，"崩溃"理论隐含着对资本主义制度历史命运的思考。

20世纪20年代中期以后，资本主义经济和政治危机频繁出现，使"崩溃"理论再度成为西方国家马克思主义经济学研究的热点。这时，关于这一理论的争论，主要集中在两个问题上：第一，马克思经济学理论中是否存在着"崩溃"理论？资本主义现实发展中是否存在"崩溃"的趋势？考茨基和希法亭的回答是否定的。他们认为，马克思根本没有提出过所谓的"崩溃"理论；在"有组织"的资本主义时代，较大的经济危机已经不可能再发生了，因而无论在理论上还是在现实中，资本主义制度的"崩溃"的可能性已不再存在。与此相反，奥托·鲍威尔和弗里茨·施特恩堡等人则认为，"崩溃"理论是马克思经济学中对资本主义制度历史思考的一个重要命题；无论在理论上还是在现实中，资本主义制度的"崩溃"都有其必然性。第二，引起资本主义制度"崩溃"的内在机制是什么？当时的一些马克思主义经济学家，主要从消费不足、比例失调或国内市场有限等机制的作用上考察资本主义制度的"崩溃"问题，还没意识到引起资本主义周期性经济危机的机制和造成资本主义制度"崩溃"这一长期趋势的机制之间的区别。1929 年，亨利克·格罗斯曼《资本主义制度的积累和崩溃的规律》一书的出版，使这一理论的研究有了某些突破性的进展。

二、格罗斯曼关于资本主义制度"崩溃"理论的提出

1925 年，格罗斯曼应他早年在维也纳大学的同窗、时任法兰克福社会研究所所长卡尔·格林贝格的邀请，赴该所从事政治经济学研究工作，成为早期法兰克福学派中为数甚少的经济学家之一。格罗斯曼主要从事资本主义制度的积累和"崩溃"理论的研究，1929 年西方经济"大萧条"前夕，根据他在法兰克福社会研究所系列讲座整理而成的《资本主义制度的积累和崩溃的规律》一书，在《社会主义和工人运动历史文库》上正式发表，在西欧经济学界产生较大的影响。

格罗斯曼在《资本主义制度的积累和崩溃的规律》中提出的资本主义制度"崩溃"的理论，是以三个基本观点为基础的。

第一，"崩溃"理论在马克思主义经济学体系中占有重要的地位，它实际上是马克思关于资本主义经济危机理论的"基础和前提"。资本主义制度的"崩溃"作为一种"基本趋势"，在其发展中表现为一系列表面上独立的经济循环，即周期性的经济危机；不断出现的经济危机就是一种没有充分展开的、日渐深化的"崩溃"趋势。否认资本主义长期的"崩溃"趋势，就等于抛弃马克思关于资本主义制度必然灭亡这一根本命题。

第二，对资本主义制度"崩溃"趋势的研究，必须以对剩余价值生产和资本积累这一反映资本主义制度本质规定的研究为起点，而不能仅仅停留在对资本主义流通领域或商品交换等表面现象的研究上。20 世纪初以来，帝国主义经济发展中出现了诸如垄断组织、资本输出、瓜分原材料产地等新现象；但是，应该看到，这些新现象只是剩余价值生产和资本积累这一本质规定的外在表现形式。格罗斯曼认为："那些被认为是资本主义最新发展阶段的典型特征（在各种各样论述帝国主义的著作中被加以阐明的：垄断组织、资本输出、瓜分原材料生产区的斗争等等），作为经验上可观察的世界经济趋势的总和，还是次要的表面的现象，

这些现象是由作为资本主义基本根源的资本积累的本质引起的。"[1] 同当时其他一些"崩溃"论者不同，格罗斯曼主要通过对剩余价值生产和资本积累过程的分析，通过对利润率趋向下降规律作用的分析，揭示资本主义"崩溃"的内在必然性。

第三，资本主义制度在最后达到"崩溃"这一极点之前，将出现一次比一次更为严重的经济危机；经济危机就是日益深化的"崩溃"趋势的周期表现。但是，认定资本主义制度"崩溃"具有内在必然性，绝不是说这种"崩溃"会自发地发生，或者说能在消极等待中自行爆发。相反，只有工人阶级的联合斗争，才可能加速和引致资本主义制度的最后"崩溃"。他相信，实现社会主义这一最终目标，并不是来自工人阶级外部的一种理想，而是存在于工人阶级日常经济和政治斗争中的一种必然结果。

在《资本主义制度的积累和崩溃的规律》一书中，格罗斯曼通过对连续的资本再生产和资本积累图式的分析，详尽地论述了他的基本观点。

格罗斯曼的论述是以鲍威尔在《资本积累》一书中提出的资本主义再生产的图式为起点的。这一图式就是：

$$200000C + 100000V + 100000m = 400000$$

格罗斯曼假定，在资本积累和扩大再生产中，不变资本以10%的速度增长，可变资本按5%的速度增长（即假定就业的劳动力按5%的速度增长），剩余价值率为100%。这样，在第1阶段，再生产图式就发生如下转换：

$$200000C + 20000\Delta C + 100000V + 5000\Delta V + 75000m/X = 400000$$

这样，在扩大再生产的第2阶段就有：

$$220000C + 105000V + 105000m = 430000$$

在第2阶段，利润率已从第1阶段的33.3%，下降到32.3%。

如果第2阶段以后，都按相同的假定条件进行资本积累和扩大再生产，那么，到第35阶段，扩大再生产就有如下图式：

$$5105637C + 525319V + 525319m = 6156270$$

这时，利润率已下降到9.7%。如果扩大再生产要继续进行，转化为不变资本的剩余价值就应该有：$5105637 \times 10\% = 510563\Delta C$；转化为可变资本的剩余价值就应该有：$525319 \times 5\% = 26265\Delta V$。但是，现有的剩余价值总共只有525139m。如果扣除转化为不变资本的剩余价值510603m，即使用于资本家个人消费的剩余价值为零，可转化为可变资本的剩余价值只剩下14756m。同转化为可变资本所需的剩余价值（$26265\Delta V$）相比，还缺少11509m。这就是说，必然

---

① H. Grossmann, Das Akkumlation und Zusammenbruchsgesetz des Kapitalistischen Systems, Leipzig, C. L. Hirschfeld, 1929, P. Z.

出现失业工人 11509 人。在第 36 阶段，再生产所达到的资本有机构成已经是：

5105637C × (1 + 10%)∶525319 V × (1 + 5%)，即

18.18C∶1V。

这样，在实际就业的工人为 (525319V + 14756m)，即 540075 人时，实际使用的不变资本就应该为：540075 × 10.18 = 5499015C。这时，就可能产生一部分过剩资本，其数量可达：

5105637C × (1 + 10%) − 5499015C = 117185C。

可见，在再生产的第 35 阶段，必然出现马克思在《资本论》第三卷中所指出的那种"人口过剩时的资本过剩"的结局。[①]

据此，格罗斯曼认为，在扩大再生产的第 35 阶段，用于资本家个人消费的剩余价值已不复存在，而且资本主义再生产本身也由于缺乏用于积累的剩余价值而不能继续下去；伴随着这一过程出现的"人口过剩"和"资本过剩"现象的日益严重的发展，使资本主义制度必然达到"崩溃"这一最终结局。

格罗斯曼认为，资本主义再生产的发展，使这一制度日益迫近最终"崩溃"的极点。但是，这种最后的"崩溃"，只有在国内市场和国外市场上一系列反作用趋势不再存在时，才可能实际地发生。这些反作用趋势，主要起着降低不变资本价值或增加剩余价值产品的作用。显然，格罗斯曼把反作用趋势看做是起着提高利润率作用的因素，这些因素或者通过降低不变资本价值，或者增强剩余价值生产，它们既可以内在于也可以外在于资本主义机制，以达到经济反弹和利润率提高的目的。格罗斯曼认为自己的这些分析，是建立在马克思《资本论》第三卷理论基础之上的。当然，在格罗斯曼的分析中，更加强调世界资本主义的内部矛盾变得越来越尖锐，"崩溃"趋势也将越来越接近于它的"绝对点"。

在国内市场起反作用的趋势，可以分为三类。第一类指的是抑制资本有机构成提高的力量。这些力量包括生产生产资料的第Ⅰ部类产业的技术进步，使得已有的生产资料价值贬值和新生产的生产资料价值下降，从而降低了资本有机构成中不变资本要素价值。交通和通讯技术的进步，缩短了不变资本处于流通过程中的时间，从而减少了资本的使用年限，也能抑制资本有机构成的提高。[②] 第二类指的是导致剩余价值生产增加的因素，如第Ⅱ部类生产工人消费资料的产业的技术进步，降低了构成可变资本要素的价值；通过提高劳动强度和把工资降低到劳

①　H. Grossmann, Das Akkumlation und Zusammenbruchsgesetz des Kapitalistischen Systems, Leipzig, C. L. Hirschfeld, 1929, pp. 119 − 122.

②　H. Grossmann, Das Akkumlation und Zusammenbruchsgesetz des Kapitalistischen Systems, Leipzig, C. L. Hirschfeld, 1929, pp. 308 − 315、317 − 322、368.

动力价值以下的方法降低实际工资。[①] 第三类指的是作为总剩余价值一部分的租金和商业利润的下降，相应地增加产业利润。但是，这种利润的增加部分程度上因为对非生产性工人构成的"新中间阶层"成本增加而被抵消。[②]

格罗斯曼更为关注的是世界市场上起反作用的趋势。他严厉批评了之前所有的帝国主义理论，认为这些理论都忽视了资本主义扩张推动了剩余价值生产的增加。格罗斯曼认为，存在于世界市场上的反作用趋势主要包括三个方面：第一，在国际贸易中，技术上和经济上较为发达的国家，利用一系列经济的和非经济的手段，占有经济落后国家的超额剩余价值。第二，利用国家政权的力量，推行"重商主义"政策，加强对原材料产地的垄断控制。第三，通过资本输出的方式，在国外取得较为有益的投资机会，减少国内过剩资本的积累。

尽管格罗斯曼对资本主义制度"崩溃"的论述还比较粗陋，在许多地方缺乏严密的科学性，例如，他所选择的再生产图式及其在对这一图式分析中假定的一系列的前提条件，带有一定的主观臆测性；他的分析基本上没有涉及帝国主义经济关系的新特征，如资产阶级国家对社会经济的干预和调节、垄断对技术进步和资本有机过程提高的影响等。但是，在马克思主义经济思想史上，格罗斯曼的理论仍然有着重要的影响。正如有的西方学者评论的那样："《资本主义制度的积累和崩溃的规律》是自卢森堡《资本积累论》以来，对'崩溃'理论所作的最详尽的研究，而且是两次大战之间马克思主义学派中最有意义的著作；格罗斯曼回到了利润率趋向下降这一被马克思主义理论家长期忽视或反对的概念上。"[③] 格罗斯曼从资本积累和利润率趋向下降规律的角度，对资本主义制度的历史命运所做的独特的考察，为后来的马克思主义者研究类似的问题提供一条新的思路。

三、关于资本主义制度"崩溃"理论的三种"形式"

格罗斯曼关于资本主义制度"崩溃"理论一提出，就引起当时马克思主义经济学研究者的注意，其中大部分是质疑和指责。对这一理论最先做出反应的，应该是法兰克福社会研究所内的一些学者，其中最有影响的就是弗里德里希·波洛克（Friedrich Pollock）。1925 年，格罗斯曼在专注于资本主义经济问题研究时，波洛克正注重于苏联社会主义计划经济理论的研究。1929 年《社会主义和工人

---

① H. Grossmann, Das Akkumlation und Zusammenbruchsgesetz des Kapitalistischen Systems, Leipzig, C. L. Hirschfeld, 1929, P. 308、316.

② H. Grossmann, Das Akkumlation und Zusammenbruchsgesetz des Kapitalistischen Systems, Leipzig, C. L. Hirschfeld, 1929, P. 345、pp. 354 ~ 356、pp. 358 ~ 361.

③ F·R. Hansen, The Breakdon of Capitalism, Routledge & Kegan Paul, 1985, P. 64.

运动历史文库》第一卷上，发表了格罗斯曼的《资本主义制度的积累和崩溃的规律》；在第二卷上，发表了波洛克的《1917～1927 年间苏联计划经济的历程》一文，对格罗斯曼的理论提出了异议。回顾当时的情况，"大多数马克思主义者还是同意法兰克福研究所弗里德里希·波洛克的观点，他认为这次大萧条比以前的危机更深刻、范围更广、持续时间更长，甚至与 1873～1879 年的危机相比也不逊色，因此需要作出专门的解释。"①

波洛克认为，在资本主义经济发展的一定阶段上，资产阶级政府对经济的有效控制在不断增长，从而抵消了资本主义经济矛盾的尖锐化，由此表现出来的就是有利于国家资本主义增长和稳定的趋势，而不是引致资本主义制度"崩溃"的趋势。波洛克扩展了资本主义制度"崩溃"理论研究的视野，强调了资本主义经济过程中经济行为的政治化，着眼于上层建筑在资本主义经济运行中的实际职能。在一定意义上，上层建筑的某些现象（主要是国家经济干预的作用）是理解资本主义现实发展的关键所在，因而也是研究资本主义制度"崩溃"的要点之一。1933 年，波洛克在《论经济危机》一文中进一步强调，由于国家经济职能的加强和相应的政治制度的转换，一个稳定的、有计划的资本主义经济的出现是完全可能的；而资本主义的新的世界大战和彻底的"崩溃"就不可能再出现了。同时，由于技术性的失业和劳动市场的分化，工人罢工的可能性也变得越来越小；而中产阶级也逐渐丧失其独立性，大多数人在经济、政治和文化上的自由越来越少；最后，掌握在经济寡头手中的国家政权，就成了凌驾于社会之上的一种强权力量。

1941 年，波洛克在题为《国家资本主义：可能性与极限》的论文中，提出了国家资本主义发展阶段的理论。他认为，第一次世界大战后的资本主义，经历了从私人资本主义向国家资本主义转化的过程；对国家资本主义来说，经济起着重要作用的现象不复存在，政治手段已经取代经济手段而成为经济生活再生产的最关键的保证，从而改变了整个历史阶段的特征。它表明，经济生活再生产已由起支配地位的经济领域转向起根本作用的政治领域。这样，私人资本主义条件下产生危机的一系列经济现象，成了"只是一些可调节的问题"。资本主义制度"崩溃"理论据以存在的一些经济因素，在国家资本主义条件下，已失去其原有的地位；有可能使资本主义制度"崩溃"的威胁不再来自经济领域，而只可能来自政治的和军事的领域。在波洛克的国家资本主义理论中，经济基础和上层建筑的关系已经被"倒转"过来：经济的决定性作用已被政治所取代；经济上的"崩溃"也成了由政治和军事上"崩溃"带来的一种派生现象。

---

① 霍华德和金：《马克思主义经济学史（1929～1990）》，中央编译出版社 2003 年版，第 2 页。

至此，西方马克思主义经济学关于资本主义制度"崩溃"理论的基本观点已经形成。反思马克思逝世后的50年间对这一理论研究的不同观点，有的西方学者把它们归结为三种"形式"。① 这三种"形式"就是：第一，"正统形式"。这种形式的"崩溃"理论认为，在对资本主义制度历史命运的思考中，经济力量起着首位重要的作用，甚至是唯一重要的作用。在对资本主义发展趋势的解释中，它大多采取一种实证主义的方法。实际上，这种方法是同新康德主义密切地联系在一起的。伯恩施坦在否定"崩溃"的现实趋势时，采用的就是这一方法。第二，"新正统形式"。这种形式的"崩溃"理论在认定经济力量起首位重要作用的同时，也承认上层建筑的某些重要作用。这是因为，进入20世纪后，资本主义经济运行发生了一些深刻的变化，资产阶级上层建筑在决定资本主义最终命运中的作用日益增大。格罗斯曼提出的"崩溃"理论就被看做是"新正统形式"的典型代表。第三，"反正统形式"。属于这种形式的"崩溃"理论，反驳了经济力量在决定资本主义最终命运中具有的首位重要地位的观点；认为上层建筑在资本主义发展中起着与经济力量至少同样重要的作用，甚至起着统治地位的作用。它还强调资本主义生产方式已经发生了根本性质的变化，主张重新评价马克思《资本论》中的有关理论结论。以波洛克为代表的法兰克福学派，就是"反正统形式"的典型。

把关于资本主义制度"崩溃"理论的不同观点概括为这三种"形式"，显然有其简单化的一面。这是因为，有些理论观点不能简单地归为其中的一种"形式"，而可能兼有几种"形式"的特点。例如，卢森堡的资本主义制度"崩溃"的理论，就同时兼有"正统形式"和"反正统形式"的某些取向。但是，不管怎样，从社会历史观和认识论上的某些差异划分的这三种"形式"，对理解西方马克思主义经济学的各种流派在这一理论上的分野，还是有一定的参考价值的。

第二次世界大战结束以来，马克思主义经济学在西方的传播和发展几经波折，对马克思经济学原理的"诠释"和"评价"也莫衷一是；但是，所有涉及当代资本主义经济关系的理论，都不能不论及资本主义历史命运的问题，"崩溃"理论也一再地成为西方马克思主义经济学理论争论的热点。可以认为，关于这一理论的争论，突出地表现在"反正统理论形式"的新发展和"新正统形式"的复兴这两个方面。当然，无论是"反正统形式"还是"新正统形式"，都不是在重复历史上已有的结论，而是在对国家垄断资本主义和经济全球化新特点的探讨中，对"崩溃"趋势的存在或不存在做出新的论证。但同时，这些新的论证也不可避免地留有历史上已有的理论结论的深刻烙印。

---

① F·R. Hansen, The Breakdon of Capitalism, Routledge & Kegan Paul, 1985, pp. 6～8.

第四节　多布对苏联社会主义经济发展
历史与现实的研究

一、对苏联社会主义经济史的研究

俄国十月社会主义革命的胜利，创立了一种不同于资本主义私有制经济的新型的社会经济制度。但是，在十月革命后的一个时期，俄国正在进行的建立新的经济制度的实践和这一实践中已经取得的显著成就，并不为西方国家的人民和理论界所知，相反还受到西方舆论工具连篇累牍的歪曲报道。正确宣传和阐述十月革命后俄国经济发展的实际，无论对理解新生的社会主义经济制度的生命力，还是对深入研究马克思主义理论的实践性、科学性，都有重要的意义。在 20 年代中期，莫里斯·多布为此做出了开创性的努力。

1925 年，多布获得了首次访问苏联的机会。在这次访问中，苏联社会主义经济建设的巨大成就给他留下了深刻的影响，极大地加深了对社会主义经济制度优越性的认识，使他产生了研究社会主义经济问题的浓厚兴趣，也增强了他向西方社会如实报道苏维埃经济发展实际的责任感。3 年以后，多布出版了《十月革命以来俄国经济的发展》一书。这是由西方学者撰写的第一部客观而又系统地介绍苏联社会主义经济建设成就、探讨社会主义经济理论问题的重要著作。在之后的很长一段时期，这部著作对西方学者研究苏联社会主义经济问题一直有着重要的影响，甚至连约·梅·凯恩斯都承认，多布的这部著作是"最有价值的和最基本的著作……它提供了一幅关于俄国实际上所发生的一切的图景，对英国读者来说，在这之前是得不到的。"[①]

1928 年《十月革命以来俄国经济的发展》一书出版后，多布一方面继续研究社会主义政治经济学理论，并取得了许多令人瞩目的成果，如他在 1933 年发表了题为《经济学理论和社会主义经济学问题》的论文，并对之后出现的关于社会主义经济核算问题的争论提出了自己的观点；另一方面他进一步跟踪研究苏联社会主义经济发展的实践，成为西方学术界用马克思主义观点研究苏联社会主义经济史的第一人。他在 1948 年出版的《1917 年以来苏维埃经济的发展》（中文译作《苏联经济发展史》）一书，就是这一跟踪研究的新的成果。《1917 年以来苏维埃经济的发展》一书，对十月革命后 30 年间苏联社会主义经济发展的历史和一些相关

---

① 转引自《国际社会科学百科全书》第 18 卷，伦敦 1979 年英文版，第 143 页。

的理论问题作了详尽的论述。在该书的序言中，多布曾提道："本书是就我 20 年前旧著《十月革命以来俄国经济的发展》一书的原范围而更加推展"。①

二、向新经济政策过渡的必然性的探讨

在《十月革命以来俄国经济的发展》一书中，多布集中论述了战时共产主义时期、新经济政策时期和社会主义工业化初期，苏维埃经济发展的实践过程和主要的理论问题。值得注意的是，多布在这一论述中对战时共产主义的实施和向新经济政策过渡问题上所做的独立的思考。

多布认为，十月革命胜利后的最初 6 个月中，按照列宁的设想，取得政权的俄国无产阶级采取"以管制私人工商业而非以广泛社会化为特征的过渡的国家资本主义"形式，达到新生的苏维埃经济发展的目的。因此，按多布的理解，对于那种"由工厂委员会或当地苏维埃发动的非法国有化，中央当局也曾尽其力之所及来加以约束"②。在这几个月中，列宁多次阐述的唯一的重要思想就是，利用国家资本主义形式实现由资本主义向社会主义的过渡。但是，随着 1918 年下半年后俄国政治、军事局势的急剧变化，为了维护新生的无产阶级政权，列宁不得不开始实施"战时共产主义"的经济政策。多布认为，这是"一个新政权为避免毁灭而作殊死斗争中的暖室产物，在此期间，军事需要高于一切，工业问题事实上也就成为军需问题"③。

在对战时共产主义时期苏维埃经济发展史做出概述的基础上，多布进一步从理论上探讨了战时共产主义经济向新经济政策转变的性质及其必然性问题。他认为，在对这一转变的理解上，有一种同时存在于西方学者和苏联国内的极为偏颇的观点，在有些西方学者中，"当时对战时共产主义最流行的一般解释是：这种制度是试图实现共产主义理想的产物，因为和现实发生了不可避免的冲突，所以不得不加以废止，改向资本主义方面的退却，于是有新经济政策"。苏联国内也有人认为，"战时制度的主要特点，正是他们心目中的理想共产主义的形体，由于内战的毁灭火焰，才能以出乎意料的速度得到实现。特别是国家组织的物物交换和实物付价替代了货币交易，最合此说"。在多布看来，持这种观点的人都是列宁所说的"梦想家"，同时也是"左派"的特征，他们"低估了农民的重要性，对他们所希图操纵的经济因素未能全部领会，对于将来社会主义社会的性质也只有形式上的概念"④。多布认为，对战时共产主义的性质的理解，如果不只

① 多布：《苏联经济发展史》，商务印书馆 1950 年版，"原序"第 1 页。

② 多布：《苏联经济发展史》，商务印书馆 1950 年版，第 104、105 页。

③④ 多布：《苏联经济发展史》，商务印书馆 1950 年版，第 112、142～143 页。

是局限在向新经济政策过渡之初的范围内，而是进一步从"战时共产主义是介于苏维埃经济最初 8 个月的经过和政策与新经济政策两者之间的地位来观察，便可以明显地看出它只是一种实验的创造物，不是理论上的先天产品：是在枯竭的内战情形下面临经济匮乏和军事紧迫的急救办法。"正是从这一视角来看，"废除战时共产主义，改行新经济政策，只是恢复到内战发生前最初几个月所经循的旧路。虽然所回到的地点，与离开原路时的出发点内容有不同，而（因为中间所经过的事实）路上的景色也或许已经有了改变"。①

三、对新经济学政策性质的理解

在对新经济政策性质的理解上，多布认为，依据政府所建立起来的是一种复杂的、在教科书中难以找到的经济制度模式，它具有一些新的特点：就几乎全部大中型工业企业都收归国有而言，在新经济政策中，"社会主义的成份，较在苏维埃政权的最初 8 个月中，尤为显著"。但就农业和商业贸易来说，非社会主义的因素还起着重要的作用，例如，在农业上国家和集体农场的比例只占极少部分，其余的主要是个体自耕农的小规模的生产；农业和工业之间的联系主要表现为市场联系，但私人资本在乡村和城市之间、生产和消费之间的贸易范围内占着重要的地位。虽然"在整个制度中，实际资本主义的成份，也比较地无关紧要"，但是，"不论在农业中还是在手工业中，小型生产构成一种土壤，使复活的资本主义可以很容易很迅速地由此产生"。②

根据列宁对新经济政策性质的基本判断，多布认为，新经济政策导入的是一种"过渡的混合制度"，也就是列宁所说的"国家资本主义"。这种"过渡的混合制度"的特点主要在于两个方面：一方面，"工人阶级执有政权，苏维埃国家可以在政治上和经济上'居高临下'，控制附近平原的行动"；另一方面，不同的经济成分的"混合"存在，当然是"不稳定和过渡的混合"，是"相互渗杂"的混合。多布强调指出，不能把这种"过渡的混合制度"看做是"稳定而经久的"；实际上，"它本身包含有两种可能：如果富农和'新经济政策人'和其他资本主义分子（或在孕育中的资本主义分子），都任令其生长繁衍，则资本主义必将复兴；如果政府遵循一种正确的经济政策，则将趋向于社会主义的发展"。多布认为，工人阶级在工农联盟中占据的领导地位，并牢固地掌握政权，就能保证新经济政策向后一种方向发展；而"推广农业的合作"和实现"国内工业化"

①②　多布：《苏联经济发展史》，商务印书馆 1950 年版，第 145、146、170～171 页。

是向后一种方向发展的两个"必备条件"①。

多布在苏联宣布结束新经济政策后所做的这些论述,不仅对当时西方社会了解新经济政策起到了积极的作用,而且对现今理解新经济政策的性质和意义也有重要的启示。

第五节　关于社会主义经济核算问题的争论

20 世纪 30 年代中期,在西方经济学界发生的关于社会主义经济核算问题的争论,是马克思主义经济学理论发展的重要事件。这一争论的意义突出地表现在三个方面:第一,这是世界上社会主义经济制度诞生后,资产阶级经济学家第一次有系统地从理论上对社会主义经济运行可行性提出的诘难。他们提出的一些理论观点,如市场经济和资本主义私有制天然统一论,社会主义和商品、货币、市场天然对立论的观点,成为后来的西方资产阶级经济学的"正统"观点。第二,面对资产阶级经济学的这些诘难,当时占统治地位的马克思主义经济学理论,并没有做出更多的有力的反驳;相反,倒是一些被当时的马克思主义经济学多少视为"异端"的理论观点,做出了堪称有力的反驳。第三,正是这些"异端"的理论观点,对社会主义经济运行可行性的论证,在 20 世纪后半期马克思主义社会主义经济学理论的发展中,产生了积极的影响。

一、社会主义经济核算问题争论的起始

1920 年,当时任维也纳大学经济学教授、后来被称作新奥地利学派的"最高典范"的路·冯·米塞斯,发表了《社会主义国家中的经济核算》的论文。在这篇论文中,米塞斯根据西方经济学中关于社会主义经济运行的已有的理论观点,并针对当时俄国战时共产主义的经济现实,提出了社会主义经济制度下不可能存在合理的经济核算的观点。他认为,社会主义经济只能由国家或由从事国家事务的人来支配资本;这就表示要消灭市场,因为用市场指导经济活动意味着:根据各个成员私人所支配的购买力来组织生产和分配产品,这种购买力只能在市场上被发现。这就是说,消灭市场是社会主义公有制的目标。正因为消灭了市场,价值、货币等经济机制也就不再存在,更不可能作为经济核算的手段和工具了;而没有价值和货币作为核算手段的经济,必然是无效率的经济。据此,米塞斯断言:要把市场和它的价格形成的功能同生产资料私有制为基础的社会分离开

---

① 多布:《苏联经济发展史》,商务印书馆 1950 年版,第 171 页。

来是不可能的；市场是资本主义社会制度的核心，是资本主义的本质，只有在资本主义条件下，它才是可行的；在社会主义条件下，它是不可能被"人为地"仿制的。他的最终结论就是：对社会主义经济运行来说，"问题仍然是二者必居其一，要么是社会主义，要么是市场经济"。[①]

在十月革命后的最初几年中，战时共产主义经济确实被当作社会主义经济制度的理想模式；在战时共产主义经济的实践中，商品、价值、货币和市场等等，自然被当作社会主义经济的"异端"而受到排斥。后来，随着列宁的新经济政策的实施，人们对社会主义经济中与商品经济相联系的一系列机制的作用，有了许多新的认识。正是在这一意义上，马克思主义经济学还是可以从米塞斯的上述观点中得到某些启发。1925年，布哈林在《论新经济政策和我们的任务》一文中曾经指出：包括米塞斯在内的资产阶级经济学家的大量的荒谬的和愚蠢的言论中，"说出了某些不愚蠢的相对正确的东西"。[②]

20世纪30年代中期，另一位新奥地利学派的著名代表、当时在伦敦经济学院的弗·冯·哈耶克，在他主编的《集体主义的经济计划》一书中，重提米塞斯的观点，并对米塞斯的观点作出"修正"。与米塞斯不同的是，在哈耶克看来，社会主义经济核算即合理的社会主义经济，在理论上是可以设想的，但在实践上不具有现实可能性。在哈耶克看来，在运用联立微分方程表示的经济均衡过程中，一个中央的集中的经济计划机构，在理论上是能够对社会资源进行最优配置的；但是，在实践中，要解出这一经济均衡的方程必须具备两个条件：一是必须有完备的市场机制；二是必须具备掌握生产品的质量、价格、生产系数及物品、劳务等一系列经济要素的动态数据的系统，即必须有一个准确、及时传播和反馈市场信息的系统。哈耶克认为，在这里，关键并不在于这种方程的正式结构，而在于求的方程解所需要的信息量和质的性质，在于在现代社会条件下求解所涉及的任务的规模。由于社会主义经济实践无法满足这两个条件，因而依靠中央计划机构来实现社会主义经济中资源的合理配置，并不具有现实可能性。

在1934～1937年间，一些马克思主义经济学家，也包括一些同情社会主义的学者，对米塞斯和哈耶克的理论观点做了反驳。他们提出的中心论点就是：在实行生产资料公有制和实行中央计划的社会主义经济中，完全能够进行合理的资源配置，完全能够建立一种保证资源合理配置的经济机制和经济体制。但在对这一中心论点的论证中，存在着两种不同的，甚至被看做是彼此对立的思路：一种

[①]　米塞斯：《社会主义制度下的经济计算》，引自《现代国外经济学文选》第九辑，商务印书馆1986年版，第67页。

[②]　《布哈林文集》上册，人民出版社1981年版，第358页。

是以莫里斯·多布为代表的思路。在对苏联社会主义计划经济的研究中，多布提出，不能把资本主义经济范畴，如价格、市场、竞争等运用于社会主义经济中，明确反对在社会主义经济中运用市场、价格等经济范畴；他坚持认为，以中央计划局为社会经济运行中心的计划经济，较之由市场或由消费者的"选择自由"来决定的经济，具有无可置疑的优越性。另一种是以奥斯卡·兰格为代表的思路。这一思路集中体现在兰格在《经济研究评论》第四卷第一期（1936 年 10 月号）、第二期（1937 年 2 月号）上发表的《社会主义经济理论》一文中。

二、"兰格"模式的提出及其意义

在《社会主义经济理论》一文中，兰格针对米塞斯、哈耶克等人的观点，对社会主义经济运行作了新的探讨，初步提出了后来被称作"兰格"模式的基本观点。

首先，兰格对他所要研究的社会主义经济的特点作了界定。兰格认为的社会主义经济，主要具备三个特征：一是实行了生产资料的社会主义公共所有制；二是保持消费选择和职业选择上的自由，因而消费者偏好是生产和资源配置的指导标准；三是不存在资本商品市场和劳动以外的生产资源市场。[①] 显然，作为兰格研究对象的社会主义经济模式，不同于马克思恩格斯所设想的那种社会主义经济模式，也不同于十月社会主义革命后最初实践的那种战时共产主义的经济模式，同时也不是当时苏联已经建立起来的高度集中的计划经济模式。兰格模式实际上是以兰格设定的社会主义经济模式为基准的。

其次，兰格依据一般均衡理论，对竞争市场（即典型的资本主义私有制经济中的市场）中的价格决定和资源配置问题做了分析。他认为，在严格意义上，竞争市场上实现经济均衡的条件主要有两个：一是参与经济体系的人必须达到各自的最大位置，即消费者的收入支出获得最大的效用，生产者的利润达到最大化的程度，生产资源（主要如劳动、资本和自然资源等）所有者收入也达到最大化；二是均衡价格决定于各种商品的需求等于供给这一条件，即每种商品的供给必须等于需求。[②] 显然，前一个条件的实现取决于消费者收入和物价这两个要素；而消费者收入最终也取决于生产资源的价格和利润。这就是说，物价是决定产品供给与需求的唯一的变量。

据此，兰格进一步认为，在竞争市场的条件下，参与经济体系的人都把价格

---

① 兰格：《社会主义经济理论》，引自《现代国外经济学文选》第九辑，商务印书馆 1986 年版，第 68～69 页。

② 兰格：《社会主义经济理论》，引自《现代国外经济学文选》第九辑，商务印书馆 1986 年版，第 69 页。

看做是已知数，并以它作为参数来调节自己的经济行为；在这一前提下，通过一系列复杂的"试错"过程，形成这种物品的均衡价格。对这一复杂过程的一般描述就是：从一组随机物价出发，每个人都根据这些随机物价满足各自的主观均衡条件，从而使每一种商品都形成一个既定的需求量和供给量；这时，如果每种商品的需求和供给都相等，由此形成的就是均衡价格；如果需求和供给不相等，价格就会由于买方和卖方之间的竞争而发生波动，由此而形成一组新的价格；在这组新的价格的基础上，每个人又力图寻求各自的主观均衡条件，结果又形成一组新的需求量和供给量；等等。如此反复循环，最后达到一种动态性的经济均衡。

　　在这里，兰格实际上试图从资本主义市场经济运行的特定过程中，抽象出社会经济运行中资源配置的一般过程；并把这种一般过程，作为分析非资本主义经济运行的手段。

　　再次，兰格分析了他所界定的社会主义经济中，消费品和生产资料价格决定及其对生产资源配置的影响问题。一方面，在他界定的社会主义经济中，由于存在着消费的选择自由，因此，在消费者收入和消费品价格一定的情况下，消费品的数量也就被确定。这时，消费品价格完全是由市场决定的。同时由于劳动者有选择职业的自由，他们自然会把劳务提供给能够支付最高工资的行业或职业，因而也完全能够实现劳动资源的合理配置。另一方面，生产资料的价格是由中央计划局决定的，实行的是一种"计算价格"。中央计划局的"计算价格"，是以尽可能最好地满足消费品的偏好为基本前提的。[1] 中央计划局把生产资料的"计算价格"通知各企业，并要求各企业遵循两条原则组织生产：一是规定企业生产要素的组合，以保证生产要素投入的最低成本；二是要求产出产品的价格等于该产品的边际成本。这就有可能使公共所有的资金和生产资源由于按"计算价格"生产而不致赔本。

　　据此，兰格进一步认为，在他所界定的社会主义经济的动态过程中，中央计划局可以利用"试错法"实行生产资源的合理配置。其过程如下：（1）中央计划局可以随机选定一组给定的价格（一般是由历史上给定的），作为生产和社会主义企业管理决策，以及消费者和劳动供给者决策的基础。（2）在计划期（一般以年为单位）末，如果出现产品需求和供给的不平衡，中央计划局就对这组价格做出适当的调整。"如果一种商品的需求量不等于他的供给量，那种商品的价格必须改变。如果需求超过供给，就必须提高价格，如果相反，则必须降低价格，这样，中央计划局确定一套新的价格作为制定新决策的基础，其结果必然能

---

　　① 兰格：《社会主义经济理论》，引自《现代国外经济学文选》第九辑，商务印书馆1986年版，第70页。

够得到一组新的供求量。"① 在此基础上，中央计划局就能够把各种产品的价格调整到适当的水平，形成一组新的价格。（3）在这组新的价格的基础上，企业和个人都会调整决策，由此产生新的供给量和需求量。然后，中央计划局根据这一新的供求状况，对"计划价格"再做适当的调整。通过这一不断的"试错"过程，使价格体系逐渐趋于合理，使经济发展处于均衡状态，使生产资源得到合理的配置。

最后，兰格认为，按照这种"模拟市场"方式实现的生产资源的合理配置，比资本主义私有制经济中的竞争市场具有更大的优越性。这是因为，它能够确定消费者的合理收入，使全体人口的总福利达到最大化；它也能够使进入价格体系的项目达到齐备化，避免资本主义私有制经济中的许多社会浪费现象，避免经济体系的全局性的生产下降和劳动者的失业，并易于纠正经济发展中的局部的错误。

兰格对社会主义经济运行所做的这些探讨，不仅对 20 世纪 20～30 年代米塞斯、哈耶克等人否定社会主义经济运行中实行经济核算的现实可能性的观点做了颇为有力的批判，而且也为后来的社会主义政治经济学理论的发展提供了一条新的思路。尽管这一最初的"兰格"模式还有许多不完善的地方，如它避开了社会主义经济中是否存在商品、价值、市场、价值规律等重要问题，但是，它已做出的这些严肃的思考，对以后半个多世纪马克思主义政治经济学中关于计划经济和商品经济理论、计划机制和市场机制理论，乃至社会主义经济和市场经济理论的探讨，都产生了重要的、积极的影响。

第六节　马克思主义经济学在日本的兴起

从明治维新到第一次世界大战之前，以《资本论》的介绍为发端，马克思主义经济思想开始在日本传播。日本学者把这一时期称为马克思主义经济学在日本的"介绍期"。两次世界大战之间，马克思主义经济思想在日本得到进一步的阐述和认识，有日本学者把这一时期称为马克思主义经济学在日本的"解释期"。这一时期，共发生了三次激烈的大论战，第一次和第二次大论战主要是在马克思主义经济学和近代经济学之间进行的，第三次大论战发生在马克思主义营垒内部，是涉及日本共产党行动纲领的政策性的大论战。日本马克思主义经济学由此形成了对立的两大学派："讲座派"和"劳农派"。但是，由于日本军国主义政府的残酷镇压，1936～1938 年正在逐渐走向成熟的日本马克思主义经济思想研究被迫中断，出现了一段时期的"断裂"。

---

① 兰格：《社会主义经济理论》，《现代国外经济学文选》第九辑，商务印书馆 1986 年版，第 77 页。

一、关于价值理论的论战

发生在 1922～1930 年的关于价值理论的论战，是围绕着《资本论》第一卷的价值理论与《资本论》第三卷的生产价格理论之间是否存在矛盾问题展开的。一方以小泉信三（1888～1966 年）、高田保马（1883～1972 年）和土方成美（1890～1975 年）为主要代表，他们认为马克思的劳动价值论不能成立。另一方则是捍卫劳动价值论的山川均（1880～1958 年）、高畠素之（1886～1928 年）、河上肇（1879～1946 年）和栉田民藏（1885～1934 年），以及后来的山田盛太郎（1897～1980 年）、向坂逸郎（1897～1985 年）等人。

小泉信三在 1922 年 2 月《改造》杂志上发表了题为《劳动价值说和平均利润的问题——对马克思价值说批判》的文章。小泉承袭庞巴维克的观点，认为马克思《资本论》第一卷价值理论和《资本论》第三卷生产价格理论是相矛盾的。他认为，按照生产价格理论，商品的价格由各种生产要素的费用来决定，而这些要素的价格又是由生产所需要的资本以及劳动力的费用来决定的；如果生产价格论比价值论重要的话，那就意味着商品交换是按照与生产商品所需要的劳动时间无关的价值来进行的。小泉断言，马克思的价值理论不仅自相矛盾，而且还陷入循环论证。

对小泉最先发起反击的是山川均，但是讨论得比较深入的是栉田民藏。栉田从希法亭反驳庞巴维克的著作中得到启发，认为《资本论》第一卷的劳动价值理论和《资本论》第三卷的生产价格理论分别适用于不同的经济发展阶段。对应于《资本论》第一卷的价值理论，适用于资本主义以前的简单商品生产阶段；对应于《资本论》第三卷的生产价格论理论，适用于发达资本主义经济。马克思在《资本论》第一卷开头提到商品交换，认为在资本主义之前有一个 "elementary form"，栉田将其译作 "原始的形态"，这就是存在于资本主义之前的交换状态。栉田指出：在简单商品生产社会，劳动和资本不能在不同产业之间流动，所以不会出现利润的平均化。对此，小泉反驳说，在行会及其类似的制度下，在阻止劳动和资本在不同产业之间流动的同时，也造成了垄断价格，这不符合马克思价值论所要求的自由竞争条件。后人对小泉和栉田为中心的这场论战评价不高，认为他们的争论没有多少新意，只不过重复了当年在欧洲发生的那场论战。这场论战的意义在于，从那时开始，价值理论成了日本马克思主义经济学的中心课题。

小泉和栉田之间的论战不久就转化栉田与河上肇之间，后来又发展为河上肇与福本和夫之间的论战。栉田主要针对河上肇关于唯物史观的问题展开的。福本和夫首先也是对河上肇关于唯物史观的问题质疑。福本的主要阵地是《马克思主义》杂志，他在 1924 年 12 月发表的《论经济学批判中〈资本论〉的范围》一文，被认为是日本学者从方法论上对《资本论》和资本主义关系问题的第一次探讨。1925 年 1 月，栉田在《大原社会问题研究所杂志》上发表了他批判河上肇"价值人类牺牲说"的第一篇论文《关于马克思价值概念的考察》。在日本，这被认为是从唯物史观的角度对价值理论问题的第一次探讨。但是，后来的研究者注意的是栉田所提出的如下观点：对《资本论》第一卷的价值规律的理解，历史地看应该包括对简单商品生产社会的考察。

栉田的论文发表一个月之后，福本也在《马克思主义》杂志上发表了批判河上肇的论文《唯物史观的构成过程》。接着，在当年 11 月京都大学的学友会上，福本以"社会的构成以及变革的过程"为题发表了批判河上肇理论的演说。福本认为，当前价值理论的论战，无视方法论而只从实证的角度来考虑问题是片面的。他强调，为了分析资产阶级社会内部的构造，从最简单的范畴商品开始具有重要的方法论的意义。福本把马克思的经济学方法归结为"向下运动—向上运动"或"向下—向上法"，也就是马克思的由抽象到具体、再由具体到抽象的方法。但是，他看到了两者的联系，却没有认识到两者的区别，对马克思《〈政治经济学批判〉导言》中关于"两条道路"的方法论没有做出全面的理解。

在这一过程中，价值理论论战就由对《资本论》的诠释，发展到在唯物辩证法基础上把握马克思经济学的问题。山田盛太郎首先意识到这一点，他在 1925 年 11 月《经济学论集》上发表的《价值论中的矛盾和扬弃》一文，对辩证法特别是对矛盾的对立统一问题做了深刻的阐述。20 世纪 70 年代，吉田石介（1906 ~ 1975 年）还高度评价山田的这一理论贡献，称山田是日本马克思主义研究中把矛盾及其自身的运动作为辩证法的核心来把握的第一人。[1]

从 1928 年开始，河上肇的《〈资本论〉入门》分册陆续出版。高桥贞树对该书做出高度评价，认为这是"世界上最出色的《资本论》解说"。但是，河上肇在《〈资本论〉入门》中提出的《资本论》最基本的商品范畴是对资本主义的商品的抽象观点，引起许多日本学者的质疑，认为这种观点不符合逻辑—历史的方法。价值理论论战中对这一问题的讨论，在第二次世界大战后还得以持续进行。

二、关于地租理论的论战

1928 ~ 1933 年展开的关于地租理论的论战，主要涉及马克思的级差地租理论。[2] 论战是从土方成美 1928 年发表的《从地租论可见马克思价值论的破产》

① 吉田石介：《马克思方法的黑格尔化》，载于《科学与思想》1971 年第 2 期（10 月）。
② 杉野圆明：《地租论战与虚假的社会价值》，载于《立命馆经济学》1997 年 2 月第 45 卷第 6 期。

短文开始的。在这篇短文中，土方成美对"虚假的社会价值"一词特别关注，认为《资本论》第一卷中的价值规定与《资本论》第三卷中的价值规定是相矛盾的。他强调，承认没有价值的价格就是承认价格与生产产品的劳动无关，这说明劳动价值学说存在缺陷。二木保几在 1929 年发表的《马克思价值论中平均观察与边际原理的矛盾》一文，虽然主要讨论了"平均观察与边际原理的矛盾"问题，但是，在涉及"虚假的社会价值"时，实际上支持了土方的观点。二木认为，从 600 先令扣除 240 先令所余的 360 先令，从马克思的劳动价值论来看，确实是"虚假的社会价值"，那是因为这个东西与他劳动价值论中被视为决定商品价值量的社会必要劳动量完全无关。二木保几对价值的认识停留在生产过程中的价值量的规定，没有看到由于市场竞争的结果所形成的市场价值，即在市场上由社会所评价的价值，不能理解"不是该部门所创造，从其他的部门转移来的价值"的实质。他认为，在平均观察的条件下，剩余价值和负的利润互相抵消，从而地租消失；反之，如果让级差地租成立，则商品的价值量由生产商品的社会必要劳动量决定的法则就将被否定。二木保几在对价值创造和价值实现区别做出片面理解的基础上，断言马克思的劳动价值论是自相矛盾的。

高田保马在 1930 年发表的《马克思价值论的价值论》一文，继续了土方和二木的争论。高田首先以二木所关注的那多出来的 360 先令为例，认为利润总额超过剩余价值总额、价格总额超过价值总额，其差额恰好就是"虚假的社会价值"。他提出的质疑是，尽管一切地租都是剩余价值，但是因为地租是"虚假的社会价值"而不是价值，由此可知也不是剩余价值。高田还认为，如果基于土地的性质的地租，作为超额利润来支付，那么全部地租会抵消为零，于是就否定了地租的存在。

栉田民藏对高田保马的质疑做出回答。栉田首先在 1930 年发表的《级差地租和价值规律》一文认为，关于马克思的级差地租理论必须注意的是，市场价值总额总是大于生产价格总额，而市场价值源于个别价值的平均，即便虚假的，从全社会来看，也必须是现实的价值。栉田在 1930 年发表的《马克思批判者的"马克思地租论"》一文，以工业上的超额剩余价值作类比，认为在某一工业资本家那里，如果其个别价值低于市场价值，其差额也应该视为一种"虚假的社会价值"。

向坂逸郎多年后回顾这场关于地租理论的论战时，站在"土地的限制性制约了竞争"的立场上，对高田保马、河上肇等人的观点做了整体上的批判[1]。当年，他就是从这一立场出发参加论战的。他在 1930 年《改造》第 12 期上发表的《马克思地租论》一文认为，土地的自然的限制性，使得价值规律在竞争中发生

———————

① 向坂逸郎：《地租论研究》，改造社 1948 年版。

偏离。最劣等土地农产品的个别价值作为市场价值，在整个农业部门的所有产品被实现。因此，该部门所有商品的个别价值总额不相等市场价值总额。他认为，"虚假的社会价值"绝不意味着地租并非剩余价值，社会所能支付的最终只能是人类劳动，不过是土地的特殊性使得剩余价值在竞争中发生了变化而已。他在1931 年发表的《为了地租理论的发展》一文中进一步指出，从全社会来看，工人阶级最终支付给土地所有者的东西的分量和限度是很清楚的。从社会来的必要的财富用从自然取得来进行支付的只有劳动。在商品生产中，所耗费的劳动作为抽象劳动体现在价值形态上。

向坂逸郎也不赞成河上肇的观点。针对河上的论断，他曾经指出，在农业部门，全部商品的个别价值的总额，与市场价值的总额不相等。因此开始出现"虚假的社会价值"，相当于级差地租的部分就由"虚假的社会价值"构成。但是，这绝不意味着级差地租不是剩余价值。在土地生产物中竞争的特殊性，带来一定的特殊的调整性的市场价格，以等价交换的形式，限于现实的价值进行不等价交换。从而，在社会上，由于需要与土地产品进行交换，而为了维持其存在，必须付给土地所有者以级差地租，这是一种价值的无偿让渡。向坂并说，级差地租虽然不直接表现为农业工人被农业资本家剥削的劳动，但是，从社会全体看来，仍然可以归结为工人阶级的剩余劳动被土地所有权者攫取[①]。

河上肇不同意向坂逸郎的观点。他在 1931 年发表的《关于地租论的诸多争论》一文中指出，向坂把"虚假的社会价值"视为剩余价值的转化形态是一种误解。他认为，马克思提出"虚假的社会价值"的概念，是因为在农产品场合市场价值比个别价值的平均要高，在产品自身中包含着没有被对象化的价值。作为假象体现为虚假的部分，应该不属于资本家在生产过程中直接从劳动者那里所剥削的剩余劳动，在这一意义上，它不属于剩余价值。总之，"虚假的社会价值"必须与农业资本家从他的工人那里直接剥削来的剩余劳动区别开来。

这场关于地租理论的论战，无论批判者还是反批判者，其观点都显得有些肤浅或者片面，但是，在 20 世纪 30 年代，在认识上能够达到这种程度，仍然是难能可贵的。关于"虚假的社会价值"的认识，时值今日在日本马克思主义经济学研究中仍然不能说已经有了定论。

三、关于日本资本主义的论战

1927～1937 年发生的关于日本资本主义论战，也称为关于日本封建主义论

---

① 向坂逸郎：《地租的"战斗的取消"》，载于《中央公论》1931 年第 10 期。

战。这是讲座派和劳农派围绕着明治维新及日本资本主义性质展开的大论战，这场论战与日本共产党内的路线斗争直接相关。

1927 年的金融危机和 1929 年世界经济"大萧条"加深了日本的经济危机，使工农运动重新高涨。1927 年，日本共产党的新的纲领肯定并充实了日本共产党 1922 年《纲领草案》中关于日本社会性质和革命性质的分析，进一步提出日本革命的任务是加速向社会主义革命转化的资产阶级民主主义革命，提出反对帝国主义战争、不干涉中国革命、拥护苏联、支持殖民地的完全独立、废除君主制、结社言论自由等。1927 年纲领把日本所应该采取的战略划分为首先是资本主义民主革命，然后是社会主义革命这两个阶段。讲座派和劳农派之间的对立，始于日本共产党 1927 年纲领。劳农派反对这种两阶段战略论，主张直接进行打倒资产阶级的社会主义革命的一阶段革命论。持有一阶段革命论的一派在 1927 年创办了《劳农》刊物，因而被称为劳农派，其主要代表人物有山川均、河上肇、铃木茂三郎、栉田民藏、向坂逸郎、土屋乔雄、猪俣津南雄等。劳农派在经济史方面著述丰富，他们的阵地除了《劳农》，还有《大原社会问题研究所杂志》和《先驱》等。

日本共产党 1932 年纲领强调了日本的封建统治问题。这一纲领发表后，关于日本资本主义性质的论战进一步激化。这时，与劳农派对立的那一派，基于 1932 年纲领出版了七卷本《日本资本主义发达史讲座》系列丛书，这些作者也就被称为讲座派，其代表人物主要有被称为"讲座派三太郎"的山田盛太郎、平野义太郎、野吕荣太郎，以及大冢金之助、小林良正、服部之总等人，代表作有野吕荣太郎的《日本资本主义发展史》和《日本资本主义发展的历史条件》、服部之总的《明治维新史》等。讲座派的理论阵地还有《经济评论》、《历史科学》、《唯物论研究》等杂志。

这场论战主要是围绕着三个方面的问题展开：一是对日本资本主义现阶段的认识问题；二是日本农业的性质，特别是地主和佃户以及地租的性质问题；三是明治维新的性质以及幕末（指江户幕府末期）的日本经济发展阶段问题。

在理论上看，论战双方并不是没有一致的地方。例如，双方都认识到日本的资本主义在很短的时间里就发展到了帝国主义阶段，在研究方法上都反对直接套用西方的资本主义模式来研究日本问题。劳农派对讲座派的指责主要有：一是认为讲座派的理论只是根据自己的政治需要而确定的，并没有充分考虑现实，存在把理论强加于现实的倾向；二是认为讲座派忽视了日本资本主义内部的动力和变化；三是认为讲座派在夸大日本资本主义与欧美的差异的同时，没有充分认识到二者之间的共同点。在实践上看，双方争论的焦点在于：讲座派强调日本资本主义中存在封建残余，即存在着半封建地主制的统治和以其为基础的绝对主义天皇制，主张在社会主义革命之前，必须进行资产阶级民主革命；劳农派则强调金融资本的统治作用和农业的资本主义化，主张应立即进行社会主义革命。

1936 年 7 月，讲座派由于所谓"共产科学院事件"而被镇压，劳农派则于1937 年 12 月和 1938 年 2 月连续发生的"人民战线事件"受牵连，包括大内兵卫、宇野弘藏以及有泽广已（1896～1988 年）在内的 38 名"教授集团"遭到"检举"。关于日本资本主义的这场论战被迫中断，直到 1952 年第二次世界大战结束以后才重启论战。

这场论战对推动日本马克思主义理论的研究有着十分积极的意义。这一时期，改造社于 1928～1935 年出版了 27 卷本《马克思恩格斯全集》。1927～1928年，大山郁夫、河上肇等主编了 13 卷本《马克思主义讲座》。另外，还陆续出版了《列宁全集》、《斯大林选集》、《布哈林选集》等。

第三章

斯大林对苏联社会主义经济关系和模式的探索

在苏联社会主义经济建设初期，斯大林在没有任何可资经验借鉴的情况下，推进苏联的社会主义经济建设，对社会主义经济理论与实践做出了独立的探索。斯大林的社会主义经济思想是随着苏联社会主义经济实践的发展而不断展开和深化的。20世纪30年代，斯大林对苏联社会主义工业经济发展道路问题、农业经济发展道路问题做了有益的探讨。20世纪30年代之后，斯大林社会主义经济模式已经形成。50年代初，斯大林对社会主义经济发展规律的认识趋于成熟，在经济理论与实践的基础上形成了社会主义政治经济学的理论体系。斯大林社会主义经济思想，是这一时期社会主义经济发展的理论概括。50年代初以后，斯大林模式在各社会主义国家的经济实践中得到不同程度的发展。斯大林的社会主义经济思想对苏联及其他社会主义国家的经济发展既产生过积极的影响，也造成许多消极的影响。

第一节 对社会主义前途和基本特征的探索

以建设什么样的社会主义、怎样建设社会主义为主要内容的社会主义观，是社会主义国家的执政党都会遇到的重大的理论和实践问题。1924年列宁逝世以后，斯大林担负起领导苏联社会主义革命和建设的重任。在这一过程中，斯大林对俄国社会主义前途和社会主义基本特征的问题，是他的社会主义观的集中体现，也是他的社会主义经济学观的理论前提。

一、列宁逝世后关于社会主义前途的争论

1924年前后，世界形势和俄国国内形势发生了深刻变化。从世界范围来看，

资本主义国家的革命速度出乎意料地变得缓慢，德国、意大利、波兰等一些国家的无产阶级革命相继失败而转入低潮，资本主义世界进入相对稳定时期；与此同时，俄国新经济政策的实施，虽然使得经济和政治实力有所增长，但容许私人资本的存在，引起了人们对新经济政策是否会削弱社会主义建设问题的普遍关注。在这种形势下，处在资本主义体系四面包围中的苏联前途何在，能否在经济上和技术上依靠自身的力量建成社会主义的问题，被尖锐地提了出来。围绕这一问题，俄共党内发生了激烈的争论。

托洛斯基从"不断革命"的机会主义理论出发，对俄国的社会主义前途持否定态度。1922 年，他就在《1905 年》一书的序言和《和平纲领》小册子的跋中，明确认为苏维埃俄国单靠自身的力量是无法建成社会主义的。他从两个方面做了论证：第一，苏维埃俄国是农民占人口绝大多数的落后国家。在这样的国家中，工人政府所处地位的矛盾，只有在国际范围内即在无产阶级世界革命的舞台上，才能求得解决。第二，苏维埃俄国处于资本主义世界的包围之中。在这样的处境中，要打破经济孤立，就必须设法与资本主义世界达成协议，但是，这种协议只能获得经济的某些进展，俄国经济的真正发展必须是无产阶级在欧洲几个最重要的国家内获得胜利以后，才有可能。[①]

斯大林与托洛斯基展开了争论。斯大林对托洛斯基观点的批判主要体现在三个方面：第一，在 1924 年 5 月《论列宁主义基础》的讲演中，斯大林依据列宁的社会主义革命理论，批判了"不断革命"理论的实质。斯大林指出，"从前认为革命在一个国家内胜利是不可能的，以为要战胜资产阶级就必须要有一切先进国家内或至少要有多数先进国家内无产者的共同发动。现在，这个观点已经不合乎实际情形了。现在必须从这种胜利的可能性出发，因为各种不同的资本主义国家在帝国主义环境内发展的不平衡性和跃进性，帝国主义内部那些必然引起战争的灾难性矛盾的发展，世界各国革命运动的增长，——所有这一切都使无产阶级在个别国家内的胜利不仅是可能的，而且是必然的。俄国革命的历史已经直接证明了这一点。"[②] 斯大林接着指出："在一个国家内推翻资产阶级政权，建立无产阶级政权，还不等于保证社会主义的完全胜利。革命获得胜利的国家的无产阶级既然已经巩固自己的政权并领导着农民，就能够而且应当建成社会主义社会。但是，这是不是说，它这样就能获得社会主义的完全胜利即最终胜利呢？换言之，也就是免除复辟呢？不，不是这个意思。为了达到这个目的，至少必须有几个国

[①]　参见《托洛斯基言论》上册，三联书店 1979 年版，第 177 页；下册，第 302 页。
[②]　《斯大林全集》第 6 卷，人民出版社 1956 年版，第 94 页。

家内革命的胜利。"① 显然，斯大林在批判托洛斯基的观点时，已经模糊地认识到一国社会主义胜利与社会主义的完全胜利二者是有区别的，但他还没有能够搞清楚二者的区别所在。

第二，在 1924 年 12 月发表的《十月革命和俄国共产党人的策略》中，斯大林依据列宁的一国建成社会主义的思想，批驳了托洛斯基的"革命的俄国不能在保守的欧洲面前站得住脚"的说法。他认为，托洛斯基的这一说法与列宁的社会主义一国胜利理论是针锋相对的，俄国无产阶级专政 7 年的历史已经证明："为了社会主义的完全胜利，为了有免除旧制度恢复的完全保障，必须有几国无产者的共同努力"；"没有欧洲无产阶级对我国革命的援助，俄国无产阶级就抵挡不住总进攻；同样，没有俄国革命对西方革命运动的援助，西方革命运动就不能像它在俄国建立无产阶级专政以后那样迅速地发展"；"没有这种不仅来自欧洲工人，而且还来自殖民地国家和附属国的帮助，俄国无产阶级专政就会处于困难的境地。到现在为止，这种同情和这种帮助，再加上我们红军的实力和俄国工农挺身保卫社会主义祖国的决心"，这一切使我们足以击退帝国主义者的进攻，取得必要的环境来进行真正的建设工作。② 在这一论述基础上，斯大林指出了托洛斯基理论的三个错误：一是没有感觉到俄国革命的内部力量；二是不了解西方工人和东方农民给予俄国革命的精神援助的不可估量的意义；三是没有觉察到现在腐蚀着帝国主义的那种内部虚弱症。③ 这时，斯大林已经从区分苏联的内、外部矛盾上，区分了一国建成社会主义和社会主义完全胜利的问题。这一区分，反映了斯大林在社会主义前途问题上的科学性。

第三，在 1925 年 5 月 9 日的《俄共（布）第十四次代表会议的工作总结》和在 1925 年 6 月 9 的《问题与答复》演讲中，斯大林对什么是社会主义和怎样建设社会主义的问题作了探讨。他指出："社会主义就是由无产阶级专政的社会向无国家的社会的过渡。但是为了实现这种过渡，就必须按照能够真正保证专政的社会变为共产主义社会的方针和方法，来准备改造国家机关。活跃苏维埃的口号，在城市和农村中确立苏维埃民主制的口号，吸收工人阶级和农民中的优秀分子直接管理国家的口号，都是为了这个目的。"④ 从苏联存在的两种矛盾及其解决的角度，斯大林进一步指出："社会主义社会是工业和农业工作人员的生产消费组合。如果在这个组合中，工业与供给原料、食物并且消耗工业品的农业不协

---

① 《斯大林全集》第 6 卷，人民出版社 1956 年版，第 95 页。
② 参见《斯大林全集》第 6 卷，人民出版社 1956 年版，第 324 页。
③ 参见《斯大林全集》第 6 卷，人民出版社 1956 年版，第 325 页。
④ 《斯大林全集》第 7 卷，人民出版社 1958 年版，第 133 页。

调，如果工业与农业因此不能组成一个统一的国民经济的整体，那就根本不会有社会主义。"① 因此，工农问题、无产阶级与农民的关系问题是建成社会主义的基本问题。无产阶级与农民之间存在的矛盾是苏联的内部矛盾。无产阶级与农民之间虽然存在矛盾，但在发展社会主义这个根本问题上利益是共同的，这正是工农联盟的基础。而工农联盟则是建成社会主义的根本方法。苏联无产阶级完全能够用自身的力量解决与农民之间的矛盾，依靠工农联盟建成社会主义。社会主义苏联与其他资本主义国家的矛盾是苏联的外部矛盾。"这种矛盾表现在：只要资本主义包围存在，就一定会有资本主义国家进行武装干涉的危险，只要这种危险存在，就一定会有复辟的危险即资本主义制度在我国恢复的危险。"② 这种矛盾只有在国际范围内，通过若干个国家无产者的共同努力，或者是几个主要资本主义国家无产者取得革命的胜利，才有可能免除资本主义国家的武装干涉和资本主义制度的复辟，取得社会主义的最后胜利。

俄共（布）第十四次代表会议之后，党内争论由与托洛斯基的争论转向与季诺维也夫、加米涅夫"新反对派"的争论。在俄共（布）党的十四大召开前的一次政治局会议上，季诺维也夫、加米涅夫把马克思主义教条化，提出了"没有西方革命的支持，经济落后的俄国不能建成社会主义"的观点。斯大林在对"新反对派"的观点进行批判中阐述了自己对社会主义的看法。他认为，季诺维也夫和加米涅夫"新反对派"混同了苏联存在的国内矛盾与国外矛盾，国内矛盾即无产阶级与农民之间的矛盾完全可以通过一个国家的努力来克服，国外矛盾即社会主义国家与一切资本主义国家之间的矛盾，则需要几个国家无产者的努力才能解决，"谁把这两种矛盾混为一谈，谁就犯了最粗暴的反列宁主义的错误，谁就是糊涂虫，或者是不可救药的机会主义者。"③ 他还认为，季诺维也夫和加米涅夫"新反对派"混同了关于社会主义胜利的两种不同的提法；其一，可能用一个国家的力量建成社会主义的问题，"对于这个问题应当给以肯定的回答"；其二，无产阶级专政的国家是否可以认为它无须革命在其他几个国家内获得胜利就有免除外国武装干涉，因而免除旧制度复辟的完全保障问题，"对于这个问题应当给以否定的回答"。斯大林强调："以为用一个国家的力量组织社会主义社会是不可能的。当然这种想法是不正确的。"④

1926 年以后，季诺维也夫、加米涅夫和托洛斯基结成"联合反对派"，继续

---

① 《斯大林全集》第 7 卷，人民出版社 1958 年版，第 167 页。
② 《斯大林全集》第 7 卷，人民出版社 1958 年版，第 99 页。
③ 《斯大林全集》第 8 卷，人民出版社 1954 年版，第 63 页。
④ 《斯大林全集》第 8 卷，人民出版社 1954 年版，第 61 页。

否定社会主义的前途。斯大林在联共（布）第十五次全国代表会议上所作的题为《论我们党内的社会民主主义倾向》的报告中，从四个方面论述了社会主义前途问题的重要意义。其一，明确社会主义前途是进行社会主义建设的根本。"没有前途，没有既已开始建设社会主义经济就能把它建设成功的信心，我们就不能建设。没有明确的前途，没有明确的目标，党就不能领导建设。……我们的实际工作就要服从无产阶级建设的基本阶级目标。不这样，我们就必不可免而且毫无疑义地会陷入机会主义的泥潭。"其二，明确社会主义前途是广大工人群众自觉进行社会主义建设的根本。"没有我国建设的明确前途，没有建成社会主义的信心，工人群众就不能自觉地参加这种建设，他们就不能自觉地领导农民。没有建成社会主义的信心就不能有建设社会主义的意志。……没有我国建设社会主义的前途，就不可避免而且毫无疑义地会削弱无产阶级从事这种建设的意志。"其三，明确社会主义前途是反对资本主义复辟的根本。明确社会主义前途，可以坚强社会主义意志，从而不会增强经济中的资本主义成分。"建设社会主义如果不是战胜我国经济中的资本主义成分又是什么呢？工人阶级如果有颓丧和失败情绪就不能不鼓起资本主义成分对旧制度复辟的希望。谁低估了我国建设的社会主义前途的决定意义，谁就是帮助我国经济中的资本主义成分，谁就是培植投降主义。"其四，明确社会主义前途是国际革命在世界范围展开的根本。苏联社会主义建设的意义决不仅限于国内，"就其使世界各国无产者革命化的作用来说是有巨大的国际意义的。谁企图缩小我国建设的社会主义前途，谁就是企图打消国际无产阶级对我国胜利的希望；而谁打消这些希望，谁就是违背无产阶级国际主义的起码要求。"[①]

二、对马克思恩格斯社会主义前途观的继承与发展

马克思和恩格斯对社会主义前途的科学探索，起始于19世纪40～60年代。当时，他们在对以英国为典型例证的发达的资本主义经济关系的内在矛盾及其历史趋势的研究中，对社会主义产生的历史必然性做了一系列科学预测。19世纪70年代以后，马克思和恩格斯根据那一时期世界经济、政治格局的新变化，进一步拓展了社会主义研究的理论视野。面对当时资本主义经济关系发展中呈现出的显著的"世界主义"的现象，马克思和恩格斯开始从"世界历史"的角度，对经济文化相对落后国家的社会发展问题，特别是就经济文化相对落后国家如何跨越资本主义发展阶段的问题做了最初的探讨。在那一时代，资本主义经济关系

---

① 《斯大林全集》第8卷，人民出版社1954年版，第249页。

发展中出现的既能推进社会生产力的发展、人类文明的进步，又给人类社会带来巨大的灾难性后果的两面性，使经济文化相对落后国家在选择自身发展道路时，不免提出这样的问题：怎样才能在既保留资本主义社会发展给人类文明带来的成果，又避免资本主义社会发展给人类社会带来的灾难性后果的过程中，求得自身的发展。

19 世纪 70 年代以后，马克思和恩格斯对这一问题的探讨尽管是初步的，但却是深刻的。后人把他们的这一研究，或者概括为关于"东方社会"发展道路问题，即关于经济文化相对落后国家社会发展道路的问题；或者概括为关于跨越"卡夫丁峡谷"问题，即关于走出一条"不通过资本主义生产的一切可怕的波折而吸收它的一切肯定的成就"的发展道路的可能性问题。他们对这一问题的总的看法就是：尽管经济文化相对落后国家有可能跨越资本主义发展阶段，直接走向社会主义，但是这要以发达资本主义国家的无产阶级先期或同时取得革命的胜利。显然，经济文化相对落后国家社会主义前途问题，那时就已成为时代发展的重大课题，成为马克思主义研究的主题。

20 世纪初，列宁在把马克思主义基本原理同历史与时代变化的新特征的结合中，同俄国社会主义革命和建设的具体实践的结合中，对马克思和恩格斯提出的重大时代课题做出了创新性的探索。列宁从资本主义经济政治发展不平衡规律出发，得出了一国社会主义胜利的理论，即"社会主义可能首先在少数甚至在单独一个资本主义国家内获得胜利。这个国家的获得胜利的无产阶级既然剥夺了资本家并在本国组织了社会主义生产，就会奋起同其余的资本主义世界抗衡，把其他国家的被压迫阶级吸引到自己方面来，在这些国家中发动反对资本家的起义，必要时甚至用武力去反对各剥削阶级及其国家。"[①] 1917 年俄国十月革命的胜利是一国社会主义胜利的伟大实践，使经济文化落后国家直接过渡到社会主义成为现实，从而改变了马克思恩格斯早先认为的经济文化落后国家走向社会主义必须要有发达资本主义国家首先或同时取得胜利的结论。由于列宁的过早逝世，使他的许多理论构想没有能更多地在实践中得到检验并进一步做出系统论述。

在领导苏联社会主义经济建设的实践中，斯大林继承了马克思主义的社会主义前途观，进一步论证了列宁关于一国社会主义胜利理论。斯大林认为，资本主义发展不平衡规律在帝国主义阶段以前虽已存在了，但与帝国主义阶段相比有着很大的差别。这些差别在于："资本主义通过资本家庞大的垄断同盟的发展代替了通过自由竞争的发展；金融资本、'腐朽的'资本代替了旧的'文明的'、'进步的'资本；跳跃式的发展，通过各资本主义集团以军事冲突来重新瓜分已被瓜

---

① 《列宁选集》第 2 卷，人民出版社 2012 年版，第 554 页。

分的世界的发展，代替了资本'和平的'扩大和向'空闲的'土地的伸展；因此，垂死的资本主义，整个向下没落的资本主义，代替了旧的整个向上发展的资本主义。"① 斯大林认为，正是这些差别引致帝国主义阶段的不平衡发展问题。不平衡发展与发展水平的差别是两个问题。帝国主义阶段，各资本主义国家发展水平的差别正在缩小，逐渐趋于均衡化。这种均衡化恰恰是不平衡发展规律作用加强的基础。资本主义国家经济发展水平的均衡化趋势，使得一些国家有可能以跳跃的方式超过另一些国家，在争夺原料产地和市场份额上发生冲突，从而为社会主义首先在个别国家获得胜利创造条件。同时，斯大林对列宁所提出的一国社会主义胜利理论做了较为透彻的阐释，指出这一理论的内容是：无产阶级夺取政权，剥夺资本家和组织社会主义生产，这一切任务并不是最终目的，而是用来反对其余的资本主义世界和帮助全世界无产者和资本主义做斗争的手段。

斯大林在继承马克思主义社会主义前途观的基础上，结合俄国社会主义革命的实践，提出了一些具有创新性的理论观点，发展了列宁关于社会主义首先在一国胜利的理论，对科学社会主义做出了重要贡献。斯大林在这一问题上最为突出的贡献主要是：

第一，探讨了一国社会主义胜利理论中的两个理论层次：一国建成社会主义的问题和社会主义最终胜利问题，并对这两个不同理论层次问题做了分析。斯大林认为，一国社会主义胜利理论包含了两个不同的理论层次，即一国建成社会主义和社会主义的最终胜利，必须把这两个理论层次区别开来。区别开来的依据就是社会矛盾。在斯大林看来，苏联存在着国内外两种矛盾。国内矛盾是指无产阶级与农民的矛盾，一国建成社会主义的问题，实际上就是苏联能否依靠自己的力量解决内部矛盾的问题，能否在经济上战胜资产阶级、建立社会主义经济基础的问题。而"建立社会主义的经济基础，就是把农业和社会主义工业结合为一个整体经济，使农业服从社会主义工业的领导，在农产品和工业品交换的基础上调整城乡关系，堵死和消灭阶级借以产生首先是资本借以产生的一切孔道，最后造成直接导致阶级消灭的生产条件和分配条件。"② 因此，苏联完全有力量建成社会主义。国外矛盾是指社会主义俄国与其他资本主义国家的矛盾，社会主义最终胜利问题，实际上就是怎么保证正在建设的社会主义俄国免除外来危险、免除资本主义复辟的问题，怎么解决国外矛盾、战胜世界资产阶级的问题。克服国外矛盾单靠自身的力量是不够的，必须有各国工人的支持，这种支持的特点不仅在于它加速其他国家无产者的胜利，而且在于它以促进这个胜利来保证社会主义在首先

---

① 《斯大林选集》上卷，人民出版社 1979 年版，第 572 页。
② 《斯大林选集》上卷，人民出版社 1979 年版，第 511 页。

获得胜利的国家内的最后胜利。

第二，探讨了一国建成社会主义的两个重要基础：国内条件与国际条件，并对这两个"条件"做了论证。斯大林认为，一国建成社会主义的国内条件就是组织包括工业和农业在内的整个国民经济。苏联有了无产阶级专政，实际上也就有了建成社会主义的政治基础，而"工业和农业的相互关系问题，无产阶级和农民的相互关系问题，是建成社会主义经济的问题中的基本问题"，[①] 是建成社会主义的经济基础。如果工业和农业不能组成一个统一的国民经济整体，就根本不会有社会主义。为了巩固工农联盟，就要采取符合工农群众利益的财政政策、税收政策和价格政策，迅速发展工农业生产，实现国家的社会主义工业化，通过普遍合作化把农民经济纳入社会主义建设总体系，完成农业的技术改造和社会主义改造，消灭城乡对立与差别。一国建成社会主义的国外条件就是能否有一个摆脱战争的"喘息"时期。斯大林认为，第一次世界大战以后，资本主义已局部稳定，帝国主义国家内部无产阶级与资产阶级的矛盾，帝国主义与殖民地、附属国的矛盾，战胜国与战败国的矛盾，战胜国之间的矛盾，已使世界资本主义软弱无力，这就有可能为苏联建成社会主义造成一个以苏联与资本主义国家和平发展为特点的国际关系，造成一个没有严重武装干涉的"喘息"时期。

第三，探讨了无产阶级革命的两个基本任务："民族"任务与国际任务，并对这两个基本任务的关系做了分析。无产阶级革命的"民族"任务是取得社会主义在一个国家的胜利，而国际任务则是帮助全世界无产者与资本主义作斗争。斯大林论述了这两个基本任务之间存在的一致性和不可分割性。他认为，苏联革命是世界革命的组成部分，二者有着密切的联系。苏联无产阶级的民族任务和国际任务融合成一个共同的各国无产阶级解放的任务，苏联社会主义的利益和各国革命运动的利益融合成一个共同的世界革命胜利的利益。一国夺取政权和建成社会主义有赖于各国无产者的支持，一国无产阶级革命的最终胜利又有待于几国革命和世界革命的胜利。因此，一国革命的胜利是世界革命的开端及其发展基础；一国革命的胜利不是最终目的，而是各国革命发展和胜利的手段和推动力。

三、斯大林对社会主义基本特征的概括

一国可以建成社会主义，这是斯大林对社会主义前途的基本看法。一国建成什么样的社会主义，更是斯大林十分关注的问题。在领导苏联社会主义经济建设的实践中，斯大林对社会主义基本特征所做的探讨，深化了他的社会主义观。

---

① 《斯大林选集》上卷，人民出版社 1979 年版，第 386 页。

在斯大林的领导下，苏联进行了国家的工业化和农业的集体化，并实施了社会主义改造和建设的其他措施，于20世纪30年代逐步确立和形成了人类历史上第一个社会主义制度。正如斯大林在联共（布）中央委员会第十六次代表大会上指出的那样："很明显，我们已经走出旧意义上的过渡时期而进入在全线直接展开大规模社会主义建设的时期。很明显，虽然我们离建成社会主义社会和消灭阶级差别还很远，但是我们已经进入社会主义时期，因为现在社会主义成分掌握着整个国民经济中的一切经济杠杆。"①

统观斯大林在社会主义改造和建设时期的一系列讲话和著作，可以把他对社会主义制度基本特征的论述概括为以下几个方面：

第一，生产资料公有制是社会主义生产关系的经济基础。在国家工业化和农业集体化进程中，斯大林就清楚地认识到，苏维埃政权不能长久地建立在公有制和私有制这样两种所有制的基础上，在工业化和农业集体化的发展中，必须对资本主义经济成分和富农经济采取限制、排挤并最终消灭的政策，最终实行单一的公有制。在建立生产资料公有制的实践中，斯大林主要从两个方面论述了生产资料公有制问题。一是把生产资料公有制划分为全民所有制和集体所有制两种基本形式，并把国家所有制等同于全民所有制。他认为，苏联社会主义的"基础就是公有制：国家的即全民的所有制以及合作社——集体农庄的所有制"②。斯大林时期的苏联宪法还规定：国家所有制是社会主义所有制的基本形式，集体农庄合作社所有制是公有制的一种，是劳动者的集体所有制。到了1952年，斯大林在《苏联社会主义经济问题》中认为，集体农庄所有制在苏联已经成为生产力发展的障碍，必须采取措施把集体农庄所有制提高到全民所有制的水平，使所有制形式单一化。二是对如何巩固和保卫生产资料公有制做了论述。1932年，斯大林在他起草的《关于保护国家企业、集体农庄和合作社的财产以及巩固公共（社会主义）所有制》的决议中指出："苏联中央执行委员会和人民委员会认为：公有制（国家所有制、集体农庄所有制、合作社所有制）是苏维埃制度的基础，它是神圣不可侵犯的，而侵害公有制的人应当被看做人民公敌，因此，对盗窃公共财产的分子进行坚决的斗争是苏维埃政权机关的首要任务。"③斯大林在社会主义建设的进程中非常关注这一问题，1933年在《第一个五年计划的总结》中对此作了进一步的论述。他强调，"目前的革命法制的锋芒并不是指向战时共产主义的极端现象，因为这种现象早已不存在了，而是指向战时公共经济中的盗贼和暗

---

① 《斯大林全集》第13卷，人民出版社1956年版，第7页。
② 《斯大林文集》（1934～1952），人民出版社1985年版，第92页。
③ 《斯大林全集》第13卷，人民出版社1956年版，第344页。

害分子，指向流氓和侵吞公共财产的人。由此可见，目前的革命法制关心的主要是保护公有制，而不是其他什么事情。"党的基本任务之一，就是要"为保护公有制而斗争，用苏维埃政权的法律给我们规定的一切方法和一切手段去进行斗争"。①

第二，社会主义经济是计划经济。斯大林认为，计划经济是社会主义公有制所需要的，是同资本主义经济的重大区别。资本主义经济发展的不平衡是通过市场的自发势力来调节的，这种无政府状态下的自由竞争的经济经常会爆发危机；资本主义国家不能实行计划经济，因为计划经济只有在具备了"国有化的工业、国有化的信贷系统、国有化的土地、同农村的社会主义的结合、工人阶级掌握的国家政权等等"的情况下，才能得到实行。② 社会主义经济则不同，它是一种最统一、最集中的经济，是有组织、有领导的计划经济，优越于资本主义经济，这是因为"危机、失业、浪费和广大群众的贫困……是资本主义的不治之症。我们的制度不患这种病症，因为政权掌握在我们手里，……因为我们实行计划经济，有计划地积累资财，并且按国民经济各部门合理地加以分配。"③ 斯大林并不否认资本主义国家也有计划，不过，他认为资本主义国家的计划与社会主义国家的计划有所不同。资本主义的计划"是一种臆测的计划，想当然的计划，这种计划谁也不必执行，根据这种计划是不能领导全国经济的"，而社会主义的计划"不是臆测的计划，不是想当然的计划，而是指令性的计划，这种计划各领导机关必须执行，这种计划能决定我国经济在全国范围内将来发展的方向。"④

第三，按劳分配是社会主义个人消费品的分配原则。对社会主义制度的这一基本特征，斯大林是从批判分配制度上存在的平均主义角度来阐述的。他指出，绝不能要求社会主义社会成员的需要和个人生活都是平均的、相等的、一律的，"必须取消平均主义"；在工资制度上，"必须打破旧的工资等级制"，"必须在规定工资等级制时注意到熟练劳动和非熟练劳动之间、繁重劳动和轻易劳动之间的差别"，因为这种差别"即使在社会主义制度下，即使在阶级消灭以后，也还会存在；这种差别只有在共产主义制度下才会消失；因此，即使在社会主义制度下，'工资'也应该按劳动来发给，而不应该按需要来发给。"⑤ 斯大林第一次把"各尽所能，按劳分配"作为"马克思主义的社会主义公式"、"共产主义的第一阶段即共产主义社会的第一阶段的公式"提了出来⑥，指出"平均主义的根源是

---

① 《斯大林全集》第 13 卷，人民出版社 1956 年版，第 189 页。
②④ 《斯大林全集》第 10 卷，人民出版社 1954 年版，第 280 页。
③ 《斯大林选集》下卷，人民出版社 1979 年版，第 269 页。
⑤ 《斯大林全集》第 13 卷，人民出版社 1956 年版，第 54 页。
⑥ 《斯大林选集》下卷，人民出版社 1979 年版，第 308 页。

个体农民的思想方式，是平分一切财富的心理，是朴素的农民'共产主义'的心理"，与马克思主义的社会主义毫无共同之处。① 斯大林还认为，"各尽所能，按劳分配"体现了马克思主义的平等观。马克思主义的平等观在共产主义与社会主义两个社会制度具有共同的表现，即一是劳动者政治地位的平等，二是劳动者在生产资料占有上的平等。但在个人消费品分配上，马克思主义的平等观在共产主义与社会主义两个社会制度则具有不同的表现，即在社会主义社会表现为一切劳动者有按劳取酬的平等权利，在共产主义社会表现为一切劳动者有各取所需的平等权利。平均主义与马克思主义的这一平等观是毫无共同之处的，因为"马克思主义所了解的平等，并不是个人需要和日常生活方面的平均，而是阶级的消灭"②。

第四，共产党是社会主义国家的唯一领导力量。斯大林认为，在社会主义国家，共产党是无产阶级专政的工具，是无产阶级专政体系中的领导力量和指导力量，因为"在我们苏联，在无产阶级专政的国家里，我们的苏维埃组织和其他群众组织，没有党的指示，就不会决定任何一个重要的政治问题或组织问题，——这个事实应当认为是党的领导作用最高表现。"③ 在苏联这样的社会主义国家，共产党绝不能而且也不能与其他党分掌领导。"我们党是国内唯一合法的政党（共产党的垄断），它的这种地位并不是一种人为的和故意假造出来的。这种地位决不可能是人为地用行政手腕等等制造出来的。我们党的垄断是在实际生活中成长起来的，是在历史进程中形成起来的，是社会革命党和孟什维克党在我国现实生活中彻底破产而退出舞台的结果。"④

第五，无产阶级专政是社会主义国家的职能形式。在考察社会主义国家职能形式的演变中，斯大林明确认为，"由于我国的发展和外部环境的变化，我们国家的形式正在发生变化，而且将来还会发生变化。列宁说得完全对：'……从资本主义过渡到共产主义，当然不能不产生多种多样的政治形式，但本质必然是一个，就是无产阶级专政'。"⑤ 无产阶级专政作为社会主义国家的职能形式，既有其暴力的一面，也有其非暴力的一面。斯大林从这两个方面对无产阶级专政这一职能形式做了论述。他指出，从无产阶级专政的暴力方面看，"无产阶级专政就是无产阶级对资产阶级的统治，它不受法律限制，凭藉暴力，得到被剥削的劳动

---

① 《斯大林选集》下卷，人民出版社1979年版，第309页。
② 《斯大林全集》第13卷，人民出版社1956年版，第314页。
③ 《斯大林全集》第8卷，人民出版社1954年版，第36页。
④ 《斯大林全集》第10卷，人民出版社1954年版，第102页。
⑤ 《斯大林文选》上，人民出版社1962年版，第254页。

群众的同情和拥护"①；从无产阶级专政的非暴力方面看，无产阶级专政就是
"对非无产阶级的劳动群众实行领导，是建设比资本主义经济类型更高的、具有
比资本主义经济更高的劳动生产率的社会主义经济。"因此，无产阶级专政除了
"对资本家和地主使用不受法律限制的暴力"外，还包括"无产阶级对农民实行
领导"和"对整个社会进行社会主义建设"②。后来，在党的第十八次代表大会
上，斯大林非常简明地概括了无产阶级专政的三大职能：即一是镇压国内被推翻
了的阶级；二是保卫国家以防外来侵犯；三是经济组织工作和文化教育工作。

第六，马克思列宁主义在意识形态领域占据主导地位。斯大林认为，马克思
列宁主义是进行社会主义建设的指南，这已经通过党对社会主义革命的领导所取
得的胜利充分表现出来了。"只有我们的党才知道把事业引向何处，而且胜利地
把它引向前进。我们党为什么有这种优越性呢？因为它是马克思主义的党，是列
宁主义的党。因为它在自己的工作中遵循着马克思、恩格斯、列宁的学说。毫无
疑问，只要我们始终忠实于这个学说，只要我们掌握住这个指南针，我们在自己
的工作中就会获得成就。"在社会主义建设中更应如此，必须用马克思列宁主义
教育国家工作和党的工作的任何一个部门中的工作人员，"工作人员的政治水平
和马克思列宁主义觉悟程度愈高，工作本身的效率也愈高，工作也就愈有成
效"③。斯大林也一再强调，马克思列宁主义是一门发展的科学，在指导社会主
义建设中，我们不能把它教条化。后来，斯大林在《马克思主义和语言学问题》
中指出："马克思主义是关于自然和社会的发展规律的科学，是关于被压迫和被
剥削群众的革命的科学，是关于社会主义在一切国家中胜利的科学，是关于共产
主义社会建设的科学。马克思主义这一科学是不能停滞不前的，——它是在发展
着和完备着。马克思主义在自己的发展中不能不以新的经验、新的知识丰富起
来，——因此，它的个别公式和结论不能不随着时间的推移而改变，不能不被适
应于新的历史任务的新公式和新结论所代替。马克思主义不承认绝对适应于一切
时代和时期的不变的结论和公式。马克思主义是一切教条主义的敌人。"④

斯大林关于社会主义基本特征的探讨，从苏联社会主义实践的角度，继承和
丰富了马克思主义的社会主义观。斯大林是在苏联这样的经济文化落后国家进行
社会主义的实践中探讨社会主义基本特征的。他关于社会主义生产资料公有制存
在两种形式即全民所有制和集体农庄所有制，社会主义商品货币条件下实行按劳

①《斯大林全集》第6卷，人民出版社1956年版，第102页。
②《斯大林全集》第7卷，人民出版社1958年版，第155页。
③《斯大林全集》第13卷，人民出版社1956年版，第332页。
④《斯大林文选》下册，人民出版社1962年版，第559页。

分配原则，以及对无产阶级专政作为社会主义国家的职能形式所具有的非暴力作用等的探讨，是在立足于继承马克思恩格斯列宁关于社会主义基本特征思想的基础上的一种创新。他的这些思想也为苏联的社会主义实践证实是正确的。

斯大林对社会主义基本特征的认识，在实践中产生了有利于社会主义经济建设的重要方面，这就是在国家的发展上始终坚持了社会主义的方向。苏联在短时间内迅速地实现了工业化和农业集体化，生产资料公有制在国民经济中占据了绝对支配的地位，人民的物质文化生活有了明显的提高，国家的落后面貌有了根本的改观，这就使苏联成为资本主义世界不可无视的强大力量，社会主义制度的优越性和生命力得到了充分的显示。[①]

但是，由于斯大林对马克思主义的教条式的、片面的理解，因而他对社会主义基本特征的认识，在实践中也产生了不利于社会主义建设的一面，从而对苏联的社会主义建设造成了一些不良的影响。主要如在生产资料公有制上，斯大林虽然认识到在经济文化落后国家搞社会主义建设，生产资料公有制有两种基本形式，这是对马克思恩格斯列宁思想的一个发展，但是，他却把这一认识绝对化了，认为生产资料公有制只能有这两种形式，并且在这两种形式中，国家所有制优于集体所有制，集体所有制必须向国家所有制过渡。因此，苏联在向社会主义过渡时期和社会主义建设过程中，始终追求社会主义经济的纯而又纯，彻底消灭非社会主义经济，在改变生产关系、改变所有制方面发生了一次又一次的冒进。1927 年，苏联的社会主义成分在工业中所占比重为 86%，在批发商业中占 95%，在零售商业中占 65%；从 1929 年开始，再次对资本主义成分发起了总攻，由局部进攻转为全线进攻。到 1934 年，社会主义成分的比重，在国民收入中已占99.1%，在工业总产值中已占 99.8%，在农业总产值中已占 98.5%，在商业企业零售商品流转额中已占 100%。1950 年苏联社会主义经济的这四项比重依次达到 99.8%、100%、98.1% 和 100%。20 世纪 50 年代初期，苏联还大搞集体所有制的升级，合并集体农庄，向全民所有制过渡，并把集体农庄的存在看做是生产力发展的障碍，是搞计划经济的障碍。其结果，使苏联的社会主义经济蒙受了巨大的损失。

在管理体制上，苏联实施的是高度集中的计划经济体制和高度集权的行政管理体制。当然，苏联高度集中的计划经济体制和高度集权的行政管理体制的形成，更多的是由历史造成的；但是，理论上的局限性对高度集中的计划经济体制和高度集权的行政管理体制的建立也是有重要影响的。在斯大林的社会主义经济是计划经济的思想指导下形成的高度集中的计划经济体制和高度集权的行政管理

---

① 参见《斯大林文选》上册，人民出版社 1962 年版，第 246 页。

体制，对苏联的社会主义建设产生过积极的影响。它作为社会主义生产关系的一种具体的表现形式，从坚持生产资料公有制、计划经济、按劳分配、共产党的领导和无产阶级专政的社会主义国家职能等方面，体现了苏联经济政治制度的社会主义性质，保证了苏联经济政治发展的社会主义方向；它作为与当时的社会生产力基本适应的一种生产关系的表现，从安排全国的生产力布局、主攻重点建设项目等方面，为苏联在短期内建成社会主义提供了保障。然而，斯大林关于社会主义经济是计划经济的思想，却使得苏联的这种经济体制和政治体制具有严重的缺陷和弊端，即如决策权力过度集中，地方和企业缺乏积极性，片面强调指令性计划和以行政手段为主的管理方法，排斥市场机制，官僚主义作风盛行等。因此，这一经济政治体制的推行，严重地阻碍了苏联整个国民经济的发展，使社会主义丧失了生机和活力。

斯大林对社会主义基本特征的探讨，也对第二次世界大战以后走上社会主义道路的经济文化落后国家产生了重大的影响。许多国家以苏联为榜样，按照苏联的思路和做法来认识和建设社会主义，认为"苏联的今天就是我们的明天"，其结果，窒息了社会主义建设中的生气勃勃的创造精神，使社会主义建设遭受了严重的挫折。东欧社会主义国家在历史条件和基本国情方面，与苏联存在着明显的差异，但是，他们在学习和模仿苏联社会主义建设的过程中，不顾这些差异，照搬苏联模式，从而在建设中使社会主义蒙受了巨大的损失。

总之，斯大林是在继承马克思恩格斯列宁思想的基础上来探讨社会主义基本特征的，在某些方面如生产资料公有制的基本形式、按劳分配、党的领导等方面，发展了马克思恩格斯的思想，在某些方面如生产资料公有制的单一性、计划经济等方面，却误解了马克思恩格斯的思想，对社会主义做了不科学的甚至是扭曲的认识。

第二节　斯大林的社会主义经济模式及其影响

斯大林的社会主义经济模式是斯大林在领导苏联人民进行社会主义经济实践中所形成的社会主义经济建设道路和社会主义经济体制。这一经济模式是斯大林按照他所理解的马克思主义与苏联当时的实践相结合的产物。它反映了人们对社会主义经济发展的一定阶段的认识，既包含着对社会主义经济理论和实践的可贵的探索，也不可避免地存有某些偏颇甚至错误。

一、斯大林社会主义经济模式的形成

斯大林社会主义经济模式始建于 20 世纪 20 年代末至 30 年代中期。这一时期，苏联正处于由资本主义向社会主义的过渡之中，列宁新经济政策的实施，调动了广大人民群众的生产积极性，促进了国民经济的迅速恢复。列宁逝世后，是否还执行新经济政策，如何建设社会主义，成为联共（布）党内争论的重要问题。斯大林分析了苏联当时的状况，认识到"革命获得胜利的国家的无产阶级既然已经巩固自己的政权并领导着农民，就能够而且应当建成社会主义社会"①；要对付资本主义的侵略必须迅速实现社会主义工业化；而要实现工业化则必须大力推进农业集体化。因此，在理论上，斯大林对列宁的新经济政策做了肯定，认为"新经济政策是我们经济政策的基础，而且在相当长的历史时期中不会改变"②；在实践中，他在新经济政策实施、国民经济得以恢复的基础上，有计划地全力推进工业化和农业的集体化。

斯大林在领导苏联的工业化和农业集体化的进程中，一方面采取了集中力量发展重工业，建立既能保证强大国防，又能改造整个国民经济的物质技术基础的方针；另一方面也采取了限制、排挤资本主义成分的办法，确立社会主义经济的统治地位。在经济发展中追求高速度的结果，必然是国家高度集中使用有限的经济资源，对国民经济实行高度集中的计划管理，对经济实践中产生的问题则依靠加强行政控制来解决。因此，逐步形成了中央高度集权、排斥市场机制的经济体制的雏形。

1929 年年底，斯大林公开提出抛弃新经济政策的问题，他指出："我们所以采取新经济政策，就是因为它为社会主义事业服务。当它不再为社会主义事业服务的时侯，我们就把它抛开。"③ 在 1930 年召开的联共（布）十六大上，斯大林首先勾画了苏联经济体制的基本轮廓。他指出："苏维埃经济制度就是：（一）资产阶级和地主阶级的政权已经被推翻而代之以工人阶级和劳动农民的政权；（二）生产工具和生产资料即土地和工厂等已经从资本家那里夺过来并转为工人阶级和劳动农民群众所有；（三）生产的发展所服从的不是竞争和保证资本主义利润的原则，而是计划领导和不断提高劳动者物质和文化生活水平的原则；（四）国民收入的分配不是为了保证剥削阶级及其为数众多的寄生仆役发财致富，

---

① 《斯大林全集》第 6 卷，人民出版社 1956 年版，第 95 页。
② 《斯大林全集》第 11 卷，人民出版社 1955 年版，第 15 页。
③ 《斯大林全集》第 12 卷，人民出版社 1955 年版，第 151 页。

而是为了不断提高工农的物质生活和扩大城乡社会主义生产；（五）劳动者的物质生活状况的不断改善和劳动者的需求（购买力）的不断增长既然是扩大生产的日益增长的源泉，因而也就是保证劳动者免遭生产过剩的危机，免受失业增长的痛苦和贫困的痛苦；（六）工人阶级和劳动农民是国家的主人，他们不是为资本家而是为自己劳动人民做工的。"[①] 在此基础上，斯大林正式向人们宣布：新经济政策已进入最后阶段。新经济政策的宣告结束实际意味着斯大林所强调的新的经济体制即斯大林经济模式的实行。

随后，苏联经济进入了大改组时期。1930～1932年主要从两个方面对工业管理进行了改组。第一，在所有企业包括车间、工段中实行经济核算，给企业行政和组织方面一定的独立性。企业在完成国家规定的生产计划条件下，有权彼此缔结供应必要产品的经济合同，有权自由支配自有流动资金，有权在计划范围内灵活运用物资，有权建立奖励基金和特别经理基金等。第二，改组管理机构，对中上层管理环节进行了重大变动。在最高国民经济委员会下面设立实行经济核算的联合公司，联合公司分联邦公司、地方联合和混合联合三种类型。联合公司建立后，托拉斯的职权大大缩小，联合公司成为对企业进行技术指导和组织生产的机关；最高国民经济委员会不仅进行计划方面的工作，而且成为技术指导中心。1932年，最高国民经济委员会改组为重工业人民委员部，同时成立轻工业人民委员部和木材工业人民委员部。

随着苏联经济的进一步发展，新兴工业部门得到普遍建立，在经济管理方面，由1932年建立的重工业部、轻工业部、木材工业部、食品工业部4个部，到1937年就增设为6个部，原来的重工业部分为国防工业部、机器工业部和重工业部；1939年一下子增加到18个部；1941年，18个部又分解成41个部。自1946年开始，最高苏维埃进行了机构调整；到1950年，苏联共有25个全联盟部和联盟兼共和国部，其中19个全联盟部和6个联盟兼共和国部。由此可见，20世纪30～50年代，苏联的经济管理体制是按照条条领导的原则建立起来的，无论是整个国家还是各级经济机构或企业内部，经济管理的权限都是高度集中的。

斯大林社会主义经济模式作为苏联特定时期社会经济和政治的产物，在特定的历史时期，在经济落后国家开始进行社会主义建设的初级阶段，它的运用取得显著成效。但是，不能由此而把它当作任何国家在任何条件下都必须采用的唯一的经济模式。

---

① 《斯大林全集》第12卷，人民出版社1955年版，第280～281页。

二、斯大林社会主义经济模式的基本内容

斯大林社会主义经济模式形成的特定的社会经济和政治条件，决定了这一模式的基本内容包括社会主义工业发展模式和社会主义农业发展模式。

早在新经济政策时期，列宁就确定了社会主义工业化的方针；新经济政策的实施，也为社会主义工业化的实现奠定了重要的基础。联共（布）第十四次代表大会进一步确定了实现社会主义工业化的方针。斯大林在这次代表大会上提出了社会主义工业化的任务："（甲）进一步增加国民经济的产值；（乙）把我国由农业国变成工业国；（丙）在国民经济中保证社会主义成分对资本主义成分的决定性优势；（丁）保证苏联国民经济在资本主义包围的环境下具有必要的独立性；（戊）增加非税收部分在国家预算总额中的比重。"[1] 斯大林所提出的社会主义工业化的任务基本上体现了社会主义工业化的三个方面的内容：其一，在促使国民经济普遍增长的过程中，增大工业生产总值，保证工业在国民经济中的领导作用，使苏联由农业国变为工业国；其二，在发展社会主义工业的同时，限制和排挤私人经济，保证社会主义经济对私人经济和资本主义经济的决定性优势；其三，在发展社会主义工业的同时，逐步摆脱对世界资本主义经济的依附性，保证经济的独立性。

为了实现社会主义工业化，斯大林提出了具体的道路，即优先发展重工业，特别是机器制造业。在斯大林看来，重工业在大工业中起着决定性的作用，不发展重工业就不能建成任何工业，就不能实现任何工业化；特别是处在资本主义包围中的无产阶级专政的国家，如果自己生产不出生产工具和生产资料，如果经济发展仍停留在受制于那些生产并输出生产工具和生产资料的发达国家的阶段，那么，也就不可能保持经济上的独立。

在斯大林这一思想的指导下，苏联走上高速发展社会主义工业化的道路。在高速发展工业化所需要的资金积累问题上，斯大林分析了历史上关于筹集工业化资金的不同方法，认为英国靠掠夺殖民地、德国靠战争赔款、沙俄靠出卖主权等卑劣手段获取不义之财来实现工业化的方法是不可取的；社会主义工业化的资金积累只能"专靠自己，不借外债，凭藉我国内部力量"，"靠本国节约"[2]。靠自己的力量达到资金的积累，其来源主要有两个："第一个是创造价值并把工业推

---

[1]　《斯大林全集》第 7 卷，人民出版社 1958 年版，第 280 页。
[2]　《斯大林全集》第 8 卷，人民出版社 1954 年版，第 114、115 页。

向前进的工人阶级，第二个是农民"①。从工业来说，增加产量，提高质量，降低成本是很重要的方面，国营企业必须做到生产技术和经营管理的社会主义合理化；从农业来说，由于农业在一定时期内在原有的技术基础上还可以向前发展，因而要充分利用农业的潜力。斯大林认为，从农业中积累资金的方式有两个：一是农民向国家交纳的税收，包括直接税和间接税；二是工农业产品的"剪刀差"。此外，工业化所需要的资金积累还可以通过多种途径获得，如增加资本主义企业的税收，把租借企业、租让企业到期收归国家，改造为社会主义工业企业；在反对酗酒的同时实行烧酒专卖政策，收取特种消费税；在坚持取消沙皇债务的同时，在取得有利贷款的条件下，偿付一些战前债款，把偿付债款作为取得工业发展贷款而付出的一笔附加利息。

斯大林的工业发展模式推动了苏联国民经济的发展，苏联用两个五年计划的时间，基本上就实现了社会主义的工业化。但是，这一在特定的历史环境中形成的工业发展模式有一定的局限性，它对苏联后来的社会主义经济建设以及对其他社会主义国家的经济建设并不适用。

斯大林的农业发展模式与工业发展模式是相匹配的。他认为，实行农业的集体化是社会主义工业化进一步发展的需要。工业大规模发展以后，农业却相对落后，这一方面表现为农业技术过分落后和农村文化水平太低；另一方面也表现为分散的农业生产没有国有化的联合经营的大工业所具有的那种优越性。农业相对落后于工业，这一矛盾的解决不能通过放慢工业化的速度来解决，只能是加快农业的发展速度和克服农村中的资本主义成分，即"把分散的小农户转变为以公共耕种制为基础的联合起来的大农庄，就在于转变到以高度的新技术为基础的集体耕种制。"② 但是，斯大林更认为，实现农业的集体化是巩固社会主义制度的需要。这是因为，苏维埃制度是不能长久地建立在联合的社会主义工业化和以生产资料私有制为基础的个体小农经济两种不同的基础之上的；"要巩固苏维埃制度，并使我国社会主义建设获得胜利，单是工业社会主义化是完全不够的。为此还必须从工业社会主义化进到农业社会主义化。"③

在实现农业集体化问题上，斯大林肯定了集体农庄的经济形式。他认为，"集体农庄作为一种经济因素基本上是农村发展的新道路，是和富农的资本主义发展道路相反的农村社会主义发展道路。"④ 在集体农庄这种经济形式下，生产

① 《斯大林全集》第 11 卷，人民出版社 1955 年版，第 139 页。
② 《斯大林全集》第 10 卷，人民出版社 1954 年版，第 261 页。
③ 《斯大林全集》第 11 卷，人民出版社 1955 年版，第 7 页。
④ 《斯大林全集》第 12 卷，人民出版社 1955 年版，第 143 页。

资料包括土地、机器、农具、耕畜、建筑物等均实行公有化，农民实现集体劳动。在农业集体化初期，斯大林在指导农业集体化运动中强调了三个原则：（1）自愿原则。强调用说服的办法让农民自觉而非强迫地参加集体农庄。（2）分期分批实行全盘集体化。农业集体化的速度根据不同地区的不同条件而定，防止通过行政压力急于求成。（3）集体农庄运动的主要形式是农业劳动组合。

斯大林还对改造农民的重要性做了论述。他强调，集体农庄并不是建成社会主义的一切，并不是有了集体农庄，集体农庄的庄员就成了社会主义者了。"要改造集体农民，克服他们的个人主义的心理，使他们成为真正的社会主义社会的劳动者，还必须做很多工作。"① 但是，集体农庄的发展、机械化和拖拉机化的实现，可以使改造农民的工作更加顺利，集体农庄是"用社会主义精神去改造农民、改造农民心理的主要基地。"②

斯大林农业发展模式的实行，使苏联在较短的时间内就实现了农业的集体化，农业生产速度迅速增长，农产品的商品增长率也得到了很快的增长，农业基本满足了工业化的需要。但是，应该看到，不顾实际条件，不顾农民加入集体农庄的准备程度，人为地推行全盘集体化，却给苏联农村经济带来了极大的波动，挫伤了农民的生产积极性，加剧了农村社会的不安定。

三、斯大林社会主义经济模式的特点

斯大林社会主义经济模式，即世界上第一个社会主义经济体制，是一个高度集中的计划化的体制，是以国家为经济活动的主体直接全面地干预和调节经济、排斥市场调节，并辅之以用行政办法管理经济的中央集权的管理体制。

斯大林社会主义经济模式的特点主要有三个：

第一，采取的是单一的社会主义所有制即公有制。生产资料公有制是社会主义经济的基本特征，这是马克思主义的基本原理。在无产阶级取得政权以后，在不同的发展阶段，由于社会经济、政治条件的不同，会存在着多种不同的经济成分，列宁在俄国十月革命胜利后的初期就认识到了这一点。在俄国经济落后的状况下，他提出了社会主义阶段论，说明了在俄国经济发展的不同阶段，存在着多种不同的经济成分，在国民经济恢复时期，必须以现存的多种经济成分为出发点来建设社会主义，但是，最终还是要建成单一的社会主义经济的。

斯大林在实现社会主义工业化的初期就明确地认为，社会主义是不可能建立

---

① 《斯大林全集》第 12 卷，人民出版社 1955 年版，第 145 页。
② 《斯大林全集》第 12 卷，人民出版社 1955 年版，第 146 页。

在公有和私有这两种不同性质的所有制基础之上的。鉴于这样的认识，斯大林在高速发展工业的同时，采取了对资本主义经济成分进行限制、排挤并最终消灭的政策；在农业集体化运动中，采取了对农村中资本主义成分即富农经济进行限制、排挤并最终消灭的政策。随着社会主义工业化和农业集体化的完成，1936年前后，苏联基本上解决了"谁战胜谁"的问题，形成了单一的社会主义公有制。在苏联，社会主义公有制有两种基本的形式：一种是国家的全民的形式；一种是集体农庄的形式。

第二，实行的是高度集中的计划经济制度。马克思恩格斯历来认为，未来社会的生产应该按照社会的需要，在全社会范围内有计划按比例地组织起来。十月革命胜利后初期，列宁在建立苏维埃政权时，在探索社会主义改造和建立社会主义经济管理体制时，提出了民主集中制的管理原则，初步奠定了严格的中央集权的经济管理体制。战时共产主义时期，这一体制得到了高度的发展；新经济政策时期，列宁推行了以经济核算制为核心的"托拉斯制"，吸收劳动者参与国家和经济的管理，从而使经济活动在很大程度上受到市场的调节。

斯大林在领导苏联的社会主义经济建设中，明确指出，资本主义经济发展的不平衡由于是通过市场自发势力来调节的，因而经常爆发经济危机；社会主义经济的发展要避免经济危机的发生，就必须通过计划经济来调节。鉴于这样的认识，在联共（布）十四大以后，斯大林对计划机关进行了整顿，加强了国民经济的计划领导。在工业企业，编制了生产和财务相结合的年度计划，并发动群众参与生产管理，制定并执行计划；在农业方面，由于农业还是分散的小农经济占据统治地位，因此，国家不能对农业实行直接的计划领导，只能通过流通领域，即通过价格、税收、信贷、提供机器、预购合同来调节，使其向国民经济计划化加强的方向发展。在农业的集体化得到实现，国民经济中的不确定因素大大减少的情况下，苏联在20世纪30年代以后制定的国民经济计划基本上成为指令性的计划，苏联基本形成了计划经济体制。计划经济体制下虽然也存在着市场，但是，市场机制的调节作用不同程度地受到计划的制约。

第三，国家成为经济活动的主体，党领导并决定国家的经济政策。马克思恩格斯认为，无产阶级专政国家的经济职能就在于，在变资本主义所有制为社会主义所有制的过程中起着"助产婆"的作用；国家作为经济运行的主体，具有调节经济运行的作用。在苏联社会主义的经济实践中，列宁和斯大林把马克思和恩格斯关于国家是变革的"助产婆"和具有调节经济职能的理论观点变成了现实。斯大林所建立的计划经济体制就是以国家为主体、调节经济运行的经济体制。在这一经济体制的运行中，社会主义全民所有制就是社会主义的国家所有制，是国家把生产资料的所有权与经营管理权集于一身的所有制；社会主义国家的经济职能就不只是保护社会主义所有制和起一般的调节作用，而且还是作为经济活动的主体从事经济活动。党对国家的领导，实际上就是党对国家经济活动的领导。党决定经济活动的方针、政策，并选派党员担任中央经济管理部门的领导工作，各级党组织对党的方针、政策起着保证监督作用。

第三节　苏联社会主义经济发展道路的探索

社会主义经济发展道路问题是斯大林对社会主义经济问题探讨的重要内容之一。斯大林在领导苏联人民从事社会主义经济建设中，对社会主义经济发展道路问题提出了自己的看法。

一、对社会主义经济增长和发展问题的探讨

对社会主义经济增长问题的探讨是斯大林社会主义工业化发展道路理论的重要内容。概括地说，主要表现在以下三个方面：

第一，社会主义工业化的中心就是重工业化。斯大林认为，在苏联经济发展落后和技术装备薄弱的情况下，社会主义工业化的核心问题就是在新的技术基础上重新装备社会主义的国营工业；而要在新的技术基础上重新装备国营工业，关键就在于发展俄国重工业。"工业化的中心，工业化的基础，就是发展重工业（燃料、金属等等），归根到底，就是发展生产资料的生产，发展本国的机器制造业。""工业化首先应当了解为发展我国的重工业，特别是发展我国自己的机器制造业这一整个工业的神经中枢。"[1] 这是社会主义工业化不同于资本主义工业化的重要特征。斯大林指出，在资本主义国家，工业化通常是从轻工业开始的，因为轻工业同重工业比较起来投资少、资本周转快、获得利润也比较容易；经过一个长时期，轻工业积累了利润并把这些利润集中于银行，这时重工业的发展才具备了条件。这个长时期的等待对共产党来说是不行的，没有重工业，就无法保卫国家。在苏维埃经济中，只有优先发展重工业，才能在新的技术基础上发展整个工业、交通运输业、农业，从而使整个国民经济的发展速度加快；才能摆脱对外国资本主义经济的依附，获得经济上的独立，同时增强自身的国防力量。对此，斯大林进一步认为，社会主义工业化实际上是一种把工业对农业的支援、农业对工业的依附放在首位的工业化，是一种重工业的发展决定整个国民经济发展的直接工业化。斯大林优先发展重工业的主张在国际上产生了深远的影响，战后其他

---

① 《斯大林全集》第 8 卷，人民出版社 1954 年版，第 112、113 页。

一些社会主义国家在一定时期内基本采用了斯大林的这一主张，从而在经济发展中产生了一些弊端，留下了至今还值得人们深思的教训。

第二，必须以高速度来发展重工业化。必须以高速度来发展社会主义重工业，这是斯大林在社会主义建设初期有关"赶、超"战略思想的核心内容。斯大林认为，苏联经济是能够在较短的时间内赶上和超过先进的资本主义国家的，但赶上和超过的条件就是高速度和高积累。他强调，不能以"比较缓慢的速度"实现工业化，原因就在于：从苏联与先进的资本主义国家的情况比较来看，"假如我们的工业和技术像德国那样发达，假如我国工业在整个国民经济中的比重像德国那样大"，"假如我们不是唯一的无产阶级专政国家"，那么，我们就有"可以用比较缓慢的速度发展我国的工业"①。苏联技术落后的实际情况决定了必须以高速度来发展工业。从苏联国内的经济现实来看，分散的小农经济占据绝对的优势，而社会主义大工业则像大海中的孤岛，如果不迅速发展社会主义工业，不从经济上、技术上把小农经济改造成具有现代技术的社会主义大农业，就不能算建成了社会主义。从体现社会主义制度的优越性方面来看，封建经济制度为了证明自己比奴隶经济制度优越，大约花费了200年的时间；资本主义经济制度为了证明自己比封建经济制度优越，大约花费了100年的时间，发展速度之快让人惊叹不已；社会主义经济制度要在较短的时间内证明自己优越于资本主义经济制度，就必须要有高速度。但是，我们仍然看到，斯大林在主张高速度实现社会主义工业化的同时，也很重视发展要从国力出发，量力而行这一点。认为不量力搞建设，势必会造成建设中的损失，给建设带来失望。

第三，高速度发展重工业化的办法就是向农民收取"贡税"。斯大林认为，工业内部的积累是无法满足必要的工业发展速度的，要高速发展工业只能从农业中抽取资金。在《论工业化和粮食问题》一文中，他向人们报告了一个事实，即农民不仅向国家交纳一般的直接税和间接税，而且他们在购买工业品时还会因为价格较高而支付更多的钱，在出售农产品时因为价格较低而得到较少的钱。斯大林把这种情况看做是为了发展为全国服务的工业而向农民征收的一种额外税，是一种类似"贡税"的东西，是一种类似超额税的东西，"为了保持并加快工业发展的现有速度，保证工业满足全国的需要，继续提高农村物质生活水平，然后完全取消这种额外税，消除城乡间的'剪刀差'，我们不得不暂时征收这种税。"②在斯大林看来，向农民收取"贡税"对加快发展工业、保证工业满足全国的需要是必要的，尽管这种税是一种令人不愉快的、讨厌的并且将来一定要取消的东

① 《斯大林全集》第11卷，人民出版社1955年版，第216~217页。
② 《斯大林全集》第11卷，人民出版社1955年版，第139~140页。

西，但是，为了不削弱工业，不打击整个国民经济，暂时不能取消；至于向农民收取的"贡税"则应该通过工业合理化不断降低工业品价格，不断提高农业技术以降低农产品成本，不断使商业和收购工作合理化，逐渐缩小并最后消灭"剪刀差"。

显然，斯大林在苏联社会主义经济建设中，对经济增长和经济发展问题的探索并不在于通过区分经济增长和经济发展来寻求社会主义工业经济发展的道路。在斯大林那个时代，他在理论上和实践中都还未产生这样的意识。因此，斯大林对经济发展问题的研究主要在于如何建立起社会主义的物质技术基础、如何加强社会主义的企业管理等。他把这两个方面看做是推进社会主义工业经济发展的重要方面。

马克思主义创始人历来认为，社会主义的物质技术基础就是大机器生产。列宁在苏维埃俄国的经济建设初期，根据苏维埃俄国的具体实际，论证了社会主义物质技术基础的基本原理，指出大机器工业是社会主义的唯一可能的物质技术基础，而现代大工业则意味着全俄电气化，共产主义就是苏维埃政权加全国电气化。斯大林在苏联的社会主义经济建设中阐述并实践着列宁的思想。

斯大林对列宁关于大机器工业和电气化是社会主义物质技术基础思想的阐述和实践主要表现在工业化初期，为消灭经济和技术的落后性，斯大林提出"技术决定一切"的论断，通过工农业技术改造初步建立起社会主义的物质技术基础。20 世纪 20 年代中期，苏联在进行社会主义改造之时，斯大林就对"工业化"的含义做了解释，他说："使我国工业化是什么意思呢？这就是把我国由农业国变为工业国。这就是在新的技术基础上建立并发展我国的工业。"① 斯大林关于"工业化"含义的解释，不仅内含了工业发展与物质技术基础之间的关系，而且也内含了在建立物质技术基础中的工农之间的关系。因此，在苏联实现工业化之初，在技术、机器等极为缺乏的状况下，头等大事就是创立头等的工业，"必须使这个工业在技术上不仅能够改造工业，而且能够改造农业，并改造我国的铁路运输业。"② 工业的发展势必要求农业也随之而发展，苏联的现实是工业建立在社会主义化的联合的大机器生产的基础上，农业则建立在分散落后的小农经济的基础上。要改变这种状况，要使农业转到新的技术基础上，就必须把小农经济组合成大规模的集体经济。斯大林很清醒地面对苏联的现实，在实现工业化的同时也开展了农业的集体化。

要发展工业和农业，改造国民经济各个部门，必须以新的技术为基础，从而

---

① 《斯大林全集》第 9 卷，人民出版社 1954 年版，第 157 页。
② 《斯大林文集》(1934～1952)，人民出版社 1985 年版，第 43 页。

技术就具有了决定一切的意义和作用。斯大林非常清楚技术在工农业中的地位和作用，提出了"技术决定一切"的论断。这一论断在实践中的运用，产生了极为可观的效果。第一个五年计划期间，基本建设计划的实现，生产资料生产的扩大，新兴工业部门的建立，为社会主义大机器生产奠定了坚实的基础。第二个五年计划明确了一项重要的经济任务，这就是完成整个国民经济的改造，为一切国民经济部门建立最新的技术基础。因此，第二个五年计划期间，对国民经济生产部门进行了根本的革新和改造，完成了工业电气化、农业机械化，建立了社会主义的物质技术基础。对于这一伟大的成就，斯大林做了总结："我国已经不再有，或者几乎不再有使用落后技术装备的旧工厂和使用古老农具的旧农户了。目前，我们工农业的基础是现代的新技术装备。可以毫不夸张地说，从生产的技术装备来看，从工农业的新技术装备程度来看，我国是比其他任何国家都先进的国家，因为在其他国家里，旧设备成了生产的累赘，阻碍着新技术装备的采用。"①

在斯大林看来，社会主义的物质技术基础就是发展生产资料的生产，发展本国的机器制造业。只有发展机器制造业，才能使俄国从农业国变成自力生产必需的装备的工业国。因此，苏联的机器制造业在第二次世界大战以前的几个五年计划期间得到了迅速的发展，一些新的机器制造部门如机床制造业、煤炭工业机器制造业、冶金机械制造业、化工机械制造业、仪表和仪器制造业、电机制造业、运输机械制造业、汽车制造业、航空工业等得到新建。正是机器制造业的迅猛发展，才使国民经济的技术改造有了辉煌的战果，才使苏联成为大机器工业高度发达的工业国。

社会主义物质技术基础的建立，要求劳动过程无条件地遵守严格的纪律，每个人十分准确地承担一部分工作，使社会主义大生产像一部机器那样工作，使成千上万的人有统一的意志，服从一个苏维埃领导者的指挥，而这位苏维埃领导者从实现苏维埃方针的观点出发全权负责工作，保证最合理地利用人财物。这就是列宁在苏维埃俄国的建设中提出的"一长制"管理思想。列宁提出了"一长制"思想，但由于多种原因并未能实践这一思想。斯大林对未能实践的原因做了分析，他指出："为什么我们没有一长制呢？只要我们还没有掌握技术，我们就没有而且不会有一长制。只要在我们中间，在布尔什维克中间还没有足够的精通技术、经济和财务的人才，我们就不会有真正的一长制。""因此，任务就是要我们自己掌握技术，成为内行。只有这样才能保证我们的计划全部完成，而一长制也才能实行。"② 由此可见，实行企业管理一长制需要有一定的前提条件，即大量

---

① 《斯大林文集》（1934～1952），人民出版社 1985 年版，第 247 页。
② 《斯大林全集》第 13 卷，人民出版社 1956 年版，第 36 页。

的具备了技术、经济和财务的人才。这是斯大林继承和发挥列宁"一长制"思想的一个重要的方面。斯大林在培育管理人才方面的实践，为实行"一长制"奠定了基础。

在苏联的社会主义经济实践中，斯大林建立和推广了"一长制"，确立了企业中的党政群关系。针对企业管理中存在的官僚主义严重、工作杂乱无章、党政工分工不明、职责不清等现象，斯大林强调了推行"一长制"的重要性，并领导联共（布）党中央于 1929 年 9 月通过了《关于整顿生产管理和建立一长制的措施》的决议，在苏维埃历史上第一次明确规定了"一长制"在企业中实施的原则和办法，规定了企业行政、企业党支部、企业工会各自的权责。当"一长制"在推行中发生挫折、遭到破坏时，斯大林一针见血地严厉批评了破坏"一长制"的行为，指出加快完成工业管理制度的改革是各工业部门和企业实行"一长制"的必要保证。针对经济组织工作落后于党的政治路线要求的状况，斯大林向企业管理者提出了要把经济组织的领导水平提高到政治领导水平的要求，提出了废除委员会制、加强个人负责制的主张。总之，斯大林在社会主义经济建设中为实践列宁的"一长制"思想做出了贡献。

斯大林继承和发挥列宁"一长制"思想的另一个重要的方面，就是把"一长制"与民主制结合起来。在推行"一长制"的过程中，斯大林也十分重视民主管理问题。他认为，苏联的工厂属于全民而不是资本家，管理工厂的就只能是工人阶级的代表；工厂要有由工人选举产生的工厂委员会来监督企业行政活动，工厂要有全体工人参加的生产会议来讨论生产计划、检查行政工作；工人要把企业的发展和改进看做是与己休戚相关的事业，要有为自己的国家、为自己的阶级工作的觉悟。斯大林的这一想法很快就在实践中得到了落实。针对生产会议这一工人参加管理的主要组织形式建立初期，没有一定的形式和程序，只是不定期地讨论生产中遇到的一些问题的情况，联共（布）党的第十四次代表大会决议首先肯定了生产会议在吸引广大工人参加社会主义建设工作方面的重要性，斯大林对此也做了一些具有建设性建议的论述。他指出："无论如何要使生产会议活跃起来。在生产会议上需要提出的不仅是小问题，比方说，卫生问题。必须使生产会议讨论的内容更广泛些，更丰富些。应该在生产会议上提出工业建设的基本问题。只有用这样的办法才能提高千百万工人阶级群众的积极性，才能使他们成为自觉的工业建设的参加者。"[①] 斯大林在民主管理方面所做的探索尽管还流于表层，在实践中也未真正得到落实，特别是在"一长制"与民主制的结合上还未真正探寻到切实可行的好办法，但是，不可否认，他的论述和实践在加强社会主义

---

① 《斯大林全集》第 8 卷，人民出版社 1954 年版，第 128 页。

企业管理方面、在建立企业中党政群的新型关系方面还是具有开拓性的意义的。

二、关于社会主义工业化发展速度的争论

20世纪20年代末30年代初，苏联学术界发生了一场关于粮食收购危机原因的争论，由此而引发了对工业化发展速度的争论。1927年秋冬，在苏联农业连年丰收的情况下出现了粮食收购危机的现象。对于这一奇怪现象，联共（布）党内发生了不同的看法。斯大林认为，造成粮食收购危机的原因主要有三个：第一，工业发展速度太慢，社会主义积累太少，从而农村商品供应不足；第二，农业经济是小农经济，最没有保障、最原始、最不发达、生产商品最少；第三，农村的富农已经成长起来，积累了粮食就有可能去操纵粮价。斯大林的观点遭到了党内其他同志的反对，特别是布哈林明确地认为粮食问题是一个牵涉工农之间关系、农民各阶层之间关系、党对富农政策的问题，而不是像斯大林所说的那样是农村资本主义向社会主义进攻的问题，不是阶级斗争问题。布哈林强调，造成粮食危机的原因不是别的，就是计划领导的错误导致国民经济失调。其表现有三个：第一，农产品比价不合理，谷物价格太低，对粮食生产不利，农民宁可把生产出来的粮食留在手中也不愿出售；第二，基本建设投资过度增加，减少了供应农村的商品；第三，苏维埃的货币还未稳固到农民可以放心地把它作为积累的手段。

布哈林与斯大林在粮食危机原因上的争论，引发了学术界在其他经济理论上的争论，其中一个重要的争论问题就是工业化的发展速度问题。托洛茨基认为，经济发展的速度是由生产过程本身的物质条件决定的，国民经济发展可能达到的速度的极限，是以物质形式出现的国家积累的规模。因此，在社会主义经济建设中要有高速度，就必须增加资金积累，而要取得工业发展的高速度，就必须每年最大限度地把资金从农业抽调到工业中。布哈林批驳了托洛茨基的观点，认为社会主义工业化的速度之所以有可能比资本主义工业化的速度快，其原因就在于无产阶级专政的存在、计划经济的运用、崭新的工农关系的建立；但是，社会主义工业化的高速度必须在一定的前提下才能取得，这个一定的前提不是托洛茨基所说的从农业中把资金抽调到工业中，而是农业的迅速增长。他指出："只有工业在农业迅速增长的基础上达到高涨这样的结合下，我们才能长期地保持最大的速度，正是在这种情况下，工业的发展才会打破记录……这要以农业能够有迅速的真正积累为前提"[1]；社会主义工业化发展速度必须以积累为极限，不能超过积

---

① 《布哈林文选》中册，人民出版社1981年版，第279页。

累所能承受的程度。斯大林也参加了这一争论，他从社会主义工业化的实质、加快重工业发展速度、高速发展重工业的途径等方面阐述了自己的观点。

显然，这场关于社会主义工业化发展速度的争论主要局限在社会主义工业化为何能取得高速度和如何取得高速度上，并未涉及国民经济发展的比例、效益与速度之间的关系问题。但是，不管怎样，这一争论一方面却反映了苏联学术界这一时期理论上的活跃气氛；另一方面也说明了经济实践的发展迫切要求解决经济发展速度问题。

三、对实行农业集体化发展的认识

斯大林在提出实行工业化高速发展的同时，也对苏联实行农业集体化、发展农业经济的问题做了探讨。在《联共（布）第十五次代表大会中央委员会的政治报告》（1927 年）、《论粮食收购和农业发展的前途》（1928 年）、《论苏联土地政策的几个问题》（1929 年）等著述中，斯大林对这一问题作了探讨，这一探讨对经济文化比较落后的社会主义国家在发展农业经济中如何少走弯路有一定的借鉴意义。

1925 年年底至 1927 年，经过两年的奋斗和努力，苏联的工业化有了迅速发展，工业产值年增长率不断上升，国有化工业进入了改造时期，正如斯大林所说："按发展速度来说，我国全部工业，特别是我国的社会主义工业，已经赶上和超过资本主义国家工业的发展。"[①] 为了巩固这一成果，保证顺利建设社会主义的条件，斯大林在苏（共）第十五次代表大会上，提出了实行农业集体化的方针。

首先，实行农业集体化是社会主义工业化进一步发展的需要。斯大林认为，在苏联社会主义大工业出现了空前大发展的情况下，党的任务就是巩固社会主义工业已经达到的发展速度，并且要不断地加快这一速度，以便创造赶上并超过先进资本主义国家所必需的有利条件。斯大林分析苏联农业、农村的情况，认为农业产值增加比较缓慢，无法与国有化工业的发展保持平衡。苏联农业落后于工业的原因就在于，"这一方面是因为我国农业技术过分落后和农村文化水平太低，另一方面特别是因为我们的分散的农业生产没有我们国有化的联合经营的大工业所具有的那种优越性。首先，农业生产不是国有化的，不是联合经营的，而是分散的，分成许多零星小块的。它不按照计划经营，大部分暂时还受着小生产自发势力的支配。它还没有按照集体化路线联合起来和合并起来，所以它还是一个便

---

① 《斯大林全集》第 10 卷，人民出版社 1954 年版，第 257~258 页。

于富农分子进行剥削的场所。"① 因此,斯大林提出农业发展的出路,不是放慢工业化的发展速度等待农业的发展,而是"把分散的小农户转变为以公共耕种制为基础的联合起来的大农庄","转变到以高度的新技术为基础的集体耕种制"。只有这样,苏联的农业才能赶上农业较为发达的资本主义国家,才能克服落后的农业经济对工业发展的障碍。

其次,实行农业集体化是缓解粮食收购危机、为工业建设创造安定环境的重要条件。随着苏联工业化的迅速发展、城市人口的增加,带来了粮食和农产品的严重供应不足,特别是 1927 年年底又发生了粮食收购危机,严重地影响了工业化建设。斯大林认为,粮食收购危机意味着工人区的供应发生危机,粮价上涨则工人实际工资下降,意味着红军的供应发生危机,意味着产麻区和产棉区的供应发生危机,意味着国家手中缺乏粮食后备,还意味着苏联的全部价格政策遭受破坏。为此,在农业方面,一方面,必须对富农采取严厉的措施,迫使他们按照国家的价格交出全部余粮。斯大林指出:"我们的农村工作路线在许多地区被歪曲了。党的'依靠贫农,和中农建立巩固的联盟,一分钟也不能停止对富农的斗争'这个基本口号往往执行得不正确。"② 另一方面,必须"展开集体农庄和国营农场的建设",因为它们"是能够采用拖拉机和机器的大农场",它们"比地主和富农的农场能出产更多的商品。"斯大林强调,这样做,"对于国家的工业化是必要的。"③

最后,实行农业集体化是巩固苏维埃制度的必要保障。当时苏维埃制度是建立在两种不同的基础上的,这两种不同的基础一是联合的社会主义化的工业;二是以生产资料私有制为基础的个体小农经济。斯大林认为,苏维埃制度是不能长久地建立在这两种不同的基础上的。因为只要产生资本家和资本主义的个体农民经济在国内还占优势,资本主义复辟的危险就会存在;只要这种危险还存在,就不能真正地来谈苏联社会主义建设的胜利问题。所以,斯大林进一步强调:"要巩固苏维埃制度并使我国社会主义建设获得胜利,单是工业社会主义化是完全不够的。为此还必须从工业社会主义化进到整个农业社会主义化。"④

在农业集体化实施初期和全盘农业集体化过程中,斯大林对农业集体化的原则和任务做了阐释。

关于农业集体化的原则,斯大林主要阐述了三个原则。第一,自愿原则。这

---

① 《斯大林全集》第 10 卷,人民出版社 1954 年版,第 261 页。
② 《斯大林全集》第 11 卷,人民出版社 1955 年版,第 13 页。
③ 《斯大林全集》第 11 卷,人民出版社 1955 年版,第 6 页。
④ 《斯大林全集》第 11 卷,人民出版社 1955 年版,第 7 页。

是针对个体农户走农业集体化的态度而言的。斯大林认为，"不用强迫手段而用示范和说服的方法把小的以至最小的农户联合为以公共的互助的集体耕种制为基础，利用农业机器和拖拉机、采用集约耕作的科学方法的大农庄。"① 主要在于说服农民相信集体农庄的优越性，让他们自觉自愿地加入集体农庄。第二，分期分批原则。这是针对不同地区的不同特点而言的。斯大林认为，不同地区具有不同的经济结构，不同地区的农民具有不同的文化水平，因而集体化的速度也是不同的。要采取分期分批的原则引导不同地区的农民走农业集体化道路。斯大林特别对一些地区提出了集体化速度的不同要求。例如，北高加索、伏尔加河中下游地区，基本上可以在 1931 年春季完成集体化；乌克兰、中央黑土区、西伯利亚、乌拉尔、哈萨克斯坦等产粮区基本上可以在 1932 年春季完成集体化；其余地区可以延长到 1933 年完成集体化。与此同时，斯大林也批评了一些地区为了完成集体化而提出要通过行政命令的办法急于求成的想法，并阐明了这么做的危害性。第三，灵活原则。这是针对农业集体化的方式而言的。斯大林认为，在农业集体化的方式上可以灵活地采取各种合作化的方式。例如，生产方面的合作化、供应方面的合作化、销售方面的合作化、信贷方面的合作化等。通过采取各种合作化的方式，使更多的农民走上普遍合作化的道路。斯大林强调：合作化是集体经济的一种形式，但不同于全盘集体化，因为在合作化中，基本生产资料可以实行公有化，但住宅、宅旁园地、一部分牲畜、家禽不实行公有化。他指出："只有当农民经济在新的技术基础上即通过机械化和电气化的方法加以改造的时候，只有当多数劳动农民加入合作社组织的时候，只有当多数农村满布集体形式的农业合作社的时候，全盘集体化才会到来。"②

关于农业集体化的任务，斯大林在强调苏维埃的社会主义制度必须是从工业社会主义化转到整个农业社会主义化的制度时做了较为详尽的论述。他主要是从六个方面来论述的。第一，必须逐步而又坚定不移地把出产商品最少的个体农民经济联合为出产商品最多的集体经济，联合为集体农庄。第二，必须使各地区毫无例外地都布满集体农庄（和国营农场），它们在向国家缴纳粮食方面不仅能够代替富农而且能够代替个体农民。第三，铲除一切产生资本家和资本主义的根源并消除资本主义复辟的可能性。第四，建立一个牢固的基础，以便不仅以粮食而且以其他各种食品不断地大量供应全国，并且保证国家有必要的粮食后备。第五，为苏维埃制度、苏维埃政权建立统一的和牢固的社会主义基础。第六，保证苏联社会主义建设的胜利。对这六大任务，斯大林强调，"这就是我国农业发展

---

① 《斯大林全集》第 10 卷，人民出版社 1954 年版，第 261 页。
② 《斯大林全集》第 10 卷，人民出版社 1954 年版，第 193 页。

的前途"，"这就是我国胜利建设社会主义的任务"。① 在工业化的发展急需农业迎头赶上的情况下，农业集体化的重要任务就是把分散的小农户转变为以公共耕种制为基础的联合起来的大农庄。正如斯大林在《联共（布）第十五次代表大会中央委员会的政治报告》中所说的："党的任务：通过合作社和国家机关在供销方面扩大对农民经济的掌握，规定我们在农村建设中当前的实际的任务，即逐渐使分散的农户转上联合的大农庄的轨道，转上以集约耕作和农业机械化为基础的公共集体耕种制的轨道，因为这条发展道路是加快农业发展速度和克服农村中资本主义成分的最重要的手段。"②

四、对苏联集体农庄性质的认识

在苏联实行农业集体化过程中，对集体农庄存在一些不正确的看法。有人认为，集体农庄这种经济组织与社会主义经济形式毫无共同之处。甚至还有人认为，集体农庄是"资产阶级的经济形式"。针对这些观点，斯大林明确指出："对集体农庄做这样的估计是完全不正确的。毫无疑问，这种估计是根本不符合实际情况的。"因为经济类型是由人们在生产过程中的关系决定的，在集体农庄中，已不再存在私人占有生产资料的阶级和被剥夺了生产资料的阶级，不再存在剥削阶级和被剥削阶级，而是在属于国家的土地上实行了基本生产工具的公有化。据此，斯大林提出："有什么根据断言集体农庄作为一种经济类型不是社会主义的经济形式之一呢？"他肯定地认为，"集体农庄作为一种经济类型，是社会主义的经济形式之一。"③

但是，这并不是说集体农庄内部就不存在矛盾、不存在阶级斗争了。斯大林对集体农庄内部的矛盾做了分析。他认为，在集体农庄中是有个人主义残余甚至是富农思想残余的，而这些个人主义残余、富农思想残余，随着集体农庄的巩固，随着集体农庄的机械化，必定会消失。即使在还包含着这些个人主义残余甚至是富农思想残余的情况下，"集体农庄作为一种经济因素基本上是农村发展的新道路，是和富农的资本主义发展道路相反的农村的社会主义发展道路"，甚至可以说，集体农庄"是在同资本主义分子进行殊死搏斗中发展起来的农村社会主义建设的基地和策源地"④。斯大林也对集体农庄内部的阶级斗争做了分析。他

① 《斯大林全集》第11卷，人民出版社1955年版，第8页。
② 《斯大林全集》第10卷，人民出版社1954年版，第264~265页。
③ 《斯大林全集》第12卷，人民出版社1955年版，第142~143页。
④ 《斯大林全集》第12卷，人民出版社1955年版，第143页。

指出，认为集体农庄中的阶级斗争和集体农庄外的阶级斗争没有不同之处，认为集体农庄中的阶级斗争更加残酷，是错误的。斯大林承认集体农庄中是存在阶级斗争的，"既然集体农庄内还保存着个人主义心理甚至富农心理的残余，既然集体农庄内还存在着物质生活状况方面的某些不平等现象，那末集体农庄内就不能没有阶级斗争的因素。"斯大林阐释了"集体农庄中的阶级斗争"的含义。"首先，这就是说，富农已经被击溃并被剥夺了生产工具和生产资料。其次，这就是说，贫农和中农已经在基本生产工具和生产资料公有化的基础上联合为集体农庄。最后，这就是说，这是集体农庄庄员之间的斗争，他们中间一部分人还没有摆脱个人主义残余和富农思想残余，企图利用集体农庄内的某些不平等现象图利营私，而另一部分人想把这些残余和这些不平等现象从集体农庄铲除掉。"在做了这些分析的基础上，斯大林强调，"只有瞎子才看不见集体农庄基础上的阶级斗争和集体农庄外的阶级斗争之间的差别，这不是很明显吗？"[1]

当然，在现实中也存在着另一种相反的观点，即把集体农庄等同于建成社会主义。针对这种观点，斯大林认为，"如果以为有了集体农庄，就有了建成社会主义所必需的一切，那就错了。如果以为集体农庄庄员已经变成社会主义者，那就更错了。"因此，斯大林提出了改造农民的问题，阐述了集体农庄对改造农民的重要意义。"要改造集体农民，克服他们的个人主义心理，使他们成为真正的社会主义社会的劳动者，还必须做很多工作。集体农庄机械化实现得越快，集体农庄拖拉机化实现得越快，达到这个目的也就越快。但是这丝毫没有减弱集体农庄作为农村社会主义改造的杠杆的伟大意义。集体农庄的伟大意义，正在于它是农业中采用机器和拖拉机的主要基地，是用社会主义精神去改造农民、改造农民心理的主要基地。"[2]

在对实行农业集体化过程中存在的关于集体农庄的不正确看法进行分析的基础上，斯大林得出结论：集体农庄是一种社会主义的经济形式，只有通过这种经济形式，千百万个小农才能参加拥有机器和拖拉机的大经济，而机器和拖拉机是经济繁荣的杠杆，是农业按社会主义道路发展的杠杆。

第四节　对社会主义经济规律的探索

20世纪50年代，斯大林对经济规律和商品经济、价值规律的认识，集中体现在《苏联社会主义经济问题》一书中。这是斯大林对苏联30多年社会主义经

---

① 《斯大林全集》第12卷，人民出版社1955年版，第145页。
② 《斯大林全集》第12卷，人民出版社1955年版，第145～146页。

济建设经验的全面总结。

一、关于经济规律的性质

20 世纪 20 年代，苏联经济学界的流行观点认为，经济规律只存在于资本主义社会之中，随着资本主义社会的灭亡，经济规律也就走向了消亡，社会主义社会是不存在经济规律的；40 年代，人们对经济规律的性质有了新的认识，开始承认社会主义经济规律的客观性质，但是却把国家政策、计划和经济规律混为一谈；到 50 年代初，在苏共中央举行的经济问题讨论会上，有些人仍然否定经济规律的客观性质，认为历史赋予了苏维埃国家特殊作用，苏维埃国家及其领导人能废除、制定、创造和改造经济规律。

针对经济规律问题认识上的这些看法，斯大林明确指出，不要把"科学规律"与政府颁布的"政策"、"法律"混为一谈，政府颁布的"政策"是可以根据人的主观意志来制定并作出修改的，但经济规律则不行。经济规律和自然科学规律一样都具有客观性，它是"反映不以人们的意志为转移的经济发展过程的客观规律"①，它是在一定的客观条件的基础上产生并发生作用，也会随着客观条件的变化而变化，只要经济规律作用的客观条件存在，经济规律就必然会发生作用。但是，经济规律也具有不同于自然规律的特点，它不是"长久存在的"，其中大多数经济规律"是在一定的历史时期中发生作用的，以后，它们就让位给新的规律。但是原来的这些规律，并不是被消灭，而是由于出现了新的经济条件而失去效力，退出舞台，让位给新的规律，这些新的规律并不是由人们的意志创造出来，而是在新的经济条件的基础上产生的"。② 斯大林强调，经济规律除了具有客观性外，还具有可知性，人们可以发现经济规律，认识它们，研究它们，依靠它们，利用它们来为社会谋利益，并把某些经济规律的破坏作用引导到另一方向，限制它们发生作用的范围，给予其他正在为自己开辟道路的规律以发生作用的广阔场所。但是，人们却不能创造和消灭经济规律，也不能对经济规律加以改造。

斯大林进而分析了社会主义经济规律的性质。他认为，社会主义经济规律反映了不以我们的意志为转移的经济生活过程的规律性，它具有客观性。资本主义生产关系的被废除，并不意味着资本主义经济规律被废除，只不过资本主义经济规律失去了赖以存在的客观条件，从而它失去了作用；社会主义生产关系的建立，也不意味着我们创造了社会主义经济规律，只是在新的经济条件下，必然会

①② 《斯大林文选》下册，人民出版社 1962 年版，第 573 页。

产生新的社会主义经济规律并发挥作用。因此，否认社会主义制度下经济规律的客观性，实际上就是否认科学，而否认科学也就是否认任何预见的可能性，因而就是否认领导经济生活的可能性。斯大林强调，否认社会主义制度下经济规律的客观性，以为苏维埃政权无所不能，就会给经济工作带来严重的不良影响，就会使我们陷在混乱和偶然性之中，其结果就是导致取消政治经济学这门科学。

二、关于社会主义基本经济规律

在《苏联社会主义经济问题》一书中，斯大林对社会主义经济发展中的基本经济规律作了阐述。

首先，阐明了基本经济规律的含义。斯大林认为，基本经济规律是每个社会形态发生作用的许多经济规律中的起主导作用的规律，它有两个主要特点：一是每个社会形态中只有一个基本经济规律，不同社会形态中有不同的基本经济规律；二是它体现社会经济关系中最基本的因果联系，是决定社会生产发展的"一切主要方面和一切主要过程"。它包含两个主要内容：一是社会生产的目的，生产目的体现了人与人之间的生产关系，是社会生产为谁服务的问题，从而也是生产关系中最本质的问题；二是实现这一目的的手段。基本经济规律就是社会生产的目的和实现这一目的的手段两方面的统一。

其次，表述了社会主义基本经济规律的内容。社会主义基本经济规律的主要特点和要求可以大致表述为："用在高度技术基础上使社会主义生产不断增长和不断完善的办法，来保证最大限度地满足整个社会经常增长的物质和文化需要。"① 斯大林强调指出，社会主义基本经济规律就是决定社会主义生产发展的一切主要方面和一切主要过程的规律，就是决定社会主义生产的本质的东西，它对其他经济规律起主导、制约和决定作用。

再次，论述了社会主义基本经济规律与资本主义基本经济规律的不同。这种不同主要表现在：社会主义基本经济规律不是保证最大限度的利润，而是保证最大限度地满足社会的物质和文化的需要；不是带有从高涨到危机、从危机到高涨的间歇状态的生产发展，而是生产的不断增长；不是伴随着社会生产的破坏而来的技术发展中的周期性间歇状态，而是生产在高度技术基础上的不断完善。

最后，在提出并论证了国民经济有计划按比例发展规律的基础上，论述了国民经济有计划按比例发展规律与社会主义基本经济规律之间的关系。斯大林认为，在社会主义制度下，社会主义公有制消灭了资本主义的基本矛盾，把国民经

---

① 《斯大林文选》下册，人民出版社1962年版，第602页。

济各部门和企业联结成根本利益一致的有机整体，因此，国民经济有计划按比例发展是必然的。国民经济有计划按比例发展规律与社会主义基本经济规律之间的关系表现在：社会主义基本经济规律决定国民经济有计划按比例发展规律，国民经济有计划按比例发展规律的作用只有在它以社会主义基本经济规律为依据时才能得到充分发挥。针对苏联经济学界长期把国家经济计划等同于经济规律的看法，斯大林进一步指出："不能把两者混为一谈，只有研究这个规律①，学会熟练地运用这个规律，才能制定出符合实际的国家计划。"②

斯大林关于社会主义基本经济规律的阐述，在马克思主义经济学发展史上是一个重大贡献，他从社会生产目的与实现目的的手段的统一上，揭示了社会主义经济关系的实质，对促进社会主义生产的发展、提高人民群众的物质和文化生活水平，以及巩固社会主义生产关系都有着重要的推动作用。

三、对社会主义制度下商品生产和价值规律的探讨

社会主义制度下的商品生产和价值规律问题，是 20 世纪 30～50 年代初苏联经济学界讨论最多的一个理论问题。30 年代初期，社会主义是自然经济的观点在苏联经济学界占据统治地位。当时，人们都把实行新经济政策看作是一种"退却"，把利用商品货币关系看作是一种临时性的措施。此后，虽然苏联经济学界普遍承认社会主义社会在相当长的时期还存在商品生产，但同时却否认价值规律的作用。斯大林在 30 年代对社会主义商品货币关系的确认，也只是从流通角度进行的。在《苏联社会主义经济问题》一书中，斯大林正式从理论上确认社会主义商品货币关系的存在，并着重阐述了社会主义商品生产存在的原因、社会主义商品生产的性质和价值规律在社会主义经济中的作用等问题。

关于商品经济问题，斯大林主要从社会主义制度下商品经济存在的必要性及其原因问题做了论述。他认为，在苏联存在全民所有制和合作社集体农庄所有制的情况下，国家只能支配国营企业的产品，而集体农庄的产品只有集体农庄才能作为自己的财产来支配，但集体农庄只愿意通过买卖交换自己所需要的产品，其他方式都不行。"因此，商品生产和商品流通，目前在我国，也像大约 30 年以前当列宁宣布必须以全力扩展商品流通时一样，仍是必要的东西。"③ 在社会主义商品生产存在的原因问题上，斯大林认为，社会主义制度下两种公有制形式的存

---

① 此处指国民经济有计划按比例发展规律。
② 斯大林：《苏联社会主义经济问题》，人民出版社 1961 年版，第 8 页。
③ 《斯大林文选》下册，人民出版社 1962 年版，第 582 页。

在即是商品生产存在的原因。"现今在我国，存在着社会主义生产的两种基本形式：一种是国家的即全民的形式，一种是不能叫做全民形式的集体农庄形式……现时，除了经过商品的联系，除了通过买卖的交换以外，与城市的其他经济联系，都是集体农庄所不接受的。因此商品生产和商品流转，目前在我国，也象大约在 30 年以前当列宁宣布必须以全力扩展商品流转时一样，仍然是必要的东西。"① 由于斯大林把生产资料公有制的两种基本形式看作是商品经济存在的唯一原因，因而把全民所有制内部调拨的生产资料排除在商品的范围之外则是顺理成章的。斯大林指出："无论如何不能把我国制度下的生产资料列入商品的范畴"，它"脱出了价值规律发生作用的范围，仅仅保持着商品的外壳（计价等等）。"②

在社会主义商品生产的性质问题上，斯大林明确指出，社会主义商品生产是不同于资本主义商品生产的"特种的商品生产"，是没有资本家参加的商品生产。它所反映的是联合起来的社会主义劳动者之间的互助互利关系，它注定是要为社会主义事业服务的；社会主义商品生产的活动范围只是个人消费品，在社会主义条件下，生产资料不是商品，劳动力也不是商品。在斯大林看来，商品生产并非在任何时侯、任何条件下都会导向资本主义，只有在国内存在着资本主义剥削雇佣工人的制度下，商品生产才会引导到资本主义。因此，"不能把商品生产和资本主义生产混为一谈"③。

关于价值规律问题，斯大林主要从价值规律的客观性和在社会主义制度中的作用方面做了论述。在价值规律作用问题上，斯大林从生产和流通领域方面做了考察。他指出，在生产领域，价值规律起着影响作用，国家在发展国民经济时，仍然要利用价值规律来进行经济核算，计算成本，获得盈利。因为"抵偿生产过程中劳动力的耗费所需要的消费品，在我国是作为商品生产和销售的，而商品是受价值规律作用的。也正是在这里可以看出价值规律对生产的影响。"在流通领域，价值规律在一定范围内同样保持不同程度的调节作用，其中"首先是包括商品流通，包括通过买卖的商品交换，包括主要是个人消费品的商品的交换。"④斯大林还从社会实践的角度指出，价值规律"是很好的实践的学校，它促使我们的经济干部迅速成长，迅速变成现今发展阶段上社会主义生产的真正领导者。"⑤

但是，斯大林同样认为，在社会主义制度下，由于生产资料的公有化、有计划发展规律的作用和经济计划、经济政策的制定，价值规律的作用范围是受到限

---

① 斯大林：《苏联社会主义经济问题》，人民出版社 1961 年版，第 11～12 页。
② 《斯大林文选》下册，人民出版社 1962 年版，第 613 页。
③ 《斯大林文选》下册，人民出版社 1962 年版，第 581 页。
④ 《斯大林文选》下册，人民出版社 1962 年版，第 585 页。
⑤ 《斯大林文选》下册，人民出版社 1962 年版，第 586 页。

制的。斯大林所说的"限制",主要含义就是:价值规律在商品流通范围内起调节作用,对商品生产只是一种影响作用。斯大林关于价值规律作用范围受"限制"的提法,反映了他对价值规律在社会主义生产领域中的作用没有予以充分的承认,这同他关于生产资料不是商品的提法是一脉相承的。由于斯大林不承认价值规律对社会主义生产有调节作用,因此,当有人提出价值规律对农业中生产的生产资料有调节作用时,斯大林做出了反驳:"价值规律对农业原料价格的影响无论如何不会是调节的影响。第一,我国农业原料的价格是固定的,由计划规定的,而不是'自由'的。第二,农业原料的生产规模并不是由自发的力量,并不是由什么偶然的因素来决定,而是由计划来决定的。……既然这样,还有什么价值规律的调节作用呢?其实,价值规律本身也是由社会主义生产所特有的上述事实来调节的。"[1]

考察斯大林对社会主义经济发展规律的探讨,我们可以清晰地看到,斯大林的理论探讨存在着许多的不足之处。例如,虽然承认社会主义制度下存在价值规律,但却把价值规律与社会主义基本经济规律、国民经济有计划按比例发展规律对立起来;虽然论述了社会主义制度下存在商品生产的问题,但在论述上却未摆脱产品经济的羁绊;等等。但是,不可否认,在马克思主义发展史上,他的理论探讨对坚持和发展马克思主义无疑起到了重要的推动作用。

四、关于计划经济与经济计划化问题

计划与市场问题是社会主义经济建设中的重要问题。它涉及到对马克思关于有计划按比例发展经济思想的认识,也涉及到社会主义经济发展中如何处理好二者关系的问题。斯大林在苏联社会主义经济建设中,虽然没有去探讨计划和市场的关系问题,但却对计划和市场问题分别做了一定的研究,提出了一些有价值的观点,其间也包含着一些错误的方面。

斯大林的计划经济思想和经济计划化的实践是对马克思关于未来社会有计划经济形式思想的丰富和发展。马克思在对资本主义生产关系的研究中,针对资本主义经济无政府状态的现实,从社会经济"自发"和"自觉"这一角度,对未来共产主义社会的经济运行形式作了初步探讨。他认为,有计划分配劳动时间是未来社会经济运行的首要规律;在社会主义生产中,每一行业的生产及生产的增加,都"直接由社会需要调节,由社会需要控制",在社会调节和控制之下,社

---

① 《斯大林文选》下册,人民出版社 1962 年版,第 614 页。

会不同行业的生产"按比例地进行"①。后来，马克思把他关于有计划按比例分配社会劳动的思想进一步看作是生产资料公有制在社会经济运行中的实现形式，看作是未来社会（"自由人联合体"）经济运行的最重要的特征之一。

斯大林对马克思这一思想的继承和发展主要表现在两个方面。一方面表现在把有计划按比例分配社会劳动的提法概括为"规律"，提出了国民经济有计划发展规律，并阐述了有计划发展规律与社会主义基本经济规律、经济计划化之间的关系。斯大林认为，国民经济有计划发展规律是社会主义特有的经济规律，它"是作为资本主义制度下竞争和生产无政府状态的规律的对立物而产生的。它是当竞争和生产无政府状态的规律失去效力以后，在生产资料公有制化的基础上产生的"② 在社会主义经济中，国民经济有计划发展规律只是在具有国民经济的计划发展所要实现的任务时，才能产生应有的效果。就其规律而言，本身并不提供这个任务，这个任务是包含在社会主义基本经济规律中的。因此，有计划发展规律的作用只是在它以社会主义基本经济规律为依据时充分得到发挥的。同时，国民经济有计划发展规律使计划机关有可能正确地计划社会生产，制定经济计划要依据国民经济有计划发展规律。因此，经济计划化本身并不是经济规律，而是依据规律的主观创造。斯大林关于国民经济有计划发展规律和经济计划化的区分，对苏联的社会主义经济建设及其他社会主义国家的经济建设都有着重要的指导意义。另一方面，还表现在斯大林提出了社会主义经济是计划经济的思想。在1926年11月22日至12月16日召开的共产国际执行委员会第七次扩大全会上，斯大林在专门论及苏联建设社会主义问题时提到，"社会主义经济是最统一最集中的经济，社会主义经济是按计划进行的"③。这是他的计划经济思想的萌芽。随着苏联社会主义经济的发展，到1927年12月，在联共（布）第十五次代表大会上，斯大林发展了他的社会主义经济是最统一最集中的思想，进一步提出了社会主义经济是"指令性计划"的思想。④ 在斯大林思想的指导下，苏联实行了高度集中和无所不包的以指令性计划为特征的计划。应该承认，指令性计划对保证苏联当时集中人力、物力和财力，突击实现国家工业化，增强国家经济实力和国防能力，实现经济发展战略起到了不可低估的作用。但是，把指令性计划作为社会主义经济的根本特征和标志，对社会主义经济建设则是有害的。

斯大林的计划经济思想的实践就是苏联的经济计划化，就是苏联指令性计划

---

① 《马克思恩格斯全集》第26卷第Ⅲ册，人民出版社1974年版，第126页。
② 《斯大林选集》下卷，人民出版社1979年版，第544页。
③ 《斯大林全集》第9卷，人民出版社1954年版，第122页。
④ 《斯大林全集》第10卷，人民出版社1954年版，第280页。

经济体制的建立。苏联的第一个五年计划是第一个指令性的计划经济体系，巩固了计划经济制度；后来，随着农业集体化的完成，计划经济在整个国民经济中得到普遍展开，第二个五年计划就囊括了一切国民经济部门，对工业和农业各部门都规定了计划任务，企业必须完成。到 20 世纪 50 年代初，在苏联制定的第五个五年计划中，指令性指标就达 50 多项，其中包括了生产计划指标、物质技术供应计划指标、原材料消耗计划指标、生产费用和成本计划指标、财务计划指标等。苏联的指令性计划经济体制所要求的机构管理必然是高度集中的，体系是庞大的。计划管理机构由"条条"和"块块"结合而形成一个完整而严密的网络。苏联国家计划委员会、共和国国家计划委员会、州（边疆区）计划委员会、区（市）计划委员会四级计划管理机关构成了"块块"。苏联各部、总管理局、企业的计划局、处、科；加盟共和国各部、总管理局、企业的计划机构；州或区执行委员会、工业管理局、企业的计划机构三层机构，就是"条条"。苏联国家计划委员会作为全国的最高计划机关，通过中央各部、各主管机关的计划机构控制中央所属企业和组织的计划工作，通过加盟共和国国家计划委员会控制地方工业企业和组织的计划工作，通过整个计划机构网控制全国的计划工作，保证对全国的经济实行严格的集中的计划管理。苏联的指令性计划经济体系还相应地要求有一个高度集中的庞杂的行政管理体系。因此，不仅把大批原属地方管理的企业收归中央工业部门管理，而且部门管理机构的管理职权又主要通过各级管理机构的行政首长来行使，行政首长在管辖的范围内单独决定一切业务上的问题。

斯大林的计划经济思想和经济计划化的实践，其实质就在于强调党领导的国家作为经济活动的主体对经济实行直接全面地干预和调节，实行排斥市场调节的单一指令性的计划调节，并辅之以行政手段管理经济。但是，他对经济计划化科学性的强调，对经济计划化中实行经济核算的强调，则是保证社会主义经济健康发展的必要条件。

五、关于市场理论与实践

斯大林关于市场的理论是与他在苏联不同的经济发展时期对商品货币关系、价值规律的认识发展相联系的。1918～1920 年的战时共产主义时期，斯大林明确地认为，战时共产主义政策主要是采用非经济的、带有某种军事性的手段，不是通过市场，而是在市场之外建立城乡之间的直接的产品交换，并组织产品分配，以保证供应前线的军队和后方的工人。这时，斯大林完全是从战时共产主义政策在当时的战争环境和武装干涉中具有必要性的角度来认识问题的，他并未意识到社会主义与商品经济之间还存在一定的关系。

　　1921 年之后，列宁总结了战时共产主义政策的失误和教训，在实施新经济政策中明确了商品货币关系在社会主义社会中的存在，强调商业是苏维埃政权必须全力抓住的基本环节，号召要学会经商，用一切办法来发展商品流转。这时，斯大林开始从商品经济与社会主义之间的联系角度来思考新经济政策时期市场的作用问题。他认为，新经济政策的目的就在于利用市场、通过市场，而不是不要市场，在市场之外来战胜资本主义成分并建立社会主义经济。在新经济政策的实践中，有些人把商品经济关系的发展看做是资本主义的回复和发展，由此断定国家资本主义是苏维埃经济的主要形式，否定国营工业是社会主义的本质，斯大林对此做了坚决的批评。他认为，这种看法是不懂得新经济政策的两重性，不了解过渡时期的发展辩证法；"问题决不在于商业和货币制度是'资本主义经济'的方法。问题在于我国经济的社会主义成分在同资本主义成分作斗争时掌握着资产阶级的这些方法和武器来克服资本主义成分，在于社会主义成分成功地利用它们来反对资本主义，成功地利用它们来建成我国经济的社会主义基础。所以问题在于：由于我国发展的辩证法，资产阶级的这些工具的职能和使命都发生了原则性的、根本的变化，变得有利于社会主义而不利于资本主义了。"①

　　当普列奥布拉任斯基提出了苏维埃经济中存在"两个调节者"的理论，即价值规律在私有经济中起作用，社会主义原始积累规律在社会主义经济中起作用时，斯大林从政治的角度对此做了批判。他认为，苏维埃经济是一个统一的整体，两个调节者理论实际上是割裂了这个整体，忽视了过渡时期再生产过程的统一性。

　　在新经济政策结束之际，苏联许多经济学家提出了消灭商品货币关系的主张，认为价值、货币、工资等范畴对苏维埃经济是不适用的。商品货币消亡论在苏联学术界盛行一时。1934 年 1 月，斯大林在党的第十七次代表大会上批判了商品消亡论，认为这是"左派"的空谈，指出"货币在我们这里还会长期存在，一直到共产主义的第一阶段即社会主义发展阶段完成的时候为止。"② 同时斯大林也批评了苏联一些共产党员视商业毫无价值，对商业抱着高傲、鄙视的态度，强调了扩展苏维埃商业的必要性和重要意义。斯大林的论述在当时，无论是在理论界还是在党内都具有非常重要的理论意义和现实意义，它彻底否定了社会主义与商品货币关系不相容的观点，推进了苏联商品经济关系的发展。

　　当时，在苏联经济学界还流行着一种观点，即苏维埃经济中劳动的直接社会性，使得在产品生产上消耗的劳动不表现为这些产品的价值，也不存在价值规

---

　　① 《斯大林全集》第 7 卷，人民出版社 1958 年版，第 307 页。
　　② 《斯大林全集》第 13 卷，人民出版社 1956 年版，第 304 页。

律，价值只是表示私人商品生产者的生产关系的范畴，价值规律只是商品资本主义的范畴。特别是在苏联编写的《政治经济学》教科书的初稿中，一方面分析了苏维埃经济中商品货币关系的特点；另一方面又否认了价值规律在社会主义经济中的作用。针对这些，斯大林又一次明确指出，在社会主义阶段，价值规律是存在的，是以改造过的形态在苏联经济中起作用的。尽管斯大林这时强调价值规律是以改造过的形态在社会主义经济中起作用的，但是，在当时来说这毕竟是理论上的一个重大突破，对经济实践也是一个重要的推动。

斯大林对商品经济、价值规律在社会主义经济中存在并起作用的看法，构成了斯大林这一时期市场理论的基本内容。我们从斯大林的论述中可以看到，他对计划与市场问题的探索不可能解决历史上长期争论的计划与市场的关系问题。然而，应该承认的是，在马克思主义经济思想史上，斯大林的这一探索对进一步探讨计划与市场之间的关系问题无疑具有重要的推动作用。

第四章

斯大林时期苏联马克思主义
经济学的发展

十月革命后苏联建设社会主义的实践，以及苏联学者对社会主义经济理论的最初探讨，为社会主义政治经济学的建立奠定了重要的理论基础。在社会主义政治经济学的建立过程中，列宁有关俄国过渡时期经济建设理论问题的探讨，对社会主义政治经济学的建立具有很大的推动作用。但是，由于历史条件的限制，列宁不可能对社会主义政治经济学进行系统的探讨和阐述，因此，以苏联社会主义经济制度的确立为前提，在总结苏联社会主义经济建设实际经验的过程中，到 20 世纪 20 年代末 30 年代初，社会主义政治经济学的一些基本理论问题才提了出来，开始了社会主义政治经济学建设和发展的新的历程。与此同时，苏联学者对资本主义政治经济学的基本问题也作了教为深大的探讨。需要说明的是，这里所说的"斯大林时期"主要指苏联 20 世纪 20 年代末至 50 年代初这一时期，与上述第三章的时间跨度相同。

第一节　布哈林对社会主义经济学理论的探索

1926 年以后，在苏联社会主义工业化时期，随着社会主义经济建设的发展，理论界尽管还不认可社会主义政治经济学的存在，但对如何建立和发展社会主义经济的具体问题，还是做了许多很有意义的探讨。在这些探讨中，最有影响的经济学家显然是尼·伊·布哈林。

布哈林囿于当时的理论认识视界，也不承认社会主义条件下存在政治经济学这门科学，但他并没有因此而放弃对社会主义经济建设实践中提出的一些重大理论问题的探讨，他这一时期所做的苏联社会主义经济理论的研究，与苏联经济实践是密切地联系在一起的。

一、面向新经济政策的经济理论探讨

在《过渡时期经济学》一书中，布哈林根据战时共产主义时期的经济实践，做出了"在过渡时期商品生产在很大程度上正在消失"的结论；并指出社会经济运行"不是由市场和竞争的盲目力量来调节的，而是由自觉实行的计划来调节的。"① 俄国战时统制经济的实际，决定了布哈林可能有的理论视野。随着新经济政策的实施，布哈林的上述观点发生了很大的变化。

1924 年，面对俄国社会经济实践所发生的深刻变化，布哈林适时地强调学习列宁的思想方法的重要性。他认为，列宁从来不把马克思主义视为一种一成不变的教条，而是把它作为一定环境中"判明方向的工具"。正是在这一意义上，可以认为，"谁不考虑事变的运动，谁不考虑特殊的情况，谁就提不出理论上和实践上正确的东西。看不见这种新的东西的增长，就不可能理解新的事变，因为生活就是永远的运动，而且它不断地产生新的形式、创造新的形式和关系。察觉这种新事物就是理论家和实践家不可推卸的责任，就是每一个马克思主义者的责任。"② 社会主义经济发展的实际是产生、推进社会主义经济理论发展的最深刻的根源；而思想观念上的解放则是提出符合实际发展的新理论的最重要的前提。

1925 年，布哈林在《到社会主义之路和工农联盟》一文中指出："现在我们看清了我们走向社会主义的道路，它不在，或者确切地说，不完全在我们过去所探求过的地方。过去我们认为，我们可以一举消灭市场关系。而实际情况表明，我们恰恰要通过市场关系走向社会主义。"③ "通过市场关系走向社会主义"这一理论观点的提出，是布哈林对新经济政策时期经济结构和经济条件科学分析的必然结果，也是列宁新经济政策思想的进一步发展。同时，布哈林能够提出这一观点，也是他这一时期思想方法变化的集中体现。

二、对苏联经济发展的基本理论的探讨

1928 年以后，布哈林在党内的政治地位已经发生了变化，他的一些理论主张经常被看作是党内右倾机会主义的代表。但即便如此，他并没有停止对苏联社会主义经济发展的实际问题的思考，也没有放弃对社会主义经济发展的一系列重

---

① 布哈林：《过渡时期经济学》，生活·读书·新知三联书店 1981 年版，第 1~2 页。
② 《布哈林文选》上册，东方出版社 1988 年版，第 200~201 页。
③ 《布哈林文选》上册，东方出版社 1988 年版，第 441 页。

大理论问题的探讨。1929 年 9 月底，布哈林在《真理报》上发表的《一个经济学家的札记》，应该是他留下的最后一篇专门论述社会主义经济理论的重要论文。在这篇论文中，他回顾了 1925 ~ 1926 年、1926 ~ 1927 年和 1927 ~ 1928 年这三个经济年度中苏联社会经济发展的实际，对新的经济年度中社会经济发展的一些重大理论问题做了论述。布哈林在这篇论文中做了详尽论述的三个主要的理论问题，也是后来社会主义国家经济发展中一再遇到的问题，也是社会主义政治经济学理论研究中至今一再提出的问题。

第一，关于社会主义经济发展周期的问题。在肯定苏联社会主义经济增长已经取得巨大成就的前提下，布哈林提出了与这一增长同时产生的"危机"问题。他认为，之前三年，特别是 1927 ~ 1928 年苏联经济增长的实际，"向我们提出了我国的'危机'问题，即出现在由落后的，就居民成分而言是小资产阶级的，处在敌人包围之中的这样一个国家的过渡经济的最初时期的危机问题。"① 这种"危机"也存在着不同生产领域之间比例失调的现象，存在着失业的现象；但它似乎又具有某些"颠倒的"资本主义危机的性质，特别是它不像资本主义危机那样出现积累过多和群众的需求大大低于供给的现象，而是出现资本短缺和需求大于供给即"商品荒"的现象。面对这些情况，当时有些经济学家就提出了如下一些问题："商品荒"是不是苏联经济、进而社会主义经济发展的普遍规律？这种危机是否具有周期性？由此产生的"危机性"的困难是否是一种"铁的规律"？

布哈林对这些问题做了论析。首先，他认为，在苏联社会主义经济发展中不存在不可避免的危机规律的基础，"但是，这里也可能出现危机，它是由相对的无政府状态即由过渡时期经济的相对无计划性产生的。"在布哈林的用语中，"相对无计划性"与"相对计划性"具有同样的含义。就此而言，现存的计划"远不是发达的社会主义社会的比较'完备的'计划"；因而"不能过高估计计划经济的因素，也不应当忽视大量的自发性成分"。应该清醒地认识到的是："经济领导如果犯了破坏国家的基本经济比例的严重错误，就会引起对无产阶级极为不利的各个阶级的重新组合。破坏必要的经济比例，其另一面就是破坏国内的政治平衡。"② 其次，布哈林认为，"商品荒"并不是过渡时期经济的绝对发展规律、"危机性"的破坏也不是不可避免的。要保证社会主义社会再生产尽可能有利地进行，"必须力求把国民经济各种经济成分尽可能正确地结合起来（它们必须'保持平衡'，安排得恰到好处，积极影响经济生活和阶级斗争的进程）。"③ 布哈

---

① 《布哈林文选》中册，东方出版社 1988 年版，第 274 页。
② 《布哈林文选》中册，东方出版社 1988 年版，第 276 ~ 277 页。
③ 《布哈林文选》中册，东方出版社 1988 年版，第 277 页。

林把各种经济成分之间的正确结合，看做是避免社会主义经济动荡的"最重要和最根本的任务"。

第二，关于社会主义工业发展和农业发展的关系问题。当时，苏联在社会主义工业发展和农业发展的关系问题上，存在着两种在布哈林看来"显然是不正确的"思路：一是主张通过最大限度地把资金从农业抽调到工业中去的办法，保证整个工业的最大的发展速度；二是主张"保护"农业的生产形式，并使其免受工业的一切扣款。布哈林认为，这两条思路都是错误的：前者不懂得工业的发展要依靠农业的发展，实践已经证明，"只有工业在农业迅速增长的基础上达到高涨这样的结合下，我们才能长期地保持最大的速度"；后者不懂得农业的发展要依靠工业的发展，"这就是说，如果没有拖拉机，没有化学肥料，没有电气化，农业就注定要陷于停滞状态。"[1]

针对当时的实际，布哈林对所谓的"粮食收购危机"问题，做了较为详尽的剖析。当时有人认为，粮食收购危机是工业品"商品荒"下的粮食"过剩"的表现。布哈林批驳了这种说法。他认为，粮食危机是"在农民经济缩小的情况下，由谷物业的稳定或者甚至下降造成的"，其中最主要的就是由"不正确的价格政策"造成的。由于当时谷物价格和其他农产品价格之间的比例极不相称，结果必然导致农业中出现生产力不利于谷物业的重新配置。布哈林指出："如果某个生产部门不能经常地收回生产费用并加上一个增加额（这个增加额相当于一部分剩余劳动，能够成为扩大再生产的来源），那么这个部门就会停滞或退化。这个规律也'适用于'谷物业。如果它的临近的农业部门处于一种较有利的地位，那么就会出现生产力的重新分配的过程。"因此，调整农产品的价格，特别是其中谷物的价格，是解决当时苏联农业发展的突出矛盾的根本之处。在这一点上，"如果认为，计划经济的增长会造成（在价值规律消亡的基础上）一种按我们意愿行事的可能性，那他就是不懂经济学的起码常识。"[2]

第三，关于社会主义经济高速增长和稳定发展的关系问题。当时苏联经济建设中面临的一个极其困难的问题是：必须在一个半贫穷的国家里筹集巨额"资本"，并有效地利用它们，使其构成社会主义经济发展的物质基础。在这种情况下，就会出现"基本建设问题被提到第一位"的可能性。为此，布哈林提出："我们必须力求使工业化有一种尽可能高的速度。这是不是说，我们必须把一切都用于基本建设呢？"这个问题实质上就是"积累的界限问题，投资的最大界限

---

① 《布哈林文选》中册，东方出版社1988年版，第279~280页。

② 《布哈林文选》中册，东方出版社1988年版，第285、286页。

问题"①。

对这个事关社会主义经济建设发展的基本战略问题，布哈林做出了回答。首先，基本建设的规模必须和既有的"后备"相适应，这里的"后备"包括"外汇后备、货币后备、粮食后备和商品后备"。如果在"不仅没有后备，并且供应经常中断；'排队'成为一种'日常现象'"的经济状况下，还在扩大基本建设规模，就难免陷入冒险主义的危险之中。其次，要使基本建设成为"现实"，必须保证基本建设所需要的"物质因素"的"真正的存在"。布哈林提出，要做到这些，必须反对官僚主义的"数字游戏"；必须反对一种特殊的"货币拜物教"，即认为有了钱就有了一切的观念。应该看到，"如果没有必要数量的这种或那种材料……任何金钱也帮不了我们"②。

布哈林对片面追求高速度、极力扩大基本建设规模的后果做了中肯的分析。他认为，其后果必然是："1. 使实际的建筑工作不能以同样规模跟上；2. 一段时间以后将导致收缩已经开始的工程；3. 会对其他生产部门发生非常不利的影响；4. 使各方面的商品荒更加严重；5. 最终会减慢发展速度。"③ 在当时追求经济高速度发展成为一种时行的做法时，布哈林能清醒地意识到这种做法的实际危害，确实是难能可贵的。这不仅需要有理论上的勇气，而且更需要有政治上的勇气。布哈林的这些论述不仅在当时有着重要的实践意义，而且在今天同样能起到理论上的"警醒"作用。

与此同时，布哈林提出了用更高的生产率来实现社会经济发展的思路。他认为，社会主义经济的高速度发展，应该建立在用各种办法提高企业劳动生产率的基础之上。在这里，"最新发明，最重要的技术成果，严肃认真的合理工作，吸引群众，发展和运用科学（其意义现在重要好几倍）——所有这一切应当成为我们注意的中心。"不仅如此，布哈林还提出消除当时存在的"闭塞性"，强调"注视欧美科学技术思想的每一个进展并利用它的每一项实际进步"，④ 在提高社会主义社会生产率中的重要意义。

在新经济政策时期，布哈林对社会主义经济中商品、货币和价值关系，对社会主义经济中计划与市场关系的论述，是他这一时期对社会主义经济学理论问题探讨的重要方面。

---

① 《布哈林文选》中册，东方出版社 1988 年版，第 291 页。
② 《布哈林文选》中册，东方出版社 1988 年版，第 272、293 页。
③ 《布哈林文选》中册，东方出版社 1988 年版，第 296~297 页。
④ 《布哈林文选》中册，东方出版社 1988 年版，第 298 页。

第二节　社会主义政治经济学理论与体系的探索

十月革命胜利后的一段时期，关于社会主义条件下政治经济学"消亡"的理论，即社会主义经济发展中不再存在政治经济学这门科学的看法，在马克思主义研究领域颇为流行，是当时苏联理论界的主流观点。其间，尽管有过突破这种主流观点的尝试，如普列奥布拉任斯基的"新经济学"的观点等，但最后都受到压制。1929 年公开发表列宁《在尼·布哈林〈过渡时期经济学〉一书上作的批注和评论》，打开了苏联理论界认可社会主义政治经济学是一门科学的通道。

一、社会主义政治经济学的"消亡"与形成

20 世纪之初，鲁道夫·希法亭在《马克思对理论经济学问题的提法》一文中提出了这样一个观点：理论经济学即政治经济学涉及的问题，只发生于历史上一定的社会组织中；在这种社会组织中，社会生产关系不受人们自觉意志的调节，整个社会处于无政府状态和自发势力统治之中。这时，理论经济学作为揭示社会生产关系本质的科学，有其存在的必然性。据此，他进一步推论，在社会生产关系受到自觉调节的社会，即共产主义社会中，全部生产资料的支配权力已归社会所有，从而不再存在理论经济学的研究对象和任务。希法亭提出了社会主义条件下政治经济学"消亡"的最初的理论观点。[①] 之后，罗莎·卢森堡在《国民经济学入门》（出版于 1925 年）一书中，也提出了类似的观点。她认为，"在马克思的理论中，国民经济学是完成了的东西，同时，也是作为科学的国民经济学的终结。""作为科学的国民经济学的终结，就是意味着一个具有世界历史意义的事件：实现有计划有组织的世界经济。国民经济学的最后一章，就是世界无产阶级的社会革命。"[②] 这种最初形成于德国马克思主义经济学家中的理论观点，在十月革命前后，也成了俄国马克思主义政治经济学研究的主流观点。

在俄国，十月社会主义革命以前，布哈林在《食利者政治经济学》（写于1912～1914 年）一文中就提出了社会主义制度下政治经济学"消亡"的观点。他认为，"政治经济学作为一门科学，只把商品社会（特别是商品资本主义社会）作为自己的对象。"因此，"在社会主义制度下，政治经济学将失去自己的

---

① 希法亭：《马克思对理论经济学问题的看法》，载于《新时代》1904～1905 年，第 1 卷。
② 卢森堡：《国民经济学入门》，生活·读书·新知三联书店 1962 年版，第 72 页。

意义：只保留'经济地理'——个体记述的科学和'经济政治'的标准科学"。①十月社会主义革命胜利以后，布哈林仍然坚持这一理论观点。他在出版于1920年的《过渡时期经济学》一书中开宗明义，认为"理论政治经济学是关于以商品生产为基础的社会经济的科学，也就是关于无组织的社会经济的科学……其实，只要我们来研究有组织的社会经济，那么，政治经济学中的一切基本'问题'……就都消失了。"由此，他得出了如下结论："资本主义商品社会的末日也就是政治经济学的告终。"② 在20世纪20年代初，俄国的有些学者就对布哈林的这一理论观点，特别是对他在《过渡时期经济学》中的见解，提出过异议；但是，最后都受到理论界主流观点的贬斥。当时，有的经济学家甚至认为：哪一个经济学家再要修正政治经济学只研究商品的资本主义制度形式这一根深蒂固的提法，"简直有失尊严"③。

但是，在苏联社会主义经济发展的实践中，特别在是新经济政策实施及之后的社会主义工业化过程中，出现了一系列亟待解决的重大的经济理论课题。其中既有涉及社会主义经济关系本质的问题，也有关于社会主义经济运行中实际的问题。转变既有的、哪怕是已经根深蒂固的观念，加强社会主义理论经济学的研究，创立社会主义政治经济学，已成为当时苏联社会经济实际发展的必然趋势。

1929年10月，列宁《在尼·布哈林〈过渡时期经济学〉一书上作的批注和评论》的公开发表，为破除否定社会主义政治经济学存在的传统观念提供了契机。公开发表列宁写于1920年5月的对布哈林《过渡时期经济学》的批注和评论，在很大程度上是为了适应当时斯大林对布哈林最后"批判"的需要，但这一举动的实际功效却是推动了社会主义政治经济学的确立。在这一批注和评论中，列宁针对布哈林《过渡时期经济学》涉及政治经济学研究对象的一些论述，明确地提出不同的见解。④

首先，列宁认为，布哈林提出的政治经济学只是研究"以商品生产为基础的社会经济"、只是研究"无组织的社会经济"的定义，比恩格斯在《反杜林论》中提出的定义"倒退了一步"。恩格斯在《反杜林论》提出的政治经济学研究对象的著名定义是：政治经济学是"一门研究人类各种社会进行生产和交换并相应地进行产品分配的条件和形式的科学"⑤。其次，列宁认为，布哈林把商品生产

---

① 《布哈林文选》下册，东方出版社1988年版，第39、40页。
② 布哈林：《过渡时期经济学》，生活·读书·新知三联书店1981年版，第2页。
③ 参见列宁格勒大学社会科学教师进修学院政治经济学教研组编：《社会主义政治经济学史纲》，生活·读书·新知三联书店1979年版，第18页。
④ 《列宁全集》第60卷，人民出版社1990年版，第275页。
⑤ 《马克思恩格斯选集》第3卷，人民出版社1995年版，第492页。

与无组织的生产等同起来、把有组织的经济与商品生产对立起来的观点，也是"不正确的"；这是因为，"商品生产也是'有组织的'经济!"最后，列宁认为，布哈林把资本主义商品社会的末日当作政治经济学的告终，同样是"不对"的。这是因为，"即使在纯粹的共产主义社会里不也有 $\text{I} v + m = \text{II} c$ 的关系吗？还有积累呢？"①

列宁这一批注和评论的公开发表，使社会主义条件下政治经济学"消亡"的理论观点很快就败退下去，对社会主义政治经济学理论及其体系的确立，起着至关重要的推动作用。苏联的许多经济学家，开始展开了有关社会主义政治经济学的研究主题和体系等一系列重大理论问题的探讨。

二、普列奥布拉任斯基"新经济学"对社会主义经济问题的探讨

普列奥布拉任斯基是苏联理论界较早探索社会主义政治经济学问题的学者之一，尽管最初他还是以"新经济学"为题做出许多理论探索的，1926 年出版的《新经济学》是这些理论探索成果的集中体现。在《新经济学》中，普列奥布拉任斯基对从新经济政策走向社会主义的途径，对计划和市场之间的关系，对社会主义基本经济规律，社会主义原始积累规律和价值规律等问题所做的积极的探索，对后来得到确立的社会主义政治经济学理论及其体系的研究产生了多方面的影响。

普列奥布拉任斯基"新经济学"中最有影响的，也是最引起争议的就是对社会主义原始积累规律的探讨。他认为，无论是资本主义还是社会主义都有一个原始积累的过程，它是新生的经济关系战胜落后的经济关系的必经阶段。在无产阶级取得政权以后的从资本主义向社会主义转变的过渡时期，"商品社会主义经济制度"决定了这个时期的特点，就是既存在着以社会主义经济成分为基础的计划因素，又存在着商品经济的自发势力。在这种情况下，要迅速增加属于无产阶级国家的生产资料，要迅速地把更多的工人联合在这种生产资料的周围，要更快地提高劳动生产率，就必须进行原始积累。社会主义原始积累就是"我们把国家手中的主要来源于或同时来源于国营经济综合体之外的物质资源的积累"；社会主义原始积累规律就是"自觉的和半自觉的、最大限度地扩大社会主义原始积累的趋势之总和，就是经济的必然性，是整个制度生存和发展的强制性规律"。②

普列奥布拉任斯基提出了社会主义原始积累的方法。他认为，达到原始积累目的的方法很多，首先，就是"向非社会主义形式征税"的方法，包括向小资产

---

① 《列宁全集》第 60 卷，人民出版社 1990 年版，第 275 页。
② 普列奥布拉任斯基：《新经济学》，生活·读书·新知三联书店 1984 年版，第 40~41、16 页。

阶级征税和向私人资本主义的利润征税。对于向小资产阶级征税，"社会主义国家在这里的任务不是从小资产阶级生产者那里拿得比资本主义从他们那里拿得更少，而是从国家工业化、农业集约化的基础上因国家整个经济包括小经济的合理化而保证得到更多的收入中拿得更多"；对于向私人资本主义的利润征税，"归根到底这里的问题当然是一方面靠工人的劳动来积累，另一方面靠农民的劳动来积累"①。其次，就是发行国家公债和纸币的方法。国家发行公债的制度分为强制性的公债和正常的借贷型的公债两种，它们都"成为对社会主义积累的极强大的刺激"；发行纸币"当国家既是管理全国的机构，又是极其庞大的经济综合体的主人时，""是社会主义积累的直接渠道，进行这种积累或者是靠小资产阶级和资本主义分子的收入，或者是靠缩减国家职工的工资。"② 再次，就是国内外贸易的方法。国内贸易中有三种交换关系：一种是国营经济部门内部的交换，这里不存在社会主义原始积累；一种是私营经济内部的交换，这里既可以依靠非经济手段也可以依靠商品交换手段进行社会主义原始积累；一种是国营经济与私营经济之间的交换，在这两种相互对立的经济成分中，只有通过实行不等价交换的政策来实现社会主义的原始积累。对外贸易垄断制在整个社会主义经济体系中具有十分特殊的意义，首先，它本身就是一种社会主义积累的手段；其次，它也是保护各种形式的社会主义原始积累过程的最主要的手段之一；最后，它还是调节整个苏联经济的最重要的手段之一。③

在普列奥布拉任斯基看来，社会主义原始积累的规律不是苏维埃经济中唯一的基本经济规律。由于苏维埃经济中存在着私人商品经济、私人资本主义经济，外部环境是资本主义世界，因而价值规律还存在并发挥作用。社会主义原始积累规律和价值规律相互限制、相互斗争，成为过渡时期经济的两个调节者。社会主义原始积累规律是通过自觉的计划体现出来的，价值规律则是通过自发性和市场体现出来的。凡是计划性强的地方，市场的自发性就弱，价值规律的作用也就弱；凡是计划性弱的地方，市场的自发性就强，价值规律的作用也就强。在各种不同的生产和交换关系中，价值规律的作用是不同的。当国家既是垄断生产者又是垄断买主时，产品则依据计划核算确定，价值规律的影响最小；当国家只是垄断生产者不是垄断买主时，价值规律和社会主义原始积累规律同时发生作用；当国家既不是垄断生产者也不是垄断买者时，价值规律的作用则占统治地位。

可见，普列奥布拉任斯基关于过渡时期存在两个调节者的理论既有其合理性

---

① 普列奥布拉任斯基：《新经济学》，生活·读书·新知三联书店 1984 年版，第46 页。
② 普列奥布拉任斯基：《新经济学》，生活·读书·新知三联书店 1984 年版，第47 页。
③ 普列奥布拉任斯基：《新经济学》，生活·读书·新知三联书店 1984 年版，第58、59 页。

也存在着一定的错误。他认为在苏维埃经济中存在着价值规律，并认为这个规律对国民经济起一定的调节作用，这些看法在当时理论界是一个很大的进步；但是，他却很不坚定，在承认价值规律存在并起调节作用的同时又把价值规律与计划因素完全对立起来，提出要限制、排挤、消灭价值规律。普列奥布拉任斯基把社会主义原始积累规律与价值规律对立起来、把计划与市场对立起来的观点，对苏联社会主义政治经济学理论体系的建立有很大的影响。

三、沃兹涅辛斯基对社会主义政治经济学体系的研究

20 世纪 30 年代初，H. 沃兹涅辛斯基发表的一些颇有影响的著述，对这一时期社会主义政治经济学理论的发展起着特别重要的作用。

1931～1932 年，在苏联理论界有重要影响的《布尔什维克》杂志，连载了当时年仅 28 岁的沃兹涅辛斯基写的《社会主义经济问题》一文。在这篇文章中，他对"从事社会主义社会建设的全党的理论工作，正在创立'社会主义政治经济学'"的情况做了高度评价；他不仅鲜明地提出建立社会主义政治经济学的理论主张，而且还对这门重要学科的主题和体系做了初步的探讨。

沃兹涅辛斯基认为，在经济思想史上，英国资产阶级在资本主义发展初期，就着手创立了自己的政治经济学；苏联已是一个进入社会主义阶段，并建成了社会主义经济基础的国家，更应该着手创立和这种社会经济关系相适应的"社会主义政治经济学"。社会主义政治经济学的研究对象是社会主义生产关系的发生和发展，是"社会主义生产关系的全部总和"[1]；它所根据的就是苏联社会主义建设的实际经验，从中阐明将在其他一切国家在未来再现的社会主义经济发展的某些基本特点。

当时，苏联理论界虽然已有了类似"过渡时期经济学"、"苏维埃经济理论"的提法，但都没有能够准确地概括"社会主义政治经济学"的内涵。沃兹涅辛斯基认为，恩格斯在《反杜林论》里曾经对广义政治经济学做过精辟的阐述，正因为广义政治经济学是研究人类社会中支配物质生活资料的生产和交换的规律的科学，"我们应当探讨共产主义理论经济学"。在一定意义上，"社会主义政治经济学"是我们正在研究和在未来的进展中将要建立的"共产主义理论经济学"的一个组成部分；因此，可以认为，"社会主义经济理论（社会主义政治经济学）应当包括过渡经济理论，即应当说明无产阶级阶级斗争形式的变换和把过渡经济变为社会主义经济的革命改造过程。同样，未来的共产主义理论经济学应当包括社会主义

---

[1] 《沃兹涅辛斯基经济论文选》，人民出版社 1983 年版，第 48 页。

经济理论，即应当说明共产主义的产生、形成及其基本的经济运动规律"。①

沃兹涅辛斯基在对社会主义政治经济学的理论主题的探讨中，首先对过渡经济和社会主义经济的规律性做了历史的研究。沃兹涅辛斯基提出，把过渡经济和社会主义经济各分为四个阶段。过渡经济的四个阶段是："第一阶段从 1917 年10 月到 1918 年战时共产主义开始。第二阶段是由于武装干涉的扩大和国内战争的重新加剧而被迫实行的战时共产主义。第三阶段是向新经济政策的过渡及其恢复时期，在此期间为整个国民经济的社会主义改造准备了条件。第四阶段是改造时期，也包括新经济政策的最后阶段和社会主义的第一阶段。"②

在过渡经济进入社会主义经济阶段后，沃兹涅辛斯基认为，社会主义经济阶段也可分为四个阶段：第一阶段和经济政策阶段直接相接，这时"社会主义的经济基础的建设正在完成，即社会主义在农业中的绝对优势有了保证，农业改造的工业基础正在巩固。社会主义的经济基础正在进一步巩固。"紧接着的后三个阶段是："第二阶段是完成劳动和生产资料的社会主义社会化的过程，基本上消灭阶级和消除工农业的对立。由于阶级的消灭，新经济政策逐渐取消。这样，在解决社会主义改造的各项主要任务的基础上，基本建成社会主义社会。第三阶段是社会主义社会的发展，在这个发展过程中建立共产主义高级阶段的物质基础和消除资本主义的'胎痕'（其中包括各种旧的阶级差别、脑力劳动和体力劳动的分工），无产阶级的国家政权趋于消亡。第四阶段是共产主义（共产主义的高级阶段）：旧的阶级划分的一切残余归于消灭，脑力劳动和体力劳动的对立、城乡的对立归于消灭，无产阶级国家政权的残余彻底消亡，在生产力巨大发展的基础上实现向产品的按需分配过渡。"③ 沃兹涅辛斯基认为，应当从这种历史发展中来了解生产关系，来研究社会主义政治经济学。

沃兹涅辛斯基对"社会主义政治经济学"研究问题的顺序做了阐述。他认为，社会主义政治经济学所要研究的问题的顺序，必须反映社会主义社会本身发展的顺序。他提出，社会主义生产关系的再生产是社会主义政治经济学的研究对象，唯物主义辩证法是研究社会主义经济所能采用的唯一方法。

在研究社会主义政治经济学中，沃兹涅辛斯基强调，"应当把现实的历史发展同研究和叙述的辩证过程结合起来。"他着重指出，应用唯物辩证法研究社会主义政治经济学要把握好以下特点：一是"无产阶级国家的经济政策应当成为研究的中心"，因为经济政策决定社会主义建设的道路，反映社会主义发展的规律；

---

① 《沃兹涅辛斯基经济论文选》，人民出版社 1983 年版，第 47 页。
② 《沃兹涅辛斯基经济论文选》，人民出版社 1983 年版，第 49~50 页。
③ 《沃兹涅辛斯基经济论文选》，人民出版社 1983 年版，第 50 页。

二是"必须研究无产阶级改造中农和消灭富农阶级时所采用的各种阶级斗争形式",因为现实中存在着各个阶级和各种经济成分;三是研究苏联社会主义经济发展的特点。①

沃兹涅辛斯基从社会主义经济的历史和逻辑的统一上,提出了社会主义政治经济学的如下理论主题及其顺序:社会主义经济的内部矛盾;社会主义的计划工作;苏维埃商品流转和货币流通;社会主义的社会劳动组织;劳动的社会化和劳动生产率;生产费用和社会主义积累;发展速度和国民经济的比例;社会主义生产力的配置和联合制;阶级和分工的消灭;为实现世界共产主义而斗争。沃兹涅辛斯基提出的这些理论主题及其顺序,反映了他对社会主义政治经济学理论体系问题的初步思考。这对后来苏联理论界形成社会主义政治经济学的最初的理论体系,提供了有益的思路。

在《社会主义经济问题》一文中,沃兹涅辛斯基对其中的几个他认为是"最重要"的问题,做了详尽的论述,其中不乏有影响的创见。

在论述社会主义经济的内部矛盾问题时,沃兹涅辛斯基强调指出:"即使在社会主义制度下,生产力也仍然是生产关系发展的基础。实际上,只有在生产力发展的基础上才产生改造社会生产关系的需要和可能。"正是在这一意义上,他明确地把"先进的社会主义生产关系和相对落后的生产力之间的矛盾",看做是社会主义社会的"独特的矛盾";而解决这一矛盾的办法,就是"提高生产力的发展水平,而且是在社会主义的基础上提高生产力"②。

在论述社会主义计划问题时,沃兹涅辛斯基明确认为,社会主义计划是社会主义生产关系再生产过程的表现,即"社会主义扩大再生产和社会主义建设就是计划的内容","社会主义计划是以建成社会主义的客观可能性(自然生产力、工业中生产资料的国有化、无产阶级的统治、列宁党的领导、社会主义竞赛和工人阶级的英雄主义)为依据的"③。

在论述社会主义劳动社会化和劳动生产率问题时,沃兹涅辛斯基提出了一个鲜明的看法。他认为,社会主义政治经济学的任务是"研究社会主义生产关系的全部总和",④ 不仅包括表明生产资料所有制关系的生产关系,而且也包括劳动社会化的发展和与此相联系的劳动生产率的提高。但是,在社会主义生产关系的结构中,必须把劳动社会化过程的生产关系和表明生产资料所有制关系的生产关

---

① 《沃兹涅辛斯基经济论文选》,人民出版社1983年版,第52、53页。
② 《沃兹涅辛斯基经济论文选》,人民出版社1983年版,第58、55页。
③ 《沃兹涅辛斯基经济论文选》,人民出版社1983年版,第61、64页。
④ 《沃兹涅辛斯基经济论文选》,人民出版社1983年版,第87页。

系区别开来。只有这样，才能解决比较低的劳动社会化水平与生产资料公有制之间的矛盾，也才能建成共产主义社会。

在论述社会主义的生产力布局和联合制问题时，沃兹涅辛斯基认为，在社会主义生产方式基础上的生产力的布局应当保证合理利用自然资源，消灭民族地区和边远地区的文化经济落后状态，消灭工农业之间和城乡之间的对立，在落后的农业地区发展社会主义城市和工业中心，而在整个经济地区范围内建立联合企业则是最主要的布局形式。社会主义联合企业可以消除各民族地区在历史上形成的文化落后状态，可以创造消灭城乡对立的形式和条件，可以创造出城市发展的新的规律性。沃兹涅辛斯基强调："社会主义联合企业是一种最能保证提高劳动生产率、重新分布生产力、消灭城乡对立、消灭社会分工和民族'边远地区'文化经济落后状态的形式。"①

第三节　对政治经济学教科书体系的探索

20 世纪 30～50 年代初是苏联社会主义政治经济学理论体系的初步形成时期。30 年代上半期，沃兹涅辛斯基提出了创建社会主义政治经济学理论体系问题，经过苏联学术界的反复探讨，直到 1954 年苏联政治经济学教科书的完成，才标志着社会主义政治经济学理论体系化，从此，社会主义政治经济学进入了新的发展阶段。

一、斯大林对苏联《政治经济学教科书》的审定

20 世纪 30 年代以后，苏联理论界不少经济学家在对社会主义政治经济学问题的探讨中，开始从"政治经济学消失论"的影响下摆脱出来，接受了广义政治经济学的观点。30 年代初，苏联各高等学校开设了"苏维埃经济理论"课程，该课程的教学大纲正是在批判"政治经济学消失论"的基础上，根据广义政治经济学的理论观点制定的，其内容涉及了社会主义政治经济学的基本内容。

1936 年秋，联共（布）中央做出了《关于改革政治经济学讲授》的决定，正式提出在苏联各高等学校开设独立的社会主义政治经济学课程，并强调是讲授社会主义政治经济学而不是讲授经济政策。联共（布）中央的这一决定，对建立社会主义政治经济学理论体系起了重要的推动作用。1936 年 11 月，苏联就改革政治经济学讲授问题举行了高等学校政治经济学教师会议。会议根据联共（布）

---

① 《沃兹涅辛斯基经济论文选》，人民出版社 1983 年版，第 111 页。

中央的指示，深入研究了政治经济学的结构，突出了社会主义经济在政治经济学中的地位。自此，苏联理论界开始从政治经济学的角度研究社会主义经济建设中提出来的一系列重要问题，开始尝试编写具有一定逻辑体系的社会主义政治经济学教科书。

1937 年，苏共中央组织了一批著名的经济学家编写包括社会主义部分在内的政治经济学教科书，到 1940 年年底，完成了政治经济学教科书的未定稿。1941 年初，斯大林在阅读了政治经济学教科书的未定稿之后，邀请了一批经济学家和党的领导干部进行讨论，提出了一些原则性的意见。这些意见后来反映在1943 年他在《在马克思主义旗帜下》杂志发表的一篇题为《政治经济学讲授中的若干问题》的编辑部文章中。在这篇文章中，斯大林对社会主义政治经济学的一些基本理论问题做了深入的探讨，认为那种承认商品货币范畴而否认价值规律作用的观点是错误的，价值规律在苏联仍然存在并发生作用，没有价值也就没有成本和货币，但是，在社会主义条件下，价值规律作用的范围受到了限制，因此，价值规律是作为"改造过的价值规律"而存在并发生作用的。在这篇文章中，斯大林还提出了编写统一的社会主义政治经济学教科书的任务。斯大林非常重视这一问题，他认为必须编一本马克思主义的政治经济学教科书，这样的教科书不仅对"苏联的青年是需要的"，而且"对于各国共产党人以及同情共产党人的人们"也是"特别需要的"①。

在斯大林的领导下，政治经济学教科书的编写在 1951 年基本完成。随后苏共中央举行了经济问题讨论会，对这本已编写完的但未定稿的社会主义政治经济学教科书进行了专门的讨论。讨论会上就教科书的研究对象、理论体系及涉及的社会主义经济理论问题等做出了探讨。斯大林针对大会讨论的重要理论问题发表了书面意见。1952 年 9 月，《布尔什维克》杂志第 12 期发表了斯大林的书面意见以及他的"答亚历山大·伊里奇·诺特京同志"等的三封信，同年 10 月 3~4日，《真理报》对此又做了连载。1952 年 11 月，正式以《苏联社会主义经济问题》为题出版了单行本。

在《苏联社会主义经济问题》中，斯大林对社会主义政治经济学中的一系列理论问题做了阐述。在政治经济学研究对象问题上，他针对 20 世纪 40 年代末 50年代初，苏联经济学界的德·科纳科夫、尔·雅罗申柯等人在这一问题上持有的错误观点，明确指出："政治经济学的对象是人们的生产关系，即经济关系。这里包括：1. 生产资料和所有制形式；2. 由此产生的各种不同社会集团在生产中的地位以及他们的相互关系，或如马克思所说的，'互相交换其活动'；3. 完全

---

① 斯大林:《苏联社会主义经济问题》，人民出版社 1961 年版，第 35 页。

以它们为转移的产品的分配形式。这一切共同构成政治经济学的对象。"① 并且阐明了生产关系与生产力的相互关系，提出了生产关系一定要适合生产力性质的规律。斯大林认为，生产关系对生产力的作用不是消极的，而是一种积极的反作用；生产关系与生产力"完全适合论"从根本上违背了历史唯物论，否认了生产关系的变化和发展。他指出："以为在我国生产力与生产关系之间不存在任何矛盾，那就不正确了。矛盾无疑是有的，而且将来也会有的。"② "'完全适合'这种说法是不能在绝对的意义上来理解的。不能把这种说法理解为仿佛在社会主义制度下决没有生产关系落后于生产力的增长现象。"③ 在社会主义制度下，通常是不会发展到生产关系与生产力发生冲突的境地，社会主义社会有可能及时使落后了的生产关系去适合生产力的性质。斯大林的这一阐述在当时无疑对社会主义政治经济学的建设具有积极的推动作用，但是他的阐述显然还不够彻底，还没有认识到生产关系与生产力之间的矛盾是推动社会主义社会发展的动力。

在社会主义政治经济学理论体系的出发点问题上，奥斯特罗维季扬诺夫认为，社会主义经济不同于资本主义经济，社会主义政治经济学的起始范畴无论在历史上还是在逻辑上都应是生产资料公有制，了解了生产资料公有制这一经济范畴，才能分析其他的经济范畴；所有制不仅是法律范畴，而且也是经济范畴，生产资料所有制在全部生产关系中有决定性作用。斯大林赞同奥斯特罗维季扬诺夫的观点，认为可以把生产资料公有制作为社会主义政治经济学理论体系构建的出发点，以此为基础构建起社会主义政治经济学的理论体系。斯大林指出："现今在我国，存在着社会主义生产的两种基本形式：一种是国家的即全民的形式，一种是不能叫作全民形式的集体农庄形式。"④ 后来，苏联社会主义政治经济学教科书的理论体系，就充分体现斯大林所说的社会主义所有制的这两种形式。

社会主义经济规律的性质、社会主义经济规律体系以及商品经济等问题上，斯大林都做了较为充分的论述。这些理论阐述对后来社会主义政治经济学的建设和发展都产生了极大的影响。在马克思主义经济思想史上，斯大林对社会主义政治经济学理论问题的探讨，对坚持和发展马克思主义政治经济学、创立社会主义政治经济学理论体系无疑起到了重要的推动作用，同时也为丰富社会主义政治经济学理论内容做出了重要的贡献，但是，他的理论探讨也以其不成熟性影响着社会主义经济建设，影响着社会主义政治经济学理论体系的完善。

---

① 斯大林：《苏联社会主义经济问题》，人民出版社1961年版，第55页。
② 斯大林：《苏联社会主义经济问题》，人民出版社1961年版，第53页。
③ 斯大林：《苏联社会主义经济问题》，人民出版社1961年版，第40页。
④ 《斯大林文选》下，人民出版社1962年版，第582页。

二、苏联《政治经济学教科书》的理论体系及观点

在斯大林《苏联社会主义经济问题》关于社会主义经济理论探讨的影响下，苏联《政治经济学教科书》未定稿经过反复讨论和修改，于 1954 年 8 月在莫斯科正式出版。这是苏联理论界编写的第一本具有权威性的政治经济学教科书，也是社会主义政治经济学史上具有重大影响的政治经济学教科书。

苏联《政治经济学教科书》共有三篇，即第一篇资本主义以前的各社会形态，第二篇资本主义生产方式，第三篇社会主义生产方式。显然，该教科书试图采用了历史与逻辑相一致的方法构建教科书的理论体系，是广义政治经济学的集中体现。其中，该教科书的第三篇又分为三部分：第一部分从资本主义到社会主义的过渡时期，对 1917～1930 年间无产阶级革命的必然性做了阐述；第二部分社会主义的国民经济体系，对社会主义物质生产基础、生产资料公有制、社会主义基本经济规律、国民经济有计划按比例发展规律、社会主义制度下的社会劳动、社会主义商品经济和价值规律、社会主义制度下的工资、社会主义经济核算体系、社会主义农业体系等一系列理论问题做了阐述；第三部分各人民民主国家的社会主义建设，对中欧、东南欧国家以及中国革命的胜利和进行社会主义改革的情况做了介绍，对社会主义阵营各国间的经济关系做了分析。在这篇社会主义政治经济学理论体系中，逻辑起点是所有制，社会主义基本经济规律是中心，以此为基础，展开了对社会主义国民经济和部门经济的经济关系的分析。

苏联《政治经济学教科书》是苏联经济理论界 30 多年研究和探讨的重要成果的结晶，是苏联几十年社会主义经济建设经验的总结。它的出版，是社会主义政治经济学成为一门独立科学的重要标志，也是社会主义政治经济学理论体系初步形成的主要标志。该教科书所反映的一些经济学的主要理论观点，代表了当时人们的理论认识水平，也对后来人们研究社会主义政治经济学产生了无法估量的影响。这些经济学理论观点主要是：第一，唯物辩证法是政治经济学的根本方法。苏联《政治经济学教科书》不仅阐明了这一看法，而且在经济关系分析中也采用了这一方法。以坚持唯物辩证法为前提，该教科书还采用了抽象法、归纳法和演绎法、分析法和综合法、比较法和历史法等。第二，"政治经济学是关于人们的社会生产关系即经济关系的发展的科学。它阐明人类社会各个不同发展阶段上支配物质资料的生产和分配的规律。"[1] 因此，政治经济学就是要研究社会主义生产关系和社会主义经济规律。第三，公有制是社会主义条件下占统治地位的

---

① 苏联科学院经济研究所编：《政治经济学教科书》，人民出版社 1955 年版，第 6 页。

生产资料所有制形式。公有制的主体或是以社会主义国家为代表的劳动者，或是以集体农庄和其他合作组织为代表的劳动者。在苏联，国家所有制形式和合作社集体农庄所有制形式就其社会本质而言都是公有制，但国家所有制形式是高级的最发达的社会主义所有制形式，而合作社集体农庄所有制形式是要向全民所有制形式发展的。第四，社会主义国家所有制与资本主义国家所有制有着本质区别，其根源在于国家的性质不同。第五，按劳分配是社会主义的客观经济规律。按劳分配是在生产力还未达到能提供丰富产品来按需分配时的一种唯一的也是必要的分配方式。按劳分配的含义在于："直接按每个工作者的劳动数量和质量来分配产品"、"实行同工同酬"。工资是按劳分配的实现形式，"社会主义制度下的工资是工作者从国家按每个工作者的劳动数量和质量付给职工的那一部分社会产品中取得的、以货币形式表现出来的份额。"① 第六，社会主义经济发展要遵循国民经济有计划按比例发展规律。这一规律运行的必然性和可能性根源于生产资料公有制。国民经济有计划按比例发展规律的特点和要求是："社会主义必须用计划来领导国民经济；各个生产部门必须有计划地结成一个统一的整体，各部门的发展必须遵循必要的比例；必须最合理最有效地科学利用物力、人力和财力。"② 第七，在社会主义社会中，国营企业中的直接的社会劳动和集体农庄中的直接的社会劳动是有差别的。"不可能直接用劳动时间来表现和比较用于工业品生产和集体农庄产品生产的社会劳动，而必须利用价值和价值形式来间接地计量社会劳动。这种计量是靠商品交换，把工人和庄员的各种具体劳动转化为创造价值的抽象劳动。"③ 第八，社会主义的物质生产基础就是国民经济一切部门中以高度技术和不受剥削的劳动者的劳动为基础的大机器生产。建立社会主义物质技术基础的途径主要是：发展社会主义工业、改造社会主义农业、推动技术进步、有计划地实行生产力合理布局。第九，社会主义再生产是社会总产品、劳动力和社会主义生产关系的不断扩大的再生产。社会主义扩大再生产的前提是社会总产品的各部分之间在实物形式上和价值形式上都保持必要的比例，这些比例是根据社会主义基本经济规律和国民经济有计划按比例发展规律的要求，通过计划规定的。第十，社会主义阵营国家之间的经济合作关系是一种新型的国际经济关系，这种国际经济关系的基本形式是对外贸易、贷款和科学技术帮助。

苏联《政治经济学教科书》对社会主义政治经济学理论体系的构建和一些经济学理论观点的阐述，影响是极为深远的。它关于马克思主义政治经济学基本原

① 苏联科学院经济研究所编：《政治经济学教科书》，人民出版社1955年版，第491页。
② 苏联科学院经济研究所编：《政治经济学教科书》，人民出版社1955年版，第450页。
③ 苏联科学院经济研究所编：《政治经济学教科书》，人民出版社1955年版，第488页。

理发展方面的理论观点，对普及和丰富马克思主义政治经济学，对指导社会主义经济建设实践，都产生过积极的作用；但是，它关于与高度集中的计划经济体制相联系方面的一些具有局限性的理论观点，也对社会主义政治经济学理论体系的建立和完善，对社会主义各国的经济建设产生了不良影响。

第四节　瓦尔加对垄断资本主义经济变化的探索

叶夫盖尼·萨穆伊洛维奇·瓦尔加（1879 ~ 1964 年）曾长期担任苏联科学院世界经济和世界政治研究所所长、《世界经济和世界政治》杂志主编等职务。他在《战后资本主义经济之变化》（1946 年）一书中，最先对第二次世界大战后资本主义经济发展的新趋势和新特点做了论述。1947 年以后，他的学术观点受到苏联主流理论的严厉批判，1949 年他撰文承认学术观点上犯有"改良主义"的错误，"违背了列宁、斯大林对现代帝国主义的评价"。1957 年以后，他又回到先前的学术观点上，并在《帝国主义经济与政治基本问题》（1957 年）、《20世纪的资本主义》（1961 年）和《资本主义政治经济学问题论文集》（1964 年）等著作中，结合 20 世纪 50 年代和 60 年代初资本主义经济发展的现实，对他先前的学术观点做了进一步的发展。

一、对世界资本主义经济危机的早期探索

20 世纪 30 年代，西方国家经历"大萧条"后，帝国主义和世界资本主义经济发展的新特点和新趋向成为当时苏联学者探讨的中心问题之一。瓦尔加对世界资本主义经济危机的理论研究大体可以第二次世界大战结束为界分为两个大的阶段。这样划分，不仅在于作为理论研究对象的垄断资本主义在这前后两个阶段发生了深刻的变化；而且也在于瓦尔加本人的理论生涯在这两个阶段发生的不同变化。

在第二次世界大战结束前，主要是 1929 ~ 1933 年世界经济危机之后，马克思主义经济学更注重对资本主义经济危机问题的研究。其中，最为关注的就是资本主义经济危机产生的原因，以及帝国主义时代世界经济危机的新特征问题。当时，在苏联的政治经济学教科书中，对资本主义经济危机产生的根源问题已有明确的论述，即资本主义经济危机的根本原因在于生产的社会化和生产资料的私人占有这一资本主义的基本矛盾；但是，对资本主义经济危机并不表现为"永久性"而是表现为周期性的问题却很少论及。瓦尔加认为，这是一个不仅具有经济意义，而且具有政治和革命意义的问题。对此，他提出了"资本积累是资本主义生产周期进程的原因"的见解。

瓦尔加认为，资本积累在其"实际形式"上，即在转化为生产形态的社会资本上，就意味着资本主义消费能力的扩大，资本主义市场容量的增大；这既是复苏和繁荣的直接原因，也是产生危机的直接原因。这是因为，"当实际积累在繁荣阶段达到一定程度时，就发生从量到质的转变：积累的作用很快地改变。如果说，在这以前，积累是高涨的体现者，那么现在它就成了危机的直接的原因。"① 在瓦尔加看来，积累产生着两种互相矛盾的过程：一方面，社会购买力扩大了，作为它的一部分的消费能力在绝对量上也同时扩大了；另一方面，积累又造成社会消费能力较之社会生产能力相对地缩小。由积累引起的消费能力的相对缩减，迟早必然使生产扩大终止下来，从而繁荣阶段必然导致实际积累过程暂时中断的危机。

瓦尔加还对固定资本的更新与积累之间的关系做了分析。他认为，固定资本的更新一般开始于萧条阶段，在复苏阶段有所加紧，在繁荣阶段到达它的高峰，最后随着危机出现而几乎完全停止。固定资本的这种特殊运动，是资本主义生产周期的物质基础，但不是它的原因；"积累是周期进程的原因，而固定资本的扩充则是积累的形式之一"。②

瓦尔加认为，对资本主义经济危机产生的一般原因的理解，还不足以包括1929～1933年危机的具体的多样性。观察一下这场震憾资本主义世界经济的大危机，我们可以看到，从1928年中期到1929年中期，尽管世界工业生产还在增长，但所生产的商品已不能完全找到销路，仓库内的商品储备激增，某些国家已开始发生危机；从1929年中期到1933年底，这一阶段是危机爆发时期，1932年中期达到危机的最低点；1934年才开始进入萧条的阶段。无论从危机时间的长度、对资本主义经济破坏的深度和广度来看，这场危机都是空前未有的。在对这场危机的特殊原因的分析中，瓦尔加特别强调了以下四个方面的因素：

第一，农业危机的影响。瓦尔加认为，马克思分析的"纯粹的"资本主义经济关系，只是由资产阶级和无产阶级两大阶级构成的；但是，在现实中，农民经济和工业经济是相互交错地联结在一起的，农民经济的状况在历次周期性工业危机发展中，一直是一个起重要影响的因素。农业危机能使整个危机加深和变得更为尖锐。

第二，世界市场的变化。马克思在对"纯粹的"资本主义经济关系的分析时，并不注重国内市场和国外市场的区分。但是，在现实中，特别是在1929～1933年经济危机时，资本主义社会实际地分为各个闭关自守的国家，它们之间的争夺，导致国际贸易的空前减缩、旧有的世界市场的瓦解、世界市场上争夺产

---

① 瓦尔加：《现代资本主义和经济危机》，生活·读书·新知三联书店1964年版，第126页。

② 瓦尔加：《现代资本主义和经济危机》，生活·读书·新知三联书店1964年版，第127页。

品销路斗争的加剧、国际信用体系的瓦解等，从而进一步加深了危机的严重程度。

第三，资本主义垄断的作用。马克思关于资本主义经济危机的理论是以自由竞争资本主义为前提的。在现代资本主义，随着资本主义垄断性的发展，资本主义社会的消费能力进一步相对地日益萎缩，而消费能力的大小决定着购买能力的大小，从而生产能力同消费能力之间的矛盾更加尖锐，市场问题也越发难以解决。同时，垄断资本主义为了保持垄断高价的水平，必然力图减缩市场供给量，妨碍生产的扩大；而降低生产费用的激烈的竞争，又会导致生产力，从而生产能力的急剧扩大。所有这些都表明，"垄断资本主义条件下的周期性危机比自由竞争的资本主义条件下的周期性危机更尖锐更深刻。"[1]

第四，资本主义总危机的存在。瓦尔加认为，马克思对资本主义经济危机的分析，是以还处在上升时期，即还处在内含的和外延的社会再生产迅速增长时期的资本主义为既定前提的；而1929～1933年的经济危机，却是在资本主义总危机的基础上展开的。在瓦尔加看来，对经济危机的发展进程来说，这种"总危机"的最大意义就在于：造成对整个资本主义世界普遍丧失信心，使资本主义再生产的新的投资难以进行；资本主义销售市场在不断地缩小，而争夺每一次销售机会的激烈争夺变得更加尖锐。这些必然导致经济危机变得更加深刻、更加严重，危机的持续时间也变得更为长期。

正是由于这些特殊原因的作用，瓦尔加认为，对1929年开始的资本主义经济危机的历史地位就应该做出新的评价。他指出：这是第一次世界大战后资本主义总危机时期的第一次世界性的经济危机。经济危机运动也由于以下种种原因而发生了极大的"变形"，即"由于受到作为它发生的基础的资本主义总危机的影响，由于它和农业危机交织在一起，由于价格的罕见的极度下降，这点局部地表现为早在世界大战期间保留下来的物价水平提高现象的消失，由于垄断资本及其国家为了人为地克服危机采取的各种措施，这些措施虽然大大延缓了信用危机的爆发，但归根到底却加深并且延长了危机。"同时，这一资本主义总危机时期的第一次世界性的经济危机，暴露了过去任何一次危机都不曾有过的"本质上崭新的因素"，即"货币贬值几乎囊括所有资本主义国家、外债几乎普遍不予偿还，资本输出差不多完全停止"等等。[2]

20世纪30年代中期，瓦尔加对刚刚过去的资本主义经济危机的分析，对当时苏联学术界以及苏联之外的一些马克思主义经济学家，都产生过重要的影响。

---

[1] 瓦尔加：《现代资本主义和经济危机》，生活·读书·新知三联书店1964年版，第134页。

[2] 瓦尔加：《现代资本主义和经济危机》，生活·读书·新知三联书店1964年版，第185～186页。

尽管在 40 年代以后的一段时期内，瓦尔加的理论曾受到苏联学术界的一些不公正的"批判"，但是，他的一些理论观点还是对以后马克思主义政治经济学关于资本主义经济危机理论的发展产生过许多的积极影响。应该看到，瓦尔加对资本主义经济危机的分析，并不拘泥于马克思已经有过的结论，而是注意把握马克思经济学的方法，通过对资本主义经济发展的历史过程和现实变化的深刻研究，对资本主义经济发展的新情况、新问题、新特征做出新的概括，以此推动马克思主义在现时代的新发展。

二、对国家垄断资本主义性质的探讨

国家垄断资本主义实质问题是瓦尔加对第二次世界大战后资本主义经济研究的中心论题。在《战后资本主义经济之变化》一书中，瓦尔加就认为，第二次世界大战的最重要现象之一就是：在一切资产阶级国家中，国家在战时经济中具有"决定性的意义"，即显示了列宁所称作的"军事国家垄断资本主义"的特征。他认为，在战时经济条件下：资产阶级国家不只是代表垄断资本利益，而且更是代表整个资产阶级利益。为了资产阶级整体利益的需要，资产阶级国家也可能在一定程度上反对个别垄断资本的利益。但是，即便如此，在瓦尔加看来，垄断资本利益还是占有突出的地位。因为在国家经济活动急剧增长中，国家机构在不断扩大；而占据国家机构领导地位的，还是代表最大垄断资本利益的企业主及政客。因此，最大垄断资本仍然可以利用政府的名义调整战时经济，以保护垄断资本利益。

瓦尔加认为，随着战争的结束，资产阶级国家在社会生产、流通、分配和消费中的作用尽管可能有所减弱，但同战前相比，其作用仍然很大。国家在较大范围内仍然可能保持其对国民经济的调整作用。第二次世界大战后出现的许多长期保留的、新的国际经济组织，也成为国家保持其经济作用的重要契机。据此，瓦尔加预言，随着战后资产阶级国家作用的加强，"关于或多或少地参加国家管理的问题，将构成资本主义社会两个基本阶级：资产阶级和无产阶级之间政治斗争的主要内容。"①

《战后资本主义经济之变化》一书从总结第二次世界大战资本主义经济性质的角度，论述了有关国家垄断资本主义实质的两个基本问题：第一，垄断资本主义条件下国家与私人垄断资本的关系问题；第二，垄断资本主义条件下国家经济职能产生的必然性及其作用后果问题。1947 年以后，苏联理论界对瓦尔加关于

---

①　瓦尔加：《战后资本主义经济之变化》，生活·读书·新知三联书店 1947 年版，第 353 页。

国家垄断资本主义性质理论的批判，主要也是集中在这两个基本问题上。当时，苏联理论界的流行观点认为，在垄断资本主义条件下，国家完全为垄断资本所控制，无论在战时还是在平时，国家只为垄断资本和垄断组织服务，并认为资产阶级国家在国民经济运行中不可能起什么作用，对资本主义经济起决定性作用的只能是垄断资本。

16 年以后，瓦尔加在重提 1947 年苏联理论界对他的批判时认为，这一批判由于"对马克思主义方法的某些基本原则没有注意或者注意不够"，因而"缺乏具体的历史分析"①。他在反对"教条主义"的旗号下，对国家垄断资本主义实质问题做了更为详尽的探讨。

首先，瓦尔加认为，列宁在《国家与革命》一书中，对马克思主义的国家学说做了高度概括。然而，这种学说还只是"一种科学的抽象"，它尽管概括了资产阶级社会一切国家的共同点，但并不反映一定时期个别国家作用的具体实际。因此，承认马克思列宁主义国家学说的正确性，并不等于说，这一学说能代替对实际状况的具体分析。对资产阶级国家实际状况的具体考察表明，资产阶级国家的"统治方式"、"国家机构"、资产阶级的"意识形态"是可能发生一定程度变化的。

其次，把垄断资本主义国家看做是整个资产阶级的国家的观点，一般地说是不对的。因为在"正常"条件下，当资本主义社会制度没有遭到真正危险的时候，国家是垄断资产阶级的国家；但是，"在资本主义社会制度的存在遭到直接危险的时期"，国家就成为整个资产阶级利益的表达者。这时，认为垄断资本主义国家是整个资产阶级的国家的观点，显然是"正确的"。瓦尔加进而对"直接危险"做了泛义的理解，把战争、"总危机"都看做是"直接危险"的表现形式。由此得出结论："随着资本主义总危机的加深，资本主义制度的存在经常受到威胁，因而保护资本主义制度日益成为垄断资本主义国家越来越重要的职能。"②

更为重要的是，瓦尔加还认为，在国家垄断资本主义条件下。国家与个别垄断组织之间也存在一些"经常性"的矛盾。他认为，资产阶级国家只代表整个垄断资产阶级的"共同利益"，这些"共同利益"主要包括三个方面：维护资本主义社会制度、对工人的高度剥削和把赋税的重担转嫁到其他阶级身上。国家在维持这些"共同利益"过程中，同个别垄断组织或垄断集团的特殊利益之间也存在

---

① 瓦尔加：《资本主义政治经济学问题论文集》，生活·读书·新知三联书店 1965 年版，第 36 ~ 37 页。

② 瓦尔加：《资本主义政治经济学问题论文集》，生活·读书·新知三联书店 1965 年版，第 38 页。

着"经常性"的矛盾。因此，简单地把国家垄断资本主义定义为国家机构"从属于"垄断组织是"不正确的"。

最后，瓦尔加认为，"垄断组织和国家这两种力量的联合是国家垄断资本主义的基础;"[①] 因而"国家垄断资本主义的实质在于垄断组织和资产阶级国家的力量联合起来以达到下面两个目的：第一，在反对国内革命运动的斗争和反对社会主义阵营的斗争中，保护资本主义制度；第二，通过国家来对国民收入作有利于垄断资本的再分配。"[②] 然而，这两个目的之间也存在着"尖锐的矛盾"：在达到维护资本主义制度这一目的时，垄断组织能够得到非垄断资产阶级和其他一切剥削阶层的支持，但是，在达到有利于垄断资本的国民收入再分配这一目的时，就可能受到受垄断组织压制的资产阶级各阶层的反对。因此，在国家垄断资本阶段，完全有可能建立一个劳动人民和受垄断组织压制的资产阶级各阶层反对垄断统治的广泛的阵线。在瓦尔加看来，在国家垄断资本主义条件下，尽管资产阶级国家和垄断组织的"联合"是其本质特点，但是，在一定程度上，国家仍然有同垄断组织相"独立"的可能性。利用这两种力量之间的"独立性"，有利于推动劳动人民反垄断资产阶级的斗争。

瓦尔加 20 世纪 60 年代初对国家垄断资本主义实质的探讨，对后来的马克思主义帝国主义理论的发展产生了重要的影响。无论是苏联、东欧国家的马克思主义者，还是西方的马克思主义者，在对当代资本主义理论的研究中，或多或少受到过瓦尔加理论的影响，有些甚至还是以瓦尔加理论中的个别论点为出发点，建立起新的理论体系的。

三、对第二次世界大战后资本主义经济周期和危机的阐释

第二次世界大战结束后，世界资本主义发生了深刻的变化。20 世纪 60 年代初，瓦尔加结合战后 10 余年间西方主要资本主义经济发展的新特点和新现象，对资本主义经济周期的变化，对各主要资本主义国家经济危机的特殊性等问题做了系统的研究。

在《资本主义政治经济学问题论文集》中，瓦尔加提出，第二次世界大战后资本主义经济周期应该从 1947 年开始。"周期的实质，它的基本作用，是在周期进程的各个阶段上产生生产过剩危机的前提。在战争年代并不出现商品生产过剩

---

① 瓦尔加：《资本主义政治经济学问题论文集》，生活·读书·新知三联书店 1965 年版，第 45 页。

② 瓦尔加：《20 世纪的资本主义》，生活·读书·新知三联书店 1962 年版，第 92 页。

的前提。因此，大规模战争的时期不应该算在周期之内。"①

瓦尔加认为，同两次世界大战间资本主义经济周期相比，从 1947 年到 60 年代初期，资本主义经济周期发生三个方面的显著变化：一是战后资本主义世界工业生产增长速度加快，平均每年增长速度高达 5.5%，而两次世界大战间（1920 ~ 1938 年）平均每年增长速度仅为 3.5%。二是战后资本主义经济周期运动表现不明显，经济周期各阶段波动的幅度也较小。例如，1958 年危机阶段，整个资本主义世界的工业生产只比 1957 年下降了大约 3%，而 1959 年萧条阶段，生产水平的回升已超出危机前的最高点。三是在高度发达的资本主义国家中，工业生产增长与经济周期变化呈现出"不平衡"的趋势。特别是战败国（如日本和联邦德国），工业生产增长速度较快，即使在危机阶段，这些国家经济发展也没受到明显的影响。

瓦尔加把 1947 ~ 1958 年划分为第二次世界大战后第一个经济周期。这一周期的持续时间长达 10 ~ 11 年。这一经济周期的显著特点就是周期持续时间较长，所有的资本主义国家都发生货币的经常通货膨胀性的贬值。1958 年以后，资本主义世界进入第二次世界大战后第二个经济周期。通过对这一周期截至 1963 年经济状况的分析，瓦尔加对世界资本主义经济周期进程的前景做了评价。他着重指出了世界资本主义经济周期中行将出现的两个重要变化。

其一，世界资本主义再生产运动中将出现经济周期持续时间缩短的趋势。瓦尔加提出，马克思早已论及资本主义经济周期缩短趋势问题。马克思指出："直到现在，这种周期的延续时间是十年或十一年，但绝不应该把这个数字看做是固定不变。相反，根据我们以上阐述的资本主义生产的各个规律，必须得出这样的结论：这个数字是可变的，而且周期的时间将逐渐缩短。"② 但是，马克思的这一论述一直被马克思主义经济学家们所忽视。

回顾资本主义经济周期运动的历史可以看到，19 世纪前半期的 32 年（1825 ~ 1857 年）中，经济周期的平均持续时间为 11 年，19 世纪后半期的 43 年（1857 ~ 1900 年）中，经济周期的平均持续时间为 8 年半；20 世纪初的 29 年（1900 ~ 1929 年）中，经济周期的平均持续时间缩短为 7 年。由于战争的原因，第二次世界大战后第一个经济周期的持续时间虽然长达 11 年，但是，1958 年以后的第二个经济周期，持续时间就明显地缩短。

瓦尔加认为，资本主义经济周期持续时间缩短的趋势是"完全合乎规律的。"

---

① 瓦尔加：《20 世纪的资本主义》，生活·读书·新知三联书店 1962 年版，第 204 页。

② 马克思：《资本论（根据作者修订的法文版第一卷翻译）》，中国社会科学出版社 1983 年版，第 675 ~ 676 页。

首先，这是资本主义再生产一般规律作用的必然结果。他认为，"随着资本主义的发展，生产的社会性和占有的私人资本主义形式之间的矛盾——这是周期运动的基础——将尖锐起来。更具体地说：资本无限扩大生产的企图和资本主义社会消费能力的狭隘范围之间的矛盾将尖锐起来。因此，生产过剩危机应该会日益频繁，危机每次出现所经历的时期要比过去缩短。"① 其次，资本主义经济周期持续时间的缩短，也是第二次世界大战后资本主义经济发展新因素作用的必然结果。其中，最主要的就是垄断资本主义条件下的竞争规律所导致的固定资本更迅速的更新和更大规模的扩大。

其二，资本主义经济周期各阶段发生变形。具体表现就是，一方面，萧条阶段在缩短；繁荣阶段不仅在缩短，并且繁荣的程度也不高，从而"周期曲线变得比过去更为平坦了"；另一方面，危机阶段的严重性虽然将明显地加深，但是，从高涨阶段向危机阶段的过渡不再是"爆发的形式"，而是出现"拖延状态"，即"生产在业已达到的高水平上停滞不前，这种停滞长达数月，有时达半年之久，最后才开始明显的危机性的生产下降。"然而，不管怎样，"今后大垄断组织将更加顽固地企图把危机重担转嫁到小资本家和小农场主、工人阶级，特别是不发达国家居民身上。"在这一意义上，可以充分地相信；"对于资本主义来说，战后的'黄金时代'已经过去！"②

瓦尔加对资本主义经济周期和经济危机的论述，具有两个显著的特点：一是把马克思关于经济周期和经济危机问题的基本原理，同当时资本主义经济发展的新现象结合起来，能以发展的眼光提出资本主义经济周期和经济危机的新理论；二是把资本主义经济发展的史实，同资本主义经济发展现实结合起来，通过对大量的经验材料和统计资料的剖析，说明资本主义经济周期和经济危机的新趋势。瓦尔加逝世后近30年资本主义经济发展的实践已经证明，他当时提出的许多观点具有极大的科学成分，丰富了马克思主义关于资本主义政治经济学的理论。

第五节　斯大林对帝国主义理论的理解

斯大林对帝国主义理论的理解，是以坚持和捍卫列宁的帝国主义理论为标志的。但是，在资本主义总危机、垄断资本主义新发展以及资本主义与社会主义之

① 瓦尔加：《资本主义政治经济学问题论文集》，生活·读书·新知三联书店1965年版，第223～224页。
② 瓦尔加：《资本主义政治经济学问题论文集》，生活·读书·新知三联书店1965年版，第227～230页。

间矛盾等问题的论述中，体现了斯大林本人对他那个时代的资本主义发展新特点和新趋势的独特理解。

一、资本主义总危机思想

斯大林关于资本主义总危机的思想，源自他对那个时代资本主义暂时的稳定潜伏着全面危机的总趋势的认识。在 1929 年资本主义世界经济危机爆发后，斯大林以资本主义总危机为论题，对资本主义的新变化作了探讨。

资本主义总危机理论是在对 20 世纪 20 年代中期"资本主义稳定论"的否定论述。20 年代中后期，西方资本主义国家的发展出现经济上相对繁荣、政治上相对稳定的局面，所谓"资本主义稳定论"便流行于世。斯大林认为，当时资本主义的稳定中孕育着新的危机，并把这种情况叫做资本主义的局部稳定或暂时稳定。斯大林断定，帝国主义是一个动荡的时代，显著的危机和相对的稳定总是交替出现。斯大林根据帝国主义的主要矛盾，对资本主义是否"稳定"的问题做了具体分析。

斯大林指出，"英美之间由于石油，由于加拿大，由于销售市场等等而引起的斗争；英美集团和日本之间由于东方市场而引起的斗争；英法之间由于争夺欧洲的势力而引起的斗争；以及被奴役的德国和占统治地位的协约国之间的斗争……这些大家都知道的事实表明，资本的成就是不巩固的，资本主义'恢复健康'的过程里隐藏着它内部衰朽和瓦解的前提。"[①] 换句话说，资本主义的稳定与繁荣是虚假的，资本主义表面上的稳定与繁荣，一时掩盖了资本主义体系内各种复杂矛盾在孕育和发展的本质。

在 1927 年联共（布）十五大报告中，斯大林把资本主义稳定与可能孕育的新的危机核心的战争联系在一起。他指出："恰恰相反，正是从这种稳定中，从生产增长，贸易扩大，技术进步，生产能力提高，而世界市场、世界市场范围和各个帝国主义集团的势力范围仍旧相当固定的情况中，——正是从这种情况中产生着最深刻最尖锐的世界资本主义危机，这种危机孕育着新战争和威胁着任何稳定的存在。"[②] 这一论述构成斯大林关于资本主义总危机思想的萌芽。

斯大林认为，资本主义的稳定具有局部的暂时的性质。第一次世界大战结束后的革命高潮过后，即在 20 世纪 20 年代中期以后，主要资本主义国家的社会生产力得到恢复和发展，一些国家的生产逐渐超过第二次世界大战前水平，无产阶

---

① 《斯大林全集》第 7 卷，人民出版社 1958 年版，第 47 页。
② 《斯大林全集》第 10 卷，人民出版社 1954 年版，第 234 页。

级革命运动转向低潮，资本主义出现了"稳定"的状态。斯大林认为，"资本主义正在摆脱或者说已经摆脱它在战后所陷入的那种生产、贸易以及财政方面的混乱状态。党把这种情况叫做局部稳定或暂时稳定。这是什么意思呢？这就是说，各资本主义国家在战后危机时期（我指的是 1919~1920 年）曾一度一落千丈的生产和贸易已经开始向前发展，而资产阶级政权已经在一定程度上巩固起来。这就是说，资本主义暂时已经摆脱它在战后所陷入的那种混乱状态。"①"稳定"指的是资本主义生产的恢复和发展、资产阶级政权在一定程度上得到巩固，但这种情况具有局部的和暂时的性质，因此，资本主义的"稳定"是局部的和暂时的"稳定"。

　　斯大林以帝国主义的主要矛盾来说明资本主义稳定具有的局部的和暂时的性质。斯大林认为，帝国主义时代造成的第一个矛盾是劳动和资本之间的矛盾，即帝国主义国家内部的矛盾，反映的是工人阶级采用种种手段与拥有莫大势力的工业国里垄断性的托拉斯和辛迪加、银行和财政寡头之间的斗争；第二个矛盾是各资本主义集团之间以及各帝国主义列强之间，为争夺世界霸权和地区主导权而发生的矛盾，这也是各财政集团之间以及帝国主义列强之间为争夺原料产地、争夺别国领土而发生的矛盾；第三个矛盾是发达资本主义国家与殖民地国家之间的矛盾，即为数极少的占统治地位的"文明"民族和世界上十多亿殖民地和附属国人民之间的矛盾，这一矛盾的实质在于，帝国主义对极广大的殖民地和附属国内十多亿居民实行最无耻的剥削和最残忍的压迫，目的是为了榨取超额利润；第四个矛盾是帝国主义国家和苏俄、帝国主义阵营和社会主义阵营之间的矛盾。前两个矛盾是资本主义体制内的矛盾，后两个矛盾是资本主义体制外的矛盾。

　　斯大林认为，资本主义局部的和暂时的稳定孕育着战争和革命。资本主义矛盾激化的主要表现形式是资本主义总危机的爆发，而解决这一危机的唯一手段就是帝国主义战争。帝国主义战争必将引起无产阶级革命，无产阶级革命阵地的扩大将加速帝国主义的灭亡。斯大林明确指出：十月革命是新的时代——帝国主义和无产阶级革命时代的开端。这个时代包括三个方面：第一，它是各帝国主义国家中无产阶级革命的时代；第二，它是在世界各被压迫国家中、在和无产阶级结成联盟并在无产阶级领导下进行殖民地革命的时代；第三，它是使整个世界资本主义本身的生存发生了问题，资本主义灭亡的时代。由于 1929 年开始的资本主义世界经济危机的爆发，斯大林进一步提出：资产阶级在对内政策方面将从进一步法西斯化中寻找摆脱现状的出路，在对外政策方面将从新的帝国主义战争中寻找出路，而无产阶级在反对资本主义剥削、制止战争危险时，将从革命中寻找出

____

① 《斯大林全集》第 7 卷，人民出版社 1958 年版，第 219 页。

路。正是在这一基础上，斯大林明确提出现在正处于战争和革命的时代。他认为，一些帝国主义大国为了恢复和发展，就要在国内增加税收和使工人阶级的物质生活状况恶化，因而会引起工人阶级的反对，而国外被压迫国家的反抗，说明"资本主义的稳定在这方面是不巩固的"。在帝国主义国家方面，战胜国和战败国之间的条约孕育着以后的纷争，在战胜国之间又为争夺霸权而存在着利害冲突。总之，由于资本帝国主义各方面的矛盾，所以"稳定"具有相对的意义，今天的"稳定"孕育着明天的危机。

对于帝国主义的这种"稳定"具有局部的和暂时的性质，不仅第二国际的一些理论家如希法亭等人，而且布尔什维克党内和第三国际的一些人如布哈林等人，都持否定的态度。希法亭公开主张"有组织的"资本主义，宣称第二次世界大战后的资本主义已经达到了所谓"有组织的经济"。布哈林也在一定程度上接受了这种看法，宣称不能把资本主义的稳定视为"局部的"、"暂时的"，关于相对稳定的估计，在许多方面已经不符合目前的形势，认为资本主义已经进入了"改造时期"。斯大林批驳这些观点，认为资本主义的稳定是不巩固的，而且是不可能巩固的；由于世界资本主义危机的尖锐化，这种稳定正被事变的进程动摇着，而且以后还会被动摇。在这场争论之后不久，就爆发了震撼世界的 1929 年的空前危机，接着就是帝国主义为应对危机而加紧对外扩张，结果导致第二次世界大战的爆发。

1929 年爆发的席卷世界的主要资本主义国家的经济危机以及延续到 30 年代的经济政治危机，为斯大林的资本主义总危机理论提供了有力的论据。斯大林根据 30 年代资本主义世界危机发展历程，对危机的不同阶段做出理论上的分析，在此基础上形成了资本主义总危机理论。斯大林认为："世界资本主义体系的总危机是在第一次世界大战时期，特别是在苏联脱离资本主义体系之后开始的。这是总危机的第一阶段。在第二次世界大战时期，特别是在欧洲和亚洲的各人民民主国家脱离资本主义体系之后，展开了总危机的第二阶段。第一次世界大战时期的第一次危机和第二次世界大战时期的第二次危机，应该看作不是两次单独的、彼此隔离的危机，而是世界资本主义体系总危机发展的两个阶段。"[1] 斯大林也是在这个时期第一次提出"资本主义总危机"的用语。总危机实质上是以一国国内的经济危机为起点的，以此为导火索引发政治危机，进而在资本主义世界经济政治体系内蔓延，最终导致整个资本主义体系的总体危机。

斯大林所分析的资本主义总危机指的不是个别资本主义国家特有的现象，也不是资本主义发展中的某个具体的经济危机或者政治危机，而是世界资本

---

[1] 《斯大林文集》，人民出版社 1985 年版，第 641 页。

主义体系内的深刻而不可克服的全面危机。它包括资本主义的政治危机、经济危机、社会危机，以及由此产生的帝国主义殖民体系和帝国主义国家内部发生的革命危机。资本主义的经济危机是总危机的根源和基础，也是分析资本主义总危机的逻辑起点。在经济危机的冲击下，隐藏于资本主义体系内部的各种矛盾激化，以总危机的形式表现出来就是经济危机与政治危机汇合成资本主义社会的整体危机。帝国主义战争与无产阶级革命是总危机发展的必然结果。

面对第二次世界大战后世界上社会主义和资本主义两大阵营格局的形成，斯大林进一步认为，"两个对立阵营的存在所造成的经济结果，就是统一的无所不包的世界市场瓦解了，因而现在就有了两个平行的也是互相对立的世界市场。"① 这种格局的形成，"决定了世界资本主义体系总危机的进一步加深。"② 斯大林的结论就是："马克思主义者不止一次地说过，资本主义的世界经济体系包含着总危机和军事冲突的因素，因此现代世界资本主义并不是平稳地均衡地向前发展，而是经历着危机和战祸的。"③ 斯大林把十月革命的胜利和"二战"后世界分裂为两个体系看做是资本主义总危机的重要标志和特征。

斯大林把对资本主义总危机的分析置于帝国主义与无产阶级革命时代的总背景之下。斯大林认为，资本主义总危机是资本主义发展到帝国主义阶段，整个国际政治进入帝国主义与无产阶级革命时代的产物。资本主义总危机的产生是资本主义自身发展过程中各种矛盾激化的必然结果。斯大林分析资本主义总危机是以三个基本前提为出发点：一是统一的资本主义世界经济政治体系已经建立并得到发展；二是资本主义经济发展周期与资本主义政治经济发展的不平衡规律；三是资本主义在缺乏有效的国际机制约束下必然进入一种无序的竞争状态，帝国主义国家之间的矛盾以及帝国主义国家与社会主义国家、殖民地的矛盾加剧了资本主义总危机。总之，斯大林认为，资本主义总危机是国际政治发展的一个重要历史时期，它是资本主义政治经济发展极端不平衡并导致各种矛盾极端尖锐化时期，是资本主义体系的寄生性和腐朽性日益深化并表面化时期。要消灭危机，就必须消灭资本主义。因此，资本主义总危机就是资本主义制度加速灭亡、资本主义体系趋于崩溃的历史时期。

---

①② 《斯大林文集》，人民出版社1985年版，第620页。
③ 《斯大林文集》，人民出版社1985年版，第472页。

二、关于垄断资本主义的论述

斯大林对垄断资本主义的论述主要分为垄断资本主义基本经济规律和国家垄断资本主义两个方面。

斯大林对现代垄断资本主义基本经济规律的论述，进一步探讨了资本主义社会经济基础最基本的关系。斯大林认为，各个社会历史发展阶段，无论是资本主义还是社会主义，都有支配各方面经济关系的基本经济规律。他指出，资本主义的基本经济规律不是价值规律，也不是竞争和生产无政府状态的规律，而是剩余价值规律，即资本主义利润产生的增殖的规律，它决定了资本主义生产的基本特点。然而，现代垄断资本主义是否也有基本经济规律呢？斯大林同样做了肯定的结论。什么是现代垄断资本主义的基本经济规律呢？有人说是平均利润率。斯大林不同意，他说："现代资本主义即垄断资本主义不能满足于平均利润，何况这种平均利润由于资本有机构成的增高而有下降的趋势。现代垄断资本主义所要求的不是平均利润，而是比较正常地实现扩大再生产所必需的最大限度的利润。"①

斯大林认为，适合成为资本主义基本经济规律的是剩余价值规律，但在垄断阶段，关于剩余价值规律的作用必须予以具体化和加以发展，使之适应垄断资本主义的条件。垄断资本主义所要求的不是随便什么利润，而是最大限度利润。斯大林把垄断资本主义的基本经济规律做了这样的表述："用剥削他国大多数居民并使他们破产和贫困的办法，用奴役和不断掠夺其他国家人民、特别是落后国家人民的办法，以及用旨在保证最高利润的战争和国民经济军事化的办法，来保证最大限度的资本主义利润。"②

斯大林对基本经济规律的表述，把这个规律与对社会主要矛盾的分析密切结合在一起，正是由于追求最大限度的利润即垄断利润，因而加紧剥削和掠夺。他指明，垄断资本不仅剥削本国无产阶级，而且剥削他国大多数的居民，而使用战争和国民经济军事化，实际上也包括了同别的帝国主义大国的争夺。所以，正是由于垄断资本主义基本经济规律的作用，即为了实现最大限度的利润，垄断资产阶级以及帝国主义大国采取上述手段，其结果必然产生和加剧帝国主义时期的三大主要矛盾。这样，就从经济基础的分析说明三大矛盾产生的根源。可见，他的关于垄断资本主义基本经济规律的论述，正是他对社会主要矛盾的分析的发展和深入。

---

① 《斯大林文集》，人民出版社 1985 年版，第 626 页。
② 《斯大林文集》，人民出版社 1985 年版，第 672 页。

　　关于国家垄断资本主义的内容、形式、本质、作用等问题，在列宁的著作中已有所涉及，布哈林也曾以"国家资本主义托拉斯"为题做过一定程度的探讨。斯大林根据和平时期特别是第二次世界大战结束后初期的情况，对国家垄断资本主义提出了自己的看法：国家垄断资本主义总是表现为垄断资本和作为总资本家的资产阶级国家的结合。垄断资本和资产阶级国家两者的关系究竟是怎样的，斯大林就这一点做了论述。

　　斯大林的论述是针对苏联著名学者瓦尔加的观点的。瓦尔加认为，国家垄断资本主义是国家政权与垄断资本的联合，这种联合是两种独立力量的联合。斯大林不同意瓦尔加的观点。他认为：第一，在国家和垄断组织的关系上，只讲两者的"结合"或"联合"，只是反映事物的外部现象，不能指明其内在关系；第二，从国家垄断资本主义根本的意义上讲，应当是国家机关服从垄断组织。斯大林指出："'结合'这个名词是不适当的。这个名词只是很肤浅和叙述式地表明垄断组织和国家机关的接近，可是没有揭示这种接近的经济意义。问题在于，这种接近的过程中所发生的不单是结合，而是国家机关服从于垄断组织。"①

　　斯大林的这一观点符合垄断资本主义社会总的情况，特别是他所经历的和平时期的情况。第二次世界大战结束后，资产阶级国家常常把用大量投资建立的国家所有的企业，廉价出售给垄断资本，国家还把垄断资本经营的企业付出很高的代价收归国有。同时，推行各种有利于垄断资本的政策，斯大林的观点无疑反映了这种情况。斯大林的这种观点克服了瓦尔加论述的缺陷，从根本上指出了资产阶级国家服从于垄断资本的利益。这一观点符合马克思和恩格斯关于国家与资产阶级利益的观点，以及列宁关于现代国家与垄断资本利益的论述，资产阶级的国家总是要为居于统治地位的垄断资产阶级的利益服务的。

　　斯大林的观点存在着过于简单化的缺陷，不利于具体地分析国家政权和垄断组织之间存在的各种复杂的情况。在垄断资本主义的现实中，总是垄断和竞争并存，在不同的垄断组织之间存在着激烈的争夺，具有各自不同的利益。在帝国主义时代初期，垄断资本通常依靠自己的力量来展开其活动，而随着垄断资本主义社会矛盾的发展，它常常依赖于国家的帮助，以获取高额的垄断利润。同时，资产阶级国家还为了巩固资本主义统治而通过一些局部的计划来对整个经济做部分的调节。这种情况显然不能以"国家服从于垄断组织"来简单地做解释。斯大林说法的这种缺陷，曾对人们的认识带来不良影响，某些学者确实曾机械地用"国家服从于垄断组织"来说明国家垄断资本主义的全部情况，因而不能正确地全面地剖析垄断资本主义社会。斯大林论述中这种简单化的缺陷，在分析第二次世界

---

　　① 《斯大林文集》，人民出版社 1985 年版，第 631 页。

大战后资本主义市场时还有更加明显的表现。

三、资本主义与社会主义的矛盾和对立

在资本主义与社会主义两大不同社会制度对立的世界格局中，资本主义与社会主义的较量体现在各个领域，斯大林从一国建成社会主义理论、资本主义的困境与社会主义的优势与对立、两个平行的对立的世界市场的形成等方面做了探讨。

斯大林在资本主义总危机理论的基础上提出了"一国建成社会主义"理论。十月革命后，列宁曾经指出帝国主义是"开辟了社会革命的纪元"的时代，但经济技术落后的俄国，能否在资本主义的包围中依靠自身的力量建成社会主义，这是关系到俄国社会主义革命的前途和命运的根本性的问题，也就是列宁早年提出的社会主义可不可能首先在少数或者甚至在单独一个资本主义国家取得胜利的问题。列宁曾认为，只要没有外敌入侵，俄国完全可以依靠自己的力量来建设社会主义，俄国已经拥有建成完全的社会主义所必需而且足够的一切；列宁逝世后，就苏俄能否"一国建成社会主义"，斯大林与托洛茨基、季诺维也夫和加米涅夫等人之间展开了长久的争论。

斯大林认为，社会主义完全能够取得在苏联一国的胜利。苏联虽然处于资本主义的包围之中，虽然技术上、经济上依然很落后，但是，有过资本主义的发展，有一定数量的大工业，有一定数量的无产阶级，有无产阶级政党的领导，在无产阶级专政的前提下，完全能够依靠自己的内部力量建成社会主义的经济基础，取得社会主义在苏联一国的胜利，这就是他的"一国建成社会主义"理论。所以，斯大林认为，无产阶级在俄国革命以后，已经开始了一个新时代，即世界革命的时代，无产阶级在各主要资本主义国家逐步获得胜利的时代。他正是看到了社会主义国家、殖民地与资本主义国家之间的矛盾，看到了资本主义国家之间的矛盾和资本主义发展的不平衡性等方面加剧了资本主义总危机，并结合苏俄社会主义革命和建设的实践，在其资本主义经济危机理论的基础上提出了"一国建成社会主义"理论。围绕苏联能否"一国建成社会主义"的争论，其结局是以斯大林的胜利而告终。但是，是不是像有些人所认为的那样：既然有革命的危机，资产阶级就必然会陷入没有出路的境地了呢？既然资产阶级的死亡已经是预定了的，革命的胜利已经有了保证，他们只需要等待资产阶级的灭亡和起草革命胜利的决议就可以了呢？斯大林认为这显然是错误的，斯大林认为，革命的胜利从来都不是自行到来的，而是需要准备和争取的。能够准备和争取革命胜利的只有强大的无产阶级革命政党。有时候，形势是革命的，资产阶级的政权也根本动

摇了，而革命的胜利还是没有到来，这是因为没有一个在力量和威信方面都足以领导群众并把政权夺到自己手中的无产阶级革命政党。全世界的资产阶级正遭受着最大的革命危机。现在必须用革命政党的实践来证明这些革命政党具有充分的觉悟性、组织性、与被剥削群众的联系、果断精神和才能，足以利用这个危机来进行顺利的革命，进行胜利的革命。在此，斯大林强调指出了革命危机到来时，无产阶级应对危机时应该具有的态度，无产阶级在对待"一国建成社会主义"上所应有的理性认识。

1929 年资本主义世界爆发的大危机沉重地打击了资本主义的经济，使资本主义世界的各种矛盾日益尖锐化。而苏联的社会主义建设取得了辉煌的成就，经济全面持续高涨，人民生活水平迅速提高，短时间内实现了由农业国向工业国的转变，社会主义苏联成为世界上第一个可以与资本主义相抗衡的国家。在这样的历史条件下，斯大林从分析资本主义经济危机形成的深层原因的角度，对资本主义的困境和社会主义的优势进行了考察。

斯大林认为，1929 年爆发的资本主义经济危机是生产过剩的危机，它具有世界性和发展的不平衡性两个特点。产生这两个特点的原因在于特殊的历史条件：第一，危机沉重地打击了主要资本主义国家，扩展了影响范围和程度。第二，在经济危机扩展的进程中，各主要资本主义国家的工业危机和各农业国的农业危机不但同时发生，而且互相交织在一起，破坏着整个经济。第三，资本主义发展到垄断资本主义，决定了垄断资本必然将危机造成的经济损失转嫁给广大劳动人民，从而使危机得以拖延。第四，资本主义经济危机是在资本主义总危机的基础上发展起来的，而资本主义总危机早在帝国主义战争时期就已爆发，它破坏着资本主义的基石，促进了经济危机的到来。

斯大林认为，资本主义经济危机的爆发在破坏瓦解世界资本主义经济体系的基础上，使社会主义经济实力得到增长。在分析了资本主义经济危机形成的原因的基础上，斯大林揭示了资本主义的困境和社会主义苏联的优势。他认为，第一次世界大战和资本主义经济危机的爆发，加深了资本主义的腐朽，破坏了资本主义的平衡，资本主义已不再是唯一的和包罗万象的世界经济体系，社会主义体系日益增长、日益繁荣，同资本主义体系相对抗。这不仅动摇了资本主义存在的基础，而且还动摇了帝国主义在殖民地和附属国的基石。

斯大林指出，资本主义经济危机不仅激化了资本主义世界的矛盾，而且也激化了资本主义世界与苏联之间的矛盾。"每当资本主义的各种矛盾开始尖锐化的时候，资产阶级就把视线转向苏联方面，看看能不能靠牺牲苏联这个苏维埃国家来解决资本主义的某个矛盾或所有一切矛盾"①，因为资产阶级害怕苏联的存在会使工人阶级和殖民地革命化，害怕资本主义的势力范围会由此而缩小。这样做的结果，必然会加深资本主义与社会主义的对立。这种对立通过"两种相反的趋势"的作用进一步深化：一种是"执行破坏苏联和资本主义国家的经济联系的政策，对苏联进行挑衅性的袭击，公开地和隐蔽地准备对苏联进行武装干涉"；一种是"资本主义国家的工人同情并支持苏联，苏联的经济实力和政治威力增长，苏联的国防力量加强，苏维埃政权始终不渝地执行和平政策"。②

第二次世界大战以后，世界经济与政治关系发生了急剧变化。首先，在德、意、日、法西斯遭到严重失败、英法老牌帝国主义国家遭到极大削弱的同时，美国的经济、政治、军事实力得到增强。美国成为世界的霸主。其次，苏联社会主义经过二十余年的发展，国际地位大大提高，政治影响力和军事实力大大增强。中国革命的胜利和东欧一系列国家人民民主制度的建立，使得社会主义突破一国的范围成为一个世界体系，形成了强大的社会主义阵营。最后，一系列社会主义国家的诞生，为殖民地半殖民地和附属国被压迫人民的革命斗争树立了光辉的榜样，民族解放和民族独立运动蓬勃开展，帝国主义殖民体系土崩瓦解。第二次世界大战初期世界经济与政治形势的发展，形成了以美国为首的资本主义阵营和以苏联为首的社会主义阵营。两大阵营的对立是第二次世界大战后世界经济与政治关系的一个重大特征。1952 年，斯大林在《苏联社会主义经济问题》中阐述了两个平行的相互对立的世界市场理论，主要包括以下观点：战后社会主义阵营的出现使资本主义的统一市场瓦解，出现了两个平行的也是相互对立、彼此隔绝的世界市场；社会主义国家在经济上结合起来，建立了合作和互助，特别是由于经济上强大的苏联的存在，由于相互帮助以及求得共同经济高涨的真诚愿望，使这些国家不仅不需要从资本主义国家输入商品，而且自己还有大量商品输往他国；由于社会主义市场的存在和不断壮大，资本主义市场日渐弱小，从而西方强国的国内经济危机和资本主义体系的总危机逐步加深；由于战争和日益狭窄的国际市场，资本主义各国间的矛盾会进一步激化，大战是不可避免的，而且完全有可能在资本主义阵营内部首先爆发。

斯大林认为，第二次世界大战以后，"两个对立阵营的存在所造成的经济结果，就是统一的无所不包的世界市场瓦解了，因而现在就有了两个平行的也是互相对立的世界市场"，③ 即资本主义世界市场和社会主义世界市场。形成这两个

---

① 《斯大林全集》第 12 卷，人民出版社 1955 年版，第 223 页。
② 《斯大林全集》第 12 卷，人民出版社 1955 年版，第 224 页。
③ 《斯大林文选》下卷，人民出版社 1962 年版，第 594 页。

平行而又互相对立的世界市场的主要原因在于：一是以美国为首的帝国主义国家对社会主义国家实行经济封锁。"美国、英国及法国自己促成了这个新的平行的世界市场的形成和巩固，当然这不是出于它们的本意。它们对于苏联、中国和没有加入'马歇尔计划'体系的欧洲各人民民主国家实行经济封锁，想以此窒杀它们。事实上并没有窒杀得了，反而巩固了这个新的市场。"① 二是社会主义国家之间建立了合作互助关系。第二次世界大战以后，社会主义国家"在经济上结合起来了，并且建立了经济上的合作和互助。这个合作的经验表明，没有一个资本主义国家能像苏联那样给予各人民民主国家以真正的和技术精湛的帮助。问题不仅在于这种帮助是极度便宜的，技术上是头等的。问题首先在于这种合作的基础，是互相帮助和求得共同经济高涨的真诚愿望。结果，在这些国家中便有了高速度的工业发展。可以满怀信心地说，在这样的工业发展速度之下，很快就会使得这些国家不仅不需要从资本主义国家输入商品，而且它们自己还会感到必须把自己生产的多余商品输往他国。"②

在斯大林看来，两个平行的互相对立的世界市场的存在，必然使得各主要资本主义国家争夺世界资源的范围缩小，世界销售市场的条件趋于恶化，这些国家中企业开工不足的现象大增。最后，斯大林得出的结论是："在世界市场已经分裂和主要资本主义国家（美、英、法）夺取世界资源的范围已经开始缩小的时候，资本主义发展的周期性——生产的增长和减缩——一定还会存在。不过，这些国家生产的增长将在缩小的基础上进行，因为这些国家的生产量将要减缩下去。"③

斯大林对两个平行的互相对立的市场的论述，客观地反映了第二次世界大战后初期世界经济与政治关系中资本主义和社会主义两大不同社会制度的基本格局，并充分地肯定了社会主义国家之间开展经济技术和贸易往来的必要性和重要性。从这个意义上说，斯大林的这一理论是对列宁的和平共处原则和对外开放政策的一个新的发展。但是，由于斯大林始终把社会主义放在与资本主义相对立的位置上，对世界范围内社会主义与资本主义两大社会制度并存的长期性认识不足，因而割裂了具有有机联系的统一的世界市场，简单地把两个市场与两大阵营相互对立的政治格局联系起来，从而认为两个市场也是对立的、互不相干的。斯大林的这一理论认识，造成了社会主义实践中的单方面的对外开放，即人为地把社会主义国家的对外开放限制在社会主义阵营内部，削弱了与其他资本主义国家

① 《斯大林文选》下卷，人民出版社1962年版，第594页。
② 《斯大林文选》下卷，人民出版社1962年版，第594~595页。
③ 《斯大林文选》下卷，人民出版社1962年版，第615页。

在经济技术和贸易等方面的交流与合作，其结果必然会影响社会主义事业的发展，影响世界和平和人类进步。苏联的社会主义建设正是在这种与世界市场隔绝、脱离世界经济发展的总进程、脱离世界科学技术和人类文明发展总进程中进行的，从而也就在经济技术等方面处于长期落后于世界先进水平并且日益失去发展势头的境地。

中 篇

20 世纪下半期的
马克思主义经济学

第五章

苏联东欧学者对当代资本主义
理论的新探索

对当代资本主义的研究是第二次世界大战后马克思主义经济学发展的重要课题。20 世纪 60 年代初到 80 年代初，苏联和东欧学者力图摆脱对列宁帝国主义理论教条主义理解的束缚，结合当代资本主义发展的新情况和新问题，对当时国家垄断资本主义的基本性质、资产阶级国家与垄断资本的关系、资本主义经济危机新特点等问题做了多方面的有意义的探讨。这些探讨的基本特点，一是运用列宁帝国主义理论的基本观点和方法，以此凸显列宁帝国主义理论的当代意义；二是对当代资本主义发展的新变化做出新的探索，形成关于国家垄断资本主义的新的理论和观点。

第一节　列宁帝国主义理论的当代认识

以列宁的帝国主义理论为指导研究当代资本主义经济关系发展的新现象与新特征，是 20 世纪 60 年代中期到 70 年代中期苏联和东欧理论界对国家垄断资本主义理论研究的最显著的特征。当时，苏联和东欧学者普遍认为，与列宁所处的时代相比，现今世界已经发生了巨大的变化；但是，列宁的帝国主义理论并没有"过时"，这一理论仍然是认识当代资本主义现实的指导思想，仍然指导着当代马克思主义帝国主义理论发展的方向。

一、苏联学者对列宁帝国主义理论的认识

苏联学者对列宁帝国主义理论当代意义的研究，集中体现在他们纪念列宁《帝国主义是资本主义的最高阶段》一书发表 60 周年和纪念列宁诞辰 100 周年发

表的一系列著述中。在纪念列宁诞辰 100 周年时，苏联学者涅·伊诺泽姆采夫在由他主编的《现代垄断资本主义政治经济学》第一版序言中指出："列宁关于帝国主义的学说是马克思列宁主义的社会主义革命理论不可分割的组成部分，这一理论是对世界进行革命改造和最有效地解决全部历史进程对人类提出的最迫切问题的最强大手段"。[1]

伊诺泽姆采夫等学者认为，列宁帝国主义理论的现实意义，可以概括为两个方面：

第一，列宁的帝国主义理论具有无比丰富的内容，它揭示了依然为当代资本主义固有的本质、基本特征和特点，以及这一经济关系的内在的矛盾。对这些基本原理的理解和运用，将有助于当代马克思主义者正确估价 20 世纪后半期，特别是 20 世纪 60 年代中期以来国家垄断资本主义发展的新现象，有助于认识当代资本主义已发生的变化的性质及规律，进一步发展列宁的帝国主义理论。

第二，列宁在创立帝国主义理论中所运用的方法论，具有重要的现实意义。列宁研究垄断资本主义的方法，最有代表性的、最本质的就是从历史唯物主义立场出发、对具体情况做具体分析和考察历史环境特征三个方面的特点。列宁在创立马克思主义帝国主义理论过程中，始终坚持历史唯物主义立场，把世界发展的普遍规律作为分析当时资本主义时代变化性质的基础，洞察这一变化的本质，揭示的不仅是个别国家，而且也是大多数主要资本主义国家的发展趋向和内在矛盾，并对这一变化中显现的各种现象之间的相互联系和相互依存关系做了深刻的分析。列宁创造性地运用马克思主义基本原理去分析具体实际，分析涉及资本主义最新现象和过程的全部事实，得出了关于帝国主义理论基础的最普遍的结论。列宁还深刻地分析了涉及不同国家的生活，涉及世界经济和世界政治各个领域的大量事实，极为精确地研究了一些国家资本主义发展的具体特点。列宁高度尊重历史事实，通过对时代性质和基本特征的深入研究，理解社会现象及其发展趋势。

苏联学者认为，在这两个方面，列宁的帝国主义理论具有"永不磨灭的意义"。"只要垄断资本主义还存在，列宁关于帝国主义的理论就是研究资本主义现实的最重要武器。列宁分析世界发展的方法论，将永远被先进的社会思潮和创建社会的革命力量用于武装自己"。[2]

苏联学者在对列宁帝国主义理论当代意义的研究中，也开辟了列宁帝国主义

① 伊诺泽姆采夫主编：《现代垄断资本主义政治经济学》上册，上海译文出版社 1978 年版，第 1 页。

② 伊诺泽姆采夫主编：《列宁的帝国主义论与当代现实》，中国社会科学出版社 1980 年版，第 1 页。

理论形成史研究的新领域。在对列宁帝国主义理论形成史的研究中，苏联的一些学者指出，在《帝国主义是资本主义的最高阶段》一书发表之前，列宁的帝国主义理论的形成可以划分为三个阶段：19 世纪 90 年代为第一阶段，1900～1914 年为第二阶段，1914～1915 年第一次世界大战初期为第三阶段。

19 世纪 90 年代，列宁经济学研究的主题集中于同俄国自由主义的民粹派斗争，集中于对资本主义生产一般理论的探讨。但是，在这一时期，列宁在他的一些重要著作中，已经分析了世界资本主义发展的一些新现象，揭示了资本主义发展新时代的某些重要特征，其中主要如国际资本家同盟的出现、经济扩张的加强和经济扩张新形式（即资本输出）的出现、保护关税制度性质的变化、垄断价格的出现和对殖民地掠夺的加强等等。这一阶段，列宁虽然还没有得出资本主义发展的新的特殊时期已经到来的结论；但是，他已经证明，资本主义发展的新现象是资本主义生产方式发展的必然趋势，是资本主义经济矛盾和阶级矛盾进一步深化和尖锐化的集中表现。

20 世纪初，列宁在 1905 年发表的《社会民主党在民主革命中的两种策略》等著作中，已经敏锐地得出"我们现在无疑地已经进入了一个新的时代"的结论。之后不久，他进一步把这一结论同反映资本主义经济垄断化过程的世界经济的发展变化联系在一起，把资本主义崩溃时代的来临与资本主义垄断组织的发展直接联系在一起。在这一阶段，列宁十分注意对资本主义生产领域中集中和垄断发展的各种变化的研究。值得注意的是，当时，列宁在 1908 年的《政治评论》和 1908～1909 年的《关于马克思主义的讲演提纲》等文章中，已经开始使用"金融资本"的概念；而且，同希法亭不同的是，列宁是在研究资本主义生产过程的基础上提出"金融资本"概念的。这一阶段，列宁还十分注重对垄断组织、金融资本和国家政权相结合的过程问题，对资本主义国家分割和重新分割世界的斗争所引起的资本主义国家对外政策的问题，以及"文明的"资本主义国家和世界大多数经济落后的国家之间在新时代形成的相互关系问题的研究，等等。因此，可以认为，在第一次世界大战爆发之前，列宁已经提出了马克思主义帝国主义理论的中心思想和基本论点。

第一次世界大战初期是列宁创立帝国主义理论的新阶段。列宁在这一阶段完成的《战争和俄国社会民主党》（1914 年）、《无产阶级与战争》（1915 年）等论著中，首次提帝国主义是资本主义发展的"新的"、"特殊的"、"最高的"、"最后的"阶段这样的一些经典性的定义。这一阶段，列宁还概括地提出了关于帝国主义经济和政治实质的全部重大问题，已经初步建构了帝国主义理论的逻辑体系的基本要素，从而为他在《帝国主义是资本主义的最高阶段》一书中，对帝国主义理论做出全面而系统的论述，奠定了牢固的理论基础和方法论基础。

对列宁帝国主义理论形成史的研究，不仅历史地证明列宁在 19 世纪和 20 世纪交替时期，对马克思主义政治经济学理论发展做出的卓越贡献，以及列宁帝国主义理论的丰富内涵和巨大的现实指导意义，而且还有力地驳斥了诋毁列宁主义和列宁帝国主义理论历史价值和当代意义的种种错误思潮和观点。

二、苏联学者对列宁国家垄断资本主义理论的认识

1955 年，依·库兹敏诺夫在《国家垄断资本主义》一书的一开始就指出："关于国家垄断资本主义的原理是列宁帝国主义理论的组成部分"；"国家垄断资本主义是帝国主义时代的产物，它成长自垄断，是垄断发展的结果和最高阶段。"[1] 20 年后，苏联学者德拉基列夫在其主编的《国家垄断资本主义：共性与特点》（1975 年）一书中，还坚持认为"关于国家垄断资本主义的学说，是列宁帝国主义理论的最重要组成部分之一"[2]，并专门就列宁关于国家垄断资本主义本质的学说做了详细的探讨。他认为，尽管列宁直到 1917 年 4 月才第一次使用"国家的垄断资本主义"这一术语，但在这之前，他在《帝国主义是资本主义的最高阶段》以及 1916 年底至 1917 年初的一系列著作中，实际上已经对国家垄断资本主义的本质和形式作了周详的论述。

德拉基列夫认为，列宁关于国家垄断资本主义的学说，最初见于列宁在十月革命前所写的著作中。在《帝国主义是资本主义的最高阶段》中，虽然还没有"国家垄断资本主义"这一术语，但实际上列宁应用了这个概念。列宁认为的国家垄断资本主义的内涵就是，垄断组织的力量与国家的力量在保证垄断组织利益的统一机制中结合。这一内涵不仅反映了国家垄断资本主义的本质，而且反映了它的目的。此外，在《帝国主义是资本主义的最高阶段》中，列宁也谈了国家垄断资本主义的某些主要形式，主要是第一次世界大战前就存在的某些形式，但没有谈到战争形式（列宁对这个问题论述得比较晚）。列宁还说明了国家垄断资本主义在德国、俄国等个别国家内，以及国际范围的各种表现的特点。这些都说明"列宁已经把国家垄断资本主义作为帝国主义的属性来研究了。"[3] 继《帝国主义是资本主义的最高阶段》后，列宁 1916 年 12 月在《关于战争问题的根本原则》、《告国际社会主义者委员会各国社会党书的提纲草案》、《告支持反对战争和反对投靠本国政府的社会党人的工人书》等一系列著作中，用了"国家资本主义"

---

① 库兹敏诺夫：《国家垄断资本主义》，人民出版社 1957 年版，第 1~2 页。

②③ 〔苏〕德拉基列夫主编：《国家垄断资本主义：共性与特点》，上海译文出版社 1982 年版，第 7 页。

的术语，也提到了国家垄断资本主义的本质和形式问题，但仍然没有使用"国家垄断资本主义"这一术语，直到 1917 年 4 月在《为捍卫关于目前形势的决议而发表的演讲》一文中，列宁才第一次使用"国家的垄断资本主义"这一术语。

德拉基列夫还对列宁没有专门撰写文章对国家垄断资本主义进行论述的原因做了分析。"国家垄断资本主义在当时尚未形成。国家垄断资本主义的生产和发展，其特性在初期表现得不够并不是由于它是帝国主义的特殊方面或形式，而是由于它的内在特性。这种特性在初期表现得比较不明显，但是，随着帝国主义的发展，它日益渗透到了标志着帝国主义特征的每一个过程。"[1] 可见，德拉基列夫认为，列宁没有专门阐述国家垄断资本主义的原因，是当时国家垄断资本主义在帝国主义发展初期表现得不够明显。

尽管如此，苏联学者还是认为，列宁在他关于帝国主义理论的著作中仍然"全面地论述了国家垄断资本主义这个帝国主义内在的经济、社会、民族和国内、国际关系的特别复杂的综合体"。[2] 他们还认为，列宁的这些关于国家垄断资本主义的学说，在苏联共产党的一系列文件中，特别是在苏联共产党当时的党的纲领中得到了进一步的阐释。

三、东欧学者对列宁帝国主义理论的认识

1973 年，罗马尼亚学者格·普·阿波斯托尔主编的《当代资本主义》中的观点，代表了这一时期东欧学者对列宁帝国主义理论的基本认识。他们充分肯定了列宁的帝国主义理论，认为"列宁的功绩在于对垄断资本主义进行了深刻的分析"[3]，这些分析，除了体现在《帝国主义是资本主义的最高阶段》中外，还体现在《论欧洲联邦的口号》（1915 年）、《第二国际的破产》（1915 年）和《帝国主义与社会主义的分裂》（1916 年）等著作中。

阿波斯托尔等学者认为，列宁的帝国主义理论是以马克思留下的遗产——"认识和通过革命手段改造世界的锐利武器"为基石，"吸收其中一切本质的东西，剔除已经过时的东西，发现了社会发展的意义，得出了指导政治实践活动的结论，进一步发展了马克思主义的科学。"[4] 他们认为，列宁的帝国主义理论的主要内容集中体现在以下三个方面：

---

① 德拉基列夫主编：《国家垄断资本主义：共性与特点》，上海译文出版社 1982 年版，第 8 页。
② 德拉基列夫主编：《国家垄断资本主义：共性与特点》，上海译文出版社 1982 年版，第 9～10 页。
③ 阿波斯托尔主编：《当代资本主义》，生活·读书·新知三联书店 1979 年版，第 16 页。
④ 阿波斯托尔主编：《当代资本主义》，生活·读书·新知三联书店 1979 年版，第 17 页。

第一，列宁在同机会主义的不妥协斗争中制定的帝国主义理论，发展了马克思主义经济学说。这一理论，揭示了马克思《资本论》出版后半个世纪中资本主义世界发展的本质过程，勾画了第一次世界帝国主义大战前夕国际关系中的世界资本主义经济的总的图景，总结了各国工人运动的经验，武装和动员了劳动人民群众投入反对资本主义的斗争之中。

第二，列宁对 19 世纪最后三十多年和 20 世纪初的资本主义发展进行了总结，科学地概括了帝国主义的基本特征，规定了它的历史地位。列宁在丰富的事实材料的基础上，全面揭示了资本主义发展的新阶段及其经济上和政治上的本质，指出了帝国主义基本经济特征之间的内在联系和相互关系。同时也揭示了资本主义经济规律在帝国主义阶段作用的特殊性，首要的是资本主义基本经济规律——剩余价值规律，在帝国主义阶段作用的特殊性。

第三，列宁发现了资本主义国家经济政治发展的不平衡规律。依据这一规律，列宁得出了关于社会主义革命最初可以在几个国家甚至一个国家取得胜利的结论，回答了当时马克思主义经济学发展最紧迫、最现实的问题，为工人阶级指明了反对资本主义和争取社会主义革命胜利的方向和道路。

第二节　关于国家垄断资本主义发展阶段的探索

在对第二次世界大战后资本主义发展具有国家垄断性质问题形成共识的基础上，苏联和东欧学者在 20 世纪 60 年代中期以后，对国家垄断资本主义的新变化和新特征问题做了多方面的探讨。

一、德拉基列夫等对国家垄断资本主义的认识

20 世纪 50 年代中期以后，苏联学者的主流观点认为，当代资本主义的本质是国家垄断资本主义。尽管对国家垄断资本主义的某些方面的认识还存在着种种分歧，但在以下两个方面还是具有共识：第一，列宁对国家垄断资本主义已经做了科学论述，国家垄断资本主义理论是列宁帝国主义理论的组成部分。第二，国家垄断资本主义是帝国主义时代资本主义发展的新阶段；因此，垄断仍然是国家垄断资本主义的最根本的特征。国家垄断资本主义不仅没有改变帝国主义的性质，相反还加剧了帝国主义的一切固有矛盾。在苏联学者看来，国家垄断资本主义的形成包含在帝国主义发展的整个时期之中。在这意义上，垄断资本主义代替自由竞争资本主义的过程，也就是国家垄断资本主义代替自由竞争资本主义的过程。

苏联学者德拉基列夫主编的《国家垄断资本主义：共性与特点》（1975 年），是由苏联、德意志民主共和国、波兰、匈牙利、保加利亚等国家 51 名学者共同撰写而成的。这部著作对国家垄断资本主义产生发展的原因、国家垄断资本主义的本质及其内在矛盾、国家垄断资本主义发展的历史阶段，以及国家垄断资本主义发展的不平衡性等关于国家垄断资本主义的一些重要理论问题，进行了比较系统的探讨，还对美国、德国、日本、英国、法国等主要发达资本主义国家国家垄断资本主义的历史、现状和特点做了全面的介绍。这部著作阐述的这些观点，代表了当时苏联和东欧学者关于国家垄断资本主义理论的主流观点。

德拉基列夫等学者认为，国家垄断资本主义产生和发展的根本原因，是资本主义生产方式内部生产力和生产关系这一对抗性矛盾发展的结果。他们认为，"资本主义生产方式在帝国主义阶段的内在对抗性，是国家垄断关系发展的基础。这种内在对抗性的基础，就是狭窄的资本主义生产关系业已容纳不了现代的生产力"。[1] 生产的进一步社会化，是垄断资本主义向国家垄断资本主义过渡的物质基础。在资本主义社会，对垄断组织来说，保持生产力的一定增长是必要的，否则就不可能不断增加垄断利润；同时，垄断组织又必须限制生产力的发展，否则生产力的无限增长就会导致市场出现大量商品过剩，使垄断利润不能保证。任何中小资本，甚至大资本都不可能解决这一矛盾，"只有金融资本才能办到；只有国家力量才能与金融资本的力量进行有机的结合。"他们认为，"目前资本主义经济的矛盾是如此深刻，以致如果没有国家对经济过程的最广泛参与，就既不可能限制生产力的增长，也不可能在垄断组织利益所确定的范围内保证生产力的增长。"[2] 金融资本和国家两种力量结合形成的国家垄断资本主义，就是为了保护垄断组织的根本利益，就是为了缓解资本主义内在的生产力和生产关系的对抗性矛盾。

同时，"资本主义的内在对抗性，不仅是国家垄断关系产生的原因，而且也是其发展的原因。"[3] 两次世界大战对于国家垄断资本主义的发展起了重要的推动作用，"战争一方面是帝国主义统治集团打算消灭社会主义这一企图的产物，那末，另一方面，它也是垄断资本主义这样一些根本规律性的产物，如帝国主义之间为争夺销售、原料和资本市场斗争，为争夺殖民地和领土斗争，也就是说，这种斗争是由帝国主义的资本主义本性决定的，而不管总危机如何"。[4] 这就是说，帝国主义固有的规律性是决定战争的重要原因。资本主义第一次世界大战之前，

---

[1][3]　德拉基列夫主编：《国家垄断资本主义：共性与特点》，上海译文出版社 1982 年版，第 2 页。

[2]　德拉基列夫主编：《国家垄断资本主义：共性与特点》，上海译文出版社 1982 年版，第 3 页。

[4]　德拉基列夫主编：《国家垄断资本主义：共性与特点》，上海译文出版社 1982 年版，第 4 页。

在帝国主义列强准备战争的刺激下，出现了有垄断组织生产的武器和军用物资的国家市场，这是国家垄断关系的最简单的不完善的形式。两次世界大战使国家垄断关系得到了更为迅速的发展。在两次世界大战之间，1929 年世界性的经济危机爆发后，为了缓和资本主义内在矛盾，国家垄断关系得到了进一步的发展。第二次世界大战之后，资本主义内在对抗性矛盾所决定的一些因素，例如，"垄断地利用现代科学技术成就的必要性以及由此而产生的矛盾"、"阶级斗争的加剧"、"世界资本主义市场竞争的尖锐化"等，依然是国家垄断关系发展的基础。20 世纪 60 年代中期以来，资本主义危机过程中面对的新的、不可挽回的失败，在更大程度上刺激了国家垄断关系的发展。他们得出结论就是："国家垄断过程的发展是垄断资本主义的一条规律。"①

德拉基列夫等学者还对国家垄断关系发展的不平衡性问题做了深入研究。他们认为，垄断资本主义向国家垄断资本主义发展的过程是不平衡的，国家垄断资本主义"不是直线发展的，而是既经历过跳跃的前进，也有过一定程度的暂时后退。"② 这种不平衡主要体现在三个方面：时间上发展的不平衡、空间上发展的不平衡、各种形式发展的不平衡。国家垄断资本主义发展不平衡的根源，在于帝国主义的基本特征及其过渡性质所造成的各种内部的矛盾。

首先，国家垄断资本主义发展的快慢程度，在不同国家和不同时期是不相同的，其原因就在于国家垄断资本主义的内在矛盾。一方面，生产力的不断发展客观上要求由国家在全国范围内调节经济，即使某些垄断组织为了自己的私利，在一定程度上也要求国家来调节经济。另一方面，由于垄断组织掌控着国家的经济，为了其自身的垄断利益，又会阻碍国家对经济的调节，只有当国家经济遭受巨大困难，出现资本主义生产关系有被消灭的威胁时，垄断组织才会允许由国家直接调控经济，而当这些威胁消除时，垄断组织就力求消除国家干预经济。也就是说，"垄断资产阶级只允许那些在一定时期无疑是不可避免的国家干预经济的形式"③。由于不同国家经济发展阶段和状况是不同的，同一国家在不同时期经济发展的状况也是不相同的，这就决定了在不同国家和不同时期，国家垄断资本主义的发展程度也是不相同的。

其次，国家垄断资本主义虽然在所有帝国主义国家都得到了加强，但不同国家和不同经济部门的国家垄断资本主义发展形式存在重大差别，美国和西欧的差别尤为明显。第二次世界大战后，由于西欧资本主义国家的地位受到了极大的削弱，为了保持自己的国际地位，"就不得不开始对生产机构按照国家垄断的需要

---

①③　德拉基列夫主编：《国家垄断资本主义：共性与特点》，上海译文出版社 1982 年版，第 6 页。

②　德拉基列夫主编：《国家垄断资本主义：共性与特点》，上海译文出版社 1982 年版，第 19 页。

进行重大改组，并且除了通过信贷体系间接影响的措施之外，还采取了直接管理经济的措施。"① 因此，西欧在国家所有制的发展程度、国家调节的许多形式、经济的计划化程度等方面都超过美国。美国为了在资本主义和社会主义两大体系斗争中取得优势地位，在经济军事化方面的程度，在国家垄断刺激强化生产要素（首先是科技和教育）方面，显然超过了西欧。当然，随着第二次世界大战后资本主义世界经济格局的变化，在长期发展趋势中，发达资本主义各国的国家垄断结构和形式在一定程度上有接近的趋势。

德拉基列夫等学者研究了国家垄断资本主义的分期问题。划分国家垄断资本主义的发展阶段，首先要确定国家垄断资本主义的衡量指标，他们认为，这一指标应该是下列因素的总和：生产资料国家垄断所有制的发展程度；国家拨款在投资和科学研究开支中所占的比重；国家采购和用于社会开支的国家拨款总额；国家调节经济间接措施的规模及经济计划化的水平；国家资本输出和在对外经济关系领域内国家综合措施的程度等。依据这一指标体系，他们把国家垄断资本主义划分为八个阶段：第一阶段是从 20 世纪初期到第一次世界大战前，这是国家垄断资本主义开始形成的时期；第二阶段是第一次世界大战期间，国家军事垄断经济广泛发展，其中德国达到了特别高的程度；第三阶段是 1919～1929 年，这一阶段国家对经济干预的程度较之战争期间大大减弱，但其水平却大大高于第二次世界大战前；第四阶段是 1929～1933 年的"大危机"时期，在这些年里，国家垄断干预经济又大大加强；第五阶段是第二次世界大战前夕，即 1934～1939 年期间，德国和日本的国家"垄断"防务经济得到发展，美国"新政"体系收缩，并且又发生了一次危机；第六阶段是第二次世界大战期间，战争使国家军事调节得到了巨大的发展；第七阶段是从 20 世纪 40 年代末到 50 年代前半期，在军事化保持高水平的情况下，美国国家垄断干预经济的规模有一定缩减，西欧国家垄断企业的规模急剧扩大；第八阶段是从 50 年代后半期开始到 70 年代中期。

德拉基列夫等学者对 20 世纪 70 年代国家垄断资本主义发展的特点做了概括。首先，发展国家垄断资本主义的政治刺激力量空前增强。他们认为，与资本主义和社会主义两大体系斗争的深化相联系，"世界舞台上阶级斗争的加剧，不仅对资本主义生产力的发展，而且对它的生产关系的进化即对垄断资本主义转化为国家垄断资本主义，都有着巨大的影响"。② 面对革命力量的强大冲击，资本主义国家采取的一系列国家垄断调节经济的措施，已由应对世界大战和严重经济危机的非常手段，转变为经常性的制度，成为资本主义再生产全部机制中不可分

---

① 德拉基列夫主编：《国家垄断资本主义：共性与特点》，上海译文出版社 1982 年版，第 32 页。
② 德拉基列夫主编：《国家垄断资本主义：共性与特点》，上海译文出版社 1982 年版，第 24 页。

割的一个组成部分。"在现代条件下，国家垄断过程的强大发展，是帝国主义企图适应两大体系尖锐斗争局势的主要表现形式之一。"①

其次，国家垄断资本主义发展与科学技术的发展之间有着重要的内在联系。"指出国家垄断资本主义的发展与科学技术革命的发展之间的相互依赖关系，这一点也很重要。资本主义以国家垄断为基础，促进了科学技术的进步，造成了再生产矛盾的一些新的形式，造成了社会动荡性的新根源，从而迫使资本主义动用所有新的国家垄断调节的手段，采取许多国家干预经济的新形势。"②

最后，国家在对外经济关系领域中的干预程度空前提高。虽然在自由竞争时期，就有国家对对外经济领域的干预（如关税等），但随着向国家垄断资本主义的过渡，国家对对外经济领域干预的规模空前扩大。在现代垄断资本主义条件下，国家干预主要有三种形式：广泛的国家资本输出；国家垄断一体化联盟的出现；国际性国家垄断调节形式（包括货币领域）等不同形式的发展。

德拉基列夫等学者还对国家垄断资本主义矛盾的对抗性本质做了深刻的分析。国家垄断资本主义根源于资本主义生产力与生产关系之间的对抗性矛盾，国家垄断关系的发展不仅没有消灭资产阶级社会的生产社会化性质和私人资本主义占有制之间的根本对抗，相反还加深了这种对抗。"国家垄断关系的体系，是资本主义生产方式基本矛盾的产物，同时也是使这一矛盾进一步加深的因素，是使由这一矛盾决定的资产阶级社会的社会经济一系列对抗性矛盾进一步激化的因素。"③ 国家垄断资本主义试图发展其经济职能，并使这些职能服从于自己利益的办法来克服再生产中的矛盾，而这些矛盾正是由现代资本主义产生出来的，这是国家垄断资本主义矛盾内在的最深刻的对抗性。因此，"国家垄断过程的'最终结果'并不能救资本主义，它的灭亡是不可避免的"。④

基于国家垄断资本主义是帝国主义"内在特性"的普遍认识，德拉基列夫等学者并不认为国家垄断资本主义是继帝国主义之后、资本主义发展的又一个独立的阶段，更不认为是帝国主义进入"超帝国主义"阶段。他们认为，国家垄断资本主义只是垄断资本主义自身发展的一个阶段。因此，他们既承认国家垄断资本主义阶段资本主义生产体系的重大变化，同时更强调国家垄断资本主义与帝国主义前期在根本特征上的共同性；认为国家垄断资本主义的每一种职能以及为保证这些职能实现的各种组织形式，"都源于资本帝国主义发展的根本规律性"。⑤

---

①② 德拉基列夫主编：《国家垄断资本主义：共性与特点》，上海译文出版社 1982 年版，第 25 页。

③ 德拉基列夫主编：《国家垄断资本主义：共性与特点》，上海译文出版社 1982 年版，第 13 页。

④ 德拉基列夫主编：《国家垄断资本主义：共性与特点》，上海译文出版社 1982 年版，第 18 页。

⑤ 德拉基列夫主编：《国家垄断资本主义：共性与特点》，上海译文出版社 1982 年版，第 12 页。

二、明兹对国家垄断资本主义的认识

1970 年，波兰经济学家布·明兹出版了《现代资本主义》一书，1978 年再版。在第一版序言中，明兹指出，这本书"试图阐明现代资本主义发生的新现象和经济变化的过程，同时也力求介绍现代资本主义发展的趋势"。明兹在这本书中阐述的许多见解，实际上代表了东欧一批马克思主义经济学家对 20 世纪 60 年代中期以后资本主义发展新现象、新趋势的思考。

明兹从资本主义生产资料所有制形式发展的角度，阐述了垄断资本主义发展阶段的特点和特征。他认为，资本主义生产资料所有制可以是资本家所有制，也可以是资本家集团或资本主义国家集体所有制，"在资本主义发展的不同阶段中，这几种所有制中的一种可以居主要地位。"[①] 在 19 世纪末和 20 世纪初，资本主义从自由竞争阶段过渡到垄断资本主义阶段，即帝国主义阶段。"第二次世界大战以后，资本主义进入了应称之为集体垄断资本主义新阶段。"[②] 明兹的"集体垄断资本主义"概念包含了两层含义：一是指资本主义的国家所有制，即总体的资本主义所有制；二是指大型股份公司形式的集团所有制。因为这种大集团公司往往由不同资本家集团组成，所以集团的资本在一定条件下可以，甚至必须同时既是私人资本又是集体资本。集体垄断资本主义在第一次世界大战与第二次世界大战期间开始形成。在第二次世界大战期间，这种资本主义的因素大大地巩固了，因为战争引起生产资料国家资本主义所有制的发展和促使国家资本主义调节经济的发展。第二次世界大战以后，无论是私人集体资本主义所有制，还是国家集体资本主义所有制，都最终得以形成和巩固，国家调节资本主义经济在和平条件下也得到发展，于是，资本主义过渡到发展的新阶段。在"集体垄断资本主义"阶段，资产阶级作为统治经济占有剩余价值的事实，以及资产阶级仍然直接或间接地居于支配和领导社会生产的统治地位，并没有发生根本性的改变，所以，资本家集团所有制或资本主义国家所有制依然属于资本主义制度。

明兹分析了垄断资本主义阶段的生产资料所有制。他认为，要区分法律意义上的生产资料所有制和经济意义上的生产资料所有制。"法律意义上的所有制概念，是由占有生产资料的法律原则决定的，因此这是形式上的概念；而经济意义上的生产资料所有制，则意味着事实上支配这些生产资料，旨在实现生产和获得剩余产品（超额利润或利润），因此这就涉及生产关系的内容。它意味着由生产

---

① 明兹：《现代资本主义：经济问题和发展趋势》，东方出版社 1987 年版，第 8~9 页。

② 明兹：《现代资本主义：经济问题和发展趋势》，东方出版社 1987 年版，第 11 页。

资料的占有者掌握生产资料、生产和剩余产品，并且决定这些占有者与直接生产者之间的关系。"① 现代资本主义生产资料所有制，可以分为四种形式：个人所有制和股东所有制；公司（股份公司）所有制；国家所有制；合作社所有制。个人所有制和股东所有制的意义在日益缩小，而合作社所有制则起着完全次要的作用。公司所有制形式是占统治的形式，现代资本主义公司的生产资料所有制，在法律意义上是为数众多的股东所有制，而在经济意义上则是少数资本家（由他们组成领导公司的经营者）的集体所有制。国家所有制的发展也是现代资本主义的特点，从法律观点及形式上来看，生产资料的国家所有制是全民所有制，而从经济观点来看，这种所有制是资本家统治阶级的集体所有制，这种所有制的形式，尽管在某种程度上与占统治地位的资本主义公司所有制形式相比，只是从属的，但却起着重要的作用，这尤其表现在由国家对那些盈利低的企业和经济部门进行接收，以及由国家资本主义企业对非国家所有制的资本主义企业按低价提供生产资料。

明兹认为，面对资本主义经济发生的根本变化，不能再固守马克思主义政治经济学关于自由竞争时期资本主义的理论模式，而应该提出新的"现代资本主义模式的理论结构"。明兹通过对自由竞争模式和现代资本主义模式的比较分析，较为简明地揭示了资本主义垄断发展的轨迹及其阶段性特征。在明兹看来，与自由竞争资本主义模式相比较，现代资本主义模式具有以下"基本特征"：

第一，生产和资本的集中形成了在市场上起统制作用的大型企业，经济活动的中心人物是在资本家阶级中处于领导阶层的经营者和管理者，而不是自由竞争经济模式中的个别资本家企业主。

第二，商品的价格最终不是由市场自由竞争产生的，而是由占统治地位的大企业事先指定的、而后再强加给市场的"管理价格"。

第三，技术进步要求对科学研究进行大量的投资，这只有靠大企业并且在得到国家大量经费资助的条件下才能进行。与企业生产规模和技术水平提高相适应，企业及其综合体的建设时期延长了，这也使得企业做出经济决策的时间视野（即经营主体在做出经济决策时考虑的时间）也大大延长了。

第四，尽管资本投入的目的仍然是获得最大利润，但经济的调节者已不再是单纯的价格运动；而是在国家的主动调节下、垄断集团的不同实力作用下的，垄断集团的长期目标函数，即现在资本主义企业追求的是长期利润的最大回报。

第五，生产力资本主义生产关系的国际化程度如此之高，所起的作用如此之大，以至于这种国际化已成为现代资本主义不可分割的、极为重要的特征。因

---

① 明兹：《现代资本主义：经济问题和发展趋势》，东方出版社 1987 年版，第 35～36 页。

此，在对现代资本主义的考察中，不能将资本国际化看做是资本主义经济内部发展以外的"附加"因素，而应看作是一种"首位"因素。

明兹认为，在垄断资本主义阶段垄断组织的主要形式是寡头垄断。卡特尔是垄断化发展的初期形式，卡特尔的弱点在于它们不能从根本上转变为生产组织，而且在它们的参加者之间经常出现各种矛盾。因此，在垄断化的进一步发展中，尽管卡特尔仍然主要是作为不同国家企业之间的垄断协定形式出现，但它们已让位于垄断化的主要形式起初，是"纯粹的"垄断，继而是寡头垄断。现代资本主义的特征是私人资本主义垄断和国家资本主义垄断同时并存，而典型的形式就是寡头垄断，它是垄断的一种类型，即几家最大的企业控制市场，彼此不进行价格竞争。

在垄断化的发展中，依据主要垄断组织形式的不同可以分为四个阶段：第一阶段是 1873～1900 年时期，垄断企业在这个时期主要以卡特尔的形式发展，但是它们还没有占据统治地位，而且还不稳固；第二阶段是 1900～1939 年时期，这时以寡头垄断形式组合的垄断组织占据了统治地位，但只是在某些重要的部门中，与此同时，自由竞争还起着很重要的作用；第三阶段是 1939～1960 年时期，这个时期在垄断组织（寡头垄断）的发展中出现了跃进，它们在关键的部门中进行了联合，自由竞争的成分进一步受到了限制；第四阶段是 1960 年以后的时期，这个时期是垄断资本主义发展的最新阶段，垄断出现一些新的特征，主要表现为：资本主义国家所有制（资本主义整体所有制）规模的扩大；资本主义集团所有制，即垄断组织和寡头垄断结合的"混合联合公司"所有制产生及其生产的多样化发展；垄断组织已遍及自由竞争传统领域的所有行业；垄断组织和国家在各方面的活动融为一体；"超级垄断"，即"垄断帝国"得到长足发展，标志着生产力和生产关系国际化垄断形式，如跨国公司得到迅速发展，等等。

明兹分析了国家垄断调节经济和大公司的不同经济目标。他认为，"资本主义国家调节经济的目的是创造促进资本主义企业利润最大限度化的总的条件"①，因为国家的长期计划为企业做出长期决策提供了必要的情报；国家在无利可图或获利甚微的经济部门中进行投资，并且为私人资本主义企业的技术进步筹措资金；资本主义国家所有制企业丝毫不追求最大限度利润，恰恰相反，它们对生产的原料和电力以及提供的运输服务制定比较低的价格。在资本主义社会中，"现代资本主义企业追求某一期间利润的最大限度化，其期限取决于这些企业所接受的经济上的时间视野，一般说来，这是长期的时间视野，但是在不同的经济部门

---

① 明兹：《现代资本主义》，东方出版社 1987 年版，第 84 页。

和企业中，也可能是不一样的。"① 企业为了追求长期利润最大限度化，就必须放弃它可能在短期内获得的一部分利润，但由此认为现代资本主义企业不追求最大限度利润的论点，实质上是一种误解。

明兹认为，资本的国际化趋势主要表现在以下一些方面：国际卡特尔和跨国公司的发展；欧洲经济共同体（欧洲共同市场）的成立和扩大；欧洲各国之间以及欧美之间资本融合的趋势；国际经济关系条件下各国相互间依赖的加强；劳动力的国际迁移，特别是经济欠发达的国家向经济比较发达国家劳动力的迁移；"第三世界"国家要求建立新的世界经济秩序。

明兹在对当代资本主义垄断的研究中，吸收了西方经济学的一些理论和方法，不拘泥于马克思主义原有理论，对资本主义国有企业、资本主义集团所有制、"管理阶层"等方面问题都做了有意义的探索。

三、阿波斯托尔对国家垄断资本主义的认识

阿波斯托尔主编的《当代资本主义》是罗马尼亚一些高等院校学者们的集体研究成果。他们对国家垄断资本主义产生发展的原因、发展阶段以及本质等问题进行了深入系统的研究。

在对国家垄断资本主义产生和发展原因的分析中，阿波斯托尔等学者认为："垄断资本主义转变为国家垄断资本主义，是资本主义的内在规律，特别是金融资本的高度集中、金融寡头统治和资本主义再生产矛盾深化所决定的客观过程。"② 具体来说，国家垄断资本主义产生和发展的原因主要有以下几个方面：

第一，国家垄断资本主义是资本主义的基本矛盾——生产的社会化与生产成果的资本主义私有形式之间矛盾发展的产物。阿波斯托尔等学者认为，垄断资本主义转变为国家垄断资本主义，这样大规模的和重要的社会结构变化，只能是资本主义生产方式内在需要的结果，根本原因在于生产方式。国内或国际的某些因素的刺激，只是加快了这一过程的速度。垄断组织的统治，降低了基于价格波动和资本自由转移的生产自发调节机制的效率，形成了危机的破坏性后果扩大、生产的普遍的不稳定性、生产力的长期使用不足等后果。其结果是利润率下降的倾向日趋严重和相对过剩资本的比例扩大，必然要求国家加强对经济生活的干预。国家垄断资本主义的产生和发展，也是与应对"匮乏经济"等非常情况相适应的，两次世界大战期间，国家垄断资本主义措施得以推行的根本原因，也就在于

---

① 明兹：《现代资本主义》，东方出版社 1987 年版，第 79 页。

② 阿波斯托尔主编：《当代资本主义》，生活·读书·新知三联书店 1979 年版，第 72~73 页。

资源满足不了需要。

第二，两大对立的社会经济体系的存在以及它们之间的竞赛、帝国主义殖民体系的危机和崩溃，是加速国家垄断资本主义发展的重要因素。第二次世界大战后社会主义与资本主义两大体系之间的斗争，使垄断资本主义国家首先要增加军备竞赛和军事费用，而这些费用的增加意味着国家大规模地重新分配国民收入，这必然对整个再生产发生巨大影响。殖民体系的危机和崩溃，迫使垄断资产阶级必须利用资产阶级国家干预，保障以新的形式对不发达国家的人民进行剥削，也会加快国家垄断资本主义的发展速度。

第三，现代科学技术革命加剧了上述各种矛盾，促使国家垄断资本主义加速发展。第二次世界大战和经济的军事化，促使西方大国拨出大量基金加速与改进战争能力和装备的科学研究。这些研究，获得了一系列具有重大军事意义的成果：核能的释放、电子学的发展，最早的强功能的计算机的制造、火箭技术的创立，某些数学计算新领域的建立，等等。这些成果在科学技术领域里也产生了重要影响。科学技术的发展促进了新的生产力的进步，要求集中使用资本，深化了资本主义基本矛盾，加快了国家垄断资本主义的发展。因此，"如果说 1929 ~ 1933 年生产过剩的危机时期，第一次强烈地感觉到需要国家垄断资本主义，那么，第二次世界大战后，在科学技术革命的条件下，垄断资本主义已迅速地转化为国家垄断资本主义。"[1]

阿波斯托尔等学者从资本主义国家作为上层建筑，适应资本主义经济基础变化发展的角度，说明国家垄断资本主义的发展阶段。他们指出："资本主义国家作为资产阶级上层建筑的主要因素，遵循着在各个历史阶段都发生着作用的社会规律，在资本主义所经历的所有阶段进行了积极的干预，以促进资本主义经济基础的形成、巩固和发展。"[2] 从 19 世纪最后三十多年开始，随着生产和劳动的资本主义社会化程度的提高，经济生活的国家干预倾向才比较鲜明地表现出来。这一过程大体分为四个阶段：

第一阶段出现在第一次世界大战时期。这一时期是国家大规模干预经济生活的最早时期。世界大战期间，不同寻常的庞大的军事活动要求集中使用资源，保证最大限度地利用生产能力、原料和劳动力，使整个经济活动服从于维持战争的目的，于是在资源和需要的不平衡中产生了合理化的国家统制经济需求，从而加速了国家垄断资本主义的发展。

第二阶段是在两次世界大战期间。国家垄断资本主义的发展并不是直线上升

---

① 阿波斯托尔主编：《当代资本主义》，生活·读书·新知三联书店 1979 年版，第 77 页。
② 阿波斯托尔主编：《当代资本主义》，生活·读书·新知三联书店 1979 年版，第 69 页。

的，第一次世界大战后，资本主义国家对经济的干预有所减弱。但是，1929～
1933 年的生产过剩经济危机动摇了整个资本主义世界的基础，政府出面对经济
进行全面干预成为当时各资本主义国家摆脱危机困境的主要选择。到第二次世界
大战前夕，经济干预措施的浪潮不断高涨，特别是在法西斯主义国家。

第三阶段是在第二次世界大战期间。战争动员使资产阶级国家的经济调节得
到巨大发展，资产阶级国家对经济的影响和干预进一步增强，世界各地都致力于
严厉的统制，对物质资源和劳动资源的使用实行监督。在一些国家还规定了生产
计划并调整消费。国家通常把国民收入的一半以上纳入预算，并加以控制。

第四阶段是第二次世界大战后。国家干预经济的水平再度有所下降，但没有
恢复到第一次世界大战以前的状况；通过一系列手段，国家干预的机制受到刺
激，随即又开始发展。在美国，最初给予这一刺激的是军备竞赛。在西欧国家和
日本，最初的刺激源于恢复经济和经济现代化的需要。作为对这种需要的回答，
法国和英国实施了具有重要意义的国有化计划。国家干预成为一种制度，这表现
为有关经济的法律制度的发展以及相应的国家机器的建立。经济政策的主要工具
业已确立，而且日益丰富。在世界各地，国家都成为经济生活的一个经常性因
素。"国家垄断资本主义由战前的非常环境造成的临时性措施，变成了垄断资本
主义的一种经常形态。"① 这是垄断资本主义发展到国家垄断资本主义阶段这个
更高阶段的标志。

阿波斯托尔等学者揭示了国家垄断资本主义的性质。他们认为："国家垄断
资本主义是垄断资本主义发展的一个阶段，是垄断资本主义的当前存在形态。"②
他们认为，把国家经济部门的出现以及国家对于经济生活的广泛干预，都被说成
是一种新的社会制度的因素，是企图抹杀社会主义与资本主义的对立，是企图觅
求两种制度的本质的同一性并证明它们是殊途同归，这些都是不正确的。前者是
国家垄断资本主义的发展，后者是社会主义生产关系的发展；前者是最大限度地
榨取垄断利润，后者是为了整个社会的利益而选择最优发展。实际上，即使是国
家所有制企业，也是为垄断资本利益服务的，并具有国家垄断资本主义的性质，
国家干预经济无非是为取得垄断利润创造最优条件的方式。因此，"不管在资本
主义和社会主义社会中发生什么样的变革，在这两种社会制度之间始终保持着两
种生产资料所有制形式——资本主义私有制和社会主义所有制的对立，国家政权
性质、生产目的以及标志着人类社会本质特点的其他各方面的对立。"③

---

① 阿波斯托尔主编：《当代资本主义》，生活·读书·新知三联书店 1979 年版，第 72 页。
② 阿波斯托尔主编：《当代资本主义》，生活·读书·新知三联书店 1979 年版，第 79 页。
③ 阿波斯托尔主编：《当代资本主义》，生活·读书·新知三联书店 1979 年版，第 80 页。

阿波斯托尔等学者还研究了国家垄断资本主义阶段出现的新变化。国家垄断资本主义的发展意味着资本主义生产关系发生了某种改变，这可以从它的每个主要组成因素的改变中看出来，资本主义新变化表现在所有制形式、各阶级和社会集团之间的关系、分配形式等方面。第一，生产资料所有制形式的新变化。由于国有成分的扩大，特别是通过预算大规模地重新分配国民收入，出现了私有制的新形式以及动员和利用资本的新形式，无论在前一种情况还是在后一种情况下国家都是作为整个垄断资产阶级的代表出现的。第二，各阶级和社会集团之间的关系的新变化。国家同资本家以及工人群众发生了经济关系，在国家企业中，生产资料所有者和雇佣劳动者之间的关系是一般类型的资本主义剥削关系；国家与私人资本家之间的关系，以及国家对交换活动的影响，则具有某种特殊性。第三，分配形式的新变化。分配形式虽然本质保持不变，但也出现了新的因素：国家大规模地重新分配国民收入，以及国家对新创造的价值最终划分成积累基金和消费基金的影响。

第三节　对资产阶级国家与垄断资本关系的探讨

国家垄断资本主义理论的核心，就是资产阶级国家政权和垄断资本的关系问题。苏联和东欧学者在这一核心问题上做了多方面的探索，成为这一时期马克思主义经济学在苏联和东欧发展的最重要的理论成就。

一、苏联学者对资产阶级国家与垄断资本关系的认识

苏联学者对国家垄断资本主义的研究，以 1956 年苏共二十大为界限，在理论认识上明显地分为两个阶段。20 世纪 50 年代初，苏联理论界的主流观点是："在帝国主义时代，资产阶级国家作为金融寡头统治的工具的性质，决定国家和垄断组织的关系以及它们之间的联系的性质，不是垄断组织服从于资产阶级国家，……而是相反，资产阶级国家服从一小撮垄断资本家，操纵在大垄断组织手中。这个原理对于正确地了解国家资本主义制度下垄断组织和国家的相互关系具有重大意义。"[1] 从这一理论出发，他们指出了国家机构从属于垄断组织的三种具体形式：一是国家机构借垄断组织和资产阶级国家政府之间"私人联合"使国家从属于垄断组织；二是将"国家经济"的管理权交给垄断组织；三是国家机构通过对国民经济"统治"和"调整"而从属于垄断组织。

---

[1] 库兹敏诺夫：《国家垄断资本主义》，人民出版社 1957 年版，第 50 页。

1956 年苏共二十大后，苏联的政治风向和理论氛围都发生了显著的变化，在理论上对国家垄断资本主义实质的探讨也发生了较大的变化。20 世纪 60 年代初，尽管一些有影响的学者仍然认为，国家垄断资本主义是"资产阶级国家服从于垄断组织的制度，是垄断组织的经济专政和政治专政合而为一的制度，也是垄断组织利用国家机器来保证垄断高额利润和巩固其统治者制度。"[1] 但对此提出异议的观点时有出现。有的学者指出，那种认为国家机构"从属"或完全"服从"垄断组织的观点，是对列宁帝国主义理论的一种"教条主义"理解。他们认为，列宁用"结合"、"溶合"、"交织"等专门术语来说明国家和垄断资本之间的辩证关系。在这一"高级的辩证法范畴"中，国家在一定时期是为垄断组织或某些垄断集团服务的，同时，国家也为资产阶级，首先是金融垄断寡头服务，这时垄断组织的局部利益就要服从于资产阶级的总体利益。

到 20 世纪 70 年代中期，越来越多的苏联学者已经注意到：在国家垄断资本主义阶段，代表整个资产阶级利益的国家，也有与某些垄断资本和资本家集团之间发生冲突的时候，这种冲突有时甚至很尖锐。国家采取的维护整个垄断资产阶级的共同长远利益的措施，也常常同某些垄断组织或集团的利益发生冲突。特别是多国垄断资本的发展，使得国家和某些垄断资本的矛盾和冲突容易发生。越来越多的苏联学者认识到，在国家垄断资本主义阶段，国家维护垄断组织的利益"决不意味着"国家必须单方面地服从垄断组织和个别金融集团狭隘利益的需要。

苏联学者伊诺泽姆采夫在其主编的《列宁的帝国主义论与当代现实》（1976年）中，着重对 20 世纪 60 年代后国家垄断资本主义的发展状况和特点做了研究，对资产阶级国家与垄断资本关系的形成、发展、效果和实质做了较为深入的探讨。

伊诺泽姆采夫等学者认为，随着垄断资本主义本身的形成和发展，资产阶级国家对资本主义经济影响在不断加强。他们认为，在进入垄断资本主义之前，就存在资产阶级国家对经济施加影响的情况，随着生产社会化过程的加速，随着金融资本越来越广泛地利用国家机构来达到自己的经济目的，资本主义基本矛盾以及由此产生的所有经济的、社会的、政治等其他矛盾空前激化，同垄断前的资本主义时期相比，资产阶级国家在经济上的作用不断增长，垄断资本主义就转变为国家垄断资本主义。他们认为，列宁就曾指出，资产阶级国家对资本主义经济影响的加强，同垄断资本主义本身的形成和发展有着有机的联系。"联合、融合、交错——列宁就是用这些术语来描述在垄断资本主义转变为国家垄断资本主义的

---

[1] 德拉基列夫、鲁登科：《国家垄断资本主义（帝国主义基本特征概论）》，世界知识出版社 1965 年版，第 335 页。

时代，垄断组织和金融资本同资产阶级国家之间的相互关系的。"①

伊诺泽姆采夫等学者认为，资产阶级国家具有的相对独立性，使国家能够对垄断组织施加影响。他们认为，垄断组织、金融资本同资产阶级国家联合的目的，首先是为了维护垄断组织和金融资本的利益，"这种联合的客观基础是生产的社会化进程，主要动机是保证资本盈利的条件，主要目的是维护垄断组织以及整个垄断资产阶级的利益。"② 如列宁所言，帝国主义国家的政府是"百万富翁们的全国委员会"。但"维护国家垄断资本主义机构中垄断组织的利益，绝不意味着国家垄断资本主义的实质因此可归结为：国家必须单方面地全部地服从垄断组织，以及资产阶级国家在进行自己的活动时，必须只从个别大垄断组织和个别金融资本集团的狭隘私利出发，即不能归结为：这些垄断组织和金融资本集团的经营目的同资产阶级国家的目的没有任何差别。"③ 他们强调，"实际上，国家垄断资本主义意味着垄断组织和国家这两种力量的联合，并且国家还具有相对的独立性，能够对垄断组织施加影响。"④ 由于资产阶级国家具有相对的独立性，国家能够从巩固整个垄断资本主义的总利益出发，采取广泛的手段，或者拒绝支持、甚至损害个别垄断组织的利益。因此，资产阶级国家能够对垄断组织施加影响。当然，垄断组织可以通过影响执政集团的人员组成，以及其他阶级和阶层对国家机构施加的压力保护垄断组织的利益。所以，"资产阶级国家尽管可以采取幅度很宽的经济、社会、政治措施，但是，这些措施不会超出整个垄断资本主义利益的范围。"⑤ 在这一意义上，资产阶级政府仍然是"百万富翁们的全国委员会"。也就是说，国家在一定时期是为垄断组织或某些垄断集团服务的，但国家也为资产阶级，首先是金融垄断寡头服务，这时垄断组织的局部利益就要服从于资产阶级的总体利益。

伊诺泽姆采夫等学者还对资产阶级国家对经济施加影响的形式和方法做了探讨。他们认为，资产阶级国家对经济施加影响的最重要的形式和方法可以分为两大基本类型。一是国家直接控制某些企业和某些相应的经济部门，例如，把企业变为国家所有，国家直接调节某些企业或个别经济部门的经营活动，这种形式和方法可以总称为国家化。二是通过杠杆体系或国家调节手段施加间接的影响，例如，资产阶级国家推行的财政和货币信贷政策、对外经济和货币措施，以及在经

---

① 伊诺泽姆采夫主编：《列宁的帝国主义论与当代现实》，中国社会科学出版社1980年版，第209页。

② 伊诺泽姆采夫主编：《列宁的帝国主义论与当代现实》，中国社会科学出版社1980年版，第209 ~ 210页。

③④ 伊诺泽姆采夫主编：《列宁的帝国主义论与当代现实》，中国社会科学出版社1980年版，第210页。

⑤ 伊诺泽姆采夫主编：《列宁的帝国主义论与当代现实》，中国社会科学出版社1980年版，第211页。

济领域内采取的某些立法措施等，这种形式和方法包括所有其他同国家直接控制没有联系的形式和方法。这两大基本类型相互交织的，在不同的历史条件下，这两大类型中的一种可能成为主要的形式和方法，而另一种处于从属；反之也有可能。

伊诺泽姆采夫等学者进而对资产阶级国家调节经济和垄断资本之间矛盾的性质做了分析。国家垄断资本主义条件下的国家调节，是在私人资本垄断组织的基础上，在保持它们一切权利情况下的调节。这种调节，"在不根本干预资本主义的市场机构、尤其不从根本上干预私人资本垄断组织的职能机构的情况下，力图限制资本主义市场的无政府状态。"① 这就决定了国家垄断调节的本质具有深刻的矛盾性，并表明了所有的调节措施都是极其矛盾、极其有限的，资产阶级国家在贯彻执行经济政策某一些方针时，总是和这个政策的另一些方针发生尖锐冲突。

他们进而对资产阶级国家调节经济的效果做了分析。资产阶级国家调节经济的措施，不可能同时达到他们宣称的诸如实现充分就业、价格稳定、经济迅速增长、国际收支平衡的目标。事实上，国家由于无力同时实现所有的目标，常常成为经济比例失调加剧和加深的新的诱导因素。例如，资产阶级国家依靠财政赤字和"廉价货币"政策用于反危机和经济增长的目标，对 20 世纪 70 年代规模空前的通货膨胀起到了助推作用；同时，国家企图限制通货膨胀时，会对其他目标，首先是维持经济增长的目标起抑制作用。由于某些垄断组织和各个财团在利益上的矛盾，国家经济调节的各个目标之间的矛盾会进一步加深。垄断组织和财团的利益，往往同这个或那个资本主义国家短期或长期经济发展的总条件发生冲突，资产阶级国家感到来自那些"心怀不满"的垄断集团的强大压力，不得不随机应变，有时或者放弃采取最必要的措施，或者明显地压缩和阻挠实行这些措施，这就大大限制了上述措施的效果。资产阶级国家调节经济政策由此而显示出频繁地交替使用限制和刺激两种办法的特点。在国际经济调节中，资产阶级国家虽然促使某些部门之间的联系更加紧密，消除了某些矛盾，但是，由于资本主义经济矛盾激化和伴随而来的某些力图首先维护本国垄断资产阶级利益的国家"民族主义"情绪增加，即使这些组织也是软弱无力的。伊诺泽姆采夫等学者由此得出的结论就是："国家垄断调节杠杆虽有一套分支体系，但决不意味着现代资产阶级国家能够消除资本主义生产的无政府状态，克服其发展的周期性，摆脱通货膨胀

---

① 伊诺泽姆采夫主编：《列宁的帝国主义论与当代现实》，中国社会科学出版社 1980 年版，第 236～237 页。

和国际规模的危机震荡。"① 相反，当国家垄断资本主义促使生产社会化进程加快，更加要求按计划发展生产力的时候，它只不过改变了资本主义矛盾的表现形式，使一些矛盾深化，同时使另一些矛盾异常尖锐。

德拉基列夫等学者也认为，"国家调节私人资本主义经济乃是资产阶级国家政策的重要组成部分。帝国主义国家作为垄断资产阶级利益的体现者，把自己的努力首先集中在加强垄断组织的经济地位上。"但是，如果仅仅看到国家活动的一个方面，那将是不准确的。"为了保护和捍卫整个垄断资本的利益，国家不得不在一系列情况下对某些垄断组织的无上权力做出一定限制，因为它们的活动威胁到国家的一般经济发展。资本主义国家制定的所谓'反托拉斯法'的原因之一就在这里"。② 德拉基列夫等学者还对垄断组织和国家力量结合的主要工具——企业主联盟做了分析。

德拉基列夫等学者认为，"企业主联盟在垄断组织和国家力量的结合中，在垄断资产阶级适应它的阶级统治的各种新的条件方面起着巨大的作用。"③ 企业主联盟是体现资产阶级共同利益的组织形式，全国企业主联盟是本国垄断资本利益的体现者。企业主联盟的产生和发展源于资本主义矛盾的发展和统治阶级的共同利益。在企业主联盟第一阶段，企业主联盟是缓和资产阶级内部矛盾和提高剥削程度的主要武器，随着垄断资本主义转变为国家垄断资本主义，企业主联盟在垄断统治机制中的作用发生了质的变化，它担负着适应新的统治条件的任务，担负着把垄断资本当前的利益和长远利益结合起来的任务，担负着遏制资产阶级队伍中的反对派和维护它的共同战线的任务。"假如在自由资本主义条件下企业主间或影响到国家，那么随着向国家垄断资本主义的过渡，它们成了国家机制的组成部分，成了垄断组织的总参谋部。"④

企业主联盟是保证垄断组织对国家政权经常施加影响的特殊机器，影响到社会生活的一切领域。通过企业主联盟实现的垄断组织和国家力量结合的机制，主要通过两条基本渠道发挥作用的：一是通过任命垄断组织和联盟的代表担任国家机器中的领导职务，或者通过任命过去的政府官员担任垄断组织和联盟的领导职务；二是通过企业主联盟本身直接参与决定最重要的国家政策问题。在具体作用上，主要有以下两种方式：第一，企业联盟通过控制资产阶级和改良主义政党来控制国家的管理权。企业主联盟为各主要资产阶级政党提供 80% ~ 90% 的资金，

---

①　伊诺泽姆采夫主编：《列宁的帝国主义论与当代现实》，中国社会科学出版社 1980 年版，第 235 ~ 236 页。

②　德拉基列夫主编：《国家垄断资本主义：共性与特点》，上海译文出版社 1982 年版，第 278 页。

③　德拉基列夫主编：《国家垄断资本主义：共性与特点》，上海译文出版社 1982 年版，第 311 页。

④　德拉基列夫主编：《国家垄断资本主义：共性与特点》，上海译文出版社 1982 年版，第 313 页。

以保证对其政策施加影响，甚至决定每个资产阶级政党参加议会的候选人。企业主联盟不仅要力求保证垄断组织希望的议会中的大多数，而且力求参加组阁，至于国家管理的其他机构则更不必说了。所以，企业联盟既是垄断组织和国家之间的传动机构，也是垄断组织的政治统治机关。第二，企业主联盟也干预国家执行机构的工作，以便使垄断组织的要求得到实行。它们不仅把自己信赖的人物提拔到政府的关键职位上去，而且还直接参与它政府机构共同建立许许多多的委员会和顾问委员会。可见，垄断组织和国家机器日益扩大的人员结合在一起，国家机构和垄断组织联盟制度上紧密结合在一起，国家机构和企业主联盟职能上日益交织在一起。

在对国家垄断资本主义实质的理解上，苏联学术界 20 世纪 50 年代的国家从属垄断资本的流行观点，已逐渐转变为国家与垄断资本的"结合"观点。国家垄断资本主义的实质是垄断组织和资产阶级国家权力结合，目的是保护资本主义制度的生存。德拉基列夫等学者认为，国家对经济运行干预能力增强是国家垄断资本主义的重要特征之一。国家垄断资本主义最重要的职能可以归结为：一是保证维持垄断组织的经济统治和发挥其生产机制职能所必不可少的资本主义再生产的一般条件；二是保证垄断利润；三是竭尽全力帮助本国进入资本进行经济和政治扩张；四是镇压工人和民主运动，镇压民族解放斗争；五是制定社会策略；六是动员和利用帝国主义的经济、军事、政治和思想方面力量和资源以反对社会主义。在根本上，就是为了保证维持资本主义制度本身的存在，使之能够摆脱日趋发展的世界革命过程。

每一种职能都有相应的国家垄断的形式、调节经济的方法和手段。国家垄断资本的发展表现在国家垄断的形式、方法和手段的充分发展上，这些形式、方法和手段充分发展的表现是：一是国家所有制。资产阶级国家成了最大的所有者，这将有助于国家垄断资本有效经济运行，为垄断组织和私人利益服务，最大限度地提高利润。二是国家的财政调节。国家通过指定预算项目和规模，调节资本主义盲目生产造成的比例关系的失调；预算赤字又可通过税收转嫁到人民身上。三是货币信用调节。资产阶级国家通过货币投放总量的控制、利率的调整可达到调节资本流量流向，以稳定经济的目的。四是经济规划化。第二次世界大战结束以后，许多资本主义国家均将纳入中、长期国家规划中。五是军事工业壮大。军事工业的快速发展，为先进的科技提供了实验、发展的机遇，增强其称霸的实力，但结果是喂肥了掌握着庞大军火工业的大垄断组织。所以，"结合"论者仍然认为，虽然迫于社会上其他阶级和阶层的压力，或出于为巩固整个垄断资本主义利益的需要，资产阶级国家政权可能拒绝支持，甚至可能采取某些损害个别垄断组织利益的经济、政治手段；但这些手段仍然是以维护整个垄断资本主义利益为前提的。

二、东欧学者对资产阶级国家与垄断资本关系的认识

　　波兰学者明兹在《现代资本主义》中对资产阶级国家与垄断资本关系做了深入探索。他认为，国家资本主义调节是现代资产经济调节体系的必要补充。在资本主义自由竞争阶段，经济调节是在企业追求利润最大化的短期目标函数基础上进行的，这种调节是以各部门中企业数量众多和势均力敌，以及供求关系决定价格为前提的；在现代资本主义垄断化的经济成分中，调节经济首先是在具有垄断性质的长期目标函数的基础上进行的，这种调节是垄断公司追求长时期内的利润最大化，主要是通过改变生产规模和生产能力来实现。以公司的长期目标函数调节经济是比以短期的目标函数调节更高的调节形式，但也不能保证整个经济体系的最优化。因为以长期目标函数的经济调节没有考虑到社会成本，而且垄断公司的长期调节必须以国家制定的整个国民经济的远景规划为基础。因此，"以资本主义的国家调节来补充垄断企业长期目标函数的调节就成为必要的了。"另一方面，"在现代资本主义中出现了限制垄断活动的客观必然性"。[①] 垄断公司为了在长期内获得目标函数的最大值，就为自己生产的产品制定出行政管理价格，而对某些产品确定与其垄断化程度相适应的价格，不仅会损害其他垄断组织和非垄断化经济成分的利益，而且还会降低经济增长速度及破坏扩大再生产的条件。这种垄断活动，既危害整个资本家阶级的利益，也危害资本主义垄断组织的整体利益。于是，国家调节经济就成为资本主义经济调节体系的必要补充，所谓"反垄断法"就是它的重要工具之一。明兹进而认为："现代资本主义国家，既是最大的集体资本家，又是资本主义经济的重要组成部分。没有这个重要的组成部分，资本主义经济机制的运行是根本不可能的。"[②] 因为现代资本主义体系是由私营资本主义经济成分和国营资本主义经济成分互相交织在一起构成的，而且国家在国民收入中的收入和再分配中的比重在增大，国家在资本主义经济调节体系中的作用也在提高，即资本主义的"国有化"在加强。

　　在国家和垄断组织关系的问题上，明兹明确反对两种观点：一是认为"国家机关服从于垄断组织"的观点；二是认为"垄断力量和资产阶级国家正在进行联合"的观点。在明兹看来，这两种观点都没有准确地反映出现代资本主义的实际情况。无论从垄断组织相互之间的关系看，还是从垄断组织与对国家的关系上

---

　　① 明兹：《现代资本主义》，东方出版社1987年版，第231、232页。

　　② 明兹：《现代资本主义》，东方出版社1987年版，第243页。

看，垄断组织都不是一支统一的力量。从垄断组织相互之间的关系看，它们之间存在着利益上的矛盾，并且发展到为争夺销售市场，为争夺生产资料价格的高低和为争夺国家订货而斗争；在垄断资本主义范围内，工业垄断资本和银行垄断资本之间进行着斗争，各地区的垄断资本集团之间也在进行斗争。从垄断组织与对国家的关系上看，垄断组织为争取在国民收入和利润总额中所占的比重，围绕着政府规划展开了激烈斗争，这时，"不是垄断组织，倒是资本主义国家成为既代表资本统治集团利益，又代表资本家阶级整体利益的统一的力量。"但是，由于国家不是脱离资本家阶级和垄断组织的独立力量，"因此既不存在国家机关单方面服从于垄断组织，也不存在两种互不依赖的力量——垄断组织和国家的联合行动。"①

在国家和垄断组织关系的问题上，明兹认为："资本主义国家的活动并不是与垄断组织无关，相反——象我们在论述所谓'反垄断'法时力求阐明的那样——它制约着垄断活动。"② 他认为，一方面，当把国家资本主义的发展，即资本主义国家调节经济的发展，作为整个资本主义发展的逻辑结果来考察的时候，就应该把垄断组织和资本主义国家之间的关系，看做是在资本主义制度范围内存在的一种相互依赖和联合行动的关系。另一方面，随着资本主义的发展，国家成为整个资本主义制度越来越全面的活动机关，它对垄断组织的影响愈益强烈。国家为资本主义垄断组织的发展创造条件，就是国家执行整个资本主义体系的职能，而且随着资本主义的发展，这些职能得到进一步发展，成为资本主义体系的保持、运行和发展必不可少的条件。明兹认为，在现代资本主义中属于国家调节的经济职能主要有：额外需求的制造；一大部分剩余价值的再分配；货币经济与信贷经济的确定；对于对外贸易施加相当大的影响；对资本家各个集团之间的关系施加重大的影响（包括对价格的影响）；在社会方面保证经济运行的必要条件；预测和影响未来的经济增长及其方向；通过直接拨款和发展科学研究以保证技术进步的条件；通过训练干部和发展保健体系以保证资本主义经济的发展条件；接收和领导那些对于资本主义经济的运行和发展必不可少的，而从各方面看，私营资本主义企业又不可能有效管理的所有部门。③

明兹还对资本主义国家影响经济的形式和程度做了进一步的分析。他认为，虽然资本主义国家对经济影响的形式和程度不尽相同，但所有国家对经济影响都是强有力的。在国民收入中税收比重的显著增长，是资本主义国家活动发展的基

---

① 明兹：《现代资本主义》，东方出版社 1987 年版，第 244 页。
② 明兹：《现代资本主义》，东方出版社 1987 年版，第 245 页。
③ 明兹：《现代资本主义》，东方出版社 1987 年版，第 251 页。

础，是现代资本主义"国有化"的综合指标。在现代资本主义社会，所有资本主义国家都出现了国家收入和支出的增长高于国民收入的增长这一规律性的现象。在大多数资本主义国家，国家投资在整个投资中所占比重都在增长，而在英国占的比重最高；在所有资本主义国家，工资和国家提供的福利在居民的整个消费收入中占的比重也在不断增长，而在联邦德国和法国占的比重最高。国家可以扶持那些"跛脚的"生产部门（制药工业、机床工业、农机工业、工业建筑），通过同它们签订"经济增长合同"，并根据这些工业部门新设置的劳动岗位数额和在出口中的成果而给予援助；国家还可以拨款给国民经济的许多部门国家。

罗马尼亚学者阿波斯托尔等，在资产阶级国家与垄断资本关系问题上，持"结合论"的观点。他们认为，在国家垄断资本主义阶段，虽然垄断资本的力量同国家力量结合在一起，国家的经济作用大大加强，"但是，不能把垄断资本力量同国家力量的结合理解为合二为一，抹掉了各自质的特殊性的融合；这两个组成因素保持着各自的特点，当然受到它们各自的新的地位和功能的强烈影响。不过，这种结合不仅是实际的，而且也是非常强大的。"[①] 一方面，国家所有制通常是为垄断资本利益服务的，国家干预经济无非是为取得垄断利润创造最优条件的方式。另一方面，国家与私人资本家之间的关系，以及国家对交换活动的影响，具有某种特殊性：国家保持了自己的阶级本质，代表着垄断资产阶级的一般利益，国家在屈从于势力最强大的垄断集团的影响同时，对资产阶级和垄断组织保持某种程度的独立性；在国家垄断资本主义的条件下交换活动依然保持其自发性，但是，国家的经济作用及其调节活动在交换活动中引进了纠正自发发展的某些因素。

阿波斯托尔等学者认为，资产阶级国家与垄断资本的"结合"，即国家垄断资本主义缓和或者可能改变了资产阶级一些固有矛盾的表现形式，同时也使得一些旧有的矛盾有了新的表现形式。私人经济与国家干预经济的矛盾，就是国家垄断资本主义引起了矛盾的新的表现形式：尽管国家干预经济的措施归根结底是为垄断资本服务的，但私人经济追逐最大限度的利润往往是同国家限制和约束格格不入；因此，国家的措施往往被私人经济所抵制、歪曲或者利用，违反了国家调节经济的初衷。在国家垄断资本主义时期，资产阶级经济的自发性也有了新的表现形式：国家干预经济的决策人物本身就是垄断组织的直接代表或者间接代表，他们从垄断组织的角度考虑引导经济朝着缩小某些失调的方向发展。这样，经济中不可避免地出现新的失调，"无论如何，总的说来经济发展保持了自发性，而

---

① 阿波斯托尔主编：《当代资本主义》，生活·读书·新知三联书店 1979 年版，第 79 页。

且只要私有制是生产关系的基础，那末这种自发性就不能改变。"① 在国家垄断资本主义时期，随着国家经济作用的增长，国家就越来越可能为与经济目标相矛盾的某些政治目标服务，例如，美国的一系列经济困难，就是同这个国家的国民经济军事化和对外扩张政策密切相联系的。另外，国家垄断资本主义加剧了资本主义各国的不平衡发展，促使帝国主义之间的矛盾尖锐化。

第四节 对资本主义经济危机及其命运的探讨

20 世纪 60 年代中期以后，资本主义经济周期和经济危机出现了较为复杂的新现象和新特点。对这些新现象和新特点的研究，自然成了苏联和东欧理论界有关当代资本主义研究中的最重要的论题之一。到 20 世纪 80 年代初期，尽管苏联和东欧学者对资本主义经济周期和经济危机问题已经有许多深入的研究成果，但是，还有一系列第二次世界大战后周期的重要理论问题是有争论的，"过多的意见分歧说明许多理论问题没有得到解决。这些问题是：战后周期的分期、各种类型危机的标准、国家垄断资本主义政策对周期的实际影响、工业周期中资本积累变化的作用，以及其他问题。"② 这也说明了第二次世界大战后周期发展的复杂性和异常性。

一、苏联学者对资本主义经济危机及其命运的探讨

伊诺泽姆采夫等学者认为，资本主义经济的发展，并没有改变资本主义基本矛盾，也没有消除根源于这一基本矛盾的、以经济危机为特征的资本主义再生产的周期运动。纵观这一时期资本主义经济运动，可以看到，资本主义经济经历了四次严重的危机动荡：1948 年在美国开始发生，1951～1952 年波及西欧的"二战"后第一次经济危机；1957～1958 年爆发的"二战"后第二次经济危机；1964 年首先在意大利、法国和日本爆发的、旋即波及英国和联邦德国、最后直至美国的"二战"后第三次经济危机；1974～1975 年在主要资本主义国家同时发生的、以通货膨胀与危机性的生产过剩互相交织为特征的"二战"后第四次经济危机。这些危机表明，"现代国家垄断资本主义完全无力影响世界市场的自发势力，这在危机期间已经十分明显：资产阶级的反危机调节措施主要是对民族经济发生作用，而在生产已经国际化的情况下，资本主义所日益感受到的是整个资

---

① 阿波斯托尔主编：《当代资本主义》，生活·读书·新知三联书店 1979 年版，第 90 页。
② 别尔丘克：《现代资本主义经济危机》，东方出版社 1987 年版，第 4 页。

本主义世界经济的激烈震荡。"[①]

伊诺泽姆采夫等学者通过对"二战"后资本主义再生产危机进程探讨，得出的结论主要有：资本主义再生产的周期性依然存在，驳倒了资产阶级学者和改良主义者的有可能用国家垄断调节的办法克服生产过剩危机的观点；世界性危机的周期仍旧是 8～11 年，但也显示出世界性周期的非同期性，即各个国家和地区危机的成熟和发展在时间上是不平衡的；生产过剩危机没有 20 世纪 20 年代和 30 年代那么深刻，时间也没有那么长，同过去所有的危机相比，其重大区别在于银行领域中没有大的动荡。

伊诺泽姆采夫等学者还对影响经济周期运动的因素进行了研究。他们认为，有些因素只决定着本周期范围内发展的特点，只具有短期作用；有些因素具有较长期的作用，其影响超出一个周期的范围；还有一些结构性的经常因素，其作用不会在几年或几十年内缩小或消失。第二次世界大战是最重要的暂时性因素，战争的直接后果是：生产力遭到破坏，商品奇缺，个人消费品生产不足，但到战后 10 年即告消失。以后的事态发展已经不能用战争的后果来解释了。许多西欧国家和日本在 50 年代展开的、并且在 60 年代上半期继续进行的某些工业部门的兴建过程具有重大的、然而也是暂时的影响，随着这些国家的工业结构日益接近美国的工业结构，这个因素的作用也就消失。资本主义和社会主义两大体系的经济竞赛，成为影响周期的越来越重要的因素。反映资本主义总危机长期作用的那类因素：两大社会经济体系之间的矛盾，帝国主义殖民体系的瓦解，垄断组织和国家垄断资本主义的发展，现代科学技术革命，资本主义国家无产阶级的阶级斗争。这些因素过去和现在都对资本主义周期的变化发生深刻的影响。两大体系之间的贸易，只是在某些时期在个别市场的个别部门中对行情的决定起着重大的作用。主要资本主义国家经济中发生的重大变动，也影响了周期过程的变化，特别是现代资本主义转变为国家垄断资本主义。周期发展的不平衡性，还由于许多国家金融资本有组织的、在某种程度上一致的行动而得到加强。资本主义大国在调节经济方面的协调行动，阻止了帝国主义之间矛盾的进一步激化。有时候国家垄断资产阶级的私利超过帝国主义阵营阶级勾结的需要，帝国主义国家之间同样会出现裂痕。

苏联学者别尔丘克在《现代资本主义经济危机》（1981 年）一书中，对现代资本主义经济危机特别是 20 世纪 70 年代的资本主义经济危机，做了系统深入的研究。这一研究，是那一时期苏联马克思主义经济学关于资本主义经济危机理论的显著成果。

[①]　伊诺泽姆采夫主编：《列宁的帝国主义论与当代现实》，中国社会科学出版社 1980 年版，第 276 页。

别尔丘克认为，资本主义经济的周期发展是同资本主义整个经济的发展紧密联系在一起的，"如果不分析资本主义整个经济发展的特征，而试图去理解战后时期的周期和危机震荡的特点，那是不正确的，因为前者是内容，只不过披着周期运动形式的外衣而已。"[①] 他认为，从第二次世界大战结束到20世纪70年代中期，资本主义经济的迅速发展，主要是由三个因素造成的：第一，科学技术革命。资本主义社会发生科技革命不仅是资本主义发展的内在要求，也是社会主义和资本主义两大对立社会体系竞争的结果。第二次世界大战后开始的科技革命直接地触动了经济的所有领域，其采取了各种形式：新的、先进的部门和生产的出现及其比重的增加，新的管理生产方法的实行，科学直接变为生产力，科研费用的大量增加，在生产中掌握科学和技术成果的时间缩短等等，其带来的最直接的结果就是生产结构的急剧变化、新的管理原则的出现、固定资本更新速度的加快以及劳动生产率的提高。第二，国际分工的加深和与之相联系的资本主义对外贸易、生产合作和科技交流的迅速扩大。大约从20世纪50年代开始，国际分工、国际贸易，以及生产合作和科技交流对经济增长速度和科技进步加快起了很重要的作用。在1955~1975年的20年中，发达的资本主义国家的对外贸易比其社会产品的增长要快50%以上。国际间的专业化分工，能够使一个国家在有限范围内集中力量和资金投入对其最有前途的部门，并且能够利用优势进行大规模的生产。对外经济联系的发展大大促进了资本主义国家的经济发展。第三，国家垄断资本主义对经济的调节及其各种各样的干涉手段的广泛运用，对减少市场波动、加快总的发展速度、缓和社会冲突等方面起到了重要作用。除此之外，一切威胁资本主义存在的因素，如社会主义阵营的形成和壮大、殖民体系的瓦解，也是资本主义加快经济发展速度的外部强制因素。

别尔丘克对第二次世界大战后资本主义经济周期的分期问题进行了深入的研究。他认为，划分第二次世界大战后世界资本主义的经济周期，要比划分个别资本主义国家的经济周期困难更大，问题的关键在于如何确定世界周期性生产过剩危机的标准。他认为，"对于世界周期的形成来说，无须周期性波动席卷大多数国家：只须包括其中的主要国家就够了。正如对于一国的生产过剩总危机来说，它只须扩散到主要经济部门就够了。"[②] 由于各国在资本主义工业生产和国际经济关系中的比重不同，所以世界各国在世界性经济周期发展中的作用是不同的，一个国家在世界资本主义工业生产和国际经济关系中的比重越大，其在世界性经济周期发展中的作用也就越大。"二战"后，美国是资本主义国家中最大的商品

---

① 别尔丘克：《现代资本主义经济危机》，东方出版社1987年版，第1页。
② 别尔丘克：《现代资本主义经济危机》，东方出版社1987年版，第108页。

进出口国和最重要的资本输出国，并且美国经济对外部因素的依赖程度较低，这使得美国在更大程度上是周期波动的"发生器"，而不是"感受器"。西欧国家对外部市场的依赖性要大得多，因此，西欧作为周期振动的"发生器"，特别是"感受器"的作用要更大一些。日本的地位居于美国和西欧之间。因此，如果美国不受国内严重危机震荡的影响，世界周期性生产过剩危机发生的可能性就极小，"美国经济的周期发展成了世界周期发展的决定性因素。因此，世界周期的分期是依据美国的模式进行的"，"美国发展的规律自动地开始被许多研究者看作世界发展的规律"。[①] 按照这一标准，他把第二次世界大战后资本主义世界周期分为三个周期：第一周期（1948～1949～1957～1958年）、第二周期（1957～1958～1970～1971年）、第三周期（1969～1971～1974～1975年）。

别尔丘克认为，通过对主要资本主义国家第二次世界大战后周期的详尽分析，说明第二次世界大战后资本主义世界的周期极为复杂。由于世界周期及危机的形成是在美国等主要资本主义国家的影响下实现的，世界周期性生产过剩危机的产生并不意味着涉及的所有国家都受周期性危机的影响，有时候一些国家的周期性危机与另一些国家的中间性危机相吻合，还有一些国家的危机过程可能表现得微弱，甚至在某些范围不存在。"危机过程的深度和广度甚至在同一个国家的不同时期也有所不同，危机的次数不同，周期的高涨阶段的强度在广阔的范围内变化，在许多情况下各种经济指数的'表现'也相当矛盾。不同期性采取了极为不同的形式：一些国家的危机阶段可能是另一些国家的复苏，甚至高涨；不同国家的周期性危机可能和中间性危机相吻合。"[②]

通过对"二战"后30年间资本主义经济危机的分析，别尔丘克等许多苏联学者认为，这一时期，资本主义经济周期呈现出以下这些特征：

第一，同第二次世界大战以前相比，危机阶段持续时间没有那么长，危机没有那么深刻，特别是危机阶段工业生产下降幅度不十分严重。以美国为例，"二战"前的三次经济危机（1920～1921年；1929～1933年；1937～1938年），美国工业生产下降的幅度分别为23.3%、53.5%和21.2%；而"二战"后的四次经济危机，美国工业生产下降的幅度分别为7.9%、12.6%、8%和15.5%。

第二，"二战"后资本主义经济周期具有明显的非同期性的特征，即各主要资本主义国家和地区，危机的成熟和危机发生的时间不相一致。例如，"二战"后第一次经济危机，美国在1948年已全面爆发，而西欧一些国家则迟至1951～1952年才先后爆发；相反，在"二战"后第三次经济危机中，意、法、

---

① 别尔丘克：《现代资本主义经济危机》，东方出版社1987年版，第112页。

② 别尔丘克：《现代资本主义经济危机》，东方出版社1987年版，第138页。

日等国在 1964 年已爆发严重的危机，而美国迟至 1969 年才明显地出现危机的症状。

第三，经济周期中停滞成了经常性的现象，即出现了长时期的停滞和发展缓慢、生产能力经常开工不足、日益严重的通货膨胀同大量失业同时并存等特征。

第四，经济危机中价格运动的性质发生了变化："二战"前经济危机爆发时，价格一般都普遍地急剧下跌；20 世纪 60 年代中期以后，经济危机是在价格水平相对稳定的背景下发生的。同时，危机期间通货膨胀的趋势也越来越严重。

第五，经济危机爆发时没有出现典型的货币信用危机。西方主要资本主义国家放弃金本位制。对货币信用危机的变化起着决定性影响。放弃金本位制给银行信贷扩张规定了严格的范围，并且限制了中央银行和商业银行在政策上的"机动自由"。现在，通货膨胀却成了比先前货币信用危机更尖锐的经济问题，从而在很大程度上，使货币财政领域成了资本主义经济不稳定的最灵敏的晴雨表。

第六，在资本主义经济周期中，除了周期性危机之外，还出现了中间性危机和结构性危机。关于经济危机的类型和评价标准颇有争议。例如，关于中间性危机，一般认为，指的是一种能够席卷整个国家，但其规模要比周期性危机小一些，并且带有局部性的危机。例如，美国在 1953 ~ 1954 年、1960 ~ 1961 年、1967 年爆发的局部性经济危机，就是间于两次周期性经济危机中的中间性危机。中间性危机的出现，使第二次世界大战后资本主义经济周期性质发生了显著变形。

引起第二次世界大战后资本主义经济周期和经济危机重要变化的因素是多方面的，苏联理论界并未取得一致的意见。但是，在对这一问题的考察中，还是形成了一些基本的理论思路，这就是：引起第二次世界大战后资本主义经济迅速发展的因素，同造成资本主义经济周期和经济危机变化的因素，有一部分是相符合的，但从其作用和重要性的观点来看，它们又各有特点。

别尔丘克在《现代资本主义经济危机》（1981 年）中，曾把第二次世界大战后资本主义经济周期和经济危机变化的因素，归结为与资本主义经济迅速发展的因素相对应的五个方面：

第一，社会主义和资本主义之间的斗争及工资运动中的新现象。由于社会主义阵营的产生和加强、殖民体系的瓦解、反资本主义情绪的散播和资本主义各国工人阶级在争取自身权利的斗争中组织性的加强，全世界阶级力量对比起了不利于资产阶级的总变化，使资本主义国家的统治阶级的处境异常危险，在这种条件下，资产阶级在工资方面做出了一些让步。第二次世界大战后西方社会劳动生产率的相对迅速提高，商品价格下降，使职工也能够用自己的工资购买到更多消费品和劳务；生产的客观需要不断提高劳动者的熟练程度、劳动强度，也迫使统治阶级去增加劳动群众的教育、卫生和养老金的费用。这些在一定程度上缓和了资本主义所固有的生产和消费之间的矛盾和生产过剩危机的剧烈程度。

第二，现代资产阶级国家的作用。当危机出现时，国家垄断调节会使投资和私人消费的运动起了变化，使危机下降幅度变小和危机持续时间缩短，比较快地转入复苏和高涨阶段，在高涨阶段的最后时期，国家垄断措施常常延缓了危机的到来，因此，危机又不是像以前一样在高涨最高点时到来，而是过一些时候，有时甚至是过相当长的时间才到来。但由于国家垄断调节，周期性危机的深刻程度较浅，资本主义再生产的矛盾就不能得到充分的解决，就又会不断发生新的一轮危机。

第三，科学技术革命的作用。科学技术革命的发展对经济周期具有特殊的意义。从理论上讲，平均增长速度的变化并不能影响周期的性质，但实际上，资本主义经济周期的一般规律是，经济发展的平均低速度应该伴随着更强有力的危机性生产下降，而危机破坏程度较轻是同长时期的平均增长速度较高相吻合。科学技术革命对第二次世界大战后资本主义国家经济发展平均速度普遍加快所起的作用，这使得资本主义危机的影响变得较轻。

第四，资本积聚的增大，垄断组织性的加强。垄断组织具有较强的竞争能力和抵御行情冲击的能力。强大的垄断组织能够更好地利用技术进步，使情报手段和国家的统计资料比过去更容易地了解市场情况，再加上广泛的订货系统，为更好地判断市场情况提供了可能性。当出现需求有限的征兆时，垄断组织会有意识地实行限制生产扩大的政策，以延缓危机发生。第二次世界大战后经济发展速度放慢成了资本主义再生产内在矛盾的表现形式，而以前，这种职能完全由生产过剩的危机去执行。

第五，非生产领域的增长。非生产这里是指所谓的"第三产业"。非生产领域是减缓周期性震荡振幅的缓冲器。物质生产领域内的周期波动不是立刻就波及非生产领域，而是经过一些时间以后才到达非生产领域，而且程度也比较微弱，而大部分终极需求总是靠非生产领域满足的。非生产领域的增长会使经济周期波动的幅度变缓。

二、东欧学者对资本主义经济危机及其命运的探讨

波兰学者明兹认为，资本主义的实现问题导致了资本主义经济危机的产生。他认为，资本主义制度下剩余产品的实现问题，是资本主义的一个重要特征。资本主义的本质决定了资产阶级要不断追求利润的最大化，而不断追求利润的最大

化就必然导致积累的增加和生产的增长，于是剩余价值的实现问题就会不断地出现。"在现代资本主义下，实现问题更为突出，因为公司追求长期最大限度利润，这便加速生产的发展和扩大生产效益。结果是，剩余价值比生产增长得更快，而剩余价值的实现问题也就更加尖锐地表现出来。"① 因此，为保证资本主义经济的正常运行，好像有必要通过一定手段来分配一部分生产"多余的"国民收入，使其不参与经济增长的过程。这些手段是：用于军事化开支和战争开支；扩大超过实际需要的非生产性经济范围；制造生产上不能充分利用的设备，即国家干预经济，但是，"在现代资本主义下'解决'实现问题将会产生许多矛盾，因为它会限制经济增长速度，同时扩大国家的活动范围，从而导致官僚主义的加剧。"② 所以，在现代资本主义经济中，要实现企业利润最大化的目标函数，就不仅会出现发生经济危机的可能性，而且还会出现发生经济危机的必然性。一些国家尽管不断地进行调节和刺激，尽管采取"反周期"措施，但还是不断出现经济危机。例如，美国第二次世界大战结束到 20 世纪 70 年代中期，就经历了五次经济危机：1948 ~ 1949 年、1953 ~ 1954 年、1957 ~ 1958年、1960 ~ 1961 年和 1969 ~ 1970 年。明兹得出结论："资本主义企业目标函数的实现不可避免地要与生产紊乱和比例失调相联系，而后者在一定条件下便会导致危机。"③

　　明兹分析了资本主义发展新阶段中的矛盾。第二次世界大战后集体垄断资本主义的出现，是资本主义生产关系的重要变化，也是使这种生产关系适应生产力的现代特点的尝试。集体垄断资本主义采用的是同建立在私有制基础上的资本主义制度相矛盾的手段，特别是采用作为现代资本主义所必需的生产资料国家所有制和国家调节经济这些措施，是同这种制度的性质相矛盾的。"集体垄断资本主义由于改组经济和加紧消除自由竞争制度的残迹，在一定时期克服了生产力和经济关系之间出现的最明显的矛盾。"④ 这就使得资本主义能够在现代化技术下继续发展。但是，集体垄断资本主义只能够相对地使经济关系适应生产力的新特点，它不能使资本的基础避免不平衡和危机的加剧。相反，垄断组织的统治意味着资本家阶级同被其统治的人民群众之间的基本矛盾的尖锐化，这种统治必然导致新的矛盾的产生和经济上多方面严重不平衡的加剧。他认为，在现代资本主义社会中，下列矛盾具有特别尖锐的性质：生产力同生产之间的矛盾；物质生产发

---

① 明兹：《现代资本主义》，生活·读书·新知三联书店 1979 年版，第 265 页。
② 明兹：《现代资本主义》，生活·读书·新知三联书店 1979 年版，第 266 页。
③ 明兹：《现代资本主义》，生活·读书·新知三联书店 1979 年版，第 4 页。
④ 明兹：《现代资本主义》，生活·读书·新知三联书店 1979 年版，第 365 页。

展同非物质服务发展之间的矛盾；生产力的特点同经济管理体制及生产资料所有制之间的矛盾；生产力的特点同上层建筑即政权制度与意识形态之间的矛盾；资本家阶级本身内部的矛盾。

明兹还分析了资本主义发展新阶段中矛盾的发展趋势。他认为，集体垄断资本主义所克服的生产力和生产关系之间的矛盾，具有暂时的和不彻底的性质。发达资本主义国家达到的生产力水平在人类历史上第一次为这样的生产发展创造物质基础：这种发展能充分保证满足这些国家人民的合理需要，也就是说，消灭贫困阶层，同时为发展迟缓的国家提供实际的和有效的援助。但是，经济关系却是这种生产发展的障碍。现有的经济关系使得生产的总规模低于所能达到的规模，因为许多生产要素未被利用，而生产品种只适应于建立在不平等基础上的阶级和社会阶层结构以及收入构成，现代资本主义的经济关系同生产力发生日益强烈的冲突。这种经济关系的内容导致在经济中分成许多彼此互相竞争的追求利润最大限度化的巨大资本主义集团，所以生产力同经济关系冲突的解决要求建立一个能密切协调和统一各个组成部分行动的经济组织。"这就要求建立一个保证整个新的社会利益的目标函数（取代各个资本主义企业利润最大限度化的目标函数），同时要求劳动群众对经济实行真正的监督。"[1] 所以，要真正地克服这些矛盾，只能通过革命，把现存的关系改变为社会主义的社会关系。

罗马尼亚阿波斯托尔等学者认为，帝国主义的历史地位和资本主义总危机不可分割地联系在一起。他们通过对帝国主义阶段的矛盾做的分析，说明帝国主义阶段是资本主义的最后阶段，揭示了资本主义的历史走向。他们认为，首先，在帝国主义阶段，资本主义的基本矛盾加深了。垄断统治不仅是帝国主义最重要的经济特征，同时它还通过资本主义生产社会化而显著加强，但是生产资料所有制仍是资本主义私人所有制，并集中于金融寡头手里，在根本上使资本主义的基本矛盾趋于尖锐，同时，新的剥削方式加剧了劳资矛盾的对立。其次，在帝国主义阶段，宗主国同殖民地，以及帝国主义国家同取得独立的国家之间的矛盾也激化了。殖民统治的崩溃，使已经获得解放的国家要求摆脱帝国主义束缚，建立自己的独立经济，而帝国主义者企图用新的形式和方法，来保持殖民剥削，这加剧当代资本主义世界的矛盾。最后，在帝国主义内部，各个财团和帝国主义列强之间的矛盾加深了。垄断资本为了追逐最大的利润，各财团之间为争夺原料资源、销售市场和资本投资场所，以及帝国主义军事联盟中的统治地位，展开了激烈的斗争，这就不可避免地导致帝国主义之间的矛盾日趋加剧。总之，"这

---

[1]　明兹：《现代资本主义》，生活·读书·新知三联书店1979年版，第368页。

些矛盾的加深表明，帝国主义是资本主义的最后阶段，同时也是社会主义革命的前夜。垄断统治把社会发展推向这样的阶段，即社会主义革命已变成直接现实的问题。社会主义革命，是每个国家矛盾尖锐化和人民群众斗争的客观历史进程的结果。"①

---

① 阿波斯托尔主编：《当代资本主义》，生活·读书·新知三联书店 1979 年版，第 367~368 页。

第六章

西方学者对当代资本主义
理论的新探索

20 世纪 60 年代中期以后，马克思经济学在西方国家的"复兴"，原因是多方面的，但其中最根本的原因还在于资本主义经济关系变化的实际。对资本主义现实经济关系的研究，成为马克思经济学"复兴"的显著标识。

20 世纪 60 年代中期以后，以保罗·巴兰和保罗·斯威齐合著的《垄断资本》为重要起点和标志，西方马克思主义经济学家们结合当时资本主义经济关系变化的实际，对当代资本主义理论做了新的阐释。围绕巴兰和斯威齐《垄断资本》理论发展起来的美国"垄断资本学派"，以美国垄断资本为例证，对当代资本主义经济关系做了多方面的论述。西欧的马克思主义经济学家在对当代资本主义生产方式及其经济、政治、社会发展的整体研究的基础上，也提出当代资本主义发展新阶段的一系列理论主张，其中最有影响的有法国的保罗·博卡拉提出的国家垄断资本主义理论、英国的本·法因提出的资本主义生产方式"转化"理论、萨姆·阿罗诺维奇等提出的英国资本主义政治经济学分析理论和比利时的欧·曼德尔提出的"晚期资本主义"理论等等。

第一节　美国的"垄断资本学派"对当代
资本主义的研究

1966 年，美国马克思主义经济学家保罗·巴兰和保罗·斯威齐合著的《垄断资本》一书出版；随后，研究垄断资本主义的学术著作相继问世，影响不断扩大，以至于在美国马克思主义经济学研究领域中形成了一个"垄断资本学派"。巴兰和斯威齐也就理所当然地成为这一学派"最初思想的创立者"。[①] 在他们之

---

① C. Barone：Marxist Thoaght on Imperialism，New York：M. E. Sharpe. 1985，P. 57.

后，有哈里·马格多夫、哈里·布雷弗曼等对垄断资本理论做了直接的补充；詹姆斯·奥康纳以"国家的财政危机"为主题，对当代资本主义经济危机的机理做了新的探索。

一、巴兰和斯威齐的"垄断资本"理论

斯威齐是 20 世纪美国最有影响的马克思主义经济学家。他在 1942 年发表的《资本主义发展论》，是用英语撰写的最具代表性的马克思主义经济学著作。1949年，他与 L. 霍伯曼创办《每月评论：独立的社会主义者杂志》，是第二次世界大战后西方激进社会主义者和马克思主义者的最重要的理论阵地。两年后创办的"每月评论出版社"，也为第二次世界大战后马克思主义研究文献在西方的传播做出过特殊的贡献。由于他所持的马克思主义经济学的立场，使他一直没有能谋得大学的正式教席，只是短期担任过一些大学的客座教授。1957 年，"每月评伦出版社"出版了巴兰的最重要著作——《增长的政治经济学》。在这部对马克思主义经济学在西方的发展产生重要影响的著作中，巴兰除了从世界政治经济体系上，对垄断资本主义和落后国家的经济发展问题做了详细分析外，还提出了"经济剩余"概念。"经济剩余"主要指"社会现行的实际产品与现行的实际消费之间的差额"。这部分经济剩余"不包括资本家阶级的消费、政府的管理、军队的建置等等的花费"，相当于马克思剩余价值中用于积累的部分。他认为，马克思的剩余价值概念太抽象，这一概念把国家和教会的收入、商品转化为货币的支出、非生产性工人的工资等等都作为"次要因素"舍象了。但是，马克思舍象的这些"次要因素"，在垄断资本中却显得十分重要。因此，巴兰认为，在分析垄断资本主义时，有必要进行"术语的更换"，有必要提出"经济剩余"概念。他们合著的、出版于 1966 年的《垄断资本》一书，是 20 世纪 60 年代中期以后成长起来的西方激进社会主义者和"新"马克思主义经济学家的思想源泉。在 60年代末和 70 年代初，西方的许多青年不是通过理解《资本论》，而是通过阅读《垄断资本》成为马克思主义经济学的信奉者的。

在《垄断资本》一书中，巴兰和斯威齐指出：马克思主义关于资本主义经济学的理论，长期处于"停滞不前"的状态中，要恢复和发展马克思主义经济学在当代垄断资本主义理论研究中的生命力，必须回到《资本论》那里，因为在这一研究领域，《资本论》仍然处于"最高统治地位"，他们对列宁之后的"官方的"马克思主义经济学发展的成果基本持否定态度。他们认为，当代马克思主义者不能仅仅停留在对《资本论》体系中"竞争模型"的"补缀和修改"上，而应建立以"垄断"为中心的"新的理论体系"。《垄断资本》就是他们创立这种"新

的理论体系"的一个尝试。

巴兰和斯威齐认为，资本主义的自由竞争的结果是垄断。因为竞争将成本高的企业淘汰出市场，当市场只剩下少数几个获胜的大企业时，这些大企业通常采取"自己生存也让别人生存"的态度彼此协调，于是垄断资本就产生了。巴兰和斯威齐以当代最发达的垄断资本主义国家——美国的经济发展事实为依据，以垄断资本主义条件下"经济剩余"的产生和吸收的矛盾分析为轴心，论述了当代资本主义发展的特征：

第一，当代垄断资本主义是由大公司主导的一种市场制度，这些大公司仍然以利润最大化和资本的积累为目的。巴兰和斯威齐指出，当代资本主义的一个重要标志就是这些大公司依靠其控制产量来影响市场价格的能力，成了"价格的决定者"；这些大公司之间，以及它们同消费者、劳工和较小企业之间的关系都是通过受他们影响的市场建立起来的。大公司的价格政策和成本政策，使他们获得的经济剩余不仅在绝对量上，而且在相对量上都在不断的增长。因此，在垄断资本主义经济发展中，起主导作用的不再是利润下降趋向的规律，而是"剩余增长的规律"。在他们看来，剩余增长规律是"从竞争资本主义向垄断资本主义结构改变最本质的东西"。[①]

第二，巴兰和斯威齐认为，垄断资本在不断创造出经济剩余的同时，并没有为这些增加的经济剩余提供出路。因此，"垄断资本主义是一个自相矛盾的制度，它总是形成越来越多的剩余，可是它不能提供吸收日益增长的剩余所需要的，因而是为使这个制度和谐运行所需要的消费和投资的出路。既然不能吸收的剩余就不会被生产出来，所以垄断资本主义经济的正常状态就是停滞"。[②]

尽管"剩余增长的规律"会使剩余的吸收的矛盾更加突出，但在垄断资本主义发展的历史进程中也存在着某些相反的力量来"抵消"剩余吸收的困难；如果没有这些力量来吸收剩余，这个制度早就"自行崩溃"了。在巴兰和斯威齐看来，吸收剩余的力量主要有：（1）垄断资本在"销售努力"上的支出，如广告、产品形状和包装的多样化以及人为地使商品贬值等方面增加的支出；（2）"政府民用支出"如政府行政管理、社会公共福利、宣传、教育等支出的增加，是更为重要的吸收剩余的方式；（3）服务于"军国主义和帝国主义的支出"，如垄断资本主义国家维持军事上的巨额支出。这三方面的"抵消力量"吸收了大量的经济剩余。但在资本主义制度下，想要通过增加工资、增加贫民救济费用来增加对剩余的吸收是做不到的，所以，吸收剩余同时意味着产生更多的剩余。

---

① 巴兰、斯威齐：《垄断资本》，商务印书馆 1977 年版，第 74 页。

② 巴兰、斯威齐：《垄断资本》，商务印书馆 1977 年版，第 105 ~ 106 页。

第三，生产力上的"划时代的发明"和"战争及其后果"作为两个主要的外部刺激因素，对美国垄断资本日益增长的剩余也起到了中和的作用。科学技术能提高经济剩余又能开拓新的投资、消费领域；战争的后果之一是军事工业的扩张和国家"安全"费用的激增。他们认为一旦这些外部刺激因素的作用减弱，垄断资本就可能会"停滞"和"萧条"。所以，"垄断资本主义尽管造成了它所有的全部生产和财富，却没能够为那种能够促使其成员健康和幸福发展的社会提供基础。"[①]

对巴兰和斯威齐的"垄断资本"理论，即使在西方马克思主义经济学研究领域内也褒贬不一。褒扬者如莫里斯·多布高度评价这一理论，把《垄断资本》称作"很长时期以来最好的马克思主义文献"；查尔斯·巴罗纳更认为"现代马克思主义的帝国主义理论就是以此为基础而建立起来的"。贬谪者如埃·曼得尔认为，这一理论"只是在表面层次上进行推理……没有贯彻马克思对生产过程的价值分析为基础……他们的基本错误在于舍弃了利润率这一中心范畴"；佩·安德森认为，在巴兰和斯威齐那里，"马克思主义经济学范围内的正统结构已被丢弃得差不多了"。但是，这一理论毕竟是这一时期西方学者试图运用马克思主义经济学探索当代垄断资本关系的重要成果，对马克思主义经济学在西方的发展产生了重要的影响。

二、"垄断资本学派"主要理论取向

以《垄断资本》为理论基础发展起来的美国"垄断资本学派"，对巴兰和斯威齐的垄断资本理论做出了多方面的重要补充。哈里·马格多夫在1969年出版的《帝国主义时代：美国对外政策经济学》一书中，对帝国主义对外扩张的根源与实质做出的重要论述，被看做是"垄断资本学派"的重要组成部分。[②]

马格多夫认为，第二次世界大战后，美国在经济、政治和军事上的成功，已使其在世界资本主义体系中占据统制地位。"这种统制地位构成第二次世界大战后美国巨大繁荣的基础。维持军事体制和军事行为，已成为企业活动和利润的直接的和间接的根源。在这种全球性军事力量的保护下，工业和金融有利地向国外扩张。军事、金融和工业的对外扩张，支持了美国在世界银行工业中的领导地位和美元作为世界性货币的统治地位。反过来，美国在货币市场上取得的中心地

---

① 巴兰、斯威齐：《垄断资本》，商务印书馆1977年版，第206页。

② Charles A. Barone，Marxist Thought On Imperialism，M. E. Sharpe，. Inc.，Armonk，New York，1985，P. 75.

位，有助于为对外军事行动提供资金，有助于工业和银行业的国际扩展，也有助
于利用外援为手段，控制和统治帝国主义网络系统。"①

通过分析美国的对外政策，马格多夫批评了美国有些经济学家否认当前仍是
帝国主义时代的观点，认为列宁的帝国主义理论对了解和分析当代垄断资本主义
仍然有"特殊的价值"。列宁既反对把帝国主义同纯粹的、简单的殖民主义等同
起来，也反对把帝国主义仅仅看做是发达资本主义国家为其过剩资本寻求投资出
路的观点。列宁理论"特殊的价值"就在于："对驱动国际经济关系的所有主要
杠杆作了突出的论述。这些杠杆同垄断新阶段和取得垄断职能的根本方法是联系
在一起，无论何时何地，垄断职能就是要取得对资源供求和市场实行可行的统治
和控制。"②

在列宁关于帝国主义特征论述的基础上，马格多夫结合第二次世界大战后垄
断资本主义发展新情况，概括了帝国主义的三个新特征：第一，第二次世界大战
后社会主义国家的增多，使帝国主义体系从主要是分割世界的竞争转变为防止帝
国主义体系缩小的斗争；第二，美国充当了世界帝国主义体系的组织者和领导
者，无论在经济上还是在军事上都是如此；第三，运输、通讯和军事等具有国际
性的新技术的发展，使得帝国主义体系更紧密地联系在一起，并产生了某些新的
控制方法。③

美国"垄断资本学派"的另一著名经济学家是哈里·布雷弗曼。他在 1974
年出版的《劳动与垄断资本》一书，成为 20 世纪 70 年代美国"垄断资本学派"
理论发展最有影响的著作之一。布雷弗曼在《劳动与垄断资本》中对发达资本主
义国家中雇佣劳动与垄断资本关系的性质及其发展历史的论述，在很大程度上弥
补了巴兰和斯威齐垄断资本理论中忽视资本主义劳动过程研究的某些缺陷。这突
出地表现在两个方面：第一，巴兰和斯威齐的垄断资本理论，几乎完全撇开了对
垄断资本条件下劳动过程的性质的分析，而布雷弗曼则以马克思《资本论》第一
卷中资本主义劳动过程理论为指导，详细分析了垄断资本主义生产条件下，科学
技术和管理制度的发展导致的资本主义生产过程、资本的积累以及对劳动者的影
响。第二，巴兰和斯威齐的垄断资本理论，围绕资本主义生产条件下，经济剩余
的生产和吸收这一矛盾为中心来展开论述的，以经济剩余不能被充分吸收作为资
本主义经济的"停滞"和"萧条"产生的原因；布雷弗曼则研究了管理科学和
技术革命对劳动过程的影响，集中探讨了垄断资本结构和工人阶级结构，如工人
阶级的分化、组织形式等的改变。斯威齐在为《劳动与垄断资本》所做的前言中
认可，在这些方面，布雷弗曼做出了"严肃认真的努力"，而且"这种努力是完

①②③　Harry Magdoff. The Age of Imperialism , New York：Monthly Review Press，1969.

全成功的"。①

　　布雷弗曼认为，垄断资本主义形成于 19 世纪的最后 20 年或 30 年间。当时西方企业的管理理论和管理科学正经历着一场深刻的革命，被称为"泰罗制"的管理理论和管理制度在资本主义劳动过程中得到广泛应用。管理科学的进步使得以技能为基础的劳动过程转化为以科学为基础的劳动，科学技术成为劳动过程最具实质性的内容。这里讲的"科学"并不是"真正科学的的特性"，"只不过反映资本家对于生产条件的看法"，也就是"在对抗的社会关系的环境中管理一种难以驾驭的劳动力的观点。"② 管理制度和新技术革命的结合深刻地改变了资本主义劳动过程，这种集约化的生产过程大大地促进了垄断资本主义发展。布雷弗曼认为，资本主义生产条件下发展起来的管理制度和工艺技术与资本主义生产关系紧密相连。垄断资本生产关系的发展表明，劳动过程中管理的"原则"，就是"使劳动过程和工人的技术分离开来"，最大限度地把直接生产过程的知识转由管理本身来完成；就是"使概念和执行分离"，工人成为不假思索地执行知识的指令而无须理解基本的技术理论和数据；就是"利用这种对知识的垄断来控制劳动过程的每一个步骤及其执行方式"，工人则逐渐成为无须高技术和技能的"非熟练"劳动者。③ 布雷弗曼的这个分析，体现了马克思在他的经济学手稿提出的一个重要论断，即"资本在其真正发展中使大规模的劳动同技能结合起来，然而是这样结合的：大规模的劳动丧失自己的体力，而技能则不是存在于工人身上，而是存在于机器中，存在于把人和机器科学地结合起来作为一个整体来发生作用的工厂里。"④

　　在布雷弗曼看来，垄断资本主义条件下科学技术革命和管理制度的变革，绝不可能引起雇佣劳动中体力上和劳力上的任何"解放"，只会形成劳动者日益严重地"异化"。因为在垄断资本主义生产条件下，工人阶级只是资本运动过程中与"死的"生产资料相对应的"活的"部分。工人阶级的职业构成、劳动方式要完全取决于垄断资本积累的性质；而且现代资本主义的发展，并没有改变工人阶级一无所有、只能靠出卖劳动力为生的阶级地位。

　　詹姆士·奥康纳（James O'Connor）在 1973 年发表的《国家的财政危机》，几乎有着同巴兰和斯威齐《垄断资本》同样的影响，是对"垄断资本学派"关于垄断资本条件下国家的作用和经济危机关系的补充论述。在马克思主义经济思

---

①　布雷弗曼：《劳动与垄断资本》，商务印书馆 1979 年版，第 1 页。

②　布雷弗曼：《劳动与垄断资本》，商务印书馆 1979 年版，第 78～79 页。

③　布雷弗曼：《劳动与垄断资本》，商务印书馆 1979 年版，第 103～110 页。

④　《马克思恩格斯全集》第 30 卷，人民出版社 1995 年版，第 527 页。

想史上，马克思就曾设想，"政治经济学批判"理论体系应该包括"资产阶级社会在国家形式上的概括"，如税、国债等方面的内容。在《资本论》中，马克思曾对资产阶级国家（主要是国家立法）在确立工厂制度中的作用做过论述。奥康纳从资产阶级国家财政理论的角度，对马克思主义政治经济学危机理论进行的新探讨，应该说是一种积极的尝试。奥康纳在对"国家的财政危机"理论阐释时强调，"构成这一理论的框架来自马克思主义经济学"，"只有按照马克思主义经济学范畴……才能理解国家的财政危机；"[1] 可以认为，在奥康纳这一理论中，"劳动价值论、剩余价值概念和利润率下降概念完全得到了保留，而且还得到了更为广泛的运用。"[2]

奥康纳所提出的"国家的财政危机"理论，旨在通过对当代资本主义社会中国有产业部门、由小企业组成的竞争产业部门和由大企业组成的垄断产业部门之间关系的分析，阐明20世纪50年代以来发达资本主义国家，特别是美国资本主义经济增长趋势和危机的特征及其根源。因此，他所谓的"财政"危机，并不是指一般意义上的国家财政预算和财政收支上的种种困境，而是指第二次世界大战后资本主义发展中的危机的特殊表现形式。

"国家的财政危机"理论建立在两个基本前提上。第一，在当代资本主义发展中，国家必须履行两个基本的、但却常常是矛盾的职能，即积累和合法化的职能。一方面，国家必须尽力维持或创造使有利可图的资本积累得以进行的条件；另一方面，又必须尽力维持和创造使社会和谐发展和意识形态上统治的条件。他认为，一个资本主义国家，如果公开地使用它的强制力量，帮助一个阶级依靠牺牲另一个阶级的利益来积累资本，这个国家就会失去它的合法性，削弱对它信任和支持的基础；而一个忽视帮助资本积累的国家，也会因为失去经济剩余的生产能力和失去来源于这个剩余的税收而国力殆尽。第二，和资本主义国家这两个基本职能相对应，国家支出也必然具有"社会资本"和"社会支出"两重性。一方面，"社会资本"是指对有利可图的私人积累所必需的支出，它具有间接的生产性。"社会资本"可区分为两种形式："社会投资"和"社会消费"。奥康纳认为，"按照马克思主义的用语，这两种形式就是指社会的不变资本和社会的可变资本。"[3]因为这里的"社会投资"是国家为了提高劳动生产率，从而提高利润率而增加的工程和服务设施（如运输、教育、科研等）的投资；"社会消费"是国家为降低劳动力的再生产费用，从而提高劳动生产率而增加的工程和服务设施（如公共医疗事业，社会保险等）的投资。另一方面，"社会支出"是国家为维

---

[1][3]　James O'Connor, The Fiscal Orisis of the State, New York, 1973.

[2]　F. R. Hansen, The Breakdown of Capitalism, London: Routledge and Kegan Paul, 1985, P. 135.

持社会和谐，完成国家"合法化"职能所必需的支出，其中如实行社会福利制度上的支出。"社会支出"包括救济失业者以保持社会稳定而必需的支出，也包括国家为在政治上镇压人民反抗而必需的费用。"社会支出"无益于利润的增加，它甚至连间接的生产性也不具备。

奥康纳认为，在对国家支出两重性的区分中值得注意的是：第一，由于国家并不按阶级来划分它的预算，因此，国民收入中国家支出的各个部分是混合在一起的，只有通过考察预算的各个项目才能加以区分。例如，在国家的教育费用中，为培养、训练劳动力技术水平和熟练程度需要而雇用教师的费用和增加教学设备的投资属于"社会资本"；而大学校园内警察的薪水则属于"社会支出"。第二，由于"社会资本"和"社会支出"所具有的社会化特征，致使国家支出中的某些部分难以明确归类。例如，国家建造的不收养路费的公路，作为工人上下班之用，可列入"社会消费"项目；作为商业运输之用，又可列入"社会投资"项目；而当五角大楼加以使用时，又归为"社会支出"。尽管有种种复杂的情况，但我们还是能根据确定此项预算决议时的"政治—经济力量"的组合，根据这一预算项目的主要目的确定它的归类。可见，奥康纳对国家支出两重性的区分，并不是单纯地从预算项目表中直接引申出来的，而是从对社会阶级力量对比、社会政治经济因素的综合考察中引申出来的。

通过对以上两个基本前提的分析，奥康纳进一步得出了两个"基本命题"。第一，在当代发达资本主义国家，国有产业部门的发展和国家支出（包括"社会资本"和"社会支出"）的增加，日益成为垄断产业部门的发展和总的生产增长的基础。反之，垄断产业部门的增长又导致国家支出的进一步增加。换句话说，国家支出的增加既是垄断产业部门扩大的原因，也是垄断产业部门扩大的结果。奥康纳认为，当代资本主义经济增长表现为一个"扩大再生产的模式"。在这一模式中，"社会资本"增长得越快，垄断产业部门也就增长得越快，国家产业部门的增长是私人产业部门特别是其中的垄断产业部门扩张所不可缺少的；然而，垄断产业部门增长得越快，必然要求国家支出中"社会消费"和"社会支出"部分增长得也越快，"社会消费"和"社会支出"的增加成为垄断产业部门发展的必然结果。在这一方面，奥康纳既反对现代保守主义认为国家产业部门的增长是以牺牲私人产业部门为代价的观点，也反对现代自由主义认为垄断产业部门的扩张抑制了国家产业部门增长的观点。

第二，在当代发达资本主义国家，"社会资本"和"社会支出"的积累是一个矛盾的过程，这一矛盾过程产生了经济、社会和政治危机的趋势。奥康纳主要作了两个方面的证明：

证明一：尽管国家通过使资本费用的社会化的方式造成社会剩余（包括利

润）的增加，但由此产生的社会剩余并没有社会化，而是不断地被私人所占有，特别是为垄断资本所占有。费用的社会化和利润的私人占有造成了一种国家支出和国家收入之间"结构上缺口"的财政危机。显然，"财政危机的基本原因在于资本主义生产本身的矛盾，即在于生产是社会的而生产资料却被私人占有。"[①] 这种财政危机的主要表现就是通货膨胀、税收增加、失业以及社会不安宁，这些反过来又加剧了危机的严重性和威胁着国家的合法化。

证明二：财政危机还由于国家权力被为了个人主义目的的私人占有而进一步加剧。许多有"特殊利益"者，如企业的、部门的、地区的和其他经营方面的利益者，要求国家预算用在各种"社会投资"上；组织起来的工人则要求国家预算用在各种"社会消费"上；而失业者和穷人（包括财务上遇到麻烦的经纪人），则要求国家预算更多用于扩大"社会支出"。这种在国家预算支出上的斗争，极少是通过市场调整来解决的，绝大部分是通过社会阶级力量和政治制度的介入来解决的，其成败完全是由政治斗争中阶级力量的对比决定的。围绕着控制国家财政预算而展开的斗争，反过来会进一步损害资本主义制度的财政能力，并潜在地威胁着这一制度生产剩余的能力。不管资本主义采取什么"改革"措施，"最后解决这一危机的唯一出路就是社会主义"[②]。

从奥康纳提出的这两个"证明"中可以看到，尽管第二次世界大战后资本主义危机表现为"国家的财政危机"这一特殊的形式，但是，引起这一危机的根源却仍然在于资本主义的基本矛盾，这和马克思主义政治经济学理论并无二致。但他所认为的"国家的财政危机"不只是单纯的经济危机，而是当代垄断资本主义制度中经济、社会和政治发展的综合性的危机。作为对巴兰和斯威齐《垄断资本》理论的拓展，奥康纳的理论是有着重要理论意义的。

第二节　美国激进政治经济学派的当代资本主义理论

20 世纪 60 年代中期，美国国内的经济、政治、社会危机不断爆发。在经济上，美国垄断资本走完了第二次世界大战后经济"繁荣"的"黄金岁月"，失业、贫困、生活质量降低和经济衰退，重新回到经济生活中，经济发展进入了"低谷"。对此，"正宗"的凯恩斯主义理论一筹莫展，指责凯恩斯主义的种种"异端"学说纷至沓来。随着经济危机的爆发，起始于 20 世纪 50 年代中后期的黑人反种族歧视和种族迫害的斗争，有了新的发展。这一斗争与方兴未艾的人权运动、女权运动和反对侵略越南的反战运动汇合在一起，形成了第二次世界大战

①② James O'Connor, The Fiscal Orisis of the State, Nwq York, 1973.

后美国最严重的政治和社会危机。在这一社会背景下，批判美国资本主义现实，揭示美国经济、政治和社会危机的根源，探寻社会斗争和社会变革出路的理论，一时成为美国知识界，特别成为活跃在大学校园中激进的大学生和青年教师们的理论热点。同时，对流行于美国的"正统的"、"主流的"理论的失望，促使青年知识分子寻求新的理论武器。60 年代中期，国际共产主义运动内部分歧的公开化，为美国青年知识分子"重新认识"马克思和马克思主义提供了重要契机。马克思在 19 世纪中期对当时最发达的英国资本主义制度的批判，为他们在 20 世纪中期对当代最发达的美国资本主义制度的批判，提供了最有效的理论武器。"复兴"马克思、"重构"马克思经济学理论，成了一股不可忽视的理论潮流。1969 年成立的"激进政治经济学联盟"（The Union of Radical Political Economics）就是顺应这一理论潮流的产物，也就成为美国激进政治经济学派形成的标志。联盟创办的《激进政治经济学评论》（*The Review of Radical Political Economics*），成为这一学派的重要的理论阵地。

一、激进政治经济学派的形成及其理论渊源

在 20 世纪 60 年代末和 70 年代初，属于激进政治经济学派的一些青年知识分子，尽管自称是以马克思主义经济学理论为基础来批判美国社会的，但是，他们当时对马克思经济学理论并不十分了解，甚至连马克思的主要著作《资本论》也没做过系统的研究。他们只是初步接触了马克思的早期经济学著作《1844 年经济学哲学手稿》、《雇佣劳动与资本》，以及根据马克思 1865 年演讲整理的《工资、价格和利润》中的某些理论观点。对早期激进学派理论产生直接影响的，是当时在美国已颇有声望的一些"马克思主义经济学家"撰写的理论著作。这些著作主要有：斯威齐的《资本主义发展论》（1942 年）、巴兰的《增长的政治经济学》（1957 年）、巴兰和斯威齐的《垄断资本》（1966 年）、安德烈·岗德·弗兰克的《资本主义和拉丁美洲的不发达》（1967 年）、戴维·霍罗威茨主编的论文集《马克思和现代经济学》（1968 年）、利奥·霍伯曼和斯威齐合著的《社会主义导论》（1968 年）、哈里·马格多夫的《帝国主义时代》（1969 年）。这些理论著作，对早期激进学派的影响主要表现在以下三个方面：

首先，在理论研究对象上，这些著作探讨了美国经济、社会发展中的尖锐矛盾及经济停滞、危机的根源；揭示了美国垄断资本主义经济发展中出现失业、贫穷和不平等不合理现象的性质；并认为这些由资本主义制度所造成的"弊端"，不可能在这一制度内部得到解决；进而在不同程度上证明资本主义私有制经济向社会主义公有制经济过渡的历史必然性。

其次，在理论研究方法上，这些著作大多存在着两个明显的倾向：一方面，宣称要运用马克思经济学基本原理，分析和理解当代资本主义经济的性质。例如，巴兰和斯威齐在《垄断资本》中就明确指出：恢复和发展马克思经济学在当代资本主义理论研究中的生命力，是当代马克思主义经济学家的重要任务；《资本论》至今仍然居于"最高统治地位"。另一方面，又舍弃（尽管不是反对）马克思经济学中的一些基本范畴和重要理论原理，试图"重构"马克思经济学理论范畴和理论体系。例如，巴兰和斯威齐就极力主张以"经济剩余"范畴取代构成马克思经济学基石的剩余价值范畴，并轻率地舍弃马克思提出的利润率趋向下降规律的理论，提出所谓的"剩余增长规律"理论。这两种倾向对激进政治经济学派产生了重要影响。

最后，在理论研究上，这些著作还存在着"两翼出击"的倾向，即把对资产阶级新古典经济学的批判和对所谓"官方"马克思主义经济学的批判交织在一起。一方面，这些著作在不同程度上批判了新古典经济中存在的"辩护性"和"庸俗性"，斥之为"权势经济学"（Establishment Economics）；另一方面，这些著作也极不满意当时存在于苏联等社会主义国家的所谓"官方"马克思主义经济学理论，认为这一"官方"理论窒息了马克思主义经济学的生命力。这种试图创立"独立的"马克思主义经济学的理论倾向，给年轻的激进学者以深刻影响。

二、激进政治经济学派的理论主题

在激进政治经济学派形成伊始，美国经济学界就已注意到这一学派的鲜明的理论主题。1970 年，激进政治经济学联盟成立后不久，美国著名经济学家马丁·布朗芬伦那（Martin Bronfenbrenner）就已清楚地指出了该学派的七个明确的论题：一是对收入、财富和权力的不平等分配的谴责；二是对资源的不合理分配的不满，认为用于生产中上层阶级所需的消费品和军用产品的资源太多，而用于穷人公共产品和劳务的资源太少；三是指责对"生活质量"的忽视，谴责普遍存在的污染、异化、人口过剩和资源浪费等现象；四是谴责军国主义和种族歧视；五是反对美国"帝国主义"和"新殖民主义"对广大第三世界的剥削和掠夺；六是认为"权势经济学"和其他社会科学掩盖了社会"弊端"；七是批判传统经济学只从生产和消费角度研究"单向度"的人，忽视了人的社会本质规定。[①]

---

① Bronfenbrenner, Martin: Radical Economics in America; A 1970 Survey. 载 *The Journal of Economic Literature*, 1970, V. 8 (3), pp. 749－750.

早期激进学派在对以上这些论题的探讨中，得出了一些基本的理论原理。这些理论原理不论对激进学派的形成，还是对 20 世纪 70 年代中期以后这一学派的发展，都产生了重要的影响。戴维·戈登（David Gorden）曾把 60 年代末和 70 年代初该学派关于资本主义经济学的理论原理概括为以下六个方面：[1]

第一，生产方式。激进学派认为，马克思的生产方式不只是指生产的技术方式，而且还是指生产资料的占有方式及生产过程中人与人之间的关系。社会生产方式决定了社会分工及这一社会的特征，反映了社会生产关系的性质。在历史上存在的各种生产方式，可以看做是分工中的生产活动方式，如古代社会的奴隶劳动、封建社会的农奴劳动、资本主义社会的雇佣劳动等等。

第二，阶级和阶级冲突。具有社会生产关系特征的社会分工，把社会分为经济上的阶级；不同的阶级不可避免地要互相对抗；历史就是在阶级冲突的增长和解决的过程中不断向前发展的。激进学派着重探讨了阶级概念中的两个最基本的问题：一是关于经济上的阶级是客观地由社会生产关系决定的。在生产过程中起着同样作用的个人组成的集团，构成一个客观上确定的阶级，而不管他们本人是否意识到。在一定阶级中的成员，处在客观上规定的共同的环境和活动中，因而具有共同的经济利益。二是经济上的阶级，只有在其成员主观上认识到是一个阶级时，才完全地构成一个阶级。因而马克思在《哲学的贫困》中提出，使工人逐渐团结起来，"形成一个自为的阶级"，使他们所维护的利益"变成阶级的利益"，使阶级斗争变成"政治斗争"。[2] 这反映了马克思对这种"主体上确定的"阶级概念的理解。据此，激进学派断言：对社会进化的最有效的分析，就是对阶级冲突动态的分析，就是对利益对立的阶级斗争的辩证法的分析。统一的经济变革和社会变革，需要树立主体上确定的阶级意识。

第三，资本积累的动力。在对资本主义动态发展的分析中，激进学派特别注意探讨资本积累动力问题，即资本所有者在竞争中不停地试图运用一切手段增加资本的绝对量和相对量问题。因此，在资本主义制度中，由于资本积累的作用，人的需要从属于市场的需要，从属于资本扩张的需要。

第四，反映资本主义制度性质的设制。激进学派认为，一定社会的生产关系决定了该社会一系列基本的经济设制。这些基本设制有助于确立该社会中个人之间社会关系的性质和内容。理查德·爱德华兹（Richard Edwards）、阿瑟·麦克爱温（Atrhur MacEwan）等人在《对经济学的激进探讨：一种新学科的基础》一

---

① Gorden, Daviel: Theories of Povery and Underemployment, Massachusetts, Lexington Books, pp. 56 – 66.

② 《马克思恩格斯全集》第 4 卷，人民出版社 1958 年版，第 196 页。

文中，曾把资本主义社会资本的经济设制概括为五个方面：其一，在劳动市场上，劳动是一种商品，这种商品按最高出价进行分配；其二，劳动过程由资本所有者控制，劳动者在工作日内对他的活动失去控制；其三，法定的所有制关系决定收入分配，社会按所有者提供的生产要素分配报酬；其四，"经济人"得到激励，"经济人"构成资本主义社会中人的个性及其作用的体系，特别是构成一种个人主义的体系；其五，反映并概括社会存在的社会意识形态，起到维护并推进其他社会设制的作用。①

第五，资本主义国家的性质和职能。激进学派认为，在阶级社会中，国家的职能最终都是服务于统治阶级利益的。在资本主义社会，国家的职能最终都服务于资本家阶级利益。因此，按激进学派的命题，"国家是由资本家阶级统治的，国家的职能反映了资本家阶级的需要。在现代资本主义国家，基本的设制已经完全建立起来，维护和保持这些阶级结构和特权以存在的规制，对资本家阶级来说是最为重要的。经济设制的不受限制的作用，将继续给资本家带来权力、财富和声望。他们并不需要国家增强他们的地位，只需要国家保障他们的地位。"②

第六，资本主义社会的内在矛盾。激进学派认为，资本主义社会的发展受三个矛盾的影响和限制：一是由于分工的发展，劳动者日益同他的产品相异化，日益受到生产活动中专业化的强制性和追求创造性这一矛盾的压抑。解决这一矛盾的方法就是提高无产阶级阶级意识，进行社会革命。二是在资本主义条件下，分工的发展、日益先进的机器的广泛使用，以及市场的扩展，加强了生产者之间的联系；但是，资本主义倡导的却是以个人之间无情竞争为基础的个人主义意识形态。生产中客观的社会合作关系与合作的生产者在主观上的相互竞争，构成了资本主义社会的又一矛盾。三是在资本主义社会，社会财富的剧增，创造了使每人都有闲暇时间，都能从事创造性活动，从而消除阶级对抗的可能条件；但是，资本家阶级为了继续保持和增加他们的剩余产品量，却不断地把财富积聚在个人手中，维持他们的阶级特权，造成社会财富分配的两极分化，最终造成社会收入分配上的深刻矛盾。

由此可见，在理论论题上，早期的激进学派同"权势经济学"的对立是十分明显的。首先，激进学者极力揭示资本主义经济的矛盾，提倡对资本主义实行制度性的改革；并注意经济上阶级关系和阶级矛盾的分析，强调生产过程和分配过

---

① Edwards, Richard、MacEwan, Atrhur：Radical Approach to Economics：Basis for a New Curriculum，载 The American Economic Review，May，1970，P. 353.

② Edwards, Richard、MacEwan, Atrhur：Radical Approach to Economics：Basis for a New Curriculum，载 The American Economic Review，May，1970，P. 359.

程中资本家阶级和雇佣工人阶级的对立。其次，激进学者摒弃"权势经济学"的分析方法和理论范畴，主张运用马克思的唯物史观和阶级分析方法，以及马克思经济学的理论范畴剖析当代资本主义经济现实，构建激进政治经济学的理论框架。最后，激进学派不仅注重对资本主义制度历史形成的考察，注意对当代资本主义现实的动态分析，而且还十分注重从经济、政治、社会和文化学等视角，对当代资本主义发展的深刻矛盾及其历史走向做出综合考察。

三、对当代资本主义现实经济关系的探讨

20 世纪 70 年代中期，激进学派的最重要论题就是对资本主义现实经济关系的批判。在这一过程中，激进学派虽然没有得出一致的理论结论，但在对以下三个问题的探讨中还是有理论创见的。

第一，劳动过程性质的新探索。激进学派认为，在《资本论》中，马克思曾对资本主义劳动过程的性质做过周详的论述。但是，在马克思创作《资本论》后的一百多年间，资本主义劳动过程已发生了极大的变化，已有的"经典"论述往往不能令人满意。这就要求当代马克思主义者对资本主义劳动过程性质做出新的探讨，因为只有对资本主义劳动过程性质有了较为清楚的认识，才可能在此基础上进一步揭示资本主义剥削的实质及其他相关的理论问题。20 世纪 70 年代中期以来，在激进学派论述这一问题的大量文献中，最引人注意的是以下三个理论观点：

一是资本主义劳动过程"合理化"（rationalzation）的性质及其变化趋势。激进学派普遍认为，哈里·布雷弗曼（Harry Braverman）的《劳动与垄断资本》（1974 年）对此做了"开创性"的研究。在布雷弗曼看来，资本家阶级对劳动过程管理的实质就是：最大程度地控制工人，最小程度地依靠工人。因此，19 世纪以来，资本主义劳动过程发展的一般趋势就是，最大程度地把直接生产过程的知识交由管理本身掌握，劳动的技能和操作的技巧则由机器和工具来承担，工人逐渐成为只能从事单调乏味的、无需更高技能和技巧的非熟练劳动。凯瑟琳·斯通（Katherine Stone）的研究证明，20 世纪初美国钢铁行业中新技术的广泛运用，并不单纯是为了提高劳动效率，而是为了造就一个由无技能的劳动者组织的劳动过程，是为了强化资本所有者在劳动过程中对劳动者的统治和控制。[1]

二是劳动过程控制体系的发展及其性质。理查德·爱德华兹的《争夺的场所：

---

① Katherine Stone, The Origins of Job Structures in the Steel Industry, Review of Radical Political Economics, July 1974, Vol. 6, No. 2, pp. 113 – 173.

20 世纪车间的变化》（1979 年）一书，从历史和逻辑相结合的角度，对资本主义企业中劳动过程从"简单控制体系"（simple control systems）到"结构控制体系"（structural control systems）的转化过程做了系统的研究。爱德华兹认为，19 世纪 80 年代以前，美国企业劳动过程的特点是"企业主控制"（entrepreeurial control），因为这时企业规模很小，企业所有的问题都可以由企业主本人解决，既是所有者也是管理者，劳资双方处在直接的对立之中。随着资本主义企业规模的扩大，"企业主控制"逐步转化为"等级控制"（hierarchical control）。在"等级控制"中，工头雇佣和解雇工人的权力，工头对工人进行严密的监督，工头成了劳资双方斗争的"中介"人。爱德华兹把"企业主控制"和"等级控制"看做是"简单控制体系"发展的两个阶段。

到 20 世纪初，美国资本主义企业劳动过程开始向"结构体系"过渡，爱德华兹把这一体系划分为"技术控制"（technical control）和"科层控制"（bureaucratic control）两个阶段。"技术控制"建立在大规模和流水作业线基础之上。这时，流水作业线直接"监督"着工人的劳动，它成了劳资双方斗争的"中介"。在出现于第二次世界大战期间的"科层控制"中，劳动等级、劳动规则和劳动种类都已经制度化。"科层控制"强调雇员的工作习惯和个人禀赋，而不只是强调劳动技能。它还创造出"好工人"的形象，并使人相信这种"好工人"与企业的目标是一致的。这时，工人要按企业的一系列制度自我约束和规范自己，劳动过程中劳资双方的矛盾被巧妙地掩盖起来了。爱德华兹强调，从"简单控制体系"到"结构控制体系"的发展过程，并不只是管理的纯技术方面的发展过程，而是资本在劳动过程中对工人控制不断强化的发展过程，同时也是资本家阶级和雇佣工人阶级阶级斗争形式不断深化和复杂化的过程。

三是工人在劳动过程中的劳动行为，同劳动过程之外的文化、社会阶层划分之间的关系。在这一问题的探讨中，有些激进学者认为，阶级是在劳动过程之外的文化过程中形成的。因此，理解工人的战斗和阶级意识的变化，工人的社交团体、种族、年龄等等的变化都具有本质的意义。[①] 有些激进学者不赞成这种说法，认为应该从资本主义劳动过程的特点来说明工人劳动行为本身。例如，迈克尔·伯莱沃尔（Michael Burawoy）认为，工人之所以能接受资本主义工厂的劳动纪律，并能竭尽全力地劳动，同资本主义劳动过程的剥削形式和特点有关。首先，资本主义剥削形式把工人为挣得工资而进行的有酬劳动，同为资本家创造利润而进行的无酬劳动完全混淆在一起了。其次，随着资本主义生产的扩大，工人的收

---

① Samuel Bowles, Herbert Gintis, Schooling in Capitalist America: Eductional Reform and the Contradictions of Economic Life, New York: Bbasic Books, 1975.

入和资本家的利润似乎在同时增长，提高劳动效益似乎对资本家和工人都有利。①
因此，有些激进学者极力主张，提高工人对资本主义劳动过程及其剥削实质的认
识，使工人们从对资本主义劳动过程的"自发的"认识上升为"主观上确定的"
认识。

第二，对资本主义工资、利润的质、量规定的理解。激进学派普遍认为：
"马克思阐述的劳动价值论，正是为了说明以下论题：利润来源于资本家在生产
场所对生产过程的控制……这是分析资本主义生产领域中阶级斗争的基础。"②
因此，通过对生产过程的考察，揭示利润、工资的质和量及其规定性，成为许多
激进学者的重要研究课题。在这一方面，激进学派的一致意见就是："所有的激
进学者都赞成，资本主义价格、工资和利润反映了资本主义中人的、社会的和阶
级的关系。"③ 因此，激进学派对工资和利润的质的规定有一个较为清楚的认识。

在对工资和利润的量的理解中，激进学者既反对"权势经济学"中认为工资
等于劳动的边际产品，利润等于资本的边际产品的观点；也不赞成"传统"马克
思主义经济学中认为工资等于劳动者及其家庭所必需生活资料价值的观点。在某
些激进学者看来，应从"纯粹"形态和"非纯粹"形态两个层次理解工资的量
的规定。

首先，在"纯粹"形态上，劳动者的供求状况决定了工资的一般水平。例
如，霍·谢尔曼认为，影响劳动者供给的因素主要有三个：人口数量；劳动法，
如童工法等；社会学的取向，如妇女参加劳动取向等。在一定点上，超过在业工
人的有效的劳动力供给量，大约等于当时失业的工人数量。显然，高就业将导致
低工资；而劳动的供给过剩极大地妨碍了工人的议价力量，工人和资本家实际上
拥有极不平等的议价力量。

其次，在"不完全的"或"非纯粹的"竞争条件下，引起劳动市场变化的
因素主要有：对市场行情的无知；不流动性；工会的作用；大企业的垄断力量；
资本主义国家运用财政政策和劳动法所做的干预；国际上的障碍；等等。因此，
在供给和需求一定的条件下，工资就由阶级力量对比和阶级斗争状况决定。在工
资总水平决定后，每个工人的工资就由工人的劳动强度决定，而这一劳动强度同
样是由阶级力量对比和阶级斗争的状况决定的。

激进学者认为，在所雇佣的劳动力数量一定时，产品的价格首先取决于工人

---

① Michael Burawoy, Manufacturing Consent: Changes in the Labour Process Under Capitalism, University of Chicago Press, 1979.

② Herbert Gintis, The Reemergence of Marxian Economics in America, in Bertell oll man et al ed. The Left Academy: Marxist scholarship on American Campuses, New York: McGraw – Hill Book Compary, 1982, P. 58.

③ Howard J. Sherman, Foundations of Radical Political Economy, M. E. Sharpe, 1987, p. 103.

的劳动时间，而工人在这一劳动时间内能生产多少产品则取决于资本的监督、压力以及失业的威胁程度等等。雇主们总是力图强化工人的劳动时间，而雇工们总是极力反对这样做。在阶级对抗条件下确定的劳动时间量，加上包含在消耗的生产资料中的过去劳动量，就构成一定产品的价格总量。在这一价格总量中，扣除由阶级力量对比决定的工资部分，再扣除资本品的成本，最后的余额就是利润。激进学派认为，对工资量和利润量的这样的描述，可以避免由价值转化为生产价格过程中发生量的"修正"所引起的麻烦。

激进学者对资本主义工资和利润的质、量规定的理解表明，他们割裂了工资和利润的质的规定和量的规定之间的内在联系。当他们探讨影响工资量和利润量的变动因素时，完全舍弃了这些变动后面所隐藏的工资和利润的质的规定。实际上，无论是工资还是利润，它们的质的规定和量的规定具有内在统一性。例如，马克思论述工资范畴时，就十分强调工资的质和量的内在统一性。首先，就工资的质的规定而言，工资实质是劳动力价值或价格的转化形式，而"劳动力的价值由两种要素构成：一种是纯生理的要素，另一种是历史的或社会的要素"。其次，从工资量的规定来看，工资本身"不是一个常数，而是一个变数，它甚至在其他一切商品的价值仍旧不变的条件下也是一变数"[①]。例如，价值规律、剩余价值规律、资本积累规律、资本家阶级和雇佣工人阶级之间阶级斗争的发展，资本主义社会再生产的周期变动等因素都会影响工资的变动。显然，工资在其量的形式上的可变性，不仅不可能否定工资的质的规定性，相反，工资的量规定性正是其质的规定性的具体反映和具体表现。

第三，对失业和就业歧视问题的分析。20世纪70年代中期以来，激进学派对肆虐于美国经济中的"滞胀"（stagflation）现象做过多层面的分析。一些激进学者认为，"滞胀"是美国经济运行中"停滞"和"通货膨胀"沉疴并发的必然结果。作为经济衰退的一种特殊表现，"滞胀"是以高失业为主要标志的。

霍·谢尔曼在《滞胀——激进学派的失业和通货膨胀理论》中指出，在西方经济发展中，一些轻微的萧条，就可能导致上百万人的失业。对整个社会来说，萧条和失业不仅引起社会资源的极大损失，而且还引起社会动荡和不稳定，其主要表现就是降低人口素质、提高离婚率、提高犯罪率，以及危害身心健康乃至引起自杀率的急剧增长。同时，官方则极力掩盖失业的真相，特别是极力缩小失业的真实数字。谢尔曼认为，美国官方主要用以下三种方式掩盖失业的真实情况：

一是把一些所谓的"失望者"排除在失业人口之外。例如，美国官方公布的1975年第二季度劳动力数为9257.5万人，但实际应为15100万人，两者差额达

---

① 《马克思恩格斯文集》第3卷，人民出版社2009年版，第73、74页。

5800 万人。在这 5800 万人口中，相当大部分是那些想要工作，但对能找到工作丧失信心的人。显然，这些人是实际的失业者。如果把他们计算在内，当时美国的失业率就不是官方公布的 8%，而是 10%。

二是把半失业的工人当作完全就业的工人。例如，在美国官方公布的 1975 年第二季度劳动力数中，有 7900 万为全日就业人员，有 1350 万为非全日就业人员。在非全日就业人员中，大约有 194 万是希望找到全日工作，但因经济萧条而无法找到全日工作的人。因此，他们实际上是半失业者。按此推算美国当时的实际失业率比官方公布的失业率又应提高两个百分点。

三是忽视了美国社会中的"隐蔽失业"现象。在美国官方失业率的统计中，一直把在家庭中从事不计报酬的家庭劳动人员看做是充分就业人员。但是，这些家庭劳动很少、甚至根本不能增加家庭的实际收入。因此，从事家庭劳动的人，只能分享家庭其他成员的有限收入。显然，这些家庭劳动人员实际上是"隐蔽"失业者。如果把这些人也都计算在失业人口内，美国的实际失业率还将大大提高。

谢尔曼还认为，在理解美国经济中的失业率的实际状况时，还应该注意以下两种情况：一方面，在经济萧条和失业的威胁下，普遍出现的就业不足或就业低下的现象主要是指：失业的威胁迫使熟练工人按极低的报酬，接受一项技术简单的工作；大批非熟练工人从事全日工作，得到的报酬却低于贫困线规定的收入；成千上万受过高等教育的就业人员，从事的是几乎无须任何教育就能从事的工作。另一方面，对少数民族和妇女的歧视，造成黑人和妇女的高失业率。例如，美国官方公布 1975 年 6 月的失业率为 9.1%，而同一时期黑人的失业率高达 15.4%；妇女的失业率高达 10.2%，而黑人妇女的失业率竟高达 15.5%。如果按失业的真实情况计算，黑人妇女的失业率可高达 31.3%。

激进学派对美国经济中失业问题的剖析，对理解当代资本主义经济关系的性质是极有意义的。当代资本主义经济中失业和半失业人口的存在及其新发展证明，"过剩的工人人口是积累或资本主义基础上的财富发展的必然产物"，同时"这种过剩人口反过来又成为资本积累的杠杆，甚至成为资本主义生存的一个条件"。"现代工业的整个运动形式来源于一部分工人人口不断地转化为失业的或半失业的人手。"[①]

当代资本主义经济中，与失业问题相对应的就是就业歧视问题。激进学派认为，就业歧视主要表现为就业中的种族和性别歧视，以及劳动市场分离（labor market segmentation）的状况。激进学派认为，从经济后果来看，美国就业中的种

---

① 《马克思恩格斯文集》第 5 卷，人民出版社 2009 年版，第 728、730 页。

族歧视的表现主要有：其一，黑人家庭的收入比白人家庭的收入低得多。例如，1982 年，黑人家庭收入只有白人家庭收入的 55% 。这一年有 36% 的黑人家庭的收入低于美国官方公布的贫困线。1984 年，按美国官方统计，中等收入的黑人家庭的财产为 3397 美元，而中等收入的白人家庭的财产为 39135 美元，前者还不及后者的 10% 。其二，黑人死亡率的提高。例如，1984 年，黑人的婴儿死亡率为 1.92% ，而白人的婴儿死亡率仅为 0.97% 。其三，黑人失业率的提高。常年来，黑人的失业率一直是白人失业率的两倍多。如，1985 年 12 月，黑人的失业率为 15% ，白人的失业率为 6% 。其四，在工资收入和就业情况中，黑人女性的状况比黑人男性的状况更糟。黑人女性受到种族和性别的双重歧视。

激进学派认为，种族歧视所以在美国长期存在并不断继续下去，是因为这种歧视能给垄断资本家阶级带来多方面的利益，其中经济上的利益突出表现在两个方面：一方面，在种族歧视的侵蚀下，工人阶级队伍势必发生分裂，出现工会排斥黑人工人的现象，从而削弱了工会的力量。因此，在种族歧视越是严重的地区，工会的力量就越是薄弱，最后，这些地区的白人工资和黑人工资都出现下降趋势。另一方面，种族歧视的存在，使资本家能获得便宜的、可随意处置的劳动力。资本家可以在经济萧条时随意解雇被排除在工会组织之外的黑人工人，而在经济繁荣时又可以及时把他们补充进劳动过程，从而大大减轻了资本家在经济波动中与工会组织的直接对抗。

在对就业中性别歧视问题的分析中，激进学派指出，在美国，从事同样的劳动的女性劳动力和男性劳动力的工资的差距，无论在相对量上还是在绝对量上都在日益扩大。例如，女工的平均工资在 1955 年是男工平均工资的 65% ，到 1981 年下降到 60% 。妇女也越来越难以进入美国许多高收入行业。反过来，由于大批妇女涌向低收入行业求职，又会引起这些行业工资收入的进一步下降。

激进学派认为，性别歧视和种族歧视都是历史发展的产物，同时也是垄断资本主义就业歧视的必然结果和重要形式。同种族歧视一样，性别歧视也有利于垄断资本家的经济利益。例如，性别歧视的偏见，分裂了工人阶级队伍，使工人难以建立一个强有力的工会组织；同时，也利于资本家压低妇女的工资，从而降低工人家庭的平均收入水平。

通过对就业中的种族歧视和性别歧视现象的分析，激进学派进一步提出了劳动市场分离理论。理查德·爱德华兹、戴维·戈登和迈克尔·赖克（Michael Rerch）在《劳动市场的分离》（1975 年）中，对这一理论做过详尽分析。他们把当代资本主义劳动市场分为三个层次，即"独立的首级劳动市场"（independent primary labor market）、"从属的首级劳动市场"（subordinate primary labor market）和"次级劳动市场"（secondary labor market）。

在对这三个层次的市场的分析中，他们认为，属于"独立的首级劳动市场"的工人，一般都受过高等教育，具有高层阶级的经济社会背景，并在不同程度上控制着其他层次的劳动者。属于"从属的首级劳动市场"的工人，一般都具有从事蓝领或白领工作的专门技能，在企业中收入较高，并享有某些职业保险。属于"次级劳动市场"的工人收入低下，在劳动过程中受到严格的监督，几乎没有提升的机会，流动性较强，没有职业保险。在劳动市场上，个人不可能从低一层次的劳动市场跨向高一层次的劳动市场。由于种族歧视和性别歧视的存在和发展，属于"次级劳动市场"的工人，绝大部分是妇女和有色人种。激进学者相信，对于劳动市场的这种分离状况，仅仅依靠增加劳动者受教育的机会或制定某些反歧视法是无济于事的，唯一的出路就是完全改变资本主义企业的分工结构及其权力模式。

四、对当代资本主义性质及其历史走向的探讨

20世纪70年代中期以来，激进学派的另一个主要的论题，就是对当代资本主义性质的探讨。在对这一论题的探讨中，激进学派集中讨论了当代资本主义垄断的实质及其一般特征，以及当代资主义经济危机的新特征等问题。

在对当代资本主义垄断实质及一般特征的探讨中，激进学派深受保罗·巴兰和保罗·斯威齐"垄断资本"理论的影响。在巴兰和斯威齐的理论基础上，激进学派集中讨论了以下10个方面问题。

（1）联合大企业增加了垄断资本的权力。激进学派普遍认为，20世纪60年代末以来，垄断资本发展的明显趋势就是联合大企业（conglomerate）的大规模发展。这种跨部门跨行业的联合大企业，不只限于制造业，还广泛地波及美国各个经济部门。联合大企业的发展加速了资本集中，增强了垄断资本的权力。例如，1977年美国资产不足10万美元的企业有1274318个，占美国企业总数的57%，这些企业拥有资产只有406亿美元，只占美国全部企业资产总额的1%。相反，企业资产超过2.5亿美元的企业只有2239个，占美国企业总数的0.1%，但这些企业拥有的资产总额竟高达35634亿美元，占美国全部企业资产总额的67%。

（2）垄断权力增长的根由。激进学派认为，"竞争导致垄断"这一马克思主义经济学的基本原理，对解释当代资本主义垄断权力的增长仍然有着普遍的指导意义。在当代资本主义经济中，只有不断扩大企业的规模，才有可能利用专业化程度更高的机器、雇佣专业化水平更高的工人以及广泛使用大规模的生产流水线。只有这样，大企业才能在按较低价格出售产品时获取丰厚的利润，在竞争中处于有利地位。同时，一旦几家大企业在竞争中取胜，完全控制了某些生产部门

后，它们又能在无竞争对手的前提下，按较高的价格出售产品，获取更为丰厚的利润。为了减少生产的风险和对市场不确定性的控制，垄断资本就要不断地扩大企业规模，增长垄断权力，力求对全行业和相互联系的行业实行全面的垄断。

（3）利润最大化的趋势和利润的来源。激进学派认为，追求价格和利润的最大化仍然是当代垄断资本的内在趋势。尽管垄断价格同商品的价值有着更大程度的偏离，但是，垄断利润总额仍然限于工人创造的剩余价值总额。这就如马克思所认为的，"某些商品的垄断价格，不过是把其他商品生产者的一部分利润，转移到具有垄断价格的商品上。"① 据此，一些激进学者认为，在总利润量一定时，垄断利润或者是在同非垄断者的竞争中，从非垄断企业转移来的利润，或者是通过低价购进原材料，高价出售制成的形式，从其他中小企业中转移来的利润。当然，垄断资本也可以通过降低工人的实际工资，把工人的一部分必要劳动转化为剩余劳动的形式，增大垄断利润。在对垄断利润来源问题的探讨中，激进学者大体都能正确地运用马克思的劳动价值论。

（4）垄断企业的实际控制者。激进学派认为，在对谁是垄断企业的实际控制者的问题上，美国经济学界有两种值得注意的观点，一种是由"自由派"经济学家提出的观点，认为垄断资本确实有许多弊端，但是，这些弊端完全可以在不改变垄断资本家对垄断企业的实际控制权，在不改变资本主义制度的前提下加以克服，例如，通过建立反托拉斯法等方式。激进学派反驳了这种观点，认为垄断资本造成的所有弊端，都根植于资本主义经济制度之中；只有消灭资本主义制度，彻底改变垄断资本对大企业的实际控制权，才能从根本上消除这些弊端。另一种是由约·肯·加尔布雷斯（J. K. Galbraith）提出的貌似"激进"的观点。加尔布雷斯认为，垄断资本的发展必然导致一种新型的"工业制度"的产生。在这种"工业制度"中，"技术阶层"将取得垄断企业的实际控制权，从而改变垄断企业固有的经营目标和生产方面。激进学派认为，在当代资本主义发展中，垄断资本的所有者和经营者之间确实有一定程度的分离，"技术阶层"的力量和作用得到了加强；但是，这并不足以改变垄断企业追逐垄断利润最大化这一绝对的经营目标和生产方向。况且，在垄断企业中，经理作为垄断企业的实际控制者，对雇佣还是解雇技术人员具有完全的决定权。所谓的"技术阶层"，根本不可能摆脱垄断资本家的羁绊，根本不可能成为垄断企业的实际控制者。

（5）垄断和不稳定。激进学派认为，19 世纪末，马克思主义营垒内的一些"改良主义者"曾预言，垄断企业的周密的产业"计划"，最终将消除资本主义周期性萧条。但是，20 世纪垄断资本主义发展的事实却证明，垄断不仅没有消

---

① 《马克思恩格斯文集》第 7 卷，人民出版社 2009 年版，第 975 页。

除周期性的经济萧条，反而还进一步加剧了资本主义经济的不稳定性。垄断以及与垄断相联系的一系列经济机制，使当代资本主义经济面临着更大的危机。

（6）垄断力量和操纵价格（administered price）。激进学派认为，操纵价格实际上就是能够给垄断资本带来最大利润的垄断价格。操纵价格在周期性的经济扩张和萧条中变化不大。例如，在1933~1937年扩张阶段，竞争价格上升了46%，而操纵价格只上升了10%；在1937~1938年萧条阶段，经者竞争价格下跌了27%，而操纵价格只下跌了3%。这表明操纵价格能够有力地抵御经济萧条时的需求萎缩；同时也表明，操纵价格的稳定性是以小企业和竞争企业的大幅度跌价，以降低消费者的购买力和提高工人失业为代价的。操纵价格真正地反映了垄断在当代资本主义经济中的巨大力量。

（7）对垄断价格行为的解释。19世纪50年代以来，垄断价格的变动出现了反常的现象，即在经济衰退的年份，垄断价格不仅没有出现通常应有的价格下降的趋势，反而出现价格上涨的趋势。对垄断价格的这种反常行为，激进学派做了两方面的分析，首先，在大部分垄断部门，价格都是由各部门中充当"价格首脑"（price leader）的某一大企业，在大量的经验调查基础上，按照"成本补足定价法"（mark-up princnclng），即在平均成本价格上加上预定的边际利润量来定价的。"价格首脑"确定后，该部门的其他企业也按此定价。其次，"价格首脑"所预定的边际利润，要能保证垄断资本的长期最大增长，即有足够的利润充分满足垄断资本增长与扩大的预期需要。"价格首脑"前记录和这一部分其他大企业记录基础上确定这一预定水平的。正因为这样，一旦经济衰退引起销售产品量减少时，垄断资本为保证获得预定的利润，必然提高现有的销售产品的价格。由于垄断资本控制了主要的销售市场，因此，这种提价不会进一步减少销售量，反而会保证它们获得预定的利润量。

（8）垄断和利润率。激进学派认为，在当代美国资本主义经济中，垄断资本的利润率总是高于非垄断资本利润率的根本原因在于，垄断资本有能力控制供给，从而保证垄断资本提供的产品有较高的价格；同时垄断资本也有能力控制需求，从而保证垄断资本以较低的价格购进原材料和其他生产资料。此外，垄断资本还可以通过控制劳动市场，压低工人的实际工资，以及通过争取政府订货和海外投资，获取较高的垄断利润。显然，垄断资本的高利润率是垄断权力作用的结果。

（9）垄断与资源浪费。激进学派认为，垄断资本主义并没有消除"生产过剩"的现象，相反，由于企业规模的扩大和产品的巨大增长，使这种"生产过剩"表现得更为严重。同时垄断资本在广告业、军事工业等等上的大量投资，进一步加剧了资本主义经济中生产和消费畸形发展，导致了资本主义经济资源更大规模的浪费。有的激进学者还认为，垄断资本主义加剧了环境污染，破坏了生态平衡，因为垄断资本的"偏好"就是生产能够获得高额垄断利润的产品，而不管这些产品可能给社会带来什么恶果。因此，激进学派把当代资本主义经济社会发展中的污染，环境和生态的破坏，看做是垄断资本发展的必然后果。

（10）对当代垄断资本主义经济特征的概括。一般地说，激进学者都认为，当代资本主义经济的本质特征仍然是垄断；但是，他们又在不同程度上认为，列宁在20世纪初对帝国主义经济特征的概括，需要做进一步的："补充"、"修正"。因此，赋予列宁帝国主义理论以"现代的"意义，成为一些激进学者理论研究的"热点"。例如，詹姆斯·奥康纳在论述"经济学上帝国主义意义"时曾认为，与列宁的定义相对应，当代帝国主义的经济特征可以概括为以下五个方面："第一，资本进一步积聚和集中，世界资本主义经济并入了以跨国公司为基础的大美国的结构中，或者结合成联合的垄断企业；在这些大公司的控制下，技术变化加速。第二，'自由的'国际市场已被放弃，代之而起的是商品贸易和投资上的'操纵价格'，而边际利润则由跨国公司的内部会计制度（the internal accounting schemes）决定。第三，国家资本积极参与国际投资；对私人投资进行资助和担保；为全球利益适合于跨国公司的观点，出现了一种全球性的对外政策。第四，国际上统治阶级地位的巩固，继续以对跨国公司的所有权和控制为基础；由于发达资本主义国家力量强大而产生的国家间的对抗随之衰落；由世界银行和国际统治阶级的其他代理人创立了国际化的世界资本市场。第五，所有这些趋势的强化，都源于世界社会主义体系对世界资本主义体系的威胁。"① 显然，奥康纳的这一概括侧重于当代垄断资本主义中国家干预和资本国际化的新特征，并没有能像列宁那样，对垄断资本主义的性质做出全面的概括。

"重构"马克思主义关于资本主义经济危机理论，是20世纪70年代中期以来，激进学派发展的重要特征之一。激进学派相信，对经济危机理论的重新探讨，"有助于推动工人运动、社会运动和第三世界的独立运动，有助于壮大左翼力量在80年代保持和展开政治的和意识形态领域的斗争的能力。"② 综观激进学派对危机理论的研究，可以发现两个明显的倾向：一是注重探讨当前美国经济危机的新现象；二是比较重视结合第二次世界大战后垄断资本主义新发展做出深层次的思考。前者以谢尔曼对"滞胀"这一经济危机现象的探讨为代表；后者则以奥康纳的"国家的财政危机"理论为代表。

70年代初，以"滞胀"为特征的经济危机像瘟疫一样，开始无情地席卷大

---

① James O'Connor, The Corporations and the State, New York：Harper & Row, 1974, p. 21.

② James O'Connor, The Meaning of Crisis, Basic Blackwelll td. , 1987, P. 49.

部分西方发达资本主义国家。对"滞胀"诊断，一时成了西方经济学家们最迫切的任务。激进学者认为，他们的探讨与官方"豢养"的经济学家们的探讨大相径庭。因为激进学者深信，"滞胀"不只是由当代资本主义经济政策性的结构性的原因造成的，更是由其制度性的原因造成的。霍·谢尔曼在论"滞胀"的大量论述中认为，西方经济发展中高通货膨胀率和高失业率并存互相攀附的"滞胀"现象，是由以下三个主要经济因素造成的。

首先，在20世纪60年代末的经济萧条中，普遍的通货膨胀使竞争价格略有增长，但却使垄断价格暴涨不已。"由于垄断资本家控制物价的结果——以及其他一些与绝对规模有关的因素的作用——垄断利润率比较稳定，在衰退或萧条中降低得很少。小的竞争企业，承受着萧条时期利润率下降的重担，虽然工人由于实际工资减少而肩负着更重的担子。因此，日益增长的垄断引起生产的较大下降和失业，同时却通过对供应的严格限制而提高价格。"[1] 显然，垄断资本的价格行为是引起"滞胀"的首要经济因素。

其次，政府的经济政策对"滞胀"的形成和发展负有不可推御的责任。第二次世界大战后西方政府大多利用财政政策来阻止经济萧条的发展；但是，在政府试图利用财政政策，刺激总需求增长，解救萧条和减少失业压力的同时，大垄断部门却完成了一轮新的螺旋式上升的通货膨胀；而在政府试图平抑高涨的垄断价格，制止通货膨胀时，又可能引起整个经济的灾难性的失业。在这两方面，"美国和欧洲资产阶级政府，常常选择以更多的失业为代价以应付通货膨胀。但即使失业增加，也不能制止通货膨胀；在目前的垄断经济结构的条件下，只有真正灾难性的失业才能结束通货膨胀。"因而西方国家对宏观经济干预是引致"滞胀"的另一重要经济因素。

最后，在世界垄断资本主义体系中，一方面垄断资本经济势力的增长，推进了世界经济中"滞胀"现象的形成和蔓延；另一方面西方各国政府推行的宏观经济政策进一步加剧了"滞胀"的发展。与此同时，世界经济格局也发生了极大变化，跨国公司加强了国际资本的集中，它们通过不平等的国际贸易，从不发达国家获取高额利润。随着西欧和日本经济力量的增长、美国经济力量在世界资本主义体系中的削弱及其他一些诸如资本私有制、国际争端等问题进一步加剧了各国经济中"滞胀"日趋严重。可见，"滞胀"作为当代资本主义经济危机的一种特殊表现，同样是资本主义制度本身的必然产物。这就是说，当西方国家垄断资本主义制度是导致"滞胀"的根本原因。

---

[1]　Howard. J. Sherman, Stagflation：A Radical Theory of Unem Ployment and Inflation, Harper & Row, 1977, P. 175.

第三节　法国和英国学者的当代资本主义理论

20世纪60年代中期以后，国家垄断资本主义不仅成为苏联和东欧国家马克思主义经济学的理论主题，也成为西欧一些国家马克思主义经济学研究的中心论题。无论是法国保罗·博卡拉等人的国家垄断资本主义理论，还是英国的本·法因和萨姆·阿罗诺维奇的当代资本主义理论，对这一时期马克思主义的帝国主义理论的发展都产生了重要的影响。

一、博卡拉等学者的国家垄断资本主义理论

为了深化对国家垄断资本主义理论的研究，1966年5月法国共产党和《政治与经济》杂志社召开了关于国家垄断资本主义国际学术研讨会。1971年法国社会出版社出版了法国共产党中央经济部和《政治与经济》杂志组织编写、由保罗·博卡拉和让·法布勒等人共同完成的《马克思主义政治经济学论著——国家垄断资本主义》一书。

博卡拉等学者对国家垄断资本主义的研究主要表现在三个方面：第一，通过对资本主义生产方式发展历史的研究，揭示当代国家垄断资本主义的基本特征。在博拉克、法布勒等人看来，国家垄断资本主义是整个资本主义生产方式历史发展的结果。他们把资本主义生产方式的发展划分为三个基本阶段：原始阶段、古典阶段和垄断阶段。资本主义原始阶段始于16世纪，以封建主义生产方式被摧毁和资本主义生产方式迅速兴起为特征。古典阶段（又称自由竞争阶段或传统阶段）从18世纪末到19世纪末，经历了大约100年，其特征表现为自由竞争和工业生产力的迅速发展。垄断阶段即帝国主义阶段始于19世纪末，而垄断企业发展，传统竞争条件发生变化、工业资本与银行资本相互渗透，金融集团产生、帝国主义列强共同剥削落后国家和殖民地国家的工人阶级，经常性的资本输出形成则是垄断阶段资本主义的三个特征。[①]

法国马克思主义学者还进一步把"垄断阶段"的资本主义分为"简单垄断"和"国家垄断"两个时期。"简单垄断"是列宁所论述的帝国主义阶段，而"国家垄断"即国家垄断资本主义。"国家垄断"初步形成于第一次世界大战期间，20世纪30年代西方资本主义世界爆发"大萧条"和第二次世界大战期间，国家垄断资本主义取得了"新的巨大发展"。他们认为，由于垄断集团

---

① 法共中央经济部等：《国家垄断资本主义》上册，商务印书馆1983年版，第22~23页。

和资本主义国家之间的特殊关系已进入一个"新时期",因此,国家垄断资本主义的主要特征也就"完全具备了"。在他们看来,国家垄断资本主义是包括政治、经济、意识形态和军事等方面的因素的"有机的整体";国家垄断资本主义的基本特征不仅表现为"国家投资、国营部门、国家消费以及垄断性的计划",而且还表现为"经济的军事化、意识形态和政治上的强制性、反动势力的集结、政治专制主义的趋势",因此是国家垄断资本主义时期的"特殊标志"。博卡拉和法布拉等人强调,那些使国家垄断资本主义区别于一般垄断资本主义的最显著的形式和过程,如国家对经济生活的全面干预、技术进步的加速、科学技术革命、生产国际化、通货膨胀、国内和国际的货币危机、社会各阶层的雇佣劳动化、两极分化以及阶级斗争的扩大等问题,是他们着重要研究的方面。

第二,以马克思资本主义平均利润下降趋势理论为指导,分析了资本积累过剩和资本贬值必然性之间的内在逻辑联系,阐明了国家垄断资本主义形成和发展内部机制。根据马克思在《资本论》第3卷第三篇中阐述的平均利润下降趋向的规律,并结合本国资本主义经济发展的现状,博卡拉、法布勒等人认为,平均利润下降的规律必然导致"资本过剩"的结果。为了避免更大量的"资本过剩",迫使部分社会资本"贬值"是资本主义生产方式界限内的唯一出路。他们认为实现社会资本"贬值"的方法主要有:(1)称部分社会资本在利润率为零的情况下发生作用,即使资本所有者并不占用资本所带来的剩余价值。(2)使一部分社会资本的利润率在低于平均利润的情况下继续发挥职能作用。(3)是部分社会资本在"亏本"的情况下发挥作用,即实行资本的"负增殖"。

在国家垄断资本主义阶段,为缓解私人垄断"资本过剩"的局面,国家自办的企业(如国有企业等)就以"资本贬值"的方式,对资本主义经济进行干预。这就是国家资本往往在低于平均利润率、或者零利润率,有的甚至在"亏本"情况下仍然继续经营的原因。国有资本的"贬值",不仅有利于提高大的私人垄断集团的利润率,而且有利于大的私人垄断资本进一步扩张和完善。在这个过程中,国有资本虽然被"贬值",但由国家资助的大型生产和先进技术却取得了长足的发展,所以国有资本仍有可能取得相当丰厚的利润。因此,"国家对垄断生产进行投资,是国家垄断资本主义的主要特征。这不是唯一的特征,但无疑是最重要的特征。"①

第三,对国家垄断资本主义阶段,国家和垄断资本之间既统一又冲突的辩证关系进行了研究。资本积累的结果必然要求生产力采取越来越社会化的组织形

---

① 法共中央经济部:《国家垄断资本主义》上册,商务印书馆1983年版,第42页。

式，国家垄断资本主义是在生产力的社会化过程中垄断组织对整个社会的政治经济，乃至国家权力的支配和控制增强的产物，符合大垄断集团的利益。另一方面，借助协调和控制垄断组织间的利益，国家权力能够更有效地干预全社会的经济运行，维护社会的稳定。所以，垄断资本的利益与国家权力的发挥是相互融合的，两者的目的是一致的，即促进资本积累与集中。然而，法共并不同意第二次世界大战后苏联学者关于国家服从于垄断组织利益的"服从"论，或主张国家与垄断组织结合的"结合"论。他们认为这两种主张都过多地肯定了国家与垄断组织利益的基本一致性，而没有看到国家和垄断组织之间各自的独立性。在他们看来，资本主义国家通过民主督促，劳动者可以通过国家机构改造社会；所以，国家并不是完全服务于垄断组织的被动工具。法共著作还批评了国家和垄断集团相互融合的观点，因为这种观点会使人得出垄断组织已经消亡、资本主义已发生质的改变，这样的错误结论。他们认为，国家和垄断资本各自的作用是不一样的。在国家垄断资本主义阶段，国家权力与垄断资本的有机地联系在了一起；但它们之间仍然存在着矛盾，而正是这些矛盾才使得现在资本主义成为资本主义社会的最后阶段。

二、法因等的当代资本主义发展阶段理论

20 世纪 70 年代后期，英国马克思主义经济学家本·法因，根据第二次世界大战后资本主义发展的情况，针对当时西方马克思主义关于帝国主义理论研究中存在的一些偏向，对国家垄断资本主义的发展阶段的性质提出了他自己的论述。

法因认为，要理解当代国家垄断资本主义发展到现在的性质，应首先从方法论上和理论上搞清楚两个问题：第一，要把抽象层次上的"生产方式"和具体层次上的"社会形态"严格区分开来。他批评当代一些马克思主义经济学家只注重探讨特定国家资本主义"社会形态"的问题，忽视了从"生产方式"的高度来探讨资本主义发展阶段的一般规律性问题。法因指出，只有在对资本主义生产方式的发展阶段做了充分论证的基础上，才能真正理解特定国家内资本主义发展不同阶段的性质。第二，要把资本主义生产方式的两种不同"转化"关系区分开来，即资本主义生产方式向另一种不同性质的生产方式的"转化"以及资本主义生产方式内部、一个发展阶段向另一个发展阶段的"转化"。在法因看来，探讨当代资本主义发展阶段的问题，应该指的是后一种"转化"，即资本主义生产方式内部、在保持资本主义性质不变的前提下，资本主义阶段性特征的变化。马克思主义经济学在研究资本主义内部阶段性发展时，重要的是应探明"一个阶段到

另一个阶段转化背后所隐藏的动势和动力问题"。① 法因自己将资本主义生产方式划分为依次发展的三个阶段：自由资本主义阶段、垄断资本主义阶段和国家垄断资本主义阶段。在当时许多马克思主义经济学者看来，资本主义生产方式由一个阶段向另一个阶段转化的"动势"在于资本的积累趋势以及与此相联系的阶级斗争。法因认为这种看法过于简单，因为资本积累和阶级斗争同时也是资本主义生产方式向另一种性质完全不同的生产方式"转化"的基本"动势"。理解资本主义生产方式内部不同发展阶段的转化时，关键在于要进一步考察由资本主义生产方式内"生产力和生产关系的发展对社会关系形式所造成的后果"，其中主要是社会化形式的变化（包括生产、分配和交换经济关系上变化）；占有和控制剩余价值方式上的转化；最后社会关系中政治关系和国家形式等三方面的问题。② 这三个方面问题的考察，构成了法因对当代资本主义发展阶段的性质进行认识的主要内容。

第一，法因考察了国家垄断资本主义"经济再生产的社会化"问题。他认为，现在资本主义"国家在经济再生产中占居统治地位，这是国家垄断资本的显著特点"。与资本主义前一发展阶段相比，国家垄断资本主义已发展到一个"生产关系社会化程度更高的阶段"；它是以"一种控制生产过程的新的更高的社会化机制为特征的"。国家对经济的干预已成为控制生产过程的占统治地位的社会化机制，市场交换和信用制度这些强制力量则退居其次。法因认为，现在国家通过实行"过程管理"、"考核管理"和"金融管理"，达到了对社会经济再生产中的完全的控制，国家（通过与市场结合的方式）在经济再生产的社会化过程中的作用得到前所未有的发展。③

第二，在经济再生产的社会化不断强化的过程中，垄断资本主义社会占有和控制剩余价值的方式也发生了显著的变化。法因认为，国家垄断资本主义的最大特点是："剩余价值在很大程度上是通过征税的方式被占有的。"国家税收制度的强制性，迫使工人和资本家把收入的一部分，以税收的形式转让到国家权力的支配之下，由国家出面占有剩余价值。国家通过征税的方式集中起来的剩余价值的大部分，仍然以资本积累的形式重新投入到了资本循环之中。由于占有和控制剩余价值方式的这些变化，使得剩余价值的分配和交换关系也发生了变化，导致"资本各部分之间在利息和企业利润形式上占有剩余价值的斗争，也由于国家的

① Ben Fine, Laurence Harris, Rereading Capital, London：Macmillan, 1979, pp. 105 – 106.
② Ben Fine, Laurence Harris, Rereading Capital, London：Macmillan, 1979, pp. 123 – 124.
③ Ben Fine, Laurence Harris, Rereading Capital, London：Macmillan, 1979, pp. 121 – 122, 123.

作用逐步在社会化"，① 例如，关于剩余价值分配的斗争，已从工人与资本家面对面围绕工资水平的斗争，转变为社会各利益集团通过影响政府的税收政策的方式，来实现对自己更为有利的分配。所以，国家的税收政策使得资本主义社会剩余价值的分配、占有采取了较以往更为社会化的制度形式。

第三，国家垄断资本主义阶段必然出现"政治上的转化"，即"原先体现政治关系的国家……不可避免地直接卷入一切形式的经济斗争"。例如，在工人斗争中，工人阶级的直接对立面就是管理并决定收入和税收政策的国家机构。政府的价值取向必然体要现在它"管理"社会经济运行的政策中，所以与资本主义发展的早期阶段的资本主义发展阶段，国家职能中不包括以上三方面的情形不同，现代资本主义国家不可避免地成了"意识形态的、经济的和政治关系的具体体现"。②

与巴兰、斯威齐的"垄断资本"理论不同，法因等人的当代资本主义理论坚持《资本论》中的基本范围，力图遵循马克思主义的基本理论原则。与博卡拉的国家垄断资本主义理论也不同，法因等人坚持了"传统的"马克思主义国家学说，强调国家垄断资本主义阶段资产阶级国家的本质并没有发生根本性的变化，工人阶级政党利用现存的国家制度不可能取得经济上或者政治上、思想上的实际胜利，强调国家在当代资本主义发展中对经济意识形态和政治关系干预的事实，以及由这种综合性的干预所导致的资本主义经济关系的新的"形式上"的变化。

三、阿罗诺维奇等关于英国资本主义政治经济学分析理论

萨姆·阿罗诺维奇等合著的《英国资本主义政治经济学——马克思主义的分析》，是 20 世纪 70 年代末和 80 年代初英国马克思主义经济学家关于当代资本主义研究的代表作。罗恩·史密斯在该书的导论中开宗明义，强调"本书的宗旨是从马克思主义的观点出发阐释英国经济的结构和发展"③。他们强调了该书所做的"分析"的两个重要特点：第一，所做的是"马克思主义的分析"。史密斯认为："马克思主义的分析对经济发展过程提供了现有最连贯、最全面的说明"，这是因为，马克思主义经济学与传统的经济理论不同，他给我们提供的"框架"旨在"把一个社会的社会、政治、经济特征融合在一个单一的结构中"；同时，运用马克思主义的分析方法，"并不是教条主义地阐述马克思说过的话，而是应用

---

① Ben Fine, Laurence Harris, Rereading Capital, London：Macmillan, 1979, pp. 123 - 124.

② Ben Fine, Laurence Harris, Rereading Capital, London：Macmillan, 1979, pp. 124 - 125.

③ 阿罗诺维奇等：《英国资本主义政治经济学——马克思主义的分析》，上海译文出版社 1988 年版，第 3 页。

马克思所倡导的方法和原则进行调查研究的传统"。① 第二，所做的是"政治经济学"的分析。史密斯认为，"把经济学只看做一组纯技术性的关系显然是不适当的，因为经济活动过程扎根于一整套不能与之相分割的社会和政治关系之中。"因此，"人们不可能提出任何能引申出一套适用于所有社会的普遍法则的纯经济理论，因为一定形式的经济关系是某一社会组织形式所特有的。"在对英国这样特定的资本主义经济关系研究中，应用的应该是"政治经济学"的而不是"经济学"的分析，史密斯强调："为了研究经济扎根于一定的社会和政治关系之中的方式，我们需要对这些关系和与之相联系的社会组织的特征作一些探讨。"②

在对当代英国资本主义经济关系分析中，阿罗诺维奇等提出了三个主要的理论观点：

第一，根据以上提到的"分析"的两个重要的特点，特别要强调的是"英国阶级关系的结构对其经济的发展模式已产生重大的影响"。史密斯认为，阶级地位和阶级关系的形成，"最终取决于对生产资料和对生产中劳动过程的控制的差别"，而"劳动过程中各个阶级所起的作用是阶级关系中的中心问题"。③ 20 世纪晚期的英国资本主义，尽管在机械化和大垄断组织等方面同 19 世晚期有了极大的变化，但是，劳动和资本仍然是英国的"对抗性阶级"。因为"资本的积累仍是该制度的动力，而利润的创造也仍是推动各个企业的力量所在。甚至企业国有化后，劳动过程的资本主义性质也不会改变。工人向国有化企业出卖劳动力并受剥削（按其实际意义），而企业仍得在市场上获得利润并积累资本。所有制的改变和国有化企业既受到政治压力又受到经济压力这一事实，对于生产过程的组织并无多大差别。"④ 在当代资本主义经济关系中，不能否认表现在种族、民族、宗教或性别方面的其他社会冲突形式的重要性，但在本质上，"许多斗争可以用阶级观点来进行有效的分析，特别是经济政策模式、就业、积累和分配都可以由资本家和工人阶级的对抗性利害关系决定的。"⑤

---

① 阿罗诺维奇等：《英国资本主义政治经济学——马克思主义的分析》，上海译文出版社 1988 年版，第 4～5 页。

② 阿罗诺维奇等：《英国资本主义政治经济学——马克思主义的分析》，上海译文出版社 1988 年版，第 4 页。

③ 阿罗诺维奇等：《英国资本主义政治经济学——马克思主义的分析》，上海译文出版社 1988 年版，第 40 页。

④ 阿罗诺维奇等：《英国资本主义政治经济学——马克思主义的分析》，上海译文出版社 1988 年版，第 39 页。

⑤ 阿罗诺维奇等：《英国资本主义政治经济学——马克思主义的分析》，上海译文出版社 1988 年版，第 48 页。

第二，对当代资本主义经济关系的分析，"必须根据经济发展动态的不稳定或互相矛盾的特性来进行"。[1] 这种"动态"分析方法，彰显了马克思主义经济学分析的特点。例如，在第二次世界大战后的 20 年间，发达资本主义国家出现了"长期繁荣"，西方大多数"正统的"经济学家都认为持续增长和相对充分就业是正常的状态，提出了各种理论说明长期繁荣能够无限期地持续下去。但是，马克思主义的分析却认为长期繁荣是一种偶然的状态，并且说明增长和充分就业作为长期繁荣的条件是如何被破坏的。从"动态"分析来看，20 世纪 70 年代，发达资本主义经济活动模式发生了质的变化，失业率和通货膨胀率上升而经济增长率却在下降，汇率和资本流动更加多变而破产事例却屡见不鲜，资本积累更加缓慢而政府政策却更无成效。

所有这些"动态"现象，无不与 60 年代出现的对经济增长条件的破坏有关。史密斯着重指出了四个方面的因素：一是长期增长使得发达资本主义国家劳动后备军告罄，特别是可以从农业部门转移出来的劳动力大为减少；二是战争时期积累起来的技术进步已经充分利用，第二次世界大战后贸易自由化的过程已经结束，通过提高生产率和国际化进程来增加相对剩余价值的潜力随之告罄；三是增长过程中累积起来的发展比例失调日趋严重，成为继续增长的严重阻力；四是长期增长、产业后备军告罄和原料生产的比例失调，加上发达国家和发展中国家敌对性政治运动的发展，使得阶级力量对比对资本家阶级更为不利。同时，资本国家化的深化加剧了各国资本之间的竞争，降低了当地企业在本国垄断经营中所得的超额利润。[2] 对资本主义经济模式的"动态"分析，是理解当代资本主义经济关系本质的根本方法。

第三，对"英国经济结构受世界资本主义发展模式所制约的程度以及英国资本与国际经济相结合的特殊方式"的分析[3]，是理解当代英国资本主义经济关系的重要方面。在这一问题的理解中，要搞清英国资本的国际倾向性和国内发展之间的矛盾对于英国经济的发展和政策产生的影响。在根本上，还是要深入理解"战后资本的国际化和资本主义世界市场和生产越来越一体化的进程产生了许多重大影响"[4]。史密斯提出了四个方面的重大影响：一是整个资本主义世界日益

---

①　阿罗诺维奇等：《英国资本主义政治经济学——马克思主义的分析》，上海译文出版社 1988 年版，第 5 页。

②　阿罗诺维奇等：《英国资本主义政治经济学——马克思主义的分析》，上海译文出版社 1988 年版，第 224～225 页。

③　阿罗诺维奇等：《英国资本主义政治经济学——马克思主义的分析》，上海译文出版社 1988 年版，第 6 页。

④　阿罗诺维奇等：《英国资本主义政治经济学——马克思主义的分析》，上海译文出版社 1988 年版，第 222 页。

相互依赖，结果任何一个部分遇到冲击和发生危机，都会迅速地传导给其他部分；二是竞争、价值规律、集中和积聚、不平衡发展等经济活动，都直接在世界范围内发生作用，资本的弱肉强食更加残酷；三是相对于国际资本来说，个别国家的权力下降，一国的外汇率和货币政策受制于国际金融市场，一国的国际收支和就业政策受制于跨国公司的决策；四是随着个别国家对国际市场管理能力的下降，有必要对国际市场的无政府状态和不合理现象加以控制。但是，这些市场正在被跨国公司内部的合理性计划措施所取代，而这些措施继续从属于竞争和谋求最大利润的需要，因而有必要在更高层面上制定计划。史密斯的结论就是："国际化进程中的这些后果对于像 70 年代出现的几次危机的形式有着重要的影响。"①

第四节　曼德尔的"晚期资本主义"理论

国家垄断资本主义理论，可以说是 20 世纪 60～70 年代东西方马克思主义学者关于帝国主义理论的主流观点，但这一时期也存在着不同于主流观点的一些理论主张。其中，比利时经济学家欧内斯特·曼德尔在 70 年代初提出的与国家垄断资本主义理论相异的"晚期资本主义"理论最为著名。

一、"晚期资本主义"理论提出的背景

曼德尔在 20 世纪 60 年代初就认为，一些自命为马克思主义者的人，实际上仅仅满足于用《资本论》的摘要来重复马克思的教导，而这些摘要和现代社会的实际状况越来越脱节，长期以来，《资本论》并没有被成功地运用于对当代资本主义和社会主义经济关系的研究。曼德尔要根据现代科学的实际材料，重新构造马克思的经济学体系，证明马克思的经济学说能够综合人类科学的全部内容，活着的马克思主义具有惊人的现实性。但是，作为第四国际的重要理论家，曼德尔在马克思主义经济学研究中又常常偏执一端。使他的一些理论带有浓厚的现代托洛茨基主义的倾向。

20 世纪 70 年代初，曼德尔在《晚期资本主义》一书中，对晚期资本主义理论做了最为系统的论述。《晚期资本主义》一书 1972 年最初以德文出版，1978年又出了英文修订版。在该书对当代资本主义经济关系的研究中，曼德尔把 18

---

① 阿罗诺维奇等：《英国资本主义政治经济学——马克思主义的分析》，上海译文出版社 1988 年版，第 222～223 页。

世纪末以来资本主义生产方式的发展分为三个阶段：自由竞争的资本主义、"古典的"帝国主义（即列宁所论述的帝国主义时代）和晚期资本主义。这里所说的"晚期资本主义"（Der Spatkapitalismus，Late Capitalism，确切地应该译作"晚近资本主义"），指的是第二次世界大战后，帝国主义进一步发展的阶段，或者说是帝国主义的第二阶段。曼德尔自信，尽管这只是一个按年代而不是综合性地概括当代资本主义发展阶段的用语，但它较之目前流行的其他用语具有更大的优越性。首先，曼德尔认为，晚期资本主义用语较之"后工业社会"、"后资本主义社会"或者"有组织的社会"等用语更为合理。他极力反对在马克思主义理论研究中"复活"有组织的资本主义理论。他认为，当代资本主义"根本不是一个完全组织起来的社会。它只是一种有组织性和无政府状态的混合和杂交的结合体。交换价值和资本主义竞争根本没有被废除。经济决不是以有计划地生产满足人类需要的使用价值为基础的。对利润的追求和对资本增殖的追求仍然是全部经济过程以及由这一过程必然产生的全部未被解决的矛盾的起因。在这种私人资本主义经济秩序结构中，国家对经济的调节和指导只是修补裂缝和推延爆炸的权宜之计。"[1]

曼德尔还对"后工业社会"等理论中的"技术理性主义"的实质作了抨击。他认为，"技术理性主义"掩盖了当代资本主义现实社会的种种矛盾，如掩盖了社会条件对技术发展的限制作用、"技术理性"发展中的非理性主义的发展和传播等等方面的矛盾。它实质上是当代资产阶级意识形态的一种特殊形式。

其次，曼德尔认为，晚期资本主义用语较之"国家垄断资本主义"的用语更为科学。尽管列宁在1917~1918年的著作中也曾经使用过"国家垄断资本主义"的用语，但是，列宁使用这一用语是为了说明1914~1919年处于战争状态中的垄断资本主义的特征，是为了说明资本主义生产方式并没有进入新的发展阶段。然而，后来的一些"官方的"马克思主义者使用这一用语，却是为了说明战争结束后的垄断资本主义的特征，是为了说明资本主义生产方式在其新的发展阶段中的特征。而且，这些"官方的"马克思主义者在解释这一用语时，过分强调了国家相对的自发的作用，他们试图用国家在资本主义经济中的新作用，而不是用资本本身的内在逻辑来解释当代资本主义发展新阶段的本质特征。

曼德尔坚守第四国际托洛茨基主义的立场，断言"国家垄断资本主义"理论根源于斯大林及其追随者所错误坚持的一国建成社会主义的理论。因为国家垄断资本主义理论要维持的是这样一种观点："当代世界的主要矛盾不是资本和劳动之间（资本和所有反资本主义力量之间）的矛盾，而是'资本主义'和'社会

---

① Ernest Mandel, Late Capitalism, London：Verso, 1978, P. 502.

主义'两大'世界阵营'之间的矛盾。在'社会主义'阵营的平均劳动生产力（或平均生活水平、人均产量）超过'资本主义'阵营这一伟大日子到来时，两大阵营之间的'主要矛盾'就会起到削弱'资本主义世界阵营'内在矛盾的作用（通过迫使垄断资本'自我改变'的方式），西方世界的广大群众就会在社会主义阵营成就的影响下转向社会主义。"① 曼德尔还不无挑剔地把国家垄断资本主义理论都斥为庸俗的改良主义理论、修正主义理论。

二、"晚期资本主义"的基本特征

在《晚期资本主义》和其他一些著作中，曼德尔试图以《资本论》和《帝国主义是资本主义的最高阶段》的理论原理为基础，按照资本主义生产方式中资本和劳动这一轴心关系的发展，在逻辑和历史相统一的原则上，着重分析了晚期资本主义的 10 个方面的主要特征。

（1）在第二次世界大战前夕和第二次世界大战期间，由于法西斯主义的统治和战争的摧残，工人阶级遭受了历史性的挫折，与此相对应，资本增殖的条件和方式却得到了根本性的改进。这就是作为晚期资本主义出发点的最初的特征。第二次世界大战后工人阶级阶级斗争的发展证明，"晚期资本主义是无产阶级的一所伟大学校，它教育无产阶级不仅要关心新创造价值中工资和利润之间的直接占有问题，而且要关心涉及经济政策和经济发展的全部问题，特别要关心涉及劳动组织、生产过程和政权操作的全部问题。"②

（2）作为晚期资本主义特征的并不是"后工业化"，而是"所有的经济部门第一次全面地工业化"；是"以社会规模结合起来的劳动能力"的增长，这些都是第三次技术革命发展的结果。因此，晚期资本主义并不是以生产力的衰退为标志的，而是以伴随着生产力的迅速发展产生的寄生性的和浪费的增长为标志的。由技术革命带来的并受资本控制的自动化生产体系，在使资本主义经济得到空前繁荣的同时，也使劳动与资本之间异化的、破坏的力量得到极大的增长。

（3）固定资本周转时间的缩短是晚期资本主义根本特征之一。曼德尔认为，在资本主义经济发展过程中，固定资本周转时间的缩短和技术创新加速之间存在着相互作用关系；一方面，技术创新的加速直接导致固定资本周转时间的缩短；另一方面，固定资本周转时间的缩短易于引致资本投资方向的变化和产业资本结构的重置，从而推动技术创新的进一步发展。同时，固定资本周转时间的缩短也

① Ernest Mandel, Late Capitalism, London: Verso, 1978, P. 514.

② Ernest Mandel, Late Capitalism, London: Verso, 1978, P. 183.

增强了企业和社会在经济发展中对计划性的渴望；但是，资本主义国家不可能形成一个计划中心或计划局，对社会经济发展中的生产资料、资本积累和经济资源的利用实行有效的控制。对生产过程、流通过程和再生产过程诸因素实行有系统控制的客观要求，受到了在晚期资本主义仍然发生作用的资本主义生产方式诸多矛盾的强烈限制。

（4）在晚期资本主义，"技术租金"成为垄断资本获取超额利润的主要源泉。这里的"技术租金"是指对技术进步的垄断而产生的超额利润，这种"技术租金"是技术创新的直接结果。因此，获取"技术租金"的原动力推动了技术创新的加速，技术创新的加速使得对高度熟练的技术工人的需求急剧增长，使得教育、科学及脑力劳动者的劳动完全从属于资本获取超额利润的需要。最后，晚期资本主义的科学研究必然同科学研究本身所固有的自由的创造性活动的本质发生越来越严重的冲突。

（5）晚期资本主义的发展与持久的军火经济的发展有着密切的联系。持久的军火经济有助于刺激科学研究和科学技术的发展，有助于吸收过剩资本，有助于在一定程度上阻碍平均利润率的下降。但是，持久的军火经济的发展，也严重地加剧了剩余价值的实现和价值增殖的困难，它生动地体现了垄断资本主义所具有的寄生性质。

（6）在晚期资本主义阶段，世界经济的格局发生了极大的变化。在世界经济范围内一方面形成了对立的社会主义体系和资本主义体系；另一方面，在资本主义体系内，资本主义、半资本主义和前资本主义的生产关系并存，发达国家的资本积累和不发达国家的资本原始积累并存，发达国家和不发达国家之间在生产力水平、收入和财富上的差距进一步扩大；在第三次技术革命浪潮的冲击下，"古典的"帝国主义阶段采取的以民族国家内的资本积聚和资本集中为主的形式，转变为以国际范围内的资本积聚和资本集中为主的形式；而且跨国公司成了当代垄断资本发展的具有决定性意义的组织形式。

（7）资本的国际运动不断地扩大和再生产出资本主义体系内生产力的国际差异，强化了发达国家无偿地占有不发达国家超额利润的物质基础。曼德尔认为，在晚期资本主义，发达的宗主国主要通过国际贸易中的不平等交换方式，获取不发达国家的超额利润；"古典的"帝国主义阶段采取的在殖民地国家进行直接投资而占有超额利润的方式，现在只起着次要的作用。在资本主义世界经济结构内部，这种不平等交换根源于两个基本的经济事实：一是世界市场上工业化国家的劳动强度大于不发达国家的劳动强度；二是世界市场上并列存在的不同国家的不同的商品生产价格和平均利润率，根本不可能转化为国际生产价格和国际统一的利润率。在国际贸易中，只是由于价值规律的作用，通过价值的国际转移的方式，工业化国家才能不断地占有不发达国家的超额利润。

（8）资本主义劳务部门的发展是晚期资本主义的典型特征。在晚期资本主义，随着新的产业部门，特别是劳务部门的发展，闲置资本不断地转化为劳务资本。资本主义劳务部门的发展既反映了社会技术和科学生产力的巨大增长，以及生产者在文化和文明方面需要的相应增长，也反映了资本主义制度下实现这种增长所采取的对抗性的形式。因为在劳务部门发展的同时，剩余价值实现和资本增殖的困难程度也在不断发展，物质价值的浪费以及工人在生产活动和消费领域中的异化和畸形发展也在不断增长。

（9）持久的通货膨胀成为晚期资本主义运行的特有机制。曼德尔认为，当代资本主义的通货膨胀实际上是一种持久的信用货币的通货膨胀。晚期资本主义利用持久的通货膨胀这一特有机制，是为了在相对迅速的资本积累和相对高的就业水平的条件下，防止剩余价值率和利润率的急剧下降。

（10）由于以上的这些特征，进一步引发了晚期资本主义的一些反映"资本的基本运动规律和内在矛盾"的特征，这些"综合性"的特征主要表现为三个方面：一是晚期资本主义特有的工业循环过程的出现。资本主义经济危机（工业循环）是资本主义生产方式中"各种矛盾"相互作用的结果，由于已提及的晚期资本主义种种矛盾及其相互作用，必然造成晚期资本主义特有的工业循环过程。二是晚期资本主义的三个主要特征（固定资本周转时间的缩短、技术创新的加速、资本积累费用的巨大增长）增强了晚期资本主义中资产阶级国家的经济职能。在晚期资本主义，资产阶级国家在经济计划方面的职能，在生产增长中费用和亏损的社会化方面的职能都在不断地增强，国家把更多的生产部门和再生产部门结合进国家资助的"总的生产条件"中。国家对经济调节的职能主要有刺激经济高涨、信用货币的膨胀性措施和对私人资本的投资这三个方面。这些经济调节职能既在一定程度上顺应了资本积累和资本增殖的需要，又在一定程度上加剧了资本主义生产方式固有的一切矛盾。三是由于以上提及的晚期资本主义诸特征的作用，必然导致资本主义生产关系的危机，这种危机不仅是资本占有条件、价值增殖和资本积累的危机，而且还是商品生产、资本主义分工、资本主义企业结构、资产阶级民族国家和总体资本下劳动分类的危机；这是一种在整个晚期资本主义时代起作用的全部社会制度和生产方式的历史性衰落的危机。曼德尔对晚期资本主义研究的总的结论就是："资本主义生产关系的最终废除将是现在正在进行的国际工人阶级的群众性革命运动的中心目标。"[1]

---

[1] Ernest Mandel, Late Capitalism, London: Verso, 1978, P. 589.

三、对"晚期资本主义"理论的评价

晚期资本主义理论同"正统的"国家垄断资本主义理论,"复活的"有组织的资本主义理论一起,是那一时期马克思主义帝国主义理论在西方发展的三种主要的理论思潮。对于研究当代资本主义经济关系来说,曼德尔的晚期资本主义理论确实提出了一些给人以启迪的,不乏新鲜的见解。

首先,在方法论上,曼德尔认为,在马克思逝世以后的很长一段时间内,许多马克思主义经济学家都患有一种方法论上的"通病",他们都试图从资本主义体系的单一变量(要素)中推导出资本主义生产方式的全部动态。实际上,资本主义生产方式的动态决不是单一变量,而是一系列变量的相互作用的结果。在这些变量(要素)中主要包括六个基本的方面:社会总资本和最重要部门资本的有机构成(其中也包括资本在各部门之间分布状况),社会资本和各主要部门中不变资本在固定资本和流动资本间的分配比例,剩余价值率在全社会和在各主要部门的发展状况,积累率(生产性剩余价值和用作消费的非生产性剩余价值的比例关系)的发展状况;资本周转时间的长短,两大部类之间的交换关系。曼德尔认为,"资本主义历史(同时也就是资本主义内在规律和矛盾展开的历史),只能被解释和理解为这六个变量相互作用的函数。利润率的波动则是这一历史的地震仪,因为利润率的波动最清楚地表现同某种生产方式(这种生产方式以利润,即以价值增殖为基础)的逻辑相一致的诸变量相互作用的结果。利润率的波动只是结果,这一结果必须由这些变量的相互作用加以解释。"[1]

基于这一方法论原则,曼德尔同当代西方其他的马克思主义经济学家不一样,他并不寻求某种单一变量(要素)作为理解、剖析资本主义生产方式的万能的"手术刀";相反,他始终强调内在于资本主义生产方式的诸变量之间的相互联系和相互作用,强调资本主义生产方式的动态和这些变量之间的函数关系。因此,晚期资本主义理论的一个显著特点是,这一理论是从以上提及的六个主要变量(及其他一些变量)的相互作用中,合乎逻辑地"顺推"出当代资本主义国家在资本主义生产方式中的重要作用;而不像其他某些关于当代资本主义的理论,把国家对经济的干预当做既定的前提,从这一既定的前提出发再"逆推"出当代资本主义生产方式的其他特征。

其次,曼德尔注重对资本主义生产方式的"总体"理解,即注重对资本主义经济关系发展的连续和同时状态的统一性的研究,实际上就是世界经济整体

---

① Ernest Mandel, Late Capitalism, London: Verso, 1978, P. 39.

范围内的资本运动。这种"总体"观点上的世界资本主义经济，是"一种资本主义、半资本主义和前资本主义生产关系相连接的体系，这一体系内的诸生产关系以资本主义交换关系为联系的纽带，并受资本主义世界市场的制约。"①因此，只有在世界经济范围内，通过对当代资本主义经济关系"总体"中的局部及诸局部之间相互关系的考察，才能真正地理解当代资本主义经济关系的全部性质。在这一点上，晚期资本主义理论同其他以分析发达资本主义经济关系性质为主的国家垄断资本主义理论或有组织的资本主义的理论相比，似乎具有较大的优越性。

最后，晚期资本主义理论同资本主义长期波动的理论有着密切的联系。自18世纪末以来，资本主义经济发展中不仅存在着每隔7~10年为一周期的经济波动，而且还存在着每隔大约50年为一周期的长期经济波动。他认为，世界资本主义经济发展至今，这种长期波动大约经历了4次：（1）从18世纪末到1847年危机，这是工业革命本身的长波。这一时期的主要特征是由于手工业或工厂制造的蒸汽机逐渐扩展到各最主要的工业部门和工业化国家。（2）从1847年到19世纪90年代初，这是第一次技术革命长波。这一时期的主要特征是机器制造的蒸汽机作为主要的动力机开始得到广泛的运用。（3）从19世纪90年代到第二次世界大战，这是第二次技术革命长波。这一时期的主要特征是电力机械和内燃机在各工业部门得到广泛使用。（4）在北美从1940年开始（在西方其他资本主义国家从1945~1948年开始）一直持续至今，这是第三次技术革命长波。这一时期的主要特征是由电子仪器控制的机器得到普遍的使用，同时核能也逐渐得到利用。曼德尔还把每一次长期波动分为前后两个阶段：第一阶段是技术革命正在发生阶段。这时，利润率上升，资本积累加速，闲置资本得到利用并很快地得到增殖，经济发展速度加快，第二阶段是大规模的生产技术实际变化已经过去的阶段。这时，利润和利润率普遍下降，资本积累减速，闲置资本逐渐增多，经济发展速度减慢。

显然，曼德尔的"长波"理论实质上是以技术革命的发展为基点，以固定资本的扩大和更新为中介，以平均利润率的变动为主要依据的。同时，曼德尔也多次强调，平均利润率尽管是资本主义长期经济波动的主要原因，但绝不是唯一的原因。这和他对资本主义生产方式动态性质的论述是同一思路。曼德尔的"长波"理论和他对资本主义生产方式历史发展阶段的划分是相一致的。在4次"长波"过程中，工业革命本身的长波和第一次技术革命长波就是自由竞争的资本主义阶段，第二次技术革命长波就是"古典的"帝国主义阶段；第三次技术革命长

---

① Ernest Mandel, Late Capitalism, London: Verso, 1978, P. 48~49.

波开始就进入了晚期资本主义阶段。从资本主义长期经济波动的视角，考察资本主义生产方式的历史发展阶段，这是曼德尔的一项理论"创新"。这无疑为我们认识当代资本主义的性质及其发展趋势提供了新的思路，它对马克思主义帝国主义理论在当代的发展可能会产生某些重要的影响。

第七章

社会主义经济学理论在苏联东欧的发展

20 世纪 20 年代后半期和 30 年代，在苏联大规模的社会主义经济建设高潮中，形成了中央集权为主要特征的社会主义经济管理体制。当时，这种高度集中的计划经济体制的存在有其客观必然性，它对第二次世界大战前苏联社会主义经济的发展起着不可替代的重要作用。

第二次世界大战后，东欧一些国家在社会主义经济建设中，大多仿效苏联已有的经济体制模式，也建立了以中央集权为主要特征的经济管理体制。这种经济体制的建立，在当时有着深刻的理论上、经济上和政治上的原因。它使这些国家在高度集中的计划经济的指导下，在第二次世界大战后不长的时间内基本完成了社会主义工业化的任务，奠定了较为稳固的社会主义物质基础。然而，随着东欧及苏联社会主义经济的进一步发展，这种"传统的"经济体制开始暴露出一些与现实的生产力和生产关系发展不相适应的弊端。改革这一经济体制中的不合理之处，建立更适合各国社会主义经济发展实际的新的经济体制已成为必然的趋势。

20 世纪 50 年代初，南斯拉夫根据本国社会主义经济建设的具体情况，在大力改革第二次世界大战后建立起来的中央集权型的经济体制的基础上，建立了独具特色的社会主义自治经济体制。50 年代后半期，苏联和东欧其他社会主义国家也对传统的经济体制做了初步的改革。以后，在 60 年代中期和 70 年代中期，苏联东欧又掀起两次经济改革的浪潮，一直持续到 80 年代初。在马克思主义经济思想史上，20 世纪 50 年代初到 70 年代末这一时期，苏联东欧社会主义国家经济体制改革的实践措施与理论探索，还是推动了那一时期社会主义经济关系的发展和经济体制的改革，还是丰富了人们对社会主义经济关系的本质及其运动趋势的认识，充实了社会主义政治经济学理论。

第一节　社会主义所有制理论的发展

社会主义生产资料所有制问题，一直是苏联和东欧经济学家理论研究的"热点"。在坚持马克思主义经典作家关于所有制问题基本观点的基础上，苏联和东欧的许多经济学家对社会主义所有制问题也有多方面的新的认识，推进了社会主义所有制理论的发展。

一、对社会主义所有制理论的反思

苏联和东欧学者普遍认为，马克思和恩格斯在《共产党宣言》中就已把所有制问题看做是无产阶级革命运动的"基本问题"，已提出"共产主义的特征并不是要废除一般的所有制，而是要废除资产阶级的所有制"。在马克思和恩格斯对未来社会的所有制关系基本性质的探讨中，对当代社会主义所有制理论发展有重要意义的论述主要有：

第一，对未来社会生产资料公有制形式一般特征的论述。马克思恩格斯设想未来社会应该是财产公有，实行社会共同占有生产资料的所有制形式。恩格斯曾指出，在废除了资产阶级私有制以后，"代之以共同使用全部生产工具和按照共同协议来分配全部产品，即所谓财产共有。"①

第二，对未来社会的公有制产生所应具备的生产力发展水平的评价。马克思恩格斯一直认为，未来社会公有制的产生，应该以社会生产力的高度发展为物质前提。因为社会制度中的任何变化，所有制关系中的每一次变革都是同旧的所有制不再相适应的新生产力发展的必然结果。在马克思恩格斯的心目中，这种"新生产力发展"至少应该超出西欧资本主义，特别是英国资本主义生产力的发展水平。当时的英国，已完成了产业革命，工业生产中的机器大生产已占统治地位，农业中按资本主义方式经营的大农业也已成了农业生产的主要形式。只有在这一生产力发展水平的基础上，才可能产生相应的由社会全体成员组成的共同联合体，实现生产资料共同占有的所有制形式。

第三，对生产资料公有制可能出现的实现方式的构想。马克思恩格斯认为，在未来社会中，"无产阶级将取得国家政权，并且首先把生产资料变为国家财产"。"国家真正作为整个社会的代表所采取的第一个行动，即以社会的名义占有

---

① 《马克思恩格斯文集》第1卷，人民出版社2009年版，第683页。

生产资料，同时也是它作为国家所采取的最后一个独立行动。"① 在他们看来："国家所有制"应该是公有制的最主要的实现方式。

同时，恩格斯还曾设想，在无产阶级国家剥夺土地占有者的土地之后，将在社会监督下，把这些土地"转交给现在就已经耕种着这些土地并将组织成合作社的农业工人使用"，而这些由单个农业工人联合而成的合作社，将"逐渐变成一个全国大生产合作社的拥有同等权利和义务的组成部分"。② 这种"合作社"，也是公有制的一种实现形式。

此外，马克思恩格斯还设想过以"自由的联合劳动"为基础的公有制实现方式。例如，恩格斯谈到巴黎公社的经验时就提到：公社最重要的法令"规定要把大工业以至工场手工业组织起来，这种组织工作不但应该以每一工厂内工人的联合为基础"，而且应该把这一切联合体结成一个大的聪明。③ 从"工人的联合"到"联合体"，再到"大的联盟"，就是这种公有制实现方式的三个不同的发展层次。

第四，马克思恩格斯在论述资本主义生产资料所有制问题时，也曾提出过许多给研究社会主义生产资料所有制问题以极大启发的观点。其中特别引起苏联和东欧经济学家注意的是以下两个观点：

其一：马克思恩格斯在论及资本主义所有制关系时，提出过两重实现过程：一方面，所有制关系是在社会全部经济运行过程中得到实现的，即在社会经济运行的生产、流通、分配和消费的具体环节中得到实现的；另一方面，所有制关系也是在对生产资料和劳动产品的所有、占有、支配和使用的过程中得到实现的。

其二：在《资本论》第3卷中，马克思曾认为，随着资本主义经济中社会生产力的发展，随着由此而发展起来的信用制度和股份公司的普遍化，必然产生资本所有权和经营权相分离的结果。马克思曾提到过两种资本所有权和经营权相分离的形式：一是作为借贷资本家和使用借贷资本的职能资本家之间在资本所有权和经营权上相分离的形式。在这一形式中，拥有资本所有权的是"在生产过程之前和生产过程之外单纯代表资本所有权的贷出者"，拥有资本使用权和经营权的是在生产过程中实际发挥能动作用的产业资本家。二是资本所有权和承担"管理劳动"的"单纯的经理"之间在资本所有权和经营权上分离形式。即"管理劳动作为一种职能越来越同自有资本或借贷资本的所有权相分离"的趋势。

① 《马克思恩格斯文集》第3卷，人民出版社2009年版，第561页、第562页。
② 《马克思恩格斯文集》第4卷，人民出版社2009年版，第529页。
③ 《马克思恩格斯文集》第3卷，人民出版社2009年版，第108页。

二、南斯拉夫的社会所有制理论

针对传统经济体制中的一些局限，南斯拉夫经济学家卡德尔在《公有制在当代社会主义实践中的矛盾》一书中提出，社会主义公有制关系是"一种社会历史进程"，它将随着社会主义经济实践的发展而发展。一方面，社会主义公有制没有固定不变的形式，由于各国所处的社会历史环境的不同，由于各国经济发展阶段的不同，社会主义公有制形式也应该是不同的；另一方面，同一种公有制形式，如社会主义国家所有制形式，在一定阶段可能成为社会经济发展的强大动力，但随着社会主义经济发展中一系列相关情况的变化，它同样可能成为社会经济发展的阻力。因此，不应当静止地超越空间和时间，去评价公有制不同形式的社会历史作用。而是应该看这些形式意味着什么，看这些形式对革命或社会主义发展的一定阶段来说在客观上有多大必要，亦即对社会主义发展的一定条件来说在客观上有多大必要。

因此，他们根据马克思主义创始人对未来社会的预见，提出社会主义公有制应包括国家所有制、社会所有制和共产主义所有制三个历史发展阶段的观点。他们认为，在社会主义公有制建立初期，采取国家所有制形式有其客观必然性，因为社会主义国家是工人阶级和其他劳动群众革命行动的直接体现。通过国家组织新社会的经济生活，不仅可以使国家摆脱经济很不发达的状态，而且也有利于对社会生产关系进行社会主义改造。可见，大多数国家，尤其是经济不够发达的国家，不仅在今天，而且在将来肯定也是这样，在自己的社会主义道路上，将经历或长或短的国家所有制关系的阶段。但是在国家所有制中孕育着一种基本矛盾，这就是工人及其劳动同对社会资金、劳动的其他的客观条件的直接管理相分离的矛盾。如果坚持社会主义国家所有制不可变革的"信条"，在社会再生产中就会造成劳动者同公有制生产资料相异化的某些形式。因此，实现社会所有制实际上就成了克服国家所有制"弊端"的必然结果。

在对社会所有制基本特征的阐释中，卡德尔等人认为，在社会所有制中，生产资料属于一切从事劳动的人所有，无论什么人对这些生产资料都不能拥有任何私有权。从这种意义上来说，社会所有制既不是属于所有人的，又不是属于哪一个人的。社会所有制是工人在社会总劳动中从事个人劳动的手段，从而也是他取得个人收入的手段。因此，社会所有制所体现的不再是工人与国家这个社会资金垄断管理者之间的关系，而是共同支配生产资料的劳动人民本身之间以及同自己劳动果实之间的关系。

南斯拉夫经济学家普遍设想，在社会所有制这一基本生产关系的基础上建立起来的"自治的社会主义"的经济体制，同传统的经济体制相比有两个不同的特点。

第一，社会主义国家经济职能的非集权化。他们认为，这一新经济体制的一个根本原则就是，对国家机关职能的"集权化"实行"根本性的改革"。在实行社会所有制一开始，南斯拉夫国家执行机关的经济职能就转交给企业及其他劳动组织一级的独立的自治基层组织，南斯拉夫人民委员会及其机关，不再发挥领导地方经济组织的"业务作用"，它们只是通过"生产者院"对所属各经济部门的工作进行协调性的管理。各自治基层组织的劳动者将根据自己组织对社会所做的贡献的大小及其在社会总产值中所占的比重。向"生产者院"派出自己的直接代表。卡德尔当时曾设想，通过建立"生产者院"，一方面可以保证我们的劳动者能充分了解和监督对他们剩余劳动的使用和支配情况并最大限度地调动他们的创造性；另一方面保证社会共同体对一些企业即劳动集体或一些经济行业等进行必要的监督，以防止采取官僚主义的态度去干预他们的日常工作。

当然，国家经济职能的"非集权化"，主要是为了消除国家所有制中国家统揽一切经济活动的弊端，消除国家对社会经济运行采取的一系列行政干预的方式，以便更有效地发挥国家在对社会宏观经济协调中的作用。但是，在具体的理论研究中，南斯拉夫也有一股把"非集权化"看做完全取消国家经济职能的趋势，这种趋势曾受到一些经济学家的批评。

第二，社会主义劳动者"自主联合"的发展和"联合劳动"的形成。南斯拉夫经济学家把劳动者的"自主联合"看做是实行社会所有制的必然结果和具体体现，因为"自主联合"意味着劳动者和生产资料实现了直接的结合，劳动者由被管理者变为直接管理者。在对劳动过程的自治管理中，他们不仅能独立地做出适合劳动者自身利益的决定，而且还能共同地掌握着对生产资料的使用，对劳动方式的选择和对劳动成果分配的权力。在他们看来，实行"自主联合"是消除传统经济体制中抑制劳动者的劳动积极性和创造性这一弊端的必然形式。"自主劳动"作为新经济体制的一个重要特点，在南斯拉夫社会主义自治发展的"完善阶段"取得了"联合劳动"的新形式。

"联合劳动"不再只是一种生产劳动的组织形式，而是一种社会制度和社会组织形式。卡德尔认为，联合劳动的本质和性质，首先表现在有权使用社会所有的生产资料从事劳动的人与人之间享有同等权利的相互关系上。在联合劳动制度的基本形式——联合劳动基层组织中，劳动者直接地平等地行使自己的社会经济权利和其他自治权，并决定自己的社会经济地位及其他问题；联合劳动基层组织之间通过联合劳动组织和联合劳动复合组织的形式调整各自在社会再生产过程中的相互关系，成为社会再生产体系的有机组成部分。

南斯拉夫经济学家对社会所有制理论的探讨和对传统经济体制中某些弊端的抨击，对社会主义国家经济职能和社会主义劳动性质及劳动组织形式的探讨，拓宽了社会主义政治经济学研究的视野，对完善社会主义所有制理论具有一定的意义。

三、对社会主义所有制理论的广泛探讨

如果说，南斯拉夫 20 世纪 50 年代开始的经济体制改革是以对社会主义所有制理论探讨为起点的话，苏联和东欧其他社会主义国家在 60 年代开始的经济体制改革则是从对社会主义经济形式和经济方式理论探讨着手的。就此而言，苏联和东欧其他社会主义国家的经济学家，并不十分注重提出不同于国家所有制的、类似于南斯拉夫社会所有制的理论，而是力图在完善和发展国家所有制这一基本前提下，提出适合社会主义经济关系发展的所有制理论。70 年代末以前，他们在这一理论探讨上的贡献可以归纳为以下几个方面：

第一，通过对马克思所有制理论的深入探讨和对斯大林所有制理论的研究，搞清马克思所有制理论的真实含义，清除对马克思所有制理论的误解和曲解，是这一时期发展社会主义所有制理论的重要特点。奥塔·锡克在出版于 1966 年的《经济—利益—政治》一书中认为，在马克思主义经典作家中，生产关系总是被理解为所有制的本质，他们总是通过对不同质的生产关系的考察来认识不同所有制形式的本质规定性的。在这一问题上，锡克认为，斯大林的所有制理论存在的"失误"主要在于：一是断开了所有制关系和生产关系的内在的有机联系。即把所有制关系看做是孤立于生产、分配和交换关系而存在，而不是渗透在这些关系中的一种社会关系。二是把所有制看做是一种静态的所属关系，而不是它看做一种经常更新、不断发展的动态过程。这就是说，"谁不能把所有制首先看作是一个过程，看作是不断更新和发展的占有，谁就永远把握不住现实和真正马克思主义地对现实的反映，就永远理解不了任何一种生产资料所有制形式的社会本质"。[①] 三是把所有制关系理解为是法律关系和意志关系，并以此出发来解决其他的经济关系问题。传统的社会主义经济学理论体系中以所有制为其初始范畴，并由此而推导出社会主义其他一切经济关系，就是一种明显的例证。实际上，只有理解了一定生产力阶段上产生的经济关系，才可能理解所有制的全部本质。因此，锡克等人强调，马克思把所有制首先看做是一个"结果范畴"，马克思从未从所有制范围出发说明资本及其他经济关系。可见，在社会主义现实中，"单纯

---

① 奥塔·锡克：《经济—利益—政治》，中国社会科学出版社 1984 年版，第 209～210 页。

的生产资料国有化本身，还决不意味着社会主义所有制的形成；而只有整个占有方式的实际变化，协作与分工、生产资料分配、活动交换、消费资料分配和相应的意志关系的变化才意味着社会主义所有制的形成"。① 尽管锡克等人对斯大林的批评多有偏颇之处，但对人们在更广阔的视野上考察社会主义所有制关系的实质仍然有着积极的意义。

第二，对社会主义全民所有制和国家所有制关系的探讨。在对社会主义所有制关系本身的探讨中，涉及最多的就是对国家所有制的评价问题。在这一评价中，尽管也有人提出变国家所有制为社会所有制的理论主张，但是占主流的观点仍然认为，社会主义现阶段实现国家所有制是必要的；同时，也不避讳国家所有制实际存在的弊端。许多经济学家都对传统的国家所有制理论提出了质疑。其中最具有影响的有三种观点：一是认为在社会主义国家所有制中，国家是独立掌握生产资料的主体，生产资料的这种国有化并不等于生产资料的社会化。因此，国家所有制并不是一种全民所有制，而只是社会主义公有制初期阶段必然出现的一种与全民所有制相独立的公有制形式。国家所有制应该在社会主义经济改革中不断完善，最后过渡到真正的社会主义全民所有制。二是认为社会主义国家所有制是一种间接的全民所有制，因为在国家所有制中尽管实现了生产资料的全民所有，但劳动者和生产资料仍然处在一定的分离状态之中，劳动者对生产资料的占有还要通过国家这一中介形式来"间接"地得以实现。显然，只有在社会主义经济关系的不断发展中，这种间接的全民所有制才可能向直接的全民所有制过渡。三是认为现行的国家所有制不能简单地归结为全民所有制，而应该归结为一种"混合型"的所有制形式。这就是说，现行的国家所有制实际上还只是一种以全民所有制为主体的、并由全民所有和集体所有混合而成的所有制形式。因此，在对现行国家所有制的改革中，国家对生产资料的所有权，必须通过企业对生产资料的所有权形式表现出来。国家所有制的合理性不仅在于它的生产资料的社会占有性，而且更在于它使全民所有的生产资料重归于各企业使用上的合理性。

第三，对社会主义全民所有制中所有权和经营权的探讨。在对社会主义高度集中经济体制的反思中，一些经济学家依据马克思所有权和经营权相对分离的理论，认为应当把社会主义生产资料所有制作为一个"过程"来看，它既包括生产资料所有权问题，也包括生产资料的使用权、经营权的问题。因此，在坚持和发展国家所有制过程中，必然会出现所有权和经营权这两方面权限划分的问题。实质上，这也就是社会主义国家和社会主义全民所有制各经济组织之间权限划分的问题。

---

① 奥塔·锡克：《经济—利益—政治》，中国社会科学出版社 1984 年版，第 246 页。

国家所有制本身已表明，作为全体人民利益代表的国家对社会生产资料拥有无可争议的所有权。但是，对生产资料的所有权关系并不是生产资料所有制"过程"的全部内容，生产资料在生产集体和经济组织具体使用中还存在着实际经营权的问题。因此，国家对生产资料的所有权必须在生产集体和经济组织对生产资料拥有经营权上得到落实，这才是完整意义上的社会主义公有制。在社会主义公有制实现"过程"中，不使生产集体和经济组织拥有实际的经营权，社会主义国家、集体和个人之间的利益关系也就不可能得到有机统一。显然，这种以完善国家所有制为基本前提的两权分离理论，开辟了一条较之重构国家所有制理论更为现实可行的理论思路。

第四，对社会主义所有制结构的探讨。所有制结构理论首先把所有制看做是在经济运行总体过程中得到体现和实现的。苏联一些经济学家认为：所有制首先是在社会产品和社会产品的各个部门的运动中加以实现；其次是在经营管理的具体形式中，如经济核算、劳动报酬、价格和税收制度、净产品和利润的分配制度中加以实现；最后是在社会劳动集体和个人的收入中加以实现。

社会主义所有制结构理论还认为，在社会主义不只存在着全民所有制和集体所有制形式，而且还存在着除公有制以外的其他所有制形式，其中主要的就是个体所有制形式。苏联一些经济学家认为：存在于社会主义的个体所有制是处在公有制占绝对统治优势下的一种非社会主义性质的所有制。这就如1966年5月匈牙利党的《经济体制改革的指导原则》中所指出的："我们的计划是建立在同时发展社会主义所有制的两种形式，即国家和集体所有制……的基础上的。在社会主义成分占绝对优势的同时。私有成分，包括小手工业、小商业、自产自销和非农业人口的辅助经济今后将作为辅助成分保留下来。"

第二节　社会主义计划经济和商品经济的理论

在对社会主义经济关系性质探讨中的一个经久不衰的论题就是对社会主义商品经济关系的认识，在更广泛的意义上，也就是对社会主义计划经济和商品经济关系的认识。

一、理论历史的回顾

马克思恩格斯在对资本主义经济关系的探讨中，一直认为资本主义社会是商品经济发展的最高和最后的一个社会经济形态。他们曾设想，在未来的以生产资料公有制为基础的社会经济形态中，不再存在着商品和商品交换。马克思在《哥达纲领批判》中曾明确指出："在一个集体的，以生产资料公有为基础的社会中，生产者不交换自己的产品；用在产品生产上的劳动，在这里也不表现为这些产品的价值，不表现为这些产品所具有的某种物的属性，因为这时，同资本主义社会相反，个人的劳动不再经过迂回曲折的道路，而是直接作为总劳动的组成部分存在着。"[①] 恩格斯在《反杜林论》中也阐述过相同的思想。

马克思恩格斯在 19 世纪中期提出的这些论断，在社会主义政治经济学理论发展中逐渐演化为两个传统的"信条"：第一，社会主义经济中，商品经济已被社会主义产品经济所取代。第二，在资本主义社会中得到巨大发展的商品经济和社会主义社会中得到巨大发展起来的商品经济和社会主义社会中发展起来的计划经济是不相容的对立物。其实，这两个"信条"所忽视的是，马克思恩格斯的上述论断是以 19 世纪中期西欧资本主义生产方式最发达的一些国家的经济事实为重要依据的。在马克思看来，在走向"保证社会劳动生产力极高度发展的同时又保证每个生产者个人最全面的发展的这样一种经济形态"的过程中，不同的民族由于"历史环境"的不同，必然会出现"完全不同的结果"。[②] 因此，当 20 世纪世界社会主义经济关系出现在资本主义生产方式相对落后，有的甚至是资本主义生产方式还没有发展起来的地区时，现存社会主义社会中能不能完全排除商品经济的发展，能不能寻找一条计划经济和商品经济共同发展的道路，自然成了各社会主义国家马克思主义经济学家面临的课题。对这一课题首先做出回答的必然是第一个社会主义国家苏联的马克思主义经济学家。

从十月社会主义革命胜利以后，一直到 20 世纪 50 年代初斯大林《苏联社会主义经济问题》发表这一时期内，苏联经济学界对社会主义商品经济理论问题的探讨，大体可分为两个发展阶段：第一阶段是战时共产主义时期。在这一阶段，否认社会主义商品经济理论，主张消灭商品货币关系理论占居统治地位；第二阶段是新经济政策时期。这一阶段出现了在过渡时期"利用"商品货币关系发展社会主义经济的理论。但是，占统治地位的观点仍然是：商品货币关系是资本主义经济关系的"残余"。新经济政策时期"利用"商品货币关系，正是为了在过渡时期结束后最终消灭商品货币关系。第三阶段从 20 世纪 20 年代末到 50 年代初斯大林《苏联社会主义经济问题》的发表。在这一阶段，随着社会主义经济建设的发展、苏联经济理论界不断对商品货币理论做出反思。在 30 年代中期已认识到社会主义阶段存在商品货币关系的必然性。1934 年初，斯大林在联共（布）

① 《马克思恩格斯文集》第 3 卷，人民出版社 2009 年版，第 433 页。
② 《马克思恩格斯文集》第 3 卷，人民出版社 2009 年版，第 466 页。

第十七次代表大会上就已明确提出："货币在我们这里还会长期存在，一直到共产主义的第一阶段即社会主义发展阶段完成的时候为止。"① 50 年代初，斯大林在广泛吸取苏联理论界研究成果的基础上完成的《苏联社会主义经济问题》，对这一阶段社会主义商品经济理论做了最全面的阐释。这在社会主义商品经济理论发展史上是一个最重要的转折。

但是，在《苏联社会主义经济问题》中，由于斯大林相信社会主义存在的是"特种的商品生产"，因此，他在对社会主义商品经济理论的理解上不可避免地存在着一些缺憾，其中主要有：（1）在社会主义经济中，只有消费品才是商品，生产资料只具有商品的"外壳"；（2）商品经济的基本规律——价值规律的作用在社会主义经济发展中仍然要受到"限制"，例如，它只在流通领域中起作用。对生产领域只具有间接的影响。（3）尽管商品经济在社会主义经济中有其存在的客观必然性，但在本质上它并不是社会主义固有的经济关系，而是旧社会遗留下来的社会主义经济的异己物，因而它同社会主义计划经济存在着内在的矛盾性。对这些理论的反思和突破，成了 20 世纪 50 年代至 70 年代末苏联东欧社会主义商品的经济理论发展的重要特点。

二、社会主义商品经济理论的突破

20 世纪 50 年代以来，在苏联东欧社会主义经济改革的实践中，社会主义商品经济理论一再地成为经济学理论研究的"热点"。从总体上看，不论在苏联还是在东欧其他社会主义国家，在对社会主义商品经济理论的探讨上都有一些新的突破。

在这一时期，苏联经济理论界对以下理论问题做了探讨，并在一定程度上突破了传统理论的束缚。

第一，对社会主义经济性质的探讨。1961 年，苏共二十二大通过的"苏共纲领"提出：在共产主义建设中，必须对商品货币关系充分加以利用。在对什么是社会主义商品货币关系"特有的新内容"的探讨中，一些经济学家敏锐地提出了社会主义经济不是商品经济这一根本性的问题。60 年代后半期，苏联经济学界在对这一问题的探讨中存在着三种主要的观点。这就是社会主义非商品经济论、社会主义商品经济论和介于上述两种观点的社会主义有限商品经济论。当时，社会主义有限商品经济论居于主流理论地位。持社会主义商品经济论观点的一些经济学家（如列·例子昂节夫、伊·康尼克等）坚持认为，商品生产不是社

---

① 《斯大林全集》第 13 卷，人民出版社 1956 年版，第 304 页。

会主义经济中的异己物。而是它的完全必要的有机的方面。因此，这种商品生产必然表现为前所未有的、新的、社会主义的因而有计划的商品生产、从社会主义经济的运行过程来看，在社会义经济各环节间，社会生产的联系都是通过商品货币关系实现的，所以社会主义生产是有计划有组织的商品生产的特殊形式。社会主义经济是有计划的商品经济。尽管"社会主义经济是有计划的商品经济"在苏联曾被当作一种"市场社会主义"的观点受到批判，"有计划的商品经济"这一科学的表述，对以后苏联社会主义商品经济理论发展还是有着重要启示的。

第二，对社会主义商品经济产生原因的探讨。在《苏联社会主义经济问题》中，斯大林认为社会主义存在两种公有制形式是社会主义经济中存在商品货币关系的唯一原因。20 世纪 60 年代以后，苏联的许多经济学家对这一传统观点做了多方面的补充和修正。其中最为重要的就是从以下两个方面深入地探讨了社会主义存在商品经济的客观必然性：

首先是从生产力发展水平上的探讨。在回顾社会主义商品货币关系争论史时，有的经济学家强调，关于社会主义条件下存在商品货币关系原因的旷日持久的，在很大程度上是经院式的争论的主要原因之一在于：长期以来是脱离生产力的实际变化状况来研究生产关系。如果摒弃那种试图寻找不同社会经济条件下商品关系存在特殊原因的思路，把商品生产当作一种"一般性的现象"来看待，就可以得出如下结论：在生产力的发展水平还没有达到保证生产提供给社会支配的生产资料和消费资料能满足社会的起码需要这一条件时，交换和分配就不可避免地具有商品性质，在这种情况下，生产也必然是商品生产。"由此可见，商品货币关系完全建立在社会分工基础之上，在物质财富生产力发展水平不高而数量有限的条件下是由物质财富的交换和分析的必要性所决定的"。[①] 从社会主义现有生产力发展水平这一根本原因上，探讨社会主义商品经济存在的必然性，显然是对斯大林理论的重要补充。

其次是从社会主义劳动性质上的探讨。稚·克隆罗德认为，社会主义社会劳动具有两重性，一方面，在国民经济范围内，它具有全社会平等劳动的性质：另一方面，在社会生产的每个单独环节中，它又是特殊的劳动。劳动的社会经济差别使社会生产的基层环节产生相对的经济独立性，这种独立性必然要求社会提供的产品和从社会产品中得到的再生产资金之间具有等价性。实现这种等价关系的经济形式就是商品生产形式。因此，社会劳动的两重性决定社会主义商品经济存在的客观性。有的经济学家从以上两个方面的结合上，考察了社会主义商品关系存在的原因。认为社会主义经济关系中存在商品生产和商品关系的原因就在于社

---

① 格·鲍戈马佐夫：《苏联商品货币关系史》，北京大学出版社 1985 年版，第 18 页。

会主义公有制关系的特点和劳动的性质。同时，社会主义公有制的特点和劳动性质，归根结底是由社会生产发展的一定阶段的生产力水平所决定的。

第三，价值规律在社会主义生产领域中的作用。20世纪50年代后半期，苏联经济学界实际上已否定了斯大林提出的关于生产资料不是商品和价值规律在生产领域中不发生作用的传统观点。当时，已有很多经济学家认为，在社会主义经济中，生产资料也是通过买卖方式从某一国营企业转入另一国营企业，它们也是商品；价值规律在生产领域和流通领域中都发生作用。

60年代中期以后，苏联经济学界对价值规律在生产领域的作用问题做了进一步的探讨。在这一探讨中，主张"社会主义商品经济论"的人，着重对价值规律在社会主义生产领域的调节作用做了研究。他们认为，在苏联社会主义经济中，造成生产比例失调的原因有两个：一是资金不能及时地在部门间、企业间转移；二是缺乏一个可以自动启放的阀门，以便使多余的资金能够投放到最有效的地方去。显然，要消除生产比例失调，就必然运用价值规律，运用生产价格来调节生产，从而使生产资金自动地从产品需求突然降低的部门转移到供不应求的另外一些部门。因此，社会主义的价值规律是同一切经济关系的合理化有机地相联系的。

一般地说，在对价值规律作用的探讨中，越来越多的经济学家承认，价值规律作用往往通过在制定价格上有计划地发挥作用的。在社会主义生产上既可以利用价格机制刺激劳动生产率，也可以利用它来调节社会资金在各部门之间的投资比例，以及有机地调节生产资料和劳动在社会各部门之间的分配比例。总之，对价值规律在社会主义生产领域的调节作用，有了更为广泛的理解。

这一时期，在东欧各国对社会主义商品经济理论的探讨中，最有代表性的理论就是南斯拉夫社会主义自治的商品生产理论和匈牙利的社会主义商品货币关系理论。

在南斯拉夫，社会主义自治理论和确认社会主义经济是商品经济的理论有着天然的联系。南斯拉夫宪法明确规定，南斯拉夫经济的性质就是社会主义自治商品经济。南斯拉夫经济学家普遍地认为，社会主义商品经济是社会主义实质的特殊表现，它作为新的生产关系上的反映是受这种生产关系的性质及其发展的需要所制约的；因此，社会主义商品经济不是"旧事物在新社会的延续"，而是社会主义所固有的"新的社会历史现象"。在对社会主义商品经济性质的理解中，他们提出，一方面社会主义生产方式取代资本主义生产方式，并没有用产品经济代替商品经济。就商品经济发展而言，社会主义和资本主义只是商品经济发展中相连续的两个阶段。另一方面社会主义商品经济也有其特殊规定性，其中主要有：社会主义商品经济中生产资料属于社会所有，劳动力不再是商品以及发展商品生产的目的不再是获取最大限度的剩余价值，而是创造尽可能多的收入。

在对社会主义商品经济存在原因的探讨上，南斯拉夫经济学家们大多强调，社会主义之所以存在商品经济，绝不仅仅是由继承下来的生产力发展水平和社会分工所决定的，而且还是自自治生产关系的生产力发展水平和社会分工所决定的，而且还是由自治生产关系本身的性质所决定的。他们认为，从"物质和社会方面"来看，社会主义商品经济的存在既根源于社会主义现阶段生产力的相对不发达、分工和经济生活的地区化、资源的有限性等经济条件，也根源于微观经济主体（企业）之间的经济联系和交往、企业需要实行严格经济核算等经济条件。

在对价值规律作用的理解上，他们一般都能注意价值规律在社会主义经济中的特殊性。米·科拉奇曾认为，"在社会主义商品生产制度下，价值规律不能以同过去的商品生产制度相同的形式起作用，即不能通过价值价格，也不能通过生产价格来起作用。"他还认为，"价值规律在社会主义自治生产方式中是通过收入价格起作用的，并以这种形式实现按比例分配社会劳动总量和各部门的规律。"[①]这里的"收入价格"是指生产商品的平均物质消耗与平均收入之和。

匈牙利在社会主义经济改革中形成了自己独特的社会主义商品货币关系理论。在对社会主义商品货币关系性质的理解上，他们一方面强调，在社会主义经济中，首先需要为在社会主义经济中必然存在的、具有社会主义经济特点的商品关系及其范畴（诸如市场、货币、价格、利润、信贷等）提供更广泛的活动场所，使之发挥更积极的作用。另一方面，他们也强调：在生产资料社会主义所有制的基础上，把国民经济有计划的集中管理和商品货币关系的积极作用有机地联系起来。从总体上来看，他们既重视发展社会主义商品经济，但又不赞成商品经济关系在社会主义生产关系中占统治地位的观点。

在对社会主义商品经济存在原因的理解上，匈牙利强调了社会分工和社会各生产单位在经济上的相对分离性的重要意义。他们认为，在社会主义经济中，并没有完全消除基于广泛分工的经济单位与劳动者个体之间以及经济单位与经济单位、劳动者与劳动者之间存在的相对分离。在社会主义经济中，企业不仅是分工的环节，而且也是占有过程的环节，它们都有相对独立的利益。同时，劳动者一部分的个体利益既与企业利益，也与全社会利益相分离。分工的存在和生产者经济上分离，必然导致产品在由生产者向消费者的运动中借助于买卖关系，因此产品必然成为商品，产品生产则成为商品生产。由此可见，社会主义社会中的商品生产是社会主义生产关系的必然要素。

---

① 米·科拉奇：《社会主义自治生产方式中价值规律的作用方式》，载于《经济学译丛》1983 年第6 期。

三、社会主义经济体制中的计划与市场关系问题

在社会主义经济改革过程中，计划和市场关系问题是经济学界最有争论的问题之一。在对这一问题的争论中，一般都承认，市场在社会主义经济理论和实践中都有重要作用，因为没有市场社会主义生产方式就不能存在和发展，而不从理论上去研究这些问题，科学的社会主义政治经济学也就不可能顺利地发展。这一问题争论的焦点在于市场、市场机制在社会主义计划经济中的作用有多大，市场和计划之间应该是怎样一种关系。实质上，这是对社会主义商品经济理论探讨的赓续。

一般来说，这一时期苏联东欧各国在对这一问题的理解中存在着三种主要的观点：一是主张市场受计划调节，反对市场自发调节作用；二是主张计划服从和适应市场，实行计划经济和市场经济的结合；三是主张有计划的集中管理和市场的积极作用有机地联系起来。这三种观点分别是苏联、南斯拉夫和匈牙利经济理论界的主流观点。当然，这并不是说，在这三个国家就不存在与主流观点不相一致的见解。

在苏联，对计划和市场关系理解上的主流观点有两个鲜明的特点：第一，社会主义市场是受计划调节的市场。苏联许多经济学家都认为。一般意义上的市场可以区分为三种类型：不加调节的市场、间接调节的市场和有计划调节的市场。在资本主义经济发展中，自由竞争资本主义时期占统治地位的是不加调节的市场，帝国主义和国家垄断资本主义时期占统治地位的是间接调节的市场，而社会主义国家通行的则是有计划调节的市场。在社会主义经济中，市场的一切要素——价格、购买者的需求、商品供应——都是由计划来调节。

第二，在社会主义有计划调节的市场中，社会主义经济的计划性占主导地位，起着主导性的作用，市场、市场机制的作用完全受计划、计划方式的调节。这也就是说，在计划和市场的关系中，计划调节市场，市场和社会主义经济中的其他经济杠杆一样，起着计划工作的工具和手段的作用。利用市场、市场机制是为了加强国民经济的计划性和更有效地实行计划管理，绝不能利用市场调节的作用来取代国家集中计划的主导作用。

南斯拉夫从社会主义自治商品理论出发、对计划和市场问题做出了自己的回答。第一，他们认为，把社会主义经济中计划和市场互相对立起来的观点是错误的，这一错误的根源就在于把社会主义经济理解为非商品经济，同时又把市场经济等同于无政府状态经济。把经济计划看做是社会主义经济所特有的。他们认为，社会经济的计划化并不仅仅同社会主义相联系，对社会再生产过程的社会协

调和指导是社会生产力发展到一定程度的要求，也是商品生产正常发挥作用的客观要求。因此，计划工作本身不仅为社会主义国家所具有，而且也为资本主义国家以及发展中国家所具有。当然，在计划的内容、动机和目的上，资本主义同社会主义仍然是不同的。总之，生产力的发展水平决定了对计划工作的需要，而占统治地位的生产关系则决定了计划的规模、计划制度和计划的承担者。

第三，从对社会主义商品经济中"计划"含义的特定理解出发，他们进一步把计划和市场看做是商品经济发展中相互补充的因素，看做是一个硬币的两面。它们本身都不是目的，两者都是社会主义经济的相应的组织手段。在两者的关系上，市场、市场机制往往被看做是经济活动的自我调节的重要的机制，计划指导主要用作协调、纠正市场机制作用过程中的偏差，用以保证市场在理想状态下的正常运行。这就如铁托在南共联盟十大报告中所指出的："在目前的条件下，我们必须真正重视市场和市场规律……因为市场和市场规律是发展的协调者。但是，我们不能让我国的整个发展，尤其是关键问题放任自流。我们在尊重生产的客观可能性，需求和规律的同时，必须通过在自治基础上制定的计划指导发展，协调社会再生产中的基本关系"。

匈牙利在对社会主义经济计划和市场关系的理解上提出了独特的见解。他们认为，社会生产过程发展的计划性是社会主义和共产主义特有的经济范畴和经济规律。这不仅表明社会主义计划经济是以生产资料社会所有制为前提条件的，而且还表明社会主义计划经济是社会所有制的必然的经济上的实现形式。因此，社会生产的有计划不仅不可能存在于资本主义生产关系中，而且在本质上是与资本主义生产关系相对立的。他们认为，那种把社会主义国家的计划经济看做产生官僚主义的经济条件的观点，那种以社会主义国家在计划过分集中时期出现的错误为借口，从而主张抛弃计划性规律，认为市场、价值规律才能真正调节社会再生产过程的观点，实质上是资产阶级经济学的观点。因此，匈牙利党和政府在 20 世纪 60 年代中期制定的经济改革的"指导原则"中强调："以生产资料公有制为基础的社会主义计划经济制度，使社会有可能最有效地使用和发挥其力量源泉，以日益满足其需求。经济体制改革的目的，是把这一可能性更好地变为现实性，提高社会经济有计划的中央领导及其整个活动的效能，发挥社会主义计划经济的优越性"。①

同时，他们也认为，社会主义生产是商品生产，因而与商品经济相联系的市场，市场机制在一定范围内还必然发生作用，因此，他们在反对把社会主义市场理想化，反对把"市场社会主义"看做是理想社会主义模式的同时，也反对那种

---

① 《关于经济体制改革的指导原则》，引自《匈牙利经济改革的原则和管理体制》，中国财政经济出版社 1980 年版，第 7 页。

极力贬低和抹杀市场、市场机制在社会主义计划经济中作用的错误观点。他们认为，就经济体制改革的目标而言，重要的正是使商品货币关系，使市场、市场机制在社会经济生活中发挥应有的积极作用，因此，"经济体制改革的基本特点是，在生产资料社会主义所有制基础上，把国民经济有计划的集中管理和商品关系，市场的积极作用有机地联系起来"。[①] 这种有机联系的实质在于：一方面，国民经济计划中的主要指标和比例仍然由中央决定，并且在国民经济发展中要集中经济的、行政的、法律的种种手段保证这一计划得到切实有效的实现；另一方面，在社会主义经济运行过程中，保证给市场机制以广阔的活动余地，利用市场机制使社会主义计划经济具有更大的灵活性。

可见，在计划和市场关系上，匈牙利强调了集中计划所具有的首位作用。这种首位作用主要表现在两个方面：其一，市场是由社会主义国家计划调节的，是有组织的市场。这就是说，在计划和市场的有机统一体中，市场不能是一种放任自流的市场，而只能是在活动条件和规则上由国民经济计划调节和管理的，并且在宏观经济运行中有利于促进国民经济计划实现的市场。其二，市场调节作用的范围是有限制的。这就是说，市场调节的作用主要限于企业日常经营活动的范围，它并不适用于国民经济的重大的增长和发展问题，以及国民经济的综合平衡的问题。这些问题仍然由社会主义国民经济的计划调节加以解决。

社会主义经济中计划和市场关系问题是正确理解社会主义有计划商品经济理论中的一个最重要的问题。因此，在社会主义国家经济改革过程中，几乎所有重要的经济学家都对这一问题提出过自己的见解。在这方面，波兰经济学家奥斯卡·兰格、弗拉基米尔·布鲁斯、捷克斯洛伐克经济学家奥塔·锡克等都做过许多探讨。

第三节　社会主义按劳分配规律的探讨

按劳分配理论是马克思主义经济学的重要理论，按劳分配规律则是反映社会主义经济关系本质的最为显著的经济规律之一。对社会主义经济规律的探讨，有从马克思、列宁的按劳分配理论出发，对这一理论科学价值和当代意义的探讨；有对按劳分配规律与当代社会主义经济现实关系的探讨；还有对按劳分配规律的实现形式的探讨等等。这些方面的探讨，反映了那一时期社会主义经济发展现实在分配理论上的认识视野，也体现了那一时期社会主义经济关系发展所要求的分配理论上的突破。

[①] 《关于经济体制改革的指导原则》，引自《匈牙利经济改革的原则和管理体制》，中国财政经济出版社 1980 年版，第 10 页。

一、按劳分配理论的历史回顾

马克思主义的社会主义按劳分配理论，最先是由马克思在 1867 年出版的《资本论》第一卷中做了论述的，以后，他在 1875 年撰写的《哥达纲领批判》中对这一理论做了进一步的发展。

在《资本论》第 1 卷中，马克思曾设想，在一个生产资料归全体社会成员共同所有。不存在商品生产和商品交换的"自由人联合体"中，社会总产品必然做这样的分配："这个产品的一部分重新用做生产资料。这一部分依旧是社会的。而另一部分则作为生活资料由联合体成员消费。因此，这一部分要在他们之间进行分配。"这时，"每个生产者在生活资料中得到的份额是由他的劳动时间决定的"。这就是说，劳动时间成为"计量生产者在共同产品的个人可消费部分中所占份额的尺度"。① 每个劳动者得到的生活消费品的数量同他的劳动时间成正比。在这里，马克思已明确提出了按劳动分配理论的两个基本原则：第一，按劳分配是公有制经济中个人消费品的分配原则；第二，按劳分配通行的是等量劳动获取等量报酬的原则。

在《哥达纲领批判》中，马克思进一步发展了他的按劳分配理论。这一发展主要有：第一，按劳分配不再是"设想"中的"自由人联合体"中的分配方式，而是经过科学证明的共产主义社会的第一阶段，即社会主义社会特有的分配方式。第二，马克思探讨了社会主义社会实行按劳分配的客观必然性，这就是旧的社会分工，如脑力劳动和体力劳动的对立还没有消失；劳动还没有成为人们生活的第一需要，还只仅仅是人们谋生的手段；社会生产力还没有达到高度发展的阶段，在这一共同占有生产资料的社会中，集体财富也没有达到极大丰富的程度。第三，马克思进一步明确，用做按劳分配的是在社会总产品中的"作了各项扣除之后"所剩余的个人消费品。在这种意义上，才有劳动者个人以一种形式给予社会的劳动量，又以另一种形式全部领回来。最后，马克思仍然设想以劳动时间为按劳分配的直接尺度。这里的"劳动时间"并不是在体力和智力程度存在"天然"差别的个别劳动时间，而是经过折算的社会劳动时间；当然，马克思认为，这种折算是可以是直接进行的，不必借助任何物质外壳，至多是采用一种能证明劳动时间的"证书"的形式。

马克思的按劳分配理论是对空想社会主义种种"公平分配"理论的摒弃。马克思按劳分配理论是在对未来社会的生产力发展状况，生产机能和劳动者发展状

---

① 《马克思恩格斯文集》第 5 卷，人民出版社 2009 年版，第 96 页。

况等物质因素科学分析基础上提出来的。同时，马克思的按劳分配理论也是以政
治经济学的科学原理为基础的：一方面，马克思是从社会经济运行的总体上，即
从社会生产、交换、分配和消费的有机联系中考察分配的，他严格区分了两种分
配——包括在生产过程中的生产条件的分配和作为生产结果的个人消费品的分
配——的实质和形式；另一方面，马克思从劳动价值论和社会再生产理论出发，
阐明了社会总产品和个人消费品之间的质和量的对比关系，从而确定了作为按劳
分配物质内容的内涵和外延。毫无疑问，马克思提出的按劳分配理论（尽管马克
思没有使用过"按劳分配"这一用语）是科学社会主义理论的有机组成部分。

　　当然，在评价马克思按劳分配理论的历史地位时，也不能忽视以下这些重要
的历史事实：马克思的这一理论是在 19 世纪 60～70 年代提出的。当时，世界上
还不存在用以验证这一理论科学性的社会主义经济建设实践；只是在马克思提出
这一理论的半个世纪之后，社会主义经济现实才出现在俄国。同时，马克思的按
劳分配理论是以一系列经济条件为既定前提的，其中最主要的经济条件有：全社
会范围内的生产资料公有制的建立，实行全社会的严格的计划经济、商品经济已
经不再存在，个别劳动直接成为社会劳动的组成部分，劳动时间成为社会生产和
分配的直接的尺度。显然，在科学评价马克思的按劳分配理论和实际贯彻按劳分
配时，绝不能忽视这些经济条件的存在和作用形式。

　　十月社会主义革命前后，列宁丰富和发展了马克思的按劳分配理论。十月革
命爆发前，列宁就已高度评价了按劳分配在社会主义经济发展中的重要地位，他
把生产资料公有制和按劳分配看做是社会主义发展阶段的两大主要的经济特征，
把按劳分配看做是"工人代表苏维埃掌握政权后能够实现而且一定要实现的最重
要、最主要的根本原则"。[1]

　　十月革命胜利后，列宁在充分估价按劳分配理论在俄国社会主义经济发展实
践的重大意义的基础上，对按劳分配的实现方式开始有了较为清晰的认识。十月
革命胜利后的最初几年，在俄国还处在战时共产主义阶段时，列宁就已肯定了以
工资、资金等货币形式作为按劳分配实现方式的必然性，放弃了先前利用"劳动
手册"实现按劳分配的设想。实际上，这也就是放弃了马克思提出的利用"证
书"实现按劳分配的设想。例如，列宁在 1818 年初提出："实行计件工资，采用
泰罗制中许多科学的先进的因素，使工资同工厂的总工作量或铁路水路运输等的
经营结果相适应"。[2] 在实行新经济政策之后，列宁立即领导苏维埃政府制定了
适合按劳分配原则的工资制度。他不仅极力倡导实行计时工资制和计件工资制，

<hr />

① 《列宁选集》第 3 卷，人民出版社 2012 年版，第 301 页。
② 《列宁全集》第 34 卷，人民出版社 1985 年版，第 259 页。

而且还要求刻不容缓地实行奖励制，因为在社会主义建设中这是一项有极重要意义的制度。

根据苏联社会主义经济建设实践的经验，东欧一些国家在社会主义经济制度建立以后，也都在肯定按劳分配原则的前提下，实行了工资、奖金及津贴等按劳分配实现方式。但是，在很长一段时期内，由于人们对社会主义经济的一些根本问题，如社会主义所有制形式，社会主义商品经济等问题还缺乏正确的认识，致使马克思的按劳分配理论不仅没有得到更大程度的发展，甚至还出现了某些理论的倒退。在苏联，尽管 20 世纪 20 年代和 30 年代已有不少关于社会主义按劳分配理论的论著，然而，由于主观主义的统治，没有一本著作把这种分配方式解释为社会主义的客观经济规律，一些经济学家坚持认为，在社会主义经济中实行的货币工资等按劳分配方式。无疑是非理性的和与社会主义成分不相容的形式，与工资相联系的利润、价格等范畴也只是帮助我们在国营企业中实行核算的外部形式。这些观点一直到 50 年代末还没有完全被克服。

二、按劳分配理论的发展

在苏联和东欧一些社会主义国家中，按劳分配理论的发展和社会主义经济改革的发展有着密切的联系，在经济改革中，按劳分配理论的发展出现了两个明显的趋势：一是注重按劳分配和外部的社会经济关系的考察，即对按劳分配在现实社会主义商品生产中的性质和作用形式的重新考察；二是注重按劳分配理论内部结构的探讨。前一方面趋势在南斯拉夫得到最重要的发展，后一方面趋势则在苏联得到最重要的发展。

南斯拉夫的许多经济学家认为，在社会主义发展现阶段，马克思经典作家关于社会主义实行按劳分配的原则仍然有着十分重要的指导意义。但是，必须认识到，马克思的按劳分配是以不存在商品生产这一经济条件为既定前提的，而社会主义现实的发展并没有循着这条道路前进；相反，今天所有的社会主义国家不仅存在着商品生产，而且都在加强社会主义的商品生产，因此，在对按劳分配的理解中必须注意到：第一，在我们当前的条件下，按劳分配原则存在的经济条件主要是生产资料的社会所有制的存在，商品经济和联合劳动的存在。第二，按劳分配基本上仍然是通过间接的途径实现的。因为消耗在产品中的劳动表现为商品。所以，马克思关于个人将"从社会方面领得一张证书，证明他提供了多少劳动"的设想，也没有实现。这就是说，劳动的等价性不可避免地要采取商品、货币这些"物的外壳"来实现。第三，确认按劳分配在商品经济范围内进行，这就意味着分配归根到底是由在社会主义有计划的商品经济中发生作用的价值规律来决定的。因此，按劳分配是通过社会主义市场机制及其各种标准的作用而实现的。这就是说，价值规律和市场机制将在按劳分配实现过程中发挥必要的调节作用。第四，为克服按劳分配实现过程（即个人收入的分配过程）中由商品经济、价值规律作用所带来的一些不可避免的"弊端"，还必须利用"自治协商和契约的原则"，这在确定分配收入的基本原则和标准，确定分配用于个人收入的资金的基本原则和标准时，显得特别重要。这样，价值规律和市场机制在按劳分配中的作用受到了社会监督和调节。

南斯拉夫经济学家还认为，在社会主义商品生产条件下，按劳分配的作用形式也必然出现一些新的特点。首先，在社会主义商品经济制度下，劳动集体是独立的商品生产者，直接生产者的劳动是以这种劳动集体中的联合劳动出现的；这种联合劳动是直接生产者用以保证自己参加社会总产品分配的一种形式。可见，在社会主义商品经济中，按劳分配是以劳动集体为基本分配单位的形式进行的。就全社会而言，按劳分配的作用形式具有一定的间接性。其次，对各劳动集体来说，商品交换是它们各自参加社会总产品分配的唯一途径，这就是说，劳动集体只有通过商品交换才能获得对等价值，从而在社会产品分配中占有一定的份额。但是，这个份额并不是由劳动集体在商品生产过程中耗费的劳动量决定的，而是由得到社会承认的劳动量所决定的。"因此，劳动集体将在多大程度上通过商品交换保证自己在商品生产中所消耗的劳动能够得到社会承认，也就取决于他们作为商品生产者所通过的决定和采取的行动在经济上是否合理。"显然，经济决策上比较合理的劳动集体，将从社会总产品的分配中获得较多的份额。这也就是价值规律对劳动集体之间分配社会总产品的"调节"作用。可见，就各劳动集体而言，按劳分配的作用形式具有一定的独立性。[①]

对社会主义商品经济条件下按劳分配理论的这些新探讨，首先使南斯拉夫在按劳分配的过程中，各劳动集体，即联合劳动的基层组织对劳动者行使分配的自决权，原来由国家集中统一分析的原则已被废弃了。其次，劳动者根据所在劳动集体的总收入状况，也按劳动和劳动成果获得相应的个人收入。在个人收入分配中，即注意到劳动者在现时劳动过程中的劳动质量的差异和劳动数量的大小，也注意到工龄等过去劳动的状况。再次，由于经营状况合理性上的差异，各劳动集体之间获得的"总收入"不相等，从而各劳动集体中的劳动者个人收入分配上也必然存在着实际的差别。最后，由于劳动集体的总收入受价值规律和市场机制的影响，所以劳动者个人收入也受价值规律和市场规律的调节。

---

① 参见米·科拉奇等著：《政治经济学：资本主义和社会主义的商品生产理论分析原理》，人民出版社 1982 年版，第 422～427 页。

　　苏联经济学界在社会主义经济改革实践中，着重对按劳分配中劳动尺度、劳动的质和量的确定及联系等理论问题做了探讨，这些探讨对完善按劳分配理论起到了重要的作用。

　　在一个很长的时期内，苏联经济学界对按劳分配"劳"的解释中，大多是指每个劳动者耗费的劳动。到 20 世纪 70 年代中期，苏联的一些权威的政治经济学教科书中仍然认为，"按照每个工作者所耗费的劳动数量和质量分配个人消费品，是符合生产力和生产关系水平的"。① 因此，一些经济学家把按劳分配的实质归结为使每个劳动者个人消费基金中占的份额和他在社会生产中所耗费的劳动成比例。但是，在对耗费的劳动的"质"看做是劳动者劳动的复杂性，劳动的熟练程度和劳动强度等方面因素的综合；有的把劳动的"质"看做是劳动的复杂性、劳动的强度、劳动生产率、国民经济价值、安全性、准确性、舒适性等因素的综合。

　　随着社会主义经济改革的发展，一些经济学家对按劳分配中的"劳"做了新的探讨，认识到社会主义劳动者个人报酬同劳动成果之间应该建立必要的联系。这就是说，在按劳分配中，应该使劳动报酬同劳动成果结合起来，而不是以个人的劳动耗费为标准。在这方面，苏联经济学家达·卡扎克维奇做了一些重要的研究。他认为，按劳分配的方法实质上是由生产力已有的发展水平和生产力进一步发展的条件决定的，按劳分配本身就是吸引有劳动能力的人参加社会生产和提高社会劳动生产率的物质刺激因素。因此，按劳分配应该是根据劳动成果的社会效用划分劳动报酬等级的规律。

　　在对这一问题的阐述中，卡扎克维奇强调：在实行按劳分配中，应该考虑到劳动的"质"的方面的问题，其中劳动的复杂性是劳动的"质"的一个重要内容。在单位时间内，较复杂的劳动比较不复杂的劳动或者简单劳动创造更大效益的劳动，这就是劳动的"质"的客观方面的内容。与此相对应，劳动者劳动技能就表现为劳动的"质"的主观方面的内容。因为质的方面较为复杂的劳动是由较熟练的劳动者承担的。但是，在谈到根据劳动的"质"的复杂性划分劳动报酬的等级时，指的显然是劳动客观方面的内容，即劳动本身的复杂性；而不是指劳动主观上的劳动技能的等级。他进一步认为，在划分劳动报酬等级所要考虑的所有"质"的方面中，劳动的效率具有头等重要的意义。因为它表现为生产一定数量产品所耗费的各种生产资源（活劳动、物力、固定生产资料和自然资源）的数量，以及表现为所生产的产品的质量。劳动效率这一概念也包含着劳动投放领域的社会意义。因此，探讨部门和地方劳动报酬等级的划分问题，也应着眼于劳动

---

　　① 阿·鲁缅采夫主编：《政治经济学教科书》下册，吉林人民出版社 1981 年版，第 134 页。

报酬对劳动成果的社会效益的依存关系。他还认为，列宁在对按劳分配论述中所说的按劳动数量和质量划分劳动报酬等级指的就是劳动的有用成果，而不只是指劳动时间的长短。

卡扎克维奇还反驳了那种认为按劳动贡献来分配劳动报酬就应由国家来统一划分劳动报酬等级的观点。他认为，从整个经济出发对劳动报酬加以调节显然是必要的。但是，不容置疑的是，社会主义经济中社会同个人之间的经济关系是通过生产集体同劳动者之间的经济关系间接地表现出来的。因此，社会主义经济中要加强劳动者劳动报酬等级的划分同生产集体最终成果的联系。这就是说，劳动者从经济刺激基金项目下获得比重不断增长的收入的数量，应该取决于企业活动的成果。[1] 卡扎克维奇的这些见解，为社会主义经济实践中更有效地发挥按劳分配的"刺激"作用，为我们在一个更广泛的意义上理解按劳分配的作用形式提供了新的理论视角。

第四节　社会主义经济学的多方面探讨

一、社会主义政治经济学对象的探讨

20 世纪 30 年代初，在提出社会主义政治经济学时，就有了关于社会主义政治经济学对象问题的探讨。当时，对这一问题探讨的最有影响的学者就是 Л. 加托夫斯基和 Н. 沃茨涅辛斯基。

1930 年，加托夫斯基在《关于苏联经济理论的对象与方法》和《苏联经济理论的方法论问题》等文中指出："苏联经济理论以苏联特殊生产关系为其对象；它研究这些生产关系运动的内在规律和苏联经济社会化的特殊规律。"针对苏联过渡时期多种经济成分的现实，强调"主要生产关系构成苏联经济理论的对象。"[2] 这一表述，一方面明确了苏联经济理论的对象是"生产关系"，另一方面也强调了对这一生产关系在过渡时期"特殊规律"探讨的重要意义。加托夫斯基提到："苏联经济理论在研究苏联生产关系运动规律的同时，也探讨我国生产力和生产关系之间的相互依存。"[3] 从与生产力的相互依存关系上来分析和理解生产关系，是对苏联的经济学对象的深刻把握。但是，加托夫斯基囿于当时的理论

---

① 参见达·卡扎克维奇：《社会主义经济理论概论》，中国社会科学出版社 1985 年版，第 65～69 页。
② 加托夫斯基：《社会主义政治经济学发展问题》，上海译文出版社 1985 年版，第 65、68 页。
③ 加托夫斯基：《社会主义政治经济学发展问题》，上海译文出版社 1985 年版，第 66 页。

视野，他谈到政治经济学的对象还只限于苏联"过渡时期"的生产关系，还没有提出社会主义政治经济学的概念。1931 年，沃茨涅辛斯基在《布尔什维克》杂志上开始明确地使用"社会主义政治经济学"的概念，并把其对象定义为"社会主义生产关系的再生产"，而且"一开始就必须阐明社会主义生产关系的性质，以及社会主义生产关系同生产力的相互关系。"[1] 1932 年，加托夫斯基顺应苏联经济学界的这一新变化，明确提出了"社会主义政治经济学"及其同当时过渡时期政治经济学的关系。他指出："目前的苏联经济理论，是过渡时期的政治经济学。社会主义政治经济学也应该包括过渡时期的经济理论。"[2] 20 世纪 30 代以后，苏联学术界基本坚持了社会主义政治经济学对象的这一定义。

进入 20 世纪 60 年代，苏联学术界关于社会主义政治经济学对象的理解发生了两个重要的变化：一是对作为社会主义政治经济学对象的生产关系内涵理解的质疑；二是对社会主义生产关系体系的拓展性的理解。1976 年，古兹尼亚耶夫在《社会主义政治经济学对象问题》专著中，对这两个方面的问题做了阐述。这一阐述，实际上是这一时期苏联学术界对社会主义政治经济学对象理解的主流观点的体现。

对作为社会主义政治经济学对象的生产关系内涵理解的质疑，主要是围绕着斯大林关于生产关系定义的理解展开的。50 年代初，斯大林在《苏联社会主义经济问题》中，对生产关系做了以下定义式的表述："政治经济学的对象是人们的生产关系，即经济关系。这里包括：（一）生产资料的所有制形式；（二）由此产生的各种不同社会集团在生产中的地位以及他们的相互关系，或如马克思所说的，'互相交换其活动'；（三）完全以他们为转移的产品分配形式。"[3] 这一表述提出后，曾经得到苏联学术界的高度赞同。50 年代末，这一表述开始受到苏联学术界的质疑。这一质疑，集中于斯大林定义的三个方面：一是认为斯大林的定义把所有制关系替换了生产关系，或者说把生产关系和所有制关系混为一谈。二是认为斯大林把交换的内涵做了狭义化的理解，因而是对马克思所论述的交换内涵的曲解，马克思在谈到交换内涵时指出，从"交换总体"来看，交换的内涵包括："在生产本身中发生的各种活动和各种能力的交换，直接从属于生产，并且从本质上组成生产"；"用来制造供直接消费的成品的手段"的产品交换；"所谓实业家之间的交换"；"产品直接为了消费而交换"等。[4] 三是把消费关系从生

---

① 古兹尼亚耶夫：《社会主义政治经济学对象问题》，人民出版社 1984 年版，第 108 页。
② 加托夫斯基：《社会主义政治经济学发展问题》，上海译文出版社 1985 年版，第 55 页。
③ 斯大林：《苏联社会主义经济问题》，人民出版社 1971 年版，第 58 页。
④ 参见《马克思恩格斯文集》第 8 卷，人民出版社 2009 年版，第 22～23 页。

产关系中排除出去。到了 70 年代，古兹尼亚耶夫认为，在苏联学术界，斯大林的这种观点"已被完全否定，再也得不到公认了"。①

在对斯大林关于生产关系质疑中，苏联学术界以马克思在《〈政治经济学批判〉导言》中提出的生产和分配、交换、消费的"四环节"来定义生产关系的内涵。苏联学术界用"生产关系体系"的概念来定义包含了生产关系、分配关系、交换关系、消费关系在内的广义的生产关系为社会主义政治经济学的对象。对于社会主义政治经济学对象的科学理解，苏联学术界的主流观点就是："首先应该从生产关系体系内部去寻找，并且也不需要对马克思提出的生产关系体系的结构作任何改变。"古兹尼亚耶夫强调："如同分析其他任何社会的生产关系体系一样，在分析社会主义生产关系体系时，从方法论上的一个主要要求看，生产关系应比分配、交换和消费关系占重要地位。生产关系的性质始终决定生产关系体系的所有其他组成部分的本质和特点。"② 在这一主流观点的氛围中，苏联社会主义政治经济学从对社会主义生产关系本质和特点的"首要地位"的分析入手，展开了对社会主义分配关系、交换关系和消费关系本质和特点的研究。

但是，斯大林认为的"生产资料的所有制形式"，在政治经济学对象中的地位问题，或者说在生产关系体系中的地位问题，仍然是不可回避的问题。在对社会主义政治经济学对象的理解中，为了阐明所有制形式和关系问题，苏联学术界提出了"基本生产关系"的概念，从而对社会主义生产关系体系做了拓展性的理解。

所谓的"基本生产关系"，古兹尼亚耶夫认为，同一般意义上的生产关系的区别主要在于："第一，它反映的不是生产关系体系某个个别组成部分的主要的本质特点，而是生产关系总和的主要的本质特点。第二，基本生产关系在客观上有其固有的目的，这一目的说明整个经济关系的特点，而且是通过各种不同的利益形式表现出来的。他还决定着每个社会的基本经济规律的实质和特点。"由此可见，"全面分析基本生产关系对于社会主义政治经济学这门科学具有何等重要的意义。"③ 苏联经济学界对"基本生产关系"的内涵并没有形成共识。但是，到 20 世纪 80 年代初，那种认为应该把基本生产关系"看作是基础、基石、基柱，即看作是经济结构中最主要的关系，看作是决定性、关键性的关系"的观点，还是当时占主导性的观点。④ 在一些论述社会主义经济理论"概论"的著述

①　古兹尼亚耶夫：《社会主义政治经济学对象问题》，人民出版社 1984 年版，第 126 页。
②　古兹尼亚耶夫：《社会主义政治经济学对象问题》，人民出版社 1984 年版，第 127～128 页。
③　古兹尼亚耶夫：《社会主义政治经济学对象问题》，人民出版社 1984 年版，第 136 页。
④　阿利库洛夫：《社会主义基本生产关系和基本经济规律》，辽宁人民出版社 1984 年版，第 22 页。

中，还是肯定"在社会主义革命进程中产生并发展起来的生产资料公有制形式，是共产主义经济结构及其初级阶段——社会主义基本生产关系。"①

在对"基本生产关系"这一理解中，古兹尼亚耶夫认为，在社会主义政治经济学中，所有制关系是社会主义生产关系体系中的"基本生产关系"。在社会主义制度下，"整个所有制关系则是应当首先分析的经济关系"。在这一意义上看，"社会主义生产关系体系就是从所有制关系开始形成的。因此，社会主义政治经济学首先要揭示各种所有制形式的发生和发展的规律性。"② 古兹尼亚耶夫强调：作为社会主义基本生产关系的，不是指一般的所有制，"仅仅是指基本生产资料属于全民财产的条件下，人和人之间、阶级和阶级之间在基本生产资料上的关系。正是这种关系决定着全部所有制关系和生产关系体系的所有其他因素的本质和性质。"③

可见，斯大林关于生产关系定义中"生产资料的所有制形式"首位重要的作用，以"基本生产关系"的形式回到了社会主义政治经济学对象之中，而且取得了与斯大林关于社会主义政治经济学对象理解中同样重要的位置。

二、社会主义基本经济规律的探讨

社会主义基本经济规律理论是斯大林在《苏联社会主义经济问题》一书中首次做了明确论述的。他认为，社会主义基本经济规律的内容和特点就是："用在高度技术基础上使社会主义生产不断增长和不断完善的办法，来保证最大限度地满足整个社会经常增长的物质和文化的需要。"④ 自此以后，社会主义基本经济规律理论在苏联得到了进一步的发展。

这一理论提出后，有过三个主要的发展阶段。第一，20 世纪 50 年代前半期，苏联经济学界从多方面对斯大林的表述做了积极的阐释。这一阶段，苏联政治经济学教科书和其他有关论著，都充分肯定了斯大林表述的科学性和完备性。第二，50 年代后半期到 60 年代上半期，苏联经济学界开始对斯大林的表述表示异议，出现了对这一规律的内容及其特点做出重新探讨和重新表述的一系列理论观点。但是，从总体上来说，这些新的探讨和表述对斯大林的社会主义基本经济规律理论没有做出什么实质性的发展。第三，60 年代后半期到 70 年代末，苏联经

---

① 卡扎克维奇：《社会主义经济理论概论》，中国社会科学出版社 1985 年版，第 1 页。
② 古兹尼亚耶夫：《社会主义政治经济学对象问题》，人民出版社 1984 年版，第 136～137 页。
③ 古兹尼亚耶夫：《社会主义政治经济学对象问题》，人民出版社 1984 年版，第 135～136 页。
④ 斯大林：《苏联社会主义经济问题》，人民出版社 1971 年版，第 31 页。

济学家进一步拓宽社会主义基本经济规律研究的范围，对社会主义基本经济规律的物质承担者和这一规律的量的规定性问题，以及对基本经济规律在社会主义经济规律体系中的作用和地位问题都做了广泛的研究。

斯大林在提出社会主义基本经济规律理论时的一个重要前提就是，作为社会主义诸经济规律中的"基本"经济规律是决定社会主义生产发展的一切主要方面和主要过程，从而是决定社会主义生产实质的规律，50 年代后半期和 60 年代初，苏联经济学界曾有少数人对斯大林的这一理论前提提出异议，出现过否认社会主义存在"基本"经济规律的思潮。例如，恩·赫辛和列·列昂节夫等人就认为：马克思主义经典作家根本没有研究过从其他规律中分离出基本规律的问题，划分和承认基本经济规律必然会导致缩小基本经济规律作用的后果，甚至认为提出基本经济规律的目的无非是想伪造实际上并不存在的对马克思列宁主义的"理论贡献"。

这种思潮受到苏联经济学界大多数人的反对，他们认为，这一思潮的错误在于：第一，断言马克思主义经典作家没有"基本经济规律"的思想显然是错误的，马克思和恩格斯曾提到过"现代政治经济学的基本规律"、"资本主义生产的基本规律"等等；况且这里的问题也并不在于马克思主义经典作家有没有使用过"基本经济规律"这个词，问题的实质在于，他们在分析资本主义经济运动过程中，就是把剩余价值规律看做是资本主义经济规律体系中起决定性作用的"基本经济规律"。第二，社会主义基本经济规律是社会主义经济运动中的一种"客观存在"，斯大林之所以能在 50 年代初从经济规律体系中分离出"基本经济规律"，完全是由已经形成的社会主义制度的历史发展所证明的客观事实。经过这次论战，否认社会主义存在基本经济规律的思潮就销声匿迹了。

在肯定社会主义存在基本经济规律的前提下，许多经济学家对斯大林关于社会主义基本经济规律的内容和性质问题做了进一步的探讨。在这一探讨过程中，虽然许多经济学家的初衷可能是"批判"斯大林理论，但实际上都只是对斯大林理论做了补充。例如，在承认社会生产的目的是"客观的"，是社会主义基本经济规律内在要素的基础上，他们主张用列宁提出的"充分保证社会全体成员的福利和使他们获得自由的全面发展"作为社会主义生产目的的表述。实际上列宁的表述和斯大林关于社会主义生产目的的表述之间并无本质区别。

值得注意的是，他们在对社会主义基本经济规律性质问题的探讨上，还是做出了一些重要的发展。其中最重要的就是提出了社会主义基本经济规律要反映社会主义基本生产关系的理论观点。

20 世纪 60 年代末，苏联许多经济学家认为，斯大林在对社会主义基本经济规律的表述中，缺少对社会主义基本生产关系的表述，而马克思关于资本主义基本经济规律——剩余价值规律的表述，却是以对资本主义基本生产关系的探讨为基础的，他们认为，基本经济规律之所以是基本经济规律，就是因为它体现了社会基本生产关系的内在联系，而社会生产关系的其他方面的内容都是在这种基本生产关系基础上形成和发展起来的。因此，在方法论上，社会主义基本经济规律只有在反映了社会主义基本生产关系的本质规定性时才是科学的。这也就是说，"在社会主义经济规律体系中起决定作用的，是表现社会主义生产关系的主要因果联系的基本经济规律"。① 苏联经济学界一般都认为，社会主义生产资料公有制是社会主义的基本生产关系。从对社会主义基本生产关系的理解出发，对社会主义基本经济规律内容才可能有更广泛的理解。有的经济学家从社会主义基本生产关系和基本经济规律的因果关系的视角提出："对经济关系实质的分析，就能做出如下的结论：即在生产资料社会主义所有制。首先是全民所有制，与由它所决定的社会生产发展方向之间存在着主要的因果关系。正如弗·伊·列宁所指出的那样，生产资料全民所有制的统治必然使生产服从于'充分保证社会全体成员的福利和自由的全面的发展'。社会主义基本经济规律表现上述联系"。②

在 70 年代，苏联一些经济学家曾对社会主义基本经济规律的物质实体，即社会主义生产目的物质化问题做过深入探讨。他们认为，探讨这一问题的重要意义在于：第一，基本经济规律是物质生产规律，所以它们的内容应该体现在整个社会产品或其中部分的生产上，例如，资本主义基本经济规律就体现在剩余价值生产上。第二，通过对社会主义基本经济规律物质实体的认识，可以使人们更好地把握社会生产发展和经济增长的目标，以及社会生产需要加以完善的地方，使社会主义生产目的和实现这一目的手段之间达到高度的统一。第三，对社会主义基本经济规律物质实体的认识是揭示这一规律的量的规定性，是对社会主义生产及其目的做出数量估计的必要前提。

在对社会主义基本经济规律物质实体的具体探讨中，苏联经济学家提出了不同的见解。其中较有影响的有以下几种观点：（1）剩余产品论。这种观点主张把社会剩余产品看做是社会主义基本经济规律的物质实体，因为在剩余产品中不仅包括社会扩大再生产、社会后备基金、社会非生产领域需要的物质产品，而且剩余产品的增长程度同劳动者社会福利和精神需要发展之间也存在着密切的联系。（2）必要产品论。这种观点认为，必要产品和社会主义生产目的中满足社会的物质和精神需要的物质内容是一致的。（3）国民收入论。这种观点认为，国民收入

---

① 阿·鲁缅采夫主编：《政治经济学教科书》下册，第 54 页。

② 阿·鲁缅采夫：《现代社会学问题》，引自《社会主义基本生产关系和基本经济规律》，辽宁人民出版社 1984 年版，第 93 页。

既是满足全体人民不断增长的物质和文化需要，也是不断扩大和完善社会生产的源泉。因此，国民收入实物量的增长集中体现了统一于社会主义基本经济规律中的社会主义目的和手段的本质规定性。（4）社会总产品论。这种观点认为，在社会主义经济中，社会对生产资料的占有决定了社会对全部生产品的支配权，因此，反映社会主义基本经济规律物质规定的不应该是只同社会总产品中的某一部分（如剩余产品）或某些部分（如国民收入）相联系的社会产品，而应该是同社会的全部产品相联系的，或者是表现为符合社会需要的社会产品。实际上，以上这些观点都只从某一个侧面反映了社会主义基本经济规律的物质化内容的局部规定性，都有偏颇之处。尽管如此，这些探讨还是开阔了人们对社会主义基本经济规律物质化理论研究的视野，从而为这一理论的发展和完善奠定了重要的基础。

三、科学技术进步的社会主义生产关系的意义

20 世纪 70 年代初，科学技术进步对经济社会的发展、对社会生产关系变化的影响日益显著，各种与新科学技术进步相联系的经济学理论观点活跃于苏联和东欧国家的经济学界。到 70 年代中后期，对科学技术进步的马克思主义经济学的研究，已经出现了重要的进展。这些研究，与当时关于资本主义科学技术进步与垄断资本关系的探讨一起，成为这一时期马克思主义经济学研究的重要课题。

加托夫斯基在 1974 年出版的《科学技术进步和发达社会主义经济》和 1977 年出版的《发达社会主义社会的经济》等著述中，对科学技术进步对社会主义经济社会发展、社会主义生产关系发展意义的问题做了探索，成为那一时期马克思主义经济学对这一重要课题研究的显著成果。

首先，加托夫斯基对社会主义科学、技术和经济相统一的问题做了论述。在《科学技术进步和发达社会主义经济》一书中，加托夫斯基做出了"科学、技术和经济有计划的统一，是现阶段社会主义政治经济学综合性的根本问题之一"的判断。[①] 这是加托夫斯基关于科学技术进步的社会主义生产关系意义问题研究的核心观点。

科学、技术和经济相统一的观点，是以马克思主义关于生产力和生产关系相互作用的基本原理为方法论基础的。加托夫斯基认为，"现代生产力的发展表现为科学技术进步及其最高形式——科学技术革命。这是科学日益变成为直接的生产力。科学、技术和经济的统一同时也具备了新的特点——它反映了科学与生产

---

① 加托夫斯基：《社会主义政治经济学发展问题》，上海译文出版社 1985 年版，第 203 页。

相结合的深刻过程。"① 在科学、技术和经济的关系中，特别要关注科学和技术对经济的"新的主导作用"，即"科学和技术研制将一起成为直接的生产力；他们成为创造和应用新技术的统一过程中必不可少的环节。"应用科学是生产力主要体现在两个方面：一方面应用科学"所创造的只是（科学和技术决策）是通过教育和提高技能来直接掌握的，是工作者在新技术的研制、生产和应用中加以利用的"；另一方面"科学技术知识体现在生产的物的要素、劳动手段和劳动对象以及工艺的更新和变革之中"。在这一意义上，加托夫斯基进一步认为："在技术研制和生产中掌握和利用新知识的统一过程表明，教育（就其在生产中的运用来说）实际上也是一种生产力。"②

科学、技术和经济相统一的观点，也是建立在辩证唯物主义基础之上的。对于科学、技术和经济的辩证关系，加托夫斯基从以下三个相互联系的方面做了说明：一是生产力和生产中人的因素与物的因素的统一和积极结合。在这一方面，"科学与生产相结合是以实现科学成就的形式，通过完善生产力中人的因素和物的因素，并使其更有效的结合来进行的。"二是生产力同它的直接生产经济效果的一致性。在这一方面，生产力、科学技术发展过程以及技术和工艺的创新是取得社会主义经济效果的必要手段，这所讲的经济效果是指提高总的劳动生产率和增加产品及服务的数量和质量。三是生产力和科学技术进步能够起到物质技术基础的作用。这一基础有助于实现提高福利和社会全体人员全面发展、逐步保证物质财富极大丰富并使其继续增长的社会主义社会经济任务，同时也有助于完善社会主义生产关系。③ 在这一意义上，加托夫斯基认为：科学、技术和经济相统一的问题，"直接关系到社会主义政治经济学范畴的整个体系"。④

其次，加托夫斯基对科学技术进步的社会主义社会经济性质问题做了论述。在《发达社会主义社会的经济》一书中，加托夫斯基对社会主义制度下科学技术进步的社会经济性质问题的认识，突出了社会主义物质技术基础及其职能过程的重要意义。

社会主义物质技术基础本身，一方面是已经实现的科学技术进步的结果，是科学技术转化为现实生产力在物质技术上的体现；另一方面又为以后进一步实现科学技术进步提供了资源和潜能，是新的科学技术进步的基础。在这一意义上，加托夫斯基认为："科学技术进步给社会主义物质技术基础带来不断的质量和数量的变化，同时又表现了物质技术基础的发展。物质技术基础通过即时进步影响

---

①④　加托夫斯基：《社会主义政治经济学发展问题》，上海译文出版社 1985 年版，第 203 页。

②　参见加托夫斯基：《社会主义政治经济学发展问题》，上海译文出版社 1985 年版，第 205 页。

③　参见加托夫斯基：《社会主义政治经济学发展问题》，上海译文出版社 1985 年版，第 207～208 页。

经济，影响社会主义生产关系，影响这种关系逐步成长为共产主义生产关系。"①

社会主义物质技术基础职能的发挥突出地表现在三个方面：一是生产力的物的因素和人的因素在以公有制为基础的生产过程中的结合，决定着物质技术基础的技术水平和社会性质；二是发挥物质技术基础的职能，导致在新的技术成就基础上取得一定的经济结果。衡量经济结果的指标包括：新技术和在利用新技术生产的新产品，在生产和应用的规模与结构上的变化，依靠科学技术进步导致的劳动力、材料、固定基金、有效的投资等生产成本上的节约，国民收入的相应的增长状况等。这些指标是以更加充分地满足社会主义社会的需要为目的的。三是社会主义生产关系的发展是社会主义物质技术基础发挥职能的最终结果，它在有关的社会经济指标如改善劳动条件，保护改善自然环境上得到体现。这些说明，物质技术基础发挥职能过程，能够实现生产范围内物的因素和人的因素的统一，能够实现社会主义经济的最高目的而利用生产力的技术效果指标和生产的经济效果指标的统一，能够实现生产力与社会主义生产关系整个体系发展的统一。② 加托夫斯基以这些论述来印证 1976 年召开的苏共第二十五次代表大会提出的一个结论的正确性。这一结论就是：只有在社会主义条件下，科学技术革命才能具有符合人和社会利益的正确方向。而且，也只有在科学技术加速发展的基础上，社会主义的最终任务——建立共产主义社会——才能得到解决。③

最后，加托夫斯基对科学技术革命条件下的社会主义综合体问题做了论述。在《发达社会主义社会的经济》一书中，加托夫斯基提出了新的科学技术革命条件下社会主义经济关系中形成的"科学—技术—生产—消费"综合体的问题。实际上，加托夫斯基把这一综合体看做是科学技术革命和社会主义经济关系有机结合"科学生产周期"的形式。

加托夫斯基认为，科学技术逐步使得科学转化为直接生产力的过程，为在社会主义经济中形成和发展一种"科学生产周期"的综合体具有必然性和可能性，这种综合体就是把科学研究、技术研制、新技术的生产和新技术的生产性应用有机地结合起来，它可以表述为："科学（研究）—技术（技术研制）—生产（新技术的生产）—消费（新技术的生产性应用）"。在社会主义扩大再生产过程及其生产、分配、交换、消费各个阶段环节上，"科学—技术—生产—消费"的周期开始占有主导地位。"周期诸环节及其与国民经济之间的经济关系，既在生产领域内部，也在科学技术进步对非生产性最终消费发生影响的过程中得到实现。"

① 加托夫斯基：《社会主义政治经济学发展问题》，上海译文出版社 1985 年版，第 214 页。

② 加托夫斯基：《社会主义政治经济学发展问题》，上海译文出版社 1985 年版，第 214~215 页。

③ 加托夫斯基：《社会主义政治经济学发展问题》，上海译文出版社 1985 年版，第 220 页。

在加托夫斯基看来，"科学—技术—生产—消费"的综合体的前一个环节对后一个环节起着"主导作用"和"领先作用"，有着"出发点"和发展"方向"的作用。在社会主义经济中，应用科学的发展首先是由它利用基础科学结论的多少来决定；技术研制的进步取决于应用科学成就在技术研制中的实现；生产的完善又同科学技术研制的创新和效率直接有关。[①]

在"科学—技术—生产—消费"综合体作用过程的分析中，加托夫斯基提到，社会主义基本经济规律决定综合体职能的发挥和综合体的发展要服从于国民经济整体利益；国民经济、部门、工业联合公司和企业四个层级和多边经济关系对综合体的作用产生重要的影响，如与多边经济关系相联系的就有生产费用和经营结果、价格形成、成本变动、利润、新技术效果、投资回收率、资源保障、物质刺激制度、定额和劳动报酬，等等。这些分析证明了加托夫斯基一再强调的观点："科学不仅在生产中得到运用，科学研究和技术研制（结构设计的、工艺的和实验室的研制）也正在变为生产上的客观需要的统一的科学生产周期的因素。"[②]

① 加托夫斯基：《社会主义政治经济学发展问题》，上海译文出版社 1985 年版，第 239 页。
② 加托夫斯基：《社会主义政治经济学发展问题》，上海译文出版社 1985 年版，第 233 页。

第八章

西方学者关于社会主义经济
理论的探讨

20 世纪 60 年代初以后，社会主义政治经济学的一些基本理论，成为西方国家马克思主义经济学家探讨的重要论题。这一理论取向的出现是有其深刻的原因的，其中最主要的原因就是当时国际共产主义运动论战中关于社会主义经济关系问题上存在着严重的分歧，推动西方国家马克思主义经济学家做出新的、独立的思考。理论上新的思考，往往根源于实践的新发展；这一时期，西方马克思主义经济学家对社会主义政治经济学理论的思考，基本上都是围绕着中国、苏联等社会主义国家面临的现实经济问题展开的。同时，理论上的新的思考，也可能超越既有的实践发展水平，对这一实践的未来走势做出前瞻性的论述。因此，这一时期，西方国家马克思主义经济学家在对社会主义经济理论的探讨中，已经提及后来社会主义国家经济体制改革中遇到的一些重要论题。

第一节　关于社会主义过渡经济的争论

西方国家的马克思主义经济学研究者对社会主义经济问题的探索，经常涉及现存的资本主义的变化及其向社会主义过渡的关系问题。因此，关于社会主义过渡经济的争论，首先引出的往往是变化中的资本主义和向社会主义经济过渡的关系问题。

一、资本主义的变化及其向社会主义经济的过渡

20 世纪 50 年代末，西方一些最有影响的马克思主义经济学家，曾就当代资本主义命运及其向社会主义过渡问题做过专门的讨论。这次讨论起始于日本经济学家都留重人 1958 年撰写的《资本主义已经发生变化了吗?》的英文摘要（这

场讨论结束，都留重人才用英文发表了经过改写的《资本主义已经发生变化了吗?》一文）。

以对"对资本主义思考"为题，都留重人提出了五个问题，其中引起人们注意的主要的是第 2 和第 5 个问题，即"怎样才能最好地确定资本主义的不同特征，特别是这些特征在经济同社会主义有什么区别?"和"资本主义的命运如何? 它怎么才能逐步地转变为社会主义?"都留重人对这两个问题做了问答。

在对前一个问题的回答中，都留重人认为，在经济上区分资本主义和社会主义的最有效的方式，就是区分"剩余"所采取的不同的"制度形式"。他指出，任何社会在总的生产率发展到一定阶段时，都有生产剩余的潜力。对这种剩余可以从两个方面考察：一是从"技术上"，或者从"生产力"方面加以考察，二是从"制度方面"加以考察。前一方面的考察与社会经济制度性质是无关的，后一方面的考察则与经济组织的特定形式有着不可分割的联系。"例如，在封建制度下，剩余由封建统治阶级占有，并以一种特殊的方式加以处置，在资本主义，剩余采取了由资本家阶级占有的'剩余价值'形式，它以一种具有资本主义制度特征的方法被处置……在社会主义，剩余采取了社会基金的形式，在一定的技术条件的限度内，剩余的规模是社会控制的对象，直接取决于集中计划的投资规模"。[1]

在对后一个问题的回答中，都留重人强调，在资本主义的发展中，只要改变剩余的"制度形式"，资本主义就能"逐步地"转变为社会主义。他认为，剩余是一种"流量"，而不是一种"存量"；改变"流量"的"制度形式"比改变"存量"的"制度形式"，在战略中要容易得多，比提出改变生产资料所有制问题也要好办得多。因此，如果"把我们的注意力集中在剩余形式上，我们就能够以一种渐进的和灵活的方式使我们的社会变得更好一些"[2]。

对都留重人的观点，西方一些马克思主义经济学研究者立即做出反应。英国工党理论家约翰·斯特雷奇赞成都留重人的观点。但是，他强调："如果没有强大的国家机器，如果不依靠国家对国民收入再分配的能力，不靠它来推动经济活动，对经济进行投资、调节和控制，就不可能根本地修改资本主义制度，更不用说从根本上改变这一制度了"。他认为，当代资本主义国家不再是马克思在 100 年前所说的"资产阶级的执行委员会"了，完全有理由认为，在当代资本主义，"工资收入者能够根据自身的利益使用国家机器，最终就有可能打开渐进的改变

---

① Shigeto Tsurued, Has Capitalism Changed? Iwanami Shoten, 1967, pp. 210 – 211.

② Shigeto Tsurued, Has Capitalism Changed? Iwanami Shoten, 1967, pp. 221 – 222.

成熟资本主义的道路"[1]。斯特雷奇的理论是 50 年代西欧"渐进的社会主义"理论的典型代表。他对马克思主义国家理论的"修正",反映了他对第二次世界大战后资本主义国家经济职能实质理解上的一种困惑。这证明,马克思在 19 世纪 50 年代末提出的把"国家"纳入资本主义政治经济学理论体系构想的必要性。对资产阶级国家的政治经济学考察,是第二次世界大战后马克思主义政治经济学理论发展面临的重要课题。

保罗·斯威齐对理解资本主义是否发生变化问题上的两种错误观点做了批判。一是所谓"技术创新论"。斯威齐认为,垄断资本主义是以增强而不是削弱现有垄断地位的方式来规定技术创新的运用范围的。因此技术创新本身"远非是资本主义的救星,而只能证明是资本主义挖墓人的救星"[2]。二是所谓的"收入革命论"。他认为,第二次世界大战后资本主义国家在收入分配上确实发生了一定程度的变化,"但是,这些变化并不大,肯定不足以影响资本主义制度的职能结构"[3]。

针对都留重人的观点,斯威齐指出:"我本人并不相信长期的和逐渐的过渡具有可能性,这当然不意味着我相信在先进资本主义国家运用暴力革命的方式推翻资本主义才是可能的或合乎要求的"。他认为,一个通过选举获得政权并打算实行社会主义纲领的政党,不论是采用都留重人提出的"剩余流量社会化"的方法,还是采用"较陈旧的生产资料存量社会化"的方法,都将不可避免地遇到资本家阶级的反抗;资本家阶级将迫使该党放弃社会主义纲领,或者迫使它迅速地接受资本家阶级在经济"所有权"上的控制。他认为,在选举中获胜的社会主义政党,要和平地、合法地过渡到社会主义,首先必须对资本家的挑战有充分的准备,其次必须从人民那里得到实行社会主义,而不是进行资本主义改革的"明确的委托"[4]。显然,斯威齐有保留地接受了都留重人的观点。

莫里斯·多布认为,在对资本主义命运的理解中,流传着两种错误的观点:一种是否认当代资本主义有任何重要变化的观点;一种是夸大当代资本主义和 20 世纪初资本主义之间的差别的观点,这种观点认为资本主义已进入了一个受极不相同的规律和趋势制约的"极新的阶段",甚至认为它不再是"传统意义上"的资本主义,而所谓"经理社会"、"福利国家"和"人民资本主义"。针对这些错误的观点,多布指出:"最近几十年,资本主义在某些方面已经发生了变

---

① Shigeto Tsurued, Has Capitalism Changed? Iwanami Shoten, 1967, pp. 80 ~ 82.

② Shigeto Tsurued, Has Capitalism Changed? Iwanami Shoten, 1967, pp. 85 - 86.

③ Shigeto Tsurued, Has Capitalism Changed? Iwanami Shoten, 1967, pp. 87.

④ Shigeto Tsurued, Has Capitalism Changed? Iwanami Shoten, 1967, P. 91.

化，因此，资本主义的规律和趋势的作用也有了一定的变动"。对此，人们自然可以做出："自由的和非教条的"探讨。他认为，当代资本主义的变动主要表现在三个方面。

第一，当代资本主义国家对经济干预作用的变化。他认为，第二次世界大战后垄断资本主义的重要的发展并不在于国家的"经济干预"，因为这在两次大战之前就已大量存在，也不在于国家对生产的直接控制（如实行"国有化"等等措施），"重要的发展在于国家支出的规模在对市场，特别是对资本品（马克思所说的第Ⅰ部类产品）所产生的影响。"他认为，"巨大的国家支出，使国家比以前具有更大的可能性来影响市场过程，起到了抵销私人需求波动的作用"。

第二，生产力上的变化，即由新的技术革命所带来的一些变化。他认为，许多人低估了技术革命对过去20年资本主义发展的影响，因为这些人拘泥于"垄断的增长将阻碍技术进步"的成见，多布引用列宁在《帝国主义是资本主义的最高阶段》中的论述证明，垄断资本主义还有使"社会生产"比以前更为迅速增长的一面。

第三，大企业金融关系上的变化，这主要是指，大公司用作积累准备金的新的投资所采取的"内部金融"的形式，在资本主义经济发展中的重要性日益增长；大公司的投资可以不依赖于资本市场和银行，能够更少地受到传统的金融制度的限制，更少地受到传统的货币政策的控制。

多布认为，尽管当代资本主义发生了这些重要的变动，但是，这些变动并不具有本质上的重要性，并没有理由认为资本主义进入了"新阶段"，更没有理由认为资本主义的矛盾已经日益减少，或者认为资本主义有可能在没有危机和斗争的情况下发展成社会主义。

关于资本主义命运的这场争论，多布认为，是以"非教条的"、"科学的精神"具体地研究了资本主义命运问题，并提出了许多有益的思想。自50年代这场争论之后，当代资本主义又有了许多新的变化。在这种情况下，资本主义历史命运问题更是当代马克思主义经济学所亟待探讨的重要课题。

二、关于社会主义经济关系的基本特征问题

面对当时苏联和东欧等国家社会经济关系变化的现实，西方的一些马克思主义经济学家对社会主义经济关系的基本性质问题做出了新的思考。例如，1971年，保罗·斯威齐在一次关于向社会主义过渡问题的国际讨论会上提出：尽管所有的马克思主义者都普遍地认为，社会主义不过是资本主义通向共产主义旅程的一个"中途站"；同时也都认为，从资本主义主义到共产主义两者之间，"相隔

不是几年或甚至几十年，而是一整个历史时期，或许还不止一个历史时期。"但是，在马克思主义者中间，在什么是社会主义目标的问题上，并没有形成普遍一致的意见，即如斯威齐指出的："在此期间，必须有一个具体的目标，这个目标是一个开始从资本主义走向共产主义的社会所能够指望达到的，也能够决定它的政策方向，还可以根据这个目标来衡量这个社会究竟是前进了还是倒退了。我们把这个目标叫做社会主义，可是在这点上人们却有了不同的看法。"① 这就是说，在社会主义目标上的意见分歧，主要表现在社会发展的最终取向、具体实施的政策及其导向和检验社会前进或倒退的标准这三个方面。应该说，斯威齐本人对这三个方面的问题并没做出正面的回答，他只是笼统地提出了社会主义的一般特征的问题。

在斯威齐看来，社会主义的先决条件就是政权必须从资产阶级转到无产阶级和农民手中，这不仅指政府机关的领导职位必须由工人阶级的代表来担任，而且国家机器、首先是它的军队应当成为群众代表所掌握的忠实可靠的工具。除此之外，社会主义还有一系列重要的特点。但是，一些马克思主义者却把其他的特点仅仅归结为"决定性的生产资料归国家所有"和"全面的经济计划"这两个方面。斯威齐认为，"这实际上是毫无道理的"，因为只坚持这两个方面的特点并不能保证社会主义目标的实现。

根据斯威齐的理解，社会主义的特点还应该包括以下一些主要方面：第一，"平等主义"是社会主义社会的最基本的原则。斯威齐强调，这里所说的"平等主义"绝不只指纯粹物质意义上的即收入上的平均，这只是"平等"的一种表面形式；而是指更深层管理生产资料上的"平等"，因为"造成资本主义不平等的根源不光是在于工人不占有生产资料这样一种情况，而且也在于工人缺乏管理生产资料所必需的知识。"第二，正如工人应当参加管理一样，管理人员也应当参加劳动。第三，所有的生产者必须有参加讨论和进行批评的充分自由。第四，农业必须同工业相结合，即一方面利用现代技术使工业生产分散化，从而使越来越多的人能够在一个提供各种各样工作的健康的环境里工作；另一方面把庞大臃肿的大城市分小并加以疏散。第五，不应当把劳动看成是获得收入和消费品的手段，而应当把它看成是人生最重要的创造性的活动。第六，为达到以上这些目的，决定性的手段就是彻底消灭那种以获得和花费货币收入的方式进行分配的制度，逐步建立起按需分配的制度。② 显然，斯威齐对社会主义特点的理解瑕瑜互见，其中既包含有对社会主义社会人的全面发展的合理的设想，又包含有对社会

---

① 斯威齐、贝特兰：《论向社会主义过渡》，商务印书馆 1975 年版，第 167 页。
② 斯威齐、贝特兰：《论向社会主义过渡》，商务印书馆 1975 年版，第 179～182 页。

主义现代化和城市化关系的简单化的思考、对社会主义特点理解上的"空想"的色彩。

三、社会主义经济中的计划与市场关系问题

这一时期，西方马克思主义经济学家在对社会主义政治经济学理论的探讨中，还极为敏锐地提出了社会主义经济中市场的地位，以及计划与市场关系的问题。做出这一探讨的最著名的学者就是当时颇具声望的法国马克思主义经济学家夏尔·贝特兰。

关于社会主义经济中计划和市场关系的问题，贝特兰在 1968 年出版的《经济计算和所有制的形式》一书中已有所涉及；同一年，针对斯威齐对这一问题的不同理解，贝特兰又写了专门的论文，进一步阐述了自己对这一问题的基本观点。

斯威齐在一篇论文中曾经提到："'市场社会主义'一词本身是自相矛盾的，因为市场是资本主义社会的中心机构，而社会主义则是一种以有意识的管理来代替无意识的、盲目性的社会……它所指的现象也是自相矛盾的。恰恰是这一内在的矛盾在迫使市场社会主义社会走向资本主义。"他由此得出的"论点"就是："那些在行动上是加强市场，而不是与市场进行斗争的人，不管他们的动机如何，都是在发展资本主义而不是在发展社会主义。"[①] 应该说，斯威齐提出的这些看法是当时马克思主义经济学研究中的一种主流观点。

在题为《论资本主义和社会主义之间的过渡》的论文中，贝特兰对斯威齐的以上"论点"，同时也对马克思主义经济学研究中的主流观点提出了异议。

首先，贝特兰指出，斯威齐所认为的资本主义复辟的倾向"起源"于市场所起的作用的观点是"不正确的"，因为市场在其中所起的作用只是一种"次要的事实"，而不是什么"决定性的因素"；在贝特兰看来，"使社会主义具有不同于资本主义的特征的，不是……市场关系、货币和价格等的存在与否，而是无产阶级的统治地位、无产阶级专政的存在与否。"[②]

其次，贝特兰认为，在社会主义经济关系中，市场关系只有通过"采取与具体情况和场合相适应的具体措施来逐步加以消灭，不能通过'法令'或'公告'来实现市场关系的消灭。"针对当时流行的社会主义经济必须取消市场关系的观点，贝特兰强调指出：那些"直接"和"立即"取消市场关系的想法，是与

---

① 斯威齐、贝特兰：《论向社会主义过渡》，商务印书馆 1975 年版，第 6、10~11 页。

② 斯威齐、贝特兰：《论向社会主义过渡》，商务印书馆 1975 年版，第 24 页。

"直接取消" 国家一样是一种乌托邦式的、危险的想法，并且它们在性质上也是相似的："它完全无视构成社会主义建设时期的过渡时期的具体特点（即具体矛盾）。"① 贝特兰的这一论述，无疑是对当时的主流观点的一种挑战。

最后，贝特兰认为，市场和计划之间的矛盾将存在于从资本主义到共产主义的整个过渡时期。在这里，必须正确认识和理解市场和计划的矛盾在社会主义诸矛盾中的地位。在贝特兰看来，社会主义经济中必然存在的市场和计划之间的矛盾，是由 "一个更深刻的矛盾，即过渡形式的基本矛盾所引起的表面结果，而过渡形式的基本矛盾显然是存在于生产关系和生产力这一级的"。贝特兰并不否认市场和计划这一 "表面矛盾" 可能变为 "主要矛盾"；但是，即使在这种情况下，"如果不联系生产关系和生产力的结构来看，也是无法正确加以处理的。"② 在这一点上，贝特兰多少已经意识到：脱离生产力和生产关系这一基本矛盾，把市场因素或市场和计划矛盾发展的程度，当做判断社会主义性质的标准是不正确的。

后来，在题为《再谈过渡社会》的论文中，贝特兰还专门就 "计划和市场" 问题做了论述。在这一论述中，贝特兰对一个他认为是 "绝对重要的" 论点做了周详的说明，这一论点就是："把 '计划' 同社会主义等同起来，把 '市场' 同资本主义等同起来……，有助于资产阶级……在 '计划' 的掩盖下进行统治，假 '计划' 之名取消被剥削阶级的一切发言权，借助于 '计划' 就能够进一步增多其对群众的剥削。"③

贝特兰的这一 "绝对重要的" 论点，涉及两个主要方面的问题：一是贝特兰认为的计划或经济计划只是实现社会主义经济关系的 "一种手段"。在这一意义上，可以认为："向社会主义的进展，根本上不外是直接生产者愈来愈能支配他们的生存条件，因此首先也是愈来愈能支配他们的生产手段和产品。这种支配只能是集体的，而所谓 '经济计划' 则是这种支配的一种手段，但仅仅是在特定的政治条件下，因为如果没有这种条件，'计划' 就只是统治阶级……所使用的一种特殊方法，以便保证它自己对生产手段和当前产品的支配。" 在这里，重要的是把握对生存条件、生产手段和劳动产品的支配；这种支配的 "集体" 性质，才是社会主义经济关系的根本性质所在，同时也构成了社会主义政治条件的基础；在这里，经济计划只是实现社会主义经济关系根本性质的一种手段；而且这种手段能否真正有效地实现社会主义经济关系，还取决于社会主义政治条件的巩固和

　　① 斯威齐、贝特兰：《论向社会主义过渡》，商务印书馆 1975 年版，第 25 页。

　　② 斯威齐、贝特兰：《论向社会主义过渡》，商务印书馆 1975 年版，第 24 页。

　　③ 斯威齐、贝特兰：《论向社会主义过渡》，商务印书馆 1975 年版，第 54 页。

发展的程度。这就是说，"只有在一定的社会、政治和思想条件下，计划才是生产者支配其生产条件和产品的工具。"① 二是计划或计划工作并不是社会主义经济专有的"手段"，资本主义经济同样可以利用计划手段。据此，贝特兰提出了马克思主义经济学中"很久以来没有看到"的命题，即"资产阶级的'计划'和'计划工作'是可能的，正如无产阶级的或社会主义的计划和计划工作是可能的一样。"当然，资产阶级的所谓的"计划工作"是资产阶级政治的"工具"。②

　　在对这一"绝对重要的"论点的论述中，贝特兰只对计划手段做了这样两个方面的分析，并没有对与此相对应的市场手段做出类似的分析；因此，贝特兰只是富有理论勇气地探讨了不能把计划、计划手段等同于社会主义的问题；而没有进一步相应地得出同样不能把市场、市场手段等同于资本主义的结论。但是，不管怎样，在对社会主义经济中的计划和市场关系问题的探讨中，贝特兰毕竟走出了极有意义的一步。

四、关于社会主义经济中价值规律作用的争论

　　20 世纪 60 年代以后，西方的许多马克思主义经济学家还对社会主义经济中价值规律作用的问题做出过探讨。

　　1962 年，在论及古巴所选择的社会主义道路问题时，卡斯特罗曾指出："要把所有的大工业商业收归国有，把基本生产资料国有化并使其转化为社会所有，以及以我们的力量和我们得到的国际援助所允许的最大速度有计划地发展我国经济"③。像当时其他的社会主义国家一样，古巴在"有计划地发展"社会主义经济的过程中，也遇到了怎样正确理解和处理社会主义计划和价值规律的关系问题。1963～1964 年，古巴国内就这一问题展开了热烈的、公开的和平等的争论，一些关注古巴革命的西方国家的欧洲马克思主义经济学家也加入这一争论。

　　1963 年，在古巴社会主义建设开始时，当时任古巴外贸部长的马·阿·莫拉对价值规律在社会主义经济中的作用提出了以下三个方面的见解：（1）价值是有限的可利用的资源和人们不断增长的欲望之间的关系。（2）在社会主义经济中，价值规律并没有消失，这一规律在社会主义计划中获得了具体的形式，"正确地说，计划当局的有意识的决策过程中，价值最充分地显示了它作为经济尺度和作为生产调节者的作用"。因此，他认为，计划和价值规律之间绝不存在矛盾，

① 斯威齐、贝特兰：《论向社会主义过渡》，商务印书馆 1975 年版，第 46、55 页。
② 斯威齐、贝特兰：《论向社会主义过渡》，商务印书馆 1975 年版，第 54 页。
③ 《卡斯特罗言论集》第 2 册，人民出版社 1963 年版，第 266 页。

价值规律正是在计划经济中才得到"最充分"的表现。（3）即使在实现国家所有制的生产部门内，价值规律仍然起着作用。另一方面，他也承认计划经济中还存在着由政治、军事和社会秩序决定的超经济的准则。[1] 在 60 年代初，莫拉的这些观点是对当时社会主义"正统"理论的大胆挑战。

当时，关注着古巴社会主义革命的法国马克思主义经济学家查尔斯·贝特兰，也认为价值规律在古巴社会主义经济发展中还起着重要的作用。他在《社会主义计划的形式、方法和生产力水平》一文中认为，价值规律之所以在社会主义经济中还起着作用，是因为社会主义国家生产力水平还十分低，社会也不可能充分地了解社会需求状况。这时，价值、价格还起着重要的作用。在商品的价格形式上，不仅反映了不同产品的社会成本，而且还表现了产品供给和需求的比例。他还批驳了那种认为社会主义国有企业之间交换的产品不是商品，因而不受价值规律制约的观点。[2]

针对莫拉和贝特兰的理论，当时任古巴工业部长的埃·切·格瓦拉做了反驳。首先，他认为，莫拉对马克思价值定义的理解是错误的，马克思不是把价值定义为需要和资源之间的关系，而是定义为抽象劳动。其次，他坚持认为，在国有企业中，产品并不是商品；这些企业之间的产品交换也不是商品交换。而且，由于社会主义计划经济中运用了"控制价格"，价值规律的作用已发生了"变形"[3]。再次，他认为，在本质上，计划同价值规律是相对立的，价值规律作为一个盲目的规律决定了个人的命运，形成了使人的意愿和意识无法被理解的异化秩序。他认为，社会主义经济中的计划，并不只是一种技术上的规划，而是人们统治环境和利用群众创造能力的必要形式，是打破异化锁链的重要方式。他把计划概念同废除异化和产生共产主义"新人"的概念紧密地联系在一起。[4] 当然，格瓦拉也不否认，在社会主义整个阶段，商品范畴和价值规律仍然"残存"着。但他强调，计划原则和价值规律之间存在着本质矛盾，这种矛盾必须通过废除商品社会"残余"才能加以解决。因此，他认为，苏联《政治经济学教科书》中主张在共产主义建设阶段"发展和利用价值规律和商品货币关系"是错误的。在他看来，根本不是"发展"价值规律的问题，相反应该是"尽最大努力地清除这些旧的范畴"。他认为，资本主义经济"残余"的废除并不是生产力发展的"自发"的结果，而是通过人的有意识的干预和运用社会主义计划方式的结果。[5]

---

[1]　参见莫拉：《关于价值规律在今日古巴经济中的作用问题》，载于古巴《对外贸易》1963 年 6 月号。
[2]　参见《社会主义古巴》1964 年 4 月第 32 期。
[3]　格瓦拉：《论价值概念：对某些说法的回答》，载于古巴《我们的工业》1963 年 10 月第 2 期。
[4]　Che：Selected. Writings，MIT Press，1970，P. 128，162.
[5]　Che：Selected. Writings，MIT Press，1970，pp. 122 - 129.

　　无论是莫拉、贝特兰，还是格瓦拉的观点，都和社会主义政治经济学理论发展中关于价值规律问题的长期争论有着直接的联系。但是，他们又从古巴社会主义建设实践出发，做了一些重要的修正和补充。莫拉实质上试图"修正"马克思主义政治经济理论中"价值"范畴的内涵；他试图从"经济尺度"这一纯粹技术的角度，说明价值规律在社会主义计划经济中的作用。在这一点上，格瓦拉对莫拉的反驳显然是正确的。但同时也应该看到，莫拉已清楚地看到了价值规律和计划在社会主义经济中具有统一性，他认定国有企业的产品也是商品，仍然通行价值规律的观点是理论上的一个突破。

　　贝特兰主要从生产力发展水平的角度，阐明社会主义经济中价值规律存在的客观必然性，实际上，他已认识到，发展中国家在社会主义经济发展过程中必须把价值规律作为发展生产力的有力杠杆。他的观点，对当时社会主义政治经济学研究中不重视生产力研究的"主流"观点，以及过高地估价社会主义实际生产力发展水平的错误观点，都是有力的批评。然而，贝特兰还没有认识到，价值规律是商品经济的基本规律，一旦承认价值规律在社会主义经济中具有"合法"的地位，那么，商品经济也就不应该是社会主义经济的"异己"了。

　　格瓦拉则把当时占"正统"地位的价值规律和计划对立的观点推到了顶峰。他的全部理论实际上是从两个既定的前提出发的：一是断定价值规律只是在私有制条件下发生作用的商品经济规律，因此，在社会主义经济中发展和利用价值规律，也就成了维护私有制经济的同义语。二是断定计划经济同商品经济是相对立的，因此，在计划经济中就不可能利用价值规律，而利用价值规律也就等于否定社会主义计划经济。格瓦拉的观点已被实践证明是错误的。

　　古巴社会主义经济建设伊始发生的这一理论争论，从一个侧面反映了马克思主义者在探讨社会主义计划经济和商品经济统一性理论中所走过的曲折之路；同时，它也生动地表明，探寻社会主义计划经济和商品经济的关系，是各社会主义国家马克思主义者长期共同关注的一个重要理论问题。

　　在关于社会主义经济中价值规律作用问题的探讨，有的是纯粹理论上的研究。例如，1966年，法国学者莫里斯·戈特利尔在《经济中的合理性与非合理性》一书中，就曾从理论逻辑的推导上，提出在价值理论基础上建立一种"社会主义发展模式"的构想。他认为："假如资本主义制度是建立在一种占有剩余产品的特殊结构基础上的，那么，就有可能建立一种主观上设想的、占有结构上不同的社会主义经济。因此我们所要实现的经济模式尽管不同，但都是建立在价值理论基础之上的。"[1] 尽管这之后还出现过一些与戈特利尔相类似的论点，但都

---

　　[1]　Maurice Godelier, Rationalité et irrationalité en économie, Paris, Éd. Maspéro, 1966, P. 148.

没有能做出什么令人信服的、突破性的论述。

当时，认为社会主义经济中价值规律依然起作用的理论，还时时受到持相反见解的、并占主流地位的理论家们的批驳。例如，针对戈特利尔的观点，埃内斯特·曼德尔就做了反驳。他认为，戈特利尔的观点与马克思的价值理论是格格不入的，"在马克思看来，一切社会共同具有的劳动时间的经济，并不等同于一种受价值规律支配的经济；后者仅仅是前者的一种特殊形式。价值规律只对这样一种社会适用：在这种社会中，个体所有者交换其劳动产品，正由于这一点，产品采取商品的形式（在这种社会中，生产商品所需要的社会劳动量，不是由联合起来的生产者事先确定的，而只是由市场规律事后所确定的）。认为社会主义条件下价值理论仍然有效的观点，是对商品的价值本质的一种曲解。"[①]

在对这一问题的理解上，同样涉及社会主义经济与商品经济的关系、社会主义经济中的计划与市场的关系问题。因此，曼德尔进一步提到："事实上，商品生产在前资本主义生产中就已经存在，并且在资本主义向社会主义的整个过渡阶段也还继续存在。当然，它只是作为资本主义的一种残余形式、作为还没有完全转变的上一社会的残渣形式存在，它是与社会主义经济的有计划特征相矛盾的。建设社会主义社会的过程，实际上正是商品生产衰退的过程。企图在价值理论的基础上创立社会主义经济模式，就同马克思在《哥达纲领批判》中所批判的企图在资产阶级权利的基础上建立社会主义权利同样荒唐。"[②]

应该看到，曼得尔的这种理论观点，不仅是当时西方国家马克思主义经济学研究中的主流观点，而且即使在当时开始寻求改革的一些社会主义国家中，它也是马克思主义经济学研究领域的一种流行观点。同时，还应该看到，进入 20 世纪 90 年代后，西方的一些马克思主义经济学家还固守在这种带有强烈的"正统"色彩的理论观点上。

第二节　曼德尔对苏联社会主义经济性质的探讨

在西方马克思主义经济学家中，曼德尔对苏联社会主义经济性质做了专门的探讨，这一探讨主要体现在他的《马克思主义经济学理论》一书中。

[①] Ernest Mandel, The Fornation of the Economic Thoughe of Karl Marx, Monthly Review Press, 1971, p. 97.

[②] Ernest Mandel, The Fornation of the Economic Thoughe of Karl Marx, Monthly Review Press, 1971, p. 99.

一、对苏联社会主义经济性质的质疑

苏联十月革命胜利以后在向社会主义经济发展过程中，学术界存在着对苏联社会主义经济性质的不同看法。第一种看法认为，苏联的高速度的工业化类似于资本主义原始积累，反映了资本主义所固有的特点。第二种看法认为，苏联在经济发展中采取的与美国、德国、日本等一些发达国家的军事竞争形式，反映了苏联经济的资本主义性质。第三种看法认为，苏联经济是现代资本主义经济发展中完全垄断工业倾向、取消"古典的"私有制倾向、经济与国家合而为一的倾向、经济计划化倾向等的结果，因而具有资本主义经济性质。第四种看法认为，苏联经济是一种新型的、既不是资本主义也不是社会主义的经济，而是"经理们"的、官僚的、官僚集体主义的社会，是一个由"新阶级"领导的社会。曼德尔对苏联社会主义经济性质的探讨，主要是针对这四种观点展开的。

曼德尔首先对苏联经济的基本情况做了分析。他认为，只有通过分析苏联政府的经济政策从 1917 年 10 月以来经历的各个阶段，才能够看清楚苏联经济的"特有的能动性"。曼德尔认为，1917 年十月革命胜利后颁布的第一个布尔什维克政府的纲领，其关于致力于普遍建立工人对生产的控制、劳动者要学会管理并监督资本家、对银行和经济的主要垄断部门及国家重要资源实行国有化、把土地分给农民等内容，"并未意味着俄罗斯经济的社会结构发生质量上的大变化。"① 只是后来布尔什维克政府对银行、批发商业、全部工业、全部外国资产实行国有化，垄断了对外贸易，才使新的经济和社会结构建立起来。战时共产主义政策的措施"与其说是有计划发展经济的措施，还不如说是一种配给制度。"② 新经济政策的实施得到了无可否认的成功，但也遭到了反对派的反对。30 年代中期，"苏联工业还不能用现代化的农业机器装备集体化的农业企业。此外，旗帜集体化遇到了大多数农民的顽固的反抗。……于是，政府不得不重新退却。"一直到 50 年代初，苏联经济的特使结构具有了五大特点："a）工业，批发商业和大部分零售商业，以及对外贸易，银行和运输事业的整个体系都国有化了。实际上，全部机械的生产工具和交换工具都是国家的财产（只有卡车是集体农庄的财产）。b）农业中一个较小的部门也国有化了（国营农场）。c）大部分农业企业是生产合作社，合作社的土地是国有化了，但收益则无限期地归集体农庄所有。集体农庄的劳动工具和牲口是合作社的财产。但拖拉机和农业机器则系国家的财产，由

① 曼德尔:《马克思主义经济学理论》，商务印书馆 1979 年版，第 185 页。
② 曼德尔:《马克思主义经济学理论》，商务印书馆 1979 年版，第 186 页。

机器拖拉机站租给集体农庄，收取实物代价。d）在手工业和零售商业中，还有一个相当重要的非国有化的合作企业部门。e）在农业中，同样地有一个私有部门，其中包括少数个体农庄，除此之外，还有集体农庄内部收益归每户农民所有的自留地，以及集体农庄中属于每个农户私人所有的颇大一部分苏联牲口。"[1]可见，曼德尔对苏联社会主义经济性质的探讨是以基本材料的分析为事实依据的。他强调，苏联经济的这种特殊结构使苏联的生产力得到了惊人的发展，使苏联由一个落后的、主要是农业的国家发展成为世界上第二工业大国，他也认为，苏联的落后状况远远没有扭转过来，人均产量、消费品和住宅、公民的生活水平等都远远落后于发达国家。以这些基本的事实材料为基础，曼德尔在反驳学术界不同观点的基础上，对苏联社会主义经济性质提出了自己的看法。

针对第一种观点，曼德尔认为，一方面，高速度的工业化所采取的形式是猛烈地压缩工人和农民的消费来实现原始积累，这并不是资本主义固有的特点。资本主义的积累是资本的积累，是剩余价值的资本化，利润是生产的目的，而"苏联的积累是作为使用价值的生产资料的积累。利润既不是生产的目的，也不是生产的主要动力。它只不过是国家手中的一件辅助工具，用处在于便利计划的实现，和检查每一企业执行计划的情况。"[2]另一方面，苏联的计划化是真正的计划化，苏联经济摆脱了资本主义经济发展中的平均利润率下降规律，以及资本流向利润率高于平均利润率的部门、资本的积聚和集中导致追求垄断性的超额利润的特点。

针对第二种观点，曼德尔认为，世界资本主义经济本身就是一个整体，苏联经济同世界经济保持一定的联系是必然的，但是，应该看到，苏联经济是不受世界经济形势波动影响的。从事实上看，苏联经济最突出的高涨时期正好是资本主义世界经济的危机、萧条和停滞时期。因此，曼德尔指出："今天在地球上一大部分地区建立起来的任何一种非资本主义经济，都是与四周围的资本主义暗中敌对的。这种情况必然产生许多地理、军事、经济、贸易的切身需要。但这并不是资本主义的竞争，因为资本主义竞争是争夺市场和争夺利润的竞争，而这正好是从相互对峙的苏联和资本主义世界的不同社会性质产生出来的竞争。"[3]

针对第三种观点，曼德尔从苏联经济的主要特点方面说明了苏联经济有别于现代资本主义经济。他认为，在现代资本主义经济中，经济计划化，国家与经济的日益合而为一，对神圣的私有权的侵犯，都是在有利于垄断资本的情况下进行

---

① 曼德尔：《马克思主义经济学理论》，商务印书馆 1979 年版，第 191～193 页。
② 曼德尔：《马克思主义经济学理论》，商务印书馆 1979 年版，第 198 页。
③ 曼德尔：《马克思主义经济学理论》，商务印书馆 1979 年版，第 199～200 页。

的，目的在于维护和保证垄断集团的利润。国家与经济的合而为一，实际上只不过是垄断集团利用国家机器，全面控制经济而已。但是，在苏联，情况则大不一样，国家对经济的管理，生产资料私有制的取消，经济与国家的合而为一，是通过剥夺和消灭作为阶级的资产阶级而实现的。现代资本主义是把自己的发展趋势推到了极限的资本主义。苏联社会则是对资本主义社会主要特点的毁灭和否定。因此，曼德尔强调："对于经济制度的社会性质来说，结构的彻底改变是最好的指标。"他以德国对苏联西部地区的占领及所谓"人民民主"国家并入苏联势力区引起结构发生质的变化的事实，说明了这一点。

关于第四种观点，曼德尔认为同样也是不能成立的。虽然他们否认了苏联的生产方式具有资本主义性质，但是，他们却没能看到苏联经济中的一些非社会主义因素，如极大的社会不平等、官僚主义特权、生产者缺乏自决权等，是资本主义遗留的产物，也是资本主义包围的产物。因而他们看不到苏联社会"明确的特征"，看不到苏联社会"特有的能动性"，看不到"哪一种在质量上不同于苏联的生产方式能够适应资本主义向社会主义过渡的时期。"①

通过评析上述四种观点，曼德尔提出了自己对苏联经济的看法。他认为，苏联的经济包含着矛盾的特征，苏联经济的特点就是非资本主义的生产方式和根本上仍是资产阶级的分配方式的矛盾的结合。"这种矛盾的结合表明一个经济制度已经超过了资本主义，但仍未达到社会主义，它正经历着从资本主义到社会主义的过渡时期，正如列宁曾经指出的那样，在这个时期中，经济必然把过去的和未来的特点结合在一起。"② 曼德尔断言：非资本主义的生产方式与资产阶级的分配标准二者之间的矛盾，是任何从资本主义过渡到社会主义的社会的基本矛盾。

二、苏联的"后资本主义经济"

1983 年，在马克思逝世 100 周年之际，曼德尔在关于马克思主义经济学主要问题的争论的文章中，以"后资本主义经济的性质"为题，对有关苏联社会主义性质问题做了进一步的探讨。

曼德尔指出：马克思主义经济学传统毫不含糊地认为，作为"共产主义第一阶段"的社会主义的特征就是不存在商品生产。但是，没有人否认，在苏联和其他自称为社会主义的国家里，仍然存在着商品生产。在理论和现实的这一明显差别中，应该得出什么结论呢？是马克思理论的错误呢？还是这些国家作为"社会

---

① 曼德尔：《马克思主义经济学理论》，商务印书馆 1979 年版，第 202 页。
② 曼德尔：《马克思主义经济学理论》，商务印书馆 1979 年版，第 203 页。

主义国家"定义的错误呢？它们社会的经济本质又是什么呢？实际上，自 1917 年十月革命以来，在马克思主义者中间，围绕着这些基本问题一直展开着激烈的争论。

曼德尔就这一争论中有关经济学方面的问题做了概述。他认为，对马克思和马克思主义者来说，在任何一定的社会中，需要和资源能得到平衡只有两种根本上不同的方式：或者是预先的自觉的方式，或者是事后的通过价值规律起作用的方式，即通过"经济人"背后的客观规律起作用的方式。简要地说，预先的社会资源适应于社会需要归根到底就意味着生产资料的社会所有制和劳动被直接承认为社会劳动，事后的社会资源适应于社会需要则意味着私有制，意味着劳动是花费在私人劳动形式上的、并且不立即地和不直接地被承认为社会劳动的这样一种劳动。只有在所生产的商品按照价值出卖的范围内（在资本主义，在它的所有者通过出卖、得到平均利润率的范围内），私人劳动才被承认为社会劳动。

因此，曼德尔认为，由此能得到的结论就是：如果论述的是社会主义，那么，在社会主义社会，商品生产仍然流行，私人劳动仍然存在。这也就得出，有计划是不可能的。这里的有计划是指有意识地预先决定社会需要，并节约地使用完成这些需要的社会资源。没有价值规律的统治，就不能有商品生产；而有了真正的有计划，也就不可能有价值规律的统治。

直到现在，争论的大部分参预者还是受这种趋势左右，即探讨这一问题时运用"或……或"的方法：或是社会主义或是资本主义；或是社会所有制或是私有制；或是社会劳动或是私人劳动；等等。这种形式主义的探讨带有明显的政治的、意识形式的、因而也是社会的利益的作用。曼德尔想强调的是：在马克思主义经济理论领域内，由此所引起的没有得到解决的理论上的矛盾。显然，产生于旧的社会形式中的一种新的社会形式，在其过渡中的现象；这种新的社会形式还没有完成自身内在的逻辑发展，但已在同不利环境的不断斗争中发展着。资本主义毕竟仍然统治着大部分地区。从不成熟的、混杂的过渡的现象形式中，要得出成熟形式的本质结论的企图，只能是走向死胡同。

曼德尔指出，所有那些对苏联、东欧和中国的现存制度的支持者和辩护者都费力地捍卫这些国家是社会主义的这一思想。无视仍然存在着商品生产、货币、不同的社会阶级和国家的残余；假如必要甚至坦率地声明，马克思和恩格斯在社会主义是什么样子的问题上是错误的，或者声明马克思和恩格斯对此并没做出准确的预言。他们把社会主义的定义简化为单一的论证，即普遍的生产资料的社会所有制。这种把社会主义简化为这种单一特定的社会组织的观点已反复地遭到严厉的批判。这种批判大体是对的。我们应该对这种传统的批判做出补充：商品生产的残存意味着社会（集体）所有制的本质也有许多缺陷，这就使得它同社会主义所具有的社会所有制特点的本质不相适应。

解决问题的困难之处在于理解：在资本主义到社会主义的过渡中间，作为社会形式的后资本主义社会的性质；在这一社会中，商品生产依然残存着，但它不再是普遍化了的；在这一社会中，价值规律也依然在起作用，但不再占统治地位；在这一社会中，有计划已经是可能的，但又必然是不完全的。但是在这些国家中管理国家、社会和经济的特权官僚的出现冻结了它们向社会主义的进步，并且调和了过渡阶段的矛盾性质。

曼德尔最后认为：做出这样的结论是合适的，即由马克思主义经济学自身的内在逻辑和经过世界历史的作用所决定的这一百年的发展之后，马克思主义经济学的分析基本上仍然围绕着人类命运的关键问题而发展。为了不断使人类从依靠盲目的自然力量中解放出来，对严厉的、异化的"客观社会规律"的依附是不是必然要付出的一定的和不可避免的代价呢？人类能成为它自己社会命运的主人、能有意识地决定它自己的未来，塑造它自己的本质吗？人剥削人、阶级压迫的社会、社会不平等、社会分工、国家、大量的暴力、战争能得到克服吗？马克思的回答是肯定的，通过联合生产者的制度，在生产力高度发展的水平上，随着商品生产和货币的衰弱，即达到世界社会主义。最近一百年的历史无不证明这一命题在科学上的现实主义的性质。但是最终的证明只能来自实践的证实。

第三节　激进学派的社会主义经济理论

美国激进学派所奉行的"独立的马克思主义"，既与"正统"经济学（或"权势经济学"）相对立，也与"官方"马克思主义经济学相对立。这里所谓的"官方"马克思主义经济学，主要指20世纪80年代中期以前流行于苏联和东欧其他一些社会主义国家的政治经济学理论。美国的受"官方"马克思主义经济学理论影响的人，则被激进学派称为"原教旨主义者"（fundamentalist）。激进学派认为，"这两者同样都把马克思主义看作是不可更改的教条，尽管对这一教条的解释可能是大相径庭的。由于它们在许多关键问题上存在着分歧……因此，对原教旨主义者的批判，未必是对苏联马克思主义者的批判，反之亦然。"[1] 激进学派的社会主义经济理论，一方面体现在对以苏联为代表的马克思主义经济学理论体系的否定和抨击上，另一方面也体现在他们独立的社会主义经济理论——"可行的社会主义"观的阐述上。

---

[1]　Howard J. Sherman, Foundations of Radical Political Economy, M. E. Sharpe, 1987, P. 4.

一、对苏联"官方"马克思主义经济学的抨击

在长期的理论探讨中，激进学派根据对所谓的"官方"马克思主义经济学颇为片面的理解，认为自己与"官方"马克思主义经济学的对立主要表现在以下十个方面：[①]

（1）"官方"马克思主义认为，辩证法是说明任何事物变化、相互作用和发展的一系列普遍规律及无所不包的体系；而激进学派则认为，辩证法只是一种方法，按照这种方法，人们在把社会看做是个"总体"（totality）时，能够提出诸如社会变化和社会冲突的问题。

（2）在"官方"马克思主义看来，历史唯物主义就意味着经济对社会的其他部分具有决定性作用，而观念仅仅是经济的反映。相反，激进学派认为，观念和经济之间存在着无止境的相互作用关系，经济本身也被看做是冲突和人的关系的场所，而不仅仅是一种技术力量。

（3）"官方"马克思主义和"原教旨主义"都认为，劳动价值论是商品交换（其中也包括劳动力交换）的规律，把劳动价值论看做是一种神圣不可侵犯的、只能重复而不能进一步探讨的理论。激进学派认为，马克思对劳动价值论的许多论述都应该加以改进，强调这一理论所阐释的并不是商品之间的纯技术的经济关系，而主要是人与人之间的关系。

（4）"官方"马克思主义认为，对于基本的阶级理论来说，种族和性别问题都属于次要的问题，并声称在社会主义条件下，种族歧视和性别歧视将自行消亡；激进学派也认为阶级是一个最重要的分析工具，但同时又认为，种族和性别同阶级同样重要，在某些情况下，甚至更为重要。激进学派声称，在社会主义条件下，也还需要继续同种族歧视和性别歧视做斗争。

（5）在国家理论上，"官方"马克思主义认为，政府是统治阶级的工具，美国政府代表的是资本家阶级，而苏联政府则代表工人阶级，苏维埃工人控制的国家是民主的最高形式。与此相反，激进学派认为，美国政府中也存在着对抗的阶级，即便是经常居于统治地位的资本家阶级内部，也常常分裂为互相冲突的部分。激进学派还认为，民主问题最重要的不只是其阶级结构，而是实现民主的政治机制问题。由于缺乏实现民主的政治机制，苏联政府就能随心所欲地对工人阶级实行专政。

（6）"官方"马克思主义硬把当代社会分为资本主义和社会主义两大类型；

---

① Howard J. Sherman, Foundations of Radical Political Economy, M. E. Sharpe, 1987, pp. 7 - 8.

而激进学派则认为，当代社会除这两大类型外，还有其他类型，如"中央集权的经济统制主义"（statism）。这是一种由中央政治机构对经济实行高度的计划和统制，而政治机构本身由一个"自我选定"（self-selected）的集团控制的、缺乏民主的社会。激进学派断言，苏联就是这种既非资本主义，又非社会主义的"中央集权的经济统制主义。"

（7）"官方"马克思主义和"原教旨主义"都认为，劳动价值论能解决所有的问题，拒绝把这一社会理论同其他的现实问题联系在一起，从而死抱住竞争资本主义时代的理论，忽视垄断新现象的研究。相反，大部分激进学者认为，只有从对现实存在的垄断问题的研究出发，才能理解当代资本主义社会经济关系的性质。

（8）美国的"原教旨主义者"还接受"萨伊定律"，认为总需求不足是不可能存在的，因而周期性的失业也不可能由这种总需求不足引起。他们僵硬地坚持用利润率趋向下降决定所有的宏观经济问题。相反，激进学派不仅研究资本利润的生产问题，而且研究需求不足前提下的利润的实现。

（9）"官方"马克思主义把社会主义和中央计划相并列，激进学派则认为，社会主义要实现工人对企业的真正控制，既要利用中央计划加强宏观经济协调，也要利用市场加强经济活力。

（10）"官方"马克思主义者认为，马克思的话句句是真理，因此，他们在论述一个理论问题时，习惯于大量引证马克思的语录。激进学派不迷信任何权威，并总是设法在自己认识的基础上，搞清每一个理论问题。

激进学派提出的以上十个方面的问题，既包含了马克思主义政治经济学发展的历史和现实所做的不乏正确的思考；同时，也暴露了该学派持有的某些肤浅的、不合理的偏见。实际上，自诩为"独立的"马克思主义的激进学派，在批判"官方"马克思主义时，并没有更接近马克思主义；他们在不断地按照自己的意图"重新塑造"马克思和马克思主义时，不能不使这种"独立的"马克思主义，在很大程度上甚至背离了马克思和马克思主义。

二、激进学派的"可行的社会主义"观

激进学派关于当代资本主义历史走向的理论与该学派对"可行的社会主义"政治经济学的理论思考有着密切的联系。通过对当代垄断资本主义的批判，激进学派中以"美国社会主义经济学家"自称的学者认为，他们的任务是有助于使美国做出"社会主义的取向"，特别有助于在美国建立一种"有效率的、民主的、

参与的，以及能把美国重新推向经济进步前列"的经济制度。①

值得注意的是，激进学派对"可行的社会主义"政治经济学的理论思考，不只源于对当代垄断资本主义的批判，还源于该学派对所谓的"中央集权的经济统制主义"的批判。在某种意义上可以认为，对"中央集权的经济统制主义"的批判，是引发激进学派对"可行的社会主义"政治经济学理论思考的直接原因。这里所谓的"中央集权的经济统制主义"的用语，与激进学派对苏联社会经济制度性质的认识有着直接联系。在激进学派中，既有认为苏联社会经济制度的性质是资本主义的，也有认为是社会主义或接近社会主义的。但是，占主流的观点认为，苏联既不是资本主义，也不是社会主义，而是一种"中央集权的经济统制主义"的社会制度。

持这种主流观点的激进学者认为，一些"官方"马克思主义者和某些激进学者的社会主义定义于狭窄，只从生产资料的"公有制"（goverment ownership）②上谈论社会主义定义。这是一种"使人误入歧途的"定义。因为社会主义者努力奋斗的目标是"把民主从政治领域扩大到经济领域"，因此"社会主义意味着经济民主"；"社会主义意味着，社会和经济在不同的分散的行政权力层次上都应掌握在人民手中"。例如，地方企业就应该掌握在经过民主选举的工人委员会或地方政府手中，或者掌握在经过民主选举的工人委员会和地方政府的某种联合体手中。③ 由于苏联缺乏这种"经济民主"，因而不是社会主义，而是一种有别于社会主义的"中央集权的经济统制主义"。

那么，什么是"中央集权的经济统制主义"的基本特征呢？自20世纪70年代中期以来，激进学者对此曾做过热烈的讨论，发表了许多有影响的论述。《激进政治经济学评论》1981年春季号还出了关于社会主义和"中央集权的经济统制主义"问题的专刊。概括地说，"中央集权的经济统制主义"的基本特征就是："一个自我选定"的小集团，借助于政治机器控制了生产关系和生产力，相应地却存在着一个人数众多的受控制和受剥削的阶级。这些激进学者断言，苏联实际上就是这种"中央集权的经济统制主义"的典型。

这些激进学者还认为，与资本主义相同的是，"中央集权的经济统制主义"也存在着异化、非民主的、被控制和被剥削的现象；但是，与资本主义不同的是，"中央集权的经济统制主义"对生产力的控制是借助于政治机构取得的。如

---

① Herbert Gintis, The Reemergence of Marxian Economics in America, in Bertell Oll man et al ed. The Left Academy: Marxist Scholarship on American Campuess, New York: McGraw – Hill Book Compary 1982, P. 74.

② 这里的"公有制"（government ownership）和通常意义上的"公有制"（public ownership）不尽一致，但也不宜译为"国家所有制"（state ownership）。

③ Howard J. Sherman, Foundations of Radical Political Economy, M. E. Sharpe, 1987, P. 260.

在苏联，经济在很大程度上就是由中央政治机构加以计划和控制的。与社会主义相似的是，"中央集权的经济统制主义"不允许资本主义私有制的存在，但却存在着一系列与社会主义相对立的因素，如经济上的非民主化、污染、种族歧视、异化和帝国主义现象等等。不难看出，激进学派以"中央集权的经济统制主义"概括苏联社会经济制度性质是有偏颇的。同时，激进学派用抽象的"民主"或"非民主"来评判社会主义还是非社会主义同样也是偏颇的。

那么，什么是激进学派所孜孜追求的"可行的"社会主义政治经济学理论呢？激进学派认为，这一理论主体有三个方面构成：第一，政治和经济结构能产生最民主的内容。第二，计划和市场的利用，既能保证最好地解决微观经济问题（如效率），也能保证最好地解决宏观经济问题（如充分就业、稳定价格）。第三，与工人对企业控制相应的政府控制，产生出民主、效率、宏观经济平衡和环境保护等方面的最佳效果。[①] 其实，激进学者对这三个问题从来也没有做出过明确的、令人信服的回答。因为"社会主义实际上应该是什么样子，每个美国激进学者都可能有自己的看法。"除了某些共同点——如社会主义应该为真正有价值的生活创造条件、应该是人道主义的、真正建立在民主基础之上的——之外，"对其他任何一个具体问题大家都有不同的观点。"[②]

在对"可行的社会主义"政治民主的探讨中，激进学者认为，在这种社会主义中，工人阶级的不同分层（如农民、产业工人、白领工人、专家、管理人员）之间仍然存在着不同利益和不同观点，因而仍然需要有代表这些不同利益和不同观点的政党。这些不同的政党，既要组织关于社会问题的争论，也要挑选各自的代表组成政府。在这里，激进学者强调的并不是建立一个反映工人阶级整体利益的政党，而是主张建立反映各阶层利益的"多个政党"，试图利用多党制的形式达到政治的民主化。

在对"可行的社会主义"经济民主的探讨中，激进学者认为，"可行的社会主义"实行经济民主的机制主要有两种：一是由政府控制企业，这里的政府完全是通过民主选举产生的；二是由通过正常渠道产生的工人代表实行对企业的控制。这两种机构可以按不同比例组合；而在不同企业中，政府和工人代表对企业控制的程度也各不相同。[③] 可见，激进学派所追求的经济民主，实质上是一种以企业为主体，并由政府和工人代表对企业实行全面控制的经济管理体制。

在中央计划和市场关系问题上，激进学者主张，处于市场体系中的职工自治

---

① Howard J. Sherman，Foundations of Radical Political Economy，M. E. Sharpe，1987，P. 365.

② Views，New York，Harper &Row，1986，第564页。

③ Howard J. Sherman，Foundations of Radical Political Economy，M. E. Sharpe，1987，P. 366.

企业，应该和国家所有的重要产业部门、国家的新的投资计划、国家的货币和财政政策、国家对安全和污染管制、国家对垄断价格的控制、国家作为各企业代表的职能等等结合起来。"市场上的职工自治企业和国家的计划之间的严格平衡，在不同国家，在不同的时间都应该有所不同。其趋势就是，职工自治企业做出市场上的微观决策，而国家则利用计划做出宏观决策。但是，这两种不同的决定过程，怎样才能或应该怎样互相配合，可以在每一具体情况中进行诸多研究和争论。"[①] 可见，在激进学派看来，"可行的社会主义"经济运行中，应该同时利用计划和市场机制，应该把企业的微观经济活力和国家对宏观经济的有效调节有机地结合起来。

同时，激进学派在对"可行的社会主义"政治经济学的理论思考中，还根据马克思主义基础原理强调社会主义只是共产主义的"第一阶段"；只有在共产主义的"第二阶段"，马克思所设想的公有制、按需分配和完全取消货币、价格和工资的经济特征才可能最终产生，才可能真正达到"全世界范围内的共产主义"、"人类的真正的全面发展"。

第四节　关于"市场社会主义"的探索

市场社会主义作为一种探索社会主义经济模式的理论思潮，可以追溯到 20 世纪 20 年代。1920 年米塞斯发表的《社会主义制度下的经济计算》的论文，引发了关于社会主义和市场、市场经济关系问题的论战。从泰勒 1928 年发表的《社会主义国家的生产指导》的演讲到哈耶克 1935 年发表的《辩论的当前状况》的论文，从兰格 1936 年和 1937 年间发表的《社会主义经济理论》的论文到哈耶克 1940 年发表的《社会主义计算：竞争解决法》的论文，大体构成了这一时期关于社会主义和市场、市场经济关系关系论战的主要线索。第二次世界大战之后，关于这一问题的争论没有终结，相反还在更为宽泛的范围内得到展开。社会主义和市场、市场经济的关系问题，往往展开企业、市场和竞争，价格、利润和效率，分工、收入和管理，投资、增长和对外贸易以及经济民主和政治民主等方面问题的讨论。70 年代末和 80 年代初，随着社会主义国家新的经济改革浪潮的兴起，西方一些社会主义经济理论研究者和各种标榜社会主义政党的理论家们对市场社会主义做出新的探讨，才有了真正意义上的市场社会主义理论。这一时期，以英国工党在"社会主义哲学"的研讨中形成的市场社会主义理论最有影响。80 年代末 90 年代初苏东剧变之后，关于市场社会主义问题的探讨，又出现

---

① Howard J. Sherman, Foundations of Radical Political Economy, M. E. Sharpe, 1987, P. 372.

了一系列新的取向。

一、市场社会主义的探索

20世纪80年代初，英国工党政治几近绝境，英国大选中连续两次失利，促使它改旗易帜，寻求新的理论纲领。作为英国工党智库的费边社开始邀请一些支持和同情工党的知名学者，对英国工党新的理论纲领和政策主张做出探讨。他们认为，工党需要抛弃陈旧的理论思维，在社会主义理论方面寻求新的突破。之后，他们组成了一个以"社会主义哲学"为名的研究会议。在"社会主义哲学"的第一次会议上，戴维·米勒提出的"市场社会主义"的概念引起广泛的关注，成为之后多次会议讨论的焦点。经过连续几年的讨论，"社会主义哲学"研究会议形成了基本成型的"市场社会主义"的理论框架和政策主张。显然，这一意义上的"市场社会主义"，如索尔·埃斯特林和尤利安·勒·格兰德在《市场社会主义》一书的导论中所明确指出的那样，一方面要达到运用市场来实现社会主义的目的，"希望证明市场是能够用来实现社会主义的目的的。"要说明"尽管使资本主义完全脱离市场是不可能的……，然而使市场完全脱离资本主义则是极为可能的。"另一方面也要"启动一种对社会主义思想进行激进的重新取向的工作"，这是一种"正确理解市场社会主义所必需的"工作。[1]

米勒作为"社会主义哲学"讨论中率先提出市场社会主义概念的学者，在关于"社会主义为什么需要市场"的讨论中提出，要重建"社会主义哲学"就必须有所准备，特别要"抛弃那些于社会主义思潮中被深入分析证明是无法实现的成分。"[2] 在米勒看来，首先要抛弃的就是那种认为"由于社会主义是对资本主义的否定，而资本主义依赖的是市场，所以以国家供给取代市场供给实际上就成了社会主义的根本特征"的观念，应该认识到"在社会主义与国家供给之间画等号是错误的"。[3]

在对资本主义的理解中，米勒认为，"无疑，资本主义依赖的是市场，但资本主义的特点主要在于生产资料所有权集中在一小部分人手里，而其余大多数人只能作为领薪者被他们雇佣。"米勒提出的问题是：能不能"既造成市场又反对资本主义"？他的回答是："完全可能"。[4] 这就成为米勒为市场经济辩护的切入

---

① 埃斯特林、格兰德等：《市场社会主义》，经济日报出版社1993年版，第1页。
② 埃斯特林、格兰德等：《市场社会主义》，经济日报出版社1993年版，第31页。
③ 埃斯特林、格兰德等：《市场社会主义》，经济日报出版社1993年版，第30、31页。
④ 埃斯特林、格兰德等：《市场社会主义》，经济日报出版社1993年版，第27页。

点。米勒以福利、自由和民主为题，说明在反对资本主义的前提下，市场、市场机制能够在提高福利、促进自由、建设民主制度上发挥有效的作用。

在市场、市场机制提高福利方面的作用时，米勒指出：对资本主义的批判主要在于，它不能持久地提供就业机会，不能在生产资料所有者和受雇用者之间造成了过度的收入差别，导致福利分配的极度不平等。在对这一"缺陷"的"纠正"中，市场社会主义认为的主要问题在于：如果抛弃市场机制的信息功能，就寻找不到别的途径在商品和服务方面协调生产者行为与消费者需求之间的关系，因此"市场乃是控制商品和服务供给的一种高度有效的机制"；但是，"在分配由市场提供出来的福利方面，则需要诉诸市场以外的公共制度之网络，如财产权利，投资机构，税收制度等等"。社会主义发挥其公共制度方面的优势，"首先通过对投资的公共调节来保证充分就业；其次是促进下述企业发展壮大（特别是'工人合作社'）：在这种企业里，基本收入的分配较为平等；再次是用税收制度来实施那些受公众认可的进一步的再分配措施。"米勒据此强调："市场社会主义者并不想抛弃市场，他们毋宁彻底地改造上述公共制度，以令福利的物质部分能在整个社会里得到更为平等的分配。"[①]

在米勒看来，市场社会主义作为一种"可行的社会主义"，"市场必定会起很大的作用，其理由不光是市场能带来经济效益（这固然很重要），同时也是市场能带来多样化和个人自由。"但是在资本主义制度下，"市场的这一特点被分配的严重不均所抵消。"所以，"我们还需要有市场以外的制度，其中以政治制度最为首要。这些制度将建立起新的框架，其中资源分配不均得到纠正。"米勒的结论就是："市场社会主义既不简单地肯定市场，也不简单地否定市场。市场社会主义对市场的态度是区别对待，这种方法试图对我们周围展现出来的人性的复杂情形持公允之论。"[②]

在对市场社会主义的"导论"的论述中，埃斯特林和格兰德认为，社会主义有一套界定严整、阐释精辟的目的。其中包括防止强者对弱者的剥削，实现收入、福利、地位和权力等方面的较大平等，以及满足人的基本需要等等。但是，很多社会主义者却将上述目的与某些特定的手段相混淆，将手段变成了目标本身。例如，生产资料公有制和资源配置的中央计划本身只是实现目的的手段，现在却成了目的本身。"社会主义哲学"视角的市场社会主义的"核心命题"就是要指出："上述传统认识并不具有逻辑依据。计划的内在实质并不意味着平等，国有化的内在实质也并不是消灭剥削。展开来讲，市场的内在实质也不会阻碍人

---

① 埃斯特林、格兰德等：《市场社会主义》，经济日报出版社 1993 年版，第 34 页。

② 埃斯特林、格兰德等：《市场社会主义》，经济日报出版社 1993 年版，第 54 页。

们用它来实现那些社会主义的目的。"①

二、苏东剧变后的市场社会主义理论

20 世纪 90 年代初以后，以约翰·罗默（John E. Roemer）、托马斯·韦斯科夫（Thomas Weisskopf）、戴维·施韦卡特（David Schweichart）、戴维·米勒（David Miler）等为代表的西方学者，在反思苏东剧变的原因和现行资本主义制度的弊端的基础上，从不同角度重构市场社会主义的愿景。

1987 年出版的在西方经济学界颇有影响的《新帕尔格雷夫经济学大辞典》，给市场社会主义下的定义是："市场社会主义是一种经济体制的理论概念（或模式），在这种经济体制中，生产资料公有或集体所有，而资源配置则遵循市场（包括产品市场、劳动市场和资本市场）规律。"② 显然，这一定义说明市场社会主义的所有制反映的是社会主义的主要特征，而市场配置资源的经济运行机制反映的是实现社会主义的手段。西方学者对市场社会主义的探讨，比较注重市场与社会主义的结合，也比较重视社会主义生产资料公有制与市场的联姻，着力强调的是市场在资源配置形式上的基础性和主导性的作用。苏东剧变以后，一些西方学者对市场社会主义含义的探讨不再把市场与社会主义结合起来，而是把资源配置的方式从社会主义社会制度中剥离出去，把计划机制和市场机制从社会主义社会的本质规定性中排除出去，强调了社会主义社会与资本主义社会的趋同，同时也把那种市场与社会主义结合的"市场社会主义"的实行，看做是引起苏东剧变主要原因之一。

约翰·罗默认为，关于市场社会主义的主张，自 20 世纪 30 年代产生以来既有赞成的也有反对的；过去 50 年的社会主义经验和资本主义经验都说明了重新阐述市场社会主义的可能性和必要性。罗默把重新阐释市场社会主义含义作为自己的重要任务。他把公有制从市场社会主义中排除出去，认为公有制是社会主义者制造的一种崇拜，社会主义者实际上追求的目标应是"三个平等"，即"（1）在自我实现和福利方面的机会平等；（2）在政治影响力方面的机会平等；（3）社会地位的平等。"③ 社会主义者应该采用实现这些目标的生产资产产权关系，把国有制从社会主义宪法中去掉。以这一分析为基础，罗默提出，市场社会主义是指

① 埃斯特林、格兰德等：《市场社会主义》，经济日报出版社 1993 年版，第 2 页。

② 伊特韦尔等：《新帕尔格雷夫经济学大辞典》第 3 卷，经济科学出版社 1996 年版，第 363 页。

③ 约翰·罗默：《未来的社会主义》，引自《当代国外社会主义：理论与模式》，中央编译出版社 1998 年版，第 295 页。

"大多数物品包括劳动通过价格系统来分配，企业（不论是否由工人管理）利润在居民中非常公平地进行分配的各种各样的经济安排。"显然，罗默所说的市场社会主义，就是抛弃了公有制的、只有资源配置意义上的市场社会主义。

戴维·施韦卡特认为，市场社会主义的某些形式大大优于资本主义的可行的经济体制，在人类发展的现阶段，它既是唯一可行的社会主义形式，也是唯一合乎需要的社会主义形式。施韦卡特从分析资本主义的"三个限定的制度"入手，阐述了市场社会主义的含义。他强调资本主义是一种以生产资料私有制和雇佣劳动为特征的市场经济，资本主义的这"三个限定的制度"是："社会的绝大部分经济交易是由看不见的供求之手来掌握的；社会的绝大部分生产资财或直接属于作为私人的个人，或通过对私人公司股份的所有而属于作为私人的个人；绝大多数人工作是为了得到由他们为之工作的私人企业的所有者直接或间接支付的工资。"[①] 对于资本主义的这"三个限定的制度"，市场社会主义经济取消了或在很大程度上限制了生产资料私有制，只是以某种形式的国家所有制或工人的所有制取代了私人所有制；市场社会主义经济仍然保留了作为协调绝大多数经济机制的市场；不管市场社会主义经济是否以工厂的民主取代雇佣劳动，但是工人所得到的工资不是契约工资，而是一个企业纯收入的特定份额。施韦卡特由此得出市场社会主义的定义，即"工人自我管理的"（worker-self-managed）制度就是市场社会主义。可见，施韦卡特是把市场社会主义作为反对资本主义、体现社会主义传统的最美好的理想和价值来看的。

日本学者碓井敏正从苏东国家社会主义瓦解的原因分析中探讨了市场社会主义的含义。他认为，苏东国家社会主义失败的原因主要在于"经济的崩溃"，即苏联式计划经济的失败和"市民的政治自由及民主主义的欠缺"。因此，"社会主义剩下的希望只存在于市场社会主义之中"，"市场社会主义作为社会主义经济社会构成体的变体，与苏联式社会主义具有同等理论价值，关于它的可能性应该得到更深入的研究。"[②] 在碓井敏正看来，市场、计划、自主管理、官僚机构、议会制民主主义是市场社会主义的"主题词"。他说："我相信，未来社会主义的合理的可能性，取决于以下5个关键词如何组合。它们是市场、计划、自主管理、官僚机构和议会制民主主义。这些关键词相互有机地联系着，缺少其中任何

---

① 戴维·施韦卡特：《市场社会主义：一个辩护》，引自伯特尔·奥尔曼：《市场社会主义——社会主义者之间的争论》，新华出版社 2000 年版，第 6 页。

② 碓井敏正：《社会主义体制下的市场与民主主义问题》，引自《当代国外社会主义：理论与模式》，中央编译出版社 1998 年版，第 360 页。

一个，社会主义都不能顺利运行。"① 碓井敏正也从这 5 个关键词的组合中提出了一系列需要在实行市场社会主义中解决的问题，这些问题是：与市场经济并立的生产资料社会所有，究竟应达到何种范围？自主管理应在何种程度上把事务委托给官僚机构或议会处理？如何防止自主管理中出现精英统治？由政党代行政治活动，是否会助长人们的被动态度，使自主管理就整体来看空洞化呢？碓井敏正认为，在未来的社会主义发展中必然要解决这些问题，苏联社会主义之所以会垮台，就是因为只存在着计划和官僚机构，缺乏市场、自主管理和议会制民主主义；南斯拉夫社会主义之所以会瓦解，就是因为只存在市场和自主管理，计划和官僚机构是以十分不健全的形式存在的，不存在着议会制民主主义。

在对市场社会主义含义的理解上，尽管在西方学者中存在着这样那样的不同看法，但是，正如施韦卡特所总结的那样，有四个方面的论点却是一致的。这四个方面的论点是："1. 市场不应被等同于资本主义。2. 中央计划作为一种经济机制有极大的缺陷。3. 不存在任何可以替代市场社会主义的可行的、合乎要求的社会主义形式；这就是说，在短缺的情况下，市场是组织一种可行的经济的必不可少的（尽管不是完美的）机制。4. 市场社会主义的一些形式在经济上是可行的，并且远比资本主义更可取。"②

三、市场社会主义的各种模式

在苏东剧变之前，西方就有学者多对市场社会主义模式提出多种不同的构想。这些构想一方面是基于对当时苏联东欧国家既有经济体制和政治体制各种弊端的反思，另一方面也基于对处在十字路口的苏联东欧国家经济改革方向和措施的构想。亚力克·诺夫（Alec Nove）在 20 世纪 80 年代中期提出的"可行的社会主义"，就是他勾画的一种市场社会主义模式。

诺夫把他勾画的"可行的社会主义"模式，概括成 9 个基本构件。一是在所有制结构上，国家所有制、社会所有制和合作所有制占主导地位，没有大规模的生产资料私有制；二是有一个向民选大会负责的权力部门，自觉地对具有结构意义的主要投资做出计划；三是对微观经济的管理只限于一些特定的部门，这些部

---

① 碓井敏正：《社会主义体制下的市场与民主主义问题》，引自《当代国外社会主义：理论与模式》，中央编译出版社 1998 年版，第 362 页。
② 戴维·施韦卡特：《市场社会主义：一个辩护》，引自伯特尔·奥尔曼：《市场社会主义——社会主义者之间的争论》，新华出版社 2000 年版，第 7 页。

门的规模经济在信息、技术和组织上都不能缺少集中管理，以及存在重大的外部经济因素而不能缺少管理；四是在外部集权或垄断化部门以及有限的私人企业，管理部门应向职工负责；五是当前商品和劳务的产量和销售，只要有可能，就应通过有关各方的谈判决定；六是工人应该能自由选择其就业并有机会改变其专业；七是国家在决定收入政策、征收赋税、干预和约束垄断权力，以及在制定统一的竞争性市场的基本规则和限度等方面发挥重大作用，在教育、医疗等部门不实行市场准则；八是应有意识地限制不平等现象；九是应大力注意防止滥用权力和尽最大可能进行民主咨询。显然，诺夫的这一模式很大方面受到当时东欧国家正在实施的一些经济改革措施和市场化改革取向的影响。诺夫的这一模式对当时苏联东欧国家的经济改革没有产生什么影响。[①]

苏东剧变之后，西方学者根据自己对市场社会主义含义的理解，构建了不同的市场社会主义理论模式。约翰·罗默提出了"证券社会主义"模式，托马斯·韦斯科夫提出了民主自治的市场社会主义模式，戴维·施韦卡特提出了经济民主的市场社会主义模式，戴维·米勒提出了合作制市场社会主义模式，詹姆斯·扬克提出了实用的市场社会主义模式，弗莱德·布洛克提出了没有阶级权力的社会主义模式等。在这些市场社会主义模式中，最有代表性的模式主要是约翰·罗默的"证券社会主义"模式、戴维·施韦卡特的经济民主的市场社会主义模式和戴维·米勒的合作制市场社会主义模式。

约翰·罗默的"证券社会主义"（coupon socialism）模式是一种强调效率和利益最大化的治理模式。罗默认为，在这种市场社会主义模式中，存在着四个"法人"（corporate）行为者，即成年公民（adult citizenry）、公营企业（public firms）、共同基金（mutual funds）、国库（state treasury），他们之间会产生金融交易。这种金融交易主要表现在："每个成年公民都将获得国库赠予的等量的证券（coupons）。只有用证券才能购买共同基金的股份（shares of mutual funds），而不能用金钱购买。只有共同基金才能用证券购买公营企业的股票。因此，公司股票（corporate shares）和共同基金的价格是由证券来表示的，随着股票的供求关系而波动。公民可以自由出卖其共同基金股份来换取证券，再把证券投资于其他共同基金。最后，企业可以用证券与国库交换，获得投资基金，也可以用钱从国库那里购买证券。证券只有在这种时候才能兑换成钱。这些投资基金在企业中扮演着股本（equity）的角色。"[②]

罗默的市场社会主义模式的主要特点是：第一，把公有资产以证券方式发给

①　诺夫：《可行的社会主义经济》，中国社会科学出版社1988年版，第308～309页。

②　罗默：《未来的社会主义》，引自《当代国外社会主义：理论与模式》，中央编译出版社1998年版，第300页。

每个成年公民自己购买股权谋取收益。"公民拥有了共同基金的股份，就能获得共同基金的收益。公民去世后，其共同基金股份必须卖掉，证券的收入要交还国库，国库再向达到法定年龄的公民赠予证券。"① 第二，以证券方式购买股票促成企业利润分配均等化。罗默认为，任何市场经济，无论有没有资本家，都不会带来一个完全公平的社会。但是，在证券市场社会主义中，每个公民对国家的公营企业只有短暂的产权，每个公民只是活者时才有获得企业利润的权利。"因为股票只能用证券购买，公民不能卖了证券去换钱，所以富有的公民拥有的股票一般不比贫穷的公民多，除非他们更了解投资机会。由于证券体制要求购买共同基金而不是个别企业的股票，所以贫富悬殊的状况将得到缓解。"② 罗默强调，这种收入分配的均等化只是"大致上的平均分配"（distributed roughly equally）。公民的收入不只是社会分红这部分，公民还要根据自己的劳动技能和劳动时间来获取报酬，工资存在着差别，再加上，每个公民的天生素质不同，家庭和社会环境不同，因而不可能保障每个公民的收入完全均等。第三，国家对经济活动应有极大的控制权，但这种控制与苏联模式的高度集权控制截然不同，这主要表现为国家决定投资方向和投资构成。但这种决定功能不是通过指令制度完成的，而是通过控制和调整利率这种间接手段来实施的。具体办法是：国家对不同产业部门规定不同的利率，由国家银行以低于市场水平的利率，贷款给那些需要发展的产业部门，而以高于市场水平的利率，贷款给那些需要限制的产业部门。国家只要在5～20种产业部门中进行利率调节和控制，就可以实现理想的投资结构变动。

　　罗默的"证券社会主义"模式提出后，引起了很大的争议。有学者认为，罗默的模式强调了企业竞争，必然会招致企业的破产，把资本主义的弊端引入了市场社会主义中；有学者认为，罗默的模式回避了企业民主；也有学者认为，罗默模式中所讲的平等是受到限制的。如此等等。对此，罗默自己的看法是：市场社会主义只是向社会主义过渡的一种短期方案，只能"一次一步地改变"资本主义的政治经济机制。③ 英国学者赖特对罗默模式的评价是："证券社会主义通过改变资本主义的某些特征来推进社会主义的实现，它想通过基本收入补助，使工人掌握生活资料，使劳动部分地非无产阶级化。它想创造一种生产资料产权平等分配机制，使工人掌握生产资料。这样就可以改造资本主义的重要特征即工人与生产资料和生活资料相分离的现象。当然，证券社会主义不能被看成是争取人类解

　　① 罗默：《未来的社会主义》，引自《当代国外社会主义：理论与模式》，中央编译出版社1998年版，第300页。
　　② 罗默：《未来的社会主义》，引自《当代国外社会主义：理论与模式》，中央编译出版社1998年版，第301页。
　　③ 罗默：《社会主义的未来》，重庆出版社1997年版，第111页。

放的最终蓝图。相反，它只是一种模式，一种旨在反驳那种认为资本主义私有制是组织财产关系的惟一有效的可靠的主张。"①

学者施韦卡特从"五个基本的不同"方面，说明罗默的市场社会主义与当代资本主义存在差别，以及市场社会主义与苏联集权主义的不同。"五个基本的不同"方面是："1. 国家的所有公司的全部股票都被重新分配，以便从一开始就给每一公民一份按人口计算的股份。每一公民从一出生就收到一份股票的有价证券，因而有权获得一份其持有股票的公司的红利。当他去世后，股票退还给国家。这些股票一旦被获得，可以与其他股票进行交易，但它们不能出售以换取现金。（因此，富人不可能购买穷人的股票并获得对这一经济的股权的控制。）2. 所有的银行都是国有化的。这些银行从私人储蓄那里聚集资金，并向企业发放贷款，它们实际上运用的是与资本主义银行相同的准则。3. 公司的经理由公司的董事会决定。后者由公司得以获得其资金的主要商业银行的代表构成，他们既是企业工人的代表，也是股票持有者的代表。4. 政府安排有重大意义的投资计划，并运用不同的利率去鼓励或阻止某些特殊的投资。5. 允许资本主义企业的存在，即使是由一个企业家创办的企业。但一个企业一旦达到一定的规模，或一旦企业的创办者去世，它就得实行国有化（予以赔偿的），它的那些股份要被重新分配给一般大众。"在施韦卡特看来，与苏联集权主义不同，罗默的市场社会主义中关于企业在市场环境中的相互竞争，解决了信息和激励机制问题，解决了企业创新问题，从而这一模式缓和了"中央计划经济模式的基本矛盾"，因而也就不可能再存在集权主义倾向"。②

戴维·施韦卡特的经济民主的市场社会主义模式是一种强调企业工人自治的模式。施韦卡特认为，经济民主的市场社会主义中，"经济民主"包含着比公民对经济的普遍监督更广泛的意义，它涵盖了"工人自治"的意思。因此，"'经济民主'是一种除其他内容之外还包括'工人自治'的社会主义模式。"③ 但是，这种"工人自治"的模式与1989年以前南斯拉夫模式是不同的，它是以政治民主为前提。原因就在于，经济民主的市场社会主义模式在经济结构上有三个特征，即"1）每个企业由其劳动者进行民主管理；2）日常经济是市场经济：原材料和消费资料按照供求机制确定的价格进行买卖；3）新投资由社会监督：投

---

① 《英国学者埃·赖特评约翰·罗默的"证券社会主义"模式》，载于《国外理论动态》1995年第12期。

② 施韦卡特：《市场社会主义：一个辩护》，引自伯特尔·奥尔曼：《市场社会主义——社会主义者之间的争论》，新华出版社2000年版，第13～14页。

③ 施韦卡特：《经济民主——一种真正的和可以实现的社会主义》，引自《当代国外社会主义：理论与模式》，中央编译出版社1998年版，第380页。

资基金通过征税获得，并根据市场导向的民主计划来发放。"① 施韦卡特对这三个基本特征做了详细的分析和论证。

戴维·施韦卡特指出，在民主管理的企业中，工人们完全负责日常的决策，如工厂纪律、生产技术、生产什么和生产多少、纯收入如何分配等，还负责生产资料的结合及运作，决定工厂组织形式等。这些事项的决策是根据"一人一票"的原则（one person, one vote）民主地做出的。在一些大型企业，选出一些代表机构也是必需的，但这些机构和代表将由工人选举产生，而不是由国家任命或由全社会公民选举产生。尽管企业由劳动者自己管理，但是，劳动者本身是不占有生产资料的，企业的生产资料是社会的集体财产，公有制只是表现为保护企业存量资本价值完好无损的义务，提取折旧基金也只能用于企业认为有益的各种资本更新或改良，而不能用于增加劳动者的收入。

"经济民主"在设计到资本金和现有消费资料的配置方面是市场经济。施韦卡特认为，社会主义经济是一种市场经济，企业以市场为媒介进行生产，追求利润，价格在很大程度是自发的，允许国家干预，不把市场绝对化，而倾向于把市场看作是达到某些社会目的的有用工具。但是，社会主义的市场经济所追求的利润与资本主义的利润有本质不同，"它追求的是产品的价值与扣除工资成本后的生产费用即非劳动成本之间差额的最大化。"劳动也不同于一般的生产要素如土地或资金，"劳动完全不是商品，因为当一个劳动者加入企业后，他将在企业里获取选举权和分享净收入的权利。"在获取净收入中，"劳动者们自己决定收入的分配方式，他们可以选择平均分配，也可以规定工作难度越大，所得收入越多；为了吸引和留住人才，可以给予稀缺的人才以必要的奖励。诸如此类的决定均以民主方式作出。"②

关于第三个特征，施韦卡特认为这是一个决定性的特征。他指出：社会对新投资的监督是平衡市场的力量，可以缓和资本主义生产的无政府状态。投资基金的产生和发放可以按照民主监督的程序进行。筹集资金不是靠用利息吸引储户，而是通过征收资本税的方式。但是，投资基金的发放采取民主的方式则是很困难的，因为"让人民对每一项投资计划都进行投票的方法是不现实的。不仅因为计划的数目庞大使这一民主程序不可行，而且这一民主程序还可能使社会化投资丧

---

① 施韦卡特：《经济民主——一种真正的和可以实现的社会主义》，引自《当代国外社会主义：理论与模式》，中央编译出版社 1998 年版，第 381 页。
② 施韦卡特：《经济民主——一种真正的和可以实现的社会主义》，引自《当代国外社会主义：理论与模式》，中央编译出版社 1998 年版，第 384 页。

失其主要优势：社会自觉地认可给予一个协调一致的项目计划投资优先权。"①因此，在一个保障公民自由的法制国家中，通过中央、省、市选举产生各级民主机构来保障公民的自由，根据市场导向的民主计划来发放投资基金是一个可行的办法。

显然，施韦卡特的经济民主的市场社会主义模式，旨在将计划与市场两套机制在"民主"领域结合起来，既克服苏联模式的中央计划造成的生产无效率的弊端，同时也能在方方面面都优于资本主义。在经济民主的市场社会主义模式中，民主不仅具有政治价值，而且也具有深刻的"经济"内涵。因此，"经济民主"不仅比资本主义民主更民主，而且还具有比资本主义更高的效率。施韦卡特自信：这是一种高效的社会主义模式。"'经济民主'不像资本主义那样片面追求增长——因而更适应于面临生态界限挑战的社会，比资本主义更加民主，更加平等。"②"它更平等，因为它消除了财产的收入。它更民主，因为它把民主向下延伸到工厂，向上延伸到宏观经济发展政策的制定。它还勇敢地正视了那种也许是当代资本主义唯一的最具毁灭性的特征：资本的过度的流动性。"③"'经济民主'比现存的或拟议中的其他社会主义模式都更符合马克思的解放的社会主义的基本价值和隐含价值。"④因为它"不是'乌托邦'社会主义。它承认至少在我们的发展阶段，我们的价值不会完美地实现，承认确实存在不得不做出权衡的问题"，"对于生产者控制经济而不是经济控制生产者的理想而言，它是可信的。"⑤

戴维·米勒的合作制市场社会主义模式是一种强调公平和社会治理的模式。在《市场、国家与社会：市场社会主义的理论基础》（1989 年）、《一种市场社会主义构想：它的运作及其问题》（1991 年）、《平等和市场社会主义》（1993 年）等著述中，米勒对合作制市场社会主义的目标、机制做了论述。

米勒认为，市场社会主义所忠于的社会主义核心价值目标主要有：对社会活动的自觉性指导、民主、平等、自由和共同体。在合作制市场社会主义模式中，配置资源的主要工具是市场，"像其他市场经济一样，市场社会主义为生产者有效地反映消费者的需求提供了刺激，但不像资本主义，市场通过使收入和每个企

① 施韦卡特：《经济民主——一种真正的和可以实现的社会主义》，引自《当代国外社会主义：理论与模式》，中央编译出版社 1998 年版，第 385 页。

②④ 施韦卡特：《经济民主——一种真正的和可以实现的社会主义》，引自《当代国外社会主义：理论与模式》，中央编译出版社 1998 年版，第 399 页。

③ 施韦卡特：《市场社会主义：一个辩护》，引自伯特尔·奥尔曼：《市场社会主义——社会主义者之间的争论》，新华出版社 2000 年版，第 17 页。

⑤ 施韦卡特：《市场社会主义：一个辩护》，引自伯特尔·奥尔曼：《市场社会主义——社会主义者之间的争论》，新华出版社 2000 年版，第 19 页。

业净收益的直接联系而用所有工人代替了（资本主义的）生产者的位置"①，可以实现对社会活动的自觉性指导。民主，即工业民主和政治民主。米勒颇为得意地认为，他的市场社会主义模式为实现真正的民主提供了最好的机会，"就民主特有的权利而言，这种工业民主具有两方面的价值：人们可以控制他们从事工作和生活的环境，这本身就是一件大好事；同时，它为更广泛的民主提供了训练和刺激的基础。"② 米勒把平等明确地看成是社会平等，社会平等又包含机会平等和收入平等。他认为，平等不是用诸如基尼系数那样的量的关系来衡量的，市场社会主义追求的平等不仅仅是经济上的平等，更重要的是"社会地位的平等"，即无阶级社会的那种平等。在合作制市场社会主义中，合作社内部成员之间、合作社与合作社之间存在着经济上的收入不平等，但这体现和反映了人们对经济活动所做贡献的大小，这种收入不平等是合理的，是不危及社会平等的。因为合作制的市场社会主义实现了"最低收入的平等，平等地利用由投资机构分配的资本，通过合作制度和生产性资源社会所有制的优点限制了市场产生的不平等。"③ 自由是由市场提供的。市场为人们提供了有效选择的自由，包括购买什么和在何处购买商品的选择自由，以及在何时工作和何处工作的选择自由。米勒认为，市场社会主义的"合作制"性质提高了共同体的程度，人们不仅在市场上存在着合作关系，而且在街邻、工厂、社会等不同层次上也都存在着合作关系。

合作制市场社会主义的重要机制则是：第一，资本所有权社会化，即企业对借贷资金没有完全的所有权，不能把它作为收入使用，也不能把它贷给别的企业。第二，企业民主控制，即企业以合作社形式存在，内部的管理结构是民主的，每个人都拥有平等的投票权，共同商定企业的决策。第三，国家调控经济，主要体现在：（1）调节资金。由国家设立的公共投资机构（银行）来完成。银行考虑多方面的因素，向现有的和新成立的合作社提供资金，以保持经济竞争，避免市场权力集中，维持就业的区域间平衡。（2）负责确定收入的最低水平额，以保证每个企业至少在短期内能够开通新生产线，能够进行正常的企业改组。（3）国家还要负责提供福利等公益事项。

可见，戴维·米勒的模式是以合作社作为企业的组织形式的，在企业内部实行

---

① Miler, David, "A Vision of Market Socialism: How It Might Work And Its Problems", Frank Roosevelt and David Belkin ed. "Why Market Socialism: Voices From Dissent", M. E. Sharpe, Inc., 1994, P. 250.

② Miler, David, "A Vision of Market Socialism: How It Might Work And Its Problems", Frank Roosevelt and David Belkin ed. "Why Market Socialism: Voices From Dissent", M. E. Sharpe, Inc., 1994, P. 252.

③ Miler, David, "A Vision of Market Socialism: How It Might Work And Its Problems", Frank Roosevelt and David Belkin ed. "Why Market Socialism: Voices From Dissent", M. E. Sharpe, Inc., 1994, P. 253.

广泛的经济民主，经济民主和国家指导协调起来，体现了民主价值和自觉控制目标的统一。在《市场、国家与社会：市场社会主义的理论基础》一书中，米勒强调，他的合作制市场社会主义模式至少可以实现四个目标，即"（1）发挥市场在生产和服务中的效率优势；（2）限制国家的经济作用，使民主管理切实可行；（3）保护工人自治，无论他们作为个人还是作为自我管理企业的成员；（4）实现初次收入分配的较大程度的平等（而不是依赖收入的再分配）。"[1] 针对西方学术界有关合作制市场社会主义模式缺乏效率的观点，米勒指出，就市场社会主义所设计的企业模式能够适用于现代化生产来说，它是有效率的；就市场社会主义有没有比当代资本主义更高的经济效率来说，市场社会主义优越于当代资本主义的地方首先在于民主、平等和自由，而不一定是效率。

---

[1] Miller, David, "Market, State and Community: Theoretical Foundations of Market Socialism", Clarendon, Oxford, Oxford University Press, 1989, P. 9.

第九章

马克思主义不发达政治经济学的发展

　　不发达政治经济学是 20 世纪马克思主义经济学发展的重要内容，是马克思主义政治经济学的重要组成部分。对不发达政治经济学的理论研究起始于 20 世纪 50 年代，巴兰对落后国家经济学问题的开创性地研究，是不发达政治经济学形成的重要标志。20 世纪 60 年代以后，德国经济学家弗兰克、巴西经济学家多斯—桑托斯和卡多佐、法籍希腊经济学家伊曼纽尔等，特别是埃及经济学家阿明对发展中国家经济发展问题的研究，丰富和发展了马克思主义不发达政治经济学。

第一节　巴兰对不发达政治经济学的开创性研究

　　第二次世界大战结束后，亚洲、非洲和拉丁美洲的一些经济落后的国家，取得了政治上的独立，其中一些国家按西方资本主义模式建立各自的资本主义社会制度；但是，在经济上，这些选择资本主义发展道路的国家，并没有摆脱原有的殖民地或半殖民地的经济结构。第二次世界大战的硝烟刚刚散去，这些落后国家因重新陷入经济发展困境而引起国内政局动荡不宁；在世界资本主义经济体系中，则出现了发达国家和落后国家之间的矛盾和冲突。第二次世界大战后不久，一些西方马克思主义经济学家就开始探寻落后国家经济发展道路的问题，试图建立专门研究落后的或不发达的资本主义经济关系的政治经济学理论。50 年代初，多布在印度德里大学经济学院的几次讲演中，就已运用马克思主义观点简要地探讨过不发达国家的经济发展道路问题。在这一理论形成中最有建树的，应该是美国的马克思主义经济学家保罗·巴兰。

　　1952 年，巴兰在当年《曼彻斯特学院学报》第 1 期上发表的《论落后问题的政治经济学》一文，对第二次世界大战后选择资本主义发展道路的那些落后国家经济社会发展状况做了分析，提出了关于不发达政治经济学的基本理论问题。几年后，他发表的《增长的政治经济学》（1957 年）一书，进一步对落后国家政治经济学问题做了较为系统的研究，为后来马克思主义不发达政治经济学的发展奠定了重要的理论基础。

一、落后国家引进发达国家资本现象分析

第二次世界大战后不久，落后国家在其经济社会发展中，都开始引进发达国家资本。巴兰认为，对这种现象应该做深入的分析，发达国家的资本之所以流向落后国家，"主要是为了从落后国家攫取利润"，而且"这些利润往往要占原投资产生的增值中的一大部分"；而由此造成的不发达国家国民生产总值的某些增长，也因既有分配方式的阻碍，使这些增值部分不可能用于提高广大群众的生活水平。因此，依靠这种方式发展起来的资本主义，不可能改善大部分落后地区全体居民的物质条件；相反，它还可能产生影响不发达国家社会和政治条件的某种因素，特别是"把这些国家的经济命运同变化无常的世界市场联系起来并使它们的命运和热病般忽上忽下的国际价格运动连在一起。"[①] 巴兰已经意识到，世界市场中发达资本主义国家在向落后国家输出资本时，对落后国家经济社会发展有着强大的制约。从世界资本主义整体关系上来看，落后资本主义国家社会经济的发展，依附和受制于发达资本主义国家。

巴兰并不否认，在引进发达资本主义资本和经济关系过程中，也存在着"以资本主义市场的合理性全面替代僵化的封建或半封建奴役状态"的现实，这是"走向进步的一个重大步骤"。但是，即使是这种"进步"，也是以落后国家人民群众的巨大牺牲为代价的。这主要表现在两个方面：一方面，这种"进步"并没有约束封建领主对本国人民群众的剥削，相反，却使人民群众受到了原有的"古老压迫"和现有的"商业压迫"的"双重的剥削"；另一方面，发达国家的资本输出，使代表先进工业的现代机器和产品进入了贫困不堪的世界后院，结果是"资本主义的财富、现代工业文明的丰富物资挤满了橱窗——它们被铁丝网拦着，以防大街上忍饥挨饿和处于绝境的人们去急迫夺取。"[②] 社会的两极分化依然如故，甚至还变得更加严重。

---

① 巴兰：《论落后问题的政治经济学》，引自查·维尔伯编：《发达与不发达问题的政治经济学》，中国社会科学出版社 1984 年版，第 129 页。

② 巴兰：《论落后问题的政治经济学》，引自查·维尔伯编：《发达与不发达问题的政治经济学》，中国社会科学出版社 1984 年版，第 129 ~ 130 页。

二、落后国家对西方式资本主义体制选择的问题

在对落后国家建立西方式资本主义体制问题的分析中，巴兰指出，当时，一些不发达国家的青年知识分子到了西方社会之后，也把西方社会的某种"有所作为的信息"带回了祖国，并设想在自己国家建立起西方式的资本主义体制。在巴兰看来，在当代资本主义世界经济和政治格局中，不发达国家建立西方式资本主义体制的可能性"已经完全消失"。这是因为，这些不发达国家不存在一个能够担负起建立这种体制重任的资产阶级；不发达国家的资产阶级"只能顺应现存的秩序。他们生活在以特权为基础的社会里，但求分得一碗现成的饭。他们在政治和经济上都要同国内封建领主或强大的外国投资者打交道，过去一百年间在落后地区发展起来的那些工商业都已迅速地被纳入垄断集团……的控制之下。其结果是，产生了一种封建主义和资本主义这两种世界的劣点兼而有之的政治经济混合体，而且有效地堵塞了经济增长的一切可能性。"[①] 巴兰试图运用马克思主义的阶级分析方法，从对不发达国家资产阶级的历史地位和现实存在的分析，说明这些国家的资产阶级已经完全不同于发达国家的资产阶级在历史所处的那种环境和地位。在巴兰看来，现今落后国家的"贫弱的"资产阶级，只能选择与国内封建主义妥协的，同时又屈从于国外垄断资本的那种"混合的"政治体制和经济体制。

巴兰认为，落后资本主义在既有的政治经济体制下，"不可能走向进步的经济发展"；可能出现的只是以下一些结果：其一，社会两极分化现象的严重扩展，即"由于收入（以及财富）总额极小，分配又极不平均，因此超出经常消费'合理'需要的高额个人收入就必定只存在于一小批高收入者之中"。其二，"上等阶层"中的富裕的企业家，则极力追求高消费，急于"以富裕生活的阔绰开支来表明自己的社会地位（以及政治地位）在统治联盟中并不低于他们的寡头伙伴。"这种极度的消费膨胀，使得"他们进行积累和扩大企业的努力不断被上述急迫的愿望所妨碍"。其三，可供投资的资金的短缺，再加上有限的投资只愿进入周转快、风险小、利润高的部门，必然导致基础产业、基本设施建设的萎缩和畸形发展；这样，"任何市场经济和利润支配的经济中都存在的那种社会合理性和个人合理性之间的矛盾，在不发达国家中就特别突出"。其四，农业投资的长期性使其处于和基本设施建设投资相似的命运，即在不发达国家"用于农业的这

---

① 巴兰：《论落后问题的政治经济学》，引自查·维尔伯编：《发达与不发达问题的政治经济学》，中国社会科学出版社 1984 年版，第 131 页。

类投资正如用于工业的这类投资一样，对私营企业是没有吸引力的"。农业经济的落后状态，必然对不发达国家的经济发展产生极为不利的影响。其五，所有这一切，最后必然使生活在这一社会中的成员，其中也包括那些"统治集团中比较开明和了解下情的成员"，都会感受到现存的政治和社会秩序中固有的不稳定性；"在这种气氛下，有钱人就不愿意进行投资；在这种气氛下，人们对长期计划丧失了热情；在这种气氛下，社会上一切有权势的人们的座右铭就是'今朝有酒今朝醉'。"① 显然，巴兰的这些结论，尽管是针对第二次世界大战结束后不发达国家的某些经济现实而言的，但他所指出的一些现象，至今仍存在于一些不发达的资本主义国家中。

三、关于落后国家经济增长目标问题

追求经济的快速增长，是第二次世界大战后落后国家面临的最为紧迫的任务和要求。巴兰对经济落后国家利用政府的力量达到经济增长目标问题做了分析。面对不发达国家社会经济发展的现状，当时就有人提出利用政府的力量来改变这一状况的设想。巴兰认为，人们如果只相信国家有权控制一切，而不去分析国家的性质、社会结构及其政治、经济功能，或许会对上述问题做出肯定的答复；但是，如果深入地探讨一下这些国家的基本性质、社会结构，以及与此相适应的政治、经济功能，得出的必然是否定的结论。在巴兰看来，如果认为不发达国家中存在的政治和社会"虚弱"的现象，仅仅是因为现政府中缺乏"称职和诚实的官员"和令人满意的税收政策等等，那就"没有触及问题的根子"；实际上，真正的原因在于"当权政府的政治和社会结构"，这就是说，"不能指望控制大多数不发达国家命运的有产者阶级联盟来制定和执行一套违反他们全体切身的既得利益的措施"，也不可能指望"为的是保卫和支持现存的财产权和种种特权"的政府，可能制定一套政策"来摧毁阻挡经济进步的特权并把财产及其收入用来为全社会服务"。②

巴兰认为，现存的经济落后的资本主义国家，要走上经济发展和社会进步的道路，就必须对现有的政治结构进行"激烈的整顿"；其间，必须依靠人民的力量、开明政府和外国无私援助的"共同努力"，务必"扫除已经死亡的时代所留

① 巴兰：《论落后问题的政治经济学》，引自查·维尔伯编：《发达与不发达问题的政治经济学》，中国社会科学出版社1984年版，第134~135、137~138页。
② 巴兰：《论落后问题的政治经济学》，引自查·维尔伯编：《发达与不发达问题的政治经济学》，中国社会科学出版社1984年版，第141、142页。

下来的体制，必须变革不发达国家的政治和社会气氛，还必须使国家充满事业性和自由的新精神"等等。他更强调的是，落后国家的现实发展将证明，它们"必然会走向经济计划和社会集体主义"、必将形成"集体力量的气质、主张社会利益高于少数人利益的信念"等等。① 实际上，巴兰把当时的社会主义经济和政治体制，当做是落后资本主义国家发展的前途。

一种新的理论观点的提出，总和那一时代发展的现实有着直接的关联。巴兰对落后资本主义国家的政治经济学理论的最初探讨，是同第二次世界大战结束后不发达资本主义国家社会经济发展的现实密切地联系在一起的。他所提出的一些理论观点，对后来在西方国家马克思主义研究中兴起的不发达政治经济学理论的发展，产生了极为重要的影响。巴兰的《论落后问题的政治经济学》一文，一直被看做这一理论发展的"开拓性"的文献。

第二节　弗兰克的"不发达的发展"理论

原联邦德国经济学家安德列·冈德·弗兰克（Andre Gunder Frank）在1963年前往巴西任巴西利亚大学客座教授时提出的"不发达的发展"的理论，开创了"依附理论"的先河。弗兰克"不发达的发展"理论集中体现在《不发达的发展》（1966年）、《资本主义与拉丁美洲的不发达》（1967年）、《拉丁美洲：不发达或革命》（1969年）、《买办资产阶级：买办的发展》（1972年）和《依附的积累和不发达》（1979年）等著述中。

一、关于"不发达"与"未发展"

在巴西利亚大学任客座教授期间，弗兰克考察了巴西、墨西哥、阿根廷等国家几个世纪以来的经济史和社会史，认为对殖民地和不发达国家历史的无知，易于使人得出不发达国家的现状就是发达国家早期状况的错误结论。实际上，这种结论是对世界资本主义体系的"发达"与"不发达"状况的一种曲解。"不首先了解清楚占世界人口大多数的不发达地区居民过去的经济史和社会史如何造成他们现在的不发达状态，就不可能指望为他们制订适当的发展理论和政策。"② 在

---

① 巴兰：《论落后问题的政治经济学》，引自查·维尔伯编：《发达与不发达问题的政治经济学》，中国社会科学出版社1984年版，第143~144页。
② 弗兰克：《不发达的发展》，引自查尔斯·维尔伯：《发达与不发达问题的政治经济学》，中国社会科学出版社1984年版，第145页。

这一基础上，弗兰克针对第二次世界大战后到 20 世纪 60 年代中期拉丁美洲社会经济发展的现实，提出了与当时西方主流经济学大相径庭的观点，认为发展中国家在对西方发达资本主义国家的依附状态下，社会经济发展实质上是一种"不发达的发展"。

弗兰克认为，在对发展中国家社会经济发展问题做出阐释时，必须要严格区分"不发达"与"未发展"的不同含义。"未发展"应该是指发展以前的阶段，"不发达"则应指在世界资本主义体系中由于西方发达资本主义剥削和控制而被扭曲了的发展，它既不是指发展的"初始"阶段，也不是指发展的"传统"阶段。从西方发达资本主义国家来看，它们曾经经历过"未发展"阶段但绝没有经历过"不发达"阶段。

弗兰克从世界资本主义体系中的"宗主—卫星"结构关系上，对"不发达"与"未发展"问题做了进一步的解释。他认为，"宗主—卫星"的结构，就是"从欧洲或美国的宗主中心直到拉丁美洲最遥远的边区村落的整个体系的各个部分。"在这个体系中，"宗主"剥削着"卫星"，致使"卫星"所产生的发展，不过是一种"不发达的发展"或"卫星式的发展"①。在这个体系中，"不发达"脱离了"未发展"阶段但却陷入了由"宗主—卫星"结构而产生的依附性阶段。弗兰克承认，在世界资本主义体系的"宗主—卫星"结构中，拉丁美洲一些国家在第二次世界大战后曾实现了经济的较快增长和工业化的迅速发展，曾有过一段"也许可以称之为经济发展的经历。"但是，那只不过是一种"卫星式的发展"，充其量也只能说是"不发达的发展"。例如，巴西的工业化城市圣保罗，"最初的发展虽然是比较自主的，但世界资本主义宗主中心却正在使它越来越卫星化，它未来发展的可能性也越来越受到限制，而且它的发展只要处于'宗主—卫星'结构中，那么它注定是一种'不发达的发展'，不可能有真正的发展。"②

二、关于"不发达的发展"产生的根源

通过对拉丁美洲一些国家历史的考察，弗兰克认为，发展中国家的"不发达的发展"这种状况，并不是由它们旧有的体制的缺陷和资本的匮乏所造成的，而是由发达的宗主国和不发达的卫星国之间过去和现在的经济关系及其他关系的发

---

① 弗兰克：《不发达的发展》，引自查尔斯·维尔伯主编：《发达与不发达问题的政治经济学》，中国社会科学出版社 1984 年版，第 148 页。

② 弗兰克：《不发达的发展》，引自查尔斯·维尔伯主编：《发达与不发达问题的政治经济学》，中国社会科学出版社 1984 年版，第 151 页。

展所造成的。由于发达的宗主国和不发达的卫星国之间过去和现在的经济关系及其他关系是世界资本主义体系结构的主要组成内容，因而发展中国家的"不发达的发展"状况归根到底是由世界资本主义体系所造成的。

弗兰克进一步从世界资本主义体系中存在的"三个矛盾"方面探讨了发展中国家"不发达的发展"状况由世界资本主义体系所造成的问题。这"三个矛盾"方面是指：经济剩余被攫取与占有经济剩余之间的矛盾；"宗主"和"卫星"之间的两极分化的矛盾；在世界资本主义体系"宗主—卫星"这一既定结构中的"变化的持续性"的矛盾。弗兰克强调，在垄断占统治地位的世界贸易格局中，必然会出现宗主国向卫星国攫取经济剩余的结果。宗主国对卫星国的这种剥削关系以链条方式存在于资本主义整个世界层次上，如宗主国—卫星国的链条，也存在于发展中国家社会内部，如卫星国大城市—中小城市，中小城市—边区村落等链条。这种"宗主—卫星"的链条关系，使世界资本主义体系内部的每一个环节都紧密联系，使西方发达的宗主国把控制力量渗透到每个卫星国及卫星国的边区村落，使卫星国的大部分甚至全部经济剩余都源源不断地流向宗主国，卫星国表现为"一种工具"，即"它从自身的卫星榨取资本或经济剩余，并且把其中的一部分输送到一切都成为其卫星的世界性宗主中心去"①。"因此，在每一链条环节上，国际的、民族的和地方的资本主义制度，给少数宗主带来了经济发展，给多数卫星带来了不发达。"② 总之，卫星国的"不发达的发展"，既表现了不发达的深化，也表现了卫星国从属于宗主国需要的畸形的经济、社会、政治和文化结构。

弗兰克以巴西和智利为例，说明了自早期殖民历史开始以来，巴西和智利不仅被纳入世界资本主义体系的结构和发展之中，而且还被引入资本主义垄断性的"宗主—卫星"结构之中，致使它们在丧失潜在的投资能力、放慢经济增长的速度、加深贫困化的同时，还出现了国内经济、社会和政治结构的畸变，因为资产阶级充当宗主国在卫星国的代理人，积极维持"宗主—卫星"结构，推进了卫星国"经济、社会和政治生活中的不发达的政策"。因此，弗兰克指出："当代的不发达就是依附这一同样的基本过程的继续，就是经济和阶级结构转化的继续，就是已在拉丁美洲的全部历史过程中发挥作用的买办资产阶级的不发达政策的继续。"③

---

① 弗兰克：《不发达的发展》，引自查尔斯·维尔伯主编：《发达与不发达问题的政治经济学》，中国社会科学出版社 1984 年版，第 148～149 页。

② Andre Gunder Frank, Capitalism and underdevelopment in Latin America, Monthly Review Press, 1969, p. 8.

③ 弗兰克：《买办资产阶级：买办的发展》，每月评论出版社 1972 年英文版，第 92 页。

弗兰克还认为，只要世界资本主义体系存在，"变化的持续性"就会被再生产和维持下去。"变化的持续性"指的是，世界资本主义扩张的历史过程中，宗主国对卫星国的统治和剥削形式虽然发生了变化，但这种统治和剥削却一直持续存在的状况，这种"变化的持续性"，必然造成世界资本主义体系中发达和不发达对立的两极。在弗兰克看来，发达和不发达实质上是世界资本主义体系中不可分割的两个部分，它们是"辩证地矛盾的资本主义经济结构和过程的产物。"①因此，不仅发达与不发达并存的状况是世界资本主义体系发展的历史产物，而且不发达国家内部落后的和封建的地区的不发达与较为进步地区的资本主义并存的状况，也是世界资本主义体系发展的历史产物。

三、对摆脱"不发达的发展"的探索

在发展中国家怎么摆脱"不发达的发展"状况问题上，弗兰克从拉丁美洲国家经济发展的历史角度，提出了"只有割断发展中国家与发达资本主义国家之间的经济联系，发展中国家才有可能摆脱发达资本主义国家的剥削和控制，走上独立自主发展工业道路"的观点。

弗兰克认为，发展中国家的历史已经证实，当今最不发达和最为封建的国家或地区，就是过去与宗主中心联系最为紧密的国家或地区。例如，西印度群岛、巴西东北部、巴西米纳斯吉拉斯州、秘鲁高原等等地区，在几个世纪前就参加了世界资本主义体系的发展，受着宗主中心的控制和剥削。因此，这些地区在自己工业发展的"黄金时代"，就已形成了一种典型的"资本主义出口经济的不发达结构"。由于受这种不发达结构的扼制，这些地区不可能独立自主地发展经济，只能处于极端不发达的状态。换句话说，只有在卫星国同它们的宗主中心处于最微弱联系的时期，才是其经济上最为发展的时期。在两次世界大战和介乎其间的经济大危机时期，由于宗主和卫星之间的贸易和投资联系的放松，卫星国如阿根廷、巴西、墨西哥、智利等的工业发展就有了明显的增长。因此，弗兰克的结论就是：只有消灭世界资本主义体系，割断卫星国与宗主国之间的经济联系，卫星国才有可能最终摆脱宗主中心的控制，摆脱"不发达的发展"状况。尽管弗兰克后来也看到世界经济发展中各国经济联系的密切性，但他仍坚持经济联系越密切，发展中国家"不发达的发展"状况就越深化的观点。

弗兰克的理论研究是以反对纯粹经验主义的分析方法为基础的。他认为，许多人只研究发达的宗主国而很少注重研究殖民地和不发达地区。因此，迄今为

---

① Andre Gunder Frank, *Capitalism and underdevelopment in Latin America*, Monthly Review Press, 1969, p. 9.

止，大多数有关发展政策的理论著述和手册所汲取的完全是来自欧洲和北美先进资本主义国家的历史经验。在对拉丁美洲发展问题的研究中，不少人都采取了纯粹经验主义的分析方法，试图以欧美历史研究的经验为基础，提出拉丁美洲的发展理论和政策，对此弗兰克坚持认为，由于殖民地和不发达国家的历史经验与它们大不相同，因而现有的理论完全不能反映世界上不发达地区的过去和现在。弗兰克的理论研究也是以反对拉丁美洲学者的"二元结构论"为基础的。拉丁美洲一些学者在对造成不发达原因的研究中，提出了"二元"的社会和经济模式，即发展中国家的社会经济分为两大单元：一部分是现代的、资本主义和相对发达的社会经济，这是与"外部"资本主义世界具有密切联系的部分；一部分是封建的或者是前资本主义因而是比较不发达的社会经济，这是资本主义未触及的部分。弗兰克以大量的史实证明，拉丁美洲的大多数国家自 16 世纪以来，就已全部纳入了世界资本主义体系的结构和发展中，根本不存在什么未被触及的部分。正是世界资本主义的发展过程造成了拉丁美洲的不发达，拉丁美洲的每个地区在各自的黄金时代都曾有过一段也许可以称为经济发展的经历，但那是一种"不发达的发展"，它既不是自生的，也不可能长存。

弗兰克的"不发达的发展"理论也存在明显的不足。例如，他对发展中国家"不发达的发展"状况产生原因的阐释具有片面性。实际上，造成发展中国家"不发达的发展"状况产生的原因既有外部的也有内部的，更重要的在于国内经济结构畸形化的内部原因。他对发展中国家摆脱"不发达的发展"状况出路的阐释也过于绝对化，因为在世界经济结构中，在发展中国家经济发展越来越和整个世界经济的发展紧密联系之际，发展中国家要走彻底割断与发达资本主义国家经济联系的道路是很不现实的。

第三节　多斯—桑托斯的"依附的结构"理论

巴西经济学家西奥东尼奥·多斯—桑托斯（Theotonio Dos-Santos）在 20 世纪 60 年代末开始对不发达政治经济学问题进行研究，他提出的"依附的结构"的理论，对马克思主义不发达政治经济学的发展产生了重要的影响。他的"依附的结构"的理论集中体现于《发展理论的危机与拉丁美洲的依附问题》（1969 年）、《依附的结构》（1970 年）、《帝国主义与依附》（1978 年）等著述中。

一、对"依附"含义的理解

20 世纪 50 年代以后，"依附"是研究发展中国家与发达资本主义国家之间经济关系的一个重要概念。对这一概念做出全面阐释，成为研究发展中国家社会经济发展问题的重要理论基础。多斯—桑托斯认为，"依附是这样一种状况，即一些国家的经济受制于它所依附的另一国经济的发展和扩张。两个或更多国家的经济之间以及这些国家的经济与世界贸易之间存在着互相依赖的关系，但是结果某些国家（统治国）能够扩展和加强自己，而另外一些国家（依附国）的扩展和自身加强则仅是前者扩展——对后者的近期发展可以产生积极的和/或消极的影响——的反映，这种相互依赖关系就呈现依附的形式。不管怎样，依附状态导致依附国处于落后和受统治国剥削这样一种总局面。"① "依附" 是世界资本主义扩张的结果。发达资本主义国家通过资本输出在发展中国家获取利润和利息，增加了国内的经济剩余总量，加强了对发展中国家的经济控制；对发展中国家来说，则意味着大量经济剩余的流失，发展中国家内部生产、流通和文化等的潜力受到极大限制。因此，"依附" 就是 "不平等"，就是对 "不平等" 的深化。

多斯—桑托斯关于 "依附" 概念的阐释具有四个重要特点：第一，"依附" 并不像人们所认为的是一个 "外部因素"，而是解释发展中国家历史的一个根本性因素，是对发展中国家内部结构特点的重要反映。第二，"依附" 是一个囊括政治、经济、文化等多方面内容的总体概念，它既是指发展中国家对发达资本主义国家的经济隶属关系，也是指发展中国家对发达资本主义国家的政治、文化、社会等方面的隶属关系。第三，"依附" 体现的是发展中国家与发达资本主义国家之间的不平等关系，它既是发展中国家不发达状况存在并持续存在的一种表现形式，也是发展中国家对发达资本主义国家隶属关系存在并持续存在的重要原因之一。第四，发展中国家对发达资本主义国家的 "依附"，是世界资本主义经济的一个必要的结构性因素及有机组成部分。

多斯—桑托斯坚决反对发达资本主义国家利用 "新殖民主义" 手段，控制和剥削发展中国家，坚定地认为发展中国家必须要走适合自身特点要求的发展道路，因此，他强调，对 "依附" 概念做出阐释是很重要的，它为分析发展中国家的现状，探讨发展中国家陷入发达资本主义国家依附的原因，寻求发展中国家走出依附的道路奠定了理论基础。

二、对新的依附结构形式的探索

以对发展中国家的历史考察为基础，多斯—桑托斯在区分了发展中国家历史上出现过的三种依附结构形式之后，对 "新的依附结构形式" 做了系统分析。

---

① 多斯—桑托斯：《帝国主义与依附》，社会科学文献出版社 1992 年版，第 310 页。

发展中国家历史上出现过的三种主要依附结构形式是：第一，殖民地型依附。多斯—桑托斯认为，这是商业资本、金融资本与殖民地国家相结合，通过对发展中国家的贸易垄断，进而对土地、矿业和人力进行殖民垄断的过程。这一过程反映了发达资本主义国家与殖民地国家之间的经济关系。第二，金融—工业型依附。多斯—桑托斯把这种形式看成是发展中国家依附于发达资本主义国家的资本，从而致力于生产出口产品（原材料和农产品）的"外向型发展"的过程。第三，技术—工业型依附。多斯—桑托斯把这种形式归结为发展中国家工业发展时期，工业发展上在技术、外贸等方面依附于发达资本主义国家的过程。在发展中国家历史上之所以会产生这三种形式的依附结构，在多斯—桑托斯看来，原因主要有三个：一是发展中国家处于有着自己发展规律的世界经济的基本形式之中；二是发达资本主义国家在不断地向外扩张；三是发展中国家内部的经济关系已成为由发达资本主义国家向外扩张的形式所构成的世界资本主义体系中的依附状况的一部分。

在这三种主要的依附结构形式中，技术—工业型依附形式是发展中国家现今的一种依附结构形式。多斯—桑托斯认为，从历史进程的角度来看，技术—工业型依附形式是一种新型的依附，是一种"新的依附结构"形式。这种新的依附结构形式的特点就是跨国公司的技术—工业型统治。多斯—桑托斯从两个方面分析了"新的依附结构"形式对发展中国家的影响。

第一，"新的依附结构"形式对发展中国家的经济发展产生了"结构性束缚"。多斯—桑托斯认为，"新的依附结构"形式对发展中国家经济发展产生的"结构性束缚"主要表现在：它使发展中国家的工业发展依赖于出口部门创汇以购买工业部门所需要的投入品，从而从经济上限制了国内经济的发展，从政治上维持了传统的和堕落的寡头政治集团的统治；它使发展中国家的工业发展在很大程度上取决于外贸收支平衡的状况，发展中国家的对外贸易关系使得外国资本严重控制了它们最有活力的经济部门，从而使大量的经济剩余流往国外，导致了整个国际收支平衡表上出现巨大的赤字，限制了对工业化所需的产品和原料的进口；它使发展中国家的工业发展严重受到发达资本主义国家对技术垄断的制约，从而造成发展中国家在工业发展中不得不使用发达资本主义国家中被先进技术替换下来的机器，以受到发达资本主义国家的剥削和掠夺。

第二，"新的依附结构"形式对发展中国家的生产体系产生了重要影响。多斯—桑托斯认为，发展中国家的生产体系基本上是由这些国家在世界资本主义体系中所具有的地位决定的；世界资本主义体系的"中心—外围"结构的不平等性在发展中国家内部以极其尖锐的形式再现出来，造成了国内"大都市"中心和"落后地区"外围的结构，发展中国家内部产生了不平等的生产结构、收入的高

度集中、对现有设备的利用不足等状况，从而决定了发展中国家的发展是一种
"以依附为特点的发展"。

三、新的依附结构产生的原因与走出依附的途径

多斯—桑托斯认为，西方经济发展理论是以维护发达资本主义国家的利益为
出发点的，尽管它也承认发展中国家存在着"依附"现象，但是，它并不能真正
地理解发展中国家不发达的现状及根源，却把发展中国家的不发达看做是仿效发
达资本主义国家高效率步伐过于缓慢而造成的一种"失效"现象。因此，多斯—
桑托斯强调，只有站在发展中国家的立场上，维护发展中国家的民族利益，充分
认识发展中国家的经济发展是在国际经济关系和国内经济结构制约下进行的这一
事实，才能真正理解发展中国家所发生的"新的依附结构"形式的现状，才能真
正理解发展中国家不发达的根源，以及发展中国家在世界资本主义体系中所处的
地位。

尽管多斯—桑托斯对"新的依附结构"形式产生的内部和外部原因没有做深
入细致的分析，但是，他对"新的依附结构"形式产生原因的这种内部与外部结
合的分析方法，对研究发展中国家社会经济发展理论是有着很重要的现实意义
的。正是因为多斯—桑托斯所采用的这种分析问题的方法，才使他提出了发展中
国家如何才能摆脱"新的依附结构"形式、走出依附的正确方式。

多斯—桑托斯认为，发展中国家"以依附为特点的发展"具有再生产的特
征，它再造了贫困和苦难，导致了国际收支赤字的累进增加，从而在更大程度上
再造了依附和剥削。联合国拉丁美洲经济委员会、联合国贸易和发展会议、美洲
开发银行等组织所提议的政治解决办法，是难以消灭这种依附性再生产的，如果
发展中国家的内部结构和对外关系不发生质的变化的话，发展中国家也就无法摆
脱它们对发达资本主义国家的依附。因此，发展中国家要走出依附，就必须变革
它们参加国际体系的方式和国内的经济结构。如何才能变革发展中国家参加国际
体系的方式和国内的经济结构呢？多斯—桑托斯并没有做出明确而具有实际意义
的阐释，但是，在当时他能如此尖锐地对发展中国家走出依附的途径做这样的分
析，在发展中国家的马克思主义者中却是不可多得的。与此同时，多斯—桑托斯
还是提出了"社会主义革命是先决条件"的重要论断。

1985年，多斯—桑托斯在《社会主义：理想和历史实践》一文中，从世界
发展的角度，比较充分地阐述了进行社会主义革命的思想。他认为，第二次世界
大战以后所出现是每一次新的社会主义革命，都有它自己的特点和现实性，而这
种特点和现实性都是以它开始社会主义革命时的出发点和具体历史条件为根据

的。发展中的资本主义国家要进行社会主义革命，也必定有其自身的特点和现实性。在 21 世纪前叶，社会主义肩负着艰难而又复杂的重任，必须把发展中国家陷入贫困的人民群众提高到当代文明的水平，必须从道德和文化上去拯救那些现在仍在遭受压迫的文化、民族和种族集团，把它们统一和融合进全球文明中，必须保证现代社会在新的全球和宇宙的现实中吸收、发展和规划科技革命的手段或方法，必须保障人类的和平，保证作为集体和个体的人类获得解放的途径，必须在地球上确立一种新的人类价值尺度，为人类新的历史时代的开端奠定基础。[①]多斯—桑托斯坚信，社会主义是对作为世界共同体的人类充分发展的体现和表达，它必定是世界发展的方向，毫无疑问，也是发展中的资本主义国家发展的方向。

第四节　卡多佐的"依附的发展"理论

巴西经济学家费尔南多·恩里克·卡多佐，1994 年曾当选为巴西总统。自 20 世纪 60 年代以来，卡多佐一直关注着发展中国家的社会经济发展问题，"依附的发展"是他提出的最为显著的理论观点。卡多佐在《拉丁美洲是依附和发展》（1961 年，与法莱托合著）、《政治发展与社会依附》（1971 年）、《拉丁美洲是依附和发展》（1972 年）、《结合的依附的发展》（1973 年）等著述中详尽地阐释了"依附的发展"理论。

一、"依附的发展"的含义及其动态过程

卡多佐针对第二次世界大战后拉丁美洲社会经济发展的事实，运用马克思主义关于不发达问题的基本论述，特别是列宁关于帝国主义理论的有关论述，对拉丁美洲社会民族经济所具有的依附性和经济发展并存的现实做了较为深入的分析。

卡多佐首先概述了第二次世界大战后 20 余年间帝国主义经济扩张的特征。他认为，在资本主义发展中，国际垄断资本在世界经济领域中占据统治地位，国家、军队和一切基本的社会、政治机构的建立等政治和历史的因素，必然产生经济扩张，而这种以经济扩张为特征的国际垄断资本是资本主义生产方式的一种新形式。在帝国主义的经济扩张中，当代拉丁美洲国家的政治、经济关系尽管发生

---

① 多斯—桑托斯：《社会主义：理想和历史实践》，引自米洛斯·尼科利奇编：《处在 21 世纪前夜的社会主义》，重庆出版社 1989 年版，第 253～254 页。

了许多重要的变化，但是，列宁揭示的帝国主义时代的一些重要特征，如拉丁美洲国家的国内市场在帝国主义经济扩张初期有限制地扩大、工业部门并非有意义地扩大、对国外的金融依附大量增长、原材料构成了出口经济的基础等并未消灭。对认识当代拉丁美洲社会经济发展的根本性质来说，列宁关于帝国主义的基本论述仍然具有新鲜的活力。

在此基础上，卡多佐认为，在当代发展中国家社会经济发展过程中，"依附"与"发展"是同时并存的。发展中国家的经济既具有"依附"的性质，同时也具有"发展"的特点，当前陷入了"依附"困境的发展中国家，其社会经济的发展尽管会遭到一定的损失，并在一定程度上受到发达资本主义国家的牵制，但是，这种损失又同以前没有外国资本投资时的损失相比要小得多，这种受牵制的经济在总体上仍然是发展的。发展中国家社会经济的这种"依附的发展"，是当代资本主义垄断扩张的一种新形式。

针对弗兰克的"不发达的发展"观点，卡多佐认为，弗兰克只是考察了发展中国家的"发展"与"垄断"的并存，没有考察发展中国家的"发展"与"依附"的并存，因而他所得出的"不发达的发展"结论是毫无意义的。因为"不发达的发展"理论忽视了"依附"与"发展"的同时并存，忽视了现在正由跨国公司左右的拉丁美洲国家工业化的结构动态，否认了在拉丁美洲国家中还存在着实现独立的、自治的工业化的可能性。因此，卡多佐强调，在对发展中国家同时并存的"发展"、"垄断"、"依附"三者状况考察之后，得出的"依附的发展"结论才是有意义的。[①] 卡多佐关于发展中国家社会经济发展的"依附性"和"依附的发展"的区分，改变了以往那种发展中国家社会经济发展只具有依附性的笼统提法，为发展中国家在世界资本主义体系范围内寻求发展提供了一条新的思路。

发展中国家社会经济的"依附的发展"过程是一个动态的过程。他认为，在传统的依附模式中，"依附"和"发展"处在一种绝对对立的关系之中，"依附"扼制了"发展"，求得发展就必须摆脱依附。但是，巴西国内社会经济发展的状况表明，"依附"和"发展"不是绝对对立的，是有可能实现有机结合的，即形成一种"结合的依附的发展"。这种"结合的依附的发展"的根源就在于，发展中国家社会经济中形成了外国资本、国家资本和国内私人资本三者的"联盟"。

在卡多佐看来，外国资本、国家资本和国内私人资本三者"联盟"的出现，与国际资本主义垄断组织的变化以及由这一变化引致的新的国际分工有着密切的联系。国际资本主义垄断组织变化的最显著的特点就是跨国公司的形成和迅速发

---

① 卡多佐：《拉丁美洲的依附和发展》，载于《新左派评论》1972 年（7—8），第 89 页。

展。当跨国公司控制并渗透于发展中国家经济时，新的国际分工就会对发展中国家的国内市场产生重要影响。在一定程度上，跨国公司的利益同发展中国家内部的经济利益有可能会趋于一致。外国资本、国家资本和国内私人资本三者"联盟"的出现，也有助于发展中国家社会经济的发展。从巴西的社会经济发展状况来看，那些在制成品和出售给城市中的中上层阶级的消费品上进行大量投资的外国资本，不再像"古典的帝国主义时代"那样，只满足于"损益相抵的简单的剥削形式"，而是极力使外国资本的投资与发展中国家关键部门的经济迅速发展相联系。在这种情况下，一方面，发展中国家的社会经济发展就要依靠同跨国公司掌握的金融组织和市场的联系。卡多佐由此得出结论：在外国资本、国家资本和国内私人资本三者联盟的特定环境中，"依附"和"发展"是有可能实现有机结合的。

卡多佐认为，在"结合的依附的发展"模式中，国内私人资本不可能抗拒外国资本而发展，因为如果国内私人资本不与跨国公司进行成功的"联盟"，它就存在着被取代的危险。因此，从所有与国际化部门相联系的环节如农业、商业、财政、工业资产阶级，以及被国际化部门所雇用的大部分工人阶级和中产阶级，有可能从"结合的依附的发展"模式中受益角度来看，外国资本、国家资本和国内私人资本这三个不同集团之间的关系是可以互相协调的。尽管卡多佐对发展中国家的"依附的发展"做了比较详尽的分析，但是，他却没能对"依附的发展"中外国资本、国家资本和国内私人资本三者之间"联盟"的确切含义、三者之间冲突和协调的程度问题做出论述。

二、"依附的发展"与"中心—外围"结构

发展中国家"结合的依附的发展"模式的形成表明，在发展中国家中，外国资本、国家资本和国内私人资本三者之间的"联盟"，并没有根除"中心—外围"结构的发达资本主义国家与发展中国家之间的矛盾。国际性的资本控制权仍然掌握在发达资本主义国家手中，跨国公司仍然控制着发展中国家的工业化结构；国际间的不平等交换依然存在，大量的经济剩余依然从外围国家源源不断地流向了发达资本主义国家。正如卡多佐在1977年发表的《美国的依附的消费理论》一文中所说的：当我们审视"结合的依附的发展"与"中心"之间的关系时，不难发现那种建立在不均等的财富、不平等的国际间经济剩余的剥削，以及被"中心"垄断了的制成品部门等基础上的国际分工仍然持续不变。

同时，卡多佐也认为，随着一些发展中国家"结合的依附的发展"模式的出现，"中心—外围"结构也会发生层次上的变化。因为"结合的依附的发展"模

式虽然不改变外围国家的依附的经济结构，但它可以改变一些外围国家在世界资本主义体系中的地位。从发展中国家的情况来看，并非所有的发展中国家都能实现"结合的依附的发展"模式。在当代，一些发展中国家仍然处于依附的不发达状态中，但是，像巴西、墨西哥、阿根廷等一些拉丁美洲国家却已进入了"依附的发展"的行列，而这些已经实现了外国资本、国家资本和国内私人资本"联盟"的发展中国家，在世界资本主义体系中的地位就有所提高。卡多佐断言：不发达经济经过"依附的发展"过程，最终会使古老的、寡头的、独裁的结构发生重大的变革，使土地占有权和传统的不发展模式发生重大的变革。随着发展中国家"依附的发展"的进一步深入，经济发展程度将会越来越高，经济结构的依附性将会越来越低，从而过渡到独立的发展阶段。显然，卡多佐的这些论述具有一定的合理性，但是，他并未对如何利用依附使发展中国家的社会经济从"依附的发展"进一步过渡到独立发展的问题做出理论上的分析和实证上的考察。

三、"依附的发展"与社会、政治的关系

卡多佐认为，"依附的发展"同发展中国家内部的社会、政治存在一定的关系。他通过对这种关系的分析，揭示了发展中国家内部阶级关系的实质。在卡多佐看来，发展中国家的工业化首先带来的是"群众的出现"，城市工人团体如果在一个较开放的政治制度中组织起来，就有可能成为一支强大的政治力量登上社会舞台。工业化并没有给国内工业资产阶级以政治上的控制权或经济上的独占权，国内的私人资本家并不掌握任何政治组织，他们的地位和特权完全取决于他们和其他阶级团体结盟而形成的相对能力。然而，实际上，国内私人资本宁愿同外国资本联合，依靠"适应主义"的政治联盟来保住他们自己的市场地位，也不愿通过与其他阶级结盟直接地获取国家权力。因为他们作为外国资本的一个"低级合作者"，仍然是"直接的受益者"。卡多佐相信，期望工业资产阶级率先"抗拒外国资本的渗透是很不现实的"，民族主义的大旗只能由也应当由工业无产阶级来高举。①

卡多佐把经济过程也看做是一种社会过程，他认为，"依附"不是一个外在的变量，而是在发展中国家对发达资本主义国家依附的状况下不同社会阶级之间社会分工体系的一部分。发展过程的社会的和政治的方面必定要与经济方面相联系，但是这种联系不是并列而是渗透的，因为经济过程本身就是一种社会过程。在这个过程中，任何经济团体都会企图建立起自己的社会关系体系，从而在社会

---

① 卡多佐：《拉丁美洲的依附和发展》，载于《新左派评论》1972 年（7—8），第 95 页。

上建立一个与其利益、目标一致的经济形态。在依附经济中，占统治地位的经济团体就是那些与中心国家建立了交换关系的群体，这些群体往往会设法维持或只允许稍微修改这种交换关系体系。因此，卡多佐认为，拉丁美洲社会的动态依附于世界经济的变化，世界经济的变化促使拉丁美洲经济发生变化，拉丁美洲经济的变化反过来又会导致政治的和社会的变化。可见，卡多佐强调了在发展中国家经济的依附的发展过程中，经济和政治、社会的连锁互动关系，强调了不同社会阶级之间的关系。

卡多佐对发展中国家"依附的发展"所做的与此相关的各方面的分析，既说明了发展中国家并没有摆脱对发达资本主义国家的依附，没有改变其内部的依附的经济结构，也说明了"依附的发展"只是"依附"的一种"特例"，只是一种在依附中求得发展、利用发展中国家对发达资本主义国家的依附关系，使发展中国家经济进一步得到发展的权宜之计。但是，应该看到，"依附的发展"理论不具有普适性，它主要是针对某些相对来说较为先进的发展中国家的社会经济发展状况而言的，难以把这一理论当做适合于所有发展中国家经济发展的一般模式。

第五节　伊曼纽尔的"不平等交换"理论及其论争

法籍希腊经济学家阿吉里·伊曼纽尔一直注重对发展中国家与发达资本主义国家之间不平等交换关系的研究，"不平等交换"理论就是他在研究这一问题中提出的、曾在国际学术界引起极大争论的理论，也是马克思主义不发达政治经济学中的最为突出的探讨。伊曼纽尔关于"不平等交换"理论的探讨，集中体现在他的《不平等交换：对帝国主义贸易的研究》一书中。该书 1969 年在法国出版了法文版，1972 年在美国出版了英文版，1988 年在中国出版了中译本。

一、"不平等交换"理论的立足点

20 世纪 60 年代末 70 年代初，伊曼纽尔运用马克思的生产价格理论和国际贸易理论，对当代国际贸易中发达国家与发展中国家之间不平等交换关系的实质及其过程所做的理论探讨，对推进马克思主义经济学说史的发展具有重大贡献。他对发展中国家与发达资本主义国家之间不平等交换关系的研究是以五个基本论点的设立为前提的。这五个基本论点是：

第一，资本在国际间的自由流动会导致利润率的国际平均化和国际生产价格的形成，而劳动不能自由流动则会导致工资出现国民差异。

伊曼纽尔首先运用马克思的劳动价值论和马克思还未来得及创立的国际贸易

理论的一些思想，批判了李嘉图的比较成本学说。他认为，在李嘉图的比较成本学说中，资本在国际间具有不流动性是其唯一的必要充分条件，而劳动的流动性并不影响比较成本学说的应用；在马克思的发展了的劳动价值论即生产价格理论中，资本具有流动性则是唯一的条件。伊曼纽尔列举了资本、劳动流动与否的四种情况，即两种要素都可流动、两种要素都不可流动、资本不可流动而劳动可流动、资本可流动而劳动不可流动，并在对这四种情况做了详尽分析的基础上，得出了资本可流动而劳动不可流动的情况最符合现实的结论。

伊曼纽尔认为，资本的流动性基本上保证了利润在国际范围内的平均化，马克思关于生产价格的命题仍然能够成立，因为资本的流动性意味着每单位资本不论在什么场合使用，报酬总是相等的，平均利润率像一个轴心似的，围绕着它的各个行业的实际利润率上下波动，每逢出现差别时，或高于实际利润率或低于实际利润率，资本便从低利润率水平行业转向高利润率水平行业，这样的移动将导致均衡的恢复。由于历史的和社会的原因，劳动的不可流动却表明各国的工资会有差异，因为与利润率的情况不同，国际范围内没有任何趋于工资比率平均化的迹象。从历史上看，在工人可以在各个国家自由流动的情况下，工资的国民差异是微不足道的，而今天在劳动不可流动的情况下，工资的国民差异则日益扩大，最发达资本主义国家的平均工资远远高于发展中国家的平均工资。

第二，在发达资本主义国家与发展中国家之间，发达资本主义国家的工资水平高于发展中国家，而发展中国家的剩余价值率则高于发达资本主义国家。

伊曼纽尔引用19世纪和20世纪各国工资差异的统计资料说明了19世纪后半期和20世纪以来，在发达资本主义国家内部，欧洲国家工资有所提高，美国的工资与欧洲的工资存在差距，但是，美国的工资还是空前地高出发展中国家的工资，这种差距达到20倍，甚至40倍。从劳动强度来估计，发展中国家工人的平均劳动强度则是发达资本主义国家工人的平均劳动强度的50%～60%。发展中国家的低工资、高劳动强度，使发展中国家的剩余价值率高于发达资本主义国家的剩余价值率。伊曼纽尔强调，在世界经济范围内，唯一可以衡量必要劳动时间的价值是社会价值，而不是由工资所体现的个别的商品价值。如果非洲工人得到1公斤面粉的等价物，而美国工人得到20公斤面粉的等价物，那么非洲工人的受剥削程度比美国工人的受剥削程度无疑要大好几倍。

第三，劳动在国际间的不可流动导致了工资的国民差异；工资的国民差异又导致了不平等交换的产生。

伊曼纽尔认为，发展中国家用一定数量的劳动时间所生产的产品只能交换到发达资本主义国家用较少的劳动时间所生产的产品。除了资本流动和国际分工是阻碍发展中国家经济发展的因素之外，工资的国民差异也成为阻碍发展中国家经济发展的一个重要因素。通过可用于积累的剩余价值的部分外流，间接地造成了某种程度的发展不平衡；同时，工资的国民差异也通过包含在资本流动和国际分工中的阻碍力量的作用，在剩余价值部分流失之外，直接地造成了自身发展的不平衡。

第四，在国际贸易中，工资决定了价格，工资是一个独立的变量，进入国际交换的商品对某些国家来说是独一无二的，因而这些商品是"不可通约的使用价值"。

工资是独立的变量，这是伊曼纽尔对不平等交换理论进行研究的一个重要前提。这个前提的核心是：在交换中，不是工资水平取决于相对价格，而是相对价格取决于工资水平，即取决于劳动力要素的事先确定的收入，因为资本要素的收入仅仅是一个余额，并且不管其他要素的收入如何，任何结果都是由这个余额的再分配造成的；独立的变量是指预先确定的量，亦即马克思所说的"在一定的国家，在一定的时期，必要生活资料的平均范围是一定的"意思；在资本主义生产体系中，工资是自变量，价格是因变量。

第五，在国际贸易中，剩余价值由发展中国家转移到发达资本主义国家，富国剥削了穷国。

由于发达资本主义国家与发展中国家工人工资水平的差异，通过价值规律的作用，产品和价格也有所差异，在交换中剩余价值会从发展中国家转移到发达资本主义国家。在这种情况下，一方面，发展中国家失去了积累资金和发展经济的手段，它的既狭窄又呆滞的市场，使投资者泄气，使资金外流，从而穷国越来越穷；而另一方面，发达资本主义国家则因为其本身的高工资从不平等交换中获得了大量的好处，致使工人产生了新的需求，劳动力价值随之增长，从而工资又将再度提高，财富产生财富，富国越来越富。剩余价值的转移意味着富国对穷国的一种剥削和掠夺。这是伊曼纽尔研究不平等交换问题的一个主导思想。

二、"不平等交换"理论的主要内容

在上述五个基本论点的基础上，伊曼纽尔依据马克思价值转化为生产价格的基本思路，论述了国际贸易现实中发达资本主义国家与发展中国家之间存在的两种不平等交换形式，即广义的不平等交换和狭义的不平等交换。

伊曼纽尔认为，广义的不平等交换是指工资相等而有机构成不等时，由价值转化为生产价格而引起的不平等交换；狭义的不平等交换是指工资和有机构成都不等时的不平等交换。[①] 在这两种不平等交换形式下，都会发生剩余价值由发展

---

① 伊曼纽尔：《不平等交换》，中国对外经济贸易出版社1988年版，第176页。

中国家向发达资本主义国家的转移，但是，二者还是存在着根本性的差别。广义的不平等交换反映的是国际贸易中"完全不真实"或"毫无意义"的情况。因为：第一，广义的不平等交换产生的前提是工资均等而资本有机构成不同时价值向生产价格的转化。这种只由资本有机构成不同所产生的不平等交换是资本主义社会中一切商品交换所共有的，而不是国际贸易所特有的现象，不能以这种形式的不平等交换来说明国际贸易中的不平等交换。第二，资本有机构成的不同是一种客观的生产条件，工资的国民差异则是一个制度上的因素。当工资差距发生巨大变化，而资本有机构成不发生变化时，在国际贸易中所产生的不平等交换就是特有的。第三，"在今天的世界里，最低生存需求的概念具有足够的弹性，并不可能在较低点上自动持平，而国界的严密，即使经受工人的国际竞争，也足以使平均化不能实现。"[①] 第四，广义的不平等交换较之狭义的不平等交换具有较小的"覆盖面"。在易货贸易和简单要素贸易的情况下，广义的不平等交换已不复存在，但却存在着狭义的不平等交换。因此，只有以工资和资本有机构成都不相等为前提的狭义的不平等交换，才是真正意义上的不平等交换，才更能说明发展中国家受发达资本主义国家的剥削与控制。

伊曼纽尔对造成不平等交换的原因做了分析。他认为，"在所有其他条件相等的情况下，工资的不平等是引起不平等交换的唯一原因。"[②] 工资的不平等主要表现在四个方面：第一，工资的决定因素。伊曼纽尔坚持马克思关于工资取决于一个国家的文化水平，更取决于自由工人阶级的形成条件、习惯和生活要求的观点，认为经济因素本身与工资之间是不存在任何相互作用和联系的，只有在经济因素作为形成历史的道德的因素的基础时，才会对工资产生一定的影响。经济因素是通过政治的、工会的作用来改变工资水平的。第二，工资与经济发展的关系。伊曼纽尔认为，经济发展不是高工资形成的原因，而是高工资形成的一种结果。从世界经济发展的历史来看，劳动生产力的高度发展和工业化的实现不是发生在工资提高之前，而是在其后。18世纪的美国和现今的澳大利亚、新西兰、加拿大等国家，有关技术未发展、工业化未实现，但工资却大大提高的事实充分地证实了这一点。第三，工资的不平等引致的后果。伊曼纽尔认为，工资不平等引致的后果在经济方面的表现是：通过不平等交换手段，使富国更富、穷国更穷。在政治方面的表现就是形成了三个阶级：一个是资本家阶级，它是世界整体中的阶级，不再存在具有独立利益的各国民族资本家阶级；一个是发达资本主义国家的工人阶级；一个是发展中国家的工人阶级。不仅资本家阶级与工人阶级之

---

① 伊曼纽尔：《不平等交换》，中国对外经济贸易出版社1988年版，第90页。
② 伊曼纽尔：《不平等交换》，中国对外经济贸易出版社1988年版，第91页。

间存在着阶级利益的对立，而且发达资本主义国家工人阶级与发展中国家工人阶级之间也存在着阶级利益的对立。第四，工资不平等的持续性。伊曼纽尔认为，一些国家之所以能长期保持高工资，原因就在于国际生产中的专业化分工。这些国家进入国际市场交换的商品是在特定的专业化分工之下生产的。在发达资本主义国家，高工资会促使这些国家以生产资料代替劳动者而形成较高的资本有机构成，同时也会形成较高的劳动有机构成，即增加总劳动力中技术人员和专业化人员的比例，从而为工资的提高奠定基础；相反，在发展中国家，低工资只会带来较低的资本有机构成和劳动有机构成，从而使工人工资总是处于较低水平。这种专业化的分工不仅不会消除发达资本主义国家的高工资和发展中国家的低工资，而且还会使这种差异不断延续。

虽然伊曼纽尔认为工资不平等是造成发达资本主义国家与发展中国家之间不平等交换的唯一原因，但他并不认为缩小或消除工资的国民差异是避免国际间不平等交换的唯一措施。他认为，在发展中国家面临不平等交换及其贸易条件不断恶化局面的情况下，立即将它们的工资水平提高到与发达资本主义国家的工资水平一样高的程度是办不到的，依靠工资的提高来改善发展中国家的贸易条件也是行不通的，因而只能通过对输出品加税和生产多样化等办法来消除不平等交换。对输出品加税，就是通过直接利用税收，将过量的剩余价值转移到社会手中，为投资规划筹措资金。生产多样化一方面可以减少传统的输出品，迫使其价格上升，另一方面也可以减少传统的输入品，使其价格趋于下跌。伊曼纽尔认为，前者在实施过程中会遇到很多的困难，而后者则可以通过冲击贸易伙伴达到避免不平等交换的目的。伊曼纽尔的分析存在着一些弊端，尤其是他对不平等交换产生原因的分析有失偏颇，遭到了国际学术界各方的反对，但是，不管怎样，他的分析对我们探讨发展中国家经济发展的内在规律，实事求是地探寻发展中国家经济发展的路径，深入研究发达资本主义国家与发展中国家之间的经济关系具有很重要的意义。

三、"不平等交换"理论论争

伊曼纽尔提出的不平等交换理论，引起了西方一些马克思主义经济学家的关注，在马克思主义经济学史上出现了一场热烈的学术争论。参加这场争论的学者有比利时的欧内斯特·曼德尔、法国的查尔·贝特兰、埃及的萨米尔·阿明，以及日本的一些学者。

国际学术界普遍认为，伊曼纽尔提出的不平等交换理论对国际价值理论与一般价值理论的结合做了深刻的分析，提出了一些独创性的见解，这对发展马克思的国际贸易理论具有重要的意义，对后人研究这一问题具有重要的启发性。但是，国际学术界对伊曼纽尔理论中的"工资是一个独立的变量"、"工资的不平等是不平等交换产生的唯一原因"、"富国剥削了穷国"的观点持有不同的看法，国际学术界的争论主要围绕这些观点展开。

针对伊曼纽尔关于"工资是一个独立的变量"的观点，贝特兰认为，这实际上在理论上就是认为工资的变化可以不受生产关系或生产力变化的制约，在实践中也会给人们带来只要改变工资水平就可以纠正不平等交换的印象。这一观点带来的后果主要有两个：一是易于造成对资本有机构成概念的曲解，从而抹杀了马克思资本有机构成概念的重要特点。伊曼纽尔之所以抛弃广义的不平等交换概念，就是因为他没有认识到资本有机构成较低的落后国家中不平等交换存在的重要意义。二是易于掩盖生产价格所具有的以存在于生产力和生产关系结构中的再生产为周期基础的事实，造成生产价格似乎是一个可以以脱离生产条件的变化而变化的"独立的变量"为基础的表象。阿明虽然肯定了伊曼纽尔的不平等交换理论中"资本在国际间可以自由流动而劳动不能自由流动"的理论前提，并把这一理论前提称做"新的抽象"，在一定程度上反映了国际经济体系的特征。但是，阿明并不赞同伊曼纽尔关于工资是一个独立的变量的观点，认为这仅仅是伊曼纽尔在理论分析中从现象上得出的结论，没有揭示问题的实质。阿明认为，在广义的不平等交换问题上，伊曼纽尔和贝特兰的争论就像是"聋子的对话"，他们各自所要论证的并不是同一个东西。伊曼纽尔在强调狭义的不平等交换是真正意义的不平等交换时，并没有意识到这是一种与现实中存在的基本状况相吻合的论证，而恰恰是这一论证成了支持他的论点的有力论证。[①]

针对伊曼纽尔关于"工资的不平等是产生不平等交换的唯一原因"的观点，贝特兰认为，劳动生产力的不平等发展和半殖民地所特有的生产关系是造成不平等交换的决定因素，这就是说，"国家之间的经济不平等渊源于生产力和生产关系的复杂结合，而这种生产力和生产关系的复杂结合是不同国家和资本主义世界经济结构的特征。正是这种复杂的结合，决定了世界经济范围内的交换条件，只要这些交换条件不被破坏，它们就会在扩大的规模上被再生产出来。"[②] 伊曼纽尔回应了贝特兰的批评。他认为，如果从劳动生产力的不平等角度来看不平等交换的产生，那么可以认为不平等交换是劳动生产力不平等发展的一个结果；但

[①] Samir Amin, Accumulation on a World Scale: A Critique of the Theory of Underdevelopment, Monthly Review Press, 1974, pp. 56 – 58.

[②] "Theoretical comments by Charles Bettelheim", in Arghiri Emmanuel, Unequal Exchange: A Study of the Imperialism of Trade, New Left Books, 1972, p. 292.

是，必须看到，各国劳动生产力的不同是由有利于一些国家而不利于另一些国家的国际分工造成的，这不足以从根本上解决问题。从工资不平等角度来看不平等交换，可以看到剩余价值部分流失的结果就是自身的不平衡发展。曼德尔指出，"论战的双方都犯了一个错误，这个错误就是试图人为地把资本主义世界经济复杂的和综合的发展，分割为多种逻辑系列的互相独立的发展。"[①] 工资的不平等所代表的只是资本积累在一国范围和世界范围的两种背道而驰的但又相互补充的运动，代表的只是资本积累对人类社会经济发展所产生的两种不同的影响。曼德尔认为，不平等交换产生的原因，最终应当到各个发展中国家不同的生产关系和社会结构中去寻找。在当代，发达资本主义国家并没有减轻对发展中国家的剥削，相反，剥削形式却丰富多样化了，因而生产力的不平等没有被消除，不平等交换日益加深了。

针对伊曼纽尔关于"富国剥削了穷国"的观点，贝特兰认为，"剥削"这一概念反映的是一种与阶级关系相联系的生产关系。剩余价值从发展中国家的资本家手中转移到发达资本主义国家资本家手中不能说是"剥削"，剥削者是不能被剥削的，只有劳动人民才能被剥削。伊曼纽尔的观点会产生三个"觉察不到的影响"：一是把劳动人民遭受跨国公司及其子公司的剥削放在了次要位置上，其实这种剥削既是与资本主义生产方式向世界各地的"渗入"相联系的，也是与资本主义世界经济内部资本的流动所引起的等级性结构相联系的。二是使发达资本主义国家的无产阶级成了发展中国家的剥削者。其实发达资本主义国家的无产阶级比发展中国家的无产阶级遭受的剥削更多、更深重，因为生产力越发达，无产阶级受到的剥削就越有效、越残酷。三是人们就会忽视发达国家统治地位的建立是以对本国无产阶级的剥削为基础的重要事实。贝特兰强调，伊曼纽尔的观点会使人们把国际间的贸易看成是一国剥削另一国，把阶级之间的剥削关系看成是一国剥削另一国的关系。阿明认为，只有占有资本才有可能剥削。"不平等交换意味着阶级斗争的问题必须从世界范围来观察，意味着民族问题不能认为只是伴随着主要的'纯'阶级斗争问题的附带现象。它意味着，中心国家的资产阶级（唯一存在于世界体系范围的资产阶级）剥削世界各地的无产阶级——中心的和外围国家的——而剥削外围国家的无产阶级尤为残酷，这种情况之所以可能，是因为在自主中心经济中资产阶级与本国无产阶级联系的统一性所根据的客观机制（这限制了资产阶级在中心国家进行剥削的程度）在外向性的外围国家并不起作用。"[②]

阿明对国际学术界关于不平等交换理论争论做了独到的评价。他认为，这场

---

① Ernest Mandel, Late Capitalism, London: Verso, 1978, P. 362.

② 阿明：《不平等的发展：论外围资本主义的社会形态》，商务印书馆1990年版，第164～165页。

争论多年来没有前进一步，因而这一争论一开始就没有选准关键性问题展开，只是局限在"工资不平等"问题上。阿明提出，必须要说明以下两个问题：第一，要考虑工资和劳动生产力之间的相互作用；第二，要考虑劳动生产力作用的实际范围，即"企业的、部门的、国家的或世界范围的劳动生产力的发展。"[1] 国际学术界关于不平等交换问题的这场争论虽然未能真正解决发达国家与发展中国家之间的贸易关系，但它在马克思主义经济学史上对推进马克思主义不发达政治经济学的研究是具有重要的作用的。

第六节　沃勒斯坦的"世界体系"理论及其影响

美国著名社会学家伊曼纽尔·沃勒斯坦关于当代世界资本主义体系结构的研究，为进行经济全球化的马克思主义经济学探讨奠定了重要的理论基础。20 世纪 60 年代，沃勒斯坦主要研究非洲问题，写了有关研究现代非洲政治和社会结构以及经济发展问题的论著，如《非洲：独立的政治》（1961 年）、《独立的道路：加纳和象牙海岸》（1964 年）、《非洲：联合的政治》（1967 年）。1971 年以后，沃勒斯坦对世界资本主义体系结构做了系统的研究。他的主要著作有：《现代世界体系》（第 1 卷于 1974 年出版，第 2 卷于 1980 年出版）、《世界不平等》（1975 年）、《资本主义世界经济》（1979 年）、《世界体系分析：理论与方法论》（与霍普金斯等合编，1982 年）、《历史的资本主义》（1983 年）等。

一、"世界体系"理论的整体方法

沃勒斯坦以世界整体的发展与变化为视角，运用系统分析的方法，把经济学、政治学、历史学、社会学等多种学科结为一体，从整体发展过程审视了世界资本主义体系，分析了发达与不发达的关系问题。从沃勒斯坦关于世界体系结构的分析来看，他的理论研究视角、理论研究方法及理论研究内容不失为一种理论创新。

"世界体系"是世界体系论的始基概念。它是一个由许多不同的"要素"，如分界线、结构体、群体、法律条例等组成的社会体系。这些要素时而由于相互之间的引力结为一体，时而又由于内部的竞争相互冲突、发生分裂。可见，世界体系就是一个各种相互联系、相互作用的"要素"推动的、可以自我调控的社会体系。[2] "世界体系"是一个整体性经济单位，有其整体的发展与变化规律，并

---

① 阿明：《帝国主义和不平等发展》，每月评论出版社 1977 年版，第 186 页。
② 沃勒斯坦：《现代世界体系》，纽约学术出版社 1974 年英文版，第 347 页。

支配和制约着各个国家和地区的局部的发展与变化。因此，沃勒斯坦认为，无论是发达还是不发达，都只是世界整体发展与变化在每一个组成部分上的具体反映。

世界体系结构分析的这一研究视角，强调采用从整体到部分的研究方法，研究世界体系整体规律对发达与不发达的制约和影响作用。以这一新的研究视角为基础，沃勒斯坦进一步考察了世界资本主义体系在其发展、变化中呈现的特征。他认为，在世界资本主义体系发展史中，曾出现过"世界帝国"和"世界经济"这两种完全不同的社会制度。"世界帝国"是一种具有政治制度的社会制度，它的特点是中央集权统治；"世界经济"则是具有单一劳动分工和各种文化制度的单位，是一个没有中心权力机构的世界体系。前者依靠政治权力，以纳贡的形式从直接生产者手中掠夺经济剩余；后者利用不平等交换机制把经济剩余从"边缘"转移到"中心"。由于当代世界体系中这种单一劳动分工、多种文化制度、经济剩余的转移等是由资本主义造成的，因而当代世界体系就是世界资本主义体系。沃勒斯坦把"世界经济"和资本主义看做是同一枚硬币的正面和反面，是一种不可分割的现象。因此，他又把"世界体系"称为"资本主义世界经济"。

资本主义世界经济自 16 世纪形成以来，经历了一个运用各种手段包括军事的、政治的、经济的手段等，成功地进行扩展的过程。沃勒斯坦认为，这一过程具有三个主要特征：其一，以资本积累不停顿运动为方式，以经济对外扩张为手段，逐步地把亚、非、拉美都囊括进自己的范围。其二，以"中心"与"边缘"之间存在的不平等关系为其建立的基础；这种不平等的经济关系既是亚、非、拉美国家资本主义经济发展落后的根本原因，也是当代世界资本主义积累的重要手段。其三，包含了许多强制的文化变革，如改信基督教、强加的欧洲语言和某些技术、习俗的教育，法律准则的变化等。这些强制的文化变革影响着亚、非、拉美国家人们的行为方式。[①]

二、"中心—半边缘—边缘"的认识视域

沃勒斯坦以世界体系的"中心—半边缘—边缘"为分析角度，提出了理论研究的新见解。沃勒斯坦认为，世界资本主义体系是不平衡的，既存在着那些工业较为发达、产业分布较为合理、有强大的资产阶级国家的中心国家，也存在着那些以原料生产为主、缺乏强大的资产阶级、具有单一文化社会结构的边缘国家，还存在着一些介于二者之间的国家。他把后一类国家称做"半边缘"，认为这类

---

① 沃勒斯坦：《世界经济的政治学》，剑桥大学出版社 1984 年英文版，第 169 页。

国家就是那些既受到中心国家控制，同时又可以部分地控制边缘国家的国家，如拉美一些经济强盛的国家和欧洲的整个边缘地带，以及亚、非的大部分国家。在沃勒斯坦看来，"半边缘"作为"第三范畴"的存在，具有非常重要的政治意义。首先，在世界贸易中，"半边缘"的贸易对象是双方面的，它既可以对中心国家输出边缘国家的产品，也可以对边缘国家输出中心国家的产品，使世界体系的经济趋于大体平衡。其次，在世界体系中，"半边缘"的存在是对"中心"和"边缘"之间矛盾的一种"缓冲"，如果没有"半边缘"，世界体系就会两极分化，"中心"和"边缘"的对抗就会激化。"半边缘"在世界体系中起着"安全阀"的作用。最后，在世界体系中，半边缘国家的位置会不断发生变化。随着世界体系内部科学技术、生态环境等变化的出现，某些半边缘国家可能上升为中心国家，但也可能衰退为边缘国家。① 然而，"半边缘"在世界体系中的这种位置变化，不足以改变世界体系本身。

20 世纪 70 年代中期以后，世界资本主义体系中的美国在第二次世界大战后形成的经济、政治、军事等方面的绝对优势逐渐衰退，其霸权地位开始动摇。西欧、日本已摆脱第二次世界大战后的经济困境，在新技术革命的浪潮中实现了经济起飞，在国民生产总值等主要经济指标方面，已赶上、接近甚至超过了美国。第二次世界大战后世界资本主义体系中由美国作为唯一"中心"的态势发生了变化，出现了美国、西欧、日本"三足鼎立"的态势。与此同时，发展中国家在经过近 30 年的探索之后，社会经济有了一定程度的发展。一些发展中国家在人均国民收入、国民生产总值等主要经济指标方面，开始步入世界先进行列。一些发展中国家联合起来，组成区域性经济合作组织，反对发达国家的霸权地位，反对国际垄断资本的剥削和控制。世界资本主义体系内不发达的层位结构也有了某些深刻的变化。这些变化主要表现在：第二次世界大战后形成的发达国家与发展中国家的两极格局已逐步转变为发达国家中美国、西欧、日本等并驾齐驱，发展中国家中新兴工业国家不断涌现，石油输出国等区域经济组织不断增长，以及最不发达国家的增多等多极化格局。这种多极化格局反映了世界资本主义体系内部的多层次，反映了世界的多力量、多元化和纵横交错的多样性和复杂性。

三、"世界体系"的未来趋势

沃勒斯坦以世界体系的前景为分析目标，拓宽了理论研究的新视野。沃勒斯

---

① 沃勒斯坦：《世界体系分析：理论与诠释的问题》，引自霍普金斯与沃勒斯坦等编：《世界体系分析：理论与方法论》，赛奇出版社 1982 年版，第 93 页。

坦的世界体系结构分析不仅探讨了世界资本主义体系，而且探讨了社会主义世界体系，探讨了资本主义世界体系和社会主义世界体系的关系。就其研究视野而言不乏一种新意。

沃勒斯坦认为，资本主义是一个完整的全球性体系，自资本主义诞生之日起，世界就只有一个体系运转，其他形式的政治体制都不过是资本主义这个体系的组成部分。在世界市场上，社会主义国家仍然要遵守资本主义世界经济的运行规律，它不可能摆脱世界资本主义体系成为独立的体系。但是，就未来的发展而言，它却有着加速世界资本主义体系灭亡的作用。

在沃勒斯坦看来，可供边缘国家选择的道路有两条：一条是全面否定世界资本主义体系的世界革命道路，即"反体系运动"；一条是在世界资本主义体系内部由"边缘"上升为"中心"的道路，即"追赶型"道路。沃勒斯坦把走"追赶型"道路看做就是走西方现代化道路，认为这"不仅不能削弱世界体系，反而会加强它"；只有"反体系运动"的世界革命道路才是边缘国家发展自身的最好道路。"反体系运动"的目标则是将世界资本主义体系转变为社会主义世界体系，它能够集中克服现存世界资本主义体系的某些弊端。国家在"反体系运动"中是既可以利用又能够受到限制的"要素"，"我们不应该寻求'发展'某一个国家。我们应该力求改变这个作为整体的体系，这就得承认我们自己的国家既是这一转变的动因，又是这一转变的障碍。""从长远的观点看问题，所有社会的民族运动都将构成一个整体，其结果都将是反体系的。"[1]"反体系运动"将成为民族解放运动和社会主义运动的发展趋势。

沃勒斯坦探讨了社会主义世界体系。他指出："有人认为某一个国家只要实行了产业国有化，并且有信奉社会主义的思想，这个国家也就脱离了资本主义世界体系"，[2] 其实不然，社会主义生产方式的特征应该是：以生产使用价值为基础，包含社会生产的某种集体决策，即在世界层次上进行的"计划"，只有这种"计划"才能根除世界贸易的不平等交换，实现为使用而进行的生产。取代世界资本主义体系的也只能是以这种社会主义生产方式为基础的世界整体性结构，即社会主义世界体系或"社会主义世界政权"。沃勒斯坦认为，尽管这种社会主义世界政权离我们还很遥远，但它终究将会得到实现。因为世界资本主义体系在地理范围上的扩张已趋极限，随着资本主义危机的反复出现，社会主义国家将会越来越强大，世界资本主义体系将无力与之抗衡而趋于崩溃。然而，在实现资本主

---

① Immanuel Wallerstein, The Politics of the World – Economy：The States, the Movements and the Civiliza-tions, Cambridge：Cambridge University Press, 1984, p. 169.

② Immanuel Wallerstein , Historical Capitalism, London：Verso, 1983, p. 19.

义向社会主义的世界性转变的艰难过程中，切实地制定实现这一转变的策略则是至关重要的。

在沃勒斯坦对世界体系前景的分析中，他把现今的社会主义纳入世界资本主义体系之中的做法无疑是错误的。在一定程度上既否定了列宁关于一国建成社会主义的思想，也否定了社会主义作为一种思想、一种运动和一种制度，在当代世界上，在更广阔的领域仍在不断发展的事实。尽管近几年来，社会主义正经历着胜利与失败的较量，但不可否认的是，社会主义仍然具有强大的生命力和感召力。在对社会主义生产方式特征的分析上，沃勒斯坦忽视了对社会主义生产方式赖以建立的基础的分析，忽视了对实现社会主义生产方式的社会化生产手段的分析，因而致使世界体系论所设想的"社会主义世界体系"成为一座脱离现实的虚无缥缈的空中楼阁。

沃勒斯坦世界体系结构分析，对从马克思主义经济学角度研究经济全球化问题有着很重要的启示。

第一，对"世界体系"的分析和研究，实质上不仅是对发达的资本主义和不发达资本主义的分别研究，而且也是对世界体系中发达与不发达关系的研究，是对世界资本主义生产方式整体的发展规律及其历史趋势的研究。沃勒斯坦采用社会学的动态分析和结构分析，研究了世界体系的历史发展，将社会学、政治学、经济学、历史学等学科融为一体，以社会学丰富了政治学、经济学、历史学，又以经济学、政治学深化了历史学、社会学，为我们综合研究经济全球化问题提供了一个较好的范例。

第二，沃勒斯坦关于世界体系结构的分析，吸收和运用了马克思的历史理论和方法，把世界历史作为研究发达和不发达关系的出发点，把"国家"、"民族"作为"世界体系"中的"要素"，强调了研究世界整体的重要性。就此而言，它是对马克思世界历史理论运用的一种阐发，它关于生产关系、社会经济和政治结构的整体分析，以及对不平等交换机制和世界体系整体发展、变化的深刻研究就是这种阐发的结果。我们由此看到，世界体系与世界历史的内在联系。

第三，沃勒斯坦关于世界体系结构分析的一个最鲜明的特征就是反对西方中心主义。"西方中心主义"强调世界体系以西方国家为中心，其他国家或地区在世界体系中的地位是无足轻重的，西方化就是现代化。尽管沃勒斯坦用"边缘"、"半边缘"范畴来表示发展中国家，但他还是比较客观公正地分析了发展中国家的现状，给予它们在世界体系中的应有地位，并以发展的眼光，分析了它们在世界体系中的层位变化；同时也把对各个国家、各个民族经济与政治的多样性、差异性的分析，纳入了对世界体系整体的分析考察、宏观研究之中。这一分析对我们研究经济全球化与发展中国家的关系无疑有着重要的意义。

第七节　阿明对不发达经济学的广泛研究

　　萨米尔·阿明是埃及著名的经济学家，被称为"新马克思主义"经济学家。作为对发展中国家经济发展理论研究的学者，他对边缘资本主义起源、发展阶段、发展途径等问题做了颇有见地的马克思主义理论阐释。阿明的许多著述，如《世界范围的积累》（1974年）、《不平等发展》（1976年）、《自力更生与新国际经济秩序》（1977年）、《帝国主义和不平等发展》（1977年）、《价值规律和历史唯物主义》（1978年）等，反映了他"新马克思主义"的不发达经济学理论观点。

一、"边缘资本主义"的发展

　　阿明认为，与"不发达"相对应的是"发展"，"不发达"实际上是资本主义发展中的一种特殊结构，即"边缘资本主义"。"边缘资本主义"的产生有其深刻的历史原因。阿明着重指出了四个方面的原因。一是殖民地贸易。殖民地贸易造成了前资本主义农业关系的畸形和手工业的破产，迫使一部分劳动者不得不向欧洲人所拥有的工厂、矿山或种植园出卖劳动力。二是外国投资。由于外国投资的增加，边缘国家出现了一系列用于出口的现代生产部门，这些生产部门中劳动力的报酬十分低下，从而形成了不平等交换的条件。三是进口替代的工业化。发展中国家普遍推行的进口替代工业化战略，是从生产消费品的轻工业发展"上升"到生产半成品的工业发展，然后再"上升"到生产设备的工业发展。这一发展进程导致畸形的国内市场。四是跨国公司内部的国际分工。在跨国公司内部国际分工的格局中，发展中国家提供的只是初级产品，发达资本主义国家提供的是设备和软件。在这一既定格局中，发展中国家进一步丧失了自身发展的主动性，加剧了发展中国家经济剩余向发达资本主义国家的转移。由于这四个方面原因的交互作用，导致了世界资本主义发展中"边缘资本主义"结构的产生，"不发达"正是世界资本积累中"边缘型"资本积累的必然结果。

　　阿明通过对"边缘资本主义"历史形态，如美洲的边缘形态、阿拉伯和亚洲的边缘形态、非洲的边缘形态等的考察，论述了"边缘资本主义"社会形态的一般特征。这些一般特征就是：第一，农业资本主义在国民生产部门中占主导地位，这是"边缘资本主义"最突出、最明显的特征；第二，国内的主要从事商业的资产阶级从属于占统治地位的外国资本，它们只能在外国资本的政策所规定的严格范围内发展；第三，边缘地区特有的官僚政治得到了发展，这就是说，随着边缘国家的民族独立，国家资本主义有了很大的发展，国家官僚机构成了社会的主要驱动力；第四，无产阶级化还未完成，边缘国家的无产阶级并不完全或主要的是由现代化大企业中雇佣劳动者所组成，它还包括了农民群众、城市失业群众等，他们还未被结合进世界市场体系而被无产阶级化。

"边缘资本主义"的这四个特征，反映了当代"边缘资本主义"国家在经济、政治和阶级关系方面发展的一般趋势，表明了"边缘资本主义"正在产生着一种受中心国家的工业和金融资本统治的、以农业资本主义发展为基础的、并由国家的官僚机构把"边缘"生产的经济剩余输往"中心"的特殊的社会经济结构。

在对"边缘资本主义"起源和特征的分析中，阿明的一个突出的贡献就在于，他努力通过对经济、政治、阶级关系、历史等方面的综合分析，探讨发展中国家的特殊结构。因此，阿明的分析具有较为普遍的意义。

以对"边缘资本主义"的起源和特征的分析为基础，阿明系统分析了"边缘资本主义"的发展阶段。他认为，"边缘资本主义"经历了三个发展阶段：殖民主义阶段、进口替代工业化阶段和"边缘"真正走自力更生道路阶段。阿明对这三个发展阶段的实质和特点做了较为详尽的分析。

殖民主义阶段是帝国主义把殖民地和半殖民地的统治形式强加于"边缘"的阶段。这一阶段的"边缘资本主义"具有三个重要的特点：一是资本主义经济畸形发展。由于受"中心型"资本积累规律的支配，"边缘"出口部门迅速扩大，国内市场由于侧重奢侈品的需求而受到限制。二是占支配地位的外国垄断资本和具有依附性的"封建领主"和"买办资产阶级"结成的国际联盟，促进了"边缘资本主义"的形成。三是中心国家的政治统治方式，中心资本主义模式的积累规律等外部因素控制着"边缘资本主义"发展的方向和速度。

进口替代工业化阶段是大多数国家获得了政治独立，民族资产阶级掌握了政权，开始实行进口替代工业化战略的阶段。由于边缘国家的国内市场主要是满足奢侈品需求的，因而进口替代工业化战略也往往以生产这些奢侈品为起点，广大群众所需要的消费品生产被置于不利地位。这一阶段，"边缘资本主义"的主要特点是：第一，"群众边缘化"特殊现象的出现，亦即国内市场不注重本国群众消费品生产。由于少数特权阶级的财富日益增长，他们不断接受所谓"欧洲式"的消费方式，从而保证了奢侈品生产部门的高额利润，巩固了这些特权阶级在社会、文化、思想和政治等方面的统一性，同时也导致了"边缘资本主义"发展的"外部推动力"的长期存在。第二，"边缘"对"中心"产生了种种新的依附，不仅有文化的和政治的依附，而且还有经济方面的依附。这与边缘国家基础工业和公共部门的发展服务于出口品和奢侈品的生产密切相关。第三，农业的落后状态依然如故。尽管"边缘"的民族资产阶级进行了某种土地改革，有时也发动了"绿色革命"，但农业的落后状态仍然未消失，农业人口占大多数的边缘国家往往成为粮食输入国。第四，"边缘"的资产阶级失去了原有的"民族性"，走向"买办化"成为帝国主义附庸。第五，"中心"和"边缘"的不平等交换日益加深。新的分工是以"边缘"出口廉价的制成品，"中心"出口设备和软件为基础的，对"边缘"国家来说，出口的一般是利用低工资制成的初级产品。新的分工使得"中心"和"边缘"的不平等交换，就会使"边缘"依附于"中心"的状况持续不变。

进口替代工业化阶段的这五个特点表明，这一阶段是殖民主义阶段的继续和延伸。在这两个阶段，中心资本主义的控制和国内畸形的经济结构阻碍了边缘资本主义的发展，造成了"边缘"依附于"中心"的格局，"边缘资本主义"不可能出现一种达到成熟、自主的资本主义前景。

"边缘"真正走自力更生道路阶段的最为重要的特点，就是通过"群众性"的发展来实现"民族的和自力更生的"经济。也就是说，要为农民群众服务，就必须首先集中力量提高农业生产率，要为城市群众服务，就必须放弃供应地方市场的奢侈品生产和出口品生产。在阿明看来，只有这种"群众性"的发展，才能使"边缘"真正走上自力更生的道路，才能改变"边缘"对"中心"依附的格局。

阿明对"边缘资本主义"发展阶段的考察，对发展中国家经济发展问题的研究来说是一个重大的发展。因为阿明较为细致地分析了"边缘资本主义"不发达的内部原因和外部原因，并从这些内部原因和外部原因的结合上，探讨了发展中国家的经济发展问题。

在阿明的"边缘资本主义"理论中，无论是对"边缘资本主义"特征还是对"边缘资本主义"发展阶段的分析，最终都是为了探明"边缘资本主义"的发展途径。阿明多次明确指出，处于世界资本主义体系"边缘"的发展中国家，要真正能进入走自力更生道路的发展阶段，必须要经历一个和世界资本主义体系"脱钩"的过程。

阿明认为，"脱钩"一词虽然已成为一个常用语，其使用的程度和范围也日益扩大，但是，这个词的含义却日益模糊，人们几乎把它与"闭关自守"等同起来，把它与拒绝参与世界和思想潮流等同起来。这种理解是错误的。其实，"脱钩"的真正含义则是根据价值规律组织一个反映民族基础和民众内容的、在经济选择上具有合理性标准的体系，这一体系不受由世界范围内资本主义价值规律统治的那种经济合理性标准的影响。

阿明严格区分了"具有民族基础和民众内容"的价值规律和"世界资本主

义"价值规律。他认为，"具有民族基础和民众内容"的价值规律，就是指社会净产值（扣除生产消耗以后的增加价值）应该按农村人口和城市人口的劳动量进行分配。"世界资本主义"价值规律，就是指反映发达资本主义国家所达到的生产率水平的"统治价格"体系。阿明强调，发展中国家的发展抉择不能以这种"统治价格"体系作为基础性的"参考价格"。因此，"脱钩"的实际含义就是指，根据"具有民族基础和民众内容"的价值规律而不是"世界资本主义"价值规律去选择合理性的标准，拒绝使本国的发展战略听命于"全球化"，但绝不是以文化民族主义的名义，拒绝任何外国的先进技术及任何科学和思想潮流。

对于实现"脱钩"的方式，阿明做了分析。他认为，社会主义是进步和独立的一个根本条件，只有社会主义才能使"边缘资本主义"走上真正自力更生的发展道路，才能使"边缘资本主义"摆脱世界资本主义体系中中心资本主义的控制和剥削。因此，社会主义是"边缘资本主义"发展的必然趋势。

从总体上看，阿明关于"边缘资本主义"的理论分析，在"边缘资本主义"力求减少依附性、增强自主性、必须走真正自力更生发展道路、必须与世界资本主义体系"脱钩"、必须进行社会主义革命等方面，对发展中国家制定正确的经济发展战略，对发展中国家努力摆脱发达资本主义国家的控制方面都有着重大的现实意义。当然，阿明的这一理论也存在着许多不可忽视的缺陷。例如，他的分析局限于流通领域，忽视了对生产领域的分析；他也没有对"边缘资本主义"内部的资本积累过程做出任何实质性的分析。同时，他的分析在很大程度上带有以前各种不同的发展中国家经济发展理论的浓厚的折中主义的色彩。然而，这些缺陷无损于阿明的这一理论对发展中国家经济发展理论研究所做出的重大贡献。

二、不平等交换理论

阿明对不平等交换问题的理论分析，是他的全部理论的一个重要组成部分。如果说在经济思想史上，伊曼纽尔对国际贸易中的不平等交换问题、对发展中国家怎么寻求自身在世界资本主义体系中的平等发展做出了开拓性的研究，那么，可以说阿明在这方面的分析则是极为严谨的。

阿明的不平等交换理论是以对世界资本主义体系"中心"与"边缘"关系的分析为出发点的。在这方面，阿明虽然和其他许多论述发展中国家经济发展问题的学者一样，也认为世界资本主义体系中的"中心"是发达资本主义国家，"边缘"是发展中国家，但是，他则更为细致地分析了中心资本主义与边缘资本主义各自的特征。他认为，中心资本主义具有两个特征：一是"中心"内部只包含一种生产方式即资本主义生产方式；二是"中心"内部的资本积累过程表现为一种内在生殖的过程——"自我集中的积累",即"中心型"资本积累。边缘资本主义具有与中心资本主义相反的两大特征:一是"边缘"内部包含着若干种生产方式,如资本主义生产方式、封建的生产方式等;二是"边缘"内部的资本积累具有外向性和依附性,即"边缘型"资本积累。

"中心"与"边缘"之间的截然不同的特征表明,在世界资本主义体系中,"中心"与"边缘"之间存在着一种不平等的经济关系。"边缘"为"中心"提供廉价的劳动力、原料、粮食和其他农产品,由此加强了"中心"的资本力量;而"中心"向"边缘"提供的却是供某些特权阶级和阶层消费的奢侈品。在世界资本主义体系中,"中心"处于统治和支配的地位;"边缘"则处于依附和从属的地位,它们的经济发展受制于中心资本主义。

阿明对"中心型"资本积累与"边缘型"资本积累的分析,不仅是他的不平等交换理论的重要基础,而且也极大地开阔了对世界资本主义体系中"中心"与"边缘"理论研究的视野。

阿明认为,中心资本主义国家对边缘资本主义国家的扩张经历了三个时期:1880 年以前的资本主义竞争时期、第二次世界大战前的垄断时期和第二次世界大战后的垄断时期。这里所谓的"第二次世界大战前的垄断时期",相当于列宁所分析的帝国主义阶段。但是,列宁对帝国主义扩张过程没有做重点分析,而阿明则强调了中心资本主义国家对边缘资本主义国家的扩张过程,由此而引申出他的不平等交换理论的基本内容。从这个意义上说,阿明在一定程度上对列宁的帝国主义理论做了补充和发展。

在对不平等交换问题的分析上,阿明很推崇伊曼纽尔,认为他是对这个问题最早的总体系统阐述者。因此,阿明是在对伊曼纽尔的不平等交换理论阐述中叙述自己的不平等交换理论的。

阿明首先对不平等交换理论的前提做了分析。他认为,资本的流动性和劳动力的流动性是一种抽象的假设,而这种抽象的假设则是李嘉图和马克思在研究资本主义生产方式时推论出来的。马克思没有研究国际交换问题,李嘉图却以一种含糊的方式讨论了国际贸易问题,他设想了各国工资的均等化,因而只能以资本不流动为前提来研究国际贸易问题。

在当今的世界资本主义体系中,在资本流动而劳动力不流动的情况下,不平等交换只会发生在劳动生产率不同的情况下,而这种劳动生产率的不同通常会通过不同的"自然"潜力和不同的有机构成产生。在资本和劳动力两个生产要素都流动的情况下,不平等交换是不会发生的,因为这时不存在贸易问题。阿明比较赞同伊曼纽尔关于国际生产价格的论点,认为世界市场的存在和资本在国际间的流动,会导致国际价值转化为国际生产价格。他认为,"第三世界的出口主要不是由来自生产率低下的落后部门的农产品所构成的。在350亿美元（1966年）的不发达国家出口总额中，最现代化的资本主义部门（石油、采矿和矿物初加工、现代化种植园——例如在中美洲的联合果品公司下属的机构或者在非洲和马来西亚的尤尼莱佛公司下属的机构）至少提供四分之三或260亿美元。如果这些产品由先进国家以同样的技术（也即同样的生产率）来提供的话，平均利润率为配置资本的15%，使用的资本是它的七分之一（5年至10年后更新，平均为7年），剩余价值率为100%（所以相当的资本——产出比为3.5）——它们的价值至少为340亿美元。仅仅在这方面从外围向中心的价值转移，按照中等估计，总计将为80亿美元。"[1]

除了这种以工资不平等、劳动生产率相同为基础的不平等交换会导致价值转移外，即使是在那种以工资平等、劳动生产率相同为基础的不平等交换情况下也会出现价值的转移。阿明对此做了分析。他认为，"如果从外围地区的出口总共约为350亿美元，如果劳动报酬相等于中心地区，在生产率相同的情况下，它们的价值将为570亿美元左右。由于不平等交换的机制，从外围地区向中心地区隐蔽的价值转移约为220亿美元，那就是说，两倍于外围地区得到的'援助'和私人投资的总额。我们谈到对第三世界的掠夺，这肯定是有理的。"[2]

针对世界范围内当时流行着的"发达国家从发展中国家拿到的价值是微不足道的"观点，阿明以一系列数据对此做了批驳，得出了以不平等交换为机制的价值转移使富国越富、穷国越穷，二者差距越拉越大的结论。阿明强调，"西方先进国家从第三世界所得到的进口品确实只代表它们国内总产值的2%或3%，在1966年约为12亿美元。但是从不发达国家的这些出口品却代表它们产值的20%，即大约1500亿美元。因此，由于不平等交换的隐蔽价值转移约为这种产值的15%，它从相对条件看远不是微不足道的，仅仅由于它就足够成为对外围地区增长的障碍以及外围地区与中心地区之间日益增大的差距。"[3] 无论是从中心资本主义国家的观点来看，还是从边缘资本主义国家的观点来看，以不平等交换为机制的价值转移对中心资本主义国家所做出的贡献是不小的，边缘资本主义国家由此而蒙受的损失是巨大的。"因为它大约相当于中心地区产值的1.5%。"[4]

从对阿明关于不平等交换形式的分析中，我们可以看到，第一，阿明的不平等交换形式，就其理论上的贡献而言，并未超出伊曼纽尔，他只是在阐释伊曼纽尔不平等交换的形式中进一步论证了伊曼纽尔的观点。实际上，阿明和伊曼纽尔

①　阿明：《不平等的发展：论外围资本主义的社会形态》，商务印书馆2000年版，第117~118页。
②④　阿明：《不平等的发展：论外围资本主义的社会形态》，商务印书馆2000年版，第118~119页。
③　阿明：《不平等的发展：论外围资本主义的社会形态》，商务印书馆2000年版，第119页。

一样，都认为工资的不平等交换是不平等交换产生的原因。第二，阿明关于不平等交换所导致的价值转移问题的分析较伊曼纽尔有所前进。伊曼纽尔只是停留在理论分析的结论上，而阿明则以价值转移的实际计算论证了这一理论结论，这无疑是阿明的独到之处。然而，阿明所做出的这些数字计算究竟在多大程度上有多少根据，则令人困惑。因此，国外有些学者特别是日本学者对阿明的数字计算一直持怀疑态度。

阿明虽然把工资的不平等看做是产生不平等交换的原因，但是，他对工资的分析却不同于伊曼纽尔。伊曼纽尔认为工资是一个独立的变量，与价格存在着因果关系，阿明却认为工资是与劳动生产率相联系的，"中心"的高工资是与大多数生产行业的高劳动生产率相联系的，"边缘"只有极少数生产行业有较高的生产率，工资和生产率又是以国际间不平等的专业化为客观基础的。阿明认为，国际间的专业化是由绝对成本决定的，绝对成本的水平是由工资和生产率的水平决定的。在中心国家，资本主义发展比较早，生产率发展比较快，而边缘国家，资本主义发展比较晚，生产率发展比较缓慢。因此，在中心国家生产率保持领先地位的情况下，形成了不平等的国际专业化。"中心"从事生产率较高的生产，工资上涨，较高的生产率足以抵消工资的上涨；这时，企业的成本仍是较低的，生产发展，资本积累增加。"边缘"则生产率提高缓慢，尽管极少数生产行业（一般指出口部门）生产率比较高，但整个资本大量流失，从而导致失业；由于大量的失业和前资本主义生产方式的继续存在，使得边缘国家的工资趋于下降，这时，生产率尽管在少数专业化生产行业中有较大的提高，但普遍来说还是比较低的。因此，"中心"和"边缘"工资的不平等超过劳动生产率的不平等，导致了国际间不平等的专业化，从而导致了国际贸易中的不平等交换。

在把工资的国民差异看做是不平等交换产生原因的基础上，阿明也非常重视资本输出方式在不平等交换形成中的作用。他认为，在"资本主义竞争时期"，由于资本输出还未成为中心国家对外扩张的一种手段，因而不存在世界范围的交换价值决定问题；但是，在"第二次世界大战前的垄断资本时期"，出现了以资本输出为主的扩张形式，这时，由于垄断资本和大规模资本输出的出现，国际交换价值决定问题就变得极为重要了。而且，世界商品市场的存在和世界范围的资本流动也表明，国际间利润平均化的条件已经具备。发展中国家大量失业的存在，工资水平的低下，为资本输出提供了条件，出现了众多的跨国公司子公司。它们利用边缘国家低工资进行生产，却按照中心国家决定的世界价格出售产品，从而获得了大量的超额利润。这种在边缘国家用极高的剩余价值率所获得的超额利润，实际上意味着中心资本对边缘廉价劳动的一种剥削和掠夺，这种剥削和掠夺表明了"中心"与"边缘"在贸易中的不平等交换。在阿明看来，资本输出方式是形成不平等交换的基本条件，工资不平等超过劳动生产率的不平等是形成不平等交换的根本原因。

阿明并不仅限于分析不平等交换形成的原因，他还充分论证了不平等交换在当代持续存在的原因。他认为，第二次世界大战以后，中心国家的资本主义开始了一个令人眼花缭乱的增长时期，跨国公司在边缘国家不断地伸展，资本主义世界技术革命的发展形成了一种新型的不平等的国际专业化。在这个新型的不平等的国际专业化分工中，"边缘"在"古典型工业生产（包括资本货生产）方面实行专业化"，"中心"则"保留超现代化部门的活动（自动化，电子，征服空间，原子能）"①。"这种分工能够加强决策权威的集中化和技术创新的职能。它由此再生产出自身的条件，以报酬上的极大差异把世界劳动市场分解为各个无隙可乘的国内市场。当这一点渗入各个行业中后，就加深了不平等交换。"② 由于这种新型的国际专业化分工，总是构成有利于中心国家的原始积累机制，这一机制又通过工资国民差异的增大得到实现，因而"边缘"丧失了控制自己发展的能力，增大了从"边缘"向"中心"的价值转移，"边缘"的不发达永久化了，整个世界资本主义体系必然要处于持续的不平等发展过程之中。

阿明对不平等交换的论述表明：第一，资本的原始积累不只是存在于资本主义的前史，而是存在于资本主义的整个发展过程③；当今"中心"与"边缘"的不平等交换关系就是一种资本的原始积累关系，在这种关系中，"中心"掌握了原始积累的机制，剥削和掠夺了"边缘"；资本原始积累的特征就是不平等交换。阿明把当今国际贸易中的不平等交换过程完全等同于先于资本主义生产方式存在的资本原始积累过程的观点，是难以令人信服的。第二，不平等交换意味着必须从世界范围来研究"边缘"的发展出路问题。要打破世界资本主义体系中"中心"与"边缘"的现行国际分工形式，寻求平等的发展，发展中国家既要增强集体自力更生的能力，也要向社会主义过渡。

三、经济发展战略理论

经济发展战略是对一个国家在一定时期经济发展所要实现的战略目标、战略阶段、战略重点，以及为实现战略目标所制定并实施的战略方针和措施的规定。

---

① 阿明：《不平等的发展：论外围资本主义的社会形态》，商务印书馆 2000 年版，第 159 页。
② 阿明：《自力更生与国际经济新秩序》，载于《国外社会科学》1978 年第 3 期。
③ 阿明：《世界范围的积累》，每月评论出版社 1974 年版，第 22 页。

阿明对发展中国家经济发展战略问题的探讨，主要集中于第二次世界大战后最初20年发展中国家在工业化发展的进程中普遍实行的进口替代发展战略。

阿明对发展中国家工业化陷入困境原因的分析是以对发展中国家工业化发展状况的基础上的。他认为，相对于发达资本主义国家来说，发展中国家的工业化发生比较晚，例如，拉丁美洲是在两次世界大战之间开始工业化的，亚洲和非洲则是在1945年以后才走上工业化道路的。导致这种状况的原因并非是"市场薄弱"、"劳动力报酬低下"，"因为这本身并不构成工业化的障碍。市场并非只由消费品所组成，在那里，生产资料也起重要作用。低工资意味着高利润，因此这有可能使企业主进行储蓄和投资，也就是说，可以开辟市场。"①

在阿明看来，欧洲和日本的工业化是在低工资的基础上发生的，低工资导致了工业化；而发展中国家的低工资不仅无法带来本国的工业化，相反却因其为发达资本主义国家带来高利润而阻碍本国的工业化。这一方面是因为发达资本主义国家向发展中国家不仅输出商品，而且输出资本，它们力求使它们的全部经济活动包括在本国的和他国的都要获取最大限度的利润，这样就决定了发达资本主义国家的投资集中于发展中国家的出口生产部门；发展中国家的资本集中程度不足，无法达到能同控制了出口生产部门的外国垄断资本相竞争的规模，只能进入那些非竞争性的补充部门即买办贸易或服务部门，这就使工业化的发展陷入困境。另一方面是因为发展中国家出口部门生产的产品不是依靠国内市场而是依靠国外市场实现的，经济发展的这种"外向性"强化了低工资的趋势，低工资所产生的高利润流向了发达资本主义国家，从而阻碍了发展中国家的工业化进程。

在对发达资本主义国家与发展中国家的工业化进程做了对比研究的基础上，阿明分析了发展中国家进口替代发展战略在实践中的弊端。他指出，发展中国家的工业化"发展进程是从生产消费品的轻工业'上升'到生产半成品的工业，然后再到生产设备的工业，"而发达资本主义国家的工业化发展进程"则同时包罗一切形式的工业，它并不从生产重型设备的工业'下降'到生产消费品的工业。"② 发展中国家实施进口替代发展战略的这一进程是和发展中国家本身所特有的情况以及它在世界资本主义体系中所处的特定位置密切相关的。

在发展中国家中，存在一个与出口生产部门相联系的社会阶层，阿明将其称为"寄生性社会集团"，它包括大庄园主、富农、买办贸易资产阶级、国家官僚等等。他们的高收入在国民收入中占有相当大的比重，他们效仿西方的消费方式，对奢侈消费品产生了极大的需求，发展中国家实施进口替代发展战略的一个

①② 阿明：《不平等的发展：论外围资本主义的社会形态》，商务印书馆2000年版，第176页。

很重要的原因就是为了满足这一社会阶层的需求，因而进口替代的立足点首先放在了生产奢侈消费品上。因此，进口替代发展战略实施的弊端主要有两个：一是出口生产部门发展所产生的国内市场是有限的和畸形的，因为它只满足寄生性社会集团对奢侈消费品的需求，而不考虑低收入阶层对大众消费品的需求；二是要维持出口生产部门的发展，势必会进一步加剧收入的不平等，因为出口生产部门劳动力的报酬是十分低下的，而保证劳动力报酬低下所使用的方法依靠的就是寄生性社会集团对奢侈消费品的需求。

在发展中国家中，替代进口的产品生产部门的劳动生产率高于其他生产部门，它使用的是现代的生产技术，这种生产技术使用资本过多而不能吸收那些由于资本主义生产方式入侵而导致的失业者，从而造成了剩余劳动力的大量存在而劳动力报酬不断被压低的市场条件；"只要外围社会在一切现有条件（经济的和超经济的）上都从属于为出口部门提供廉价劳动力的这个新职能，那么它的劳动力报酬还会更低。""当一定的社会从属于这种新的职能，它就失去了它的'传统'性质：的确，那不是前资本主义社会向资本主义提供廉价劳动力的职能。……中心国家积累过程所特有的那种主要关联——劳动力报酬和生产力发展水平之间存在一种客观的关联——已完全不见。在这里，出口部门的劳动力报酬是经济、社会和政治条件所容许的最低水平。"① 劳动力报酬的低下必然导致国内市场的狭小，从而导致工业发展的迟滞。

在世界资本主义体系的二元结构中，发达资本主义国家处于中心的控制地位，发展中国家则处于外围的被控制地位。第二次世界大战后发展中国家虽然获得了政治独立，但在经济上却依附于发达资本主义国家。发展中国家在世界资本主义体系中的特有地位，使其在实施进口替代发展战略过程中所需要的机器设备、生产技术、中间产品，乃至原料都要依靠进口，这不仅导致了以生产资料的进口替代了奢侈消费品的进口，而且导致了原本要减少进口反而却增加了进口、加剧了外汇危机的状况。进口替代发展战略的这一失败，使发展中国家在世界资本主义体系中对发达资本主义国家的依附日益加深。

正因为发展中国家的市场是根据特权阶层的需求发展起来的、根本无视广大群众需求的畸形的市场，因而阿明认为，发展中国家的工业化必须走"群众性"的发展道路，要为贫苦的城市群众服务，就必须放弃供应国内市场的奢侈品生产和输出品生产。

正因为进口替代发展战略为外国资本提供了大量机会，使发展中国家开始以生产资料的进口来替代以前需要的奢侈品的进口，因而阿明认为，对发展中国家

① 阿明：《不平等的发展：论外围资本主义的社会形态》，商务印书馆2000年版，第161页。

来说，工业化的实现需要的是一个"自主中心的战略"，而这个"自主中心的战略必须建立在同时生产消费品和资本品的基础之上"，消费品与生产资料在市场上起着同等重要的作用，"对外贸易（出口和进口都一样）应当包括消费品和生产设备"①。

四、建立国际经济新秩序

阿明的经济学理论观点，决定其对建立国际经济新秩序的信心是不足的，态度极为"悲观"。他一直认为，在世界资本主义体系的"中心—外围"格局下，发展中国家的经济无论怎样发展，都只能是一种被动的、依附性的发展。在经济发展的这种状况中，发展中国家提出建立国际经济新秩序的要求，不仅是不切实际的，而且也是不可能实现的。尽管如此，但是阿明并未对建立国际经济新秩序的问题采取回避的方式，而是积极地对建立国际经济新秩序的困难和途径做了较为客观的，也能给人们一些启迪的理论分析。

在肯定建立国际经济新秩序符合发展中国家愿望的基础上，阿明分析了建立国际经济新秩序必须具备的条件。他认为，国际经济新秩序的各种目标，如要求提高由发展中国家出口的原料价格，使以廉价劳动力和大量自然资源为基础的向发达资本主义国家出口的工业品得到新的发展，促进技术转让并减少转让费用等等，都是符合发展中国家的愿望的，因而可以被看成是符合发展中国家愿望的"一致纲领"。国际经济新秩序的各种目标基本上反映了世界范围内资本积累的矛盾特征，其结果也只能是加强不平等的国际分工，加深外围国家对中心国家的依附关系和加剧国际范围的两极分化。因为"事实上，一方面，纲领一开始就是为了加深国际分工：通过提高剩余价值率（对外围国家劳动力的超额剥削）使世界范围内的利润率得以提高，因而它是世界范围内发展资本主义的纲领。但是，另一方面，在发展资本主义这个共同目标中，垄断集团和帝国主义国家的战略同各外围国家资产阶级的战略又是互相矛盾的。"②

阿明认为，自 20 世纪 70 年代初提出建立国际经济新秩序问题以来，发展中国家开展了一些争取建立国际经济新秩序的斗争，但收效甚微。这一事实已经表明：在世界资本主义体系中，在发展中国家服从于不平等的专业化形式、经济具有"依附性"特征的情况下，就提出建立国际经济新秩序的要求是不切实际的，它必然表现为一种"全球性的妥协"。

---

① 阿明：《不平等的发展：论外围资本主义的社会形态》，商务印书馆 2000 年版，第 177 页。
② 阿明：《国际经济新秩序的前途如何?》，载于《世界经济译丛》1981 年第 7 期，第 54 页。

　　阿明以 1974～1978 年发达资本主义国家钢产量减少、东欧国家和中国的钢产量增加，以及发展中国家中主要是巴西、墨西哥、印度、韩国等的钢产量有一定程度增加的事实为例，说明"如果要使经济关系在世界范围内有所改变的话，只存在于西方、东方和中国之间，而不是在南方和北方的关系方面。"[①] 关键就在于东方和中国已经具备了进行本国建设的先决条件，并在平等的基础上进入了国际分工。因此，对发展中的资本主义国家来说，在还未向社会主义过渡的情况下就要求建立国际经济新秩序，无疑是一种幻想；发展中国家的依附性经济只能表明，它们是发达资本主义国家进行经济扩张的主要目标。

　　在肯定建立国际经济新秩序的要求是合理的要求的基础上，阿明分析了建立国际经济新秩序的实现途径。正因为阿明有着关于发展中国家要求建立国际经济新秩序需要具备先决条件的认识，并且把这个先决条件看做是向社会主义的过渡，所以他坚定地认为，发展中国家要求建立国际经济新秩序的主张，只有在发展中国家的资本主义转向社会主义以后，才能表现出它的实效性和有效性。

　　阿明分析了国际学术界关于发展中国家发展方向的三种不同看法。第一种看法是在一些发展中国家可以形成一种独立的资本主义。阿明认为，这种看法反映了发展中国家左派中资产阶级和小资产阶级的愿望，是一种幻想。第二种看法是发展中国家最终会屈服于垄断资本，屈服于垄断资本在当地进行的完全纳入资本主义体系的工业化，也就是服从于美国、西欧、日本这些国家的意志。阿明认为，这种看法在西欧左派中占居上风，它低估了人民的力量，高估了这些国家当地资产阶级的力量；实际上，发展中国家的资产阶级是不可能进行独立的民族资本主义的发展的。第三种看法是当前发展中国家无论在政治上还是在经济上都属于新殖民体系范围，最终是要分崩离析的，垮台的将是资本主义制度。阿明本人是持有这种观点的。在做了这一分析的基础上，阿明提出，发展中的资本主义国家要在国际经济新秩序中获益，就必须消灭发展中国家对发达资本主义国家的依附状况。当务之急是要在发展中国家各自内部建立起一种新型的社会结构，这个社会结构就是社会主义结构。

　　那么，对发展中国家来说，实现社会主义结构，创造建立国际经济新秩序先决条件的措施是什么呢？阿明认为，实现社会主义结构的措施就是进行自力更生。自力更生的发展道路必须是"群众性"的，因为只有"群众性"的发展，才能导致"民族的和自力更生的经济"。在阿明看来，发展中国家的工业化发展战略主要是从农业和工业着手的，"工业化要为农民群众服务，就必须首先集中力量改变农业劳动生产率。同样，要为城市群众服务，就必须放弃供应地方市场

---

① 阿明：《国际经济新秩序的前途如何？》，载于《世界经济译丛》1981 年第 7 期，第 55 页。

的奢侈品生产和输出品生产"。"然而农业革命和城市动员所需要的社会体制却必须是社会主义的"。① 只有进行社会主义革命，才能实现"真正自力更生的"民族经济的发展，才能扭转和改变发展中国家对发达资本主义国家的依附局面，才能真正建立起符合发展中国家人民利益和愿望的国际经济新秩序。

由此可见，阿明把扭转和改变发展中国家对发达资本主义国家依附局面，看做是建立国际经济新秩序的关键所在，把发展中国家进行社会主义革命，看做是建立国际经济新秩序的先决条件。阿明的这一理论分析对我们思考建立国际经济新秩序的理论问题是有重要启示的。

但是，必须明确的是，建立国际经济新秩序的要求，毕竟体现了全世界所有国家和民族绝大多数人民要求和平与发展的根本愿望，是符合历史发展主流的。尽管在这种争取建立国际经济新秩序的过程中，存在着一些难以克服和解决的矛盾和问题，发展中国家还将为此付出极大的努力和代价，但绝不能因此而放弃这一要求，放弃争取建立国际经济新秩序的斗争。建立国际经济新秩序是整个世界和人类平等发展并走向共同繁荣的重要问题。

---

① 阿明：《自力更生与新国际经济秩序》，引自《国外社会科学》1978 年第 3 期。

第十章

日本马克思主义经济学的发展

第二次世界大战结束后，被压制多年的日本马克思主义经济学研究进入新的发展阶段。这一阶段，不只是 1938 年被迫中断的马克思主义经济学研究和理论争论的简单延续，而且还是在新的国际与国内环境下马克思主义经济学研究的多方面的理论拓展。战后日本新起的马克思主义经济学研究和争论，主要是在战前积累的研究业绩和新的理论动向这两极之间进行的。第二次世界大战后，日本原有的马克思主义经济学各流派仍然坚守各自的观点，延续第二次世界大战前的理论论争；同时，针对第二次世界大战后日本资本主义发展的新态势，对国家垄断资本主义理论、世界资本主义经济危机理论等做出了新的探索。在这一过程中，各流派内部又派生出新的分支。1952 年以后，各个流派首先围绕"新讲座派"的《日本资本主义讲座》展开论战，逐渐形成日本马克思主义经济学的两大学统，即以东京大学为代表的关东学统和以京都大学为代表的关西学统，形成了由"正统派"、"宇野派"、"市民社会派"和"数理经济学派"构成的四大学派。

第一节　第二次世界大战后日本马克思主义经济学
复兴的基本轨迹

第二次世界大战以后，由于政治环境的变化，日本的马克思主义经济学研究的一些刊物得到复刊，战前一些重要的著述也重新出版，战前马克思主义经济学研究的重要成果得到广泛总结，马克思主义经济学在日本的研究迅速"复苏"。

一、第二次世界大战后 20 年间马克思主义经济学的"复苏"和发展

1949 年，久留间鲛造和宇野弘藏将他们在战前发表的研究马克思经济学的论文重新编辑，分别以《马克思恐慌论研究》和《〈资本论〉研究》为题出版。已故河上肇在 1932 年问世的《〈资本论〉入门》也在 1951 年和 1952 年再版。战

后日本的马克思主义经济学研究的重新起步，是以战前和战时已经形成的理论成果为基础的。同时，有关日本资本主义经济发展现实的研究，成为日本马克思主义经济学的新论题，这些研究成果在日本经济学界产生了重要影响。其中，高岛善哉在战前研究成果的基础上，对亚当·斯密的社会认识论做了探索，提出了市民社会的构想，视市民社会形成过程的研究为科学分析的试金石，试图用斯密的观点来研究当时日本的现实经济问题。[①] 杉本荣一曾计划在马克思政治经济学批判体系的基础上，通过与近代经济学的沟通、融和，重新构筑马克思经济学新体系[②]。杉本强调，马克思经济学在其创立和发展过程中，一直与西方主流经济学进行交锋；在政治经济学批判中重建马克思主义经济学体系，是适合于马克思经济学的本质规定的。

这一时期，共产国际提出的世界资本主义经济"全面危机"的理论和列宁的垄断资本主义理论，备受日本马克思主义经济学界的关注。以苏联《政治经济学教科书》为代表的苏联政治经济学理论体系，在日本马克思主义经济学研究中产生了广泛的影响。《政治经济学教科书》1954 年出版后的第二年，日本马克思列宁主义普及协会就将其翻译成日文，以《经济学教科书》为名出版。新中国成立以后，中国共产党所提倡的反对美帝国主义以及支持民族民主革命的理论，对日本马克思主义经济学也产生了一定的影响。在战前积累的研究业绩和新的理论动向的两极空间中，日本马克思主义经济学迈出了理论发展的新的步伐。

第二次世界大战后，潮流社 1949 年编辑的《潮流讲座经济学全集》、民主主义科学者协会经济部会 1951～1953 年编写的《讲座〈资本论〉解释》等涉及马克思主义经济学的各种文集陆续出版。有些文集，如 1953～1954 年出版的《日本资本主义讲座》，云集了像平野义太郎、山田胜次郎这样一些著名的马克思主义经济学家，并且是按照当时日本共产党的政治纲领的要求编写而成，但由于它较多地袭用了斯大林《苏联社会主义经济问题》的观点，在日本马克思主义经济学界评价并不高。在此期间，《资本论》的日译本也由数家出版社，如日本评论社、岩波书店、青木书店、河出书房出版发行。1958 年，游部久藏编写的《〈资本论〉研究史》，把从战前开始的围绕着《资本论》论战的各种论点，按专题做了分类整理，开创了编撰《资本论》论战史的先河。

这一时期，日本马克思主义经济学也在与近现代西方经济学交锋中积极地吸收后者的有益成果，如岸本英太郎、都留重人编著的出版的《讲座近代经济学批

---

① 高岛善哉：《亚当·斯密的市民社会体系》，河出书房 1946 年版。1941 年初版书名为《社会经济学的根本问题》）。

② 杉本荣一：《近代经济学的基本性格》，日本评论社 1949 年版。

判》（1956～1957 年），在对西方主流经济学进行全面批判的同时，也强调应该批判地吸收其中的一些理论，如垄断价格理论、投入产出理论、景气循环理论以及最优分配理论等。

第二次世界大战前就开始形成的马克思主义经济学研究思潮，在战后日本的一些大学讲坛占了主流，并形成了一批培养马克思主义经济学的教材和课程。像政治经济学、马克思经济学、《资本论》研究、经济原论等科目，得到了广泛的认可。不过，在当时也存在着"在学会上谈通说，在课堂上谈自己一家之言"的问题，也就是说，当时大学的有关马克思主义经济学的讲义或教材，并没有成为统一的体系，各大学封闭式教育的弊端日渐突出，直到 1985 年成立了经济学教育学会后，这些弊端才逐渐消除。

进入 20 世纪 60 年代以后，卢森贝编著的《资本论注解》（全 5 册）日文译本出版，这一代表苏联正统学派观点的《资本论》解说的著作，成为日版学者学习和理解《资本论》的主要版本。由久留间鲛造、宇野弘藏、冈崎次郎、大岛清、杉本俊朗编著的 1961 年出版的《〈资本论〉辞典》。大阪市立大学经济研究所编写的 1965 年出版的《经济学辞典》，作为当时日本流行的经济学工具书，也是以马克思经济学为中心概念编写的。渡边佐平主编的《论战：现代的经济理论》（1962 年），在对现实问题分析的基础上，对一些理论问题做了新的总结。宇野弘藏 1963 年出版的《现代帝国主义讲座》（全 5 卷），试图运用马克思主义的方法，联系当时处于经济高度成长期的日本资本主义的实际，对现代资本主义的特征做出新的探讨。这时，"宇野派"已经有了学派理论的经典，如宇野弘藏主编的 1962～1963 年的《经济学大系》（全 8 卷），构成"宇野派"的理论基础，展开了对方法论、原理论、帝国主义论、世界经济论、日本经济论等方面的系统的理论研究。

20 世纪 60 年代，宇野编著的《〈资本论〉研究》（全 5 册）于 1967～1968 年出版，宇佐美诚次郎等编著的《马克思经济学体系》（全 3 卷）于 1966 年出版，游部久藏等编著的《〈资本论〉讲座》（全 7 册）于 1963～1964 年出版。这些著作都是以《资本论》研究为中心的，成为当时日本马克思主义经济学研究的代表作，也成为那一时期日本学者马克思主义经济学研究的最有影响的成果。三部著作的著述者，宇野代表的是"宇野学派"，宇佐属于"正统派"，游部久藏则没有明显的派别倾向。

二、20 世纪 60 年末到 80 年代末马克思主义经济学的发展

对于日本的马克思主义经济学研究来说，1967 年《资本论》第 1 卷德文第 1

版发表 100 周年和 1983 年马克思逝世 100 周年，是两个具有特别意义的年份。在这两个年份，日本马克思主义经济学学术活动空前活跃，出版的著述也不胜枚举。这是日本马克思主义经济学发展的难得的黄金时段。

在纪念《资本论》第一卷德文第 1 版发表 100 周年之际，日本马克思主义经济学界出版了一系列学术著作。经济学史学会编撰的《〈资本论〉的形成》从史学的视角，将《资本论》的形成过程与那一时代的经济学相比较，对《资本论》做了多种角度的探讨。1968～1985 年出版的《马克思经济学词典》（全 16 卷），是久留间鲛造从第二次世界大战前就开始着手编写的力作。该词典的编写目的，就是为读者提供能够正确掌握马克思主义经济学的理论上可以信赖的工具书。该词典以德语和日语对照的方式，从马克思和恩格斯的所有的著作、手稿以及书信中有关经济学的所有重要的概念或问题的叙述集中起来，按照久留间的分类（"竞争"、"方法"、"唯物史观"、"恐慌"、"货币"）精心编辑而成。该词典实际上是马克思主义经济学经典著作的分类文摘。

这一时期，有些学者也开始回顾日本马克思主义经济学研究的历程。日高晋等编著的 1967 年出版的《日本马克思经济学》（两卷本），专注于日本马克思主义经济学者的思想及其著述的研究，勾画了从堺利彦直写到宇野弘藏的日本马克思主义经济学的谱系。守屋典郎 1967 年出版的《日本马克思主义理论的形成和发展》侧重于理论历史发展沿革的研究，主要内容是马克思主义经济学在日本的发展史。与此同时，对马克思经济学说史的研究也取得了长足进展。马克思《政治经济学批判大纲》（即《1857～1858 年经济学手稿》）德文版在 1953 年再版，时永淑等翻译的罗曼·罗斯多尔斯基的《马克思〈资本论〉的形成》日文版在 1973～1974 年出版。《〈政治经济学批判大纲〉注解》作为七卷本《讲座马克思经济学》组成部分问世。这些都推动了日本马克思主义经济学界对马克思这部经济学手稿的研究。在这一方面，杉原四郎出版了一些影响的著作，如 1964 年出版的《马克思经济学的形成》、1977 年出版的《马克思主义的经济学思想》等。

20 世纪 70 年代，推进马克思主义经济学普及的趋势也较为显著，主要有宇佐美诚次郎等编的《马克思主义经济学讲座》，岛恭彦等编的《新马克思经济学讲座》（全 6 卷），杉原四郎、古泽友吉主编的《马克思经济学全书》（全 20 卷），大内秀明、樱井毅、山口重克编的《〈资本论〉研究入门》，佐藤金三郎等编的《学习〈资本论〉》（全 5 卷）等。此外，20 世纪 80 年代初，由冈崎次郎主编的《现代马列主义事典》，对马克思主义的历史、思想和概念等做了多方面的解释，是一部理解马克思主义经济学历史发展的较为全面的工具书。

20 世纪 70 年代，恰逢国际上对马克思价值和生产价格转形问题展开新一轮大论战之际，日本也出版了一批相关的著述，其中有些著作，如伊藤诚等编译的

《论战：转形问题》（1978 年）和石垣博美、上野昌美翻译的《转形论文集》（1982 年），是介绍转形问题国际研究和争论动态的；有些则是日本学者对转形问题的新的独立的探讨，主要如置盐信雄和森岛通夫的研究，他们的研究成果在国际马克思主义经济学研究领域产生了重要影响。置盐最有影响的是 1977 年出版的《马克思经济学——价值与价格的理论》，森岛最有影响的是 1973 年出版的《马克思的经济学——双重的价值和增长理论》（*Marx's Economics—A Dual Theory of Value and Growth*）。

这一时期，运用马克思经济学方法对日本资本主义经济现实问题的研究也有新的进展，其中宇野修订的《帝国主义研究》（1973～1976 年）和由高须贺主编的《垄断资本主义论展望》（1978 年），被认为是最有意义的代表作。前者可以看做是"宇野派"关于帝国主义理论研究的集大成；后者则运用垄断理论对现代资本主义理论的分析和展望。这一时期，在景气循环论、产业构造论、技术革新论、财政学、金融、信用、证券论、农业论、劳动经济论等方面的研究上，马克思主义经济学发挥了重要的引领作用。池上惇提出了人类发展论的新课题，他批评西方经济学忽视了人类能力的发展，主张公共政策应该包括信息、教育、文化等要素以及人类能力的发展等方面。他认为，这属于"河上肇—罗斯金（Ruskin）—马克思"这一主线的重要课题。池上惇当时的相关论著主要有：《国际垄断资本主义论》（1965 年），《现代资本主义财政论》（1974 年），《国家垄断资本主义论争》（1977 年），《美国资本主义的经济和财政》（1978 年），《地方财政论》（1981 年），《现代国家论》（1980 年），《日本经济论》（1981 年），《管理经济学》（1984 年），《信息化社会的政治经济学》（1984 年）等。

20 世纪 60 年代，马克思主义经济学研究者就针对城市问题和环境问题进行了经济学分析，其中最早的著作是伊东光晴、柴田德卫、长洲一二、野口一郎、宫本宪一、吉田震太郎所著的《舒适生活之日本》（1964 年）。在关注环境问题的经济学者中，贡献最大的当数宫本宪一，他的主要著作有《社会资本论》、《都市经济论》、《现代资本主义和国家》、《环境经济学》等。宫本从 60 年代起一直关注环境问题，他继承了都留重人的学术观点，同时影响了宇泽弘文。这三位经济学家成了日本最早对环境问题研究的有重要影响的学者。

宫本宪一的《社会资本论》把过去所说的"基础设施"作为具有社会意义的资本来认识，强调在资本主义的都市，资本和劳动力相对集中，劳动者作为劳动力再生产的一般条件需要共同消费手段，这种共同消费手段需要用社会性资本或公共权力来供给。但是，为了提高资本利润率，社会倾向于节约社会的共同消费手段。劳动力人口越集中或者劳动力的价值越高，社会的共同消费手段越有必要，而资本积累则会将其相对削减。宫本在《日本的城市问题——政治经济学的考察》（1969 年）一书中，直接把城市问题定义为"市民尤其是劳动者阶级由于所必需的社会共同消费供给不足而发生的问题"。关于经济高度发展过程中出现的公害问题，马克思主义经济学者也提出了很多解决方法，庄司光和宫本宪一所著的《可怕的公害》（1964 年）一书，将经济学和自然科学结合起来分析公害问题。都留重人编写的《现代资本主义和公害》（1968 年）综合讨论了公害的定义、公害的形态（产业公害，都市公害，政治公害）及公害的费用负担等问题。

在解决现代社会的政策问题上，马克思经济学的方法仍然有用武之地，这是池尾爱子的观点。但池尾认为，在马克思经济学研究日渐凋落的 20 世纪 80 年代，由见田石介等编著的《马克思〈资本论〉研究》（两卷本）和小林升等编集的《讲座资本论研究》（五卷本），可以说是马克思经济学研究的尾声了。之后，除了由富冢良三等编写的《〈资本论〉体系》（十卷本）（1983 年开始出版第 1 卷，2001 年 4 月出全 10 卷）之外，20 世纪 90 年代研究马克思经济学的著作基本上消失了。从这一意义上，《〈资本论〉体系》成为坚持到 20 世纪末的马克思主义经济学的唯一著作。由平田清明编写的解说性书籍《"资本"解说》（1980 ~ 1983 年）可以视为 20 世纪 80 年代具有重要意义的著作，是这一"远离马克思"时代风潮的一部反潮流之作。马克思主义经济学还是以日本经济现实分析作为根据地，在日本资本主义经济分析上找到了新的出路。由置盐信雄等编著的《现代资本主义分析》（全 11 卷）（1980 ~ 1984 年）和《讲座今日的日本资本主义》（全 10 卷）（1981 ~ 1982 年），超越了对《资本论》单纯诠释的学术传统，通过对资本主义的总体把握，将马克思经济学方法应用于现代资本主义经济的分析之中。[①]

其实，池尾爱子以上的估计并不完全准确。1983 年马克思逝世 100 周年之际，许多杂志发行了专辑，各有关方面也举行了各种纪念活动。与此同时，也出现了一阵马克思主义著作的出版热。仅 1983 年，铃木勇的《市场社会主义和马克思主义》、饭田繁的《货币·物价的经济理论——马克思经济学的基础构造》、向坂逸郎《马克思经济学和我》、清水正德和降旗节雄的《宇野弘藏的世界——马克思经济学的再生》、佐藤武男《马克思经济学》（经济学丛书）、伊藤诚的《价值论的新展开》（马克思经济学丛书）、木下悦二和奥村茂次的《马克思经济学与世界经济》等相继出版。关于马克思的比较研究也陆续登场，如大庭治夫的《社会科学和价值理念：马克思与韦伯、凯恩斯的比较研究》以及大井正、石冢正英的《马克思思想的跨学科研究》等。池尾在 1999 年也认识到，在迎接 21 世

---

① 池尾爱子：《日本的经济学和经济学者——战后的研究环境和政策形成》，日本经济评论社 1999 年版。

纪到来的时候，马克思其实并没有离我们远去，在很多迫切需要解决的现实问题中还有其用武之地。在她的著作出版之后，尤其是进入 21 世纪以后，在日本出现了马克思主义著作新的出版热。

三、世纪之交马克思主义经济学的前行

20 世纪 80 年代末和 90 年代初东欧剧变和苏联解体，日本的马克思主义经济学研究曾一度陷入彷徨时期。有人甚至认为，在日本，《资本论》已经从"圣典"变成了"古典"，也就是说成为经济思想历史上已经逝去的部分。不过，这种状况持续时间并不长，中国的社会主义市场经济体制改革的实践和理论，很快就给日本的马克思主义经济学研究带来了新的希望。

伊藤诚在 1995 年出版的《市场经济与社会主义》一书畅销一时，到 2000 年 6 月已经三次印刷。该书分为两部，第 I 部的标题为"思想和理论"，由 8 章构成，从市场经济的源泉、社会主义的源泉谈起，逐次讨论了货币、劳动、分工、企业、价格、剩余劳动、经济体制的破坏和革新等问题。第 II 部的标题为"理念和现实"，由 4 章构成，分别讨论了苏联集权型计划经济，并以重组为中心，讨论了戈尔巴乔夫的新思维与俄国的悲剧，接着分析了东欧的问题，最后一章考察了中国的经济体制改革。传统的马克思主义经济理论认为，社会主义与市场经济是不相容的，现在中国把两者成功地结合在一起。伊藤诚认为，社会主义可以有多种模式，可以因为计划和市场结合的方式以及所有权乃至企业的组织形态的不同而不同，每种方式都应该由人民来选择。过去苏联正统派社会主义理论把社会主义只规定为一种模式是不正确的[①]。

从 1994 年 4 月开始连续 12 个月，《经济研讨》杂志以"马克思的反攻"为题连续发表论文。1996 年，伊藤诚和野口真、横川信治根据这次讨论的论文编辑而成的《马克思的反攻：政治经济学的复活》一书。该书分三编 12 章。第一编的标题是"构造变化的宏观理论"。第 1 章从战后日本资本积累构造的变化，信息化与集权型劳资关系的危机，以及金融的不稳定性出发，分析了马克思主义政治经济学复活的必要性。第 2 章长期不景气下的资本主义，讨论了技术和经济的新理论框架，半僵化的重量生产体制，目前的不景气与 20 世纪 30 年代经济危机的区别等。第 3 章后工业化和资本积累的结构变化，主要讨论资本积累理论对后工业化的理解，伴随经济的服务化而来的"劳资关系"的变化等。第 4 章现代

---

① 伊藤：《社会主义市场经济的理论可行性与中国道路》，载于日本《东京经大学会志》2003 年第 233 期。

资本主义的调整，分析了马克思理论与调整理论的关联。第二编的标题是"构造变化的微观理论"。第 5 章美国激进学派和新古典学派。第 6 章处于技术发展的转换点的企业和社会。第 7 章 "Pax Americana"（美国统治下的和平）之后的劳资关系。第三编的标题是"资本主义经济的界限"。第 8 章是市场开放给东亚带来了工业化吗？第 9 章世界上的贫困。第 10 章环境问题和生命系统的经济学。第 11 章 "家务劳动"的发现和再生产费用分配战略。第 12 章社会主义的新可能性，是伊藤诚自己写的，主要内容包括对中国的社会主义市场经济实践的分析，以及关于市场经济与社会主义的理论思考。

　　伊藤诚作为宇野弘藏的弟子，为了纪念宇野弘藏诞辰 100 周年，① 他和降旗节雄在 1997 年策划了《马克思理论的再构筑——怎样活学活用宇野经济学？》一书，由宇野派的代表人物共 10 人（包括伊藤和降旗）分头撰写。这部书于 2000年由社会评论社出版。在成书之前，就以"今后的马克思经济学——怎样活学活用宇野经济学"为题举办过 10 次讲座。讲座分为三个部分：原论、阶段论、资本主义与社会主义。第一部分 3 章，包括镰仓孝夫的"20 世纪马克思经济学以及宇野理论的学说史地位"、山口重克的"价值论论战和宇野理论"、关根友彦的"20 世纪超过了黑格尔和马克思吗？"第二部分 4 章，包括侘美光彦的"恐慌理论的再构筑"、榎本正敏的"现代资本主义分析和阶段论"、犬冢昭治的"世纪农业问题和现代资本主义"、野口真的"亚洲经济危机和现代资本主义的走向"。第三部分 3 章，包括降旗节雄的"宇野理论的构造和现代"，青木孝平的"从共产主义到共同体主义"，伊藤诚的"《资本论》和社会主义"。书后附有宇野弘藏的年谱和著作目录。可见，1995 年伊藤诚的《市场经济与社会主义》和1996 年伊藤诚等主编的《马克思的反攻：政治经济学的复活》的出版，标志着日本马克思主义经济学发展的彷徨期已经结束。之后，马克思主义经济学研究迈上了新的台阶，2000 年以后出现了马克思主义经济学著作的新的出版热潮。

　　在日本，苏东剧变使得人们对马克思经济学的认识开始从绝对化走向相对化，也就是说，正确的、科学的经济学并不仅仅限于马克思主义经济学。人们开始思考马克思经济学的适用范围，以及如何突破这一范围。马克思经济学的优越性只有在对现实分析有效时才能体现出来。正像早先主张马克思经济学与西方经济学应该相统一的杉本荣一所强调过的那样，问题不在于怎样解释《资本论》，而在于怎样分析现实问题。劳森（B. Lawson）在《现代资本主义的逻辑》一书的日文版序中更为尖刻地指出："日本的马克思主义者根本没受过正统的经济学训练，即使有一点也少得无济于事。"对日本马克思主义经济学者的弱点做了评

---

　　① 池田爱子：《日本的经济学和经济学者》，日本经济评论社 1999 年版。

价。在马克思经济学全盛时期形成的各个学派，开始认识到现实分析已经成为他们存在的基础，各学派的对立失去了前提。北原勇、伊藤诚、山田锐夫的《怎样看待现代资本主义》（1997 年）一书，就体现出这种危机意识，强调了各学派之间合作的重要意义。

现实分析实际上就是把马克思主义经济学的原理与应用相结合。在马克思主义经济学原理与方法的导引下，广泛研究其他理论经济学和应用经济学，深入探究日本和世界经济的多样化实践。如把马克思主义经济学渗透到产业经济学，探讨日本的产业空洞化和产业结构不合理等问题；渗透到劳动经济学，探讨南北经济不平衡发展条件下的劳资谈判和雇佣问题，以及日本的劳动力自由流动等问题；渗透到金融学，探讨日本、亚洲和世界金融危机与控制等问题；渗透到财政学，探讨日本的财政政策，以及如何激活处于长期低迷的国民经济等问题；渗透到企业组织学，探讨日欧美国家类型不一的企业形态和不断涌现的新业态等问题；渗透到可持续发展经济学，探讨环境、资源和人口之间的良性循环，以及怎样通过制度和政策加以促进等问题；渗透到世界经济学，探讨经济全球化中的非均衡发展、贫富分化、新旧国际经济秩序，以及资本主义的"原理像"与"变容（变样）"的差异等问题。

在重视现实分析的同时，把马克思主义经济学看做一个开放的学科，不故步自封，借鉴与批评相结合，积极导入数学工具和借鉴现代西方经济学的分析技术，不断充实马克思经济学，成为日本马克思主义经济学研究的一大特点。

关于对西方经济学的借鉴，日本马克思主义经济学界近年来进展迅速。例如，作为马克思主义经济学再生产理论的新解释，大西广提出了最优迂回生产系统的资本主义数学模型。宫本宪一根据发达国家经济发展成功经验，认识到中小企业发展往往与地域经济密切相关，针对地域经济与中小企业的关系，强调了内发式发展论。"内发式发展"（endogenous development）的内容主要是主张尊重宗教、历史、文化以及地域的生态系统等的差异，以多样的价值观，寻求多样的社会发展，以谋求解决现代化所带来的弊端，如公害·环境资源问题、发展中国家的贫困饥饿、战争等问题。宫本提出的"内发式发展论"的主要内容包括，以地域内的文化、技术、产业为基础，以地域内市场为主要研究对象进行开发；在环境保护的前提下，通过自然保全、创造舒适的生活空间、繁荣经济文化等的综合开发来实现经济发展；开发具有地域特色的产业，并创造出高附加值的关联产业；为了提高资本与土地等资源的利用率，要建立田本地居民参加的并享有充分自主权的地域经济自治体。宫本还看到，可持续发展的思想无疑冲击了过于迷信 GDP 和市场作用的发展理念。他提出应该建立能够解决环境问题和面向可持续发展的社会经济体系。

从 20 世纪 90 年代中期开始，关于马克思主义经济学研究的著作日渐增多，与价值理论有关的有大石雄尔的《商品的价值和价格》（1995 年）、平石修的《价值和生产价格》（1996 年）、中央大学经济研究所编的《现代资本主义和劳动价值论》（2000 年）、神田敏英的《价值和生产价格——劳动价值说的新概念和定式》（2002 年）、和田丰的《价值的理论》（2003 年）等，直接关于马克思经济学的有，松石胜彦的《马克思经济学》（青木书店 1995 年）、小岛仁的《21 世纪的马克思经济学》（2001 年）等。此外还有，影山光夫《宇野学派的经济学》（1998 年）、小谷义次等《马克思·凯恩斯·熊彼特——现代经济学的课题》（1998 年）。关于全球化与资本主义的有五味久寿的《全球资本主义》（1999 年）。置盐信雄去世以后，大月书店于 2004 年推出了《经济学与现代的各种问题》。作为工具书有《马克思·范畴事典》（1998 年）。

第二节　对马克思主义经济学原理的研究

对马克思主义经济学原理的研究，是日本诸多马克思主义经济学流派的主要研究指向，宇野学派就是以对马克思经济学的"原理论"的研究为显著标志的。同时，马克思主义经济学原理的研究，也体现在对当代资本主义经济的研究和马克思主义经济学教学及教科书建设之中。

一、宇野弘藏对马克思经济学的研究

"宇野派"是日本马克思主义经济学最有影响的学派。日本对马克思主义经济学原理研究最具有代表性的成果，就是宇野弘藏的经济理论。

宇野弘藏（1897～1977 年）出生于日本冈山县仓敷市。1921 年从东京帝国大学毕业后，进入了当时有名的左派研究机关——大原社会问题研究所。之后，宇野弘藏到德国留学两年。回国后在东北帝国大学（仙台）法学部担任副教授。1938 年受人民战线事件牵连被检举，虽然于二审时被确认无罪，但是他还是辞职了。此后，曾在日本贸易研究所、三菱经济研究所任职。1947 年，出任东京大学社会科学研究所教授，不久任所长。1958 年退休后到法政大学社会学部任教授。宇野学说的最大特点是，把马克思经济学研究划分为"原理论"、"阶段论"和"现状分析"三个阶段。并主张只有以"原理论"为基准，以"阶段论"为媒介，才会有科学的"现状分析"。战前，虽然已经能够在劳农派的队伍里看到宇野的身影，但一般认为，40 年代后期开始，他才成为日本经济学界有影响的学者，特别是 1950 年《经济原论》上卷出版后，宇野开始作为持独立见解的经济学者被广泛关注。50 年代后期，在讲座派的权威逐渐消失时，劳农派出身的宇野弘藏的经济思想风靡一时。之后，宇野的著作被都留重人等翻译成英文介绍到欧美，在西方经济学界也广为所知。

无论第二次世界大战前还是战后，日本马克思主义经济思想界一直围绕着各种问题不断地进行论战。宇野理论的重要目的之一，就是想把马克思主义经济学从这种错综复杂的逻辑学、语言学陷阱里面"拯救"出来。宇野所做的工作被认为与阿尔都塞的"结构主义的马克思主义"相类似。因为阿尔都塞也曾经探索过如何针对从马克思主义者们围绕着"经济基础"和"上层建筑"的争论所产生的认知上的混乱，提出相应的解决方法。阿尔都塞对"科学"与"意识形态"进行了新的区分，并据此将马克思的思想发展划分出三阶段：理性人本主义的意识形态阶段（1840～1842年）；费尔巴哈人本主义的意识形态阶段（1842～1845年）；科学阶段（1845年以后）。各个发展阶段的变换之间并没有什么继承性，而是一种本质"结构"的转换。例如，黑格尔哲学的本质结构是"矛盾一元论"，而马克思哲学的本质结构则是"矛盾多元论"。宇野的方法侧重于抽象与具体的关系，而阿尔图塞更注意的是思想发展在时间上的承接关系。

在宇野看来，讲座派和劳农派双方对于日本资本主义分析产生混乱的主要原因，在于没能清楚地区分原理论、阶段论、现状分析三者的差异。按照他的说法，不管是日本还是其他国家，对资本主义分析时，都应该采用多元方法（实际上他的方法是三元或三个层次）。最根本最抽象层次就是"原理论"，由此产生了"纯粹资本主义"的概念。所谓"纯粹资本主义"经济体系是一种理论抽象，在现实中是不存在的。因为历史上所有的社会中都包含着大量非资本主义的政治、经济、文化因素，资本的流动作为经济社会的基础，现实的资本主义被这些因素所扭曲所掩盖。把这些因素抽象掉就是纯粹资本主义。这种理论上的抽象物可以作为一种基准，用来分析现实社会中所存在的多种多样的资本主义。表面上看，宇野的这一思路，与斯拉法的"标准体系"的思路非常接近。这也很容易被理解为马克斯·韦伯在《新教伦理与资本主义精神》一书中所提出的"理想型"资本主义。宇野本人强调，他所说的"纯粹资本主义"，是以历史唯物主义为基础的，所展示的是17世纪18世纪以来资本主义自身的发展，而不是由于某些指导性的概念在观念上想象出来的。200年来资本主义的发展以及随之进行的经济学的研究，都是以客观为基础的。[①] 关于宇野的"纯粹"这一概念，把宇野的《经济原论》翻译成英文的关根友彦有不同的理解。关根认为，宇野的"纯粹"与西方经济学的"pure theory"不同，与瓦尔拉斯的"数学上的纯粹"也不同，它是黑格尔所说的"形而上学意义上的纯粹"。宇野经济学的纯粹理论是对

---

① 宇野弘藏：《马克思经济学原理论的研究》，岩波书店1959年版，第59页。

"《资本论》的内在逻辑"的纯化,马克思经济学的纯粹理论(原理论)是"用资本定义资本主义"。

宇野把比"原理论"较为具体的第二个分析层次叫做"阶段论"。在这一层次,假定资本主义经过了若干连续的发展阶段。各个阶段的社会发展有所不同,和纯粹的资本主义相比,有相同的地方,也有不同的地方。不同的之处就在于,在"阶段论"里的资本主义开始有了一些较为具体的东西。纯粹资本主义这个概念,是使用高度抽象的方法把焦点集中于价值规律而抽象出来的,像股份公司或者国民国家等制度性的因素全部被抽象掉了。而"阶段论"虽然也采用了"一般化"这种高度抽象的方法,但是却放进去了某些制度性因素。

最后是"现状分析",在这个层次里,将过去和现在的经济体系都看做充满无限复杂的矛盾的事物来进行解释。这种解释就是经济学的终极目的,但是它必须建立在"原理论"和"阶段论"的基础之上①。因此,按照宇野的方法,"原理论"应当属于"科学抽象法"的纯粹运用,"阶段论"则是通过时间脉络来体现由抽象到具体的变化。这就不仅仅是逻辑的方法,历史的方法也交织在其中了;至于"现状分析",则"具体"到了"现实",处于逻辑的方法和历史的方法的结合部。

宇野在自己构筑的理论框架上,开始批评马克思的理论缺乏首尾一贯性。宇野强调,承认马克思理论是科学的,不等于认为马克思理论中就不存在错误,将其中的错误纠正过来,是马克思主义经济学继承者的任务。② 宇野站在他的"原理论"的立场上,认为《资本论》也是试图从 19 世纪中期英国的复杂的现实中抽象出纯粹资本主义来进行分析,但是,由于马克思把这种抽象出来的理论模式,直接用于分析现实世界的种种经济现象,于是就产生了研究上的漏洞。

在《经济原论》一书中,宇野试图对马克思经典著作中涉及纯粹资本主义的分析进行重新构建,目的是纠正他所认为的漏洞。宇野的思路是,首先从马克思主义的资本主义分析中找出本质性的理论要素,然后再通过要素的重新构建,赋予其逻辑上的首尾一贯性。该书分为流通论、生产论、分配论三部分。宇野强调,马克思将劳动价值论的部分放在流通论中阐述是不正确的,应该放在生产论里进行讨论。其理由是,宇野认为,价值规律并非普遍存在的一般规律,只在资本主义社会可以观察到其全面展开。也就是说,劳动作为价值形成的唯一源泉,这一理论的本质,只有在资本的生产过程中才能够被理解。其原因在于,劳动力成为商品,不同产品之间的交换成为可能,支撑经济体系的最重要的剩余劳动的

---

① 宇野弘藏:《经济原论》,岩波书店 1964 年版,第 12 ~ 13 页。
② 宇野弘藏:《经济原论》,岩波书店 1964 年版,第 72 ~ 73 页。

出现，并成为自己不断扩大的动力，只有在资本主义社会才会成为可能①。

关根友彦指出，宇野理论不具有党派性的意识形态，他所属的不是"马克思主义的"（marxist）而是"马克思的"（marxian）经济学。其原因在于，"马克思主义经济学"和西方经济学虽然在意识形态上相对立，但是科学方法论上却是相同的，都不过是把自然科学的方法套用在经济学上。宇野理论则不同，主张经济学应该有自己独自的方法。宇野理论的特点，在应用到政治实践上的时候最能体现出来。明确了原理论、阶段论、现状分析三者的区别之后，就现实的政治环境来解释马克思和列宁的学说也不会掉进教条主义的陷阱。在阶段论的层次上，阶级对抗的配置在资本主义发展的不同情况下也各不相同，通过现状分析可以清楚地明白，现实的政治运动必须根据具体环境具体分析。

但是，宇野的马克思经济学的研究方法一方面是对纯粹资本主义的分析，另一方面是对现存的经济体系的理解，两者之间存在一条难以弥合的鸿沟。"原理论"从自由主义阶段的资本主义中抽象出来，在将 20 世纪后半叶的资本主义所具有的现象和活力，很难用"原理论"来解释。数理经济学者盐泽由典批评说，宇野的错误就在于将 19 世纪的英国产业资本主义和将其用原理进行解释的《资本论》特权化了。从这种特权化出发，导出了纯粹资本主义的单一说和仅仅适用一次的原理论②。山口重克在《价值论·方法论的诸问题》（1996 年）一书中也认为，用纯粹资本主义这种单一资本主义模式，无法解释众多的相关问题，无论怎样进行抽象，至少应该考虑一下由多种因素的各种组合所构成的类型问题③。山口重克所提出的实际上就是认为应该以多种模式来认识资本主义问题。

见田石介（1906～1975 年）从经济学方法论的角度认为，宇野的阶段论存在逻辑上的断层，即关于各国的资本主义或资本的各个阶段，从资本一般的理论不能上升到逻辑层次上来④。吉村达次（1916～1966 年）则系统地批判了宇野弘藏的理论。1966 年，吉村全面批判宇野弘藏理论的著作《经济学方法论——宇野理论批判》出版⑤。该书分为两个部分。第一部分为经济学中的理论和实践，主要对经济学中的理论和实践、资本主义运动规律中的逻辑性的东西和历史性的东西、宇野氏"经济规律"理论批判、宇野弘藏"经济学方法论"、经济学和辩证法等方面问题做了论述。第二部分国民经济、世界经济和恐慌，主要对国民经济·世界经济·恐慌、列宁"帝国主义论"的阶段性规定、现代资本主义和国家

①　宇野弘藏：《经济原论》，引自伊藤诚：《价值和资本的理论》（岩波书店 1981 年）序章，岩波书店 1964 年版，第 53～65 页。

②　盐泽由典：《马克思经济学的作风：宇野弘藏和经济学的现代》，载于《思想》第 747 期。

③　山口重克：《价值论·方法论的诸问题》，御茶水书房 1996 年版，第 144 页。

④⑤　见田石介：《宇野弘藏氏的经济学的方法》，载于《季刊经济》1962 年 12 月。

等方面问题做了论述。吉村认为，从经济学方法论的角度，宇野的"三阶段论"是对马克思主义的修正。吉村批评说，宇野理论牺牲了作为《资本论》的核心的理论和历史，把马克思主义的核心部分给扔掉了[①]。吉村认为，应该统一把握周期的规律与崩溃的规律，把"近代社会的经济运动规律"作为生成、发展、没落的规律来认识，"在对现存的东西予以肯定的认识的同时，包含对其否定及其必然没落的认识"。宇野的"三阶段论"把关于社会发展以及资本主义的崩溃等论述作为"不纯的东西"排除到《资本论》的框架以外，仅仅以"永久地反复同一运动"来作为经济学的"原理"的结构。当时，在见田石介身边聚集了一些人组织了一个关于这一问题的研究会，讨论了一年左右的时间，吉村达次 1962年的《书评·宇野弘藏著"经济学方法论"》一文，也属于这一研究会的成果。该文虽然名为书评，其实其内容相当深刻，特别是强烈批评了宇野理论割裂了理论和实践的关系，企图从经济学中把阶级斗争的要因排除掉，甚至具有把马克思经济学资产阶级化的问题。[②]

二、对国家垄断资本主义的研究

日本马克思主义经济学对现状分析的展开，与垄断资本主义的探讨有着密切的联系。国家垄断资本主义的概念可以追溯到列宁，列宁在描述第一次世界大战期间的德国经济时，曾经使用过这个概念。国家垄断资本主义构成了资本主义发展新阶段的理论，开始是由讲座派的批判者在 20 世纪 50 年代后期引入日本的，当时曾经受到正统派的批判。因为正统派不承认国家垄断资本作为资本主义的一个阶段而存在，他们根据列宁的经典理论，认为国家干预不过是战时或经济萧条等危急时刻所采取的一种暂时性的对策。

大内力把国家垄断资本主义这一概念和宇野的"现状分析"成功地结合起来。宇野把资本主义的发展分为三个阶段（重商主义，自由主义，帝国主义），1917 年以后是资本主义的崩溃期。运用阶段论已经不能解释这个时期的现象。所以，如何把国家垄断资本主义这一新概念吸收到宇野的旧理论中，关于这个问题，大内力把阶段论和世界史明确的区分开来。他指出，国家垄断资本主义不是宇野所规定的三阶段中的一段，而是世界史中资本主义崩溃期中独特的一种形态。这样，国家垄断资本主义的研究和宇野的现状分析理论几乎可以对等起来。宇野认为，俄国十月革命后第一个社会主义国家的出现意味着资本主义崩溃的开

---

① 吉村达次：《书评·宇野弘藏著"经济学方法论"》，载于《季刊　经济》1962 年 6 月。
② 林直道：《追悼文故吉村达次氏的学问回顾》，载于《经济论丛》第 97 卷第 2 号，1966 年 2 月。

始。大内认为，外来的危险因素只能是资本主义崩溃的特征之一，而经济危机是资本主义的内在问题。大内认为，20 世纪 30 年代资本主义世界的经济危机是国家垄断资本主义形成的决定性因素，从纳粹德国的经济政策到罗斯福新政，国家对经济干预这一新形态的诞生，正是从经济危机中学习到的经验①。宇野派的"原理论"把资本主义的发展看做是永远的，"阶段论"并非论证资本主义的消亡，其"现状分析论"具有导出理想性的帝国主义模式的意义②。大内把当前"现状分析论"的研究对象定义为，达到国家垄断资本主义以后，即大约第一次世界大战以后的日本资本主义。

关于第二次世界大战后的改革，山田盛太郎看做是"市民革命"，井上晴丸则认为没有带来任何变化。大内把战后改革用国家垄断资本主义理论加以解释。大内认为，从 20 世纪 30 年代起日本的国家垄断资本主义就已经开始发展，但当时种种社会的政治的原因，阻碍了它的进一步的成熟。所以第二次世界大战后改革最本质的作用是，全部清除这些阻碍性因素，创造一个更适合国家垄断资本主义发展的体制。大内以解散财阀和农地改革为例，认为解散财阀加速了日本的大企业由家族支配向职业经理人管理的转换，农地改革为实行保护主义的农业政策创造了基础，这也是有积极意义的，保护主义的农业政策对于所有先进的资本主义国家来说，都是解决慢性的生产过剩的一个必要的方法。大内认为，第二次世界大战后改革为国家资本主义的全面成熟清除了所有壁垒，因此，第二次世界大战后重要的结构变化对经济领域影响深远。一般说到国家垄断资本主义的特征，滞胀比高速增长的特征更明显。但是，日本的情况却是，财阀和地主作为阻碍现代化企业和大市场的出现的消极因素，忽然被全部肃清，为 20 世纪五六十年代的"经济奇迹"铺平道路。

在和大内一起致力于发展"现状分析"的学者中，也有反对大内的高度增长理论的，大岛清就是其中的一位。大岛清虽然和大内一起执笔撰写《日本资本主义的发展》，但大岛认为，大内所提倡的"战后性"和"落后性"不是经济发展的主要原因，作为次要原因可能更合适。大岛本人在和榎本正敏合著的书中强调，政府促成资本快速积累的作用是日本经济高速增长的秘密。根据大岛的观点，第二次世界大战后，政府对一些骨干的制造业的保护的重要性日渐降低，到了 20 世纪 60 年代，政府的职能以一种间接的形式，改为对新兴的朝阳性产业提供资本金，以此来对经济进行干预，这种间接形式的经济干预包含了税收优惠政策、进口限制、政府对产业设施进行投资等种种形式，最重要的一点是，通过日

① Tessa Morris：《日本的经济思想》，岩波书店 1991 年版，第 201～203 页。
② 守屋典郎：《日本马克思主义理论的形成和发展》，青木书店 1967 年版，第 266 页。

本银行的货币政策干预经济。有经济学者认为，第二次世界大战后经济增长的重要原因是金融系统的"超额贷款"（Over Loan），这也和大岛的理论关系紧密。所谓"超额贷款"是指制造业的大部分资金是从有关联的银行借入、银行再从日本银行（央行）借入这样一种依存状态。超额贷款在 1950 年以前只是把游离的储蓄转变成投资的一条水路，但是到了经济高速增长期，这种机制成为增发货币的引擎。用大岛和榎本的说法，"增发货币可以预先填补资金的不足，扩大的社会生产使得收入和储蓄增加，依次填补超额贷款"。日本银行把将来的收入变成储蓄的"预支"，大岛的理论就是这一意思。

20 世纪 60 年代中期，以长洲一二（1919 ~ 1999 年）为代表提出的"构造改革论"开始流行，这一理论后来为社会党所采纳①，使其名声大振。其实，"构造改革"类似于宇野学派的"现状分析"。"构造改革论"重点在于对国家垄断资本主义的研究，但是其方法和大内力及大岛清等人的不同。对于国家垄断资本主义的基本矛盾，即生产的社会化和生产资料的私有制的理解，长洲的观点和宇野派是一致的。现代资本主义生产和劳动的社会性高度发展，为了实现私人支配、占有其成果这一目的，资本的存在形态和再生产的构造都不得不依靠国家这个最社会化的产物。巨大的财政、公共信用、管理货币制度、贸易和外汇管理、国有企业等等，庞大的国家经济机能深入到再生产的过程中，如果不以此为媒介，资本主义将不可能存在，这种资本主义的最新发展阶段只能是"国家垄断资本主义"。②

长洲在《国际时代的日本经济》（1965 年）一书中提出，随着日本经济环境的变化，农业领域已经不存在"封建残余"和悲惨的劳动条件以及微薄工资等现象。在高速经济增长时代，出现了新的经济问题，如严重的通货膨胀、现代化大企业和劳动力密集的中小企业之间在工资和生产效率上的差别等问题。"构造改革论"的目的，是把劳动者和中产阶级从高度增长的政策中唤醒起来。20 世纪 60 年代中期，大部分日本人开始意识到，一味地追求 GDP 增长而忽视生活质量，导致了通货膨胀和环境污染等社会问题。1973 年，长洲又出版了《构造改革论的形成》一书，对"构造改革论"的发展做了总结。

三、马克思主义经济学教科书的建设

长期以来，日本马克思主义经济学教科书的名称，一直被称作《经济原论》，

---

① 1960 年 6 月社会党发表按照构造改革路线发展"树立护宪·民主·中立的政府"的构想。

② Tessa Morris：《日本的经济思想》，岩波书店 1991 年版，第 209 ~ 213 页。

其代表作就是宇野弘藏 1950 年出版的《经济原论》。宇野学派的一些学者，如小幡道昭等现在还坚持"经济原论"的说法，小幡在 2009 年出版的马克思主义经济学教科书的名称就是《经济原论——基础和演习》。近年来，日本马克思主义经济学教科书开始改称为《社会经济学》。大谷祯之介对此的解释是：political economy 过去一般被译为政治经济学，但"political"的含义与政治并没有关系，而是与"社会"有关系。日文的"经济"一词，本来就来自"经世济民"，与家计不同，所指的是社会的经济。马歇尔为了把以"纯粹的科学"而自负的"经济学"与古典学派的 political economy 相区别而称为"economics"，political economy 就成了与作为"纯粹的科学"的经济学不同的、与"政治的"偏见相关的经济学了，这种观念一直蔓延至今。大谷祯之介认为，把 political economy 译为社会经济学更为合适①。八木纪一郎在京都大学经济系使用的马克思主义经济学教科书，沿用了"社会经济学"的名称。他的解释是：economy 是古代希腊语中的"家"与"法·规则"的合成词，其范围限于一个家庭；political economy 所考察的范围并非家庭而是相当于英国或者法国这样的政治单位，作为满足进行社会性共同生活的人们的需要的活动为对象的学问，所重视的并非是政治性行动，所以在保留了"political"的场合，与其翻译为"政治经济学"不如"社会经济学"更为贴切②。2012 年，大西广把马克思主义经济学教科书直接称做《马克思经济学》（Marxian economics）。

关于马克思主义经济学教科书的内容，小幡道昭的《经济原论——基础和演习》继承了宇野弘藏《经济原论》的基本结构，全书由三编构成：第一编流通理论（商品、货币、资本）；第二编生产理论（劳动、生产、积累）；第三编构造理论（价格构造、市场构造、景气循环）。关于马克思主义经济学的对象，宇野弘藏在《经济原论》中认为，经济学是以揭示商品经济所特有的各种经济现象而发展起来的学问，并非一般意义上生产、分配以及消费人类物质生活资料维持生命这种经济生活。这种关于经济生活的一般规定自身，实际上是以资本主义经济作为对象的经济学所开始给予的，而资本主义是商品经济的一种特殊形态。对此，小幡道昭在《经济原论——基础和演习》中指出，"经济原论"就是经济学的基础理论。虽说是基础理论，经济原论并不以物品的生产、分配、消费的"广义的经济"整体为对象的。作为经济原论对象的，是像今天的日本那样的某种类型的经济社会。经济原论就是在理论上回答"资本主义是什么"的学问。

---

①　大谷祯之介：《图解社会经济学》，樱井书店 2001 年版，前言。

②　八木纪一郎：《社会经济学》，名古屋大学出版会 2006 年版，第 1~2 页。

大谷祯之介《图解社会经济学》的销售广告宣称：当被问到"资本主义"是什么的时候，你会觉察到这个问题并不容易回答。事实上，从这个社会系统登上人类历史场时候起，"社会经济学"就力求回答这个问题，这是从古典派经济学直至马克思经济学的经济学脉络。《图解社会经济学》正文也包括三编：第一编资本的生产过程（从商品和货币、资本和剩余价值直至资本的原始积累。共10章）；第二编资本的流通过程（从资本的循环、周转直至社会总资本的再生产和流通。共3章）；第三编总过程的各种形态（从资本和利润、平均利润率和生产价格直至收入的各种形态与阶级。共7章）。关于马克思主义经济学的对象，大谷祯之介明确指出：经济学的对象就是资本主义的生产方式。研究资本主义的生产方式的经济学称为狭义经济学，研究包括这种生产方式以外的生产方式的经济学称为广义经济学。

八木纪一郎的《社会经济学》分为11章。第1章社会经济学的视点——社会中的个人再生产；第2章市场中的分工；第3章货币的作用；第4章资本的登台；第5章被支配了的生产；第6章资本周转；第7章利润和价格；第8章竞争和地租；第9章商业和金融；第10章变动的经济；第11章国家和世界市场。

大西广的《马克思经济学》采用了很多定量分析手段。该书一方面强调唯物论的作用，另一方面也导入了他关于再生产理论的最新的一些研究成果。该书共分为5章。第1章马克思的人类理论——作为唯物论的人类、自然、生产关系（特别是从唯物论的角度阐述了经济基础和上层建筑的关系）；第2章作为商品生产社会的资本主义——资本主义生产力的量的规定性、作为自我增殖的价值的资本（特别是谈到了商品生产作为一般化条件的生产力，生产物和商品，作为商品的货币以及作为自我增殖的货币的资本）；第3章作为工业社会的资本主义——资本主义的生产力的质、作为劳动指挥权的资本（特别是谈到了剩余价值量的变动以及非工业部门的"产业革命"和资本主义化）；第4章资本主义的发展和灭亡——积累论（特别是谈到了再生产条件、原始积累和国家资本主义）；第5章先于资本主义生产的各种形态（主要谈到了作为迂回生产体系的飞跃发展的农业革命、手工业中的前封建社会和封建社会等）。

第三节　对日本资本主义经济模式的研究

纵观日本马克思主义经济学研究百余年的历史，有一条主线贯穿始终，这就是关于资本主义经济模式的研究。这条主线，如今仍然主宰着日本马克思主义经济学研究，并在继续向前延伸。

一、资本主义经济模式研究的主线和副线

日本马克思主义经济学界流派甚多，是否偏离这条主线则决定着一个流派能否存在或发展的命运。第二次世界大战前声势浩大的"讲座派三太郎"，在第二次世界大战后没有能够在这条主线上做出重要开拓，便悄然退出了马克思主义经济学研究舞台，仅仅在经济学史领域保留着他们的一席之地。与农劳派的渊源甚深的宇野学派，在理论上沿着这条主线开辟了新的发展空间，至今仍然活跃在日本马克思主义经济学界。

第一次世界大战以后，日本的马克思主义经济学研究非常活跃，发生过多次大论战，所涉及的范围非常广泛，包括地租问题、价值问题、再生产问题和日本资本主义问题等等。表面上看，论战的这些论题似乎关联不大，其实这些论战或多或少与资本主义经济模式的研究相关。

宇野弘藏的"纯粹资本主义"就是一种资本主义经济模式。宇野的资本主义经济模式在日本常常被称为"原理论"，来自对非资本主义因素的抽象。宇野强调，纯粹资本主义不是从理论到理论的抽象，而是从现实到理论的抽象。他认为资本主义社会从 17、18 世纪，到 19 世纪英国资本制的产业发展，赋予了原理论最合适的轮廓。到那个时代为止的资本主义，逐渐的变得纯粹，前资本主义残留下来的事物在资本主义体系影响下逐渐消失。但是，到了 19 世纪后半叶，这种倾向发生了变化。大规模的重工业的出现、股份公司的兴起、金融资本中枢作用的日益增强等，使得原有体系和纯粹资本主义原理发生了偏离。因此，为了理解现代经济体系的运行，就需要进行"现状分析"。而"原理论"即宇野的资本主义经济模式则成为现状分析的参照系。山口重克觉察到，纯粹资本主义这种单一资本主义模式难以解释众多的现实问题，他开始考虑是否应该以多种模式来认识资本主义问题。小幡道昭把这一课题的研究继承下来。相对于许多昙花一现的学派，资本主义模式研究的不断拓展，使得宇野学派仍然生机勃勃。

面对资本主义经济的一些新变化，资本主义经济的本质发生什么变化的探讨，也是目前倍受关注的问题。其实，这一问题，虽然与资本主义经济的演化有关，归根结底仍然是资本主义模式问题。对资本主义经济模式的进一步认识，还在于其研究范围开始超越已经被认定了的资本主义国家的范围。例如，苏东剧变以后，大谷祯之介提出了苏联的崩溃是"社会主义"破产还是"国家资本主义"失败的问题。按照大谷的理解，苏联的生产方式在本质上应该是国家资本主义，而不是真正的社会主义。其出发点实际上也是对资本主义模式多样化的认识。

现在，日本马克思主义经济学界对资本主义经济模式的研究虽然众说纷纭，但是在关于资本主义模式的研究上，一般都认为，马克思的资本主义经济模式是从100多年前以英国为中心的欧洲资本主义经济现实中抽象出来的。由此产生的问题就在于，100多年前的资本主义经济模式是否只有这一种，也就是说，马克思时代的资本主义经济模式是否是单一的？如果不是单一的，那么，怎样认识《资本论》所阐述的资本主义经济模式？这实际上也就是如何认识《资本论》中的资本主义经济模式典型意义的问题。

由此产生的问题还在于，100多年前的资本主义经济模式能否解释现今的资本主义经济现实？这是一个能否用过去解释现在的问题。运用100多年前的单一的资本主义经济模式能否解释现今多种多样的资本主义经济现实？这不仅是一个能否用过去解释现在的问题，而且是一个能否用单一解释多样的问题。如果运用马克思主义经济学的方法或者说《资本论》的方法，能够从100多年前马克思时代的资本主义经济现实中抽象出来多种资本主义经济模式，是否能够有助于解释现今多种多样的资本主义经济现实？这既是一个能否用过去解释现在的问题，也是一个能否从过去的现实中抽象出来多种模式的问题，还是一个能否用多种模式来解释多样现实的问题。

马克思的资本主义经济模式是对100多年前资本主义经济现实的一种抽象。运用马克思主义经济学的方法应该也能够从现代资本主义经济现实中抽象出新的资本主义经济模式来。这种新抽象出来的资本主义经济模式是否能够更好地解释现今的资本主义经济现实？是像《资本论》那样抽象出一种单一的资本主义经济模式呢，还是多种呢？这首先是一个能否用马克思的方法像马克思那样对今天的现实进行抽象的问题，其次是是否有必要这样做的问题，最后是像马克思那样抽象出单一的典型模式还是多种模式的问题。这里实际上还涉及多种模式是否会失去其典型意义的问题。

在理论上，对资本主义经济能否用一个外延更宽的范畴即市场经济加以囊括，构成这条研究主线的一个新的触角。对社会主义市场经济的理论研究正在成为其重要的原动力。这是一个由特殊扩展到一般，然后再从一般去认识新的特殊的问题。

围绕着资本主义经济模式研究这条主线，日本的马克思主义经济学研究还包括两条副线。这两条副线与主线相辅相成，交互作用，纵横交错，形成了日本马克思经济学研究所特有的格局。

第一条副线是关于再生产理论的研究。这一研究领域是由于对资本主义经济模式研究的需要而开拓出来的。当年讲座派就是以此为基础发展起来的，特别是山田盛太郎试图从再生产图式出发对日本资本主义进行分析，尽管被后人批评说他在对《资本论》的认识上存在很多误区。第二次世界大战后，置盐和森岛等人通过对再生产图式的数学化所提出的马克思经济增长模型研究使得这一领域获得了新的生命力。而由于许多人认为简单再生产的条件是解决转形问题的基本途径，使得再生产理论的应用历久不衰。不过，这条副线虽然与资本主义经济模式研究这条主线的源起或形成有关，却渐渐离开这条主线越来越远。

第二条副线是关于价值理论的研究。这是日本马克思主义者对经济学最早开始的研究，可谓源远流长。这一研究领域是从价值向生产价格转形问题开始的，开始时相当于在欧洲由庞巴维克所引发的那场论战在日本的重演。后来，研究范围逐渐扩展到劳动价值论的各个方面。在 20 世纪 70 年代围绕着转形问题发生的论战之际，森岛通夫作为两大对立阵营中拥护马克思学派的代表与萨缪尔逊为代表的反对派对峙，显示了日本马克思经济学研究的显著影响。近年，日本马克思主义学界在这一研究领域，在关注欧美的新动向（如所谓"新解释"等），不断导入其最新研究成果的同时，在基础理论的研究上也正在向纵深发展。

相对于资本主义经济模式研究这条主线，价值理论研究这条副线虽然一直具有相对独立性，但由它派生出来的如下两条支线呈现出开始向主线反馈的势头。第一条支线是关于剩余价值理论及剥削问题的研究。这是 20 世纪 20 年代末到 30 年代初形成的一个研究领域，开始时围绕着地租问题，表现在对农产品的市场价值是由最劣等的条件下的个别价值决定（即由边际原理决定）与一般商品的市场价值是由平均条件决定（即由平均原理决定）问题，以及"虚假的社会价值"的源泉问题的认识上。之后，这方面的研究逐渐深入，范围也不断扩展。置盐信雄的"马克思基本定理"的提出，使得日本马克思主义经济学在世界上名声大振。近年，随着分析马克思主义学派传入日本，围绕着罗默的剥削理论，这一领域的研究显得更加活跃。与剥削理论相关，劳动力商品问题毫无疑问是一个焦点。目前，如果劳动力不再是商品了，怎样认识市场经济的问题已经被提出来了。也就是说，关于剩余价值理论及剥削问题的研究，已经呈现出向资本主义经济模式研究这条主线倾斜的趋势。

从价值理论研究派生出来的第二条支线是关于唯物论的研究。山田盛太郎首先注意到了价值论中的矛盾和扬弃问题。在日本马克思主义经济学研究领域，河上肇无疑是唯物论研究的集大成者。在河上肇研究成果的影响下，见田石介把研究推向了一个新的高度。大西把见田的唯物论研究方法广泛应用于马克思经济学的研究中，近年开始向资本主义与市场经济的关系拓展，力图为市场经济研究构筑唯物论的基础。由此可见，这条支线也有向资本主义经济模式研究这条主线回环的倾向，甚至显示出两大学统今后有可能合流的趋势。

二、马克思经济学的现代课题的提出

从 2003 年开始，日本"马克思经济学的现代课题研究会"（The Study Group on Contemporary Issues and Marxian Economics，SGCIME），陆续推出了研究现代资本主义经济的大型系列丛书《马克思经济学的现代课题》。该书在 2003 年出版的第 1 册前言中指出，日本 SGCIME 产生的时代背景是，世界上正在进行着经济、社会、政治结构的大变化，经济学、社会科学的存在意义就被捆在揭示这些问题的方向上。在苏东剧变后的后冷战世界，伴随着全球化和跨产业的大型竞争（Mega-competition），"全球资本主义"现象在不断地进展。信息产业以及生物技术的加速，使得危机与发展并存，资本主义市场原理向全世界扩大与渗透。与此同时，主要资本主义国家之间模式的区别开始明显，各国各地区面临着秩序的变动和重组，都在探索新的体系。在"文明的冲突"日益凸显的同时，恐怖主义和"新的战争"正在出现。环境问题也日益严重，呈现出人类危机的状态。这种世界性的转换以及这种转换对各种思想的冲击范围很广，其历史影响也很深远。这种冲击，动摇了既存的范式，诱发了经济学、社会科学在基本认识和方法上的革新。这使得 19 世纪以来步上社会科学主流的马克思经济学毫无疑问地被卷入这场浪潮之中。对历史的理论解释是马克思经济学的最大特征，因为拥有揭示资本主义的本质及其现状的工具而形成了一个理论潮流。其理论框架及研究积蓄，具有充分捕捉目前世界规模的变化和转换的潜力。但是，不可否认，现在马克思经济学具有固守过去的理论和揭示历史的研究成果以及一定的教条化倾向。现实的急速变化把应该处理的对象高度复杂化了。由此，助长了恶性的专门主义，产生了淡化本来的综合性的倾向。并给理论的基本立场带来动摇和混乱。当然，由这种事态所产生的动摇和混乱，可以说显示出了理论立场自身在社会科学上的不彻底，需要在理论上做出深刻反省。但是，在时代的大转换时期，既存的思想或理念、原理经常被相对化，既存的范式被混合，使得社会科学的知性在现实面前感到畏惧而出现混乱。由此产生了目光偏离了现实的课题，构筑与现实相游离的模型或者来自自然科学模型的类似分析，逃避现实的倾向。这是社会科学知性的颓废。一边承接迄今的社会科学的源流和广泛的研究积蓄，一边对既存的知识进行反省，把显示的具体分析与理论的再认识相结合，落实社会科学的分析与认识才是马克思经济学本来应该走的路。这是日本马克思主义经济学构筑将会到来的社会经济的现实前景的不可或缺的前提。

日本 SGCIME 就是由拥有这种共同意识的研究者所组成的，其起源可以上溯到 20 世纪 90 年代苏东剧变后。最初大约有十几个人开始就其基本构想进行讨论，1997 年决定成立对既存的理论和研究进行批判性的认识，并且议论马克思经济学在现代应该做的课题的研究集团。1998 年 2 月召开了"发起研究会"开始启动，很快登录的成员就超过了 100 名。此后，每年春夏各召开一次联合会议。日本 SGCIME 的最大特征就是以包含研究生在内的青年研究者以及中坚研究者为主力的网络型研究集团。特别是要克服极其容易陷入的学阀、学派的"条条分割"以及趋于专门领域的"块块分割"这两种弊端，作为覆盖从原理或理论问题到现实分析、学说史、思想史的所有领域的研究集团而发挥作用。

系列丛书《马克思经济学的现代课题》计划共分两集 9 卷共 10 册（其中第 1 卷分两册）出版，至今尚差 1 册（第 2 集第 2 卷）没有出齐。该书的基本结构如下：第 1 集全球化的资本主义各卷的主题分别是：全球化资本主义和世界组成·国家国民体系；信息技术革命的射程；全球化资本主义和企业体系的变化；全球化资本主义和景气循环；金融系统的变化和危机；摸索中的各种社会现象。第 2 集现代资本主义的变化和经济学各卷的主题分别是：资本主义模式的重建；现代资本主义的历史位置和阶段论；现代马克思经济学的前沿。显然，该丛书的第 1 集是对世界各国资本主义经济本身的研究，侧重于实践；第 2 集则是站在宇野派的立场上对现代资本主义经济以及现代马克思经济学的研究，侧重于理论。

第四节　马克思主义经济学研究的多方面展开

日本经济学界的特点就是，在存在近代经济学和马克思经济学相对立格局的同时，马克思主义经济学派内部也存在着观点不同的诸多学派。第二次世界大战后，在关于正统马克思理论的继承关系上形成了四个主要的，即"正统派"、"宇野派"、"市民社会派"以及"数理经济学派"。其中的"数理经济学派"，在国际马克思主义经济学研究中影响最大。

一、日本马克思主义经济学主要流派

在日本马克思主义经济学的"正统派"、"宇野派"、"市民社会派"以及"数理经济学派"中，"正统派"把马克思经济学当做马克思"主义"经济学来看待，认为两者在理论和实践、科学和意识形态、逻辑和历史上相一致的学派。这一学派包含了"宇野派"、"市民社会派"之外的马克思经济学的诸多学派，他们致力于成为"忠实马克思的学派"。关于马克思理论形成史的研究也属于此学派的。现在虽然很难确定"正统派"的主要代表，但是在人数上，"正统派"无疑是最多的。

关于"宇野派"，其特点主要是把《资本论》的方法归结为原理论、阶段论、现状分析的三段论。宇野派理论体系是为针对第二次世界大战后欧洲关于资本主义变化的论战和日本昭和初期日本资本主义论战（讲座派对劳农派）而产生和发展，在"二战"后批判斯大林主义的环境下成熟起来的。作为日本的马克思经济学派，宇野派在国际上是比较有影响的。目前主要代表人物有山口重克、降旗节雄、伊藤诚等。

"市民社会派"是在继承第二次世界大战前的古典经济学的基础上，以平田清明（1922~1995年）为中心而形成的学派。该学派在理念上强调个人，重视从前被忽略了的市民社会论，反对受斯大林主义影响的教条主义，这一点和宇野派的立场是一致的。现在的代表人物是主要是山田锐夫、内田弘。

"数理经济学派"在国际上声望最高，其中置盐信雄和森岛通夫都曾经获得过诺贝尔经济学奖提名，可惜他们两位在2003年和2004年相继撒手人寰。

这些学派的形成，显示了日本的马克思经济学的兴盛，同时也因为学派间缺乏亲和性而成为马克思经济学发展停滞的原因，这也是为什么欧洲可以有"马克思复兴"而日本却没有。有些日本学者认为，究其原因主要在于：第一，反教条主义姿态的强弱不同。欧美是彻底的反教条主义的，而且不止是彻底的反对斯大林主义，在对待列宁主义的态度上也是彻底的。第二，在和新古典经济学的关系上不同。欧美的学院里流行的是新古典派，具备新古典理论的基本素养的学者数量众多。马克思经济学只是为了不让新古典派一边倒的一种存在。在日本，马克思经济学一直都是在大学里作为地位巩固的已经被"制度化"的经济学而存在，并不是作为与近代经济学保持平衡的一种存在。第三，马克思解释的多样性的浓淡不同。日本的马克思经济学在对经典著作解释方面颇有特色，所有《资本论》解释学这一称呼。欧洲的"马克思复兴"产生了以下一些方面的独创性的研究，如结构主义的《资本论》解释，关于利润率趋向下降的论争和长期波动论的重新评价，从属的储蓄论、剥削发生的机制理论和定量决定理论等。在日本以外的发达国家，"马克思复兴"之前的马克思经济学是完全被排除在正统的学院理论之外的。直至在英国有了"社会主义经济学者会议（CSE）"（1960年）、在美国有了"激进派经济学者联合"（URPE）（1968年）的成立，才显示出"马克思复兴"的生命力。[①]

尽管如此，在日本的马克思主义经济学派中，还是出现了像大冢史学、大河内理论、杉本理论等这样一些有影响的理论和学术观点。

大冢久雄（1907~1996年）以比较经济史学为中心而在学术界活跃，《近代

---

① 池田爱子：《日本的经济学和经济学者》，日本经济评论社1999年版，第164~166页。

欧洲经济历史序论》、《近代业主义的家系》等著作的国际评价很高。他综合了韦伯的宗教社会学和马克思的历史唯物论的方法，构筑了所谓"大冢史学"，培养了许多历史研究者。大冢史学不仅在经济学领域，对一般社会科学也影响颇深。在研究近代欧洲经济史的基础上，指出了近代化和市民社会化的历史连续性，并进一步研究了作为落后国家的日本的道路和对未来社会的展望。本来是在日本资本主义论战中"讲座派"理论的影响下产生的大冢史学，对日本历史研究也给予了强烈的影响。

大河内理论指曾经担任过东京大学校长的大河内一男（1905～1984 年）所发展起来的社会政策论。他从资本主义社会的内在必然性论述社会政策的必然性，强调社会政策的阶级性格，并认为社会政策的对象是劳动力而非劳动者，劳动保护立法的实质也是为了保全劳动力，因此，认为社会政策的诸形态取决于与劳动力的紧张关系。大河内理论在方法上和马克思的方法论有相同之处的同时和韦伯的理论也有相似之处。服部英太郎和岸本英太郎等，批评大河内部的理论欠缺"生产关系和阶级斗争的视点"。

杉本荣一（1901～1952 年）为日本计量经济学奠定了基础，近代经济学史和经济危机理论。主要著作有《米谷需求规律的研究》（1935 年）、《理论经济学的基本问题》（1939 年）、《近代经济学的基本性质》（1949 年）等。杉本理论的核心在于，对马克思经济学《资本论》的解释学的批判和对近代经济学的数量分析的期待，主张经济学研究要把近代经济学和马克思经济学统一起来。

二、日本的数理经济学派

日本马克思主义经济学的国际声誉，主要是由数理经济学派赢得的。这一学派的主要代表人物是置盐信雄和森岛通夫。日本数理马克思经济学派首先以所谓"马克思基本定理"走向世界。在 20 世纪 70 年代关于"转形"问题的新一轮论战中，把数理分析手法导入马克思经济学，不但使得马克思经济学本身的研究可以升华，而且也使得超越学派的对话成为可能。这一点，置盐的努力尤为突出。第二次世界大战后日本的马克思主义经济学研究，正是从新古典学派等的理论中汲取了现代分析手法才取得蓬勃发展的。

第二次世界大战后，日本马克思主义经济学理论革新很重要的一个思想源泉，来自新古典派的经济理论。为了抵抗边际学派影响力的扩张，马克思主义经济学家借鉴了边际学派的方法来武装自己。不过，马克思主义数理经济学派在日本的形成，有着更为深刻的社会背景。毫无疑问，马克思主义数理经济学派不仅仅是把数学导入了马克思经济学，实际上也是对西方经济学的一种融合，这种融合产生于对立。

在日本，在大学的经济系或者经济学会上，"马克思主义经济学派"和"新古典主义经济学派"分别被简称为"MAR 系"和"新古典"泾渭分明，至今如此。但是，对于经济学系的学生们来说，却无疑可以不失偏颇地吸收来自两方的营养。正是这种氛围，为马克思主义经济学家吸收西方经济学特别是边际学派的研究手法提供了条件。日本马克思主义数理经济学派的崛起，可以看做由于这种融和所结出的丰硕的果实。置盐信雄和森岛通夫都是在这种体制下的培养出来的优秀人才。

在马克思主义经济学的发展过程中，数学的运用，尤其是运用数学方法来分析马克思的价值理论是一个诱人的领域。当然，在马克思主义经济学里运用数学早已有之，马克思本人在其著作里面也曾经运用数学来说问题。进入 20 世纪以后，从博特凯维兹开始，许多学者投身于这一领域，特别是 1942 年斯威齐出版了《资本主义发展》一书，引发了围绕着转形问题的世界性大论战。此后，试图通过严密的数学模型来诠释马克思的经济理论的研究成果，有如雨后春笋。因此，日本出现置盐信雄和森岛通夫这样的优秀的马克思主义数理经济学者，与国际环境也是分不开的。

在日本，最早把数学手段用于马克思主义经济学的，并非马克思主义经济学者，而是马克思主义经济学的反对者柴田敬。柴田敬（1902～1986 年）从 1929 年成为经济原论讲师起，就开始对一般均衡论感兴趣。1930 年在《经济论丛》上发表了《卡塞尔的"价格形成的机构"新探》[①]，翌年发表了《一般均衡体系和交换方程式》的论文。1933 年发表的《〈资本论〉和一般均衡论》论文认为，马克思经济学尽管有不少缺陷，但是能够系统地把握资本主义生产构造及其发展规律的理论。柴田把工人的实际工资率和资本家所需要的生产资料的比率予以固定，导出了一个简化的一般均衡体系，用以来解释资本主义经济的运动。该论文的英文版[②]，引起了著名经济学家兰格的注意，兰格在一篇论文中予以高度评价，柴田因之而成名。

其间，发生了两件与马克思主义数理经济学发展相关的重要事情。一是 1930～1934 年，柴田和高田保马（1883～1972 年）之间有一场关于转形问题的大论战。论战起于高田 1930 年关于转形问题的一篇论文《马克思价值论的价值论》[③]；1933

---

① 这里指的是瑞典经济学家卡塞尔（Gustav Cassel），1866～1945 年。

② 柴田敬：Marx's Analysis of Capitalism and General Equilibrium Theory of the Lausanne School，The Kyoto University Economic Review，July 1933.

③ 高田保马：《马克思价值论的价值论》，载于《经济论丛》第 30 卷第 1 号（1930 年 1 月）。

年发表了柴田的批判论文《平均利润论》①；同年高田发表了反驳论文《马克思的平均利润率》②；很快柴田发表了回应论文《平均利润再论》③。他们所采用的方法基本上基于 1907 年博特凯维兹的方法。不过，在日本，这不仅是关于转形问题的最早论战，而且也是关于这一问题的最早研究。二是 1935 年柴田出版了《理论经济学》一书，在书中关于平均利润率提出一个有名的命题：如果某个部门在导入新技术之后，生产费用得以减少，那么平均利润率必定上升。该命题 1963 年为置盐信雄用数学证明所一般化而闻名于世，在国际上颇有影响，被称为柴田—置盐定理。作为较新的后续研究，1997 年西部忠发表了《论劳动力的外部商品化·内部商品化·一般商品化——兼论由于"市场的内部化"而引起的资本主义进化》④一文，从柴田—置盐定理进一步引申出来了两个新的命题。这两个新命题是：第一，在劳动力一般商品化模型中，在现行的价格体系下，在劳动力的生产费用降低的劳动力部门中的技术革新，会提高一般利润率，而实际工资率下降；第二，在劳动力一般商品化模型中，在现行的价格体系下，在小麦的生产费用降低的小麦部门中的技术革新，会导致一般利润率实际工资率都下降。

1936 年，柴田到哈佛留学，投在了熊彼特的门下。正是在哈佛，他遇到了都留重人。1939 年柴田回到京都帝国大学经济学部担任教授，1946 年被"革除"公职，1951 年"革除"政策结束后，柴田曾先后在山口大学和青山学院大学执教。在失去公职期间，柴田曾尝试经营蓄电池事业，虽然失败了，却从中得到启发，悟出作为简化瓦尔拉斯体系的"坏祸的法则"等，在环境经济学领域进行了早期开拓。

越村信三郎（1907～1988 年）在把数学应用于马克思经济学上所做的工作，也是比较早的。他在其《再生产论》的序言里，明确提出了应该把数学导入马克思经济学的问题，该书出版于 1956 年（英文版 1975 年）。越村说，当今的资本主义经济学为了证明经济学上的命题，普遍的使用数学理论。数理经济学把主观上的、心理上，从而被认为不可测算的边际效用作为基础，已经发展起来了；而劳动价值学说是客观的、物质的，因此是能够测算的，所以不存在劳动价值学说为基础的数学理论不能构筑的问题。越村对怎样用数学构筑与边际效用学派不同的马克思经济学理论做了探索。越村举了一个例子，例如，矩阵是列昂惕夫做投入产出分析的工具，矩阵也可以成为马克思的经济理论数学模型化的工具。不过

① 柴田敬：《平均利润论》，载于《经济论丛》第 36 卷第 2 号（1933 年 2 月）。

② 高田保马：《马克思的平均利润率》，载于《经济论丛》第 36 卷第 4 号（1933 年 4 月）。

③ 柴田敬：《平均利润再论》，载于《经济论丛》第 36 卷第 5 号（1933 年 5 月）。

④ 西部忠：《论劳动力的外部商品化·内部商品化·一般商品化——兼论由于"市场的内部化"而引起的资本主义进化》，引自《经济理论学会年报第 34 集》，青木书店 1997 年版。

关于马克思的转形问题，越村的解释虽然逻辑优美，在将投入额引入数学系统的时候，颇费心思地用价值而非生产价格表示出来，其效果却打了折扣。尽管如此，他的分析对马克思经济理论的几个重大问题（如垄断价格和利润率下降倾向等问题），虽然并没有能够提出有效的解决方法，但是仍然显示出了数学的强大魅力。

按照同样的思路，成就了两位马克思主义数理经济学著名学者置盐信雄和森岛通夫。

置盐信雄（1927~2003 年），出生于日本神户市，父亲是店主。[①] 从神户商业学校进入神户高等商业学校。1947 年毕业后考入神户大学前身的神户经济大学。读书期间，以希克斯的《价值和资本》和凯恩斯的《通论》为中心学习西方经济学。据说，置盐是由于患了结核而疗养的时候读了《资本论》，开始了他的"觉醒"。1950 年毕业的同时置盐被聘为刚刚改为神户大学的助教。现在在日本还流传着一种说法，就是他 23 岁的毕业论文的一部分，相当于《现代经济学》（1977 年）第 4 章第 1 节《希克斯和萨缪尔逊的比较静态学》，虽然作为置盐的处女作，关于《收敛条件和 Working 的问题》，似有与 20 世纪 70 年代流行的非瓦尔拉斯均衡理论的创始人克劳尔（R. W. Clower）的双重决策定理相同之处。此后，他在理论经济学领域留下许多广泛的卓越的业绩。在经济理论学会从 1966 年后担任了大约四分之一个世纪的干事。1977 年起在理论·计量经济学学会（现日本经济学会）担任了 1 年会长。1990 年，在神户大学退休后曾到大阪经济大学执教，由于身体不好而提前结束了。此后是在与疾病做斗争中度过的。置盐著述甚丰，据不完全统计著作就有 26 册，其中最重要的有《积累论》、《现代经济学》、《马克思经济学——价值与价格的理论》等。置盐的主要贡献在于所谓"马克思的基本定理"、"置盐定理"、"迭代转形模型"以及"马克思的经济增长模型"等。

"置盐定理"是一个关于平均利润率规律问题的假说，其背景来自 1957 年萨缪尔森提出的一个假说：没有联合生产或稀缺的自然资源，而且实际工资保持不变，那么，如果一项技术革新确实被资本家所采用，利润率一定会上升；如果利润率不能上升，资本家使用旧技术，日子也能过得不错。假定已知资本家的行为是理性的，那么不可能同时存在技术进步、实际工资不变和利润率下降的情况。

---

① 关于置盐信雄的生平，主要参考松尾匡的主页（http：//www. std. mii. kurume-u. ac. jp/ ~ tadasu/yougo_oxo. html）。松尾是置盐的高足。

因此如果技术进步，没有增加实际工资，那么它一定提高了利润率[1]。1961 年的"置盐定理"对此假说进行了精致的数学证明。置盐强调除非实际工资率有足够的上升，否则资本家采用的新技术不会降低一般利润率。在实际工资率一定的条件下，基本品行业的技术革新确实能提高平均利润率，而非基本品行业的技术革新对平均利润率的变化没有影响[2]。

所谓"马克思的基本定理"，是置盐信雄对劳动价值论研究的一个重要贡献，其主要内容就是：只有剥削率为正的时候平均利润率才为正值，也就是说，正的剩余价值是正的利润的存在条件。[3] 后来的所谓斯蒂德曼诘难，即认为负的剩余价值会与正的利润并存，也就是说，当利润率为正的时候，剩余价值率有可能是负的的说法，可以看做是对"马克思的基本定理"的一个反击[4]。

置盐的"迭代转形模型"从数学结构看上去虽然好像很复杂，其思路其实很简单，就是先按照马克思的转形公式（即成本价格不进行生产价格化的转形公式）计算第一步的生产价格。然后将成本价格按照第一步的生产价格计算，由此得到第二步的生产价格……这样一直迭代计算到平均利润率形成为止[5]。置盐的迭代模型的问题主要在于其"成本价格生产价格化"不是通过交换关系形成的，而是硬行指定的（未免有点指令性价格的味道）。而所指定的"生产价格"并非真正的生产价格。所谓迭代，不过是马克思的转形公式（即成本价格不进行生产价格化的转形公式）的反复运用，并没有从根本上解决问题[6]。

森岛通夫（1923 ～ 2004 年），出生于大阪。他的著述很多，大多用英文撰写，最重要的有 1973 年出版的《马克思的经济学》（Marx's Economics—A Dual Theory of Value and Growth）和 1978 年出版的《价值、剥削和增长》（Value, Exploitation and Growth）。森岛的贡献在范围上与置盐接近也主要在于前述"马克思的基本定理"、"转形模型"以及"马克思的经济增长模型"等。

在"转形问题"研究上，森岛通夫采用了马尔可夫矩阵，可以说是迄今为止所使用的数学手段最高的学者。在 20 世纪 70 年代的大论战中，森岛通夫虽然也

---

[1]　Samuelson P. A, "Wages and Interest: A Modern Dissection of Marxian Economic Models," American Economic Review. 1957（47）.

[2]　"置盐定理"的原文见 Okishio, N., "Technical Change and the Rate of Profit", Kobe University Economic Review, 1961, pp. 86 ~ 99。其中文版见《技术变革与利润率》，载于《教学与研究》2010 年第 7 期。

[3]　据置盐信雄本人说，这一定理是他于 1954 年证明的。但是，后来森岛通夫说这一定理是他于1960 年初同置盐信雄同时发现的。"马克思基本定理"是森岛给起的名字。

[4]　扬·斯蒂德曼：《按照斯拉法思想研究马克思》，商务印书馆 1991 年版，第 11 章。

[5]　张忠任：《马克思主义经济思想史（日本卷）》，东方出版中心 2006 年版，第 159 ~ 164 页。

[6]　对置盐方法的全面批评，可参见平石修：《价值和生产价格》，秋樱社 1996 年版，第 5 章；大石雄尔：《商品的价值和价格》，创风社 1995 年版，第 3 部。

发表了多篇论文，其主要内容基本上都收在他 1973 年的《马克思经济学》（主要是第 7 章静态转化问题）和 1978 年的《价值、剥削和增长》（主要是第 6 章转化问题：马尔柯夫过程）两书之中了。

关于转形问题，在这两本书中各有一个极其庸俗的假定，使得森岛通夫精彩的数学分析变得黯淡无光。他的这个假定是他令 S_i，$\prod_i$ 表示每 1 单位产出的剩余价值和利润，强调当且仅当

$$\frac{C_1}{V_1} = \frac{C_2}{V_2} = \cdots = \frac{C_m}{V_m}$$

成立时，$\prod_1$，$\cdots$，$\prod_m$ 与 S_1，$\cdots$，S_m 成比例（即 $S_i = \alpha \prod_i$，α 为比例系数）。森岛把 $\prod_1$，$\cdots$，$\prod_m$ 与 S_1，$\cdots$，S_m 成比例作为他建立转形模型的基本前提，使得他所有的分析都如同建立在沙子上一样。

置盐信雄和森岛通夫都对马克思再生产理论做过多方面的研究。不过由于置盐研究马克思再生产理论的基本前提是把两大部类的比例关系假定为不变的，是不具有一般性的，从而其结论也有相当大的局限性。[①] 森岛通夫倒是注意到了这一点，但是，他却错误地认为马克思的扩大再生产体系是不稳定的。他明明看到了"在马克思的经济中有明显的均衡增长倾向"，并承认这种倾向看上去远比新古典经济学家所主张的收敛性更强，因为不均衡增长的状态仅仅一年就消失了。但是，他认为这种现象是不正常的，出现这种奇怪的结果并不是由于马克思所选择的数据特殊，而是由于其投资函数的特殊性。森岛通夫的问题实际上在于只从两大部类的平衡关系考虑问题，而漏掉了至为重要的增长因子[②]。

置盐和森岛等人的数学分析，被认为是日本对马克思主义经济学的重要贡献，在西方得到广泛支持。这也反映了第二次世界大战后日本的经济学界，这方面的研究并不落后于西方。对英语文化圈的经济学者来说，用数学表示出来的价值理论所具有的抽象性是最容易接受和理解的。特别是 20 世纪后半叶数学也已成为学术研究中的国际语言。从学术渊源来说，置盐和森岛都以马克思经济学为本，同时都受斯拉法很深的影响。不过森岛通夫所受的影响是间接的，那是因为对森岛最大的影响来自所谓"新李嘉图学派"，而"新李嘉图学派"为了在学术论战中击溃劳动价值学说而使用了斯拉法的学说；置盐信雄则是站在劳动价值论的立场上，试图论证劳动价值论而使用了斯拉法的方法。另外，森岛虽然站在拥

① 置盐信雄等：《经济学》，大月书店 1988 年版，第 94 页。
② 张忠任：《马克思主义经济思想史（日本卷）》，东方出版中心 2006 年版，第 176～180 页；以及《百年难题的破解：价值向生产价格转形问题的历史与研究》，人民出版社 2004 年版，第 240～247 页。

护马克思经济学的立场上，但是他有不少最终结论是违反其初衷的，不能做到首尾一致。

　　从国际传播来看，日本的马克思主义经济学家的著作，确实有不少已经翻译成了英文。尽管如此，交流仍然不够充分，例如，在关于马克思理论的熟练劳动问题的研究上，置盐的数学方法比西方的罗伯特·劳森用同样的方法得出的研究成果要早好多年问世，但是却不为外界所知。大阪经济大学泉弘志教授关于剩余价值率的定量分析，关于经济增长率的理论认识，特别是关于劳动复杂度的测定等研究，成果都很突出，却没有能够产生足够的国际影响。①

---

　　① 泉弘志：《剩余价值率的实证研究——根据劳动价值计算的日本·美国·韩国的经济分析》，法律文化社 1992 年版；泉弘志：《投入劳动量计算与经济增长率的计测——以日本 2000～2005 年的经济增长率的计测为实例》，载于《大阪经大论集》2012 年第 63 卷第 2 期。

第十一章

苏联东欧社会主义改革理论的演化

第二次世界大战后建立起来的东欧社会主义国家，在初期无一例外地因袭苏联的经济模式。这种以指令性计划为主的高度集权的模式，在迅速恢复和发展国民经济，奠定社会主义大工业经济技术基础等方面，起到过重要的积极作用。然而，随着经济的恢复以及社会的进一步发展，原有的苏联经济模式逐渐暴露出一些不利于经济协调、稳定和有效运行的矛盾，引起了苏联及东欧国家一些经济学家的注意。他们开始从不同角度提出了对传统的苏联模式进行改革的经济理论。在这些改革理论及与之相关的改革实践中，计划与市场的关系是最重要的同时也是最棘手的问题之一。对这一问题的探讨，构成了苏联东欧社会主义改革理论演化的主线。

第一节　"东欧学派"改革理论的兴起

"东欧学派"是有别于苏联传统的经济学体系的经济理论，以探索东欧一些国家社会主义经济体制改革为对象的理论流派。它试图用严格意义上的经济分析取代说教式的空泛议论，从一定程度上实现了社会主义经济学经济分析从规范向实证的转变。"东欧学派"集中于社会主义经济体制改革理论探讨，指出社会主义经济体制有多种实现方式，认为改革是使社会主义运行转入新的发展轨道的必要步骤。

一、从兰格模式到布鲁斯模式

波兰经济学家奥斯卡·兰格，被认为是"东欧学派"的最重要的开创者。20世纪30年代，兰格撰写的《社会主义经济理论》，就社会主义经济能否解决资源合理配置的问题，提出了自己的见解。兰格认为，通过模拟市场竞争，社会主义国家同样能够实现市场均衡，即"中央计划局起市场的作用。它规定生产要素组合和选择工厂生产规模的规则，确定一个产业的产量的规则、配置资源的规则，以及在会计中将价格当参数使用的规则。最后，它规定物价，以便使每种商品的供求数量平衡。"[①] 在兰格看来，社会主义计划经济不可能、也没有必要完全摒弃市场机制，计划可以对市场进行模拟，通过这种模拟，计划发挥类似市场经济中市场机制的作用，以引导资源的合理和有效的配置。兰格运用"试错法"从理论上探索了在公有制和计划经济条件下的资源配置问题，从而触及了社会主义经济中调节机制的最关键问题，即计划调节与市场调节的协调关系。自 20 世纪 60 年代以来，各社会主义国家在不同程度上进行了经济体制改革，与此同时，在理论上探讨适合各自国家的经济模式的过程中，都在不同程度上涉及兰格的经济模式。兰格模式的提出，对于社会主义经济运行模式的探讨起了极大地推动作用。在兰格模式之后，东欧经济学界先后出现的布鲁斯模式、锡克模式和科尔内模式等，都在不同程度上受兰格模式的影响，甚至可以看做是对兰格模式的补充、修改和完善。

在兰格模式之后，波兰经济学界出现的布鲁斯模式，是由曾任华沙大学政治经济学教授、波兰计划委员会经济调查局局长、国家经济委员会副主席布鲁斯提出的。布鲁斯认为，在兰格的经济模式中，各种决策基本上都是由中央统一制定。这种模式只有在各项条件都符合的情况下才会实现，而这些条件很难成为事实。在布鲁斯看来，作为分析社会主义经济运行模式以及社会主义经营实际出发点的，就是分析计划与市场、集权与分权的关系。布鲁斯的研究重心是经济运行模式，其基本改革主张是变集权模式为分权模式，并在计划调节结构中导入有调节的市场机制。

布鲁斯在其代表作《社会主义经济的运行问题》一书中，系统地分析了经济运行机制，并阐述了他的分权思想。布鲁斯指出，社会生活中的决策可分为三类：第一类是规定经济发展总方向的基本宏观经济的决策，这一类需由中央当局决定；第二类是在劳动市场和消费资料市场上个人的决定；介于这两者中间的第三类即经常的局部的决策，这种局部的决策既可集权，也可分权。第三类决策的主要内容，涉及"企业和部门的生产规模和结构、消耗的数量和结构、销售战略和原料供应、较小的投资、工资的具体形式等等"。[②] 各种社会主义经济模式，对于前两种决策的制定方式基本是一致的，其主要区别在于第三类决策如何制定。第三类决策的不同，是区分集权模式还是分权模式的根本所在。布鲁斯认为，若政府在追求少数最优先的目标情况时，集权模式最有效，这主要是适用于

---

① 奥斯卡·兰格：《社会主义经济理论》，中国社会科学出版社 1981 年版，第 15 页。
② 弗·布鲁斯：《社会主义经济的运行问题》，中国社会科学出版社 1984 年版，第 65 页。

战争时期、经济结构发生剧烈变动时期。分权模式则适用于经济目标越来越复杂，优先项目目标日趋扩大化的情况。

与原有的传统的计划经济模式相比，布鲁斯模式打破了把社会主义计划经济与市场机制对立起来的观念和思路。布鲁斯认为，苏联的高度集权模式的主要弊端在于，企业所追求的不是经济效益以及对市场需求的满足，而是追逐指令性计划的实施。由于企业所追逐的目标是计划指标的完成以及超额完成，滋长了好大喜功、争指标、争投资的欲望。分权模式是利用市场机制的计划经济模式，中央计划可以利用间接约束来规定企业的经济活动。分权模式的基本特点在于，中央的决策和企业的决策是分开的。中央决策的范围包括国民收入分配的领域和选择最重要的投资方向的领域。中央的集中决策规定了国民经济中的整体比例，除此之外，还有一项特殊的权力应该属于中央决策范围，即创办企业的权力。在布鲁斯的分权模式中，除了中央统一制定整体分配比例之外，其他与企业相关的一切决策，都由企业自己做出。企业可以自主地组织再生产过程，可以选择日常的生产目标和生产技术，也可以在生产资料市场上，独立自主地购买自己所需的生产要素，可以自由地选择销售方向和渠道。

与兰格模式相比较，布鲁斯的分权模式更具有实践性。这一模式不仅在理论上突破了传统的把社会主义计划和市场对立起来的观点，而且在实践上对当时匈牙利和捷克斯洛伐克的经济体制改革也产生了很大的影响。特别是当时匈牙利的经济改革思路，在很大程度上受到布鲁斯模式的影响。正因为如此，布鲁斯被称为"东欧经济改革的首创人"。但是，布鲁斯的理论与现实经济的种种情况并不完全相符，这既与社会主义经济运行的复杂性有关，也与布鲁斯模式自身在设计上缺乏具体的可操作性有关。

二、科尔内模式和里斯卡模式

亚诺什·科尔内是匈牙利率先主张经济体制改革的经济学家之一。以短缺理论为中心的科尔内经济理论，较早地运用西方经济理论和分析工具研究社会主义经济体制，对传统的社会主义经济体制即斯大林模式进行了多方面的分析。"东欧学派"实现的经济分析从规范向实证的转变，是以科尔内的《短缺经济学》为代表的。《短缺经济学》一书的主题"短缺"，侧重微观分析但也包含宏观分析，虽然以描述和说明经济机制的运行为主，但也涉及大量的一般经济方法论问题。

在《短缺经济学》一书中，科尔内以现实社会主义经济中普遍和长期存在的短缺现象为主线，以企业行为分析为重点，从生产、交换、分配和消费各方面剖析了社会主义经济体制，说明短缺是社会主义常见的现象。科尔内认为，短缺经济是传统社会主义经济中出现的、在人们日常生活中能够时常体验到的大量现象的概称。这些短缺现象可以概括为四种类型：一是纵向短缺即垂直短缺，存在于中央物资分配机关与要求者之间，要求者所提出的总量超过中央机关所能分配的物资总量时就会产生纵向短缺；二是横向短缺即水平短缺，存在于卖方或买方之间，卖方的供给不能满足买方的初始要求就出现这种短缺；三是内部短缺，是企业内部缺少必要的互补性投入品储备和生产能力的储备，生产经常出现瓶颈，限制整个生产；四是社会生产能力短缺，这是上述三种短缺的宏观表现，是全社会生产能力被高度利用，整个社会生产被推到了资源约束的边界的状况。科尔内认为，产生短缺的原因不在供给方面，而在需求方面。社会主义企业对当前生产投入品和投资品有着几乎不可满足的需求。这表现为"囤积倾向"和"投资饥渴"。这些又是由企业追求产量增加和企业规模扩大的欲望引起的。科尔内称这两种欲望和要求为"数量冲动"和"扩张冲动"。科尔内认为，"扩张冲动比数量冲动和囤积倾向更重要，因为它对经济体制运转的影响甚至更大"。[①] 由于软预算约束，企业扩张不限于企业内部积累，更重要的来自他认为的企业的数量冲动和扩张冲动，这固然与国家追求高速度增长的政策有关，但其主要动力却来自企业内部。科尔内认为，"古典资本主义企业的运行主要受需求约束，而传统的社会主义企业的运行主要受资源约束"。[②] 科尔内指出，要解决长期短缺问题，就必须改变产生短缺的制度条件，对旧的经济管理体制进行全面的改革。科尔内认为，短缺的原因不在于政策失误，而在于使企业预算约束软化的社会经济关系和制度条件。短缺经济学虽然不包含经济体制改革的具体政策建议，但它对旧体制运行过程的实证描述、对匈牙利改革所做的种种分析，还是为经济体制改革提供了依据，并可以作为具体政策建议的理论分析基础。

1968～1988 年，匈牙利所经历的经济改革，力图在计划经济主导下实现市场经济。为此，匈牙利经济体系摒弃了僵化的中央集权的经济模式，把计划管理与商品货币关系的积极作用有机地结合起来，注意经济调节手段的运用，在产供销方面给企业以更大的权力。1968 年，匈牙利就全部废除了短期命令体制，国营企业正式宣布为拥有短期产出和投入自主权的主体。这场改革原则上废除了由中央统一分配资源的做法，逐渐向企业间进行交易过渡，部分地放开物价，这些是向市场经济迈进的改革。在《匈牙利的改革过程：设想、希望和现实》一文中，科尔内对匈牙利的这场改革进行了实证性的描述和深刻的反思。他描述了1968

---

① 亚诺什·科尔内：《短缺经济学》，经济科学出版社 1986 年版，上卷第 199 页。
② 亚诺什·科尔内：《短缺经济学》，经济科学出版社 1986 年版，上卷第 35 页。

年改革前传统社会主义经济的运行特征和改革给匈牙利经济生活带来的变化，分析了匈牙利经济体制改革过程中出现的各种问题，最后将人们对社会主义经济改革的各种设想与匈牙利的现实进行了对照。科尔内认为，匈牙利改革所产生的体制与人们设想的"市场社会主义"相差甚远。匈牙利经济运行机制中的支配形式仍然是行政控制，而不是"市场调节"。这种国家行政控制，只不过是从直接行政控制的旧式"命令体制"转变为间接行政控制的"双重依赖体制"。市场机制在匈牙利国民经济资源的配置中尚未有效地发挥作用。因此，匈牙利改革还面临着艰巨的任务。[①]

科尔内认为，非均衡是社会主义和资本主义两大经济体系的共同特征，他在《短缺经济学》和《反均衡论》中认为，短缺、非均衡是社会主义经济运行的正常状态，并从这个观念出发试图建立以说明现实社会主义经济机制为基本内容的微观经济学和宏观经济学。科尔内研究的重心是经济运行机制，其基本改革主张是硬化预算约束，由具有宏观控制的市场协调经济运行。科尔内在一种较为成熟的微观经济学理论框架内，结合匈牙利以及其他社会主义国家的实践，运用数学等统计工具，分析了传统体制的具体运行方式。他对企业行为的研究，开创了社会主义经济学的新领域，对处于深刻变革之中的社会主义经济体制产生了深刻的影响。

科尔内在分析企业行为和探讨社会主义经济运行时都是以公有制为前提。但是，由于他所设想的模式很少包含对公有制的现实形式，即传统国家所有制种种弊端的深刻认识，不包含通过改革实现国有制的扬弃的意愿，另一位颇有影响的匈牙利经济学家里斯卡·蒂博尔研究的重心则是深化所有制改革，对公有制这一基本前提做出研究。20世纪80年代，里斯卡同样对所有制改革做出深入的研究，提出了颇具特色的"社会主义承包经营模式"。里斯卡创造了一个全新的概念——社会继承，即人们通过占有它而享有的从事承包经营竞争和获得以货币形式体现的利息的权力，因而感受到真正的占有权。里斯卡认为，只有向社会提供收益的人，才有权支配和经营社会财产；而承包经营者就是对所承包的财产承担义务和拥有经营权的人。承包经营者必须履行所承担的长期增值社会财产的义务，必须保证根据均衡利率向"承包经营实验出纳处"交纳因使用计划市场财产价值所承担的利息。里斯卡认为，所有制改革，更具体地说就是对国家所有制的改革，是社会主义最具实质性的改革。他主张，在所有权和经营权分离的基础

---

① 亚诺什·科尔内：《匈牙利的改革过程：设想、希望和现实（一）》，载于《管理世界》1987年第2期；《匈牙利的改革过程：设想、希望和现实（二）》，载于《管理世界》1987年第3期。

上，按个人所有制要求完善承包经营制。①

里斯卡模式带有一定的理想主义色彩。在里斯卡模式的背后，能够发现更为一般的和理想化的东西：一切为了人的完善和发展，以人的最终解放为根本目的。里斯卡所推崇的承包经营制，不过是实现人的自我选择的一种较为隐晦的表述方式而已。在经济运行中，按照里斯卡模式进行改革，会遇到许多现实上的困难。然而，在众多经济学家中，里斯卡第一次把注意力转向社会主义国家所有制本身的改革。他开创了多方面评价国家所有制的先例。里斯卡把社会公平问题和资源配置问题联系起来，找到了通过改革国有制解决社会公平问题，进而解决资源配置问题的现实途径。在这一方面，他对社会主义各国现行的国家所有制的认识，超过了同一时期的其他的一些经济学家。

三、锡克模式

奥塔·锡克是捷克斯洛伐克著名经济学家，曾一度担任捷克经济改革的领导职务。锡克对承袭苏联模式建立起来的传统经济体制有着深刻了解，是捷克斯洛伐克经济学家中力主改革的先驱。1956 年之后，锡克开始认识到，斯大林在《苏联社会主义经济问题》一书中阐述的经济理论，同社会主义的实践存在着很大的矛盾。锡克坚信，只有抛弃旧的计划体制，进行彻底的改革，才能真正找到出路。锡克对以往信奉的传统经济体制进行了反思，分析了传统社会主义经济体制存在的弊端以及产生的原因，提出了社会主义国家进行经济改革的必要性。1964 年，捷克斯洛伐克的经济几乎处于崩溃的边缘，锡克领导捷克经济改革委员会，具体设计了新型经济体制。新型经济体制的基本思想是废弃传统的、通过行政命令贯彻下去的指令性计划，由方向性计划取而代之，同时引入市场机制。锡克所领导的经济改革委员会提出了经济改革的方案：一是用方向性计划取代指令性计划，企业对生产和投资有更大的决定权；二是逐步向市场机制过渡；三是企业职工的收入必须同市场上实现的经济效果发生联系。同时，除某些关键性的企业和产品之外，一般的经济活动由企业自行决策。在利润总额中投资和分红的比例由计划规定，但投资的具体使用则由企业自行掌握。同年，锡克撰写了《论社会主义的商品关系问题》一书，该书的修订本更名为《社会主义的计划和市场》，从理论上论证了他的计划与市场相结合的模式。

锡克根据捷克斯洛伐克的经济实践，系统地提出和论证了有关社会主义市场模式理论的一系列问题，特别是提出了计划与市场结合的方式及相应的政策主

---

① 洪银兴等：《当代东欧经济学流派》，中国经济出版社 1988 年版，第 365～377 页。

张。锡克的经济理论涉及的内容十分广泛，最具代表性的思想是他提出的"社会主义计划性市场经济理论"，即"锡克模式"。锡克认为，在社会主义的条件下，获得物质利益仍然是大多数人从事各种经济活动的首要动机，"人们的需要和利益是经济活动的最主要的、最直接的和客观决定的动力。"① 锡克主张，社会主义应当向全面实行自由市场价格过渡。在过渡的开始阶段，可采用三类自由价格，即国家规定价格、浮动价格和自由市场价格。那些对人民生活影响不大的生产资料如机器、奢侈消费品等，可首先列入自由市场价格。实行浮动价格的则主要是季节性的产品。对人民生活影响大的电力、煤气、交通等，供不应求的某些原材料和基本消费品，都应由国家规定价格。锡克的看法是，商品货币关系是社会主义公有制条件下经济运行的必然形式，因而市场机制是实际经济运行的核心。对企业经营、供求关系、不同社会利益平衡，市场机制要充分发挥它的调节作用。为了使市场机制能够实际发挥作用，必须同时形成类似于市场经济中所具备的一些条件，如买方市场、利润差别、平等竞争、均衡价格、企业独立等等。

锡克认为，他提出的自由市场机制是受国民收入的宏观分配计划制约的，是在国家控制的宏观平衡的总框架内调节微观经济的不平衡，因而不会扰乱宏观经济的平衡与稳定。也就是说，社会主义市场是在宏观计划的框架内实现的。传统的政治经济学理论认为，资本主义制度这种巨大的比例失调、宏观不平衡以及经济危机，只有靠取消市场机制，以指令性计划取代之才能克服。锡克指出，这里存在着一个基本的逻辑错误：既然资本主义的危机是由国民收入分配的无计划性产生的，那么，不从宏观分配的计划化着手，却想通过取消市场机制来解决问题，显然是错误的。这样做的后果，不但使宏观经济的平衡不能通过控制实现，而且微观经济也搞得很死，这是当时社会主义国家经济的通病。锡克认为正确的做法是，在市场机制无法控制，或者市场机制能对经济发展进程起重大干扰作用的地方，实行宏观经济分配计划。宏观经济分配计划主要包括全部国民收入中分为积累和消费的比例、消费中分为个人消费和社会消费的比例、个人消费的水平以及工资标准等。

在总体上，锡克模式主要包括以下三个原则：独立的企业、完善的市场以及客观的经济分配计划。作为理论模式，锡克的设想同有计划的商品经济是一致的。锡克认为，社会主义市场不仅包括消费品市场，而且还包括资金市场。因为在市场机制完全发挥作用以后，投资决策可以不由计划直接规定，而是完全交由企业自主决定。但是，锡克又将劳动力市场排除在社会主义市场体系之外。在他提出的宏观分配计划中，劳动者的工资和利润分红必须具有约束性的计划规定，

---

① 奥塔·锡克：《经济—利益—政治》，中国社会科学出版社 1984 年版，第 249 页。

这实际上也就否定了建立劳动力市场的可能性。可见，锡克所设想的社会主义市场体系其实并不完整。对于亲身经历改革的锡克来说，他所倡导的经济模式更广泛地触及了日渐僵化的传统经济体制，他认识到，"每一种经济制度都要有与自身相适应的经济利益和刺激以促进社会必要的劳动发展。一个社会如果只存在上层建筑刺激，……缺少真正的、直接的经济刺激，……那么，这一社会迟早必然垮台。"[①] 锡克认识到利益问题的核心作用，这是他对社会主义经济理论发展的突出贡献之一。

第二节　苏联社会主义改革理论的嬗变

苏联模式是在 20 世纪 30 年代形成的，20 世纪 50 年代以后它的弊病就逐渐暴露出来。到 20 世纪 80 年代初勃列日涅夫去世前夕，苏联经济陷入困境，推进苏联模式的新的改革的呼声越来越强烈，新一轮的改革已经成为当时"别无选择"的潮流。1983 年，"西伯利亚改革学派"代表人物阿甘别吉杨在其主编的杂志《艾柯》上刊登了利别尔曼逝世前写的最后一篇文章，并刊登了悼念利别尔曼的短文，对利别尔曼的理论做出了很高的评价。这预示着一场新的改革思潮在苏联出现。

一、改革起步阶段的经济理论

20 世纪 80 年代初，阿甘别吉杨向苏共中央递交了一份强烈要求根本改革经济体制的秘密报告，猛烈抨击了旧体制的缺陷，提出了经济体制改革的全面设想，在苏联国内外引起巨大震动。以阿甘别吉杨、阿巴尔金为代表的"西伯利亚改革学派"，提出了一套比较完整的理论体系。其特点在于：尖锐地批判苏联原有的经济体制，提出了革新原有体制的建设性意见；主张中央集权制的民主管理原则，探讨实现这一原则的最好形式；了解其他社会主义国家的改革实践。[②] 他们不只停留在理论的探讨上，还直接参与了安德罗波夫时期的经济改革试验和戈尔巴乔夫时期经济改革方案的制定。

1985 年 3 月，戈尔巴乔夫开始担任苏共中央总书记。戈尔巴乔夫上台后，总结了苏联几十年来在本国社会发展阶段估计上的失误，提出要建立起真正能够刺

① 奥塔·锡克：《社会主义的计划与市场》，中国社会科学出版社 1982 年版，第 135 页。
② 程恩富、李新、朱富强：《经济改革思维——东欧俄罗斯经济学》，当代中国出版社 2002 年版，第 239 页。

激生产力发展的新的经济管理体制，关键在于对本国所处的社会发展阶段做出正确评价。苏共领导人对苏联社会发展阶段的定位，为苏联的经济体制改革确定了理论基础。1986年2月苏共二十七大承认现行经济体制已经过时、僵化，必须进行改革，而且不能搞局部改善，必须进行根本性的改革。在指导思想上，这次大会着手采取实际步骤，实现三个转变：经济发展战略从粗放向集约转变、经济的运行机制从高度集中向企业扩权和利用商品货币关系转变，以及在社会发展上向社会主义自治过渡。这同苏共二十一大以来制定的向共产主义过渡、经济上超过美国等浮夸冒进的空泛目标有着很大的差别。这次大会提出的经济改革方案，较之前的经济改革方案有实质性的进展，但对改革的总目标模式却不特别明确，互相协调配套的措施也未能做出说明。苏共二十七大不仅对苏联，而且对当时东欧其他社会主义国家都产生了不可忽视的影响。

苏共二十七大推动了苏联理论界对于社会主义社会的重新认识。在这个重新认识的过程中，一些传统的、脱离实际的、教条主义的旧观念被抛弃，在改革中的一些重大的理论问题上有所突破。

首先，关于改革的性质问题。当时，苏联理论界承认，苏联正在进行的这场改革是"根本性的改革"、是"革命的变革"；同时也指出，改革不是从一种生产方式到另一种生产方式的变革，而是在社会主义这种生产方式内进行的变革，在更深刻地分析社会主义社会的生产力与生产关系的矛盾和相互作用的基础上来解决改革中的问题。苏联理论界认为，生产力的发展不仅是进化过程，有时也是革命的过程，生产力的各种发展过程必然引起生产关系的局部或者深刻全面的变革。他们还进一步意识到，改革可以是表面性的也可以是实质性的，弄清楚两者的区分标准具有重大的现实意义。如果改革不能触及人们的利益，则必然只是形式；若引起利益关系的变动，引起人们对利益的关心与激情，那就是根本性的改革。用利益走向作为分析判断一切经济问题和改革成败的标准，既包含了对原有经济体制中忽视利益关系观念的摒弃，但也隐含了由于利益的多样化而可能导致的改革的离心力的增强。

其次，关于生产关系是否自动适应生产力的问题。苏联理论界曾长期认为，社会主义生产关系必然符合生产力的社会性质，或者说社会主义生产关系会自动适应生产力发展的要求。苏共二十七大批判了生产关系自动适应生产力的观念，强调不断完善社会主义生产关系的必要性。苏联理论界开始探索社会主义生产关系与生产力之间存在的非对抗性矛盾，认为这种非对抗性矛盾是苏联社会主义社会的基本矛盾。苏联理论界批评那种把实践中形成的社会组织形式绝对化的观点，认为"70年代末和80年代初消极现象的最深刻原因是生产力与生产关系之间不协调的增长"，苏联当时的社会主义生产关系是"在经济粗放条件下形成的"，存在着某些"已经僵化"的东西，因而对现存的经济体制不能只限于"局部的改良"，而要进行"根本的改革"。苏共二十七大之后，这一理论问题的研究又有了新进展。阿巴尔金指出，决定苏联经济发展的重要因素是生产关系的发展和完善。只有用发展的眼光看待社会主义生产关系，研究从量变向质变过渡的辩证关系，用新的方式代替过时的方式，研究生产关系同生产力的矛盾统一的情况下，才能够从理论上深刻认识苏联的社会经济前景。阿巴尔金认为，苏联的实际情况也表明生产关系的社会主义性质本身还不能保证社会不出现消极现象。阿巴尔金指出，如果不经常地更新和完善生产关系，不及时地取消生产关系中已过时的东西，那么，社会主义社会的经济生活中就有可能出现矛盾，尽管不是对抗性矛盾，但也是足够敏感的矛盾。如果搞冒进，硬要实行其必要条件还不成熟的生产关系，或者是人为地限制和收缩与社会发展已达到的水平相适用的经济形式，那也会产生同样的严重的问题。因此，阿巴尔金的结论是，改善生产关系是十分必要的，这种必要性是由生产力所达到的水平决定的，特别是由生产力发展的进步趋势决定的。阿巴尔金在阐述苏联的经济政策时进一步指出：在生产力和生产关系问题上，"两者关系的这种吻合不是通过一次行动就能够得到的，也不是一劳永逸就能确定下来的"，它要通过不断的改革来实现。他认为，生产资料公有制是社会主义的基本特征，但如何在公有制的基础上保持最高经济效益与科技发展速度，这个问题在社会主义国家都没有解决，公有制的优越性并没有体现出来。因此，对公有制的形式以及与之配套的管理体制必须进行改革，这是"社会主义生产方式自身的扬弃"。[①]

再次，关于所有制问题。苏联传统社会主义所有制理论脱离生产力的性质和发展水平，认为实现公有制本身就是生产社会化的步骤，同时认为所有制越大、越公、越纯就越符合社会主义原则，就越能促进生产力的发展。因此，很长一个时期内，苏联在所有制问题上形成一种根深蒂固的传统观念，认为全民所有制和集体所有制是社会主义公有制的两种形式，而全民所有制是公有制的最高形式，集体所有制是公有制的低级形式，允许其存在和发展，但最终必须向全民所有制过渡。至于个体经济所有制，则长期一直被视为"资本主义势力"而加以排斥。进入20世纪80年代以后，苏联理论界坦率地承认，以往他们对生产关系的某些理解是不正确的，对社会主义所有制问题的认识应该有新的变化，苏共二十七大特别提出要以"新的眼光"看待和研究"社会主义所有制及实现这种所有制的经济形式"。在所有制问题上，苏联理论界出现了两个显著的变化。一是不再提集体所有制向全民所有制过渡的问题。苏共二十七大强调，苏联集体所有制的潜

---

①　洪银兴等：《当代东欧经济学流派》，中国经济出版社 1988 年版，第 263 页。

力远远没有挖掘完，集体所有制大有作为，应同全民所有制长期并存。苏共二十大报告首次正式肯定家庭承包制，把它与生产队承包制，生产组织承包制并列为集体农庄的三种承包形式，并要求在全国范围内加以推广实行。二是允许个体经济所有制的存在并有控制地加以发展，不再视其为"资本主义的怪物"。苏共二十七大坚决否定了过去长期存在的"小私有生产是旧的残余"，"扩大私人经济会动摇社会主义经济基础"的错误观点，同时充分肯定个体劳动活动是"对社会生产的补充"，是"社会主义经济的组成部分"。

最后，关于商品货币关系在社会主义社会的地位问题。苏联理论界从 20 世纪 70 年代初开始的对"市场社会主义"的批判，一直延续到 20 世纪 80 年代初。苏共二十七大前后，苏联理论界开始重新估价商品经济在社会主义社会中的地位，批评过去对商品货币关系和价值规律的偏见，以及把它们当做某种异己的东西同社会主义直接对立起来的做法。阿甘别吉杨指出，如资本主义一样，商品生产和商品货币关系是社会主义固有的，商品生产是由于生产者的独立性和社会分工而产生的，在这种条件下，要满足社会需要就必须发生商品交换。社会主义条件下全民所有制中的个别企业是相对独立的，因为全民所有的生产资料是由个别的企业占有、使用和支配的，企业实行完全经济核算，自筹资金、自我管理。社会主义条件下还存在着合作企业如集体农庄，有着独立的财产。个体劳动经济也具有独立性，而且社会主义国家积极参与的国际贸易也是商品货币关系的体现。上述社会主义商品生产和商品货币关系存在的因素和条件将会长期存在。[①] 尽管当时还存在着一些争论，但认为社会主义制度下的商品货币关系是社会主义经济本质所产生的东西，是社会主义生产关系和社会主义经济关系的组成部分，这样一种观点已经占据主导地位。

苏共二十七大报告后，苏联以在国家经济机构与企业之间合理地划分决策权切入，启动新一轮的经济体制改革。至于企业的经营自主权扩大到什么程度，当时还处于试验阶段。与此同时，苏联的生产资料所有制结构也发生了较为明显的变化。苏联开始大力发展集体所有制，大力支持农产品生产、加工、销售、生产服务等领域中合作企业和组织的发展。由于苏联理论界认识到必须实行所有权和经营权分离的原则，这就为大力推行经营上的承包制奠定了基础。苏联还继续发展全民和集体相混合的所有制形式，允许个体所有制形式发展，在对外经济领域，开始允许公私混合所有制形式存在。总的来看，苏联的改革已经初步展开，给经济和社会生活带来了一些积极的变化。但是，苏联新的经济体制改革刚起

---

① 程恩富、李新、朱富强：《经济改革思维——东欧俄罗斯经济学》，当代中国出版社 2002 年版，第 249～250 页。

步，在改革的主张上的不一致、改革的政策不够具体的问题就显露出来。

二、改革推进阶段的经济理论

1987 年，苏联以改革为中心，先后召开了苏共中央 1 月全会。全会总的精神是深化改革，主要包括发扬社会主义民主和改革干部制度。戈尔巴乔夫进一步强调了必须"对政治、经济、社会领域和文化领域进行根本性变革"和"更新社会"的主张。他在全会报告中所提出的"全面改革"的内容主要包括：第一，改革就是坚决克服停滞不前，打破阻碍机制，建立加速苏联社会经济发展的可靠而有效的机制，使科技革命的成果同计划经济相结合，发挥社会主义的全部潜力。第二，改革就是依靠群众的创造力，发扬社会主义民主和开展社会主义自治，加强纪律和秩序，扩大社会生活各个领域的公开性、批评和自我批评。第三，改革就是坚决转向科学，使实践同科学有效地结合在一起，以取得最好的最终成果，改革要关心科学的发展。第四，改革就是优先发展社会领域，更充分地满足人民对良好的劳动、生活、休息、教育和医疗服务条件的需要，经常关心每个人和整个社会的精神财富和文化。第五，改革就是不断实行公正原则，言行一致、权利和义务的一致，提倡诚实高质量的劳动，克服劳动报酬上的平均主义和消费主义倾向。[①] 戈尔巴乔夫声称，改革的最终目的，就是要深入地革新国家生活的各个方面，使社会主义具有最现代化的社会组织形式等。

1987 年苏联经济体制改革最重要的举措是，苏共中央和最高苏维埃分别通过了《根本改革经济管理的基本原则》和《苏联国营企业（联合公司）法》，使苏联的经济改革有了一个基本蓝图。1987 年 6 月 25 ~ 26 日，苏联召开了苏共中央 6 月全会。从这次全会通过的一些主要文件来看，苏共二十七大提出的改革经济体制的思想、方针得到了更加充分的体现。《根本改革经济管理准则》指出，根本改革经济体制的实质是实现三个转变：一是各级由行政领导方法为主转向经济管理领导方法；二是转向以利益和通过利益进行管理，充分发挥利益机制的作用；三是转向管理广泛民主化和大力调动人的因素。全会决定根本改革计划体制，取消指令性指标。国家通过控制数字、稳定长期经济定额、国家定货和给企业下达限额等途径对企业活动施加影响，实际上是用指导性计划来代替指令性计划。

这一时期，苏联理论界在计划与市场关系问题的探讨上有了显著突破。在市场体系方面，提出在 4 ~ 5 年间要完成向生产资料批发贸易过渡，以最终建立起

---

　　① 柳光清：《推进改革的一次重要会议——苏共中央一月全会述评》，载于《国际展望》1987 年第 4 期。

一种能消除由生产者操纵和垄断的社会主义生产资料市场；在价格体制方面，规定实行集中折价、合同价格与自由价格三种价格，并逐步扩大后两种价格应用的范围；在信贷体制改革方面，提高信贷杠杆对经济的影响，逐步形成资金市场。①

1987～1988 年是苏联理论界对社会主义问题认识根本性重大变化的前夜。这一时期的理论突破，可以概括为两个方面。一是 1987 年 1 月苏共中央全会提出不要把过去某个时期的社会组织形式等同于社会主义的本质特点。二是提出"苏联作为起点的理论任务就是社会主义应该认识自己"，提出了重新认识社会主义问题。苏联理论界出现的这一趋势，主要反映在对六个方面问题认识的变化上：一是认识到社会主义应该从高度集权向更多一些民主的方面转化；二是认识到应该从单一化的社会主义向多样化的社会主义发展；三是认识到必须从行政管理的社会主义向重视利用经济杠杆的社会主义过渡；四是认识到要从单纯依靠热情的社会主义向更多地重视经济利益的社会主义转变；五是认识到要从 20 世纪 30 年代的社会主义模式向当时具有现代化形式的社会主义过渡；六是认识到要从过去对人的权利和个性发展注意不够的社会主义模式，向尊重人的个性、高度人道主义的社会主义转变。②

1988 年，苏联经济理论界在社会主义经济建设许多问题达成的短暂的"共识"，在由梅德维杰夫主持编著的《政治经济学》教科书中得到了体现。该教科书重视对 20 世纪 70 年代以来苏联政治经济学研究新成果的总结和概括。如梅德维杰夫在为该教科书中文译本所写的《致中国读者》中指出的那样，"严肃认真地更新关于当代社会发展的许多观点。问题的实质在于建立当代社会主义的概念。"③ 教科书分做"经济发展的一般原理"、"资本主义经济制度"、"社会主义经济制度"和"现代世界经济"四大部分。教科书力图把"社会主义经济体系的政治经济问题"置于"中心地位"，④ 对社会主义经济制度建立问题，社会主义所有制形式问题，社会主义计划性和商品货币关系问题，社会主义条件下经济管理及利用商品货币关系问题，社会主义市场的重要性及其结构和调节机制作用问题，社会主义生产要素、生产成果和效益问题，分配和保证社会主义公正相结合问题，社会主义企业经济运行和经济机制的内容、结构和模式问题，社会主义财政、信用和货币流通问题等，做出一些新的探索。从苏联 1954 年的《政治经济学教科书》到这一本《政治经济学》教科书，勾画了 20 世纪后半期苏联社会

---

① 陆南泉：《对苏共中央六月全会的几点分析》，载于《世界经济与政治》1987 年第 10 期。
② 《一年来苏联改革理论的新发展》，载于《党政论坛》1988 年第 4 期。
③ 梅德维杰夫等编著：《政治经济学》，中国社会科学出版社 1989 年版，第 2 页。
④ 梅德维杰夫等编著：《政治经济学》，中国社会科学出版社 1989 年版，第 4 页。

主义经济学发展的历程，而这一本《政治经济学》教科书也成了苏联理论界对政治经济学研究的最后一本有影响的教科书。

三、改革转折和危机阶段的经济理论

随着改革的进一步扩大与深化，阻力和困难也愈来愈明显和突出。在新旧体制交替中，新的体制尚未普遍起作用，而旧的一套还在继续运行。随着改革的深入，越来越涉及千百万人的切身利益，但人们还没有很好地弄清楚已开始的改革的实质和意义，不清楚改革后自己在利益、社会地位方面将发生什么变化。戈尔巴乔夫执政以来，虽然一再强调要改善食品供应和住房条件，但进展缓慢，特别是食品供应令人失望，日用品供应也很多短缺。人们没有从头几年的改革中获得明显实惠，大大影响了广大群众参与改革的积极性。根据苏联经济严重畸形的特点及市场供求关系的失衡，改革头几年应把重点放在解决农业问题上，但戈尔巴乔夫并没有这样做。农业改革滞后是苏联经济改革中的一大失误。《社会科学和当代》杂志主编、曾担任苏联科学院通史研究所所长的索戈林博士曾经撰文指出，当苏联改革进入发展阶段以后，改革的一个主要缺陷是就在于对于政治改革"着了迷"，而忽视了经济方面的改造。[①]

1987 年 11 月，戈尔巴乔夫的《改革与新思维》一书出版，他在书里进一步强调"彻底改革"、"全面民主化"，同时提出要使社会主义具有"人道主义性质"。戈尔巴乔夫在"新思维"中强化了"民主"与"人道"这两个概念，从而为日后形成"人道的、民主的社会主义"做了思想上与理论上的准备，也为苏联的动荡与剧变埋下了祸根。这一期间，戈尔巴乔夫对传统的社会主义理论进行了分析与批判，提出改革的最终目的是使社会主义"具有现代化的社会组织形式"，充分揭示社会主义制度的"人道主义本质"。在改革起步和发展阶段，苏联改革的主要口号是"要有更多的社会主义"；进入这一阶段以后，主要口号是"要有更多的民主"。戈尔巴乔夫的"新思维"最初仅仅是与对外政策相联系的，但它后来逐渐演化成了苏联改革中的一种"普遍哲学"，它包括一系列的思想和行为准则，其核心则是"全人类的价值高于一切"。随着戈尔巴乔夫的"全人类价值观"与西方价值观的日益靠拢，吸收与借鉴也日渐变成了抄袭与照搬。当这个"全人类价值"与西方的价值准则之间画上等号时，"引进"便是全盘"西化"了。无边界和无限制的"民主化"与"公开性"也造成了全国范围内的无政府状态。

---

① 田娟玉编译：《前苏联改革的四个阶段》，载于《今日前苏联东欧》1993 年第 1 期。

1990 年 7 月苏共召开二十八大。这次大会通过了在经济等领域继续进行改革的决议。经济改革方面的主要内容包括：改革所有制，向可调节的市场经济过渡，建立社会保障体系以及建立能保证各加盟共和国利益的全苏统一市场，等等。但经济改革问题并不是这次代表大会的焦点，这次大会要解决的迫切问题是"苏共向何处去"的问题。也就是说，应该以什么样的纲领性方针来克服经济、社会和民族矛盾。戈尔巴乔夫在大会报告的一开头就提出了一系列问题，如 1985 年 4 月以来实行的改革到底是否正确？"社会主义"概念在当时具有什么样的意义？如何克服影响到人民生活并引起正当不满的危机现象？苏共在对内对外政策方面将遵循什么样的原则？国家的命运如何？如何建设主权国家联盟？共产党的地位应该是什么？党本身在政治上、思想上和组织上又应当是什么样？等等。会议强调苏共放弃政治和意识形态方面的"垄断主义"，它将以自己的实际行动和提出的纲领，在同其他政治力量的竞争中，争取政治领导权和社会先锋队的地位。这实际上意味着取消共产党对国家政权的领导地位。这一时期苏联的改革指导思想发生了根本性的变化：苏共提出了"人道的、民主的社会主义"口号，摒弃了"完善社会主义"路线。与此同时，苏联国内形势出现动荡，民族冲突大规模爆发，反共反社会主义势力急剧壮大，而苏联共产党高层内改旗易帜的思潮一时泛起，共产党的领导地位江河日下，联盟急速进入瓦解境地。

1990 年 3 月立陶宛宣布独立，苏联其他加盟共和国相继发表主权宣言，宣布退出苏联。戈尔巴乔夫在国家面临解体的情况下一再退让。1991 年 8 月 19 日，副总统亚纳耶夫等部分苏联高级领导人为阻止联盟解体，发动了"8·19 事件"。事件的失败，加速了苏联瓦解的进程。1991 年 8 月 24 日，戈尔巴乔夫为保住总统职位，宣布辞去苏共中央总书记的职务，并要求苏共自行解散。此后，苏联各加盟共和国纷纷宣布独立。1991 年 12 月，俄罗斯等 11 个独立国家领导人在阿拉木图举行会议，正式宣告建立独立国家联合体取代苏联。1991 年 12 月 25 日，戈尔巴乔夫被迫辞去苏联总统职务，苏联国旗从克里姆林宫上空降落，"苏维埃社会主义共和国联盟"不复存在。

第三节　东欧各国社会主义改革理论的演化

20 世纪 80 年代初，从经济方面的状况来看，苏联一国已无法强有力地支配东欧各国。苏联已经失去了单独控制东欧各国的危机的经济能力。东欧各国在经济上开始倾向于西方，积极地从西方各国引进先进技术，力争加强自身的国际竞争力。东欧各国开始改革僵化的指令型计划经济，以解决经济困难、促进经济发展。从这个意义上讲，进入 20 世纪 80 年代以后，社会主义经济改革的浪潮是从东欧国家兴起的。几乎所有的东欧国家都广泛地开展了关于商品货币关系和价值规律作用的讨论，究竟承认不承认和在多大程度上承认社会主义经济在本质上的商品经济属性，成为理论争论的核心。东欧各国之所以会出现色彩各异的经济体制，固然是由于各国的国情差异造成的，但也同指导和影响各国经济改革的不同理论观点密切相关。

一、匈牙利的渐进式改革的理论

在东欧国家中，除南斯拉夫外，匈牙利是较早开始改革苏联模式的社会主义国家之一。由于采取循序发展、小步前进的方针，匈牙利的改革步子较稳，逐步摸索出了一套比较有效的办法，形成了"匈牙利模式"，匈牙利社会主义工人党总书记卡达尔·亚诺什则成为这种稳健改革的代名词。经济改革无论实施何种方案、采取什么措施，都必须在社会主义的框架内，遵循社会主义的原则和方向，这是贯穿卡达尔经济改革全部战略思想的一条基本线索，也是其经济改革战略思想的核心。坚持改革的社会主义方向的思想，在卡达尔的改革理论中，占有重要位置。把国家计划管理同市场作用结合起来，实现计划与市场的有机统一，把中央的集中领导同企业的分权经营结合起来，这是卡达尔经济改革战略的基本指导思想。卡达尔认为，改革就是在生产资料社会主义所有制的基础上，把国民经济有计划的中央管理和商品关系、市场的积极作用有机地联系起来。这是一种"计划＋市场"的混合体制改革战略。卡达尔认为，计划经济是社会主义制度优越性的表现，必须坚定不移地实行，经济改革不是要取消计划经济制度，而是要提高计划工作的效能。他认为，计划经济有各种不同的形式，指令性计划只是其中一种，而它已经阻碍经济的发展，需要用新的形式取而代之。这种新的形式，就是将市场关系引入计划体制，使直接的行政控制的计划体制变为通过经济手段实现间接控制的计划体制。卡达尔主张，改革后的体制采取双层决策权，即，宏观经济的主要进程由中央确定和调节，微观企业则享有很大自主权，大部分经济决策应该由企业根据市场情况自行做出。

从总体上来看，卡达尔追求计划与市场的有机统一集中领导同企业分权经营相结合的经济模式的构想，不失为积极的、有现实可能性的社会主义经济理想模式。从理论上说，在社全主义制度下完全可以更接近现代生产力本质要求，建立起一种计划与市场、集中领导同企业分权经营相结合的更有活力的经济体制。这一改革战略最终没有成功的原因，潜藏于卡达尔经济体制改革战略构想里的理论矛盾之中。他的经济体制改革战略设想的重要支点，是引入商品关系、货市关系和市场关系。然而，对市场关系作用的认识，卡达尔又表现为一种矛盾的状态。

他既想在更大范围内发挥价值规律对经济发展、调节生产的作用，又不能完全摆脱传统苏联模式关于价值规律在社会主义条件下只能在很有限范围起作用的观点。卡达尔对社会主义计划经济的理解，同以往传统认识相比，是有更大的突破，但始终未能根本超出社会主义经济是产品经济的框架。在理论上，卡达尔从未肯定过社会主义经济是商品经济。因此，在卡达尔经济体制改革战略的设计中，虽然市场关系被引入，但它仍是在经济中起重要辅助作用的因素，而不是配置资源、调节生产的主要因素。配置资源、调节生产的主要因素依然是行政权力。

1985 年匈牙利对企业管理进行重大改革，实行政企分开和权力下放，在企业中建立企业管理委员会。委员会是进行战略性决策的机构，负责制定企业计划、考虑投资方向、决定重大的财政问题、确定企业的业务方针、决定利润的使用和分配，等等。企业管理委员会选举和罢免经理，经理受雇于企业。企业摆脱了行政等级隶属的状况，拥有充分的自主权。在企业内部经理和集体之间产生了相互隶属的关系。企业领导单方面做出重大决定的做法被抛弃了，在许多事情上企业领导需要和工人代表协商。但是，企业内部的关系比以前更加矛盾了。国家对大部分企业不再行使所有权，但企业职工也不拥有企业的所有权。尽管企业已经摆脱行政当局的直接管理，但企业领导人在许多方面还是得听从上级安排。总之，企业处于一种既非计划又非市场的状态，市场机制不能充分发挥它的调节作用，行政干预又增加了经济的混乱程度。为了搞活国营大中型企业，匈牙利政府于 1986 年发布调整和清理企业的命令，决定对亏损企业实行关、停、并、转，鼓励一部分大企业分解成独立的多个中小企业。不过企业破产法并没有得到认真的执行，1986～1989 年，大中企业亏损面由 1/7 增加到 1/3 以上，但到 1989 年仅有 70 多家中小企业实行破产处理，其中绝大多数被并入效益较高的大中企业，职工的工资、津贴、福利不变。[①]

匈牙利 20 多年的渐进改革，始终没有达到计划与市场有机结合的目标，而只是两者的简单混合。国营、集体、私营三种所有制的并存，也没有使国营企业的产权明朗化；官定、协议和自由三种价格的存在，也没有使价格真正成为调节经济活动的指示器。模拟的价格不是真正的市场价格，不完善的市场也发挥不了市场机制的调节作用。市场与计划的混合造成了经济混乱，改革陷入了进退两难的境地。1988 年，卡达尔在党代会上辞去了长期担任的职务，卡达尔时代宣告结束。涅尔什·雷热在一次谈话中指出，卡达尔时期改革政策的局限性使匈牙利的现代化进入死胡同。只是靠逐步进行的方式不能实现匈牙利的现代化，需要有一个飞

---

① 王义祥：《中东欧经济转轨》，华东师范大学出版社 2003 年版，第 182～183 页。

跃，即从计划经济到市场经济的飞跃和从一党制到多党制的飞跃。① 在总结卡达尔时期经济改革政策的失误时，匈牙利社会党认为，没有商品和市场关系的经济是不可能发展的，认为国家所有制程度越高社会主义就越多的看法是错误的。②

由于苏东剧变前匈牙利与波兰、南斯拉夫均为"体制内市场取向改革"已有数年的国家，本国的转轨经济学较为发达。以科尔内为代表的匈牙利学派在苏东剧变前居于主流，苏东剧变后仍有重大影响。科尔内本人在剧变后其"市场取向"更加突出，不但对原体制彻底否定，而且对西方经济学中强调国家调控作用的凯恩斯主义传统也持否定态度。在所有制方面他主张私有化，而且反对公众持股、法人持股、雇员持股等"人民资本主义"观念，强调私有化就是要把企业交到自然人企业家手中，不赞成所有权分享。科尔内还对国有企业的改造持悲观态度，认为不管是卖是分很多企业肯定是搞不好的。市场化改革不能把重点放在存量上，而应放在增量上，即不是着重于如何把现有国有企业私有化，而是着重于在体制外培育新的私有经济。在实践中，这一要求基本上就是指引进外资。在科尔内思想的影响以及政府等多种因素的作用下，匈牙利开始了"面向外资全卖光"的私有化进程。

早在剧变前的 1989 年，执政的匈牙利社会党就首先明确提出了私有化任务。在当时历史条件下，社会党只强调私有化是向市场经济过渡的手段，并未明确规定哪种所有制应占多大比例，而主张各种所有制形式一律平等，在平等竞争中优胜劣汰。匈牙利第一个私有化法颁布于 1990 年 9 月。从 1990 年开始，匈牙利开始了大规模的私有化。匈牙利的私有化以企业的出售为基本形式。根据匈牙利法律，外国人在匈牙利不需要许可证就可以开办合资企业或独资企业。外资企业可以依法获得不动产权，依法处置企业产权，可以从事生产、商业和外贸经营，执行匈牙利的质量管理规定，可获得贷款和筹措资金。1998 年匈牙利私有化的目标基本实现。1990 年开始推行私有化政策时，匈牙利共有国家和地方管理的国有企业和公司 1858 个。到 1998 年年底，国家保留所有权的公司和企业 93 个，可继续实现私有化的 125 个；全部私有化的 1188 个，继续实行托管的 2 个；破产、清偿、撤销的 724 个；转移到其他机构和所有者手中的 114 个。③

匈牙利的私有化打破了僵化的计划经济体制，增加了多种经济成分，活跃了市场经济，部分缓解了外债危机，企业的经济效益有所改善。但是，私有化导致国有资产流失严重。出售国有企业使匈牙利失去了自己赖以生存的民族工业，从

---

① 匈牙利《人民日报》1989 年 8 月 2 日。
② 《匈牙利新闻报》1988 年 5 月 28 日。
③ 纪军：《透视匈牙利的私有化》，载于《党员干部之友》2000 年第 10 期。

而也丧失了经济上与政治上的独立与自主。1995 年大规模私有化后，为了减轻国家负担，匈牙利政府削减了多项社会福利，取消了免费高等教育，削减了医疗经费和居民的实际工资。由此看出，私有化未能使大部分国民从中获益。匈牙利迅速地完成了私有化，转换了经济机制，但并未真正有效地解决原有的经济问题。

二、波兰"休克疗法"中的经济理论

波兰和南斯拉夫是东欧各国中最早开始实践"市场社会主义"的两个国家。特别是在 20 世纪 80 年代体制内改革气候形成后，"市场社会主义"逐渐成为波兰剧变前经济思想的主流，并对波兰经济产生实际的影响。

从 1982 年起，波兰开始实行引入市场机制的经济改革。政府试图把中央计划和市场机制结合起来，取消指令性指标，改进计划制定程序和计划管理办法，中央主要通过运用市场机制和经济手段管理经济。企业实行自主经营、职工自治和自负盈亏，企业在生产经营、投资、价格和工资方面有了较大的自主权，有权自主地决定生产任务，制定年度和长期计划，支配财产和收入，决定就业和工资。在价格改革方面，以建立完全的市场定价机制为目标，大幅度削减补贴和调整价格，逐步放开对价格的管制。1982 年 2 月波兰公布的价格法，规定建立国家计划价格与市场调节价格相结合的混合价格体制。但是，由于外汇、能源和原材料短缺，国家控制的原材料和其他物资的价格难以放开，整个价格体系难以理顺，价格改革陷入停顿状态。1987 年第二阶段的经济改革开始，主要内容是大幅度提高消费品和服务价格，取消政府补贴，计划价格平均上涨 40%，食品和燃料提价 100% 以上。然而，工人通过罢工施加压力，迫使政府答应给予更多的工资补偿，使价格改革目标全部落空。政府为了控制不断加速的通货膨胀，不得不更多地采用强制性的行政手段，强迫企业增加对国内市场的商品投放量，限制对滥涨工资的企业的贷款，增加强制性的涨工资申报手续，规定工资上涨的最高限额，等等。1988 年春季政府与反对派举行会议，达成团结工会合法化、政治多元化和工资指数化的协议，结果工资指数化成了通货膨胀的最主要传送带。波兰政府决定从 8 月 1 日起放开食品价格，实行"食品经济市场化"。这一决定是1980 年以来价格改革方面最大的一个措施，它说明政府对混合价格体系已经失去信心，决心实行全面的价格开放，使整个价格体系完全建立在市场机制上。同时政府还打算实行经济自由化，鼓励私营部门的发展。不过，政治形势的变化使得波兰统一工人党失去了全面的市场经济改革的机会，团结工会在大选中获胜。1989 年波兰政府的领导权 40 多年来第一次落到非共产党人手中。

　　为了打破工资—物价螺旋上升的恶性循环，某种程度的社会"休克"势在必行。1990 年 1 月 1 日波兰开始全面实施以财政部长巴尔采洛维奇得名的激进改革纲领。在此后的 4 年间波兰政局动荡，政府四次更迭，但巴尔采洛维奇在四届政府中连任财政部长或其他经济主管职务，他的思想对这一时期的波兰经济改革有着重要的影响。巴尔采洛维奇认为，放开价格是从计划经济向市场经济转轨的必经之路，只有价格体制的改革全面展开并取得成功，市场经济的运行轨道才能建立，社会资源才能在合理价格的引导下实现有效配置。通过"休克疗法"，波兰政府放开了绝大部分的产品和劳务价格，价格补贴在国家预算中的比重迅速下降，通货膨胀也得到了有效控制。巴尔采洛维奇的"休克疗法"之所以能被工人群众接受，是因为团结工会领导人曾许诺，经过一年半载的痛苦之后就会出现稳定与繁荣。广大居民对美好未来抱有希望，愿意忍受暂时的痛苦。但是，随着紧缩政策的推行，许多国营企业破产，失业人数剧增，经济衰退使国营企业陷入困境，国家预算出现巨大赤字。尽管"休克疗法"使波兰社会付出了巨大代价，但它打破了物价与工资交替上升的恶性循环，稳定了宏观经济，为向市场经济过渡创造了前提，其积极作用还是应该被肯定的。由巴尔采洛维奇启动的改革打破了旧的经济运行机制，创造了自由竞争的公平环境，一整套行之有效的市场经济法规制度已经建立，宏观经济和货币保持稳定。放开物价和放开市场使波兰经济产生了前所未有的活力，大批私营企业的涌现填补了因计划经济消失而出现的空白。

　　在东欧国家的私有化过程中，有两种基本形式：一种是以市场为基础，以出售国有资产为主要形式的私有化方式；另一种是所谓无偿分配的，即以向全体公民赠送用于购买国有资产的有价证券为主要形式的私有化方式。前一种私有化方式以匈牙利为代表，后一种私有化方式以捷克和波兰为代表。值得一提的是，波兰剧变的主力是独立工会运动，以团结工会所代表的产业工人组织程度高，而且作为工会运动天然具有强大的工联主义倾向。在剧变前工会自治是颠覆旧体制的主要力量，但到了经济转轨时期，"工会吓跑投资者"则成为波兰经济转型期的突出现象。波兰许多大企业的私有化方案往往反复多次，都不被工会所接受，使产权改革的过程极为艰难。波兰采取的私有化方式为将企业分为大、中、小三种类型，分别采用不同的方法和渠道。小型企业私有化进行得比较顺利，由国家将国有小企业出租、出售给私人经营。国有大中型企业私有化的方式主要有资本私有化、直接私有化、破产和大众私有化等方式。波兰通过实行私有化促进了国民经济的发展，提高了企业的经营管理和经济效率，使国民经济在东欧国家中率先走出低谷，走向稳定和回升。

　　从 1995 年 11 月起，波兰每个成年公民可以象征性地以 20 兹罗提（约合 8

美元）购买一份私有化证，每张证可以换一家基金的一股。1996 年，270 万有权购买私有化证的人中有 166 万人购买了私有化证，每张私有化证的市场价格约为 100 兹罗提。① 采用这种方式，旨在将国有财产比较公平地分配给公民，在保证私有化顺利进行的同时，防止极少数人的暴富和腐败。由于工会势力的强大，波兰在企业产权改革中不能不顾及企业内部职工的利益，匈牙利式的"面向外资全面卖光"和捷克式的"全民分配"都难以实现。在"工会掌权"的条件下培育资本主义市场经济，是波兰经济转轨期的突出特点。

三、捷克激进而迅速变革中的经济理论

在"布拉格之春"被扼杀后的 20 多年间，捷克政府小心翼翼的改革只不过是对高度集中的计划经济体制的修补，并未触动其基本原则。比起剧变前就尝试"市场社会主义"的匈牙利和波兰等国，捷克原有经济体制的僵化、垄断性和"纯国有"、"纯计划"的色彩都更加突出。捷克经济发展迟缓，同西方发达国家的差距拉大，经济水平从 20 世纪 40 年代初的世界第 10 位下降到 70 年代末的第 32 位，80 年代末又退居到第 40 位。1990 年 6 月的议会选举中，"公民论坛"和"公众反暴力组织"获胜，组成新政府，捷共被排除在政府之外，捷克的剧变加速推进。

东欧剧变后，实行市场经济成为东欧各国的努力方向，但在经济转轨的方式方面，捷克国内有两种不同的意见。激进派主张迅速实行私有化和全面放开价格，同时紧缩需求。他们认为："在以行政命令为主的经济管理已经崩溃的时期，逐步放开价格在长时期内会制造出一些被扭曲的信号，妨碍有效的市场协调，而不迅速改变所有权就不可能建立起发挥作用的、有竞争能力的市场经济。""在转轨过程中踩刹车的次数越多，转轨的代价和痛苦就越大。"② 另一些人则主张循序渐进的改革，逐步放开价格和进行私有化，加强国家干预和调控，支持公共和私人投资，实行明确有效的社会保障制度。捷克总统哈维尔就曾经表示过，改革应避免大的社会震动，不产生太高的通货膨胀和失业。

捷克经济改革的设计者和推行者是财政部长克劳斯，他主张激进而迅速的变革，尽快建立市场经济。他的主张得到了多数人的支持。联邦议会通过了以他的基本主张为核心的一系列法律，如"经济改革纲领"、"财产归还法"、"小私有化法"、"大私有化法"、"土地法"、"外汇法"和"税收法"，等等。

---

① 编者：《波兰的私有化路径》，载于《山东经济战略研究》2004 年第 9 期。
② 丹尼尔·耶金　约瑟夫·斯坦尼斯罗：《制高点》，外文出版社 2000 年版，第 384 页。

　　克劳斯认为，在改革开始时必须实行紧缩政策，取消补贴，放开价格和外贸，实现宏观经济的平衡。在这一过程中，生产下降、失业增加和价格上涨是完全合乎逻辑的不可避免的现象。为了使经济健康化和克服衰退，必须关闭那些无效益的企业，停止生产那些技术陈旧、在市场上没有销路的产品，实现经济结构的改造。克劳斯的激进改革包括紧缩财政，实现预算盈余，对外支付平衡，压缩贷款，减少补贴，抑制工资增长，调整汇率，使汇率能更加反映出外汇市场供求关系的实际情况，放开价格和外贸自由化，克朗实现国内可自由兑换，以及迅速和大规模的私有化。捷克的价格改革是比较顺利的，大部分商品价格放开并保持物价平稳。但紧缩政策也产生了某些消极影响，居民消费减少，国内市场疲软。捷克共和国前经济政策和发展部长迪巴说，这一政策取得了良好的效果，但是付出了代价，那就是生产下降，而且下降得比预计的还要大。前工业部长弗尔巴指出，所取得的成绩与生产下降、企业无支付能力、出口疲软的状况形成强烈对比，生产下降比原来估计的要严重得多，因而他说，紧缩政策忽视了捷克的实际情况，可称之为"导致破产的紧缩政策"。他认为，为了防止衰退，保持所取得的脆弱的货币稳定和经济平衡，应当缓和目前过分的紧缩政策。克劳斯指出，找到恰当实际改变宏观经济政策中的策略，从紧缩政策走向松弛甚至是扩展性政策，是一项微妙的任务。在 1990 年和 1991 年，捷克实行紧缩政策，其主要目标是保持经济稳定，阻止通货膨胀螺旋上升。在实现这一目标后，政府开始适当地执行松弛政策，银行两次降低利率，取消了对发放贷款的限制。1993 年，政府又进一步规定，凡新建的中小企业，在起步和进一步扩大生产经营的过程中，可向国家贷款或者从国家得到偿还贷款利息的补贴。对工资增长幅度的限制也逐渐放款，工资增长速度比前一阶段加快。

　　由于捷克在旧体制下的遭遇，使得左、右派都思变，而且都主张激进改革。由于民主传统与左派平等传统的影响，产权改革不能不突出民主性和公正性。由于与匈牙利、波兰相比的特殊国情，国有资产的主要改革方式既不是卖给外国人也不是企业内部民主私有化，全国公民平分国有资产的证券私有化成为自然而然的选择。自由主义经济学家出身的克劳斯把这种私有化方式的原则归结为在起点平等原则下产生最初的所有者，在规则平等的原则下产生最终的所有者。没有前者，私有化就不公平；没有后者，私有化就无效率。在当时这不仅可以说是自由主义者克劳斯的看法，也可以说是包括绝大多数左派人士在内的全国上下的共识。克劳斯认为，如果不对所有权结构进行彻底改造，经济主体的行为模式就不会改变，市场经济也不可能建立。他指出，要迅速实现大规模私有化，政府必须遵循一些非传统的法则。这些法则包括：标准的，即缓慢的私有化放大必须与要迅速得多的非标准私有化方法相结合；私有化的目的是找到新的私有主人，从出售国有财产中国家不要获得最大限度的收入；私有化必须从最底层开始，而不要从政府一级开始；专门的政府部门只应研究私有化的步骤；外国资本流入受到欢迎，不应比本国资本有更多限制。

克劳斯认为，生产资料私有制是市场经济的基础。捷克将私有化分为大小两种，所谓小私有化，就是将小型企业、商店、饭馆、服务行业等拍卖给私人，或归还原主。所谓大私有化，就是首先将大中型企业实行非国有化，变为股份公司，然后将股份以投资券形式，以极低廉的价格，出售给捷克的职工和公民，或卖给外国投资者，或通过入股方式与外资合营。用投资券方式实行私有化，是克劳斯的发明。具体做法是：凡年满 18 岁的捷克公民，均有权用 1035 克朗（约 29 克朗合一美元）购买一份投资券，凭此券便可获得价值 8 万多克朗的股份。捷克政府决定在第一轮大私有化过程中拿出 2600 亿克朗的固定资产，以投资券方式出售。[1] 克劳斯的这一做法曾引起强烈批评和反对。捷克前第一副总理科马雷克批评克劳斯的私有化方案"不符合捷国情"，是"反人民的"，将使捷克 3/4 的人蒙受损失。他说，克劳斯的经济政策"代表昔日地主、贵族和资本家的利益"，用投资券方式实现私有化无异于把劳动者创造的财富分给私人，并且廉价落入外国人手中。1968 年任捷克副总理的经济学家希克不同意捷克在短期内实现私有化，认为投资券方式达不到私有化的目标，人们几乎是无偿获得投资券，它到企业手中也不会产生资本。捷克联邦议会民族院前计划和预算委员会主任泽曼说，投资券方式不是出售，而是分掉国家财产。捷克《红色权利报》、《人民报》等撰文指出，一些基金会用数十亿克朗购买投资券，结果可控制上百个企业，"使人民创造的财富轻易地落入外国资本家手中"，形成前所未有的垄断。

大众私有化之后的捷克经济很快出现了复苏，考虑到这期间经历了联邦解体的冲击，这不能不说是一个奇迹。捷克经济于 1992 年底走出谷底，是继波兰之后第二个经济复苏的东欧国家。捷克国内的许多理论界人士，其中包括"布拉格之春"时代的经济设计师姆利纳日、科马雷克等，都曾断言克劳斯的冒险会导致经济崩溃。直到 1997 年捷克经济出现新的停滞为止，捷克在大众私有化后出现的增长持续了四年。当时一些原先批评过克劳斯"激进政策"的人，如科马雷克，也改变了态度，承认原先的判断是不对的。大众私有化这一转轨方式有效地降低了利益格局变动带来的社会冲突。公众的普遍态度虽然有批评，但比起其他同类转轨国家要缓和得多，而认同程度则比这些国家高得多。正如捷克社会科学院社会学研究所所长耶日·韦塞尼克所说，捷克人对私有化的态度是大多数人都宣称自己已经从中获益，但他们仍然更愿意讲新的财富是非法的。

---

[1] 万世荣：《评析捷克克劳斯的私有化方案》，载于《国际问题研究》1992 年第 4 期。

四、南斯拉夫社会主义社会所有制理论

1982 年 6 月，南共联盟第十二次代表大会召开。南共联盟十二大是在铁托和卡德尔这两位南斯拉夫历史性人物去世后举行的第一次代表大会。它是在南斯拉夫社会主义建设取得重大成就，同时在经济方面又遇到严重困难的背景下召开的。南斯拉夫经济几年来发展得较快，但也出现了严重的问题和困难，主要是经济结构比例失调、投资战线太长、消费增加过快、外贸逆差大、外债激增、通货膨胀率高、经济增长率下降等。稳定经济是这次大会讨论的中心议题。大会把稳定经济当做南斯拉夫当前"最直接、最迫切的任务"。会议决定，要进一步全面地发展自治的社会经济关系，并用加强工人对生产和收入的兴趣与责任，进一步提高劳动生产率并为此决定采取一系列具体措施。

十二届十三中全会以后，南共联盟开展了全民性大讨论，主要围绕：国家与自治、共盟的作用与团结等问题展开辩论。多数人认为是实践偏离了既定的社会主义自治战略目标，是经济体制、政治体制和共盟机制在很大程度上失灵，少数人认为是民主和自治过头了。这次讨论以后，1983 年 7 月，联邦议会通过了"稳定经济长期纲领"。这一纲领对今后经济的发展和改革提出了详细的规划和方案，要求分三个阶段实施：第一阶段至 1985 年年底，主要采取紧急措施制止不良的经济倾向；第二阶段到 1990 年，主要是完善经济体制，改革经济结构，为经济发展创造条件；第三阶段的目标是跟上社会技术进步的步伐。当时南斯拉夫正处于第二阶段，但在实践中经济改革的成效甚微，经济危机仍在加深。

1986 年南共召开十三大。在谈到下一阶段在经济建设方面的任务和措施时，南共联盟中央主席团主席维·扎尔科维奇在南共十三大报告中指出，《经济稳定长期纲领》是我们争取摆脱经济危机和在稳定的基础上实现蓬勃发展的全部活动的出发点。他在大会报告中还指出："在提出的目标和实践之间出现距离，是因为南共联盟的工作存在严重的缺点。从修改宪法开始的联邦职能下放的过程没有成为非国家主义化的过程，没有成为加速发展社会主义自治和在此基础上加强南斯拉夫共同体的团结的过程，而是成了加强分散化的国家主义过程，从而妨碍自治的发展，削弱经济的统一和国家的团结。"[1] 这一观点反映出当时南斯拉夫理论界开始对卡德尔模式中提出的"国家经济职能首先消亡"的观点进行反思。在"非国家化、非集中化、非官僚化、权力分散化"方针的指导下，南斯拉夫建立了一种权力下放的经济体制。这种体制在一定历史时期曾发挥过积极作用，但

---

[1]　新华社：《扎尔科维奇在南共联盟十三大上的报告》，http://www.cssn.cn/news/218194.htm。

是，它最终使国家丧失了宏观管理和调控的功能，形成了共和国和自治省各自为政的局面，为南斯拉夫的解体埋下了隐患。

南斯拉夫的公有制是被称为"社会所有制"的在职职工共有制。这种所有制的特点，是"生产资料既属于全社会的人所有又不属于任何单位和个人"。这个定义是卡德尔提出并写在南斯拉夫宪法上的。后来南斯拉夫理论界开始批判这个定义，认为这样的所有制实际上是没有经济主体、"所有权迷失"了的"非所有制"，它只能造成消费失控、投资失误，经营不善、效益低下、亏损严重等问题。南斯拉夫自 1950 年开始走自己的自治社会主义建设道路以来，经济发展很快，取得了很大的成就。在 20 世纪 70 年代中期，南斯拉夫已从一个落后的农业国发展为中等发达的工业国家。但是，为什么在 20 世纪 70 年代末和 80 年代初却出现严重的经济困难？南斯拉夫经济学界在这方面进行过很多讨论和研究，对于南斯拉夫经济危机的产生及克服的措施做过许多分析。关于社会所有制理论和实践存在矛盾的问题正是在这种形势下提出来的。有些经济学家认为，南斯拉夫当前的经济危机的主要原因之一，是没有解决好与社会所有制有关的某些体制问题。过去所有制问题的讨论是围绕制定法律如 1974 年宪法、1976 年联合劳动法进行的。在讨论中，观点受政治和法律影响较大。南斯拉夫经济学界认为社会所有制是南斯拉夫社会主义自治生产关系的总和，它表现人们对待生产以及社会再生产整体的经济关系，是自治社会主义社会和自治经济制度的物质基础。南斯拉夫经济学界在社会所有制问题上的看法有一致，也有分歧。一致的观点是，他们认为生产资料的社会主义公有制是一个历史的发展过程，各种公有制形式都是这个过程的不同阶段，不能静止地看待公有制形式问题；认为国家所有制形式是社会主义公有制的初级形式，它在革命胜利的初期，对于生产关系的社会主义改造，建立社会主义建设的物质基础，摆脱经济落后是起到革命作用的，实行国家所有制是客观的历史需要。但是就在当时其本身就孕育着一种基本矛盾的萌芽，表现就是把工人及其劳动同直接管理社会资金、财产、劳动及其他客观条件分隔开来。他们认为，如果把国家所有制形式宣布为一成不变的信条，就会造成使劳动者同生产资料相脱离的某种形式的再生条件，就会产生官僚主义的集中垄断和专家治国论的垄断。在逐步解决这个问题的过程中，他们明确了工人自治的方向，认为随着生产力的发展，逐步加强劳动者参加国家管理和经济管理，劳动者对国家机关实行民主监督，直到实行工人自治和社会自治，并以社会所有制取代国家所有制也是客观的历史需要。因此，南斯拉夫在社会主义公有制理论和实践上，最早突破社会主义公有制就是国家所有制的观点，国家所有制是社会主义公有制唯一的形式的教条，最早突破苏联模式的传统观念和教条。

除了一致的看法外，南斯拉夫经济理论界在社会所有制的观点上分歧也很大。主要有两种对立的看法。一种是以卡德尔、科拉奇为代表，他们主张社会所有制是非所有制的观点，也就是由法律加以制度化的观点。南斯拉斯大多数经济学家认为不能把社会所有制当做非所有制范畴来议论。这部分学者以马克西莫维奇和拉布斯为代表。他们强调社会所有制具有所有制范畴一般的特点，因为社会所有制是所有制的一种历史形式，它又具有特殊范畴的特点。南斯拉夫一些经济学家认为，1974 年南斯拉夫宪法把社会所有制作为非所有制的观念制度化产生了严重的后果，20 世纪 70 年代下半期以来，非所有制观点在南斯拉夫占据了上风，一些制度性法律如计划法、价格法只提社会所有制的法律主体，没有明确与社会所有制相关的经济主体。对于作为经济范畴的社会所有制的定义不明确，并回避其主体的多元性，这样就产生了经济责任真空的危险。南斯拉夫理论界提出社会所有制问题的讨论是深刻的。他们过去批判不能僵化地对待国家所有制形式，后来又意识到，社会所有制的发展水平、国家与自治的关系都不能超越生产力的发展水平和生产社会化的程度。①

十三大以后南共曾多次召开中央全会来解决各方面问题，具体落实十三大精神，其中最重要的是七中全会。南共联盟中央主席团为召开这次会议准备了近半年时间，会前组织了多次座谈会。会议主要讨论了同发展社会主义自治和社会主义民主有关的一些问题。在关于计划和市场的关系问题上，主要有两种意见：一是强调市场和计划结合，尊重客观经济规律和供与求的关系。持这种观点的人较多；二是过分强调市场，对计划估计过低。总的看来，南斯拉夫改革的中心思想是：在经济体制方面稳定经济，在政治体制方面修改宪法和联合劳动法。

1988 年，南斯拉夫通过的新宪法中放弃了社会所有制（全民所有制）的垄断地位，同时承认了另外三种所有制形式，即集体所有制、私有制和外国所有制。当然社会所有制仍占主导地位，但将面临积极的竞争。这次宪法修改是继铁托和卡德尔之后，南斯拉夫对 1974 年宪法所做的第一次意义重大、范围广泛的修改。宪法修正案针对经济体制在实践中所暴露出来的一系列严重问题，做了重大修改。其主要变化和影响表现在以下方面：一是发展和完善社会所有制，进一步推动多层次所有制结构的发展；二是适应市场经济要求，为市场机制发挥作用和企业自主经营创造良好条件；三是推进联合劳动体制的合理化和一体化，强化工人的责任和义务；四是适当扩大联邦权力，保障南斯拉夫统一市场的正常运行。从这次宪法修改的基本方向看，它是在坚持社会主义自治制度的大前提下，力图通过上述修改，推进经济体制适应市场经济发展的客观要求，实现经济体制更合理、更有效的运行。以修改的具体内容看，也确实不同程度地触及到现体制

---

① 陈长源：《关于南斯拉夫社会所有制的矛盾》，载于《苏联东欧问题》1986 年第 3 期。

中长期存在的某些重大弊端。但是，宪法修改所涉及的绝大部分还是经济体制的表层结构，即各项具体制度及其运转中的缺陷，而对整个经济机制赖以运行的基础却未能真正触及。

1990 年的南共联盟"十四大"以斯洛文尼亚共盟代表团退出会场，会议宣布休会为结果收场，开始了南共联盟分化的过程。此后，随着南斯拉夫多党制的发展，南共联盟"十四大"关于放弃宪法保护下的领导地位决议的实施，共盟的处境发生根本变化：各共和国共盟纷纷改名。在多党制选举中，有四个共和国共盟失去执政党地位，南共联盟面临危机。1990 年 9 月，联邦机构和组织共盟基层组织委员会主席团决定，联邦机构和组织中的南共联盟所有基层组织都将在 11 月 5 日以前停止活动。1991 年 1 月 22 日，在"十四大"续会上成立的南共联盟民主纲领复兴代表大会筹备委员会宣布，实施南共联盟"十四大"提出的任务的条件已不具备，该委员会停止工作，将一些财产等移交给南人民军组织的"共产主义者联盟——维护南斯拉夫运动"。自此，南共联盟几近完全瓦解，这也标志着南斯拉夫经济改革的最终失败。

第四节　苏联东欧经济改革结局的研究和评述

苏东剧变是 20 世纪后半期最重大的历史事件之一。从 20 世纪 50 年代中期开始，特别是自 60 年代中期以来，苏联、东欧各国普遍实行了大规模的经济体制改革。20 世纪 80 年代末 90 年代初，苏联东欧国家的经济体制在短短几年之内出现了具有历史意义的深刻变化。苏东国家发生如此巨大的变化绝不是偶然的。苏联东欧经济改革反映了某种不以人的意志为转移的必然趋势，并在理论上和实践上提出了许多重要的理论问题，各国经济学界从不同角度对此进行了深入研究。

一、关于社会主义社会计划与市场的关系问题

苏东剧变之后，学者们开始进一步反思苏联模式的弊端，反思马克思主义经济学和社会主义计划经济理论的一系列问题。多数学者认为，苏联模式的失败是高度集中的计划经济体制的失败，而不是马克思主义的失败。波兰学者亚当·沙夫指出，那种认为苏联模式的社会主义的垮台就是社会主义整体垮台的论点是错误的。因为某一部分的失败，绝对不能认为是整体的失败。作为整体的马克思主义无疑是正确的。日本学者伊藤诚认为，遭到失败的是特殊的苏联式的社会体制，不能说是马克思主义的本来理论和思想。不如说，由此而产生了向新的社会

主义做尝试的好时机。西方马克思主义的代表人物哈贝马斯不认为以苏联模式为代表的现实社会主义是真正意义上的社会主义，因而苏东剧变就谈不上是社会主义的失败，失败的只是"国家社会主义"。他在苏东剧变前就一直对这种"国家社会主义"进行猛烈的批评，因此，在他看来，剧变只是证明了他原有理论的正确性。

还有一些学者对马克思的社会主义计划经济经济理论进行了批判。法国学者雅克·德克西埃指出，苏联模式社会主义的失败揭示了马克思思想中的某些空白和模棱两可的东西，这主要是指两个方面：一是马克思设想的关于计划的作用的概念忽视了市场的作用，取消了商品关系；二是马克思的权力理论和国家理论忽视了民主的作用。他认为，这两个理论缺陷为"现实社会主义"、"历史共产主义"的出现埋下了祸银。德克西埃的这一看法在西方马克思主义者中颇具代表性。关于马克思的计划理论，法国《当代马克思》杂志的主编雅克·比得认为，马克思主义理论中最消极的一面是把社会主义社会看做无商品社会，反对商品拜物教，倡导建立一个完整的、集中的社会主义经济计划。他认为这是考察社会主义失败的理论关键。因为只有经济民主即市场经济才能建立民主，把社会主义社会当成无商品社会，就把经济民主的社会同社会主义社会分割开来了。苏联的经验不可能提供民主的可能性，也不可能提供真正的生产资料社会化的经验。现在，人们不得不通过"历史共产主义"失败的经验教训来考察马克思关于无商品社会这一理论所起的作用。他和德克西埃都认为，由于这一理论，从列宁生前就开始建立了专政制度，它在斯大林时代则发展为由警察控制的经济制度。俄罗斯很快就具备了的专制形式，与马克思的计划的、非商品经济的理论不无关系。与此相反，波兰学者沙夫指出，国际共产主义运动中出现的问题不是马克思主义的错误，而是马克思主义执行者的错误。

关于社会主义条件下计划和市场的关系是苏东剧变以后国外学者们研究的一个重要课题，观点大致分为三类。

一类是反对计划而维护市场的观点。如意大利的佩利卡尼认为，社会主义基本原则指出，用国家这只看得见的手去取代市场这只看不见的手，将创造出在技术工艺、精神道德方面比资本主义更高的社会组织类型，但在实践中产生的却是经济的完全政治化、没有能力保障有限资源合理使用和生产力的发展的极权国家。他认为，市场是永恒的公民裁决，是自由和合理经营的基础，统一计划只能使经济核算成为不可能，经济合理性丧失殆尽。总之，集中计划是阻塞机制，而不是发展工具。

另一类是否定市场的观点。比利时的曼德尔自称是和民主多元论联结在一起的民主社会主义计划经济的拥护者。他认为，在大生产和大工业的领域中赞美市场经济是犯了时代的错误，所有资本主义大公司都预先对自己的年度生产或十年生产做出计划。埃及学者阿明认为，失业、世界发展的两极化、生态浪费等，全都是市场的必然产物，市场的合理性在再生产着社会制度的不合理性。弗兰克认为，市场化至多只能用性别、阶级、种族集团、地区之间经济和社会的两极化，去取代另一种经济和社会的两极化。由共产党统治所衍生的腐败、特权多半能被市场经济所消灭。但是，前一种两极化却可能在种族、民族、国际上发展，所以，市场经济将进一步加剧国内、国家间种族、民族的紧张、冲突和运动。1996年4月在纽约召开的有1500人参加的社会主义学者会议上，还有不少人认为社会主义国家搞市场经济是把社会主义和资本主义的最糟的特性结合在了一起，认为市场同资本主义的本质相联系，市场经济是造成官僚制的根源，资本主义之所以会被社会主义取代，就是因为市场经济不适应生产力的发展。①

　　第三类观点强调计划与市场的结合。英国经济学家斯蒂夫·连金认为，把资本上义同自由市场等同，把社会主义同行政命令经济等同，这是马克思称之为庸俗政治经济学的传统观点。马克思的著作明确指出，资本主义剥削产生于工人丧失生产资料所有权和对生产资料的监督，行政命令经济由于也使工人丧失对资源分配和劳动组织的监督，因而也存在剥削。他主张一种实行非集中化的市场经济的"竞争的社会主义"。哈贝马斯则反对把市场经济、商品社会仅仅与资本主义相联系。他认为，当代资本主义有一种危险的、失控的动力，但是拒绝资本主义并不意味着拒绝任何形式的市场，而仅仅是指必须防止市场经济支配整个生活方式和破坏人的生存坏境。社会主义者在今天的关键任务恰恰是要研究可取代资本主义的、崭新的复合制度。法国学者莫里斯·戈德里埃也认为，消除市场机制、竞争机制和价格机制，建立集权性的、因而是官僚主义的计划化，必然引起社会发展的全面倒退和文明的倒退。他还指出，马克思所设想的社会主义革命是在最发达的资本主义国家实现的，在那里，生产与交换已经广泛社会化，因此可以用计划机制代替市场机制，而苏联、东欧某些国家以及中国在走上社会主义道路时生产和交换并未社会化，因而不能取消市场机制。② 沙夫对计划经济予以肯定并积极辩护，认为所谓自由市场经济只是个理论的虚构，即使当代的西方也没有这种东西。相反，那里实行的是跨国公司的大规模经济计划，而且随着全球化与微电子革命的进展，"在我们面前不断发展的世界中，经济计划而不是自由市场变

---

　　① 徐崇温：《苏东剧变后国外社会主义研究中的几个热点问题》，载于《马克思主义与现实》1997年第2期。
　　② 周穗明：《"西方马克思主义"论苏东剧变》，载于《国际共运史研究》1992年第3期。

得越来越重要"。① 沙夫指出，新自由主义者出于同社会主义做斗争的意识形态
的需要，竭力推崇"自由市场经济"，这是大骗局。我们需要摒弃错误理解的中
央计划经济，但绝对不是要用自由市场经济来取代它。沙夫进一步指出，要别人
实行自由市场经济的美国，也没有实行自由市场经济，而是实行跨国公司的垄断
型经济。现在发展到跨国财团控制跨国公司的地步，不但对计划经济指手画脚，
而且发展到"有计划"地对其进行攻击。在那里，起主导作用的是社会市场经
济，国家切切实实地在监视或控制经济，其中包括保护本国经济使之免遭外国竞
争之害。沙夫认为，市场是需要的，但自由市场经济是不行的。既不能排挤市
场，也不能排挤国家对经济实行一定计划的职能。沙夫认为，波兰经济学家奥斯
卡·兰格提出的"有计划的社会主义市场"的理论是可取的。

随着苏联社会主义模式的破产以及各国以市场为取向的改革的展开，市场社
会主义日益引起人们的兴趣。如果说20世纪80年代以前的市场社会主义理论的
焦点是在公有制条件下如何利用市场来合理配置资源的话，那么，在苏东剧变之
后市场社会主义理论则致力于证明公有制和市场的有机结合能同时达成公平与效
率。"分析学派的马克思主义"代表人物罗默1994年出版专著《社会主义的未
来》，认为社会主义不是死了，而是需要现代化，而市场社会主义是这种现代化
的一个重要内容。大卫·施韦卡特是市场社会主义理论的主要代表人物之一。与
罗默对未来社会主义前景的态度相似，施韦卡特也十分青睐"市场社会主义"，
不过他侧重的是"经济民主"的市场社会主义，认为这将是替代资本主义和超越
资本主义的一种崭新制度。在苏联解体之后，西方世界普遍认为社会主义是没有
生命力的，是不可能的。对此，施韦卡特在《反对资本主义》、《超越资本主义》
等著作中详细论述了"经济民主的市场社会主义"理论，用以说明虽然现在的资
本主义很强大，但是社会主义还是一种有生命力的景观，可以提供一种有生命力
的前景，"经济民主的市场社会主义"可以有效克服资本主义的基本矛盾，在经
济上十分可行。

二、"休克疗法"和渐进式改革的争论

由于苏联和东欧发生社会剧变，世界经济中出现了一种计划经济向市场经济
过渡的潮流。从经济体制的角度，出现了放弃由中央政府统一部署全国资源的计
划经济体制，改变为由市场配置资源的经济体制的趋势。对于这些现象，经济学

① 转引自郭增麟：《沙夫对苏东剧变的反思和关于未来社会主义的构想（上）》，载于《国外理论动
态》2001年第8期。

界开始进行专门的研究，而且使用了一个专门术语——过渡经济学。过渡经济学指一种研究如何从计划经济向市场经济过渡的经济学理论，这一理论是在 20 世纪 80 年代末提出并逐步形成的。过渡经济学理论的发展在 20 世纪 90 年代以后成为了引人关注的一个经济学领域，经济转型的丰富实践正在深刻地影响着经济学发展的轨迹，推动着一次新的理论综合。

对过渡经济的研究和争论主要可以概括为以下几个方面：对"过渡"含义的探讨、关于过渡时期的历史界限的争论、对经济过渡初始条件及其意义的讨论、对"怎样过渡"的理论分析和实证研究以及对过渡经济学范式的探讨。① 这些争论的焦点集中体现为休克疗法与渐进式改革的争论。关于"渐进式改革"和"激进式改革"的比较，一直是过渡经济学的探讨焦点。渐进式制度变迁是一种演进式的分步走的制度变迁方式，具有在时间、速度和次序选择上的渐进特征，而激进式制度变迁也被称为"休克疗法"或"震荡疗法"（shock therapy），是一种大爆炸式（big bang）的跳跃性的制度变迁方式，在较短时间内完成大规模的整体性制度变革。经济学界在渐进式制度变迁和激进式制度变迁的成本收益比较的探讨中产生了许多有意义的成果，但是并没有达成统一的结论。

1991 年以前，俄罗斯的经济体制虽然也几经变革，但仍属于典型传统计划经济模式。1991 年俄罗斯经济出现全面衰退，由于生产下降，商品供应不足，尤其是食品与消费品的短缺，居民怨声载道。这一年的经济衰退很大程度上是政治、社会不稳定因素造成的。在严峻的社会经济形势下，以俄政府副总理盖达尔为首的一些人采纳美国哈佛大学经济学教授杰弗里·萨克斯等西方经济顾问的意见，主张实行以货币主义理论为基础的"休克疗法"，即短时间全面向自由市场经济模式过渡的激进改革方案。1991 年 10 月 28 日，叶利钦向全国宣布了以盖达尔提出的方案为基础的经济改革纲领。1991 年 12 月底该纲领全面开始实施，标志着"休克疗法"开始实行。俄罗斯休克疗法的主要措施包括一次性大规模放开物价，实行严厉的财政货币政策以迅速达到无赤字预算、降低通货膨胀率和稳定经济为目的，大力推行私有化，以及加速推行对外开放改革等等。

"休克疗法"的倡导者萨克斯曾担任俄罗斯、南斯拉夫、波兰等国的经济顾问，对这些国家实行"休克式"的经济转轨战略有着重要的影响。萨克斯在分析苏联东欧国家经济改革的初始条件时指出，虽然 20 世纪 80 年代东欧国家中央计划日益收缩，企业自主权逐渐扩大，但这并不意味着出现了通常的竞争性的市场关系。私营部门在许多国家受到严格限制，波兰、匈牙利给予了私营部门更多的自由，但仍受到行政壁垒、税收、外汇和贷款的限制。东欧国家相对价格严重扭

---

① 张新：《过渡经济学研究的新视野》，载于《海派经济学》2003 年第 1 期。

曲，能源和日用必需品得到大量补贴，汇率定值过高。从工业结构看，向重工业和生产资料严重倾斜，企业的垄断性加剧。由于缺乏优胜劣态的市场竞争以及准确的价格信号，使得很难区分哪些企业应当生存，而哪些企业应当关闭。他认为，东欧国家深受过度需求之害，其根源在于体制，这包括计划部门通过大量投资实现经济增长的驱动，企业的软预算约束及其同财政当局不断的讨价还价等。在萨克斯看来，可供苏联东欧选择的模式和西欧是相同的，那就是市场经济。而苏联东欧从中央计划经济转向市场经济，应当采取果敢而迅速的行动，实行一步到位的激进的转轨战略。这就是所谓的"休克疗法"。萨克斯的理由是：第一，经济改革是一个严密的网络，牵一发而动全身，零敲碎击的做法不会起作用，因为改革中的每一部分将对其他部分起促进作用。第二，这种转轨战略可减少行政体系的阻力。第三，就体制转轨中所需调整的规模而言，也需要实行激进的体制转轨。第四，苏联、东欧国家严峻的经济形势需要实行迅速的体制转轨，阿根廷、巴西、秘鲁在制止通货膨胀中渐进主义的失败便是明证。萨克斯的观点通过国际货币基金组织和世界银行等金融组织的大力推广和新古典经济学教科书的强势话语，在很大程度上成为了转型国家的实际政策。

从"休克疗法"的主要措施来看，应该承认"休克疗法"对于一时恢复供求平衡、稳定经济是有一定效果的，但是关键在于这种平衡是否能够稳定得住并持续下去。"休克疗法"主要是以抑制需求为主的反危机措施，而压抑需求是很难持久的。如果在抑制需求的同时，供给没有明显的改善，这种平衡就是十分脆弱和难以持久的。俄罗斯等国经济运行的现实表明，"休克疗法"理论所推崇的激进式改革的效果并未达到理想的预期。另外，从理论上来看，由于新古典经济学只是关于市场运作的理论，而不是市场发展的理论，它抽象掉了时间、政治和文化等重要的非经济因素，因而无法对制度变迁的复杂过程做出系统解释。新古典经济学的转型理论受到了来自各方面的众多的批评。

新凯恩斯主义的代表人物斯蒂格利茨认为，不完全且代价很高的信息、不完全的资本市场、不完全的竞争，这些都是市场经济的现实。斯蒂格利茨从信息的角度分析渐进式改革与激进式改革，认为改革过程中存在由垄断、不对称信息、不完全产权和机构改革速度慢等因素导致的失败。根据这种观点，他认为适度的改革应该是相对较慢、实验型、渐进式的。格拉伯和斯达克认为，从进化论的观点看，没有多样性，就没有选择，制度和组织的快速变化，往往会牺牲长期效率。相反，旧体制的存在，制度变迁中的摩擦，会保留制度的多样性，为新制度的选择和产生提供广泛的空间，从而促进制度的成长。青木昌彦等人认为，经济体制是一个复杂的进化系统，其内部具有自我强化的机制，不同制度之间存在着互补性，互补性越强，改革的成本越高。同时进行大规模经济改革时候，即使总的方向已经确定，改革的结果和过程也会有很大不确定性，制度发展过程中还必然会产生出形形色色的利益集团，给体制改革的推进带来政治上的困难，因此，渐进式改革方式更为可取。科勒德科认为转型是一个从建立在财产国家所有和政府控制基础之上的中央计划经济，向建立在放开市场管制和财产私有制之上的、开放的自由市场经济转变的长期历史过程。因此，那种天真的，以为可以在短时间内引进市场经济和它的支持制度，以为可以用激进的或者采用"休克"的方法转型的论点是站不住脚的，也被东、中欧的国家实践证明其代价很高。[①]

中国的改革经历与改革方式为渐进改革道路的支持者提供了经验，多数经济学家用渐进改革方式相对于激进改革方式的优越性来支持中国改革道路的合理性。除了理论上的批评以外，"休克疗法"的拥护者们还必须面对来自实践中的困惑：为什么采取渐进式改革的中国获得了快速的经济增长，而一些采取"休克疗法"改革方案的国家却经历了经济的衰退？以萨克斯为代表的经济学家们认为，中国的成功主要得益于一系列有利的初始条件，如落后的经济结构、传统体制的松散性等，不具有普遍意义；另一方面他们强调，中国渐进式改革的成功是十分有限的，中国的改革面临着许多困境，而这种困境正是由于没有实行彻底的自由化路线所导致的。[②] 萨克斯等认为中国式的改革是"局部均衡"的改革，改革主要在经济领域展开，不可长久维持；而俄罗斯式的改革是"一般均衡"的改革，改革同时在经济、政治等多个领域展开，有可持续性，可能更有后劲。莱谢克·巴塞罗维奇也认为不能以"中国模式"为由支持"渐进主义"、反对"激进主义"模式：第一，宏观经济的初始状况不同，中国在 20 世纪 70 年代末开始改革时仅面临相对温和的宏观经济失衡。第二，中国有 80% 的人口是农民，推动的是农业的私有化。产权和所有制结构如此大的变革和"渐进主义"其实是矛盾的。第三，中国经济改革的成功主要和中国改革时的特殊初始条件有关——80%的农业人口和农业耕作的可分性更容易推动私有化。因此，以中国经济改革的成功作为论据支持渐进主义，其实犯了严重的方法论错误，没有真正理解特殊初始条件和转轨中特殊因素在经济发展中所起的重要作用。

但是，多数学者不赞同这种观点，他们认为，经济转型的不同绩效与改革的道路和政策有着密切的联系，并试图揭示中国改革道路的内在逻辑。麦金农等经济学家反对萨克斯等人过分夸大结构因素的观点。他们认为，中国的改革方式或改革策略仍是解释中国改革绩效的主要变量，尽管初始条件是不可忽略的因素。

---

①　张宇：《过渡经济学的回顾与反思》，载于《经济学动态》2003 年第 5 期。

②　J. Sachs and W. Woo. *Structure Factors in Economic Reforms of China*，*Eastern Europe and the Former Soviet Union*. Economic Policy，1994 April.

渐进式改革的支持者们认为，完全的私有化和迅速的市场化，一般来说并不会产生如它们在西方市场经济中那样的理想效果。一个明显的情况是，"大爆炸"后，原来传统国有工业部门可能会变得更像垄断厂商，激进改革因此并不会立刻促成一个完全竞争的市场结构。虽然来自新型企业的不断"进入"会形成一种"纪律"来约束这时的垄断者，但由于改革初期资本市场不完备，这种"进入"会变得困难和缓慢。[①]　根据这种观点，一个合理的改革步骤应该是逐步减弱国有部门对计划的依赖，同时期待着非国有经济的发展和进入。因此，渐进式改革的支持者们认为，中国经济改革的成功更大程度上是成功运用切实可行的渐进式改革策略的结果，而不能简单地把这一成功归因于中国特殊的改革起点。[②]

三、苏东剧变与国际经济格局变化的探索

苏东剧变之后，西方媒体和学者政客曾宣布社会主义崩溃了，共产主义消亡了，预言"冷战"之后将是资本主义的世界，21 世纪将没有社会主义的一席之地。西方主流思潮普遍地把苏东剧变看做是共产主义或社会主义失败、资本主义胜利的标志，断言 21 世纪将是一个由资本主义一统天下的新世界，社会主义及马克思主义将不再与人类社会有任何关系。如弗朗西斯·福山的《历史的终结和最后人类》、布热津斯基的《大失败：20 世纪共产主义的兴亡》以及《失去控制：21 世纪前夕的全球混乱》就宣传这种观点。很多国外左翼学者提出苏东剧变严重削弱了世界社会主义的力量，改变了世界社会主义和资本主义的力量对比，国际形势对社会主义国家极为不利。他们倡导的理论思想在世界社会主义运动处于低谷时期回击了各种"社会主义失败论"、"历史终结论"。

关于苏东剧变对国际经济格局所产生的影响，学者们的观点主要体现在以下几个方面。

一是认为苏东剧变打破了两极化的世界经济格局，拓展了当代资本主义的经济空间和政治、文化霸权，加速了世界以新自由主义为特征的美国化的过程，也从而促进了资本主义基本矛盾的新发展。美国垄断资本学派的创始人保罗·斯威齐指出，资本主义就其最深刻的实质而言，是一种扩张的制度，它既有向内的扩张，也有向外的扩张。资本主义一旦站稳脚跟，就会既要求取得自身发展，也要向外扩张。"它一如在现代历史的整个时期内所表现的那样：是一个始终在扩张、

---

①　哈勒根、张军：《改革起点与改革路径：一个可行的模拟》，载于《经济研究》1996 年第 1 期。

②　张军：《过渡经济学——理论的回顾与争论》，载于《上海经济研究》1997 年第 4 期。

但时常会爆炸的资本积累过程。"[1] 美国学者弗雷德里克·詹姆逊指出，资本主义始终有一个中心，过去的霸主是英国，现在的霸主则是美国。从空间上说，每一个新的中心都比以前的中心所包含的范围要大。为了商品化，为了新的市场，为了新产品，它打开了更广阔的领域。弗雷德里克认为，第二次世界大战至今，老牌的帝国体系瓦解，代之而起的是一种新的"世界体系"，在这种体系中占主导地位的是所谓的跨国公司。[2] 2004 年 12 月，美国对 2020 年的世界格局进行了预测。它所得出的结论是：欧洲经济停滞不前，而亚洲经济的发展也不会威胁到美国的领导地位。埃及经济学家阿明对此做出了评论，并分析了经济全球化对世界政治的总体格局所造成的影响。阿明指出，这种对未来世界格局的认识所建立的基础，是所谓的"两个世界"的发展趋势。其中的一个"世界"是指全球自由主义的巩固，以确保美国排他性领导地位的实现；而另一个"世界"则是指"无序"的世界，即质疑这一"合理原则"并对其做出了"荒谬反映"的国家和地区。阿明认为这种区分和比较具有误导性，其影响是十分有害的，因为它把发达资本主义国家的利益视做全球秩序的出发点，而其他国家则必须服从这一秩序的安排。阿明从现存的资本主义体系出发，得出了完全不同的结论。他认为，以全球化形式出现的世界体系并不是活力无限的。只要所谓的"无序"超出了该体系中统治阶级的控制范围，那么这一体系就会立即失去生机。美国在伊拉克的军事失败和政治失利、人们对"欧洲项目"的反对情绪日益高涨、暴力事件的爆发等等都是明证。但是，阿明并不认为能够马上建立起一种可以被接受的解决方案。[3]

　　二是认为苏东剧变后，在经济全球化和资本主义自我调整能力增强等因素的推动下，当代资本主义在经济方面发生了重大变化。国际范围内的竞争导致全球垄断资本的联合，从而使得资本更加高度集中，当代资本主义的发展已经从国家垄断资本主义进入了国际垄断资本主义的新阶段。现代市场经济不同于传统市场经济的主要特点在于政府对经济的宏观调控。资本主义国家政府的经济指导职能和社会职能大为提高，国家政府在某些方面已经成为全民利益的重要协调器和社会矛盾的磨合器。社会福利制度所起的积极作用是 20 世纪资本主义社会进步的重要标志。与此同时，发达资本主义国家通过经济全球化为自身的发展赢得了新的空间。资本主义主导的经济全球化造成了国际贸易中的不平等交换，增加了全

---

① Paul M. Sweezy. *More*（*or Less*）*on Globalization*. Monthly Review，Sep. 1997.

② 弗雷德里克·詹姆逊：《论现实存在的马克思主义》，引自俞可平主编：《全球化时代的"马克思主义"》，中央编译出版社 1998 年版，第 73 ~ 74 页。

③ Samir Amin. *Beyond Liberal Globalization*：*A Better or Worse World*？. Monthly Review，Dec. 2006.

球金融危机和经济衰退出现的可能性，从而使发达国家与不发达国家之间的两极分化日益明显。法国学者雅克·阿达指出，发展中国家经济依附于发达国家主要表现在金融和技术两个方面。这种依赖往往意味着失去自主权，它是与全球经济等级化特征相连的一些制约的体现。① 美国学者弗里德·马格多夫指出，随着产业发展的成熟和国内产品市场的饱和，发达国家的大公司开始将销售和投资的重心放在海外。除了争夺市场之外，控制生产所需的原材料来源、利用海外的廉价劳动力和疏松的劳动安全标准也是跨国公司全球经济活动的目的。弗里德·马格多夫进一步指出，帝国主义驱动力是资本主义的本质特征，而经济全球化便是对这一特征的当代写照，它使得资本主义国家对世界资源的掠夺和对世界人民的剥削都更为便捷了。在他看来，对边缘国家的投资能为寻求投资机会的资本找到出路，从对第三世界市场的剥削中所得到的剩余价值也日益增多。但是，由于各种各样的原因，资本主义体系对外的扩张依然无法减轻世界范围内的资本过剩趋势，全球性衰退的危机也在持续扩大。② 资本主义的自我调节尽管有用，但是作用也极为有限，而且如恩格斯在对马克思《资本论》第 3 卷的补充论述中所指出的，其中"每一个对旧危机的重演有抵消作用的要素，都包含着更猛烈得多的未来危机的萌芽。"③ 这充分证实了马克思主义关于资本主义历史命运的论断是不以时代变化为转移的客观真理。

　　三是关于社会主义经济发展前景的思考。曼德尔认为，生产力的国际化不可避免地导致资本的国际化和阶级斗争的国际化。他指出，跨国公司控制着世界市场，它们使任何一种国家政策，使任何一种局限于一个国家或少数几个国家抵抗失效的能力将进一步增强，至少就长期而言，这是无产阶级有必要和有可能复兴的客观基础。要么社会主义在全世界建立，要么是死亡。要避免威胁着我们的灾难。社会主义世界联邦是唯一可能的未来解决办法。他强调说，生产力和资本的国际化是 21 世纪经济发展的基本趋势，将来既不会有后工业社会，也不会有计算机社会；既不会有知识权力代替资本权力，也不会有无产阶级的衰亡。④ 从 20 世纪 90 年代初开始，国外左翼学者掀起了关于未来社会主义的讨论热潮，提出了各种各样的未来社会主义发展的理论模式，包括市场社会主义、生态社会主义和"第三条道路"等等。沙夫断言，社会主义已经以全新的面貌出现，这是社会实践发展的必然。微电子革命将给社会带来重大的影响，这将不可避免地为人类

① 雅克·阿达：《经济全球化》，中央编译出版社 2000 年版，第 193～194 页。

② Fred Magdoff. *The Explosion of Debt and Speculation.* Monthly Review，Nov. 2006.

③ 《马克思恩格斯文集》第 7 卷，人民出版社 2009 年版，第 554 页。

④ 徐崇温：《苏东剧变后国外社会主义研究中的几个热点问题》，载于《马克思主义与现实》1997 年第 2 期。

重新打开通向社会主义的大门。沙夫在其许多著作中提出了关于"新型社会主义"的设想。这种"新型社会主义"在经济体制上的一个突出特点就是允许某种形式生产资料私有制的存在。由于新的工业革命之后，生产方式发生了根本变化，特别是随着以微电子学为代表的科技革命的迅猛发展，传统意义的工人阶级正在发生根本的变化，马克思主义所说的剩余价值就不再存在。因为剩余价值是人剥削人的产物，而不是人"剥削"机器的产物。生产资料的所有制形式不再涉及人剥削人的特性，因此马克思勾勒的资本主义剥削公式不再起作用。沙夫指出，新技术革命的直接后果是"传统意义上的劳动正在消亡"，由此将引发社会关系的全方位变革。因为在新时代知识就是资产，白领知识阶层便是有产者、中产阶层。由此产生的不是一个"工人阶级的社会主义"，而是一个"中产阶级的社会主义"。在一个工人阶级行将灭亡的国家里，把劳动力作为商品的资本主义性质也将发生变化。尽管世界社会主义运动目前仍未走出低谷，但是全球范围内的左翼学者都在积极思考社会主义的前途命运。资本主义必然灭亡、社会主义必然胜利是社会发展的必然规律，是不以人的意志为转移的必然趋势。但是，资本主义必然灭亡、社会主义必然胜利又是有条件的，只有资本主义以私人占有为根本特征的生产关系严重束缚、制约着现代化的社会大生产，并且与现代化的社会大生产具有根本不可调和的矛盾时，现代化的社会大生产才会冲破资本主义的私人占有关系，资本主义才会宣告灭亡，社会主义才会胜利。只要资本主义社会形态、资本主义生产关系还给现代化大生产的发展留有空间，资本主义就会表现出较强的活力，甚至还表现出蓬勃旺盛的生命力。苏东剧变对国际经济格局产生了长远影响。当代资本主义的发展是苏东剧变的国际背景，苏东剧变则拓展了国际资本发展的空间和霸权，又促进了资本主义的新发展。苏东剧变使世界社会主义遭遇了严重挫折，但也加速了世界社会主义的理论更新、政策调整和模式转换。

第十二章

苏东剧变后马克思主义经济学的
多形态发展

苏东剧变以后，当代资本主义和社会主义的发展出现了一系列新变化、新问题。20 世纪 90 年代以后，国外马克思主义经济学既包括对发达资本主义的分析，也包括对社会主义模式的探究；既关注基本理论问题的研究，也重视经济社会现实问题的探索。对于全球资本主义尤其是新自由主义与新帝国主义的分析批判，以及社会主义模式的分析解剖，构成这一时期国外马克思主义经济理论发展的重要课题和主要线索。

第一节　西欧美国马克思主义经济学研究的新变化

苏东剧变之后，西欧和美国的马克思主义经济理论研究尽管经历了曲折的发展，但在整体上，马克思主义经济理论研究的队伍还是有所扩大，研究的领域多有拓展，马克思主义经济学研究出现了一些具有广泛影响的理论流派。

一、"分析的马克思主义"的剥削理论

20 世纪 80 年中后期苏东剧变前夕，西方学术界对社会主义问题的讨论异常热烈，"现实存在的社会主义"（actually existing socialism, really existing socialism）、"现实的社会主义"（real socialism）成为众多西方学者在讨论社会主义问题时经常使用的术语，对"现实存在的社会主义"的经济学探讨一时盛行。同时，一些非马克思主义的概念和观点，特别是分析哲学的、建立数理模型的、现代心理学的和新古典经济学一般均衡论的概念和观点，也被频繁地运用于马克思主义经济学分析之中。源起于 20 世纪 70 年代并在 80 年代和 90 年代获得迅速发展的以英国学者柯亨、美国学者约翰·罗默和乔恩·埃尔斯特等人为代表的"分

析的马克思主义"，就是适应于这些学术取向的理论流派。罗默提出的"剥削"理论，就是试图运用分析哲学的方法以及新古典经济学的一般均衡论等方法，重新解读马克思文本，将马克思经济学重构为一种"精确和清晰"的现代科学理论，并进而以重构的马克思主义经济学，分析现实的资本主义和社会主义。

罗默指出，资本主义制度是一种剥削制度，但马克思的剥削理论并未充分论证这种资本主义剥削的不公正性。罗默试图运用新古典的均衡理论，重构马克思的思想，而"重构的方式是清除它们之中那种我认为是马克思主义分析中最薄弱的理论，即劳动价值论。"[①] 罗默对马克思剥削理论"修正"的结果就是，否定了劳动价值论的基础作用，只是根据他所理解的财产关系重新定义剥削。在这一定义的框架下，罗默提出了剥削的演进形式、剥削的不公正性等问题上的"分析的马克思主义"的观点。

罗默的剥削理论突出之处在于如何定义剥削上。马克思对剥削的定义，建立在劳动价值论和剩余价值论基础之上。马克思对资本主义的批判也是围绕剥削的这一概念建构的：资本家凭借资本所有权无偿占有劳动者创造的剩余价值，资本主义的特征是工人受资本家的剥削，这一特征既可通过资本积累解释资本主义的扩张能力，也能说明资本主义的不公正。罗默认为，马克思的剥削定义无论在实证意义上还是在规范意义上，都不再是最好的工具。罗默没有使用劳动价值或剩余价值的概念，而是通过直接归结为初始财富的不平等来定义剥削的。

罗默指出，如果认为"某种劳动交换制度、经济剩余的生产和生产资料的私人所有"这三种条件的存在，使剥削成为可能。社会主义国家既然取消了私人财产所有权，那么剥削应该消失，但是，在社会主义国家，依然存在着社会分层、阶级以及不平等的现象。在这种情况下，马克思的理论不再适用，因为生产资料已经公有。因此，需要有一个适用于社会主义的剥削理论。罗默建立了初始资本和最终产出之间的对应关系，认为如果在财富的初始分配平等的条件下，某人的状况会更好，那么这个人就是受剥削者，反之就是剥削者。罗默认为，以剩余价值作为中介是多此一举，这种"迂回"是不必要的，应当直接以财产关系的不平等来衡量剥削。罗默的论证思路是这样的，如果表明马克思所论述的古典制度条件不存在时，剥削也存在，那么这意味着剥削这种现象是更加一般性的现象，特别意味着，当资本主义制度生产资料私人所有制的特征不存在时，建立一种适用于社会主义的剥削理论的可能性。因此，罗默并不是要建立了一种真正的一般性的剥削理论，主要目的"不是提出一种这样的一般性理论，而是作一个这种研究

---

① 约翰·罗默：《在自由中丧失：马克思主义经济哲学导论》，经济科学出版社2003年版，第190页。

的导言。"① 罗默从根本上篡改了马克思对剥削的界定。马克思是以资本对剩余劳动的无偿占有为核心建构剥削概念的，而财产所有权并不是造成劳动付出与劳动所得之间存在差距的唯一原因，个人禀赋、企业经营战略、技术水平和生产效率等都可能成为这一差距产生的原因。

罗默指出，每种经济结构都有一种与其相伴随的不平等形式或剥削形式，它来源于体现某一经济结构性的那种财产权——也就是说，它是一种与其他经济结构相区别的不平等形式。封建剥削是那种与封建领主占有农奴劳动的财产权相联系的不平等形式，但它不是那种与这两个阶级不同的物质财富相联系的不平等形式。资本主义剥削是那种可归因于对经济中可转让生产性资产的不同所有权的不平等，但它不可归因于成员的不同技能。社会主义剥削是那种在可转让资产的私人所有制被废除之后与不同技能相联系的不平等。在考虑资本主义的剥削问题时，罗默关注的是可转让的生产性资产。如果一个人因为对社会的可转让生产资料的平等再分配而受益，他就是资本主义社会的被剥削者；如果他由于这样一种再分配而受损，他就是资本主义社会的剥削者。封建主义的不平等特性不是由于可转让的生产资料的分配，而是由于一些人拥有的对他人劳动的权利。因此，罗默把封建剥削定义为与对他人劳动权利的不平等分配相联系的不平等。如果对封建财产权的分配是平等的，一个人的境况会更好，那他就受到了封建剥削。资本家只拥有对他人劳动力的使用权，而封建主则拥有对他人劳动力的所有权。而社会主义社会废除了可转让生产资料方面的私有财产，所以罗默将社会主义剥削首先定义为那种可归因为不同技能的不平等。如果一个社会成员在技能平等分配的社会中境况会更好，那他在社会主义社会中就受到了社会主义的剥削。罗默认为实现技能的平等分配虽然有损于激励机制，但在逻辑上肯定是可能的。这一点值得怀疑，因为人与人之间不同的出身和天赋是无法取消的。在罗默看来，如同所有社会一样，社会主义社会还存在地位剥削，即由于担任某种职务而来的特权与物质回报。由此，罗默认为剥削仅仅是一个历史概念，它随着社会的变迁而变迁。资产阶级革命消灭封建主义剥削，却产生资本主义剥削；社会主义革命消灭资本主义剥削，却孳生社会主义剥削和地位剥削。所有这些剥削都是由财产的私有形式和不平等关系造成的，因此只有在未来消灭私有财产，完全进入共产主义，才能真正消灭剥削。不过，罗默的这一观点同时表明，剥削有其存在的合理性和社会必要性。过早和人为地消灭剥削会损害社会利益，降低社会生产的激励因素，阻碍生产力的发展。

---

① John E. Roemer, *Origins of Exploitation and Class: Value Theory of Pre-capitalist Economy*, Econometrica, Vol. 50, No. (January, 1982), p. 164.

罗默强调，马克思研究剥削问题的主要目的，是要表明资本主义的不公正。如果初始分配的高度不平等是因为一些人抢劫和掠夺，那显然就有理由把随之而来的剥削看成坏事。这也正是马克思反对欧洲资本主义，特别是英国资本主义的情况。资本主义的历史充满了通过明显不道德的手段积累财富的例子，因而，以这些事例为由谴责资本不平等分配及随之而来的剥削现象并不困难。但问题在于：是否导致资本不平等分配的所有可能的原因，都应受到道德上的谴责呢？在这个问题做出否定答案的回答，主要有以下依据：一是认为资本主义是对节欲的回报；二是认为利润是对企业家能力的回报；三是资本是对冒险倾向的回报；四是运气是一种获得财产的合法方式。罗默对这四种依据一一进行了驳斥。罗默的着力点在于，初始的不平等分配全部都是从道德上而言不公正的，通过掠夺强力等方式造成的。于是之后的分配，从形式上看是道德的，但归根结底是不公正的。在这一问题上，马克思的处理方法要相对简单一些，他运用历史方法论证了资本的原始积累是通过抢劫和掠夺的方式完成的。事实上，马克思对资本主义剥削的论述是基于科学基础的分析，而不是出自道德义愤的谴责。罗默提出了更为精细的追问：如果财产所有权的发生是由于不同的工作努力程度、时间偏好率、冒险行为及运气等等原因，我们应当如何看待它？罗默的结论是：由于资本主义社会的财产分配在一开始就是不公正的，而之后剥削的存在又都是直接或间接由此而造成的，因此资本主义社会的剥削是不公正的。

二、经济地理学派的"时间—空间修复"理论

兴起于 20 世纪 60 年代并在之后获得了较大发展的以英国大卫·哈维和美国学者曼纽尔·卡斯特等人为代表的马克思主义经济地理学派，将空间思想注入马克思主义经济学说之中，重视劳动、资本积累、经济危机等问题与空间结构的形成与变化之间的关联，认为资本主义的资本积累危机的解决依赖于周期性的空间结构调整过程。

哈维认为，资本主义之谜在于，它在面临多次危机与重组，在人们不断预言其即将终结的情况下，还能如此长久的生存下来。哈维引用列斐伏尔的观点说明解开资本主义之谜的症结在于资本主义是通过空间生产而生存下来的。在此基础上，哈维提出了"时间—空间修复"理论。

"时间—空间修复"理论关注的是资本主义内部长期趋势的问题。从理论上讲，它来源于对马克思关于利润率呈下降趋势并导致过度积累危机这一理论的重新阐释。这种危机最典型的特征是资本过剩和劳动过剩。哈维指出，"时间—空间修复"是指通过时间延迟和地理扩张解决资本主义危机的特殊方法。它的基本

观点在于，"特定地域新系统的过度积累意味着该地域出现了劳动过剩（表现为不断上升的失业率）和资本过剩（表现为市场上大量没有卖掉而只能亏本处理掉的商品，表现为闲置的生产能力或缺少生产性和赢利性投资的货币资本的过剩）。这种过剩可能通过以下三种方式得到吸收：一是通过投资长期资本项目或社会支出（如教育和科研）进行时间转移，以推迟资本价值在未来重新进入流通领域的实践；二是通过在别处开发新的市场，以新的生产能力和新的资源、社会和劳动可能性来进行空间转移；三是在某种程度上将第一和第二种方式结合起来。"①

　　针对资本积累内部矛盾的危机倾向，哈维提出了"空间修复"理论，这是其"时间—空间修复"理论的重心所在。要避免资本过剩导致的资本贬值，就必须寻找赢利方式来吸收这些剩余。哈维认为，地理扩张和空间重组为解决这一问题提供了选择。但这一选择不可能完全脱离时间转换，其中过剩资本被转移到长期项目之中，要在多年之后才能通过这些项目所支持的生产来收回成本。由于地理扩张经常需要投资长期的物质性和社会性基础设施（比如运输和通讯网、教育以及科研等等），因此，即使没有为资本主义危机提供一种潜在的解决方法的话，空间关系的生产和重新配置至少也推迟了危机的产生。

　　哈维所指的"空间修复"可以概括为三种主要的表现形式。

　　首先，交换几乎总是伴随着位置的转换，这些空间运动受到路程阻力的限制。商业资本的历史作用就在于不断探查和降低空间障碍。与此同时，运输和通讯产业方面的技术创新极大了改变了空间条件，减少了路程阻力。正如马克思所指出的："资本按其本性来说，力求超越一切空间界限。因此，创造交换的物质条件——交通运输工具——对资本来说是极其必要的：用时间去消灭空间。"②纵观整个资本主义历史，这一领域的发展在资本主义空间经济内部产生了促进作用。这种永不停息地减少路程阻力的动力，源于资本积累和追逐利润的冲动。

　　第二，寻求区位优势，过剩资本向资源禀赋高、低成本、高利润的地区转移。一个地区的资本过剩可以在另外一些获利机会还没有丧失的地区找到赢利。对于资本而言，区位优势所发挥的作用比运输、通讯等技术优势所发挥的作用见效更快、更直接。控制关键战略位置或资源丰富的地区是获利的重要武器。利用空间战略创造和保护垄断权利，体现了垄断和帝国主义之间的内部联系。全球化趋势是资本主义生产模式固有的本质。哈维指出，商业资本家的历史作用在于不断探查和降低空间障碍，并为贸易开发出新的运动形式和空间。因为空间位置总是具有某种垄断的优势。尽管资本主义的抽象理论，包括新自由主义理论，始终

---

① 大卫·哈维：《新帝国主义》，社会科学文献出版社 2009 年版，第 89~90 页。
② 《马克思恩格斯全集》第 30 卷，人民出版社 1995 年版，第 521 页。

在呼吁理想化的竞争，但是资本家却热切地渴望得到垄断权力。哈维指出："资本家在寻求有利（例如低成本）位置时，便在资本主义活动的空间分配中产生了一种永远变动和不稳定的状态。资本主义生产、交换、分配和消费的地理学景观永远不会处于平衡状态。"① 竞争的最终结果是垄断或寡头独占。20 世纪 70 年代之后的 30 年间，核心资本主义国家由于采取了新自由主义占据主导的经济政策，从而导致许多经济领域的垄断程度的提升。资本家利用了很多空间战略来创造和保护他们的垄断权力，控制关键战略位置或资源丰富的地区是一件重要的武器。正是从这些垄断中心出发，世界上出现了帝国主义实践和要求建立帝国的呼吁。

第三，国家联合体和次国家行为体的发展，构成资本积累的强大推动力。像欧盟那样的国家联合体是一个不容忽视的因素，而次国家行为体（如地区政府和大都市区）的数量则更多一些。贸易与竞争的模式、关键产业或科技联合体以及特殊劳资关系与技术的专业化和集中化，将众多区域经济组织松散地连接起来。区域性组织在超国家层面和次国家层面发挥了重要作用，是资本积累的推动力之一。

关于"时间修复"的表现，哈维认为主要体现在通过投资长期资本项目或社会支出来进行时间转移，以推迟资本价值在未来重新进入流通领域的时间。用于长期投资的项目或支出主要包括生产的固定资本（厂房和设备、发电能力、铁路网和港口等）、消费性住房、科研开发与技能培训以及教育和卫生保健等等。这些投资有助于提高未来的资本生产力，可能在很长一段时间内都具有生产价值。至少在一段时间内这种投资缓和了过度积累的问题。

哈维的结论是，资本主义活动的地理学视界充满了矛盾与张力，在面对各种各样的技术和经济压力的时候，这一地理学视界永远处于不稳定的状态。竞争与垄断、集中与分散、固定与变动、动力与惰性，以及各种不同范围的经济活动之间的紧张状态，无一例外地都产生于资本的无限积累在时间与空间中分子化过程之中。"资本主义永远试图在一段时间内，在一个地方建立一种地理学视界来便利其行为；而在另一段时间，资本主义又不得不将这一地理学视界破坏，并在另外一个地方建立一种完全不同的地理学视界，以此适应其追求资本无限积累的永恒渴求。因此，创造性破坏的历史被写入了资本积累真实的历史地理学视界之中。"②

① 大卫·哈维：《新帝国主义》，社会科学文献出版社 2009 年版，第 79 页。
② 大卫·哈维：《新帝国主义》，社会科学文献出版社 2009 年版，第 83 页。

三、美国"垄断资本学派"的金融资本理论

结合当代美国的经济形势和全球资本主义的发展状况，美国垄断资本学派约翰·福斯特、弗里德·马格多夫、迈克尔·耶茨等学者，对垄断资本主义经济的停滞趋势、垄断金融资本在美国的形成与影响、垄断金融资本的全球化、垄断金融资本与资本主义发展的新阶段等问题进行了探讨，形成了颇具特色的垄断金融资本理论。这一理论是对巴兰和斯威齐垄断资本理论的继承和拓展，具有鲜明的时代特性，为认识当代资本主义提供了新的视域。

福斯特认为，增加现有资本商品的存量只是积累过程的一个方面，积累还包括增加金融资产的存量。资本积累过程的金融化成为对抗停滞的重要法宝。金融化可以被定义为资本主义经济重心从生产向金融的转移。在美国，生产或实体经济领域的弱增长被金融业的迅猛发展所掩盖。福斯特指出，在成熟的现代资本主义生产体系中，工业制造等实业部门难以维持高水平的利润率，美国做出了新的回应，即扩大金融体系，推动债务经济的发展。由于制造业和服务业难以按 M – C – M' 的公式获得利润，新型的投资方式出现了。它利用债务杠杆和类似泡沫的扩张，借助金融工具来获取高额投机利润。这并不是对社会生产能力的投资，而是旨在增加对财富的金融要求。福斯特指出，这是一种假想型"复苏"，结果是把利润留给自己，把债务留给公众。福斯特分析了美国工人实际工资下降与消费迅速增长并存的现象，指出工人家庭通过借债来维持其消费水平，推动了美国的经济增长，但却使自己背上了沉重的债务负担。福斯特认为，不平等的、以阶级为基础的收入分配是消费和投资的一个决定因素，这是资本主义经济无法回避的一种现象。消费品支出的多少取决于工人阶级的收入。[①]

福斯特关于债务经济的理论揭示了金融危机产生的直接原因：信用一方面促进了资本主义生产的扩大，另一方面造成了虚假的需求，导致资本主义生产和投机活动的盲目扩大，最终必然导致生产过剩。这时就会出现债务偿付危机，信用出现紧缩。停滞构成了垄断资本主义经济的潜在趋势，而金融业的发展不仅增加了资本的获利性，而且通过扩大信用刺激了有效需求的增加，成为美国抵制过剩危机和经济停滞的主要对策之一。但是，金融化并不能解决生产领域内的停滞问题，相反在某些方面使其进一步恶化。金融相对于实体经济的增长也意味着金融泡沫破裂危机的出现。中央银行在遏制金融体系崩溃方面的作用越有效，爆发更严重危机的潜在危险就越大。这便是福斯特所说的"垄断金融资本时代经济停滞

---

① John Bellamy Foster. *The Household Debt Bubble*. Monthly Review. May 2006.

与经济金融化的共生关系"。滞胀和金融化的共生关系意味着每一次出现金融问题，中央银行都被迫介入以挽救脆弱的金融体系，以免作为一个整体的金融上层建筑崩溃，以免容易滞胀的经济进一步被削弱。这就导致了金融体系长期地、逐渐地失去管制，也导致了政府权威人士对金融创新的积极鼓励。

福斯特认为，所谓的"积累悖论"是垄断金融资本发展及引发一系列经济危机的根源。由于利润的增长主要通过抑制与生产力相关的工资增长来提高劳动剥削率，这最终制约了资本自身的扩张。资本家常常试图通过新投资和进一步增加资本利润来扩大他们的利益和财富。但这会不可避免地和底层人民的相对贫困发生冲突，而底层人民的相对贫困造成有效需求不足，消费的障碍最终会导致投资的障碍。剩余生产能力的增长会阻碍形成新的资本，因为企业的现有生产能力大量闲置时，他们不会愿意投资新的工厂和设备。这种过度积累的趋势造成了成熟的垄断资本主义体系的经济长期停滞。但是，能否将"积累悖论"作为引发经济危机的根源，这一点有待商榷。"积累悖论"作为资本主义经济体系运行中的一种表象，其背后蕴藏着深层次的原因，即资本主义制度的基本矛盾。"积累悖论"只是资本主义基本矛盾的具体表现之一。只有认识到这一点，才能对如何打破"积累悖论"做出正确的回答。福斯特较少提及这一方面，但一般都在相关论著的最后简要提出社会主义政策问题。他曾经指出："在新的投机年代，所有的固体都在空气中融化。在困难而危险的时代，除了坚持人的可持续发展的社会主义之外别无他法。无论在哪个层面上，我们的希望都必须依托于此。"① 但是，如何将这一倡议具体化是一个需要长期探讨的问题。

福斯特提出："关于资本主义体系的经济运行方式，我们今天面对的最为复杂的问题是全球化问题。在世界资本主义经济的边缘国家，垄断金融资本与帝国主义、全球化以及金融化有着怎样的关联?"② 资本主义发展的一个重要方面是资本主义经济体系的地域扩张。全球化过程从殖民主义时代开始，在 20 世纪继续发展，直到当前的多国公司统治阶段，从把世界分成复杂的民族国家等级体系的意义上说，全球化过程是以帝国主义的方式进行的。在此基础上，福斯特分析了垄断金融资本新阶段与帝国主义、新自由主义之间的特定关系。他认为，金融膨胀加深了垄断资本的停滞趋势，使美国国内工人状况恶化，在国际上导致新帝国主义。这种新帝国主义是新自由主义全球化中已经存在的趋势的延伸。福斯特指出："我们最好把今天的新自由主义当局视为垄断金融资本的政治—政策搭

---

①② John Bellamy Foster. *The Age of Monopoly-Finance Capital*. Monthly Review. Feb. 2010.

档。"① 它的目的是推动更加极端的剥削形式。因此，面对垄断资本的滞胀境况，"掠食国家"支持实施的新自由主义的积累策略，在向金融部门提供更多的注入资金时，首要的目的是增加企业的利润。无论在何处，新自由主义的到来都意味着阶级斗争的激化，既有源于企业的阶级斗争，也有源于国家的阶级斗争。因此，新自由主义根本不是传统经济自由主义的复活，而是日益表现为全球规模的大资本、大国政府和大金融的产物。

面对垄断资本金融化的新发展，福斯特提出的问题是：资本主义变化了吗？其演进是在垄断阶段内的进一步发展，还是已超越了垄断阶段呢？如果将资本主义的发展阶段——例如 19 世纪的竞争资本主义和 20 世纪的垄断资本主义——看做是经济转变创造出积累方式演变基础的动态时期，那么垄断金融资本似乎称不上是一个阶段。然而，资本主义体系中心的资本积累仍然陷于停滞，它越来越依赖投资性金融来维持其微乎其微的增长率。福斯特指出，资本主义发展到现有阶段，其经济体系的特征体现为停滞性增长和金融化的"双重现实"。"我认为这代表了两种可能性：（1）以'全球债务萧条和债务紧缩'形式出现的金融和经济危机；（2）垄断金融资本时代经济停滞与经济金融化的共生关系的延伸。"福斯特认为，自 20 世纪 60 年代中期以来发生的变化具有二重性：一方面，资本主义体制还未找到一种解决其推动力即资本积累问题的前进方式，《垄断资本》一书所描述的资本停滞现象更趋恶化；另一方面，资本主义体制找到了复制自身的新方式，并且资本在这种停滞中通过金融资本的爆炸式增长获得了反常的兴盛。由此，福斯特得出的结论就是："我暂且称这种体制的新混合阶段为'垄断金融资本'"，"垄断资本的金融化代表一个全新的历史时期"②。

第二节　拉美国家马克思主义经济学研究的新取向

马克思主义经济学在拉美国家有其深厚的理论渊源。20 世纪 60～80 年代，依附问题是拉美国家马克思主义经济学研究的重点。苏东剧变以后，拉美左翼逐渐崛起，他们对苏东社会主义建设进程中暴露出的弊端及苏东剧变进行了反思。在全球化的背景下，新自由主义改革导致一些拉美国家中的社会分化日益加剧，社会矛盾不断激化。作为对新自由主义的深刻反思，拉美左翼提出的"21 世纪社会主义"理论引人注目。近年来，拉美国家马克思主义经济学的研究体现出对

---

① John Bellamy Foster and Robert W. McChesney. *Monopoly-Finance Capital and the Paradox of Accumulation.* Monthly Review. Oct. 2009.

② John Bellamy Foster. *The Age of Monopoly-Finance Capital.* Monthly Review. Feb. 2010.

本国发展的新思考和对未来发展道路的新探索。

一、卡斯特罗的社会主义经济改革思想

　　菲德尔·卡斯特罗等老一代革命家是古巴社会主义制度的缔造者。他一直认为，任何改革都不能危及古巴的社会主义制度，不能危及共产党的领导，不能违背社会公正的原则，这是不能逾越的底线。在社会主义建设中，卡斯特罗认为，社会主义就是为每个公民提供福利和幸福。在他看来，社会主义是人道的、团结互助和友爱的制度；团结互助是革命的本体价值，追求的是正义和尊严，与唯利是图的观念格格不入。卡斯特罗坚定地认为，市场规律造成了人类最自私、最无情的制度，市场经济与社会主义格格不入，因而对市场经济持坚定拒绝的态度。社会主义制度的建立，为古巴实现社会公平创造了条件。卡斯特罗说："在社会主义社会，人们不用为饥饿、绝望而操心，不用为失业的可怕后果、为家人因看不起医生买不起药死去而担心，不用为受不到教育而担忧，不用！不用因为需要最起码的保障而绝望地劳动。"① 在古巴经济改革的过程中，即使在非常困难的条件下，古巴也一直坚持为全民提供免费的教育、医疗服务。

　　从20世纪60年代初期起，卡斯特罗就积极探索和尝试在古巴进行社会主义革命和建设的道路和方法，试图创造出具有古巴特色的社会主义革命和建设的新路子。但是，古巴的社会主义经济建设事业并不是一帆风顺的。由于美国的经济封锁和制裁，古巴各个方面都面临很大的困难。因此，古巴在推行社会主义计划经济改革中，逐步实行各领域国有化。在物质供给问题上，卡斯特罗认为，人民群众的消费水平在迅猛增长，因此要在全国设立连锁的"人民商店"，全部实行国营管理，并实行定量供应制，但主要的进货渠道是国家。20世纪80年代初，古巴就开始了经济改革。当时，为克服经济政策执行中的混乱，应对不利的国际经济形势，古巴对经济政策做出重要调整，具体措施有：重用专业技术人才，增加用于消费和服务的投资；放宽经济政策，在各市（县）、镇开设农民自由市场，允许农民在完成交售任务后出售自己的剩余产品；在哈瓦那开设艺术品自由市场；改革工资制度，对特殊工种、职业和在农村工作的职工，实行工资优待，扩大奖金和物质奖励范围；减少一些免费的福利项目。但是刚刚开启的改革之窗很快就被关闭了。改革初期，古巴出现了令执政者不安的问题，如贫富不均和非法致富等。卡斯特罗据此认为，改革存在严重问题，已偏离正确道路，产生了资本主义倾向。于是自1986年起古巴开始"纠偏运动"，提出加强党的领导，批判资

① 萨洛蒙·苏希·萨尔法等编：《卡斯特罗语录》，社会科学文献出版社2010年版，第262~263页。

本主义倾向，反对官僚主义和腐败行为；关闭自由市场，限制个体经济发展，禁止私人直接自由买卖房屋。这一运动一直持续到 20 世纪 80 年代末。卡施特罗在纠偏运动中多次强调不能照抄苏联的模式和经验，应该寻找自己的路。这一时期古巴的经济由于种种原因没有得到发展，但是纠偏运动保证了古巴的社会主义道路。

苏东剧变后，美国和西方国家一度认为古巴社会主义走到了尽头。1990 年 9 月，古巴宣布进入"和平时期的特殊阶段"，实行生存战略，提出"拯救社会主义"的口号，把维持社会主义的生存作为首要任务，做出了实行改革开放的重大决策。1991 年 10 月古巴共产党四大确定将对外开放作为古巴的国策后，古巴加快了改革开放的步伐。放宽了对外资的限制，规定个体和合资企业是古巴经济中的一种所有制形式，进行国有企业管理体制的改革等这些改革政策已取得了一定的成效。1992 年，古巴开始全面实行以吸引外资、建立合资企业和发展旅游为主要内容的对外经济开放。1993 年，菲德尔·卡斯特罗在攻打蒙卡达兵营 40 周年纪念大会上首次宣布经济改革的重大措施，标志着古巴进入经济改革的新阶段。自那时以来，古巴采取了一系列重大的经济改革和开放措施：允许居民合法持有和使用美元；把庞大的国营农场分解为小规模的、合作社性质的"生产合作基础组织"；扩大个体经济；开放农工贸自由市场；实行财政金融整顿和改革；制定新的外资法，积极吸引外资，扩大对外开放等。①

1994 年对政府机构进行了精简和调整，开放了农牧业产品自由市场和手工业市场，颁布税收制度法，对原有税收制度进行改革。1995 年 9 月新《外国投资法》规定，除防务、卫生保健和教育外，所有经济部门都向外资开放；外国投资可采用合资、独资和联营三种形式；外国可以在古巴购买房地产，进行不动产投资；可在自由贸易区、出口加工区进行投资；古巴侨民可回国投资。1997 年 10 月古巴共产党五大提出，经济工作具有头等重要的意义，认为"芸豆比大炮更重要"，指出社会主义不仅要公正，也要有效益、有质量，"没有效益就没有社会主义"。在不改变社会性质的前提下，继续稳步进行经济改革。古巴的改革开放取得了显著成就。但在改革进程中也出现收入分配差距加大、腐败、盗窃等负面现象。2003 年下半年起，卡斯特罗多次发表讲话，批评经济改革造成很多扭曲和失误，产生了很多与革命原则不相容的现象。古巴政府就此扭转了经济改革和政策调整的走向，收回一些被认为比较"激进"的政策措施，改革陷于停顿。②

---

①　荣枢：《卡斯特罗的社会主义思想述评》，载于《学习月刊》2012 年第 2 期下半月。
②　袁东振：《古巴改革何处去》，载于《人民论坛》2010 年第 11 期上。

2006 年 7 月，因健康原因，菲德尔·卡斯特罗将国家最高权力移交给弟弟劳尔·卡斯特罗。2008 年 2 月劳尔·卡斯特罗当选古巴国务委员会主席和部长会议主席后，在古巴掀起了一场改革大潮。劳尔·卡斯特罗指出，满足人民的物质和精神需求是政府的优先目标，主张采取积极的经济措施改善和提高人民生活水平。为此，古巴取消了工资上限，实行按劳分配原则；将国有闲置土地承包给农民增加粮食生产；改善公共交通；解除居民购买电脑、手机、电视、空调、电动自行车等商品的限制与禁令，允许本国居民入住涉外宾馆等等。现行古巴宪法规定：政府通过社会保障法，保障所有年老、生病和伤残工人的福利。如果工人亡故，政府为其家属提供福利。除全民免费教育和医疗、全面社会保障以外，古巴共产党和政府还千方百计解决人民的就业、基本生活需求、住房等最现实的利益问题，进一步彰显了其公平、正义的执政理念。但是，古巴的这种无所不包的平等政策，在一些行业和部门也会滋生生产效率不高的现象。劳尔·卡斯特罗在 2010 年的一次讲话中说："应该改变古巴是世界上唯一不劳动也可生活下去的国家的概念。"为使国内生产劳动的进程更加有效，古巴政府决定分阶段裁减国有部门的 150 万冗员。同时，扩大个体和私营经济的发展空间，为下岗人员创造再就业岗位。2010 年 11 月，古巴公布的《党和革命的经济社会政策纲要（草案）》宣布：在继续保持免费的医疗和免费的教育的前提下，将逐步取消政府补贴和食品供应购货本，扩大私人部门。古巴的改革在坚持公平正义的同时，也逐步加强了对效率的重视。[①]

二、拉美左翼关于全球化问题和新自由主义的探讨

拉美一直存在以马克思主义或社会主义为研究对象的左翼学者群体。进入 21 世纪，随着国际经济政治形势的变化，这些学者更加关注全球化和新自由主义的影响等重大的现实和理论问题。在这些学者中，比较有影响的有玛尔塔·哈内克、海因斯·迪特里奇和豪尔赫·卡斯塔涅达等。

在反对美国所谓的"美洲自由贸易区"建议中，拉美左派提出了反自由主义的构想，即"美洲玻利瓦尔替代计划"。按照哈内克的见解，新自由主义的构想既是一种经济"替代计划"，也是一种社会的、政治的和意识形态的计划。智利学者哈内克认为，在全球化时代，技术革命和信息革命在生产领域产生重大影响，出现了一个分散化的工人阶级；一部分人获得了信息革命的益处，另一部分人则被排除在这一进程之外；现在的工人阶级与古巴革命时期已大不相

---

① 王承就：《古巴共产党的执政理念探析》，载于《当代世界》2011 年第 4 期。

同，当前的工人阶级更加分散化，内部分化更为严重。哈内克认为，全球化是资本国际化的新进程，全球化的体制是当前资本主义的一种表现形式，是利己主义、竞争的体制，而不是团结互助的体制。这样的体制必然造成一个日益极化的世界，对左派的发展不利。哈内克认为，作为社会计划的新自由主义，总是企图运用分散化的战略，分化工人阶级。在哈内克看来，左派应承认技术进步所带来的新机遇，并从这些新机遇出发，制定符合道德规范和团结互助的方案。左派所要拒绝的不是全球化，而是拒绝全球化所表现出来的新自由主义和个人主义。[①] 拉美左派越来越意识到依附式模式的危机。萨米尔·阿明，"在我们这个时代，'全球化'（或者说世界化）无比狂妄地占据了意识形态领域，它只不过是对资本主义制度含有帝国主义特性这一事实的再一次确认而已。由此看来，我们可以说'全球化'一词就是帝国主义（一个被禁止使用的词）的同义词。"[②] 他多次在《每月评论》上撰文，分析新自由主义全球化对发展中国家的负面影响。

　　拉美左翼在肯定全球化本身是一种客观的历史进程的同时，也认为当今全球化的本质是西方发达资本主义国家主导的新自由主义的全球化，它是制造拉美社会混乱的根源，因而拉美国家要探索一条自己的替代发展的道路。2003 年 6 月，委内瑞拉总统查韦斯在巴拉圭的讲话中指出，新自由主义主张缩小国家的作用，表面看来是要使国家现代化，但是在现代化的背后则是要摧毁国家；在劳工制度灵活的背后是要压迫工人，是要向资本世界和自由市场提供一切有利条件。当今全球化的世界，就是"一个由新自由主义全球化的思想、标准和原则统治着的世界"。卡斯特罗在庆祝古巴革命 45 周年大会的讲话中指出，为掠夺地球自然资源而强加给世界的新自由主义全球化，通过"华盛顿共识"使第三世界各国，特别是拉美各国的大多数人处于绝望和难以维持的局面。新自由主义和全球化是将拉美"引向第五地狱的黑暗指南"。查韦斯在谈到全球化的新自由主义属性时指出，新自由主义是野蛮的、非人道的，如果不摆脱它就只有死路一条。查韦斯等人，认为，当今全球化主要是由西方发达资本主义国家主导的，这是造成世界体系中外围受到中心损害和控制的主要原因。卡斯特罗在首届"全球化与发展问题"大会上指出，在全球化条件下，没有一个中小国家，不管它有多么富还是很穷，能够自己解决自己的问题。中小国家、穷国和任何发展中国家，在同西方对话中都没有什么发言权。全球化是强加给中小国家穷国和第三世界国家的。在 2000 年

---

①　袁东振：《拉美地区马克思主义年度报告》，引自《国外马克思主义研究报告》，人民出版社 2007 年版。

②　萨米尔·阿明：《资本主义的危机》，社会科学文献出版社 2003 年版，第 32 页。

召开的南方首脑会议开幕式的讲话中，卡斯特罗进一步指出，世界贸易仍然是在新自由主义的全球化指导下进行。这种全球化是富国进行统治的工具，是加深各种不平等和使其永久化的因素，是发达国家之间为了控制现今和未来的市场而激烈竞争的舞台。这种全球化的效应是"不均衡的"，一些国家受益，而一些国家受到严重影响。

全球化是造成拉美国家贫困和两极分化的罪魁祸首，这是拉美许多激进宗旨的共识。当今全球化进程在拉美造成的最大结果，就是经济和社会发展不平衡的进一步加剧。卡斯特罗认为，人类从来没有拥有过这样强大的技术力量来创造财富，但也从来没有体验过这样深刻的不平等和不公正。在这种背景下的全球化不是将发展推向全球化，而是将贫穷推向全球化。卡斯特罗一再指出，现行世界经济秩序是不公正的，从本质上说，世界经济秩序是"一个掠夺和剥削的制度"，它使世界上绝大多数的人处于贫困状态，必须对现行的世界经济秩序进行深刻的改革。①

查韦斯对全球化进程中的两极分化进行严厉指责，认为"全球化并没有带来所谓的相互依存，反而是依附在增加。代替财富全球化的是贫穷的广泛蔓延。发展并没有成为普遍的，或者被共享。目前南北之间的悬殊非常之大。"新自由主义全球化的经济和社会秩序已经将第三世界带进死胡同。以查韦斯为代表的拉美左翼领导人普遍认为，资本主义的经济秩序和价值观念已经伴随全球化进程广泛扩散开来，目前的经济秩序已把地球变成一个巨大的赌场，世界贸易组织是美国霸权主义的工具，它不能解决人类在经济和生态方面的问题，为此他们主张发展南南合作，加强同发展中国家的联系，以建立真正平等互利的国际经济新秩序。卡斯特罗批评说，从中渔利的跨国公司和国际货币基金组织近 20 年来制定的国际经济秩序是最敌视发展中国家进步的秩序，也是从环境保护意义上来说最违背可持续发展的秩序。在这种背景下的全球化不是将发展推向全球化，而是将贫穷推向全球化。厄瓜多尔总统科雷亚同样认为，这些国际组织对拉丁美洲人民遭受的灾难负有责任，并建议拉丁美洲应当团结起来，建设自己的地区金融机构。2007 年 12 月南方银行的成立，就被看做是摆脱国际货币基金组织和世界银行通过提供贷款而影响拉美一些国家经济决策的重要成果。②

---

① 徐世澄：《卡斯特罗论全球化与发展中国家》，载于《国外理论动态》2003 年第 12 期。
② 杨瑞：《拉美当代社会主义运动中的全球化思想》，载于《学习月刊》2012 年第 4 期下半月。

三、拉美左翼的社会主义思想和"21世纪社会主义"理论

查韦斯、莫拉莱斯、古铁雷斯、克雷亚、奥尔特加、巴切莱特、卢拉以及委内瑞拉、玻利维亚、厄瓜多尔、秘鲁、尼加拉瓜、智利、玻利维亚等国的各种社会主义模式及其存在的现实，受到了全面的关注与研究，其核心可归结为"拉美向左转"的问题。哈内克认为，左派是所有反对资本主义制度及其致富逻辑、并为建立为劳动阶级利益服务的社会而奋斗的所有力量的总和，而古巴革命与解放神学的兴起则是拉美左派形成的最重要的标志。苏联模式则是"已经失败了的、不人道的和官僚的社会主义"，而拉美的社会主义则是"人道的、民主的社会主义"。哈内克认为，全球化、新技术与信息革命导致工人阶级的碎片化，政党道路是摆脱左派运动面临危机的唯一出路。

墨西哥学者海因斯·迪特里希指出，21世纪社会主义的特征是"参与式民主"，认为委内瑞拉当前的社会主义建设应借鉴列宁的新经济政策，同时，他强调抵御门罗主义。卡斯塔涅达认为，当前拉美的左派仍有两大类型：一类是现代的、思想开放的、追求改革的、奉行国际主义的左派，以卡斯特罗为代表，包括智利、乌拉圭和巴西左派政权。这一类左派意识到了自己过去的失误，认识到了古巴和苏联模式的缺陷，自身发生了相应变化；另一类是奉行民族主义的、激进、封闭和古板的左派，以查韦斯和基什内尔为代表，包括玻利维亚的莫拉莱斯、秘鲁的乌马拉、墨西哥的洛佩斯·奥夫拉多尔等。他认为，这一类左派与历史上的民众主义左派没有多大区别。卡斯塔涅达在对拉美两类左派的区别进行分析后提出，应该支持第一类左派，因为拉美需要这种左派。对于民众主义左派，他的态度完全相反，认为民众主义左派在传统上通常给拉美带来灾难，没有理由表明这种状况会在将来发生改变。像过去一样，它可能会给拉美带来通货膨胀，加剧贫困和不平等，并引起与美国的对抗升级，还可能使拉美近些年在民主和人权方面取得的成就遭到损害。卡斯塔涅达认为，最近几年拉美出现了左倾潮流，一些左翼人士、政党和运动接连取得执政地位。这种潮流是对20世纪90年代拉美自由市场改革做出的逆向反应，但这种反应只是政治上的，而不是政策上的。经过改革的社会主义左派（包括智利、乌拉圭和巴西的左派）执政后，经济政策与其前任基本相似，并承诺尊重民主。原来的反美主义已被现实主义所取代。这类左派强调社会政策的重要意义，特别是教育、反贫困计划、卫生、住房政策的作用，但社会政策基本在正统市场的框架之内运转。虽然经常与美国发生矛盾，

但与美国的关系并不破裂。①

　　2005 年，查韦斯在波尔图举行的世界社会主义讨论会上宣布：委内瑞拉的革命将是 21 世纪社会主义的革命，这标志着"21 世纪社会主义"这一新概念的提出。拉美"21 世纪社会主义"在近年兴起的大背景是：第一，世界体系发生重大演变，旧式殖民主义在全球范围内消退，新的金融统治逐步取而代之。第二，20 世纪 70 年代后期以来，拉美各国的军人独裁政权相继下台，民主化进程呈日益巩固之势。左派摆脱军人独裁时期的生存危机，可以公开合法地参与政治生活、扩大自身影响力。第三，拉美左派对苏联和东欧社会主义建设进程暴露出来的弊端以及苏东剧变进行反思。一部分拉美左派人士主张通过议会道路建立更为民主的社会主义。第四，新自由主义改革导致许多拉美国家的社会分化加剧，激化了长期存在的社会矛盾。查韦斯、科雷亚和莫拉莱斯都是在谋求转变本国发展模式、实现社会变革和尝试建立有自身特色发展道路的进程中转向社会主义的。查韦斯在执政过程中遭遇的重重挑战使他的政治立场逐步激进化。2007 年 1 月就任总统以来，科雷亚不断呼吁建立"21 世纪社会主义"，以解决本国在政治领域、经济领域和社会领域长期存在的严重弊病。莫拉莱斯在 2006 年就任总统之后提出建设"社群社会主义"。② 卢拉是巴西历史上第一位普通工人出身的总统，带领劳工党取得了执政地位，提出并践行"劳工社会主义"。"21 世纪社会主义"是拉美在变革新自由主义发展模式过程中产生的一种新社会运动，是用"另一个世界"、"替代资本主义"的社会思潮的反映。"21 世纪社会主义"理论注重地区合作，具有浓厚的民众主义和民族主义色彩。

　　迪特里奇将"21 世纪社会主义"的特点概括为以下五个方面：第一，建立在劳动价值论基础之上的、民主计划的政治经济，确立了按劳分配的原则和等价原则的有效性；价值核算和等价原则主要是消除生产资料（资本、货币、土地）私有制，以及根据经济形势来决定市场价格，这并不是一件容易的事。作为经济运营原则的价值和作为交换原则的等价，已经发展成为能使经济稳定的有效方法。第二，为了组织实现可持续的、民主的世界经济，21 世纪社会主义考虑了一些必要的事务，并且有一定的组织形式如人人本着道德和法律的约束、平等地使用社会财产，因为这些财产是全人类的共有财产。第三，民主参与制与人类社会的四种主要关系：经济关系、政治关系、军事关系和文化关系；这个领域内的重大的公众决定将会通过电子投票的方式确定，而相对次要的决定就会通过具有

---

　　① 袁东振：《拉美地区马克思主义年度报告》，引自《国外马克思主义研究报告》，人民出版社 2007 年版。

　　② 王鹏：《拉美 21 世纪社会主义理论和实践讨论会综述》，载于《马克思主义研究》2009 年第 6 期。

代表性的政治机构解决。随即选择的具有代表性的政治机构，就成为稳定的政治代表，一定能够建立起一个有序的世界。第四，科学的人类学模式不是建立在"hombre nuevo"的理想主义概念基础之上的，而是建立在关于人类特性的科学知识基础之上的，而这些特性也就是人类自身的软件和硬件，无论从生物学角度还是从社会学角度而言。第五，由大多数人掌管的政府当局，也即公共机关，在实践中并不由占优势的阶级的利益所决定。①

厄瓜多尔总统科雷亚对"21世纪社会主义"的看法是：第一，它是方法论，不是任何预设的模式；第二，它要不断革新和减少原教旨主义成分；第三，它是更加民主的社会主义，人民而非市场才是社会的主人；第四，它建立在参与式民主的基础上。科雷亚解释了"21世纪社会主义"与马克思恩格斯的科学社会主义的相同点是认同劳动比资本更加重要。他认为，劳动以及对劳动者的尊重是社会主义的最基本原则，这条原则是拉美20多年社会主义实践中积累的经验。与交换价值相比，使用价值更重要；重视社会公正；强调集体行动的重要性。马克思的劳动价值论、发挥国家和社会作用等思想仍然是当今拉美左翼坚持的思想原则。"21世纪社会主义"与科学社会主义的不同之处在于吸收了基督教社会主义思想和一些新的原则，如不主张进行生产方式的完全国有化、提出社会主义的可持续的发展观点等。

四、拉美共产党的经济理论和政策

20世纪90年代以来，拉丁美洲共产党处于空前未有的复杂境地。苏东剧变、冷战结束、全球化与信息化的深入发展、拉美左派的兴起、恐怖主义以及最近全球性经济危机等，都影响着拉美共产党的发展。对于拉美地区的共产党而言，苏东剧变的冲击尤为明显和沉重。但是，从某种意义上讲，苏东剧变也给拉美共产党提供了一定机遇。在经济全球化和苏东剧变的背景下，尽管拉美国家的共产党遭受到了空前的打击，遇到了严峻的挑战，但大多数共产党组织顽强地生存下来，有的甚至在困境中得到了发展。

巴西共产党是拉美共产党中较早地依据国外和国内客观形势变化调整政策的党。可以对其参政前与参政后的政策进行大致比较。参政前的1997年，巴西共产党召开了第九次全国代表大会。在经济方面，主张发展民族经济，维护民族工商运输企业的利益，尤其是中小企业的利益，反对政府将国营企业私有化，尤为

---

① 海因茨·迪特里奇：《21世纪社会主义在拉美和欧洲的发展》，载于《海派经济学》2009卷第25辑。

反对将国企外国化；实行土地改革，实现耕者有其田，反对闲置土地，反对大农场主强夺中小农民的土地；经济均衡发展，缩小地区差距，扶持落后地区的经济发展。对外政策方面，主张第三世界各国人民联合起来，共同维护世界和平；主张裁军及销毁核武器和战略武器；反对干涉别国内政。卢拉竞选成功并于2003年出任总统后，巴西共产党成为参政党；2006年卢拉连任，巴西共产党仍为参政党。成为参政党后，巴西共产党的政策又有所调整。在经济上，主张发展社会主义计划经济以阻止生产的无政府状态，但同时要保持市场机制，促进生产，以满足社会的需求。① 巴西共产党把马克思主义战略策略思想同巴西社会现实相结合，并借助于反新自由主义这个平台，实行广泛的左翼联合政策，使党的理论、方针和政策顺应了时代发展的要求和巴西人民的利益。2009年11月5~8日，巴西共产党在圣保罗召开了第十二次全国代表大会，通过了新制定的《巴西社会主义纲领》。长期以来，巴西历届政府所推行的新自由主义政策使巴西国家失去了功能、目标和责任。巴西经济社会发展越来越依赖于国际金融资本。巴西社会陷入了一种周期性的结构危机中。在《巴西社会主义纲领》中，巴西共产党指出，1981~2002年这20年是新自由主义发展的20年，也是巴西经济"失去的20年"。在这20年里，国家的主权、人民的政治权利、社会的公平、文化的进步以及"发展主义"让位于依附性的新自由主义经济政策、威权主义、贫富两极分化以及劳动者权利的丧失。《巴西社会主义纲领》指出，解决巴西现阶段所面临的这些结构性的根本矛盾和扭曲的唯一出路就是要制定一个"新国家发展计划"，为实现向社会主义过渡准备物质条件。在经济上，要实现可持续发展，进行税收改革和土地改革。这主要包括要制定"国家战略发展规划"；促进投资和国家对经济的强力监管；建设大型基础设施，尤其是覆盖全国的铁路网络；保护生物多样性和生态平衡，反对滥伐森林，保护水资源，鼓励使用可再生资源；消除地区发展差距；促进经济社会向着有利于确保人们实现有尊严的工作和生活的方向发展；要实行进步的税收改革，消除社会特权——富人缴税少而工资收入者缴税多；在土地改革上，要消除大土地所有者的特权，以家庭所有制的形式在合作制的基础上重新分配土地，加强对农业的信贷和技术支持，建立农业保险，促进农业生产的现代化等。②

"冷战"后，拉美共产党针对共产主义运动处于低潮和党面临生存危机的现实，依据新的理念和党的主要任务，对党的现行政策进行了不断调整，日益表现出现实性和务实性。拉美共产党的关注焦点由国家政权转向关注民生。巴西共产

① 靳呈伟：《拉美共产党的理论、政策与组织研究》，山东大学博士学位论文，第137页。
② 王建礼：《新时期巴西共产党的行动纲领》，载于《马克思主义研究》2010年第4期。

党提出"零饥饿计划",主张重振经济、增加就业、控制通货膨胀,继续奉行支持卢拉总统、与劳工党合作的政策。智利共产党主张制定反贫困的应急计划,提高最低工资,开辟就业门路,建立公正有效的卫生医疗制度,保障劳工权利。哥伦比亚共产党主张对普通百姓实行免费医疗,投资教育、文化和社会保险事业,特别要保护失业者、残疾人、妇女和儿童的权益。阿根廷共产党反对政府推行的新自由主义经济政策,反对国营企业私有化,主张振兴国内市场、发展民族经济,建立"争取解放的工会运动"维护劳工权益,确保合理工资、就业及公共医疗制度。秘鲁共产党(团结)认为,在当前条件下,必须制定一项新的工业化计划来解决一些棘手问题,如工资、就业、暴力、和平、税收等,发展教育、卫生、住房等事业。秘鲁共产党(红色祖国)主张男女平等,保护妇女儿童,改善人民生活和劳动条件,保障劳动权,建立免费医疗,扫除文盲等。[①] 拉美各国共产党基本上都反对盛行于拉美地区的新自由主义改革,认为新自由主义不但未能实现拉美地区的发展,反而使社会财富愈加集中在少数垄断寡头手中,大多数人却日益贫困,陷入被遗弃的境地。新自由主义不能解决拉美的问题,其自身正面临着危机。基本上都对美国的帝国主义政策持批评态度,反对美国主导的一体化进程;主张用一个排除美国但包括古巴的组织代替美洲国家组织;支持在新的基础上重新推进一体化进程,支持所有有利于反对帝国主义和有利于地区一体化的建议。

第三节　原苏联东欧马克思主义经济学的新研究

苏东剧变之后,原苏东地区马克思主义经济学研究大致集中于两个方面:一是对于马克思主义与社会主义经济学传统理论的反思;二是左翼思想对本地区社会经济转型问题的探讨。对斯大林经济模式的批判性反思仍然是研究重点。在东欧,这一研究在很大程度上激活了自治社会主义传统,并出现了"新社会主义"运动、新马克思主义。

一、俄罗斯"新马克思主义"的发展

莫斯科大学经济系教授 A. B. 布兹加林是俄罗斯著名的左翼运动组织者和协调人。"新马克思主义"理论是布兹加林和科尔加诺夫在一些著作中提出来的,他们

---

① 崔桂田:《冷战后拉美共产党的理论及政策比较》,载于《当代世界社会主义问题》2009 年第 4 期。

也自称是俄国新马克思主义。2004 年 10 月，布兹加林在《自由思想——21 世纪》杂志编辑部举行的"文化领域中的马克思主义"圆桌会议上专门介绍了这一学派的主要观点。布兹加林说，俄国新马克思主义的特点是批判地继承了经典马克思主义的成果，反对对马克思主义的教条主义解释，主张与其他社会主义经济学派进行坦诚对话，强调当今是社会生活的基础本身发生了质的变化的全球化时代；把当代经济看做是资本发展的新质——它的全球霸权，主张辩证地对待现实社会主义的经验。

布兹加林认为，新马克思主义是一种最适合研究 21 世纪社会生活的范式。21 世纪是市场、资本及其相应的资产阶级民主和社会结构等政治机制"日落"的时代。在当今社会不应教条地照搬马克思主义经典作家的理论，而应根据具体国情，修正传统马克思主义的基本理论，创造性地发展马克思主义，也就是新马克思主义。新马克思主义对现实社会主义的经验持辩证态度，强调批判地分析苏联创造性马克思主义的遗产。布兹加林强调，只有以批判的和创造性的态度对待先人和实践，才能使科学更具有生命力、活力和创造力。

布兹加林试图运用"突变"概念对苏联现实社会主义的性质和实质进行说明。一方面，布兹加林强调，自资本主义社会的发展进入晚期资本主义时代，也就是进入垄断资本主义时期以来，一种客观的历史趋势，也就是朝向自由王国过渡和转化的历史趋势，已在客观和现实地生成。布兹加林认为，社会主义不是共产主义的第一阶段，也不是"资本主义的社会化"，而是国际范围内经济必然王国向"自由王国"转变的统一的、曲折和矛盾的进程。社会主义制度的一个简单标准就是，它应当保证比资本主义更高程度的经济绩效和人的自由和谐发展。布兹加林强调，社会主义发展的轨迹是，在现代资本主义框架内以过渡的形式发展新社会的萌芽；群众性的民主和社会主义组织活动是发展新社会萌芽的直接动力；在创造了工业前提条件的国家"培育"新社会关系。

关于社会主义条件下市场的作用和地位，布兹加林指出，市场作为商品生产关系的形式，它造成了相应的异化机制和自私的经济人，并且由于其内部矛盾而发展成为资本主义；而"非市场的"社会主义多数存在"短缺经济"。只有动态地把社会主义解释为向共产主义过渡的过程，才能解决这种两难选择。所以，社会主义实际上是市场随着更有效和更进步的后市场关系的调节、费用核算等的发展而消亡的过程。布兹加林将苏联现实社会主义称为"变异的社会主义"，并非真正的社会主义，是"自由王国"起源过程的变异基因，不能适合科技革命、后工业和信息社会发展的新条件。

布兹加林认为，对于当代俄罗斯资本主义的发展来讲，不仅保存着一些具有强大惯性的官僚计划性元素，存在着地方主义、本位主义的分离主义因素，而且也存在着一些使前市场协作形式得以发展的条件。正是由于这些因素的客观存在，使俄罗斯社会的市场形成和市场发展，具有了对非市场的或者不完全市场的屈从特征，因此，"市场本身生活在变形的形式当中"。布兹加林指出，正是由于当代俄罗斯社会的发展面临深层的矛盾和复杂的问题，而"野蛮的资本主义"发展方式并无力解决这些问题，因此，这一切便"向我们提供了并正在向我们提供超越我们国家发展的另一种方案"，也就是社会主义的方案。关于俄罗斯经济改革的设想，布兹加林主张：克服市场的消极作用，加强国家对经济的宏观调控；产权改革，要明确界定所有权及其主体，重新实行国有化，对国有财产实行民主化管理；支持合作企业的发展，促使中小企业走联合和合作的道路；在社会范围内限制对雇佣劳动的剥削，促进自由劳动的发展。[①]

　　按照布兹加林的观点，自资本主义的发展进入晚期资本主义时代以来，也就是人们通常所说的全球化时代以来，人类所遭受的异化世界的统治不仅没有消除，而且获得了最为彻底和最为强大的体现形式，也就是"公司资本全球霸权"统治的形式。具体来讲，这一全球化时代人的异化的新型统治形式的基本特征，主要表现在三个方面：一是"总体性网状市场"的形成。伴随后工业技术的运用和发展，在物质生产之外起作用的各种信息、能量、运输和金融系统，由于具有极强的灵活性，不断脱离社会的限制，再生出帝国主义时代不可调和的矛盾。二是虚拟货币发挥价值尺度功能。虚拟资本对人类生产的再现，事实上是以歪曲的形式进行的，其本身既不创造任何的物质财富，也不创造任何的文化价值。三是人对资本的全面屈从。当代公司资本由于对现代生产工具的垄断，对人的创造性活动的结果——文化价值拥有所有权，不仅能够直接操纵创造性个体本身的生产，而且能够不断地获得巨额剩余价值，使资本的威力倍增。布兹加林指出，正是由于当代全球资本对现代人全部创造性活动的控制和统治，当代全球资本主义的发展，已经使资本主义社会的基本矛盾，由马克思意义上的生产的社会化与生产资料私人占有之间的矛盾，衍生为人与资本之间的相互矛盾，表现为工人日益增长的自由创造潜能同使人的个性屈从于资本的全球化霸权之间的矛盾。基于这一分析，布兹加林得出结论，由于在当代全球资本的框架之下，无法调和物质生产的社会化与大众的创造性活动这两大任务，也就是未来社会的两大最高任务——计划性生产和劳动解放的任务，因而，资本主义的存在到目前为止仍然是有限的，具有自身不可摆脱的内在矛盾。作为对这样一种有限性生产关系的替代，布兹加林提出了"另一种全球化"的方案，或者说社会主义的方案，强调应当在对现存世界或者全球资本霸权统治世界的批判改造过程当中，在创造性活动、属人性社会

---

① 李新：《当代俄罗斯马克思主义经济思潮》，载于《经济学动态》2005 年第 9 期。

关系以及文化价值的日益生成过程中，实现向自由王国——共产主义的历史过渡，实现社会主义的发展和复兴。

俄罗斯新马克思主义者认为，全球化不仅是各国和经济日益加强的相互联系，也是资本主义的新质。其实质在于，经济、政治乃至于精神生活的统治权转移给了"全球游戏人"，包括跨国公司；超国家的跨国机构以及军事政治全球化机构；一些民族国家如美国和其他八国集团的国家直接操纵跨国公司、北约、WTO、IMF 等，他们有能力直接或间接地对民族国家、经济、社会、政治和文化生活甚至国际组织施加自己的影响。由那些"全球游戏人"制定游戏规则的全球化是极不平等的进程，极端贫困世界不断被再生产出来，越来越远离全球化的中心。新马克思主义者并不批判技术、经济、文化和人民的一体化进程，他们批判的是这一进程的社会形式——全球资本的霸权和统治。新马克思主义认为，当今世界"全球游戏人"统治的反面是更民主以及社会和环保取向的一体化模式。这是以公民利益为取向的经济和社会的道路。①

二、俄罗斯共产党的经济思想

苏联解体之后，俄罗斯共产党成为俄社会中起重要作用的政治团体之一。俄罗斯共产党被认为是人数众多的传统党派。1993 年 2 月 13 ~ 14 日俄罗斯共产党（以下简称俄共）第二次非常会议召开，宣布俄共重建，久加诺夫当选俄共中央执行委员会主席团主席。久加诺夫指出："苏联的解体不是社会主义的崩溃，而是社会主义一种具体历史形式的瓦解；新的、更加有效的社会主义形式正在酝酿中，终究会取代当前的资本主义。"② 俄罗斯共产党不再反对私有化，允许在多种经济成分中私有制的存在，同时放弃了共产主义理论中有关阶级斗争和暴力革命的思想，认同议会民主道路。俄罗斯共产党内部分化为三个派别。一是社会民主改革派，这一派逐步向欧洲的社会民主党进化，追随者为 20 世纪 80 年代后期戈尔巴乔夫改革政策的拥护者，他们称赞戈尔巴乔夫的改革，但是反对改革最终以苏维埃政权的解散和苏联的解体而告终。20 世纪 90 年代初，这一派的代表人物为库普佐夫和谢列兹尼奥夫，正统派把他们称为后戈尔巴乔夫主义者。二是强国爱国派，代表人物是久加诺夫及别洛夫等，这一派在俄共中至今居于领导地位

---

① 林艳梅：《俄罗斯马克思主义研究的当代走向——布兹加林思想评析》，载于《中共中央党校学报》2010 年第 4 期。

② 赵灵敏：《"我比以往任何时候都更相信共产主义"——专访俄罗斯共产党总书记久加诺夫》，载于《南风窗》2009 年第 24 期。

并起着决定性的作用。三是正统共产主义派，或称列宁派，代表人物是阿瓦利阿尼及科索拉波夫，主张把共产主义思想与今天的现实相结合，但是这种结合必须界定在马列主义的框架之内。这一派在俄罗斯共产党当中拥有众多的支持者，但在俄罗斯共产党的领导层中一直处于次要地位。

2000 年 12 月举行的俄罗斯共产党第七次代表大会通过了《关于如何对待帝国主义全球化》的决议。决议认为，全球化是一个矛盾的过程。一方面，全球化促进了经济、政治、教育及信息等各方面的相互联系；另一方面现代资本主义把这些优势作为实现全球"世界新秩序"的工具。这种全球化势必保障帝国主义者的利益，加剧人类分化成贫富两个阶层的速度。俄罗斯共产党反对全球化并指出，全球化的本质是掠夺式的、帝国主义的，坚决反对分裂国家主权和领土完整，反对对其他民族进行文化干涉。俄罗斯共产党把这种掠夺式的全球化称为帝国主义的最高阶段。久加诺夫认为，"全球化"意味着"占据全球"，这一术语既反映了当代进程的某些重要特点，同时又掩盖了现实的其他一些同样重要和本质的东西，它把社会矛盾归结为地理矛盾：西方—东方，南方—北方，这些矛盾的实质自然被有意识地简单化了，仿佛具有"永恒的"、别无选择的属性。久加诺夫把全球化进程划分了四个阶段：第一阶段开始于人类文明之初，以后经历了一次次侵略战争、各种文化的融合、奴隶制帝国的形成和覆亡。第二个阶段是世界市场在资本主义生产方式的基础上、在自由竞争的条件下的发展，地理大发现在这方面起了巨大的作用，伴随这一阶段的也是一场场侵略战争，各种文化的相互渗透和英、法、西、葡、荷等殖民帝国的形成。全球化的第三阶段是在列宁称之为帝国主义的垄断资本主义的基础上进行的，其基本特征是，竞争发展为垄断；工业垄断组织和银行垄断组织相结合以及金融资本的形成；资本输出和国际垄断组织的形成；世界领土瓜分的完成和为重新瓜分世界斗争的开始。全球化的目前阶段即第四阶段，是帝国主义发展的新时期，伴随这一时期的是帝国主义固有的矛盾进一步激化。

久加诺夫认为，俄罗斯经济被套上了两个绳索：一是榨取国内财富的贪得无厌的暴发户，二是支付的外债利息，俄罗斯预算变成了地地道道的殖民地预算。久加诺夫批评了"改革者"的两个神话：国家放弃对经济的调节和干预，让经济自由发展，这样在俄罗斯已经出现了西方模式的自由市场。他认为国家让经济"自由发展"的观点是错误的，20 世纪 90 年代俄罗斯的冒牌市场制度一开始就不是刺激生产的手段，而是经济"血液循环"系统中的血栓。在戈尔巴乔夫时期，打着市场的幌子恢复了"余粮征集制"，包括三个基本环节：强制借用居民的物质资源和劳动力资源；通过定额的实物分配部分地加以补偿；将剩下未偿还的债务变成通货膨胀了的、急剧贬值了的纸币形式的债券。这就是 1991 年末的

俄罗斯经济。随后"激进改革者"插手经济，体制发生了很大变化。首先，在放
开价格的同时，拆掉了这一制度的中间环节，即分配环节，取消了票证制度，使
居民用贬值了的纸币购买物品。接下来是"紧缩的财政信贷政策"，借口控制通
货膨胀而停止向人们支付工资。所以俄罗斯的"市场改革"表现为，经济还没有
走完自由市场的阶段，就一下子跌入了犯罪垄断阶段。久加诺夫指出，俄罗斯经
济迫切需要解决的严重问题是经济美元化，美元在经济中成了基本的价值尺度。
这种情况下的卢布贬值，其结果是俄罗斯产品的竞争力不是得到提高，而是降低
了。居民储蓄的卢布购买力下降，出现大规模地抛售卢布而对美元的需求增加，
卢布会进一步疲软。久加诺夫认为，恢复被改革破坏了的国民经济的完整性比自
由派的"体制性"改革更重要。为了在日益迫近的世界经济萧条的形势下生存下
去，必须恢复俄罗斯国家作为经济积极参与者的作用。共产党人及其在人民爱国力
量中的盟友正在制定让俄罗斯尽快走出自由主义死胡同的详细计划，首先要为提高
俄罗斯人民的福利创造条件，这是评价国家管理成效首要的和最重要的标准。[①]

　　俄罗斯共产党人主张公平地分配国民收入，主张发展经济，加速提高居民的
实际收入。俄共认为，苏联社会主义建设虽然取得了巨大成就，但是发展符合社
会主义生产方式的生产力的任务还远远没有完成，也没有形成符合生产力要求的
经济机制。不仅如此，苏联社会主义在发展过程中还有许多不足，比如最严厉的
国有化和社会生活各个方面的集中化，官僚主义膨胀，人民的自治组织受到限
制，社会积极性和劳动者的首创精神不足，严重违反"各尽所能、按劳分配"这
个社会主义的主要原则等等，科技革命的成果没有充分与社会主义的优越性结合
起来。人民群众要求革新社会主义，要求从以前的社会主义形态向符合这个社会
的真正民主建设本质的更成熟的形态过渡。但是，党的领导层常常延误做出符合
现实要求的决定，在实施改革决定时又缺乏必要的坚定性，结果，社会发展中的
困难和问题越积越多，妨碍了社会主义制度优越性的发挥。一部分领导人与劳动
者之间的距离越来越远，他们破坏了社会主义制度的基础——国有制，削弱国家
的作用，放弃计划原则，结果导致国民经济和消费市场的混乱。俄共严厉抨击俄
罗斯资本主义。俄共指出，苏联解体以后的俄罗斯采用"休克疗法"，试图用欺
骗和暴力手段把俄罗斯带向由外部移植而来的资本主义社会，这条效仿西方的转
轨道路不仅毁掉了原来俄罗斯的社会主义文明，而且造成了人剥削人的制度以及
深刻的阶级分裂。俄罗斯面临着严峻的制度性危机，工农业生产跌到了前所未有
的水平，生产力、科学和文化都遭到严重破坏，居民人数剧减且贫困化程度在逐

---

① 李新、王珺：《俄共领导人久加诺夫眼中的全球化和俄罗斯的命运》，载于《海派经济学》2004
年第 8 期。

渐加深，民族之间的冲突此起彼伏，俄罗斯成为欧美列强又一次分割的对象，变成了经济发达国家的原料殖民地。

俄罗斯著名经济学家 C. 格拉季耶夫指出，"休克疗法"限制国家在处理维护法律和秩序、捍卫所有权问题上的作用，将国家从再生产和投资的经济过程中清除出去，其目的就是为了国际资本的利益而剥夺国家的主权，确保国家政策符合外国"投资者"的利益。给俄罗斯带来的主要后果是：经济崩溃，人民的福利骤然恶化，生产效率和竞争力下降，生产结构退化，使俄罗斯的科技潜力和生产潜力蒙受重大破坏。格拉季耶夫得出结论，"华盛顿共识"的政策目的有两个：一是为了将所控制的国家变成他们获取廉价经济资源之场所；二是为寡头集团篡夺国家政权、侵吞国家财产提供辩护。2008 年 11 月俄共十三大提出的经济主张主要有以下几个方面：（1）反对社会的资本主义化和私有化，消灭剥削和分阶段逐步实行生产资料公有制占主导地位。第一阶段是建立劳动人民的民主政权；第二阶段是实现政治和经济稳定之后进行社会主义经营形式这一阶段，仍保留根据生产力水平所决定的多种经济成分，农业生产要得到国家的扶持；在第三阶段，生产资料公有制形式将占主导地位。（2）国家应当把自然资源和一些战略性的经济部门如电力、交通运输、军工企业、石油天然气以及非私有化的工厂等掌握在自己手里，对它们实行国有化，使这些部门的收入惠及全体公民。调整国民经济发展的主要指标，使国家成为本国产品的主要订货方。人民政权要借助计划的和市场的手段积极调整经济发展和社会发展，对最必需的商品和价格进行国家监督。（3）土地、森林、矿藏、生物自然资源是自然界给予社会的共同赠品，属于全民所有。要修改有关土地、森林、水的法律，保证国家的粮食和生态安全，扶持农产品生产、加工方面的大规模的集体经济。国家用于支持农业的预算开支要达到10%。（4）实行累进税率，向高收入者征税，免除低收入公民的税负，降低生产性税负。（5）促进知识密集型产业的发展。（6）采取经济措施与贫困作斗争。① 格拉季耶夫将俄共经济纲领进一步具体化为俄罗斯政府的经济政策和任务：恢复国家对主要垄断组织的监督；建立在高新技术基础上使国家科技生产潜力得到发展和现代化的机制；有效保护俄罗斯公民的劳动权；恢复"改革"过程中贬值的公民储蓄；完善使用自然资源的经济机制；为发展生产和经济活力创造良好的宏观经济条件；提高投资和创新的积极性，实现经济的结构改革。尽管在所有俄罗斯现存共产党组织中，俄共目前无论在组织上还是在思想上都是最有影响力的组织，俄共仍然没有形成新形势下系统的理论。总的来看，进入 21 世纪后，俄共在各种选举中的支持度每况愈下，党员人数大大减少，基层组织受到很

---

① 孔寒冰等：《原苏东地区社会主义运动现状研究》，上海人民出版社 2010 年版，第 29～30 页。

大削弱。

三、原苏东地区左翼的社会主义经济理论

20世纪90年代到21世纪初，俄罗斯出版了不少有关"新社会主义"的著作，如鲍·库拉什维利的《俄罗斯往何处去?》和《新社会主义：灾难后的复兴》，柳·瓦尔塔扎罗娃的《走向21世纪：论新社会主义问题》，尤·彼得罗夫的《新社会主义：现实与思想》等等。在这些学者中，影响最大的还是鲍·斯拉文，他撰写了《社会主义之后》、《关于社会主义的对话》和《社会主义与俄罗斯》等多部著作。鲍·库拉什维利提出："可以把新社会主义的经济制度——它的生产关系定义为建立在摆脱剥削的自由工作者的同志合作与劳动竞赛基础上的生产资料公有制。"市场和自治式新社会主义的两个基础，社会主义制度下的市场是"社会主义市场"，但不同于畸形的资本主义市场。自治首先是生产上的自治。新社会主义应实行对生产成果的完全所有权的原则，而工资将通过自治方式比通过官僚控制方式更加公平地进行分配。彼得罗夫认为，新社会主义就是市场社会主义、生态社会主义和自治社会主义。斯拉文指出，新社会主义的经济基础应是能够创出比资本主义更高生产率和更多劳动刺激的所有制形式，能够克服劳动者同生产资料和企业管理方式的异化，把个人利益和社会利益有机结合起来。斯拉文提出，过去现实社会主义的很多错误都是源于对所有制问题的教条主义的理解。《共产党宣言》中关于"消灭私有制"一词的德文原意是"扬弃"，即要保留其有用的方面，能更好地刺激生产力的发展和更好地满足社会需求的那个所有制就是最好的所有制。"新社会主义"是俄罗斯左翼学者在思考苏联社会主义成败得失的历史经验以及世界资本主义和社会主义发展的新成果的基础上，对全球化条件下俄罗斯采取何种发展道路的探索，其特点是在承认苏联时期社会主义的建设成就的同时批判各种背离社会主义原则的消极现象，在此基础上主张将资本主义和社会主义的优点结合起来。[①]

20世纪80年代末90年代初，东欧八个社会主义国家相继发生政治剧变，并自此走上了以建立并巩固多党制为基础的议会民主制、确立并完善私有制为基础的市场经济体制、融入欧洲一体化为转型目标的综合性历史进程。东欧近20年来社会主义的发展明显地带有社会转型的色彩。面对社会宏观环境的巨大变迁，各国的社会主义者必须提出在新形势开展社会主义运动的新方案。由于他们对社会主义的内涵、实现社会主义的方式以及对过去的社会主义实践等方面的不同诠

---

① 孔寒冰等：《原苏东地区社会主义运动现状研究》，上海人民出版社2010年版，第84~90页。

释，东欧的社会主义思潮出现了民主社会主义和共产主义两大类。

东欧民主社会主义的基本原则和精神与西方的民主社会主义是一致的。与西欧的民主社会主义不同的是，东欧的民主社会主义更加强调吸收本国社会主义运动中的优秀成分和爱国主义的成分，撇清与过去的"社会主义"的关系，同斯大林主义及其变种划清界限。在经济上，民主社会主义反对右翼力量推行的极端自由主义的转轨战略，反对完全抛弃国家作用而由市场解决一切经济问题，倡导通过"渐进转轨"的方式建立社会的和生态导向的市场经济。第一，社会市场的原则。例如，波兰社会民主党既不赞成原来的社会主义模式，又反对搞野蛮的自由市场经济，主张实行社会市场经济，认为市场机制不能代替国家执行经济政策，市场经济必须同国家干预因素和国家承担社会福利责任相结合。第二，混合所有制的原则。例如，匈牙利社会党提出要拥护以混合所有制为基础的市场经济。匈牙利社会党把所有制改革看做是经济振兴的根本条件，由为社会服务的国家所有制、以合作社形式和其他社会形式组织起来的集体所有制、福利机构和自治政府所有制以及私有制构成的多种形式的所有制结构既有利于经济发展，又能增加社会保障，将成为发展的动力。为此，支持所有制形式的多样化，以宪法保证各种所有制形式包括外国人的财产在经济上权利平等和财产安全，使各种所有制形式自由竞争、优胜劣汰，支持工会和其他形式的行业工人代表机构保护劳动者利益的活动。第三，生态导向的原则。在处理经济增长与生态环境保护之间的关系问题上，应把生态优先放在首要地位，不能以牺牲环境为代价发展经济。例如，捷克社会民主党主张倡导建立社会的和生态导向的市场经济，革新宏观经济增长战略，实现经济增长。第四，保障社会福利原则。例如，斯洛伐克社会民主党把自己的纲领建立在保护社会多数人而非特权或新富的利益之上，旨在寻求改善工人、农民、教师、医生、艺术家、科学家、其他雇员以及退休金领取者和失业者的生活水平，反对导致人民生活贫困化的私有化进程。

与民主社会主义相比，东欧的共产主义不仅与西欧的共产主义较为疏远。东欧共产主义在思想来源上接受马克思、恩格斯、列宁和其他有关社会人道主义的思想家的学说，并把发展马克思主义、列宁主义作为己任；同时，东欧共产主义还继承了本国社会主义运动和爱国主义运动中民主的优秀的传统。在历史问题和对待资本主义的问题上，东欧共产主义认为对过去的社会主义实践要采取两分法，反对进行任何不尊重历史、为一时政治需要服务的片面评价。应当既肯定社会主义时期取得的成就，如实行绝大部分生产资料的社会——集体所有制，建立合作社经济，改变工农业落后面貌，改善劳动者的生活条件等进步的方面；同时，又要看到苏联模式中存在的滥用权力、大搞特权、损害劳动人民利益等错误。东欧社会主义的失败并不意味着社会主义代替资本主义的缘由不复存在，相反，社会主义的历史任务没有完成，新的问题仍在层出不穷，更迫切需要实现社会主义。资本主义虽然没有在短时期内灭亡，但生产社会化和生产资料私有制之间的矛盾已使它危机四伏：在一国范围内，失业大量增加，贫富差距不断扩大，社会压迫不断加剧，生态和社会问题已成为灾难性问题；政府放弃了对福利、经济发展和社会发展的责任，福利社会的幻想已经幻灭。在国际范围内，资本主义的经济全球化成为发达国家剥削和压迫落后国家的新殖民手段。跨国垄断资本的增长、全球资产阶级的出现已经造成国际社会两极分化，造成对自然环境的破坏和资源的浪费，威胁着世界人民的生活环境，甚至引发了欧洲和世界范围内的动荡和战争。传统的共产主义与新共产主义的主要区别主要在对待斯大林主义的态度和共产主义政党的活动方式上。传统的共产主义认为，斯大林主义是指导社会主义建设的科学思想，是对马克思主义和列宁主义的创造性发展；苏联模式是社会主义唯一正确的模式，苏联和东欧的社会主义在实践中背离了斯大林主义，走上了修正主义道路，所以才遭受失败。传统的共产主义主张采取与资本主义制度毫不妥协的态度，强调斗争是推翻资本主义的唯一方式。[①]

第四节　"学院"马克思主义经济学研究的新课题

第二次世界大战以后，"学院"马克思主义的研究逐步摆脱以往的学究气，加强对现实问题的研究特别是当代资本主义的批判和西方社会变革前景的研究。苏东剧变后，这种趋向进一步增强，呈现出与西方新社会运动结合的趋向，重视对苏东剧变原因的研究，以及对社会主义的其他一系列重大问题的研究。20 世纪 90 年代以来，面对阶级结构变迁、经济全球化、金融危机与社会主义经济的新发展等社会经济现实问题，"学院"马克思主义经济学从不同的视角和方法对这些现实问题做出了多方面的研究。

一、当代资本主义社会阶级结构的特点

阶级问题研究在国外特别是西方马克思主义研究中一度沉寂。但近年来呈复兴之势，主要在两个方向上展开：一个方向是坚持马克思对资本主义的批判，其中最有影响的是激进政治经济学。激进政治经济学主张政治学与经济学的合流，反对以边际效应理论替代劳动价值论，重视对具体的社会经济制度对人的行为的

---

① 孔寒冰、项佐涛：《二十年东欧转型过程中的社会主义理论与实践》，载于《马克思主义与现实》2010 年第 5 期。

影响的分析，重视对阶级的集体力量的分析，主张在"社会—经济阶级"的相互冲突中考察社会结构的变化。在价值立场上，激进政治经济学反对市场万能，反对消费主义逻辑，强调生活质量，特别强调劳动群体的生产生活条件及其福利的改善，支持被支配阶级旨在改造社会—经济阶级环境的变革运动。在某种程度上，近年来国外后发展国家在阶级问题上的探讨接近于、甚至于是依附于激进政治经济学的。另一个方向是受分析的马克思主义及后马克思主义影响的阶级问题研究。其主题不再是马克思及列宁所强调的阶级冲突，不是卢卡奇等西方马克思主义先驱所强调的阶级意识，也不是 20 世纪 80 年代以前的工人阶级异化问题，而是在新技术革命及全球资本主义背景下，在传统工人阶级衰落及其新社会运动的基础上，围绕着新中间阶级以及社会构成等问题展开的带有明显"去阶级化"色彩的分析与探究。①

作为人类历史进程中的时代产物，"新中产阶级"占据了现代社会的舞台，在人数上和政治上的重要性表现得越来越突出。所谓"中间阶层"的表述本身也代表了一种态度，它主张社会结构中的某些地位不能简单地归为任何一种阶级地位。在这一态度的启发下，美国威斯康星大学社会学教授埃里克·欧林·赖特建立了一个新概念，那就是"阶级关系内的矛盾定位"，其基本要点在于：不要把所有的地位都看作是唯一地定位于特定的阶级，从而看做是具有其自身权利的内在一致的阶级特征，而是应当把某些地位看做可能具有多重阶级的特征；它们可能同时处于多个阶级之中。这些地位的阶级性质是派生出来的，以它们所隶属的基本阶级为基础。通过判断"中间阶层"对货币资本、物质资本和劳动的控制关系，以及每一种控制关系中的"级别"——全部控制、部分控制、微量控制和没有控制，工人和资本家可以根据三大控制维度上完全的两极分化来界定；包括管理者等在内的"中间阶层"的阶级特征，则从对某些（并非全部）维度拥有全部或者部分控制（高级行政人员），延伸至对货币资本和物质资本完全没有控制而对劳动只有部分或微量控制（领班和生产线主管）等等。② 赖特认为，简单的两极分化论把工人阶级定义为工薪收入者观点，并不能为解释阶级形态、阶级意识和阶级斗争之间的关系提供一个令人满意的结构性基础。赖特的理论突破了对"中间阶层"进行单一阶级定位的传统思维，指出传统的马克思主义理论中关于阶级关系两极分化的理论在今天需要加以修正。

马克思提出的资本—劳动对立关系的论断，由于工薪阶级的发展壮大而受到质疑。关于当代资本主义的阶级结构在学界存在诸多争议。在当代资产阶级历史

① 邹诗鹏：《2006 年国外马克思主义研究报告（续）》，载于《马克思主义研究》2007 年第 10 期。
② 埃里克·欧林·赖特：《阶级》，高等教育出版社 2006 年版。

学家和社会学家中，贬低工人阶级并声称它正日趋式微已成为一种时尚，有的甚至宣布工人阶级已不存在。英国学者米克·布鲁克斯针对这些观点，分析了英国工人阶级构成的变化：产业工人人数减少，服务业从业人数上升，但服务业从业人员中白领比例不高，更多的是待遇很差的非正式就业者，而且白领的技术优势以及自主地位也在不断失去。布鲁克斯的结论是：越来越多的人无产阶级化仍然是社会的最大潮流。①

国际马克思大会主席、法国巴黎第十大学教授热拉尔·杜梅尼尔曾撰文对法国学者让·洛伊坎题为《告别中间阶级》一书中关于当代资本主义阶级结构的一些观点进行了评论，并提出了自己的观点。在《告别中间阶级》一书中，让·洛伊坎谈到了新中间阶级，它与手工业者和小商人构成的老的小资产阶级相对。让·洛伊坎指出，雇佣劳动者的构成包括两个极点：一个是"管理者"，另一个是"工人"。这两个极点最早出现在两次世界大战之间，第二次世界大战结束之后得以确定。然而，到20世纪70年代，两极形式似乎消失了，取而代之的是洛伊坎所说的"群岛"形式。在信息革命的影响下，两极对称地发生解体。让·洛伊坎认为，这正是阶级结构发生变化的历史过程。工人阶级寻求融合，在体力劳动中确认自己的身份。然而，新技术促成了信息的发展，在此影响下，工人变成了生产过程的控制者。热拉尔·杜梅尼尔指出，按照洛伊坎的表述，批判中间阶级化这一论断实际上就是提出了中间阶级停止增长的观点，但洛伊坎的观点并不能对质疑马克思提出的劳资对立理论的观点做出有力的批驳。热拉尔·杜梅尼尔指出，虽然让·洛伊坎的观点表现出他力求维护资本——劳动对立关系这一论断的愿望，并将该论断视为一条深深刻在资本主义性质中的不可触犯的论据，但洛伊坎的论断主要是以工人一极因"信息劳动"而解体为基础的，而正是工人一极的存在使得雇佣劳动者在面对资产阶级时能够保持稳固的根基。一旦工人一极由于体力劳动的消失而脱节，就不可能以对称的形式（管理者）或环绕的形式（其他非工人雇员）来看待雇佣劳动者的其他群体了。因此，对其他部分的解释就变得很复杂。热拉尔·杜梅尼尔认为，当代资本主义应该划分为资本家、管理者、职员、工人四个阶级，两种阶级矛盾（资本家与生产劳动者、管理者与被管理者）辩证地重叠在一起。管理者与被管理者关系将会得到普及，有朝一日甚至可能会淘汰资本主义关系。②

近年来，特别是"9·11"事件以来，随着国际国内矛盾的尖锐，马克思主

① 米克·布鲁克斯：《当代英国工人阶级的状况》，载于《国外理论动态》2006年第7期。
② 热拉尔·杜梅尼尔：《关于当代资本主义阶级结构的争议》，载于《国外理论动态》2008年第5期。

义的阶级分析方法得到一定程度的重视。美国《每月评论》2006 年第 7、8 月号的主题就是"阶级"。美国纽约州立大学经济学教授迈克尔·茨威格撰文指出，美国社会主要由三个阶级构成：62% 的人是工人阶级，2% 的人是资本家阶级（公司精英），36% 的人是二者之间的中间阶级。工人阶级对自己和别人的工作的内容与进度没有控制权力，它包括白领工人，如银行出纳员、话务员等；蓝领工人，如机床技工、建筑工人和流水线工人等；粉领工人，如秘书、护士和家庭护理人员等。迈克尔·茨威格指出，中间阶级包括专业人士、小企业主和中下层管理人员。他们不应理解为收入在富人和穷人之间的阶级，而应理解为在工人阶级和资本家阶级之间的阶级。小企业主有些特征和资本家阶级一样：拥有资产、攻击工会、主张削弱劳工法。但是他们必须自己直接管理企业，甚至和工人一起劳动，和工人一样容易受资本主义市场波动和政府权力的伤害。专业人士有两种情况，那些为资本家阶级服务的专业人士，如公司律师、公司金融服务人员、为资本家服务的医生等往往倾向于资本家阶级，而那些为工人阶级服务的专业人士如社区医院医生、公立学校教师，他们往往倾向于工人阶级。迈克尔·茨威格认为，美国劳工部将所有的领薪水的非管理工作人员都归入工人阶级范畴是不妥的。因为它模糊了中间阶级和工人阶级之间的界限，使我们看不到一部分中间阶级有倾向于资产阶级的动摇性。[①] 该刊还有一些文章认为，马克思主义的阶级观点只是确定在经济及财产占有关系上，列宁尤其强调阶级之间的剥削与压迫关系，但没有考虑到阶级关系的动力性质以及阶级之间的协调与服从关系，因而应当加强对于阶级的组织化、阶级意识以及阶级的再生产及自我保存方式的研究，以增强美国社会的自我改良及进化能力。福斯特则将阶级研究上升到相当高度，按照他的判断，当前社会科学面临的最大挑战并且也是 20 世纪社会科学普遍停滞的症结，就在于缺乏一种完备的阶级理论。一些文章挑战了美国所谓"无阶级社会"的传统看法，通过对美国阶级的实证分析指出，即使发达资本主义国家的中产阶级力量在增强，但资本家通过调整收入与财富分配仍不可能使所有人受益。

法国著名左翼学者热拉尔·迪蒙和多米尼克·莱维分析了 20 世纪 70 年代以来新自由主义对当代资本主义阶级结构产生的影响：当 20 世纪 70 年代初大众阶级的政治力量被打败后，第二次世界大战后曾一度被大众阶级（办公室工人和生产工人）和管理者阶级抑制的金融霸权势力重新获得支配地位，管理者阶级的上层也转而加入这一重建的金融霸权势力，二者融合成为新统治阶级。在新自由主义阶段，新统治阶级的资本收入不仅得到恢复还有巨大增加，而小资产阶级和管理者下层则通过部分获得金融收益也得到部分好处，大众阶级利益则绝对或相对

---

① Michael Zweig. *Six Points on Class*. Monthly Review. July-August 2006.

受损。这种特征在美国表现最明显，法国由于其大众阶级有反抗的历史传统，金融势力的统治没有美国那么明显。热拉尔·迪蒙和多米尼克·莱维指出，当代资本主义的一个基本特点就是两个上层阶级即资本家阶级和管理者阶级的并存，并有力地统治着这个社会。在新自由主义下美国和法国出现一个重大差别，就是美国工资不平等上升更加强劲，而法国则不然。其重要结果是，美国新自由主义所建议的社会关系新格局似乎并不适用于法国社会，或者说影响程度较低。原因在于法国将与社会保障有关的许多凯恩斯主义妥协的特征保留了下来，这主要得益于民众的抵制。与此同时，管理层中的大部分对这些社会安排的坚守也发挥了重要作用。①

德国学者艾克哈德·利伯拉姆也认为资本主义的新自由主义同阶级问题之间存在着紧密的联系，目前资本主义新自由主义的行径反映了一种有利于资本而不利于工资收入者的根本改变了的阶级力量对比。艾克哈德·利伯拉姆详细地分析了德国阶级结构的变化以及主要特征，指出 20 世纪 70 年代下半叶以来，逃避社会责任的、市场激进主义的、私有化的、自下而上再分配的、对失业者施加压力的、系统削减工人权利的新自由主义政策渐渐地占据主导地位。国家政策改变了阶级结构，它用残酷的和反社会的方式侵犯社会福利网来加剧贫困，改变阶级关系的调节体系，加速社会的不平等和社会的两极分化。艾克哈德·利伯拉姆认为，只有当有影响力的群众运动在反对新自由主义政策和争取改善社会福利的斗争中赢得另外一种阶级力量对比的时候，才会出现一种政治转折的时机。新自由主义是一种国际现象，反对新自由主义的斗争也必须是国际范围和欧洲范围的斗争。②

进入 21 世纪后，资本主义社会爆发了新的经济危机，社会两极分化严重，跨国资本家阶级对超额利润无限制地追求和对世界各国工人的剥削，以及"中产阶级"的幻象逐步让位于"再无产阶级化"的严酷现实等，都迫切需要以反映真实的经济关系和权力关系的马克思主义阶级分析方法来说明现代资本主义社会，而且不能回避资本与雇佣劳动的关系这个根本的问题。

二、经济全球化的发展趋势及其影响

马克思从未提出过彻底全球化了的资本主义是否还有生命力的问题，原因在

---

① 热拉尔·迪蒙、多米尼克·莱维：《新自由主义与当代资本主义阶级结构的变迁（上）——以美国和法国为例》，载于《国外理论动态》2007 年第 10 期。

② 姜辉：《全球资本主义的阶级分化及主要特征》，载于《世界社会主义研究动态》2012 年第 16 期。

于马克思预计资本主义早在达到其发展空间的极限之前就已经被另一种制度推翻并取代了。从 20 世纪 80 年代开始，在国际垄断资本和跨国公司大发展的推动下，经济全球化成为世界经济关系发展的现实。在经济全球化浪潮中，资本获得了全球流动性，并且正在根据政治和要素成本方面的考虑重新组织世界生产。"学院"马克思主义者普遍认为，经济全球化对世界经济格局和世界经济秩序产生了重大影响，世界资本主义体系形成了"中心—依附"结构。法国学者伯尔纳·波鲁瓦勒指出，全球化是资本主义基本矛盾作用的结果，它既缓和了这一矛盾，同时也使这一矛盾扩大和进一步加剧。经济全球化从根本上说是为了解决资本主义生产中的价值实现问题。

　　"学院"马克思主义者结合经济全球化在当代的新表征，继承并发展了马克思主义经典作家的相关理论，对经济全球化的性质进行了新的探讨和分析。伦敦大学哥德史密斯学院政治学客座教授戴维·麦克莱伦就西方右翼和左翼对经济全球化的理解进行了分析，并提出了自己的观点。麦克莱伦认为从广义上来说，右翼把全球化欢呼为社会生产力增长的一个进步过程。就像弗兰西斯·福山最初阐述的那样，他们把全球化看做是自由市场资本主义的普遍胜利，认为自由市场资本主义将引起民族国家的灭亡，且不用对现行不规范的市场进行粗暴的政治干涉。而仍然倾向在国家范围内寻找解决方法的左翼要么认为全球化是一个神话，要么认为全球化没有什么新东西。因此，传统的解决办法，例如凯恩斯的需求管理依然有效。在此基础上，麦克莱伦更为直接地指出，所谓的全球化与资本主义的发展有关。而且，他认为全球化的历史进程与社会主义的本性是相关联的。麦克莱伦指出，从更广的意义上说，社会主义就其本性而言是包括全球化在内进而与历史发展的本质相一致的。"在我们受遥远事件的影响比以往任何时候都更加直接，以及我们自身通过自己的选择——不论多么小——具有全球的影响这一意义上，全球化与社会主义所期望的内涵是相吻合的。"①

　　对当前所处时代的认识与理解全球化的本质是密不可分的。乌克兰学者 E. H. 哈尔拉缅科和 A. B. 哈尔拉缅科在乌克兰《马克思主义和当代》杂志上撰文指出，与资本主义的帝国主义阶段完全相符的跨国垄断主义者同盟之间的瓜分世界成为决定性的因素，垄断资本主义的跨国化是"全球化"的实质。②"学院"马克思主义者普遍认为，我们仍然生活在资本主义占统治地位的时代，这是我们理解今天的世界及其变化的基础。从这个基础上看，经济全球化与开始于 20 世

---

　　①　戴维·麦克莱伦：《全球化与 21 世纪的马克思主义》，载于《教学与研究》2005 年第 10 期。
　　②　柳丰华编写：《全球化的本质——垄断资本主义的跨国化》，载于《国外理论动态》2002 年第 11 期。

纪 70 年代的世界资本主义变革联系在一起，是资本主义生产关系在世界范围扩张的结果。而且，在全球化背景下，资本主义制度也在向深度方向做剧烈的扩张，资本主义生产关系正试图在全球取代所有前资本主义生产关系的残余。"全世界的资本主义形态"，充分体现了马克思主义经典作家关于经济全球化论述的思想核心。

从生产关系上来看，经济全球化是当代资本主义发展的结果；而从当代资本主义发展进程中的主导理念来看，全球化也是一种意识形态。巴西里约热内卢联邦大学教授特奥托尼奥·多斯桑托斯认为，经济全球化实际上是 20 世纪 80 年代初里根和撒切尔夫人推行新自由主义政策的结果。多斯桑托斯指出，新自由主义政策是一种反动政策，其反动性在于力图把今天的世界拉向倒退，把世界经济拉回到垄断资本和金融寡头统治的时代。他并不认为新自由主义是一种绝对的"自由主义"，相反，这种"全球化"的世界经济实际上仍然是以国家为中心的，因为新自由主义对国家经济的干预是相当强的。多斯桑托斯指出，要认识到全球化框架中占主导地位的新自由主义政策带有很大的欺骗性。新自由主义的推行，使得在经济全球化的进程中工人运动和第三世界的社会主义运动加强了，西雅图发生的的反全球化运动就表明了这一点。多斯桑托斯进一步指出，少数国家利用新自由主义政策对世界经济进行控制，"这就是所谓'全球化'的框架。"多斯桑托斯认为，新自由主义政策是一种反动政策，其反动性在于力图把今天的世界拉向倒退，把世界经济拉回到垄断资本和金融寡头统治的时代。他并不认为新自由主义是一种绝对的"自由主义"，相反，这种"自由"的世界经济实际上仍然是以国家为中心的，因为新自由主义对国家经济的干预是相当强的。多斯桑托斯指出，要认识到新自由主义政策带有很大的欺骗性。新自由主义的推行，使得工人运动和第三世界的社会主义运动加强了。[①]

世界政治经济学会副会长、美国麻省大学经济系教授大卫·科茨认为，新自由主义可能使资本主义面临一个停滞、动荡甚至崩溃的未来，但是资本主义在短期内无法重新回归调节主义国家以应对危机，只有在世界发生重大动荡和社会主义运动兴起以后才有这种可能。科茨指出，当代的资本主义全球化，无论是从资本主义世界不断增加的经济一体化意义上，还是从世界资本主义的地理大扩张来看，都给发展新的调节主义的国家设置了障碍。[②] 20 世纪 90 年代出现的以跨国

---

① 杨金海、刘元琪：《国际知名学者谈面临全球化挑战的社会主义》，载于《国外理论动态》2000年第 10 期。

② 大卫·M·科兹：《国家、全球化和资本主义的发展阶段》，引自罗伯特·阿尔布里坦等主编：《资本主义的发展阶段——繁荣、危机和全球化》，经济科学出版社 2003 年版，第 119 页。

金融资本在全球迅速而自由的流动为其主要特征的经济全球化，是"冷战"结束后资本主义市场经济的全球扩张，更精确地说，是以美国资本为首的跨国资本的全球扩张。资本主义主导的经济全球化造成了国际贸易中的不平等交换，增加了全球金融危机和经济衰退出现的可能性，从而使发达国家与不发达国家之间的两极分化日益明显。在新自由主义的主导下，当今世界经济的一个显著特征就是经济全球化与两极分化同行并进。各国马克思主义者对世界经济格局两极分化的表现形式进行了深入的分析。在经济全球化发展进程中，世界各国的经济并没有出现同步发展、"全球一家"的和谐景象。美国匹兹堡大学经济学教授迈克尔·耶茨指出，那些最早进行工业化的资本主义"富国"主要通过对其他国家——拉丁美洲、非洲和东南亚等——的征服和殖民化来发号施令。而"穷国"则是被迫接受"富国集团"扩张的一方。[①] 世界经济格局的两极分化还表现为第三世界国家所背负的巨额外债。巴西维多利亚圣埃斯皮里图联邦大学教授纳卡塔尼和法国索邦经济研究中心研究员赫里拉对发展中国家的"债务危机"进行了分析。他们指出，在 20 世纪 60 年代和 70 年代，大多数发展中国家采取了国家指导的进口替代型工业化策略，通过向银行借贷来抵消贸易赤字。在 80 年代，由于发达资本主义世界的经济动荡，尤其是美国的通货膨胀，利率上升，全球经济衰退。沉重的债务负担将发展中国家困于贫困的陷阱之中。借贷成本上涨，出口价值爆跌，引发了发展中国家的"债务危机"。[②]

　　关于经济全球化的发展趋势与全球社会形态，来自加拿大魁北克大学的波雷什·查特巴什亚教授做出了更为明确的结论，即"没有对立就没有进步"。他认为，资本在全球的扩张即资本的全球化，在把资本主义生产方式推进到全世界的同时，也创造了自我否定的主客观条件，从而为新社会做了准备。查特巴什亚指出，正是资本在全球的自由流动，使经济规律在世界范围自由地起作用，在周期性的生产过剩的危机中达到顶峰，并导致资本家和生产者大众极端地对抗，加速了社会革命化进程。查特巴什亚强调，异化作为一个历史过程，在世界市场发现了它最残忍的表达方式并达到了其顶点。通过这个过程，资本通过把劳动在世界范围变成社会劳动，通过社会生产力的普遍发展，准确地说是通过全球化过程的传播，创造出了生产的物质条件，仅此就能建立较高的社会结构的真正基础，其基本的原则就是每个人的自由发展。[③]

①　Michael D. Yates. *Poverty and Inequality in the Global Economy*. Monthly Review，Feb. 2004.

②　Paulo Nakatani and Rémy Herera. *The South Has Already Repaid it External Debt to the North But the North Denies its Debt to the South*. Monthly Review，June. 2007.

③　康瑞华编写：《资本全球化的否定之辩证法》，载于《国外理论动态》2002 年第 4 期。

"学院"马克思主义者对经济全球化的研究反映了时代发展的特征，为马克思主义研究开拓了新的领域。站在当今历史的高度，在经济全球化的浪潮中创造性地发展马克思主义经典作家关于全球化的理论，是摆在各国马克思主义者面前的一项重要任务。作为对时代挑战的一种理论回应，"学院"马克思主义者对经济全球化问题进行了分析和探讨，这既是对现实的反映，也是对马克思主义全球化理论的继承和发展。

三、资本主义经济金融化与金融危机

在资本主义经济体系中，资本形态的转变和发展始终是围绕利润这一中心展开的。资本形态的转变体现了获利方式的转变，但资本的逐利本性始终未曾改变。"学院"马克思主义者普遍认为，当代资本主义经济最深刻的变化发生在金融领域。美国学者格莱塔·R·克里普纳认为，金融化是一种新型的获利方式，因此资本主义的金融化应当被定义为一种积累模式。在这种积累模式中，利润主要是通过金融渠道而非贸易和商品生产的渠道获取。这里的"金融"是指与为了获得未来利息、股息和资本收益的流动资金的供应有关的活动。①

金融化源于资本主义经济的停滞趋势。20世纪70年代以来，资本所有者面临盈利性投资机会日渐减少的情形。马克思经济理论中关于利润率下降的趋势可以用来解释这一情形。英刊《国际社会主义》主编克里斯·哈曼指出，不论是过去，还是现在，马克思的这一理论都是重要的。因为它必然导出资本主义存在根本的、不可根除的缺陷的结论。哈曼认为，利润率是资本家能否实现其积累目标的关键，但越积累，他们就越难以获得充足的利润去支持积累。资本主义积累的巨大成功引发了进一步积累的问题。② 印度学者 C. P. 钱德拉塞卡尔指出，金融自由化和金融改革带来的金融领域的转变被看做促进了已有机制的发展。这种机制的进步防止了暂时性的经济挫败或经济衰退进一步恶化为经济萧条。"证券化"的实施经常被作为实例来证明金融改革稳定了资本主义发展。这是一个银行创建信贷资产的过程。钱德拉塞卡尔举例说明了"证券化"的具体做法：将汽车、房产或者个人贷款以不同的组合捆绑在一起，来创建一种新的金融资产（证券）。这种资产的价值来源于它们背后的原资产的价值。银行定价将这种证券出售给其他金融投资者。于是这些投资者便承担了被拖欠还款的风险，但他们同样也有资格享有原资产所承诺带来的收益。因为不同种类、不同风险度的资产以证券的形

---

① 格莱塔·R·克里普纳：《美国经济的金融化（上）》，载于《国外理论动态》2008年第6期。
② 克里斯·哈曼：《利润率和当前世界经济危机》，载于《国外理论动态》2008年第10期。

式被捆绑在一起，投资者认为证券投资的平均风险自然会降低。与此同时，银行本身通过证券化的过程将风险转嫁到投资者一方，从而降低了自身承担的风险程度。人们普遍认为证券化的普及造成了这样一种局面：及时在经济衰退的情况下，信贷也不会完全枯竭。[①]

20 世纪七八十年代，从英美发端的金融自由化和放松金融管制，为所谓的金融创新和金融资产及其交易的急剧膨胀创造了条件。70 年代开始的长期经济萧条和全球性生产过剩与资本过剩，也使大批资本从实体经济领域流向虚拟经济领域，结果是促进了金融资本的迅速扩大与积累。在此基础上，"学院"马克思主义者对金融化进行了实证研究。格莱塔·R·克里普纳在对美国经济金融化的证据所做的系统性评价中，使用了两种不同的方法来测定金融化：首先，考察非金融企业收入的来源，以此证明同产生于生产活动的收入相比，"证券收入"（由利息、股息和资本收益组成）越来越重要了。其次，转向更传统的部门分析，考察金融部门作为经济活动中的一种利润源泉，越来越重要了，并对金融和非金融利润做了比较。格莱塔·R·克里普纳认为把这两种方法所提供的结论放在一起，就会成为美国经济金融化的有说服力的证据。

金融化进一步巩固了资本的地位，社会两极分化加剧。维持投机泡沫膨胀的必要性催生了永无止境的新的资金注入需求。这就要求提高剥削水平，不断增大收入和财富的分配不均。在资本主义发展的整个时间和空间中，无休止的资本积累就意味着收入差距的积累和扩大，这两种积累的不断发展就是两极分化。法国学者热拉尔·杜梅尼尔和多米尼克·莱维指出，可以用一个简单的指标说明"大萧条"和第二次世界大战以来资本主义的变化，这就是最富有的 1% 的家庭占有社会总收入的百分比。第二次世界大战以前，1% 最富有的家庭大约占有 16% 的总收入。这一比重在第二次世界大战期间迅速下降，到 20 世纪 60 年代已经降到 8%，这一状态基本稳定地保持了 30 年。但在 20 世纪 80 年代中期，这一数字突然强力上扬，到 20 世纪末已达到 15%。这意味着金融资本开始逐渐获取权力、收益和财富。[②] 热拉尔·杜梅尼尔和多米尼克·莱维对位于最高水平的 1% 的人的收入构成做了进一步研究，指出在收入的最高 1% 水平，非工资收入是巨大的，这是生产关系中地位的重要标志，而与下层社会雇佣劳动者相区别。在这个金字塔中，可以明显看到，等级越上升这种收入会越高。在这一水平，收入是如

---

① C. P. 钱德拉塞卡尔：《当代资本主义经济危机背景下的美国次贷危机（上）》，载于《国外理论动态》2008 年第 10 期。

② 热拉尔·杜梅尼尔、多米尼克·莱维：《新自由主义与美国第二个金融霸权时期》，载于《国外理论动态》2005 年第 10 期。

此之高，任何人达到这一高位，实际上就必然是大量证券资产的持有者。而在收入金字塔最高1%之下的家庭所取得的收入中，工资在收入中占有绝对比重。①

金融化加剧了经济危机的可能性。"金融"是指与为了获得未来利息、股息和资本收益的流动资金的供应有关的活动。英国伦敦大学经济学教授考斯达斯·拉帕维查斯认为，金融危机是当代资本主义的一个永恒特征。他指出，金融部门不是生产部门，它的"产品"在国民经济统计中并不是以透明的方式表现出来的。在传统的机制当中，银行借钱给生产性的企业，而银行的利润是生产之中产生的剩余价值中以利息支付给它们的那一部分。而今天，金融资本变得相对独立于生产企业且增长迅速。消费信贷、抵押贷款和费用收入是银行利润增长最为迅速的来源。在这样的背景下，银行具有制造泡沫的内在动机：它们指望着越来越多地靠从工资和薪水之中提取的利息获得它们的利润，而不是以剩余价值作为其利润的主要来源。但是，工资和薪水在未来一定会持续增长吗？当然，银行还可以制造资产价格泡沫。如果金融资产的价格上升了，那么银行就能够以资本收益为借口吸引更多的个人进入市场，从而获得更多的利润。比如说，当住房市场泡沫被制造出来以后，虽然人们的真实收入并不必然在增加，但他们看起来比以前更有钱了。但是，当真正的积累和价值生产过程的增长完全没有达到相同的程度时，泡沫破裂了。② 克里斯·哈曼认为，危机并不是资本主义制度的结束，而是为它开辟了一个新的前景。危机之后，原材料价格暴跌，生产资料以低价成交，失业迫使工人接受低工资。生产一旦重新变得有利可图，积累就会再次开始。危机是一种休克治疗法，它以足够的规模清楚不能获利的资本，以阻止利润率的长期下降。③

资本是一种社会关系。金融资本的全球化也是资本主义生产关系和社会关系在世界范围内扩张的过程。"学院"马克思主义者普遍认为，美国在国际金融体系中占据了支配性地位，发达国家利用金融全球化加大了对发展中国家的剥削。克里斯·哈曼指出，美国财政部半真半假地向债务累累的国家提供经济财政援助，借机强化美国金融企业在全球的影响力。它的意识形态也许是新自由主义，但其在本土的实践远非新自由主义。美国使用政府力量干预金融经济事务，强力推行措施保护本国的跨国公司和银行，同时却要求其他经济体转向新自由主义，

① 热拉尔·杜梅尼尔、多米尼克·莱维：《新自由主义与当代资本主义阶级结构的变迁（上）——以美国和法国为例》，载于《国外理论动态》2007年第10期。
② 考斯达斯·拉帕维查斯：《次贷危机与当代资本主义危机的新特征》，载于《国外理论动态》2008年第7期。
③ 克里斯·哈曼：《利润率和当前世界经济危机》，载于《国外理论动态》2008年第10期。

减少政府参与。[1] 美国长期经济趋势研究所所长、密苏里大学堪萨斯分校教授迈克尔·赫德森认为美国经济已经虚拟化，即泛金融部门从全世界工人和产业资本那里吸走收入并以日益加重的债务将它们压垮。他认为新自由主义的关键主张即不再区分生产性收益和非生产性收益是为了掩盖金融垄断资本主义的不劳而获，这是人类历史上的一个巨大倒退。他还认为，新自由主义指责社会主义国家的政府干预是通往奴役之路，而事实上金融垄断资本在全球给工人造成的沉重债务和失业才是真正的通往奴役之路。[2]

四、关于社会主义经济新模式的构想

社会主义经济模式与历史命运问题，历来是西方马克思主义经济理论研究关注的重要课题。苏东剧变使得社会主义的模式解剖及其未来发展成为近二十年来马克思主义经济理论研究的重要主题，各种各样的社会主义模式设计和理论构想纷纷涌现。法国颇具影响的《当代马克思》杂志于1993年发起讨论"社会主义新模式"问题的活动，并在当年第14期刊载了五篇论证"社会主义新模式"的文章，重点介绍了五种社会主义经济模式构想。一是美国耶鲁大学政治科学系教授约翰·罗默的《共产主义之后是否存在社会主义》及其"生产资料公有制与市场机制相结合的"社会主义模式；二是美国加里福利亚大学教授弗瑞德·布洛克的《没有阶级权力的资本主义》及其"剥夺金融资本权力的"社会主义模式；三是美国芝加哥洛约拉大学哲学系教授戴维·施韦卡特的《经济民主——真正的和可以实现的社会主义》及其"经济民主的"社会主义模式；四是英国曼彻斯特大学政治经济学教授迪安·艾尔逊的《市场的社会化》及其"市场社会化的"社会主义模式；五是法国巴黎第八大学政治哲学系教授托尼·安德烈阿尼和法国学者马克·费雷合著的《从自治到联合的社会主义》及其"企业自治的"社会主义模式。此外，"冷战"结束后西方马克思主义经济理论研究者提出的社会主义模式还包括英国牛津大学纽菲尔德学院社会学和政治学教授戴维·米勒的"合作式"的社会主义模式、美国西伊利诺斯大学经济学教授詹姆斯·容克的"实用的"市场社会主义模式以及英国伦敦政治经济学院教授罗宾·阿彻的"以经济民主为基础的社会主义经济"模式等。以上新模式都主张在社会主义的经济制度中广泛地引入商品关系，但是在具体做法上又各不相同。有的模式主张实行市场社

会主义，在生产资料所有权方面实行某种形式公有制的基础上保留资本主义的劳动市场和资本市场及其运作方式；有的模式则主张实行自治社会主义，赋予劳动者管理企业的权利，同时限制、协调或取消资本市场。所有的模式都主张保留市场，同时用计划来弥补市场的缺陷。他们从分析现代社会市场和计划的积极与消极作用出发，阐述了市场、计划、合作之间的关系，提出了保障效率与公平的设想。社会主义新模式以现代经济理论和新古典学派的经济理论为基础，并把这些理论同马克思主义做了综合。虽然这些社会主义新模式中包含了马克思的某些重要思想，但这种综合远未取得成功，因为马克思的很大一部分理论遗产还没有被理解或遭到了忽视。①

近年来，德国学者提出一种颇具号召力的超越凯恩斯主义与社会主义的未来模式，这就是不通过国家，而是通过制度来实现社会公正。法国新出现的所谓"一元化的新共产主义"，主张重新反思阶级斗争的现状，反思传统的"法国色彩的社会主义"，主张建构新的民主机制，即从一种民主的、自治的、共同参与的多元化的社会主义走向"以人民运动为中心"的"一元化的"社会主义。加拿大温哥华西蒙·弗雷泽大学经济学教授迈克尔·莱伯威兹明确主张建立全球社会主义。英国苏塞克斯大学教授梅札罗斯则认为，社会主义计划经济仍然是资源稀缺条件下最有利于物质资料再生产的、理性的社会控制模式，他同时认为，社会主义计划经济既不能无限地放大个体，也应当有效地避免前苏联模式对个体的扼杀。美国纽约州立大学大卫·莱伯曼教授则对社会主义建设提出了七点建议，其中有关既利用又超越资本主义市场经济、处理好中央集权和地方分权的关系、处理好效率与公平的关系以及抵制官僚主义与腐败现象的建议，具有很强的借鉴意义。许多学者提出了社会所有制形式是资本和利润"社会化"和"公有化"的新概念。美国加州大学哲学教授理查德·阿尔内森认为，在社会主义条件下，存在的是公有制而不是私有制。但此处的"公有制"并非通常所说的"拥有"，作为社会公有制的一个成员，任何个人对公共企业的所有权只构成人均对全部企业的利润享有权。生态学马克思主义近年来还提出了"生态批评"的新的理论范式。以英国牛津布鲁克斯大学地理系教授佩珀、美国加利福尼亚大学社会学和经济学教授奥康纳、美国俄勒冈大学社会学教授福斯特等为代表的学者从资本主义生产方式与生态危机的联系上对资本主义进行了系统批判，提出了全面的生态社会主义构想。生态社会主义主张一种以人为尺度，以人为中心的新价值观，反对资本对劳动的剥削，并在关于民族国家、裁军、妇女、南北关系和国际新秩序等问题上形成自己的理论。

① 李其庆：《西方学者论"社会主义新模式"》，载于《马克思主义研究》1995年第1期。

很多研究及建议直接针对中国。罗默明确地把 20 年来中国的社会主义模式看成是市场社会主义；大卫·科茨则希望这种既利用又超越市场的中国社会主义经验能够成为全球典范；比岱的分析，也有益于剖析时下中国社会主义改革过程中的社会矛盾；德国学者彼特斯通过对中国学者著作的解读，明确反对中国告别国家社会主义走向国家资本主义的观点，他还强调在分析类似问题时应当尊重中国自身的思想及话语。①

_____

① 邹诗鹏：《2006 年国外马克思主义研究报告（续）》，载于《马克思主义研究》2007 年第 10 期。

下 篇

西方学者关于马克思经济学
基本理论的论争

第十三章

西方学者关于马克思劳动价值论的论争

劳动价值论是马克思主义经济学的基石，是 20 世纪西方学者对马克思主义经济学论争的最重要的论题。在一个世纪的论争中，西方学者从不同的视角，采用不同的方法，聚焦于理论的不同方面，形成了不同的理论观点。在论争中，有时表现为一种隐性的形式，并没有形成直接的理论冲突，只是对劳动价值论做出不同诠释，形成服务于不同理论目的的各种结论；有时表现为不同理论流派的显著的正面交锋，在劳动价值论的不同方面展开激烈的批判和反批判。这里提到的不同理论流派，可能是马克思主义经济学内部的不同流派，也可能是西方主流经济学内部的不同流派，当然更多的还是马克思主义经济学和西方主流经济学之间的不同流派。

第一节　对劳动价值论的多重解释

劳动价值论在马克思的经济学中具有基础性的作用，但西方学者对马克思劳动价值论内涵的认识历来存在不同的理解，这些不同的理解也成为赞同、拒绝或责难马克思劳动价值论的出发点。

一、对劳动价值论在马克思经济学中地位和功能的理解

理解劳动价值论在马克思主义经济学中的地位和功能，需要把握马克思的研究目标和研究方法，这是马克思区别于大多数经济学家的基本立场。保罗·斯威齐对此做过清晰的说明。他认为："揭示现代社会的经济运动规律"是马克思"终生以赴的科学目标"，而对资本主义而言，资本和雇佣劳动的关系决定着这种

生产方式的全部性质，这个关系必须构成研究的中心。[①] 在研究中科学的抽象力，"应该用来使它和别的东西相隔离，使它还原为最纯粹的形式，使它摆脱一切无关的干扰而置于最艰苦的分析之下"。[②] 为了应用这种见解，马克思的研究以资本主义为对象，识别出其最有意义的关系形式——雇佣劳动和资本的关系，对这种关系的分析，"显然又必须从分析一般的交换现象开始。这样，我们就到达了马克思的政治经济学的实际起点"。[③]

斯威齐所说的"实际起点"就是商品。商品本质上是物质的、具体的、现实的，或者如德赛所说的"可以观察得到的"。[④] 在经济理论分析上，作为马克思经济学的真正的起点是价值，而价值概念的提出则是以商品这种物质为起点的，如德赛在评价马克思劳动价值论时强调的："由于商品生产方式消解了价值的社会关系（剩余价值和剥削），并使得只有价格和交换才是看得见的，所以一个理论家的任务就是要证明，只给定价格信息，人们可以追溯到价值关系"。[⑤] 马克思所做的就是这种"追溯"，他强调"我不是从'概念'出发，因而也不是从'价值概念'出发。……我的出发点是劳动产品在现代社会所表现的最简单的社会形式，这就是'商品'。我分析商品，并且最先是在它所表现的形式上加以分析。在这里我发现，一方面，商品按其自然形式是使用物，或使用价值，另一方面，是交换价值的承担者，从这个观点来看，它本身就是'交换价值'。对后者的进一步分析向我表明，交换价值只是包含在商品中的价值的表现形式，独立的表达方式，而后我就来分析价值"。[⑥] 因此，马克思对劳动价值论的科学革命的基本立场就是，揭示隐藏在商品背后的社会关系，探讨资本主义生产方式的本质及其运动规律。

对马克思劳动价值论这一基本立场的认识，成为 20 世纪西方学者对马克思劳动价值论百年论争的接连不断的主题。在这一主题的探讨中，形成了对马克思劳动价值论地位和功能的不同的认识。

劳动价值论在马克思经济学中居于核心地位，是《资本论》中几乎所有理论的基础。保罗·托马斯在《批判地接受：过去和现在的马克思》一文中指出："大多数现代经济学家怀疑在马克思经济分析中起着核心作用的劳动价值论的有效性"，"然而，没有马克思对劳动、商品、价值、工资和剥削的详细的研究，20

① 保罗·斯威齐著：《资本主义发展论》，商务印书馆 1997 年版，第 31 页。
② 保罗·斯威齐著：《资本主义发展论》，商务印书馆 1997 年版，第 33 页。
③ 保罗·斯威齐著：《资本主义发展论》，商务印书馆 1997 年版，第 34 页。
④ Meghnad Desai, Marxian Economic Theory, Gray-Mills Publishing Ltd, 1974, P. 54.
⑤ Meghnad Desai, Marxian Economic Theory, Gray-Mills Publishing Ltd, 1974, P. 55.
⑥ 《马克思恩格斯文集》第 5 卷，人民出版社 2009 年版，第 19 页。

世纪的经济学（以及社会科学和历史）可能会走上迥然不同的道路。一方面，资本主义是一种史无前例的结构，理解这种结构中的微观经济和宏观经济观念，应当归功于马克思；另一方面，认为这种结构中潜藏着各种矛盾和潜在的灾难性危机的趋势的观念，也明显地来源于马克思"。①

马克思的劳动价值论不纯粹是对经济现象的解释，而是对经济社会学的更为广泛的分析的基础，是理解现代社会发展变化的重要的理论构建。法因和萨德－费洛在《马克思的〈资本论〉》（第四版）中指出："马克思的价值理论对社会科学作出了具有深远影响的贡献，因为它关注人与人之间建立的关系，而不是物与物之间的技术关系或节约的艺术。……马克思作为一位批判性的社会科学家……关注的关键问题是资本主义的稳定和危机的根源，以及改变资本主义的意图如何发展成为成功的转化（革命）的行动。这些问题在 21 世纪的今天仍然有重要的意义"。② 特别是马克思"并不是把他的价值概念建立在远离现实世界的智力构建基础之上的，或者建立在任何类型的随意假定基础之上的。相反，马克思的论证建立在这样一个事实之上，即把所有类型的劳动所简化的一个共同的标准，是资本主义现实世界的产物"。③

马克思在劳动价值论研究中运用了科学抽象法，把对社会关系的研究置于核心地位，为从整体上分析社会问题提供了根本性的视角。2007 年，阿尔布里顿（Albritton）在《改造经济学：重新发现马克思的重要性》中，对那些"被数学迷惑了"而轻易地抛弃劳动价值论的主流经济学家的观点做了驳斥。阿尔布里顿认为，"对任何有意义的经济理论来说，我们需要一种从对数学变量的研究深入到处于理论最抽象水平的阶级和权力结构的手段，我们需要能够在更具体的分析层次上研究权力和主题的复杂性。数量方程远远不是目的，它们只是跳板，只有在一定程度上它们能够澄清阶级和权力的经济、政治、意识形态的关系时才是有用的"。④ 对主流经济学来说，阿尔布里顿提出的问题是："一种高度抽象的价格决定理论有什么用处呢？"他认为，马克思的劳动价值论提供了价格理论形成的社会背景和基础，而主流经济学家的价格理论如果想要发挥重要的作用，就必须嵌入一个更大的社会关系理论中。

对劳动价值论持批判态度的学者，也肯定了劳动价值论对马克思的经济分析

---

① Paul Thomas, "Critical Reception: Marx then and now", in The Cambridge Companion to MARX, Edited by Terrell Carver, Cambridge University Press, 1991, P. 25.

② Ben Fine and Alfredo Saad-Filho, Marx's Capital, Fourth Edition, Pluto Press, 2004, pp. 11 – 12.

③ Ben Fine and Alfredo Saad-Filho, Marx's Capital, Fourth Edition, Pluto Press, 2004, pp. 21 – 12.

④ Robert Albritton, Economics Transformed Discovering the Brilliance of Marx, Pluto Press, 2007, P. 66.

所具有的基础作用。罗宾逊在认为劳动价值论从逻辑上讲只是一些"冗长的絮叨"① 的同时也坦承，在马克思那里，"从学术上讲，这个理论为分析资本主义提供了基础"，"对后来的马克思主义者来说，则是灵感的源泉"。② 对劳动价值论做长时间的过多方面批判的萨缪尔森，也不得不承认，劳动价值论是"马克思主义理论家组织的会员资格的标识"。③ 实际上，对于马克思经济学来说，劳动价值论是分析资本主义的重要路径，是从表象进入本质的研究方法，也是一种显著的"范式"，提供了一种影响人们对社会关系理解的分析框架。

二、对马克思劳动价值论的多重解释

在对马克思劳动价值论的解释中，存在着多种和多重的观点，其中主要有认为劳动价值论作为历史阶段理论的观点，有认为劳动价值论作为基本价格或相对价格理论的观点，有认为劳动价值理论作为"社会公平"或"伦理公正"的收入分配理论的观点，也有认为劳动价值理论是经济体系中劳动正确配置理论的观点，还有认为劳动价值理论作为分配理论的观点。

把劳动价值论当作一种历史阶段理论的观点认为，价值理论只是价值在其中得以表达的历史阶段理论。这种观点源于恩格斯的一个说明，恩格斯曾指出，价值不仅是某种逻辑概念，它同样构成真实的历史进程，他认为自己甚至可以指出某段明确的历史时期，在这些时期价值规律从经验上看是有效的，而且在实际中也得以应用。在《资本论》第 1 卷出版以后，这种把劳动价值论视为历史阶段理论的观点认为，根据恩格斯的解释，用货币表示的价值量围绕价值波动，适用于"整个简单商品生产时期"。

在 20 世纪的马克思经济学研究中，这种历史阶段理论的观点一再出现，除引起了有关是否存在"简单商品生产"阶段的争论外，这种解释还用来支持一种观点：竞争市场中商品的价格系统地偏离其所蕴含的劳动价值时，所谓的价值已经没有任何现实的意义。但事实上，恩格斯的目的是用具体的例子说明价值理论的适用性，不应当把劳动价值论解释为历史阶段理论。马克思在《资本论》第 1 卷中对劳动价值论所做的周详论述，并不是为了提出一种只有在一定历史阶段上才有意义的价值理论，甚至是只适用于前资本主义历史阶段的价值理论。马克思

①② 罗宾逊著：《经济哲学》，商务印书馆 2011 年版，第 43 页。

③ Paul A. Samuelson, Understanding the Marxian Notion of Exploitation: A Summary of the So-Called Transformation Problem between Marxian Values and Competitive Prices, Journal of Economic Literature, Vol. 9, No. 2 (Jun. , 1971), P. 399.

的价值理论是为了应用于资本主义经济关系分析的。

　　把劳动价值论当作是一种基本价格或相对价格理论的观点，预先假定马克思认定价格变化的唯一适当的尺度就是生产商品所必须的劳动数量的变化。这种观点认为，马克思在《资本论》第 1 卷中抽象地考察了劳动价值规律，并没有充分地考虑与该规律存在矛盾的经济事实。在《资本论》第 3 卷中马克思不得不承认有些经济事实和他的劳动价值规律并不一致。这种观点"在后来对马克思主义的批判中一再出现"。① 但是，这种观点被马克思经济思想的史实否定了。马克思经济思想的历史事实是，马克思在撰写《资本论》第 1 卷时，就已经完全意识到所谓的理论和现实的"矛盾"的存在，马克思一开始就已经构想了将在《资本论》第 3 卷提出的解决"矛盾"所有方法。同时，有观点也认为马克思的价值理论只是一种相对价格理论，萨缪尔森就一直把马克思的劳动价值作为相对价格来对待的。把价值理论理解为相对价格理论的西方主流经济学家还认为，马克思的价值理论只有在极其特殊的情形下才是有效的，比如在"早期和原始状态"中价格才与劳动价值成比例，在现代经济分析中，他们只是把"早期和原始状态"换成了经济模型中特殊的假定而已。

　　把劳动价值理论做为"社会公平"或"伦理公正"的收入分配的观点，往往与把劳动价值论仅仅看作是分析剥削的基础的观点有关。林赛（Lindsay）指出，劳动价值论"不是关于实际价格的，而是关于理想价格（ideal prices）的，……它关心的主要是，一个人应当为他的劳动取得多少报酬"。② 林赛的这一观点是以马克思在《资本论》第 1 卷中的一段论述为依据的。马克思曾经指出："价值表现的秘密，即一切劳动由于而且只是由于都是一般人类劳动而具有的等同性和同等意义，只有在人类平等概念已经成为国民的牢固的成见的时候，才能揭示出来"。③ 米克认为，在林赛看来，"劳动价值学说只是'自然权利学说'"。④ 林赛引述的马克思的这一论述，是在评价亚里士多德时说的，如果马克思的价值理论真的只是为了说明生产者将会得到公正报酬，那么，"他为什么还要不厌其烦地论证，即使在发达资本主义条件下，均衡交换比率最后还是决定于物化劳动的相对量"。⑤

　　把劳动价值理论作为经济体系中劳动正确配置理论的观点，实际上认可的

　　① Karl Kühne, Economics and Marxism（Vol. 1）: The Renaissance of the Marxian System, Translated by Robert Shaw, The Macmilian Press Ltd, 1979, P. 73.

　　② Lindsay A. D. Karl Marx's 'Capital', London, 1925, pp. 57 - 58.

　　③ 《马克思恩格斯文集》第 5 卷，人民出版社 2009 年版，第 75 页。

　　④ 米克著：《劳动价值学说的研究》，商务印书馆 1963 年版，第 242 页。

　　⑤ 米克著：《劳动价值学说的研究》，商务印书馆 1963 年版，第 245 页。

是，一般经济体系中的"价值"代表了可自由使用的劳动力在不同的社会必要的
生产部门是进行配置的。米克认为，"如果我们把社会看作实质上是由独立的生
产者联合组成的，他们都是依靠互相交换他们的不同劳动的产品来生活，那么我
们就要认为，这些产品的交换实质上就是社会劳动量的交换。一旦我们开始用这
样一些名词来思考问题，那就很容易得出这样的结论，就是，商品的价值（即这
商品在交换中能购得或支配其他商品的能力）也就是它所具有的一种性质，这种
性质是由于一部分社会劳动力用于它的生产而产生的"。① 森岛通夫也把劳动价
值论看作是决定对不同活动上的劳动进行配置的问题。他认为："我们向马克思
主义经济学家们建议：他们应该彻底改变他们对劳动价值论的态度。在资本主义
经济中，为了生产商品，必须决定实际上所采用的生产技术直接地和间接地所需
要的劳动量，否则劳动价值论就完全不是一个令人满意的理论"。②

屈内认为，米克的说明可以被视为之一种"劳动力的正确配置理论"。③ 这
种理解可能是"唯一一种能够为为什么价值计算应当和价格计算一道保留下来提
供合理理由的理论"。④ 而认为劳动价值论是劳动力配置的理论，很明显的是沿
着边际主义分析资源配置的思路来理解劳动价值论的，这种思路的直接后果是，
在研究更为复杂的情况时，就可以放弃劳动价值论。

把劳动价值理论当做分配理论的观点强调，马克思的劳动价值论通常是和分
配理论联系在一起的。屈内认为，"这种对马克思的价值理论的现代理解可能源
自柯尔"。⑤ 柯尔曾认为，"马克思的价值理论不是一种价格理论，而是一种生产
资源的社会分配理论"。⑥ 在《社会主义思想史》中，柯尔在对马克思价值理论
评价中认为，"在（《资本论》第 1 卷）前面九章中，马克思阐述了他的价值和
剩余价值的学说"，"在'必要劳动时间'的概念中，存在着边际派理论的胚芽，
但是马克思既不承认这种胚芽，也没有加以发挥"。⑦ 之后，"马克思在《资本
论》第 3 卷中谈到资本主义制度下价格体系的实际作用时，谈到价格体系在重新
分配'剩余价值'的过程中使互相竞争的资本家所得的收益相等这一方面的作用

① 米克著：《劳动价值学说的研究》，商务印书馆 1963 年版，第 38 ~ 39 页。
② Michio Morishima, Marx's Economics: A Dual Theory of Value and Growth, Cambridge University Press, 1973, P. 193.
③④ Karl Kühne, Economics and Marxism (Vol. 1): The Renaissance of the Marxian System, Translated by Robert Shaw, The Macmilian Press Ltd, 1979, P. 81.
⑤ Karl Kühne, Economics and Marxism (Vol. 1): The Renaissance of the Marxian System, Translated by Robert Shaw, The Macmilian Press Ltd, 1979, P. 85.
⑥ Cole, G. D. H. What Marx Really Meant, London, 1934, P. 221.
⑦ G. D. H. 柯尔著：《社会主义思想史（第二卷）：马克思主义和无政府主义：1850 ~ 1890》，商务印书馆 1978 年版，第 277 页。

时，接受了一种同穆勒的观点十分相近的观点"。① 柯尔对劳动价值论的这种评价，显然包含了把马克思赶往资源配置的边际主义流派的倾向。斯威齐对柯尔的评价就是，在柯尔看来，"马克思如果抛弃整个古典方法，并采用杰文斯和门格尔的新的边际主义理论的话，将会做的更好"，柯尔认为 "马克思在《资本论》第 3 卷中对价值和价格关系的讨论只是羞羞答答地承认了《资本论》第 1 卷中的理论的不现实性（unreality），并且试图用类似于穆勒的生产成本理论去取代它"。②

把马克思的劳动价值论当作是分配理论的观点较为常见，马夏尔（Marchal）和勒卡荣（Lecaillon）在研究分配理论思想史的著作中，对马克思和庞巴维克进行比较时就认为："马克思想解释作为一个整体的资本家群体和作为一个整体的劳动者群体之间的关系……庞巴维克完全沉浸在微观经济学方法论中，几乎不能想象其他的事情是可能的，看起来是被马克思的方法弄糊涂了，从而认为劳动价值论和剩余价值论存在严重的错误。两种理论本质上都是宏观经济理论……庞巴维克事实上是试图在微观层面重建它们……根据两种理论的作者的精神，剩余价值理论的目标是为了说明决定社会产出在得到剩余价值的资本家阶级和工人阶级之间分配的因素"。③

三、劳动价值论多重解释存在的主要原因

在大量围绕劳动价值论进行的论争和不同解释中，研究方法上的差异以及忽视马克思的方法论及其基本原理应该是主要的原因。马克思在《资本论》第 1 卷德文版跋中指出，"人们对《资本论》中应用的方法理解得很差，这已经由对这一方法的各种互相矛盾的评论所证明"④。马克思的这一评论，在今天仍然是适用的。一般说来，使用不同方法的作者在评价马克思的劳动价值论时，都认为能够从马克思那里找到有利于自己主张的方法的文本证据。这在一定程度上，不仅对马克思的方法的准确理解上产生歧义，而且使问题论争本身变得更加混乱、更趋复杂。有时，对马克思方法的不同理解和使用，还同对主流经济学方法的理解

① G. D. H. 柯尔著：《社会主义思想史（第二卷）：马克思主义和无政府主义：1850～1890》，商务印书馆 1978 年版，第 274 页，

② Paul M. Sweezy, Professor Cole's history of socialist thought: a review article, The American economic review., Vol. 47. 1957, 6, P. 990.

③ Jean Marchal, Jacques Lecaillon, La répartition du revenu national, Vol. 3, 'Le Modèle Classique; Le Modèle Marxiste', Paris, Génin, 1959, pp. 55 – 56.

④ 《马克思恩格斯文集》第 5 卷，人民出版社 2009 年版，第 19 页。

和运用交织在一起，使得问题更加复杂。但是，在西方学者对马克思劳动价值论
纷繁复杂的解释中，仍然可以梳理出一些常见的方法。

第一种较为常见的是恩格斯主张的历史—逻辑的解释方法，这种解释由米克
在《劳动价值论研究》中做了充分的阐释。[1] 根据历史—逻辑的解释，马克思
《资本论》中的逻辑范畴对应于对实际历史过程的分期。这种解释引起的最大争
议就是，提出了《资本论》第 1 卷第一篇的主题不是资本主义商品生产，而是前
资本主义的"简单商品生产"，即生产者自己拥有生产资料、不存在雇佣劳动的
这一假定。这样，马克思的方法在本质上被看作同斯密和李嘉图极其相似。米克
认为，马克思关注的主要是简单商品生产和资本主义商品生产的基本特征的比
较。[2]

第二种常见的方法是连续近似方法（successive approximations），这种方法由
格罗斯曼（Grossman）[3] 在 1929 年提出的。斯威齐 1942 年在《资本主义发展论》
中采用的就是这种方法。根据连续近似方法，为了能够集中分析资本主义最本质
的特征即利润的来源问题，《资本论》第 1 卷是从一系列简单假定开始的。在
《资本论》第 3 卷中，为了对商品的价格和资本主义的其他现象提供更加现实的
解释，《资本论》第 1 卷中的一些简单假定被放弃了。根据连续近似的解释，在
《资本论》第 1 卷中，两个最重要的简单假设是，个别商品的价格等于（或成比
例于）它们的价值，在所有产业中资本有机构成是相同的。《资本论》第 1 卷只
有做出这些假设，才能证明资本家的利润是由工人的劳动创造的。

第三种常见的解释方法是 1960 年斯拉法的《用商品生产商品》出版后兴起
的斯拉法主义的解释。这种解释建立在线性生产理论的基础之上，采用这种方法
的主要代表包括森岛通夫、斯蒂德曼、霍奇森等。20 世纪 70 年代是采用这种方
法讨论马克思价值理论的盛行时期。根据斯拉法主义的解释，马克思的方法被认
为和斯拉法的线性生产理论方法本质上是相似的。线性生产理论的根本前提就是
生产的技术条件和实际工资，这些基本的物质量提供了一个同时决定的方程体
系，这个体系决定了商品的交换比率和剩余价值率或利润率。根据斯拉法主义的
解释，《资本论》第 1 卷关注的是价值体系，在价值体系中，个别商品的劳动价
值和剩余价值率是从给定的技术条件和实际工资中得出的；《资本论》第 3 卷
关注的价格体系，在价格体系中，个别商品的劳动价值转化为对应的货币价格，

---

① Ronald L Meek, Studies in the Labor Theory of Value, 2d ed. New York: Monthly Review Press, 1976.

② Ronald L Meek, Studies in the Labor Theory of Value, 2d ed. New York: Monthly Review Press, pp. 154 – 156.

③ Grossmann, Henryk Das Akkumulations-und Zusammenbruchsgetz des kapitalistischen Systems, Leipzig: C. H. Hirschfeld, 1929.

而且是与利润率一道决定的，只不过仍然是根据给定的技术条件和实际工资决定的。

第四种是一般均衡的解释方法，这种方法存在着用主流经济学的核心方法研究劳动价值论的显著取向。这种方法最早可追溯到博特凯维兹。博特凯维兹强烈地批判所谓的"相继主义"（successivist）的决定理论。在这种理论中，经济因素被"视为一种因果链，在这个链中，每一环无论它的构成还是大小都是由前面的环节决定的"。为了反对这种认识，博特凯维兹高度评价了瓦尔拉斯开启的理论流派，认为这种流派提出了一个"更加现实"的有关经济关系的认识，在这种认识中，"各种经济因素或要素彼此互相调节"。① 在瓦尔拉斯主导的学派成为正统之后，各种改造后的瓦尔拉斯模型，比如博特凯维兹、德米特里耶夫、里昂惕夫、冯·诺依曼和斯拉法的模型，就"成为斯拉法主义和绝大多数现代马克思主义经济学的基础"。② 这种研究方法更多地被用于证明劳动价值论是"过时""多余"的。

在 20 世纪西方学者对马克思劳动价值论的多重解释中，许多研究"企图使马克思重新穿上现代化的服装——用现代经济理论概念来表述马克思的学说"。③但是在"给马克思穿上现代经济学的外衣"过程中，如果脱离了马克思自身的方法论基础，改用主流经济学的核心方法来解释马克思的价值理论，就可能出现重新研究中的曲解和背弃。这就如多布所阐述的，"众所周知，一个理论模型所设想的形式本来就是所研究的事实和事件的一种选择；因此，无论它的逻辑怎样无懈可击或怎样精致，它可能表现为也许歪曲了我们对现实世界的见解、而不是阐明它的一种有偏见的选择。……经济理论日益形式化的一种结果已经使得市场均衡的理论分析几乎具有了完全量化的特征，而为质的差异则很少或没有留下余地，为所谓社会经济的差异则当然没有留下余地"。④ 特别要关注到马克思的方法和主流经济学的方法之间存在着根本性的差异。柯尔就认为，"错综复杂的论点全部都是从马克思最初的一个假定脱胎而来的。这个假定说：只有劳动才能创造价值……如果马克思所谈的问题跟主流经济学家相同，那么整个剩余价值的概念就会没有着落；主流经济学家看到了这一点，就指责马克思的整个理论体系同

①　Ladislaus von Bortkiewicz, Value and Price in the Marxian System (1906–07), International Economic Papers, 1952, P. 24.

②　Andrew Kliman, Reclaiming Marx's "Capital": A Refutation of the Myth of Inconsistency, Lexington Books, 2007, P. 47.

③　Meghnad Desai, Marxian Economic Theory, Gray-Mills Publishing Ltd, 1974, P. 47.

④　Maurice Dobb, Marx's Capital and its Place in Economic Thought, Science & Society, Vol. 31, No. 4, A Centenary of Marx's Capital, Fall 1967, P. 529.

市场的实际情况毫不相干，完全是胡说。人们无数次地利用这个论点来驳斥马克思主义，但是马克思和他的信从者却丝毫不为所动"。①

同时，在马克思主义者中，对马克思方法存在的不同理解与马克思方法的复杂性有关。曼德尔曾经指出，在证明劳动价值论时，马克思使用的逻辑证法，"使不少读者感到迷惑，因为这确实不是一个最容易帮助读者理解的方法"，② 另外，马克思在劳动价值论上的推论方式，"不仅抽象难解，同时容易滋生疑窦，许多反对马克思主义的人都缠住这一点不放，想要由而反驳马克思，不过他们并未取得任何显著的成功"。③

在马克思本人的方法缺乏深刻理解情况的说明时，莫斯利曾做过这样的概括："与马克思的经济理论相关的，最重要的未曾解决的和很大程度上未被充分关注的方法论问题，包括辩证逻辑的准确含义及其重要作用，本质和现象之间的关系，不可观察的变量在经济中发挥的作用，主体和客体之间的关系，加总经济变量和个体经济变量之间相互决定的顺序，马克思的逻辑方法和黑格尔的逻辑方法之间的关系，最后，所有上述方面对《资本论》三卷的整个逻辑结构所具有的含义"。④ 对于马克思整个理论体系和劳动价值论的研究，德赛认为："是接受还是拒绝，我们都需要正确地、全面地说明他的模型的所有各个方面。我们不能把某些方面作为'针对社会问题的'而忽视，然后把剩下的一些价值概念当做神秘不可思议的而抛弃。由于忽视阶级关系的定性方面，我们就仅仅把马克思的图式简化为李嘉图的、里昂惕夫的或冯·诺依曼的图式。尽管这些图式是有趣的，但对它们的承认或否决都很少能阐明马克思的模型"。⑤

第二节　主流经济学视角下对劳动价值论的批判及反批判

西方主流经济学的一种典型取向就是，利用现代分析工具，尽可能把经济理论形式化、一般化，用主流经济学自身的语言说明它所认为的"科学化"、"缜密化"。在这种取向下，主流经济学家对马克思的研究通常是批判的内容多于赞成的内容，主流经济学家在"综合"或"沟通"马克思经济学时，往往把马克

---

① G. D. H. 柯尔著：《社会主义思想史（第二卷）：马克思主义和无政府主义：1850～1890》，商务印书馆 1978 年版，第 285 页。

② Ernest Mandel, An Introduction to Marxist Economic Theory, Resistance Books, 2002, P. 20.

③ Ernest Mandel, An Introduction to Marxist Economic Theory, Resistance Books, 2002, P. 21.

④ Marx's Method in Capital：A Reexamination, Edited by Fred Moseley, Humanities Press International, Inc., 1993, P. 1.

⑤ Meghnad Desai, Marxian Economic Theory, Gray-Mills Publishing Ltd, 1974, P. 74.

思的经济分析看作是主流经济学一般框架的特殊例证，而他们把马克思经济学解释为他们理论框架的特例的做法，是为了消除马克思经济学的影响。

一、对劳动价值论批判的视角及其演变

在《资本论》第 1 卷出版后，主流经济学批判马克思劳动价值论的观点大致可以概括为三个方面：一是认为"马克思的劳动价值论只是对古典经济学家李嘉图的价值理论的重复（repetition）"；二是认为"马克思的劳动价值论是模糊的（unintelligible）"；三是认为马克思的劳动价值论是"内在地不一致的（inconsistent）"。[①] 第一方面的观点，已经有很长的历史，在非马克思主义者的学术观点中，认为这是一个不争的事实。熊彼特、萨缪尔森等一些重要的经济学家都坚持这种认识。萨缪尔森直接把马克思称为"一个不太重要的后李嘉图主义者（a minor post-Ricardian）"。[②] 第三方面的观点起始于庞巴维克，多与转形问题争论相关，在 1960 年斯拉法《用商品生产商品》一书出版后出现了一个新的高潮。斯拉法主义者认为马克思的劳动价值论是"多余的"，认为从价值到价格的转化是不必要的，因为价格可以只通过参考生产的技术条件和净产出在工资和利润之间的分配直接计算出来。

开始于 20 世纪 70 年代有关劳动价值论的争论，"把由博特凯维茨定义的转形问题和庞巴维克传统中的对劳动价值概念的广泛质疑结合在了一起"。[③] 这一阶段对劳动价值论的批判存在的共同特征是，"所有人都承认物化劳动价值是可以从再生产的物质数据中推导出来的，至少在排除掉异质劳动和联合产品的情况下是如此"。[④] 这一时期的批判集中于认为作为，一种直接的价格理论劳动价值论缺乏一般性，而且与更直接的斯拉法主义的方法相比，劳动价值论作为一种推导均衡价格的手段是"多余的"。

20 世纪 70 年代以来，围绕劳动价值论"多余的"观点展开的争论，"在年轻的西方学者中产生了一种意想不到的后果，这些学者现在意识到，马克思主义经济理论，同新古典和新李嘉图主义经济学一样，可能值得进行数学分析。与此同时，他们被斯拉法沿着相同的思路进行的批判所感染"。[⑤] 克莱曼则认为，斯蒂

---

① Howard Nicholas, Marx's Theory of Price and its Modern Rivals, Palgrave Macmillan, 2011, P. 1.

② Paul A. Samuelson, Wages and Interest：A Modern Dissection of Marxian Economic Models, The American Economic Review, Vol. 47, No. 6, Dec. , 1957, P. 911.

③⑤ Makoto Itoh, The Value Controversy Reconsidered, In Radical Economics, Edited by Bruce Roberts, Susan Feiner, Kluwer Academic Publishers, 1992, P. 59.

④ Makoto Itoh, The Value Controversy Reconsidered, In Radical Economics, Edited by Bruce Roberts, Susan Feiner, Kluwer Academic Publishers, 1992, P. 60.

德曼 1977 年的《按照斯拉法思想研究马克思》一书的出版，给马克思理论的辩护者"重重的一击"，甚至被看作"终结了 20 世纪 70 年代的价值争论"。因为在 20 世纪 70 年代的价值争论结束后，"许多马克思主义者和激进经济学家变成了斯拉法主义者，或者开始明确提出物质主义版本的马克思主义价值理论。其他一些人则把和价格与价值决定的量的方面相关的领域，让给了斯拉法主义者，以此寻求保卫马克思的价值理论有关质的方面的见解。这种努力造就了著名的价值形式范式的出现。还有一些马克思主义经济学家承认价值和剩余价值是'多余的'，但是试图去论证在某种程度上它们仍然是决定价格和利润的基础；从而断言"马克思主义学派的解体开始于 20 世纪 80 年代早期，随着里根主义和撒切尔主义的兴起而加速发展"。[①]

二、西方主流经济学家对劳动价值论的批判

萨缪尔森的"不必要的迂回"的观点，在西方主流经济学家对劳动价值论的"批判"中有着特别重要的影响。萨缪尔森是现代西方主流经济学家中对马克思主义经济学具有浓厚兴趣并进行过深入研究的学者之一。萨缪尔森在其畅销教科书《经济学》中，对马克思在经济思想史中的地位有所肯定。从 1967 年的第 7 版开始，萨缪尔森将马克思称作经济学"过去的伟人"或"思想巨匠"，一直到 2004 年的第 18 版都是如此。他罗列的经济思想史中的"思想巨匠"的名单是有变化的，但马克思始终存在于这一名单中。但他坚持认为，马克思的许多论点特别是劳动价值论缺乏基本的逻辑。

萨缪尔森对劳动价值论的批判体现在他的一系列论文中。在 1957 年的一篇论文中，萨缪尔森使用投入—产出的数学分析解释了马克思图式。在该文中，萨缪尔森直接把可变资本表示为货币工资率和劳动时间投入量的乘积。把不变资本等同于一单位资本（第 I 部类的产品）的价格和资本的实物数量的乘积。从实物的投入—产出系数直接推导出价格。萨缪尔森在这一分析中得出的结论是，"《资本论》第 1 卷中马克思的劳动价值论，看起来是一种迂回（detour），同时，对理解竞争性资本主义的行为而言是不必要的"。[②] 在这篇论文中，萨缪尔森证实了庞巴维克的许多批评和博特凯维兹的分析，认为价值和价格只有在下述情况

① Andrew Kliman, Reclaiming Marx's "Capital"：A Refutation of the Myth of Inconsistency, Lexington Books, 2007, P. 52.

② Paul A. Samuelson, Wages and Interest：A Modern Dissection of Marxian Economic Models, The American Economic Review, Vol. 47, No. 6, Dec., 1957, P. 911.

下才可能一致：或者（1）各部门间有相同的剥削率和普遍出现相同的资本有机构成；或者（2）到处都普遍出现零剥削率和零利润率。他在 1970 年的论文《马克思的"价值"向竞争"价格"的"转化"——抛弃和取代的过程》中，进一步提出"著名的从马克思的价值向竞争性价格转化的转形程序展示的是这样一种逻辑形式：任何事物＝其它任何别的事物乘以任何事物除以其它任何事物"。①

在 1971 年的论文中，萨缪尔森对先前的研究进行了概括和深化。在这篇文章中重申了他较早时期的结论。主要包括两点：第一，在生产不用任何已生产出来的生产资料而只用劳动的简单经济中，价格是与劳动含量成比例的；第二，如果劳动和生产资料两者都需要，就有了一个投入—产出体系，在这个体系内直接的以及间接的劳动投入量都必须加以考虑。因此，包含在已生产出来的生产资料中的劳动也必须用通行的利润率加权。也就是说，生产资料的劳动含量是间接的劳动含量，就包括通行的利润率在内的价格而言，这种间接劳动含量必须由利润率合成，这个分析仍然是依据实物投入系数，并从这种信息中推导出价格。在文中，萨缪尔森还对劳动价值论提出了其他一些方面的责难，如无法确定生产商品的社会必要劳动量，因为生产者劳动有简单和复杂劳动的区分，无法把各个人的劳动时间折算为社会必要劳动时间，无法以共同的单位计算各个生产者不同的劳动力；劳动价值论不能说明生产中耗费的劳动量相等，但生产时间不等的两种商品，其价格不同的原因，也就是说劳动价值论的缺陷之一在于没有看到时间带来的价值，等等。

萨缪尔森实际上是把马克思的劳动价值论当做相对价格理论来处理。萨缪尔森认为，对所谓转形问题的更好的表述是，"'价值'和'价格'这两个互相排斥的替换物的比较和对照的问题"。② 这就如哈考特（G. C. Harcourt）指出的："一代又一代的学者通过萨缪尔森的教科书被告知劳动价值论是一种价格理论，……劳动价值在解释竞争性的状况趋于建立的相对（长期）价格时既是不准确的也是不必要的"。③

---

① Paul A. Samuelson, The "Transformation" from Marxian "Values" to Competitive "Prices"：A Process of Rejection and Replacement, Proceedings of the National Academy of Sciences, Vol. 67, No. 1, September 1970, P. 423.

② Paul A. Samuelson, Understanding the Marxian Notion of Exploitation：A Summary of the So-Called Transformation Problem between Marxian Values and Competitive Prices, Journal of Economic Literature, Vol. 9, No. 2 (Jun., 1971), P. 400.

③ G. C. Harcourt, Paul Samuelson on Karl Marx：Were the Sacrificed Games of Tennis Worth it? In Samuelsonian Economics and the Twenty-First Century, Edited by Michael Szenberg, Lall Ramrattan, Aron A. Gottesman, Oxford University Press, 2006, P. 130.

萨缪尔森对马克思价值理论的质的方面，如拜物教和阶级斗争等，要么被当作马克思的社会学理论而被舍弃，要么受到忽视、遭到轻视。哈考特认为，"马克思的分析方法可以被比作一个洋葱头"。[①] 在这种分析方法中，层层包括的外皮后面是纯粹的、最抽象的，然而是最根本的生产方式的形式。马克思通过剩余创造和榨取的方式把历史分为不同的时期。与这种见解相联系的是每一个时期都有居于支配地位的阶级，这个阶级的支配的本质决定了剩余创造的本质。而在萨缪尔森看来，资本主义只不过是一个极具动力的生产方式，它通过积累和创新提高生产率及最起码是可能的生活水平。萨缪尔森和马克思眼中的资本主义体系的差异，决定了他们的本质差异。

森岛通夫是著名的数理经济学家。在"马克思主义政治经济学的现代复兴中发挥了重要的作用"。[②]

森岛通夫对马克思有关剩余价值率和剥削率之间关系的表述持较为同情的态度，这一点可以从他对置盐信雄的"马克思基本定理"的使用上看出来。但是，森岛通夫强调，马克思的生产价格概念（用价值术语定义成本价格），只有在产业是"线性相关"的情况下是有效的，这同样是一个具有严格限制性的条件，尽管它不像可以包含于这种分析中的萨缪尔森的"相同的内部构成"条件那样的严格。森岛通夫最终以在面对异质劳动和联合生产或固定资本时存在的理论困难为理由，建议放弃马克思的劳动价值论，用冯·诺依曼类型的理论模型替代它。森岛通夫研究马克思经济学的目标非常明确，即如布劳格说明的那样："森岛通夫从诺依曼增长理论的观点出发，对马克思提出新的看法，认为可以把马克思的观念以严密的公式重新表述，使之符合当代'动态一般均衡理论'所指定的最高标准"。[③]

森岛通夫对马克思经济学的研究主要体现在《马克思的经济学：价值和增长的二元理论》以及与卡特福尔斯合著的《价值、剥削和增长》这两部著作中。森岛通夫宣称自己的目标："不是重新概述马克思经济学的要点而是给它以严格的表述"[④]，"从现代发达经济理论的视角重新认识马克思的伟大之处"。[⑤]

---

① G. C. Harcourt, Paul Samuelson on Karl Marx: Were the Sacrificed Games of Tennis Worth it? In Samuelsonian Economics and the Twenty-First Century, Edited by Michael Szenberg, Lall Ramrattan, Aron A. Gottesman, Oxford University Press, 2006, P. 131.

② Ricard W. England, Morishima on Marx: A Retrospective Review, Philosophy of the Social Science, 15: 4, 1985, P. 433.

③ 马克·布劳格著：《凯恩斯以后的 100 位著名经济学家》，商务印书馆 2003 年版，第 265 页。

④ Michio Morishima, Marx's Economics: A Dual Theory of Value and Growth, Cambridge University Press, 1973, P. vii.

⑤ Michio Morishima, Marx's Economics: A Dual Theory of Value and Growth, Cambridge University Press, 1973, P. 5.

　　森岛通夫主张在理论层面综合马克思主义经济学和主流经济学，认为现在是提出把两个学派的增长理论整合到马克思—冯·诺依曼理论中去的时候了，一个新的发展阶段即将开启"。① 同时主张"终结"马克思主义经济学和主流经济学之间"灾难性的敌对"的状况②，这种状况对经济学家来说是"巨大的不幸"，因为很长时间以来经济学家作为派系发展的结果被分为"正统"的和"异端"的两大阵营，处在两大阵营中的每个学派都缺乏和对方的接触，从而只能"近亲繁殖"。③

　　为了实现自己的研究目标，森岛通夫首先说明马克思经济学的两个最显著的特征，马克思试图探索"一种能够描述经济的动态运动，而不是一种能够详细阐述消费者偏好的理论"。④ 马克思区分了资本主义再生产过程中的表面现象和深层实在，比如"在交换理论中，马克思的目标是认识隐藏在商品交换比率背后的人类劳动的社会特征"。⑤ 在《现代经济理论视野中的马克思》一文中，森岛通夫认为，马克思的《资本论》的"核心主题"是这样的一个假定：建立在劳动剥削基础之上的资本主义的生存和扩张能力。⑥ 应当说，森岛通夫有关马克思经济学的突出特征的判断，基本上是正确的。

　　在阐明马克思经济学的主要特征的同时，森岛通夫对一些具体理论进行了研究。在这一研究中，森岛通夫经常指出马克思的分析和主流经济学家之间的相似性。比如，森岛通夫认为，马克思和瓦尔拉斯同时且彼此独立地表述了一般均衡分析；他说明了马克思的再生产图式和里昂惕夫的投入—产出表之间的相似性等。从这些相似性中，森岛通夫得出的结论就是，"马克思仍然活跃在我们的科学的前沿"，⑦"我们应当把动态一般均衡理论（经济理论的核心）的基础归功于

---

　　① Michio Morishima, Marx's Economics: A Dual Theory of Value and Growth, Cambridge University Press, 1973, P. 9.

　　② Michio Morishima, Marx's Economics: A Dual Theory of Value and Growth, Cambridge University Press, 1973, P. 105.

　　③ Michio Morishima, Marx's Economics: A Dual Theory of Value and Growth, Cambridge University Press, 1973, P. 1.

　　④ Michio Morishima, Marx's Economics: A Dual Theory of Value and Growth, Cambridge University Press, 1973, P. 3.

　　⑤ Michio Morishima, Marx's Economics: A Dual Theory of Value and Growth, Cambridge University Press, 1973, P. 145.

　　⑥ Michio Morishima, Marx in the Light of Modern Economic Theory, Econometrica, Vol. 42, No. 4, Jul., 1974, P. 614.

　　⑦ Michio Morishima, Marx's Economics: A Dual Theory of Value and Growth, Cambridge University Press, 1973, P. 3.

马克思"。①

森岛通夫用大量的篇幅说明了马克思经济学中存在的缺陷，在对劳动价值论理论缺陷的说明中，森岛通夫提出的主要观点可以概括为两个方面。

一方面，森岛通夫提出劳动价值论只在严格的假设条件下才能成立。为了使用现代经济学分析工具一般化马克思的理论主张，森岛通夫对马克思解释的重点之一是，发现马克思经济学中存在的"隐藏的假定"。② 森岛通夫认为，《资本论》中的许多观点是否成立，经常取决于一些严格的实证假定，特别是有关技术和技术变迁的特征。这就意味着一旦放松严格的假设条件，马克思的理论结论是无法被一般化的。森岛通夫提出，在马克思的经济学中，可以被接受的价值理论必须满足这样几个条件：（a）非负的；（b）唯一被决定的；（c）价值独立于市场现象；（d）一旦价值由技术数据决定就确定了整个社会都相同的剥削率。③ 但考虑到联合生产、可供选择的生产过程和劳动的异质性等条件后，就会与以上四点相抵触。

另一方面，森岛通夫认为，价值理论和马克思的其他理论存在冲突。他认为，《资本论》的致命缺陷在于，一旦放松马克思的分析的一些关键假设，劳动价值论就和其他理论分析不兼容。森岛通夫对马克思的各种定理的证明，比如资本主义剥削的必然性、资本主义最终必然崩溃，通常都是建立在典型的体现出一些特殊假定的模型基础之上的。有关这种模型的六个主要前提是：（a）没有联合生产；（b）每种商品只存在一种生产方法；（c）抽象的、同质的劳动是唯一的非生产出来的生产投入品；（d）不存在固定资本；（e）所有商品有同样的生产的时间周期；（f）生产是时点——投入—产出型，投入是在生产周期的开始做出的，而产出是在生产周期的终点取得的。每个生产周期中劳动中只是被使用一次。④ 所有这些假定，"在劳动价值论原型的建立中都起着重要的作用"。⑤ 森岛通夫认为，一旦存在异质劳动、联合生产、技术选择等情况，"劳动价值论就陷入困境"，从而"严格地说，这意味着我们不能接受马克思，除非他准备放弃劳

---

① Michio Morishima, Marx's Economics: A Dual Theory of Value and Growth, Cambridge University Press, 1973, P. 8.

② Michio Morishima, Marx's Economics: A Dual Theory of Value and Growth, Cambridge University Press, 1973, P. 21.

③ Michio Morishima, Marx's Economics: A Dual Theory of Value and Growth, Cambridge University Press, 1973, P. 181.

④ Michio Morishima, Marx's Economics: A Dual Theory of Value and Growth, Cambridge University Press, 1973, P. 13.

⑤ Michio Morishima, Marx's Economics: A Dual Theory of Value and Growth, Cambridge University Press, 1973, P. 14.

动价值论"。①

与萨缪尔森相比，森岛通夫对马克思的研究尽管更为周详，但同样竭力主张放弃劳动价值论。这和森岛通夫研究马克思的目的和使用的方法有关。森岛通夫在评价马克思作为一个社会科学家的地位时，往往是用马克思在多大程度上预见到了诺依曼的数理经济学的意义上进行的，他对马克思的赞赏是一种有保留的赞赏。作为一个数理经济学家，森岛通夫把马克思的方法用数理经济学的观点加以规范，把马克思塑造为一位"数理经济学家"。按照森岛通夫观点塑造的作为"数理经济学家"的马克思，完全丧失了马克思经济学中蕴含的深刻的历史的、社会的和政治的思想。森岛通夫认为，马克思的再生产模型和瓦尔拉斯的一般均衡模型之间存在"实质性的一致"，因为两种理论体系都可以用一系列同时决定的方程体系来表达一系列彼此相互依赖的经济关系，但是这种对马克思和瓦尔拉斯的理解纯粹是形式上的，并没有对两位思想家各自的理论体系的的根本性质做出评价。

斯蒂德曼的著作《按照斯拉法思想研究马克思》也是西方主流经济学对马克思劳动价值论批判的重要著作。斯蒂德曼对劳动价值论的批判建立在两种认识之上：一是劳动价值论想说的东西能够用另一种替代它的理论说法，而且可以说得更好；二是与可以替代它的理论相比，劳动价值论缺乏广泛的一般性。斯蒂德曼从这两个认识出发，对马克思劳动价值论做出了多方面的批判。

第一，斯蒂德曼断言劳动价值体系是"多余的"。在《资本论》第1卷中，马克思给出了社会必要劳动时间的定义，即"社会必要劳动时间是在现有的社会正常的生产条件下，在社会平均的劳动熟练程度和劳动强度下制造某种使用价值所需要的劳动时间。"② 斯蒂德曼认为，马克思的这一定义意味着价值体系是由各部门中生产的社会通行的技术条件和实际工资决定的，只要给定一套关于这种技术条件的物质量数据和实际工资率，就能计算出相应的价值量。在斯拉法理论中，给定一套生产的技术条件和实际工资率，还可以直接得出生产价格体系。因此，斯蒂德曼提出，像马克思那样由生产的技术条件和实际工资出发得出一套价值体系，再由价值体系经过"转形"得出生产价格体系的做法，完全是不必要的迂回，斯蒂德曼得出结论就是：马克思的价值理论及其转形问题，是"一个虚幻的、无中生有的问题"。③

① Michio Morishima, Marx's Economics: A Dual Theory of Value and Growth, Cambridge University Press, 1973, P. 8.
② 《马克思恩格斯文集》第5卷，人民出版社2009年版，第52页。
③ 扬·斯蒂德曼著：《按照斯拉法思想研究马克思》，商务印书馆1991年版，第2页。

第二，在考虑复杂的生产活动时，劳动价值论难以成立。在早期研究马克思价值理论使用的模型中，假定只存在流动资本，每个部门生产一种单一产品，不存在联合生产，每个产业中只使用一种（规模报酬不变）生产技术。这种简单模型，"在森岛通夫 1973 年的研究出现之前普遍地存在"。[1] 斯蒂德曼认为，如果放松早期模型的基本假定，把劳动价值论应用于复杂的现实经济生产时，劳动价值论会出现内部矛盾，这些复杂情况包括技术选择、固定资本和联合生产等。比如，放松只存在单一生产技术的基本假设，即允许资本家选择不同的生产技术时，劳动价值论成立要求满足的第一个条件，价值的明确定义和唯一性就会出现问题。也就是说，存在不同的方法生产一种特定的商品，每一种方法要求不同的直接或间接劳动投入，那么，哪一种"物化劳动量"代表了商品的价值呢？在存在联合生产的情况下，价值理论会产生更严重的问题。比如养一只羊会有羊毛和羊肉两种产品，那么，如何在养一只羊耗费的劳动时间中分别赋予价值呢？另外，固定资本问题也是十分重要的。在研究中，把固定资本视为是一种特殊形式的联合生产的处理方法十分常见。在联合生产体制中，价值的定义将会出现问题，甚至是负的。[2]

三、对主流经济学劳动价值理论批判的回应

萨缪尔森以及斯蒂德曼等人的分析，毫无疑问引起马克思主义者的强烈反对，即如金所指出的，他们"捅了马克思主义支持者的马蜂窝"。[3] 对这些"多余性"观点做出的强有力的"反批判"，主要来自三个方向。

一是认为主流经济学家对劳动价值论的研究，忽视了对生产领域及生产关系的关注。一些马克思主义经济学家认为，主流经济学的批判者忽视了对生产领域的研究，对生产的理解与马克思是完全不同的。持这种批评意见的代表者，主要有法因和哈里斯以及谢赫等。

法因和哈里斯认为，要真正理解马克思的价值理论，就要澄清"马克思是如

---

① J. E. King, Value and Exploitation: Some Recent Debates, In Classical and Marxian Political Economy: Essays in Honor of Ronald L. Meek, Edited by Ian Bradley and Michael Howard, The Macmillan Press td., 1982, P. 161.

② 扬·斯蒂德曼著：《按照斯拉法思想研究马克思》，商务印书馆 1991 年版，第 138 页。

③ J. E. King, Value and Exploitation: Some Recent Debates, In Classical and Marxian Political Economy: Essays in Honor of Ronald L. Meek, Edited by Ian Bradley and Michael Howard, The Macmillan Press td., 1982, P. 173.

何看待资本主义经济的结构的，以及马克思的《资本论》的结构"的问题。① 生产、交换和分配之间的关系是复杂的，它们构成一个结构整体中的各个环节。很多现代马克思主义经济学的研究者通常没有很好地理解作为整体的这种复杂结构。《资本论》的结构与马克思对资本主义经济结构的理解有着密切的关系，但是，两种结构之间并不是一种简单的对应关系。法因和哈里斯认为，《资本论》可以被理解为是两种结构的结合：首先，"《资本论》是根据真实世界的生产、交换和分配之间的分层结构进行结构安排的。"其次，"《资本论》是根据论证的抽象层次进行结构安排的"。② 因此，相对"简单的"价值概念（不能直接观察的到的）对分析资本主义生产而言是必不可少的，《资本论》第1卷主要考察了这两个问题。同时，复杂的（从而可观察的）利息的范畴必须从分配的角度加以考察，因此《资本论》第3卷主要对这些问题进行了分析。在20世纪70年代的争论中，"新李嘉图主义者只是使用处于相对较低抽象层次的诸如生产价格和市场价格的范畴阐述他们的结论"。③ 法因和哈里斯认为，新李嘉图主义者完全反对价值分析，"这不只是他们理论的结论，而且也是他们理论的出发点"。④

同时，新古典主义者和斯拉法主义者尽管也经常提到"生产的物质条件"，但事实上，他们对"生产"的研究和马克思的研究存在着重大的区别。谢赫曾提出："什么决定生产的物质条件呢？在马克思那里，答案是清楚的：这便是劳动过程。正是人类的生产活动，劳动的实际支出，把'投入'变成了'产出'，并且仅当劳动顺利地完成，我们才能有'生产的物量数据'。此外，如果劳动过程是商品生产过程，价值在这个过程中会物化在使用价值的形式上。无论投入和产出，都体现为使用价值形式的物化价值，我们可以说，在实际过程中，是价值决定了生产的物量数据"。⑤

对这种"多余性"观点做出回应时，马克思主义理论家都强调，马克思的价值理论与其他类型的理论不同，它不只是为了决定均衡价格，更重要的是为了阐明资本和工人在剩余价值生产上的关系。伊藤诚就认为，"如果在古典和马克思主义传统中，认为作为一种社会科学的经济学的任务在于揭示建立在价格背后的人类劳动基础之上的社会关系的本质，那么劳动价值论不仅远远不是多余的，反

① Fine B. and Harris L., Controversial Issues in Marxist Economic Theory, Socialist Register, 1976, P. 141.

② Fine B and Harris L, 1976, Controversial Issues in Marxist Economic Theory, Socialist Register, pp. 141 - 143.

③ Fine B and Harris L, 1976, Controversial Issues in Marxist Economic Theory, Socialist Register, P. 144.

④ Fine B and Harris L, 1976, Controversial Issues in Marxist Economic Theory, Socialist Register, P. 147.

⑤ A. Shaikh, Neo-Ricardian Economics – A Wealth of Algebra, A Poverty of Theory, Review of Radical Political Economics, Vol. 14, No. 2, 1982, pp. 71 - 72.

而是必不可少的"。①

二是对新古典和斯拉法主义对劳动价值论"批判"的"反批判"，对劳动价值论"质的分析"的重新强调。对劳动价值论"质的分析"的强调，是由价值形式分析的支持者提出的。这种受到马克思的价值理论影响产生的价值分析理论，通常被称为"社会范式"或"抽象劳动学派"，后来更多地被称为"价值形式范式"。② 价值形式理论的发展是 20 世纪 70 年代西方马克思主义经济学研究者在对俄国经济学家鲁宾的"重新发现"中提出的，这是为了反对传统马克思主义的不充分性，也是为了应对新古典主义和斯拉法主义的过度批判。

价值形式分析观点在鲁宾的有关论述中得到清晰的表述。鲁宾认为："在商品经济中，彼此分离的个体或分离的、私人商品生产者的劳动，并不直接受社会的调节。因此，就其具体形式而言，劳动还没有直接进入到社会经济中。只有当劳动获得社会均等劳动（socially equalized labour）的形式时，劳动才在商品经济中变为社会性的，也就是说，每一种商品生产者的劳动只有因为他的产品开始与所有其他生产者的产品相均等时，才变成社会性的。"这时，"抽象劳动……是与所有其他劳动产品所有者的交换都相等的劳动，但是与所有其他劳动产品都相等是不可能的，除了通过使用一般等价物同化每一种商品……在直接生产过程，在交换行为发生之前，劳动的相等可能发生，但是只是观念上的和预期上的。在现实中，它是通过交换行为，通过给定劳动的产品同一定数量的货币的相等发生的"。③

鲁宾的观点对马克思主义价值分析的发展至少在两个方面产生了重要影响：首先，抽象劳动作为社会劳动是通过交换间接地形成的因而只适用于商品经济的观点，有力地批判了非历史性的物化劳动观点。这种批判有助于把马克思主义研究的焦点从价值和价格计算转移到生产的社会关系和它们的表现形式的分析。其次，这种传统观点强调了价值分析中货币的重要性，因为价值只能通过价格来表现并表现为价格。由于货币在商品经济中发挥了本质性的作用，对马克思理论的非货币的或一般均衡解释根本就是错误的，寻找有关抽象劳动的无中介的表达是无效的，试图计算物化劳动系数基本上是无意义的。对货币的重要性的强调，推动了对马克思主义货币分析意义的复兴；对物化劳动观点的批评，开启了对马克

---

① Makoto Itoh, The Value Controversy Reconsidered, In Radical Economics, Edited by Bruce Roberts, Susan Feiner, Kluwer Academic Publishers, 1992, P. 60.

② Arthur Christopher J., Value, Labour and Negativity, Capital and Class, 73, 2001, P. 16.

③ Rubin, I. I., Essays on Marx's Theory of Value, Montréal: Black Rose Books, 1975, pp. 96 – 97, P. 142.

思价值理论更有力的解释的路径。

在价值形式分析的支持者看来，斯拉法主义者最典型的特征在于：首先，他们使用新古典意义上的均衡分析。他们试图从给定的生产条件中推导出均衡价格。其次，斯拉法主义者"混淆了'因果'和'计算'，这一点可从斯拉法主义者的结论中加以理解，他们在表达因果和计算时通常使用一个共同的词汇'决定'"。① 事实上，在什么引起了价格的表现和用什么对它们进行计算之间是存在区分的。法因曾评价说："尽管可以度量和计算降雨量，但是这并不意味着是对降雨的原因的理解"。② 价格可以从技术而不是从价值中计算出来，和价值的因果地位也是不相关的。

对于价值形式分析，也存在一定的反对意见。克莱曼认为，价值形式分析在直接的意义上和马克思劳动价值论内部不一致的争论没有多大关系，因为这种范式，"看起来是似乎是在努力地避开争论，这种范式既不坚持也不否定内在不一致的主张"。③ 另外，价值形式理论，对价值的解释不同于传统的或常见的解释，比如，克劳斯（Krause）就认为，他的立场和马克思是否相一致"并不重要"；④ 鲁特（Reuten）承认，马克思的立场和他自己的立场是不同的，他反对马克思的立场并不是因为马克思的观点是错误的或存在逻辑上的不连贯，而是因为马克思的价值分析不具有"操作性"。⑤

三是跨期单一体系对使用主流经济学方法研究马克思时存在的缺陷的批评。2004 年由弗里曼（Alan Freeman）、克莱曼（Andrew Kliman）和威尔斯（Julian Wells）共同编辑出版的《新价值问题论战》论文集⑥，反映了对马克思价值理论的现代评价和对政治经济学批判的一种新的倾向。收入论文集的文章，主要是对由弗里曼等在 1996 年发起的《马克思和非均衡经济学》⑦ 讨论的回应。《马克思和非均衡经济学》第一次以论文集的形式，提出了后来引起广泛争议的有关马克思价值理论的跨期单一体系的解释。

①② The Value Dimension：Marx versus Ricardo and Sraffa，Edited by Ben Fine，Routledge & Kegan Paul，1986，P. 6.

③ Andrew Kliman，Reclaiming Marx's "Capital"：A Refutation of the Myth of Inconsistency，Lexington Books，2007，P. 36.

④ Ulrich Krause，Money and Abstract Labour，London and New York，1982，Verso，P. 8.

⑤ Geert Reuten，The Difficult Labor of a Theory of Social Value：Metaphors and Systematic Dialectics at the beginning of Marx's 'Capital'，In Marx's Method in Capital：A Reexamination，Edited by Fred Moseley，Humanities Press International，Inc.，1993，P. 103.

⑥ The New Value Controversy and The Foundations of Economics，Edited by Alan Freeman，Andrew Kliman，Julian Wells，Edward Elgar，2004.

⑦ Alan Freeman，Guglielmo Carchedi Edited：Marx and Non-Equilibrium Economics，Edward Elgar Pub，1996.

在《马克思和非均衡经济学》中，跨期单一体系的支持者指出，长期以来流行的所谓的马克思经济学存在内在矛盾或前后不一致的证据，在马克思自己的著作中并不存在。他们指出，在马克思主义经济学的背景中加以讨论，并被描绘成马克思价值理论的理论，实际上是一种独特的理论。这些人中包括德米特里耶夫（Dmitriev）、博特凯维兹、斯威齐、塞顿（Seton）、置盐信雄（Okishio）、萨缪尔森、森岛通夫、斯蒂德曼等等。

跨期单一体系分析，主要建立在批判博特凯维兹为了"纠正"马克思的理论而提出的两个"修正"的基础之上：

第一，被修正的马克思的价值理论理论是非跨期的（atemporal）或同期主义的（simultaneist）。在现实世界中，进入生产过程的投入的价格能够而且一般说来的确不同于随后出现的产出的价格。然而，在同期主义模型中，投入和产出是同时被估算的，好像在投入和产出之间并不存在时间的流逝。这种分析程序排除了产出的单位价格（和价值）可以高于或低于投入的单位价格（和价值）。从而，修正后的理论，事实上"预先假定了一种特殊类型的均衡的统治"。①

第二，修正后的马克思的理论具有二元体系的特征。鉴于商品的价格在部分程度上取决于生产它们耗费的投入的价格，商品的价值（根据修正后的理论的定义）取决于投入的价值。从而，价格是在和与价值无关的"价格体系"中决定的，而价值是在和价格无关的"价值体系"中决定的。从而，二元体系切断了价值和价格之间的联系。

跨期单一体系的支持者认为，马克思把价值和价格视为在历史时间中决定的量（从而引入了跨期的术语）。也就是说，马克思提供了一个有关它们决定的一般理论，一种无论投入的价值和价格是否等于后来出现的产出的价值和价格时都适用的理论。跨期单一体系主张，马克思的理论具有"一元体系"的特征：耗费的生产资料转移到产出中的价值的总和是得到它们所需的价值的总和，从而它取决于它们进入生产过程时的价格（而不是价值）。

跨期单一体系对主流经济学方法用于马克思的价值理论研究时存在的不足进行的批评，在一定程度上是成立的。但是，跨期单一体系的解释同时也颇具争议，因为它"挑战了先前在马克思的学术圈形成的共识"。② 同时，跨期单一体

---

① The new value controversy and the foundations of economics I edited by Alan Freeman，Andrew Kliman，Julian Wells，Edward Elgar，2004，P. xi.

② The New Value Controversy and The Foundations of Economics，Edited by Alan Freeman，Andrew Kliman，Julian Wells，Edward Elgar，2004，P. ix.

系论者提出，他们的解释是"在没有'修正'或取代马克思自己对他的观点的说明的情况下，证明了马克思的理论结论的逻辑一致性"①，这一说法也引起了一些评论者的质疑，因为这种解释涉及马克思大量文本的解释。因此，跨期单一体系是否构成了对马克思的"新的修正"，仍然处于的讨论之中，

第三节 "没有劳动价值论的马克思"及其论争

在西方经济学界，对马克思经济学研究的一种新的取向就是尝试在放弃马克思经济学某些基本理论的前提下，承认马克思经济学对资本主义经济和社会主义现实的理解上的意义。"没有劳动价值论的马克思"就是这种取向的典型观点，同时也是围绕劳动价值论展开的长期论争的新的特点。

一、"没有劳动价值论的马克思"理论产生的背景

从 20 世纪 60 年代开始，西方学术界对马克思主义的兴趣迅速增长。马克思主义者通常认为，价值理论的发展和当时的现实经济问题之间存在着密切的关系，"价值理论提供了一种具有本质意义的进行实际问题分析的参照系"。② 但是，当资本主义经济在 20 世纪 70 年代进入萧条时期时，马克思主义经济学表现得并不是十分令人满意。

在美国，马克思主义政治经济学研究主要受一种单一的文本支配，那就是受到斯威齐和巴兰的《垄断资本》理论的支配。从后来的各种研究中可以发现，该著作在理论和实证方面都存在较大不足。特别是它用一种潜在剩余理论取代了马克思的劳动价值理论和剩余价值理论。在巴兰和斯威齐的著作中，马克思劳动价值理论本身就成了"多余的"了。在英国，尽管有影响广泛的马克思主义理论刊物——《新左派评论》，但明显地缺乏从理论和实证角度论述经济学问题的理论阵地。

与此同时，多布和米克高举马克思主义经济学的旗帜，但是却做出了一些有利于对马克思和斯拉法"沟通"的李嘉图—斯拉法主义的解释。多布认为，劳动价值论是建立（对应于资产阶级福利经济学）剥削的社会学的工具，是发现资本

①　The new value controversy and the foundations of economics I Edited by Alan Freeman, Andrew Kliman, Julian Wells, Edward Elgar, 2004, P. ix.

②　Makoto Itoh, The Value Controversy Reconsidered, In Radical Economics, Edited by Bruce Roberts, Susan Feiner, Kluwer Academic Publishers, 1992, pp. 53 – 54.

主义运动规律（对应于占据正统地位的新古典和凯恩斯主义经济学）的手段。作为一种工具的劳动价值论对一些研究目的似乎是有用的，对另外一些原则上却是无用的。在米克和多布的影响下，特别是在转形问题论争的背景中，许多马克思经济学研究者也误以为，在实践中，劳动价值论不是错误的，至少也是"无用的"。

主张"没有劳动价值论的马克思"还有一些现实的原因，那就是劳动价值论如何解释资本主义从自由竞争向垄断阶段的发展现实，劳动价值论到底在解释社会主义经济问题中有何作用等。在对这些问题的思考中，进一步加强了对劳动价值论的质疑。在始于1973年的世界经济危机中，人们见证了资本主义发展中某些"特定趋势出现的历史大逆转"[1]，比如，资本主义的投资数量相对变小，而且更加灵活多样，这种变化侵蚀着工人和工会的社会地位，影响着国家的经济职能。这种看似矛盾的建立在市场原则之上的更加自由的资本主义经济的回归，很自然地激起人们对资本主义基本理论的适用性的理论兴趣，这种理论兴趣在价值理论上表现得尤为明显。与此同时，苏联类型的社会存在的深层次危机，也要求马克思主义者反思他们的理论基础。此外，对马克思价值理论的怀疑也因为垄断资本主义的兴起变得日益常见。对于一个大量使用机器的社会而言，通过利率配置稀缺生产资料的问题是很重要的，即使在生产的回报全部归社会所有的情况下也是如此。因此，劳动价值论在分析社会主义社会生产资料的最优配置问题时是否发挥了重要的作用是需要加以考察的。在考察垄断价格和社会主义社会的资源最优配置时，劳动价值论到底发挥了什么作用的疑问，引起有关劳动价值论的"适用性"和"现实性"的讨论。而在这种讨论中，得到的主要结论几乎是一边倒。非马克思主义者完全不用说了，一些马克思主义者也得出了劳动价值论"过时"而应当"放弃"的结论。

希法亭早年就质疑劳动价值论在垄断资本理论中的作用，他曾指出："看来，似乎垄断同盟是马克思积聚学说的实现，同时也是他的价值学说的消灭"[2]。第二次世界大战后，米克也指出，"古典经济学家和马克思提出的劳动价值学说不能说明垄断价格，这是李嘉图以后一直被用来攻击这一学说的一个论点"[3]。开

---

① Makoto Itoh, The Value Controversy Reconsidered, In Radical Economics, Edited by Bruce Roberts, Susan Feiner, Kluwer Academic Publishers, 1992, P. 54.
② 保罗·斯威齐：《资本主义发展论》，商务印书馆1997年版，第270页。
③ 米克著：《劳动价值学说的研究》，商务印书馆1963年版，第323页。

始于希法亭①，后来包括巴兰②、巴兰和斯威齐③、米克④、霍华德和金⑤等，都认为垄断资本主义中存在着资本自由流动的各种人为和自然障碍，阻碍了价值规律作用的发挥，使得马克思经济学对资本主义的分析，特别是马克思劳动价值理论的有效性一再受到质疑。

二、"没有劳动价值论的马克思"观点的泛起

明确把"没有劳动价值论的马克思"作为一种主张提出来的是霍奇森。霍奇森是一个典型的斯拉法主义者。他在 2010 年接受《伊拉斯谟哲学和经济学杂志》的访谈时谈道："20 世纪 60 年代，像那个时代的许多人一样，我开始对左翼思想感兴趣……特别是对马克思主义经济学感兴趣。最终，我在马克思经济学领域发表了一些论文，它们主要是从技术的方面对马克思主义经济学进行批判……我的批判主要是建立在后来非常著名的斯拉法的框架的基础之上的"。⑥霍奇森研究马克思经济学的基本目标也是非常清晰的，"我认为，马克思主义的一些基本理论是错误的，我也认为在马克思主义中也有大量仍然有效的东西，我打算寻找一种替代的视角"。⑦

正是对上述立场和方法的选择，使霍奇森成为主张"没有劳动价值论的马克思"观点的有影响的宣扬者。霍奇森的主张，实际上是对劳动价值论"多余性"批判的延续。他 1982 年发表的《没有劳动价值论的马克思》的文章⑧，从构建剥削理论的角度分析了"没有劳动价值论的马克思"，其实早在 1981 年出版的《资本主义、价值和剥削：一个激进理论》⑨一书中，霍奇森已从货币理论的视角，说明放弃劳动价值论并不会对马克思有关货币的观点产生不良的影响，此后在 1991 年出版的著作《马克思和斯拉法之后》⑩中，霍奇森重提"没有劳动价

---

①　鲁道夫·希法亭著：《金融资本》，商务印书馆 1994 年版。

②　Baran, P. A. 1957, The Political Economy of Growth, New York：Monthly Review Press.

③　Baran, P. A. and Sweezy, P. M. 1966, Monopoly Capital：An Essay on the American Economic and Social Order, New York：Monthly Review Press.

④　Meek, R. L. (1973), Studies in the Labor Theory of Value, 2nd edn (London：Lawrence & Wishart).

⑤　Howard, M. C. and King, J. E., 1975, The Political Economy of Marx, Harlow：Longman.

⑥⑦　Making economics more relevant：an interview with Geoffrey Hodgson, rasmus Journal for Philosophy and Economics, Volume 3, Issue 2, Autumn 2010, P. 73.

⑧　Geoff Hodgson, Marx without the Labor Theory of Value, Review of Radical Political Economics, 1982, 14：59, pp. 59－65.

⑨　Geoff Hodgson, Capitalism, Value and Exploitation：A Radical Theory, Martin Robertson & Company Ltd., 1982.

⑩　Geoff Hodgson, After Marx and Sraffa, St. Martin's Press, 1991.

值论的马克思"的主张。

霍奇森是在完全接受后斯拉法主义者对马克思劳动价值论的批判的基础上，提出"没有劳动价值论的马克思"主张的。在《马克思和斯拉法之后》一书中，霍奇森指出，斯拉法主义的劳动价值论批判是成功的。他认为，马克思自己也意识到，技术性的投入—产出数据和有关实际工资的数据，对计算物化劳动价值和决定剩余价值数量而言是必要的。而且斯拉法已经证明物化劳动价值对计算价格而言是不必要的。霍奇森认为，劳动价值论多余只是问题的一个方面，反对使用劳动价值的另一个理由是，作为对剥削的证明，它是"不合理的"[1]。比如，他非常赞同另一个斯拉法主义者罗松（Bob Rowthorn）的观点："在首先定义所有的产出都是劳动的产品后，洋洋自得地宣称证明了剩余产出源自劳动产品，有循环论证的味道"[2]。霍奇森指出，把价值定义为物化劳动，然后证明工人并没有得到他们的劳动创造的所有价值，"是把应当加以证明的东西假设出来了。它依赖于一个初步、未经证实的假设，即所有的价值和剩余价值都是劳动创造的"[3]。

霍奇森认为，经过后斯拉法主义的批判，劳动价值论的支持者"陷入了混乱。一些人开始放弃多布—米克—斯威齐版本的劳动价值论和对物化劳动价值的应用。一些人陷入更大的蒙昧主义。但是很少人试图去提出一种替代的理论和严格的方法"[4]。霍奇森认为，"与正统马克思主义者和心胸狭隘的反马克思主义者的观点相反，外科手术式地消除劳动价值论后，马克思的著作中的健康的理论体系将会存活下来"[5]。霍奇森的一贯的观点就是："反对劳动价值论是恢复马克思主义的充分的科学地位的必要条件"[6]。

三、对"没有劳动价值论的马克思"的驳斥

对"没有劳动价值论的马克思"的诸多反驳中，甘斯曼的论述最具特色。他通过对马克思的方法与新古典的和斯拉法主义的方法的比较，在肯定这些流派提出的一些批评具有某种合理性的同时，较为深刻地阐述了"通过放弃马克思的劳

---

① Geoff Hodgson, After Marx and Sraffa, St. Martin's Press, 1991, P. 5.

② R. E. Rowthorn, Capitalism, Conflict and Inflation: Essays in Political Economy, London: Lawrence & Wishart, 1980, P. 38.

③④⑤ Geoff Hodgson, After Marx and Sraffa, St. Martin's Press, 1991, P. 6.

⑥ Geoff Hodgson, Capitalism, Value and Exploitation: A Radical Theory, Martin Robertson & Company Ltd., 1982, P. 75.

动价值论去'拯救'马克思的观点是难以令人信服的"。①

在甘斯曼的研究中,首先提出了在经过长期争论后形成的对"规范的劳动价值论"(也就是现代的、形式化的劳动价值论)② 的理解。规范的劳动价值论指的是使用现代经济学工具对马克思的劳动价值论进行的重新表述。一般来说,在规范的劳动价值论中,给定既定生产技术的有效应用,劳动价值作为决定进入一单位每种产出的直接和间接劳动数量的系数被决定下来。规范的劳动价值论是一种高度内部"自洽"的理论,经过"规范化"处理后的劳动价值论,能够引申出的直接结论,构成了新古典主义者和斯拉法主义者对劳动价值论批判的基础。

对于新古典经济学家来说,规范的劳动价值表明:"劳动价值和相对价格之间的比例性,只在一个特别简单的经济系统的均衡状态下存在。因此,许多必须在一般均衡理论中加以分析的问题通过假设被消除了"。③ 根据一般均衡理论的目标,劳动价值论只是分析了一种特殊的情况。对这种特殊的情况而言,除了对生产结构的严格假设外,还对分配的本质做出了一个极端的假设:全部净产品作为生产中唯一的稀缺要素劳动的报酬——工资被占有。也就是说,按照均衡时的劳动价值进行交换的体系中没有利润的存在。这些假定使得理论结论显得极其狭隘。这是很多新古典经济学认为劳动价值论意义不大,只有经济思想史学家们会对它们感兴趣的主要原因。比如,阿罗(Arrow)和哈恩(Hahn)在结束他们对简单里昂惕夫体系等同于劳动价值模型的讨论时,曾做出过如下判断:"如果除了它有助于我们理解一些早期的理论,比如劳动价值论,不考虑其他原因,我们可以判断里昂惕夫经济是一种有趣的构建,但是,看起来一种纯粹的'生产成本理论',不大可能充分地反映现实世界的复杂性"。④ 在规范的劳动价值论把劳动价值解释为一般均衡理论的一种特例时,劳动价值论自然就成了"多余"的。

斯拉法主义者赞同一般均衡论者的观点,认为劳动价值论在经济思想史研究方面确实是有其意义的。在斯拉法主义者看来,劳动价值论被用于为"自然价格"决定问题提供一步步解决的方法。自然价格是表达生产的技术条件和工资与利润之间分配均衡的均衡价格。这种价格的决定以统一的利润率为先决条件,统一利润率可以在给定实际工资的情况下由生产的技术条件得到。但是,从单纯由生产过程决定的价值出发会导致一些问题,即随着严格假设的一步步消除,统一

① ②　Heiner Ganssmann. Marx without the Labor Theory of Value? Social Research, Vol. 50 (2), Summer 1983, P. 280.

③　Heiner Ganssmann. Marx without the Labor Theory of Value? Social Research, Vol. 50 (2), Summer 1983, P. 284.

④　Kenneth J. Arrow and F. H. Hahn, General Competitive Analysis, San Francisco: Golden-Day, 1971, P. 47.

利润率和自然价格不再能以马克思所期望的方式得到。在斯拉法主义者的观点中，转形问题的存在，在于马克思坚持了错误的观点，即认为生产价格（自然价格）必须从劳动价值中得到。撇开马克思给出的不完整的解决方法不谈，斯拉法主义者认为，马克思严重低估了这样一种推导自然价格的方式存在的逻辑障碍，甘斯曼用一个马克思的批判者常用的比喻说明了这个问题。马克思把转形问题看作是把给定数量的液体（死劳动和活劳动）从一定大小、形状和数量的瓶子中倒入另一种大小、形状和数量不同的瓶子中。"然而，实际上需要处理的，不是给定的总体不变的数量的形式变化问题，而完全是一种新的测度运算，虽然测度的对象仍然是同一物质生产体系"。① 对斯拉法主义者来说，对劳动价值论的主要反对意见，不只是它给出了不正确的解决方法（统一利润率的错误计算），而且还因为它是多余的。人们能够直接从生产的物质结构和实际工资数据中推导出自然价格和统一利润率，而不需要绕道劳动价值。

那么，上述这些"批判"是否摧毁了马克思的劳动价值论呢？甘斯曼认为没有，因为"规范的劳动价值论"不是对马克思的劳动价值论的合理重建。

首先，规范的劳动价值论的理论目标，与马克思的劳动价值论有着显著的区别。甘斯曼指出："规范的劳动价值论是为了随后放弃它而先被制造出来的。然而，这种观察并不是认为这些批判对马克思主义价值理论争论而言是无关紧要的，从而放弃关注这些批判的理由"。②

甘斯曼认为，它对马克思价值理论的合理重建，不能只依赖于它逻辑一致性问题，还要看"它事实上是否保留了马克思的问题和研究目标"。③ 尤其是考虑到规范的劳动价值论的价值概念偏离了马克思的价值概念，规范的劳动价值论没有使用马克思强调的具体劳动和抽象劳动之间的重要区别，它包含了与马克思不同的社会必要劳动时间的定义，价值形式分析和马克思对资本主义批判的货币的方面也被忽视了。因此，可以肯定，"在马克思政治经济学批判的研究目标与新古典和斯拉法理论研究目标之间，存在着本质的不同"。④

其次，规范的劳动价值论缺少马克思的劳动价值论对货币的考察。甘斯曼认为，主流经济学的劳动价值论模型的关键问题在于，在均衡中计算价格所要求的

① Heiner Ganssmann. Marx without the Labor Theory of Value? Social Research, Vol. 50 (2), Summer 1983, P. 286.

② Heiner Ganssmann. Marx without the Labor Theory of Value? Social Research, Vol. 50 (2), Summer 1983, P. 287.

③ Heiner Ganssmann. Marx without the Labor Theory of Value? Social Research, Vol. 50 (2), Summer 1983, P. 288.

④ Heiner Ganssmann. Marx without the Labor Theory of Value? Social Research, Vol. 50 (2), Summer 1983, pp. 288 – 289.

假设一开始就破坏了研究的目标——资本主义经济。在这些假设中，甘斯曼主要强调了那些消除了市场行为主体的无知和不确定性的假设，这些假设要么完全忽视了市场行为存在的问题，要么仅仅把无知和不确定性看成是搜寻和信息成本。另外，在标准的新古典主义、斯拉法主义和规范的劳动价值论模型中，不需要货币的存在，货币只被认为是方便会计核算工作的工具。"相对价格理论和货币理论之间的二分在新古典、斯拉法方法和规范劳动价值论中一直存在，因此认为资本主义经济中货币关系的内在必然性在这些理论流派中消失了是合理的"。① 这种情况造成的结果不只是马克思经常关注的货币问题，在斯拉法主义理论和规范的劳动价值论中消失了。由于系统地排除了货币问题，研究目标上的根本区别出现了，这种区别是如此之大，以至于马克思的目标和学院派经济学（包括规范的劳动价值论）之间几乎没有什么重叠之处了。从上述意义上理解，新古典和斯拉法主义的阐释者把劳动价值论视为是他们自己的模型的不发达的形式，对劳动价值论进行的批判并不会真正触及马克思。

甘斯曼也肯定了规范的劳动价值论模型的价值。马克思超越了古典的对劳动决定价值的认识，认为把财富从理论上简化为劳动的主张本身，并不足以建立一种把资本主义解释为一种历史的、特定的社会形态的理论，因此，在马克思那里，包含着对古典概念的批判。甘斯曼认为，"通过对古典劳动概念的形式化处理，并把所有的物质生产体系的要素反映为劳动数量……标准劳动价值论有一项重要作用：它准确地标明了马克思同古典价值概念相分离的界线"。②

甘斯曼对价值形式分析也进行了批评。在劳动价值论的争论中，价值形式分析通过强调理论质的一面，并不依赖于规范的劳动价值论对价值数量决定的研究，保护马克思的价值理论不受斯拉法主义和新古典主义批判的冲击。甘斯曼认为，只是简单地抛弃马克思关于经济关系的量的决定的解释，"无法保护马克思的思想的统一性"。③

同时，甘斯曼指出，马克思没有对交换关系作为价值、生产价格和修正的生产价格的连续（successive）的量的决定进行任何直接的描述。马克思甚至没有尝试去把他自己连续的论证结合在一起，以构筑一个所有机制（这些机制把商业资本、生息资本和地主对回报的要求转化为生产出来的财富的一个份额进入到价

---

① Heiner Ganssmann. Marx without the Labor Theory of Value? Social Research, Vol. 50 (2), Summer 1983, P. 290.

② Heiner Ganssmann. Marx without the Labor Theory of Value? Social Research, Vol. 50 (2), Summer 1983, P. 299.

③ Heiner Ganssmann. Marx without the Labor Theory of Value? Social Research, Vol. 50 (2), Summer 1983, P. 300.

格形成的过程中）同时产生作用的框架。因此，上述情况表明，实际价格"重心"的比喻不仅意味着价值和价格量需要参照均衡状态，而且由于假定的特殊的前提条件，这些均衡状态与现代一般均衡理论所描述的那些状态并不具有同样的逻辑地位。这是因为，除了它们不具有充分的一般性外，这些隐含的马克思主义的均衡和马克思的研究目标——资本主义经济之间存在矛盾。因此，简单决定的价值只在私人个别劳动与社会必要劳动普遍相等的状态下才支配价格。假设这样一种普遍的相等，破坏了马克思的研究对象——资本主义经济。如果不预先假定非均衡，或更准确地说，如果不预先假定私人劳动和社会劳动的非同一性，就无法理解资本主义经济。

根据规范的劳动价值论，人们会认为，马克思在构筑自己的理论时使用了不一致的方法，一方面，他引入最重要的资本主义经济关系和典型制度，并把它们视为是对非均衡状态的反映，同时，另一方面，他通过参考均衡状态决定量的因素。但是，甘斯曼认为，情况并不是这样。他以博特凯维兹为例说明了这种情况，博特凯维兹对马克思的连续主义的指责是不恰当的。博特凯维兹称为连续主义的东西，只不过是对马克思主义的"从抽象上升到具体"的方法的误解。这种方法既不应当和常见的"降低抽象性"（一步步地放松最初的限制性假设）的程序，也不应当与公理性的演绎程序相混淆。就这里关心的均衡状态假设而言，可以把马克思的方法描述为对这个假设的特殊应用。他使用均衡状态作为一种反事实的假设，以解释那种结果对假定的均衡状态而言是非常重要的结构的出现。

甘斯曼认为，马克思反复应用这种程序，在这种程序中均衡状态的引入只是作为一种"启发式的参照点"（heuristic reference point）[1]，这种参照点因新范畴的概念发展而消失。在这样一种程序中，容易出现问题的论证是假定某个命题在一个解释层面（从不同条件下产生的更早的解释层面衍生出来的）的持久的有效。在这些论证中，最重要的一个，也是影响最深远的一个当然是表明所有形式的资产阶级财富只不过是社会劳动的许多形式。从实质的意义上，这个论证是马克思价值理论的核心。甘斯曼的观点是："社会劳动概念是统一马克思的思想的根源。如果放弃它，马克思理论结构的系统性将会瓦解"。[2]

① Heiner Ganssmann, Marx without the Labor Theory of Value? Social Research, Vol. 50（2）, Summer 1983, P. 303.

② Heiner Ganssmann, Marx without the Labor Theory of Value? Social Research, Vol. 50（2）, Summer 1983, P. 280.

第十四章

西方学者关于剩余价值理论的论争

马克思对剩余价值和剥削的分析是"微妙和复杂的",任何对这个问题的简短评价都不大可能是"充分的"。[①] 对于剥削和利润之间的关系,西方学者主要是在马克思的基本定理(Fundamental Marxian Theorem,FMT)的框架下进行讨论的,FMT 被认为证明了剥削是利润的来源,曾经一度被认为是马克思主义经济学的"避风港"。但是,也有一些学者基于对价值定义、转形问题、生产的复杂性的考察,对马克思的基本定理不断地提出反驳意见,以至于有关 FMT 的争论成为剩余价值理论争论中的一个重要问题。针对利润来源于剩余价值且由剩余价值决定的马克思主义观点,西方一直有学者持反对意见,其中最为突出的是斯拉法主义者坚持直接以生产的技术条件和实际工资为基础决定利润,或者说在物质剩余的基础上决定利润,构成了对马克思主义观点的挑战。在斯拉法主义者和一般均衡分析的影响下,一些西方学者开始在放弃马克思的劳动价值论和剩余价值论基础的同时,继续探索资本主义剥削和不公正的理论。一些学者尝试构建适用于一切社会形态的剥削和阶级的一般利润,从而引发了有关一般剥削理论的争论。

第一节　关于马克思的基本定理的论争

森岛通夫和塞顿在 1961 年发表的《里昂惕夫矩阵中的加总和劳动价值论》的文章,[②] 以及置盐信雄 1963 年发表的《对马克思主义定理的一个数学注解》[③] 的文章,最早提出了马克思的基本定理。森岛通夫指出,"森岛—塞顿—置盐定理表明,当且仅当剥削率为正时,均衡利润率才为正。这是一个马克思试图在

---

①　M. C. Howard and J. E. King, The Political Economy of Marx, Longman, 1975, P. 167.

②　M. Morishima and F. Seton, Aggregation in Leontief Matrices and the Labour Theory of Value, Econometrica, 1961.

③　N. Okishion, A Mathematical Note on Marxian Theorems, Weltwirtschaftliches Archiv, 1963.

《资本论》中建立的定理。它应当被视为是马克思的哲学的核心和灵魂，因为它意味着剥削是资本主义经济存活的必要条件，如果均衡利润率不为正，资本主义经济就无法存活"。[1]

在对 FMT 的论争中，斯蒂德曼提出，在联合生产的情况下，负剩余价值可以和正利润并存。罗默认为，FMT 只有在独立生产的情形下成立。对于这些质疑，森岛通夫和置盐信雄提出了反驳，认为在联合生产的情况下，FMT 仍能成立。但是，他们的研究和马克思的剩余价值理论出现了很大的偏离。20 世纪 80 年代后，随着"新解释"和"跨期单一体系"解释的出现，FMT 的争论重新又出现。这次被称为"利润的剥削理论"[2] 的论争，批评了先前对 FMT 证明中存在的不足，对 FMT 做出新的证明。

一、马克思的基本定理的提出

一般认为，置盐信雄第一次完整地证明了 FMT。在分析利润和工资的关系时，置盐信雄区分了价值和价格两个概念，用价格表示的正利润存在的条件是：

$$p_i > \sum a_{ij}p_j + \tau_i w \, (i = 1, \, 2, \, \cdots, \, n) \tag{14.1}$$
$$w \geqslant \sum b_i p_i, \; w, \; p_i > 0$$

其中，p_i 是一单位商品 i 的价格，a_{ij} 和 τ_i 是生产一单位商品 i 所需的商品 j 的数量和直接劳动投入量，w 是货币工资率，b_i 是用各种消费品表示的每小时劳动的实际工资率。式（14.1）中的不等式的经济学含义为，商品在给定价格下出售能获得正利润、工资不低于劳动力的价值、工资和价格都为正。

经过计算和转化，置盐把上述条件转化为用价值表示的不等式：

$$1 - \sum b_i t_i > 0 \tag{14.2}$$
$$t_i > 0$$

其中，t_i 为生产一单位商品 i 所需的全部劳动，包括直接劳动投入和间接劳动投入。式（14.2）中的两个不等式分别表示正剩余价值的存在和商品价值为

① Michio Morishima, Marx's Economics: A Dual Theory of Value and Growth, Cambridge University Press, 1973, P. 6.

② 争论主要体现在发表在《资本与阶级》上的系列文章中：Mohun, S. 2003. On the TSSI and the exploitation theory of profit. Capital and Class (81), pp. 85 – 102; Kliman, A., and A. Freeman, 2006, Replicating Marx: A reply to Mohun. Capital and Class (88), pp. 117 – 126; Mohun, S., and R. Veneziani, 2007, The incoherence of the TSSI: A reply to Kliman and Freeman, Capital and Class (92), pp. 139 – 145; Kliman, A., and A. Freeman, 2008. Simultaneous valuation versus the exploitation theory of profit: A summing up. Capital and Class (94), pp. 107 – 118.

正。置盐信雄指出，式（14.2）只是从生产的角度考察式（14.1）成立的必要条件，而没有从需求的角度考察正利润存在的充分条件。他认为："一个正的剥削率仅仅是正利润存在的必要条件。因为剥削率的正值仅仅保证了剩余价值的生产，并不意味着剩余价值向货币形式的转化。因此，需要存在一个充分的需求。正的剥削率是生产方面的必要条件。需要有市场方面的附加条件，具体说来，是资本家对剩余产品的充分需求"。[1] 置盐信雄认为，这个必要条件是"马克思利润理论的核心问题"。[2]

根据置盐的观点，FMT 的重要性在于显现，剩余价值是利润的源泉，利润的存在是资本主义社会再生产的基础。因为这种观点对马克思经济学体系极为重要，置盐信雄概括的这一观点，就被称为"马克思的基本定理"（FMT）。

森岛通夫 1973 年在《马克思的经济学》一书中证明，正的剥削率是正利润的必要和充分条件。森岛通夫把整个社会分为分别生产生产资料和生活资料的两个部门，区分了价值体系和价格体系，并认为 FMT 是连接两个体系的桥梁。

在森岛通夫的分析中，两个部门的价值决定方程为：

$$\Lambda_1 = \Lambda_1 A_1 + \omega\Lambda_2 BL_1 + e\omega\Lambda_2 BL_1 \tag{14.3}$$

$$\Lambda_2 = \Lambda_1 A_2 + \omega\Lambda_2 BL_2 + e\omega\Lambda_2 BL_2 \tag{14.4}$$

其中，Λ_1，Λ_2 分别是两个部门产品价值的行向量，A_1，A_2 分别是两个部门生产资料投入系数矩阵，L_1，L_2 分别为对应的劳动投入系数行向量，ω 是每天劳动小时 T 的倒数，即 $\omega=1/T$，表示工人一小时劳动得到的消费品份额；e 为剩余价值率，B 为劳动者生存所需生活必需品的列向量。式（14.3）、式（14.4）的右边三项分别等于马克思的 C_i，V_i，S_i，$i=1, 2$。表示利润存在的用价格计算的不等式为：

$$P_1 > P_1 A_1 + wL_1 \tag{14.5}$$

$$P_2 > P_1 A_2 + wL_2 \tag{14.6}$$

其中，P_1，P_2 分别为两个部门产出的价格行向量，w 为每小时劳动的货币收入，由于劳动力价格不低于劳动力的价值，所以：

$$w \geq P_2\omega B \tag{14.7}$$

森岛通夫随后提出"除非 e > 0，否则每个以及所有部门不可能有正利润"，证明"剥削是利润的源泉"[3]，也就是 FMT 成立的必要条件，把式（14.7）代入式（14.5）和式（14.6），得到：

① N. Okishion, A Mathematical Note on Marxian Theorems, Weltwirtschaftliches Archiv, 1963, P. 293.

② N. Okishion, A Mathematical Note on Marxian Theorems, Weltwirtschaftliches Archiv, 1963, P. 292.

③ Michio Morishima, Marx's Economics: A Dual Theory of Value and Growth, Cambridge University Press, 1973, P. 53.

$$P_1 > P_1 A_1 + P_2 \omega BL_1 \qquad (14.5-1)$$

$$P_2 > P_1 A_2 + P_2 \omega BL_2 \qquad (14.6-1)$$

由式（5-1）和式（6-1）可知，因 P_1，P_2 根据定义为正，所以生产资料投入系数和劳动维持投入系数组成的矩阵 $\begin{pmatrix} A_1 & A_2 \\ \omega BL_1 & \omega BL_2 \end{pmatrix}$ 是生产性的。从而得到正的产出品向量 X_1，X_2，使得

$$\begin{pmatrix} X_1 \\ X_2 \end{pmatrix} > \begin{pmatrix} A_1 & A_2 \\ \omega BL_1 & \omega BL_2 \end{pmatrix} \begin{pmatrix} X_1 \\ X_2 \end{pmatrix} \qquad (14.8)$$

用正值的向量 (Λ_1, Λ_2) 左乘式（14.8），并参考价值决定方程，得到：

$$(\Lambda_1 X_1 + \Lambda_2 X_2) - \Lambda_1 (A_1 X_1 + A_2 X_2) - \Lambda_2 (\omega BL_1 X_1 + \omega BL_2 X_2)$$

$$= e(\omega \Lambda_2 BL_1 X_1 + \omega \Lambda_2 BL_2 X_2) > 0 \qquad (14.9)$$

根据式（14.9），只有 $e > 0$，才能从价值体系推导出用式（14.5）式（14.6）表示的正利润的存在。

接着，森岛通夫提出"当剥削存在时，所有部门才可能得到正利润"[1]，以证明 FMT 成立的充分条件，由于 $e > 0$，从式（14.3）、式（14.4）可知：

$$\Lambda_1 > \Lambda_1 A_1 + \Lambda_2 \omega BL_1$$

$$\Lambda_2 > \Lambda_1 A_2 + \Lambda_2 \omega BL_2$$

设 $P_1 = \alpha \Lambda_1$，$P_2 = \alpha \Lambda_2$，$w = \alpha \Lambda_2 \omega B$，$\alpha$ 为任意正数，直接可以得到，P_1，P_2，w 为正，并且满足利润产生的条件式（14.5）、式（14.6），即 $e > 0$ 时，产生正利润。

二、联合生产对 FMT 提出的挑战

斯蒂德曼在 1975 年发表的《正利润和负剩余价值》的论文中，以及在 1977 年出版的《按照斯拉法思想研究马克思》一书中，通过数字例子证明，在存在技术选择和联合生产的条件下，负剩余价值可以和正利润同时存在，正剩余价值也可以和负利润同时存在，对 FMT 提出了挑战。斯蒂德曼认为，自己证明了"剩余价值的存在既不是正利润存在的必要条件，也不是它存在的充分条件"。[2]

---

[1]　Michio Morishima, Marx's Economics: A Dual Theory of Value and Growth, Cambridge University Press, 1973, P. 54.

[2]　Ian Steedman, Positive Profits with Negative Surplus Value, The Economic Journal, Vol. 85, No. 337 (Mar., 1975), P. 123.

在斯蒂德曼的例子中，[①] 存在两种联合生产过程，每个生产过程中投入和产出的商品为 1 和 2，实际工资为每 6 单位劳动支付 3 单位商品 1 和 5 单位商品 2。斯蒂德曼用表 14 - 1 描述了每种生产过程的投入和产出[②]：

表 14 - 1　　　　　　　　　　生产过程的投入产出

	商品 1	商品 2	劳动	商品 1	商品 2
生产过程 1	5 +	0 +	1→	6 +	1
生产过程 2	0 +	10 +	1→	3 +	12

根据表 14 - 1 斯蒂德曼对价格体系、数量体系和价值体系分别做了分析。

首先是对价格体系的分析。斯蒂德曼提出，假设 1 单位商品 1 和 1 单位商品 2 用劳动表示的价格分别为 p_1、p_2，利润率为 r。根据表 14 - 1，有如下的等式关系：

$$(1 + r)5p_1 + 1 = 6p_1 + p_2 \tag{14.10}$$

$$(1 + r)10p_2 + 1 = 3p_1 + 12p_2 \tag{14.11}$$

根据假定条件，6 单位劳动的实际工资为 3 单位商品 1 和 5 单位商品 2，因此有：

$$3p_1 + 5p_2 = 6 \tag{14.12}$$

求解方程（14.10）、（14.11）、（14.12），则有：

$$r = 20\%, \quad p_1 = 1/3, \quad p_2 = 1$$

从而，"利润率与价格都是正的"。[③]

其次是对数量体系的分析。假定 6 单位劳动中的 5 单位劳动用于第一种生产过程，1 单位的劳动用于第二种生产过程。于是可以得到由表 14 - 1 转化而来，用表 14 - 2 描述了相应的投入产出关系。

从表 14 - 2 加总栏中的产出减去商品投入，可以得到两种商品的净产出，再从中减去实际工资，可以得到剩余产出。假定资本家把全部剩余产出用于投资，于是得到表 14 - 3 所示的数量体系中的净产出、工资品和净投资三者之间的关系。

---

① 有关该例子的假设条件，参见：Ian Steedman，Positive Profits with Negative Surplus Value，The Economic Journal，Vol. 85，No. 337（Mar.，1975），P. 114. 一种稳定增长，且不存在技术进步的资本主义经济，工人没有储蓄，资本家把全部剩余价值用于新投资，社会使用两种规模收益不变的生产过程，两种生产过程的生产周期相同，生产过程中投入的是同质劳动，不存在固定资本，两种生产过程都是联合生产过程。

②③ Ian Steedman，Positive Profits with Negative Surplus Value，The Economic Journal，Vol. 85，No. 337（Mar.，1975），P. 115.

表 14 - 2 生产过程投入产出关系

	商品 1	商品 2	劳动	商品 1	商品 2
生产过程 1	25 +	0 +	5→	30 +	5
生产过程 2	0 +	10 +	1→	3 +	12
社会总计	25 +	10 +	6→	33 +	17

表 14 - 3 净产出、工资品和净投资表

	商品 1		商品 2
净产品	8	+	7
工资品	3	+	5
净投资	5	+	2

从表 14 - 3 中可以得出，"所有的投入、产出、价格、工资、增长率以及利润率都是正的"。[1]

最后是对价值体系的分析。根据上述分析，斯蒂德曼认为可以求解出每种商品的价值，用 l_1、l_2 分别表示两种商品的价值：生产每单位产出所需要的直接和间接的劳动投入。但是，在联合生产的情况下，不能直接确定两种商品的生产过程中劳动投入组合，因此必须采用联立方程组的方法来求解商品的价值。于是有：

$$5l_1 + 1 = 6l_1 + l_2 \tag{14.13}$$
$$10l_2 + 1 = 3l_1 + 12l_2 \tag{14.14}$$

根据式 (14.13)、式 (14.14)，得到：$l_1 = -1$，$l_2 = 2$。

根据上面计算的商品的价值，可以计算"劳动力的价值"v，它是实际工资组合中体现的劳动，以及"剩余价值"s，它是体现在商品组合中的被资本家榨取的劳动。根据实际工资的商品组合是（3 + 5），和由数量体系得到的资本家的净投资商品组合（5 + 2），因此：

$$v = 3 \times (-1) + 5 \times 2 = 7$$
$$s = 5 \times (-1) + 2 \times 2 = -1$$
$$v + s = 6$$

因此，剩余价值是负的（s = -1），而利润率却是正的（r = 20%）。[2]

---

[1] Ian Steedman, Positive Profits with Negative Surplus Value, The Economic Journal, Vol. 85, No. 337 (Mar., 1975), P. 116.

[2] Ian Steedman, Positive Profits with Negative Surplus Value, The Economic Journal, Vol. 85, No. 337 (Mar., 1975), P. 116.

在《按照斯拉法思想研究马克思》一书第 11 章 "剩余价值为负时的正利润" 中，[①] 斯蒂德曼指出："在联合生产的情形下，马克思的价值 = c + v + s 的计算方法会产生正值的、零值的或负值的商品价值……就是说，即使利润率和生产价格为正时，如果每种商品的价值是按马克思的价值计算方法计算的，定义为总的活劳动减去凝结在实际工资组合中的总劳动量后的余额的剩余价值会出现负值"。[②] 斯蒂德曼认为，"这一结论的含义是十分清楚的"，"马克思所定义的商品价值和剩余价值不仅与利润率（和生产价格）的决定无关，而且相反其本身会使价值概念失去任何马克思自以为它们会有的重要意义。因此，马克思用价值 = c + v + s 的计算方法定义的价值概念应当予以摒弃"。[③]

罗默认为独立生产（independence of production）是保证 FMT 成立的基本条件。"使 FMT 成立的生产技术特征是生产独立性的普遍性"。[④] 他举例说明为什么在非独立生产，即联合生产的条件下，没有剥削也会有正利润。假定工人为自己生产面包，同时顺便生产出自身不需要的副产品——钻石，资本家占有钻石。工人在生产生活必需品的同时，生产出来免费商品钻石。这时就存在零剥削和正利润。[⑤]

森岛通夫和置盐信雄对斯蒂德曼的挑战进行了回应。他们各自对斯蒂德曼的价值概念进行了批评，并分别证明了在联合生产的条件下，FMT 也是成立的。

三、森岛通夫的 "真价值" 分析与对 FMT 的扩展

森岛通夫和凯特福斯批判了斯蒂德曼的负价值和负剩余价值。他们指出："就斯蒂德曼的例子而言，他得到的价值和商品的劳动价值（即马克思的价值）风马牛不相及，因为根据定义后者只能非负的，而前者包含负价值。事实上，就我们所知，一个商品的价值被定义为生产这个商品直接或间接耗费的人类劳动数量。它应当是非负的。我们如何能去运用或耗费一个负数量的劳动呢？负数量的劳动意味着什么呢？不顾这些根本的困难，不顾他的负价值的解提出的明显的警告，斯蒂德曼在他的 '价值' 或 '假价值'（pseudo-values）的基础上，继续他的数学练习，继续去计算负数量的 '剩余价值'。但是，很显然，从假价值得出来的假的剩余价值，同马克思的剩余价值，因而同 FMT 完全是两回事"。[⑥]

---

①②③　斯蒂德曼著：《按照斯拉法研究马克思》，商务印书馆 1991 年版，第 129 页。

④　约翰·E. 罗默著：《马克思主义经济理论的分析基础》，上海人民出版社 2007 年版，第 74 页。

⑤　约翰·E. 罗默著：《马克思主义经济理论的分析基础》，上海人民出版社 2007 年版，第 75 页。

⑥　Michio Morishima and George Catephores，Value，exploitation and growth：Marx in the light of modern economic theory，McGraw-Hill Book Company Limited，1978，P. 32.

森岛通夫和凯特福斯针对斯蒂德曼的数字例子中真价值问题进行了分析。对于一个有 n 种商品投入和 n 种产出的经济，假定 A 是 n×n 生产资料投入矩阵，B 是对应的 n×n 总产出矩阵，y 是 n×1 一个外生给定的净产出向量，l 是 1×n 活劳动投入向量，x 是 n×1 生产活动水平向量，这个经济面临的一般意义上的规划问题，是最小化：

$$L = lx \tag{14.15}$$

受约束于：

$$Bx > Ax + y, \quad x > 0 \tag{14.16}$$

式（14.15）表示在所有生产活动中使用的活劳动总量，式（14.16）表明每一种商品的净产出至少等于所需的投入数量加上一个具体的净产出。

对于斯蒂德曼的数字例子，可以表述如下：

$$A = \begin{pmatrix} 5 & 0 \\ 0 & 10 \end{pmatrix}, \quad B = \begin{pmatrix} 6 & 3 \\ 1 & 12 \end{pmatrix}, \quad l = (1, 1), \quad y = \begin{pmatrix} 8 \\ 7 \end{pmatrix}$$

对这个例子，规划问题为最小化：

$$L = (1)x_1 + (1)x_2$$

受约束于

$$\begin{pmatrix} 6 & 3 \\ 1 & 12 \end{pmatrix} \begin{pmatrix} x_1 \\ x_2 \end{pmatrix} \geq \begin{pmatrix} 5 & 0 \\ 0 & 10 \end{pmatrix} \begin{pmatrix} x_1 \\ x_2 \end{pmatrix} + \begin{pmatrix} 8 \\ 7 \end{pmatrix}$$

上面的规划问题的解为 $x_1 = 0$，$x_2 = 3.5$。[1]

对于以上的问题，森岛通夫和凯特福斯指出，"即使净产出从（8，7）增加到（9，7），x_i 的最小劳动使用仍然是相同的"。[2] 也就是说，在这种情况下不存在劳动利用的变化，同样地，可以发现当净产出从（8，7）增加到（8，8）时，最小劳动投入量增加 0.5。很明显，在净产出为（8，7）的有效的劳动利用乘数（efficient employment multipliers）（商品 1 为 0，商品 2 为 0.5），不同于斯蒂德曼的价值 -1 和 2。森岛通夫和凯特福斯把生产一种商品所需的最小必要劳动数量定义为商品的"真价值"。[3]

在森岛通夫和凯特福斯提出的真价值的基础上，他们尝试建立马克思的基本定理"最一般的形式"。他们认为，这个问题的实质就是："找到资本主义经济

① Michio Morishima and George Catephores, Value, exploitation and growth: Marx in the light of modern economic theory, McGraw-Hill Book Company Limited, 1978, pp. 33 - 34.

② Michio Morishima and George Catephores, Value, exploitation and growth: Marx in the light of modern economic theory, McGraw-Hill Book Company Limited, 1978, P. 34.

③ Michio Morishima and George Catephores, Value, exploitation and growth: Marx in the light of modern economic theory, McGraw-Hill Book Company Limited, 1978, P. 36.

能够盈利和扩张的必要和充分条件"。①

设 p 为价格行向量，B 为产出矩阵，A 为投入矩阵，w 为工资率，π_i 为生产过程 i 的利润率，可以得到：

对于所有的 i，$(pB)_i = (1 + \pi_i)(pA + wL)_i$

$(B)_i$ 代表向量 B 中的第 i 种商品构成，定义 π 为最大的 π_i，这些方程可以被表达为不等式的形式。

对于所有的 i，$(pB)_i \leqslant (1 + \pi)(pA + wL)_i$

上式可以被表述为矩阵不等式的形式：

$$pB \leqslant (1 + \pi)p(A + DL) \qquad (14.17)$$

其中，C 为维持生存每个工人消费的商品束，T 为每个工人每天得到 C 工作的劳动时间，D 是人均每小时的生存商品束，D = C/T，因为工资率被设定在生存水平，所以 wT = pC，或者 w = pD，A + DL 为增广投入系数。

考虑到目标是把技术选择问题整合到分析中，如果式（14.17）中的严格不等成立，那么对应的 π_i 将会小于 π，因此资本家将会放弃生产过程 i，因为技术的竞争性选择，经济中流行的利润率将是 π。然而，最大的利润率 π 将取决于价格 p。由给定的技术和给定的生存工资保证的最小的利润率 π，满足非负、非零的 p 时的式（14.17），定义为 π^w，保证这一最小利润率的 p 为 p^w。

当资本家把全部收入用于投资，只对工人支付生存工资时，资本主义经济能够以最大生产能力增长，那就不存在资本家消费，对商品的总需求为 $Ax_t + CN_t$，x_t 为 t 时期经济运作水平，N_t 是这一时期雇用的工人的数量。N_t 为保证 x_t 的运作所需的总劳动时间数量除以每人每天工作小时数 $N_t = Lx_t/T$，从而对商品的总需求可以表示为 $(A + DL)x_t$，生产的可行性要求 $Bx_{t-1} \geqslant (A + DL)x_t$。

设 g_i 为运作过程 i 的强度的增加率，体系的增长率由个别生产过程的最小增长率决定。从上述可行条件可以得到：

对于所有的 i，$(Bx_{t-1})_i \geqslant (1 + g_i)[(A + DL)x_{t-1}]_i \geqslant (1 + g)[(A + DL)x_{t-1}]_i$
去掉下标，可以得到

$$Bx \geqslant (1 + g)(A + DL)x \qquad (14.18)$$

经济的增长能力为最大化的平衡增长率，即在非负、非零的 x 时，从受约束于式（14.18）的条件中得到的最大的 g，定义最大增长率为 g^c，与其相联系的 x 为 x^c。

现在可以建立剥削率 e_L 与有保证的利润率 π^w 和经济的增长能力 g^c 之间的关系。在考察这种关系时，森岛通夫和凯特福斯给出了三个假定：

① Michio Morishima and George Catephores，Value，exploitation and growth：Marx in the light of modern economic theory，McGraw-Hill Book Company Limited，1978，P.48.

假定1：对于生产生存商品篮子 C 而言，劳动是必不可少的，也就是说，C 的价值 λ_C^* 必须是正的；

假定2：当不对工人支付工资时，保证资本家能获得正利润。也就是说，满足 $pB \leqslant (1+\pi)pA$ 和非负、非零的 p 的 π 的最小值是正的；

假定3：对于经济按最大能力增长而言，劳动是必不可少的，也就是说 $Lx^c > 0$。

森岛通夫和凯特福斯认为，上述假定"都是可行的、真实的，而且对所有经济分析而言都是基本的"，尤其是，如果假定2不被满足，"就不会出现正利润，在这种情况下，没有资本主义经济能够存在"。[1]

使用上述假定，森岛通夫和凯特福斯证明了下述结论：

（a）如果存在剩余劳动比必要劳动的比率意义上的剥削为正（$e_L > 0$），那么有保证的利润率也为正，$\pi^w > 0$；

（b）经济的最大增长率至少和有保证的利润率 π^w 一样大，即 $g^c \geqslant \pi^w$；

（c）如果最大增长率为正（$g^c > 0$），剥削率（剩余劳动同必要劳动的比率）为正（$e_L > 0$）。[2]

斯蒂德曼对森岛通夫的研究进行了评价。斯蒂德曼把森岛通夫的问题改为生产要求的工资品的必要劳动数量的最小化。但是，"论证的实质并没有发生改变"。[3] 斯蒂德曼说："因为森岛通夫和我们所使用的剩余价值定义和剥削率定义是完全不同的。然而，完全有理由认为，在这两种分析中，森岛通夫的分析对马克思主义经济学家来说更为志趣相投。森岛通夫的分析给必要劳动、剩余劳动和剥削率提供了清晰的和有意义的定义，即使在一般的联合生产体系的分析中，它们也能够用于证明，当且仅当（新定义的）剥削率为正时利润率才是正的"。[4]

对于森岛通夫提出的"真价值"，一些学者进行了评价。因为根据森岛通夫的价值概念，"价值不仅成为不可加的（正是价值的可加性产生了斯蒂德曼所发现的困难），而且它们不再被认为是凝结的或被包含的可识别的'社会必要劳动时间'的数量——至少不是马克思所认为的那种取决于使用不同技术的不同部门的平均条件下的那种数量。恰恰相反，森岛所定义的'剩余劳动'要求人们首先通过线性规划去发现工人为维持生计所需的消费品而花费的最小劳动时间。这个概念上的最少劳动时间数量就是'必要劳动'，而它与实际耗用的劳动时间之

① ②　Michio Morishima and George Catephores, Value, exploitation and growth: Marx in the light of modern economic theory, McGraw-Hill Book Company Limited, 1978, P. 50.

③　M. C. Howard and J. E. King, The Political Economy of Marx, Longman, 1975, P. 165.

④　斯蒂德曼著：《按照斯拉法研究马克思》，商务印书馆1991年版，第168~169页。

差就是'剩余劳动'"。①

森岛通夫的"最优价值"消除了负价值之谜，但是，在价值重新不可负的同时，它们却变成了不是实际的又不是可加的了。从而，"森岛通夫和斯蒂德曼之间的意见分歧在于，是否能继续把森岛的提法看做基本上还是马克思的劳动价值论。斯蒂德曼觉得不能……森岛强调的是按他的方法计算剥削率的客观性。这个比率现在或者是从新定义的剩余劳动比必要劳动，或者是有酬劳动比无酬劳动，这里的有酬劳动是用最优价值而不是实际凝结的劳动价值衡量的工人生存消费量。在这两种情况下，剥削率、工人生存消费的最优价值或经济中的必要劳动，都是由下列因素所唯一决定的：产出系数矩阵、物质投入系数矩阵、劳动投入系数向量，实际雇佣的工人数以及使用实物单位的工人生存消费品数量"。②

四、置盐信雄对斯蒂德曼的反驳与对 FMT 的证明

置盐信雄对联合生产条件下的剥削提出了一个新的定义，对斯蒂德曼的《正利润和负剩余价值》一文中的观点进行评论和分析。

置盐信雄认为，在联合生产条件下，即使没有剩余价值的剥削，但只要工人的生产有剩余产品，就是一种剥削。他对剥削定义做了如下说明，如果生产一单位商品 i 的必要的直接和间接劳动总量为 t_i，生产商品组合 x_1，x_2，$\cdots$，x_n 的必要劳动总量为 $t_1x_1 + t_2x_2$，$\cdots$，t_nx_n。在非联合生产条件下，各个生产部门的利润率为正的必要条件是：

$$1 - (R_1t_1 + R_2t_2 + \cdots + R_nt_n) > 0$$

R_i 为一个劳动者一单位劳动投入得到的各种消费品数量。

在联合生产条件下，情况发生了变化。首先，如果 t_i^0 为联合生产条件下生产一单位商品 i 的必要劳动数量（i 为主产品，副产品视为是免费品），$v(x_1$，x_2，$\cdots$，x_n）为工人消费品的商品组合中的必要劳动总量，一般情况下

$$\sum t_i^0 x_i \geq v(x_1, x_2, \cdots, x_n)$$

上式表明，各种产品作为主产品来计算的劳动总量大于或等于它们作为商品组合计算的劳动总量。设 A 和 B 是两种联合产品，一单位劳动投入分别得到一

① Pradeep Bandypadhyay, Critique of Wright 2. In Defence of a Post-Sraffian Approach, in The Value Controversy edit by Ian Steedman, Verso Editions and NLB, 1981, P. 104.

② Pradeep Bandypadhyay, Critique of Wright 2. In Defence of a Post-Sraffian Approach, in The Value Controversy edit by Ian Steedman, Verso Editions and NLB, 1981, P. 106.

单位 A 和 B，从主产品的角度看，t_a^o 等于 1，t_b^o 也等于 1。如果劳动者一单位劳动得到 1/2 单位 A 和 1 单位 B，而且只生产同样数量的 A 和 B，所需劳动并没有减少，仍是一单位，$\frac{1}{2}t_a^o + t_b^o > V\left(\frac{1}{2}, 1\right) = 1$。另外，如果 Δx_i 是商品 x_i 增加的产量，联合生产条件下，产量增加后的必要劳动总量，不一定大于原来的必要劳动总量，即 $V(x_1 + \Delta x_1, x_2 + \Delta x_2, \cdots, x_n + \Delta x_n) - V(x_1, x_2, \cdots, x_n)$ $(= \sum t_i^o x_i) > 0$ 不一定成立。

考虑到联合生产下的新情况，置盐信雄认为，联合生产条件下剩余价值的剥削，用下面的公式表示：

$$1 - (R_1 + R_2 + \cdots + R_n) > 0$$

因此，即使没有剩余价值（上式等于零），联合生产条件下还会有剩余产品和剥削。另外，根据上面的例子，因为 $1 - V\left(\frac{1}{2}, 1\right) = 0$，而工人一单位的劳动分别生产一单位的 A 和 B，剩余产品 $\frac{1}{2}$ 单位的 A 就是一种剥削。置盐信雄的结论是，在联合生产条件下，即使：

$$1 - (R_1 + R_2 + \cdots + R_n) = 0$$

成立，只要剩余产品 s_i 存在，就存在剥削。

置盐信雄认为，在斯蒂德曼的数字例子中，第二种生产程序比第一种先进。斯蒂德曼的 $l_1 = -1$ 的含义是：社会以下面的生产技术变换取得了一单位商品 A，也就是斯蒂德曼的例子中的商品 1，从生产过程 1 中抽出两单位劳动，把其中一单位劳动投入生产过程 2 中，而另一单位劳动节省了下来，这时，在社会总劳动减少一单位的情况下，商品 A 反而增加了一单位。其次，置盐信雄分析了斯蒂德曼的一单位劳动工资品（1/2 单位的 A 和 5/6 单位的 B）的价值是 7/6。他设 x、y 是得到这个工资品时两种生产技术中各自的劳动投入，得到：

$$x + 3y = 1/2$$
$$x + 2y = 5/6$$

解出 $x = 3/2$，$y = -1/3$，$x + y = 7/6 > 1$。

这时，x 为正，y 为负意味着，社会从先进的技术中抽出劳动投入落后的生产技术中，但是置盐信雄指出，这样做有必要吗？根据计算，在森岛通夫意义上的 5/12 单位的劳动投入生产技术 2，足以生产出一单位劳动的工资品（1/2 单位的 A 和 5/6 单位的 B）。即使只使用生产技术 1，5/6 单位的劳动也足以得到单位劳动所需的工资品。也就是说，在上述两种情况下，一单位劳动投入的剩余价值分别为 $1 - 5/12 = 7/12$ 和 $1 - 5/6 = 1/6$，绝对不会得出 $1 - 7/6 = -1/$

6 的结果。

置盐信雄认为，斯蒂德曼之所以会得出负剩余价值的结果，是因为他不承认存在剩余产品。他要求整个劳动投入的产出恰好等于 1/2 单位的 A 和 5/6 单位的 B。只有把 7/6 的劳动量按 x = 3/2 和 y = −1/3 分别投入生产过程 1 和 2，才能恰好得到 1/2 单位的 A 和 5/6 单位的 B 的工资品。于是才产生了负价值，才产生了负剩余价值。置盐信雄指出，从有剩余产品就有剥削的观点看，斯蒂德曼的例子中照样存在着剥削："无论用什么样的生产技术，劳动者都生产出剩余产品。当使用生产技术 1 时，用 A 和 B 表示的剩余产品是（1/2，1/6），当使用生产技术 2 时，剩余产品是（5/2，7/6）。因此，在斯蒂德曼的例子中利润为正并不奇怪，他的证明不能被看成是对马克思的基本定理的否定"。[1]

置盐信雄等人在后来的研究中进一步指出，斯蒂德曼的负价值是一种边际价值，与马克思的价值无关。这种在生产技术不是最佳使用的情况下产生的负的边际价值，不能说明不存在剩余价值。他们认为，在存在固定资本和技术进步的情况下，正利润率存在的充分条件是剩余价值为正。[2]

五、新解释学派和跨期单一体系对 FMT 的研究

随着跨期单一体系的兴起，支持跨期单一体系解释的学者重新引发了对 FMT 的争论。这个学派的学者坚持认为，马克思的基本定理意味着，"剩余劳动是实际利润存在的充要条件"必须"在完全一般化的条件下"加以证明。[3]

克莱曼对标准解释（standard interpretation）[4] 和在"新解释"与同期单一体系解释（new interpretation and simultaneous single-system interpretations）中 FMT 成立的条件进行了分析，批评它们都不具有"一般性"。[5] 克莱曼的批评并没有引起坚持标准解释的学者的回应，但引起了其他新解释和同期单一体系解释者的批判。

① Okishio, N., Marxian Fundamental Theorem：Joint-Production Case, 1976, Kobe University economic review 22，P. 10.

② Okishio, N., T. Nakatani, and M. Kitano, Three topics on Marxian fundamental theorem, Kobe University Economic Review（24），1978，pp. 1 −18.

③ Kliman, A., Simultaneous valuation vs. the exploitation theory of profit, Capital and Class（73）：2001，P. 106

④ 置盐信雄、森岛通夫、罗默、斯蒂德曼等的解释都属于标准解释。

⑤ Kliman, A., Simultaneous valuation vs. the exploitation theory of profit, Capital and Class（73）：2001，pp. 97 −112.

这种标准解释，可以用罗默对马克思的基本定理的证明予以转述：[1]

首先，生产价格用下式表示：

$$p = (1 + r)(pA + wl) = (1 + r)p(A + bl) \tag{14.19}$$

其中，p，A，l，w，r，b 分别表示生产价格向量、投入系数矩阵、劳动投入向量、工资率、利润率和工资商品篮子向量。

罗默证明，当（A + bl）是不可分解矩阵时，x 为总产出向量，满足下述条件：

$$x = (1 + r)(A + bl)x \tag{14.20}$$

用价值向量 $\lambda = \lambda A + l$ 前乘式（19）并用 $e = (1 - \lambda b)/\lambda b$ 定义剥削率，得到：

$$\lambda x = (1 + r)(\lambda A + \lambda bl)x = (1 + r)\left(\lambda Ax + \frac{1}{1 + e}lx\right)$$

$$(1 + r) = \frac{\lambda x}{\left(\lambda A + \frac{1}{1 + e}l\right)x} \tag{14.21}$$

在式（14.21）的分母中，根据价值定义，可以证明有且只有 $e > 0$，$r > 0$。由于 r 是统一的利润率，因此，FMT 的理论背景局限于经济中的"每个产业都存在正利润"。[2]

对于 FMT 的这种标准解释证明，跨期单一体系的支持者提出了批评。克莱曼和弗里曼强调，FMT"考虑在所有价格都为正的情况下剩余劳动和利润之间的关系"。[3] 上面提出的对 FMT 的证明以"净产出可能性条件"或可再生产条件为前提，这意味着"净产出，在社会选择的意义上，能够至少补偿工人的总消费——只有雇佣工人消费"。[4]

标准解释的假定的含义可以在一个单一商品模型中加以理解。用 a 和 l 表示生产一单位商品所需的物质和劳动投入的数量。那么，商品的价值是由下式决定的，其中 λ 是标量

$$\lambda = \lambda a + l = \frac{1}{1 - a} \tag{14.22}$$

由于净产出可能性条件意味着 $a < 1$，它保证了价值量为正。如果 $a > 1$，则商品的价值将是负的，这意味着生产一单位商品要求的投入大于一单位该商品。

① Roemer, J. E., Analytical foundations of Marxian economic theory, Cambridge University Press, 1981, pp. 16 - 17.

② Morishima, M., Marx's economics, Cambridge University Press, 1973, P. 53.

③ Kliman, A., and A. Freeman, Replicating Marx: A reply to Mohun, Capital and Class (88), 2006, P. 119.

④ Roemer, J. E., Analytical foundations of Marxian economic theory, Cambridge University Press, 1981, P. 41.

如果 a = 1，价值量将是无穷大，这意味着生产一单位商品需要无穷大数量的劳动。因此，只要诸如式（14.22）所表明的价值定义成立，对具有经济意义的分析而言，净生产可能条件就是必不可少的。

在标准解释中，尽管 FMT 表达的是马克思的一个基本观点，"当工人的生产性贡献超过他们的工资时，存在对劳动的资本主义剥削"。[1] 但是，这种分析只"在物质剩余的层面分析剥削问题，这使得对资本主义的特定的剥削形式的分析变得不可能"。[2] 克莱曼认为，在标准解释中，利润和剩余劳动不过是同样一个实物剩余产品用两种不同方法估算的结果，根据这种解释，当剩余产出中的所有元素为正的时候，即每个使用价值都有正的剩余产品被生产出来时，FMT 成立。也就是说，在价格向量和价值向量中没有负元素的情形中，π，s 必然为正值。由于所有实物产出均为正的，因此价格和价值是否发生偏离，偏离的大小如何，就变得无关紧要的。[3] 然而，一旦实物剩余向量中有某些元素为负，FMT 就无法成立。

对于 FMT 的标准解释，还存在另外的批评。数学逻辑能够证明，任何一种基本品（basic commodity），比如石油，在 FMT 中可以和劳动力商品发挥同样的功能："如果我们把任何一种直接或间接地进入工资商品束中的任一构成要素的生产中去的商品定义为'基本品'，那么我们就能证明任何一种基本品都可以作为价值的尺度。此外，在利润代表着从这种商品上榨取的剩余价值的转化的意义，可以证明这种商品受到了剥削"。[4] 因为遇到了石油价值理论的难题，许多非马克思主义者甚至是大多数马克思主义者也不再谈论 FMT 了。

因此，尽管 FMT 建立了剩余劳动和竞争性利润率之间的具有经济含义的关系，然而，它预先假定实际工资被限定在一个特定的、满足剩余条件的水平上。价值决定方程可以改写为 $\lambda = \lambda A + l = \lambda A + \lambda bl + (1 - \lambda b)l$，从而把新增价值分解为可变资本（劳动力的价值）和剩余价值。$(1 - \lambda b)l$ 代表剩余劳动向量，为了使剩余价值为正，$(1 - \lambda b)l > 0$ 必须被满足。这就是置盐信雄所说的剩余条件。[5]

① Screpanti, E., Value and exploitation: A counterfactual approach, Review of Political Economy 15 (2): 2003, P. 163.

② Dong-Min Rieu, Interpretations of Marxian Value Theory in Terms of the Fundamental Marxian Theorem, Review of Radical Political Economics, Volume 41, No. 2, Spring 2009, P. 219.

③ Kliman, A., Simultaneous valuation vs. the exploitation theory of profit, Capital and Class (73): 2001, P. 100.

④ Bowles, S. and H. Gintis, 1981, Structure and practice in the labor theory of value, Review of Radical Political Economics, 12 (4): 1981, P. 7.

⑤ Okishio, N., T. Nakatani, and M., KitanoThree topics on Marxian fundamental theorem, Kobe University Economic Review (24), 1978.

因此，必须有一种实际的机制能够保证实际工资低于特定的水平。这意味着，对包含商业周期和劳动力市场的资本积累的动态过程的研究，要求充分理解 FMT 的制度背景。因此，FMT 只在远离了人们具体生活于其中的资本主义社会的抽象层面上，才是有效的。

由迪美尼尔和弗利等人阐发的"新解释"，试图把通过劳动时间的货币表示（MELT）的概念把价格和劳动时间直接联系起来。根据新解释，MELT（m）被定义为新增货币价值和总量直接劳动的比率[1]：

$$m = \frac{py}{lx} \tag{14.23}$$

y 表示净产出向量。

劳动力的价值是货币工资同 MELT 的比率，等于"工资在新增货币价值中的份额"。[2]

$$VLP = \frac{w}{m} = \frac{wlx}{py} \tag{14.24}$$

根据式（14.23）、式（14.24），总剩余价值 S 与总利润 $\prod$ 联系起来，

$$S = lx - VLP \cdot lx = lx - \frac{w}{m}lx = \frac{py - wlx}{m} = \frac{\prod}{m} \tag{14.25}$$

从而，很容易知道，m > 0 意味着在新解释中 FMT 成立，在方程（14.23）中，由于在任何经济中总劳动小时 lx 必然为正，m > 0 意味着 py > 0。因此，净产出价格为正是新解释中 FMT 成立的必要条件。

然而，由于 m 表示的是给定一段时期，新增货币价值和总劳动时间之间的一种事后的关系，在逻辑上，如果净产出向量 y 中的某个元素是负的，那么负的净产出价格是可能的。这种解释中存在的问题是，剩余劳动不一定是正利润的充分条件。$m = \frac{py}{lx}$ 意味着，如果用期末市场价格估算的净产出是负数，那么 m 就也是负的。这时，即使剩余劳动为正，利润也可能为负。即使是在一个生产能力极高的经济中，净产出中的绝大部分产出是正的，只有少量是负的，但是后者价格足够的高，这些净产出加总以后的价格也可能是负的。[3] m 的变化是负的情况，

---

① Mohun, S., The labour theory of value as foundations for empirical investigations, Metroeconomica 55 (1), 2004, P. 72.

② Mohun, S., The labour theory of value as foundations for empirical investigations, Metroeconomica 55 (1), 2004, P. 75.

③ Kliman, A., Simultaneous valuation vs. the exploitation theory of profit, Capital and Class (73), 2001, P. 102.

会动摇新解释和同期单一体系解释对 FMT 的证明。

　　另外，对 FMT 的标准解释和新解释证明认为，如果净产出可能性条件被满足了，那么 PNP 必然是正的，因为不可能有负价格。另外，正的 PNP 并不必然意味着净生产可能性条件被满足。这意味着，新解释中的 FMT 取决于一个比标准解释中的 FMT 更弱的条件。

　　新解释的支持者对标准解释也存在不满，比如，弗利认为，从总体上看，"森岛通夫提出了 FMT，即价格体系中的利润率当且仅当物化劳动体系中的剥削率是正的时才为正。然而，这些有趣的数学发现并不能通过证明它对可观察到的现象有什么解释力而推动对于物化劳动系数体系的分析"。①

　　事实上，新解释并不需要 FMT 去证明剥削理论。因为新解释关注货币和劳动时间统一的概念，它是从货币形式领域开始，然后回到劳动时间领域。在这种逻辑结构中，利润的存在被认为是剥削的症状。② 因此，剩余劳动是利润的唯一源泉的观点，是新解释的隐含的前提。这种解释可以被新解释的两个基本方程所支持，式（23）、式（24）不是推导出来的，也没有被加以证明，而是一开始就假定的。这也说明弗利为什么说新解释是一种解释，而不是一种解决方法。

　　弗利说：新解释"采取了稍微不同的方法来定义劳动价值论的相关范畴，因此我们认为的马克思的重要理论洞见：资本家的总利润等于未付酬劳动，是成立的。与之相反，在本文描述的劳动价值论的'二元体系'方法，是考虑有没有可能从其他的假设条件（例如，假定劳动力的价值等于工人的消费品中物化的劳动）推导出马克思的这一相等关系。正是在这一层意义上，'新解释'是一个'解释'（interpretation），而不是一个'解法'（solution）"。③

　　新解释并没有去探索在什么样的条件下，剩余劳动的存在导致正利润。也就是说，FMT 不是新解释的数学证明的目标。如果考虑 FMT 是"一个关于真实世界的主张"。④ 新解释就无法解释 FMT 成立的充分性。

　　跨期单一体系解释认为，FMT 在现实世界的具体层面必然是成立的。这种解释认为，只有跨期单一体系解释才能产生"现实世界"意义上的 FMT。一方面，TSSI 认为置盐信雄的净产出可能性条件（或可再生产条件），是导致标准解释的

　　① Foley, D. K., Recent developments in the labor theory of value, Review of Radical Political Economics, 32 (1): 2000, P. 18.

　　② Alfredo Saad-Filho, The Value of Marx: Political Economy for Contemporary Capitalism, Routledge, 2002, P. 45.

　　③ Foley, D. K., Recent developments in the labor theory of value, Review of Radical Political Economics, 32 (1): 2000, P. 22.

　　④ Kliman, A, Reclaiming Marx's capital: A refutation of the myth of inconsistency, Lexington Books, 2007, P. 180.

FMT 无法成立的重要原因。这是因为，TSSI 认为，标准解释的 FMT "并没有在实际产出的层面说下任何有关剩余劳动和利润之间的关系的话"。[①] 而且，"假定所有净产出是正的，……被任何一种实际的经济都违反了"。[②] TSSI 不要求净产出可能性条件的存在，是因为它对马克思的价值概念进行的跨期解释，用离散时间模型考察：

$$\lambda_{t+1} = p_t^{A+1} \tag{14.26}$$

另一方面，相对于新解释，所谓的 TSSI 在逻辑上的优越性表现在这样一个事实上，TSSI 的 m 即使在存在负的净产出价格的情况下也总是正的。考虑这两点，TSSI 的 FMT 看起来在更具体的层面上也是成立的。

首先，TSSI 中的 FMT 被认为表明了 "剩余劳动是真实利润存在的充要条件"[③]。这意味着利润应当被定义为真实利润，而不是名义利润。根据克莱曼的观点，真实利润 π_R 为[④]：

$$\pi_R = \left(\frac{1}{1+i}\right)P - C - V \tag{14.27}$$

其中，P，C，V，i 分别表示产出、不变资本、可变资本（工资账单）的总价格和通货膨胀率。另一方面，名义利润如下，

$$\pi_N = P - C - V \tag{14.28}$$

此外，引入了一个新的通货膨胀的定义。这是因为通货膨胀定义决定了 TSSI 的 FMT 是否成立："然而，针对通货膨胀的不同的调整方法将产生不同的对真实利润的度量。因此，从分析的层面去证明或否证剩余劳动是利润，甚至是真实利润的唯一源泉是不可能的。答案将取决于分析者使用的通货膨胀概念。如果利润的剥削理论在特定的通货膨胀的定义下成立，而且分析者接受这种定义，那么他必然得出结论是，剩余劳动是（真实）利润的唯一源泉。如果他反对这个定义，他必然得出相反的结论"。[⑤]

TSSI 对通货膨胀率的定义为：

$$i = \frac{m_{t+1} - m_t}{m_t} \tag{14.29}$$

① Kliman, A., Reclaiming Marx's capital: A refutation of the myth of inconsistency., Lexington Books, 2007, P. 190.

② Kliman, A., Simultaneous valuation vs. the exploitation theory of profit, Capital and Class (73): 2001, P. 103.

③⑤ Kliman, A., Simultaneous valuation vs. the exploitation theory of profit, Capital and Class (73): 2001, P. 106.

④ Kliman, A., Simultaneous valuation vs. the exploitation theory of profit, Capital and Class (73): 2001, P. 107.

其中，m_t 和 m_{t+1} 分别表示投入的 MELT 和产出的 MELT[1]。这个概念源自 TSSI 的价值决定方程（26），在这个方程中区分了投入时间和产出时间。m_t 不同于"新解释"的 MELT，因为它是分跨期定义的。

$$m_{t+1} = \frac{P_{t+1}}{C_t / \stackrel{m}{t} + \stackrel{lx}{t} \stackrel{}{t}} \tag{14.30}$$

TSSI 的 FMT 可以通过下述方式加以证明[2]，由于剩余劳动等于总劳动减去等于货币工资的劳动时间，因此：

$$S = l_t x_t - \frac{1}{m_t} V \tag{14.31}$$

TSSI 用劳动时间定义的新增价值为：

$$l_t x_t = \frac{P}{m_{t+1}} - \frac{C}{m_t} \tag{14.32}$$

用 m_t 乘以（14.32），使用方程（14.29），得到：

$$\frac{P}{1+i} = C + m_t l_t x_t \tag{14.33}$$

比较式（14.33）和真实利润的定义式（14.27），使用式（14.31），可得到：

$$\pi_R = C + \quad - C - V = m_t l_t x_t - V = m_t S \tag{14.34}$$

式（14.34）就是 TSSI 的 FMT。在这里，不存在负 m 的可能性[3]。

就已经存在的三种主要类型的 FMT 的证明而言，每一种证明（或解释）都是从一些假定开始，并试图以该学派自己坚持的方式证明 FMT。在标准解释的解释中，FMT 在可再生产性的假定下被加以证明。因此，它的目标在于证明剥削率和统一的利润率之间存在的双向关系，但是这种证明无法充分说明人们生活于其中的资本主义社会剥削的存在。而且，标准解释在一定意义上修改了马克思的价值概念，并使得这种分析适用于任何生产体系。在新解释中，正的净产出价格，从而正的 m 是给定的前提。与标准解释相比，取决于一个更加弱的假定。而跨期单一体系解释试图降低马克思的基本定理研究的抽象水平，试图证明在实际经济的层面马克思的基本定理是成立的，尽管 TSSI 不要求可再生性或正的净产出价格，但是它的通货膨胀和利润率概念一开始就是在能够使马克思的基本定理成

---

① Kliman, A., Reclaiming Marx's capital：A refutation of the myth of inconsistency, Lexington Books, 2007, P. 185.

② Kliman, A., Simultaneous valuation vs. the exploitation theory of profit, Capital and Class (73)：2001, pp. 107 – 108；Kliman, A., Reclaiming Marx's capital：A refutation of the myth of inconsistency, Lexington BooksKliman 2007, pp. 185 – 187.

③ Kliman, A., Simultaneous valuation vs. the exploitation theory of profit, Capital and Class (73)：2001, P. 108.

立的意义上定义的，因此跨期单一体系对马克思的基本定理的证明，仍然是服务于他们否定 20 世纪大多数对马克思经济学存在"内在矛盾"指责的回应。这就是为什么克莱曼会说，"用静态的方法解释马克思的价值理论时，不仅马克思所阐述的一些动态问题，例如，利润率变化趋势看起来是错误的，而且看起来是静态问题的他对利润来源的说明，也是无法成立的。相反，跨期单一体系解释既在其他各个方面证明了马克思价值理论的内在一致性，也同样证明了利润的剥削理论的逻辑一致性"。①

第二节　利润决定模型及其论争

在有关利润决定模型的论争中，斯拉法主义者和马克思主义者围绕剩余产品和剩余价值、利润决定中的阶级分析问题展开了激烈的争论。

一、利润决定模型及其评价

赖特分析了三种不同的利润决定模型，即"原因不可知主义"、斯拉法主义的解释和马克思主义的解释。他对不同模型的特征分别进行了分析和评价，提出了一种他认为是根据马克思的精神进行扩展后的利润确定模型。

在对三种不同的利润确定模型分析中，赖特认为，利润确定的"原因不可知论"②观点，是有关资本主义利润确定的最简单的模型。在资本主义社会中，为了生产出利润，必须具备许多必要条件。比如，资本家必须组织他们的投资和金融交易，生产过程中生产资料必须和劳动相结合等。因此，"原因不可知论"者提出，"考虑所有这些相关的必要条件下，将其中任何一个条件提高到利润的'本质'原因的特殊地位，或如马克思主义者通常所说的那样，是利润的'起源'，就是武断的"。③

"原因不可知论"基本论点可用图 14 – 1 表示。

---

① Kliman，A.，Simultaneous valuation vs. the exploitation theory of profit，Capital and Class（73）：2001，P. 110.

② 也可称为利润多元决定模型，参见 Erik Olin Wright，The Value Controversy and Social Research，in The Value Controversy edit by Ian Steedman，Verso Editions and NLB，P. 40，注释 5。

③ Erik Olin Wright，The Value Controversy and Social Research，in The Value Controversy edit by Ian Steedman，Verso Editions and NLB，P. 39.

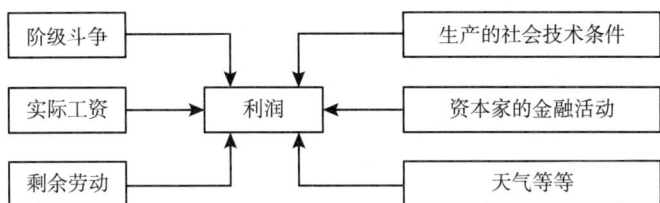

图 14 – 1　利润确定的"原因不可知论"解释

"原因不可知论"的支持者并不认为在生产中剩余劳动量对利润没有影响，他们强调的只是剩余劳动在分析利润问题时并不具有特殊地位。也就是说，"如果承认原材料的转换主体是复杂的过程（包括机器、集体劳动、技术和知识等每一种必要的要素），那么最终的产出就只能归于过程本身，而不只是劳动或劳动时间"。①

在对斯拉法主义模型的说明中，持斯拉法主义者认为，"从理论上讲，影响利润的各种原因能够以一种系统的方式加以排序"。② 这种观点的支持者认为，利润是两个因素的直接结果：生产的社会技术条件和支付给工人的实际工资。斯拉法主义的观点可以表达如图 14 – 2 所示。

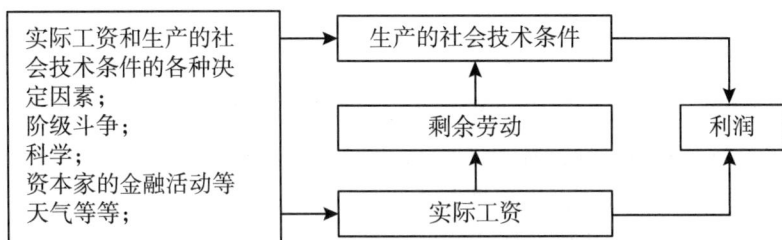

图 14 – 2　利润确定的斯拉法主义解释

斯拉法主义者利润分析的特点之一在于，他们认为劳动价值论这个理论，根本就没进入利润计算中去。在一定的情况下（如存在联合生产和固定资本时），从价值计算利润不仅不必要，而且会得出错误的答案。在赖特看来，类似斯蒂德曼等人"所进行的批评的核心，无非是表明价值和利润计算无关"。③ 赖特认为，

① Cutler et al. Marx's 'Capital' and Capitalism Today, Vol. 1, P. 19.
② Erik Olin Wright, The Value Controversy and Social Research, in The Value Controversy edit by Ian Steedman, Verso Editions and NLB, P. 41.
③ Erik Olin Wright, The Value Controversy and Social Research, in The Value Controversy edit by Ian Steedman, Verso Editions and NLB, P. 42.

斯拉法主义模型的"要点不在于把利润理论简单地分解为一种二元论,而是认为所有其它因素都是以影响实际工资和技术条件的方式对利润产生影响的"。①

对马克思主义的解释,赖特认为,在致力于把利润决定的多种因素组织为一个有序的决定结构上,马克思主义者和斯拉法主义者是一致的。但不同的是,在这样一个利润决定的结构模型中,马克思主义者把剩余劳动(以剩余价值的形式表现)放在了首位。马克思主义的利润决定的基本观点可以概括为图 14-3。

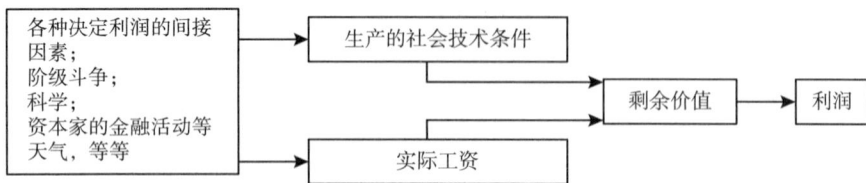

图 14-3 利润决定的马克思主义的解释

根据马克思主义的观点,对剩余价值量不产生影响的实际工资的商品组合的变化、社会生产技术条件的变化,对利润总量的大小没有影响。只有当它们影响到剩余价值时才能影响总利润。正是在这种意义上,"马克思主义者才把剩余价值称为利润的'起源'"。②

因为斯拉法主义的观点构成了对马克思主义的观点的批判,为了使马克思主义的观点既保留其理论的要点,又可以使它包容相关的反对意见,赖特提出了一种新的利润决定模型。赖特提出了"决定方式"的概念,即"一种更为复杂的因果观念,即理论的各要素之间具有不同类型的因果关系"。③

赖特认为,在利润决定分析中,有两种决定方式特别重要:"(a)结构性限制(structural limitation),即一种结构或要素对另一种结构或要素的可能的变化系统地设定了界限。在这些界限内,可以有不同的结果,但界限本身是决定性的。(b)从一系列被结构性地限定的可能中选择(selection)特定的结果。在某种意义上,这是一种在界限之中进一步设定界限的决定方式。"④

---

① Erik Olin Wright, The Value Controversy and Social Research, in The Value Controversy edit by Ian Steedman, Verso Editions and NLB, P. 43.

② Erik Olin Wright, The Value Controversy and Social Research, in The Value Controversy edit by Ian Steedman, Verso Editions and NLB, P. 44.

③ Erik Olin Wright, The Value Controversy and Social Research, in The Value Controversy edit by Ian Steedman, Verso Editions and NLB, P. 45.

④ Erik Olin Wright, The Value Controversy and Social Research, in The Value Controversy edit by Ian Steedman, Verso Editions and NLB, P. 45.

根据对决定方式的解释，赖特修改了图 14 - 3 所表示的利润决定模型。基于简化的考虑，赖特在模型中只考虑了四个要素：实际工资、生产的社会技术条件、剩余价值以及利润。在赖特的分析中，生产的社会技术条件为剩余价值的创造设定了基本的界限。由于在生产中付出的全部劳动是生产的社会技术条件的一个方面，因此这些条件明确地规定了剩余价值的最大可能数量（当实际工资为零时剩余价值最大）。在这些界限之内，实际工资准确地规定了付出的全部劳动中多大的比例是"剩余"价值。赖特修正后的马克思主义的利润决定模型如图 14 - 4 所示。

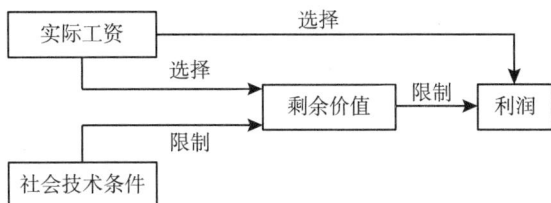

图 14 - 4 马克思主义的利润决定模型的初步近似

如图 14 - 4 所示，"剩余价值对利润可能的变动范围设定了根本性的界限"。[1] 剩余价值量一旦给定，利润的可能数量就有一绝对上限。因此，剩余价值将保持利润的"起源"的地位，"这不是因为剩余价值是利润的唯一决定因素，而是因为所有其它的决定利润的因素或者要通过对剩余价值的作用产生影响，或者其效应的发挥必须局限于由剩余价值所设定的界限之内"。[2]

赖特预见到对图 14 - 4 的利润决定模型，可能存在的两个主要的反对意见：第一，因为剩余价值本身取决于社会技术条件和实际工资，它本身在过程中并不发挥主体的作用，因而仍旧是"多余"的；第二，剩余价值为最终结果设定了基本界限的说法是武断的，因为如果使任何"生产要素"保持不变，都会使利润有一上限。[3]

对这两种可能的反对意见的回应，成为后来和斯拉法主义者争论的重要方面。赖特认为，第一种意见从根本上误会了他的模型的要点。这里并没有说剩余价值是利润的单独起作用的或初始的原因，"恰恰因为剩余价值在此过程中是一

① Erik Olin Wright, The Value Controversy and Social Research, in The Value Controversy edit by Ian Steedman, Verso Editions and NLB, P. 46.

② Erik Olin Wright, The Value Controversy and Social Research, in The Value Controversy edit by Ian Steedman, Verso Editions and NLB, P. 47.

③ Erik Olin Wright, The Value Controversy and Social Research, in The Value Controversy edit by Ian Steedman, Verso Editions and NLB, P. 49.

内生因素，才把它看作一种首要的决定因素。……尽可以改变实际工资和技术条件，但是如果这些改变没有影响到剩余价值的数量，则利润量将保持不变。……剩余价值的变化不再是实际利润变化的充分条件，但是仍然是可能的利润界限的充要条件"。① 第二种反对意见提出了一种不同性质的问题。选择剩余价值作为设限过程的主要原因，不在于在所有的情况下都是由剩余价值决定了利润的实际界限。而"在于它使我们能够建立一种利润的社会决定理论，特别是一种能够把阶级结构、阶级斗争和利润系统地联系起来的理论"。②

赖特指出，如果仅仅针对如何计算利润这个具体问题而言，认为剩余价值是利润的唯一原因的话，指责把剩余价值选为限定条件的做法是"武断的"的反对意见是有一定道理的。但是，如果从更广泛的理论目标出发，即依据生产的社会关系去理解阶级和阶级斗争，并将阶级斗争问题与通过剩余价值和利润占有剩余劳动的资本主义机制进行的具体分析联系起来考虑，则选择剩余价值作为限制条件就绝不是武断的了。基于上述原因，赖特提出，"构造利润计算模型的具体方式，从理论上看都应该从属于使利润具有社会内容的有关社会关系的定性理论"。③

二、对三种利润决定模型的评价

赖特认为，从马克思主义劳动价值论的高度来看，有关利润决定问题的原因不可知论模型和斯拉法主义模型，只是部分正确但又都不全面。说它们部分正确是因为，它们以不同的方式、在不同的抽象水平上详细说明了实际的关系，实际的效应；说它们不全面，是因为它们对事实上代表了利润决定的实际过程的条件，进行了不充分的理论概括。

在赖特看来，"原因不可知论"模型是对所有利润决定有影响的因素作了简单罗列。斯拉法主义者对利润的解释，要比"原因不可知论"的简单的描述性模型进步一些。它是在中等抽象水平上说明了利润水平的决定。"在给定了反映在剩余劳动水平上的，由基本阶级关系结构和阶级力量对比所决定的对利润的基本

---

① Erik Olin Wright, The Value Controversy and Social Research, in The Value Controversy edit by Ian Steedman, Verso Editions and NLB, P. 50.

② Erik Olin Wright, The Value Controversy and Social Research, in The Value Controversy edit by Ian Steedman, Verso Editions and NLB, P. 51.

③ Erik Olin Wright, The Value Controversy and Social Research, in The Value Controversy edit by Ian Steedman, Verso Editions and NLB, P. 52.

限制之后，斯拉法主义模型提供了对利润的选择决定的解释"。①

　　但是，对结果的完全的社会解释，要求理解结构性限制的社会决定因素，而这又要求进入到更高的抽象层次。"这正是马克思主义的利润决定模型在分析剩余劳动与利润的关系时试图去做的。在两个关键方面，马克思主义的分析要比斯拉法主义模型深入一步。首先，它说明了斯拉法主义的选择过程在其中起作用的结构性限制条件；斯拉法主义的解释能够精确地计算具体的利润水平，而马克思主义的说明解释这些利润的社会可能性。其次，马克思主义的解释把它有关利润决定的分析，嵌入在范围更大的有关社会关系和决定因素的理论中，在这样一种理论中，利润本身不仅是结果，而且也是决定因素"。② 赖特认为，这样一个更为广泛的理论要优于"原因不可知论"和斯拉法主义的理论。"它使我们超越了对现存社会是什么做出的简单的、实证的描述，而是阐述了一种它可能变成什么样的社会批判理论"。③

　　在赖特看来，"原因不可知论"和斯拉法主义模型能够提出的问题都是非常有局限性的。对于"原因不可知论"模型而言，它所提出的问题大多涉及在一个因果过程中不同因素的相对权重。这样一种研究思路很可能会对利润变化的各种主要因素做出内容丰富的描述。但是，坚持不可知论的立场是无法发展出一种有关利润产生的机制的理论的，因为它拒绝承认存在着对决定因素加以结构化排序的可能。认为整个过程本身就是"机制"，无异于说利润是一切涉及利润的因素的总结果，但这并不能揭示产生这种结果的内在逻辑。

　　斯拉法主义模型提出的中心问题是：什么是决定实际工资和生产技术条件的因素？这个问题导致实证研究的两个总的目标：工人和资本家所拥有的市场力量的决定因素以及技术变化。

　　对马克思主义理论来说，情况就大不一样了。"所有由斯拉法主义利润决定模型提出的问题，都同样可以在马克思主义理论的框架内提出，因为在某种意义上斯拉法主义模型包含在马克思主义模型之中。两个模型的不同之处主要在于对阶级斗争的影响问题所做的不同处理上"。④ 赖特认为，在马克思主义中剩余劳动所起的中心作用，使它与斯拉法主义的分析作了根本性的区别。在斯拉法主义

　　① Erik Olin Wright, The Value Controversy and Social Research, in The Value Controversy edit by Ian Steedman, Verso Editions and NLB, P. 56.

　　② Erik Olin Wright, The Value Controversy and Social Research, in The Value Controversy edit by Ian Steedman, Verso Editions and NLB, P. 57.

　　③ Erik Olin Wright, The Value Controversy and Social Research, in The Value Controversy edit by Ian Steedman, Verso Editions and NLB, 1981, P. 57.

　　④ Erik Olin Wright, The Value Controversy and Social Research, in The Value Controversy edit by Ian Steedman, Verso Editions and NLB, P. 62.

理论中，只有在确定实际工资的问题上，各阶级才系统地发挥作用，而对阶级斗争的定义又是通过他们的市场地位进行的。按照马克思主义理论，阶级的概念与剩余劳动紧密地联系在一起。阶级是由生产的社会关系而不是在根本上由市场关系所决定的。

总之，赖特认为，"经过进一步发展的马克思主义利润决定模型的优点在于，它一方面吸收了斯拉法主义方法的预见能力，另一方面又坚持了在解释利润时始终围绕剩余劳动理论这个中心展开"。①

三、斯拉法主义对赖特观点的批评

因为赖特对利润决定模型的分析和评价中，包含着对斯拉法主义的批判，并认为马克思主义的利润决定模型可以涵盖斯拉法主义的利润决定模型，赖特的观点遭到了斯拉法主义者的反对和批评。

霍奇森对赖特的批评主要体现在以下几个方面：

第一，凝结劳动的任意性。在赖特的模型中，剩余劳动被确认为利润的限制性因素。对此，霍奇森用下面的例子做了说明。假定能量是系统的一个输入，能量为大多数商品的生产所需要，也为劳动力本身的生产和再生产所需要。每种商品（包括劳动力在内）都将包含一定数量的"凝结能量"，那么利润就会以受限于"剩余价值"一样的方式受限于"剩余能量"。②

第二，赖特的辩护落入了循环论证。霍奇森认为，为了反对可以选择任何投入来提供对利润的"结构性限制"这个论点，赖特对为什么要选择劳动和剩余劳动引证了一些特殊理由，认为利润决定分析的关键是如何把阶级斗争纳入到理论中。这样就产生了一个问题：阶级是怎样确定的？霍奇森认为，按照赖特的说法，之所以要着重于研究剩余劳动是为了了解阶级；为了解阶级就要涉及生产关系；从根本上讲，这些关系又不过是哪个阶级付出、哪个阶级占有剩余劳动的问题。而阶级要依据它们对剩余劳动的关系才能够被理解。霍奇森认为，赖特对"选择剩余劳动是主观随意的"，这个批评意见所做的辩解，无非是一种同义反复的循环论证。③

---

① Erik Olin Wright, The Value Controversy and Social Research, in The Value Controversy edit by Ian Steedman, Verso Editions and NLB, P. 65.

② Geoff Hodgson, Critique of Wright 1. Labour and Profits, in The Value Controversy edit by Ian Steedman, Verso Editions and NLB, 1981, P. 80.

③ Geoff Hodgson, Critique of Wright 1. Labour and Profits, in The Value Controversy edit by Ian Steedman, Verso Editions and NLB, 1981, P. 84.

第三，对于在赖特的分析中非常重要的"结构性限制"和"选择"概念，霍奇森也提出了批评。霍奇森指出，一般地说，如果有其他因素通过选择过程完全充分地决定了最后的结果，再设想结构性限制的因果作用是很困难的。"这样做就类似于说，人类的身高是由大气层的厚度通过'结构性限制'所造成的一样，因为的确，如果人的身高有10英里的话，他们在地球上是活不下去的。对任何实际现象都可以任意地想出一些'结构性限制'"。①

第四，霍奇森对斯拉法主义的利润决定模型进行了辩护。霍奇森指出，"价格和利润在逻辑上都是依赖于社会技术条件和实际工资以及影响这两者的其他因素，除此之外并无其他。这些形式上的结果，使我们能够安排理清有关现实世界的各类数据，并且帮助我们在分析价值和分配问题时避开逻辑上不一致的陷阱"。② 霍奇森指出，"斯拉法的形式化理论，并不会自动导致得出对生产过程的某一特定的看法，或者诸如把交换领域看作是基本的而生产是第二位的等等。所有这些都可以被合理或不合理地加到形式结构中去，但是它们并不是一开始就在那里的"。③

总之，霍奇森认为，赖特并没有否定斯拉法。相反，他认为赖特试图把斯拉法的东西归拢到一个修改过的马克思主义模型之中。他认为，赖特采取的做法是断言在马克思主义理论中存在着能够和斯拉法的看法结合起来的因果要素；同时又保持它们与现实世界的联系。但是，霍奇森认为，赖特希望保留的因果要素完全不具有现实意义，并且他对"原因"的选择多少是主观随意的。赖特为确证剩余劳动范畴是直接原因所做的努力，是基于一个有关阶级问题的循环论证，其特点是把有待证明的东西作为论证的前提。此外，赖特认为的"由于马克思主义范畴能够指引我们进入重要的生产领域和劳动过程，因而其本身具有更多内容"的观点，是没有任何事实根据的。④

班德约帕德海亚（Pradeep Bandy Padhyay）对赖特的批评主要是证明，赖特有关"'按照斯拉法思想研究马克思'的立场的四点结论，不是完全没有根据就

① Geoff Hodgson，Critique of Wright 1. Labour and Profits，in The Value Controversy edit by Ian Steedman，Verso Editions and NLB，1981，pp. 87 – 88.

② Geoff Hodgson，Critique of Wright 1. Labour and Profits，in The Value Controversy edit by Ian Steedman，Verso Editions and NLB，1981，P. 88.

③ Geoff Hodgson，Critique of Wright 1. Labour and Profits，in The Value Controversy edit by Ian Steedman，Verso Editions and NLB，1981，P. 89.

④ Geoff Hodgson，Critique of Wright 1. Labour and Profits，in The Value Controversy edit by Ian Steedman，Verso Editions and NLB，1981，P. 96.

是部分曲解，或者是错误的"。① 这里所说的赖特的四点结论是：第一，一般兼容性命题：发展了的马克思主义的利润决定过程的模型，与大部分的斯拉法主义有关利润的看法在"形式上是相容的"。也就是说斯拉法主义解释中的大多数"积极的论断"，与"剩余劳动表现为剩余价值"并且成为"利润决定的一种基本限制因素的理论框架"相一致。第二，包容性命题：重建的马克思主义解释，能够包容斯拉法主义解释的观点，后者代表了在较低抽象水平上的利润决定过程，也就是马克思主义模型有更大的普遍性。第三，忽略生产关系命题：从社会学意义上说，马克思主义模型比斯拉法主义模型更为重要、更为有力。这一点有两重含义：马克思主义模型能够系统引入阶级斗争，而阶级在斯拉法主义模型中发挥不了"有机的作用"；马克思主义模型要求把流通和生产过程都包含在阶级的概念中，而斯拉法主义模型中的阶级不过是所谓的"市场阶级"。第四，马克思主义模型使资本主义利润决定理论有可能包含在一个更广泛的有关"结构性限制、选择和转换的理论"之中。也就是说，斯拉法主义模型因其固有的性质做不到这一点。与这一结论相联系的还有两个推论，作为一种研究方法，特别是对劳动过程的研究而言，马克思主义模型要比斯拉法模型丰富；斯拉法主义者只注意到了利润率的计算，但仅仅成功的计算不同实际过程中的真正的因果决定混同。②

班德约帕德海亚首先从固定资本和联合生产的角度对赖特提出了批评③。他认为，在论证改造过的马克思主义模型具有更大的普遍性，并能把斯拉法主义的观点包容在其中时，"固定资本和联合生产问题是不能忽略的"。④ "如果劳动价值论（马克思意义上的）不能成功地应用于具有固定资本和联合生产的资本主义经济，而斯拉法主义模型能够做到这一点，那就应该说，后者具有更大的普遍性"。⑤

班德约帕德海亚指出了赖特文章的第二个严重弱点，他将"剩余劳动"和"剩余价值"混同了起来。班德约帕德海亚指出，赖特一直假定只要"剩余劳动"作为一个概念是成立的，在传统马克思主义的意义上讲剩余价值就是正确的。赖特这样做，"是把未经证明的判断作为证明论题的论据，因为在斯拉法主

---

① Pradeep Bandypadhyay, Critique of Wright 2. In Defence of a Post-Sraffian Approach, in The Value Controversy edit by Ian Steedman, Verso Editions and NLB, 1981, P. 101.

② Pradeep Bandypadhyay, Critique of Wright 2. In Defence of a Post-Sraffian Approach, in The Value Controversy edit by Ian Steedman, Verso Editions and NLB, 1981, pp. 101 – 102.

③ 赖特在自己的研究中指出自己为了分析的便利，忽略掉固定资本和联合生产问题。

④ Pradeep Bandypadhyay, Critique of Wright 2. In Defence of a Post-Sraffian Approach, in The Value Controversy edit by Ian Steedman, Verso Editions and NLB, 1981, P. 102.

⑤ Pradeep Bandypadhyay, Critique of Wright 2. In Defence of a Post-Sraffian Approach, in The Value Controversy edit by Ian Steedman, Verso Editions and NLB, 1981, pp. 102 – 103.

义的和重建的马克思主义模型之间的争论之点，首先恰恰就是劳动价值论和马克思主义的'剩余价值'概念对于分析剩余劳动及其量的估算是否合适"。①

此外，班德约帕德海亚指出，赖特对斯拉法主义模型的一些批评是错误的。对于剥削问题，"斯拉法主义者不会接受由于阶级斗争通过生产的社会技术条件和实际工资起作用，因而'阶级斗争并不直接影响剩余价值和剥削'这一说法"。② 班德约帕德海亚认为，在斯拉法主义的观点中，剥削率取决于进入工人的实际工资的净产出的比例。因此，围绕实际工资进行的阶级斗争就直接影响到剥削率并间接地影响到资本家占有的"剩余劳动"③ 的比例。班德约帕德海亚进一步指出，认为在斯拉法的分析中"剩余劳动"的概念不起作用的想法是错误的。"恰恰相反，斯拉法主义分析赋予了剩余劳动以精确的理论意义，并使它至少对于整个经济来说在原则上成为可计算的。斯蒂德曼要求人们抛弃的是剩余价值的概念，而不是剩余劳动的概念。剩余劳动概念更为基本和更具一般性，无论对生产方式进行马克思主义的研究还是形成有关社会阶级及各阶级之间相互关系的理论，都要求有这样一个概念。另外，剩余价值是马克思为了分析资本主义经济的特定的特征而提出的特殊的概念，并且一旦将其系统地加以运用，就会发现它并不适合它原来想要达到的目的"。④

四、赖特的回应及对原有观点的修正

赖特在回复两位斯拉法主义者的过程中，重新思考了阶级定义问题，并以阶级分析为核心，再次比较了马克思主义模型和斯拉法主义模型的异同，在一定程度上缓和了对斯拉法主义模型的批判，并修正了自己先前的有关观点。

在考虑了两位斯拉法主义者的批判的基础上，赖特承认，"尽管有可能从形式上论证剩余劳动或价值对可能的利润范围设定了界限，但是还没有提出支持这种形式界限的令人满意的因果方面的论证。这是一个严重的弱点"。⑤ 在先前的研究中，赖特解决上面的问题的方式，是提出与其他生产要素可能产生的限制不

① Pradeep Bandypadhyay, Critique of Wright 2. In Defence of a Post-Sraffian Approach, in The Value Controversy edit by Ian Steedman, Verso Editions and NLB, 1981, P. 108.

② Pradeep Bandypadhyay, Critique of Wright 2. In Defence of a Post-Sraffian Approach, in The Value Controversy edit by Ian Steedman, Verso Editions and NLB, 1981, P. 120.

③ 这里的剩余劳动不是马克思意义上，是森岛通夫意义上的。

④ Pradeep Bandypadhyay, Critique of Wright 2. In Defence of a Post-Sraffian Approach, in The Value Controversy edit by Ian Steedman, Verso Editions and NLB, 1981, P. 121.

⑤ Erik Olin Wright, Reconsiderations, in The Value Controversy edit by Ian Steedman, Verso Editions and NLB, 1981, P. 145.

同，剩余劳动能把利润理论和一般的阶级理论联系起来。

赖特的论证方式，正是引起激烈的争论的原因。霍奇森和班德约帕德海亚都指出，在占有剩余劳动的阶级概念的基础上为劳动价值论进行辩护，是循环论证。另外，斯拉法主义者对利润的看法能够和马克思主义的阶级概念相容。赖特对这两点批评做了具体的回复，认为斯拉法主义者的第一点批评是错误的，第二点批评很大程度上是正确的。

赖特原来认为，斯拉法主义者对利润问题的观点没有自发地与基于生产关系的阶级概念贯通起来，尽管斯拉法主义的论证的形式结构并未实际上与以生产为基础的阶级概念不相容，但是斯拉法主义者认为阶级取决于在市场关系中所处的地位。赖特现在承认，他原来的结论"有点过分夸大了"。[①] 赖特认为，在斯拉法主义的框架中隐含着生产层次上的阶级概念。但是，"如果有人真的打算用斯拉法主义框架……去进行生产关系的阶级分析，他会更自然地被引向生产中的控制理论而不是剥削理论"。[②] 在此基础上，赖特对斯拉法主义者的阶级分析，提出了新的批评，"当严格运用阶级概念去理解作为资本主义的历史替代物的社会主义的时候"，上述问题可能会产生一定的影响，但是就对资本主义社会问题的分析而言，可能不会造成普遍性的后果。

在做出上述变更和妥协之后，赖特修正了先前的研究中的一些结论：（a）剩余价值限定了利润的范围而生产的社会技术条件和实际工资在此范围内，对利润具有选择作用。从方法论上看这一提法是合理的。因此，尽管在剩余价值和利润之间不存在简单的一对一的关系，剩余价值仍应被视为系统地约束了可能的利润范围。（b）这一关于限定问题的论断纯粹是从形式上说的。传统的马克思主义从因果关系方面对劳动价值论所做的辩护当中，还没有一个是令人满意的，其原因在于它们都未能实际解释价值调节或确定或限定价格的因果机制。（c）斯拉法主义对利润问题的处理也纯粹是形式的，因而至少到目前为止，还没有对裁决这一争论的因果关系表达得很清楚的客观基础。（d）确定了剩余劳动的限定作用，使我们能把利润理论和马克思主义的阶级概念（即基于剩余劳动占有的社会关系去认识的阶级）联系起来。（e）斯拉法主义对利润问题的观点并不必然导致采纳以市场为基础的阶级概念。斯拉法理论同样也能够提出一种面向生产关系的阶级结构概念。（f）马克思主义的阶级概念围绕着剩余劳动占有关系的问题展开；

---

① Erik Olin Wright，Reconsiderations，in The Value Controversy edit by Ian Steedman，Verso Editions and NLB，1981，P. 152.

② Erik Olin Wright，Reconsiderations，in The Value Controversy edit by Ian Steedman，Verso Editions and NLB，1981，P. 153.

从斯拉法的利润和价格理论得出的阶级概念，更倾向集中于劳动控制关系（劳动过程）和剩余产品的占有，而不是剩余劳动的占有。

在得出以上这些结论之后，应怎样看待马克思主义和斯拉法主义之间的争论呢？赖特认为，首先，技术性的争论并没有完全得到解决。斯蒂德曼关于劳动价值论是"多余的"说法，并不能构成拒绝劳动价值论的有说服力的基础。其次，这场争论的影响并不是太大，至少对那些从事阶级分析的实证及历史研究的人来说是这样。劳动价值论和斯拉法理论都具有一种基于生产的阶级概念，都从关系角度看待阶级；并且都引导应用阶级分析去了解劳动过程及其与技术、市场、斗争等等的关系。虽然特别是在涉及剩余劳动占有的地位问题时，两者的阶级概念之间存在着分歧，但还不能肯定这种分歧会对大多数社会分析中的实证研究产生实质性的影响。最后，保留劳动价值论并且把它作为对资本主义的阶级分析基础，还有一个重要的宣传上的原因。劳动价值论可使生产和交换关系的特点格外鲜明地展现出来；它以一种确定不疑的方式加深了对剥削的理解，并且有力地揭示了资本主义的实质性结构所提供的是奴役，而不是自由。分析价格和利润的斯拉法派的理论框架作为一种纯粹的技术性工具，可被很好地用于经济参数的形式计算，也能被用来理解生产体系中的阶级问题。但是对于在马克思主义中发展起来的劳动价值论来说，不进行以生产为基础的阶级分析就很难理解其本身的含义。因此，赖特仍然认为，斯拉法的概念工具对阶级分析并不像劳动价值论那样强有力。

第三节　关于一般剥削理论的论争

在 20 世纪的西方马克思主义经济学研究中，尝试用现代经济分析工具研究马克思主义经济学，且引起主流经济学家和马克思主义经济学共同关注的，主要是分析的或"理性选择的"马克思主义。就剥削理论而言，这个学派的学者大多赞同没有劳动价值论的剥削理论，其中影响最大的首推罗默，他提出的取代马克思的剥削理论的剥削和阶级一般理论引发了广泛的争议。

一、罗默关于剥削和阶级的一般理论

罗默试图把阶级形成模型化为受约束的最优规划的结果，他考察了三种经济制度结构：不存在劳动市场也不存在信贷市场的经济；存在劳动市场但不存在信贷市场的经济；存在信贷市场但不存在劳动市场的经济。

罗默认为的第一种经济类型，其中只存在产品市场，假定生产者的目标是在获得一个固定的生存所需的商品束时，尽可能最小化劳动支出。在这种生存模型中，理性化意味着以最少的劳动得到一个固定的生存商品束。假定 A 是 n×m 商品投入矩阵，L 是 1×n 直接劳动投入向量，b 是 1×n 产出品价格向量，ωᵛ 是第 v 个生产者拥有的 n×1（生产出来的）资源禀赋向量，xᵛ 是第 v 个生产者的活动水平向量，假定生产者 v，面临的价格向量是 p，他采取一种活动水平以最小化劳动时间，从而对单个生产者来说，这个最优化问题为：

$$minLx^v \mid x^v \in R_n \tag{14.35}$$

受约束于：

$$p(I - A)x^v \geq pb \tag{14.36}$$

$$pAx \leq p\omega^v \tag{14.37}$$

$$Lx^v \leq 1 \tag{14.38}$$

$$x^v \geq 0 \tag{14.39}$$

劳动价值向量为 Λ，由方程 Λ = ΛA + L 定义。

方程（14.36）~方程（14.38）意味着生产者 v 在面对资本和劳动约束时，能够实现他们的生存商品束。在这个模型中，存在劳动的社会分工，交易者交换他们的产出品以便利生产活动。此外，在每一期结束时，经济主体回到市场中，以得到他们生存所需的产品。

以上述的模型为基础，罗默定义了平等主义的解，平等主义解意味着每个生产者工作的劳动时间恰好为 Λb（平均社会必要劳动时间）。但是，在一些经济主体工作的时间比 Λb 长，另一些比 Λb 短时，解就是非平等主义的了。非平等主义的解即使在不存在劳动交换制度时也可以存在，这意味着剥削可以在只有产出品市场的情况中出现。

罗默认为的存在劳动市场时的经济制度，其中工资率为 w，经济主体既交易商品也交易劳动力。劳动力的利用可以下述三种方式进行：（a）经济主体使用自己的劳动利用自己的资本，这种劳动的数量用 xᵛ 表示；（b）经济主体可能通过使用雇佣到的劳动利用自己的资本，这部分劳动的数量用 yᵛ 表示；（c）经济主体可能出卖自己的劳动力，并利用雇佣他们的经济主体的资本进行生产活动，这部分劳动的数量用 zᵛ 表示。很显然，一个人出卖的劳动就是另一个雇佣的劳动，从而 $\sum y^v = \sum z^v$。

罗默同样假定经济主体的目标是用最小化的劳动得到一个固定不变的生存工资商品束，从而最优化问题成为：

$$(x^v, y^v, z^v)min(Lx^v + z^v) \tag{14.40}$$

受约束于：

$$p(1-A)x^v + (p-(pA+wL))y^v + wz^v \geq pb \qquad (14.41)$$

$$pAx^v + pAy^v \leq p\omega^v \qquad (14.42)$$

$$Lx^v + z^v \leq 1 \qquad (14.43)$$

方程（14.41）意味着主体 v 能够得到足够的收入购买生存商品束，方程（14.42）是经济主体面临的资本约束，也就是说，自我雇佣的劳动的成本加上雇佣的劳动的成本，不大于最初资本禀赋的货币价值，方程（14.43）意味着经济主体使用的劳动（出卖的劳动或自我雇佣的劳动）不可能大于他们所拥有的。上面描述的经济的可再生性要求根据现有的资本存量，生产投入需求是可行的。总产出足以满足消费需求，在有唯一的市场出清工资 w 时，劳动力市场处于均衡状态。

如果总社会必要劳动时间为 $N\Lambda b$，类似于第一个简单模型，平等主义的解意味着每个经济主体劳动的时间恰好为 Λb。非平等主义的解意味着一些人工作的时间超过了社会平均必要劳动时间，其他一些人的工作时间则少于社会平均必要劳动时间。在这种情况下，后者就是剥削者，前者受到了剥削。

罗默在这种分析的基础上提出了两个定理：第一个是用最初的财富衡量的最富有者，将成为纯粹的资本家，最贫穷的将成为无产者。从而，阶级作为个体最初财富禀赋的结果，内生地出现了。阶级的分化可以从表 14-4 中看到。

表 14-4 罗默的有劳动力市场时的阶级结构

阶级	x^v	y^v	z^v
资本家	0	+	0
小资本家	+	+	0
小资产者	+	0	0
半无产者	+	0	+
无产者	0	0	+

第二个定理是"阶级—剥削对应原理"（Class-Exploitation Correspondence Principle，CECP）。CECP 把社会分化为剥削者和被剥削者同社会分解为阶级联系在一起。这个定理表明，属于劳动雇佣阶级的经济主体是剥削者，而属于出卖劳动的阶级的主体是被剥削者。

罗默随后证明，不是只有通过劳动力买卖才会出现剥削。随后，他证明了建立在金融资本禀赋差异基础上的剥削，在功能上等同于存在劳动力市场时的剥削。

两种制度结构的相似性，有着重要的经济含义。也就是说，劳动力市场的存在只是不平等的结果出现的充分而不是必要条件。罗默说："过分地强调劳动过程可能导致错误的（或者至少是非唯物主义的）分析"。①

罗默说："我认为劳动市场对于理解阶级和剥削的出现而言是无关紧要的。实际上，与存在劳动力市场时的阶级结构恰好类似的阶级结构，只要利用资本市场就可以产生，无需雇佣和出卖劳动，只要借入和贷出所需资本的情况发生。……剥削和阶级现象可以在不存在劳动力市场的条件下完整地再生出来"。②

罗默在《自由的丧失》中，专门谈到了"无需再强调的剥削"，他认为，虽然剥削与阶级和财富都有关系，但无论从道德研究还是从实证研究来看，它好像都不具有直接的重要性。如果工人受到不公正的利用，那不是因为他们受到（技术性意义上的）剥削，而是因为不公正的财产分配产生了作为一种副产品的剥削。"直截了当地说，经典马克思主义经济学中一些核心概念——劳动价值论与剥削——似乎并不具有根本的重要性"。③

二、对财产关系、劳动和剥削的分析

罗默发展马克思的剥削理论的兴趣，源自他试图努力解释 20 世纪后半叶世界经济的发展。罗默不仅试图把马克思的剥削理论带入 20 世纪晚期，而且反对剥削的劳动理论。④ 并用剥削的财产关系定义取代它，罗默说："马克思主义的剥削概念，定义为生产中剩余劳动的榨取，应当被赋予财产关系以优先性的剥削定义所取代"。⑤

罗默对剥削的财产关系定义进行了界定：

"当人们说一个人或一个群体在某种境况下被剥削时，究竟是什么意思呢？在我看来，剥削这个概念必须具备如下这些条件，即当且仅当下面这些条件成立时，一个群体（coalition）S 在一个较大的社会 N 中才是受剥削的：

（a）假定存在着一种可行的选择（用可让渡和不可让渡资产的配置考察），

---

① Roemer, J., A General Theory of Exploitation and Class, Cambridge Mass.：Harvard University Press, 1982，P. 104.

② John E. Roemer, Free to Lose：An Introduction to Marxist Economic Philosophy, Harvard University Press, 1988，P. 91.

③ John E. Roemer, Free to Lose：An Introduction to Marxist Economic Philosophy, Harvard University Press, 1988，P. 89.

④ 罗默的剥削概念是在 20 世纪 80 年代形成的，最开始罗默接受，剥削是马克思主义原理中意义重大的概念，剥削是劳动剥削。后来，罗默改变了观点，在他的一般论述中，剥削仍然处于中心的地位，但是被财产关系的剥削理论取代了，劳动剥削理论只是被降到相对次要的位置。再后来，罗默干脆认为，剥削在马克思主义的论述中是多余的。最后，在面临一系列批评的情况，罗默又重新对劳动剥削的概念进行了思考，试图把劳动因素和财产关系的剥削理论综合到一起。

⑤ John E. Roemer, Egalitarian Perspectives. Cambridge：Cambridge University Press, 1994，P. 13.

在这样的选择中，S 的境况会改善。

（b）在这样的选择中，作为 S 的补充的群体 S′（N－S＝S′）的境况将会恶化。

（c）S′在与 S 的关系中是占优的（dominance）"。①

对财产关系的剥削定义，罗默指出："这个剥削的一般定义是一个博弈论的定义，它与劳动价值理论并没有特殊的关联。这一分析的一个惊人的结果是可以不涉及剩余劳动的概念构建一种马克思主义意义上的剥削理论。这很可能使有些读者认为我把婴儿和洗澡水一起倒掉了。在剥削的一般理论中，核心是取代劳动的转移，首先呈现在我们面前的概念是财产关系"。②

在形式上，罗默的方法相当于阐释一个由经济体中的当事人组成的各种群体参与的博弈。一个群体可以参与该经济，也可以退出。为了界定该博弈，需要详细说明任何具体群体如果从该经济中退出的话，它依靠自己生活将会过得怎么样，境况是改善了还是恶化了。这样，罗默就用"合作博弈"中"核"的思想把剥削问题模型化了。

罗默认为，上述定义是更令人满意的剥削定义。根据这种清晰的财产关系的剥削定义，可以区分出一系列的剥削形式（封建主义的剥削、资本主义的剥削、社会主义的剥削）。在罗默的体系中，剥削是通过假定的可行的选择定义的，在这种可行的选择中，群体的境况会改善。从而，每种经济体系中的剥削的定义，是对比于反事实的情形的，需要检验是否一种替代性的经济活动安排能够消除这种剥削。为了检验生产者群体是否受到了剥削，可以具体说明一套不同的退出规则来界定一个不同的博弈。

根据财产关系的剥削定义，资本主义剥削定义为：

（a）如果 S 带着它的人均社会可让渡资产份额（也就是生产出来的和非生产出来的产品），以及它的自由劳动和技能，从社会中退出，与当前的位置相比，那么 S 的境况将会改善（用收入和闲暇考察的）。

（b）如果 S′在同样的条件下退出，那么与当前的情形相比，它的境况将会恶化。

（c）如果 S 带着它的禀赋退出（而不是它的人均资本份额），那么 S′的境况将会恶化。③

---

①　John E. Roemer, Exploitation, Alternatives and Socialism, Economic Journal, 92, 1982, P. 89.

②　Roemer, J., A General Theory of Exploitation and Class. Cambridge Mass.: Harvard University Press, 1982, P. 192.

③　Roemer, J., Egalitarian Perspectives, Cambridge：Cambridge University Press, 1994, P. 40.

在罗默的分析中，他提出了一系列的理由支持财产关系的剥削，并对基于劳动价值理论的剥削理论提出了批评。在罗默看来，马克思把剥削当成一种统计量既有实证的目的，也有规范的目的：在实证的意义上，剥削是为了解释利润的存在和来源，在规范的用法中，剥削是为了表明工人受到资本家不公正的对待。但是，他认为，如果对工人的剥削是一个重要的概念，那是因为规范方面的原因，因为它表现了某种不公正，而不是因为劳动力的可剥削性是利润的唯一来源。罗默的观点是，如果对工人的剥削看起来是不公正的，那是因为人们认为导致剥削产生的有形资本的初始分配是不公正的。

后来，在面对各种各样的批评时，罗默重新思考了剥削的财产关系定义。罗默试图使自己的定义能够包容一些反例，比如勤劳的富人利用懒惰的穷人的有限资本，可以能意味着穷人剥削富人的反例。罗默认为，当人们接受主体有不同的偏好时，这个例子看起来是反直觉的，因此，他对剥削的财产关系定义进行了修正，并提出了一种混合的剥削定义。开始重新认识到定义剥削时劳动的重要性，从而对马克思最初的定义做出了一定的让步。罗默的新定义是：

"在 S 或 S′ 都不会因另一方的消费或行为而享受或遭受消费外部性的情况下，当且仅当：（a）由于可让渡资产的再分配导致每个人都拥有了他自己的人均份额（即财产关系定义中的第一、二条款），从而 S 的成员受益，而 S′ 的成员受损；（b）S′ 因 S 的劳动而受益；那么 S 就是被剥削者，S′ 是剥削者"。[①]

但是，罗默指出，"一个好工具不能因未事事顺手而被抛弃"，"财产关系方法的目的是为剥削提供一种经济的特征，并在可让渡财产所有权分配的不公正中，而不是在调节剥削者与被剥削者的关系的制度，如劳动市场、生产线或价格体系中找到剥削的根源。捍卫这一观念是我坚定的信念"。[②]

三、罗默对马克思剥削理论的批评

分析和重构剥削和阶级理论是罗默研究的重点，尽管在提出阶级和剥削一般理论的过程中，罗默对劳动价值论的态度发生过变化，但他主要是反对把剥削建立在劳动价值论基础之上。

罗默认为，对劳动的剥削不是说明资本主义利润和积累的基础。罗默说，"对劳动的剥削不能解释利润"，因为"在资本主义制度下，一切商品都受到剥

①②　John E. Roemer，Egalitarian Perspectives：Essays in philosophical economics，Cambridge University Press，1996，P. 110.

削，而不仅仅是劳动力"。① 罗默指出，在投入—产出经济模型中，也可以以石油作为价值的计算标准，所有商品中体现的石油价值是可以计算的。"可以证明，当且仅当石油被剥削时（在如下定义上，即体现在生产一单位石油的石油量少于一单位的石油——因而投入生产的石油多余收回的），利润是正的，对劳动的剥削不比对石油、谷物或铁的剥削更能解释利润和积累"。② 罗默说，"马克思在一件事情是完全错了。作为商品的劳动力，并不是唯一具有能生产比它所体现的更多的价值这一个魔力的商品。在一个能生产剩余的经济中，任何商品都具有这种魔力。就这点而言，劳动力绝对没有什么特别的地方"。③

对于这种观点，施韦卡特（David Schweickart）指出，20 世纪 70 年代初期发展起来的数理马克思主义，最初主要是为了证明马克思的分析的正确性，然而，得出马克思主义基本定理的"数学形式主义却同时产生了一个出乎人们意料的结果。人们不久就认识到，可以基于任何一种基本商品（直接或间接进入到所有其他商品生产中去的商品）完成对马克思主义的基本定理的证明"。④ 罗默完全没有意识到劳动力是一种特殊的商品，数学公式的"形式主义"把劳动力这种"社会因素"抛弃，才得出了"惊人的结论"。

罗默认为，基于财产关系的资本主义剥削定义优于基于剩余价值的剥削定义。马克思关注的主要是资本主义背景下的剥削现象，而罗默关注的则是一种对封建主义、资本主义和社会主义社会具有普适性的一般剥削理论。在罗默看来，他自己的剥削理论具有更宽泛的解释权，尤其是他提出的关于社会主义社会中的剥削问题完全超越了马克思当时对剥削理论的狭隘的理解。当然，罗默也肯定，在不同的社会形态下，劳动是异质的，从而剥削的具体方式也存在着差异，但剥削现象的存在却始终是以财产关系的存在作为前提的。罗默的建议是，马克思的"剥削理论是一个我们不必再逗留的居住地——它曾经为建立一个兴旺的家族提供了住所，现在这个家族必须往前走"。⑤

此外，罗默拒绝把统治和异化作为保留剥削范畴的根据。罗默对统治的两种

---

① John E. Roemer, Should Marxists be Interested in Exploitation? Philosophy and Public Affairs, Vol. 14, No. 1. (Winter, 1985), P. 32.

② John E. Roemer, Should Marxists be Interested in Exploitation? Philosophy and Public Affairs, Vol. 14, No. 1. (Winter, 1985), pp. 36 – 37.

③ John Roemer, 'New Directons in Marxian Theory of Exploitation and Class,' in John Roemer, ed., Analytical Marxism (Cambridge: Cambridge University Press 1986), P. 100.

④ David Schweickart, On the Exploitation of Cotton, Corn and Labor, Canadian Journal of Philosophy; Supplementary Volume, 15 (1989), P. 282.

⑤ John E. Roemer, Should Marxists be Interested in Exploitation? Philosophy and Public Affairs, Vol. 14, No. 1. (Winter, 1985), P. 33.

形式进行了区分①：一是生产手段上，通过强化生产资料所有权而形成的人们对私人财产的统治；二是生产过程中的统治，即极权和等级制的生产管理制度。因为第一种统治承担着保护和强化私有财产的责任，因此它可以进入财产关系差异的范畴。第二种统治，即车间里的等级制度和专制的生产过程，不可能简化为财产关系的差异。在罗默看来，把第二种统治作为捍卫马克思剥削理论的基本概念，也是存在问题的。认为第二种统治所产生的利润超过源自财产关系差异本质的利润，所以包含着剥削，只是关于第二种统治自身存在的理由，而不是剥削存在的理由。恰恰因为第二种统治和财产差异无关，因此剥削就不必包含第二种统治了。尤其是，罗默认为，第二种统治是第二位的因素，它是从合同签订和执行过程中的缺陷衍生出来的。它与马克思主义旨在揭示没有欺骗情况下的资本主义的经济规律是无关的，因为马克思主义理论的前提是合同必须是完善的和清晰的。② 也就是说，罗默认为一个完全反映马克思意图的理论模型必须是完全竞争型的。

四、对一般剥削理论的回应和批判

对罗默的一般理论进行的批判中，多数学者都提出罗默的分析，未能充分考虑马克思的剥削含义的复杂性。比如，布坎南（Allen E. Buchanan）就认为，马克思对剥削的解释是复杂的，并不局限于经济关系，后者只是马克思所运用的一般剥削概念的一种特殊情况。布坎南指出，在马克思的著作中包括了三种有区别又有联系的剥削概念：（1）资本主义劳动过程中的剥削概念；（2）贯穿历史的剥削概念，或者说贯穿所有阶级社会剥削概念；（3）不限于劳动过程现象的一般剥削概念。布坎南认为，虽然每一种阶级社会的劳动过程都会构成一种独特的剥削方式，但所有社会的剥削方式都呈现出"这四种因素：劳动是被迫的；一部分劳动是无偿劳动；劳动者创造了剩余；劳动者没有控制他们自己的产品"。③ 这就是所谓贯穿历史的剥削概念，马克思所说的雇佣劳动过程中的剥削也只不过是他所有阶级社会劳动过程中贯穿历史的剥削概念的一种特殊形式。即马克思关于劳动过程的剥削概念有四个要点：劳动是被迫的；一部分劳动是无偿劳动；工人

① John E. Roemer, Should Marxists be Interested in Exploitation? Philosophy and Public Affairs, Vol. 14, No. 1. (Winter, 1985), P. 54, 65.
② John E. Roemer, Should Marxists be Interested in Exploitation? Philosophy and Public Affairs, Vol. 14, No. 1. (Winter, 1985), P. 44,
③ Allen E. Buchanan, Marx and Justice: The Radical Critique of Liberalism, London: Methuen, 1982, P. 38.

创造了剩余（劳动产品）；工人自己不能支配他们的产品。

在布坎南看来，关于剥削问题最根本的就是："什么是剥削？剥削错在那里？"① 布坎南认为，马克思在《德意志意识形态》等著作中阐述最一般的剥削概念，是强调对人的有害利用。因此他认为，剥削一个人就是把他当做纯粹为自己盈利的工具，或把人当做非人的东西那样使用。他认为这种定义方法的优点之一是把马克思对剥削的观点和他的异化理论紧密地联系起来——异化理论可以理解为对资本主义制度下人仅仅被当作物对待的现象提供一种系统解释。布坎南把罗默的理论概括如下：（a）正义要求个体得到他应得的收入；（b）如果财产（也就是说能创造收入的资产）的分配不公平，个体将无法得到他应得的收入；（c）因此，正义要求财产公平地分配。② 布坎南认为，罗默的理论存在问题，首先，罗默没有说明自己的理论中谈到的非正义为什么应当被称为剥削，事实上只是在说这种非正义违反了分配正义。另外，罗默没有"区分应得和权力，而只是不加论正地把后者简化为前者"。③

罗默的理论缺乏对"强迫"因素的考察。一般认为，在剥削产生的过程中，"强迫"的因素发挥了重要的作用。一些学者批评罗默的一般理论缺少对"强迫"的分析。比如霍姆斯特姆（Nancy Holmstrom）认为，剥削的共同特征"包括强迫的、剩余的和无偿的劳动，劳动的产品不在生产者的控制中"。④ 阿内森（R. Arneson）在分析剥削的道德错误时也说，马克思关于剥削是错误的思想有两点道德考虑，一是"人们应该得其所该得"；二是人们不该强迫他人按自己的意志行事，"剥削包含了某些人对他人行使权力，损害弱者，马克思不厌其烦地强调资本的拥有者发号施令要他人劳动"。⑤

从"强迫"概念的角度对罗默提出批判的主要学者是莱曼，他认为，尽管罗默和柯亨⑥的出发点是正确的，但他们最终却变成了某种分配的马克思主义，而这种马克思主义"既不能被他们的论据所证明，又远离了马克思主义理论的实

---

① Allen E. Buchanan, Marx, Morality, and History: An Assessment of Recent Analytical Work on Marx, Ethics, Vol. 98, No. 1（Oct., 1987），P. 128.

② Allen E. Buchanan, Marx, Morality, and History: An Assessment of Recent Analytical Work on Marx, Ethics, Vol. 98, No. 1（Oct., 1987），pp. 129 – 130.

③ Allen E. Buchanan, Marx, Morality, and History: An Assessment of Recent Analytical Work on Marx, Ethics, Vol. 98, No. 1（Oct., 1987），P. 130.

④ Nancy Holmstrom, Exploitation, Canadian Journal of Philosophy, 7: 2（1977: June），P. 359.

⑤ Richard J. Arneson, What's Wrong with Exploitation? Ethics, Vol. 91, No. 2（Jan., 1981），P. 205.

⑥ 分析的马克思主义者的代表人物之一，主张没有劳动价值论的剥削理论。

质"。① 在莱曼看来，分配的马克思主义由以下三个部分构成：（a）剥削中的不公正最终是分配中的不公正，它体现在不公正的财产分配上；（b）强迫对剥削而言并不是本质性的，只要人们有着自由选择的可能性，就会有剥削；（c）剥削不一定只在生产过程中产生，它也可能产生在交换过程中，也就是人们交换有着不同劳动时间的产品时。

莱曼提出了社会的马克思主义（Social Marxism）观点，他首先把剥削看成是社会关系问题，区别于罗默和柯亨的分配的马克思主义的剥削观点，莱曼的社会的马克思主义的观点如下："（a）剥削的不公正最终可归结为社会的不公正，它源自不公正的社会关系，即生产者对非生产者的从属；（b）（就马克思主义的分析而言）强迫是剥削的基本组成部分（可能也存在其他非强迫形式的剥削）；（c）马克思所说的各种形式的剥削只能在生产过程中产生，是生产制度的必然产物，而不是偶然的偏离造成的"。②

莱曼认为，罗默的分配的马克思主义剥削定义，"展示了一种把马克思主义作为一种经济的理论，而不是政治经济理论的危险"。③ 莱曼包含"强迫"的剥削定义为，"如果一个社会的结构组织从体制上强迫一个阶级提供无偿劳动供另一个阶级所支配，那么这个社会就是剥削性的"。④ 他认为，资本主义是少数人的阶级占有生产资料的制度，大多数人的阶级只能被迫靠为生产资料占有者劳动而谋生。无产者尽管作为个人可以有一系列的谋生方式供选择，有各种各样的机遇可以争取，但从整个社会结构来说，这一系列的选择是以强迫的力量强加在作为整体的无产者阶级身上的。对于个人来说只是表明，选择的机会越多，强迫程度就比较轻些而已。⑤

戴姆斯基（Gary A. Dymski）和艾略特（John E. Elliott）两位作者在评价罗默的剥削理论时，直接表明了自己的判断。他们把罗默的剥削理论概括为一种"生产性资产所有权差别"（Differential Ownership of Productive Assets，DOPA）理

① Jeffrey Reiman, An Alternative to 'Distributive' Marxism: Further Thoughts on Roemer Cohen and Exploitation, Canadian Journal of Philosophy; Supplementary Volume, 15 (1989), P. 300.

② Jeffrey Reiman, An Alternative to 'Distributive' Marxism: Further Thoughts on Roemer Cohen and Exploitation, Canadian Journal of Philosophy; Supplementary Volume, 15 (1989), P. 301.

③ Jeffrey Reiman, Exploitation, Force, and the Moral Assessment of Capitalism: Thoughts on Roemer and Cohen, Philosophy & Public Affairs, Vol. 16, No. 1 (Winter, 1987), P. 21.

④ Jeffrey Reiman, Exploitation, Force, and the Moral Assessment of Capitalism: Thoughts on Roemer and Cohen, Philosophy & Public Affairs, Vol. 16, No. 1 (Winter, 1987), P. 3.

⑤ Jeffrey Reiman, Exploitation, Force, and the Moral Assessment of Capitalism: Thoughts on Roemer and Cohen, Philosophy & Public Affairs, Vol. 16, No. 1 (Winter, 1987), pp. 11 – 18.

论。① 罗默认为，"DOPA 足以产生马克思理论中所阐述的一切核心现象——资本积累、统治、异化和不平等，而无需参考独立的剥削概念"，"DOPA 是马克思主义原理中一个主要分析范畴，而剥削则是一个多余的、事实上是不正确的概念"。② 罗默的结论的直接含义是分配正义应当是马克思主义关注的主要伦理问题，得出这种结论，是因为他认为他自己模型是一般性的模型，不包含任何特定的制度假设，而且抽象掉了任何一种对市场均衡存在的障碍。

戴姆斯基和艾略特说："我们反对罗默的结论。DOPA 只能在一种对资本主义生产中的剥削、支配和异化的特征的狭隘理解中才能充分揭示剥削。这种狭隘的理解建立在工人选择集和生产的技术与合同的基础之上，而这一切对资本主义整体而言是无法保证的"。③ 具体地说，在罗默那里剥削既可以建立在假定存在强迫剩余劳动的基础之上，也可以假定建立在非强迫剩余劳动的基础之上，既可以建立在劳动和劳动力之间固定关系的基础之上，也可以建立在两者可变关系的基础之上。

在戴姆斯基和艾略特看来，罗默的问题在于他的结论是建立在"非历史的、永恒的经济模式上"，在于他使用的"长期静态均衡模型"。④ 而"马克思的理论比罗默的理论，对剥削概念的物质内涵和道德意义都有更为广泛的关注。在马克思主义的广泛视野里，生产关系不会因对财产关系的关注而被忽略，在对经济关系的理论概括上，二者缺一不可"。⑤

在戴姆斯基和艾略特看来，罗默的剥削理论和马克思的存在很大的差异。"罗默对剥削的解释完全采用'方法论个人主义'，根据这种观点，集体的存在或活动可以简化为个体的行动（比如瓦尔拉斯经济学中的个体供给者和需求者）。相反，马克思的剥削观点则根植于社会阶级（资本家与工人）的理论中，而且集体的存在如阶级，不是完全能简化为个体的行动的"。⑥

另外，剥削的概念的确是复杂的。戴姆斯基和艾略特认为，马克思偶尔也用

① Gary A. Dymski and John E. Elliott, Should Anyone be Interested in Exploitation? Canadian Journal of Philosophy; Supplementary Volume, 15（1989）, P. 333.

② Gary A. Dymski and John E. Elliott, Should Anyone be Interested in Exploitation? Canadian Journal of Philosophy; Supplementary Volume, 15（1989）, pp. 333 – 334.

③ Gary A. Dymski and John E. Elliott, Should Anyone be Interested in Exploitation? Canadian Journal of Philosophy; Supplementary Volume, 15（1989）, P. 334.

④ Gary A. Dymski and John E. Elliott, Should Anyone be Interested in Exploitation? Canadian Journal of Philosophy; Supplementary Volume, 15（1989）, p. 333 – 334.

⑤ Gary A. Dymski and John E. Elliott, Should Anyone be Interested in Exploitation? Canadian Journal of Philosophy; Supplementary Volume, 15（1989）, P. 335.

⑥ Gary A. Dymski and John E. Elliott, Should Anyone be Interested in Exploitation? Canadian Journal of Philosophy; Supplementary Volume, 15（1989）, pp. 345 – 346.

剥削这个术语表示对生产资源的有效利用。在这一点上，马克思和罗默一样，认为存在对自然和机器的剥削（同样没有赋予劳动特别重要的地位）。但是，马克思认为，"资产阶级经济学家，明显不能把在资本家控制下的'机械对工人的剥削'的人类和社会过程，与'工人对机器的剥削'的自然和技术过程区分开来"。① 戴姆斯基和艾略特认为，马克思没有对后一种非社会类型的剥削进行命名，他们把它称为"基本剥削"（basic exploitation）（在所有社会中都起作用）。而这个基本剥削范围之外的剥削，可以称为社会剥削。

戴姆斯基和艾略特认为，马克思在两种场合中讨论剥削，第一，将基本剥削和社会剥削混合在一起，马克思把这种在生产过程中产生的剥削称为主要剥削。马克思认为，资产阶级对无产阶级的统治或剥夺随着生产过程中资源的利用而实现，认为存在于生产过程之外的统治或剥夺，也就是说剥削是一种纯粹的分配现象时，马克思称之为次要剥削。戴姆斯基和艾略特认为，"罗默和马克思在关于什么是主要剥削问题上的观点相反。马克思认为是主要剥削的，罗默却认为是次要剥削，反之亦然"。② "罗默的次要剥削理论声称，他的观点准确地抓住了马克思原始方案中的主要论题，并与它一致"，但"罗默谈及的马克思的观点主要是他自己推理出来的，而不是马克思的愿意"。③

之所以会出现上述情况，是因为，对于瓦尔拉斯一般均衡模型而言，"根据定义，所有形式的社会力量都被从竞争模型中排除出去了，效用最大化准则构成了竞争的基础，而这对历史上的所有社会或社会的所有阶级而言是毫无区别的。这一方法论的基础是罗默的结论的支柱"。④

但是"剥削理论并不能被瓦尔拉斯经济学中的方法论规则所束缚，对资本主义的全面分析所使用的另外一些假设，要求把'不完美'引入到瓦尔拉斯理想型中。这些假设引出了不同类型的剥削，把剥削、异化和统治之间的相互影响结合在了一起。使人们得出这样一个结论，剥削不是多余的，马克思主义者（事实上，任何对社会财富和权力感兴趣的人）应该关注剥削问题"。⑤

---

① Gary A. Dymski and John E. Elliott, Should Anyone be Interested in Exploitation? Canadian Journal of Philosophy; Supplementary Volume, 15 (1989), P. 346.

② Gary A. Dymski and John E. Elliott, Should Anyone be Interested in Exploitation? Canadian Journal of Philosophy; Supplementary Volume, 15 (1989), P. 348.

③ Gary A. Dymski and John E. Elliott, Should Anyone be Interested in Exploitation? Canadian Journal of Philosophy; Supplementary Volume, 15 (1989), P. 349.

④ Gary A. Dymski and John E. Elliott, Should Anyone be Interested in Exploitation? Canadian Journal of Philosophy; Supplementary Volume, 15 (1989), P. 350.

⑤ Gary A. Dymski and John E. Elliott, Should Anyone be Interested in Exploitation? Canadian Journal of Philosophy; Supplementary Volume, 15 (1989), P. 357.

戴姆斯基和艾略特指出，根据劳动力的出卖是否受到强制，根据生产过程的不同特征①可以把马克思主义者和非马克思主义所描述过的各种剥削分为以下类型，见表14－5。

表14－5　　　　　　　　　　　　　　　　剥削的分类

	劳动与劳动力之比固定	劳动与劳动力之比可变
非被迫 出卖劳动力	(1.1) 罗默的情形	(1.2) 马克思主义：劳动的榨取，企业内部统治 非马克思主义的类似情形：新古典主义不完全市场
被迫出卖 劳动力	(2.1) 马克思主义：温和的资本主义 非马克思主义的类似情形：凯恩斯主义的失业	(2.2) 强迫的榨取

从表14－5中可以看出，罗默"把剥削解释为建立在生产性资产所有权差别基础上的非强迫的但是不平等的劳动交换，只是一种可能（表14－5中(1.1)）。而剩下的表14－5中包含的关于剥削的本质和剥削与统治、异化和生产性资产所有权差异之间的关系则包含着丰富的含义"。②马克思强调的情况是表14－5中(2.2)。在这里工人找不到工作时，缺乏足够的资本去实现效用的最大化（甚至可能无法生存）。在被雇用时，工人担心工作岗位被随时准确接替他们的失业劳动者取代，工人除了屈从于资本所有者的统治之外，别无选择。"事实上，工人对失业的恐惧使得资本家在解决劳动生产率不确定性问题时，总能按照自己的利益进行"。③

上述广泛的剥削概念与罗默用来描述资本主义特征的剥削概念是不相容的。因为，"马克思丰富的剥削理论根植于历史之中，并被放置在历史叙事当中。正是因为如此，那种为了符合永恒的完全竞争的资本主义的概念，故意限制剥削理

①　如果雇佣的每单位劳动力支出的劳动是由合同预先预定的，那么劳动和劳动力之比就是固定，那么劳动和劳动力的配置量就是固定的，劳动合同就是"完全的"。另外一种情况是，劳动的付出，不能事先以合同的形式确定下来，这既可能是因为雇主的任务特别复杂，从而无法事先约定，也可能因为劳动生产率主要依赖工人的主观努力，无法事先约定，这时劳动和劳动力之比就是可变的。

②　Gary A. Dymski and John E. Elliott, Should Anyone be Interested in Exploitation? Canadian Journal of Philosophy；Supplementary Volume, 15 (1989), P. 361.

③　Gary A. Dymski and John E. Elliott, Should Anyone be Interested in Exploitation? Canadian Journal of Philosophy；Supplementary Volume, 15 (1989), P. 362.

论范围的做法，是不可能说服反对它的人能接受它的"。①

罗默对马克思主义经济学的研究，试图"使用一种严格形式的方法论个人主义和最少的制度数据保留马克思主义的一些本质特征"，是"瓦尔拉斯主义的马克思主义"。② 尽管罗默的研究有重要的贡献，因为鼓励左派经济学家尽可能地精炼自己的论点。但是，罗默的理论不能在一般的意义上解释剥削，因为"尽管罗默的方法早就了一些有意义的模型，但是他排除了根植于动态的社会关系中的资本和剥削的更为深刻的概念"。③

迪瓦恩和戴姆斯基指出了用瓦尔拉斯方法论研究马克思主义问题时存在的一些局限。比如，罗默的模型弱化了阶级的动态再生产问题，他完全没有考虑尽管工人可能拥有一定的技术和资本的积累，但是在进入资本家阶级时仍然存在的障碍。另外，罗默有关资本的纯粹技术的观点，把资本作为一种具有内在生产性的事物，它的使用完全由无成本的市场交易决定，它的使用是一种分离的、非社会过程中的使用，这样一种资本的概念，不足以为构建一种真正一般的剥削理论奠定基础。

如果根据马克思的精神，提出一些命题，将会产生一个动态的和历史的剥削与阶级理论。迪瓦恩和戴姆斯基对这些重要的命题进行了大致的说明。第一，资本主义必须被视为一种社会体系，它不能被简化为有关个体和自然的事前特征，也就是说不能被简化为技术、偏好和资源禀赋。强制和受限制的选择（包括非自愿失业和强制统治），和自愿的市场交易一样，是资本主义的重要构成部分。第二，资本主义作为一种积累的动态体系，是以一再出现的非均衡和（或）反复爆发的危机为特征的。积累和阶级关系有时候是和谐共处的，有时候又存在积累的冲突。均衡或市场出清的概念并不具有本体论意义上的优先性。第三，财产关系上的差异并不是剥削、阶级和积累的唯一原因。事实上，尽管很重要，但它只是复杂的动态环境和社会过程的一部分。

迪瓦恩和戴姆斯基无意再提出一种取代罗默的理论的"一般理论"，但是他们认为，马克思主义者如果试图提出一种取代罗默的理论的剥削理论，必须强调以下三个方面："强调理论构建的历史背景，分析动态的增长，资本主义强制在经济后果的产生上发挥的作用"。④ 总之，无论从罗默模型的假设条件看，还是

① Gary A. Dymski and John E. Elliott, Should Anyone be Interested in Exploitation? Canadian Journal of Philosophy; Supplementary Volume, 15 (1989), P. 370.

② James Devine and Gary Dymski, Roemer's "General" Theory of Exploitation is a Special Case: The Limits of Walrasian Marxism, Economics and Philosophy, 7 (1991), P. 235.

③ James Devine and Gary Dymski, Roemer's "General" Theory of Exploitation is a Special Case: The Limits of Walrasian Marxism, Economics and Philosophy, 7 (1991), P. 236.

④ James Devine and Gary Dymski, Roemer's "General" Theory of Exploitation is a Special Case: The Limits of Walrasian Marxism, Economics and Philosophy, 7 (1991), P. 267.

从他的模型的应用范围看，罗默的理论"很一般，但不是一般理论"，罗默的理论应当被恰当地理解为"不是一种一般理论，而是一种有趣的特殊情况"。[①]

　　波塔（Pier Luigi Porta）则从另外的角度对罗默的一般理论实际上是特殊的理论进行了批评。他认为，把罗默对剥削进行的标准定义作为马克思主义的剥削概念是难以令人满意的，因为罗默考虑的仅仅是一种交换经济（exchange economy）。首先，在罗默那里，他认为剥削可以不包括劳动力市场；其次，在罗默的模型中，没有社会阶级，因为所有生产者都以同样的方式和生产资料相联系，生产者之间的区别只在于最初资源禀赋的差别；最后，只有通过商品交换的机制，一些生产者使得其他生产者为他劳动的含义才是成立的。"与马克思主义的剥削发生在生产领域相反，上面所列举的现象都完全发生在交换领域。此外，这些情况还是发生在不存在剩余产品的生存经济中"。[②]

---

①　James Devine and Gary Dymski, Roemer's "General" Theory of Exploitation is a Special Case: The Limits of Walrasian Marxism, Economics and Philosophy, 7 (1991), P. 271.

②　Pier Luigi Porta, "Sundry observations on the concept of exploitation", In Marx and Modern Economic Analysis: Volume I: Value, Price and Exploitation, Edited by G. A. Caravale, Edward Elgar, 1991, P. 172.

第十五章

西方学者关于转形问题的论争

　　转形问题在马克思主义经济学研究中处于极其重要的地位,不同类型的学者都参与到有关转形问题的论争中。萨缪尔森认为,转形问题是"自 1867 年以后赞同马克思和反对马克思的分析中排名第一的问题"。[①] 德赛甚至认为,对转形论争的方式,可以"视为是两种文化之间的冲突"。[②]

　　有关转形问题的论争已有百多年的历史,人们根据参与论争各方在理念、视角、态度、方法、结论和建议上的差异,对转形问题论争的历史进行了不同的阶段划分。比如,有以 20 世纪 80 年代为界,把之前称作对转形问题的"传统解释",把之后称作"现代解释"[③];或者根据对待价值和价格体系方法的差异,把不同类型的研究归为"二元体系"解释和"一元体系"解释[④];或者根据引发争论的关键学者所属的经济学流派分为马克思主义的转形问题研究、新古典的转形问题研究、斯拉法主义的转形问题研究等。这里主要按照时间线索,分析了转形问题论争的几次高潮,并对参与论争各方的观点进行归纳和整理,对转形问题论争的经济思想史的意义作出考察。

第一节　从斯威齐到塞顿的转形论争

　　从 20 世纪初到 50 年代末这一时期,对马克思主义价值理论的分析,"大部分内容仅仅是对前面的结论的进一步证实,特别是德米特里耶夫和博特凯维茨的

---

　　① Paul A. Samuelson, Insight and Detour in the Theory of Exploitation: A Reply to Baumol, Journal of Economic Literature, Vol. 12, No. 1, Mar., 1974, P. 69.

　　② Meghnad Desai, "The Transformation Problem", In Marx and Modern Economic Analysis: Volume I: Value, Price and Exploitation, Edited by G. A. Caravale, Edward Elgar, 1991, P. 31.

　　③ Howard Nicholas, Marx's Theory of Price and its Modern Rivals, Palgrave Macmillan, 2011. p. 70.

　　④ Andrew Kliman, Reclaiming Marx's "Capital": A Refutation of the Myth of Inconsistency, Lexington Books, 2007, P. 32.

分析"。[1] 这一时期转形问题研究在英语国家的展开，同斯威齐在 1942 年出版的《资本主义发展论》中重提博特凯维茨的研究有关，而后由温特尼茨的研究把这一论争推向深入，而塞顿对先前研究进行的全面评价和一般化分析则在一定程度上终结了这一时期的争论。

一、斯威齐对博特凯维茨的"重新发现"

20 世纪初，博特凯维茨提"事实上以一种有利于李嘉图复兴的方式对马克思的整个理论进行全面的攻击"。[2] 博特凯维茨对马克思转形解决方法的批判以及"修正"，成为后来的"马克思主义和新李嘉图主义争论的核心"。[3]

博特凯维茨的解决方法的"流行"[4]，很大程度上是由斯威齐推动的，从 1907～1942 年这一时期，"价格—价值问题的讨论从西方世界，尤其是盎格鲁撒克逊国家消失了"。[5] 斯威齐在《资本主义发展论》中的论述引起了对博特凯维茨的关注，随后博特凯维茨对马克思的"修正"引起了众多的各种不同的争论，其中在 20 世纪 70 年代之前最有影响的就是温特尼茨、塞顿等人。

斯威齐在重启转形问题的争论中发挥了重大的作用，但他自己解决转形问题的方法和博特凯维茨区别不大。博特凯维茨指出的马克思转形程序的缺陷，斯威齐是赞同的，在马克思的价格表式中，"生产中使用的不变资本和可变资本依然是用价值来表示的，另方面，产量却是用价格来表示的。现在明摆着的是，在一个盛行价格计算的制度里，生产中使用的资本和产品本身，都必须用价格来表示。不幸的是，马克思在变价值为价格的途中只走了一半"。[6] 斯威齐认为，马克思只把产出的价值转化为生产价格，没有对投入进行同样的处理，也就是说未转化投入。有些学者对马克思为什么不转化投入进行分析，马蒂克认为，马克思自己感觉没有必要这样做，因为正确的解决方法并不比他自己使用的方法更具启

① M. C. 霍华德、J. E. 金著：《马克思主义经济学史：1929－1990》，中央编译出版社 2003 年版，第 227 页。

②③ Ira Gerstein, "Production, Circulation and value: the Significance of the 'Transformation Problem' in Marx's Critique of Political Economy", In The Value Dimension: Marx versus Ricardo and Sraffa, Edited by Ben Fine, Routledge & Kegan Paul, 1986, P. 72.

④ Ira Gerstein, "Production, Circulation and value: the Significance of the 'Transformation Problem' in Marx's Critique of Political Economy", In The Value Dimension: Marx versus Ricardo and Sraffa, Edited by Ben Fine, Routledge & Kegan Paul, 1986, P. 75.

⑤ Meghnad Desai, "The Transformation Problem", In Marx and Modern Economic Analysis: Volume I: Value, Price and Exploitation, Edited by G. A. Caravale, Edward Elgar, 1991, P. 22.

⑥ 保罗·斯威齐：《资本主义发展论》，商务印书馆 1997 年版，第 133 页。

发性;[①] 霍奇森则推测因为马克思缺乏必要的数学技术。[②] 因为马克思本人在《资本论》第3卷第九章中留下的论述，对转形问题无论在方法上还是在理论上都没有能够作出完整的解答。因此，关于转形问题论争的主要领域，就变成了"正确的转形问题解决方法的适当构建及其含义，以及它们同马克思的关系"问题。[③]

斯威齐对博特凯维茨的转形问题解决方法评价很高，对斯威齐来说，博特凯维茨的解决方法的真正的重要性，在于"一个价格计算体系是可以从一个价值计算体系中推演出来的"，马克思"以为用一个从价值量中直接计算出来的平均利润率，就可以解决这个问题，这是一种错误。但是，这个错误同他在正确地提出这个问题时那种深邃的创造性成就比较起来，是大为逊色而微不足道的。因为，由于这个成就，马克思为最终剖明劳动价值理论铺平了道路，而劳动价值理论，乃是他的整个理论体系的坚实基础"。[④]

在斯威齐对转形问题的讨论中，还引出导致后来的一些马克思主义者坚持对价值理论进行质的分析的取向，也就是斯威齐提出的"为什么不从价格计算开始"的问题[⑤]。斯威齐承认，就资本家关注的一些现实问题而言，价值计算是没有什么用处的。但是，"全部社会产品都是人类劳动的结晶。在资本主义制度下，这个社会产品的一部分，被社会中拥有生产资料的那一伙人所侵吞。这不是一个伦理的判断，而是对实际存在于各个社会集团之间的基本经济关系的一种描绘方法。它的最清晰的理论表达方式，就是剩余价值理论。只要我们保留价值计算，那么对于利润作为全社会劳动产品的一种扣除的来源与性质，就不会含糊不清了。把货币范畴转化为社会范畴也就大为便利。总之，价值计算使人们可能透过货币和商品的表面现象，看出在它下面的人与人之间的阶级与阶级之间的关系"。[⑥]

可以说，因为斯威齐在西方马克思主义经济学界的影响，他的这段说明差不多是后来大多数马克思主义者在分析转形问题时常见的对马克思进行辩护的意

① P. Mattick, Samuelson's 'Transformation' of Marxism into Bourgeois Economics, Science and Society, Vol. 36, Fall 1972, P. 271.

② G. Hodgson, Marxist Epistemology and the Transformation Problem, Bulletin of the Conference of Socialist Economists, Autumn, 1973, P. 51.

③ Ira Gerstein, "Production, Circulation and value: the Significance of the 'Transformation Problem' in Marx's Critique of Political Economy", In The Value Dimension: Marx versus Ricardo and Sraffa, Edited by Ben Fine, Routledge & Kegan Paul, 1986, P. 73.

④ 保罗·斯威齐：《资本主义发展论》，商务印书馆1997年版，第141页。

⑤ 保罗·斯威齐：《资本主义发展论》，商务印书馆1997年版，第146页。

⑥ 保罗·斯威齐：《资本主义发展论》，商务印书馆1997年版，第147页。

见，这种意见在一定程度上是一种事实，但同时也造成一些马克思主义者很多时候难以同主流经济学在转形问题研究上进行对话和沟通的根本原因之一。

二、温特尼茨对转形问题的推进

1948 年，温特尼茨在《经济学杂志》上发表的一篇短文，围绕斯威齐和博特凯维茨的研究展开了讨论，在批评两位作者的分析方法和假设前提的基础上，提出了自己的解决方法。

温特尼茨认为，由于使用了不正确的和不必要的假定，博特凯维茨对转形问题的研究方法难以令人满意。第一，博特凯维茨的计算过程以简单再生产等式为前提。但是，仅在简单再生产假设下成立的转形方法并不具有普遍性，因为现实中再生产过程中的净投入被忽略了。第二，博特凯维茨将产业划分为三大生产部门，再假设黄金既是奢侈品生产部门的产品，又是一种货币商品，最后得出奢侈品生产部门不受从价值到价格的转形的影响的结论。但这一随意且不合理的假设导致了生产价格总和不再等于价值总和。

温特尼茨对马克思和博特凯维茨的转形方法，以及斯威齐的分析都存有异议，他提出了一个替代解法，"一个令人满意的、不需要特殊设定的、直截了当的代数分析方法"。[1]

温特尼茨提出，在三部门经济中，用 c，v，s 分别表示不变资本、可变资本和剩余价值；用 x，y，z 分别表示对应各部门产品的价格与价值的比率；用 C，V，S 分别表示对应的生产价格，如 $C = cx$，$V = vy$；用 a_1，a_2，a_3 分别表示各部门的总价值。从而可以得到下述价值方程组：

$$c_1 + v_1 + s_1 = a_1$$
$$c_2 + v_2 + s_2 = a_2$$
$$c_3 + v_3 + s_3 = a_3 \qquad (15.1)$$

生产价格方程组为：

$$c_1 x + v_1 y + S_1 = a_1 x$$
$$c_2 x + v_2 y + S_2 = a_2 y$$
$$c_3 x + v_3 y + S_3 = a_3 z \qquad (15.2)$$

由于部门 I 和部门 II 的利润率必须相等，若假设 $m = x/y$，则可得到平均利润率为：

---

① J. Winternitz, *Values and Prices*: *A Solution of the So-called Transformation Problem*, The Economic Journal, Vol. 58, No. 230 (Jun., 1948), P. 278.

$$p = \frac{a_1 m}{c_1 m + v_1} - 1 \qquad (15.3)$$

温特尼茨认为，上述式子表明，只需简单假定价格与价值的比率等比例地影响资本投入量和产品产出量，便可得到第三部门（资本家的消费品）的利润率和投入该部门的资本对平均利润率没有影响的结论。而为了确定生产价格，还需要第四个方程式。"利润率的均等决定了三个部门之间价格的关系（x：y：z），但经济系统的整体价格水平仍需确定。一个符合马克思主义精神的明显观点是：价格总额等于价值总额。这不是同义反复或毫无意义的说法。它表明只有生产总产出所必要的劳动小时数变动，或货币商品价值变动的条件下，价格水平才会发生改变。实际上，价格水平在经济周期内总是随着价值总和的波动而上下变动的，此时方程式只在价格与价值的平均水平下成立。"[1] 从而得到第四个方程式：

$$a_1 x + a_2 y + a_3 z = a_1 + a_2 + a_3 = a \qquad (15.4)$$

代入 $y = \dfrac{x}{m}$，并由三部门利润里相等条件可得：

$$x = \frac{am(c_1 m + v_1)}{a_1 m(c_3 m + v_3) + (a_1 m + a_2)(c_1 m + v_1)}, \quad z = \frac{a_1(c_3 m + v_3)x}{a_3(c_1 m + v_1)} \qquad (15.5)$$

温特尼茨的结论是："将这种转形方法应用于简单再生产的方程式，就会发现，它不仅对这种特殊的转形是不变的，而且对于每个以同样的方式影响投入和产出的转形都是不变的。除此以外，这种转形同样适用于扩大再生产的条件。"[2]

温特尼茨的文章发表后，肯尼思·梅对温特尼茨的解决方法进行了评价。他认为，学界之所以对转形问题争论不休，是因为西方正统经济学和马克思主义经济学研究方法、手段和表达的分离。博特凯维茨的研究徒有数学计算的外衣，却缺乏马克思主义的内涵，他在均衡条件上建立了模型，而这一条件并不为转形所需。与此相比，温特尼茨的研究则是一个有益的尝试，因为他将马克思理论的本质和现代经济分析的手段结合了起来。

温特尼茨的解决方法，简化了博特凯维茨的数学分析，但是，也存在对博特凯维茨的误解，他没有看到博特凯维茨在求解时已经放弃了简单再生产的假定，温特尼茨认为，博特凯维茨假定第Ⅲ部门生产黄金即货币商品，从而减少未知数的个数，这是随意和不正确的假定，使得价格总额偏离了价值总额，事实上，价格与价值是否偏离，关键不在于假定哪个部门是货币生产部门，而应当从资本有

---

① J. Winternitz, *Values and Prices: A Solution of the So-called Transformation Problem*, The Economic Journal, Vol. 58, No. 230. (Jun., 1948), P. 279.

② J. Winternitz, *Values and Prices: A Solution of the So-called Transformation Problem*, The Economic Journal, Vol. 58, No. 230. (Jun., 1948), P. 280.

机构成同社会资本平均构成的关系的角度去理解，温特尼茨没有充分的理解这点。温特尼茨的另一个问题是，在分析中首先假定总价格等于总价值，把需要分析的结论作为一个假设条件（从某种意义上理解，温特尼茨更为关注的似乎是价格的决定）。温特尼茨也没有分析马克思的另外一个等式，即总利润等于总剩余价值。

三、塞顿对转形问题的评价和再研究

塞顿分析的基本框架是里昂惕夫投入—产出分析。他先概述了马克思对转形问题的解决方法，以及庞巴维克的反对意见以及其他学者为捍卫马克思的理论所做的努力。他特别指出，在转形问题的讨论中，需要重点关注两个问题："首先应当确定是否以及在什么条件下，转形问题的解决能够得到唯一的、确定的解；其次，应当揭示这种对转形问题的解决方法是否包含马克思进一步阐发他的理论体系所使用的方法具有的那些特征"。[1]

塞顿认为，前人的数学分析中往往加入了毫无必要的限制条件，例如将经济分为"三个部门"，却没有考虑到这些部门之间的相互联系。有鉴于此，塞顿将其分析建立在 n 部门经济中，并假设所有的 n 种产品可以作为投入用于所有的 n 个部门中。其模型转述如下：

令 k_{ij} 为生产第 i 种产品所需要的第 j 种产品的投入（用劳动价值度量），这种投入同时包括不变资本和可变资本；令 e_i 为用于资本家消费或投资的第 i 种商品的价值，s_i 为 i 部门工人的剩余劳动价值；a_i 为第 i 种商品的产出的价值总额，则可得到价值体系：

$$k_{11} + k_{21} + \cdots + k_{n1} + e_1 = a_1$$
$$k_{12} + k_{22} + \cdots + k_{n2} + e_2 = a_2$$
$$\cdots$$
$$k_{1n} + k_{2n} + \cdots + k_{nn} + e_n = a_n$$
$$s_1 + s_2 + \cdots + s_n = s \tag{15.6}$$

其中每一行都表示商品的不同分配去向；第 i 列表明，用于第 i 部门的所有 n 种投入的劳动价值，加上该部门的剩余劳动，每列的总和与相应行相等都为 a_i。

在以价值体系为基础建立价格时，令 p_i 为商品 i 的价格，ρ 为价格—价值比率，π 为总利润与总产出价值的比率，$\rho = 1 - \pi$ 为"成本比率"，则利润率 r 可

① F. Seton, The "Transformation Problem", The Review of Economic Studies, Vol. 24, No. 3（Jun., 1957）, P. 149.

表示为 $r = \dfrac{\pi}{(1 - \pi)}$，由利润比率 π 在各产业中相等这一条件可得价格体系：

$$k_{11}p_1 + k_{12}p_2 + \cdots + k_{1n}p_n = \rho a_1 p_1$$
$$k_{21}p_1 + k_{22}p_2 + \cdots + k_{2n}p_n = \rho a_2 p_2$$
$$\cdots$$
$$k_{n1}p_1 + k_{n2}p_2 + \cdots + k_{nn}p_n = \rho a_n p_n \tag{15.7}$$

每一行都表示用价格表示的商品的产出去向总和等于其总销售收入，由于与成本比率 ρ 相乘，总收入中便不包括资本家的利润。每一列都表示用价格表示的商品的投入来源。在上述价格体系中有 n 个方程，和 n + 1 个变量（p_1，…，p_n，ρ），由矩阵运算可解得 ρ 和 n - 1 个相对价格。[①] 塞顿还论证了马克思的一个观点，即生产价格是大于、等于还是小于价值，将依赖于该部门的资本有机构成是高于、等于还是低于整个经济体的平均有机构成。[②]

为了确定商品的绝对价格，需要假设的是，价值体系中存在某种在转形中不发生变化的变量取值或总量关系。根据这一假设条件和均等利润率的前提，便可得到每种商品的绝对价格，从而解决转形问题。塞顿依次列举并评价了博特凯维茨—斯威齐、温特尼茨和米克等人对这种确定关系的选择。塞顿最后给出了自己对"不变条件"选择的判断。他认为，还存在其他完全合理的满足不变性的其他关系，但是"似乎没有一个客观的基础来说明到底应该选择哪一种数量关系作为假设前提，从这个角度看，转形问题可以说缺乏完全的确定性"。[③]

接着，塞顿不再关注转形问题是否存在唯一解上，而是重点探讨马克思的生产价格的特征。他将上述的一般模型特殊化为马克思的三部门模型，由于部门Ⅲ生产的奢侈品无法作为要素投入，因此 $k_{i3s} = 0$，则（15.6）简化为：

$$c_1 + c_2 + c_3 + e_1 = a_1$$
$$v_1 + v_2 + v_3 + e_2 = a_2$$
$$\cdots e_3 = a_3$$
$$s_1 + s_2 + s_3 \quad . \quad = s \tag{15.8}$$

其中每一列都表示马克思的价值等式：总价值 = 固定资本 + 可变资本 + 剩余价值，价格体系也简化为：

---

① F. Seton, *The "Transformation Problem"*, The Review of Economic Studies, Vol. 24, No. 3 (Jun., 1957), P. 152.

② F. Seton, *The "Transformation Problem"*, The Review of Economic Studies, Vol. 24, No. 3 (Jun., 1957), pp. 157 - 160.

③ F. Seton, *The "Transformation Problem"*, The Review of Economic Studies, Vol. 24, No. 3 (Jun., 1957), pp. 157 - 153.

$$c_1 p_1 + v_1 p_2 = \rho a_1 p_1$$

$$c_2 p_1 + v_2 p_2 = \rho a_2 p_2$$

$$c_3 p_1 + v_3 p_2 = \rho a_3 p_3 \tag{15.9}$$

还是用矩阵运算求解，便可得到成本比率和相对价格，同样假设一个不变性条件，便可得到绝对价格。此处塞顿首先考虑了米克的假设：生产工资商品的部门Ⅱ中的资本有机构成和总体经济的平均资本有机构成相等，这一假设加上马克思的所有部门剥削率相等的条件时，部门Ⅱ成了总体经济的"规模模型"（即 $c_2 : v_2 : a_2 = \sum c : \sum v : \sum a$）。从代数运算中能够发现，"条件产出与工资比不变"这个在一般模型中被拒绝的不变性条件，现在成为了上述假设成立的必要前提，但此时并不能解出绝对价格。事实上，只有让部门Ⅲ成为总体经济的"规模模型"时，才能求解出绝对价格，此时解的特征还能满足马克思所有的理论假设，但问题是这一不变性条件的成立基本不具备普遍性。

塞顿的论文在转形问题的研究历史中占有重要的地位，霍华德和金认为，"塞顿的文章在转形问题的现代讨论中是一个界标，他提供了在许多部门经济中价格可以由劳动价值决定的证明，后来研究该问题的大多数的数量经济学家所采纳他的公式，仅仅做了很小的变动。塞顿还论证了利润率总是正数的条件，他是证明后来由森岛通夫命名的'马克思的基本定理'的最早的人物之一"。[①]

特别需要指出的是，塞顿的论文发表以后，围绕转形问题展开讨论的重点发生了明显的转移，由原先热衷于价值向生产价格转化逻辑结构的探索，开始转向对劳动价值论本身的探寻。这个研究重点的转移，可能与塞顿在论文最后的一个告诫有关："很有必要提出一个重要的告诫。马克思的转形过程概念的内在连续性和确定性，以及他由此概念引出的推论，经过本文的分析已完全证明是正确的。但是，构建其学说的理论基础却未经推敲，如果没有这些基本理论，整个转形理论将失去其本质的意义和存在的价值。据我所知，所有部门的剥削率都相等的假定就从未得到证实，而生产资本品的部门的资本有机构成比例一定会比其他部门高的假设的也无法确认其真伪。最重要的是，整个剩余价值学说的理论基石，即对于除劳动力以外的其他生产要素的价值的否定，实质上是一种（对世界的主观的）断言而不是（对世界的）真正的（客观的）认识。未来对于马克思经济学的研究重点，应该放在考察这些对理论构建有基础性意义的先入之见（是

---

① M. C. 霍华德、J. E. 金：《马克思主义经济学史：1929～1990》，中央编译局出版社 2003 年版，第238 页。

否符合现实），而不需再研究已经在本文中得到充分证明的逻辑结构"。①

第二节　萨缪尔森重启转形问题研究及引发的论争

20 世纪 60 年代，早期有关转形问题的研究并没有激起西方经济学界更多的兴趣，发表的有重大影响的研究成果很少。这就是为什么多布到了 1973 年还在抱怨，有关转形问题的讨论，"大部分内容并没有在马克思的追随者和解释者中引起多大的兴起（或者是注意），这些人已经转而集中研究危机和帝国主义问题了"。② 但是，到了 70 年代初，这种情况就开始发生变化，萨缪尔森对马克思转形问题的批判，引发了关于转形问题新的热烈争论。③

一、萨缪尔森对转形问题的研究

萨缪尔森的基本分析如下：假设经济中有两部门，部门 I 生产同质的资本品 K，部门 II 生产同质的消费品 Y，两部门的投入要素为同质的劳动 L 与资本 K，生产技术按照马克思的假设为固定产出系数的形式，产出滞后一期：

$$K_{t+1} = \min(L_{1,t}/a_1, \ K_{1,t}/b_1), \ Y_{t+1} = \min(L_{2,t}/a_2, \ K_{2,t}/b_2)$$
$$\text{s. t. } L_{1,t} + L_{2,t} \leqslant L_t, \ K_{1,t} + K_{2,t} \leqslant K_t \tag{15.10}$$

萨缪尔森指出，在简单再生产条件下，不等式束紧，系统处于静态均衡状态，L_t、K_t 和 Y_t 分别到达其稳态值 L、K 和 Y。如果将唯一长期不变的投入要素——劳动设为外生给定的，就可求出资本和产出的稳态值：

$$Y = \frac{1 - b_1}{a_2(1 - b_1) + a_1 b_2} L$$

$$K = \frac{b_2}{a_2(1 - b_1) + a_1 b_2} L \tag{15.11}$$

在萨缪尔森看来，马克思理论中的利润率在他的模型中体现为跨期利率（Interest Rate）r：假如一个人拥有 t - 1 期生产的总量为 Q 的产品，他可以在 t

① F. Seton, The "Transformation Problem", The Review of Economic Studies, Vol. 24, No. 3（Jun.，1957），P. 160.

② M. Dobb, Theories of Value and Distribution Since Adam Smith, Cambridge：Cambridge University Press，1973，P. 161.

③ Meghnad Desai, The Transformation problem, Journal of Economic Surveys, 1988，2：4，P. 316；M. C. Howard and J. E. King, A history of Marxian Economics：Volume 2，1929 – 1990，Princeton，NJ：Princeton University Press，P. 268. 尤其是考虑萨缪尔森的研究是在国家科学基金的资助下进行的，再加上他 1970 年获得了诺贝尔经济学奖，以及其在经济学理论上的新古典主义倾向和政治上的自由主义取向。

期换取能够生产出总量为 $(1+r)Q$ 的相应产品的投入要素。假设资本、产出和劳动的市场均衡价格分别 p_1、p_2 和 w。由于完全竞争条件下利润率和市场价格的趋同，生产成本可表示为：

$$p_1 = (wa_1 + p_1b_1)(1+r)$$
$$p_2 = (wa_2 + p_1b_2)(1+r) \tag{15.12}$$

给定外生的利润率，可以解出相对价格的稳态值：

$$\frac{p_1}{w} = \frac{a_1(1+r)}{1-b_1(1+r)};$$

$$\frac{p_2}{w} = \frac{a_2(1+r)[1-b_1(1+r)] + a_1(1+r)b_2(1+r)}{1-b_1(1+r)} \tag{15.13}$$

结合式（15.11）和式（15.13）可以得到魁奈—马克思—里昂惕夫货币流矩阵，但它是以市场价格而非劳动价值为基础的，这是因为，人们的收入和物品的价格始终都是由市场决定的，从而可以得到：

$$p_1K = (wL_1 + p_1K_1)(1+r)$$
$$p_2K = (wL_2 + p_1K_2)(1+r) \tag{15.14}$$

定义固定资本 $C_i(i=1,2，下同)$ 为 p_iK_i，可变资本 V_i 为 wL_i，剩余价值 S_i 为各部门的收入和总额的差额，则式（14）可改写为：

$$p_1K = C_1 + V_1 + S_1$$
$$p_2K = C_2 + V_2 + S_2 \tag{15.15}$$

在以上分析的前提下，萨缪尔森开始对转形问题的批判。他认为，转形问题完全没有分析的价值，因为根据方程组（15.13）、（15.14），给定外生变量 $(a_1，b_1，a_2，b_2，r，w)$ 可以得到其他全部变量的均衡值。"根据公式（15.15）的隐含定义，我们可以看看用马克思的方法来描述上述函数关系意义何在。从逻辑上说这不过是将交换价值转换为马克思所定义价值，而不是相反。"[①] 他认为，交换价值有坚实的理论基础（即方程组（15.13）、（15.14））；反观马克思的劳动价值论，其理论基础"均等的剩余价值率"与市场竞争模型所能得到的结论几乎毫不相关。据此，萨缪尔森断言，"所谓转形问题是毫无意义的"。[②]

萨缪尔森在对转形问题的研究中，还反驳了马克思主义经济学支持者对转形问题进行的三种辩护。首先，有人认为马克思的劳动价值的优点在于解释了价值与市场价格的偏离，萨缪尔森则认为，所有的真理都是由"理论加上与事

① Paul A. Samuelson, Wages and Interest: A Modern Dissection of Marxian Economic Models, The American Economic Review, Vol. 47, No. 6, Dec., 1957, P. 890.

② Paul A. Samuelson, Wages and Interest: A Modern Dissection of Marxian Economic Models, The American Economic Review, Vol. 47, No. 6, Dec., 1957, P. 890.

实的些许偏离"构成的，因此无甚稀奇①；其次，有人辩论说历史上某时期的市场价格确实符合《资本论》第 1 卷中的劳动价值，但萨缪尔森认为，正如《资本论》第 3 卷已经以资本主义社会为研究背景一样，历史事件并不能作为当前问题的假设前提；再次，马克思自己的观点即《资本论》第 1 卷中的劳动价值论是为了解释总剩余价值，第 3 卷则是为了解决总剩余价值如何分配的问题，但萨缪尔森认为根据由马克思理论进行的上述建模过程可知，"总量是无法预先设定的，它必须与所有价格关系同时被决定"；② 最后，有人提出劳动价值论只是简化的"第一近似"，但他认为，现代经济分析中充满了这种近似的分析，而马克思的理论根本无法做出"第二近似"，而且据他所知，唯一受到认可的"第一近似"是斯密和李嘉图在利润为零的假设下提出的，且目前已经遭到了否定。

萨缪尔森在 1971 年的一篇文章中，重申了他在 1957 年就已经得出的结论。他认为，自从 1894 年至他写作的时候为止，所有的学者包括马克思本人的，对转形过程的解决都是无法令人满意的。萨缪尔森指出，在唯一的一个场合，马克思的转形方法碰巧是严格准确的。但这不是那个资本有机构成相等的著名例子（因为在那个例子中，问题变得"明白而琐碎，价格和价值之间已无矛盾可言"③）。而应该是假定各个生产部门资本的内部构成相同，其中不变资本中用于生产的原料和机器的使用比例一致，可变资本中组成维持最低生活标准的工资的一揽子消费品的相对比例与上述比例一致，进而可以得到资本家所获得的剩余价值或利润的内部构成的比例也与上述比例一致。只有在这种情况下，马克思的转形过程才是有效的。他的结论是："在我所假定的资本具有相同内部构成的例子中，马克思已被保护起来了，不致跌入任何陷阱之中"。④

萨缪尔森接着分析了"逆转形"问题⑤。他认为，从价格到价值的"逆转形"，也只有在上文唯一的假设下严格成立。逆转形的过程如下，先将生产价格

①② Paul A. Samuelson, Wages and Interest: A Modern Dissection of Marxian Economic Models, The American Economic Review, Vol. 47, No. 6, Dec., 1957, P. 891.

③ Paul A. Samuelson, Understanding the Marxian Notion of Exploitation: A Summary of the So-Called Transformation Problem between Marxian Values and Competitive Prices, Journal of Economic Literature, Vol. 9, No. 2, Jun., 1971, P. 415.

④ Paul A. Samuelson, Understanding the Marxian Notion of Exploitation: A Summary of the So-Called Transformation Problem between Marxian Values and Competitive Prices, Journal of Economic Literature, Vol. 9, No. 2, Jun., 1971, P. 416.

⑤ Paul A. Samuelson, Understanding the Marxian Notion of Exploitation: A Summary of the So-Called Transformation Problem between Marxian Values and Competitive Prices, Journal of Economic Literature, Vol. 9, No. 2, Jun., 1971, pp. 416 – 417.

与成本之间的差额加总，得到总利润，由于马克思的例子中的各个资本数额相同，所以各部门的利润率也相同，根据可变资本数额即可得到剩余价值量，将剩余价值量与成本量相加便得到了价值量。从上述逆转形过程可以看出，关于得到总利润后如何求出各部门的利润这一问题，马克思所假设的各部门利润率相同只是他的主观臆断，事实上还可以有很多在部门间分配利润的方式，因而价格和价值可以完全不对应。这样一来，转形是否成立的关键已经不再是说明在市场竞争中形成的价格比价值更符合现实，而是说明在瓦尔拉斯一般均衡下，利润率条件完全由《资本论》第 1 卷所提出的剩余价值按照其重要性加总量所决定（亦即证明利润率只能是总利润的平均值）。萨缪尔森证明上述说法是错误的。因此，在他看来，完全没有必要从《资本论》第 1 卷对价值的分析入手解决转形问题，也就是说，价格的形成与劳动价值论完全无关。

二、主流经济学对萨缪尔森的批判

萨缪尔森对转形问题的研究受到来自两个方面的质疑和批判。对于早已接受了庞巴维克的立场的他的同行来说，萨缪尔森的研究是对"遭到彻底破坏的劳动价值论做出了毫无根据的让步"。[①] 罗宾逊则认为，萨缪尔森把古典马克思主义和新古典主义模型混为一谈。[②] 而对于马克思主义者而言，萨缪尔森只是像先前的非马克思主义者一样，在马克思主义影响日渐回升的背景下，继续对马克思的理论观点进行"修正"，以消除马克思主义经济学的影响。

来自主流经济学内部的对萨缪尔森的批判，主要是由鲍莫尔作出的。鲍莫尔认为，萨缪尔森误解了马克思的真正意图。他认为，罗宾逊和萨缪尔森试图在转形问题中探讨的东西，并不是马克思所涉及的问题，博特凯维茨及其之后的学者在解决转形问题时，把注意力放在了无关紧要的问题上，而庞巴维克所认为的《资本论》第 1 卷和第 3 卷之间的矛盾根本不存在。现代人对于马克思原著中那些原始表达方式的理解有误，导致他的本意被曲解了。

鲍莫尔认为，马克思并未将劳动价值论看成是一种决定价格的近似理论。马克思之所以关注转形问题，其主要目的是为了探究剩余价值是如何转化为包括利润、利息和地租在内的非劳动收入的。他指出，马克思"主要关注的是利润和剩

---

① A. Lerner, A Note on "Understanding the Marxian Notion of Exploitation", Journal of Economic Literature, 10, 1972, P. 50.

② J. Robinson, Samuelson and Marx, Journal of Economic Literature, 11, 1973, P. 1367.

余价值之间的关系，只是顺带地（作为实现前者的手段）关注价格和价值的关系"①，"看上去仿佛表明了土地是地租的源泉、资本是利润和利息的源泉的竞争过程，仅仅是一个分配现象，它掩盖了劳动才是唯一有着重要社会意义的产出的源泉这一事实。而这才是马克思的劳动价值论和转形问题分析的意义所在"。②

鲍莫尔对萨缪尔森"不必要的迂回"的说法进行了评价。鲍莫尔认为，马克思清楚地知道可以在不依赖价值理论的前提下，由竞争性市场本身决定价格。但他对转形问题的分析与价格理论毫无关系，这不过是他价值理论的延续而已。具体地说，马克思首先在《资本论》第1卷中分析了剩余价值的产生来源，再在《资本论》第3卷中分析了总剩余价值是如何以利润、利息和地租的形式进行分配的。考虑到每个产业中剩余价值的生产量和分配量并不一定相等，所谓的转形问题也就是探讨在何种情况下某产业的剩余价值的生产会超过其分配，在何种情况下又会有相反的结果。因此，马克思关注的重点是剩余价值如何转化为利润，而非价值如何转化为价格。事实上，马克思完全不关心竞争性价格的决定问题，他之所以对此问题进行探讨，不过是为了去除价格理论表面的伪装，从而将剩余价值的生产与分配这一本质问题展现出来。站在主流经济学的角度，当然会将劳动价值论看成是"不必要的迂回"，但其实它则是马克思理论框架的重点。

对于《资本论》第1卷和第3卷中价值的意义的差别有三种解释。第一种认为马克思最初把价值看作是市场均衡时的相对价格，但当在意识到与现实不符时，他退而求其次，在第3卷中尽最大努力建立价值与价格的关系；第二种认为马克思的价值理论是对正确分析价格的一个简化的近似理论；第三种认为价值理论并非为了解释资产阶级经济学中粗浅的价格理论而存在，其目的是为了解释生产的过程，也就是解释经济中不同部门对于剩余价值的剥削。鲍莫尔对前两种解释的错误作了说明，并指出第三种解释是正确的。鲍莫尔认为，"价格和价值不是同样的东西，价值既非价格的近似，也非计算价格的必要前提，价格只是粗浅的表象，价值则揭示了事实的本质"。③

鲍莫尔认为，马克思分析转形问题，是为了不让价格理论阻碍了人们对事实本质的理解。鲍莫尔对马克思价值理论总结如下：虽然商品的确是由劳动和自然资源的共同投入生产的，但其中与社会相关的生产投入是劳动，而非土地或资

---

① W. J. Baumol, The Transformation of Values: What Marx "Really" Meant: an Interpretation, Journal of Economic Literature, 12, 1974, P. 56.

② W. J. Baumol, The Transformation of Values: What Marx "Really" Meant: an Interpretation, Journal of Economic Literature, 12, 1974, P. 59.

③ W. J. Baumol, The Transformation of Values: What Marx "Really" Meant: an Interpretation, Journal of Economic Literature, 12, 1974, P. 55.

本。因此利润、利息和地租的来源也是劳动，它们的总和应该等于劳动创造的总价值减去劳动本身消耗的部分。竞争性过程只是一种分配的表象，它看似表明了土地是地租的来源，资本是利润和利息的来源，实则掩盖了劳动是唯一的与社会相关的投入这一事实。

萨缪尔森对鲍莫尔的批评进行了回应。他认为，无论在鲍莫尔的分析中，还是在他引用的"马克思的数学分析的最高权威"[1] 森岛通夫的分析中，都"没有强有力的证据"[2] 证明《资本论》第 1 卷中的分析不是一种迂回。萨缪尔森指出："我在这里争论的是，如果鲍莫尔打算把转形问题看作是从'剩余价值'到'利润'的转形而不是'价值'到'价格'的转形，然后去理解竞争性收入分配，那么，我认为用橡皮擦去毫不相关的迂回造就的没有洞见的核算体系，然后用具有经验相关性的利润率均等行为方程取代它同样是正确的，那些先于马克思、或他同时代的经济学、或超越了马克思的经济学家就是这么做的。我在这里争论的是，马克思自己对于分配趋势、周期行为、稳定再生产和指数增长模型的研究，受到他新奇的剩余价值率分析的妨碍，而不是帮助"。[3] 萨缪尔森进一步提出了他的建议，"在思想史中，迂回可能服务于拥有的目的。……错误经常和真理一样有趣。……但是，就像我们不会烧毁我们的房子来烤我们每天的排骨，马克思的支持者没有理由再绕道他的历史迂回和多余之地了"。[4]

三、马克思主义经济学对萨缪尔森的批判

莱伯曼对萨缪尔森作了批判，认为萨缪尔森用无论是用价值还是用价格表示的利润率都要相等的要求，取代了传统的不变条件的要求，即总价值等于总价格和（或）总剩余价值等于总利润的要求。莱伯曼提出的这个条件的理由是：工人与资本家之间的阶级斗争是围绕剥削率而不是利润率展开的。[5] 莱伯曼同时指出，萨缪尔森只关注转形问题的量的方面，而忽视了更有意义的质的一面。他认为，萨缪尔森完全无法理解"价值问题是一个社会范畴"。[6] 莱伯曼说："为了推动争论中他所在方面的发展，萨缪尔森必须超越'哲学—社会学'和'经济—分析'

① Paul A. Samuelson, Insight and Detour in the Theory of Exploitation：A Reply to Baumol, Journal of Economic Literature, Vol. 12, No. 1, Mar., 1974, P. 63.

②③④ Paul A. Samuelson, Insight and Detour in the Theory of Exploitation：A Reply to Baumol, Journal of Economic Literature, Vol. 12, No. 1, Mar., 1974, P. 69.

⑤ D. Laibman, Values and Prices of Production：The Political Economy of the Transformation Problem, Science and Society, 37, 1973 - 4, pp. 414 - 425.

⑥ D. Laibman, Values and Prices of Production：The Political Economy of the Transformation Problem, Science and Society, 37, 1973 - 4, P. 432.

之间的随意界限，去面对作为社会关系范畴的价值的定义"。①

索斯沃斯（Southworth）认为，萨缪尔森得出的结论无非是，马克思"不仅可以被忽视，而且应该被忽视"。② 但是，索斯沃斯并不赞同萨缪尔森的这个结论。他从五个方面依次批评了萨缪尔森对马克思理论的曲解：第一，马克思的剥削概念表明，工人被迫工作的时间超过支付给他们工资的时间，这和萨缪尔森在论文中所谈论的"征税的政府（Taxing Government）"概念毫无关联。第二，萨缪尔森错误地理解了马克思所说的资产阶级的经济行为模式，他认为资本家生产的目的是消费，而马克思则认为资本家生产的原动力是资本积累。第三，萨缪尔森仅仅注意到了《资本论》第 1 卷和第 3 卷存在的差别，却没有考虑到由于分析目的的不同，这两个部分的理论是对现实经济不同程度的抽象，萨缪尔森本人的著作中同样有大量因为研究目的不同导致理论框架不同的情况存在。③ 第四，萨缪尔森错误地认为利润—价格均衡可以独立于马克思的价值理论而得以确定，从而价值理论是多余的。然而马克思并没有确定任何的均衡状态，而是更关注剥削的过程和资本主义发展的运动规律。第五，萨缪尔森试图通过引述马克思与恩格斯的论述，来证明其对经济分析的贡献只是转形问题这个荒谬的结论上。但事实上，马克思已经多次强调，他认为自己的关键贡献是在剩余价值的发现上。④ 索斯沃斯指出，马克思经济学并不是"像教给大多数学生相信的那样，是一种简单而纯粹的政治辩护，尽管它需要发展，但是，它还是提供了更好的理解现实的工具"。⑤

布朗芬布伦纳（Bronfenbrenner）认为，萨缪尔森对马克思的评价只不过是为了证明，作为经济学家尤其是熊彼特意义上的经济分析家的马克思被人们过分重视了，其实马克思只不过是个不怎么重要的后李嘉图主义者。萨缪尔森的这种轻蔑的态度，表现在的他如下几个观点中：第一，转形问题即便真正存在，马克思对其的解决也是建立在一种不合理的方法论上的；第二，静态的劳动价值论能做到的，竞争性价格理论能做得更好，并且更容易做到，这其中包含了对劳动剥削的定义和度量，认为马克思的《资本论》第 1 卷充斥着太多冗长且与主题无关的论述。

① D. Laibman，Values and Prices of Production：The Political Economy of the Transformation Problem，Science and Society，37，1973 – 4，P. 435.

② Gayle Southworth，Samuelson On Marx：a Note，Review of Radical Political Economy，Vol. 4（5），Fall 1972，P. 109.

③④ Gayle Southworth，Samuelson on Marx：a Note，Review of Radical Political Economy，Vol. 4（5），Fall 1972，P. 108.

⑤ Gayle Southworth，Samuelson on Marx：a Note，Review of Radical Political Economy，Vol. 4（5），Fall 1972，P. 110.

布朗芬布伦纳认为，马克思自己的解决转形问题的方法，只是"接近成功的失败"，[①] 而萨缪尔森则是严格地按照塞顿和森岛通夫提出投入—产出矩阵方法来求解的。布朗芬布伦纳也认为，尽管马克思的转形方法在技术上肯定是错误的，但可以通过分别计算马克思的生产价格和用正确方法得到的生产价格，以及两者之间的相关系数，来验证马克思主义者对萨缪尔森技术改进方法的反对是否有道理。

布朗芬布伦纳提出的问题是：假设真的有一种公认正确的转形方法，那么，这是否会使得劳动价值论或生产价格理论其中之一变得没有存在的价值呢？如果是，那么它影响的是哪一种理论？[②] 当然，在受到新古典经济学熏陶的萨缪尔森那里，肯定会抛弃劳动价值理论；但对那些受到马克思经济学教育的学者而言，他们肯定会抛弃生产价格理论。布朗芬布伦纳并没有给出自己的批判标准，但他认为这种批判标准应该包括对两种体系相互转化的考察。而从前人的两个体系相互转化的例子中，布朗芬布伦纳发现了以下两个特征：第一，不管是进行哪种方向转化的人，他们都声称自己将一个复杂的问题转化成了一个简单清晰的结果；第二，那些将劳动价值论转化为生产价格理论的人似乎都有着高超的数学水平，而那些进行反方向转化的人却不一定有，因此被批评为使用"非理性的认知方式"。[③] 但上述特点都无法充分说明到底哪个理论是可以被抛弃的。

第三节　新李嘉图主义者对转形问题论争的展开

萨缪尔森引发的论争尚未平息，在讨论斯拉法和马克思的关系的研究中，再次把转形问题的论争推到了经济理论研究的前沿。萨缪尔森在自己的文章中也声称，他自己使用了里昂惕夫和斯拉法的方法。在这种背景下，斯拉法主义者忙于以斯拉法的理论框架为基础，把马克思视为是斯拉法方法体系的一种特例，得出的结论往往是，"转形不仅仅是一个'复杂的迂回'，绕远路实际上被证明是不可能的"。[④] 与此同时，一些马克思的同情者，比如森岛通夫，试图在严格的现代模型中，重新挖掘出马克思的一些有益的见解，并把这些见解纳入一般均衡的

---

① Martin Bronfenbrenner, Samuelson, Marx, and Their Latest Critics, Journal of Economic Literature, Vol. 11, No. 1 (Mar., 1973), P. 59.

② Martin Bronfenbrenner, Samuelson, Marx, and Their Latest Critics, Journal of Economic Literature, Vol. 11, No. 1 (Mar., 1973), P. 60.

③ Martin Bronfenbrenner, Samuelson, Marx, and Their Latest Critics, Journal of Economic Literature, Vol. 11, No. 1 (Mar., 1973), P. 61.

④ M. C. 霍华德、J. E. 金：《马克思主义经济学史：1929～1990》，中央编译出版社 2003 年版，249 页。

分析框架中。森岛通夫在一定程度上批判了斯拉法主义的代表人物斯蒂德曼和新古典代表人物萨缪尔森的研究，但是他事实上只是以一种新的方式证明了转形是不必要的，劳动价值论是多余的。显然，无论是新古典主义者的结论还是斯拉法主义者的判断，都难以令马克思主义者接受。马克思主义者从不同的角度对上述两种类型的研究展开了批评。

一、斯拉法之后的马克思

斯拉法在《用商品生产商品》一书中，在批判新古典学派关于边际效用决定交换价值的理论的同时，提出用可行的生产技术和实际工资决定商品价格和利润率的理论。在一定意义上，斯拉法冲破边际革命以后的主观价值论的束缚，恢复了古典学派的客观价值论。尽管斯拉法和李嘉图之间也存在区别，但是斯拉法的"标准商品"为李嘉图的"不变的价值尺度"提供了一个有力的例解。正因为这样，《用商品生产商品》出版后，新李嘉图学派逐渐发展起来。斯拉法是从投入—产出技术体系中引出各种商品的均衡价格体系的，未曾分析马克思从李嘉图那里继承发展而来的劳动价值论，所以斯拉法的追随者们发生了分化，一部分人接近于马克思主义经济学，另一部分人则对以劳动价值论为基础的马克思主义经济理论持反对态度。

荣卡格利亚（A. Roncaglia）认为，斯拉法的《用商品生产商品》中建立的理论体系，"实际上对马克思主义的分析作出了双重贡献：第一，它为批判边际主义理论提供了一个基础，而边际主义理论被日益明显地用于抵制马克思主义者对资本主义发展的解释；第二，斯拉法的理论对马克思主义分析中的许多问题，特别是生产价格的决定以及与所谓的劳动价值转化为生产价格相联系的问题，提供了解决方法"。[①]

从马克思主义经济学角度评价斯拉法理论的著作有多布的《价值和分配理论》、米克的《劳动价值学说的研究》等。多布认为，斯拉法的理论的出现，有利于斯密、李嘉图、马克思的价值理论和分配理论在西方经济学界的复活、传播，并能成为对边际革命依赖的新古典学派进行彻底批判的一个转机。一些马克思主义研究者则认为，斯拉法体系对劳动价值论的新的表述，对新古典学派的批判态度以及他的方程体系，和马克思体系相似，但更为清楚和有效；因此，马克思主义经济学应当扬弃劳动价值学说中"古典学派的残余"，而以斯拉法体系为基础。比如，米克就认为，斯拉法体系表明，"一个现代的马克思主义者可以怎

---

① A. Roncaglia, *Sraffa and the Theory of Prices*, John Wiley and Sons, Chichester, 1978, pp. 134 – 135.

样把马克思原来的学说，再加以公式化并加以发展，取作他的'前提的、具体的量'的不是有关商品的'价值'，而是商品本身"。[1]

斯蒂德曼被萨缪尔森称为罗宾逊夫人之后，"从马克思主义阵营内部来纯化马克思经济理论"的代表之一[2]。斯蒂德曼认为，既然均衡价格和利润率能够直接从投入—产出技术体系中推导出来，那就不必计算各种商品的价值量，尤其是在一些复杂的情况下，劳动价值论还难以成立。梅迪奥（Alfredo Medio）明确地论证了斯拉法的理论阐述和马克思的理论阐述之间的关系。他指出，价格由价值派生、转形问题的解答，只不过是马克思价值理论一致的辅助的、形式上的证明。即使这个问题解决了，也仍然要加以解释，利润怎么会完全存在。在某种意义上，斯拉法理论已把经济分析推回到马克思以前的时期。马克思的剩余理论是非常重要的，并仍然是可唯一有效地取代新古典派对资本家利润的来源和性质的解释。但斯拉法的方法是把超过生产过程中所消耗的物质生产资料的所有产量都定义为剩余，然后表明在一定的生产技术条件下，工资率和利润率的变动怎样影响价格。因此，斯拉法在他的分析中并不需要劳动价值也没有涉及转形问题。如果人们承认本来的价值理论的对象是研究工资、利润率和相对价格之间的数量关系这样一种观点，那么价值分析和有关的价值与剩余价值概念就变成了不必要的迂回，而关于转形问题的一切讨论都是小题大做了。[3]

对斯拉法和马克思之间复杂关系的讨论，连同萨缪尔森、森岛通夫等对劳动价值论的质疑和批判交织在一起，引发了20世纪70年代新古典学派、新李嘉图学派同马克思主义经济学关于价值向生产价格转化问题的新的论争。

二、斯蒂德曼的"无中生有"的转形问题

斯蒂德曼提倡"按照斯拉法思想研究马克思"，并认为斯拉法体系是马克思体系的替代物，只有按照斯拉法的生产条件和实物数量分析，才能得到关于利润和生产价格的正确计算方法，从而避免在转形问题上无谓的争论。

斯蒂德曼有关转形问题研究的看法，可以概括为以下五个方面的结论：第一，生产条件和支付给工人的实际工资，两者均由商品的物质数量决定，进而决定利润率以及商品的生产价格；第二，各种商品中所包含的劳动数量本身也完全

---

[1]　米克：《劳动价值学说的研究》，商务印书馆1979年版，第48页。

[2]　George R. Feiwel, Joan Robinson and Modern Economic Theory, Macmillan Publishers Limited, 1989, P. 113. 萨缪尔森说的另一个代表是约翰·罗默。

[3]　Alfredo Medio, "Profits and Surplus-Value: Appearance and Reality in Capitalist Production", in E. K. Hunt and J. G. Schwartz, A Critique of Economic Theory, Penguin Books, 1972, pp. 325 – 326.

由生产条件所决定，因此，劳动价值不能决定利润率或生产价格；第三，在一个竞争性资本主义中，利润率不等于 S/（C + V），不存在从剩余价值到利润、从价值到生产价格的转形，因为利润和生产价格可以无需考虑任何价值量而被决定；第四，不需要价值度量也能决定社会劳动的配置。① 总之，在斯蒂德曼看来，马克思的以价值为基础对资本主义社会分析的理论与真正的历史唯物主义的分析是不一致的，如果继续将注意力集中在价值分析上，就会严重地阻碍对资本主义经济作出历史唯物主义的阐发。

斯蒂德曼以斯拉法分析方法为基础，强调了价值分析逻辑优先性的错误。斯蒂德曼认为，即使在计算中考虑了转形"投入的价格，马克思的解仍然是内在地是不一致的"。② 这是因为，马克思一方面认可按照价值形式定义的利润率 S/（C + V），即以物化的劳动量计算利润率；一方面又认可价格与价值背离的结论，一般而言，这个表明了 S/（C + V）并非实际的利润率。因此，马克思的理论体系存在内在的逻辑矛盾。事实上，在现实中，"资本家既不知道也不关心马克思所使用的'价值利润率'，经济中也不存在使各部门的价值利润率趋于相等的力量"③，因此只有货币利润率趋于均等化。此外，利润率的决定先于商品价值量的决定。斯蒂德曼说："生产方法的选择本身是在利润极大化过程中被决定的。因此，人们只有在利润率决定后才能知道价值，利润率的决定在逻辑上先于价值量的决定——毫无奇怪，价值的决定对利润率的决定没有任何影响"。④

斯蒂德曼还从劳动价值计算自身存在的困难出发否定马克思的转形计算。他认为，即使抛开如何转形的具体问题不谈，仅从劳动价值论本身来看，也存在诸多谬误。马克思主义经济学家把生产出来的商品的劳动价值看做是正值。但是，斯蒂德曼派认为：其一，如果生产同一商品的存在两种或两种以上的同样盈利的技术，劳动价值可能无法确定或等于零，这样马克思的转形就无法进行，他的通向生产价格的进路根本不存在；其二，如果存在联合生产的问题，即同一生产过程产生两种或两种以上的产品，那么，在这些商品上分配劳动时间的价值时，某些商品的劳动价值就可能为负，这样它与劳动价值可能是零一起，破坏了马克思的基本原理。第一种情况的实质在于，由于存在两种或两种以上可供选择的技术，无法确定究竟用哪一种生产方法计算商品的劳动价值。第二种情况的实质在于，资本家是在价格而非物化的劳动价值的基础上做决策，由于生产方法的选择是在

① 斯蒂德曼：《按照斯拉法研究马克思》，商务印书馆1991年版，第2页。
② 斯蒂德曼：《按照斯拉法研究马克思》，商务印书馆1991年版，第17页。
③ 斯蒂德曼：《按照斯拉法研究马克思》，商务印书馆1991年版，第18页。
④ 斯蒂德曼：《按照斯拉法研究马克思》，商务印书馆1991年版，第49页。

利润最大化中被决定的，因此只有在确定了均等利润率之后，才有可能知道价值，即利润率的决定在逻辑上先于价值的决定。

三、森岛通夫对转形问题的研究

森岛通夫指出，他的研究方法与那些经由马克思主义者和非马克思主义者提出的所谓的马克思主义经济学不同，他要使马克思不仅对其本身的目的来说站得住脚，而且在反对当代的经济理论方面也站得住脚。[1]

他指出："马克思的转形问题由两个子问题构成：其一是剩余价值率转化为利润率的问题，其二是商品价值转化为商品价格问题"。[2] 马克思转形问题的目的在于说明在资本主义经济中，社会总资本对劳动者的剥削如何被价值向价格的转化所掩盖，活劳动如何成为资本家利润的唯一源泉的。对于第一种意义上的转形问题，森岛通夫通过对马克思的基本定理的证明，认为这种含义上的转形是成立的，"只要剩余价值、不变资本和可变资本是在平衡增长的均衡状态下计算的"，马克思的"有点混乱的公式，即均衡利润率等于剩余价值除以不变资本和可变资本之和，在非限制性的假定下总是成立的"。[3] 对于第二种意义上的转形问题，森岛通夫认为，"即使假定均衡的平衡增长，还是不能得到马克思用它特有的从价值计算生产价格的方法所导出的结论，除非附件额外的条件"，在这一意义上，"各产业部门彼此之间是'线性相关'的"[4]。因此，"马克思的算法通常并不能正确地把价值转化为生产价格"。[5]

在运用复杂的数学模型进行分析后，森岛通夫的结论就是："在转型问题中，马克思并不打算在价值与价格之间建立一种比例关系，恰恰相反，马克思证明了个别的剥削和个别的利润是不成比例的，除非强加一些限制性的条件"。[6] 森岛通夫认为，"马克思想要建立如下两个肯定命题和一个否定命题：第一个是关注剩余价值率转化为均衡利润率的 $e > \pi$；第二个是关注价值转化为以劳动计算的均衡价格的 $p_{i,w} > \lambda_i$，$i = 1, \cdots, m$；第三个是关注剩余价值转化为利润的 $\prod_i \neq aS_i, i = 1, \cdots, m$"。[7] 其中，$e$，$\pi$ 分别为剥削率和一般利润率，$p_{i,w}$ 和 λ_i 分别表示以劳动测算的商品 i 的价格和价值，$\prod_i, S_i$ 分别表示单位产出 i 利润和剩余价值，

① Michio Morishima, Marx's Economics：A Dual Theory of Value and Growth, Cambridge University Press, 1973, P. 5.

②③④ Michio Morishima, Marx's Economics：A Dual Theory of Value and Growth, Cambridge University Press, 1973, P. 72.

⑤⑥⑦ Michio Morishima, Marx's Economics：A Dual Theory of Value and Growth, Cambridge University Press, 1973, P. 85.

a 为比例因子。对于上述命题，"前两个命题，在无任何保留和任何额外的附件条件下，总是成立的。第三个命题只存在一种例外，即所有产业的资本价值构成相同"。①

在 1978 年与凯特福斯（Catephores G.）合著的《价值、剥削和增长》中，森岛再次"从逻辑—数学方面考察转形问题，并提出以马尔可夫过程的结果为依据的一种解法，即从价值开始，依照多次迭代之后而导向正确、一致的生产价格的计算……马克思确实意识到，投入品和产出品这两者都必须从按照价值计算转化为按价格计算，但马克思并没有完全转化它们；相反，马克思是按照一种迭代公式，利用别的方法，通过连续方式来转化投入和产出的。"② 森岛通夫有保留地赞同了马克思的转形理论，但他给马克思转形问题的解决方法赋予过于严格的限制条件，从而在某种程度上削弱了马克思本人的证明。森岛通夫使用迭代方法研究转形问题，是一种方法上的创新，为进一步研究转形问题开辟了新的路径。

在对转形问题的研究中，森岛通夫肯定了马克思价值体系的重要性，批评了萨缪尔森对价值体系和价格关系的理解。森岛通夫在马克思经济学意义上肯定了价值体系的重要性，承认价值体系和价格体系之间存在重要的联系，但是在对马克思的经济学进行现代发展的意义上，又主张放弃劳动价值论。

森岛通夫认为，马克思经济学和瓦尔拉斯在数理经济学史上具有同样崇高的地位，但与瓦尔拉斯不同，马克思提出的是一种"两阶段一般均衡模型"。③ 马克思研究的是资本主义的长期运动规律，他需要将其分析建立在可靠的总量分析基础之上，所以森岛通夫指出："我的观点是，劳动价值论在马克思经济学中发挥了一种最重要的作用，因为它提供了一种不变的体系，依据这种体系，马克思得以将其微观模型在一系列假定条件下加总成两部门的宏观模型"。④

森岛通夫指出："和正统经济学不同，马克思主义经济学有双重的核算体系：一个体系按照价值计算，另一个按照价格计算"。⑤ 对于这两种体系，人们的认识是不同的，在正统经济学和马克思主义经济学中，"两个阵营中的许多人……

———————

　① Michio Morishima, Marx's Economics: A Dual Theory of Value and Growth, Cambridge University Press, 1973, P. 85.

　② Michio Morishima and G. Catephores, Value, Exploitation and Growth, McGraw-Hill, 1978, P. 160.

　③ Michio Morishima, Marx's Economics: A Dual Theory of Value and Growth, Cambridge University Press, 1973, P. 2.

　④ Michio Morishima, Marx's Economics: A Dual Theory of Value and Growth, Cambridge University Press, 1973, P. 3.

　⑤ Michio Morishima, Marx's Economics: A Dual Theory of Value and Growth, Cambridge University Press, 1973, P. 46.

都混淆了两个体系"。① 而"迂回"的观点基本上是建立在对两种体系的混淆的基础之上的，比如，萨缪尔森就指出："《资本论》第 1 卷中关于相等的正剩余价值率 S_i/V_i 的第一近似并不是一个使问题简化的假定，宁可说——在它与相等的利润率 $S_i/(V_i+C)$ 相矛盾的意义上——这是一个使问题复杂的迂回"。②

森岛通夫认为，萨缪尔森"忽视了马克思一般化古典劳动价值论的意图"，"马克思发展劳动价值论的主要目的不在于（精确地或近似地）证明价格与价值之间的等量关系，而是要揭示在资本主义生产下价格怎样背离价值以及为什么会背离价值：马克思想揭露用价格计算的资本主义核算体系的欺骗性"。③

对转形问题分析中的利润率计算问题，森岛通夫认为，"剩余价值率属于价值计算体系，利润率属于价格计算体系。寻求适合于两个体系的命题并不是多余的事"。④ 森岛通夫证明了马克思的基本定理，即"资本家对工人的剥削，是存在产生正利润的价格—工资集的充分必要条件"。⑤ 而"在马克思的经济学中，这个基本定理起着连接价值体系……和价格体系……的桥梁作用"。⑥

森岛通夫对劳动价值论虽然作了上述这些评价，但他没有始终坚持劳动价值论。在《马克思经济学》一书中，他研究了劳动价值论同下述几个问题的关系：劳动异质性、联合生产、生产方法的选择。他认为，只要其中任何一个成立，都会使劳动价值论陷入困境。

在对转形问题的研究中，森岛通夫论证了《资本论》3 卷之间的关系，认为《资本论》3 卷可以看作是一个从第 1 卷的单一部门模型出发的上升序列：《资本论》第 1 卷中建立的是一个部门模型，假定价值与生产价格相等；第 2 卷发展到两个部门模型，各部门资本有机构成相等，价值与生产价格成比例；第 3 卷进一步发展到多部门模型，各部门资本有机构成不等，生产价格不再与价值成比例。因此，在《资本论》第 3 卷中产生了说明生产价格与价值不成比例的要求，也就是价值转形问题。由此推断《资本论》各卷之间并没有矛盾，它们之间的关系是

①　Michio Morishima，Marx's Economics：A Dual Theory of Value and Growth，Cambridge University Press，1973，P. 46.

②　Paul A. Samuelson，Wages and Interest：A Modern Dissection of Marxian Economic Models，The American Economic Review，Vol. 47，No. 6，Dec. ，1957，P. 892.

③　Michio Morishima，Marx's Economics：A Dual Theory of Value and Growth，Cambridge University Press，1973，P. 74.

④　Michio Morishima，Marx's Economics：A Dual Theory of Value and Growth，Cambridge University Press，1973，P. 47.

⑤　Michio Morishima，Marx's Economics：A Dual Theory of Value and Growth，Cambridge University Press，1973，P. 53.

⑥　Michio Morishima，Marx's Economics：A Dual Theory of Value and Growth，Cambridge University Press，1973，P. 54.

一个从单一部门模型到多部门模型、从特殊到一般的完整的理论体系。正如森岛通夫所说："显然，《资本论》第 3 卷提出了……转形问题，在这个意义上，我们可以说，在《资本论》各卷中没有矛盾，它们的联系确切地说是特殊情况与一般情况之间的关系"①。

四、"历史的转形问题"的论争

对于历史的转形问题内涵，布劳格给出过清晰的定义。他认为，在马克思主义历史上，"转形问题不只是一个纯粹的逻辑问题，从价值向价格的转形的逻辑被认为对应着一种实际的历史转形（从一种'简单商品生产'体系——在其中所有生产者拥有自己的生产工具，人均收入通过不同职业之间劳动的流动均等化，向建立在总资本投资的利润率均等的原则基础之上的成熟的生产体系的）"。② 有关历史的转形问题的论争，实际上关注的是转形问题自身的逻辑地位，它到底是一种对实际发生的历史过程的结果进行的事后的数学抽象，还是一种隐蔽在资本主义经济中的仍然在发挥作用的基本关系。

德赛认为，有一点是可以肯定，历史的转形问题的争论的"兔子"，"是由恩格斯放出来的"。③ 桑巴特和施密特是最早认为价值和价格存在矛盾的经济学家。他们认为，当竞争市场中商品的价格系统性地偏离了其所蕴含的劳动价值时，所谓的价值规律已经没有任何现实的意义。为了回应上述观点，恩格斯指出，价值不仅是某种逻辑概念，它同样构成了真实的历史进程，他认为自己甚至可以指出某段明确的历史时期，在这些时期价值规律从经验上看是有效的，而且在实际中被应用。在后来，米克有条件地接受了恩格斯的观点，曼德尔也认为，历史的转形问题发生在古代到现代的某一时期。④

森岛通夫和凯特福斯在其 1975 年发表的《存在"历史的转形问题"吗?》一文，对于历史的转形问题进行了详尽的论述。森岛通夫和凯特福斯认为，根据不同的目的，可以从马克思的著作中可以衍生出许多历史时期的划分方法。但"价值时代"的划分方法可能由于过于抽象而导致忽略了在马克思理论中提及的其他特定历史时期。如果人们对历史的抽象程度过高，以至于呈现出一种与历史

---

① Michio Morishima and G. Catephores, Value, Exploitation and Growth, McGraw-Hill, 1978, P. 201.

② M. Blaug, Marx on the Nature of Profit, In Marx and Modern Economic Analysis: Volume Ⅰ: Value, Price and Exploitation, Edited by G. A. Caravale, Edward Elgar, 1991, P. 81.

③ Meghnad Desai, "The Transformation Problem", In Marx and Modern Economic Analysis: Volume Ⅰ: Value, Price and Exploitation, Edited by G. A. Caravale, Edward Elgar, 1991, P. 29.

④ E. Mandel, Marxist Economic Theory, London: Merlin Press, 1968, pp. 59 – 65.

事实一致的极具选择性的形态，那么还再按照某种理论假设进一步具体化这些历史阶段时，整个分析将会变成一种完全与真实历史无关的逻辑推理。

在对前资本主义时期"价值时代"存在的分析中，森岛通夫和凯特福斯认为，只有在资本主义社会形态下，当资本主义生产方式成为包括农业在内的所有经济部门的基础后，交易品的生产才真正得到发展。在前资本主义时期，由于并非所有经济部门都被纳入交易网络，对于那些纳入交易网络的部门而言，生产也不是完全为了交换的目的而存在的。上述两个原因再加上生产者无法自由流动，使得在前资本主义经济中按照价值交换商品只能是空谈。因此，"无法将由简单商品生产构成的前资本主义的价值时代，作为一种历史事实或其一种近似"。①

在对资本主义"价值时代"存在的分析中，森岛通夫和凯特福斯认为，进入资本主义社会后，自由的劳动力市场得到发展，商品交换也围绕着劳动价值展开。此时，解决"历史的转形问题"的本质，变为解释资本主义的"价值时代"是如何向资本主义的"生产价格时代"转变的。但是，从资本主义社会建立伊始，商品的计量和交换的比率就是以生产价格而非价值为基础的。虽然此时资本有机构成不同的部门存在着不同的利润率，但这并不能说明商品就是按照其价值进行交换的。这样说来，所谓的从资本主义"价值时代"向资本主义"生产价格时代"的转形问题，在历史中也是不存在的。即便价值交换体系确实存在过，但也早就被资本主义生产方式和生产关系所摧毁了。自从资本主义社会建立以来，生产价格便占据了主流地位。从价值到价格的转形或许是一个否定和取代的过程，但绝非是一个历史过程。

马克思的文本无法解决在恩格斯和米克与森岛通夫和凯特福斯的观点之间存在的冲突。在马克思那里，有些论述支持恩格斯和米克的观点，有些论述则支持森岛通夫和凯特福斯的观点。但是，如果只从转形问题的量的方面考察，"我们必然不会赞同恩格斯的观点"。② 因为在马克思那里，具体劳动被简化为抽象劳动已经预先假定了商品生产和交换。这就是为什么布劳格会认为，"没有人曾经发现过一丁点的证据支持存在一种'简单商品生产体系'……森岛通夫和凯特福斯最后终结了这个问题的争论"。③

---

① M. Morishima, G. Catephores, *Is There an "Historical Transformation Problem"*? The Economic Journal, Vol. 85, No. 338, Jun., 1975, P. 319.

② Meghnad Desai, "The Transformation Problem", In Marx and Modern Economic Analysis: Volume Ⅰ: Value, Price and Exploitation, Edited by G. A. Caravale, Edward Elgar, 1991, P. 30.

③ M. Blaug, Marx on the Nature of Profit, In Marx and Modern Economic Analysis: Volume Ⅰ: Value, Price and Exploitation, Edited by G. A. Caravale, Edward Elgar, 1991, P. 81.

五、20 世纪 70 年代转形问题论争的特征及影响

20 世纪 70 年代对转形问题的争论，主要是一种"广义的转形问题"论争。"狭义转形问题"论争指自博特凯维茨开始，中间经过温特尼茨、米克、塞顿等经济学家，试图从要素投入生产价格化方面来完善或否定马克思的转形理论的讨论。自新李嘉图主义兴起以来，以实物量关系来说明或否定马克思的转形问题研究，并把这种研究放在劳动价值论自身是否多余的论争中，这成为这一时期关于马克思转形问题研究的基本特征。除此，这一时期还有一些对后来的转形问题研究产生重大影响的特征。

第一，这一时期转形问题的研究，主要是在二元体系解释和均衡分析中进行的。"二元体系"解释的基本框架如下：

假定分析一个存在 n 种商品的资本主义经济，n 种商品由不变的技术生产，这种技术由 $n \times n$ 矩阵 A 和一个 $1 \times n$ 的向量 l 描述，A 的元素 $A_{i,j}$ 表示从一个时期开始到这一时期结束生产一单位商品 j 所需的商品 i 的数量，向量 l 中，l_j 代表在这一时期生产一单位商品 j 所需的劳动数量，物化劳动系数是一个 $1 \times n$ 向量，记为 λ，它代表了物化在每一种商品中的直接和间接劳动，从而：

$$\lambda = \lambda A + l$$

如果 $n \times 1$ 向量 x 代表经济的总产出，那么 lx 就是投入的总的活劳动，λx 就是物化在总产出中的劳动。考虑投入 Ax 的生产性消费，经济的净产出就是 $y = (I - A)x$，并且 $\lambda y = lx$ 就是物化在净产出中的劳动。假定花费每单位劳动的工人消费确定的商品束，这个商品束用 $n \times 1$ 向量 b 表示，在这些物化劳动系数体系中，马克思的不变资本是 $c_\lambda = \lambda Ax$，假定工人所得到的支付恰好等于他们的生活必需品，那么可变资本就是 $v_\lambda = \lambda blx$，剩余价值为 $s_\lambda = \lambda(I - A - bl)x$。它们的总和就是 $v_\lambda + c_\lambda = \lambda(I - A)x = lx$，即消耗的活劳动，因此，可以把 v_λ 和 s_λ 分别视为活劳动时间的已支付和未支付部分。弗利认为，"在这种严格的模型假定中，上面定义的物化劳动系数 λ 代表了马克思在《资本论》第 1 卷中所说的直接或间接体现在商品中的劳动。这些物化劳动系数的绝对量毫无疑问是由技术 A，l 决定的"。[1]

假定在资本主义经济中，工人生产中要求花费的劳动是他们将自己的劳动力以货币工资 w 在生产之初卖给资本家的结果，并且假设出售的单位劳动力在平均

---

[1]　Duncan K. Foley, Recent Developments in the Labor Theory of Value, Review of Radical Political Economics, 2000, 32：1, P.16.

的意义上给资本家带去了花费在生产上花费的单位劳动。资本家以不变的货币价格（用 $1 \times n$ 向量 p 表示）购买投入和销售产品。

在任意价格 p，可以计算总产出的货币价格 px，净产出的货币价格 $p(I - A)$ x，总工资 wlx，非劳动投入的货币价格 pAx。

一个生产一单位商品 j 的资本家必须投入资本 pA_j 购买生产资料（马克思的不变资本 c），投入 wl_j 购买劳动力（马克思的可变资本 v），资本家以价格 p_j 出售产品，因此，利润 π_j（马克思的剩余价值 s）为：

$$\pi_j = p_j - p_jA_j - wl_j$$

利润率为：

$$r_j = \frac{p_j - p_jA_j - wl_j}{p_jA_j + wl_j}$$

一个可以使各部门利润率相等的生产价格和工资（p，w）的体系必须满足以下等式：

$$p = (1 + r)(pA + wl)$$

如果假定货币工资 w 是由正好使得工人能够购买他们的必需品的工资 b 的条件决定的，就有 w = pb，从而得到：

$$p = (1 + r)p(A + bl)$$

利用生产价格，可以重新计算马克思的不变资本，可变资本和剩余价值 c_p = pAx，v_p = pblx，s_p = $p(I - A - bl)x$。这样就有了"两个计算体系：物化劳动系数和价格，这样就有了劳动价值论的二元体系解释"。[①]

在出现两个体系之后，关键的问题变成，"在多大程度上可以把这两个体系（一个是基于生产价格的 c_p，v_p，s_p，另一个是基于物化劳动系数的 v_λ，c_λ，s_λ）联系在一起呢"[②]，弗利指出，除了在"'退化'的情形中：要么利润率等于零，要么所有部门的比率 $\dfrac{pA_j}{pbl_j}$ 都相等（即马克思的'相同的资本有机构成'）中，否则向量（v_λ，c_λ，s_λ）和向量（c_p，v_p，s_p）不成比例"。[③] 从新古典主义者和斯拉法主义者使用的二元体系解释得出的各种结论来看，他们自认为实现了"证明在马克思的论证中具有不一致之处"的目标。[④]。

第二，这一时期的研究认为，劳动价值向生产价格的转形，只能在严格的假设条件下成立。广义转形问题的论争，一般涉及两个重要的理论问题：马克思的

---

①②③　Duncan K. Foley, Recent Developments in the Labor Theory of Value, Review of Radical Political Economics, 2000, 32：1, P. 17.

④　Duncan K. Foley, Recent Developments in the Labor Theory of Value, Review of Radical Political Economics, 2000, 32：1, P. 14.

劳动价值论自身是否成立，劳动价值向生产价格的转化是否能够被严格证明。在马克思经济学意义上，上述问题又进一步细分为以下一些问题：（1）劳动价值必须是定义明确的；（2）价值在量上必须是正的；（3）必须能够证明剩余价值和利润之间的精确关系。对第三个要求条件的研究和转形问题最为密切，有关它的准确含义是转形问题研究中具有争议的话题。根据对已有的研究成果归纳，根据要求条件的严格性从弱到强的顺序观察，可以概括出三种常见的对第三个条件的解释。第一种是坚持马克思的基本定理的学者（如森岛通夫）进行的解释，认为就资本主义经济整体而言，正剩余价值（或正剥削率）是正利润（或正利润率）存在的充分必要条件。第二种相对于第一种更严格一些的解释，那就是总剩余价值和总利润在量上相等，这是马克思在分析价值向生产价格转形时"两个不变条件"中的一个（第二个不变条件是总价值和总价格相等）。第三种最为严格的要求条件是马克思自己的，即两个不变条件都必须被满足。

在这一时期所使用的简单模型中，是否两个不变条件同时成立是最具争议性的问题。不同的学者提出了两个总量相等得以满足的条件：一是经济中所有产业的"内在资本有机构成"相等。① 二是所有产业彼此线性相关。② 三是遵循森岛通夫和凯特弗尔斯提出的标准程序。③ 四是斯拉法的"标准商品"作为计价物。④ 五是"当且仅当凝结在所有资本品中的劳动等于在实际工资组合生产中直接或间接使用的资本品所支配的劳动"⑤ 时。六是经济处于冯·诺依曼平衡均衡增长路径上。⑥

这些不同的研究结论，尽管都在证明马克思转形问题是正确的，但把这一问题引向只有在与现实极为偏离和假设条件相当极端的情况下才能成立问题。当然，这些研究还是从多方面证明了劳动价值论在某些特定情况下是成立的，它至少否定了庞巴维克早先在围绕劳动价值论展开论争中的错误观点，价值理论不再被认为是存在内在矛盾的理论。

---

① Samuelson, P. A., Understanding the Marxian Notion of Exploitation: A Summary of the So-Called Transformation Problem between Marxian Values and Competitive Prices, J. Econ. Lit., June 1971, 9 (2), P. 415.

② Michio Morishima, Marx's Economics: A Dual Theory of Value and Growth, Cambridge University Press, 1973, pp. 77 – 82.

③ M. Morishima and G. Catephores, Value, Exploitation and Growth, New York: McGraw-Hill, pp. 160 – 166.

④ R. L. Meek, Mr Sraffa's Rehabilitation of Classical Economic, Scottish Journal of Political Economy, Vol. 8, June 1961, pp. 119 – 136; J. Eatwell, Controversies in the Theory of Surplus Value: Old and New, Science and Society, Vol. 38, Winter 1974, pp. 281 – 303, 1974 – 5.

⑤ 扬·斯蒂德曼：《按照斯拉法思想研究马克思》，商务印书馆1991年版，第150页。

⑥ M Morishima, Marx in the Light of Modern Economic Theory, Econometrica, Vol. 42, July 1974, pp. 611 – 632.

但是，根据这种二元体系解释和均衡分析的结果，劳动价值论只在严格假定条件下才能成立，而且劳动价值完全可以由技术和物质数据与实际工资决定，因此它是"多余的"，特别一旦偏离了任何一个严格的假设条件，如在联合生产等情况下，劳动价值论自身就出现了"内在不一致"。这种严格的数学证明基础上得出的结论，对后来的马克思主义经济学研究产生了重大的影响。

第三，这一时期的研究，对马克思劳动价值论研究产生了重大影响。新古典和新李嘉图主义认为的马克思价值理论中存在"内在不一致"的指责，是造成马克思主义经济学研究在 20 世纪 70 年代后陷入低潮的重要原因之一。

1995 年《政治经济学史》第 1 期刊登的布鲁厄（Anthony Brewer）的文章指出，即使"用马克思自己的术语……《资本论》也必然被认为是一个华丽的失败（Magnificent Failure）"。① 布鲁厄的主要证据就是，马克思价值理论和利润率趋向下降规律中的逻辑错误，"如果这两者都失败了，它们的确失败了，那么就没有剩下什么东西了"。② 1997 年，在《纽约客》杂志上发表的被广泛讨论的卡西迪（John Cassidy）的《回到马克思》一文，尽管给马克思很高的评价，但在论述马克思的价值理论时则一反常态，认为"马克思的经济学的数学模型（依赖于劳动是所有价值的源泉的思想），因其内在不一致而被撕裂了，今天已经很少被研究了"。③ 甚至连马克思主义者弗利也承认，"在证明源于物化劳动系数的劳动时间体系与作为现象世界的货币价格体系之间不存在严格的数量联系时，其数学运算的正确性是毋庸置疑的。因而，对他们而言，劳动价值论只在资本有机构成相等的特殊情形下才成立。他们的结论是，马克思在《资本论》第 3 卷中的论证没有能够填补逻辑的缺口，没有能够将劳动价值论一般化到对真实资本主义经济复杂性的解释中"。④

第四，这一时期的研究，开启了 20 世纪 80 年代后转形问题研究的新的取向。对于这一时期的二元体系解释，马克思主义者提出了各种各样的批判，而这些批判的切入点成为 20 世纪 80 年代后转形问题研究的出发点。

弗利指出："如果接受二元体系数学证明的正确性，那么在它的框架中问题已经完全解决了：不可能在整体上保持所要求的比例关系。……其他任何理论都不可能在不犯数学错误的情况下得出不同的结论。但是，接受二元体系框架的数

①② Anthony Brewer, A Minor Post-Ricardian? Marx as an economist, History of Political Economy, 1995, 27：1, P.140.

③ John Cassidy, The Return of Karl Marx, The New Yorker, Oct 1997, 20&27, P.252.

④ Duncan K. Foley, Recent Developments in the Labor Theory of Value, Review of Radical Political Economics, 2000, 32：1, pp.17－18.

学分析的有效性并不要求人们接受这是唯一的、或者最适当的处理这一问题的方式"。① 弗利认为，基于二元体系的对马克思的批判，"建立在投入的物化劳动系数的基础上对劳动价值论进行的解释，没有在纯理论的层面导致研究的进展；第二，这条研究思路在某种程度上故意忽略了马克思劳动价值论的货币方面"。② 克莱曼指出，"二元体系解释存在争议的地方在于，当价值和价格体系用同样的单位度量时，它们仍然是不同的体系"。③ 用20世纪80年代后兴起的一元体系做对照，能够更好地理解二元体系解释存在的问题，在一元体系解释中，"价值和价格是以两种方式相互依赖地决定的"。④

麦克高龙和克莱曼认为，"无论是技术决定论的价值概念（把价值同价格相分离），还是市场取向的方法（认为价格就是价值），都无法解决价值—价格关系问题"。⑤ 因为，资本主义技术关系自身就生产中死劳动同活劳动之间的社会关系和阶级关系，直接把价格理解为价值不是从辩证推理的角度理解"价值是一种生产价格的"，真正重要的是理解价值如何转化为生产价格的。作为"转化为对立面"的辩证的过程，价值和价格，必须在马克思所理解的单一关系中理解，而不是在分离为两个对立的计算体系中加以理解。

20世纪80年代后对马克思劳动价值论，尤其是转形问题的研究，基本上都是沿着"连续的和非二元（Sequential and Nondualistic）的思路进行的"，⑥ "连续的（按照时间顺序、相继的或历史的）是因为它反对用同时决定的方程的方法，因为这种方法隐含地假定经济活动是由所有变量的同时的而不是相继的决定的。非二元（或统一的）是因为它认为价格和价值是在一个生产和流通继起的过程中彼此相互决定的。价格不是独立于价值决定的，价值也不是独立于价格决定的。这种方法反对在把价格和价值理解为两个不同的构成体系中寻求对它们相互关系

① Duncan K. Foley, Recent Developments in the Labor Theory of Value, Review of Radical Political Economics, 2000, 32: 1, P. 26.

② Duncan K. Foley, Recent Developments in the Labor Theory of Value, Review of Radical Political Economics, 2000, 32: 1, P. 18.

③ Andrew Kliman, Reclaiming Marx's "Capital": A Refutation of the Myth of Inconsistency, Lexington Books, 2007, P. 32.

④ Andrew Kliman, Reclaiming Marx's "Capital": A Refutation of the Myth of Inconsistency, Lexington Books, 2007, P. 33.

⑤ Ted McGlone and Andrew Kliman, "One System or Two? The Transformation of Value into Prices of Production versus the Transformation Problem", in Alan Freeman and Guglielmo Carchedi edit: Marx and Non-Equilibrium Economics, Edward Elgar, 1996, P. 31.

⑥ Alan Freeman and Guglielmo Carchedi edit: Marx and Non-Equilibrium Economics, Edward Elgar, 1996, P. x.

的理解"。[①]

第四节　20 世纪 80 年代以来对转形问题的不同解释

在 20 世纪的大多数时间里，有关马克思价值理论的"内在不一致"的讨论成为广义价值理论争论的核心问题。马克思主义者深深地为这种长期存在的倾向所困扰，并且竭尽全力去对指责马克思那里存在"内在不一致"的各种观点进行回应。从 20 世纪 80 年代开始，这种对"内在不一致"的回应和反击取得了丰硕成果。在转形问题研究上，形成了受到价值形式学派影响的"新解释"；跨期单一体系学派也应运而生，这一学派通过对马克思文本的新的解读，并对先前的转形问题解决方法进行全面的批判，在"回到马克思"的基础上，重新证明了马克思的转形程序是正确的。

一、转形问题的"新解释"

在 20 世纪 70 年代末，杰拉德·迪梅尼尔（Gerard Dumenil）和邓肯·弗利（Duncan Foley）分别提出了解释马克思价值理论的新思路。[②] 他们"虽然使用的是不同的方法，但是他们对劳动价值论进行的新的表述背后的基本原理收敛于相同的基本框架"。[③]

"新解释"的本质特征及其一般表达和传统的方法一样，是从马克思提出的两个等式开始的。马克思关于"价值总和"和"价格总和"的等式对当期的净产出是成立的。这里的"净产出"，如同马克思再生产图式和国民收入核算框架一样，定义为产出减去继承自先前一期的非劳动投入。这里重要的思想是，活劳动支出创造了价值。马克思认为，商品的价值等于消耗掉的投入转移到产品中的价值加上当期劳动创造的新价值。但是，这两种观点是等价的：投入转移的价值＋新劳动创造的价值＝产出价值；新劳动创造的价值＝产出价值－投入转移的

① Alan Freeman and Guglielmo Carchedi edit：Marx and Non-Equilibrium Economics，Edward Elgar，1996，P. x.

② Duménil，G.，1980，De la valeur aux prix de production，Paris：Economica；Duménil，G. 1983. Beyond the transformation riddle：a labor theory of value，Science and Society，47，pp. 427 – 450；Duménil，G.，1984，The so-called 'transformation problem' revisited：a brief comment，Journal of Economic Theory，33，pp. 340 – 348. Foley. Duncan，*The Value of Money，the Value of Labor-Power，and the Marxian Transformation Problem*，Review of Radical Political Economics，14（2），1982，pp. 37 – 47.

③ Steven N. Durlauf，Lawrence E. Blume edit：The New Palgrave Dictionary of Economics，Vol 5，Palgrave Macmillan，2008，P. 409.

价值。

全部生产性劳动在一段时期内创造的价值的价格形式，就是这段时期净产出的价格（净产出的价格等于总收入、工资加上利润）。"新解释"认为，马克思指出，作为生产投入的商品的成本价格必须加以调整，以反映生产价格的变化。正确的表述应该是把它们从马克思的第一个等式中排除掉，使该等式变为"净产出价值总和=净产出价格总和"。因为价值是用劳动时间表达的，而生产价格是用货币术语表达的，这个等式定义了创造价值的劳动时间和货币之间的等价关系，价值或劳动时间的货币表示（MELT）指的是净产出价格（货币度量的新增价值）与耗费的生产性劳动时间的比率。例如，如果一个经济体用2500亿个小时的生产性劳动生产价值10万亿美元的净产出，劳动时间的货币表述就是每小时40美元。MELT量化地（净产出价格与活劳动耗费的比率）表达了马克思所说的当期创造的总价值的"价格形式"。

法因、拉帕维萨斯、萨德－费罗在合著的《转形问题的转化：为什么"新解释"是错误的转变》文章中，采用简单的数学表述对新解释的核心思想做了概述。①

假设总利润为P，全部净收入（总收入减去非工资成本）为R，货币工资率为w，活劳动总量为L，总剩余价值为S，货币价值为m＝L/R，从而得到三个方程：利润等于净收入减去工资；剩余价值等于活劳动减去工资代表的价值；净产品价值等于活劳动：

$$P = R - wL \qquad\qquad (15.16)$$
$$S = L - wLm \qquad\qquad (15.17)$$
$$Rm = L \qquad\qquad (15.18)$$

给定m，方程（15.18）被认为相当于马克思认为的总价值等于总价格。

方程（15.16）两边乘以m，结合方程（15.18）得到：

$$Pm = L - wLm \qquad\qquad (15.19)$$

或，根据方程（15.17），得到：

$$S = Pm \qquad\qquad (15.20)$$

等式（15.20）意味着，利润是剩余价值的货币形式，即马克思认为的总剩余价值等于总利润。

弗利和迪美尼尔的"新解释"的主要观点，一是强调了"货币理论和马克

---

① Ben Fine, Costas Lapavitsas and Alfredo Saad-Filho, Transforming the Transformation Problem: Why the "New Interpretation" is a Wrong Turning, Review of Radical Political Economics, 2004, 36: 3, pp. 5 - 6.

思的理论的货币本质"[1]。弗利强调马克思理论的一般分析框架是用 $M-C \cdots P \cdots C'-M'$ 表示的资本的货币循环。弗利说："资本主义公司的活动从货币形式的价值开始，用它购买商品，这些商品在生产过程中结合在一起，产出新的商品，并被卖出以获得比开始时更多的货币。马克思用 $M-C \cdots P \cdots C'-M'$ 来表示这种运动……这种资本循环和资本主义公司的收入或损益表直接相关。"[2] 与这种对货币循环的强调相一致，弗利使用货币术语定义了马克思剩余价值理论中的关键变量：不变资本、可变资本、新增价值和剩余价值，并把它们作为资本循环一般框架中货币资本的流动。[3] 弗利也使用货币定义了马克思生产价格理论中的利润和生产价格。[4]

弗利坚持了总量预先决定的方法论原理。在 1986 年的《理解〈资本论〉》中的第一章中，弗利在对马克思方法的叙述中，强调资本主义的基本决定量是作为整体的资本主义体系的总量，而且这些总量在更具体的分析阶段被视为"保留了下来"。此外，弗利认为，总价格和总价值相等无法被满足，他假定商品总生产价格价值增加的部分总是等于商品总价值中的新价值。换句话说，弗利认为净价格（价格减去不变资本）在从价值到生产价格的转形中不发生改变，即使总价格发生改变。

弗利的"新解释"认为，可变资本是给定的，而且是以货币的形式给定的，即付给工人的货币工资，而不是给定数量的工资品中推导出来的。[5] 这使得货币可变资本的数量在剩余价值理论向生产价格理论转化时保持不变。弗利指出："资本主义社会的工人不围绕作为支付给劳动力的商品束同资本家进行讨价还价，或得到特定的商品束，他们得到一定数量的货币——货币工资，随后，他们可以按照他们希望的方式自由的花费它"。[6] 另外，弗利认为，这种理解提供了对资本主义剥削的独特本质以及资本家和工人之间阶级斗争的本质的更好的理解。他

---

[1]　Fred Moseley, The "New Solution" to the Transformation Problem：A Sympathetic Critique, Review of Radical Political Economics, 2000, 32（2）, P. 305.

[2]　Foley. Duncan, 1986, *Understanding Capital*：*Marx's Economic Theory*, Cambridge, Mass.：Harvard University Press, P. 33.

[3]　Foley. Duncan, *The Value of Money, the Value of Labor-Power, and the Marxian Transformation Problem*, Review of Radical Political Economics, 14（2）, 1982, P. 38. Foley. Duncan, 1986, *Understanding Capital*：*Marx's Economic Theory*, Cambridge, Mass.：Harvard University Press, Chapter 3.

[4]　Foley. Duncan, *The Value of Money, the Value of Labor-Power, and the Marxian Transformation Problem*, Review of Radical Political Economics, 14（2）, 1982, P. 40. Foley. Duncan, 1986, *Understanding Capital*：*Marx's Economic Theory*, Cambridge, Mass.：Harvard University Press, Chapter 6.

[5]　在新李嘉图主义中常见的处理可变资本的方式。

[6]　Foley. Duncan, *The Value of Money, the Value of Labor-Power, and the Marxian Transformation Problem*, Review of Radical Political Economics, 14（2）, 1982, P. 43.

认为，这种解释使得人们意识到，资本主义剥削和剩余产品的存在不相一致，工人斗争的目标不是消除剩余产品本身，而应当是消除资本主义社会关系，在这种关系中，表现为剩余价值的剩余产品被资本家占有了。但是，弗利赞同斯拉法主义者对利润率的看法，即认为在马克思的理论中存在两种利润率，《资本论》第1卷所决定的价值利润率和第3卷所决定的价格利润率，并且一般说来，这两种利润率是不相等的，作为从价值向价格转形的结果利润率是会发生变化的。

与弗利相似，迪美尼尔从净产出的角度重新定义了总价值和总价格的相等，因为正如弗利所强调的，价值增加和当前劳动之间的关系是马克思劳动价值论中最重要的一面。但是，迪美尼尔又提供了新的说明，他指出总价格价值相等会导致重复计算。

迪美尼尔还提出另外的论点，以支持把货币工资视为给定，和用不同的方法决定不变资本和可变资本。迪美尼尔说："与经常发生的争论相比，马克思并不是以同样的方式分析不变和可变资本的。事实上，资本家购买不变资本，而且必须用生产价格估算这种交易是正确的。但是资本家并不购买工人的消费品，而只是支付他们工资"。①

迪梅尼尔认为，马克思理论中的变量应该用劳动—时间这个术语来定义。弗利强调货币和货币资本的循环，并把这作为马克思理论分析的基本框架；迪梅尼尔不是这样认为的，他认为马克思理论中的所有关键变量不变资本、可变资本、剩余价值，甚至资本论第3卷中的成本价格、生产价格和利润，都是用劳动—时间单位而不是货币度量的。迪梅尼尔认为，马克思的理论不应当被用货币资本的流动来解释，而应当使用商品资本的流通来分析。②

在"新解释"中，一个非常重要的"中介"是对货币价值的定义，这个定义为"在事后把货币数量转化为价值等价物，尤其是工资转化为劳动力价值提供了一个理论工具"。③ 因此，"新解释"的 MELT 最易受到批评。

谢赫（Shaikh）和图纳克（Tonak）曾对货币价值的定义提出过批评。他们认为，"新解释"的这个定义回到了斯密的可支配劳动的概念。谢赫和图纳克指出："正如所定义的，货币价值……是在交换中以净产品形式支配的活劳动。这意味着劳动力价值……是生产工人的货币工资所支配的活劳动，并且剩余价

① Duménil. Gerard, 1986, *From Value to Price of Production：A Reinterpretation of the Transformation Problem*, Unpublished English translation of Duménil（1980）by Mark Glick, pp. 15 - 16.

② Duménil. Gerard, 1986, *From Value to Price of Production：A Reinterpretation of the Transformation Problem*, Unpublished English translation of Duménil（1980）by Mark Glick, pp. 25 - 26, 41, 75.

③ Ben Fine, Costas Lapavitsas and Alfredo Saad-Filho, Transforming the Transformation Problem：Why the "New Interpretation" is a Wrong Turning, Review of Radical Political Economics, 2004, 36：3, P. 7.

值……仅仅是现存利润所支配的活劳动。马克思论证说价格和利润是价值和剩余价值的货币形式。新方法通过将剩余价值定义为利润的一种形式放弃了这一观点！剩余价值与利润之间的整个关系就被彻底改变了。而且，这一新方法也并不新颖，因为它实际上就是斯密的劳动价值的第二种定义（即价格支配的活劳动）。李嘉图和马克思以令人信服的理由坚定地反对了这一观点"[1]。对于这种批判，弗利做出了回应，他认为，这是从"科学性和原创性"[2]的视角对新解释进行的批评，他"既误解了新解释，也误解了斯密将价值解释为支配的劳动的第二种含义"，[3]弗利指出："新解释的优点之一就是坚定地将活劳动耗费而形成的市场价格的净产出的价值、利润和与未付酬劳动时间连结起来。的确，新解释将价格现象形式确定为劳动价值论的范畴，但是很难看出这为什么会改变整个关系。新解释将新价值的源泉定位于生产中活劳动的耗费，而不是市场交换，这也是马克思所坚持的"。[4]

对于 MELT，法因等人提出了另一种批评，认为它"排斥了对货币价值决定过程的分析，排斥了它与其他社会经济因素的相互作用"。[5]法因等认为，新解释假定货币可以直接将价值表现为价格是存在问题的，因为将产出价值表现为价格的过程，需要通过货币的各项职能以及货币体系的制度框架才能实现，新解释对货币价值的定义忽视了货币价值的决定过程，这削弱了新解释的理论意义。对于法因的批评，其实弗利在一定程度上已经意识到了。他说："对于劳动时间的这一货币表达的定义……没有建立在任何关于经济中特殊货币系统运作的假设之上。尤其是，它与商品货币系统（如黄金本位）和以政府信用为基础的货币系统都协调得很好。这意味着这样的事实，劳动时间的货币表达的这种形式的定义并没有使我们对任何关于 MELT 的决定的特殊理论有更深的认识……决定的机制是非常不同的，但是在任何场合下，货币都可以看作在数量上表现劳动时间"。[6]但是，对于弗利的这种解释，法因等人认为，这仍然是"同义反复"。[7]

---

① Anwar M. Shaikh and E. Ahmet Tonak：Measuring the Wealth of Nations：The Political Economy of National Accounts，New York，N. Y. Cambridge University Press，P. 179.

② Duncan K. Foley，Recent Developments in the Labor Theory of Value，Review of Radical Political Economics，2000，32：1，P. 25.

③④ Duncan K. Foley，Recent Developments in the Labor Theory of Value，Review of Radical Political Economics，2000，32：1，P. 26.

⑤ Ben Fine，Costas Lapavitsas and Alfredo Saad-Filho，Transforming the Transformation Problem：Why the "New Interpretation" is a Wrong Turning，Review of Radical Political Economics，2004，36：3，P. 7.

⑥ Duncan K. Foley，Recent Developments in the Labor Theory of Value，Review of Radical Political Economics，2000，32：1，pp. 21 – 22.

⑦ Ben Fine，Costas Lapavitsas and Alfredo Saad-Filho，Transforming the Transformation Problem：Why the "New Interpretation" is a Wrong Turning，Review of Radical Political Economics，2004，36：3，P. 10.

费洛从"过度简化"的角度批判了新解释。他指出：新解释的"价格定义在方法论上是有问题的。它的主要缺点是它仅仅是基于流通的价格观点。就它随后在分析中发挥的作用而言它是正确的，但是它并没有在概念上赋予更为根本的问题（例如劳动在生产中的表现）以分析上的优先权，而是将分析的优先权赋予了更为表面的现象（例如每种商品的供求关系或垄断的力量）。新方法的内在结构指引它从一开始就致力于表面现象……但是这一明显的优势却要被迫付出巨大的代价：它使得在对所要解释的现象进行选择、对于它们重要性做出判断和对它们与现实的其他特征之间的关系进行分析时，如果不采取专断的方法的话，进一步发展这一理论就是非常困难的"。① 弗利在一定程度上赞同费洛提出的批评，承认"在全面发展的马克思理论中，一个独立于事后实现的工资份额的劳动力价值的概念可能具有真实的作用"。②

法因等人还对劳动力价值的定义的优缺点进行了评价。传统的劳动力价值的定义，"是由一定的工资品的价值给定的，而且经常被'社会的、制度的和历史的'因素修正"。③ 这种劳动力价值定义，"第一，没有解释工资品集合从何而来；它如何随着社会、历史和习俗变化而变化；如果个体工人不购买标准的工资品集合又会发生什么。第二，它暗示了，在转形之后，劳动力是唯一的以价值购买的商品，而这一点在理论上是行不通的。第三，它导致了工人和他们消费的商品之间的直接统一。在这一情况下，我们说工人受到剥削就是武断的，因为如果棉花、钢铁或能量被认为受到剥削，而不是劳动受到剥削的话，这一模型也会得出同样的结果"。④ 法因认为，新解释的劳动力价值定义也是存在不足的，比如"它没有直接考虑存在于劳动力价值中的社会的和历史的因素"，"价格体系的决定因素的劳动力价值的确定不可能独立于与资本积累相联系的矛盾倾向"⑤ 等。

---

① Alfredo Saad-Filho, The Value of Money, the Value of Labour Power and the Net Profit: An Appraisal of the 'New Approach' to the Transformation Problem, In Freeman and Carchedi eds.: Marx and Non-Equilibrium Economics, Edward Elgar, 1996, P. 128.

② Duncan K. Foley, Recent Developments in the Labor Theory of Value, Review of Radical Political Economics, 2000, 32: 1, P. 30.

③ Fine, B., Transforming the Transformation Problem: Why the "New Interpretation" Is a Wrong Turning, Review of Radical Political Economics, Vol., 36, No. 1, Winter 2004, P. 10.

④ Fine, B., Transforming the Transformation Problem: Why the "New Interpretation" Is a Wrong Turning, Review of Radical Political Economics, Vol., 36, No. 1, Winter 2004, P. 11. 法因等人这里的批判的确指出了新李嘉图主义和新古典主义经济学分析的另一种缺陷，即尝试从价格体系的基础上重建剥削理论，这是他们主张放弃劳动价值论的理由之一，他们同等地对待了劳动和其他生产要素，所以才会得其他要素也可能受到剥削的理论。

⑤ Fine, B., Transforming the Transformation Problem: Why the "New Interpretation" Is a Wrong Turning, Review of Radical Political Economics, Vol., 36, No. 1, Winter 2004, P. 11.

二、莫斯利的"宏观货币解释"："新解释"的延伸

区别于法因对劳动力价值概念的批评，莫斯利从方法论的角度对新解释进行了批评。① 莫斯利提出的最大的批评意见认为，新解释未曾用逻辑一致的方法同时分析可变资本和不变资本。莫斯利认为，"新"解释只是部分正确，因为"由于不变资本和可变资本一样，都是资本的一般概念的特殊形式，……因而应该以相同的方式来决定。即要么都作为给定的货币量，要么都得自于给定的物量，……在摆脱新李嘉图主义对马克思理论的物量解释上，弗利只走了'半程'"。②

莫斯利既反对斯拉法主义方法，也对"新解释"的不彻底性进行了批评。并在此基础上，莫斯利提出了对转形问题的延伸解释。

莫斯利指出，新李嘉图主义对马克思理论解释中使用的线性生产理论的逻辑方法，"与马克思自己的逻辑方法存在根本的差异"。③ 第一个根本的差异，同新李嘉图主义对马克思的总体经济量和与之对应的个体量的决定顺序相关。新李嘉图主义解释通常忽视了总量，只是坚持这些总量是作为个别量的加总并在个别量决定后才决定下来的。莫斯利认为，"与此相反，在马克思理论中，总量的决定先于个别量的决定。个别量是在预先决定的总量视为给定的情况下，在分析的下一个阶段决定下来的"。④ 第二个根本的差异在于，新李嘉图主义的解释和马克思的方法之间，在《资本论》第1卷的剩余价值理论和第3卷的生产价格理论中，"什么被视为是给定的"问题上存在重要分歧。⑤ 新李嘉图主义的解释假定，在马克思理论的这两个阶段上，根本给定的是生产技术条件和实际工资的物质量。莫斯利认为，"与此相对，在马克思的理论中，根本给定的是货币数量、抽象劳动数量和代表一单位抽象劳动的货币数量"。⑥

---

① 这导致莫斯利提出了一种在"新解释"的基础上发展出来的"宏观货币解释"。

② Fred Moseley, The "New Solution" to the Transformation Problem: A Sympathetic Critique, Review of Radical Political Economics, 2000, 32 (2), P. 312.

③ Fred Moseley, Marx's logical Method and the "Transformation Problem", In Marx's Method in Capital: A Reexamination, Edited by Fred Moseley, Humanities Press International, Inc., 1993, P. 159.

④ Fred Moseley, Marx's logical Method and the "Transformation Problem", In Marx's Method in Capital: A Reexamination, Edited by Fred Moseley, Humanities Press International, Inc., 1993, P. 160.

⑤ Fred Moseley, Marx's logical Method and the "Transformation Problem", In Marx's Method in Capital: A Reexamination, Edited by Fred Moseley, Humanities Press International, Inc., 1993, P. 164.

⑥ Fred Moseley, Marx's logical Method and the "Transformation Problem", In Marx's Method in Capital: A Reexamination, Edited by Fred Moseley, Humanities Press International, Inc., 1993, P. 165.

对于"新解释"，莫斯利也多有批评。他指出，"新解释"的主要创新是认为可变资本并非源于给定数量的生活资料，而是直接给定的，是在现实的资本主义经济中用以购买劳动力预付的货币资本的实际量，它等于生活资料的生产价格而非其价值。而且这种等量的可变资本在《资本论》第 1 卷中的价值理论和《资本论》第 3 卷中的生产价格理论中都被采用了。换句话说就是，"可变资本在价值转化为生产价格的过程中并没有发生变化"。①"新解释"还假定，增加的总价值在价值转换为生产价格的过程中保持不变，而且依据净产量而非总产量重新定义了总价格—价值的相等，并定义了增加的价值量的不变。由于可变资本和增加的总价值不变，总剩余价值也不变，因此总利润＝总剩余价值。此外，根据"新解释"，重新定义后的马克思的两个总量等式能同时为真。但是，"新解释"仍然保留了对于不变资本的标准解读，即它依然假设不变资本来源于给定物质量的生产资料——最初是作为假定的生产资料的价值，然后是作为实际的生产价格。因此，不变资本在从假定的价值向实际的生产价格的转化过程中发生了变化，且马克思的毛总价格等式并没有被满足（利润率也改变了）。基于上述分析，莫斯利认为，在"新解释"中，"处理不变和可变资本时存在一种根本性的方法论上的不一致性：可变资本和不变资本被以不同的方式决定了"。② 可变资本被视为是由用来购买劳动力的预付的实际货币资本，而不变资本则源于给定量的生产资料。

莫斯利还认为，更重要的是，因为这种对不变资本的解释，利润率不再能够以马克思的理论所主张的方式决定——总剩余价值与投入的总资本的比率，在新解释中，利润率是依据斯拉法的理论决定的，这意味着利润率源自给定的投入和产出的物质数量，并且和生产价格一道是同时被决定的。莫斯利认为这是"新解释"中存在的"一个非常重大的缺陷"。③ 这意味着，"在利润率（从而生产价格）的决定上，'新解释'版本的劳动价值论和剩余价值理论正如其批评者所指出的，事实上是'多余的'"。④ "'新解释'在突破对马克思的理论的标准解释中'只走到半道'，而它应当在对马克思的理论中最初的不变资本和可变资本投入的决定进行的始终如一的'货币'解释上'走完全程'"。⑤

根据莫斯利对斯拉法主义和新解释的批评，参考"新解释"的简单表述，可

---

① ② ③ Fred Moseley, *Recent Interpretations of the "Transformation Problem"*, Rethinking Marxism, Vol. 23, No. 2, April 2011, P. 188.

④ Fred Moseley, *Recent Interpretations of the "Transformation Problem"*, Rethinking Marxism, Vol. 23, No. 2, April 2011, P. 188.

⑤ Fred Moseley, *Recent Interpretations of the "Transformation Problem"*, Rethinking Marxism, Vol. 23, No. 2, April 2011, P. 189.

以很容易地知道，在莫斯利的假定条件下，"马克思的两个总量相等（总价格＝总价格以及总利润＝总剩余价值）就像马克思的结论那样是同时成立的。在这种解释中，我们也可以看出利润率并不随着生产价格的决定而变化。事实上，只有一种利润率（价格利润率），它是在《资本论》第 1 卷中对资本一般的预先分析中决定的，然后在《资本论》第 3 卷生产价格的决定中被视为给定的预先决定的量"。[①]

此外，如果莫斯利的"宏观货币"解释被接受，那么《资本论》第 1 卷中"马克思的价值理论就不是'多余的'，反而恰恰是理论发展的一个必要阶段，在这个阶段总量和一般利润率得以确定下来"。[②]

三、跨期一元体系的兴起

跨期一元体系的兴起，有着深刻的历史根源。在跨期一元体系的支持者看来，对马克思价值理论的研究，重点要放在马克思理论是否被恰当地理解的问题上。

跨期一元体系与传统的转形问题研究的区别在于：在传统的转形问题（包括"新解释"）的研究中[③]，价格与价值是两个各自独立的体系，因而是二元的体系；且当期的价值转形与下期的转形基本没有任何联系，因而是单期的体系；而在跨期一元体系中[④]，价值体系与价格体系在时间维度下得到了统一，即将每一期通过转形后得到的价格看作是其后一期还未转形的价值，因而将原有的独立的、分裂的单期二元体系综合为跨期一元的体系。之所以将其称为跨期，是因为这种方法使用非均衡和动态的方法，强调建立在历史成本基础之上的价值和价格的相继决定，与建立在当期价值和价格基础上的同时计算相对应；之所以称为一元体系，是价值和价格在被决定时存在着相互依赖的关系。

克列曼和麦克高伦 1999 年发表在《政治经济学评论》上的《马克思价值理论的一种跨期一元体系说明》一文提出，在转形问题研究中，不应当用价值体系和生产价格体系分别进行论述，应当在价值体系和价格体系之间建立某种联系，从而转化为某个一元体系。

---

① Fred Moseley, The "New Solution" to the Transformation Problem：A Sympathetic Critique, Review of Radical Political Economics, 2000, 32（2）, P. 304.

② Fred Moseley, The "New Solution" to the Transformation Problem：A Sympathetic Critique, Review of Radical Political Economics, 2000, 32（2）, P. 305.

③ 跨期单一体系的支持者认为新解释是二元体系解释的一种。

④ 跨期单一体系的支持者认为莫斯利的转形问题研究算是同期单一体系解释（Simultaneous single-system interpretations）。

　　他们认为，衡量价值的劳动时间不是小时这样的计量单位，而是先确定多少劳动时间可以交换到一单位货币，然后用这些时间为计量单位确定价值。这样就把劳动价值单位转化为货币价格，以度量不变资本和可变资本。从而 c，v 的计量单位就不是劳动时间，而是购买生产资料和工资品所预支的货币。这种货币数量同《资本论》第 3 卷第九章讨论转形问题时使用的 c，v 保持着一定的比例关系。因此，克列曼和麦克高伦模型中的每一个变量，既是价值单位，又是货币价格单位。假定 c_j 和 v_j 是生产部门 j 的资本家预付的购买生产资料和支付给工人工资的货币。转形之后，它们不一定再和所购买到的生产资料和工资品中包含的劳动时间相等。s_j 是 j 生产部门中工人生产出来的超过 v_j 的价值，即剩余价值，它也用货币单位计量。$l_j = s_j + v_j$ 表示生产一单位 j 产品直接投入的劳动数量，即活劳动量，现在也用货币计量。如果社会有 n 个生产部门，并且如通常假设的那样每个部门只生产一种产品，不存在联合生产，那么社会产出的价值可以用行向量 λ 表示，$\lambda = \lambda_1，\lambda_2，\cdots，\lambda_n$。

　　克列曼和麦克高伦提出了说明马克思的"两个总量相等"在转形前后保持不变的模型。这一模型用向量 λ 表示社会产出的价值构成：

$$\lambda = c + v + s = c + l \tag{15.21}$$

　　λ，c，v，s，l 分别是表示各部门相应的向量。市场价格可能在交换过程中发生大于或者小于价值的偏差，克列曼和麦克高伦定义 j 部门的偏差为 g_j，从而有：

$$p = c + v + s + g \tag{15.22}$$

　　p 是表示市场价格的行向量，利润定义为价格和成本之间的差额：

$$\pi = p - (c + v) = s + g \tag{15.23}$$

　　各部门的利润率用价值表示为：

$$\rho_j = \frac{s_j}{c_j + v_j}$$

用价格表示为：

$$r_j = \frac{(s_j + g_j)}{(c_j + v_j)}$$

　　社会利润率在平均化并使得利润率 r 相等的过程中，决定了各部门的 g。克列曼和麦克高伦根据马克思的观点，交换过程不可能创造价值，指出社会各部门产品的交换会使得一些部门的 g 改变，但一些部门 g 的增加就是另一些部门 g 的减少，x 为社会总产出的列向量，那么整个社会的 gx = 0。根据式（15.23），可以得出 πx = sx，即社会总产品的利润总额等于剩余价值总和。

　　克列曼和麦克高伦对社会总价格等于社会总价值的证明，是从证明劳动价值论的一个重要命题，即劳动是价值的唯一源泉开始的。假定 $A = [a_{ij}]$ 是 $n \times n$ 阶矩阵，表示各部门一单位产出的生产资料投入系数，从而价值向量为 $\lambda = \lambda A + l$，可得到 $\lambda = l[I - A]^{-1}$。假定 b 为一单位劳动所需要的工资品或生活资料的向量。克列曼和麦克高伦的跨期一元体系假定价格由上一时期的价值决定，价值也由上一时期的价格决定。这样，上期的价值（或价格）对下期的价格（或价值）起着重要的决定作用。举例说明：t + 1 期的价值是由 t 期的投入品的价格所决定，在 $c_t = P_t A$，$v_t = P_t bl$，$s_t = l - P_t bl$ 时，价值 $\lambda = C + V + S$ 变为：

$$\lambda_{t+1} = P_t A + P_t bl + (l - P_t bl) = P_t A + l \tag{15.24}$$

$P_t A = c_t = [c_{ij}]$ 是各部门一单位产出相应预付的不变资本数量。类似地，t + 1 期的价格决定于 t 期经交换过程产生的 g 调整以后的成本：

$$p_{t+1} = p_t A + l + g \tag{15.25}$$

公式（15.23）和公式（15.24）很好地体现了跨期一元体系的特征。跨期，指公式中的变量已经明确分为 t 和 t + 1 期，一元体系意味着价值体系和价格体系相互决定成为一个体系。根据每个时期 gx = 0，式（15.25）两边分别乘 x，有：

$$p_{t+1} x - p_t A x = lx \tag{15.26}$$

克列曼和麦克高伦认为，式（15.26）说明马克思价值理论的一个重要观点，"每一时期价格符号所表现出来的新增价值的唯一来源……来自资本主义生产过程中的活劳动消耗"。[1] 用 x 分别乘以式（15.21）和式（15.22），可以得到马克思转形问题中的另一个总和相等。即社会总价格等于总价值：px = λx，同时用价格表示的社会利润率和用价值表示的利润率相等。因为：

$$\frac{\pi x}{cx + vx} = \frac{sx + gx}{cx + vx} = \frac{sx}{cx + vx}$$

克列曼和麦克高伦认为在跨期一元方法下马克思的下述命题得到了维护：所有马克思的总价值 – 总价格相等是成立的；价值不可能为负；利润不能是正的，除非剩余价值是正的；价值生产不再和价格与利润决定无关；利润率不随利润的分配而变化；奢侈部门的生产影响一般利润率节约劳动的技术的变化会引起利润率的下降。[2] 正是在上述意义上，弗利说："一元体系解释完全认可了马克思对转形问题的处理"。[3]

---

① Kliman Andrew, Ted McGlone, *A Temporal Single-System Interpretation of Marx's Value Theory*, Review of Political Economy, 1999, 11 (1), P. 38.

② Kliman A., McGlone T. (1999), "*A temporal single-system interpretation of Marx's value theory*", Review of Political Economy, 11, P. 55.

③ Duncan K. Foley, *Review of Marx and Non-equilibrium Economics*, by A. Freeman and G. Carchedi (eds.), 1997, Eastern Economic Journal, 23 (4), pp. 493 – 496.

　　跨期一元体系方法产生后，引发了对价值理论和马克思经济学的深入讨论，同时产生了很多对这一方法本身的评价。

　　孟吉奥维认为，跨期一元体系对马克思的两个总和相等的证明非常笨拙，是一种数学游戏，恰如罗宾逊夫人所讽刺的那样，是一种当着观众的面把兔子藏在帽子底下的拙劣的戏法。[①]他注意到 TSSI 的支持者认为"马克思的著作应当在一种赋予他的论点以连贯性的解释的基础之上加以讨论"，但是，"只是不存在数学错误，在提供一系列有意义的有关世界像什么的命题的意义上，并不意味着一个模型就是重要的"。[②] 对这种批评，克莱曼的回应是，他赞同孟吉奥维的观点，但是"不存在数学错误的确可以免去长达一个多世纪的对马克思那里错在数学错误的罪行"。[③]

　　维尼奇亚尼（Veneziani）对 TSSI 的数量分析进行了研究，得出结论认为："从方法论的视角看，TSS 模型缺乏清晰的均衡概念和联贯一致的（非）均衡策略。从实际的视角看，所有 TSS 所坚持的内容只是通过假定以同义反复的方式得到的，尤其是在转形问题上，通过假定价值与观察到的市场价格成比例，回避了短期的价值、价格偏离，通过任意假定未加定义的比例因子，使得劳动时间的货币表示是正值。……无论是从理论还是从经验的层面出发，马克思主义经济学仍有许多问题要做，……但是，跨期一元体系方法并不能为进一步的研究提供有前途的方向"。[④] 维尼奇亚尼承认 TSSI 成功地推导出了马克思的结论，但是他认为：这"一点都不令人惊讶"，能够得到和马克思相同的结论，只是"所有马克思的命题（或前提）"在 TSSI 的著作中"都被假定是正确的"。[⑤] 对此，克莱曼的回应是，如果 TSSI 的支持者声称自己证明了马克思的结论是正确的，那么维尼奇亚尼的批评就是"合理的"，因为"人们不能通过只是证明可以从前提中得到结论就证明理论本身是正确的"，但是"我们一再强调我们不是为了努力去证明马克思的理论是正确的，而是努力去证明，马克思的理论能够以一种保证它逻辑一致的方式加以解释"。[⑥] 因此，维尼奇亚尼认为 TSSI 通过从马克思的前提出发推

―――――――――

　　① Mongiovi, G., *Vulgar Economy in Marxian Garb：A Critique of Temporal Single System Marxism*, Review of Radical Political Economics，2002（34），P. 406.

　　② M 2002，P. 413.

　　③ Andrew Kliman, Reclaiming Marx's "Capital"：A Refutation of the Myth of Inconsistency, Lexington Books，2007，pp. 167 – 168.

　　④ Roberto Veneziani, *The Temporal Single-System Interpretation of Marx's Economics：A Critical Evaluation*, Metroeconomica，55（1），2004，P. 112.

　　⑤ Venezi 2004，P. 98.

　　⑥ Andrew Kliman, Reclaiming Marx's "Capital"：A Refutation of the Myth of Inconsistency, Lexington Books，2007，P. 168.

导出马克思的结论的准确含义似乎成了，"承认 TSSI 的证明成功地否定了长达一个世纪的对马克思那里存在逻辑不一致的证明"。[1]

　　事实上，上述对 TSSI 解释进行的批评都指向了 TSSI 解释需要进一步完善的地方，这在一定程度上是对 TSSI 解释的误会，或者说对 TSSI 提出了过高的要求。TSSI 的重要人物，克莱曼反复强调，"我讨论的是马克思的论证是否应当被判断为是内在一致的，而不是马克思的理论结论应当被接受为是正确的"。[2] TSSI 的支持者指出，"内在不一致的指责来自这样一个信念，这个信念认为在利润率下降、价值向生产价格转形、价值的'多余性'和负价值以及负剩余价值等问题上，马克思的断言和从他的价值理论中推导出来的结论是矛盾的。然而，TSSI 在所有这些情况下，再现了马克思的结论。此外，在每种情况中，正是与马克思相同的价值概念和价格决定，而不是特定的假设或构筑模型的技巧，导致了这些结论"。[3]

　　克莱曼用一个形象的比喻说明了马克思的价值理论研究中存在的问题。许多人试图把一个智力拼图拼在一起，但是总是失败。于是，一些人说"这个拼图游戏无解。让我们扔掉一部分看看是否能完成这个拼图"；另一些人说："让我们从其他的拼图游戏中拿来一部分，并把他们用在这个拼图中，看看是否能完成这个拼图"；还有一些人则说："让我们放弃这个拼图游戏，去玩别的拼图游戏"。突然，一些人走过来说，"这个拼图游戏是让你通过把直边放在一起连接图片的。看，我们完成了拼图，而且结果恰好就是拼图游戏盒子上的那个图片"。[4] 事实上，克莱曼的拼图比喻，指出了在马克思的价值理论研究中，存在的较为普遍的倾向，有人忙于剔除马克思价值理论中的错误，有人专注于引入其他类型理论体系中的工具解释马克思的价值理论，有人干脆认为价值理论是错误的、多余的，从整体的意义上把握马克思的价值理论，按尽可能接近马克思的愿意的意义上理解马克思的价值理论才是正确的选择。而在 TSSI 的支持者们看来，他们长期以来从事的正是按照马克思的"拼图说明"在完成对马克思的价值理论"拼图"。

　　在否定 20 世纪大多数时间所谓的"内在不一致"的指责上，在重新把马克思经济学推到争论的前沿上，TSSI 的贡献是巨大的。但是，TSSI 的确存在很多

---

　　[1]　Andrew Kliman, Reclaiming Marx's "Capital": A Refutation of the Myth of Inconsistency, Lexington Books, 2007, P. 168.

　　[2]　Andrew Kliman, Reclaiming Marx's "Capital": A Refutation of the Myth of Inconsistency, Lexington Books, 2007, P. 55.

　　[3]　The new value controversy and the foundations of economics I edited by Alan Freeman, Andrew Kliman, Julian Wells, Edward Elgar, 2004, P. 23.

　　[4]　The new value controversy and the foundations of economics I edited by Alan Freeman, Andrew Kliman, Julian Wells, Edward Elgar, 2004, P. 25.

需要进一步完善的地方，我们认为弗利对 TSSI 的评价基本上是客观的，在对单一跨期体系做出重点研究的《马克思和非均衡经济学》所做的评论中，弗利认为：“这本书对马克思价值理论的解读的贡献是巨大而坚实的。作者们在跨期一元体系的基础上建立替代性例子、模型和方法，这些尝试应该被认为是试探性的，它们需要面对进一步的批判和修正”。[①]

---

① Duncan K. Foley, *Review of Marx and Non-equilibrium Economics*, by A. Freeman and G. Carchedi (eds.), 1997, Eastern Economic Journal, 23 (4), P. 496.

第十六章

西方学者关于马克思经济
危机理论的探索

资本主义经济危机理论是马克思经济学研究中长期关注的问题，与马克思经济学中其他理论相比，他的经济危机理论受到西方学者更多的赞许。在资本主义经济遭遇重大困难和危机时，特别是 20 世纪 30 年代的"大萧条"、1973 年的石油危机、1997 年的东南亚金融危机，以及 21 世纪初国际金融危机的爆发，马克思的经济危机理论更受西方学者关注。正因为如此，在对马克思经济危机理论的各种不同理解和解释中，西方学者的研究也更显复杂性和多样化。本章主要对西方学者有关马克思危机理论研究中达成的一些共识及争论引发原因的分析，对 20 世纪西方学者提出的马克思经济危机理论的主要类型和综合探索作出概述。

第一节　对马克思经济危机理论特征和成因的理解

在西方经济学界，在阐述马克思经济危机理论的地位、特征和类型等具体问题时，由于论述者在政治的、现实的和方法的等因素上差异的影响，在形成一些共识时也发生着各种论争和分歧。

一、对马克思经济危机理论地位的评价

西方学者一般认为，马克思的经济危机理论有着强烈的现实意义，马克思对资本主义经济危机的理论的和现实的分析，在他的经济学体系中占有重要的地位。如佩莱曼所指出的："只要资本主义社会不得不继续忍受各种各样经济崩溃的过程，马克思有关经济危机的著作和论述就保持着它的重要性"。[①] 米契尔也认为："'动

---

① Michael Perelman, Marx's Crises Theory: Scarcity, Labor, and Finance, Praeger, 1987, P. 1.

态'经济学被认为是经济学的一个比较困难的领域，而那些伟大的经济学家凭着理论见识踏上这一领域所遇到的不幸，更使人心灰意冷，不敢问津"。① 米契尔认为，"在许多这一类推论中，马克思的推论是特别重要的"。②

马克思有关经济危机问题的基本判断，揭示了资本主义经济的本质特征及其表现，经受住了 20 世纪资本主义经济现实的检验。卡塞蒂（Cassidy）认为，马克思"在维多利亚时代的资本主义中看到的，随后被改良主义政府加以处理的许多矛盾披着新的外衣出现了，它们就像变异的病毒……针对全球化、不平等、政治腐败、垄断、技术进步、高级文明的衰落和颓废的现代存在的本质等问题（这些也是当前经济学家面对的不断更新的问题），马克思作出了引人注目的论述，现代经济学家们只是没有意识到他们有时候正在沿着马克思的脚步前进"。③

马克思把资本主义生产方式作为自己的研究对象，强调资本主义生产方式的暂时性和历史性，揭示了替代资本主义的新的社会形态的产生和发展的必然性。多布认为，"毫无疑问，在马克思看来，关于经济危机性质的分析乃是对于他的学说的最重要的应用"。④ 阿特韦尔则认为，"危机理论在马克思主义政治经济学中总是占据中心地位"。⑤ 乌尔夫也强调，"危机理论在马克思的资本主义发展理论中处于核心地位"。⑥

在对马克思经济危机理论发展状态的评价中，许多西方学者的基本观点是，马克思著作中缺乏完整的危机理论，但是留下了很多具有启发性的理论线索。这也是为什么在马克思之后的马克思主义危机理论研究中，各种类型的危机理论层出不穷的最主要的原因。

在熊彼特看来，虽然马克思"没有什么明确的关于单纯的经济周期的理论"，而且从马克思的资本主义过程的"规律"中，也不能逻辑地引申出这个理论。但是，熊彼特认为在马克思的著作中，可以发现，"凡在认真分析经济周期中曾加以考虑的所有因素，基本上很少错误"。在怀疑马克思"所据的事实和所作的推理"的同时，熊彼特仍然赞成马克思得出的如下结论是正确的："资本主义发展将毁灭资本主义社会基础。"⑦

在罗宾逊看来，"马克思没有建立关于商业周期循环或资本主义的长期运动

①② 米契尔：《商业循环问题及其调整》，商务印书馆 1962 年版，第 251 页。

③ John Cassidy, The Return of Karl Marx, The New Yorker, October 20&27, 1997, P. 248.

④ 多布：《政治经济学与资本主义》，生活·读书·新知三联书店 1962 年版，第 67 页。

⑤ Paul A Attewell, Radical Political Economy since the Sixties: A Sociology of Knowledge Analysis, New Jersey: Rutgers University Press, 1984, P. 142.

⑥ David A. Wolfe, Capitalist Crisis and Marxist Theory, Labour / Le Travail, Vol. 17 (Spring, 1986), P. 226.

⑦ 约瑟夫·熊彼特：《资本主义、社会主义与民主》，商务印书馆 1999 年版，第 90、92、95 页。

的完整的学说，但是他指出了可以建立这种学说的方向"。① 她认为，马克思的经济危机理论包含三条线索或三种成份：一是失业劳动后备军理论；二是利润率下降理论；三是与比例失调相结合的消费不足论。在马克思那里，这三种理论作为一个整体，融合在对资本主义制度历史命运的见解中，证明"这个制度为其本身固有的矛盾所折磨，产生了其本身崩溃的条件"。②

斯威齐指出，"马克思从来没有忽视危机问题"，但同时，"在马克思的著作中，没有一个地方对这个问题有过近乎完整的或系统的论述"。在马克思那里，缺少对危机理论的完整的论述，"有种种十分充足的理由"。③ 因为危机是十分复杂的现象，它们或多或少是由一大堆经济力量所造成的。此外，作为复杂的具体现象，"危机是不可能在《资本论》所限定的抽象水平上来充分地加以分析的"。鉴于上述情况，考虑到危机问题研究的重要性，"马克思的信徒们自然要对危机理论予以极大的关注：一方面，他们处处发挥了马克思的分析；另一方面，他们彼此之间，对于马克思在这个问题上的零散创见的意义与相对重要性，却又有争议"。④

曼德尔也指出，"马克思没有给人们留下一个完整的、加以充分阐明的危机理论，他对产业周期和资本主义生产过剩危机的考察散见于他几部重要的著作以及大量的文章和信件中"。⑤ 在专门论述马克思的和马克思主义者的危机理论的著作中，克拉克强调，"危机理论在马克思主义传统中发挥了关键的作用，但同时危机理论也是马克思主义理论中最为薄弱、发展得最不充分的领域之一"。⑥

二、对马克思经济危机理论的特征及成因的理解

许多西方学者从多个方面赋予马克思危机理论以不同的特征。在探讨"对危机理论的基本要求"问题时，伊藤诚指出："一个详尽的经济学基本原理的先决条件是，它们能够解释产业周期（理解为资本主义生产中矛盾运动的具体形式）中反复出现的尖锐的、普遍的危机的逻辑必然性；同时，危机理论应当同价值规律作用的发挥相一致，因为它在解释资本主义经济原理的有机体系中是一个基本

---

① 琼·罗宾逊：《论马克思主义经济学》，商务印书馆1962年版，第43页。
② 琼·罗宾逊：《论马克思主义经济学》，商务印书馆1962年版，第7页。
③ 保罗·斯威齐：《资本主义发展论》，商务印书馆1997年版，第151页。
④ 保罗·斯威齐：《资本主义发展论》，商务印书馆1997年版，第152页。
⑤ Mandel, Ernest, "Introduction," in Capital Vol. Ⅲ, by Karl Marx, London: Penguin Books, 1981, P. 38.
⑥ Simon Clarke, Marx's Theory of Crisis, Palgrave Macmillan, 1994, P. 6.

要素。此外，危机理论必须详细说明价值规律在资本主义经济中表现自身的具体机制。价值规律从根本上说明了生产商品所需的社会必要劳动量的变化是怎样调节价格的。危机理论必须能够阐明，在资本积累过程中，劳动力和其他商品的价格相互关联的波动，通过价值规律进行的调节是怎样首先遭到严重的破坏，然后逐步地恢复。在试图完善马克思《资本论》的危机理论时，记住这些要求是很重要的"。①

埃尔斯特赋予马克思主义的危机理论更多的特征，他指出，危机理论应当能够表明资本主义危机具有以下特征："（1）危机既不是由外生冲击、也不是由垄断或其它可以避免的失职行为造成的，危机应当是资本主义体制所固有的（System-immanent）；（2）整体非理性的结果源自个体行为人的局部理性，危机理论应当有微观基础；（3）危机不服从资本主义体制内的政治调节，危机是不可逆转的（Irreversible）；（4）危机应当为废除资本主义的目标提供一种采取政治行动的动机"。② 对马克思经济危机理论特征的理解，往往同马克思经济危机理论的政治意义的理解联系在一起。其中最为突出的是，经济危机到底是不是资本主义的本质特征的问题。在这个问题上，主流经济学家和马克思主义经济学家之间一直有着显著的分歧。

西方主流经济学多把危机视为外生因素"冲击"或"扰动"的结果，而不把危机视为资本主义内在矛盾累积的结果。③ 马克思主义经济学家主张危机是资本主义生产方式所固有的，是资本主义经济体制的必然属性。斯威齐指出，"从马克思的资本积累分析中脱胎出来的经济周期概念，至少在原则上是非马克思主义的政治经济学所可以接受的。的确，也许可以有把握地说，在这个理论中，没有哪一个单独的重要因素，是不能在过去三四十年内经济学家们所精心制作的某一个或几个经济周期理论中找到自己的地位的。投资率的波动，劳动力的短缺，工资和售价之间的'失调'，这一切都是周期问题研究者所熟知的，尽管各学派所强调的重点自然有所不同。连经济周期是资本主义发展的不可避免形式的这种概念，也为人们所广泛接受"，只不过是正统经济理论只是到此止步了，即"从来没有从经济周期中看出这对于资本主义制度本身的永恒性来说是一种威胁"。④

---

① Makoto Itoh, Value and Crisis: Essays on Marxian Economics in Japan, Monthly Review Press, 1980, P. 132.

② Jon Elster, Making Sense of Marx, Cambridge University Press, 1986, P. 154.

③ 比如，20 世纪 90 年代早期的危机是 80 年代不谨慎的借贷活动造成的；80 年代早期的危机是 70 年代晚期国家过度开支的结果；70 年代中期的危机是石油价格的突然上升和越南战争导致的通货膨胀式融资造成的，等等。

④ 保罗·斯威齐：《资本主义发展论》，商务印书馆 1997 年版，第 174 页。

史密斯（Ron Smith）认为，生产力和生产关系（生产条件）之间的矛盾冲突及其暂时解决，是《共产党宣言》中论述危机问题的主线，也是分析资本主义经济危机的主线。他指出，"生产力、劳动和资本，反抗着生产条件。资产阶级的财产关系和资产阶级的社会条件，与它所创造出来的财富相比，已变得过于狭窄。资产阶级用于解决这些危机的方法——强制摧毁那巨大的生产力、开拓新的市场、加强对工人的剥削——引发了范围更广泛和破坏力更大的新危机、同时也使各种防止危机的手段相继失灵。危机是资本积累内部矛盾的强制和暂时的解决"。史密斯还认为，资本主义的增长与危机之间并不矛盾，它们是同一过程（即资本积累）的两个表现："增长带来危机，危机又是增长的一个必然条件"。①谢赫也认为，"广义地说，'危机'这个术语指的是对资本主义再生产关系中一系列经济和政治方面的失败的概括，特定地看，我们试图解释的危机是那些由体制内在地驱动，由它自己的运行规律引发的危机"。②谢赫认为，再生产经常会出现一些内部或外部产生的扰动或混乱，这是资本主义再生产的本质特征。但是，只有在特殊的时候，这些"冲击"才会引发一般性的危机。当资本主义体制还处于健康状态时，它能够迅速地从各种挫折中恢复起来，当它处于不健康的状态时，从实践的层面看，任何东西都足以引起它崩溃。

对马克思经济危机理论特征的理解，直接影响了对马克思经济危机成因问题的分析。在马克思经济危机理论中，到底是用单一因素解释资本主义经济危机，还是把各种因素综合为一个有序的整体，在一个辩证的统一体中考察资本主义经济危机，这是西方学者之间长期存在的所谓"单因素解释论"还是"多因素解释论"探讨的主题。

曼德尔明确指出，"毫无疑问，对资本主义危机进行的多原因解释，而不是任何单一原因解释，才符合马克思自己的信念"。③阿特韦尔对危机理论研究中"多元主义"存在的原因进行了分析。他认为，出现这种情况的原因在于，"目标不是对危机是什么进行描述，而是判断危机的原因和这些原因如何引起经济矛盾。这为争论留下了广阔的空间，因为一个理论家视为是危机的原因的东西，可能在其他理论家看来是一些更基本的因果因素的症状或结果"。④

---

① Ron Smith, "Crisis Theory", In Developing contemporary Marxism, edited by Zygmunt G. Baranski and John R. Short, St. Martin's Press, 1985, P. 12.

② Shaikh, A. 1978. An introduction to the history of crisis theories. In Union for Radical Political Economics (ed.), US Capitalism in Crisis. New York: Union for Radical Political Economics, P. 219.

③ Mandel, Ernest, "Introduction," in Capital Vol. Ⅲ, by Karl Marx, London: Penguin Books, 1981, P. 51.

④ Paul A Attewell, Radical Political Economy since the Sixties: A Sociology of Knowledge Analysis, New Jersey: Rutgers University Press, 1984, P. 144.

　　贝尔对单一因素解释提出了批评。贝尔指出，在单一原因解释中，社会现实被简化为一种理论构建或把资本主义导向危机的"规律"。这些规律或模型常常用统计资料加以证明，危机表现为对模型中的有关积累的单一原因解释的证实。这种实证主义方法把现实转化为一个单一的决定因素，否定了从抽象到具体的辩证运动。① 贝尔认为，许多争论都搞错了对象：因为它们否定了现实的辩证的本质，用因果关系来代替它。恰恰相反，"资本主义的现实必须被看作是从资本的本质衍生出来的许多复杂的决定因素构成的统一体"。②

　　与上述观点不同，伊藤诚则反对用"多因素方法"完善马克思的危机理论。他指出："如果马克思主义者想从纯粹解释性的观点发展出更具创造性的观点，那就应该首先考察马克思的危机理论中哪些是最准确和连贯一致的，然后选择最好的方法去完善它"。③

　　对待资本主义经济体制的本质认识和资本主义发展变化的理解上存在的差异，也是对马克思经济危机理论成因问题存在分歧的原因。谢赫认为，在经济思想史中，可以区分出三种基本的有关资本主义再生产的分析思路，从中导出经济危机的成因。第一种，也是最流行的，是资本主义能够"自动地自我再生产"。这种再生产可能是顺畅的和有效的（新古典理论的观点），或者可能是不稳定的和浪费的（凯恩斯主义的观点），但是它具有自我平衡的能力。第二种立场采取了相反的路径，认为就其自身而言，资本主义不具有自我扩张的能力。它必须通过增长而存活，为了保持自身的增长，资本主义必然要求有外部的需求源泉（比如非资本主义世界）。这意味着资本主义的再生产最终是受到外在于资本主义体制的因素调节的。谢赫认为，不同流派的消费不足论，包括马克思自己的，都可以在这种思路中找到源头。最后还有一种立场，即"作为一种存在其自身界限的积累的资本主义（Capitalism as Self-Limiting Accumulation）"，这种立场认为，尽管资本主义能够自我扩张，但是积累过程加剧了资本主义建立的基础的内在矛盾，最终矛盾以危机的形式爆发了。也就是说，"资本主义的界限内在于它本身，这种思路的持有者几乎全部是马克思主义者，包括对用'利润率下降'和'利润挤压'对危机进行的解释"。④ 在谢赫看来，上述每一种立场都存在差与各自立

　　① Peter F. Bell, 1977, Marxist Theory, Class Struggle, and Crisis of Capitalism, in Jesse Schwartz ed: The Subtle Anatomy of Capitalism, Goodyear Publishing Company, Inc, 1977, P. 184.

　　② Peter F. Bell, 1977, Marxist Theory, Class Struggle, and Crisis of Capitalism, in Jesse Schwartz ed: The Subtle Anatomy of Capitalism, Goodyear Publishing Company, Inc, 1977, P. 171.

　　③ Makoto Itoh, Value and Crisis: Essays on Marxian Economics in Japan, Monthly Review Press, 1980, P. 139.

　　④ Shaikh, A. 1978. An introduction to the history of crisis theories. In Union for Radical Political Economics (ed.), US Capitalism in Crisis. New York: Union for Radical Political Economics, P. 220.

场相对应的危机概念以及危机爆发的原因、危机内涵等方面的不同理解。

不同学者对资本主义的现实变化存在的不同理解，也是导致对马克思关于经济危机成因问题论争不断的原因，这种论争主要体现在马克思主义经济学内部。爆发在19世纪末和20世纪初俄国和德国有关危机和崩溃理论的论争就是突出的反映。在凯恩斯主义盛行的年代，资本主义国家政府在经济运行中扮演着越来越重要的作用。顺应这一潮流，马克思主义经济危机理论的视野日益向上层建筑转移，理论的焦点渐渐远离资本主义生产领域。利润挤压危机理论，认为资本主义国家为了恢复积累所必需的利润率，刻意制造经济危机打压工人，提高剩余价值率。国家的财政危机理论将国家视为资本主义再生产社会条件的提供者。调节学派和积累的社会结构理论从制度演变的角度探寻资本主义的发展空间。这些不同理论都是对凯恩斯主义的影响和资本主义现实发展的变化的反映。

三、对马克思经济危机理论方法论的理解

西方学者在对马克思经济危机理论研究中，对马克思方法论中抽象层次理解的差异，也是造成论争不断的重要原因。在危机理论研究中，甚至是在整个马克思主义经济学研究中，因抽象层次理解上的差异造成的争论大量存在。

在马克思经济危机研究中，这种抽象层次理解上的差异，主要表现在分析的单位和时间框架上。在分析单位上，日本宇野学派提倡对资本主义进行多层次分析（Multilayered Analysis），这种多层次分析包括：纯粹的资本主义制度；全球资本主义的历史阶段理论（中层分析）；各资本主义国家的具体发展。[①] 很明显，如果对马克思主义危机理论的研究是放在这些不同的分析层次上进行，提出的具体的危机理论必然存在重大的差异。

曼德尔认为，"马克思主义者（以及专门研究产业周期理论的学院派经济学家）通常都是在两个特定的——而且非常不同的——时段内考察马克思的平均利润率趋向下降的理论的：在产业（或经济）周期自身的范围内；以及在资本主义生产方式整个历史存在的长期的时段内（对资本主义生产方式的能力和无限期生存来说是一个至关重要的问题）。"然而，"还有一个迄今为止人们极少关注的第三个、中间性的时段：资本主义发展的'长波'，即作为一个整体的资本主义经

---

① Hodgson, G. M., M. Itoh and N. Yokokawa, eds. Capitalism in Evolution: Global Contentions, East and West. Cheltenham and Northampton, MA: Elgar, 2001, pp. 5 – 8.

济前后继起的增长较快或较慢的时期"。① 分析的时间框架的差异，也是造成危机理论争论的一个因素。

久南卡（P. N. Junankar）通过对危机分析不同因素的区别，指出了抽象层次的差异造成的问题。他强调对下述三方面因素做出区分是极为重要的："（1）造成危机发生的可能性的因素；（2）引发危机的因素；（3）作为危机的症状的因素。"久南卡认为，"根据马克思的观点，在为了交换而进行的资本主义生产中，货币既是交换的手段，也是价值储藏的手段，成为危机可能性的因素；最近似的危机的原因应当在积累过程的周期本质中寻找；危机的症状是公司的破产和信用与货币体系的崩溃。重要的是不要混淆危机的症状和原因"。②

法因和哈里斯也认为，危机是一种复杂的经济现象，人们经常会混淆危机的原因和形式。"对周期性积累的研究是一个双重的行为：它既是危机原因的研究，也是危机形式的研究。现有的危机理论常常把危机的形式和原因混淆起来。之所以这样，是因为这些理论强调了危机的一种现象而排斥了其它现象"。③ 比如，法因和哈里斯指出，消费不足论的核心是危机产生于商品有效需求不足，这与凯恩斯的理论非常相近，但问题是它是否是马克思主义的观点。他们认为，马克思确实提出过有效需求的概念，但是"马克思使用的概念只与危机的形式有关，而与导致危机的原因无关。与其相反，消费不足论者则把有效需求不足当做危机产生的原因，混淆了危机的形式和原因"。④

对马克思的危机理论方法论的理解，有时候也造成具有政治含义认识上的差异。沃尔夫认为，"危机被马克思视为是一种调节机制，通过这种机制克服了持续的资本自我扩张中存在的内在障碍，使得资本积累过程能够得以继续"。⑤ 在这种意义上，危机很大程度上是一种短期现象，它调节资本主义经济的周期性波动。此外，马克思也说明了危机的周期性爆发可以和从资本主义向社会主义转变所必需的政治条件的发展联系在一起。西方学者一般认为，危机理论的最后一个方面，直接和马克思政治计划的核心相联系。

正是因为危机包含着两种存在着根本区别的可能性："革新和转变"。⑥ 西方

---

① Mandel, Ernest, "Introduction," in Capital Vol. Ⅲ, by Karl Marx, London: Penguin Books, 1981, P. 33.

② P. N. Junankar, Marx's Economics, Philip Allan, 1982, P. 133.

③ 本·法因、劳伦斯·哈里斯：《重读〈资本论〉》，山东人民出版社1993年版，第76页。

④ 本·法因、劳伦斯·哈里斯：《重读〈资本论〉》，山东人民出版社1993年版，第79页。

⑤ David A. Wolfe, Capitalist Crisis and Marxist Theory, Labour / Le Travail, Vol. 17 (Spring, 1986), P. 226.

⑥ David A. Wolfe, Capitalist Crisis and Marxist Theory, Labour / Le Travail, Vol. 17 (Spring, 1986), P. 227.

学者在马克思的危机理论的政治含义上存在争议。比如，莱波维兹认为，"在马克思的观点中，为资本设定限度的是人们逐渐意识到对作为一种人类生产力绝对发展形式的资本的障碍内在于资本自身……从而，是有意识的人们认识到资本才是其自身的障碍，是他们才是资本的界限"。[①] 阿特韦尔认为，"不可能从四种不同的危机理论——比例失调、消费不足、有机构成或利润率下降以及工资引起的利润挤压——中推论出某些明显的阶级利益或政见"[②]，"在理论和理论的政治的一面之间并不存在简单的对等关系，没有决定性的政治倾向或阶级派别支持特定的危机理论"。[③] 贝尔则强调，在危机理论论争中，不单纯把这种论争视为是纯粹理论层面是重要的。这种争论"涉及对马克思主义的最基本的含义和对理论与实践的关系的不同的理解"。[④]

第二节 对马克思危机理论类型的理解及论争

屈内曾指出，在1910年之前，西方经济学界对马克思的经济危机理论并未予以关注和研究。[⑤] 在西方经济学界，对马克思经济危机理论类型的研究及论争，主要以第二次世界大战前后英语国家为主。

一、关于消费不足论

在经济思想史上，消费不足论有较为悠久的历史。斯威齐在《资本主义发展论》中，对消费不足危机理论作了充分的阐释。斯威齐把危机理论分成两大类，即利润率趋向下降危机论和实现（销售）危机论。在否定了利润率趋向下降危机论后，斯威齐转向对实现危机的分析，在提到构成实现危机理论分支的比例失调论时，斯威齐指出，"这个理论的内在价值不高，而近来，在危机问题上，马克思主义的文献已经显示出一种健康的倾向，再一次地像马克思本人一样，把这种

① Michael A. Lebowitz, Marx's Falling Rate of Profit：A Dialectical View, Canadian Journal of Economics, 9（1976），P. 250.

② Paul A Attewell, Radical Political Economy since the Sixties：A Sociology of Knowledge Analysis, New Jersey：Rutgers University Press, 1984，P. 199.

③ Paul A. Attewell, Radical Political Economy since the Sixties：A Sociology of Knowledge Analysis, New Jersey：Rutgers University Press, 1984，P. 199.

④ Peter F. Bell, 1977, Marxist Theory, Class Struggle, and Crisis of Capitalism, in Jesse Schwartz ed：The Subtle Anatomy of Capitalism, Goodyear Publishing Company, Inc. , 1977, P. 185.

⑤ 参见 Karl Kühne, Economics and Marxism（Vol. 2）：The Dynamics of the Marxian System, Translated by Robert Shaw, The Macmillan Press Ltd. , 1979, P. 185.

理论贬低到次要的地位"。① 斯威齐集中研究了消费不足论。

在斯威齐看来，消费不足的关键在于，资本主义对工人工资及其消费的限制与通过剩余价值再投资的无限循环造成的生产能力不断扩大之间的矛盾。斯威齐分析了这一矛盾的两种表现形式："或者是（1）生产能力实际上有所扩大，只是在数量日增的消费品开始进入市场时困难才表面化。因此，就有这么一个临界点存在，超过了这一点，在正常的有利可图的价格下，供给多于需求；当这一点过去以后，或是消费品的生产，或是新增能力的生产，或者更可能的是两者在一道，也会遭到削减。因此，在这种情况下，所说的趋势就表现为一场危机。或者（2）有闲置的生产资源存在，它们没有被用来变成追加的生产能力，因为人们认识到，追加的生产能力，同对它所能生产的商品的需求比起来，会成为多余的东西。在这种情况下，这个趋势就不是表现为一场危机，而宁可说是表现为生产的停滞"。② 但是，消费不足的危机是否能够真正发生，要视反作用趋势的大小。概括地说，起抵销作用的力量可以归为两大类：一是那些能够使消费增长率高于生产资料增长率的力量；二是那些使生产资料不合比例增长不致在经济上造成破坏性后果的力量。此外，斯威齐把国家看成是提供削弱生产过剩与消费不足的强有力的工具。

在消费不足的背景下，斯威齐考察了国家、垄断企业和帝国主义的职能。他认为，在能够比竞争性企业获取更高的利润率的意义上，垄断加剧了消费不足，因为它们把收入从消费转向了投资。然而，垄断的第二个特征则发挥着相反的作用，垄断者或寡头需要把大量的货币花费在广告、营销和商品配送上，从而提供了强有力的消费需求的源泉。同样的，国家如果把收入由富人向穷人进行转移支付，那么它是以资本积累为代价帮助消费的。但是，一旦国家由资本家阶级的利益所主导，那么它的财政努力将是把购买力从一群消费者转向另一群消费者，而不是损害资本家用来积累的剩余。在国家通过对资本征税，减缓投资促进消费和生产能力保持平衡的意义上，国家有助于消费。但是，一旦国家按资本的利益行事，情况就不同了，投资繁荣，生产能力增长，消费不足危机或停滞就开始出现。

《资本主义发展论》的分析，影响了美国好几代激进政治经济学家。该书对危机的分析，把从格罗斯曼掀起的关于利润率的争论再度转向消费不足论。"是

---

① 保罗·斯威齐：《资本主义发展论》，商务印书馆 1997 年版，第 181～182 页。
② 保罗·斯威齐：《资本主义发展论》，商务印书馆 1997 年版，第 201 页。

消费不足问题而不是利润率下降问题，成为美国马克思主义理论的核心"。[1] 斯威齐也强调，国家和垄断作为现代资本主义经济的重要特征，在消费需求和投资的平衡上发挥了重要的作用，而这一点也极大地影响了美国马克思主义经济学后来的发展。

斯威齐并不是唯一地把危机理论从利润率下降转向消费不足的经济学家。事实上，在 20 世纪 30 年代大萧条后，英国和美国的一些年轻的左翼经济学家得出过同样的结论：资本有机构成提高和利润率下降的逻辑并不必然导致一个确定性的结果。[2] 1952 年，斯坦德尔在《美国资本主义的成熟和停滞》一书中，对普遍增长的寡头竞争和消费不足的趋势之间的关系进行了分析，消费不足论被进一步发展了。斯坦德尔把生产者因各种原因刻意持有超额生产能力的假设作为分析的出发点。他认为，在现代产业中，刻意持有超额的生产能力成为一种规范而不是例外，寡头产业显示出一种价格向下的刚性和更高的进入障碍的特征。技术创新的过程倾向于提高寡头产业的利润率，由于微弱的成本优势为寡头公司提供了新的技术。在这些产业中，高利润率导致了高的内部积累率，并且最终导致更高程度的集中。斯坦德尔从中得出的结论就是，"内部积累率和作为其结果的净利润率将趋于一种（最大化）水平，这个水平是由产业的增长率、资本集约化率和现有生产能力的淘汰率决定的"。[3]

从这种微观基础分析出发，斯坦德尔进入到宏观层面的分析，他认为，在给定的产能利用水平，经济中寡头部门的利润率倾向于提高。国民收入分割从工资向利润的持续转移对有效需求产生了压力，最终导致国民收入和产出的下降。个别资本家将会尝试通过降低他们的产能利用水平进行调整，这种策略可能会有益于个体生产者，但是对整个经济来说，它造成了更高水平的产能过剩和更大程度的有效需求不足。与寡头部门相比，产能利用率的下降和有效需求水平的降低给竞争性部门的企业利润带了更大程度的压力。这使得大量的小的竞争性生产者破产，增加了经济中整体的寡占程度，加剧了停滞的趋势。斯坦德尔对利润率下降危机理论和消费不足理论进行了区分，在批判性地排除掉利润率下降的危机理论后，斯坦德尔表明，寡占的扩散导致剩余价值率的提高，但是实现增加的剩余价值依赖于充足的市场的存在。这种情况只能在资本家的投资和消费相应地增加时

---

① Paul A Attewell, Radical Political Economy since the Sixties: A Sociology of Knowledge Analysis, New Jersey: Rutgers University Press, 1984, P.176.

② Joan Robinson, 1942, An Essay on Marxian Economics, London: Macmillan, pp. 50 – 51. Maurice Dobb, 1937, Political Economy and Capitalism, London: George Routledge, pp. 96 – 129.

③ Joseph Steindl, Maturity and Stagnation in American Capitalism, with a new introduction by the author, New York and London: Monthly Review Press 1976, P. 51.

才会出现。如果相应的需求的增加没有发生，剩余价值的增加只是导致了过剩产能的形成。在寡头经济中，过剩产能会持续存在并对投资决策产生压制性的影响，从而降低了资本增长率。斯坦德尔说，它自己的理论可以被视为是对马克思的消费不足论的扩展和精炼。[1]

斯坦德尔的理论在"二战"后影响巨大，巴兰和斯威齐认为，斯坦德尔对他们思想的形成产生了重要的影响。[2] 巴兰和斯威齐在《垄断资本》中，关注的是斯坦德尔预测的停滞没有出现的原因。他们通过用各种吸收经济剩余的机制来实现他们的目标：大公司的浪费性销售努力、主要是通过借贷资助的政府军事开支等。"通过巴兰和斯威齐，斯坦德尔影响了大量的其他著名的理论家"。[3]

在斯威齐和斯坦德尔之后，"一个超越演绎逻辑转向经验研究的是年轻的经济学家约瑟夫·吉尔曼（Joseph Gillman）"。[4] 吉尔曼在《利润率下降》（1957）一书中，在回顾有机构成提高和利润率下降观点后，试图通过统计数据检验这种观点的准确性。吉尔曼的结论是：马克思的利润率下降规律具有历史特性（Historical Specific），它仅适用于资本主义迅速发展和工业化的阶段，难以应用于经济高度发达与高度工业化的当代资本主义阶段。吉尔曼"同斯威齐一样，在垄断资本主义的本质中寻求对这种历史转变的解释"。[5] 他指出，实现较高的生产率并不一定要提高资本有机构成。吉尔曼注意到垄断资本的实现成本（Realization Cost）上升的重要特征。吉尔曼认为，实现成本的上升削弱了毁灭性的消费不足问题的影响。如果垄断资本家的确扭转了利润率下降的趋势，并把他们日渐增加的利润用于再投资，那么与需求相比就会有大量的生产能力过剩。然而，实现成本的增加减少了利润，提高了非生产性需求，抑制了生产能力过剩的趋势。也就是说，在吉尔曼看来，垄断平衡了利润率下降趋势和生产超过消费趋势。但是，这个平衡是暂时的，资本家的利益在于以消费为代价提高利润，消费者的利益则正好相反。因此，垄断资本主义呈现的是平衡消费与提高利润之间拉锯战的形象。

---

① Joseph Steindl, Maturity and Stagnation in American Capitalism, with a new introduction by the author, New York and London: Monthly Review Press 1976, P. 245.

② Paul A. Baran and Paul Sweezy, Monopoly Capital: An Essay on the American Economic and Social Order, New York and London, 1966, P. 56.

③ 这些著名的理论家包括奥康纳（James O'Connor），奥康纳的主要观点参见《国家的财政危机》（1973）；哈贝马斯（Jurgen Habermas），哈贝马斯的观点主要参见在《合法性的危机》（1973）中对资本主义社会危机的类型进行的分析。

④⑤ Paul A. Attewell, Radical Political Economy since the Sixties: A Sociology of Knowledge Analysis, New Jersey: Rutgers University Press, 1984, P. 176.

二、关于比例失调论

持有比例失调论的学者通常认为，资本主义经济是一种非计划经济，因为不同的产业之间的生产不成比例，生产的无政府性引发了危机。历史地看，比例失调论主要是在俄国民粹主义者和合法马克思主义者的争论中诞生，在第二国际的争论中表现得较为突出。在后来的马克思主义经济学研究中，比例失调论的观点渐渐被放弃了，比例失调只是被视为资本主义再生产的基本特征之一。

1860～1900年俄国在危机理论争论中，民粹主义者的分析较早地建立了马克思主义和消费不足的危机理论之间的联系。民粹主义者使用消费不足的逻辑，推论说俄国的资本主义将会遭受到长期的消费不足的危机。合法马克思主义者对民粹主义者的立场进行了批判，其中最重要的是杜冈—巴拉诺夫斯基，"在同民粹主义争论俄国资本主义是否能够存活和繁荣时，杜冈是第一个完整地表述了马克思的危机理论的俄国人"。①

杜冈认为，只要资本家把剩余用于投资，扩大他们的工厂和对劳动力的雇佣，商品过剩和消费不足就不是不可避免的。杜冈批判了消费不足和利润率下降的理论，以再生产模型为基础，阐发了一种比例失调危机理论。虽然再生产模型表明第 I 部类和第 II 部类之间的投入和产出能够保持平衡，资本家决策的现实又表明这种平衡并不总是会发生，从而不平衡会引发危机。虽然在布尔什维克中也存在着消费不足的危机理论，但是"在相当长一段时期内，比例失调的危机理论是东欧马克思主义坚持的主要的危机理论"。②

总体来看，再生产模式中真正重要的地方，在于表明调节两大部类之间相互需求是一个复杂的过程，市场无法提供保持部类间均衡所要求的信息。比例失调是资本主义生产过程的必然构成部分，就像危机是这个过程的必然构成部分一样。但是，强调资本主义危机必然是比例失调的危机，"并不等同于说危机源自两部类之间的比例失调"。③ 比例失调危机理论占据了重要的位置，但今天已经很少有马克思主义者坚持这种观点了。

---

① Paul A. Attewell, Radical Political Economy since the Sixties: A Sociology of Knowledge Analysis, New Jersey: Rutgers University Press, 1984, P. 156.

② Paul A. Attewell, Radical Political Economy since the Sixties: A Sociology of Knowledge Analysis, New Jersey: Rutgers University Press, 1984, P. 157.

③ David A. Wolfe, Capitalist Crisis and Marxist Theory, Labour / Le Travail, Vol. 17 (Spring, 1986), P. 229.

三、关于利润率趋向下降危机理论

利润率趋向下降危机理论把危机的周期性爆发和利润率趋向下降联系在一起。这种危机理论的细分类型较多，从引发的关注和争议程度看，至少有三种类型：资本有机构成、工资挤压和过度竞争引起的利润率下降。

对有机构成提高的危机理论的经典表述，是由格罗斯曼在 1929 年作出的。格罗斯曼第一次把马克思的利润率下降趋势作为危机理论的核心。马克思认为，在长期趋势中，利润率将会趋于下降。格罗斯曼认为，利润率下降将会导致资本主义的最终崩溃，但无论在何种意义上，资本主义的崩溃都会自动出现。在格罗斯曼那里，危机理论的对象从主要是一种周期性的现象转变为一种长期趋势。①

格罗斯曼对马克思主义危机理论的解释产生了重大影响。马蒂克坚持认为，马克思用价值术语对资本主义生产关系进行的分析是一种抽象模式，它并不是为了直接用来解释市场现象的，而是为了理解资本主义基本生产关系而提出的。马蒂克概述了利润率下降趋势的理论，认为只有在剥削率的提高足以弥补资本有机构成提高造成的影响的情况下，利润率下降才可能得以避免。马蒂克指出，"毫无疑问，终究会到达一点，那就是能够从虚弱的工人阶级那里敲诈到的剩余价值的最大数量不再能够扩大积累的资本的价值"，因此利润率下降趋势"并不是一种可以直接在现实中观察到的过程，而是推动积累在市场现象中展现自身的一种驱动力"。② 在马克思的分析中，周期性危机的爆发是利润率下降的长期潜在趋势可以观察得到的实际展现。危机只能通过重建能够刺激进一步积累的利润率才能被克服。真实的危机倾向于首先在流通领域作为实现的危机表现自身，但是资本主义危机既不是源于生产领域也不是源自流通领域，而是源自利润率下降趋势。危机通过重建剩余价值和资本生产之间的平衡，服务于有利于积累恢复的目标。这是通过破坏一部分现有资本的价值和增加剥削率实现的。马蒂克把危机视为是资本主义积累过程的必然构成部分，"资本主义发展是一个过程，它通过不可避免的危机，以一种暴力的方式维护资本主义生产方式再生产的要求"。③ 在把危机作为一种周期性的而不是长期的特征上马蒂克区别于格罗斯曼，但是在没有解释资本主义生产方式的最终崩溃上他们是一致的。"原则上，发达资本主义国家的任何一次重大的危机都可能变成最终的危机。如果并不是这样，它就仍是

---

① 参见前文有关格罗斯曼的部分。
② Paul Mattick, Economic Crisis and Crisis Theory, White Plains, NY: M. E. Sharpe 1981, pp. 54 – 55.
③ Paul Mattick, Economic Crisis and Crisis Theory, White Plains, NY: M. E. Sharpe 1981, P. 72.

进一步积累的前提条件"。①

对马蒂克的危机理论的批评，主要建立在经验观察的基础之上，比如在一种可以精确地度量的程度上，资本有机构成是否是在以马克思预测的方式持续上升呢？这是一个最易于引起争议的问题。乌尔夫认为，利润率下降危机理论真正的问题在于，"它强调了趋势的一个方面忽视了另外的方面"。② 因为马克思在论述利润率下降的反作用趋势时，同样是把它们作为资本积累过程的一个必然部分，也是像对待规律一样对待它们的。

工资挤压的危机理论是由格林和苏利夫在1972年出版的《英国资本主义、工人和利润挤压》一书中提出的。③ 他们认为，相对充分的就业和工会化，使得工人能够就工资的增加超过生产率的增长进行成功的谈判。加上来自国外的竞争使得英国公司无法通过提高价格弥补这种损失，公司利润受到了"挤压"。利润率下降并不是因为资本有机构成提高，而是因为工人有能力削弱对他们的剥削程度，并要求更大份额的生产出来的产品。美国的一些学者把利润挤压理论应用于美国，尤其是博迪和克罗蒂，在《阶级冲突和宏观政策：政治性的商业周期》④（1975）、《工资驱动和工人阶级的力量：答霍华德·谢尔曼》⑤（1976）、《停滞、不稳定和国际竞争》⑥（1976）等文章中，他们把这种理论扩展为对消费不足论的整体性的批判。

在《阶级冲突和宏观政策：政治性的商业周期》中，⑦博迪和克罗蒂认为，每一次经济的跌落总是由劳动挤压或侵蚀利润的倾向诱发的。他们认为，随着利润挤压发生的经济萧条或衰退的产生，不应当被视为是一种经济过程的自动的重新调整，而应当被视为一种有意识和有计划地逆转劳动者对利润的侵蚀的努力。博迪和克罗蒂认为随着繁荣的继续和工资的提高，价格也开始增加。商业领导人随后开始呼吁政府以国家利益的名义抑制通货膨胀。这种行动造成的真正的后果是，政府支出的下降和货币供给的紧缩。也就是说，他们认为资本主义政府故意

① Paul Mattick, Economic Crisis and Crisis Theory, White Plains, NY: M. E. Sharpe 1981, P. 121.

② David A. Wolfe, Capitalist Crisis and Marxist Theory, Labour / Le Travail, Vol. 17 (Spring, 1986), P. 235.

③ Andrew Glyn and Bob Sutcliffe, British Capitalism, Workers and the Profit Squeeze, London: Penguin, 1972.

④⑦ Raford Boddy and James Crotty, Class Conflict and Macro-Policy: The Political Business Cycle, Review of Radical Political Economics, 1975, 7, pp. 1 – 19.

⑤ Raford Boddy and James Crotty, Wage Push and Working Class Power: A Reply to Howard Sherman, Monthly Review, 1976, 27, pp. 35 – 43.

⑥ Raford Boddy and James Crotty, Stagnation, Instability, and International Competition, American Economic Review, 1976, 66, pp. 27 – 33.

引起了经济衰退。

在《停滞、不稳定和国际竞争》一文中，博迪和克罗蒂反对巴兰和斯威齐的消费不足论，因为消费不足论认为垄断资本主义本质上是停滞的，因此把"二战"后的繁荣视为是一种例外，是战争和划时代的创新的结果。博迪和克罗蒂倾向于把垄断资本主义视作扩张主义的和有动力的。博迪和克罗蒂认为，垄断企业的劳动成本从20世纪60年代开始上升，与此同时，它们的利润开始下降。"结果人们看到的是一个竞争和利润挤压的时代而不是一个垄断、剩余增加和停滞的时代"。[①]

博迪和克罗蒂的分析中有两个观点受到了批评。第一，博迪和克罗蒂倾向于采取一种功能主义的视角解释政府的财政政策；第二，他们忽视了另一个观点，即萧条也可能会损害利润。事实上，他们只是在说资本家出于旨在阻止工资上涨的长期目标而愿意承受暂时的痛苦，并且有意回避或掩饰经济萧条会损害利润这一事实，因此他们的理论招致很多人的批评。

谢尔曼是博迪和克罗蒂理论的重要反对者之一。谢尔曼基本上接受斯威齐和巴兰认为的垄断性市场结构根本性地改变了当代资本主义本质的观点。谢尔曼认为，他的理论研究的主要目标是对当代资本主义中垄断资本家的行为理论做出阐述。[②] 在1968年出版的《美国的利润率》一书中[③]，谢尔曼证明的与竞争性产业相比垄断或寡头部门的利润率的上升。在1976年的《滞涨：一个关于就业和通货膨胀的激进理论》一书中[④]，谢尔曼研究的重点是把通货膨胀作为垄断力量的结果。在反对利润率下降理论家和利润挤压观点时，谢尔曼利用了"二战"后复杂的经济数据。他认为，从长期来看，尽管存在着波动，但利润率并没有呈现出下降的趋势。[⑤] 然而，谢尔曼接受经济周期中的萧条是由暂时性地下降的利润率引发的观点，在谢尔曼看来，工资增加并没有引起利润的下降，利润下降是原材料成本上升、较低的需求和紧缩的信贷造成的。[⑥] 因此，谢尔曼的周期理论"混

① Paul A. Attewell, Radical Political Economy since the Sixties: A Sociology of Knowledge Analysis, New Jersey: Rutgers University Press, 1984, P. 186.

② Paul A. Attewell, Radical Political Economy since the Sixties: A Sociology of Knowledge Analysis, New Jersey: Rutgers University Press, 1984, P. 187.

③ Howard Sherman, 1968, Profit Rates in United States, Ithaca N. Y.: Cornell University Press.

④ Howard Sherman, 1976, Stagflation: A Radical Theory of Unemployment and Inflation, New York: Harper and Row.

⑤ Howard Sherman, 1976, Stagflation: A Radical Theory of Unemployment and Inflation, New York: Harper and Row, pp. 101 - 102.

⑥ Howard Sherman, 1976, Stagflation: A Radical Theory of Unemployment and Inflation, New York: Harper and Row, pp. 100 - 104.

合了消费不足和有机构成提高，而不是利润挤压"。①

　　布伦纳是美国知名马克思主义经济史学家。1998 年，布伦纳（Robert Brenner）发表了一篇题为《全球动荡的经济学》的长文，重新探讨了萧条性长波的产生根源、未来发展趋势等问题。由于 1998 年后世界经济颓势渐显，特别是又出现了亚洲金融危机和美国泡沫经济等问题，因此，该文发表后反响强烈，关于萧条性长波的讨论热潮再度掀起。

　　布伦纳的分析特点表现为经济理论和历史的紧密结合，从国际竞争的视角提出了对利润率下降的新解释。布伦纳对先前的利润挤压理论作了批评。他将这一理论传统称为"供给面理论"，认为这种理论使马克思主义者和激进学派几乎与自由主义者取得了某种共识：将资本主义经济的长期下降趋势解释为工人向资本家过度施加压力的结果。布伦纳指出："供给面理论家本质上用分配不公理解危机的尝试（用消费不足解释两次大战期间的危机，用利润挤压解释当前的衰退），导致他们过分关注资本家和工人之间的'垂直的'（市场和社会政治的）力量关系。结果，他们不仅倾向于淡化厂商之间'水平的'竞争所带来的生产性效益，而且忽略了这种竞争所带来的经济矛盾，而厂商之间的竞争恰恰构成了资本主义体制的经济的主流"。② 布伦纳认为，从工资对利润挤压的视角解释危机是不成立的，如果劳动力供应长期紧张，导致工资上升的压力，资本家可以采用更多资本密集型的生产方法，最终劳动力不足的压力可以得到缓解。因此，工资对利润的挤压只是一个短期问题，而 20 世纪 70 年代以后的经济下降趋势是一个长期问题，"很难相信工人的力量能够如此有效，如此顽强不屈，以至于导致发达资本主义世界的衰退延续了将近四分之一的世纪"。③

　　在《全球动荡的经济学》中，布伦纳对 20 世纪晚期的结构性危机做了分析。通过研究制造业利润率的下降的状况，他对整个经济中利润率下降做了解释，认为制造业利润率的下降是由世界范围内的过渡竞争导致的，是过度竞争导致了萧条。布伦纳的观点可以概述如下：第二次世界大战后美国的强大经济实力（高产能与庞大的国内市场）显著提高了利润率；美国为了维持自己在政治与军事上的霸权地位，并维持"自由世界"资本主义的稳定发展，将德国与日本两国扶植为主要的贸易伙伴与经济竞争者，同时刻意压制了本国制造业与德国、日本的竞争关系（如开放美国国内市场），让德日两国得以抢占市场份额；利润挤压理论是

　　① Paul A. Attewell, Radical Political Economy since the Sixties: A Sociology of Knowledge Analysis, New Jersey: Rutgers University Press, 1984, P. 188.

　　②③ Robert Brenner, The Economics of Global Turbulence: The Advanced Capitalist Economies from Long Boom to Long Downturn, 1945 - 2005, Verso, 2006, P. 25.

错误的，造成利润率下降的原因，是因为自20世纪60年代中期以来国际竞争加剧，导致全球制造业部门的产能过剩与生产过剩；由于国际上制造业的产能过剩与生产过剩，制造业者无法收回成本，而整个私人经济部门利润率下降的原因在于制造业部门利润率的下降；美国经济获利率的下降，不是像流行因为技术的耗竭所导致的生产力增长的放缓，也不是因为工人力量越来越强大，使得实质工资提高过快，从而挤压了利润。

据此，布伦纳认为，马克思关于利润率趋向下降的理论是错误的。他认为，根据置盐定理，只有当新技术会减少成本、提高利润时，资本家才会愿意引进新技术，因此，新技术会使利润率提高，而非反之。布伦纳对利润率下降的分析遭到了很多批评。迪美尼尔和莱维认为布伦纳的解释是错误的，事实上，美国制造业的利润率与其他产业相比并没有很大的不同。除了一些资本密集型产业，比如铁路，占据了总产出的13%，不同产业之间利润率的差别与全球竞争并无多大关系。[①] 扎卡赖亚斯（Ajit Zacharias）认为，布伦纳关于美国自20世纪50年代以来制造业利润率下降主要是由国际竞争导致的观点是错误的。布伦纳的论据存在逻辑上的不一致性，因为观察到的利润率变化行为和制造业贸易平衡不存在一致性。[②]

对布伦纳的强烈批评来自福斯特（John B. Foster），他认为垄断仍是当代资本主义的根本趋势，而且垄断正超越国界向全球发展，他认为："（垄断）并不拘于一国之内，资本倾向于超越民族国家界限进行积聚和集中。尽管当代资本主义的矛盾不能简单地解释为根源于资本积聚和集中，但是认为对资本积累及其危机的分析可以无视垄断趋势无疑是愚蠢的，因为垄断已明显地改变了资本运动的规律"。[③] 福斯特认为，停滞的根源在于投资出路的枯竭，而这一问题由于垄断水平的提高而变得更加严重，垄断趋势将导致资本主义停滞和危机日益加重。剩余无论是绝对水平还是相对水平的相对不断增长，均表明垄断资本主义的剥削所得的总值越来越大，即存在过度剥削，这导致有效社会需求和投资出路存在减少趋势，正是这种趋势最终导致1973年开始的萧条长期不能摆脱。福斯特认为，布伦纳的分析强调竞争忽视了剥削，基本上是一种主流方法。福斯特指出："随着新自由主义经济学影响的上升，像'纯粹的'、'充分的'竞争这样的幻想出来的特征被塞进资本主义体系的本质之中，人们不再主要从生产而是从市场分析

---

① Gérard Duménil and Dominique Lévy, Manufacturing and global turbulence：Brenner's misinterpretation of profit rate differentials, Review of Radical Political Economics, Winter, 2002, 34：pp. 45 – 48.

② Ajit Zacharias, Competition and profitability：A critique of Robert Brenner, Review of Radical Political Economics, Winter, 2002, 34：pp. 19 – 34.

③ John B. Foster, Is overcompetition the problems? Monthly Review, June 1999, pp. 31 – 32.

该体系，这导致人们总是去设想和追求稳定的均衡状态。而生产领域和阶级斗争干脆被打发掉了"。①

第三节　马克思经济危机理论研究的综合趋势

根据屈内的研究，早在第一次世界大战之前，居住在西方的俄国学者鲍尼阿蒂安（Bouniatian）最早对马克思的危机理论进行了较为全面的表述，他在马克思的著作中发现了五种主要的理论：（1）生产力的强烈扩张的趋势；（2）净投资过多或过度资本化的倾向；（3）保持按比例生产的困难；（4）由于对抗性的分配状况引起的社会消费力的限制；（5）利润率下降趋势理论。在 19 世纪末直到 20 世纪 30 年代危机理论发展的早期阶段，研究中最典型的是对资本主义崩溃趋势以及危机和革命之间关系的讨论。在 20 世纪 70 年代前，马克思经济危机理论研究，主要是单一因素理论占主导地位。20 世纪 70 年代危机理论研究达到了高峰，很多先前就已经存在的各种危机理论，在结合资本主义经济现实过程中得以扩展和精致化②。这以后，一些西方学者尝试从不同的角度，联系资本主义经济现实的变化，对马克思分析危机的各种因素进行综合，或对不同类型的危机理论进行综合，这种综合的尝试推动了马克思主义危机理论的新发展。

一、资本积累本质的综合研究

资本积累类型的综合尝试，基本上把危机的根源放在资本积累存在的基本矛盾上，不再坚持某种单一因素的解释，试图构筑一个整体性的危机（周期）理论的分析框架。其中，最具代表性的是伊藤诚和克拉克的研究。

伊藤诚构筑一种综合危机理论的尝试，他除了认为马克思理论是不完善之外，还对马克思之后的马克思主义危机理论感到不满。伊藤诚指出，"马克思给我们留下了不同类型的危机理论。大多数马克思主义者在处理这种遗产时，总是

---

① John B. Foster, Is overcompetition the problems? Monthly Review, June 1999, P. 36.

② 根据屈内的研究，早在第一次世界大战之前，居住在西方的俄国非马克思主义者鲍尼阿蒂安（Bouniatian）最早对马克思的危机理论进行了较为全面的表述，他在马克思的著作中发现了五种主要的理论：（1）生产力的强烈扩张的趋势；（2）净投资过多或过度资本化的倾向；（3）保持按比例生产的困难；（4）由于对抗性的分配状况引起的社会消费力的限制；（5）利润率下降趋势理论。参见：Karl Kühne, Economics and Marxism（Vol. 2）: The Dynamics of the Marxian System, Translated by Robert Shaw, The Macmillan Press Ltd., 1979, P. 185。

倾向于以忽视、否定或组合一种类型为代价去发展另一种类型"。① 他对不同类型的危机理论作了批评，认为"从资本过剩理论的视角看，商品过剩的危机理论误把危机的中介因素或结果视为危机的原因"。② 伊藤诚认为，比例失调的危机理论把资本主义生产的盲目性视为它的基本矛盾，③ 这种观点把社会主义视为一种通过对部门不平衡进行社会控制克服资本主义局限性的体制。在消费不足论者看来，社会主义的任务就成了财产的社会化和扩大大众的消费，显然，这种观点的不足就在于在分配过程而不是在生产过程中分析资本主义基本矛盾。

对伊藤诚而言，在《资本论》中体现出来的资本过剩理论，尽管也存在一定的不足，但是马克思那里相对而言最为准确和连贯一致的理论。在分析了马克思的危机理论的形成历时后，伊藤诚指出，"《资本论》中的资本过剩理论，澄清了资本生产过剩同劳动人口的关系，这是非常重要的。它不仅阐明了《剩余价值理论》中的资本过于丰富或过剩问题，而且，实际上形成了《资本论》中特有的新的危机理论"。④ 但是，《资本论》中的资本过剩理论"在几个方面是不够完善的"。⑤ 这其中包括，对产业后备军的各种形式的分析局限于特定的历史阶段，"分析生产方式变化时没有考虑固定资本的特殊的限制作用"⑥，《资本论》第3卷对信用机制的分析，"是远没有完成的"⑦。伊藤诚的总的观点是，"尽管仍然是不完善的，但是对阐明资本过剩危机理论而言必须的要点，已经通过积累、利润和信用体系理论，在《资本论》中呈现出来。……马克思的危机理论原则上能够而且应当被加以完善。把《资本论》中的危机理论的不完善之处置之不理，事实上是一种对《资本论》科学成就的不公正"。⑧

在《价值与危机》一书中，伊藤诚提出了他自己对马克思的资本过剩的危机理论的完善和发展。伊藤诚认为，成熟版本的马克思的危机理论的独特特征在

　　① Makoto Itoh, Value and Crisis: Essays on Marxian Economics in Japan, Monthly Review Press, 1980, P. 119.

　　② Makoto Itoh, Value and Crisis: Essays on Marxian Economics in Japan, Monthly Review Press, 1980, P. 134.

　　③ 伊藤诚的著作中用"非均衡类型的危机（Disequilibrium type of crisis）"理论表达。

　　④ Makoto Itoh, Value and Crisis: Essays on Marxian Economics in Japan, Monthly Review Press, 1980, P. 106.

　　⑤ Makoto Itoh, Value and Crisis: Essays on Marxian Economics in Japan, Monthly Review Press, 1980, P. 107.

　　⑥ Makoto Itoh, Value and Crisis: Essays on Marxian Economics in Japan, Monthly Review Press, 1980, P. 108.

　　⑦ Makoto Itoh, Value and Crisis: Essays on Marxian Economics in Japan, Monthly Review Press, 1980, P. 109.

　　⑧ Makoto Itoh, Value and Crisis: Essays on Marxian Economics in Japan, Monthly Review Press, 1980, P. 118.

于，把强调的重点放在相对于可用的劳动人口而言资本的过度生产上。随着积累
过程的继续，它以资本广化（Capital-Widening）而不是资本深化（Capital-Deepe-
ning）的方式发生。在繁荣时期，资本家倾向于在现有生产方法的基础上扩大生
产能力，而不是忙于报废现有的固定资本，用体现新生产技术的设备去取代它。
在这种条件下进行的资本积累伴随着对劳动力需求的增加，这必然导致工资水平
的提高和利润率的压力增大。因此，重要的问题是为什么不能在当前的积累阶段
并没有造成一场严重的危机之前废弃过剩的资本。伊藤诚认为，在没有考虑马克
思在《资本论》第3卷中对信用制度进行的分析时是无法理解这个过程的。马克
思观察到利率的波动和商业周期之间存在紧密的联系，低利率对应于繁荣时期，
利率的上升对应于周期的转变期，高利率对应于危机时期。在繁荣期，利率和工
资水平倾向于一道上升，因为在这一时期对额外的劳动和货币资本的需求都在上
升。引发实际的危机的机制是投机活动的增加。随着因资本过度积累造成的工资
的上升，作为对高工资的反映，资本有机构成低的部门的市场价格开始上升。工
资水平的上升也增加了对消费品或用来生产消费品的商品的需求的增加，引发了
市场价格的上升。随着这些商品价格的上升，围绕它们进行的非正常的投机性储
存开始收紧（Squeeze）信用体系，紧缩货币市场并使利率承受了向上的压力。
因此，资本的过度生产引起三个相互联系的发展：工资的上升、利润率的压力和
更高的利率。资本家的利润受到高工资和高利率的挤压。信用的紧缩破坏了投机
活动，首先导致廉价销售以支付未偿付票据。这反过来加剧了价格的下降和破产
的连锁反应。信用机构开始限制信用供给以保护自己。劳动后备军的扩大加剧了
工资向下的压力，限制了工人的消费，进一步降低了整个经济的消费需求。因为
大量固定资产不能流动，危机造成一些公司破产，并给其他企业带来了克服危机
的机会，"过剩的闲置产业资本、未利用的借贷资本、和失业的劳动人口、或低
下的利润率、利息和工资的共存，无法在这一时期相互结合"。① 在这种情况下，
闲置资本开始迅速地贬值，因为继续运行它们将不再有利可图。随着存活下来的
公司开始集聚新的货币资本，他们投资于包含着新生产方法的新设备，这通常导
致一个资本深化的过程。成功地完成设备更新的公司即使是在低价格水平下也能
够开始可以盈利的积累。通过投资更新过程和劳动在低工资水平下（提供了更高
的剩余价值率）被重新雇佣，生产部类之间的平衡开始恢复。随着资本家之间以
及资本家和工人之间的关系的恢复，积累在一个更高的利润率水平上得以恢复，
产业循环再一次回到它自己的轨道。商业周期，包括周期性危机的必然爆发，构

① Makoto Itoh, Value and Crisis: Essays on Marxian Economics in Japan, Monthly Review Press, 1980,
P. 116.

成一种调节资本家之间和资本与劳动之间价值关系的机制。

伊藤诚的综合，一方面凸显了马克思危机理论的价值，另一方面指出了在当代发展马克思的危机理论的方向。正如伊藤诚所说的，在时代变化的基础上，对马克思本人的理论中存在的不完善的地方，或者仅仅提供了基本的思考线索的地方，马克思主义者不能只是"袖手旁观"，应当以马克思的理论作为坚实的理论基点，结合新的问题和新的实践，发展马克思的危机理论。

对于伊藤诚的危机理论，有些学者提出了批评。乌尔夫认为，伊藤诚的危机理论克服了许多先前的危机理论存在的局限，它提供了一个清晰和连贯的说明危机恢复资本主义积累条件的机制。然而，"它仍然存在着从马克思对资本主义经济动力学的整体阐释中抽象出危机过程的一个方面的问题"。① 曼德尔对伊藤诚的危机理论也提出了批评，他把伊藤诚的危机理论视为是利润率下降理论的"一个特殊的结合了人口因素的变种"，它强调在资本主义长期繁荣以后，劳动后备军趋于消失，结果实际工资上升，直至引起剩余价值率从而利润率急剧下降。"这种理论极大地低估了资本主义迅速重建劳动力后备军的能力"。②

克拉克对危机理论的研究比较复杂，他把自己对各种危机因素进行综合之后的危机理论称为"过度积累的危机理论"。克拉克综合各种危机因素对危机理论进行的研究，主要体现在《马克思的过度积累和危机》一文中。在该文中，克拉克从生产过剩理论出发，批判了消费不足、有机构成提高、利润挤压等单因素论，并提出了一种综合性的"过度积累"的危机理论。

克拉克分析了生产过剩的客观必然性。他特别强调马克思主义经济危机理论的目标在于证明危机的"必然性"。但是，传统的马克思主义经济理论认为，资本家对利润盲目而又无止境的追求，驱使生产超过市场的限制。在克拉克看来，这种建立在商品拜物教基础上的主观动机，无法解释生产过剩的客观必然性。如果预期利润刺激了生产的扩张，那么对利润下降的预期同样能抑制资本家的扩张冲动。这样的解释，似乎是把生产过剩归因于资本家主观上的盲目和无知，这样的认识是资产阶级经济学的结论。这样一来，克拉克危机理论研究提出的关键问题是：生产过剩趋势的基础是什么？

理解这个问题，首先要考察克拉克对先前的危机理论的批判。克拉克认为，消费不足和比例失调论与20世纪70年代的利润率下降理论犯了相反的错误。前

---

① David A. Wolfe, Capitalist Crisis and Marxist Theory, Labour / Le Travail, Vol. 17 （Spring, 1986），P. 237.

② Mandel, Ernest, "Introduction", in Capital Vol. Ⅲ, by Karl Marx, London：Penguin Books, 1981, P. 46.

者过分强调市场交换和实现问题，后者则将重心转移，同样狭隘地强调资本和劳动之间的生产关系。强调前者，能够对危机作出精确的描述，但是无助于理解这些动力机制在资本主义社会生产关系中的基础。与此相反，利润率下降的危机理论，能够解释某种长期趋势，但是用来解释危机，似乎又是很不充分的。两种类型的理论的不足，原因在于"危机的根源，既不在于'市场的无政府状态'，也不在于直接的生产过程，而在于两者之间的关系，在于'本身同时就是再生产过程的流通过程中'"。①

在克拉克看来，"增加剩余价值生产的驱动力，尽管由资本主义竞争所施加，却并不局限于市场的限制之内，而是遵循其自身的规律，这些规律决定了不顾市场的限制扩大生产力的趋势。这些规律不是由资本家的主观非理性决定的，而主要是由资本家为获得竞争优势彼此斗争所引起的生产力不平衡发展所决定的。不过，如果资本家要以货币的形式实现其扩大了的资本，他们就必须为已经生产出来的更多数量的商品找到买主"。②

克拉克认为，尽管生产过剩的根本趋势意味着市场的增长总倾于落后生产的发展，这一动力机制并不像消费不足论所想象的那样，一定导致普遍生产过剩—消费不足的局面。相反，生产过剩趋势最初只作用于各个生产部门内部，此后，通过每一个部门的生产过剩对其他部门的生产和市场条件的影响才波及整个经济。因此，生产过剩理论并不需要从消费不足理论出发来认识危机，而是需要强调比例失调理论———一种将其客观的、必然的基础建立在资本主义生产矛盾的社会形式之上，即建立在生产和实现之间的矛盾之上的比例失调理论。

此外，信用是资本借以搁置社会生产形式所固有的矛盾最重要的手段。一旦面临过度积累危机，国家能够通过扩张性的信用政策，放松市场的限制，从而推迟危机趋势的爆发。但是，尽管国家能够缓解过度积累的趋势，其政策却克服不了生产形式的矛盾，而危机趋势正是来源于这一矛盾。事实上，扩张性政策虽然搁置了积累的障碍，却同时加强了资本过度积累的趋势。最初，特定部门的生产过剩因信用扩张、破产企业为数不多而有所缓解。宽松的信用刺激资本家们进一步发展生产力，为生产过剩趋势火上浇油，其影响开始波及其他部门，转变为不平衡发展和比例失调。信用的进一步扩张能够维持利润率水平，但必须以通货膨胀为代价。最终，随着信用扩张达到极限，繁荣必将中断。在某一点上，让积累

①　Simon Clarke, The Marxist Theory of Overaccumulation and Crisis, Science & Society, Vol. 54, No. 4 (Winter, 1990/1991), P. 445.

②　Simon Clarke, The Marxist Theory of Overaccumulation and Crisis, Science & Society, Vol. 54, No. 4 (Winter, 1990/1991), pp. 454 – 455.

回归到市场限制之内的必要性自动表现出来，导致信用的收缩。信用收缩触发了危机，但不是导致或决定了危机（因为危机必然性已经存在于资本主义生产的社会形式之中）。过度积累的资本采取坏账和滞销商品的形式，迟早导致资本的急剧贬值。资本（通过生产能力的破坏和资本家之间财产关系的重组）贬值为新的积累周期铺平了道路。

克拉克对危机理论的综合，首先批判了先前的危机理论争论中重要的危机理论，认为它们都建立在"强行的"或"粗暴的"抽象（或多或少随意地将资本主义现实的某个方面从其社会背景中抽象出来，并赋予其决定性的意义）基础之上，然后，他自己在更高的抽象水平上重构危机理论（得出一个更为根本性的成因），再围绕这一由抽象推论而来的趋势构建更为具体的理论。他将这一成因确定为过度积累趋势，这一趋势内在于资本主义的生产形式之中，通过市场竞争的货币压力施加在当事人身上，本身表现为生产过剩趋势和不平衡发展。

克拉克强调比例失调不是市场协调失败导致的必然结果，而是生产过剩趋势的必然形式，区别于先前的比例失调论。他批评利润率下降趋势理论，把利润率下降的作用降低为一种传播机制。克拉克对危机理论的综合的最大目的在于证明危机的必然性，克拉克认为："尽管比例失调、消费不足和利润率下降趋势在决定资本主义必然遭受危机方面都发挥了一定的作用，一切危机的根本原因依然是资本主义生产方式赖以存在的根本矛盾，即物品生产和价值生产之间的矛盾，以及前者从属于后者"。①

但是，克拉克自己也承认，"通过对马克思的危机理论的长篇探索，我们要作出的结论与其说是实质性的，不如说是方法论意义上的。最根本的结论是，从危机理论后来在马克思主义中所发挥的作用这一意义上说，马克思没有一个危机理论。那种周期性地打断积累的灾难性危机，只不过是资本主义生产方式根本矛盾最浅显的表现。然而，危机趋势普遍存在，因为资本主义积累的竞争性调节，不是通过无所不知的资本家对市场的正确预期而实现的，而是通过过度积累和危机的过程而实现的，因为生产过剩的趋势遭到有限市场的阻碍"。② 因此，严格地说，克拉克并没有真正地提出一种危机理论，他试图构筑的是危机趋势理论，在论述过程中，生产过剩是过度积累的结果，又把生产过剩趋势的结果解释为比例失调，在这种意义上，克拉克是试图在解释危机的不同因素之间建立某种联系，但是他的尝试不能算是成功的。

---

① 克拉克：《经济危机理论：马克思的视角》，北京师范大学出版社 2011 年版，第 303～304 页。
② 克拉克：《经济危机理论：马克思的视角》，北京师范大学出版社 2011 年版，第 298 页。

二、历史分析的危机理论

从历史分析的视角对危机理论进行的综合，最有代表性的学者是赖特。他试图在一种方法论的基础上综合各种危机理论，强调不同的经济危机理论存在并适用于资本主义发展的不同阶段。

赖特将马克思主义经济危机理论，划分为与积累过程中的四个限制因素相联系的四种类型。关于积累过程中的矛盾，赖特认为，"现代马克思主义经济文献一般集中在积累的四个限制因素上：（1）资本有机构成提高；（2）剩余价值实现问题，特别是资本主义社会消费不足的问题；（3）工资提高导致剥削率降低；（4）积累中国家的矛盾的作用"。[①] 赖特认为，对资本积累中四个障碍因素的讨论，多是以价值范畴为基础的。显然，这样的价值分析并没有全面涵盖马克思主义关于经济危机的著作，要完整地理解经济危机问题，"必须分析货币不稳定性，信用不平衡以及流通领域的其他问题"。[②] 虽然这些问题非常重要，但是，赖特认为，"从生产领域的内部矛盾的角度分析积累的障碍因素具有理论上的优先性"。[③]

彼此相互竞争的不同类型的马克思主义危机理论，并非没有共同之处，赖特认为，所有马克思主义者关于经济危机的观点总是将危机视为资本积累过程内部矛盾的产物，但是，尽管如此，在"哪一种矛盾对理解经济危机而言是最重要的，或者甚至是在一开始如何概念化资本积累的内部矛盾上，却很少达成什么共识"。[④] 他主张，"如果将资本积累内部的各种矛盾看作是一个历史过程的不同组成部分，那么，这些矛盾之间并不存在内在的冲突"。[⑤]

赖特试图证明的主要观点包括以下几个方面：第一，在资本主义发展的不同阶段，积累过程面临着不同的主要限制和障碍。这些障碍因素是积累过程自身的产物。第二，为了使资本主义生产能够继续，这些限制必须被克服。第三，在资本主义发展的某个特定阶段，解决主要障碍的一系列手段，又会产生下一阶段积累过程的新障碍。正是在这个意义上，积累的障碍可以被视为是积累的内在矛

---

① Erik Olin Wright, Alternative Perspectives in Marxist Theory of Accumulation and Crisis, Critical Sociology, 1975, 6；5, P. 12.

② Erik Olin Wright, Alternative Perspectives in Marxist Theory of Accumulation and Crisis, Critical Sociology, 1975, 6；5, pp. 12 – 13.

③ Erik Olin Wright, Alternative Perspectives in Marxist Theory of Accumulation and Crisis, Critical Sociology, 1975, 6；5, P. 13.

④⑤ Erik Olin Wright, Alternative Perspectives in Marxist Theory of Accumulation and Crisis, Critical Sociology1975, 6；5, P. 5.

盾，而不仅仅是积累的障碍。它们之所以是矛盾，因为"解决"某一特定障碍的手段自身又成为积累的障碍。第四，20 世纪 70 年代世界范围的资本主义经济危机可以被理解为（探索性地），从一种积累限制模式——以凯恩斯主义式的"解决方法"为特征，向一系列新的积累限制转变的过程的一部分，新的限制模式某种程度上是由解决先前的危机的凯恩斯主义政策导致的，并且对于这种新的限制模式，凯恩斯主义式的"解决方法"已不再有效。[①]

赖特在矛盾—解决矛盾—解决矛盾手段中蕴含着新的矛盾因素—新矛盾这样的螺旋上升中，把不同类型的危机理论用于对资本主义发展不同阶段的危机解释中。赖特强调，调和各种观点的策略就是，根据资本义发展的历史去分析不同的观点，任何一种导致经济危机的机制都不应被看作是资本主义经济危机的总的历史原因，相反资本主义的发展应该看作是资本主义危机特征不断变化的过程。危机机制的历史变形具有基本的逻辑，"在资本主义发展的每一个阶段，都存在着特定模式的积累过程的障碍因素，通过资本主义政府的阶级策略与力求获取最大利润的单个资本家的个体策略的结合，那些障碍因素可以被克服掉，从而积累过程又以新的形式继续进行。然而，在资本主义发展的每一水平上，克服其主要障碍因素的那些手段本身又包含着新的矛盾，这些新的矛盾又会在后来的阶段中逐渐显现出来。这就是积累过程的辩证法"。[②] 表 16－1 是赖特对积累的辩证过程的概括。

表 16－1　　　　　积累限制因素的历史模式及结构性解决方法的出现

资本主义发展阶段	积累的主要限制因素	克服限制因素的结构性解决方法
1. 原始积累的早期阶段：简单商品生产向扩大再生产的过渡	由于工人阶级的规模受到限制，剩余价值量受到约束；由于劳动过程中缺乏对工人阶级的严格监督，结果导致工作日中无偿部分受到限制（"绝对剩余价值"率较低）	各种旨在扩大无产阶级规模的制度变化（移民、圈地等等）；资产阶级通过创办工厂扩大对工作过程和工作日长度的控制
2. 原始积累向手工工场过渡	由于技术生产率水平低以及（相对的）高的劳动力价值，剩余价值率处于相对较低的水平；劳动力短缺持续存在	技术创新，特别是发生在消费品生产领域的，导致劳动力更为廉价；尤为重要的是节约劳动的创新增加了产业后备军

① Erik Olin Wright, Alternative Perspectives in Marxist Theory of Accumulation and Crisis, Critical Sociology1975，6；5，pp. 5 - 6.

② Erik Olin Wright, Alternative Perspectives in Marxist Theory of Accumulation and Crisis, Critical Sociology, 1975，6；5，pp. 30 - 31.

续表

资本主义发展阶段	积累的主要限制因素	克服限制因素的结构性解决方法
3. 手工工场向机器大工业过渡	资本有机构成提高的趋势及其与之相伴的利润率下降的趋势；要求缩短工作日的早期形式的工人运动	商业周期使资本贬值并导致资本集中的增加；持续存在的扩大产业后备军和削弱工人运动的节约劳动的创新的压力
4. 垄断资本的上升	剩余价值增长快于消费需求增长的趋势，因而导致消费不足的危机或剩余价值实现的危机的倾向；与社会主义和共产主义思潮结合在一起的更加激进的劳工运动的增长	旨在扩大总需求特别是军事支出的凯恩斯主义形式的国家干预；复杂的晋升结构、工作等级等；职位层次等一系列体制的创立，集体议价的普遍接受
5. 发达的垄断资本主义	积累的内部矛盾同政府的合法性职能，一方面构成整个体制再生产成本提高的源泉，另一方面导致停滞与长期的通货膨胀并存的局面；垄断资本与资本国际化的持续增长使得这些倾向进一步加剧	政府干预的形式，由简单的凯恩斯主义的有效需求管理，扩展到积极参与到生产过程本身；政府政策直接适应于提高生产率的目标（"后工业"的国家政策）
6. 国家垄断资本主义	积累过程自身的政治化进一步加剧了生产社会化与私人占有和控制生产产品之间的矛盾；商品生产自身要求非商品生产领域日益扩大	成熟的压制性的"国家资本主义"的出现

赖特指出，表16-1的概括，"是高度简化的，而且克服积累的每一种特定的障碍因素的结构性方法也并非根本性地将这些问题完全消除"。[①] 这种概括不是为了提出一种严格的资本主义的阶段理论，而是为了有助于分析重要的问题和资本主义的体制运行。

在1999年重新评价自己先前的研究的文章中，赖特指出，资本主义并未最终解决它内在的危机和积累中断的趋势，"利润挤压、消费不足、生产过剩、国家的财政危机等等，都仍然建基于对作为一种国家生产和交换体制的资本主义的理解中。全球性力量可能加剧或减弱这些国内的危机趋势，但是主要的机制本身仍然是国家层面的"。[②] 赖特认为，国家和资本主义经济之间的关系发生了急剧的变化，尤其是全球化再一次证明，资本主义是一种比马克思设想的更为稳健和更为灵活的社会秩序，它仍然能够做出新的发展的跳跃和制度的重组。赖特认为，他原来的研究至今仍然有意义的是他对资本主义危机形式的历史轨迹的分析，认为积累的矛盾和试图解决这些矛盾的方法把资本主义体制推向新的形态的

---

① Erik Olin Wright, Alternative Perspectives in Marxist Theory of Accumulation and Crisis, Critical Sociology, 1975, 6; 5, P. 31.

② Erik Olin Wright, Introductory Comments to "Alternative Perspectives in Marxist Theory of Accumulation and Crisis", Critical Sociology, 1999, 25, P. 113.

一般思想仍然是正确的。

三、曼德尔对危机理论的综合研究及长波理论

曼德尔是从对各种常见的单一因素危机理论的批评出发，提出自己对危机理论的综合的研究。他认为，存在三种主要的单一原因的危机解释：

第一，纯粹的不平衡理论。这种观点强调，资本主义生产的"无政府状态"导致第一部类和第二部类的不平衡，从而无法顺利实现马克思在《资本论》第2卷中所论述的再生产图式。这种危机理论至少有两个不足：一是蕴含着一种有害的倾向，认为各部类之间只要保持正确的比例关系，就会有"没有危机的资本主义"；二是"生产和消费间的不平衡……是资本主义所固有的，与资本主义竞争和生产无政府状态引起的两大部类的不平衡无关"。①

第二，纯粹的消费不足理论。这种观点认为，"把生产量（或生产能力）和群众消费（工人的实际工资或购买力）之间的差距（本质上表现为第二部类商品生产过剩的形式）看作资本主义生产过剩危机的基本原因"。② 其中，第一部类中的积累过剩（投资下降）和生产过剩表现为消费品部类中生产过剩（或生产能力过剩）的结果。这种理论的不足之处在于，似乎只要设法提高工人的购买力，便可以避免危机的出现，从而会得出一种凯恩斯式的结论。

第三，纯粹的过度积累论。这种观点认为，与所积累的资本总量相比，所生产的剩余价值量不足，是危机的主要原因。也就是说，由于资本无法充分增值，因此使投资降低、就业减少，直到就业的下降（从而提高剩余价值率）和资本的贬值足以使利润率回升为止。

曼德尔认为，在上述三种对危机的单一原因的解释中，都包含着资本主义危机理论的正确要素。但是，"三种危机理论需要彼此整合在一起才能构筑资本主义危机的正确理论。根据《资本论》第3卷中对平均利润率下降趋势的根本坚持，进行这种整合的最容易的方式是区分资本积累在时间上相继采取的许多形式"。③ 曼德尔以利润率为核心，通过资本积累采取的许多方式整合各种纯粹的

---

① Mandel, Ernest, "Introduction", in Capital Vol. Ⅲ, by Karl Marx, London: Penguin Books, 1981, P. 43.

② Mandel, Ernest, "Introduction", in Capital Vol. Ⅲ, by Karl Marx, London: Penguin Books, 1981, P. 44.

③ Mandel, Ernest, "Introduction", in Capital Vol. Ⅲ, by Karl Marx, London: Penguin Books, 1981, pp. 48 – 49.

危机理论。①

曼德尔认为，在资本主义生产强劲上升时期，会出现"投资繁荣（Investment Boom）"，这种投资繁荣会遇到机器和设备以及原材料的瓶颈，第Ⅰ部类在迅速适应需求变化方面比第Ⅱ部类缺乏弹性，因此，第Ⅰ部类会在越来越大的规模上进行追加投资，即资本积累。好的利润预期和高的现实利润是这种繁荣的动机，投资会向第Ⅰ部类转移。两大部类之间的不平衡发展（比例失调）出现了。接下来，在繁荣的某一时点上，两种并行的现象大体上同时发生了。一方面，生产出来的追加的生产资料只在一定的时滞后才进入生产过程。但是它们进入生产过程时，就迅速地增大了两大部类中的生产能力。但是相对较高的利润率和投资率意味着实际工资和来自资本家及其随从对消费品的需求不可能与两大部类生产能力的突然增长按同一比例发展。因此，生产过剩（或生产能力过剩）日益增长的趋势首先发生在第Ⅱ部类中。另一方面，两大部类中新生产资料的大规模采用，是与基本上是以劳动节约（资本有机构成提高）为特征的新技术的采用同时发生的。这就压低了利润率，特别是在繁荣条件下剩余价值率不可能按同一比例增加，甚至完全没有增加。因此就发生了过度积累的趋势。一部分新积累的资本不再能按照平均利润率投资，或者完全不投资，而被推向投机等等。

在一定时间内，信用扩张弥补了这个缺口。但它只能推迟崩溃，而不能避免。生产过剩势必从第Ⅱ部类扩展到第Ⅰ部类。日益增长的商品生产过剩，与日益增长的积累过剩结合在一起，必然导致生产性投资的急剧削减。两大部类之间的比例失调，从第Ⅰ部类的"过度扩张"跳跃到第Ⅰ部类的"发展不足"，投资比当前的产出下降得更快。作为危机（可以但不是必然采取信用和银行破产的初始形式）的结果，就会发生商品价格的普遍下降，再加上产出和就业的下降。商品价格的下降，大量的破产，幸存企业的固定资本和原料存货价值的下降，导致资本的普遍贬值。

资本的普遍贬值对个体资本家而言是痛苦的，但是对整个资本主义制度而言是有益的。资本的普遍贬值并未伴随着生产的剩余价值量成比例地缩减，或者说，同样的剩余价值量现在能够增值较小量的资本。因此，利润率的下降能够被制止，甚至被逆转。加之劳动后备军的大规模重建，有可能不仅通过提高工作强度，而且通过削减实际工资大大提高剩余价值率。此外，原材料的价格通常比最终产品的价格下降的幅度更大，因此，不变资本变得更加便宜。从而，资本有机构成的提高开始放缓，进一步推高了产业资本的利润率。一旦存货被充分出清，现实生产被极大削减以致需求重新超过供给，那么资本积累和生产性投资加速发

① 有关利润率分析在曼德尔经济分析中的地位和作用，参见前文"晚期资本主义"部分。

展的一个新的周期就会开始。

曼德尔对危机理论研究还有一个重要的贡献，他讨论了长波和经济危机问题。资本主义历史上发生的每一次危机周期都从根本上改变了构成下一次产业周期的基础的生产力和生产关系。但是，"马克思主义危机理论研究中存在的一些混淆源自没有把危机的影响作为危机理论研究的一个基本要素"。[1] 很多马克思主义理论家没有区分典型的危机周期和资本主义发展的不同阶段危机变化的方式。曼德尔对资本主义经济动力学的分析，把对资本主义危机趋势的解释和资本主义发展的历史模式整合在一起。

曼德尔对危机理论发展的贡献还在于，对产业周期上升和下降阶段与和技术基础的根本转变相联系的更长时期的资本主义扩张和下降期进行的系统区分。曼德尔认为，大多数马克思主义者对平均利润率的分析是放在两个不同的时间框架下进行的：短期的产业周期分析和资本主义生产方式的生命周期（崩溃争论中的讨论）。第三种时间框架，也就是说长周期（或长波）必须被引入进来，以提供一个连贯一致的理论分析，并确保理论能够现有的经验数据相吻合。[2]

曼德尔把长波的概念和利润率下降趋势理论整合在一起，解释了为什么在扩张阶段利润率趋于上升，在收缩阶段利润率趋于下降。当对利润率下降起反作用的趋势相对虚弱时，在相当长的时期内利润率是持续下降的，相反地，当起反作用的趋势以一种有力的和同步的方式发挥作用时，长波的扩张阶段就发生了。曼德尔对在扩张期的波峰发生的转变和在收缩期的波谷发生的转变进行了重要的区分。在曼德尔那里，一旦长波开始，尽管利润率的长期趋势能够用来描述长波的趋势，但是，从扩张阶段向收缩阶段的转变，停滞期的结束和向新的扩张期的转变只能通过超经济因素解释。这些因素包括征服战争、资本主义发挥作用的区域的扩张或收缩、资本家内部的竞争，阶级斗争、革命和反革命等。[3]

曼德尔对长波理论的重建为马克思主义危机理论增添了重要的内容，因为"他试图克服在短期的周期性危机理论和资本主义崩溃的长期趋势之间存在的两分法。此外，他对长波相互继起的阶段之间的联系，对技术创新速度加快、劳动过程的重新组织和有组织的工人阶级的力量、团结程度和战斗精神的变化的分析

---

① David A. Wolfe, Capitalist Crisis and Marxist Theory, Labour / Le Travail, Vol. 17（Spring, 1986），P. 238.

② Ernest Mandel, Long Waves of Capitalist Development: The Marxist Interpretation, Cambridge: Cambridge University Press, 1980, P. 11.

③ Ernest Mandel, Long Waves of Capitalist Development: The Marxist Interpretation, Cambridge: Cambridge University Press, 1980, P. 21.

标志着对马克思主义理论的独特贡献"。①

四、分析层次上对危机理论的综合

随着资本主义的发展变化，如何综合马克思危机分析的各种因素，建立一个能够适用于不同时期的资本主义的危机分析框架，也是西方一些学者综合马克思主义危机理论的基本方向之一，在这方面，较早进行尝试的是哈维。

哈维在其代表作《资本的限度》（1982）中，力图把马克思那里散见于各著述中的关于危机问题的见解与资本主义发展的现实相结合，构成具有三大层次的动态的统一的当代马克思经济危机理论。因为他的三层次危机理论分析所包含的对资本主义在时空两个领域的发展，他的著作中的许多概念在全球化和新自由主义时期被不同类型的左翼学者广泛引用。

哈维分析了三个层次的危机理论。在第一层次的危机理论中，哈维指出，可以"绝对肯定的说马克思把他对利润率下降规律的解释视为他对有关资本主义条件下危机理论的'第一层次（First-cut）'的表述"。②哈维的"第一层次"的含义，指的是马克思没有把《资本论》前两卷中得到的见解整合在一起，从而未能在《资本论》第3卷中对资本主义的内在矛盾作出完整的表述。哈维认为，这种"第一层次"的危机理论是不完整的，是因为它忽视了对许多重要问题的研究。被马克思忽视但仍需要深入考察的问题包括：（1）特殊的固定资本的生产、流通和实现的方式以及周转时间差异带来的困难；（2）影响资本集中和分散程度的组织和结构变化的过程；（3）信用体系、生息和货币资本的作用（所有这一切都要求对资本流通的货币方面进行分析）；（4）资本流通中的国家干预；（5）商品流通的物理的一面（商品在空间上的运动）和对外贸易，世界市场的形成和整体的资本主义的地理结构；（6）社会形态内部和社会形态之间阶级关系的复杂结构（比如资本家阶级之间的派别区分和建立在不同国家劳动力价值差异基础之上的无产阶级的差别）。即使如此，哈维还是对马克思作出了正确的评价，他指出："马克思明确地把内在于商品生产和交换中的矛盾视为理解资本主义条件下危机形成的基础。在这种意义上，'第一层次'的危机理论不仅仅是一种第一近似（First Approximation），它更揭示了可以用来说明作为一种经济模式和社会组织的

①　David A. Wolfe, Capitalist Crisis and Marxist Theory, Labour / Le Travail, Vol. 17（Spring, 1986）, P. 242.

②　David Harvey, The Limits to Capital, Verso, 2006, P. 191.

资本主义具有的明显的不稳定性的基本原理"。[1]

哈维在构筑的三层次危机理论中，对统一各层次危机理论的基本机制进行了解释。这种机制就是资本的过度积累和资本的贬值。哈维认为，马克思的利润率下降的观点令人信服地说明，资本家对剩余价值生产、技术变迁充满激情，和"为积累而积累"的社会必然结合在一起，就产生了相对于可以利用资本的机会的缺乏而出现的资本的过剩。这样一种资本生产过剩的状态被称为"资本的过度积累"。如果流通中的资本总量要和通过生产和交换实现这些资本的有限的能力保持平衡（利润率保持稳定的隐含条件），那么一部分总资本必须被消灭（Eliminated）。如果要重建平衡，那么过度积累的趋势必须被从流通中消灭过剩资本的过程所抵销。

哈维认为，马克思把贬值视为价值流通的"必然环节"。当马克思提出他第一层次的危机理论时，贬值的概念在理解资本主义运动的矛盾规律产生的永久性的不良影响上占据了突出的地位。"贬值隐藏在过度积累的背后"。[2] 哈维指出，通过危机发生的贬值是一种重要的机制。他说，"当开始描述发生在危机过程中的贬值时，温和的意象'贬值'让位于激烈的暴力的意象'破坏'"。[3] 在危机时刻，所有内在于资本主义生产方式的矛盾都是以一种暴力的形式爆发的，它是以一种"暂时的暴力的解决"使"已经破坏的平衡得到瞬间恢复"。[4]

在第二层次的危机理论中，哈维指出，"第一层次的危机理论表明危机的根源在于生产。考虑到生产和交换之间普遍存在的矛盾统一，危机必然在交换领域表现出来"。[5] 在交换领域，资本或者表现为商品或者表现为货币。价值时而采取商品形式，时而采取货币形式。由于货币是一种独立的形式，通过它价值"自身的同一性确定下来"。[6] 这就意味着危机必然具有一种货币形式的表现。哈维认为，对信用和生息资本流通的分析，对虚拟资本形成的和其他复杂的金融和货币现象的分析为资本主义条件下危机的形成和表现的理论增添了新的维度。哈维把这种包含了金融分析的危机理论称为第二层次的危机理论，第二层次的危机理论"努力把金融和货币的方面整合进第一层次的对导致生产不均衡的力量的分析中"。[7]

---

[1] David Harvey, The Limits to Capital, Verso, 2006, P. 192.

[2] David Harvey, The Limits to Capital, Verso, 2006, P. 195.

[3] David Harvey, The Limits to Capital, Verso, 2006, P. 200.

[4] 《马克思恩格斯文集》第 7 卷，人民出版社 2009 年版，第 277 页。

[5] David Harvey, The Limits to Capital, Verso, 2006, P. 324.

[6] 《马克思恩格斯文集》第 5 卷，人民出版社 2009 年版，第 180 页。

[7] David Harvey, The Limits to Capital, Verso, 2006, P. 325.

哈维指出，第二层次的危机理论，必须考虑在固定资本和消费基金形成、在土地买卖、在商品价格和商品期货以及各种形式的账面资产上表现出来的相对自治的投机泡沫。这些投机狂热并不能必然被解释为是生产中的不均衡的直接表现，它们能够而且的确可以在自身的基础上产生。但是马克思表明它们只是建立在导致不均衡的更深层的力量之上的表面泡沫。马克思说明了积累过剩为投机狂热的形成创造了条件，而后者几乎毫无例外地表明了前者的存在。哈维认为，在这种分析中，真正的困难在于"把纯粹表面性的不断投机的泡沫和深层次的危机在生产中形成的节奏区分开来"。①

哈维认为，在马克思的分析中，一般意义上的资本流通，在一定的时点，必须呈现出一种新的外观，比如生息资本的流通。这是金融资本这种作为一种充满了内在矛盾，并以长期的不稳定为特征的有组织的控制力量诞生于其中的胎胞。金融资本的出现并不是一个抽象的事件，而是包含着创造新工具和新制度、新的阶级派别、形态和同盟，以及资本流通自身新的渠道的过程。所有这一切都是资本主义演化自身必然的构成部分。

在第三层次的危机理论中，哈维认为，对与帝国主义和殖民主义、资本主义的地理扩张和地区支配在资本主义的整体稳定性中发挥的作用，仍然是马克思主义理论一个未能很好解决而且充满争议的问题。他关注的重要问题是，对资本的问题存在"空间修复（Spatial Fix）"吗？地理因素在危机形成和解决中发挥了什么作用？

哈维指出，资本主义并不是在一个在所有方向上都有着充足的原材料、同质的劳动力供给和相同的运输设施的平坦的表面上发展的。它是在多种多样的地理环境中扎根、成长和扩散的。资本主义制度释放出来的力量攻击、侵蚀、终结和改造了大多数前资本主义经济和文化。资本主义连续地把"源自把积累的时间限制转变为空间限制"。② 剩余价值必须在一定的时间段生产和实现。如果需要用空间去克服时间，剩余价值也就必须在一定的地理领域内生产和实现。结果是资本主义空间经济的发展被对立和矛盾的趋势所困扰。一方面，空间界限和地域差异必须被打破。但是，实现这种目标的手段带来了新的地理差异，这些新的地理差异成为需要加以克服的新的地理界限。"资本主义的地理组织内化了价值形式中存在的矛盾。这就是不可避免的资本主义的不平衡发展的含义"。③

在构建第三层次的危机理论时，哈维考察了特殊的、个体的和与特定空间联

---

①　David Harvey, The Limits to Capital, Verso, 2006, P. 325.

②　David Harvey, The Limits to Capital, Verso, 2006, P. 416.

③　David Harvey, The Limits to Capital, Verso, 2006, P. 417.

系在一起的贬值。很明显地，无论资本采取什么形式，劳动力是什么类型的，也不管因何种原因，只要它们没有出现在正确的时间正确的地方，那么它们就可能会发生贬值。大量的投机活动使得在时空中发生的适当的和精确的协调成为偶然，除非有意识的计划能够通过金融体系和国家发挥作用。世界对资本的地理重组越开放，暂时性地解决过度积累问题的方法就越容易找到，从而为持续的积累提供强有力的基础。"危机被转变为就像资本和劳动从一个区域转移到另一个区域那样的小的可转移的危机"。① 但是，资本主义发展得越充分，它就越易于从属于造成地理惰性（Geographical Inertia）的力量。哈维认为，这样就出现了一种新马克思描述为死劳动支配活劳动的新矛盾。资本流通越来越被限制在不具流动性的物质和社会基础设施中，它们是被用来支持特定类型的生产、劳动过程、分配安排、消费模式的。固定资本数量的增加和生产上更长的周转时间抑制了不受约束的流动。简单地说，生产力的增长，成为迅速地进行地理重建的障碍，它因过去的投资带来的沉重的负担而抑制了进一步积累的动力。所有这些力量交织在一起，强化了地理惰性的趋势，阻碍了资本主义空间经济的迅速重建。更严重的是，在贬值的压力之下，惰性的力量可能强化而不是放松它们的限制作用，因此加剧了问题。从而，"资本主义地理发展的不平衡具有了一种无法和区域内或全球规模的持续积累相一致的形式"。② 地理惰性的力量越占上风，资本主义总体危机就会越深重，恢复被打破的平衡的危机转移就会越野蛮。事实上，空间结构既有助于问题的产生也有助于问题的解决。随后资本主义开始建立新的安排去协调空间整合和地理不平衡发展。如果这种协调机制未能有效发挥作用，那么一场全球性的危机将可能随之而来。

哈维指出，"我们可以有把握地断定，危机形成的基础被扩大了和深化了。……简单地说，没有哪种'空间修复'可以在长期容纳资本主义的矛盾"。③那么很明显地，在进行过在长期无法容纳资本主义矛盾的"空间修复"后，资本主义中存在的各种矛盾依然存在，在这之后，还有可供选择的手段去实现资本贬值吗？哈维认为有，他认为，"全球战争是贬值的最终的形式"。④ 如果到了这样一个时期，那么"还有什么更好的理由可以使人们宣布：到了资本主义离开并让位于更理智的生产方式的时候了"。⑤

在哈维的三层次危机理论中，第一层次的危机论是马克思所表述的危机理

---

① David Harvey, The Limits to Capital, Verso, 2006, P. 428.
② David Harvey, The Limits to Capital, Verso, 2006, P. 429.
③④ David Harvey, The Limits to Capital, Verso, 2006, P. 442.
⑤ David Harvey, The Limits to Capital, Verso, 2006, P. 445.

论。第二层次的危机理论加入信用和信用周期因素，因为货币金融危机（如通货膨胀）可加剧生产周期乃至整个周期的波动；第三层次的危机理论加入资本的地理布局和空间的资源配置因素。在这种三层次危机理论中，第一层次的危机理论，分析资本主义内部矛盾的深层根源；第二层次的危机理论，考察金融和货币安排塑造并以金融和货币安排为中介的资本主义的时间动力学；第三层次的危机理论，把不平衡发展的地理学整合到危机理论中。

总的来看，哈维把资本的贬值作为核心概念，讨论不同层次的危机理论，他考察了在危机理论研究中非常重要的因素：金融和空间因素；哈维的危机理论研究，把短期的分析和长期的趋势研究整合在了一起。哈维赞同危机是资本解决自身贬值的一种机制，同时，资本在时空中的扩张和采取这种扩张的手段会使资本内在的矛盾采取某些新的表现形式，但这些形式自身在解决资本贬值问题的同时，也会造就新的问题，哈维以资本主义根本矛盾的不同形式的具体表现在一定程度上结合了资本主义变化的事实，在一定程度上证明了"资本主义生产的真正限制是资本自身"。①

---

① 《马克思恩格斯文集》第 7 卷，人民出版社 2009 年版，第 278 页。

第十七章

西方学者对马克思和凯恩斯、斯拉法的比较研究

对马克思经济学的"沟通"，在20世纪40年代之前主要表现为对马克思经济学和其他非主流经济学的相似性和差异性的简单比较上，并未触及作为沟通对象的不同理论体系的基本范畴和基本理论框架。在"凯恩斯革命"发生后，罗宾逊在否定劳动价值论的基础上对马克思和凯恩斯的有效需求理论进行的"沟通"。20世纪60年代初以后，斯拉法《用商品生产商品》一书的出版，对新古典主义经济学产生了较大的冲击，斯拉法主义经济学、新李嘉图主义经济学一时兴起，当时负有盛名的马克思主义经济学家多布、米克等开始宣扬马克思和斯拉法理论的"沟通"。

在20世纪西方马克思主义经济思想的历史发展中，"沟通"表现出不同的特征，但是有一点始终未变，那就是当对正统经济学产生较大冲击的理论体系出现时，对马克思主义经济学和这种新理论体系之间进行的"沟通"就会成为理论研究中的热点。这也是为什么在20世纪对马克思和凯恩斯、马克思和斯拉法的"沟通"会成为最显著的理论取向的原因。

尽管"沟通"中论争不休、莫衷一是、色彩各异，但这种"沟通"趋势的兴起和发展，在加深人们对马克思主义经济学的认识和理解上还是发挥了作用，在推动西方非主流经济学的发展甚至是西方主流经济学的自我"完善"上也产生了影响。

第一节 马克思主义经济学研究中"沟通"趋向的兴起

马克思主义经济学中"沟通"趋向的兴起，有着深刻的历史和现实原因。20世纪上半叶发生的经济大萧条、反法西斯主义的战争等一系列重大的政治、经济和军事事件，使得那些一直否定马克思经济学的学者，也愿意从马克思这位资本

主义的"病理学家"那里找到一些可资借鉴的思想，这既为马克思主义者"沟通"马克思和其他非主流经济学提供了相对宽松的环境和机会，也为其他一些非正统学者"沟通"马克思和他们自己的理论观点提供了契机。

一、20 世纪前期马克思主义经济学和正统经济学的关系

20 世纪前期的 40 年，马克思主义经济学和在西方逐渐占主流地位的新古典经济学之间，一直处于对抗的境遇。这一时期，马克思主义者对边际理论通常持否定态度，认为边际主义是一种"主观主义的"经济学。而奥地利经济学家庞巴维克、英国经济学家威克斯蒂德（P. H. Wicksteed）等对马克思劳动价值论的批判，也为大多数边际主义者所接受。日渐取得正统地位的边际主义者显然不认为能够从马克思那里学到什么有价值的东西。但是，这一时期，有些学者已经开始意识到，马克思主义经济学和新古典经济学之间可能存在某些互补性。杜冈—巴拉诺夫斯基就认为，马克思主义和边际主义理论是互补的，而不是矛盾的。从表面上看，这一时期马克思主义经济学和边际主义之间的"相互关系是复杂的，有时是冲突的，有时是互补的"，[1] 尽管"社会主义和边际主义之间关系的主要线索是对抗"。[2]

尽管马克思主义和新古典都是来自古典传统，但是在各自发展自己的理论体系时，却选择了古典传统中不同的线索，继承了不同的概念体系，强调了不同研究重点。理论上的差异必然造成相互关系上的冲突。这也就是斯威齐所认为的，马克思主义和新古典主义"两个分支中的每一个都能够而且的确宣称自己是古典政治经济学的合法的后代，但是必须说，作为兄弟他们彼此之间却没有任何联系"。[3] 意识形态方面是造成这种对抗关系的主要因素。罗宾逊曾指出，马克思学派经济学家与学院派经济学家的关系，"在马歇尔当年，还是被一条不可逾越的鸿沟间隔着的。一派只顾揭露资本主义制度的罪恶，另一派则把它描绘得悦目可爱。一派把这种制度看做一个消逝着的历史现象，本身就含着使自己解体的细菌；另一派却把它看做一种永恒的，几乎是逻辑的必要存在。这种观点上的根本分歧，又因语言上的差别而更加显著，每一派所用的都是带着浓厚的一己观点色彩的术语"。[4] 不仅如此，不同的理论体系还被用来服务于不同阶级的政治目标，

①　Ian Steedman Edited, Socialism and Marginalism in Economics: 1870 – 1930, Routledge, 1995, P. 1.

②　Ian Steedman Edited, Socialism and Marginalism in Economics: 1870 – 1930, Routledge, 1995, P. 3.

③　P. M. Sweezy, "John Maynard Keynes", in The new economics: Keynes's Influence on Theory and Public Policy, Edited with introductions by Seymour E. Harris, P. 103.

④　罗宾逊：《马克思、马歇尔和凯恩斯》，商务印书馆 1963 年版，第 1 页。

这进一步加剧了对抗的关系的强化。斯威齐曾指出，"它们成为激烈的阶级斗争中不同阶级的理论武器，对马克思主义而言是公开的，对新古典主义而言是掩盖在假装的科学中立性的外衣之下的"。[①]

马克思主义经济学和新古典经济学的对抗和冲突，直接造成了两个理论分支之间缺乏交流，剩下的只是理论的"交锋"。这种交锋造成的最直接的后果是两者之间缺乏相互的理解，进而导致两者都采取发展自我强化的发展方式，更为严重的是，为了在一种纯粹的"批判"的联系中取得胜利，双方甚至在一定程度上丧失了冷静、客观的态度，这在各种围绕具体理论观点展开的论战中使用的语言的风格和特色中，可以明显地体现出来。这种理论对抗，在一定程度上使理论研究越来越偏离对现实问题的分析，因为，这一时期服务于阶级利益的理论在复杂多变的现实和在争取主导地位斗争中取得胜利，远比解决具体的经济问题更为重要。

马克思主义经济学和新古典经济学之间隔离和冲突的现状，造成的是根本上的不信任和互相排斥。罗宾逊指出"马克思主义者对凯恩斯却不予信任，而绝大部分理论经济学家则重受均衡理论的束缚"。[②] 在斯威齐看来，两个学派之间只存在"一种斗争中的联系，这种联系造成的结果是党同伐异而不是互相理解"。[③]

二、与马克思经济学"沟通"主张的出现

凯恩斯革命的出现，为"沟通"观点的现实提供了契机。凯恩斯在 19 世纪末 20 世纪初开始研究经济学时，新古典主义毫无争议地占领着英语国家的经济学研究领域。对新古典主义持异议被视为是"无能的象征"。[④] 即使是在 1929 年"大萧条"开始之后，统治着学院派经济学教学的思想体系，也只是把失业作为偶然事件或故障来看待。在这种背景下，1936 年凯恩斯的《就业、利息和货币通论》出版了。罗宾逊对这种历史背景作了说明："面对着第一次世界大战后大量的、持久的失业，正统派理论就束手无策，陷入一套无人置信的、诡辩的混乱说法中去。凯恩斯的就业通论是在这种情况下树立起来的"。[⑤]

马克思经济学理论对凯恩斯构筑他自己的理论几乎没有产生过直接的影响。凯恩斯的目标在于改造新古典经济学，并把它带回到自 19 世纪与古典传统决裂

① P. M. Sweezy, "John Maynard Keynes", in The new economics：Keynes's Influence on Theory and Public Policy, Edited with introductions by Seymour E. Harris, P. 103.

② 罗宾逊编：《凯恩斯以后》，商务印书馆 1985 年版，第 2 页。

③④ P. M. Sweezy, "John Maynard Keynes", in The New Economics：Keynes's Influence on Theory and Public Policy, Edited with introductions by Seymour E. Harris, P. 103.

⑤ 罗宾逊：《马克思、马歇尔和凯恩斯》，商务印书馆 1963 年版，第 2 页。

后新古典主义越来越远离了的现实世界的联系中。正是因为凯恩斯是新古典主义中的一员而不是局外人，他才能在经济学领域产生深远的影响。但是，正因为同样的原因，"凯恩斯永远不可能超越新古典方法的局限，也就是说在抽象掉历史背景的情况下思考经济生活，从而无法内在地为社会行动提供一种可靠的指南"。[①] 因此，凯恩斯革命不是一种彻底的对正统经济学的革命，他的理论在解释资本主义的现实问题时，存在着无法克服的局限，这成为后来的凯恩斯主义者修正凯恩斯的理论，"沟通"凯恩斯和马克思的理论的出发点。

　　尽管凯恩斯经济学存在着无法克服的局限，但被"大萧条"的残酷现实教育了的一代经济学家，还是发生了显著的变化。时代的变化，迫使他们高度关注垄断与失业这两个无法回避的问题。学院派经济学家们也开始更加倾向于分析资本主义的缺点。在对资本主义缺陷与不足的分析上，马克思主义经济学早有建树，并在不断发展，只是因为对马克思的刻意忽视，才使得学院派经济学家需要等待凯恩斯出现后才会客观地看待马克思经济学。对于这一点，罗宾逊作了非常清楚地表述："学院派的理论，遵循着自己的道路，达到了与马克思体系大为相似的境地。失业在两派中都占着重要位置。两派都认为资本主义蕴含着它自身崩溃的种子。在消极方面，和正统派均衡理论不同，凯恩斯体系与马克思体系是一致的。在马克思主义与学院派经济学家之间，现在头一次出现了足够的共同立场，有可能进行讨论。虽然如此，英国的学院派经济学家仍然很少对马克思的理论做认真的研究"。[②] 罗宾逊的表述，既是对经济思想发展历史的简要回顾，也是对"沟通"马克思和凯恩斯的原因与角度的提示。罗宾逊主张，"凯恩斯思想体系的运用范围是有限制的。他全然没有接触到马克思所关心的主要问题，他动摇了正统学派的长期均衡理论而没有代以任何很确定的东西。由此可见，马克思的理论，或至少是马克思在所讨论到的问题上的某些理论，同样是凯恩斯所必需用来补充的，正如凯恩斯的理论是马克思所需用来补充的一样"。[③]

　　尽管凯恩斯对马克思的评价不高，但在很大程度上，凯恩斯的追随者并没有在这一方面坚持他们学派创始人的观点。很多凯恩斯的追随者成长在世界战争、大萧条和法西斯主义的背景下，他们可能会坚持凯恩斯的分析是合理和有效的，但同时也会认识到，仅仅对资本主义体系进行修补是不够的，只有社会关系结构的深刻变化才能开启人类物质和文化条件新发展的阶段。这后一种理解，"必然

会受到作为唯一真正的和全面历史和社会科学的马克思主义的吸引"。①

在凯恩斯革命时期，需要改造和发展的不仅仅是学院派正统经济学。随着资本主义经济的变化，马克思主义经济学也面临着新的问题。在马克思完成自己的经济学以后，资本主义并不是静止不动的，它已发展到马克思主义者所说的帝国主义或垄断资本主义阶段，在这一阶段，经济进程的某些重要方面与马克思所了解和分析的旧资本主义不一样了。马克思主义者争辩说，尽管垄断资本主义与一百年前的制度有差别，但它依然是资本主义，马克思的分析本质上仍然是适用的。但是，仅仅指出这一点是不够的，马克思主义者需要结合新的事实，说明马克思经济分析的基本范畴既是正确理解旧的形势又是正确理解新的形势的关键。用米克的话说，"除非我们真正做点工作，使这些基本范畴能够适应新的形势，并论证现阶段资本主义的运动规律，像马克思论证他自己经历的那一历史阶段一样的有力，否则我们就很难希望别人信服我们是正确的"。②正是为了"真正做点工作"，也是为结合新的经济事实，发展出适合于当代资本主义分析的马克思主义经济理论，马克思主义者也开始逐渐地关注其他经济学流派。在上述背景下，"沟通"取向在两个方向同时开启。

三、与马克思"沟通"的方式和意义

在"沟通"马克思和其他经济思想流派的研究中，有种倾向是试图通过对马克思的重新解释，通过把马克思融合到其他流派，来加强该流派的理论力量。罗宾逊对马克思和凯恩斯的沟通，就属于这种倾向。罗宾逊曾指出："直到最近，马克思常被学院派以轻蔑的沉默来对待，只有在偶尔的嘲弄的脚注中才打破沉默。但受到现代经济生活发展的推动的现代学院派学说的发展——对垄断的分析和对失业的分析——已经打碎了正统派学说的结构，并且打破了经济学家惯常观察放任的资本主义作用时的满足感。所以，他们对于作为资本主义主要批判者的马克思的态度，不像往常那样确定不移了。我认为，他们得向他学习很多东西。向他学习的主要困难，是由于他所用的特殊语言和晦涩的议论方法而引起的、而我的目的就是要用为学院派经济学家所易懂的语言，来阐明我所理解的马克思所说的话"。③罗宾逊认为"双方如不沉溺于无知的谩骂中，一定可以由于试图理

---

① P. M. Sweezy, "John Maynard Keynes", in The new economics：Keynes's Influence on Theory and Public Policy, Edited with introductions by Seymour E. Harris, P. 109.

② 米克：《劳动价值学说的研究》，商务印书馆 1962 年版，第 4 页。

③ 罗宾逊：《论马克思主义经济学》，商务印书馆 1962 年版，第 2 页。

解他们的相互批评而有所得益"。①

在"沟通"马克思和其他经济思想流派的研究中，另外一种常见的倾向是，通过"沟通"能够形成一种对经济现实具有更强解释能力的理论框架。比如米克在劳动价值论方面对马克思和斯拉法的沟通，实际上是为了通过对现实变化的解释发展马克思经济学。米克强调，他的著作"不只是为了我的非马克思主义的同行写的，而且是为了那些关心发展马克思的基本范畴使之适应新情况的马克思主义者写的"，② 他希望"有助于开辟一个两派共存的时代，在这个时代里，马克思主义者和非马克思主义者将由互相攻击对方的虚伪性和不学无术，而转变为互相了解和评价对方的观点，双方进行和平的竞赛，看看谁能对经济现实给予更正确和更有用的分析"。③

在这之后，对马克思经济学的"沟通"表现为四个方面倾向：

一是对马克思和凯恩斯的"沟通"。在凯恩斯革命出现后，西方马克思主义经济学研究中"沟通"的重点是对马克思和凯恩斯的沟通，沟通试图达到的主要目标是完善对资本主义经济现实的分析。

对马克思和凯恩斯的沟通，第一次高潮发生在凯恩斯的《就业、利息和货币通论》出版后不久，一致持续到出现"凯恩斯革命的革命"，也就是说持续到20世纪70年代早期。在这一次沟通中做出重要贡献的代表包括罗宾逊、斯拉法、卡莱斯基、卡尔多、巴兰、斯威齐和斯坦德尔。这些作者的沟通，"阐述了作为大多数异端宏观经济学理论的基础的一般原理"。④ 这些作者或阐述、或扩展、或综合了诸如垄断性的市场结构、有效需求、消费不足、停滞、资本积累、不确定性背景下的决策、历史时间和社会关系的重要性等概念。此外，他们也把大量的注意力放在对资本主义进行长期分析的宏观经济学扩展上。

二是对马克思和斯拉法的"沟通"，在斯拉法的《用商品生产商品》出版后，"沟通"的重点发生了变化，更多的沟通是围绕基本理论展开的，在《劳动价值学说的研究》中，米克指出："这本书的写作，实际上是起因于1951年我同罗宾逊夫人关于某些经济理论问题的长期通信。……我不能使罗宾逊夫人信服劳动价值学说的真实意义和真实科学性，其错误在我而不在她"。⑤ 正是这种失败，鼓励米克"在马克思主义经济学家与非马克思主义经济学家之间建立某种桥梁，

---

① 罗宾逊：《论马克思主义经济学》，商务印书馆1962年版，第2~3页。
② 米克：《劳动价值学说的研究》，商务印书馆1962年版，第4页。
③ 米克：《劳动价值学说的研究》，商务印书馆1962年版，第5页。
④ Jonathan P. Goldstein and Michael G. Hillard edited, Heterodox Macroeconomics: Keynes, Marx and Globalization, Routledge, 2009, P. 5.
⑤ 米克：《劳动价值学说的研究》，商务印书馆1963年版，第3页。

从而使后者至少可以看到前者所努力追求的目标"，《劳动价值学说的研究》一书的"原意就在于试图提供这样的桥梁"。①

三是 20 世纪 70 年代后对马克思和新古典的"沟通"。随着现代经济学对分析方面的严格性的要求日益提高，一些受过良好的数学和现代经济学训练的学者开始思考，是否马克思主义经济学也适用于运用数学等具有严格性的分析工具加以重建。20 世纪 70 年代中期以后，随着"凯恩斯革命的革命"的发生，在保守主义的相对强势（在美国和英国尤其是如此）复兴的推动下，"沟通"马克思经济学与新古典经济学的取向悄然兴起。影响最为深远的分析马克思主义就是这种沟通的主要成果。分析的马克思主义主要用存在于社会科学和哲学中的非马克思主义的方法论工具考察马克思的理论。这一取向在埃尔斯特的《理解马克思》中表现得非常明显，该书的出版是"希望马克思主义思想能够摆脱越来越受到怀疑的方法和仍然被广泛地认为对它而言具有本质意义的假设前提，从而使马克思思想中正确的和重要的内容更加牢固地建立起来"。②

四是 20 世纪 70 年代后对马克思主义经济学和其他异端宏观经济学的沟通。随着终结，为了解释资本主义经济的长期变化和短期波动，在观察和研究一些资本主义新的变化因素基础上进行对马克思经济学和其他异端宏观经济学的第二次沟通的高潮出现了。这种沟通和发展，基本上都是建立在马克思主义者、凯恩斯主义者和制度主义者的原创性的观点之上的。这种沟通的目标在于提出更加连贯一致、逻辑性更强、更具现实性和灵活性的理论框架，以求在具体的历史时期能解释现代资本主义的宏观的动态发展变化问题。

这种新的"沟通"既是现实的需要，也是为了消除先前的沟通中存在的问题。在先前的沟通中，对社会关系的考察主要局限于资本—劳动关系。为了更好地解释全球化和金融化时代的资本主义经济，对马克思和其他异端宏观经济学进行的沟通开始出现。这一时期的"沟通"，"更多地把利润率放入有效需求理论中，扩展了马克思主义的竞争概念，分析了产业和金融资本家之间的关系，以便更好地理解新自由主义体制中现代资本主义的宏观的、动态的发展"。③

第二节　马克思和凯恩斯的"沟通"研究

对马克思和凯恩斯的理论进行的"沟通"，是以比较马克思和凯恩斯的理论

---

① ②　米克：《劳动价值学说的研究》，商务印书馆 1963 年版，第 3 页。

③　Jonathan P. Goldstein and Michael G. Hillard edited, Heterodox Macroeconomics：Keynes, Marx and Globalization, Routledge, 2009, P. 6.

的相似性和差异性为基础的。这种"沟通"，在推动马克思主义和凯恩斯主义理论各自发展的同时，也存在着会令双方都不满意的，把"马克思凯恩斯主义化"或者把"凯恩斯马克思主义化"的可能。在这种情况下，不同类型的沟通是马克思主义和凯恩斯主义之间的平等交流，还是以马克思为中心进行沟通，抑或是以凯恩斯为中心进行沟通，成为马克思主义者和凯恩斯主义者争论不休的问题之一。

一、马克思经济学和凯恩斯经济学的相似性与差异性

在对马克思和凯恩斯进行的沟通中，成果最为丰富的是对两位经济学家经济理论的相似性和差异性的分析。

第一，马克思和凯恩斯理论的相似性和差异性的根源，在于他们对资本主义经济存在的严重问题进行了分析和解释，但却是服务于不同的目标。

马克思和凯恩斯之间的相似性来自这样一个事实，他们都专注于解释资本主义经济存在的严重问题，而且都认为并不存在像正统经济学认为的自发的机制能够解决资本主义的难题。沃德指出，"像马克思的《资本论》一样，凯恩斯的《通论》也研究了经济病理学。它试图阐明一个社会的经济制度为何不起作用，即它不能使可得到的劳动力和资本实现充分就业或接近充分就业。"[①] 马克思和凯恩斯都认为，古典和新古典经济学的假设并不存在于现实世界中，"他们都认为资本主义制度都处于病态中，为此必须进行解释，不然的话，经济理论就是与现实无关的理论。"[②]

尽管他们关注了相同的研究对象和相似的问题，但是，马克思和凯恩斯的经济分析是从不同的理论视角出发的。在沟通马克思和凯恩斯的研究中，这是一个基本的共识。比如，在沟通研究中，马提亚斯就指出，"凯恩斯为了改善资本主义，得出了与打算证明资本主义的暂时性和它的必然衰亡的马克思相似的认识"。[③]

第二，马克思和凯恩斯使用的方法上的相似性和差异性，他们都对资本主义经济制度进行了宏观动态分析，但是他们的分析方法和分析技术存在着重大的差异。

马克思和凯恩斯都使用宏观方法强调了宏观经济过程和微观经济过程之间的

---

①②　E. E. Ward, Marx and Keynes's General Theory, *Economic Record*, Vol. 15, 1939, pp. 152 – 167. In *Karl Marx's Economics*：*Critical Assessments*, Edited by Cunningham Wood, Volume IV, P. 18.

③　A. Matyas, Similarities between the Economic Theories of Marx and Keynes, Acta Oeconomica, Vol. 31, No. 3 – 4, 1983, pp. 155 – 173. In Karl Marx's Economics：Critical Assessments, Edited by Cunningham Wood, Volume V, P. 21.

区别，认为宏观经济的相互关系，不可能仅通过对微观经济主体的行为分析得以理解。由于马克思关注资本主义的历史命运，他的研究涵盖了一个长期的时间框架，打算揭示资本主义经济运动的长期趋势。与此相对应，凯恩斯打算治疗资本主义经济的日常顽疾，因此他的研究主要具有短期的属性。

尽管马克思以类似于凯恩斯的方式分析了资本主义制度，但是，他们的分析方法、分析技术迥然不同。马克思的范畴不会帮助人们预测市场价格的变化，他也不关心市场价格对企业家决策的影响，或企业家决策对市场价格的影响。它们只是用来论证资本主义的基本特征——马克思称之为剥削，这种剥削关系怎样引起资本主义的矛盾，最终导致资本主义的崩溃。就凯恩斯的《通论》而言，它只阐述了资本主义制度运行的表面层次，完全不同于马克思的思路。沃德指出："马克思借助于价值、剩余价值和不变资本、可变资本诸范畴，区分了资本主义的生产领域和流通领域，这与凯恩斯理论迥然不同。凯恩斯仍然坚持古典传统，他聚焦于市场，并把它视为利润决定因素集中的核心"。[1]

马克思使用的是完全的客观分析，而凯恩斯采用了主观分析方法。凯恩斯关注企业家决策的直接决定因素，即通常被视为与对未来的预期相联系的心理状态。马克思关注的不是企业家决策在多大程度上决定了某些过程的继续，而是企业家不得不做出这些决策的诸条件。在马克思那里，经济体系的运行遵循某些确定的规律，这些规律为个体的心理反应设定了界限。

由于马克思关注资本主义的历史命运，他的研究涵盖了一个长期的时间框架，打算揭示资本主义经济运动的长期趋势。与此相对，凯恩斯打算治疗资本主义经济的日常病患，因此他的研究主要具有短期的属性。"所有这一切，都使得对两位思想家的理论体系进行比较变得相当的困难"。[2]

第三，理论内容方面的相似性和差异性。马克思和凯恩斯都认识到"自由放任"的终结，萧条和大规模失业威胁着资本主义体系的存在，认识到资本主义存在着长期停滞的危险，而且与此相伴的利润率下降或资本边际效率下降。对马克思和凯恩斯而言，都把投资视为是引起经济波动的主要因素。熊彼特认为，马克思和凯恩斯发展了不同的"崩溃理论"，但是两位经济学家都相信资本主义存在内在的不稳定性，"在两种理论中，崩溃都是由内在于资本主义经济体制自身，

① E. Ward, Marx and Keynes's General Theory, *Economic Record*, Vol. 15, 1939, pp. 152 – 167. In *Karl Marx's Economics：Critical Assessments*, Edited by Cunningham Wood, Volume IV, P. 26.

② A. Matyas, Similarities Between the Economic Theories of Marx and Keynes, Acta Oeconomica, Vol. 31, No. 3 – 4, 1983, pp. 155 – 173. In Karl Marx's Economics：Critical Assessments, Edited by Cunningham Wood, Volume V, P. 22.

而不是外在于它的因素引起的"。① 罗宾逊也认可这种观点，她指出，凯恩斯证明在自由放任资本主义中，没有均衡机制能够确保充分就业，甚至是工资的自动调整。② 凯恩斯指出，认为一个工人接受低工资得以就业，作为整体的所有工人都会这样做，是一种加总错误。马克思通过强调工资决定的阶级特征，区分了个体和集体工资情况的差异。

在对马克思和凯恩斯进行沟通的过程中，许多学者具体分析了马克思和凯恩斯理论之间存在的相似性。因为找到相似性是进行沟通的基础。莱德勒（Lederer Emil）指出了凯恩斯与马克思的三点相似之处。③ 一是凯恩斯接受了劳动价值论，其中包括在"工资单位"概念中，将复杂劳动折算为倍加的简单劳动。二是他关于利润率下降的观点，这经常表现为资本边际效率递减的形式。三是凯恩斯承认消费和投资之间有必要的比例，从而承认了马克思关于第 I 部类和第 II 部类之间的比例关系。约翰·斯特雷奇（Strachey J.）指出，在关于利润率这一中心问题上，凯恩斯的结论与《资本论》第 3 卷的结论有明显的相似之处。斯特雷奇认为，凯恩斯的确忽视了技术进步和利润率之间的关系。然而，凯恩斯和马克思都认为，要增加就业就需要扩大投资，而且资本积累导致了利润率的下降。根据斯特雷奇的看法，利润率这一概念与凯恩斯的资本边际效率极为接近。因此，利润率下降趋势构成凯恩斯理论的基础。④ J. D. 威尔逊（John D. Wilson）认为，凯恩斯的资本边际效率同马克思的利润率密切相关，但凯恩斯以长期因素作为分析的中心论据。⑤

凯恩斯和马克思的相似性集中体现在凯恩斯的治疗资本主义弊病的实用主义的理论中，这就像马蒂克强调的，"在凯恩斯的理论中，马克思发现的资本主义的疾病被悄悄接受了，而且同时通过对市场机制的干预被'加以'治疗"。⑥ 很明显，在凯恩斯的这种实用主义的背后，是一个认为如果他提供的治疗方法不被应用，资本主义可能真的会崩溃。

第四，对资本主义分析上存在的本质差异。很明显，凯恩斯可不会承认他自己的理论和马克思的理论之间的相似性，马克思也很难接受凯恩斯对资本主义的分析。凯恩斯曾说马克思的《资本论》，"在科学上是错误的"，"是过时的经济

① Schumpeter，John Maynard Keynes，1883 – 1946，American Economic Review，Sep.，1946，P. 512.

② Robinson，An Essay on Marxian Economics，London，1949，P. 67.

③ Lederer，Emil，*Commentary on Keynes*，*Social Research*，3，1936，pp. 478 – 487.

④ Strachey，J.，1938，. *Mr J. M. Keynes and the Falling Rate of Profit*，Modern Quarterly，1（4），pp. 337 – 347.

⑤ John D. Wilson，A note on Marx and the trade Cycle，Review of economic studies，5，1938，pp. 107 – 113.

⑥ Mattick，Marx and Keynes：The Limits of the Mixed Economy，1969，P. 167.

学教科书"，其中包含的"只是一些陈旧的争论"。① 同时，如果马克思知道凯恩斯说过一旦恢复了充分就业"古典学派的理论仍然是正确的"②，那么，马克思可能会把凯恩斯包括在"庸俗经济学家"之中，庸俗经济学"只是在表面的联系内兜圈子，它为了对可以说是最粗浅的现象作出似是而非的解释，为了适应资产阶级的日常需要"。③

但是，无论是凯恩斯的追随者还是马克思的追随者，在现实的变化中，他们都摆脱了各自支持的理论的创始人的态度。他们试图在马克思和凯恩斯之间建立某种联系。尽管他们在具体理论上尝试对马克思和凯恩斯进行沟通，却始终不否认马克思理论和凯恩斯理论在基本方法上存在的鲜明的差异，尤其是马克思和凯恩斯对资本主义分析上存在着本质的差异。造成这种情况的原因，就如海尔布伦纳所说的，"马克思是一位把资本主义看成是一种自我毁灭体系的思想先知，约翰·梅纳德·凯恩斯却是一位修理资本主义的工程师"。④

凯恩斯认为资本主义存在缺陷，但是这种缺陷是可以治愈的，而且试图通过治愈资本主义的缺陷去保存资本主义；而对马克思而言，资本主义存在的缺陷恰恰是对需要推翻它的证明。也就是说，凯恩斯分析的是在什么情况下资本主义会失灵，用什么方法去治愈这种失灵；而在马克思看来，资本主义必然失灵，治愈它的唯一方法是毁灭它。克莱因认为，马克思分析了为什么资本主义将无法或不能运转，而凯恩斯试图证明为什么资本主义有时候无法运转，但是认为通过某些措施可以重新使它运转起来。⑤ 用屈内的话说，马克思和凯恩斯之间的区别是"掘墓人和医生"⑥ 之间的区别。这种区别可以在一定程度上由阶级斗争在马克思的体系中的突出地位加以理解；而凯恩斯低估了争取更高工资的斗争，只是假定工人受到"货币幻觉"的制约。

马克思代表着革命，凯恩斯是一个清醒的辩护者。马克思试图理解资本主义并通过这种理解去毁灭它，并且认为资本主义将毁灭自身。凯恩斯看到了资本主义深刻的缺陷，并积极地寻找治疗资本主义的缺陷的方法。凯恩斯相信资本主义将会导致不稳定、停滞和失业，并认为正是上述情况的存在证明了干预主义的必要，尽管他意识到这可能会对私人投资产生不利的影响。因此，凯恩斯主义可能

---

① John Maynard Keynes, Essays in Persuasion, New York: W. W. Norton and Co. , 1963, P. 300.
② 约翰·梅纳德·凯恩斯：《就业、利息和货币通论》，商务印书馆 1999 年版，第 392 页。
③ 《马克思恩格斯文集》第 5 卷，人民出版社 2009 年版，第 99 页。
④ 罗伯特·海尔布伦纳，莱斯特·瑟罗：《经济学的秘密》，海南出版社 2001 年版，第 39 页。
⑤ Klein L. R, The Keynesian Revolution, London, 1965, P. 131.
⑥ Karl Kuhne, Economics and Marxism, Vol. 2, Translated by Rovert Shaw, The Macmillan Press Ltd, 1979, P. 243.

会导致对私人理性的否定（而资本主义体系的优越性正是建立在私人理性的基础之上的），并最终马克思把所有投资转交给社会开辟道路。这点正是一些学者认为可以沟通马克思和凯恩斯的基础。

二、罗宾逊对马克思和凯恩斯进行的"沟通"

很多凯恩斯主义者把马克思经济学视为一种激进的李嘉图主义经济学。但是，在凯恩斯主义者中有一个例外，那就是琼·罗宾逊，她"严肃地对待了马克思经济学，并试图把它和凯恩斯主义革命联系起来"。[1] 罗宾逊对马克思和凯恩斯有关危机和有效需求问题的沟通研究，最能表明凯恩斯主义者对马克思和凯恩斯的沟通存在的倾向和不足。对于凯恩斯主义者沟通马克思和凯恩斯的研究而言，一个最大的问题是，实用主义取向下的沟通往往会忽视马克思和凯恩斯之间的根本差别，使沟通具有肤浅的性质，而且在一定程度上，为了沟通的需要而扭曲否定马克思理论的独特的和特别的力量。

在罗宾逊对马克思和凯恩斯的沟通中，一方面，罗宾逊表达了对马克思的再生产图式的欣赏，并抱怨说马克思主义者并不理解在与当代经济学联系起来时再生产图式在分析层面具有的重要性。另一方面，她认为，马克思像凯恩斯一样，证明了萨伊定理是不充分的，她说："凯恩斯出现了，他证明了萨伊定理是荒谬的（当然，马克思也是这样认为的，但是我的导师从来没有把我的注意力引向马克思有关这个主题的观点）"。[2] 在 1955 年的讲座中，罗宾逊再一次讨论了这两个主题，然而，罗宾逊有关马克思对萨伊定理的批判的立场不同。罗宾逊再次强调了马克思再生产图式的重要性，并把它们同凯恩斯、卡莱斯基·哈罗德和多马直接联系了起来。她认为，"扩大再生产的图式，为研究储蓄和投资的问题，以及研究资本品的生产和消费品的需求之间的平衡，提供了一种极其简单而又不可缺少的研究方法。它再次被卡莱斯基所发现，并且用来作为解决凯恩斯的问题的基础，又被哈罗德和多马进一步发展成为长期经济发展理论的基础。假如马克思曾被当做以为严肃的经济学家来加以研究，而不是一方面被视为不会错误的先知，另一方面被视为打油讽刺诗的笑料，那将应该节省了我们大家许多时间"。[3] 同时，罗宾逊又表明，马克思的分析是建立在接受萨伊定理的基础之上的。她认

---

① Joan Robinson's Economics：A Centennial Celebration，Edited by Bill Gibson，Edward Elgar，2005，P. 43.

② Robinson，J.，1953，On Re-Reading Marx，in Robinson，J.，1973，Collected Economic Papers，Vol. IV，Oxford：Basil Blackwell，P. 264

③ 罗宾逊：《马克思、马歇尔和凯恩斯》，商务印书馆 1963 年版，第 20～21 页。

为，对马克思而言，资本家储蓄是因为他们想投资，因此，在投资和储蓄之间有一种必然的、自动的联系。对凯恩斯而言，则恰恰相反，储蓄和投资并不是自动地联系在一起的。

在 1966 年的《论马克思经济学》第二版的序言中，罗宾逊写道，她在《资本论》中找到了许多指向和凯恩斯及卡莱斯基的有效需求理论相像的理论指南。这些指示是如此之多，以至于"马克思的门徒可以在凯恩斯和卡莱斯基之前提出这种理论，而不是像凯恩斯和卡莱斯基那样是从大萧条的教训中得出它的。但马克思的门徒们并没有这样做"。① 但是，罗宾逊最初对马克思有效需求分析的表述并不是这样的，在 1942 年的著作中，罗宾逊承认马克思提供了一些理解有效需求的暗示，但是马克思的分析因假定资本家总是不顾当前的和期望的利润率，而尽可能地投资而受到损害。

在《论马克思经济学》的第四章到第六章这三章中，罗宾逊详细解释和批评了马克思的积累、有效需求和经济危机理论。在和长期就业理论相关的第四章，罗宾逊开篇就指出："马克思多半是把他的议论导向这个假设，即引诱资本家投资于实际资本是没有问题的。……只要他们有若干利润来投资，他们一定会把利润用于投资，不问利润或利息率的前景如何"。② 在这一框架中，失业是因为积累率低于劳动力的增长率造成的。以产业后备军形式存在的失业，保证了真实工资处于生存工资的水平。然而，劳动超额需求的存在是可能的，在这种情形中，真实工资上升，利润减少，积累放缓。结果失业增加，并迫使工资再一次下降。在第五章中，罗宾逊批判了利润率下降定律，这是一个马克思在没有考虑需求面的假设下加以研究的问题：生产的全部剩余都可以在市场上实现。在第六章中，罗宾逊直接分析了马克思对有效需求理论的贡献。她把自己的分析建立在《资本论》第 2 卷中的再生产图式的基础之上。

罗宾逊总结了马克思试图以下述方式发展有效需求理论："劳动者的消费受到他们贫困的限制，同时资本家的消费，受到使他们宁愿积累财富而不去享受奢侈的对资本的贪欲的限制。因此，对消费品（第 II 部类的产品）的需求就受到了约束。但是，如果消费品工业的产量受到市场的限制，对资本货物（第 I 部类）的需求又会受到限制。……这样，在工资和剩余之间的收入分配，就产生了一种在两大部类工业之间缺乏均衡的长期趋势"。③

---

① Robinson, J., 1966, An Essay on Marxian Economics, London：Macmillan, First published in 1942, P. vi.

② 罗宾逊：《论马克思主义经济学》，商务印书馆 1962 年版，第 28 页。

③ 罗宾逊：《论马克思主义经济学》，商务印书馆 1962 年版，第 44 页。

在上述分析中，罗宾逊理解马克思图式的方式与卡莱斯基使用它们解释自己的有效需求理论的方式是相同的。但是，对罗宾逊而言，马克思不能沿着上面描述的方式对自己的分析做出充分的发展，因为马克思缺少一种适当的投资理论："要根据这些方面做出一种学说，必须处理投资引诱问题。如果资本家不顾利润的前景，老是准备用他们剩余的资本货物进行投资，那么资本货物的产量就会填满消费与最高可能产量之间的缺口。两大部类工业之间的均衡将自行调整，且不管消费水平怎样可怜，不会发生危机。……要确立这种论点就必须证明，投资决定于利润率；而利润率归根到底又决定于消费力。简单说来，必须提供一种建立在有效需求原理上的利润率论"。①

罗宾逊明确指出，马克思未能对萨伊定理进行彻底的批判："马克思显然不理解正统派学说同萨伊法则同进退到何等程度，并为自己规定了这样一个任务，即发现一种可以适用于萨伊法则已经应验的世界的危机论，以及当萨伊法则被驳倒时会发生的学说。这种二元论在马克思本人的理论中种下了混乱的种子，而且还在他的继承者的理论中种下了混乱的种子"。② 罗宾逊认为，在马克思的体系中，投资额是由资本家能从整个制度中榨取出来的剩余价值所支配的，也就是说，是来自利润的储蓄率支配着投资率。"因此，有效需求问题并不发生。虽然马克思把萨伊法则斥为无知妄言，他也并不比穆勒或马歇尔更多承认储蓄决定与投资决定二者的离异。在凯恩斯体系中，这种离异是危机与失业的根源"。③

总结罗宾逊对马克思和凯恩斯的比较研究，可以把罗宾逊对马克思的解释概括如下："马克思的再生产图式为沿着凯恩斯的线索处理有效需求问题提供了一种很好的分析工具。不幸的是，马克思自己并没有阐释过这样一种理论，因为他未能提出一种令人满意的投资理论，……并以一种有效的方式批判萨伊定理"。④ 因此，总体上看，罗宾逊在马克思对萨伊定理的批判问题上的解释是摇摆不定的。如果接受罗宾逊在有效需求问题上不怎么有利于马克思的理论的解释，那么一个合乎逻辑的结论就是马克思的分析并不代表着和古典传统的根本性的决裂。资本主义增长过程发生在所有储蓄都转化为投资的环境中。危机的发生是过度积累的结果，过度积累导致对劳动的过度需求，增加了真实工资，降低了利润率，从而减缓了积累的速度。如果考察罗宾逊有利于马克思的解释，又找不到多少分析上的支持。也就是说，罗宾逊的立场，认为马克思理解的只是说萨伊定理不适

---

① 罗宾逊：《论马克思主义经济学》，商务印书馆 1962 年版，第 45 页。

② 罗宾逊：《论马克思主义经济学》，商务印书馆 1962 年版，第 46 页。

③ 罗宾逊：《马克思、马歇尔和凯恩斯》，商务印书馆 1963 年版，第 9 页。

④ Joan Robinson's Economics：A Centennial Celebration，Edited by Bill Gibson，Edward Elgar，2005，P. 51.

用于发生危机时的情形是站不住脚的。

此外，在试图建立凯恩斯革命和马克思的经济之间在分析上的联系时，罗宾逊把大量的注意力放在有效需求问题上。罗宾逊在重建马克思的有效需求理论时存在分析上的缺陷并不是她既无法令凯恩斯主义者，也无法令马克思主义者信服的原因。在凯恩斯主义的一面，凯恩斯对待马克思和马克思主义的不友好的态度对大多数他自己的信徒产生了强烈的影响。政治和意识形态上的差异足以阻止凯恩斯主义者去感知凯恩斯和马克思之间在分析上所具有的相似性。在马克思主义者方面，罗宾逊也同样不怎么成功。正统马克思主义者很难接受她推荐的研究马克思的方法，而且在最好的意义上，也只是把罗宾逊视为是激进的资产阶级经济学家，认为她可能有良好的意愿，但是并没有严肃的理论和意识形态背景。尤其是，罗宾逊对马克思的批判态度，可能进一步使马克思主义者疏远了凯恩斯主义者。

罗宾逊反对用教条式的方式研究马克思的理论，并尝试把马克思的理论和凯恩斯主义经济学联系起来，是具有积极意义的，不管怎样，她开启了对马克思和凯恩斯进行认真详细的比较研究的序幕。罗宾逊总是反对用"宗教般"的态度对待马克思，而且从来不惮于指出她认为的马克思出现错误的地方，比如，她强烈地反对马克思的劳动价值论，认为劳动价值论是错误的，在分析市场经济时是无用的，她也强烈地反对在黑格尔辩证法的基础上对劳动价值论进行的辩护和拯救。而正是在反对劳动价值论时和米克的通信中，在很大程度上激发了另外一种类型的沟通——马克思和斯拉法之间的沟通。无论如何，罗宾逊严肃的态度是值得肯定的，她在批评一些马克思主义者时所说的话："我把马克思放在心中，你们却把他挂在嘴上"，[1] 值得每一个自称马克思主义者的人进行深思。

三、马蒂克对沟通马克思和凯恩斯的评价

在凯恩斯主义影响日渐扩大的背景下，在《马克思和凯恩斯》[2] 一书中，保罗·马蒂克（P. Mattick）试图根据马克思的理论来评价凯恩斯的理论，马蒂克不是试图用马克思的某些范畴和理论观点去提高凯恩斯主义经济学的力量，而是试图让凯恩斯主义经济学接受马克思主义的检验，去考察两者之间的真正的关系。同时探讨马克思主义模型的新发展。

---

① Robinson, J., 1953, On Re-Reading Marx, in Robinson, J., 1973, Collected Economic Papers, Vol. IV, Oxford: Basil Blackwell, P. 265.

② P. Mattick, *Marx and Keynes: the limits of the mixed economy*, Boston, P. Sargent, 1969.

马蒂克认为，"凯恩斯主义的困扰资本主义世界的经济问题的解决方法，只具有暂时的有效性，而且能够使这些解决方法有效的条件正处在逐渐消解的过程中。由于这个原因，马克思主义的政治经济学批判，不仅远没有丧失它的相关性，而且具有了新的重要性，因为它既有能力理解和超越'旧的'经济学，也有能力理解和超越'新的'经济学"，因此，"我将使凯恩斯主义的理论和实践接受马克思主义的批判，除此之外，我还将在马克思主义分析的帮助下详细说明政治和经济事件及其趋势"。① 正是在这样的目标下，马蒂克指出，马克思预见到了凯恩斯的许多发现。马蒂克这部著作多数篇幅是对凯恩斯的理论和马克思的理论的说明，其主要论点是，凯恩斯好的、有见识的观点在马克思那里早就有了。

马蒂克准确地概括了凯恩斯革命出现后马克思主义者中出现的观点混乱的情况，总结了凯恩斯革命出现后经济学界有关马克思和凯恩斯关系的一般认识，认为凯恩斯革命性的内容早已涵盖在马克思的分析中，在很大程度上，凯恩斯的分析包含在马克思的整体框架中。

马蒂克指出："在大萧条中出现了凯恩斯的著作《就业、利息和货币通论》，不久人们就称赞其为经济思想的'革命'，《通论》的出版也导致'凯恩斯主义经济学'学派的形成。尽管固执的'正统'经济学家反对这个学派，认为它要么是'社会主义式的'，要么就是'一种幻想'，到那时，前后矛盾的社会主义者则试图把马克思和凯恩斯混合在一起，把凯恩斯的理论当作当代的'马克思主义'来接受。现代，马克思对资产阶级社会的未来的怀疑被说成只是表明马克思不能或不愿对古典经济学家进行建设性的批判。对凯恩斯，人们则说他真正实现了马歇尔的愿望——追求一个改革和改良了的资本主义的愿望"。②

在对马克思和凯恩斯的关系的评价中，马蒂克写道："在马克思和凯恩斯之间存在着必然的联系。马克思通过他自己对古典学派理论的批判预见到凯恩斯对新古典学派理论的批判。他们两人都在资本形成速度的日益下降中认识到了资本主义的困境。但是，凯恩斯把投资动机的缺乏视为它的原因，而马克思把资本主义困境追溯到它的最终基础——作为资本主义生产的生产的特征。"③ 马蒂克指出，"即使对《资本论》进行肤浅的研究，也会向凯恩斯证明，他认为的'不合逻辑的、过时的、从科学上看是错误的，对当今世界而言既是无益的也是不适用的'的马克思的理论，得到的结论非常类似于那些在他自己的推理中显现了'革命性'的内容"。④

————————

　① P. Mattick, *Marx and Keynes: the limits of the mixed economy*, Boston, P. Sargent, 1969, P. 2.

　② P. Mattick, *Marx and Keynes: the limits of the mixed economy*, Boston, P. Sargent, 1969, P. 3.

　③④ P. Mattick, *Marx and Keynes: the limits of the mixed economy*, Boston, P. Sargent, 1969, P. 13.

了解了马蒂克的著作的主要目标和特征，可以选择一些重大的理论问题进一步分析马蒂克对马克思和凯恩斯的关系的理解，在这种关系的理解中，马蒂克批判了认为凯恩斯的经济学比马克思的经济学要更适合于对 20 世纪的资本主义经济学进行分析的观点。

在"拯救资本主义"一章中，马蒂克指出："尽管具有高度抽象的特征，但马克思的资本分析证明了具有极大的预见力。资本积累的实际过程遵循马克思的资本分析对资本发展的概述。实际上，马克思所预言的资本发展的过程从来没有被否定过；其它解释只是以不同的方式解释了这种趋势的原因。凯恩斯的解释仅仅是其中的一种。他用不同的方式解释了资本生产的'长期'趋势，但是他对趋势自身和可观察得到的危机的条件的描述与马克思的描述的区别只是术语上的区别"。①

认为凯恩斯的经济学比马克思的经济学要更适合于对 20 世纪的资本主义经济学进行分析的学者，大多数把自己的论点建立在两个认识之上，马克思的经济理论不适宜于解释资本主义的繁荣，而且在解决资本主义的具体经济问题时，表现的不如凯恩斯的理论好。另外，资本主义发生了转变，马克思的经济理论是适合于 19 世纪的资本主义的理论。

马蒂克对这两个问题进行了讨论。在解释资本主义的持续繁荣时，马蒂克强调了经济周期在摧毁积累的资本存量从而恢复盈利条件中两次世界大战的作用。他说："生产资源的充分利用，无论何时何处发生，总是通过政府引致的'无利可图'的生产活动来实现的。这个增量一部分是由公共福利和对外援助措施产生的；大部分是由军事支出造成的。……这是通过通货膨胀、债务积累、政府引致的生产、战备和实际的战争的方式使得发达的资本主义国家达到充分就业的近似水平。"② 在较早的年代，经济周期发挥了摧毁过度积累的资本的任务。马蒂克指出，在 19 世纪的条件下，通过危机的手段克服资本过度积累问题相对容易，但是在 20 世纪初，通过危机和竞争破坏资本，从而改变总资本结构以恢复更大的营利性已经不再像先前那样充分有力了。出现这种情况的原因事实上和政府干预有关。而凯恩斯主义的经济干预措施在一开始并不是十分有效，恰恰是"二战"前的战争政策在一定程度上证实了凯恩斯的有效性。但是，"凯恩斯理论的目标和含义是：在不存在战争或非繁荣的时期提供一个实现充分就业的出路；不以正统派的进行战争或是以等待危机的破坏性后果的方式，而且通过新的和'理

---

① P. Mattick, *Marx and Keynes*: *the limits of the mixed economy*, Boston, P. Sargent, 1969, P. 62.

② P. Mattick, *Marx and Keynes*: *the limits of the mixed economy*, Boston, P. Sargent, 1969, P. 70.

性'的政府引致的需求的方法克服萧条"，① 因此，在马蒂克看来，战争时期的干预政策的有效性并不是对凯恩斯理论的证实，同时，政府对经济的干预反而影响了经济的自我调节机制。

马蒂克指出了一种情况的存在，"当前资本主义的国家组织的或'凯恩斯主义'的特征，被作为一种迟来的但不可避免的对旧式资本主义的批判，同时也服务于否定马克思主义的目标"。② 许多人指出，已经不存在马克思和他的同代人所理解的那种资本主义了。根据这些观点，凯恩斯的经济学帮助推动了资本主义的转变，在民主转变的技术上他做出了重大的贡献。因为凯恩斯向西方世界的人民展示了一条不需要导致全面的阶级斗争的道路。马蒂克指出，很显然，当代资本主义不同于马克思所分析的资本主义。"马克思没有预见到所有的实际变化。资本主义的转变不仅是资本积累的国际竞争的经济的结果，也是这种竞争的社会的和政治的结果，两次世界大战以及革命，导致国家对经济的迅速扩大的、甚至是全面的控制。这些事件的发生过程，即使是马克思预见到了，也不会影响他的经济理论。因为这些事件和对经济危机状况的政治反应有关。认识到资本主义生产中基本矛盾的存在，以及随着资本主义的扩张和深化这种矛盾的扩大和加剧，马克思对思考可能延续资本主义的存在的力量不感兴趣，他更愿意去发展革命力量去终结它"。③

马蒂克宣称，虽然马克思没有预见到这些事件中的许多具体内容，但这些事件与马克思的理论却是完全一致的。根据马蒂克的意见，甚至凯恩斯主义的兴起也是马克思的理论所预见到的社会经济发展的结果。马蒂克说："众所周知的马克思的'失败'不是经济理论的失败，而是建立在对这种经济理论的理解基础之上的社会和政治预期的失败。当然，就把它应用于现实导致了对资本主义适应变化的能力的低估的意义上，可以认为它也是经济理论的'失败'。但是，没有合理的理由要求马克思应当在所有具体的表现上预见到实际的社会和经济发展。在某种程度上，在以一定的确定性预见到社会经济的发展上，马克思做的相当好，这一点可以被凯恩斯主义的兴起所证明。在凯恩斯主义的构想中，马克思发现的问题被默默地接受了，同时也被有意识的对市场机制的干预'纠正'着"。④ 因此，在马蒂克看来，凯恩斯理论绝对不是对马克思理论的挑战，因为在马克思的理论中已经包括了凯恩斯理论的内容。

---

① P. Mattick, *Marx and Keynes*：*the limits of the mixed economy*，Boston，P. Sargent，1969，P. 68.

②③ P. Mattick, *Marx and Keynes*：*the limits of the mixed economy*，Boston，P. Sargent，1969，P. 73.

④ P. Mattick, *Marx and Keynes*：*the limits of the mixed economy*，Boston，P. Sargent，1969，P. 74.

四、马克思和非主流宏观经济学的沟通

20 世纪 70 年代，随着经济金融化程度的提高，也由于正统经济学在解释资本主义危机时的理论失效，"沟通"马克思的经济分析和其他异端宏观经济学的倾向开始兴起和发展。克罗蒂对明斯基的分析和对马克思的分析的综合，就是这种"沟通"的产物。

明斯基（Minsky）1975 年对危机作出了"金融不稳定性假说"（Financial Instability Hypothesis，FIH）的解释。明斯基的这一危机理论，几乎完全集中在对经济中金融部门的研究上。在经济的扩张期，"繁荣欣快症"的加强导致公司和金融机构的风险接受愿望的提高和债务水平的提升，用明斯基的话说，经济从"稳健"的金融结构向"脆弱"的金融结构发生转化。衰退通常是由利息率的提高引发的，这使得过度扩张的债务人被迫出售非流动性资产以偿还当前的债务，这反过来导致资产价格的下降和债务—通货紧缩的衰退和萧条。从积极的一面看，萧条期间的破产降低了债务水平，重新为下一次扩张的开始恢复了稳健的金融结构。应该说，在明斯基对金融危机的分析中完全包含着把马克思对信用和危机的分析整合进来的可能。明斯基的理论也包含着对长期趋势的解释。作为最后贷款人，中央银行会参与到避免债务—通货紧缩的危机中去，然而就央行在这种干预中是成功的而言的程度上，稳定的金融结构的恢复过程被破坏了，金融带着更加脆弱的金融结构从萧条中恢复了。结果，随着时间的发展，经济的金融脆弱性越来越强，通货膨胀增加，最终的结果是停滞。

克罗蒂认为，"明斯基主义的金融危机理论能够完全和马克思的危机理论相容"。[1] 马克思并没有提出一个充分的全面的金融部门的功能理论，但是"他有关这个主题的各种讨论与明斯基的理论非常接近"。[2] 马克思解释过一段时期的扩张必然引起商业债务的扩张，这将推动扩张发展到更高的程度。然而这种繁荣引致的债务的增加也使得经济更加容易受到衰退的攻击，衰退最终是要来临的。当衰退来临时，它经常演变为金融恐慌和萧条。

明斯基理论的主要问题在于，它只专注于金融部门，忽视了真实部门。根据明斯基的理论，真实部门不可能是危机和不稳定性的源泉。此外，明斯基的理论假定利润在收入中占一个不变的份额，这个份额是由垄断的程度决定的。由于利润份额保持不变，危机不可能是由利润份额下降导致投资下降引起的。明斯基强

---

①② Fred Moseley, Marx, Minsky and Crotty on crises in capitalism, in Jonathan P. Goldstein and Michael G. Hillard edited, Heterodox Macroeconomics：Keynes, Marx and Globalization, Routledge, 2009, P.141.

调，投资的下降从来不可能是由利润的预先下降引起的，而是认为投资的最初的下降引起了随后利润量的下降。因此，克罗蒂认为，明斯基的金融部门的危机理论应当被补充进马克思的真实部门的危机理论，尤其是马克思的利润理论和利润率下降趋势理论。克罗蒂讨论了决定利润率的一些因素，投入成本（尤其是工资），技术类型，劳动纪律和努力程度，对产出的总需求。克罗蒂认为，在一次扩张中，这些因素将以一种对利润率产生不利影响的方式发生变化，尤其是工资增加。利润率的下降引起投资支出的下降，导致一般性的萧条。考虑扩张期建立起来的高的债务水平，降低的利润率使得公司偿还它们的债务变得更加困难，迫使许多公司破产，经济进入萧条之中。因此，"根据马克思的理论，真实部门利润率的下降是资本主义经济危机和不稳定的源泉，与明斯基所强调的不稳定源自金融部门的观点相比，这种认识更加重要，更加根本"。[1]

克罗蒂认为，马克思的理论和明斯基的理论在发展一种全面的根本性的资本主义危机理论上具有重大的意义。马克思理论的主要作用在于提供了一种真实部门的利润理论，一种利润率下降趋势理论，并把利润率下降作为真实部门的危机的原因。明斯基的理论提供了一种有关金融部门金融脆弱性趋势的理论，给资本主义经济中的不稳定性增加了另外一个原因。"把马克思的理论和明斯基的理论的结合，将提供一个因内在原因造成的资本主义经济危机和不稳定的全面的理论，这是一种比主流理论更加优越的理论，后者只是简单地假设资本主义经济具有内在的稳定性，危机和不稳定是因为外部的、偶然的原因引起的"。[2]

总体地看，克罗蒂综合的理论框架的思想根源在于，"对抗性的阶级关系，强迫性的竞争关系，存在潜在矛盾的微观行为，以及非稳定状态的经济演化的概念"。[3] 这种综合的理论框架讨论了基本的危机机制："传统的利润挤压、消费不足、过度投资、金融利润压榨以及金融脆弱性危机。此外，这些危机中的一些具有多重的冲击机制"。[4] 同时，抵消危机的潜在的趋势也是存在的，但它们不是产生平衡增长的均衡机制。只是用更加严重的同样的危机机制的变种，或者新的、复杂的未来的危机机制取代或者推迟了危机。

类似克罗蒂提出的灵活的、现实的、具有历史特性和制度特性的宏观框架，

---

① Fred Moseley, Marx, Minsky and Crotty on crises in capitalism, in Jonathan P. Goldstein and Michael G. Hillard edited, Heterodox Macroeconomics: Keynes, Marx and Globalization, Routledge, 2009, P. 142.

② Fred Moseley, Marx, Minsky and Crotty on crises in capitalism, in Jonathan P. Goldstein and Michael G. Hillard edited, Heterodox Macroeconomics: Keynes, Marx and Globalization, Routledge, 2009, pp. 148 – 149.

③④ Jonathan P. Goldstein, Heterodox Macroeconomics: Crotty's Integration of Keynes and Marx, Review of Radical Political Economics, Volume 40, No. 3, Summer 2008, P. 304.

可以很好地用来解释资本主义的长期发展。这种整合的宏观框架，有助于在"新自由主义困境"的标题下研究世界经济的矛盾性动态发展。

第三节　马克思和斯拉法的"沟通"研究

斯拉法的《用商品生产商品》出版后，一些马克思主义者和非马克思主义者开始思考斯拉法的标准商品分析对马克思主义经济学的意义。一些马克思主义者看到了它可能有助于马克思主义经济学发展的一面，一些斯拉法的追随者看到了它可能对马克思经济学构成挑战的一面。

一、多布和米克对马克思和斯拉法的"沟通"

在马克思主义经济学和新李嘉图主义经济学的关系分析上，一些经济学家把新李嘉图主义理论视为对马克思主义传统的继续，渐渐地也有一些斯拉法主义者接受这种观点。米克和多布欢呼斯拉法"重新修复（Rehabilitating）"了马克思。

斯拉法的著作出版后，多布和米克很快就察觉到马克思和斯拉法之间存在的相似之处。他们认为，至少从 18 世纪开始，经济理论就在两种传统中发展：供求范式和剩余范式。多布认为，亚当·斯密是一个重要人物，这两种传统都可以在斯密的理论中找到源泉。李嘉图和马克思在 19 世纪发展了剩余方法，而博特凯维兹、里昂惕夫、冯·诺依曼和斯拉法则是 20 世纪发展剩余方法的重要人物。多布认为，"《用商品生产商品》对马克思作了证明，这个证明不亚于该书对新古典主义经济学诅咒似的控告"。[1] 斯拉法主义者认为，他们对马克思的分析是建设性的，斯拉法和马克思属于同一个"剩余范式"，具有相同的视角和方法论。因此，斯拉法主义者认为，他们对马克思的批判来自"内部"的批判，马克思主义经济学实际上会因为这种批判而得到加强。总的来说，他们认为，斯拉法的著作提供了一个牢固的基础，使剩余范式得到发展，并使马克思主义的真正洞察力得以建立。正由于多布和米克所进行的这种沟通的努力，使得其他马克思主义者指责他们两人在某种程度上贬低了马克思经济学。保罗·斯威齐就对多布提出过批评。"马克思的理论确实是建立在李嘉图理论基础之上的，并且在多个方面发展了李嘉图的理论。但与李嘉图完全不同，马克思认为他的任务是建立对整个资本主义秩序全面的、不妥协的批判，包括对整个资本主义秩序的运动方式竭尽全

---

① M. C. 霍华德、J. E. 金，《马克思主义经济学史：1929～1990》，中央编译出版社 2003 年版，第 266 页。

力的全面的、不妥协的批判。为了完成这一任务，他开辟了一个全新的领域，建立了一种既反对古典经济学，又反对新古典经济学的传统。就我看来，使用李嘉图—马克思传统这种说法，既会误导资产阶级经济学家，也会误导马克思主义经济学家。……在多布看来，斯拉法就是他所说的传统在当代的化身，斯拉法著作书名本身就与马克思的方法截然不同。马克思没有着重考虑'用商品生产商品'，他的主题是用人类劳动生产商品"。①

米克试图沟通斯拉法和马克思，在 1973 年为《劳动价值学说的研究》第 2 版所写的导言中，他提出了自己的基本观点，"说明斯拉法体系的某些基本因素是怎样能设想来为现代马克思主义者加以修改和使用。"② 米克提出了一组五个马克思—斯拉法商品生产模式，并赋予这些模式以马克思主义的历史内涵，将它们同马克思所分析的不同层次相对应。第一个模式：米克称为"前资本主义的维持生计的经济模式"；第二个模式：生产有了剩余，但是还没有资本家，剩余全部归劳动者分配；第三个模式：出现了资本家，剩余归资本家所有，但是利润率还没有平均化；第四个模式：资本家的竞争导致了资本的转移和平均利润率的形成；第五个模式：工人联合起来迫使资本家把一部分剩余归还给工人，工资除了维持生计的部分外，还包含了一定的剩余。米克认为："一个现代马克思主义者可以怎样把马克思的原来的学说，加以公式化和加以发展，取做他的'前提的、具体的量'的不是有关商品的'价值'，而是商品本身。"③ "同马克思的体系所做的一样，它（斯拉法体系）从限制阶级收入水准的'前提的、具体的量'入手；它的基本观点，即关于决定变量的顺序和方向的观点，与马克思的体系是一致的；它恰恰同样适用于'历史的、逻辑的'研究方法；而且，它另外还有一个很大的优点，即它内含对'转形问题'的解法。在质量方面，至少可以争辩的是，斯拉法的程序所反映的基本观点正是马克思试图用他的劳动学说来表达的这种观点：价格和收入最终是由生产关系来决定的。但斯拉法的程序比马克思的程序更为清楚和有效"。④ 米克总结道："斯拉法对其'标准'部门中利润率与生产条件之间的关系所做的精确假定，与马克思对其'平均资本有机构成'部门中利润率与生产关系所做的假定是相同的……从这一观点看，斯拉法的'标准部门'从本质上讲是试图用这样一种方式来界定'平均的生产条件'以得出与马克思一

---

① Paul M. Sweezy, Review（Theories of value and distribution since Adam Smith：Ideology and economic theory, by Maurice Dobb, New York and London：Cambridge University Press, 1973）, *Journal of Economic literature*, 1974, 12, P. 483.

② 米克：《劳动价值学说研究》，商务印书馆 1979 年版，第 39 页。

③ 米克：《劳动价值学说研究》，商务印书馆 1979 年版，第 48 页。

④ 米克：《劳动价值学说研究》，商务印书馆 1979 年版，第 50～51 页。

直在寻求的结论完全相同的结论"。①

二、斯蒂德曼的奇特"沟通"

斯蒂德曼强调用斯拉法的模型研究马克思。斯蒂德曼的著作命名为《按照斯拉法思想研究马克思》，清晰地表明了斯蒂德曼对沟通马克思和斯拉法持有的态度，斯蒂德曼明确指出，他的著作是写给那种忽视或反对隐含在斯拉法的著作中的对马克思的价值推理进行的批判的那种类型的新马克思主义者的。斯蒂德曼认为，以斯拉法为基础的对马克思的批判，远不是纯粹轻视性的或负面的，事实上这种批判破坏的只是马克思理论中虚弱的东西，而为其余的部分提供了更好的基础。因此，"给马克思穿上斯拉法的鞋子"② 成为斯蒂德曼的"沟通"方式。

斯蒂德曼肯定了斯拉法在物质剩余方法发展中的地位，并主张物质剩余方法，可以在放弃马克思价值理论的情况下提高马克思主义对资本主义进行唯物主义分析的力量。《用商品生产商品》出版后，斯蒂德曼指出，人们不久就意识到，"斯拉法的著作不仅就其直接目的而言是成功的，而且为明确地证明在剩余方法框架之内对工资、利润以及价格进行的理论分析是完全独立于'劳动价值论'的；而且，事实上，任何有关价值的劳动理论只是对以剩余为基础的理论的发展构成了障碍"。③ 斯蒂德曼在《按照斯拉法思想研究马克思》一书中说明了斯拉法在剩余方法发展中所处的地位。他认为："人们或许会有疑问，'按照德米特里耶夫思想研究马克思'或'按照波特凯维茨思想研究马克思'难道不是更适合作本书的标题。要知道，斯拉法的著作标志着一个转折点，它提供了一个更为严格和更为科学的分析结构，在这一分析体系中德米特里耶夫和博特凯维兹的开创性的理论模型仅是（重要的）特例而已"。④

在用"给马克思穿上斯拉法的鞋子"的方法"沟通"马克思和斯拉法时，或者说用物质剩余方法研究马克思时，斯蒂德曼得出了一些重要的结论。"任何努力发展关于资本主义经济的唯物主义的分析的人，都应该放弃马克思的价值理

① Ronald L. Meek, *Economics and Ideology and Other Essays*: *studies in the development of economic thought*, London: Chapman and Hall, 1967, pp. 177–178.

② H. D. Kurz, Sraffa After Marx, Australian Economic Papers, Vol. 18 (32), June 1979, pp. 52–70, In *Karl Marx's Economics*: *Critical Assessments*, Edited by Cunningham Wood, Volume Ⅲ, P. 617.

③ Ian Steedman, Rdicardo, Marx, Sraffa, In Ian Steedman, Paul Sweezy edit: The Value Controversy, Verso Editions and NLB, 1981, pp. 12–13.

④ 扬·斯蒂德曼：《按照斯拉法思想研究马克思》，商务印书馆 1991 年版，第 15 页。

论"。① "马克思的价值分析通常是内在地不一致的",② "马克的价值理论……只是……一个主要桎梏。这种说法一点都不过分"。③ 根据斯蒂德曼的结论,在随后的马克思主义经济学理论研究中,价值理论的"多余性"和"内在不一致性"成了理论争论的焦点。

斯蒂德曼通过"毁灭"进行的"重建"。斯蒂德曼完全无视劳动价值论对马克思的理论体系而言具有的重要作用,而且认为物质剩余方法能够在消除马克思经济学缺陷的同时,提高马克思的经济学的解释力和科学性,因此,斯蒂德曼对马克思和凯恩斯进行的沟通,应当被视为是通过真实的"毁灭"进行的虚假的"重建"。

斯蒂德曼一再指出,自己的分析是和马克思的唯物主义相一致的。他又反复强调,以斯拉法为基础对马克思的批判,就其本质而言,"不意味着将马克思的整个政治经济学作为反对的偶像而加以摒弃",书中研究的问题也没有穷尽马克思的内容,但是却有助于"利用马克思的许多独立于他的价值分析的理论见解"。④ 他指出,"以斯拉法为基础的结论不仅是正确的,而且是从那些并没有忽略或摈弃马克思基本的唯物主义框架的假说中推导出来的","马克思主义者对待运用斯拉法方法对马克思的批判的正确态度不该是回避它或混淆它,而应是理解它,吸收它并利用它来建设一个更令人满意的资本主义经济的理论"。⑤

但是,斯蒂德曼没有对为什么马克思的价值理论在马克思理论体系中是无足轻重的进行解释,而且也从来没有对自己使用的唯物主义进行定义,这为后来的争论埋下了线索。不过斯蒂德曼的确解释了他使用的物质剩余方法对马克思主义经济学研究具有的积极意义。比如,对于异质劳动问题,斯蒂德曼认为,"对于实物版本的剩余分析而言,这类问题纯粹是多余的"。⑥ 斯蒂德曼的这种判断非常容易理解,因为在实物剩余方法中,异质的劳动可以被简单地视为是不同类型的"商品"或"投入"。对于劳动过程问题,斯蒂德曼没有进行展开,他只是承认实物方法本身并未涉及在讨论劳动过程时马克思主义经济学家所关注的一切(还差得远),但是它"显然提供了一个能用于理顺这类讨论的明确的框架,并且至少表达出了某些讨论的结果"。⑦ 在劳动过程问题上,斯蒂德曼是诚实的,

---

①　扬·斯蒂德曼:《按照斯拉法思想研究马克思》,商务印书馆1991年版,第12页。

②③　扬·斯蒂德曼:《按照斯拉法思想研究马克思》,商务印书馆1991年版,第181页。

④　扬·斯蒂德曼:《按照斯拉法思想研究马克思》,商务印书馆1991年版,第180页。

⑤　扬·斯蒂德曼:《按照斯拉法思想研究马克思》,商务印书馆1991年版,第11页。

⑥　Ian Steedman, Rdicardo, Marx, Sraffa, In Ian Steedman, Paul Sweezy edit: The Value Controversy, Verso Editions and NLB, 1981, P. 16.

⑦　Ian Steedman, Rdicardo, Marx, Sraffa, In Ian Steedman, Paul Sweezy edit: The Value Controversy, Verso Editions and NLB, 1981, P. 16.

他承认这种方法对讨论劳动过程问题帮助不大，但是又认为它为这种讨论提供了一个框架，至于如何在这个框架中分析劳动过程，斯蒂德曼在这里或者其他地方都没有进行详细的说明。对于利润率下降趋势问题，斯蒂德曼的论证变换了方式，他承认"实物方法当然不可能对马克思主义者有关'利润率下降趋势'的讨论有太大的帮助"。① 但是，斯蒂德曼认为，事实上根本不需要在这方面帮助马克思主义经济学家，因为"马克思自己关于这个问题的讨论实际上是完全没有说服力的，这一点长久以来就是公认的事实"。② 斯蒂德曼在这个问题上的判断充分显示了他是如何忽视了存在大量有关利润率下降趋势的争论这一事实的。

总起来看，在斯蒂德曼那里，实物版本的剩余方法，在异质劳动问题上，对马克思主义帮助很大，在劳动过程问题上，对马克思主义有一定帮助，在利润率下降趋势问题上，不需要提供任何帮助，因为没有必要把一个错误的论断继续推向深入。这种通过"提供帮助"、"证明其错误"和"取代"的态度对马克思经济学进行的重建显然难以令马克思主义者满意。

三、对斯蒂德曼的"沟通"的批判

斯拉法本人并没有直接批判马克思，而斯蒂德曼的主要结论是"在某些通常的、合理的假设的基础上"③ 得出来的，因此，大量的文献就斯蒂德曼的具体结论展开了讨论，这些讨论往往围绕"通常的、合理的"假设到底是像斯蒂德曼认识的这样，还是事实上是"不寻常的、不合理的"展开的。尤其是斯蒂德曼认为能够在抛弃劳动价值论的基础上，重建对资本主义的唯物主义分析，引致了大量的马克思主义者的批判。

斯蒂德曼的观点在很长一段时间里，产生了重大的影响。这在一定程度上，是因为马克思主义者对斯蒂德曼的批评和驳斥，并没有完全围绕斯蒂德曼提出的具体意见，运用严格的数学逻辑按照斯蒂德曼的论证方式作出有效的驳斥。曼德尔曾指出，对于斯蒂德曼提出的挑战，"马克思主义者的反应是相当无能的"。④ 这种无能的表现方式，或者是教条式的反应（争论的内容是正确的是因为马克思这样说了），或者纯粹是意识形态式的和政治式的（新李嘉图主义是错误的因为客观上他们是在掘无产阶级的坟墓）。这种"无能式"的反

---

①② Ian Steedman，Rdicardo，Marx，Sraffa，In Ian Steedman，Paul Sweezy edit：The Value Controversy，Verso Editions and NLB，1981，P. 16.

③ 扬·斯蒂德曼：《按照斯拉法思想研究马克思》，商务印书馆1991年版，第12页。

④ Ernest Mandel，"Introduction"，in Ernest Mandel，Alan Freeman Eds. ，Ricardo，Marx，Sraffa：The Langston Memorial Volume，Schocken Books，1985，P. xi.

应，必然不会对新李嘉图主义形成什么冲击。这也就奠定了在相当长的时间里，马克思那里"存在内在的不一致"的观点和"劳动价值论是多余"的观点的扩散和盛行。

但是，在新李嘉图主义占据支配地位以后，对它的质疑越来越强烈，一些马克思主义者从不同的角度对斯蒂德曼的观点作出了有效的批判。一些作者认为尽管新李嘉图主义批判了新古典主义理论中的边际主义要素，但是它同新古典理论一样坚持的是一种均衡分析的方法。因此，它同新古典理论一样，无法为研究资本主义的一个最重要的特征提供分析，即资本主义发展的不平衡和相互联系的特征，这种发展以资本的无休止的运动，永不终止的失衡和价格、独立生产者的利润以及地租的重新恢复平衡为特征。资本主义不平衡的发展，它无休止的和无计划的波动，恰恰源自生产和交换的私人性质，源自生产者无法也不能进行计划的事实。对资本主义研究而言，新李嘉图主义方法是一个完全不科学的出发点，因为它抽象掉了把资本主义同所有其他经济体系区别开来的本质特征。

斯蒂德曼一再指出他的分析和马克思的唯物主义分析完全相一致，但是，斯蒂德曼从来没有充分地说明他的唯物主义的概念（唯物主义分析的必然属性）是什么，在斯蒂德曼那里，从诸如生产条件和实际工资的客观数据出发，而不是诉诸于诸如"效用"之类的主观概念，就是唯物主义。也就是说斯蒂德曼对唯物主义的理解远远区别于马克思对唯物主义解释。而马克思的资本主义唯物主义分析具有丰富的含义，马克思认为社会经济形态的演化是自然历史过程，资本主义是一种社会状态，在这种社会中，生产过程支配了人自身，而不是人控制生产过程。在马克思那里，生产体系的变化和生产关系与生产力之间的辩证关系，才是唯物主义分析的基础。尤其是，劳动价值论本身就是唯物主义分析的产物，从而，如果严格地遵循马克思的精神，斯蒂德曼反复强调的，在抛弃劳动价值论的情况下，仍能完成对资本主义的唯物主义的分析成了一种幻想。

对此，伊藤诚进行过详细的解释，伊藤诚认为，"斯蒂德曼的批判显然是建立在一种狭隘的观点的基础之上的"。[1] 他认为马克思的价值理论的要点是确定均衡价格，就像新古典主义经济学或斯拉法的价格理论想要做的那样。伊藤诚认为，从这样一种立场出发，分析劳动的数量当然就显得多余了，因为生产价格能够直接由有关生产技术的实际数据和实际工资来确定。然而，"这种批判并没有正确地理解马克思价值理论的本质内容"。[2] 对于马克思而言，价值理论完全不

---

①②　Makoto Itoh, Joint Production: The Issues After Steedman, In Ian Steedman, Paul Sweezy edit: The Value Controversy, Verso Editions and NLB, 1981, P. 165.

是只用来决定均衡价格的手段。"它首先是一种用以阐明资本主义社会历史特定性（Historical Specificity）的理论"。① 正像人们从《资本论》中所了解到的那样，马克思发现劳动过程是"人类生活的永恒的自然条件"，并且分析了这种人类社会的基本条件在资本主义社会中如何成为价值关系的社会实质。特别地，获取作为剩余价值的实质的剩余劳动的资本主义社会机制是这样一种分析的中心内容。因此，伊藤诚认为，马克思价值论的本质内容"阐明基于人类劳动的资本主义社会关系，以及它的具体形式和机制。从这个立场出发，对作为价值和剩余价值实质的劳动数量的研究是必不可少的"。② 斯蒂德曼断言：一般地说，马克思的劳动价值论是多余的，表明他"不能或不愿去理解作为历史和社会科学基础的马克思的价值理论的意义和任务"。③

尽管大多数马克思主义者也承认，斯蒂德曼的著作在具有逻辑上的严格性，而且极具启发性，也的确提出了许多需要马克思主义者加以认真考虑的重大问题，但是在斯蒂德曼的著作并没有适当地说明斯拉法的剩余理论和马克思的联系的意义上，是不完整的。换句话说，《按照斯拉法思想研究马克思》缺乏令人满意的对"按照马克思思想研究斯拉法"的研究。缺乏这种研究，只会造成斯蒂德曼强调"建立在斯拉法基础上的马克思批判"，而忽视真正能够把马克思和斯拉法统一在一起的因素。

此外，斯蒂德曼只分析马克思著作中专注于价值—价格问题的内容。他不去阐述尽管这种分析存在缺陷，但马克思的分析对其余问题的研究和马克思的分析中更加重要的部分具有的含义，尤其是马克思的资本主义运动规律理论。斯蒂德曼也没有证明斯拉法类型的方法在构建有关当代资本主义理论方面优于马克思的方法，更没有提出一种他反复强调的对资本主义进行唯物主义分析的具体理论。因此，斯蒂德曼的著作不可能提高人们对资本主义经济运行和发展的理解。比如，库尔兹就认为，斯蒂德曼如果能花更多的时间彻底和正确地解释马克思的一般分析，尤其是马克思的价值和剥削概念的一般分析，如果能更好地把对斯拉法著作的研究同李嘉图和马克思著作的研究结合进来，他就不会过分强调斯拉法类型的分析给马克思政治经济学带来的冲击。事实上，这种研究能使他清楚马克思关于价值和价格问题的分析对斯拉法方法起源产生的影响。

以斯蒂德曼为代表的新李嘉图主义者，对马克思和斯拉法的沟通，主要使用新古典方法。新李嘉图主义事实上受到了正统经济学的影响，正统经济学总是强

————

①②③ Makoto Itoh, Joint Production: The Issues After Steedman, In Ian Steedman, Paul Sweezy edit: The Value Controversy, Verso Editions and NLB, 1981, P. 165.

调研究的"严格性"，新李嘉图主义者在追求这种严格性的同时，放弃了马克思的概念体系中重要的概念，采用了正统经济学的主要概念。他们使用数学逻辑，强调均衡分析，斯蒂德曼使用的沟通方法自身，决定了他可能得出的结论。但是，这种沿着特定方法展开的沟通的缺陷也是异常明显的，这种沟通事实上是根本性的否定，使用一种特定的方法对另一种包含着丰富内容的理论体系进行修正，其结果是取消该理论体系所具有的丰富内涵。

谢赫明确提出了对新李嘉图主义的批判。他说："我认为，就其整体结构而言，马克思的分析要远优于在新李嘉图主义者扁平的概念空间（Flat Concept Space）中所能想象到的任何东西。他们把许多论断的严格性建立在代数学的基础之上，事实上，正是他们自鸣得意的代数学恰恰成为他们的最大的弱点"。[1]谢赫认为，新李嘉图主义的代数运算是和取自马克思称之为庸俗经济学的一系列概念直接连接在一起的：均衡，作为一种成本的利润，尤其糟糕的是完全竞争的概念及其连带的一切。谢赫认为，"不是使用代数学本身，而是使用这些概念（它们的辩护和意识形态的根源是众所周知的）产生了他们的基本结论。只要证明一旦提出不同的问题，同样的代数运算会产生不同的答案从而得到非常不同的结论，这一点就变得非常明显了"。[2]

谢赫还进一步指出，"在资产阶级社会科学中，抽象倾向于理想化，而不是典型化。当马克思提到现实矛盾的再生产时，他指的是资本主义的商品生产，一种必然要通过试错法才能产生的再生产过程，这时他总是谈论一种带有倾向性的调节过程，在这个过程中一种类型的偏差和错误不断地产生出相反类型的偏差和错误"。[3]而新李嘉图主义者则"安全地躲进均衡分析之中，在某种类似完全竞争的假定的基础上行动。这些概念并不仅仅是使资本主义现实理想化，而且系统地从意识形态上掩盖了这种现实。他们对新李嘉图主义分析引以为傲的恰恰凸显了这个思想流派的局限性。新李嘉图主义之所以在反对新古典主义理论的斗争中取得了那样大的成功，看来不仅是因为它比其对手要强一些，而且也因为它与之是如此地相似"。[4]

---

[1]　Anwar Shaikh, The Poverty of Algebra, In Ian Steedman, Paul Sweezy edit: The Value Controversy, Verso Editions and NLB, 1981, P. 268.

[2]　Anwar Shaikh, The Poverty of Algebra, In Ian Steedman, Paul Sweezy edit: The Value Controversy, Verso Editions and NLB, 1981, P. 269.

[3]　Anwar Shaikh, The Poverty of Algebra, In Ian Steedman, Paul Sweezy edit: The Value Controversy, Verso Editions and NLB, 1981, pp. 291 - 292.

[4]　Anwar Shaikh, The Poverty of Algebra, In Ian Steedman, Paul Sweezy edit: The Value Controversy, Verso Editions and NLB, 1981, P. 292.

第十八章

马克思主义经济思想的历史研究

20 世纪 60 年代中期马克思经济学"复兴"的现实，增强了西方学者对马克思经济学历史发展问题的兴趣，推进了对马克思经济学理论在经济思想史上地位问题的研究。1983 年，在马克思逝世 100 周年之际，西方经济学界再度出现马克思经济思想历史与现实问题研究的热潮。

从 20 世纪 60 年代中期到 80 年代初，西方理论界对马克思经济思想史的研究有两个显著的特点，一是关注马克思经济学中主要原理的理论史的研究，特别是劳动价值理论、剩余价值理论和资本主义经济危机理论等的历史研究；二是对马克思经济思想史研究的主题，集中在对马克思的主要著作《资本论》的结构和理论形成史的研究上，还很少有对马克思经济思想史总体发展的研究。在对马克思经济思想史的研究中，西方马克思主义经济学家与西方其他各种马克思思想研究流派之间，既存在着正面的交锋，也存在着某些借鉴、吸收，甚至"沟通"的倾向。

第一节　对马克思经济思想的历史研究

1942 年，保罗·斯威齐在《资本主义发展论》一书中，对马克思逝世后的 50 年间马克思主义经济学中一些主要理论的发展历史作了概述。他专门论及的理论史问题包括：利润率趋向下降规律理论的形成；价值转化为生产价格理论形成与发展问题的争论；资本主义经济危机和资本主义制度"崩溃"理论发展与论争等等。

1956 年，罗·林·米克发表的《劳动价值学说的研究》一书，以对马克思劳动价值理论的形成和发展的研究为中心，详尽地考察了劳动价值学说的发展历史。在该书的第四章和第五章中，米克深入地探讨了马克思创立科学的劳动价值论的过程，以及马克思所实现的这一科学革命的重大意义。值得注意的是，米克还从马克思的经济学和马克思整体思想发展的交融关系上强调指出，马克思的劳动价值学说同他研究的社会的哲学思想有着密切的联系，它既同唯物史观和辩证法密切地联系在一起，而且也同马克思主义世界观所包含的理论的和政治的观点密切地联系在一起。

埃内斯特·曼德尔自 20 世纪 60 年代初以来曾撰写了一系列有重要影响的著作，其中主要如《马克思主义经济学理论》（1962）、《卡尔·马克思经济思想的形成》（1967）、《晚期资本主义》（1972）、《从斯大林主义到欧洲共产主义》（1978），以及 1976 年、1978 年和 1981 年分别为《资本论》三卷新版英译本撰写的长篇序言，都涉及马克思经济思想历史，特别是马克思经济学主要理论形成和发展的理论是历史研究。1883 年，在马克思逝世 100 周年之际，曼德尔写的《马克思的经济学》第三节"马克思经济学中几个重要的争论问题"[①]，从马克思经济思想的历史发展与现实争论结合的角度，对百年来马克思主义政治经济学中劳动价值论、转形理论、资本有机构成理论、垄断利润理论和不平等交换等理论作了较为系统的探索。

一、米克对劳动价值理论的历史研究

第二次世界大战期间，西方的一些资产阶级经济学家，就已提出过"沟通"马克思经济学和凯恩斯经济学的主张，如琼·罗宾逊就曾提出"用为学院派经济学易懂的语言来阐述我所理解的马克思所说过的话"；甚至认为，在就业理论和危机理论上，"现代学院派经济学已离开传统的正统派而向马克思发展"等等。[②]但是，在论及马克思主义经济学中的劳动价值论、剩余价值论和资本主义积累规律等理论时，几乎所有的资产阶级经济学家，包括罗宾逊在内，并没有放弃历来采取的"批判"的态度。特别是对构成马克思经济学理论大厦基础的劳动价值论，更是进行激烈的"批判"。捍卫和发展马克思的劳动价值论，依然是第二次世界大战后十年间马克思主义经济学在西方发展的主题之一。在这一方面，米克取得了引人注目的成就，他在 1956 年发表的《劳动价值学说的研究》是这一时期马克思主义劳动价值论在西方发展的最重要的成果之一。

米克是第二次世界大战后新起的西方著名的马克思主义经济学家，主要从事马克思主义经济学说和古典政治经济学史的研究。20 世纪 50 年代初期，米克在同琼·罗宾逊的学术通信中，曾就经济学的一些理论问题作了探讨；这时，他发

---

① 曼德尔：《马克思的经济学》第三节"马克思经济学中几个重要的争论问题"，引自 Marx, the First Hundred Years（ed. by David Mclellan, London, 1983）（《马克思：第一个一百年》戴维·麦克莱伦编，1983 年伦敦英文版），以下引文均见该书。

② Joan Robinson, An Essay on Marxian Economics, Macmillan, 1942, pp. 2 - 3.

现，在涉及劳动价值论的"确实性"问题上，他们之间存在着"巨大分歧"，从而妨碍了他们之间的学术沟通，最后彼此都表示出对对方的"绝望"，只能中止学术通信。究其原因，米克认为，这主要就在于，"我不能使罗宾逊夫人信服劳动价值学说的真实意义和真实科学性"。米克因此而决定尽其力量去研究马克思劳动价值论，即如米克本人所说的，他写作《劳动价值学说的研究》一书的目的就是，"要劝使那些真诚而又怀疑的非马克思主义经济学家相信：劳动价值学说以及马克思的全部经济教导的合理性，严重地被一些人所贬低了"；换言之，他所要论证的是："劳动价值学说不仅在马克思时代是真正的科学，就是在今天来讲也是真正的科学。"① 同时，值得注意的是，米克写作《劳动价值学说的研究》一书的初衷还在于：希望通过对劳动价值学说史的研究，有助于开辟一个马克思主义经济学派和非马克思主义经济学派共存的时代，企图将这两派由互相攻击对方的"虚伪性"和"不学无术"转变为互相了解和评价对方的观点，建立起某种联系的"桥梁"，通过"和平的竞争"求得经济学的"共同"发展。米克的这种多少有点折中主义的倾向，在《劳动价值学说的研究》一书中也得到了某些反映。严格地说，在西方经济学试图"沟通"马克思经济学的学术氛围中，西方的一些马克思主义经济学家也或多或少地带有这种倾向。

《劳动价值学说的研究》分作四个主要的部分。第一部分（前三章）集中论述了自阿奎那为代表的"圣典学派"到重农学派，再到古典学派对劳动价值学说的探讨，其中重点论述的是亚当·斯密和大卫·李嘉图的对劳动价值学说发展的重要贡献及其理论局限。在对古典学派劳动价值学说的研究中，米克在很大程度上采用了马克思在《剩余价值理论》中的一些基本观点，从而对斯密和李嘉图劳动价值学说的得失作了较为科学的评价。第二部分（第四章和第五章）论述马克思对劳动价值学说的杰出贡献及其在政治经济学说史上的重要地位。第三部分（第六章）对 19 世纪末以来资产阶级经济学家和修正主义者对马克思劳动价值论的"责难"作了分析、批判。米克集中评析了帕累托、伯恩施坦、林赛和克罗齐等人对劳动价值论理解上的偏颇和失误。第四部分（第七章）对马克思劳动价值论在社会主义经济制度和垄断资本主义制度下的作用及其性质作了论述。全书较为严整地再现了劳动价值学说发展的历史过程与现实意义。

《劳动价值学说的研究》一书的中心论题是对马克思劳动价值学说形成史的研究。在米克看来，马克思接受劳动价值学说的历史过程，同他成为一个马克思主义者的历史过程是不可分割地联系在一起的；而马克思在劳动价值学说上实现的科学革命，最先表现在《哲学的贫困》中。正是在这部著作中，马克思实现了

---

① 米克：《劳动价值学说的研究》，商务印书馆 1979 年版，第 3 页。

劳动价值学说与唯物史观间的密切结合。

米克认为，在《哲学的贫困》中，马克思已经清楚地指出，李嘉图和蒲鲁东都犯有一个"通病"，这就是"把资产阶级的生产关系当作永恒范畴"。马克思在运用唯物史观对"交换价值"范畴的最初分析中，得出了两个重要的结论：第一，价值是历史现象。价值是以交换和分工为前提的，而这两者都是以一定的物质生产条件的发展为前提的；第二，价值是一定社会中人与人之间生产关系的表现。市场上作为"个人交换"客体的货物所体现的关系，实质上只是这些货物的各个生产者之间关系的表现。[①] 米克所陈述的这两个理论结论，只是马克思主义政治经济学的基本常识；但是，他是从唯物史观同政治经济学理论结合的角度来阐述这一问题的，这就突出了马克思政治经济学据依建立的世界观的科学性，以及马克思实行劳动价值论上的革命变革的坚实基础，从而阐明了马克思的劳动价值论同他之前出现过的各种价值学说的根本区别，以及马克思去世后对他"责难"的种种理论观点产生的世界观上的根由。

在以上论述的基础上，米克进一步指出："唯物史观是马克思以后经济研究的出发点，它在很大程度上决定了他所采取的经济研究方法。然而，要是说马克思把唯物史观看做一种不变的、既定的方案，经济事实不论怎样都要符合于它，那就大错特错了。相反的，他把唯物史观作为一种假设，要在应用于经济事实时加以检验。他的一些经济作品，特别是《政治经济学批判》和《资本论》，也许最好看作是这一长期的艰苦的检验过程中的一些步骤。"[②] 在米克看来，唯物史观的一些主要命题作为"一般抽象"，在马克思政治经济学研究领域就是需要进行"验证"的假设；这就产生了马克思在政治经济学研究中所确立的科学的方法，即"抽象上升到具体的方法"。按照这一方法，马克思政治经济学研究的第一步，就是考察并且说明最简单的、最基本的经济范畴，这些范畴存在于既定的生产关系之内；然后第二步再从简单上升到复杂，在各个局部的抽象部分规定上建立起具体的整体关系来。"当然，在分析的每一阶段，经济范畴必须从它们的相互联系与发展过程加以考察，得出的结论还必须通过事实来加以检验。"[③] 在对马克思政治经济学研究方法的理解上，米克也十分注重这一方法和唯物史观的内在联系。

马克思的政治经济学方法在他对劳动价值论的研究中得到了最为科学的运用。米克指出："马克思在《资本论》中规定的主要任务，就是从正在发展中的

[①]　米克：《劳动价值学说的研究》，商务印书馆 1979 年版，第 161 页。
[②]　米克：《劳动价值学说的研究》，商务印书馆 1979 年版，第 162 页。
[③]　米克：《劳动价值学说的研究》，商务印书馆 1979 年版，第 164 页。

生产者间的关系来说明资本主义经济形态的产生与发展。但不论是一般的商品生产，还是特殊的资本主义商品生产，都必须表明：'一定的生产决定一定的消费、分配、交换和这些关系。'在这种论证中，劳动价值学说显然居于中心的地位，因为实际上它是社会生产关系决定交换关系的一种特殊讲法。"在这里，米克从方法论的角度，正确地阐明了劳动价值论作为马克思政治经济学最基础、最基本的理论的必然性。理解这一问题，不仅有助于搞清"马克思的价值学说的意义以及这一学说在他的整个理论体系中所占的地位"，而且更有益于我们从本义上来把握马克思在劳动价值论中阐述的一般原理的"实质"，并"再运用到今天的社会"。① 米克一再强调的马克思劳动价值论"在今天来讲也是真正的科学"的论断，主要就是以此为根据的。

二、曼德尔对马克思经济学主要争论问题的评析

1883 年，在马克思逝世 100 周年之际，曼德尔写的《马克思的经济学》第三节"马克思经济学中几个重要的争论问题"，从马克思经济思想的历史发展与现实争论结合的角度，对百年来马克思主义政治经济学中劳动价值论、"转形"理论、资本有机构成理论、垄断利润理论和不平等交换等理论作了较为系统的探索。

曼德尔认为，19 世纪 60 年代《资本论》第 1 卷的出版同西方主流经济学的一个"根本转变"是相一致的，这一转变就是西方主流经济学"离开了作为古典经济学（配第、亚当·斯密、李嘉图）的基础、并为马克思和恩格斯所坚持的劳动价值论"。曼德尔认为，这一"根本转变"，使得古典经济学走向所谓新古典学派，即边际主义学派。在相当长的时期内，主要的边际主义理论家都忽视了马克思主义经济学，作为例外的是欧根·冯·庞巴维克。在《资本论》第 3 卷出版后，庞巴维克就对马克思经济学的主要概念作了批判；随之，希法亭对庞巴维克的观点作了回击。这场争论在当时几乎没有反应，但却影响了半个世纪后凯恩斯主义的剑桥学派。琼·罗宾逊在《论马克思经济学》一书中，对《资本论》第 1 卷和第 3 卷之间假想的矛盾的论证上，同庞巴维克的论证基本上是一样的。琼·罗宾逊认为：在《资本论》第 1 卷中，商品价值是由劳动的投入（社会必要劳动量）直接决定的；而在《资本论》第 3 卷中，却不是这样了。在《资本论》第 1 卷中，稳定的（不变的、低的）实际工资是确定的；而在《资本论》第 3 卷中，实际工资却在周期地波动着，如此等等。曼德尔认为，对马克思劳动

---

① 米克：《劳动价值学说的研究》，商务印书馆 1979 年版，第 168 页。

价值论的这些"批判"，是建立在对马克思方法误解的基础之上的。马克思的方法能同在大部分自然科学和社会科学中运用的渐渐接近的方法相比较。为了分析复杂的现象，起先完全允许假设这一现象的某些组成部分是稳定的，以便分解出少量的可变部分，而这部分对理解这一体系（它的结构）的内在逻辑是最重要的。一旦这一部分被揭示出来，就可能逐步地放弃简单化了的假设，转到比先前抽象程度较低的新的水平，增加可变部分的数量。马克思就是这样从《资本论》第 1 卷推进到第 2 卷和第 3 卷的。《资本论》第 3 卷比第 1 卷的抽象程度更低，更接近于"经济生活的表面现象"，但它决没有包囊一切。

曼德尔指出，在劳动价值论的争论上，马克思主义经济学"反应甚弱"的是所谓的"简化"问题。按照马克思的价值理论，所有从事生产的活劳动都创造价值；但是，活劳动不是完全地同质的，这就是说，只有在相同的简单熟练程度上，一个劳动小时才等于另一个劳动小时。较高熟练劳动比非熟练劳动小时创造更多的价值。一小时熟练劳动能简化为倍乘的非熟练劳动小时。这一论证似乎是合理的，但由此产生的问题是：怎样才能把这种倍乘用准确的方法衡量出来呢？通过什么具体的倍乘的方法才能把熟练劳动简化为一般的非熟练的（熟练程度低的）简单劳动量呢？曼德尔认为，有些研究者明显地陷入"循环推理"中，他们从支付给熟练劳动的较高工资（这包括高于正常劳动力的再生产费用及技能本身的生产费用）中，推断出（按亚当·斯密的传统方法）熟练劳动所创造的较高的简单劳动量。显然，这从逻辑的观点来看是不可能的，而且和马克思的分析方法也是相对立的。

利润率趋向下降规律历来是马克思经济学的重要内容。曼德尔认为，利润率趋向下降规律"首先就在经验的根据上受到挑战"。在马克思主义者中间和在反马克思主义者中间，又提出了更深的理论上的挑战。利润率下降直接来自资本有机构成提高的趋势。但是，所假定的这种趋势是需要做出进一步证明的。

首先，否认这种趋势存在的那些批评者提出，它混淆了两种不同的倾向：生产技术越来越先进的（机械化的）倾向、与工资相对的机器和原材料的价值（或成本）增加的倾向。第一种倾向是资本主义发展的明显特征。如马克思在分析资本有机构成概念时所指出的，每一种特殊的技术就意味着一系列机器、大批的原材料和大量的工人之间的物质关系，酸性转炉或 LD 吹氧炉的有效使用，需要一定量的铁和既定数量的工人。这就是说，由于每一既定的生产周期或一定的年份内，不变资本的价值和可变资本的价值，一座炼钢炉，X 吨铁的价值和既定量工人的价值都可以是观察所得的事实，而不是一系列可变的部分。

有的西方学者对资本有机构成提高的趋势而利润率下降的趋势提出了逻辑上的反对意见。如置盐信雄认为，单个资本家只是为了削减生产费用和增加利润才采用新的生产技术。曼德尔认为，这些反对意见产生于对平均利润率真正性质的误解。在普遍的市场经济即资本主义商品经济中，价值规律加于商品的价值（生产价格）的作用，是有一定的时间间隔，并且是在"经济人"背后所进行的、同资本家和工人的意愿相独立的过程。大体说来，这种时间间隔就是商业循环的时间间隔，这里的商业循环是指一定的投资浪潮（包含了经济复苏和繁荣阶段）中，采用了新的生产技术的阶段，以及在过度积累、过度生产和资本不稳定的压力下，商品的价值减少到这些新的生产技术所指示的水平，即崩溃和萧条的阶段。当新的生产技术正在采用时，它给革新者带来超额利润（高于平均利润），这是他们采用新技术的原因。但是，在过度积累的影响下，当商品的价值下降时，超额利润也就消失了。采用新技术的那些人也就只能获得平均利润率，而且这时的平均利润率低于商业循环开始时的平均利润。由于不理解过程的这一方面，置盐信雄等人也就不知道，客观规律（价值规律）的作用是怎样使资本运动的结果同单个资本家的直接企图相悖的。

关于不平等交换的理论与现实，是第二次世界大战以后马克思主义经济学研究的重要论题。马克思曾指出，在世界市场上，来自比较先进国家的（即具有较高劳动生产率水平的国家的）劳动创造更高的价值，即比不发达国家的劳动创造更多的价值。曼德尔提出的问题是：在世界市场上，当两个商品量相交换时（例如各自为100万美元），作为落后国家出口的一方可能表示30000个（较不强的）的劳动小时，而同时，在工业化国家的另一方只表示花费20000个劳动小时。这是不是意味着不发达到发达国家有一个实际的价值"倒流"（劳动量的倒流，而从长远来看，就是经济资源和"潜在的经济增长"的倒流）呢？假如在世界市场范围，在不发达国家中所耗费的较不强的劳动部门就不被承认为世界市场上的"社会必要劳动"；假如在国内市场，在一定国家内耗费在平均生产率上的所有劳动都是创造价值的（是社会必要劳动）。在这种情况下，通过不平等的国际交换，这个国家的这部分价值将不会得到实现，这就有利于由这个劳动所生产的商品的进口者和（重新）使用者，即通过不平等的交换转移给更先进的国家。

曼德尔认为，这应该是建立马克思主义对外贸易理论的基本出发点。这样，商品大致可以分为三类。有些商品基本上是为"国内的"市场生产的。由于在不同国家内，平均劳动生产率和平均利润率是极不相同的，因此，这些商品在市场上将有不同的"国内的价值"（生产价格）。在这些商品中，只有相当少的剩余部分用于出口。它们的"世界市场价格"可能不同于"国内价格"，并可能大幅度地波动（例如小麦的世界市场价格，一方面同印度的小麦市场价格相比，另一方面同加拿大的小麦市场价格相比）。在世界市场上，最低生产率生产的产品单位成功地被当作社会必要劳动，决定世界市场价格。再有些商品基本上是在单个国家内（或在少量国家内）生产的。在这种情况下，这就是这种商品的"国内价值"（或加权的"国内价值"），这种商品的"国内价值"将同时地决定它的国内价格和它的世界市场价格。还有些商品由许多国家生产，并且基本上是为了世界市场而生产的。在这种情况下，世界市场价格可能是"内在的市场价格"的决定因素，即只有那些在世界市场上被承认为必要劳动的劳动量才是创造价值的。

曼德尔认为，即使决定商品价值（生产价格）的不同范围的假设及其价值转化的假设不再存在，通过国际贸易的"倒流"问题，即作为"不等价交换"结果的不发达国家同发达国家相比较的相对贫困的问题也决不会消失。为了社会经济增长（为了增加社会平均劳动生产率）的目的，人们能给、并且应该给一定的社会结构（生产关系、阶级关系、财产关系等等）以巨大的压力，这种社会结构作为相对的动力和相对的制动力，作用于物质资源和人的资源的应用过程。人们能充分地证明，尽管帝国主义已经助长了前资本主义和半资本主义社会结构的残余，但是，这种不平等和联合起来的发展所达到的程度，已经减弱了所谓"第三世界"国家实际的现代化和经济增长。人们甚至能把这种联合起来的和不平等的发展的全部逻辑，减少到只是来自世界市场的压力，即帝国主义对第三世界社会和经济的束缚。无论主要地强调这个或那个不发达的"原因"，但是有一点仍然是正确的：从马克思主义观点来看，从量和质的观念来看，不发达归根到底就在于就业不足。这种广泛意义上的就业不足，同时意味着较低的工资（在大量的剩余劳动的压力下）和较低的食物和原材料的价格（尽管公认为高于更多的资本投资，其他的所有东西仍然相等）。无论更多的工业化国家中的统治阶级的利润间接地来自世界价格和世界工资的这些不平等水平（通过有利的贸易条件），还是间接地（通过原材料和这些国家中投资而带来剩余利润这些更容易的途径）都不是决定性的。决定性的是帝国主义统治阶级所实现的这部分利润，确实来源于第三世界。这一点是难以否认的。

三、曼德尔对马克思经济思想史的研究

1962 年，曼德尔在他的第一本研究马克思经济学的著作《论马克思主义经济学》中，就对马克思经济思想发展的历史作了最初的探讨。1971 年，曼德尔1967 年用法文撰写的专门研究马克思经济思想形成的著作《卡尔·马克思经济思想的形成》（*The Formation of the Economic Thought of Karl Marx*）正式用英文出版，成为这一时期最有影响的马克思主义经济思想史研究的著作。在这部著作中，曼德尔详尽地考察了马克思从 1843 年开始研究政治经济学，到 19 世纪 50 年代末完成《政治经济学批判大纲》（即《1857～1858 年经济学手稿》）这一时期，

马克思经济思想形成、发展的全过程。对 20 世纪 60 年代中期以后马克思经济思想史在西方的发展来说，曼德尔的这本书的影响突出地表现在以下两个方面：

第一，在《卡尔·马克思经济思想的形成》一书中，曼德尔没有停留在对马克思经济思想形成和发展过程的简单描述上，而是深入探讨了马克思经济思想发展的内在规律性，突出了唯物史观的创立和运用对政治经济学理论研究的指导意义；突出了马克思劳动价值论和剩余价值论在创立政治经济学理论中所起的核心地位的作用。

在《卡尔·马克思经济思想的形成》一书的第 6 章"价值理论、剩余价值理论和货币理论的完善"中，曼德尔十分强调马克思这些理论的形成和完善，与马克思确立的以唯物史观为基础的历史观、社会观之间的内在联系；注重分析马克思这些理论形成和发展的内在逻辑关系。

马克思的剩余价值理论是以科学的劳动价值论的建立为基本前提的。曼德尔认为，经过 1843 年之后的 15 年的政治经济学的研究，在 1859 年出版的《政治经济学批判》第一分册中，马克思通过建立抽象劳动是交换价值的创造者的理论，完成了他的价值理论，并从整体上完成了劳动价值论。在这里，一方面"辩证法使马克思能够发现抽象劳动的范畴"，另一方面马克思在对商品内在关系的分析中，"尽力证明了经济科学在对交换价值本质的认识上获得正确的概念所要具备的历史因素。"曼德尔还认为，马克思同样是在对剩余价值的"历史特定的性质"的分析中完成剩余价值理论的。因为在对剩余价值问题的分析中，必然涉及社会劳动力的价值决定问题，在曼德尔看来，这一问题可以归结为："通过一个社会阶级与他的劳动工具相分离，使劳动力成为一种商品，而这又是以生产资料成为另一个社会阶级的私有财产集中起来为先决条件的"；在这一意义上，可以认为，"正是这两个社会阶级的并存，其中一个阶级被迫向另一个阶级出卖自己的劳动力，使劳动力转变为一种商品，使生产资料变为资本。这一转变足以说明劳动力的交换价值，以及劳动力生产的价值与它本身价值的差额，这一差额就是剩余价值。"① 因此，剩余价值并不是一般意义上的价值，作为商品的劳动力也不是一般意义的商品，就它们本身的产生过程来说，已包含了社会经济发展的一系列的历史条件和历史前提。显然，离开社会经济发展的特定的历史前提和历史条件，是不可能科学地揭示剩余价值以及与之相联系的劳动力商品的本质的；而把剩余价值和劳动力商品范畴当作是超越特定的历史前提和历史条件的一般范畴，则是对马克思完成的科学的剩余价值理论的倒退。

---

① Mandel, Ernest, The Formation of the Economic Thought of Karl Marx, New York: Monthly Review Press, 1971, P. 85.

　　第二，在《卡尔·马克思经济思想的形成》一书中，曼德尔也没有停留在对马克思经济思想的历史形成的考察中，而是结合马克思经济学在当代发展面临的实际问题，展开对一些"热点"理论问题的探讨，以此突出马克思经济学在当代的活的生命力。

　　在《卡尔·马克思经济思想的形成》一书的第 10 章"从《1844 年经济学哲学手稿》到《政治经济学批判大纲》：从异化的人类学概念到异化的历史概念"中，曼德尔对马克思的异化理论的形成和发展问题作了探讨。20 世纪 30 年代以来，西方学者出于不同的目的，对马克思的异化理论作出不同程度的研究，得出了极不相同的结论；到 20 世纪 60 年代中期，马克思的这一理论再度成为西方学者对马克思思想研究的"热点"问题。在这里，曼德尔从马克思经济思想史的角度，对当时流行的某些主要观点作了剖析，对马克思异化理论形成及其性质作出了自己的积极的探讨。

　　反思西方学者对马克思异化理论研究的历史与现实，曼德尔认为，其间存在着三种主要的流派：一是认为《资本论》中的主要论点在《1844 年经济学哲学手稿》中早已出现过，从而否认马克思《1844 年经济学哲学手稿》和《资本论》之间存有任何区别；二是认为同《资本论》时期的马克思相比，《1844 年经济学哲学手稿》时期的马克思更"全面"、更"完整"地阐述了异化劳动问题，从而要么把所谓的"两个马克思"对立起来，要么提出用《1844 年经济学哲学手稿》的观点"重新评价"《资本论》；三是认为《1844 年经济学哲学手稿》时期的青年马克思关于异化劳动的概念，不仅同《资本论》中的经济分析相矛盾，而且妨碍了青年马克思接受劳动价值论，从而把异化概念看作是马克思对资本主义经济进行科学分析之前必须克服的"前马克思主义"的概念。[①] 在对这三种流派作了概述之后，曼德尔指出：这些流派的出现，与一定的历史条件以及特定的社会和经济关系是有密切联系的。首先，"对资产阶级来说，在受马克思主义鼓舞的劳工运动蓬勃兴起之后，问题在于把马克思完全还原为黑格尔，以使马克思的学说和资产阶级的学说'一体化'；同时，资产阶级力图'抹杀'马克思学说的巨大的革命意义，以便把他作为'思想家'和'哲学家'纳入这个被看作即使不是最好的、但无论如何也是弊端最少的世界。"[②]

　　其次，对于曼德尔称作的"社会民主主义"来说，它"与资产阶级亦步亦趋。但是，它要把写早期著作的马克思和写《资本论》的马克思等同起来是比较困难的；长期以来，它竭力提倡一种机械的解释来掩饰马克思著作的革命本质；

---

　　①②　Mandel, Ernest, The Formation of the Economic Thought of Karl Marx, New York：Monthly Review Press, 1971, P. 164、P. 184.

把推翻资产阶级生产方式的任务，寄托在生产力的'必然'发展上，而不是寄托在组织起来的无产阶级的行动上。"① 同时，曼德尔在对以上这些流派的理论观点的剖析中，结合马克思经济思想发展的历史而且主要是结合马克思《1857~1858 年经济学手稿》中的有关论述，对马克思异化理论的演化及其内涵作了论述。曼德尔认为，从《1857~1858 年经济学手稿》中大量出现的有关异化理论的论述来看，它们"既是《德意志意识形态》中的异化概念的直接发展，也是《1844 年经济学哲学手稿》中包含的那些矛盾的辩证克服。"从社会历史发展的角度来看，在原始社会，社会物资的匮乏、人在自然力面前的无能为力等等，已经构成"异化的真正根源，特别是社会的、意识的和宗教的异化的真正的根源"。曼德尔强调指出，随着社会劳动生产力的缓慢发展，逐渐出现了经济上的剩余，从而为交换、社会分工和商品生产创造了物质前提；在这一发展中，个人同他的劳动产品、他的生产活动相异化，他的劳动逐渐成为异化劳动。"现在，除社会的、宗教的和思想的异化之外出现的这种经济异化，本质上是社会分工、商品生产以及社会划分为阶级的结果。随着国家和作为人们相互关系的特征的暴力和压迫现象的出现，产生了政治异化。在资本主义生产方式下，这些多种多样的异化达到顶峰"。②

曼德尔进一步指出，在资本主义生产方式中，工人不仅同他的劳动工具相异化，而且这些工具作为奴役和压制他、剥夺他自我发展的基本潜能的、异化的、敌对的力量与他相对立。但是，随着交换关系的普遍化和世界市场的发展，这同一生产方式也创造人类的需要和才能的普遍化，创造出可以在客观上满足这些需要并使人得到全面发展的生产力发展水平。其结论就是："铲除资本主义制度才能逐步消除商品生产、社会分工和人的畸形发展；异化不是一下子出现的，它也不会被一种偶然的事件'取消'。正如它是逐渐出现的一样，它也将逐渐被消除；异化的根源不在于'人的本质'或者'人的存在'，而在于特殊的劳动条件、生产条件和社会条件。"③ 曼德尔在 20 世纪 60 年代末的这些论述，对后来西方学术界，特别是对其中的一些马克思主义学者，探讨马克思这一理论产生了一些积极的影响；同时，对我们今天进一步深入理解马克思的这一理论也是有启发的。

第二节　对马克思《资本论》形成和结构的研究

20 世纪 60 年代中后期，西方学者才开始对马克思《资本论》结构的形成和发展问题作出研究。西方学者对这一问题研究的兴起，同 60 年代中后期"西方

　　①②③　The Formation of the Economic Thought of Karl Marx，New York：Monthly Review Press，1971，pp. 184 – 185、pp. 180 – 181、pp. 181 – 182.

马克思主义"、"马克思学"以及各种研究马克思经济学流派的兴起有着紧密的
联系。60 年代中后期，马克思的一些重要的经济学手稿的整理出版，并相继被
译成英文和法文，也为这一研究提供了丰富的资料。使得西方学者有可能依据这
些新的资料，对《资本论》体系结构问题作出较为系统的研究。

一、研究的概况和主要倾向

在西方学者中，最早对马克思经济学体系结构（主要是《资本论》体系结
构）的形成和发展作出研究的，应该是亨利希·格罗斯曼，他在 1929 年发表的
《论马克思〈资本论〉结构计划的变化及其原因》的论文，是这一方面研究的奠
基之作。格罗斯曼试图从方法上来说明马克思起初提出的"四卷计划"转变为
《资本论》"四卷计划"的内在原因，由于当时马克思的大量手稿还没有公开发
表，格罗斯曼的研究并没能深入下去，也没引起西方理论界的注意。

1968 年，罗曼·罗斯多尔斯基（Roman Rosdolsky）《马克思〈资本论〉形
成史》一书的出版，对西方《资本论》结构形成的研究起着重要的影响。《马克
思〈资本论〉形成史》一书，是研究马克思《1857～1858 年经济学手稿》（罗
斯多尔斯基更多地称之为《政治经济学批判大纲》，以下简称为《大纲》）的专
著。在著作中，罗斯多尔斯基试图对《大纲》的内容作出"注释"性的解说，
对包含在《大纲》中的"新的发现作科学的评价"。在该著作的长篇《导言》
中，罗斯多尔斯基详尽地分析了马克思政治经济学著作的"六册计划"到《资
本论》"四卷结构"变化的全过程。罗斯多尔斯基在分析中得出的结论，是后来
成立西方流行的对《资本论》体系结构形成研究的主要观点之一。

1968 年，马克西米兰·吕贝尔（Maximilien Rubel）发表的《马克思〈经济
学〉的历史》一文①，概述了马克思一生研究政治经济学的情况，分析了马克思
《经济学》"六册计划"和《资本论》"四卷结构"之间的关系，提出了与罗斯
多尔斯基不同的观点。1973 年，吕贝尔又发表了《马克思〈经济学〉的计划和
方法》一文，②专门讨论马克思《资本论》结构计划形成的过程及其方法论的原
则。吕贝尔在研究中所得出的结论，对西方学术界颇有影响。

1971 年，戴维·麦克莱伦（David Mclellan）出版了《卡尔·马克思的思想》

---

① 《马克思〈经济学〉的历史》是吕贝尔自己编辑的《马克思文献·经济学》第 2 卷的《导言》。
后被译成英文，收入《吕贝尔论卡尔·马克思》（Rubel on Karl Marx: Five Essays, Cambridge University
Press, 1981）一书。

② 最初发表在 1973 年 10 月出版的《马克思学研究》上，后被译成英文，收入《吕贝尔论卡尔·马
克思》一书。

一书，以马克思年表和马克思著作结合的方式，论述了马克思思想的发展。在该著作的第六章和第七章，作者集中评论了马克思经济思想的形成，其中部分地涉及了《资本论》体系结构的形成问题。这一年麦克莱伦还翻译出版了《马克思的〈大纲〉》（节译本）。在为这一译本所写的序言中，麦克莱伦概述了马克思《政治经济学批判》"六册计划"到《资本论》"四册结构计划"的发展过程。麦克莱伦的观点和吕贝尔的观点较为接近。

1973年，马丁·尼古拉斯（Martin Nicolous）翻译的《大纲》英文全译本在伦敦出版。在为这一译本写的长篇前言中，尼古拉斯系统地介绍了《大纲》的理论内容及其在马克思经济思想发展史中的地位，论述了《大纲》中的"五篇计划"到《资本论》"六册计划"的转化过程，以及这一转化的主要原因和实质。同罗斯多尔斯和吕贝尔相比，尼古拉斯所提出的观点不乏独特的见解。

整个20世纪70年代和80年代初，西方学者对马克思《资本论》结构形成的研究一直没有停止。例如，1976年，埃内斯特·曼德尔在为《资本论》第1卷新英译本所写的《序言》中，就论及了"《资本论》的计划"的问题。1983年，阿伦·沃克雷（Allen Oakley）在《马克思批判理论的形成》一书中，也专门探讨了"六册计划"和《资本论》"六册计划"的命运，沃克雷的研究得益于罗斯多尔斯基和吕贝尔的著作，但他在许多问题上也提出了自己的一些见解。

应该承认，从20世纪60年代后期西方所兴起的对马克思《资本论》结构形成的研究，在某些方面还是取得了一些成就，评价西方学者对马克思经济思想史和《资本论》的研究，不能忽视他们在这一方面的研究情况。

二、罗斯多尔斯基对《资本论》结构形成的研究

1857年，马克思在写作《〈政治经济学批判〉导言》时，提出了他的《政治经济学批判》著作的"五篇计划"。1857～1858年，马克思在写作《政治经济学批判大纲》时，提出了《政治经济学批判》的"六册计划"，并且在1859年出版的《政治经济学批判》第一分册中作了明确的说明。但是，到了1862年12月，马克思决定以《资本论》为标题，单独出版原来要在"四卷结构"的第1册《资本》第一篇《资本一般》中加以论述的内容。到了1865年，马克思又进一步把《资本论》分为四册，形成了《资本论》的"四卷结构"。而且马克思在确定《资本论》的标题之后，就没有再提及《资本论》"四卷结构"和原先"六册计划"之间的关系。这就产生了这样一些问题：《资本论》"四卷结构"究竟是对原先"六册计划"的修改、取代呢，还是只是原先"六册计划"中《资本》册的一部分呢？如果说《资本论》"四卷结构"是对"六册计划"的修改，那

么，这一修改的范围、目的和方法论的基础又是什么呢？如果说《资本论》"四卷结构"取代了"六册计划"，那么，又应该怎样评价原先"六册计划"的地位和意义呢？如果说《资本论》"四卷结构"只相当于"六册计划"第 1 册《资本》第一篇《资本一般》部分，那么，又应该怎样理解现行《资本论》中所出现的对雇佣劳动和土地所有制（在"六册计划"中，这两个论题分别属于第 2 册和第 3 册的研究对象）的论题，以及所出现的应该在《资本一般》以后论述的内容呢？

罗斯多尔斯基认为，马克思在 1857 年提出的"六册计划"到 1866 年（或 1865 年）在《资本论》中提出"四卷结构"，这两个计划相隔 9 年，其间是"一个实验和不断探寻同材料相适合的阐述方式的阶段"。[1] 马克思在提出"六册计划"时，就认为六册中的后三册只可能草拟出来。如马克思所说的只限于"作一些基本的叙述"，以后马克思在 1862 年 12 月 28 日给库格曼的信中，还谈到第 4 册《国家》的内容。这说明，到那时，后三册并没有被最后从整个著作中排除出去。在这之后不久就发生了变化，因为马克思在 1864～1865 年所写的《资本论》手稿（即恩格斯用作编辑《资本论》第 3 卷的手稿）中，没再提到后三册，而仅仅把它们——至少是第 6 册《世界市场》——看作是《资本论》的"可能的续篇"。罗斯多尔斯基认为，"这是对'六册计划'的第一个缩减"。[2]

罗斯多尔斯基所认为的对"六册计划"的第二个"缩减"涉及第 3 册《土地所有制》和第 2 册《雇佣劳动》。他认为，根据现有的资料，"要准确说明马克思在什么时候取消这两册是不大可能的"。但是《土地所有制》册和《雇佣劳动》册最后都并入马克思在 1864～1866 年间起草的《资本论》第 1 卷和第 3 卷手稿中去了。"这样，原初计划的六册就缩减成《资本》这一册了"。[3]

同时，保留下来的《资本》册却得到了"扩展"。按照原初的计划，《资本》册分为四篇，即资本一般、竞争、信用制度和股份资本。《大纲》和《1861～1863 年经济学手稿》本质上都只限于论述"资本一般"。就如马克思在 1862 年 12 月 28 日给库格曼信中所说的，"这里没有包括资本的竞争和信用"，但是，在一个月之后，马克思在起草《资本》册第三部分计划时，基本上打破了原来细分《资本》册的方法，在这以后的两年中，马克思放弃了分别论述竞争和股份

① Roman Rosdolsky，The Making of Marx's 'Capital'，Translated by Pete Burgess，Pluto Press，1977，P. 10.

②③ Roman Rosdolsky，The Making of Marx's 'Capital'，Translated by Pete Burgess，Pluto Press，1977，P. 11.

资本的打算。最后，第 1 册《资本》的第一篇《资本一般》相应地逐渐得到扩展。删去的后三篇的基本部分，现在被引入新的三册的最后部分。这三册就是：（Ⅰ）资本的生产过程；（Ⅱ）资本的流通过程；（Ⅲ）资本主义生产的总过程。由此《资本论》的最后形式得以形成。

罗斯多尔斯基的结论就是："马克思从来没有明确地'放弃'过'六册计划'中的后三册，相反，这三册还被预定为著作的'可能的续篇'，因此，'六册计划'的真正变化只涉及第 1～3 册。事实上，第 2 册（《土地所有制》）结合进了《资本论》第 3 卷；第 3 册（《雇佣劳动》）则成了《资本论》第 1 卷第六篇，第 1 册（《资本》）发生了竞争、信用制度和股份资本篇的重新归类的变化。这三篇按照和原先同样的顺序被《资本论》第 3 卷所吸收。而《资本论》前两卷几乎完全相当于《资本》册的'资本一般'篇，这就是说，它们只限于《资本一般》的分析。"①

1862 年 12 月 28 日，马克思给库格曼的信中已经提出单独出版《资本论》的计划，并且在 1863 年 1 月重新制订了构成《资本论》第一篇和第三篇的计划；但是，罗斯多尔斯基认为，马克思这时并没有放弃"六册计划"，即还没发生"六册计划"向"四卷结构"的过渡。罗斯多尔斯基认为，在 1863 年 1 月计划的第一篇中，尽管已经包括了诸如"争取正常工作日的斗争"、"简单协作"、"分工"、"雇佣劳动和剩余价值的比例"、"原始积累"和"殖民学说"等论题，这些论题和《资本论》第 1 卷第 8 章、第 11 章、第 12 章、第 15 章、第 24 章和第 25 章相一致。但是，在这一计划中，完全缺少对工资范畴和工资形式的分析，从马克思这一时期所写的手稿来看，他还把熟练劳动和"非生产性服务"报酬的问题，放在单独的《雇佣劳动》册中加以论述。② 这就说明，马克思这时还保留着单独的《雇佣劳动》册。

在 1863 年 1 月计划的第三部分中，马克思把对地租问题的论述，只当作是"价值和生产价格的区别的例解"，同价值转化为生产价格的分析直接相联系。马克思在这一时期所写的手稿中还只是打算，"把地租的一般规律作为我的价值理论和费用价格理论的例证来发挥，只有到我专门考察土地所有权时我才详细论述地租"。③ 同时，在计划中也缺少对信用和股份资本的分析。这就是说，马克思在制定 1863 年 1 月的计划时，仍然坚持原先的"六册计划"。罗斯多尔斯基认

---

① Roman Rosdolsky, The Making of Marx's 'Capital', Translated by Pete Burgess, Pluto Press, 1977, P. 53.

② 《马克思恩格斯全集》第 26 卷第Ⅲ册，人民出版社 1974 年版，第 179 页，第 26 卷第Ⅰ册，人民出版社 1972 年版，第 435 页。

③ 《马克思恩格斯全集》第 26 卷第Ⅱ册，人民出版社 1973 年版，第 300 页。

为，只是到了 1864～1865 年间，马克思在起草以后被恩格斯编辑为《资本论》第 3 卷的手稿时，才发生了"六册计划"向《资本论》"四卷结构"的过渡。

马克思在《资本论》第 3 卷手稿的第 1 页上就写道："我们在本册中将阐明的资本的各种形态，同资本在社会表面上，在各种资本的互相作用中，在竞争中，以及在生产当事人自己的通常意识中所表现出来的形式，是一步一步地接近了。"① 罗斯多尔斯基认为，这样，以前分析"资本一般"和竞争之间的那种根本的分离消失了。这就不得不考虑是否还有必要把某些特殊问题归到论竞争的单独部分中去。

罗斯多尔斯基也承认，在这一手稿中，马克思对信用和股份资本篇的内容还没有能很明确地加以说明。马克思的论述表明，《资本论》第 3 卷应该包含对信用制度的彻底分析。在这一点上，马克思已打破了原初的计划结构。但是，在第 3 卷的手稿中，我们还能看到这样的评论，即对信用制度的论述"不在本书计划之内"。在《资本论》第 25 章的开头，马克思还指出：他并不打算"详细分析信用制度和它为自己所创造的工具（信用货币等等）"②。这些都表明了某种不确定的陈述。罗斯多尔斯基强调："如果马克思有机会起草用作准备付印形式的手稿——特别是主要还是以笔记形式存在的第 5 篇，这些不确定的陈述肯定会被克服的。"

那么，《资本论》第 3 卷手稿和原先应该在"六册计划"的第 2 册和第 3 册中加以论述的内容的关系怎样呢？罗斯多尔斯基认为，在《资本论》第 3 卷手稿中，马克思不再限于在"价值和生产价格的区别的例解"上论述地租理论，这时，马克思不仅论述了级差地租和绝对地租，而且还以单独的一章论述了建筑地段的地租、矿山地租和土地价格，另外还对"资本主义地租的产生"作了详细说明，尽管马克思还是强调，"对土地所有权的各种历史形式的分析，不属于本书的范围"，这不仅指对土地所有权的各种历史形式的考察，而且也指出一些与现代土地所有权相联系的专题的考察。③ 但是应该说，《资本论》第 3 卷第六篇已经包括了《土地所有制》册中的具有决定性意义的论题，在《资本论》第 3 卷手稿中，马克思对《雇佣劳动》册没作任何提示，这是因为手稿已经按新的计划起草了，先前阐述雇佣劳动的论题都已归入论述资本生产过程的《资本论》第 1 卷中去了。

就原先"六册计划"中的后三册而言，罗斯多尔斯基认为，《资本论》第 3

① 《马克思恩格斯全集》第 7 卷，人民出版社 2009 年版，第 30 页。
② 《马克思恩格斯全集》第 7 卷，人民出版社 2009 年版，第 450 页。
③ 《马克思恩格斯全集》第 7 卷，人民出版社 2009 年版，第 693、694～695 页。

卷手稿的论述表明，马克思已经决定不在《资本论》范围内研究"世界市场上的竞争"；与此相联系的商业循环，即"繁荣和危机的交替"的问题，也"不在我们的研究计划之内"①，或许也作为《资本论》的"可能的续篇"。

罗斯多尔斯基由此得出的结论就是："从'六册计划'过渡到《资本论》的'四卷结构'，不会发生在1864～1865年以前。第二，在结论计划变化的问题上，我们必须在'六册计划'的第1册至第3册和第4册至第6册之间划一道明显的分界线，马克思从来没有真正'放弃'过'六册计划'中的后三册。"②

但是，马克思以后为什么又放弃了这三册的计划呢？罗斯多尔斯基认为，要回答这个问题，必须先弄清楚"六册计划"中第1册《资本》所发生的变化。

罗斯多尔斯基认为，《大纲》只限于对"资本一般"的考察。在对"资本一般"的考察中，马克思强调："即使存在许多资本，也不应当妨碍我们的考察。相反地，在考察了所有资本都成其为资本这一共同点以后，许多资本的关系也就清楚了。"③《资本论》前两卷基本上也没有超出对"资本一般"的分析。但是，在第3卷就依次引进了竞争、信用和股份资本等属于"许多资本"分析范围的内容。因此，在《资本论》结构中，竞争、信用和股份资本篇不再是独立的篇。随着这三篇的缩减，《资本一般》篇就得到相应的扩展。"这说明，范畴最初的严格划分只是方法论上的一种抽象，在分析'资本一般'的主要任务完成之后，这一严格划分就能够放弃。"这也就证明，"形成《大纲》基础的资本一般和'许多资本'的区别，最初表现为一种'蓝图'。没有这一'蓝图'，马克思经济学体系决不可能得到发展，但是这一'蓝图'（像任何资本假说一样）只有在特定的界限内才能是完全有效的。"④

罗斯多尔斯基认为，理解了《资本》册"四篇计划"的这种变化，也就能理解"六册计划"前三册的变化，在最初考察资本关系时，对其他的关系可以，而且也必须不加考虑；只有这样，才能在纯粹的形式上，对资本范畴作出详细的论述。构成《大纲》基础的这一研究范围的严格限制，在《资本论》中完全被保存下来了，但是，最初有用和必然的东西，在最后可能证明是多余的和有碍的。因此，以前提出的"蓝图"达到了它的目的，在进一步的分析中，就能加以舍弃。这种舍弃对已经获得的结论不会引起任何根本性质的变化。罗斯多尔斯基得出的结论就是：

---

① 参见《马克思恩格斯文集》第7卷，人民出版社1974年版，第941页。

② Roman Rosdolsky, The Making of Marx's 'Capital', Translated by Pete Burgess, Pluto Press, 1977, pp. 22–23.

③ 《马克思恩格斯全集》第30卷，人民出版社1995年版，第7页。

④ Roman Rosdolsky, The Making of Marx's 'Capital', Translated by Pete Burgess, Pluto Press, 1977, pp. 52–53.

"这就意味着，单独的《土地所有制》册和《雇佣劳动》册可以放弃，可以把它们的本质部分相应地归入仅仅论述'资本'的著作中去，可以看到，这两册位置的重新安排是合理的：《土地所有制》册放在《资本论》第 3 卷中，因为作为对已经完成的产业资本分析的继续、作为第二级的和展开的形式，地租理论只能在这一阶段中得到解决。与此同时，《雇佣劳动》册则直接放在《资本论》第 1 卷对资本生产过程的分析之中，这是为了通过对工资范畴及工资形式的分析，使第 1 卷的价值理论和第 3 卷得以发展的生产价格理论之间建立一种必然的联系。"①

三、吕贝尔对《资本论》结构形成的研究

吕贝尔认为，马克思在 1857 年首次提出了《经济学》"六册计划"，从这以后，马克思既没有放弃这一计划，也没有对这一计划作过什么重大的修改。马克思生前所完成和出版的《资本论》，只是"六册计划"中第一册《资本》中的一部分。因此，《资本论》第 1 卷以及以后由恩格斯"随意"编辑出版的《资本论》第 2 卷和第 3 卷，并不是马克思计划写作的《经济学》著作的全部内容，《资本论》是一本未完成的、不完整的经济学著作。

吕贝尔对《资本论》结构计划形成的研究，主要反映在《马克思〈经济学〉的历史》和《马克思〈经济学〉的计划和方法》两篇文章中，在他所著的《没有神秘的马克思》一书中也略有涉及。②

吕贝尔认为，马克思在《〈政治经济学批判〉导言》中，第一次极其详细地阐述了《经济学》著作的计划和次序，马克思依据"从抽象上升到具体"的方法论原则，提出了"五篇计划"。对"五篇计划"的分篇具有两重性："（1）他努力对经济学范畴和在具有资产阶级生产方式的特征的社会中存在的制度之间的关系，进行辩论解释；（2）他从一个抽象模式推导出对资本主义的经济分析；这一推导似乎在一个理想的真空中动作，他可以交替地把任何影响的因素加进来或剔除。"

吕贝尔认为，"五篇计划"的提出和马克思阅读黑格尔的《逻辑学》是分不开的，《逻辑学》"激励马克思利用黑格尔的方法来论述政治经济学"③。因此，

①　Roman Rosdolsky, The Making of Marx's 'Capital', Translated by Pete Burgess, Pluto Press, 1977, pp. 54 - 55.

②　以下所转述和引述的吕贝尔的观点，凡没注明出处的均见《马克思〈经济学〉的历史》和《马克思〈经济学〉的计划和方法》，载于 Maximilien Rubel: Rubel on Karl Marx: Five Essays, Cambridge University Press, 1981。

③　Maximilien Rubel, Margaret Manale, Marx without myth: a chronological study of his life and work, Harper & Row, 1975, p. 146.

在《大纲》中，马克思再次提到"五篇计划"时，已经给它"穿上了某种黑格尔的外衣"。在进一步起草论述"资本"部分的计划时，马克思甚至用了黑格尔所爱好使用的罗马数码和阿拉伯数码来标明他的计划结构。

吕贝尔认为，"五篇计划"是在马克思提出经济学方法时同时提出的，"五篇计划"本身是一个逻辑的和辩证的结构。因此，只要马克思不放弃他的经济学的方法，他也就不可能放弃这一"五篇计划"，最后这一计划结构以严格的和确定的次序，混合成两组范畴、每一组中各有三个范畴。这就是马克思在《〈政治经济学批判〉序言》一开始，以黑体字标出的两组范畴。这两组范畴就是"资本、土地所有制、雇佣劳动"和"国家、对外贸易、世界市场。"这显然受了黑格尔辩证法的影响，马克思还明确说明："前三项下，我研究现代资产阶级社会分成的三大阶级的经济生活条件"。这和他在《大纲》中所论述的资本、土地所有制和雇佣劳动，在逻辑上和历史上的"转化"关系的思想是完全一致的。因此，吕贝尔认为，罗斯多尔斯基所提出的"六册计划"中前三册的结构发生了"变化"的观点，完全忽视了马克思这一方法论的本质。

吕贝尔认为，马克思在1859年出版《政治经济学批判》第一分册之后，也没有打算"改变"《经济学》计划。1859年10月，马克思还打算在年底完成"第二分册"，即《资本一般》的第三章《资本》。马克思实际上花费了6年多时间，才完成了这一章的第一部分，即《资本论》第1册（亦即现行的《资本论》第1卷）。吕贝尔特别提到了马克思在1862年12月28日给库格曼的信，吕贝尔认为，这封信说明，那种认为马克思在写作《1861～1863年经济学手稿》时，《经济学》"六册计划"已经有了"变化"的说法是错误的。吕贝尔认为，这封信告诉我们的是："（1）它同认为'六册计划'发生变化的说法是相矛盾的；（2）它证明马克思继续按'六册计划'中《资本》册的'三个过程和四篇'的计划写作。"①

吕贝尔认为，只要读一下《资本论》第1卷和他起草的第3卷手稿的两段话，就能说明那种认为"六册计划"发生"变化"，或者认为"六册计划"的前三册发生了"变化"的观点都是错误的了。马克思在《资本论》第1卷第18章一开头就指出："工资本身又采取各种各样的形式，这种情况从那些过分注重材料而忽视一切形式区别的经济学教程中是了解不到的。但是，阐述所有这些形式是属于专门研究雇佣劳动的学说的范围，因而不是本书的任务。"② 在《资本论》

---

① "三个过程和四篇"指的是马克思在1858年3～4月间提出的《资本》册计划，马克思这时把《资本》册分为资本一般、竞争、信用和股份资本四篇，其中第一篇《资本一般》第3章《资本》又分作：资本的生产过程、资本的流通过程和两个过程的统一这样"三个过程"。

② 《马克思恩格斯文集》第5卷，人民出版社2009年版，第623页。

第 3 卷手稿中，马克思又指出："对土地所有权的各种历史形式的分析，不属于本书的范围。"① 这些都说明，马克思《经济学》"六册计划"以及"六册计划"中前三册的结构仍然没有发生变化。

吕贝尔认为，马克思在《资本论》第 1 卷和第 3 卷中对工资和地租问题作出详细论述，其用意主要在于："为了避免使读者把这些经济范畴，同从社会学观点来看的、由阶级产生的'雇佣劳动'和'土地所有制'相混淆。《资本论》作为社会学家写的经济学著作来看，它将分析资本家阶级在物质生产过程中的作用；而后两册（即《土地所有制》册和《雇佣劳动》册）则要以同样的观点，分别研究土地所有者和雇佣劳动者的作用。尽管马克思没正式说明'六册计划'中后三册的情况，但它们仍然是他在理论上所要涉及的部分。"在吕贝尔看来，马克思《经济学》"六册计划"根本没有"变化"；马克思没有能按"六册计划"出版他的全部《经济学》著作，并不是由于方法论上的原因，而是因为马克思"采取了灾难性地扩大研究范围"的结果，是因为他把原先论"资本"的"小册子"，扩展成了他自己一生都不可能完成的"几大卷"，一旦马克思发现自己只能完成"六册计划"的第 1 册的时候，他当然就不会再提《经济学》的"六册计划"了。

为了证明《经济学》的"六册计划"没有发生变化，吕贝尔在《马克思〈经济学〉的历史》一文中，详尽地分析了"六册计划"中的《资本》册的结构和《资本论》"四卷结构"之间的关系；说明《资本论》第 1 卷以至于《资本论》理论部分三卷，都不过是原先《资本》册的开头部分；说明马克思只完成《资本论》第 1 卷的原因。

吕贝尔把马克思最初提出《资本》册结构，到最后形成《资本论》"四卷结构"的整个过程，分作以下几个阶段：

一是作为《经济学》一部分的《资本》册阶段。在《大纲》中，马克思已经多次提到"六册计划"中第 1 册《资本》的结构。1958 年上半年，马克思在准备分册出版他的《经济学》著作时，又对《资本》册的计划作了明确说明。

1858 年 3 月 11 日，马克思在给拉萨尔的信中指出，以"一本独立的小册子"出版的第一分册，包括了《资本》册第一篇《资本一般》的内容，这时，马克思把《资本一般》篇分作："价值"、"货币"和"资本"三章，其中《资本》章包括"资本的生产过程"，"资本的流通过程"和"两者的统一"这三个过程。吕贝尔强调，马克思这时只打算以"五至六个印张"的"小册子"论述以后的《资本论》的全部内容；但"第一分册"到底有多少印张，马克思自己

---

① 《马克思恩格斯文集》第 7 卷，人民出版社 2009 年版，第 693 页。

也"还很不清楚"。

1858 年 4 月 2 日，马克思在给恩格斯的信中，第二次透露了《资本一般》篇中绪论性部分，即第 1 章和第 2 章的基本特征。由于生病，马克思没有谈到"第一分册中最重要的部分"第 3 章的内容。但是，马克思在过后不久所写的《大纲》的《七个笔记本的索引》中，提到了第 3 章《资本》中"资本的生产过程"部分的结构。吕贝尔认为："这一索引比其他任何材料都能更好地证明，《资本论》只代表了《经济学》的第一部分，只要马克思不放弃他在这之前 15 年的研究成果和他从这一研究中形成的方法论的原则，他就不可能放弃他的原初的计划。"在这一索引中，马克思在"资本的流通过程"之后没有写什么就中断了。这可能是开始写"索引第二稿"的缘故。

二是《政治经济学批判》第一分册阶段。马克思在写作《政治经济学批判》第一分册时，扩大了他论述的范围。最后他发现，"第一篇《资本一般》很可能一下子就占两册"；马克思承认，"手稿大约可排 12 印张（三册）……但这几册还一点没有谈到资本。"最后，马克思在"第一分册"中只论述了"商品"和"货币"两章。吕贝尔认为，马克思对他论述的范围所作的这种"灾难性"的扩展，成了他以后不能完成《经济学》著作的重要原因。出版商似乎也没有急于出版第二分册，这不仅是因为《政治经济学批判》的销路不好，而且也是因为马克思没能按合同的日期交稿。

吕贝尔认为，1859 年 2 月，在完成《政治经济学批判》第一分册后，马克思就起草了关于第 3 章《资本》的具体计划，[①] 在这里，马克思首次清楚地提到《资本一般》三"篇"。在这一计划中，第一篇《资本的生产过程》具体地划分为五个部分，而第二篇和第三篇没作进一步的划分，只是列出了一系列的论题。到 1859 年 10 月，马克思已认为他能在年底完成"第二分册"了，但实际上，马克思在写作过程中，不断地把许多计划中没有预见的内容放了进去，使马克思花了 6 年时间，才完成了这一章的第一部分，这就是《资本论》第 1 卷。最后，第 3 章《资本》扩展成了《资本论》三卷，其中第 1 卷几乎包括了 800 个印刷页。

吕贝尔在这里实际上已指明：《资本论》三卷只是原先《资本》册第一篇《资本一般》第 3 章"资本"的扩展，吕贝尔由此断言，论述范围的扩大，不能证明马克思《经济学》"六册计划"的变化，在结构计划上，《资本》部分和《资本论》并不存在着什么实质性的差别。

三是新的开始阶段。从 1861 年 8 月起，马克思又重新开始按原初的计划写

---

① 吕贝尔指的是"第三章提纲草稿"（参看《马克思恩格斯全集》第 46 卷（下），人民出版社 1979 年版，第 541~549 页）。苏联学者在 1974 年认为，"第三章提纲草稿"写于 1861 年夏。

作第 3 章《资本》。在《政治经济学批判》第一分册的两章中，马克思已经增写了三个"历史附论"（关于商品分析的历史、关于货币计量单位的学说，关子流通手段和货币的学说）；因此，马克思认为，在论述资本时，也要相应地增写论述剩余价值史的内容。马克思至少花费了 3 年的时间来研究这一问题。以后，马克思在把第 3 章"资本"变成"资本论"三卷之后，也就打算利用这些材料来写作论述剩余价值理论史的第 4 卷，吕贝尔再次断言，马克思在 1861～1863 年期间的研究表明："马克思从来没有改变他的计划，相反，在他发现新的问题和获得新的认识的时候，例如他在发现绝对地租和固定资本补偿问题时，他总是把计划范围不断地扩大"。吕贝尔认为，马克思 1862 年 12 月 28 日给库格曼的信表明，马克思完全保留了他在 1859 年所明确提出的"六册计划"。

1865 年 3 月，马克思同汉堡的出版商迈斯纳签订合同，同意在这一年的 5 月底交出《资本论》两卷手稿。这时的"两卷"包括《资本论》理论部分的全部内容，预计为 60 印张，一直到这一年的 7 月底，马克思还坚持认为："不论我的著作有什么缺点，它们却有一个长处，即它们是一个艺术的整体；但是要达到这一点，只有用我的方法，在它们没有完整地摆在我面前时，不拿去付印。"① 吕贝尔认为，"这时，马克思显然没有想到《资本论》只出版一册的可能性，因为在 1865 年马克思已经写出了第 3 册的大部分手稿，并且他还设想在不久的将来完成第 4 册理论史部分。"

但是，马克思在对《资本论》的最后定稿中，他不是"压缩"而是被迫扩大《资本论》的内容。1866 年 1 月，马克思在身患严重的疾病时，他所能做的工作就是"充实"他已经写出的东西。在这一期间，恩格斯曾向马克思建议："六十个印张足有厚厚的两大卷。你能不能这样安排一下：至少将第一卷先送去付印，第二卷再晚几个月？这样，出版者和读者都会感到满意，并且实际上一点也不会损失时间。"②

马克思接受了恩格斯的建议，决定"当第一卷完成，就立即寄给迈斯纳"③。但是，马克思最后不仅没能按期交出头两卷的手稿，甚至连第 1 卷也没有全部完成。吕贝尔认为，即使这第一卷，"马克思也没有成功地按他在 1863 年确定的计划来完成"。因为那时候，《资本的生产过程》预计分为十一个部分。吕贝尔指出："如果我们考虑到马克思在 1866 年身体的虚弱和物质生活上的困难，更不用说他在这一时期在第一国际的战斗生活了，也就会清楚地知道马克思为什么从来

① 《马克思恩格斯文集》第 10 卷，人民出版社 2009 年版，第 231 页。
② 《马克思恩格斯全集》第 31 卷，人民出版社 1972 年版，第 179 页。
③ 《马克思恩格斯文集》第 10 卷，人民出版社 2009 年版，第 235 页。

没能完成他所想写的东西了。"这是吕贝尔所认为的马克思没能完成他的经济学著作的另一重要原因。

　　吕贝尔认为，到 1866 年 10 月，马克思仍然认为《资本论》第 1 卷要包括第 1 册和第 2 册，但最后出版的《资本论》第 1 卷只包括第 1 册，吕贝尔认为："马克思从来没有给第 2 册以最后确定的形式。"因此，吕贝尔认为，一旦马克思知道他自己只可能完成包含"原理"的《资本》册的时候，他显然就不会再提《经济学》及其"六册计划"。

　　四是最后的研究阶段。《资本论》第 1 卷出版后，马克思一直没有停止对这一卷的修改工作，在德文第 2 版和法文版中，马克思都作了修改，马克思甚至打算在德文第 3 版中完全重写一次。吕贝尔认为，第 1 版出版后，《资本论》第 2 卷仍然还只停留在草稿形式上，离最后完成相差甚远，一方面由于《资本论》第 1 卷的"半失败"的状态，使马克思几乎没有勇气再工作下去；另一方面，马克思继续写作第 2 卷和第 3 卷还要大量的材料，迫使马克思再花费很多时间，阅读无数的材料。吕贝尔十分强调马克思在寻机觅取各种材料时说的一段话："只有抛开互相矛盾的教条，而去观察构成这些教条的隐蔽背景的各种互相矛盾的事实和实际的对立，才能把政治经济学变成一种实证科学。"① 吕贝尔认为，"这是对马克思'唯物主义'方法论的最精确的描述"。

　　吕贝尔认为，从马克思的计划和他写作的方法中可以看到，马克思在《资本》册之后，仍然要写作论述土地所有制的第 2 册，但是，他似乎还是决定，要在《资本论》第 3 卷的一篇中研究这一问题。在这以后的几年中，马克思一直注意研究农业问题，同时，巴黎公社以后，马克思的注意力一度也集中到国家论题上，而"国家"论题是他"六册计划"中的第 4 册。吕贝尔认为，马克思尽管没详细谈到"六册计划"中的其他几册，但是可以肯定，马克思根本没有改变他早先提出的"六册计划"。

　　吕贝尔认为，由于马克思珍惜每一种文献资料的这一工作习惯，使他在生命的最后几年中，一直停留在研究和摘录各种引起他兴趣的资料的工作中，这使马克思在这一期间，几乎没再继续写作《资本论》第 2 卷和第 3 卷。吕贝尔认为，马克思对文献资料的嗜好成性和永不厌倦的摘抄，是他没能完成经济学著作的又一重要原因。

　　吕贝尔把恩格斯编辑出版《资本论》第 2 卷和第 3 卷过程，单独在题为"作为《资本论》编辑者的恩格斯"中作了叙述。在这一叙述中，吕贝尔多次蓄意否定恩格斯在编辑出版《资本论》后两卷中所作出的不可磨灭的功绩。

---

　　① 《马克思恩格斯文集》第 10 卷，人民出版社 2009 年版，第 292 页。

四、尼古拉斯对《资本论》结构形成的研究

尼古拉斯在《大纲》英文全译本的《前言》中，较为详细地阐明了《大纲》中"六册计划"和《资本论》"四卷结构"之间的关系。尼古拉斯认为，马克思在《政治经济学批判大纲》手稿的开头部分，就提出了好几个关于他的经济学著作的计划，尼古拉斯把马克思在《导言》中提出的"五篇计划"称做"第一计划"。马克思在"货币章"结束时又提出了"第二计划"。"第二计划"只是略去了"五篇计划"中第一篇"一般的抽象的规定"，其他四篇的内容和"第一计划"后四篇相同，以后，马克思又提出了两个"更详细的计划"。1858 年 2 月底，在完成《大纲》之前，马克思又提出了"六册计划"。尼古拉斯认为，"没有证据表明，马克思曾判定这一计划的逻辑是不完整的"。[①] 1859 年 6 月，马克思以《政治经济学批判》为题出版的"第一分册"，就是"六册计划"这一册《资本》的开头部分。

尼古拉斯认为，马克思从来没有打算用同样的篇幅来完成"六册计划"的每一册。马克思在完成《大纲》的七个笔记本之前已经指出："整个著作将分成六分册，不过我并不准备每一分册都探讨得同样详尽；相反地，在最后三册中，我只打算作一些基本的叙述，而前三册专门阐述基本经济原理，有时可能不免要作详细的解释。"[②] 尼古拉斯认为，这种"不平衡"写作计划，成了这一计划"以后进一步发展的要旨"。[③]

1858 年 4 月 2 日，马克思在给恩格斯的一封信中指出，六册中的第 1 册包括四篇，即《资本一般》、《竞争》、《信用》和《股份资本》。其中第一篇《资本一般》又分为价值、货币和资本三部分。尼古拉斯认为："《大纲》只是马克思最初计划的整个巨著的六分之一中的四分之一，而《资本论》前三卷的主要方面，只不过是原初打算的《资本》册中四篇的第一篇。"[④]

尼古拉斯进一步认为，1862 年底，马克思已完成了一部篇幅巨大的手稿，他已打算以《资本论》为题出版他的著作，放弃了早先以一系列分册形式出版《政治经济学批判》的计划。"这样，马克思也就放弃了他在 1858 年 4 月给恩格斯信中所提出的《资本》册的计划提纲，即不再把《资本》册划分为（a）资本一股；（b）竞争；（c）信用和（d）股份资本四篇，而决定采用原先在《大纲》

---

① 以下所转述和引述的尼古拉斯的观点，均见尼古拉斯翻译英文版《政治经济学批判大纲》（"*Foundation of the Critique of Political Economy*"，Penguin Classics，1993）时写的导言（*Introduction*）。

② 《马克思恩格斯全集》第 29 卷，人民出版社 1972 年版，第 534 页。

③④ Karl Marx，Grundrisse：Foundations of the Critique of Political Economy，Translated by Martin Nicolaus，Penguin Books，1973，P. 55.

的《资本章》中所提出划分方式，即分为资本的生产过程、资本的流通过程和两者的统一……这样三部分，这三部分分别组成《资本论》三卷，另外再增加一个论述剩余价值理论史的第 4 卷，这实际就放弃了计划中论竞争、信用和股份资本各卷，而这些部分都成了《资本论》三卷中的章和章中的片断。在《大纲》所包含的材料之外，马克思对计划中的竞争、信用和股份资本各卷的研究不见得取得什么重大的进展；因此，马克思放弃《资本》册的'四篇计划'，回到《大纲》的'资本章'提出的原初计划上，这并不意味着已经积累起来的材料的报废，或者说并不意味着改变已经建立起来的结构。"①

由此可见，在尼古拉斯看来，《资本论》前三卷理论部分的结构，只相当于"六册计划"中第 1 册《资本》的第一篇《资本一般》；但是，在《资本论》结构中已吸收了《资本》册其他几篇的内容，从而放弃了原先把《资本》册划为四篇的计划。因此，从《大纲》的"六册计划"到《资本论》"四卷结构"所发生的唯一变化，就是以《大纲》的"资本章"中的"三个过程"（资本的生产过程、资本的流通过程、两个过程的统一）代替《资本》册中的"四篇结构"，而原初的"六册计划"在总体上没有发生变化。

尼古拉斯认为，"六册计划"过渡到《资本论》"四卷结构"是由两个"决定因素"引起的。第一个决定因素就是"马克思缺乏时间和金钱"。② 尼古拉斯认为，马克思由于患病，由于不断地受到波拿巴主义代理人的公开诽谤，由于金钱的极其匮乏，并由于参加伦敦的政治活动，使他的研究工作不断受到阻碍，这也就使马克思不可能完成全部"六册计划"，甚至也不可能完成第 1 册《资本》，最后他只能"不均衡"地论述《资本》册中的各个部分。

第二个"决定因素"而且可能是主要的"决定因素"就是"寻找正确的阐述方法"③ 的问题，尼古拉斯对这一决定因素做了一些展开的论述。

尼古拉斯认为，1858 年，马克思两次重写了《大纲》中的"货币章"，在每一次重写中，马克思都做了修改。在最后的形式（即《政治经济学批判》第 1 章和第 2 章）中，原先存在的大部分争论的内容不见了，并且除了一两处语气宽容的评论外，对达里蒙和蒲鲁东主义者直接的批判也没有了，关于资本主义作为历史上过渡的生产方式论述的段落也不见了；保留下来的只是对李嘉图的严厉批

---

① Karl Marx, Grundrisse: Foundations of the Critique of Political Economy, Translated by Martin Nicolaus, Penguin Books, 1973, pp. 58 – 59.

② Karl Marx, Grundrisse: Foundations of the Critique of Political Economy, Translated by Martin Nicolaus, Penguin Books, 1973, P. 55.

③ Karl Marx, Grundrisse: Foundations of the Critique of Political Economy, Translated by Martin Nicolaus, Penguin Books, 1973, P. 56.

判，而且大部分是以黑格尔语言方式进行的。尼古拉斯认为，马克思阐述形式上的这一变化，是为了避开当时德国的书报检查制度。

最初，马克思打算在《政治经济学批判》第一分册中包括"资本章"；但后来，马克思改变了这一想法，他在给拉萨尔的一封信中指出："第一篇还不包括主要的一章，即第三章——资本。从政治上考虑，我认为这是适当的，因为真正的战斗正是从第三章开始，我认为一开始就使人感到害怕是不明智的。"① 尼古拉斯认为，"对《政治经济学批判》第一分册出版的反映根本不是'害怕'，而是死一般的沉寂"。这一小册子在美国引起广泛的讨论时，马克思又指出："我只怕它对当地的工人读者来说写得太带理论性了。"② 1862 年，马克思更直率地认为："第一分册的阐述方法当然很不通俗"③。第 3 章《资本》和前两章《商品》、《货币》在内容的阐述方式上显然是不同的，尼古拉斯认为，到了论述《资本》这一章，"政治的内容使得它要用一种直接适合工人阶级读者的方法来写"。④

但是，马克思还是认为，这同实际的"通俗化"是不同的，因为"使一门科学革命化的科学尝试，从来就不可能真正通俗易懂。"⑤ 但是，在进一步的写作中，马克思肯定能比《政治经济学批判》第一分册写得更通俗。尼古拉斯认为，"这就使得马克思不是减少材料，而增加大量的研究工作，以把全部论证放在详细的具体的材料基础上"。⑥ 因此，马克思在 1861 年 8 月到 1862 年 7 月重写了《资本章》，并增加了用以写作《资本论》第 4 卷的材料；1863 ~ 1865 年，马克思增加了新的材料，除了理论史部分外，几乎全部重写了，以后由恩格斯编辑出版的《资本论》第 2 卷和第 3 卷，主要就是以这些材料为基础的。1865 年到1867 年，马克思在《资本论》第 1 卷出版以前，又作了进一步的研究，并再次重写了《资本论》第 1 卷。

马克思本人多次提到他的这种"通俗化"的成果。马克思在 1862 年研究地租理论和再生产图表时就指出："这东西正在变得通俗多了，而方法则不象在第一部分里那样明显。"⑦ 这里的"第一部分"，就是指《政治经济学批判》第一分册。1863 年 8 月，马克思又提道："我觉得这些东西在最后审订中，除了一些不可避免的 G—W 和 W—G 以外，已经变得相当通俗了。"⑧ 正是这种"通俗化"

---

① 《马克思恩格斯全集》第 29 卷，人民出版社 1972 年版，第 568 页。
② 《马克思恩格斯全集》第 29 卷，人民出版社 1972 年版，第 604 页。
③⑤ 《马克思恩格斯全集》第 30 卷，人民出版社 1974 年版，第 637 页。
④⑥ Karl Marx, Grundrisse: Foundations of the Critique of Political Economy, Translated by Martin Nicolaus, Penguin Books, 1973, P. 57.
⑦ 《马克思恩格斯全集》第 30 卷，人民出版社 1974 年版，第 209 ~ 210 页。
⑧ 《马克思恩格斯全集》第 30 卷，人民出版社 1974 年版，第 364 页。

的原因，导致了《资本论》阐述方法的变化，从而导致《资本论》结构计划的部分改变。因此，尼古拉斯认为："关于《大纲》和《资本论》之间过渡的重要问题并不是这一卷或那一卷、这一章或那一章的问题，即使在《资本论》第 1 卷德文第 1 版和第 2 版之间，章节上也有变化。问题在于论证的内部结构，即整体上的内在逻辑和方法。马克思长期地意识到内部结构和阐述方法之间的辩证法。"[①]

尼古拉斯认为，《资本论》的内部结构和《大纲》的内部结构，在主要方面是一致的，这种内部结构就是唯物辩证法。它们所不同的只是：在《大纲》中，结构是浮现在表面上，唯物辩证法是可见的，就像建筑中的脚手架一样；而在《资本论》中，为了更形象、更生动因而也是更符合唯物辩证法的阐述，结构则是内在的，似乎是故意地、有意识地隐蔽起来的，尼古拉斯称之为"整体上已经建立起来的形成了的方法"。

尼古拉斯得出的结论就是："《大纲》和《资本论》第 1 卷具有形式上相反的优点：后者是阐述的方法的典型，前者则是形成这一方法的记录。"《大纲》中的许多内容没有转入《资本论》中，就是由《资本》的阐述的方法所规定的。显然，"六册计划"中《资本论》册"四篇计划"到《资本论》"四册结构"的过渡，主要地也是由《资本论》所运用的阐述的方法的特点所规定的。

第三节　对 20 世纪马克思主义经济思想史的研究

由 M. C. 霍华德和 J. E. 金合著的《马克思主义经济学史》两卷本，是西方学者撰写的研究 20 世纪马克思主义经济思想历史发展的最有影响的著作之一。出版于 1989 年的《马克思主义经济学史（1883~1929）》，对 1883 年马克思去世后直到 1929 年资本主义经济危机爆发这一时期马克思主义经济学说的历史发展作了阐述。这一卷分作三篇，其中第三篇"社会民主主义和共产主义，1917~1929"，对"有组织的资本主义"与新修正主义的兴起及其争论、苏俄向社会主义过渡的经济理论和实践的演进阶段及其争论、格罗斯曼的资本主义制度崩溃理论及其影响等问题作了展开论述。出版于 1992 年的《马克思主义经济学史（1929~1990）》第二卷，[②] 历史地阐述了 1929 年"大萧条"到 20 世纪 90 年代初苏联东欧剧变这一时期马克思主义经济学发展的基本轨迹。在第二卷"导言"

---

① Karl Marx, Grundrisse: Foundations of the Critique of Political Economy, Translated by Martin Nicolaus, Penguin Books, 1973, P. 59.

② Howard, M. E. and King, J. E., *A History of Marxian Economics*, Volume Ⅱ, Macmillan Education Ltd. 中文译本《马克思主义经济学史（1929~1990）》中央编译出版社 2003 年版。以下引文均见该中译本。

中，霍华德和金指出："在第一卷中，德国和俄国马克思主义者的著述占统治地位，因为 1929 年以前，这两个国家实际上垄断了马克思主义经济学的理论讨论。但是，20 世纪 30 年代以来，理论分析的重心开始转向西方，以至于西欧和北美在战后成为马克思主义政治经济学的中心。新的难题也在这一时期出现，马克思经济学中早先为人们所忽视的一些东西被提升到更加突出的位置……同时，马克思主义政治经济学也变得越来越难以界定，因为非马克思主义的观点被用来克服马克思主义分析上的缺陷或被用于增强马克思主义的分析。"① 这一基本看法，实际上是霍华德和金对当代国外马克思主义经济学发展历史及其特点的最为概要的也是最为明确的表露。

第二卷分作五篇，这五篇对 20 世纪马克思主义经济学发展的五大理论主题作了阐述。霍华德和金对理论主题的这一划分，反映了他们对 20 世纪马克思主义经济学历史发展的基本认识。

一、"大萧条"与马克思主义经济学理论主题的变化

霍华德和金首先对 1929 年"大萧条"和斯大林"新的生产方式"建立时期，马克思主义经济学理论主题的变化作了阐述。他们的总的评价是：对"大萧条"和苏联新的生产方式建立这两个不同的但却重大的经济事实，马克思主义经济学的理论解释力是"令人失望的"、是"脆弱的"②。

面对"大萧条"的事实，霍华德和金认为：马克思主义经济学"在对资本主义危机的经济学分析方面，几乎没有取得什么进展"；尽管在危机理论方面比西方主流经济学理论具有更大的优势，但当时最具解释力的却是凯恩斯主义理论。③

霍华德和金对这一时期关于经济危机的主要理论观点做了概述。④ 1929 年"大萧条"来临前，亨里克·格罗斯曼提出的"严格意义上的崩溃的观点"，得到广泛的认同。30 年代中期，斯大林把"大萧条"称做"特种的萧条"，用瓦尔加的话来说，这种"大萧条"已经引起资本主义制度的极大紊乱，使资本主义进入一个新的、更高的"总危机"阶段，伴随"总危机"而来的革命的客观条件日趋成熟。美国的刘易斯·科里在承认"衰退不是崩溃"的同时，也认为"大

---

① 霍华德和金：《马克思主义经济学史（1929～1990）》，"导言"中央编译出版社 2003 年版，第 1 页。

② 霍华德和金：《马克思主义经济学史（1929～1990）》，"导言"中央编译出版社 2003 年版，第 1、2 页。

③ 霍华德和金：《马克思主义经济学史（1929～1990）》，"导言"第 2 页。

④ 参见霍华德和金：《马克思主义经济学史（1929～1990）》，第 1 章"马克思主义经济学与大萧条"。

萧条"是资本主义经济不稳定和停滞趋势不断发展的结果，它预示着资本主义制度"最后的、永久性的危机"。弗里茨·斯滕伯格则对"大萧条"后复苏的极端困难性作了探讨，认为这种困难性的原因主要在于三个方面：一是可以利用的新的海外市场的消失；二是工薪者、政府雇员和独立的中产阶级的贫困化，销毁了一个重要的内部稳定器；三是大规模的失业和实际工资的削减，使国内需求的回复异常困难。保罗·马蒂克把"大萧条"看作是资本主义的"垂死挣扎"，他在1933 年世界产业工人联合会的纲领中写道："在资本主义的最后阶段，剩余价值第一次不再能支撑足够的工资水平和必要的积累"。这不仅提供了无产阶级革命的客观经济条件，而且还促使人类在"共产主义和野蛮状态"之间作出抉择。瓦尔加依据列宁关于战时资本主义的论述认为，人为地克服危机的主要后果以及危机期间所有的资本主义政策的后果，就是国家对经济生活各个方面的干预，以利于整个统治阶级。垄断资本利用其对国家机器的控制，使国民收入体系向着有利于垄断资本的方向转变，以各种方式和各种借口来洗劫国库，"国家资本主义"趋势迅速增长。

霍华德和金对 20 世纪 40 年代初保罗·斯威齐关于经济危机的理论作了评析。他们指出，斯威齐《资本主义发展论》一书曾将经济危机分作两类：一是由利润率下降而导致的经济危机；二是由剩余价值实现的困难而导致的危机。在进一步的论述中，斯威齐把每一类经济危机一分为二，提出了四种经济危机理论：一是由技术进步推动的资本有机构成提高快于剥削率增长，造成利润率下降，最后导致经济危机，这是马克思在《资本论》第三卷中所强调的；二由资本积累率提高过快，导致失业大军枯竭和工资提高，使剥削率下降，最后造成经济危机，这是马克思在《资本论》第一卷和第三卷中所强调的；三是由不同生产部门的比例失调，造成剩余价值实现的困难，最后导致经济危机；四是由消费不足造成总需求不足而导致经济危机。斯威齐赞成第二种经济危机理论（主要用于解释短期波动）和第四种经济危机理论（主要用于解释长期停滞），他对第一和第三种经济危机理论持否定态度。[①]但实际上，这四种经济危机理论的导因并不是相互排斥的，而是相互联系的。

霍华德和金认为，长期以来，马克思主义者认为资本主义生产的无政府状态是导致经济危机的主要原因，但是马克思主义者对导致危机出现的的机制从来没有作过专门的阐述。经济危机有"疏泄"的作用，即危机能够强制地消除不合理的投资，价值规律在使所有产业部门的资源配置趋于获得平均利润率的基础上，恢复各产业部门之间的恰当的比例关系。

霍华德和金认为，马克思主义经济学对"大萧条"的论证是有缺憾的，其根

---

① 斯威齐：《资本主义发展论》，转引自霍华德和金：《马克思主义经济学史（1929~1990）》，中央编译出版社 2003 年版，第 7~8 页。

本原因类似于资产阶级经济学对"大萧条"的分析：缺乏一个完整的有效需求理论。马克思本人既运用需求这一新古典经济学的概念，又对其进行了有力的批判，证明它并不具有广泛的适用性。他还构建了工人对消费品需求的数量限制的概念，但是他既没有把这一概念拓展到其他类型的需求上，也没有始终如一地接受任何形式的消费不足观点。①

对于苏联产生的新生产方式，霍华德和金的总的看法就是：这种"新生产方式"就是人们通常认为的"斯大林模式"，这一模式"要么是经过打扮的新的剥削秩序，要么就是社会主义仅仅处在潜在形态并且早已显示出蜕化迹象的社会形式。战后的岁月证明，这些观点是完全正确的。20 世纪 30 年代，已有明显的征兆表明，苏联的马克思主义是病态的。"② 霍华德和金不否认苏联在不同时期也进行过重大的经济变革，但是，他们坚持认为，斯大林的政治经济学偏重的是"政治"而不是"经济"，苏联其他的马克思主义者也是如此；斯大林及其追随者们没有讨论过中央计划的方法、投资评估和技术选择的标准、应对不确定因素和非均衡因素的措施、信息传递问题和非理性的价格评估等涉及"斯大林模式"的重大理论问题。

二、第二次世界大战后资本主义"繁荣"与马克思主义经济学理论主题

第二次世界大战结束到 20 世纪 60 年代，被称做战后的"长期繁荣"时期。这一时期，马克思主义经济学的新的理论主题涉及战后资本主义变化的性质、凯恩斯经济学与马克思经济学之间的关系、战后资本主义经济"长期繁荣"中的垄断资本理论、利润率下降理论和持久的军事经济扩张问题等等。

20 世纪 50 年代中期，西方马克思主义经济学界爆发了一场关于资本主义变化性质问题的大讨论。莫里斯·多布在提到这次场讨论时指出："新费边主义著述者已经声称，资本主义或者已经进入一个新的、变革的阶段，这一阶段与 19 世纪的资本主义有巨大的区别；或者甚至已经不再是资本主义，它早已变为另一种东西。"③ 多布认为，新费边主义者对这些现象做了三个方面的解释。第一是"管理革命"，认为"管理革命"使工业的控制权从资本家阶级那里转移出来，掌握在新的管理精英手中，他们的行为使投资决策波动更小，从而刺激了私人投

---

① 参见霍华德和金：《马克思主义经济学史（1929～1990）》，中央编译出版社 2003 年版，第 14 页。

② 霍华德和金：《马克思主义经济学史（1929～1990）》"导言"，中央编译出版社 2003 年版，第 1 页。

③ 多布：《第二次世界大战以来资本主义发生的变化》，载《今日马克思主义》1957 年 12 月号，转引自霍华德和金：《马克思主义经济学史（1929～1990）》，中央编译出版社 2003 年版，第 75 页。

资的增长。第二是所谓的"收入革命"，战后几十年的"收入革命"大大降低了所有发达工业国家中的经济不平等，提高了平均消费倾向，从而刺激了总需求。第三是国家经济作用的显著增强，极大地促进了经济的稳定性。多布认为，前两个因素很容易被否定，因为资本所有者还保留着对其财产的控制，所谓的"管理革命"也是不合逻辑的，而收入平等化的进展极其缓慢。自1939年以来的"国家垄断资本主义的大规模扩张"却是实实在在的，国家支出（尤其是军事支出）的扩张，在支撑战后发达国家工业高产出和高就业方面起着重要的作用。①

霍华德和金认为，在对资本主义和社会主义关系的理解中还存在一种"趋同"的观点，主张这一观点的是一些"改良社会主义者"。当时活跃于西方马克思主义经济学研究领域的都留重人，坚决反对资本主义与共产主义之间会逐渐地但却是不可逆转地"趋同"的观点。都留重人认为，生产方式的性质是由谁控制剩余产品来决定的。在变化的资本主义经济中，利润仍然是经济活动的动力、仍然由私人资本控制，利润在很大程度上仍用于积累，经济人也仍然承受着通过售卖商品而实现利润的持续的压力。大公司尽管存在着所有权和控制权的分离，但仍然追求安全的、长期的利润最大化；国家通过公司所得税只能获得一小部分剩余产品；不断升高的提留比率降低了利润的消费倾向；销售面临的压力空前强烈。因此，都留重人的结论是："至少对美国来说，资本主义生产方式的基本特征仍然存在"。②

在关于经济危机根源问题的研究中，霍华德和金认为，保罗·巴兰的消费不足理论对此作了更为彻底的和更为详尽的阐述。巴兰认为，必须把消费不足看作是一种趋势，它可能被一些相反的力量抵消。自1870年以来，美国工人的劳动生产率较他们实际工资的增长要快得多，作为总产出一部分的经济剩余有了巨大增长，并且越来越集中到数目逐渐减少的大公司手中。这就必然产生消费不足的趋势，不论是资本家的消费还是投资，都不能提供足以吸纳经济剩余持续增长的有效需求。为了抵制由此产生的停滞的压力，必须增加非生产性和浪费性支出，尤其是以私人部门的产品差异与广告费用，以及国家军事开支的形式出现。因此，利润现在只代表经济剩余的一部分；经济剩余的其余部分则由浪费性支出所吸纳。巴兰（也包括斯威齐）的结论就是：资本主义由于消费不足而趋向于停滞。③

---

① 参见霍华德和金：《马克思主义经济学史（1929～1990）》，中央编译出版社2003年版，第76页。

② 参见霍华德和金：《马克思主义经济学史（1929～1990）》，中央编译出版社2003年版，第79页。

③ 巴兰：《对消费不足的思考》，转引自霍华德和金：《马克思主义经济学史（1929～1990）》，中央编译出版社2003年版，第80页。

霍华德和金认为，曼德尔在 1962 年用法文出版的《论马克思主义经济学》，对"资本主义衰退时代"作了展开论述。这一论述的要旨在于，在这一"衰退时代"，国家日益通过负责承办非营利的基础产业，对私人资本提供直接或间接补贴，以及提供利润担保等措施来维持垄断利润。军事支出为重工业部门的产品提供了"替代市场"，从而有助于第 I 部类的稳定发展，而工会所争得的国家福利待遇和稳定的工资收入，又维持了对第 II 部类的需求。尽管现代资本主义经济仍然存在着重要的停滞力量，但是，国家的干预已经能够阻止类似 1929 年"大萧条"的重演。①

1964 年，曼德尔在《马克思主义经济理论导论》中宣称，国家干预的增强已经导致所谓的"新资本主义"的产生。"新资本主义"的显著特征是经济计划以及对有组织的工人阶级采取容忍和妥协的政策。"新资本主义"从某种程度上说是一种暂时的现象，它与康德拉季耶夫"长波"中的高涨时期联系在一起，并且很可能随着这个高涨时期的结束而结束。"据此，我们可以得出以下结论：国家干预经济生活、管制经济、经济规划、指导性计划，从社会的观点来看，这些绝不是中性的。它们是由资产阶级或资产阶级统治集团掌握的干预经济的工具，绝不是资产阶级和无产阶级之间的公断人。"②

关于马克思经济学与凯恩斯经济学的关系问题，也是 20 世纪 60 年代马克思主义经济学理论发展的主题之一。霍华德与金对"凯恩斯是如何看待马克思"问题做了阐述。他们认为，凯恩斯在《就业、利息与货币通论》中三处提到马克思，其中一处只是简单地承认马克思是"古典经济学"这一术语的首创者。③ 在另一处，凯恩斯描写了 1820 年以后李嘉图经济学怎样成功地排除了总需求不足这一观点："它只能偷偷摸摸地存在于下层，生活在卡尔·马克思、西尔维·奥·格塞尔和道格拉斯少校这些不入流社会中。"因为格塞尔和道格拉斯是在理论上没有什么地位的货币异教徒，这并不是在奉承马克思。但接着凯恩斯断言，与马克思不同，格塞尔已经明确地否定了"古典假设"（即萨伊定律）。格塞尔这样做就使得马克思本人对古典经济学的批判变成多余的了；因此在他的论著中包含了"对马克思主义的回答"。凯恩斯以并不十分确定的口气得出结论："后

---

① 曼德尔：《马克思主义经济学理论》第一卷，转引自霍华德和金：《马克思主义经济学史（1929 ~ 1990）》，中央编译出版社 2003 年版，第 81 页。

② 曼德尔：《马克思主义经济理论导论》，转引自霍华德和金：《马克思主义经济学史（1929 ~ 1990）》，中央编译出版社 2003 年版，第 82 页。

③ T. M. keynes：*The General Theory of Employment，Money and Interest*，London：Macmillan，1936，P. 3.

世从格塞尔那里得到的，将比从马克思那里得到的多。"①

在霍华德和金看来，凯恩斯对马克思并非一无所知，也不总是对马克思持蔑视的态度。在 1920 年和 1921 年间或者 1921 年和 1922 年间，莫里斯·多布在当研究生时，曾在凯恩斯的房间里读到一篇论述马克思与剑桥的政治经济学俱乐部的论文。多布回忆道，凯恩斯很赞许这篇论文，因为"他年轻时在一定程度上喜欢非正统思想"。②凯恩斯在 20 世纪 20 年代以后的文章中，对马克思主义说了一些贬损的话，诸如"一个如此不合逻辑，如此空洞的教条怎么能对人的思想从而对历史事件有如此强烈和持久的影响"的质问等。③但是，到 1933 年，大概在皮罗·斯拉法的影响下，凯恩斯开始对马克思采取比较赞许的态度，在他关于古典货币理论的演讲中，婉转地提到马克思对实现问题的阐述，而且发现了马克思和马尔萨斯在有效需求问题上的密切相似之处。

凯恩斯《通论》第一稿写于 1933 年。在第一稿中，凯恩斯对马克思做了近乎正确的理解。凯恩斯指出："合伙经济和企业家经济之间的区别，同卡尔·马克思所作的大量观察有某种关系，——尽管其后他对这一观察的利用是相当不合逻辑的。他指出，在现实世界中，生产的本质并不像经济学家们通常所认为的那样，如 W – G – W' 的情形，即把商品（或劳务）换成货币是为了获得另外的商品（或劳务）。这也许是私人消费者的观点，但不是商家的看法，后者认为是 G – W – G' 的情形，即抛出货币换取商品（或劳务），是为了获取更多的货币。"凯恩斯接着指出，这一观点的意义在于：企业家对劳动力的需求，依赖于生产预期的可获利性，而不取决于对人类需求的直接满足。在一个长脚注中，凯恩斯作了进一步阐述。G' 超过 G 的余额，是马克思的剩余价值的源泉。令人不解的是，在经济理论史上，那些数百年来以这种或那种形式用古典公式 W – G – W' 反对 G – W – G' 公式的异教徒们，或者倾向于相信 G' 总是并且必然超过 G，或者倾向于相信 G 总是并且必然超过 G'，这要取决于他们生活的时期哪一种思想在实践中占支配地位。马克思与那些相信资本主义制度必然具有剥削性的人断言，G' 余额是不可避免的；然而，相信资本主义内在地具有通货紧缩和就业不足发展趋势的霍布森、福斯特、卡钦斯或道格拉斯少校则断言，G 余额是不可避免的。但当马克思补充说 G' 持续增加的余额，将不可避免地被一系列日益猛烈的危机或者企业倒闭和未充分就业所打断时，马克思正在逐渐接近不偏不倚的真理，可以推

---

① 凯恩斯：《就业、货币和利息通论》，转引自霍华德和金：《马克思主义经济学史（1929～1990）》，中央编译出版社 2003 年版，第 32、355 页。

② 多布："传记随笔"（Random Biographical Notes），*Cambridge Journal of Economics*，2，1978），第 117 页。

③ 凯恩斯："自由放任主义的终结"（The End of Laissez-Faire，1926），参见《凯恩斯文集》第 IX 卷（*Collected Works*, London：Macmillan for the Royal Economic Society, IX, 1972），第 285 页。

测，在这种情况下，G 一定会有余额。如果能够得到承认，我自己的观点至少可以有助于使马克思的追随者们和道格拉斯少校的追随者这两派达成和解，而不去理会那些不切实际空洞地相信 G 与 G' 总是相等的古典经济学家们（按照凯恩斯对这一术语的独特用法，古典经济学家就是指萨伊定律的支持者）。①

但是，凯恩斯对马克思经济学的赞许并没有持续下去。霍华德和金认为，1934 年，凯恩斯又开始嘲笑马克思，认为马克思对资本主义历史命运的描述是不适合当时资本主义现实的。他在当年 11 月的一次广播讲话中指出："如果李嘉图经济学说破产了，马克思主义理论根基的一个主要后盾也将随之瘫塌"。他还在同乔治·肖伯纳的通信中坚持认为，马克思主义理论是建立在李嘉图学说（即萨伊定律起作用）基础之上的。他不屑一顾地把《资本论》比作《古兰经》，认为它们都是无用的教条，并抱怨说人们对于《资本论》的争议是"乏味的、过时的和学究气的"。凯恩斯的结论是："《资本论》在当代的经济价值（排除一些偶然的但却非建设性的和不连贯的思想火花以后）是零。"②

三、马克思主义关于不发达政治经济学的兴起

不发达政治经济学是马克思主义经济学在第二次世界大战后兴起的理论主题。保罗·巴兰对不发达政治经济学理论的兴起作出过重要的贡献。1952 年，巴兰在"论落后问题的政治经济学"一文中，第一次论及不发达政治经济学问题。1957 年，他在《增长的政治经济学》一书中，对这一理论作了进一步阐述。20 世纪 50 年代和 60 年代中期，巴兰还写了一些从多个角度探讨不发达问题的论文，其中一些论文在他去世后以《更长远的观点》为题于 1970 年正式出版。在他与保罗·斯威齐合著的《垄断资本》一书，论述的尽管是发达资本主义经济关系问题，但其中的许多观点，也是不发达政治经济学理论的必要组成部分。

霍华德和金认为，巴兰关于帝国主义问题的核心思想就是：经济的增长是剩余的大小及对其利用的结果。这就是说，把剩余用于生产性投资，经济就会增长。剩余积累得越多，增长得就越快。经济出现停滞，要么是因为剩余不足以用来扩大生产力；要么是剩余虽然丰富却被浪费到非生产消费上了。这样，"中心"与"外围"分化的经济史——生产资料的开发被集中到中心地带，外围地区的发

---

① 凯恩斯：《就业、货币和利息通论》1933 年的草稿，参见《凯恩斯文集》第 XXIX 卷，第 81 页，转引自转引自霍华德和金：《马克思主义经济学史（1929～1990）》，中央编译出版社 2003 年版，第 92～93 页。

② 凯恩斯：《凯恩斯先生答肖伯纳》（Mr. Keynes Replies to Shaw, 1934），转引自霍华德和金：《马克思主义经济学史（1929～1990）》，中央编译出版社 2003 年版，第 93 页。

展受到阻止——就取决于世界剩余产品在不同地区的分配，以及它们在这些地区被使用的方式。[①]

霍华德和金认为，哈里·马格多夫和巴兰的其他追随者，为巴兰的论题增加了许多正统的马克思主义的分析。不发达使资本有机构成更低、剥削率更高，因而可以获得比发达国家更高的利润率。它还意味着从中心出口的工业制成品价格更高，从外围进口的原材料价格更低，并且相应地从贸易中获取更大的利润份额。[②] 这就是依附关系有利可图的原因。通过政治、经济权力的行使，它们被保存下来：正式的殖民统治让位于"新殖民主义"或"新帝国主义"，并通过各种经济影响加以强化。对资产的直接占有只是其中的一种方式，对现代技术的垄断控制和第三世界国家日益增长的债务，也发挥着同样重要的作用，这使它们不能拒绝像国际货币基金组织、世界银行这样的帝国主义机构发出的指令。

《增长的政治经济学》不仅对劳尔·普雷维什、达德利·西尔斯和基思·格里芬这样一些发展经济学家思想的创新者有着重要启示，而且也为萨尔瓦多·艾伦德、切·格瓦拉和里吉斯·德布雷这样一些马克思主义活动家所强烈推崇。安德烈·冈德·弗兰克和西奥东尼奥·多斯·桑托斯等依附理论家的著述，也是对巴兰分析的扩展。像莫里斯·多布这样的正统共产主义者、埃内斯特·曼德尔这样的托洛茨基主义者，有时也对它在做出高度评价。在费尔南德·布罗代尔和伊曼纽尔·沃勒斯坦的理论史中，也大量引用了巴兰的一般理论观点，巴兰的影响不再局限于政治经济学家和革命者之中。

20 世纪 60 年代，弗兰克是对巴兰思想做出发展的最重要的马克思主义著述者。霍华德和金认为，特别是弗兰克的《拉丁美洲的资本主义和不发达》一书，在很大程度上，不过是巴兰的命题在拉丁美洲运用的重述。当然，弗兰克也在很多方面对巴兰的结论做了修正，如弗兰克没有重复巴兰关于早期资产阶级革命和自发资本主义发展在 16 世纪已是世界范围现象的观点，相反，他认为地球上大部分地区确实是不发达的，而且"不发达地区的发展"是为了迎合帝国主义的需要而进行重建的过程，而不是先前发展的倒退；弗兰克在保留了巴兰关于垄断重要性的理论观点的同时，集中研究了垄断对"外围"国家和地区的影响，并在对不发达历史过程的考察中，提出了一系列反对新古典主义的国际贸易理论、罗斯托的现代化理论的观点。[③]

霍华德和金指出：20 世纪 60 年代末，弗兰克的研究超出拉丁美洲不发达问

[①] 参见霍华德和金：《马克思主义经济学史（1929~1990）》，中央编译出版社 2003 年版，第 169 页。

[②] 哈里·马格多夫：《帝国主义时代：美国对外政策的经济学》，商务印书馆 1975 年版，第 43~54 页。

[③] 参见霍华德和金：《马克思主义经济学史（1929~1990）》，中央编译出版社 2003 年版，第 174 页。

题的范围，转向更广泛的世界经济主题的研究。①这也是萨米尔·阿明和伊曼纽尔·沃勒斯坦关注的中心问题。沃勒斯坦在 20 世纪 70 年代初创建的"世界体系"理论，后来成为这一研究领域最有影响力的理论观点。这个理论与弗兰克 20 世纪 60 年代提出的观点有着非常密切的关系，同时这也是巴兰首创的不发达理论经历的第二次修正。

对马克思和凯恩斯关系问题的探讨、对不发达政治经济学的研究等，基本上是"学院"马克思主义经济学的研究成果。因此，霍华德和金认为，"马克思主义政治经济学的实质已经发生了巨大的变化，因为成功的革命实践与其理论认识已经相互独立。"他们还认为，许多西方马克思主义者在事实上，"已经抛弃了马克思《关于费尔巴哈的提纲》第十一条的观点：即他们更多关注的是解释这个世界，而不是改造这个世界"；"20 世纪 60 年代西欧和北美的大学迅速扩大，极大地推动了这种趋势，因为它允许在社会主义政党之外形成马克思主义理论研究机构，并产生了实质上脱离政治运动的'左派学术团体'"。②

四、劳动价值论研究的新课题

霍华德和金认为，第二次世界大战以后，对马克思劳动价值理论的研究主要集中在两个大的问题上：一是关于价值向生产价格转化的问题，亦即所谓的"转形"问题；二是关于斯拉法经济学对马克思价值理论的影响问题。许多斯拉法主义者认为，《用商品生产商品》把马克思主义并入到一个更加全面的"剩余传统"思想中，由此推动了马克思主义经济学的发展，引起马克思经济学理论的"复兴"。

霍华德和金认为，20 世纪对马克思价值理论的讨论，可以 1957 年塞顿和萨缪尔逊文章的发表与 1960 年斯拉法《用商品生产商品》的发表为界，分为前后两个阶段。前一阶段又被称做"前斯拉法阶段"，从 1960 年斯拉法发表《用商品生产商品》被称做"后斯拉法阶段"。

霍华德合和金指出，1939 年之前，无论是在德国还是在俄国，价值理论研究进展甚微。1932 年，约翰·冯·诺伊曼对这一观点做了证明，他在普林斯顿的一次讨论会上第一次提出了他的增长模型，1937 年关于该模型的著述在德国

---

① 参见弗兰克：《1492～1789 年的世界积累》（*World Accumulation 1492–1789*，New York：Monthly Review Press，1978）；《依附性积累和不发达》（*Dependent Accumulation and Underdevelopment*，London：Macmillan，1979）；《世界经济中的危机》（*Crisis：In the World Economy*，New York：Holmes & Meier，1980）；《世界经济中的危机》（*Crisis：In the World Economy*，New York：Holmes & Meier，1981）。

② 霍华德和金：《马克思主义经济学史（1929～1990）》"导言"，中央编译出版社 2003 年版，第 3 页。

出版，1945 年被翻译成英文后再版。20 世纪 30 年代，瓦西里·里昂惕夫提出的投入产出分析中也可以见到与诺伊曼相似的结论。霍华德和金认为，尽管冯·诺伊曼和里昂惕夫模型在以后的几年对马克思主义理论做出了重要的贡献，但这两位作者都没有将其运用于劳动价值理论和转形问题上。[①]

1939 年，柴田敬对"转形"问题做了新的论证。当时正值第二次世界大战期间，柴田敬的文章并没有产生很大的影响。直到 1942 年保罗·斯威齐《资本主义发展的理论》出版以后，关于转形问题才引起关注。《资本主义发展论》的第七章，对包括博特凯维兹解答在内的关于转形问题做了详细概括。

1948 年，J. 温特尼茨在《经济学杂志》上发表了一篇短文，这是英国马克思主义者对博特凯维兹观点的第一次批判，也是《经济学杂志》对马克思的价值理论的第一次特别报道。温特尼茨对博特凯维兹分析中的两个不必要的假设进行了反驳。博特凯维兹的第一个不必要的假设是，他要求所有的剩余价值都要被资本家消费掉，从而使简单再生产占统治地位。温特尼茨认为，任何一般性解答都应该能够解决净储蓄问题，因此按照马克思的说法，它应该能够解决扩大再生产问题。博特凯维兹的第二个不必要的假设是，他把黄金等同于由第三部门生产的奢侈品，让它的价格等于一个单位。温特尼茨认为，这是"一个相当武断和不公正的假定，它会导致价格总额偏离价值总额。"[②]

1957 年，由弗朗西斯·塞顿和保罗·萨缪尔逊分别撰写的两篇很重要的、但观点截然相反的文章问世。这两篇文章为"转形"问题的第一轮争论做了结论。1957 年，马克思主义经济学正处在低谷，没有人奋起反击萨缪尔逊的责难以捍卫马克思。政治环境依然相当恶劣，在美国，冷战和残余的麦卡锡主义分子的压力依旧非常强大，匈牙利革命和赫鲁晓夫对斯大林时代的揭露，使得西欧共产党遭受创伤。霍华德和金认为，"这一时期，几乎没有有学术地位的专门的马克思主义经济学家，保罗·巴兰是全美国唯一的被称作马克思主义者的专职教授——没有人能够作为像萨缪尔逊这样在技术上难以对付的人的敌手。马克思主义在解释战后长期繁荣方面的明显失败，不管怎样都削弱了像斯威齐、多布和巴兰这样一些理论家在抵抗资产阶级经济学影响方面的能力"。[③]

从 1966 年开始，"长期繁荣"中的不稳定的迹象明显暴露，激进的学生运动席卷西方发达国家，马克思思想的传播处于较为有利的社会环境，呈现了马克思

---

① 参见霍华德和金：《马克思主义经济学史（1929～1990）》，中央编译出版社 2003 年版，第 231 页。

② 温特尼茨：《价值和价格：所谓"转型"问题的一个解答》，转引自霍华德和金：《马克思主义经济学史（1929～1990）》，中央编译出版社 2003 年版，第 233 页。

③ 霍华德和金：《马克思主义经济学史（1929～1990）》，中央编译出版社 2003 年版，第 245 页。

思想"复兴"的气象。1960 年，皮罗·斯拉法《用商品生产商品》一书的发表引起"资本争论"，致命地摧毁了那些一直对社会主义运动最具挑衅性的新古典主义的理论形式。20 世纪 60 年代，罗纳德·米克对斯拉法《用商品生产商品》一书的评论，是米克对转形问题做出的最重要的贡献。在 60 年代，关于"转形"问题的有价值的文章甚少。1973 年，莫里斯·多布对"转形"问题的讨论"还留有……某种程度的限制，甚至是很深奥的；这一讨论的大部分内容并没有在马克思的追随者和解释者中引起多大的兴趣（或者是注意），这些人已转而集中研究危机和帝国主义问题了。[①]

1961 年，森岛通夫和塞顿都声称，"转形"过程可以按照相反的方向进行，也就是说，通过运用与生产条件和净产品分配有关的资料，生产价格可以决定劳动价值。他们从这一点得出结论，认为实证主义者对劳动价值论的异议是没有事实根据的。正如琼·罗宾逊及其他人曾经提出的，价值不是一个形而上学的概念。"不管马克思的价值概念作为'现实'描述或者行动向导上的有用性或不相关性如何，至少从操作上讲它是有意义的"。[②]

1963 年，利夫·约翰森又回到世纪之交曾引起好几个著述者兴趣的主题，即把劳动价值论和边际效用分析调和起来的可能性问题。约翰森设计了两个价格决定模型。在第一个模型中，工人拥有维持生存所必需的条件，它决定了传统的马克思模型中的均衡实际工资，而资本家则使得预算约束条件下的新古典主义效用函数最大化。这时，边际效用决定的是资本家消费的商品的数量，而不是其价格。在第二个模型中，工人和资本家都有效用函数，如果没有一个单独的收入分配理论或者——约翰森提出的变形的——反映工人最低效用水平的详细说明的话，利润率就无法确定。现在价格间接地受到边际效用的影响，因为工人效用函数中的任何变化都会影响到利润率，从而改变生产价格。[③]

1971 年，萨缪尔逊在《经济文献杂志》上再度发表了关于马克思价值理论的论文，这篇论文的研究得到美国社会科学基金的资助。在这篇论文中，萨缪尔逊还是坚持他在 1957 年就已得出的那些结论，即认为劳动价值理论是一个复杂的迂回；生产价格和一般利润率可以直接地取决于与生产条件和收入分配有关的信息。因此，马克思的剩余价值理论对于理解资本主义经济中的利润来说是不必

---

① 多布：《亚当·斯密以来的价值和分配理论》，转引自霍华德和金：《马克思主义经济学史（1929～1990）》，中央编译出版社 2003 年版，第 265 页。

② 罗宾逊：《论马克思经济学》，转引自霍华德和金：《马克思主义经济学史（1929～1990）》，中央编译出版社 2003 年版，第 265 页。

③ 约翰逊：《劳动价值论和边际效用》，转引自霍华德和金：《马克思主义经济学史（1929～1990）》，中央编译出版社 2003 年版，第 265 页。

要的。①

保罗·马蒂克对萨缪尔逊的观点作出反驳。马蒂克在题为《萨缪尔逊把马克思主义"转形"到资产阶级经济学中去了》论文中提出了三个实质性的观点：第一，马克思的价值理论与资产阶级均衡分析有着一个共同的"理论装置"或"思想结构"，因此，马克思的价值理论不能被直接观察到。第二，马克思主要关心的问题是为什么社会劳动关系是以价值关系表现出来？马克思曾经提出价值概念怎样才能全部呈现出来？他发现答案就在资本主义生产方式的特殊阶级关系中。这就意味着价值理论质的方面和量的方面之间的一个区别，这一区别既构成萨缪尔逊其他方面批判的主要特色，又被用来反对马克思的斯拉法主义批判家。第三，劳动价值论只有在整体经济的水平上才能得以证实，"价值规律不是在每天的价格关系中得到证明，而是在生产价格的总体升降过程中找到经验证明的。"马蒂克坚持认为，萨缪尔逊对此一无所知，他是一个庸俗经济学家；他的代数学是"夸大的垃圾"，他"浪费了自己的时间和国家社会基金会的金钱。"②

这一期间，莫里斯·多布对斯拉法的《用商品生产商品》做了马克思主义经济学的证明，1970年，多布发表的题为《斯拉法体系和对新古典分配理论的批判》的论文，把斯拉法置于古典的传统之中，认为这一古典的传统包括马克思以及博特凯维兹和德米特里夫在内。多布强调，在斯拉法的模型中，资本家对生产资料的垄断是固有的，甚至他把工资当做是剩余产品的组成部分的做法，也可以看做是对现代资本主义状况的符合实际的反映。多布还评价了斯拉法、古典经济学家和马克思在方法论上的相似性，认为在逻辑上都把分配独立于交换，在任何情况下价格都是取决于收入分配（再加上生产条件），而不是相反。这一"前杰文斯决定规则或模式"使他们的观点同新古典主义理论家的观点非常明显地区别开来。③

霍华德和金认为，多布是英国马克思主义经济学家的老前辈，是英国共产党最重要的理论家（尽管偶尔也持异议），也是斯拉法在剑桥的密友，多布对其观点的解释迅速成为典范的形式，多布本人也成为正统马克思主义捍卫者攻击的主要对象。对多布的最初的攻击，是杰夫·皮林《李嘉图和马克思的价值规律》和苏珊娜·德·布隆豪夫《作为李嘉图主义的马克思：〈资本论〉开端的价值、货币和价格》两篇论文。这两篇论文对李嘉图的价值理论和马克思的价值理论之间

---

① 萨谬尔逊：《理解马克思的剥削概念：马克思的价值与竞争价格之间的所谓"转型"问题概要》，转引自霍华德和金：《马克思主义经济学史（1929～1990）》，中央编译出版社2003年版，第266～267页。

② 参见霍华德和金：《马克思主义经济学史（1929～1990）》，中央编译出版社2003年版，第268页。

③ 参见霍华德和金：《马克思主义经济学史（1929～1990）》，中央编译出版社2003年版，第266页

的主要区别作了分析，认为李嘉图的方法与马克思的方法截然不同，特别表现在辩证法、矛盾、历史特殊性，以及形式和内容之间、本质和现象之间、质和量之间的区别等方面。马克思的概念是独创的；在古典政治经济学中找不到他对使用价值和交换价值、抽象劳动和具体劳动的分析的对等物。正如马克思已经认识到的，李嘉图由于混淆了价格和价值而受到批判。因此，多布对价值理论中"古典马克思主义"传统的发明是相当错误的。[①]

五、关于国家政治经济学的探讨

20世纪70年代初，在当代资本主义发展中，国家对危机管理的特性及其局限性越来越明显，国家政治经济学得到进一步发展。霍华德和金认为，与巴兰和斯威齐不同，有些著述者提出，政府扩大非军事性支出可能有利于资本积累，如由国家提供的教育、医疗健康和社会保障的支出，对降低劳动力价值、增加资本积累可能是有利的方法。随着生产变得越来越复杂，技术变化越来越快，社会对熟练、健康、可流动、富有灵活性的工人的需求日益增长。最后，"福利国家"似乎成为适应资本增长需要的产物。[②]

激进的马克思主义者认为，国家是阶级冲突的场所：一方面工人阶级利用国家场所在反对资本利益的斗争中赢得某种妥协；另一方面国家本身在这些斗争中也获得某种程度的"相对自主"。这样，国家的内部结构、人员构成和实践活动的自身权力就变得重要了。资本家之间的不可避免的利益冲突，也必须由国家调停。国家的支出在许多方面是矛盾的：通过提高劳动力的质量，能够提高劳动生产率；使生产活动的重要领域免于竞争、鼓励浪费，又降低了劳动生产率。它通过保护无效率的资本家、削弱群众失业者的有纪律的力量，刺激经济从危机中复苏，但同时又破坏了经济复苏的内在机制。工人已经对正常的社会福利习以为常，只对持续增加的供给品作出积极的反应。这种"棘轮效应"是对国家支出水平上升造成压力的主要原因，也是造成"国家财政危机"的重要因素。

霍华德和金认为，在这种情况下，人们越来越关注关于国家政治经济学的许多最重要的问题。马克思主义经济学家对"长期繁荣"结束后国家的作用以及可能产生的影响问题的研究多有分歧。大部分人赞成罗恩·史密斯的观点，认为美国经济霸权的突然衰落，使有效的国际管理更困难，它加剧了这个体系整体上的

---

① 参见霍华德和金：《马克思主义经济学史（1929～1990）》，中央编译出版社2003年版，第269～270页。

② 参见霍华德和金：《马克思主义经济学史（1929～1990）》，中央编译出版社2003年版，第326页。

潜在的不稳定性,破坏了资本家对积累收益率的信心。许多人接受史密斯关于1973年危机的冲击力由于政府的干预而得到缓解的判断:"虽然协调得不恰当,却是有价值的,国际金融体系的完整性在1974~1975年保存下来。如果那时没有干预,1929年那样规模的恐慌很可能已经发生。"① 同样,这对理解1987年的股市崩溃来说也是正确的。无论在哪种情况下,对金融市场的不当配置都会带来巨大的现实危机。这些进展的确切意义还不清楚。"由政府保证金融体系不会崩溃,不再出现成为30年代大萧条前兆那样的普遍的通货紧缩,在长期中意味着什么?"这个由保罗·斯威齐和哈里·马格多夫提出的问题等待人们去回答。②

值得注意的是,充分就业作为里根政府大规模军备扩张的副产品,在北美洲这个有限的范围一时得以实现,但在别的地方却不见成效。在西欧的大部分地区,政府试图用紧缩的财政、金融政策来降低通货膨胀、削弱工人阶级力量、增加失业和扭转利润挤轧。削减福利支出是这个过程的核心,并日渐增加地伴随着出售国有企业、放松对私人企业的管制、在累进税原则上实施大退却等。几乎没有马克思主义者预料到经济自由主义会在20世纪80年代复活。例如,直到1978年,埃里克·奥林·赖特还曾预言,政府干预将会继续扩大,会把"国家垄断资本主义"转变为羽翼丰满的"国家资本主义",并强化这种制度的合法性危机。③米歇尔·阿格莱塔尽管承认存在着政府撤销一些公共物品和服务供应的可能性,但他的结论还是:"生活条件的不断的大规模的社会化,将会摧毁作为自由主义意识形态基础的私人企业制度",创造出一个集权化的国家资本主义。④

霍华德和金认为,马克思主义经济学家们曾在解释和说明20世纪30年代"大萧条"问题上发生过严重的分歧,20世纪80年代马克思主义经济学家之间的分歧比30年代还要严重,争论跟以前一样激烈。大部分马克思主义者用过度积累理论中的一些变量说明长期繁荣的终结,但消费不足论者和利润率下降理论的支持者则对此持保留意见,而过度积累论者本身又在许多重要的细节问题上意见不一。只有很少的人提出需要进行理论的综合。⑤

---

① 史密斯:《世界资本主义的危机》,转引自霍华德和金:《马克思主义经济学史(1929~1990)》,中央编译出版社2003年版,第327页。

② 斯威齐、马格多夫:《金融爆炸》,转引自霍华德和金:《马克思主义经济学史(1929~1990)》,中央编译出版社2003年版,第227页。

③ 赖特:《阶级、危机和国家》,转引自霍华德和金:《马克思主义经济学史(1929~1990)》,中央编译出版社2003年版,第327页。

④ 阿列塔:《资本主义调节理论》,转引自霍华德和金:《马克思主义经济学史(1929~1990)》,中央编译出版社2003年版,第327页。

⑤ 参见霍华德和金:《马克思主义经济学史(1929~1990)》,中央编译出版社2003年版,第328页。

中文文献

1. 布·明茨著，陈远志等译：《现代资本主义》，东方出版社1987年版。

2. 罗宾逊著，纪明译：《论马克思主义经济学》，商务印书馆1962年版。

3. 《新帕尔格雷夫经济学辞典·马克思经济学卷》，麦克米伦出版公司1990年版。

4. 格尔德·哈达赫等著，李宗正等译：《社会主义经济思想简史》，人民出版社1983年版。

5. 斯维齐：《马克思诞生一百周年的马克思主义和革命运动》，载于《每月评论》英文版1983年。

6. 布哈林著，余大章等译：《过渡时期经济学》，生活·读书·新知三联书店1981年版。

7. 斯维齐：《关于马克思主义的四次演讲》，纽约每月评论出版社1981年版。

8. 中共中央马克思恩格斯列宁斯大林著作编译局编：《马列主义研究资料》第27辑，人民出版社1983年版。

9. 葛兰西著，中共中央马克思、恩格斯、列宁、斯大林著作编译局国际共运史研究所编译：《葛兰西文选（1916–1935）》，人民出版社1992年版。

10. 多布：《政治经济学和资本主义》，伦敦1937年英文版。

11. 斯维齐：《资本主义发展论》，商务印书馆2006年版。

12. 卢卡奇：《历史和阶级意识》，商务印书馆1999年版。

13. 格罗斯曼：《资本主义制度的积累和崩溃的规律》，莱比锡1929年德文版。

14. 汉森：《资本主义的崩溃》，伦敦1985年英文版。

15. 霍华德：《马克思主义经济学史（1929—1990）》，中央编译出版社2003年版。

16. 路德维希·冯·米塞斯：《社会主义制度下的经济计算》，载于《现代国外经济学论文选》第九辑，商务印书馆1986年版。

17. 布哈林著，中共中央马克思恩格斯列宁斯大林著作编译局国际共运史研究室编，《布哈林文选》上册，人民出版社1981年版。

18. 奥斯卡·兰格：《关于社会主义的经济理论》，载于《现代国外经济学论文选》第九辑，商务印书馆 1986 年版。

19. 《托洛斯基言论》，三联书店 1979 年版上册。

20. 斯大林：《苏联社会主义经济问题》，人民出版社 1961 年版。

21. 卢森堡著，彭尘舜译：《国民经济学入门》，生活·读书·新知三联书店 1962 年版。

22. 列宁格勒大学社会科学教师进修学院政治经济学教研组编；复旦大学外文系俄语教研组 译：《社会主义政治经济学史纲》，生活·读书·新知三联书店 1979 年版。

23. 普列奥布拉任斯基著；纪涛，蔡恺民译：《新经济学》，生活·读书·新知三联书店 1984 年版。

24. 沃兹涅辛斯基著，中共中央马克思恩格斯列宁斯大林著作编译局国际共运史研究室编译：《沃兹涅辛斯基经济论文选》，人民出版社 1983 年版。

25. 苏联科学院经济研究所编；中共中央马克思恩格斯列宁斯大林著作编译局译：《政治经济学教科书》，人民出版社 1955 年版。

26. 瓦尔加著，叶中林译：《现代资本主义和经济危机》，生活·读书·新知三联书店 1964 年版。

27. 瓦尔加著，国际关系研究所编译室等译：《资本主义政治经济学问题论文集》，生活·读书·新知三联书店 1965 年版。

28. 瓦尔加著；吴清友译：《战后资本主义经济之变化》，上海生活书店 1947 年版。

29. 瓦尔加著，沈永等译：《二十世纪的资本主义》，生活·读书·新知三联书店 1962 年版。

30. 伊诺泽姆采夫等主编，杨庆发等译：《现代垄断资本主义政治经济学》上册，上海译文出版社 1978 年版。

31. 伊诺泽姆采夫等主编，杨庆发等译：《现代垄断资本主义政治经济学》下册，上海译文出版社 1980 年版。

32. 伊诺泽姆采夫主编，张承辉译：《列宁的帝国主义论与当代现实》，中国社会科学出版社 1980 年版。

33. 库兹敏诺夫著，胡世凯译：《国家垄断资本主义》，人民出版社 1957 年版。

34. 德拉基列夫主编，黄苏等译：《国家垄断资本主义：共性与特点》（上下册），上海译文出版社 1982 年版。

35. 阿波斯托尔主编，陆象淦等译：《当代资本主义》，生活·读书·新知三联书店 1979 年版。

36. 德拉基列夫、鲁登科合著，国际关系研究所编译室译：《垄断资本主义

（帝国主义基本特征概论）》，世界知识出版社 1965 年版。

37. 别尔丘克著，雉蝶等译：《现代资本主义经济危机》，东方出版社 1987 年版。

38. 查尔斯·巴罗纳：《马克思主义的帝国主义理论》，纽约 1985 年英文版。

39. 巴兰、斯威齐著，南开大学政治经济学系译：《垄断资本》，商务印书馆 1977 年版。

40. 马格多夫：《帝国主义时代》，纽约 1969 年英文版。

41. 布雷弗曼著，方生等译：《劳动与垄断资本》，商务印书馆 1979 年版。

42. 奥康纳：《国家的财政危机》，纽约 1973 年英文版。

43. 法共中央经济部等编著，宇泉等译：《国家垄断资本主义》上册，商务印书馆 1982 年版。

44. 法共中央经济部等编著，宇泉等译：《国家垄断资本主义》下册，商务印书馆 1983 年版。

45. 阿罗诺维奇等合著，复旦大学世界经济研究所译：《英国资本主义政治经济学：马克思主义的分析》，上海译文出版社 1988 年版。

46. 曼德尔：《晚期资本主义》，伦敦 1978 年英文版，第 502 页。

47. 奥塔·锡克著，王福民等译：《经济—利益—政治》，中国社会科学出版社 1984 年版。

48. 鲍戈马佐夫著，施达政译：《苏联商品货币关系史》，北京大学出版社 1985 年版。

49. 米·科拉奇：《社会主义自治生产方式中价值规律的作用方式》，载于《经济学译丛》1983 年第 6 期。

50. 米·科拉奇等著：《政治经济学：资本主义和社会主义的商品生产理论分析原理》，人民出版社 1982 年版。

51. 阿·鲁缅采夫主编，韩宗等译：《政治经济学教科书》下册，高等教育出版社 1988 年版。

52. 达·卡扎克维奇著，马文奇等译：《社会主义经济理论概论》，中国社会科学出版社 1985 年版。

53. 加托夫斯基著，王钊贤等译：《社会主义政治经济学发展问题》，上海译文出版社 1985 年版。

54. 古兹尼亚耶夫著，中国人民大学外国经济管理研究所、北京经济学院经济研究所等译：《社会主义政治经济学对象问题》，人民出版社 1984 年版。

55. 斯大林：《苏联社会主义经济问题》，人民出版社 1971 年版。

56. 阿利库洛夫著，李兴汉等译：《社会主义基本生产关系和基本经济规律》，辽宁人民出版社 1984 年版。

57. 都留重人编：《资本主义发生变化了吗?》，东京 1961 年英文版。

58. 斯威齐、贝特兰合著，尚政译：《论向社会主义过渡》，商务印书馆 1975 年版。

59. 《卡斯特罗言论集》第 2 册，人民出版社 1963 年版。

60. 《埃·切·格瓦拉著作选》1970 年英文版。

61. 戈特利尔：《经济中的合理性与非合理性》，1966 年法文版。

62. 曼德尔：《卡尔·马克思经济思想的形成》，1971 年英文版。

63. 曼德尔：《马克思主义经济学理论》，商务印书馆 1979 年版。

64. 埃斯特林、格兰德编，邓正来等译：《市场社会主义》，经济日报出版社 1993 年版。

65. 《新帕尔格雷夫经济学大辞典》第 3 卷，经济科学出版社 1996 年版。

66. 中央编译局世界社会主义研究所编：《当代国外社会主义：理论与模式》，中央编译出版社 1998 年版。

67. 伯特尔·奥尔曼编，段忠桥译：《市场社会主义——社会主义者之间的争论》，新华出版社 2000 年版。

68. 诺夫著，唐雪葆等译：《可行的社会主义经济》，中国社会科学出版社 1988 年版。

69. 罗默著，余文烈等译：《社会主义的未来》，重庆出版社 1997 年版。

70. 查·威尔伯主编，高铦等译：《发达与不发达问题的政治经济学》，中国社会科学出版社 1984 年版。

71. 弗兰克：《资本主义和拉丁美洲的不发达》，纽约和伦敦 1969 年英文版。

72. 弗兰克：《买办资产阶级：买办的发展》，每月评论出版社 1972 年英文版。

73. 多斯桑托斯著，毛金里等译：《帝国主义与依附》，社会科学文献出版社 1992 年版。

74. 米洛斯·尼科利奇编，赵培杰等译：《处在 21 世纪前夜的社会主义》，重庆出版社 1989 年版。

75. 伊曼纽尔著，文贯中等译：《不平等交换》，中国对外经济贸易出版社 1988 年版。

76. 阿明：《世界范围的积累》，每月评论出版社 1974 年版。

77. 阿明：《帝国主义和不平等发展》，每月评论出版社 1977 年。

78. 沃勒斯坦：《现代世界体系》，纽约学术出版社 1974 年英文版。

79. 沃勒斯坦：《世界经济的政治学》，剑桥大学出版社 1984 年英文版。

80. 沃勒斯坦：《世界体系分析：理论与诠释的问题》，载霍普金斯与沃勒斯坦等编：《世界体系分析：理论与方法论》，赛奇出版社 1982 年版。

81. 沃勒斯坦：《历史上的资本主义》，伦敦 1983 年版。

82. 阿明：《世界范围的积累》，每月评论出版社 1974 年版。

83. 扬·斯蒂德曼：《按照斯拉法思想研究马克思》，商务印书馆 1991 年版。

84. 弗·布鲁斯：《社会主义经济的运行问题》，中国社会科学出版社 1984 年版。

85. 亚诺什·科尔内：《短缺经济学》，经济科学出版社 1986 年版。

86. 洪银兴等：《当代东欧经济学流派》，中国经济出版社 1988 年版。

87. 奥塔·锡克：《经济——利益——政治》，工福民 王成稼 沙吉才译，中国社会科学出版社 1984 年版。

88. 奥塔·锡克，王锡君等译：《社会主义的计划与市场》，中国社会科学出版社 1982 年版。

89. 程恩富、李新、朱富强：《经济改革思维——东欧俄罗斯经济学》，当代中国出版社 2002 年版。

90. 梅德维杰夫等编著：《政治经济学》，中国社会科学出版社 1989 年版。

91. 丹尼尔·耶金 约瑟夫·斯坦尼斯罗：《制高点》，外文出版社 2000 年版。

92. 约翰·罗默著，段忠桥等译：《在自由中丧失》，经济科学出版社 2003 年版。

93. 大卫·哈维著，初立忠等译：《新帝国主义》，社会科学文献出版社 2009 年版。

94. 雅克·阿达：《经济全球化》，中央编译出版社 2000 年版，第 193 - 194 页。

95. 萨洛蒙·苏希·萨尔法蒂编，宋晓平等译：《卡斯特罗语录》，社会科学文献出版社 2010 年版。

96. 萨米尔·阿明：《资本主义的危机》，社会科学文献出版社 2003 年版。

97. 孔寒冰等：《原苏东地区社会主义运动现状研究》，上海人民出版社 2010 年版。

98. 埃里克·欧林·赖特：《阶级》，高等教育出版社 2006 年版。

99. 罗伯特·阿尔布里坦等主编，张余文等译：《资本主义的发展阶段——繁荣、危机和全球化》，经济科学出版社 2003 年版。

100. 保罗·斯威齐著，陈观烈、秦亚男译：《资本主义发展论》，商务印书馆 1997 年版。

101. G. D. H. 柯尔著，何瑞丰译，俞大畏校：《社会主义思想史（第二卷）：马克思主义和无政府主义：1850 - 1890》，商务印书馆 1978 年版。

102. 罗宾逊著，安佳译：《经济哲学》，商务印书馆 2011 年版。

103. 约翰.E.罗默著，汪立鑫等译：《马克思主义经济理论的分析基础》，上海人民出版社 2007 年版。

104. 扬·斯蒂德曼著，吴剑敏 史晋川译：《按照斯拉法思想研究马克思》，商务印书馆 1991 年版。

105. 马克·布劳格著，冯炳昆等译：《凯恩斯以后的 100 位著名经济学家》，商务印书馆 2003 年版。

106. 鲁道夫·希法亭 著，福民 等译：《金融资本》，商务印书馆 1994 年版。

107. 米契尔著，陈福生 陈振骅译：《商业循环问题及其调整》，商务印书馆 1962 年版。

108. 多布著，松园译，《政治经济学与资本主义》，生活·读书·新知三联书店 1962 年版。

109. 米克：《劳动价值学说的研究》，商务印书馆 1979 年版。

110. M. C. 霍华德，J. E. 金著，顾海良等总译校：《马克思主义经济学史：1929～1990》，中央编译出版社 2003 年版。

111. 约瑟夫·熊彼特著，吴良健译：《资本主义、社会主义与民主》，商务印书馆 1999 年版。

112. 琼·罗宾逊：《论马克思主义经济学》，商务印书馆 1962 年版。

113. 米克著，陈彪如译：《劳动价值学说的研究》，商务印书馆 1963 年版。

114. 克拉克著，杨健生译：《经济危机理论：马克思的视角》，北京师范大学出版社 2011 年版。

115. 罗宾逊著，北京大学经济系资料室译：《马克思、马歇尔和凯恩斯》，商务印书馆 1963 年版。

116. 罗宾逊编，虞关涛译：《凯恩斯以后》，商务印书馆 1985 年版。

117. 约翰·梅纳德·凯恩斯著，高鸿业译：《就业、利息和货币通论》，商务印书馆 1999 年版。

118. 罗伯特·海尔布伦纳，莱斯特·瑟罗著，秦海译：《经济学的秘密》，海南出版社 2001 年版。

英文文献

1. Howard J. Sherman, *Foundations of Radical Political Economy*, M. E. Sharpe, 1987.

2. Karl Kühne, *Economics and Marxism*, vol. 1, English Translation Edition, translated by Robert Shaw, Macmillan Press Ltd, 1979.

3. Karl Kühne, *Economics and Marxism*, vol. 2, English Translation Edition, translated by Robert Shaw, Macmillan Press Ltd, 1979.

4. Eugen von Böhm – Bawerk, *Karl Marx and the Close of His System*, New York: Augustus M. Kelley, 1949.

5. John Eatwell, Murray Milgate, Peter Newman edited, The New Palgrave: Marxian Economics, Palgrave Macmillan, 1990.

6. Gerd Hardach, Dieter Karras, Ben Fine, *A short history of socialist economic thought*, Edward Arnold, 1978.

7. Paul Sweezy, Marxism and Revolution 100 Years After Marx, Monthly Review, March 1983.

8. L. von Bortkiewicz, *Value and Price in the Marxian System*, International Economic Papers, 2, 1952.

9. L. von Bortkiewicz, ' *On the Correction of Marx's Fundamental Theoretical Construction in the Third Volume of Capital*', in Sweezy (ed.) Karl Marx and the Close of his System.

10. P. M. Sweezy, *Theory of Capitalist Development*, New York: Monthly Review Press, 1970.

11. Ernest Mandel, "*Introduction*", in Ernest Mandel, Alan Freeman Eds, Ricardo, Marx, Sraffa: The Langston Memorial Volume, Schocken Books, 1985.

12. Makoto Itoh, *The Value Controversy Reconsidered*, In Radical Economics, Edited by Bruce Roberts, Susan Feiner, Kluwer Academic Publishers, 1992.

13. Paul M Sweezy, Four Lectures on Marxism, Monthly Review Press, 1981.

14. György Lukács, History and Class Consciousness, Merlin Press Limited, 1971.

15. Maurice Dobb, Political economy and capitalism. London: Routledge & Kegan Paul, 1937.

16. Hunt、Sherman: A Introduction to Radical and a Traditional Views, New York, Harper &Row, 1986, p564.

17. John E. Roemer, *Origins of Exploitation and Class: Value Theory of Pre – capitalist Economy*, Econometrica, Vol. 50, No. (January, 1982), p164.

18. Meghnad Desai, Marxian Economic Theory, Gray – Mills Publishing Ltd, 1974.

19. Ben Fine and Alfredo Saad – Filho, Marx's Capital, Fourth Edition, Pluto Press, 2004.

20. Robert Albritton, Economics Transformed Discovering the Brilliance of Marx, Pluto Press, 2007.

21. Lindsay A. D. Karl Marx's 'Capital', London, 1925.

22. Michio Morishima, Marx's Economics: A Dual Theory of Value and Growth, Cambridge University Press, 1973.

23. Cole, G. D. H. What Marx Really Meant, London, 1934.

24. Ronald L Meek, Studies in the Labor Theory of Value, 2d ed. New York: Monthly Review Press, 1976.

25. Grossmann, Henryk Das Akkumulations – und Zusammenbruchsgetz des kapitalistischen Systems, Leipzig: C. H. Hirschfeld, 1929.

26. Andrew Kliman, Reclaiming Marx's "Capital": A Refutation of the Myth of Inconsistency, Lexington Books, 2007.

27. Ernest Mandel, An Introduction to Marxist Economic Theory, Resistance Books, 2002.

28. Marx's Method in Capital: A Reexamination, Edited by Fred Moseley, Humanities Press International, Inc., 1993.

29. Howard Nicholas, Marx's Theory of Price and its Modern Rivals, Palgrave Macmillan, 2011.

30. Andrew Kliman, Reclaiming Marx's "Capital": A Refutation of the Myth of Inconsistency, Lexington Books, 2007.

31. Makoto Itoh, The Value Controversy Reconsidered, In Radical Economics, Edited by Bruce Roberts, Susan Feiner, Kluwer Academic Publishers, 1992.

32. Classical and Marxian Political Economy: Essays in Honor of Ronald L. Meek, Edited by Ian Bradley and Michael Howard, The Macmillan Press LTD, 1982.

33. Rubin, I. I. Essays on Marx's Theory of Value, Montréal: Black Rose Books, 1975.

34. The Value Dimension: Marx versus Ricardo and Sraffa, Edited by Ben Fine, Routledge & Kegan Paul, 1986.

35. Ulrich Krause. Money and Abstract Labour, London and New York, 1982, Verso.

36. The New Value Controversy and The Foundations of Economics, Edited by Alan Freeman, Andrew Kliman, Julian Wells, Edward Elgar, 2004.

37. Paul Sweezy etc: The Value Controversy, New Left Books, 1981.

38. Alan Freeman, Guglielmo Carchedi Edited: Marx and Non – Equilibrium Economics, Edward Elgar Pub, 1996.

39. Baran, P. A. 1957, The Political Economy of Growth, New York: Monthly Review Press.

40. Baran, P. A. and Sweezy, P. M. 1966, Monopoly Capital: An Essay on the American Economic and Social Order, New York: Monthly Review Press.

41. Howard, M. C. and King, J. E. , 1975, The Political Economy of Marx, Harlow: Longman.

42. Geoff Hodgson, Capitalism, Value and Exploitation: A Radical Theory, Martin Robertson & Company Ltd, 1982.

43. Geoff Hodgson, After Marx and Sraffa, St. Martin's Press, 1991.

44. R. E. Rowthorn, Capitalism, Conflict and Inflation: Essays in Political Economy, London: Lawrence & Wishart, 1980, p. 38.

45. Michio Morishima and George Catephores, Value, exploitation and growth: Marx in the light of modern economic theory, McGraw – Hill Book Company Limited, 1978.

46. Roemer, J. E. Analytical foundations of Marxian economic theory. Cambridge University Press, 1981.

47. Alfredo Saad – Filho, The Value of Marx: Political Economy for Contemporary Capitalism, Routledge, 2002.

48. John E Roemer, Egalitarian Perspectives. Cambridge: Cambridge University Press, 1994.

49. Allen E. Buchanan, Marx and Justice: The Radical Critique of Liberalism, London: Methuen, 1982.

50. M. C. Howard and J. E. King, A history of Marxian Economics: Volume 2, 1929 – 1990, Princeton, NJ: Princeton University Press.

51. A. Roncaglia, Sraffa and the Theory of Prices, John Wiley and Sons, Chichester, 1978.

52. E Mandel, Marxist Economic Theory, London: Merlin Press, 1968.

53. Michael Perelman, Marx's Crises Theory: Scarcity, Labor, and Finance, Praeger, 1987.

54. Paul A Attewell, Radical Political Economy since the Sixties: A Sociology of Knowledge Analysis, New Jersey: Rutgers University Press, 1984.

55. Simon Clarke, Marx's Theory of Crisis, Palgrave Macmillan, 1994.

56. Jon Elster, Making Sense of Marx, Cambridge University Press, 1986.

57. Jesse Schwartz ed: The Subtle Anatomy of Capitalism, Goodyear Publishing

Company, Inc, 1977.

58. P. N. Junankar, Marx's Economics, Philip Allan, 1982.

59. Maurice Dobb, 1937, Political Economy and Capitalism, London: George Routledge.

60. Andrew Glyn and Bob Sutcliffe, British Capitalism, Workers and the Profit Squeeze, London: Penguin, 1972.

61. David Harvey, The Limits to Capital, Verso, 2006.

62. Jonathan P. Goldstein and Michael G. Hillard edited, Heterodox Macroeconomics: Keynes, Marx and Globalization, Routledge, 2009.

中英文人名对照表

阿尔布里坦，R.	Albritton，R.
阿明，萨米尔	Amin，Samir
阿波斯托尔，G. P.	Apostol，G. P.
阿彻，R.	Archer，R.
阿尔内森	Arneson
荣卡格利亚，A	A. Roncaglia，A
阿罗	Arrow
阿特韦尔，P. A.	Attewell，P. A
班德约帕德海亚，P.	Bandypadhyay，P.
巴兰，P. A.	Baran，P. A.
巴罗纳，C. A.	Barone，C. A.
鲍威尔，O.	Bauer，O.
鲍莫尔，W. J.	Baumol，W. J.
格林贝格，K.	Bergreen，K.
伯恩施坦，E.	Bernstein，E.
贝特兰，C.	Bettelheim，C.
布鲁斯，W.	Blues，W.
博迪，R.	Boddy，R.
庞巴维克，欧根	Bohm – Bawerk，Eugen
博特凯维兹，冯	Bortkiewicz，von
鲍尼阿蒂安	Bouniatian
布雷弗曼，哈里	Braverman，Harry
布鲁厄	Brewer
布朗芬布伦纳，马丁	Bronfenbrenner，Martin
布鲁克斯，M.	Brookes，M.
布坎南	Buchanan
布哈林，N. I.	Bukharin，N. I.

吉尔曼，约瑟夫	Gillman，Joseph
格林，安	Glyn，An
戈德里埃，M.	Godelier，M.
戈登，戴维	Gorden，David
葛兰西，A.	Gramsci，A.
格里芬，K.	Griffin，K.
格罗斯曼，亨利克	Grossman，Henyk
哈贝马斯，尤尔根	Habermas，Jürgen
哈恩	Hahn
哈考特，G. C.	Harcourt，G. C
哈内克，M.	Harnecker，M.
哈里斯，马文	Harris，Martin
哈维，D.	Harvey，D.
哈耶克，弗里德里希．奥古斯特．冯	Hayek，Friedrich August von
希法亭，鲁道夫	Hilferding，Rudolf
霍伯曼，L.	Hoberman，L.
霍奇森，G.	Hodgson，G.
霍姆斯特姆	Holmstrom
霍罗威茨，D.	Horowitz，D.
霍华德，M. C.	Howard，M. C.
赫德森，M.	Hudson，M.
伊诺泽姆采夫，弗拉蒂斯拉夫	Inozemtsev，Vladislav L.
詹姆逊，弗雷德里克	Jameson，Fredric
约翰森，L.	Johanson，L.
久南卡	Junankar
卡尔多，尼古拉斯	Kaldor，Nicholas
加米涅夫，L.	Kamenev，L.
卡德尔，E.	Kardel，E.
考茨基，K.	Kautsky，K.
哈尔拉缅科，A. B.	Kharlamenko，A. B.
屈内，卡尔	Kühne，Karl
金，J. E.	King，J. E.
克莱因，劳伦斯·R.	Klein，Lawrence. R.
克莱曼，A.	Kliman，A.

莫拉莱斯，J. E.	Morales，J. E.
森岛通夫，M.	Morishima，M.
莫斯利，F.	Moseley，F.
缪尔达尔，冈纳	Myrdal，Karl Gunnar
诺依曼，冯	Neumann，von
尼古拉斯，马丁	Nicolous，Martin
诺夫，亚力克	Nove，Alec
沃克雷，阿伦	Oakley，Allen
奥康纳，詹姆斯	O'Connor，James
奥斯特罗维季扬诺夫，K.	Ostrovitianov，K.
帕累托，V.	Pareto，V.
佩珀，D.	Pepper，D.
佩莱曼，M.	Perlman，M.
彼特斯，B. G.	Peters，B. G.
皮林，J.	Pilling，J.
博卡拉，P.	Pokhara，P.
波洛克，弗里德里希	Pollock，Friedrich
波塔	Porta
班德约帕德海亚	PradeepBandypadhyay
普雷维什，R.	Prebish，R.
普列奥布拉任斯基，叶·阿	Preobrachensky，Evgeny Alexeyevich
蒲鲁东，P. J.	Proudhon，P. J.
赖克，迈克尔	Rerch，Michael
鲁特	Reuten
李嘉图，D.	Ricardo，D.
罗宾逊，J.	Robinson，J.
罗默，约翰	Roemer，John
罗曼·罗斯多尔斯基	RomanRosdolsky
罗松	Rowthorn
吕贝尔，马克西米兰	Rubel，Maximilien
鲁宾，I. I.	Rubin，I. I.
萨缪尔逊，P. M.	Samuelson，P. M.
沙夫，亚当	Schaff，Adam
施密特，H.	Schmidt，H.

季诺维也夫，G.	Zinoviev，G.
久加诺夫，G. A.	Zyuganov，G. A.
阿瓦利阿尼，H. Ш.	Авалиани，H. Ш.
布兹加林，A. B.	Бузгалин，A. B.
卢森贝	д. Розенбег
尼·阿·沃兹涅辛斯基	Николай Алексеевич Вознесенский